「十二五」國家重點圖書出版規劃項目

關學文庫·關學文獻整理系列

總主編 劉學智 方光華

王弘撰集（下册）

[清]王弘撰 著
孫學功 點校整理

西北大學出版社

山志

山志序

王逸少云：「中年傷於哀樂，正賴絲竹陶寫。絲竹不可時得，則披覽説部之書，以耗壯心，遣餘年而已。」説部惟宋人爲最佳，如宋景文筆記、洪容齋隨筆、葉石林避暑録話、陳臨川捫蝨新語之類，皆以敍事兼議論，可以醒心目而助談諧，非若古之僞書。今之文集，開卷一尺許，便令人惛惛欲睡也。

華山王山史先生，粹天人性命之學，紹濂洛關閩之緒。其經世大業，不朽盛事，具有成書。間以筆墨餘閒，著成山志六卷。大而理學文章，細而音韻書畫，無不稽查典核，辨證精詳。使人覽之如食江瑤柱，如觀裴將軍劍舞，如聽幔亭之樂，如游建章千門萬戶，如瞻海市雲霞變幻，樓臺出沒，風水杳冥，惟恐其盡也。

韓昌黎云：「化世者惟有口，傳世者惟有書。」先生有此書也，可以傳矣。昔楊用修謫戍滇南，無書可采，率其胸臆，著録丹鉛，誤者十之三四。以致陳晦伯正用修，胡元瑞又正晦伯，究之元瑞錯謬，又貽譏於學者。簡帙之間，紛紛聚訟，豈若先生南面百城，華陰成市，洪纖雅俗，典核精詳。雖有晦伯、元瑞，亦何從而正之哉！志中論佛老，論祆民，論王安石、李贄、屠隆，皆與余合。其同鄉諸君宦於越者，爲之授梓，於其成也，故樂而序之如此。

凡例

章皇帝御製王承恩碑文，又命金太傅之俊撰思陵碑文，於先朝帝皆擡頭，乃坊間刻書，或否，非本朝追崇至意。今略依唐人例，俱空一字。

國諱無頒行定字，今亦依唐人例，但闕一筆。「肙」字易今從古，「胙」字以「示」爲「月」，則予家諱，亦倣司馬氏以「談」爲「同」、范氏以「泰」爲「太」之義。

志中多引他人語，其間稱名、稱字號、稱官、稱謚不一，非同史法，無所褒貶。唯小人則必稱名。

隨筆入載，初元因時，繼加改增，遂至失序。又前説未備，復有討論，所貴詳明，不厭重複。

字畫承謁，大失六書之義，爲學者咎。古文奇字，又難通俗。今特參酌，雖重考古，亦欲宜今，不欲如趙寒山所作，令讀者茫然也。

初集卷一

屏居山茨，讀書之暇，偶有所觸，隨筆記之。雅俗並收，洪纖無問，久而成帙，題曰山志。蓋竊比容齋、南邨之義。不賢識小，則其無倫脊固也。然又時時有玩物之懼焉。山翁識。

明善

予少攻舉子業，時有酒色之失。尋遭寇亂，狂惰自廢，德業靡成。年逾四十，始知爲學。見聖賢言語實際，要以明善爲宗：「致知者知此，力行者行此，盡性者盡此，踐形者踐此，修己者非此無以修己，治人者非此無以治人。此之謂善，至善也；此之謂明，明則誠矣。身之所在，道即在焉。道之所在，藝亦在焉。下學而上達，大行不加，窮居不損，豁如也。」書以自喻，遂顏於堂。

庭訓

先司馬有云：先賢積書以遺子孫，子孫未必能讀，能讀者少矣。不能讀者視典籍若弁髦，甚有指聖言爲迂闊，甘心明悖。積金以遺子孫，子孫未必能守，能守者少矣。不能守者視先業若泥沙，總爲衣食習爲侈靡，自矜豪舉。不如積陰德，於冥冥之中，以爲子孫長久之計。積陰德者亦少矣，所以子孫不數年而凍餒離散也。陰德云何？勤儉以裕己，寬厚以蘇人，如是而已矣。

又云：　晝夜讀書，教訓子弟，敦厚倫理，勤習稼穡，嘗服布衣，肅嚴内外，飲酒有節，對人謙謹，出言中倫，禁走市囂。以上十欵，不盡簡身之法，但以最要者列之。能守不失，即此是孝矣。

又云：　今後無論何人，接待順理體情，勿開釁端，勿恃盛氣。萬一失簡，即爲引罪，務冰釋後已。如過在他人，聽其自悟。此保身家之道也。不然，即爲逆子，神必殛之。

先司馬爲學，宗考亭，尤重實踐。不事表暴，爲德於鄉，人無間言。故文弢郝公嘗語人云：「古之聖人，吾不得而見之矣。如王司馬者，不謂之今之聖人，不得興思及此，可勝泫然。」謹識之以示子孫。

寶訓

漢昭烈帝云：「勿以善小而不爲，勿以惡小而爲之。」明太祖云：「爲惡或免禍，然理無可爲之惡。爲善未必福，然理無不可爲之善。」又云：「善雖小可以成名，惡雖小足以亡身。」大行帝云：「無所爲而爲之，謂之天理。有所爲而爲之，謂之人欲。」聖賢精義不出諸此，可不奉爲律令與！甲申秋八月朔書。

孔孟生卒

孔子生於魯襄公二十二年庚戌十月二十七日庚子，卒於魯哀公十六年四月十八日乙丑，年七十三。孟子生於周定王三十七年四月二日，卒於周赧王二十六年正月十五日，年八十四。今人以七十三、八十四爲年限，謂老者不利，或以此也。

按：魯襄公二十二年爲周靈王二十一年，是年十一月無庚子。論語注、史記世家以爲十一月殆誤，孔氏家語與祖庭記俱以爲十月庚子乃二十七日也。五行書論作二月二十三日。長曆亦然。林開以爲節過亦不得至二月。羅泌謂周之十月即今之八月，遂以八月二十七日爲孔子生日。然周家改月之事，吾疑之。近世馮應京作月令廣義，既以爲八月二十七日矣，又以爲五月初四日，則又自相矛盾。且五月之説，不知何據？予謂當以十月二十七日爲是。魯哀公十六年爲周敬王四十一年，是年四月亦無己丑，惟有乙丑。論語注、史記世家以爲己丑亦誤。故祖庭記直作四月乙丑。林開以爲四月戊戌，尤無稽。又劉氏外紀云：「孔子年七十四。」蓋謂孔子生於魯襄公二十一年己酉也。今考公羊、穀梁傳，實作二十一年也。

祖庭廣記：「先聖生有異質。」凡四十九表，獨未及舌與鬚髮。子思云：「先君生無鬚眉，天下王侯不以此損其敬。」今世所傳寫鬚髯甚盛，蓋吴道元夢中所見者耳。

孔子子孫

孔子生鯉，字伯魚。鯉生伋，字子思。伋生白，字子上。白生求，字子家。求生箕，字子京。箕生穿，字子高。穿生武，復名斌，字子順。子順相魏，魏王曰：「吾聞道士登華山則長生不死，意亦願之。」對曰：「古無是道，非所願也。」王曰：「吾聞信之。」對曰：「未審君之所聞，親聞之於不死者耶？聞之於傳聞者耶？君聞之於傳聞者，妄也。若聞之於不死者，今安在？在者，君學之勿疑。不在者，君勿學無疑。」所謂理勝於詞，與子高之論臧三耳同致，真聖裔之言也。斌生鮒，一名甲，字子魚，即著孔叢子者。

孟子父母

孟子之父，孟孫激公宜，孟孫姓，激公字，宜名。或云激名，公宜字。孟子之母乃仉氏也。又朱子集注引漢書注云：

「孟子，字子車，一說字子輿。」此當從前說。而今之稱孟子者，唯宋黃仲元嘗曰「子車」，其餘皆曰「子輿」。更不聞有曰「子車」者，何也？且子輿，曾子字也。孟子受業子思之門人，不應以曾子之字爲字。或曰：「孟子居貧坎軻，故名軻」。此不稽之言。夫名者，生而命之矣，豈有命名而預定其生平者乎！孔叢子注「子車一作子居」。孟子之子名睪，按譜即孟仲子也。集注以孟仲子爲孟子從昆弟，不知所據？孔子年七十三，伯魚年五十一，子思年六十二。伯魚之死在前，孔子之卒，子思實喪主，四方士來觀禮焉，則其年已長矣。今自孔子卒之年，計至孟子去齊之年，一百六十六年。然則，謂孟子親受業於子思者，非也。通鑑綱目載孟子與子思問答之言，疑皆後人傅會，而司馬公不察而録之，朱子仍之耳。

紫陽

紫陽者，新安祝翁題其樓之名也。以山在新安，居中最高，朝陽初升，紫光凝聚故也。其山之得名亦以此。祝翁有女，妻朱靖獻公，生朱子。朱子生於宋建炎四年庚戌九月十五日，時井中有紫氣見。後朱子作堂室記，云：「紫陽在徽州城南五里。先君子故家婺源，少而遊於郡學，因往遊而樂之。既往閩中，思之獨不置。故嘗以紫陽書堂者刻其印章，蓋其意未嘗一日而忘歸也。既而卒，不能歸。遺命孤熹三十年矣。既不能返其鄉，又不能大其門閭，以奉先祀。然不敢忘先君子之志，敬以印章爲刻榜其居之廳事。」故後之學者，稱朱子爲紫陽夫子云。朱子初字元晦，以元爲四德之首，不敢當，更仲晦。居崇安五夫，有紫陽書堂。後築室，建陽蘆峰之巔，曰雲谷，自號雲谷老人。草堂曰晦庵，因自號晦翁。拜雲臺之命，號雲臺真逸。晚居考亭，作精舍曰滄洲，號滄洲病叟。

慶元元年，韓侂冑誣害趙丞相，竄置永州，中外震駭。且創爲僞學之名，以斥善類。朱子草封事數萬言，極陳其姦邪蔽主，因明丞相之冤。諸生力諫，遂筮之，遇遯之同人，朱子默然焚其稿，遂更號遯翁。遯之初六曰：「遯尾厲。勿用有攸往。」陸績曰：「陰氣已至於二，而初在其後，故曰『遯尾也』。避難當在前，而在後，故『厲往則與災難會』，故『勿用有攸往。』」

漢二賢王

河間獻王名德，漢景帝子也。修學好古，被服儒術，以金帛招書，得書多與漢朝等，有傳經之功，宜祀孔子廟廡。聞昔人曾有言之者，禮部議，以王故不行。

東平王名蒼，漢光武子也。少好經書，雅有智思，顯宗甚愛重之。嘗問王：「處家何等最樂？」王言：「爲善最樂。」佗日下詔國中，稱其言甚大。今之士大夫有好作威於鄉黨者，亦聞此自愧否？

語録

先儒語録不可不讀者，在審問明辨。而有不可不改者，在用鄉音俗字。即如用「這」字、「的」字之類，非徒不文，實不明字義也。嗚呼！言之不文，行之不遠。若謂不必乃爾，則亦奚貴讀書矣。

宋人用「底」字，不知何時竟作「的」字。宰相相沿，擬入聖旨。天子考文之謂何，而絲綸苟簡如斯耶？予謂此類皆宜改正，無以出於先儒，而重自反也。

語録中用方言俚語，揆厥所繇，實始於禪僧。轉相沿冒，曾不之覺，雖大儒不免。此苟簡之道，不敬之一端也。易曰「修辭立其誠」。曰「擬之而後言」。曰「其旨遠[一]，其辭文」，何弗省耶？

〔一〕「遠」：原作「違」，據周易繫辭下改。

曹靖修

曹月川名端，字正夫，澠池人。博通五經，得伊雒之傳。永樂初鄉舉，授霍州學正。在霍十年，造士務踐履，出其門者皆循循雅飭。丁憂，起復，改蒲州。踰年，人樂其化。時考績京師，二州士詣闕爭留。上以霍疏先上，仍命之霍。又六年卒。嘗兩主陝西鄉試。天啓二年，奉旨賜謚靖修。著有孝經直解、四書詳説、太極圖西銘通書解、家規輯略、存疑録、夜行燭諸書，可稱一代理學之冠。特以名位不顯，知之者鮮。予謂宜祀瞽宗。靖修本楊氏，自五世祖繼其舅後，因爲曹氏。

靖修曰：「儒書不博觀，無以探其本末原委之真。異典不涉獵，無以鑑其似是實非之的。」此學者事也。今之高談性命者，大率皆飾其空疏不學之過耳。或有讀異典而遂輕儒書者，自矜其別有悟入，其實繇於中之無主，故謬悠鄙倍之説，得而搖奪之矣。

五祀

周官：天子之祀曰門、曰戶，人之所出；曰中霤，人之所居；曰竈、曰井，人之所養。杜佑曰：「五祀所以報德也。」今國家之制：立春祀司戶，立夏祀司竈，季夏土王用事，祀中霤。立秋祀司門，立冬祀司井。按：禮記月令「冬祀行」。淮南時則訓：「冬祀井。」白虎通亦云「冬祭井」。太玄之數，冬爲井。唐月令「冬祀井而不祀行」。或曰「井即行也」。蓋行爲井間道，古者八家同井，繇家而至井。井有八道，八家所行也。祭井，即祭行也」。程子以行爲宁廊。朱子謂「是道路之神」。予疑所謂冬祀之井，當是汲水者，故曰「人之所養」。或所謂「井則道也」，豈可溷而一之乎！今制庶人祭里社鄉厲，併得祭竈，而不言戶、中霤、門、井，或舉竈以概之耶？又按：門、戶一也，雖有一二內外闔闢之分，其小者耳。

即會典中所載祀文，門與戶略無異詞。世變義起，似當去其一，而更增「行」焉。

周書黄帝作井。史黄帝分州置陣，象井立法。瞽叟使舜浚井。易重卦已有井名，則井之來已古。或謂「伯益作井」，誤矣。

父子

父子之稱，不但謂所生也。父之兄弟，兄弟之子，皆曰父子。今世俗稱父之兄曰伯，父之弟曰叔，兄之子曰姪，皆非也。伯、叔特以行言，姪則婦女之稱耳。周公作爾雅，謂父之兄弟曰「從父」，兄弟之子曰「從子」，此本稱也。孔子删詩，有宴享父兄之章。父即今所謂伯、叔，故曰「速我諸父」。禮記、春秋天子稱諸侯亦曰「叔父」，周公謂魯公自稱曰「吾成王叔父」，皆不僅言叔也。漢疏廣爲太子太傅，兄子受爲太子少傅。廣謂受曰：「吾聞知足不辱，知止不殆。宦成名立，如此不去，懼有後悔。豈如父子相隨出關，歸老故鄉，以壽命終，不亦善乎？」受叩頭曰：「從大人議。」即上疏乞骸骨。史稱其父子並爲師傅，朝廷以爲榮。是其自稱於人，與人之稱之，皆曰父子也。晉謝玄破苻堅，有驛書至。謝安方對客圍棋，看書既竟，便攝放牀上，了無審色，棋如故。客問之，徐答曰：「小兒輩遂已破賊。」則亦父子之詞。今居恒呼對，或姑從俗，若臨文下筆，不可不從古也。

伯、叔父歿，皆當稱「府君」，先儒從之。孫稱祖亦曰「先君」，見孔叢子。婦稱夫亦曰「先君」，見詩經。

蔣相國詩

三兄雲隱自京師歸，予偶持扇求書。三兄云：「頃見蔣相國一詩『非僧卻似老僧寒，餌得奇方獨宿丸。爛煑黄芽供一醉，任憑風雪滿長安。』」遂書之。予曰：「是非宰相之言也，出自山林輩則可。」三兄笑曰：「此或其未作宰相時作。」予曰：「范文正公做秀才時，便以天下爲己任，其意固已遠矣。故天門掉臂，王元之知丁謂之不忠也。」三兄爲拊掌。蔣公嘗著慤書，頗留心當世之務，在位亦不久，故無所建樹。予特以其詩太似「自了漢」耳。

西洋

昔子斗先生嘗爲予述，西洋人言月體不圓，如黄金堆月中，黑者即其凹處。天河如雲氣者，皆小星昴，不止七星。蓋以所造遠鏡驗之也。大抵西洋之學，專奉耶穌，於二氏外别立宗旨，其與吾儒悖，均也。然天文奇器，則有獨長。

孫督師

癸未秋，督師白谷孫公征賊於河南。敗績，退據潼關，約紳士分守城陴。冬十月六日，公在東城門樓上。陪公者，舉人孔念心，名傑儒。初報賊上南城，左右驚散，念心獨留。再報賊已開南門，念心乃舍公趨城下，遂被縛。念心被縛時，别公僅瞬息間耳。城上下皆賊，如風雨驟至，公萬無脱理。念心係予至戚，親爲予言如此。獨以遇害於亂軍中，不得尸，故致有紛紛之説耳。潼關既陷，高傑率衆逃而西。人於火光中見白廣恩引一婦人，衣紅短衣，披髮乘馬，後隨健卒數十人。廣恩當先衝敵，賊爲辟易，亦奪西門去。巷戰不止者，監軍道喬遷高、指揮張爾猷、李繼祖皆死之。吴司業駿公作綏寇紀略及雁門尚書行，以遷高爲名元柱，即其人也。

出兵遇雨者，不祥，兵書謂之「沐尸雨」，歷傳有驗。孫督師出兵時，霖雨如注，巡撫、監軍諸公日促之行，人馬在泥淖中，不堪其苦，而曾無有爲言之者。此非獨不知天時，抑亦豈所謂人和之道耶？

北遊集

僧弘覺著北遊集，載章皇帝出狩昌平，回爲言：「明之諸陵規模弘敞，工費浩繁，當日用金非數百萬不可。其中龍神結聚，堂局周正，唯長陵最佳。可惜朕去遲了，數百年合抱蒼松翠柏，砍伐殆盡。朕已特下嚴旨，仍加護植矣。但崇禎帝陵寢湫隘不堪，合朕自捐金修葺，奈國用匱乏，思諭明臣共襄厥事。」弘覺曰：「伐陵斷脈，古今通弊。以元世祖之仁明，不能忌情於宋世六陵。乃皇上不唯覆護之，反加崇飾焉。此至仁至聖之美政，真足爲萬世有天下者師法也。」無幾，章皇帝崩，其事不果行。

一日，上閱布水臺文集，見其中有薦毅宗烈皇帝疏，上曰：「毅宗莫不是崇禎帝麽？」弘覺曰：「然。」上曰：「本朝謚思宗，非毅宗也。」弘覺曰：「忞僻遠疏虞，聞江南謚如此，而不知本朝有別謚也。」上曰：「此亦何妨，然予聞江南初亦謚思宗，後有言『思』字非美謚者，故改之耳。」

又一日，上問弘覺：「先老和尚與雪嶠大師書法，二老孰優？」弘覺曰：「先師學力既到，而天分不如。雪大師天資極高，而學力稍欠。故雪師少結構，而先師乏生動，互有短長也。記得先師嘗語忞曰：『老僧半生務作，運個生硬手腕，東塗西抹，有甚好字。虧我膽大耳。』」上曰：「此正先老和尚之所以善書也。揮毫時若不膽大，則心手不能相忘，到底欠於圓活。」上復問：「老和尚楷書曾學甚麽帖來？」弘覺曰：「道忞初學黄庭不就。繼學遺教經，後來又臨夫子廟堂碑，一上谿不能專心致志，故無成字在胸，往往落筆即點畫走竄也。」上曰：「朕亦臨此二帖，怎麽到得老和尚田地？」弘覺曰：「皇上天縱之聖，自然不學而能。第忞輩未獲睹龍蛇勢耳。」上曰：「老和尚處有大筆與紙麽？」弘覺曰：「紙即皇上敕忞書手卷底，尚有十餘張。但新制鬃豪，恐不堪上用。」上乃命侍臣研墨，即席濡豪擘窠書一「敬」字，復起立連書數幅。持一示弘覺曰：「此幅何如？」弘覺曰：「此幅最佳，乞賜道忞。」上連道不堪。弘覺就上手撤得，曰：「恭謝天恩。」上笑曰：「朕字何足尚，崇禎帝字乃佳耳。」命侍臣一并將來，約有八、九十幅。上一一親眎弘覺，時覺上容慘戚，默然不語。弘覺觀畢，上乃涕洟曰：「如此明君，身嬰巨禍，使人不覺酸楚耳。」又言：「近修明史，朕敕羣工不得妄議崇禎帝。」又命閣臣金之俊撰碑文一通，竪於隧道，使天下後世知明代亡國，罪繇臣工，而崇禎帝非失道之君也。弘覺曰：「先帝何修得我皇爲異世知己哉！」予嘗至昌平，守陵人爲言章皇帝哭烈皇帝狀甚悉。今觀此集所載，蓋不啻三致意焉。讀御製太監王承恩碑文，較之俊所撰更痛切矣。

王右軍

右軍告墓文，今之所傳，即其稿本，不具年月朔日。其真本云「惟永和十年三月癸卯朔九日辛亥而書」，亦是真小文。按：開元初，瓦官寺修講堂，匠人於鴟尾内竹筒中得之，與一沙門。至八年縣丞李延業得之，上岐王以獻帝，便留不出。按：永和十年正月，殷淵源免爲庶人。以連年北伐，師徒屢敗故也。先八年春，淵源舉師北伐，右軍以書止之，不從。既敗，秋復謀再舉。右軍又遺書，有云：「今亟修德補闕，廣延羣賢，與之分任，尚未知獲濟所期。若猶以前事爲未工，故復求之於分外，宇宙雖廣，將何所容也。」又不從。九年春，乃修禊於蘭亭時也，至此，作告墓文，蓋亦有感於淵源之所爲矣。

嘗有人言：「雲南在昔文廟中所祀者，爲王右軍，非孔子也。」心竊疑焉。近見天台馮氏所作滇考，乃真有之。滇考曰：「至元十五年，除張立道中慶路總管，佩虎符。雲南未知尊孔子，祀王逸少爲先師。立道言於賽典赤，始建孔子廟。置學舍，擇蜀士之賢者爲弟子師，歲時率諸生行釋菜禮。繇是人習禮儀矣。」然不言其祀逸少者何故？始於何時？主之者何人也？立道，陳留人，卒於官，與賽典赤並祠鄯闡城，至今血食不絶。賽典赤名贍思丁，一名烏馬兒，回回人。其國稱賽典赤，猶言貴族也。宿衛元世祖，以「賽典赤」呼之而不名。

康對山

康對山與李空同素善，李爲韓忠定草疏，劉瑾切齒，必欲置之死。既下獄，獄吏侵之。李乞筆研，獄吏曰：「囚安得作書？」侵益急。李乃裂帛，齧指血，與康書曰：「對山救我，惟對山能救我！」其内弟左國玉亦上書與康，勉以大義。先是，瑾聞康名甚慕，又自以同鄉，欲借之弹壓百僚，屢致不至。康既得書，即倉皇走見瑾。時六卿見瑾皆長跽，不爲動。康至，瑾大喜，倒屣出迎曰：「何處好風，吹先生至乎！昔高力士折節青蓮，今得從先生遊，雖執鞭納履所欣慕焉。」康即據上坐，顧盼自若。瑾喜慰甚，康因曰：「如海百輩，何足比數。李夢陽海内才人，而明公不恤，今下獄且暮且死。死，天下後世自以明公不愛才也。如海百輩，何足比數乎！」遂絮泣曰：「可惜！可惜！」瑾爲動色，遽出李獄。後瑾敗，康坐罷去。益縱情聲妓，恣遊山水。李議論稍過嚴刻，馬中錫作中山狼傳以詆之。王渼陂遂填詞爲中山狼院本。然予又聞，李下獄時，求康居間，實何大復畫策。何亦自上書李文正力救。而康落籍，或謂文正主之。蓋文正方秉天下文柄，嘉與後進，一時名流，皆出其門。獨康、李輩崛起，自樹壁壘。舊例，翰林官丁憂，其墓文率請之内閣諸公。康丁憂，聞喪即行，求李空同作墓碑，王渼陂、段德光作墓誌與傳，故文正大爲不平。王與康爲姻家，其遊春院本中所謂李林甫，正指文正也。

康山

辛卯春，予寓惟揚。姚永言太史嘗招飲康山草堂，詢其錫名之故，云：「康對山昔微身於此，日事酩酊。每出於市上，唱琵琶詞，人不識其所以。一直指過，於輿中識之。翼日相訪，果然。再跡之，已行矣。『康山』得名以此。」然此事不見於對山傳中。草堂扁，則董文敏書也。

詩文

昔人云：「文能宗經，體有六義：一則情深而不詭，二則風清而不雜，三則事信而不誕，四則義直而不回，五則體約而不蕪，六則文麗而不淫。」如此爲文，其有不合道者，鮮矣。

古詩舊標十九首，不知作者，或云枚叔。文選注以「游戲宛與雒」與「驅車上東門」，詞兼東都，非盡是叔。又以「東城高且長」與「燕趙多佳人」明是二首，不應合而爲一。其言最當，今正當稱二十首耳。然二十首自是一人作，如云非盡是叔，是以爲兩人，則又未必然也。

擬古詩始於陸士衡。孫月峰曰：「句倣字效，如臨帖然。然又戒太似，所以用心最苦。大抵貴得其神。若擬古詩，則詩道自進。」此學詩者所當知也。

謝康樂擬魏太子鄴中集詩八首，郭美命以爲巧模極擬，各類其人。江文通有雜體詩三十首，皆斆其文體。嚴滄浪云：「擬古惟文通最長，擬之皆似。獨擬李都尉一首，不似西漢耳。」

夢溪筆談載：司馬相如敍上林諸水曰：「丹水、紫淵、灞、滻、涇、渭、酆鎬、潦潏八川分流，相背而異態，東注太湖。」舊注：太湖所謂震澤。按：八水皆入大河，如何得東注震澤？又白樂天長恨歌云：「峨嵋山下少人行，旌旗無光日色薄。」峨嵋在嘉州，與幸蜀路全無交涉。杜甫武侯廟柏詩云：「霜皮溜雨四十圍，黛色參天二千尺。」四十圍乃是徑七尺，無乃太細而長乎！「防風氏身廣九畝，長三丈。」姬室畝廣六尺，九畝乃五丈四尺，如此防風之身乃一餅餤耳。此論雖似過刻，其實亦文之病也。王勉夫獨謂：「不宜深泥。」笑其用九章算法。

昔與吾友會於青門，談詩曰：「杜陵五言律，當以能畫一首壓卷。」後數年，又會於青門，談詩曰：「杜陵五言律，當以送翰林張司馬南海勒碑一首壓卷。」予謂能畫一首頗涉議論，已開宋人一派，且頸聯失之率，結語尤不成文。議論雖好，不足法也。若送翰林張司馬南海勒碑一首，則異是。後之所言，應勝於昔。大約詩固以自然爲貴，亦須句字琢練，方堪吟詠。又古人爲詩，興會所至，各有佳處。必於全集中求一首壓卷，亦不必矣。

心史

鄭所南思肖著心史，以鐵函藏之井中。其元本在陸孝廉履長處，予曾親見之。所言皆宋末元初事，詩文有朱筆圈點。崇禎己卯，已有刻本行世矣。所南善寫蘭，獨不寫培塿。與倪雲林不寫人物，其意略同。别號三外老夫。又嘗作太極鍊法，蓋元時高士多寓跡二氏，如黄子久、吴仲圭皆是也。所南父名起，字叔起，號菊山。此人所鮮知者，故表出之。

趙文敏書畫

世以趙承旨書爲集大成，蓋其用工勤而且久，無一筆不有所自來。但比之畫道，即居神品，非逸品也。若其畫，則勝於書。于密庵云：「其生平得意之筆曰鵲華秋色，今在山東張氏家。」然予舊聞在松江董宗伯處，宗伯所云：「兼右丞、北苑二家畫法。有唐人之致，去其纖。有北宋之雄，去其獷者也。」不知何以流傳於彼，每以不獲寓目爲恨。予嘗得小畫一幀，有項墨林收藏印記，定爲承旨筆。偶出以示密庵，密庵曰：「此承旨真跡也。君欲見鵲華秋色，即此是矣，但大小不同耳。」密庵深心内典，幼從張鶴澗學畫，臨倣古人皆得其要，故鑑賞極精。

陸包山

陸包山行誼甚高，王弇州爲作傳，極稱之。予有其山水大幅一軸，郭宛委松談閣所藏也。嘗於池陽來氏處見一册，尤爲細潤，似亦脱去蹊徑矣。戴楓仲有寫生二軸，一泥融飛燕子，一沙暖睡鴛鴦，氣韻超逸，出入宋元。大抵包山畫遜沈、文，而其著色有獨得，此可爲知者道耳。

董文敏

董文敏有云：「詩、文、書、畫，少而工，老而淡。淡勝工，不工亦何能淡？」此至言也。然吾論文敏畫第一，制義次之，書又次之。其所爲詩、古文辭則下駟耳。

王宗伯書

宗伯於書道，天分既優，用工又博，合者直可抗跡顔、柳。晚年爲人，略無行簡，書亦漸入惡趣。奉命來祭華嶽，爲賊所困，留滯華下。寫字頗多，益縱弛，失晉人古雅遺則。乃知書品與人品相爲表裏，不可掩也。三百年來，書當以東吴生爲最，法度不乏而神采秀逸，所謂自性情中流出，愈看愈佳耳。宗伯則久之生厭，倘不謂然，請爲布毯三日。

仇紫瓛

仇紫瓛名時古，字叔尚。曲沃進士，爲松江太守，與董宗伯思白、陳徵君仲醇善。有富室殺人，法當死，求宗伯居間。太守故不從，曲令重醻乃釋之。自是往來益密。宗伯每一至署，太守輒出素綾或紙屬書，無不應者。所得宗伯書，不下數百幅。太守歿後，爲其親友索取，遂至散佚。予猶及見者，止行書大字尚四十餘幅。間有無印章者，以在署時未攜故耳。

仇氏書畫之富，甲於山右，其所藏蓋千有餘種。在松江時，凡有所得，輒求董宗伯、陳徵君爲鑑定，故往往有二公題字。予及見者，三百五十六種。然真贋參半，可稱好事家。

仇氏藏畫最著名者，李成寒林大軸，馬遠瀟湘八景手卷，俱賈平章物也。李畫有賈平章題云：「營丘李夫子，天下山水師。故筆寫寒林，千金難易之。」其邊闌有董宗伯題云：「李營丘樹，米元章時止見二本。此圖爲賈秋壑所藏，西蜀陳文憲公得之，求予作四代誥命，以作潤筆，丙申四月事也。」丁卯十月，重識馬畫。董宗伯題其首云：「馬遠瀟湘圖，四段作八景。」煙雲縹緲之致，具見筆端，令人不動步而作楚遊，真南宋名手也。卷中題詠，皆勝國及國初賞鑑之家，可稱墨寶。上有「機暇清賞緝熙殿寶」及秋壑印章。所謂題詠者，朱德潤、李構、張遜、魯沙、鄭元祐、李祁、張舜咨、倪中、嚴樺、呂宗聖、呂憲也。

予戊申秋在曲沃，於仇氏處亦購得數種。中有陸文裕公真跡一卷，董宗伯題云：「文裕公詩帖，嘗一幅至作數幅，擇其自謂得意者方存之，餘皆付丙丁，恐傳世有示樸之誚耳。」前輩用意矜重乃爾。因文、祝同時，頗爲吳中所掩，若作公論，實在待詔、京兆之上。陳徵君題云：「儼山先生初繇吳興，晚入北海之室。嘗曰：『吾與子昂同學北海，不從趙入也。』觀此卷信然，真吾松翰墨導師耳。」文裕，君子也，予之重此卷，又不獨以詩與字矣。

朱竹

孫雪居嘗寫朱竹，輒自題云：「管夫人喜寫朱竹，楊廉夫贈以歌行，載集中。或云是壽亭侯始。」予數見之。然漢壽地名，亭侯爵也，當云漢壽亭侯。雪居乃不辨此耶？

陳祺公

陳祺公與予以翰墨相來往，幾四載矣，而實未識面。戊申秋，予至保定，始獲晤對，朝夕相聚，因並識其兄大來。祺公居官有才有守，而豁達大度，不可一世。政事之暇，博覽羣籍。尤好交遊，慷慨然諾，有古人之風。其居家，則内外大小事皆大來主之，祺公事之唯謹，恂恂若孺子。夫身列外臺，位非不高，年逾不惑，齒非不長，而能守禮若此，可謂賢矣。予每察其言動，退而思之，益覺其尊。世或有甫登科第，而慢骨肉以自驕者，亦只見其隘也已。

宋陳公省華，三子皆已貴爲宰相及節度使，公尚無恙。每客至，三子侍立左右，客不安求去。公笑曰：「此兒子輩耳。」故當時人咸榮之，而以公教子爲可法。富鄭公爲相，雖微官、布衣謁見，皆與之抗禮，引坐，語從容，送之及門，視其上馬乃還。此皆度越今人遠矣。

孫少宰

京師收藏之富，無有過於孫少宰退谷者。蓋大内之物，經亂後皆散逸民間，退谷家京師，又善鑑，故奇跡祕玩咸歸焉。

予每詣之，退谷必出示數物，留坐竟日。肴蔬不過五簋，酒不過三四巡，所用皆前代器。頗有古人真率之風。凡予所談論，退谷輒喜，以爲與己合。唯於王文成有已甚之詞，予不然之。時方搆「秋水軒」，以著述自娱，其扁聯皆屬予書。年已七十有八，手不釋卷，窮經博古，老而彌篤，近今以來所未有也。

定武蘭亭

予得定武蘭亭五字未損本，蓋秦府物，亂後落在民間者。舊爲宋仲温所藏，有米元暉諸君跋。仲温録趙魏公十三跋於後，而又自爲之跋者九。書法精善，無一懈筆。汪苕文亟賞之，每過予，觀之竟日不倦。近劉公勇著識小録，中有云：「王山史亦有五字未損本蘭亭，宋搨豫章本也。有米元暉跋與宋仲温跋，若出一手。」爲蛇足耳！苕文大不然之。予嘗馳簡公勇云：「米元暉跋，弟固疑其贋。然與宋仲温跋用筆迥異。足下謂如出一手，何也？因讀佳著，著意尋求，欲摘其一筆稍似亦不可得。今遂望足下删改此稿，不然失言矣。」

善畫人

古今善畫人，別號可稱，如顧癡、米顛、范寬、倪迂之類。蓋其性情有別致，出於世網之外，故足尚耳。舑談勢利，握齱問米鹽之徒，筆墨雖工，終不能超逸絶羣也。

上林圖

仇十洲上林圖一卷，臨趙千里筆也。予在京兆曾見之，工細之極，非周歲之力不能也。汪文石以善價得之一老兵。今於燕市更見二卷，工細相等，筆力稍遜，神采遂異，蓋贋作耳。其一卷又增寫「伯駒」二字爲款，劉太史以五十金購去。公勇嘗過予稱之，予笑曰：「十洲卷可彷彿千里，千里卷乃不及十洲。」公勇問故，汪卷適在予所，因出視之，公勇爲爽然。

自勵

予自三兄逝後，無日不愴然於中，且自警自懼，故於庚戌元旦，謹告先靈：凡一切逾分違理事，必不敢爲，所以養身，非獨自勵，亦望我子弟共識此意也。

予昔日好聲伎，三兄嘗以爲戒。今每憶及，不禁泣數行下，悔過之誠，有如皦日。不獨如吾家右軍所云：「恐兒輩覺，損欣樂之趣也。」

瘞骨

田生生言：「狗見狗骨，必銜之於曠地埋之。蓋物之恤其類也如此。然則，人有見人之骨而不爲之瘞者，愧於狗矣。」

殺生

天地生，人即生。爲人之食者，如五穀、蔬果之類，不一而足，食肉非天地之心也。弱肉強食，殺機日熾，聖人知其不可止也，制爲之禮，示之以節，使其非祭祀、燕享，不無故輒殺。故殺生者，聖人之不得已也。若以殺生爲理之當然，此必不敢信者。試思物之就殺，其哀怖痛楚之狀，有不心惻者乎！在我不過縱一時口腹之欲耳，而令彼之性命以終，此何理哉？虎狼，人皆惡之，謂是惡獸。天地生彼，以肉爲食，無有他食，人乃惡之。人既有穀食，又必食肉，且無所不食，百計以取之，豈得非惡乎！而恬不爲怪，蔽於習也。蘇文忠公自出獄後，但食已死之物，絕不宰殺一生，自謂非有所求。因己親經患難，無異鷄鴨之在庖廚，不復以口腹之故，致使有生之類，受無量怖苦耳。今未能斷肉，當守文忠公此戒，可也。

戒屠

予同姓中，有父子爲屠者，後其子二人，皆以小事自刎。頃予從子爲新城令，予至署日，適值里民狀白屠戶王天勉子仲自刎事。天勉有三子，長者曩已自刎死。第三子方幼，忽投入沸湯鬴中，脫皮而死。至是，仲又自刎死。天下生計儘多，豈必宰殺始有利益。耳目見聞，不曾有屠戶至殷富長久者，亦可鑑也。孟子曰：「術不可不慎。」矢匠尚不可爲，況屠乎！予同姓中尚有爲屠者，是日寄書勸戒，附贈白金四兩，助令改業。

九經字數

周易二萬四千二百七字，尚書二萬五千七百字，毛詩三萬九千一百二十四字，禮記九萬九千二十字，周禮四萬五千八百六字，春秋左傳一十九萬六千八百四十五字，孝經一千九百三字，論語一萬一千七百五字，孟子三萬四千六百八十五字，共計之不滿五十萬字。歐陽文忠公嘗以此勸人讀。予謂每日讀一千字，不及二年可周。或有人事之擾，即以三年爲期，亦不爲勞。而從事者鮮，何也？偶一思及，不勝警愧。漢人云：「三十而五經立。」蓋古人讀書，皆有定限，今人直是悠忽度日。宜乎，學之不如古也！

禮佛老

邵子堯夫見佛老像則拜。程子伊川遊僧舍，一後生置坐，背佛像，伊川令列坐。門人問曰：「先生平日闢佛老，今何敬也？」伊川曰：「平日所闢者道也，今日所敬者人也。且佛亦人耳，想在當時，亦賢於衆人者。故闢其道而敬其人。」朱子嘗記尹和靖五事，有云：「先生在從班時，朝士迎天竺觀音於郊外，先生與往。有問：『何以迎觀音也？』先生曰：『衆人皆迎，某安敢違衆？』又問：『然則拜乎？』曰：『固將拜也。』問者曰：『不得已而拜之與，抑誠拜也？』曰：『彼亦賢者也，見賢斯誠敬而拜之矣。』」予次子知讀書，不喜二氏，每遇寺觀中像，挺然而過，即一長揖不肯也。予嘗舉此訓之，今至寺觀，乃恂恂然致禮矣。

朱子讀二氏書

朱子讀釋氏書，作詩有「身心晏如」之嘆，而尤時時有取於道家之言。如陰符經有注、參同契注，雖不成於朱子，而其説皆本之朱子。蓋其學通徹上下，包括巨細，如海涵地負，無所不有。故於二氏之言，不盡棄絶，而要其所守，一歸於正。學者必如朱子之守，方可以讀二氏之書。胡敬齋謂「調息箴可以不作」，乃以是爲朱子病耶！

人身八卦

人首圓象乾天，足方象坤地，身體象艮山，津液象兑澤，聲音象震雷，呼吸象巽風，血榮象坎水，炁衛象離火，是八卦皆備於我也。耳、目、鼻皆雙竅，口、小便、大便皆單竅。故鼻下、口上謂之人中，其卦則泰也。素問云：「天不足西北，以北方陰也。人右耳目不如左明。地不滿東南，以東方陽也。人左手足不如右強。」氣屬陽，形屬陰。陽左陰右，陽清陰濁，陽虚陰實也。道家謂：「人一身皆屬陰，唯先天一氣是陽。」此氣非呼吸吹嘘之氣，人在胎中，先受此氣，九竅四肢，次第而成，人象具足。此氣正在空虚之間，若能御氣，則鼻不失息。食生吐死，可以長生。鼻納氣爲生，口吐氣爲死也。朱子不非調息之説，蓋有以也。

書式

洪武三年，詔中書省臣曰：「今人於書札多稱頓首、再拜、百拜，皆非實。其定爲儀式，令人遵守。又小民不知避忌，往往取先聖、先賢、漢、唐、國、寶等字，以爲名字，宜禁革之。」於是禮部定議：「凡致書於尊者，稱端肅奉書；答札，稱端肅奉復。致平己者，奉書奉復。上之與下，稱書寄、書答。卑幼與尊長，則云家書敬復。尊長與卑幼，則云書付某人。其名字有天、國、君、臣、聖、神、堯、舜、禹、湯、文、武、周、漢、晉、唐等國號，悉令更之。」萬曆二十七年，禮部題奉聖旨：「民間止用折簡，不許用全簡。」此亦省財之一端，所以教儉也。後皆不見遵行，習俗相沿，賢者不免矣。

今人往來用副啓，別具名簡，蓋起於有所私避之耳。既用封，又用護封，俱屬繁費，非古，省之可也。

初集卷二

人心道心

虞廷言心不言性，是從其動處言之也。蓋人心一動，有善有惡，是聖狂之分也。豈不危乎？人心一動，知善知惡，天良不昧，即爲道心。所謂幾也，豈不微乎？惟精者察其危也，惟一者養其微也。精一者工夫也，中者本體也，精一是從本體用工夫也。至「允執厥中」，是從工夫識本體也。先儒以人心直作人欲，則於「危」字不關切。且明是「心」字，如何强作「欲」字耶？

精有二義，別其端不雜也，充其類弗蔽也，故曰「辨之明」。一有二義，志之專，勿二三也；行之力，無作輟也，故曰「守之篤」。

馮恭定

馮恭定之學，恪守程、朱之訓，可謂純而正矣。先司馬嘗遊其門，稱其「口無擇言，身無擇行」，此吾輩之所當奉爲神明蓍蔡者也。讀其集，但觀其語録足矣，其詩文固可略。在公，元不欲以詩文自見也。公嘗云：「陽明先生『致良知』三字，洩千載聖學之祕，有功於吾道甚大。而先生又曰『無善無惡心之體，有善有惡意之動，知善知惡是良知，爲善去惡是格物。』夫有善有惡二句與『致良知』三字互相發明，最爲的確痛快。爲善去惡一句，雖非大學本旨，然亦不至誤人。惟無善無惡一句，關係學脈不小，此不可不辨，何也？心一耳，自其發動處謂之意，自其靈明處謂之知。既『知善知惡是良知』，可見有善無惡是心之體。今曰『無善無惡心之體』，亦可曰無良無不良心之體耶？近日學者信『致良知』之說者，併信無善無惡之說，固不是。非無善無惡之說者，併非『致良知』之說，尤不是。」

或曰：「果如致良知之說，然則諸儒所稱，或主靜，或居敬，或窮理，或靜坐，或體認天理，或看喜怒哀樂未發氣象，彼皆非歟？」曰：「不然。良知是本體，居敬、窮理諸說皆是致良知工夫。致之云者，非虛無寂滅如二氏之說也。致乎，致乎，豈易言哉！」公之論陽明，可謂公而平矣。獨於爲善去惡一句，猶有恕詞。予謂此句正不可不辨，蓋學者用功分途，正學異端分途，皆在於此。豈可謂「非大學本旨」，「而猶不至誤人」耶？

或問：「近日學者，亦知無善無惡之說之誤。又講有善之善，有無善之善。若謂善之善，對惡而言也。無善之善，指繼善之初，不對惡而言也。何如？」公曰：「吾儒之旨，只在『善』之一字。佛氏之旨，卻在『無善』二字。近日學者，既惑於佛氏無善之說，而又不敢抹摋吾儒『善』字，於是又有無善之善之說耳。又有一譬云：山下出泉，本源原清。漸流漸遠，有清有濁。謂有濁而清名始立，則可。謂流之清對濁而言，則可。謂水之源無清無濁，則不可。謂流之清爲清之清，源之清爲無清之清，則不可。知此則本體無善無惡之說，有善之善，有無善之善之說，是非不待辨而決矣。」此皆不易之論也。

公曰：「『此謂知本，此謂知之至也』一節，與上『聽訟』節，雖分兩節，原是一章。非衍文，亦非別有闕文也。『右傳之四章釋本末』八字，當序在『此謂知本』節之後。」予謂，以「此謂知本」接「此謂知本」，連說兩句，似禪僧機鋒語，聖賢斷無此文法。又云「一本大學，都是釋格物，不必另補格物傳。傳止該九章。」然格物傳固可以不補，而今觀所補之傳，語意俱到，明晰痛切，有功於聖人，有益於來學，遂覺其有必不可少者，朱子第一作也。聞當時有人問：「何不即用大學文法？」朱子曰：「亦嘗擬之，終不似，故不用。」此朱子識高處。夫文以明道，道既明，不在文之似與不似也。文中子於聖賢之學，實有心解，而以模範論語遺譏後世，又不可爲鑑耶。

或曰：「書云『人心惟危，道心惟微』。解者多指人心爲人欲，道心爲天理，此言非是。心一也，人安有二心？自人而言，則曰惟危，自道而言，則曰惟微。罔念作狂，克念作聖，非危乎？無聲無臭，無形無體，非微乎？」此言極可思，而公非之，斥爲異學誤人。乃公又有云：「使人有兩個心，一個是人心，一個是道心，有何難精？惟其只是一個心，所以難於辨別，難於分析。」即公此言觀之，與或所言正可相發明。而公斥之，豈以其出於陸子，而遂槩棄之耶。

道心非人不麗，人心非道不宰。不必屏去人心，而別覓道心也。舉吾之人心，一稟於道，即道心矣。故以喜怒、哀樂、視聽、言動爲人心，以中節合禮爲道心。公駁之云：「以中節合禮爲道心，不差。而以喜怒、哀樂、視聽、言動爲人心，不知喜怒、哀樂、視聽、言動可以屏而去之乎？以必不能屏而去之者爲人心，是明白左袒人心、回護人心也。」按此則「人心」二字，真不可直解作人欲矣。何也？正以其不能「屏而去之」也。而公必謂人心屏而去之，猶恐不盡，至云「道心爲善，爲君子。人心爲惡，爲小人。」竊恐其說之果而流於偏也。

解者不以人心爲人欲，公謂其回護人心。或有問：「虞廷說『人心道心』，而上蔡謂『心本一支，離而去者乃意耳。』何也？」公曰：「心本一，自念起而後有人與道之分，故曰：『欲正其心者，先誠其意。』上蔡之言，從大學來。蓋心爲意之主宰，意爲心之發動。本只是一個心，只因一念發動處，遂名爲意耳。上蔡之所謂心，與大學之所謂心，對意而言也。虞廷之所謂心，兼意而言。雖不言意，而意與知自在其中也。」予謂，以公此言觀之，則人心不可直解作人欲，益明矣。既云意與知在其中，而以意與知即謂之欲，謂之惡，謂之小人，可乎？恐與性善之旨又難通矣。且如此說，則上蔡之言亦是回護人心，公援大學之言，卻又是回護上蔡也。

朱子云：「人心，但以形氣所感者而言耳。具形氣謂之人，合義理謂之道，有知覺謂之心。」又云：「飢欲食、渴欲飲者，人心也。得飲食之正者，道心也。須是一心只在道上，少間，那人心自降伏得不見了。人心與道心爲一，恰似無了那人心相似。只是要得道心純一，道心都發見在那人心上。」觀此則人心不可直指爲惡，爲小人，益明。即中庸序謂之「私者」，亦只是就形氣說。故曰「使道心嘗爲之主，而人心每聽命焉。」若是惡，是小人，則當斷滅之矣，豈猶使之聽命乎！蔡氏尚書注亦本此爲說。今特不以人心作人欲耳，而心中理欲之分自在。此於聖賢立教爲學之旨，果何所悖，而云異學誤人耶？

按：「以人心爲人欲，道心爲天理。」其説實始於程子。蓋「從一念起處，别善惡之途。」故如此分疏，未可執之，以爲人心定解也。

善利圖

馮恭定作善利圖，其教人之方最爲警切。詩云：「聖狂分足處，善念是吾真。若要中間立，終爲蹠路人。」謂中間無路。予謂並無中間，譬之植表於此，不正即邪，非有不正不邪之影在其中間。故嘗僭擬一圖，善路正出，利路邪出，不作兩對也。

好名

聖人不好名，然非辭名也。故曰：「必得其名」。又曰：「君子疾没世，而名不稱焉。」諸言名者不一。三代而後，人能斤斤好名，不亦君子乎！乃小人譏君子多以「好名」二字。范忠宣曰：「人若避好名之嫌，則無爲善之路矣。」

楊墨

楊、墨惡當世士習，乃自拔於流俗之中，思有以易天下，亦一時之傑也。特其學術之偏，矯枉太過，將復有害於世道人心。孟子所憂者遠，故斥其「無父無君，爲禽獸」。無非深惡痛絶之意。程子謂「佛氏之書，當如淫聲美色以遠之」。亦如此。大抵皆甚詞也。佛氏所不論，今日如有真能爲楊、墨之學者，得不以爲出羣之介士，而邁俗之通才乎。故學者尤當知世變。

程子曰：「墨子愛其兄之子，猶鄰之子。」墨子書中未嘗有如此等言。但孟子拔本塞源，知其流必至於是，故直之也。觀此可知予言非謬。

邵康節詩

宋儒深於易者，邵康節耳。其擊壤集是以詩作語録，前無古，後無今矣。宜朱子之稱爲「天挺人豪」也。玉臺翁嘗有絶句云：「子美詩之聖，堯夫更別傳。後來操翰者，二妙罕能兼。」此意又非深於詩者不知也。

日月星辰水火土石

太剛爲火，火之在天則爲日。太柔爲水，水之在天則爲月。少剛爲石，石之在天則爲星。少柔爲土，土之在天則爲辰。故陽燧取於日而得火，火與日一體也。方諸取於月而得水，水與月一體也。星隕而爲石，星與石一體也。自日、月、星之外皆辰也，自水、火、石之外皆土也，是辰與土一體也。天只有日、月、星、辰四者，地只有水、火、土、石四者。康節之説如此，於五行之義有異，已見於道藏矣。

陰陽剛柔仁義

予聞諸朱子曰：「陽主進而陰主退，陽主息而陰主消。進而息者，其氣強。退而消者，其氣弱。此陰陽之所以爲剛柔也。陽剛温厚居東南，主春夏，而以作長爲事。陰柔嚴凝居西北，主秋冬，而以斂藏爲事。作長爲生，斂藏爲殺，此剛柔之所以爲仁義也。」以此觀之，則陰陽、剛柔、仁義之位豈不曉然？而彼揚子雲之所謂「於仁也柔，於義也剛」者，乃自其用處之末流言。蓋亦所謂「陽中之陰，陰中之陽」，固不妨自爲一義。但不可以此而論之耳。近有一士疑此説，予爲之指析數端，終不免爲袁機仲一流也。

順逆虛實

凡爲學之道，皆逆功也。逆以用之，順以成之，自然之道也。順者其體，逆者其用也。體用一原，順逆一理，知逆之爲順者，其知道乎！

天下之道，順、逆、虛、實而已。不逆則其順無成也，故生知安行皆是逆力，困知勉行莫非順事。不實則虛，不得而用也。故多聞多見，所以用虛，不睹不聞，正因體實。君子爲學，唯爲其逆，且實者而已。

天地之理本實，然其用在虛。老子所謂「埏埴以爲器」，當其無，有器之用。參同契所謂「以無制有，器用者空」是也。

諱字

唐人諱虎，以虎林爲武林；諱昺，以丙丁爲景丁；諱淵，以殷淵源爲深源。宋人諱恒，以田恒爲田常；諱桓，以齊桓公爲威公；諱貞，以王文貞改爲文正。夫尊者之名，禮所宜諱，但缺一筆不寫完。如唐刻孝經、聖教碑中，世、民、治等字可也。先朝太祖之名不諱，而於所逮事者則諱。然皆別易一字，往往失其文義。但既定爲令，自不敢不從。崇禎三年禮部頒行，諱太祖名下一字，竟不見遵行，何也？

歐陽文忠

嘉靖時，議以歐陽修從祀孔子廟廡，衆論靡定。世宗一日諭大學士楊一清曰：「朕閲書武成篇，有引用歐陽修之語，豈得謂修於六經無羽翼，聖門無功乎？」一清對曰：「歐陽修之在宋，以通今學古爲高，以濟時行道爲賢，以犯顏納諫爲忠。蘇軾稱其論大道似韓愈，論事似陸贄，敍事似司馬遷，誠有不可誣。至知貢舉一變文體，闢異端則有本論一篇，是亦有功於聖門。至於濮議諸篇，得先王禮經遺意，發明倫理，委曲詳盡。但孔廟從祀，取其著書、立言，輔翼六經之功，其餘文章、勳業，皆非所論也。洙泗及門之徒，親受聖教，故雖事無可考者，亦不敢遺。漢唐專門之師，傳授聖經，故雖學行有疵者，亦不敢略。朱熹語、孟集注所取，如尹焞、游酢、謝良佐、范祖禹、胡寅各有注釋者，皆不得與。至如熹之師李延平，同時豫章羅氏，皆號真儒，亦不得與。修之論説見於武成，蓋僅有者耳。其從祀一節，未敢輕議。」一清語既周詳，意復婉切，深得告君之體。然修卒得從祀。予謂修本賢者，於從祀奚歉？但當時建議諸臣，希望風旨，意別有在，元非爲修，修如有知，應反爲恥耳。

洪忠宣祭文

洪忠宣以忤秦檜安置英州，後徙袁州，卒於南雄[一]州。道出南安，張子韶致祭，其文曰：「維某年月日具。官某謹以清酌之奠，昭告於某官之靈。嗚呼哀哉，伏惟尚饗！」其哀憤憂鬱之意，不能盡言，遂置之不言，迄今猶可想見。忠宣卒後

[一]「雄」：原作「雍」，據宋史洪皓傳改。

一日，檜亦死。子韶祭時，猶未及知也。

五更

禮文王世子「三老五更」。注「年老更事者也」。漢書注「五更知五行者」。列子「禾生、伯子出行，經坰外，宿於田更」。亦如此訓。張湛注「更當作叟」。楊用修非之。按：蔡中郎集「五更」作「五叟」。謂「叟，長老之稱。」其字與更相似，書者轉誤。嫂字、瘦字，從叟。今或皆以爲更矣。

司馬孚武攸緒

司馬氏簒魏，而同姓有孚。武氏亂唐，而同姓有攸緒。所謂鳳凰不與鴟梟爲羣，麒麟不與檮杌爲伍者也。然孚尚受爵，而攸緒辭位遠避，又加於孚一等矣。逆賊李自成之妻王氏，僞稱皇后，其弟僞稱皇親。有一舉人，自認爲同宗，以之誇耀里門。人之賢不肖，相去奚啻千里。王氏本南山一淫行婦人也，既稱皇后，使人迎其母。其母年已老，見素所善羅生，遙呼曰：「羅大哥，天乃殺我至此乎！」言訖涕下。此嫗勝於舉人多矣。予見羅生於李千之處，親爲予言如此。千之曰：「羅生昔私暱王氏最厚，王氏被賊擄不知所之。羅生憐其母弟，嘗周卹之，故相善。」其弟既稱皇親，自成北行，屬之追比蒲州鄉官餉銀，暴惡不異於賊。一日往解州謁關壯繆廟，長揖不拜，忽吐血仆地而死。今二州人皆能言之，亦可異也。

錦瑟

周禮樂器圖：雅瑟二十三絃，頌瑟二十五絃。飾以寶玉者曰寶瑟，繪文如錦者曰錦瑟。李義山有錦瑟詩，黄山谷讀之不曉其意。後以問蘇東坡，東坡曰：「此出古今樂志，其聲配適、怨、清、和，一篇之中，曲盡其意。」劉貢父詩話謂「錦瑟，當時貴人愛姬之名」，蓋非無所據。唐詩紀事謂「錦瑟，即令狐楚青衣」。都玄敬非之。然詳觀詩意，自是借名賦事，必有所指，非徒作也。獨五十弦之説，注者紛紛。或云當作十五，或云當作二十五。按漢書郊祀志有「五十絃」之文，東坡亦云：「其絃五十，其柱如之。」要亦有所本。今其器不傳。

丘文莊

丘文莊，名臣也，其所撰大學衍義補，爲先朝第一著作。人謂其中絶不指斥内臣，以將進呈御覽，欲得近侍之歡耳。予按内臣預政之禍已見於真氏之書，公於正百官條中丁寧及之固善，即不然，亦不害其爲全書也。至陰主劉文泰詰奏王端毅，又令人作傳，汙之與閣老餅事，果有之，則失大臣之義。前輩多謂公心術不可知，又謂不脱海蠻習氣。而同官劉吉作一對，書於門曰：「貌如盧杞心尤險，學比荆公性更偏。」時論頗然之。然言出於吉，不足憑也。雙槐歲鈔極稱公言行爲不可及，謂文泰事公實不知。但公嘗言：「范文正生事，岳武穆未必能恢復，秦檜於宋有再造之功。」皆極詭異，則紛紛之口，得非有以自致之與？

武穆之事，古今有心者之所共悲也。當時既殺之以「莫須有」，而後世又欲掩之以「未必能」，何君子之不幸乎！援筆書此，幾欲隕涕。

疊字

今人爲書，於字之疊者下輒作二點。昔有人以問李西涯，西涯謂：「非二點，乃古上字也。」然後漢鄧騭傳有「元二之災」。章懷注云：「元二即元元也。」古書字當再讀者，即於上字之下爲小二字，言此字當兩度言之，西涯未察也。鍾繇帖中有宜字，下作點，釋者謂非疊「宜」字，乃疊「宜」字下「且」字耳。如大夫、子孫等字古俱作點。予謂以點疊字，此苟簡之道，然可施之於草，不可施之於楷。至疊字之半，則其謬已甚，雖古有之，不可從也。

鄧騭傳「元二之災」，上有「遭」字，下有「人民饑荒」字。洪容齋謂：「漢碑楊孟文石門頌云『中遭元二，西夷殘害』，孔耽碑云『遭元二坎坷，人民相食』，趙氏金石跋云『若讀元元，不是文理』。」又引王充論衡有云：「今上嗣位，元二之間，嘉德布流。」謂建初元年、二年也。永初元年、二年，郡國地震，大水。鄧騭以二年十一月拜大將軍，是所謂「元二」者，謂永初元年、二年也。宋王楙又引陳忠傳有云：「頻遭元、二之厄。」正與騭同時。然則騭傳當作兩年解，而章懷兩度之注，亦自有理。當別存其義者也。

田孝子

富平田上則爲李自成所殺，蓋代父死難，孝子也。非今世廬墓、封股者可比。予嘗言之郭九芝明府，爲建祠，與唐梁孝子並祀，以旌之。不知今竟能成否？予不識上則，其詩文亦不多見，李天生偶述其秋日荆園懷季父驃騎公一詩云：「釀酒新成稻子香，提兵江漢爲勤王。將軍鐵甲秋風裏，閒殺東籬菊正黃。」特録以識之。

上則之父爲參藩，其哭上則有一聯曰：「爾父爲臣，不能盡忠，保生惜命，殊覺慚天愧地。吾兒爲子，乃能盡孝，殺身成仁，應知垂後傳今。」然參藩以上則代死，得不辱於賊，吾無譏焉，而上則之孝大矣。

五音

人之聲，繇心生。其出於中也，有漸。聲始出於喉，直上出爲宫。再出到腭，聲上騰爲商。又再出到舌中，聲平出爲角。又再出到齒，聲斜降出爲徵。又降出到唇，爲羽。喉、腭、舌、齒、唇乃人元氣出，隨所到之處而得宫、商、角、徵、羽之聲也。喉聲最清，腭聲次清，舌聲半清半濁，齒聲次濁，唇聲極濁。凡聲上騰升揚者清，下沉重滯者濁。喉腭之聲上騰，故清。齒唇之聲下沉，故濁。莫非聲氣之自然，不假於安排也。若歌聲長者重濁而舒遲，短者輕清而慓疾。天上騰而清，地下重而濁，亦其驗也。宫、商、角、徵、羽者，五聲之名，生出先後之序也。君、臣、民、物、事者，五聲之實，貴賤清濁之次也。今之吴歈頗得其意，惜乎優伶不知其義，而士大夫率以爲侑酒之具，取歡於一時，而莫之講究也。

韻

屠緯真云：「天下有至不可解，而後世遵之以爲蓍龜者，沈約之韻書是也。沈約以前帝王賢聖、博學通儒，不知其幾。凡所作有韻之文，亦不知其幾。一東與二冬，三江與七陽，四支與五微、八齊，六魚與七虞，九佳與六麻，十一真與十二文，十三元與十四寒、十五刪，二蕭與三肴、四豪，八庚與九青、十蒸，十三覃與十四鹽、十五咸，無不相通。至約始悉取而分之，果何見哉？豈前代帝王賢聖、博學通儒，自剖判以來向承譌謬，至約而始改正也？古合而實是，今分而實非，亦可謂妄矣。約既狂謬，後世乃遵之而不變，何哉？」予按今所傳約韻並非約，乃平水劉淵所爲耳，蓋即禮部韻略而併其通用者。緯真所指正即淵韻。郭美命刻韻經云：「有四聲譜乃約故本，與淵韻頗有異。其上平有九咍、十八痕，下平有二十九。凡上有十六混、十九蹝，去有八祭、十代、十七𤇾，入有十六昔，而今韻無之。」緯真言不及此，可知也。學者不知韻，奚論詩？不知今韻之非，又奚足與論古韻之所以是哉？

字從俗

學者讀書，於字之點畫、音韻皆當究心，不可承謞。然亦有舉世共習，久而不可改者，如間之從「日」，大之入「禡」韻之類，則姑從之可也。

閏字

閏字從門，從王。説者謂「明堂之禮，天子閏月居門，故王在門中爲閏。」似也，然不知制禮在前乎，造字在前乎？如制禮在前，則彼時天子居門之月，未有此字，不知何稱？如造字在前，則彼時未有此禮，何得遽援爲説？大抵後世文字日繁，本之六義者固多，其不可解者亦不乏。學者固當究心，亦不必强爲之説，涉於穿鑿。如王安石之字説，遺笑藝林也。

芤芇

脈之有芤，奕之有芇，古人用字之奇如此。自造之與，抑亦有所本與？究文章之原，莫得其朕也。

押字

葉石林云："唐人初未有押字，但草書其名，以爲私記，故號花書。韋陟五雲體是也。予見唐誥書名，未見一楷字。今人押字，或多押名，猶是此意。"近世乃有不押名者，或押其字，或約略作數字。宋徽宗押"天下一人"四字，先帝御押乃御字上德、下約。二字也。

俗字

今世以一、二、三、四、五、六、七、八、九、十字爲壹、貳、叁、肆、伍、陸、柒、捌、玖、拾字，乃開濟在戶部時所定，以防奸胥改竄之弊，實亦本之前人。洪容齋時已有之矣。以"準"爲"准"，或云"避萊公之諱"。按：漢晉吏文多書承準字，以"準"爲"准。"干禄書、廣韻謂"准，俗準字"。則非始於宋也。然此特減其點畫耳。至以"察"爲"查"，則失之遠矣。

臨川文選

燕山劉黄中刻臨川文選，表揚章大力、陳大士、羅文止、艾千子，意甚善也。所爲序文，矯矯自異，獨舉金沙張譽并之言，謂："羅文止之文，當與譚友夏之詩並行千古。"予不敢以爲然。友夏詩澀而淺，其音如破竹敗絲，但於字句間求尖新。雖與鍾伯敬齊稱，尚不及伯敬，烏足以當文止之文哉！予幼時喜言鍾、譚，其文集皆細加丹鉛。今每翻及，面爲之赤。艾千子選評制義，發明題理，表章先輩，使學者知所取法，其功不細。近今以來，罕見其匹。所刻"文定"、"文待"，真一世之鴻寶也。其自作古文詞，法唐宋大家，能暢所欲言。然有好盡之病，又負氣好駡人，殊欠藴雅。千子謂：「朱、陸論無極太極書，兩是而兩足存。」此意乃申陸子之説也。蓋陸子之説，於理較長。朱子特爲學者過慮耳。今取兩書平心細繹，自可見矣。又謂：「李、何論文書，兩非而兩不足存。」則以其所法固殊，又所爭者文詞之末耳。然觀千子與夏彝仲、陳人中諸書，暴戾粗淺，視李、何書更下一等矣。

桂

予好植樹，春秋之際，唯日不足。正如吾家右軍所云「吾篤好種菓，今在田里唯以此爲事」者也。桂非北方産，恨無從得之。王雨公見貽一株，甚喜。聞馮具區云：「桂出合浦，生必於高山之巔，冬夏長青。其類自爲林，間無雜樹。芬芳貞潔，有君子之德。入藥則爲百藥長，徽、佩則與茉蘭並。又可爲舟車、宫室之用，蓋嘉木之最。不知者率以木犀當之，而桂因以掩矣。」今吴越所有皆此類耳，不知何以别之？然世之降也，興僞亂真，貌榮名與困湮没者，又豈獨一木然哉！

蘭蕙

世重劍蘭久矣。先司馬在虔州日，庭前嘗蓄之。時吾宗昆華公爲南國子監祭酒，每書來索。予同三兄自豫章歸，舟過白下，曾遺之數叢。華山有蕙，亦蘭類。孟雲野謂「劍蘭即華山蕙，似無目者」。劍蘭花肥而葉勁，與蕙特異。且蕙花時在春，劍蘭花時在夏。然黄太史有云：「一幹一花者爲蘭，一幹數花者爲蕙。」蕙即今山蘭，則劍蘭又不知當居何等？所謂「一幹一花者」，予自婺州歸，曾攜一叢。其花色緑，而香更幽澹，彼中謂之冬蘭。又有秋蘭，是一幹數花者。若草蘭則最下。别有風蘭，色香不足取，特懸之樹枝間或簷際，不著土自生，爲異耳。其蔓生者曰珠蘭，花如粟米，與蘭迥殊，而香則無二。賈人多采之以入茗，今茗有名曰蘭花者是也。

玉蘭

玉蘭花古不經見，王鳳洲疑爲木筆之新變。麟洲引苕溪漁隱之言，謂即辛夷，北人呼爲木筆，南人呼爲迎春，而駁之云：「木筆、迎春，自是兩種。木筆色紫，迎春色白。木筆叢生，二月方開。迎春高樹，立春已開。今之玉蘭，即宋之迎春。」王文肅云「嶺南人至今仍呼玉蘭爲迎春也」。麟洲謂「北方有木筆，而絶無玉蘭。」殆不然。大抵木筆多而玉蘭少，好事者率以木筆接植之。其枝葉俱相類，無叢生、高樹之别。木筆花亦白色，但其萼紫。玉蘭之萼緑，瑩潔勝之耳。然木筆又别有紫花者。麟洲引宋小説云「玉蘭乃白辛夷」，意以木筆爲紫辛夷，不知木筆自有白與紫兩種之不同也。

禹碑

禹碑釋云：「承帝曰：嗟，翼輔佐卿，州渚與登，鳥獸之門。參身洪流，而明發爾興。久旅忘家，宿嶽麓庭。智營形折，心罔弗辰。往求平定，華嶽泰衡。宗疏事裒，勞餘伸禋，鬱塞昏徙，南瀆衍亨。永制食備，萬國其寧。竄舞永奔。」計七十七字。而楊時喬釋云：「承帝令：襲翼爲援，弼欽塗陸，登鳥瀉端，鄉邑仔贏，流舡暗歇，遲眠即夙。迄冬次，岳麓展陌，裂𢍰柝。齠罔墮纏，造求出竅，華恒泰衡嵩。陲事裒，獻捋挺禋，鬱濬墊徙，南暴輻員，節别界聯，魑魅夔魈。竄舞蒸彝。」其相同者僅二十二字耳。郭宛委曰：「相傳禹碑在密雲峰，楊用修得之。」張僉憲曰：「宋嘉定中，何致子一遊南嶽，脱其文刻於嶽麓。用修又刻於滇，楊時喬又刻於棲霞。」用修謂：「韓退之、劉夢得、朱晦翁、張敬夫諸人求之不得，已得之爲奇。」幸仰止諸賢，冀是恐非，紛紜聚訟，獵以爲奇。嗚呼，是何異！遠隔絶域，見塚而泣其先也。善乎！王元美之言謂：「銘詞未諧，聖經類周冢穆天，旨哉，旨哉！」而孔伯靡駁之曰：「禹碑在岣嶁峰巔，龍文鳥篆，非神禹不能作。自楊慎、沈鎰輩譯文疏記，互相矛盾，而楊時喬者崛強尤甚，句讀全別，不啻倉頡、沮誦，親爲授受矣。宛委以詮釋之謬，因疑碑贗，是猶睹太玄而詆庖羲之一畫，覽元經而病宣父之春秋也，可乎？」郭、孔爲好友，其言不能歸一。予解之曰：禹碑真贗未敢定，觀其所釋，無論同異，而皆無意義。習其點畫，亦不可以施於用。勞心極辨，正如修補平天冠，藝雖精，抑何爲耶？

淳化閣帖

淳化閣帖者，宋太宗留意翰墨，淳化中出御府所藏，命侍書王著臨搨，以棗木鏤刻，釐爲十卷。於每卷末篆題云：「淳化三年壬辰歲十一月六日，奉聖旨模勒上石。」或謂「不始於宋，宋乃重摹者，」非也。暇日記云：「淳化帖唐舊刻。」唐謂南唐。馬傳慶說：「唐保大年摹石題云『保大七年，倉曹參軍王文炳摹勒。』國朝下江南得此石。淳化中，太宗取祕書所有，增定作十卷，非重摹也。」重摹之說，本於吴人陸友仁。然友仁祇言：「李後主命徐鉉以所藏古今帖入石，名昇元帖。」此則在淳化之前，爲法帖祖，非謂淳化摹昇元也。至仁宗詔僧希白刻石於祕閣，前有目録，卷後無篆題，世誤傳以爲二王府帖。二王者，魏王也。元祐中居親賢宅，從禁中借板搨百本，用潘谷墨，光輝有餘而不甚黟黑，又多木横裂紋，時有皴皵失字處。高宗紹興中，有國子監本，其首尾與淳化略無少異。當時御前拓者多用匱紙，是打金銀箔者也。自後碑工作蟬翼本，且以厚紙覆板上，隱然爲銀挺擴痕以愚人，但損剥非復拓本之遒勁矣。

初，徽宗建中靖國間，出内府續所收書，令刻石，即今續法帖也。大觀中，又奉旨摹搨歷代真跡，刻石於太清樓。字行稍高，而先後之次與淳化則少異。其間數帖多寡不同，各卷末題云：「大觀三年正月一日，奉聖旨摹勒上石。」此蔡京書也。而以建中靖國續帖十卷，易去歲月名銜以爲後帖。又刻孫過庭書譜及貞觀十七帖，總爲二十二卷，謂之大觀太清樓帖。

世喜蓄帖，唯淳化率不得真者。當時拓用澄心堂紙、李廷珪墨。大臣登兩府者方得賜，其後亦不復賜，故傳者絕少。衢州汪逵字季路，官至端明殿學士，建集古堂，藏奇書、祕跡、金石、遺文二千卷，著淳化閣帖辨記共十卷，極爲詳備，末云：「其本乃木刻，計一百八十四版，二千二百八十七行，其逐段以一、二、三、四刻於旁。或刻人名，或有銀鋌印痕則是木裂。其墨黑甚如漆，其字精明而豐腴，比諸刻爲肥。」

劉潛夫云：「近人多不識閣帖，某家寶藏本皆非真。真者字極豐穠有神采，如潭絳則太瘦，臨江則太媚。余始得汪端明所記閣帖行數，恨無真帖參較。晚使江左，用二千楮致一本。尤伯晦見之曰：『寶物也。』夫真帖可辨者，有數條墨色，一也；他本刊卷數在上，版數在下，惟此本卷數、版數字皆相聯屬，二也；他本行數字比帖字小而瘦，此本行數字比帖中字皆大而濃，三也；余所得江左本，每版皆全紙，無接粘處，一部十卷無一版不與端明所記合，乃知昔人裝褙之際，寧使每版行數或多或寡，而不肯剪裁湊合者，欲存舊帖之面目，四也。」

近世沈蘭先作淳化閣帖跋云：「明時天下相傳止有二本，一內府帖，一外府帖。萬曆初，帖入潞王府中。吾郡湯煥字堯文，授讀潞王府。湯善書，王以閣帖與之，內府帖也。而外府帖流傳人間，頗散析。秀水項氏得其七，梅里李氏得其三。項以三百金歸李，請所逸三卷，冀合之成全書。李不應，反以七百金請於項。兩家祕惜，各寶其半，世遂傳爲『千金帖』云。內府帖藏於湯者，湯沒，吾郡諸子廷采得之。董大宗伯其昌願書素綾百幅、畫金箑二百，易此帖，廷采不受也。後廷采歿，此帖爲人竊去，自蘇州至南京，又至杭，又齎至越，蓋數易主矣。復歸杭，有童子不知是何等帖，竊之鬻市中。或以衣數襲易之，貿典肆中。廷采兄子麐倩聞之，善價以購，而此帖乃卒歸諸氏。其卷首輒下『臣王著模』四字，此他本所無也。」

予謂沈此跋所述極詳，然云「明時天下相傳止有二本」，其言亦不然。予聞一前輩言：「明時大內所藏，蓋至十有餘本。」以予所知，吾省蘭州肅府有御賜本，沈蓋不知也。肅王雅好文事，嘗聘山人温如玉、張應召重摹上石，石今見在蘭州。而順治初，西安費文玉又勒之文廟碑林。雖下於蘭州者一等，亦足嘉也。

予癸卯在白門，於袁令昭處見所藏大觀帖，贋本也，令昭頗珍之。時雒川劉秉三爲戶部，同州李以理寓於其署。以理罷淮安司李，久遊江南，能鑑賞書畫，秉三嘗從之質疑。令昭以此帖求售於秉三，以理不許也。以理自言得淳化帖真本，予數請觀之，以理卒未出示，恐亦非真者。予既歸里，宜川劉石生攜其兄客生昔所藏大觀帖至，云得之蕭大將軍家，大將軍得之王元美家，卷首有元美、敬美小像各一幅，爲仇十洲筆，生動秀潤，真跡也。末有元美諸君跋，計予素所見帖，無出此右者。今歸之保定陳祺公，祺公博學好古，尤敦道義，此帖可謂得所主矣。

王元美跋云：「大觀太清樓帖標題、卷尾皆蔡京書，摹搨精妙，不減淳化閣帖，而世少傳者。當宋時又無他刻，以故視閣帖爲尤貴重。今年秋，余以俸緡八十五千得之長安市中，乃故太傅朱忠僖家藏物，然僅卷之二、四、五、八、十耳。後又於錫山華氏得所缺五卷，始克成完璧。搨法精甚，其字畫稍肥，而鋒勢飛動，神采射人。若淳化之親賢宅二王府帖、紹興太學、淳熙內史[一]並出其下。余故誌而寶藏之。萬曆丙子春二月，吳郡王世貞書。」按：此爲丙子二月書，跋中云「今年秋」，當是去年秋也。

淳化帖以棗木鏤刻，而卷末篆題云「摸勒上石」，不應一人之紀，自相矛盾。意當時本屬木刻，因得南唐石增定，故遂題作「上石」耳。馬傳慶云「增作十卷」爲版本，而石本復以火斷缺，人家時收得一二卷，是明爲兩本。劉衍卿、陳簡齋所云「祖石」，當是指南唐之石而言，而諸人所云，則是王著所摸者耳。

朱子葆云：「項墨林家藏淳化帖，其最珍重，不輕示人者，乃蘇東坡故本，字旁有東坡朱筆釋文。」此則聞所未聞也。天下稱收藏賞鑑者，以項氏爲第一家，今皆散佚無存矣。過眼煙雲，可爲一嘆。

[一]「內史」：原作「修內」，據錢泳履園叢話卷九碑帖改。

聖教序

聖教序中有「當嘗現嘗之世」一語，予未廣覽内典，不解其義。諸家絶未有言及者，疑是「嘗現嘗滿」，懷仁偶疎脱一「滿」字耳。而坊間刻此文，或作「嘗現嘗隱」。然褚登善所書慈恩碑與同州倅廳碑，亦俱無此字。聊識之，以俟博雅者。

聖教帖中如「金容掩色，色不異空，空中無色」，諸「色」字，於草法合。至「空不異色，色即是空，空即是色，無色聲香味觸法」，諸「色」字，乃「包」字，集書者誤以作「色」字耳，其筆畫甚明。又觀「天地苞乎陰陽，先苞四忍」之行，「苞」字下「體文抱風雲之潤」，「抱」字右旁自見，無容致疑，而亦從無言及之者。

問交

或問：「子張、子夏之言交，宜孰從？」曰：「皆從之。」或曰：「何也？」曰：「居鄉黨之間，從子張之言。在朝廷之上，從子夏之言。」

卓子康寬仁恭愛，恬蕩樂道，雅實不爲華貌，行己在於清濁之間。自束髮至白首，與人未嘗有爭競。鄉黨故舊，雖行能與之不同，而皆愛慕欣欣焉。哀、平間爲密令，視民如子。舉善而教，口無惡言。王莽居攝，以病免歸。光武即位，先訪求之。詔曰：「夫名冠天下，當受天下重賞。今以茂爲太傅，封褒德侯。」

郭林宗聰識通朗，高雅密博，雖善人倫，而不爲危言覈論。周遊郡國，好獎訓士類。嘗勸茅容、孟敏、魏昭、庾乘從學，卒皆知名當世。自餘或出於屠沽、卒伍，因之成名者甚衆。陳留左原犯法見斥，林宗慰之曰：「昔之大賢尚不能無過，況其餘乎。慎勿恚恨，責躬而已。」或有譏林宗不絕惡人者，林宗曰：「人而不仁，疾之已甚，亂也。」同郡宋冲素服其德，勸之仕，林宗曰：「吾夜觀乾象，晝察人事，天之所廢，不可支也。吾將優遊卒歲而已。」然猶周旋京師，誨誘不息。及卒，四方之士會葬者千餘人。蔡伯喈爲製碑文，嘗謂盧子幹曰：「吾爲碑銘，皆有慙德。唯郭有道，無愧耳。」

吾徒生末世，斯二賢者宜爲師表，故特述之，蓋有志而未逮也。

邑中一武生，性素猛，頗陵轢鄉曲。曾與舊尹相揭訟，被斥。一日置酒請予，予辭之不得，遂赴之。或以爲訝，予曰：「此亦有故，曩予在長安，值渠下獄困甚，令獄吏以片紙訴狀，予稍周之。後數年遇於燕邸，持一絹來報，予郤之再三，乃強納於几而去。近以其子獲入武學，故隨鄉俗，令家僮（一）〔以〕白金一星賀之，予實未往。過數日，渠具簡見招，先托人致意，詞甚懇，云：『願得一至爲榮。』予以其人非胥隸，無可厲拒之理，故赴之耳。」意謂倘其改行爲善，亦有可用之才。大抵末世善人難得，吾輩所與，其奸回剋礫者正亦不乏，能一一絶之乎？唯不與之親密已矣，何可過峻，示天下以不廣耶。

華下風俗，舊稱淳朴。邇漸澆漓，習爲浮靡，遂至鄙懦不振。有衙前散從，家富而豪，其父死，喪祭僭侈，略無忌憚。令尹致賻，士大夫皆趨弔盡禮。予爲之懼，獨未敢往。

匳字

道藏有玄圃山靈匳祕録三卷，「匳」字不識其音義，遍閲字書亦無有也。皇甫氏曰：「匳者，藏書之器也。音欽，從匸，從金者，喻至精之物藏於匸函之中耳。」世無此字。按：道家多自造之字，如諸神之名皆是也。靈符、雲篆尚當別論，談藪中所載字體尤繁，至不可究詰。要之，不適於用，無容究心也。匸，胡禮切，廣韻云：「有所藏也。」

恩字

恩字，從因、從心，可見推愛以及人、物者，性之自然也，故曰「仁人心也。」然則人之刻薄寡恩者，皆失其本心者也。

初集卷三

程子訓

程子明道曰：「仁者，以天地萬物爲一體。」伊川曰：「涵養須用敬，進學則在致知。」此語可續六經，非理徹功深不能道。

周子說主靜，程子恐其與事物不相交涉，只說主敬。朱子云：「濂溪言主靜，『靜』字只好作『敬』字看。」故又言：「無欲故靜。」若以爲虛靜，則恐入釋、老去。朱子周旋「靜」字，實重「敬」字。予謂有靜而不敬者矣，未有敬而不靜者也。真西山嘗分列朱子之言，前祖周子之主靜，後本程子之主敬。然合而參之，必如所謂動靜相須，體用不離者方爲無弊。陳白沙云：「學須從靜中養出個端倪，方有商量處。」不知端倪如何養出，作何商量？今日追想程、朱之意，正恐其後來流爲陽春臺作用耳。

尹和靖云：「放教虛閑，自然見道。」此亦主靜之意，朱子嘗稱之。予謂此意已入釋、老，然予性急而心雜，以此爲箴，則對症之藥也。

朱子云：「學者只是敬以直内，義以方外。見得世間無處不是道理，不必專於靜處求。所以伊川謂：『只用敬，不用靜，便說得平。』此定論也。」予謂直内必須方外，蓋内外元不相離，工夫祇是逆用。孔子答仲弓問仁曰：「出門如見大賓，使民如承大祭。」亦是方外。答顏淵問仁曰：「克己復禮爲仁。」亦是逆功。三代而後，無生知安行之聖人。故董子曰：「事在強勉而已。」程子以整齊嚴肅爲教，正是此意。蘇東坡不喜程子，直是憚於方外。吾輩與東坡賢愚雖異，其受病處則一也。

蘇文忠

蘇東坡不特文章書畫絶世，其人自是賢者，但好譏彈程子，則其一短。如當日明堂降赦，臣寮稱賀訖，欲往奠司馬温公。伊川曰："子於是日，哭則不歌。"東坡曰："即不道，歌則不哭。"此語甚敏辯，今人皆善其説，而以伊川之言爲失之拘，即朱子亦疑之。予謂東坡之説非也，是當以其日明之。如此日稱賀訖，忽聞温公之訃，情不容緩，即當往弔，洵不可拘"哭則不歌"之例。按：温公之薨，爲元祐元年九月一日。六日明堂肆赦，則前乎此者有日矣。既可以不早往，即過此一日亦不爲遲。頃刻之間，吉凶頓異，得無不敬於君，不誠於友乎！曲禮："哭日不歌。"檀弓："弔於人，是日不樂。"又："行弔之日，不飲酒食肉焉。"是未弔而已有未發之哀，已弔而猶有未忘之哀，故哀樂不同日。伊川之言，所謂深得禮意者也。至國忌行香，伊川令供素饌。東坡詰之曰："正叔不好佛，胡爲食素？"夫忌日齋戒，先王之制，聖人之訓也，豈一食素，遂謂之好佛乎？此則徒事戲侮，全無意味矣。

東坡每誚伊川曰："不知何時打破『敬』字？"至形諸奏狀，云："臣素疾程某之奸，未嘗假以辭色。"此其失言、失人之過也。考亭摘擊東坡時，有已甚之言，亦因此加怒耳。

程門諸子

尹和靖之學，大約得於伊川敬之一言。其自言曰："初見伊川時，教看『敬』字，請益，曰：『主一則是敬。』"朱子曰："和靖主一之功多，而窮理之功少。故説經雖簡約，有益學者，但推説不去，不能大發明。在經筵請講，少開悟啓發之功。」又曰：「和靖持守有餘，而格物未至，故所見不精明。」又嘗日看光明經，或問之，曰：「母命也。」朱子曰：「如此便是平日闕卻諭父母於道一節，便致得如此。」予觀程門諸子，頗有流於禪者，不但和靖一人。然則，和靖拜觀音之言，與程子敬其人之言，亦正不可同觀。和靖之母，賢母也，能知大義。觀其聽和靖不應科舉，則諫之未有不聽者，固知和靖母命之言，直是託詞。

朱子曰：「游、楊、謝三君子，初皆學禪，後來餘禪猶在，故學之者多流於禪。游先生大是禪學，必是程先生當初說得太高了，他們只晫見上一截，少下面著實工夫，故流弊至此。」或云：「定夫後更學禪。」呂居仁以書問之，有云：「吾丈既從二程後，又從諸禪遊，則二者之論必無滯閡，敢問何以不同？」定夫答云：「佛書所說，世儒亦未深考。」又云：「此事須親至此地，方能辨其同異。不然，難以口舌爭也。」又言：「前輩往往不曾看佛書，故詆之如此之甚。而其所以破佛者，自不以爲然也。」觀此，則非餘禪猶在，乃是新禪更進也。

程子自涪陵歸，見學者多從佛學，因嘆曰：「學者皆流於夷狄矣，唯有楊、謝長進。」又曰：「我死，而不失其正者，其唯尹氏乎！」繇今觀之，殆皆不免。朱子特謂游先生尤甚。

太歲土旺

今之修造動土者，以太歲土旺爲忌，恒避之，天下類然矣。昔曹月川修蒲州學舍，門人曰：「太歲在東，未可。」月川曰：「東家之西，乃西家之東，太歲何在，爾欲避之乎？夫太歲，天上歲星也，豈人間家家戶戶皆有一太歲耶？」或有言土旺者，月川曰：「土旺不用，反用衰土乎？且土旺不動土，水日不飲水乎，火日不吹火乎，金日不鍊金乎，木日不析薪乎？五行在天地間，木旺於春，七十二日。火旺於夏，七十二日。金旺於秋，七十二日。水旺於冬，七十二曰。惟土無專氣，無定位，故四季之末各旺一十八日，共得七十二日。是五行各旺七十二日，而成一歲功也。五行一理而已，土旺猶金、木、水、火之旺也。今於金、木、水、火之旺皆不畏避，獨於土旺深避之，何惑之甚也？」月川斯言，可破世之溺於太歲土旺之説者。予素於此絶不措意，故每舉以告人。然所謂「東西」就人之家言，「太歲在東」乃就法象言，以氣類應，非謂太歲在家之東、家之西也。土旺寄於四季之末，其説從來久矣。竊疑其涉於安排，五行流行於天地之間，斷無截然如此分判之理。金、木、水、火不能離土，則土旺直在四時，安得謂獨寄四季之末？此又予之私臆也。他日偶閲道經，有云：「三月之氣包含土。」又云：「四時各含於土。」其義殆合。

忌月月忌

世謂正、五、九三月不宜上官。又有忌月，謂之號月者。是月不修造動土，不以財物與人。其説以姓氏之音爲別，然或同出一姓，分屬宫、商，覆姓數字莫辨徵、羽，亦豈通論乎？又有以月之初五、十四、二十三三日爲忌者，或謂爲避九五之尊。然豈有明不避九，而乃暗避十四、二十三之九乎？此皆於理無據，於古無稽，巫覡之談，士君子所不宜道也。歐陽公五月不上官，乃亦未免於俗。

好學

今之士，好學者鮮矣。大抵專事帖括，博取科名，一陟仕途，此事都廢。間有天資英敏者，非浮尚詞章，雕組藻采，則旁落玄虚，糟粕經史。予皆謂之不好學。標榜成習，切磋無聞，斯道之衰，於今已甚。故嘗書坐右一聯云：「誦詩書執禮之言，交直諒多聞之友。」睠顧山澤，寤寐求之，伊何人哉？願與爲役！

顧亭林

顧亭林，古所謂義士，不合於時，以遊爲隱者也。丰姿不揚，而留心經術。胸中富有日新，不易窺測。下筆爲文，直入唐、宋大家之室。至講明音韻，克傳絶緒。他所爲日知録、金石文字記、天下利病諸書，卷帙之積，幾於等身，朝野傾慕之。行誼甚高，而與人過嚴。詩文矜重，心所不欲，雖百計求之，終不可得。或以是致怨，亭林弗顧也。居恒自奉極儉，辭受之際，頗有權衡。四方之遊，必以圖書自隨。手所鈔録，皆作蠅頭行楷，萬字如一。每見予輩或宴飲終日，輒爲攢眉，客退必戒曰：「可惜一日虚度矣。」其勤厲如此。所著昌平山水記二卷，巨細咸存，尺寸不爽，凡親歷對證，三易稿矣，而亭林猶以爲未愜。正使博聞强記，或尚有人，而精詳不苟，未見其倫也。

丁巳秋九月初三日，亭林入關，主於予家，將同作買山之計。頻陽郭九芝明府聞之，以書來，曰：「憶前歲之冬，與先生坐張鹿洲將軍席上，辨尊經閣記。今已再歷春秋，而張將軍丘首故園及期矣。世事蜉蝣，可勝浩嘆。朱太史晚年好學，文章卓然有體。一旦溘逝，關中喪一名紳。弟與天生憑弔隕涕，哀不自禁。聞先生邇年潛修，十倍曩昔，德進名藏，甚得古處樂道之益，私衷甚爲聳悦。今聞顧寧人先生已抵山居，寧人命世宿儒，道駕儼然，非無所期而至止。關學不振已久，斯其爲大興之日耶？」予復之曰：「尊經閣記大要是行『六經皆我注脚』之緒。茅鹿門謂：『程、朱所不及。』弟謂：『程、朱正不肯爲耳。』知先生有未忘於懷者，而弟亦執其愚見如故也。朱山輝忽捐賓客，聞之驚悼彌旬。弟少耽聲色，好雕蟲之技，年近五十始歸正學。今幸寧人先生不棄，正欲策勵駑鈍，收效桑榆。但以有室家之累，不能脱去俗務，方自悲悔無及。先生譽逾其實，衹增赧悚耳。」

王仲復

王仲復，司寇心一公之從子也。其學一以考亭爲師，沉潛刻苦，讀書一字不輕放過。持躬處物，悉有矩。昔司寇公爲逆黨誣害追戚，仲復先君舉橐助之。故仲復長而家貧，遭寇亂，棄諸生，弢跡渭濱，教授生徒。足不入城市，不近名，名亦不著。關西高蹈，當推獨步，予則不能藏項斯之善也。

戊寅秋，予懷之以詩。仲復答曰：「蹉跎秋已半，髮白欲上顛。勉力取書讀，兢兢嘗恐偏。伊君能好我，寄我詩思鮮。光風自南來，霽月偕之前。依依晤有道，此心殊悠然。于時思就正，又懼落言詮。六經無異指，千聖有真傳。不知君子教，何術可及泉。」庚申春，予治先君側室張氏之喪，雖其出也微，念至孝苦節五十六年，意不忍薄爲之，加禮綂以從事。時亭林已在予家，仲復貽書亭林謂：「發乎情而不能止乎禮義，非賢者所爲。」時予事已舉，未之能從，然不敢忘好友之規。因附記於此，亦以見吾黨古道之存。

劉孟常

劉孟常，侍御文石公之長子，壬午孝廉也。隱居讀書，有幽貞之節，而不事炫耀。予嘗以渾金、璞玉擬之，與仲復稱爲「渭北二隱。」侍御公早歿，諸子彬彬，皆孟常之教也。孟常有二女，予爲長子聘其長者。會有寇亂，與其母並妹俱投井而死。予曾作劉長女傳，今每憶及，猶戚戚於懷也。

李中孚

李中孚有高明之資，學識淵邃，以講學明道爲任。滿洲聞之皆加禮，延致會城。後爲制府所知，復聘入書院。下檄各郡邑，集諸生開講。中孚據坐高談，諸生問難，遂有不平之言，然是關中一盛事也。予往咸林，道遇郝得中别駕，班荆而語。郝遽問：「識李中孚否？」予曰：「舊好也」。又問：「其人何如？」予曰：「學行不苟，君子也。」郝促刴曰：「予亦雅重之，但講學非易事，嫉忌悔吝之來，將必繇此。今制府又欲具疏薦於朝，以特應舉隱逸之詔。愚見謂出不如處，然不便與言。君既相善，何不以此告之？」予曰：「此事不在中孚，聽之可也。」疏上，中孚稱疾不起。過予草堂，論及出處，有確乎不拔之志，允矣，狂瀾之砥柱矣！郝年方壯，居官有幹才，乃其識議超卓，亦復如此。

李天生

李天生天資敏異，所謂目所一見，輒誦於口，耳所暫聞，不忘於心者也。予昔邂逅於長安茶肆，隔席遥接，各以意擬名姓，及詢之皆不謬，遂與定交。後天生從陳祺公於塞上，日事博综，九經諸史，靡不淹通。祺公視爲畏友，投契之深，有同骨肉。天生以是無内顧憂，而益肆力於學。及祺公備兵雁平，攜以入代，復爲具橐資遊。圭組之英，蓬蓽之彦，俱與交懽。傅青主、顧寧人、朱錫鬯輩，尤以古道相底厲。著述日富，叩其所蓄，如海涵地負。而敦尚義氣，鑑拔人倫，有倜儻非常之概。丙午返秦時，已棄諸生，當事諸公知者，爭爲倒屣。予適在張鹿洲署中，重與聯榻，晨夕讎對。每欲以兄事予，予謝弗敢承，後乃強納拜焉。察其行誼，豈今人中所易得者哉！

養生

文潞公致仕歸雒。入對時，年幾八十矣，神宗見其康強，問：「卿攝生亦有道乎？」公對：「無他，臣但能任意自適，不以外物傷和氣，不敢做過當事，酌中恰好即止。」予以爲養生之道，不過如此。然而行之有恒，正不易耳，毋謂其言平平爾也。

灰隔

周禮：「掌蜃掌斂互物蜃物，以共闉壙之蜃。」注：「互物，蚌蛤之屬。闉，猶塞也。將井椁先塞，下以蜃禦濕也。」後世作灰隔昉於此。然以蜃爲灰，北方所無，北方之灰，以石爲之耳。豈當時槩用蜃，後乃易以石耶？若論其用，則蜃不及石多矣。嘉靖時修顯陵，呂文簡上疏謂：「宜用朱子作灰隔法。」然朱子云：「以淡酒灑之。」今人用糯米汁是也。文簡云：「以松葉水灑之。」劉太室嘗用之，云：「松葉水似勝，且易乾。」此皆爲人子者所不可不知也。

后木曰：「喪，吾聞諸縣子曰：『夫喪，不可不深長思也。』」近世喪禮儉其親者多矣。富貴之家有不惜財者，又率尚浮文，博虛聲，其爲不得其道一也。予嘗記劉太室葬禮，欲使後人知所取法焉。太室母李太宜人，享壽百有二歲。歿時無他病，亦無所苦，但氣弱不能行立，亦不復食，每日啜酒五次，每次三、四盃，如是者七日，翛然而逝。太室素好釀酒，又嘗得渼陂春方於郭宛委，卒賴之以養其親，亦孝思之所致也。於乎，生則盡其忠養，死則致其誠信，如太室者，豈易及哉？太室尤善易，予嘗從之質疑，受益實宏。

天根月窟

天地之間，一陰一陽而已。乾，陽物也。坤，陰物也。陽主動，陰主靜。坤逢震爲天根，復也。乾遇巽，爲月窟，姤也。震爲長子，巽爲長女。長子代父，長女代母也。乾坤，先天也。自復而臨、而泰、而大壯、而夬，以至於乾；自姤而遯、而否、而觀、而剥，以至於坤。繇後天以返於先天，奉天時也。根主發生，鼓萬物之出機，窟主閉藏，鼓萬物之入機，陽往陰來之義也。復者，陽之動也。姤者，陰之靜也。一動一靜之間，乃坤末復初。陰陽之交，在一歲爲冬至，在一月爲晦、朔之間，在一日爲亥末子初也。人身之乾坤内交，靜極機發，而與天地之機相應也。故曰：天、地、人之至妙至妙者也。

環中

魏伯陽之學，不出先天一圖。邵康節云：「先天圖者，環中也。」俞琰釋云：「心在人身之中，猶太極在先天圖之中。」朱紫陽謂：「中間空處是也。」圖自復而始，至坤而終，終始相連如環，故謂之環。環中者，六十四卦環於其外，而太極居其中也。在易爲太極，在人爲人心。知心爲太極，則可以語道矣。康節有詩云：「自從會得環中意，閒氣胸中半點無。」又云：「乾遇巽時爲月窟，地逢雷處見天根。天根月窟閒來往，三十六宫都是春。」月窟在上，天根在下，往來乎月窟、天根之間者，蓋心也。三十六宫，乾一，兑二，離三，震四，巽五，坎六，艮七，坤八，是也。合八卦奇偶之畫計之亦是也。琰嘗遇隱者，授以讀易之法，盡得環中之祕。反而求之於身，所謂太極、天根、月窟、三十六宫，靡不備焉，此身中之易也。學者若不體之於身，徒孜孜求之卦畫，則何益矣！

中

邵康節云：「天地之本，其起於中乎！在四德爲貞元之間，在十二卦爲坤末復初，在一年爲冬至子之半，在一月爲晦朔之間，在一日爲亥子之交。天地有之，人身亦有之，參同契所云『合符行中』者也。能知吾身之中，以合乎天地之中，則乾坤在身矣。」

冬至子半

康節冬至吟云：「冬至子之半，天心無改移。一陽初動處，萬物未生時。玄酒未方淡，大音聲正希。此言如不信，更請問庖犧。」人言，夜半子時爲冬至，蓋夜半以前，一半屬子時。是朱紫陽所謂「未成子方離於亥之時。」此造化之機也，天心也，無中含有象也，數之所從起也。

冬至，歲十一月中氣，其交氣不盡在子時，亦有在白日及夜之他時者。而康節詩特取其在子之半者，以見天心耳。子月之半爲冬至，前半月屬舊歲，後半月屬新歲。故遁甲未交冬至前時日，作陰遁，逆行；交冬至後時日，作陽遁，順行。夜之半爲子時，前四刻屬昨日，後四刻屬今日。故曆法：「子前四刻交節氣，作其日夜子時初幾刻。後四刻交節氣，作其日子時正幾刻。」張鼎思曰：「歲有十二月，日有十二時。斗柄建寅，則爲正月。然必以初昏爲定。自初昏以至丑時，皆作今日之夜。寅時乃作明日之旦。故上古作曆之始，十一月甲子朔夜半冬至，爲曆元，夜半子時仍屬甲子朔日。言夜半者，明全夜皆係是日，而子時居其半也。今曆家節氣，遇子時曰『某日夜子時』，猶有此意。但以前四刻屬今日，後四刻屬明日，則於理未盡，必子、丑二時俱作今日之夜，乃合月令昏旦之義，而於歲月又相吻合。今之言命者，於子月則作今年，於子時則作明日，吾故疑其不準也。」按：史記曆書：「日得甲子，夜半朔旦冬至。」索隱曰：「以建子爲正，故以夜半爲朔。其至與朔同日，故云夜半朔旦冬至。若建寅爲正，則以平旦爲朔。」此說甚明，可以略證予說。以天運言，則寅月爲一歲之初，寅時爲一日之初，日出寅卯是也。以人政言，則寅月爲一歲之初，寅時爲一日之初，鷄鳴而起是也。

宋儒以子半爲子之前，劉太室非之，以爲子之中。日者論人生命，分前後四刻爲兩日，則與太室之言其理有合。中庵新論亦謂：「子半兩義。」韓恭簡云：「冬至，一歲正氣之首，子之始也。曆家截其中而用之，子之前半尚屬去歲。然復卦中無坤，泰卦中無臨。子月帶亥月之半，寅月帶丑月之半，天心安得無改移哉！」予謂陰陽有相交之義，無各分之理。歲月日辰，皆陰侵陽，陽侵陰，故能成功。若陰陽離，則乾坤息矣。

一日一夜十二辰，六辰爲日，六辰爲夜。六辰各三分之，子、丑陽生，爲日之始，然尚在夜。至寅、卯方明，辰、巳而陽極。午、未陰生，爲夜之始，然尚在日。至申、酉方晦，戌、亥而陰極。夏時建寅，蓋用陽月之中也。上元，陽之中也。中元，陰之中也。下元，陰陽之終也。此予之説，與張有異。張重在昏旦，予重在陰陽之交也

數

一者，數之原也，又一，而成二矣。二者，二其一也。數之生也，一爲奇，二爲偶。一奇一偶，而天下之數備矣。奇奇、奇偶而成三矣。三者一其一，一其二也。奇奇、偶偶而成五矣。五者一其一，二其二也。此兩參伍之理也。

祆民　**昔有挾預知之術者專持寂感報耳祕呪即萬回哥哥其異更甚則亦祆而已**

今有人號爲神仙者，遇人問吉凶事，輒舉筆答之，或數句，或數字，往往有奇驗。然驗後始解，未驗弗解也。此其無益

於事已明。乃遠近貴賤之人，皆敬之如神明，趨之如騖。偶有坐客詡之不置者，李天生曰：「是不過一術士而已。」予曰：「非也，術士爲術，實皆有所據以起。雖其技不同，大約不外於數，亂而爲箕、爲巫覡，斯下矣。此人非理非數，而突言吉凶，如無驗則可，果有驗，是祅民也，焉得爲術士乎？」他日，莊澹庵太史過予草堂，偶語及此，澹庵深以爲然。予謂此事不必以儒者之理正之，直以神仙之論折之可耳。文始經言：「鬼有六，其附託有八。爲鬼所攝者，或解奇事，或解異事，或解瑞事。其人傲然不曰鬼於躬，惟曰道於躬。」注云：「心執蔽之人，爲靈淫沉狂奇物，六鬼統攝蒙昧者，或解珍奇之事，或解怪異之事，或解祥瑞之事，預言必應，衆人敬之以爲聖。其解奇異瑞事之人，傲然不言有鬼附於身，惟言至道於身，有此靈通也。」詳觀此言，不幾爲此人寫炤乎？時同澹庵至者一中舍，聞予説訶之，乃極稱其爲孔子正心誠意之學。予曰：「孔子言蓍龜，則有之矣。君何曾見其爲人終日言吉凶之事如射覆乎？」其人不懌。若以文始經究之，則當有死木、死金、死繩、死井之禍，予又不欲深論也。

劉石生

劉石生有瓌瑋之才，學亦博。早年與其兄客生遊文太青先生之門，有二劉之目。但生於邊塞，負氣好駡坐，晚年有心疾益甚。當其怒時，雖釜䰟不顧，及怒解，責之以義，輒俛首屈服。然有時怒發，仍如故。蓋其性朴忠，胸中無宿物，而傷於急。即圭角未化，亦是君子之過，賢於世之突梯脂韋者遠矣。比來京兆，與共晨夕，嘗見其血不華色，甚憂之。每有所規戒，而石生不能用。別未二年，遂至不起。追思三十年遊宴之好，樂隕哀宅，不勝秋華零露之感。予嘗書山茨一聯云：「正誼不謀利，明道不計功，董仲舒儒者之象；淡泊以明志，寧靜以致遠，諸葛亮王佐之才。」石生見之稱善，求予更書，攜之歸，云將以銘諸齋。又予凡得友朋贈貽之章，及往來簡札，輒令家僮裝褫，彙爲一集，名曰友聲。石生云：「我欲效子所爲，亦即以友聲名之。」二事極細，人但知石生之負氣，而不知其虛懷善下如此。

神荼鬱壘

今俗，元旦置桃符於門，左書神荼，右書鬱壘，所以辟祟也。按：風俗通：「黃帝時有神荼、鬱壘兄弟二人，性能執鬼，則神荼當左，鬱壘當右。」東京賦云：「守以鬱壘，神荼副焉。」則鬱壘當左，神荼當右。括地圖曰：「度朔山尖桃樹下有二神，一名鬱，一名櫑。」高誘注戰國策又曰：「一名余輿，一名鬱雷。」爲說不一，亦荒誕之事，無足信者。

貞燕 **元元貞二年燕人柳湯佐宅有雌燕獨巢凡六稔時人目爲貞燕**

予友涇陽趙元深之母劉氏，爲伯韶公配。公早卒，劉氏年方二十五歲，矢志守節。撫元深，劬勞備至。嘗有雙燕巢於室，忽失其雄，其雌孤棲。自爾秋去春來，凡三十年。同人咸作貞燕詩以美之。此正與宋末姚玉京事同。玉京，襄州小吏衛敬瑜妻也。其贈燕詩曰：「昔時無偶去，今年還獨歸。故人恩義重，不忍更雙飛。」後玉京死，燕復至，周章哀鳴。家人語以玉京墳所，燕遂死於墳側。有時風清月朗，襄人或見玉京與燕同遊漢水之濱，此則更異。

宋大逆

宋有大逆二：王安石配享孔子，位復聖上；張邦昌爲帝，居宋大内。人或寬之，不使與莽、操、懿、温同科，予特著之。客曰：「邦昌之立，迫於勢。安石配享，乃其黨所爲。」曰：邦昌不能以死辭，有無君之心焉。使宋亡而不復，邦昌之即真必矣。安石聞人也，方將以其學易世。是其居恒、言動，必有以孔子自擬者，故没而其黨推尊之若此。觀其「三不足」之說，尚何所忌憚乎！ 卒之亡宋者，安石也。 使孔子而在，必加兩觀之誅矣！

碧雲騢

范文正公，宋朝一代人物之冠。 而梅聖俞作碧雲騢，詆其純盜虛聲，至無足比數。 聖俞亦賢者，此則其失言之過，於文正奚損？ 或疑以爲後人僞作。 洪容齋謂出魏泰，亦未可知。 若李贄謂：「使文正公不貪宋朝人物第一之名，則巍巍相業，非潞公、魏公所敢望。」强作解事，又妄人之言，不足聽也。

富春山圖

黄子久爲畫一卷三年，舟至富春山下而始完，因題爲富春山圖，如非寫富春山也。 舊藏宜興吴孝廉問卿家，問卿將死，令出所有書畫焚之以殉。 時問卿昏亂，侍妾於火中竊出二卷，其一爲懷素帖，其一即此圖也，然已焚去丈餘。 後歸丹陽張氏，今歸泰興季氏。 侯朝宗作雲起樓記云：「投諸火以殉。」蓋不知其侍妾之能留也。 予聞之于密庵云。

十萬圖

倪雲林嘗爲陶南邨作十萬圖，曰： 萬笏朝天，萬竿煙雨，萬丈空潭，萬壑爭流，萬峰飛雪，萬卷書樓，萬林秋色，萬松疊翠，萬横香雪，萬點青蓮。 皆有雲林自跋，款署至正癸丑，蓋其晚年筆也。 藏陽羡陳定生家，侯朝宗曾爲文紀之。 後聞已歸朝宗。 近見雍丘友人言：「朝宗殁，復爲有力者奪去矣。」

霖雨舟楫圖

沈石田與三原王端毅善，嘗爲端毅作霖雨舟楫圖，後歸之同邑來氏。滇南王司農玉銘言爲端毅之後，託梁仲林求此畫。仲林以古鼎易之來元憲，致玉銘。玉銘以爲非真跡，頗輕之。仲林嘗向予言之，悵嘆。今亦不知所終矣。端毅歸田後，石田又嘗畫一鴿、一石，並朱草數莖，爲一小幅，題詩其上曰：「朱草呈芳著意新，紫翎金眼鬭精神。九齡老去無書寄，雖曰飛奴不屬人。」詩不爲佳，而畫有别趣。今藏温氏海印樓中。

白巖圖

文衡山真跡在晉中者，以白巖圖爲最。蓋白巖爲留都大司馬，極有聲。武宗南巡時，尤著侃侃之節。衡山爲此不苟也。後歸之朱蒼希太史，屢經兵火，遂失之。

閔茶

今之松羅茗有最佳者，曰「閔茶」，蓋始於閔汶水，今特依其法製之耳。汶水，高蹈之士，董文敏亟稱之。

劉台凝

滁衷劉公名濯翼，先司馬同筆硯之友，予伯兄其婿也。家故貧，性狷潔，爲文刻深，不作猶人語。以明經爲武昌廣文，攜其妻及幼子之任。值流賊猖獗，楚、豫間道路阻絶，與其家不通音書者十餘載。順治初，賊雖敗遁，尚在烽火搶攘之際。長子台凝，名獻煜，徒步往尋之，備極苦楚，始至武昌。遍詢之，其舊役流亡殆盡，莫有知劉教官所在者。台凝哀號禱於天，忽有老人問其故，乃告之，曰：「劉教官夫婦俱死矣，其子爲兵所掠，不知所之。」遂引至葬處，啓視之，遺骸僅存。旁有磚，朱筆記其姓名、鄉貫，乃公未卒時所自書。台凝收淚，謝老人。身負二骸而歸，肩肉爲枯者數寸。公苦學五十年，寒氈千里外，升斗之禄，所入幾何？而夫婦客死，愛子流離，使非台凝之孝，莫正首丘，將永爲他鄉之餒鬼矣。予悲公之遇，嘉台凝之志，乃爲一詩，書以貽之，台凝奉藏於公木主之側。台凝性褊激，嘗得罪庠師，值督學田公臨試，庠中例開優劣二人，庠師乃以台凝爲劣。田公集諸生，面審台凝劣狀，褫其衣冠。台凝泣辨，且訴及尋親事。諸生亦爲白，曰：「劉生氣質信粗，以爲劣則已甚。」田公曰：「學者貴變化氣質，氣質粗，便不是學者。」又問尋親事，台凝則以予詩爲證。田公色解曰：「如是，更宜旌矣。」遂免究，復其衣冠。今台凝年已七十，不復應試，植花竹一區，優游娛老，亦可謂能收桑榆之效者矣。

臥冰割股

洪武二十七年，青州府日炤縣民江伯兒，以母病刲脇肉以食，不愈。禱於岱嶽，願母病瘉，則殺子以祭。已而母愈，遂殺其三歲子祭。事聞，上怒曰：「父子天倫至重，禮『父爲長子三年服』。今百姓乃手殺其子，絶滅倫理，宜亟捕治之，勿使傷壞風化。」遂逮伯兒，杖百，謫戍海南。命禮部定議旌表孝行事例，禮部議曰：「子之事親，居則致其敬，養則致其樂，有疾則拜託良醫，嘗進湯藥。至於呼天禱神，此懇切之至情，人子之心不容已者。若臥冰、割股，前古所無，事出後世，亦是間見。至若割肝，殘害尤甚。且如父母止有一子，割股、割肝或至喪生，臥冰或至凍死，使父母無依，宗祊乏主，豈不反爲大不孝乎？原其所自，愚昧之徒務爲詭異，以驚俗駭世，希求旌表，規避徭役。割股不已，至於割肝；割肝不已，至於殺子，違道傷生，莫此爲甚。自今臥冰、割股不在旌表之例。著爲令。」

宣德元年五月，禮部奏：「衛整女母病篤，割肝煑液，飲之而愈，宜旌表。」上曰：「爲孝有道，孔子曰：『身體髮膚受之父母，不敢毀傷。』割股、割肝，此豈是孝？若致殺身，其罪尤大。況已有禁令，今若旌表，使愚人效之，豈不大壞風俗。女子無知，不必加罪，所請不允。」

臥冰始於王祥，今婦女皆能言之。若王延，則知者鮮矣。延亦晉人，事母甚孝，夏則扇枕，冬則温被。母嘗盛冬求生魚，延求而不獲，扣冰而哭，忽有一魚躍出冰上，取以進母。史臣贊之，比於黄香。孟宗云：「然此言扣冰，非臥冰也。」夫冰自可扣，以爲孝心格天。扣冰自可得魚，奚必臥耶？

凡事不可以訓後者，君子弗貴也。割股已不可，割肝又甚。陶九成所記，更有割心肉一臠而不死者，延祐時常熟朱良吉也。乃復歸於道士馬碧潭之醮，告神明之陰祐。九成因並侈談其先世之美，亦以爲玄武神之靈。皆理之所無，近於語怪矣。

建安諸子

建安諸子，咸蓄文藻，英詞潤金石，高義薄雲天，可謂極一時之盛。生逢其際，干戈鐘鼓之中，清宴游覽之樂，罕有其倫。故康樂以爲良辰美景，賞心樂事，古來此娛，書籍未見。亮谿孟德夸邁流俗之學，籠絡英彥之略，啓之於前。而子丕之才，又粗足繼之耳。所可恨者，挾詐不臣，弋取漢鼎，遂使千載文章，爲之短氣。

姜楚嵎

姜楚嵎名貞，字固仲，别號羊石道人，蘭溪高士也。爲山水小畫，類以墨漬成，而無筆法。雖不入格，自有殊致。

聖壽寺羅漢

蘭溪聖壽寺有畫羅漢像十六幅，貌皆奇古。然似非一人筆，絹色亦别。僅可稱能品，尚未入妙。而其邦之人矜重，相傳爲貫休真跡，當不滿識者一笑也。因憶江文通擬湯惠休詩曰：「日暮碧雲合，佳人殊未來。」今皆稱爲休上人佳句，自唐已然矣。天下事可笑，類如此。

奕

弈之爲術，二言盡之，曰先，曰忍。意類道家者流。以兵言之，粗迹也。若云陸子以河、洛數得之，此又後人附會之言，可笑！

予於弈雖間爲之，然非所好，所謂勝固欣然，敗亦可喜者也。大梁張海旭則酷好之，幾忘寢食。每聞一國手，輒不遠千里就之，或延致其家。如是者三十餘年，所費數千金計。辛亥偶遇婺州，與予對局，時復敗去。嘗謂予曰：「君天資高妙，若肯從師學，可横行無敵。惜乎一生精力，皆徒用之讀書耳！」范北鑰每向人述之拊掌。蓋海旭作此語時，惋嘆見於色，非戲也。予聆北鑰談論，始有悟入，大約一步苟不得，一刻懈不得。推之爲學涉世，當有得力處也。

方爾載

蘭溪方爾載，寒溪五世孫，博雅之士也。予嘗至其家，瞻寒溪遺像。有文集二十二卷，乃鈔稿未授梓者。所藏書畫尚多，趙文敏大字七言絶句一首云：「庭槐風静緑陰多，睡起茶餘日影過。自笑老來無復夢，閒看行蟻上南柯。」不署姓字，只一印章，真跡也。

蔡卞

宋時善書者四家，名蘇、黄、米、蔡。蔡乃蔡卞也。後人惡之，遂以屬之忠惠。忠惠書正其匹也。文信國書不爲絶佳，以其人重，得之者如寶天球。蔡卞乃以人掩其書，君子不可不慎也。若王右軍爲書中聖，兒童、走卒皆知之，又幾以書掩其德矣。

印

印，古人以之示信，從爪，從卩，取用手持卩之義。通典以爲三代之制。衛宏曰：「秦以前民皆以金玉爲印，龍虎鈕，唯其所好。」或謂三代無印。汲冢周書：「湯放桀，大會諸侯，取璽置天子之座。」蔡邕曰：「璽者，印也。」至季武子問璽，燕王收璽，虞卿棄印，蘇秦佩印，又一明證也。秦用史籀之文，李斯復損益之，作小篆，而漢因之。爲摹印篆法，以端方正直爲主，頗有古樸莊雅之致。然增減遷就，間失六義。故馬援曾上書云：「臣所假伏波將軍印，書『伏』字『犬』外嚮。成皋令印，『皋』字爲『白』下『羊』，丞印『四』下『羊』，尉印『白』下『人』，『人』下『羊』。即一縣長吏，印文不同，恐天下不正者多。符印所以爲信也，所宜齊同。」薦曉古文字者，事下大司空正郡國印章。奏可。是漢人固已知正矣。今人不究六義，謬矜章法、刀法，或用鐘鼎諸文，令人不易識，以誇奇巧，則非爲印之本指矣。撰字，考之篆文無有，只有從人旁者。古從二卩，或作二人昂首之狀。蓋撰乃俗字。今雖從古篆，與用鐘鼎文不同。

六朝始作朱文，至唐、宋其制漸更。有圓者、長者、葫蘆形者。其文有齋、堂、館、閣等字。近世清言、詩賦皆以入之，寓慨明志，不獨以示信也。雖去古日遠，然於義無害。爲文房清玩，當几杖之銘，從之可也。

郭徵君好收藏古印，積五十餘年，共得一千三百方。中有玉印、銀印各數十方，文皆古健樸雅，非近日臨摹者所能及。每出視之，緑紅如錦，龜駝成羣，亦奇觀也。今歸之劉太室。爲友朋索去者，百餘方矣。

予嘗於土中得一銅印，鐫「仁山」二字，蓋金先生故物也。屈曲盤回，雖不合漢法，而朱文深細，自是宋、元一派好手。又大儒之遺，得不以爲珍耶？

蔡孝子

渭南道上有表之者，曰：「蔡孝子拾椹處。」按：蔡孝子名順，乃汝南人也，與渭南無涉。順事母至孝，隱居不仕，其行誼甚高。世獨傳其拾椹一事，亦眇矣。且拾椹事，鄉黨自好者能之。以斯傳孝子，而使孝子之大節不彰焉，則赤眉之見也。

永樂大典

永樂元年七月，上諭解縉等曰：「天下古今事物散載諸書，不易簡閲。朕欲悉采各書所載事物、名數，類聚而統之以韻，庶便考索。嘗觀韻府等書，采摘不廣。爾等將自有書契以來，凡經、史、子、集、百家、天文、地志、陰陽、醫卜、僧道、技藝之言，備集爲一書，毋厭浩繁。」二年十一月，縉等進所纂録韻書，賜名文獻大典。五年十一月，姚廣孝等進重修文獻大成書，凡二萬二千二百一十一卷，一萬一千九十五本。更賜名永樂大典，上親製序以冠之。韓聖秋云：其書今在大內，渠曾親見之，繕寫裝飾精工無比，洵巨麗之觀也。

單汝思

予初不識汝思也。己丑之變，倉皇以孟常書來，予處之山中別業。尋詢其弟同其伯母俱至，予乃分歗月樓旁書屋居之，五年而歸。汝思頗好學，顧孱弱多病，未幾卒。先德漸衰，後裔不振，天之報善人竟何如耶！

寫字

昔人謂三代之時，書以記事，未始以點畫較工拙也。然而，鼎、彝、銘、誌之文，俯仰向背，精入芒髮，是豈有意於工也哉？亦盡其理，不能不工耳。予嘗謂：書法入聖，亦只是「盡其理」三字。要須字在筆先，意在字後。

待義

何燕泉曰：「呂居仁童蒙訓：『當官者，先以暴怒爲戒。事有不可當，詳處之必無不中。若先暴怒，只能自害，豈能害人？』前輩嘗言，凡事只怕待。待者，詳處之謂也。蓋詳處之，則思慮自出，人不能中傷也。」予以「待」名庵，初非有取於此。今觀燕泉所言，是亦一義，且甚中予病，正可借以自警。

不幸而壽

壽爲福之首，人之所貴也。然亦有不幸而壽者，如秦、豫、吴、閩之間，有數巨公，早年頗著聲譽，或以經濟，或以氣節，或以文藝。天下仰之，如泰山、北斗，而晚節頓異，遂至見誚當時，遺譏後世。蓋無其實而冒其名，爲造物所忌，故永其年，卒使之敗耳。王笠澤云：「士大夫之節，要其終而後定。而始之區區，皆得以欺人。」其此之謂乎？又憶昔人「若使當年身便死，一生真僞有誰知」之句，爲之太息。

得閒知足

昔人有詩云：「得閒多事外，知足少年中。」人生斯世，豈有閒時，要在忙中得耳，不則一惰夫矣。飽食終日，無所用心，非閒人也。故真能忙者，乃真能閒者也。王侯猶有不足，人寧有足時？患在不知耳。故流爲貪，爲刻，二者一也。以爲足，則目前已足；以爲不足，則到底不足。思天下不如我者甚多，自灑然矣。萬鍾不加於簞瓢，尤學道人所宜知也。

初集卷四

周公

予觀經文，周公無殺管叔之事，而因曹能始之解弗辟，故嘗作小論。今讀郝京山之解，其言尤辯，因稍爲刪次而録之，以補曹氏與予之所未備云。

武王克商後七年崩，蓋周公卜金縢之後。又五年也，武王年八十生成王。成王立年十有三，周公爲相。管叔以商歷兄終弟及，謀作亂，畏公在内，乃與羣弟流言於國，曰「公將不利於孺子」，以蠱王。公告於太公、召公曰：「我之弗辟，我無以告我先王。」辟與避同，謂去位也。詩云：「公孫碩膚。」孫即辟也。時王因流言疑公，公處此，惟有去位。不然，内疑而外叛，禍將大。所謂「無以告我先王」者，公之慮遠矣。然辟不之他，之東何也？東方初定，人情叵測，公知流言自東來，有變必以西討爲名，因而就之，變起可親察其情形。詩云：「公歸無所。」即此行也。公初至東，叔之謀阻，而終不肯改步。明言將以殷叛，王覺，使人執而殺之，故曰：「罪人斯得。」罪人即叔也。不曰討，而曰得，不用師，以計得也。誰得之？王與二公得之。公不知乎？曰不知也。公居東，叔叛，王疑公且黨叔，故取叔不使公知。公知亦不敢爲叔請，進無以白於王，退無以解於兄。叔所以驀然被戮，公所以黯然沉痛。於後公知，而乃作鴟鴞之詩，貽王也。不稱叔，稱罪人，何也？叛故曰罪人。孟子曰：「管叔以殷叛。」朝廷以叛殺罪人，非以流言殺叔也。何以知之？以王不悟知之。何以知王不悟？得鴟鴞之詩，猶不悟也。欲誚公，而未敢耳。如王以流言殺叔，自知公無罪矣。何待風雷啓金縢，然後悟也。惟王不悟，故殺叔不以流言，以叛也。以叛爲罪，知叔之當討。以流言爲忠，不察公之無辜。甚矣，王之蔽於讒也。

世儒不達，謂公以流言得叔，誤矣。或曰：「何以知非公得耶？」曰：「公得必以師。」是世儒所謂東征也。時王方以流言疑公，公欲出師則必請，請則王未必從。不請獨行，則王愈疑。人謂已不利，而又專制興師，是救焚益薪也。故當時聞謗不辨，輒自引辟，處憂患而巽以行權，非聖人不能，豈有倉皇東征之事乎？

東征之說，繇漢儒誤解「我之弗辟」爲刑辟。孔書承譌，僞撰蔡仲之命，謂：「公以流言致辟管叔，囚蔡叔。」其說緣飾於春秋傳。衛祝鮀云：「王殺管叔，囚蔡叔。其子蔡仲改行率德，周公舉爲己卿士。見諸王而命以蔡。」其言自明。乃杜元凱釋之云：「周公以王命殺之，將爲公文殺兄之過，而不知公本未嘗殺兄也。」據孔書爲辟叔，而不知孔書後人僞增也。詩詠東山「破斧缺斨」，是爲東征。在悔悟迎公歸之明年，非居東之二年也。爲討武庚，非討叔也。爲黜商命，非爲流言也。是時罪人已得，叔已死。故書大誥後金縢，詩東山後鴟鴞，編次正同。世儒誤以居東爲東征，不思書記居東二年，詩詠東征三年也。又以大誥爲討叔，今大誥在，何嘗一字及管、蔡也。孟子之書最爲近古，其載與陳賈問答之辭，皆言公失於使兄耳。若更有殺兄之事，陳賈巧詆豈不盡言，而孟子又豈直以誤使爲過？不知誤使猶爲過，況其殺之，豈但過而已耶！

予嘗竊幸，公所以得免於殺兄，王與二公所以能取罪人如反掌者，正唯以公居東一行耳。使公聞謗不早辟，辟不即東，叔之叛何待二年。旦夕率紂子倒戈西向，公於此時，欲辟不及，欲不與於殺叔，不可得矣。唯其聞言即去，不利之謗自解。去而居東，反側之謀坐銷，罪人束手，社稷晏然，而公亦賴以免於推刃同氣之慘。此其應變精密，幾事能權，豈尋常思慮可到？

嗚呼，虞舜愛弟，周公愛兄，同也！顧舜爲人主，力可曲全。而公爲人臣，勢不能兼庇。家庭之變，舜慘於公，而遇主之知，公不及舜，舜所以卒能容弟，而公卒不能救兄。今古遭逢有幸不幸哉！夫尊居叔父，貴爲冢宰，而鞠躬盡瘁，身先百辟，流言蔽主，一辭不辨，而引咎待命。故其自矢曰：「作周孚先」，可不爲萬世人臣之師歟！必如世儒之說，口舌風聞，殺兄自明，此其暴戾衡行，何異莽、操！鄉愿不爲，而謂聖人爲之乎？

郝氏又言：「周公負扆明堂，朝諸侯。」亦無其事。蓋繇禮記明堂位：「周公朝諸侯」誤於解雒誥「周公誕保文武，受命惟七年」之文。千古承譌，習而不察，其言並鑿鑿也。

謚法

帝王之有謚，古也或用一字，或用二字。今制，帝謚一字，而上更用十六字。后謚如帝謚，而上更用十二字。繁矣！繁則不稱其德，而大典成虛文矣。

后之有謚，自東漢始。宋時后謚，初只用二字。明道中，以章獻明肅嘗臨朝，特加四字。

謚法制於周公，暨後之爲謚法者，共十五家。美惡兼用，雖臣子，有不得私其君父者，所以示公於天下，傳信於後世也。自漢以來，寖失其義，然猶聽之一時公議，或不當，則博士得而駁之。洪武時，魯王卒，上諭禮部曰：「父子天性，謚法公義。朕不得以私恩廢公義，可謚曰荒。」蓋聖祖之無私如此。今大臣之謚，有美無惡。所謂謚者，特以爲褒美之典而已。定議者或不能無私，又無人駁而正之。如李西涯不可謂之非賢相，但謚以「文正」，則未愜人心。此楊邃庵之所不得辭其咎也。前此，無有謚「文正」者。同時，則謝木齋。近日，則倪鴻寶、劉湛陸而已。在宋，則唯范希文、司馬君實，乃真謚「文正」者。王子明、王孝先輩，皆初謚「文貞」，以避諱乃改「文正」耳。元則許魯齋、吴草廬。

丘文莊言：「我朝文臣有謚，始於姚恭靖、胡文穆。」鄭端簡曰：「恭靖未可謂爲文臣，謂之武臣可也。文臣賜謚，實始於王文節。」按：子充於洪武六年，不屈脫脫被害。建文元年，子紳上言父死節狀，贈翰林院學士，謚文節，後改忠文。

近世有謂翰林始得謚文者，勞堪曰：「翰林始得謚文，元無令典。如鄭文安、儀文簡，吴、楊二文恪，魏文靖，葉、王、邵三文莊，何文肅，王文毅，皆非翰林。然亦有官至内閣，不得謚文者，馬、許二襄敏，王毅敏，陳莊靖是也。」

私謚非古也，始於黔婁。後世之有私謚，始於漢之陳文範。今弟子欲尊其師，子弟欲尊其父兄，率有私謚。人人爲之，亦不足貴矣。昔張横渠卒，門人擬謚爲明誠，以質程子。程子以問司馬公，公復書引郊特牲、檀弓之言，不許也。今横渠謚曰明公，乃後世追尊之者。

古者謚之有惡也，所以警君也。若爲臣者，罰所得及，似不必借謚示懲。夫謚，以易名實褒而重之。如其不肖，則不準議謚可矣。故撰謚法者，亦有不可加之以惡之論。此雖與古禮不合，然於義亦無失。昔仁宗因議謚賀銀，謂諸臣曰：「銀勞可贈官銜，不應美謚。若加惡謚，又不若無謚。自後不應美謚者，則闕之。」

南京河南道御史張邦俊嘗上言：「從祀謚法大典，舉同鄉先達有應從祀者一人，曰呂柟。有應補謚者，除温純方在新議外，共十四人，曰雍泰、魏學曾、盛訥、王用賓、馬理、張璉、張撫、胡執禮、胡嘉謨、李夢陽、張原、裴紹宗、鄒應龍、王維楨。」萬曆三十五年，禮部具題，爲謚典逾期請乞會議舉行，奉聖旨：「謚號關係國是，不厭詳慎。其日久論定，義當表揚及近年應否易名的，都著分行訪單，具開實跡，從公會議來看。毋得徇情濫舉，子孫濫乞，有負重典。」四十四年十二月，禮部等衙門會議彙題：「自萬曆三十一年至三十七年，共舉二十九人，已行翰林院撰擬謚號進呈，未蒙欽點。自三十八年至四十二年，又共舉四十四人，請旨未下。」泰昌元年十二月，奉聖旨：「這謚號已擬的，俟點發。未擬諸臣，該部仍炤前開寫來看。」禮部隨將四十四人職名、行實開列具題。天啓元年正月奉聖旨：「是。這謚典既會議停當，都準與。」此外又有節年卹疏題謚者十人，閏二月奉欽點下，共與謚者八十三人。而邦俊疏中之王用賓、張璉、張撫、胡執禮、胡嘉謨、張原、裴紹宗、鄒應龍、王維楨不與焉。斯舉出自一時公議，非因諸臣子孫請乞，故雖奉明旨，而人知之者鮮。如馬理、李夢陽之謚，即其後裔，至今皆不知之。弘光時，南京尚有爲夢陽請謚者。他如楊慎、陶望齡最有時名，亦莫能舉其謚。以此推之，槩可知矣。故今備録原疏八十三人之謚於左：

兵部尚書伍文定，忠襄；　南京刑部侍郎吴悌，文莊；　都察院僉都御史魯穆，端毅；　都察院僉都御史楊繼宗，貞肅；　石城所吏目鄒智，忠介；　大理寺卿陈恪，簡肅；　尚寶司少卿孟秋，清憲；　監察御史劉臺，毅思；　兵部尚書毛伯温，襄懋；　吏部侍郎張元禎，文裕；　諭德張元忭，文恭；　南京禮部尚書陶承學，恭惠；　太常寺少卿魏良弼，忠簡；　吏部侍郎趙用賢，文毅；　刑部侍郎張翀，忠簡；　巡撫大同都察院副都御史張文錦，莊愍；　兵部侍郎李盛春，恭質；　都察院副都御史魏允貞，介肅；　都察院副都御史郭惟賢，恭定；　工部尚書劉東星，莊靖；　禮部侍郎唐文獻，文恪；　戶部侍郎張養蒙，毅敏；　兵部侍郎許孚遠，恭簡；　戶部主事周天佐，忠愍；　戶科給事中楊允繩，忠恪；　錦衣衛經歷沈鍊，忠愍；　太子太保、都察院左都御史溫純，恭毅；　南京吏部尚書曾同亨，恭端；　鴻臚寺卿張朝瑞，靖恪；　欽天監五官監侯楊源，忠懷；　兵部尚書王遴，恭肅；　工部侍郎王汝訓，恭介；　太子太保、吏部尚書蔡國珍，恭靖；　禮部尚書馮琦，文敏；　少傅兼太子太保、兵部尚書李化龍，襄毅；　吏部侍郎劉曰寧，文簡；　禮部侍郎郭正域，文毅；　太子太保、吏部尚書孫丕揚，恭介；　南京戶部尚書雍泰，端惠；　南京吏部尚書畢鏘，恭介；　南京刑部尚書趙參魯，端簡；　刑部尚書王之誥，端襄；　兵部尚書張佳胤，襄憲；　南京戶部侍郎余懋學，恭穆；　南京光禄寺少卿馬理，忠憲；　霍州學正曹端，靖修；　江西按察司提學副使李夢陽，景文；　給事中賀欽，恭定；　江西按察司僉事朱冠，恭節；　南京戶部尚書譚太初，莊懿；　刑部右侍郎段民，襄介；　兵部尚書魏學曾，恭襄；　刑部侍郎朱鴻謨，恭恪；　南京刑部尚書魏時亮，莊靖；　左副都御史龐尚鵬，惠敏；　監察御史陈茂烈，恭清；　巡撫山西副都御史汪洪，莊介；　武選司郎中黃鞏，忠裕；　南京吏部尚書汪宗伊，恭惠；　戶部尚書林泮，恭清；　吏部右侍郎楊起元，文懿；　南京工部右侍郎江治，恭恪；　副都御史李中，莊介；　翰林院修撰楊慎，文憲；　南京吏部尚書裴應章，恭靖；　吏部左侍郎盛訥，文定；　禮部尚書曾朝節，文恪；　南京禮部尚書黃鳳翔，文簡；　南京兵部右侍郎姜廷頤，康惠；　南京刑部左侍郎何源，靖惠；　國子監祭酒陶望齡，文簡；　南京工部尚書劉一儒，莊介；　國子監祭酒傅新德，文恪；　工部侍郎沈節甫，端靖；　太常寺少卿周怡，恭節；　南京吏部郎中莊昶，文節；　刑部侍郎王宗沐，襄裕；　僉都御史張允濟，介穆；　刑部侍郎李棠，恭懿；　戶部侍郎董堯封，恭敏；　湖廣按察司僉事馮應京，恭節；　禮部侍郎敖文禎，文穆；　吏部侍郎劉元震，文莊；　監察御史張銓，忠烈。

崇禎十七年三月十九日之難，諸臣以死殉者，弘光時皆予贈謚。今以所知者紀之：

工部尚書、東閣大學士、贈太傅范景文，文貞；　戶部尚書兼翰林院學士、贈太子太保倪元璐，文正；　左都御史、贈太子太保、吏部尚書李邦華，忠文；　兵部右侍郎、贈太子少保王家彥，忠端；　刑部右侍郎、贈尚書孟兆祥，忠貞；　左副都御史、贈左都御史施邦曜，忠介；　大理寺卿、贈刑部尚書凌義渠，忠清；　太常寺少卿、贈兵部右侍郎吳麟徵，忠節；　左庶子、贈禮部左侍郎周鳳翔，文節；　左諭德、贈禮部右侍郎馬世奇，文忠；　左中允、贈詹事劉理順，文正；　翰林院檢討、贈少詹事汪偉，文烈；　太僕寺丞、贈少卿申佳胤，節愍；　戶科都給事中、贈太常寺卿吳甘來，忠節；　御史、贈大理寺卿王章，忠烈；　御史、贈太僕寺少卿陳良謨，恭愍；　順天提學御史陳純德，恭節；　吏部員外郎、贈太僕寺少卿許直，忠節；　兵部郎中、贈大理寺卿成德，忠毅；　兵部主事、贈太僕寺少卿金鉉，忠節；　進士孟章明，節愍；　新樂侯、贈太師、恒國公劉文炳，忠莊；　駙馬都尉、贈少師鞏永固，貞愍；　惠安伯、贈太師、惠安侯張慶臻，貞武；　襄城伯、贈太子太師、襄城侯李國楨，貞武；　左都督、贈太保劉文曜，忠悼；　總兵、贈太保周遇吉，忠武；　大同巡撫、贈兵部尚書衛景瑗，忠毅；　宣府巡撫、贈右都御史朱之馮，忠莊。

又補謚先臣：

傅友德，武靖；　馮勝，武莊；　孫承宗，文忠；　董其昌，文敏；　張瑋，清惠；　盧象昇，忠烈；　沈燉炌，襄敏；　沈子木，恭靖；　陳仁錫，文莊；　張邦紀，文懿；　孔貞運，文忠；　吳阿衡，忠毅；　呂維祺，忠節；　顧起元，文莊；　胡守恆，文節；　王燾，忠愍；　蔡懋德，忠襄；　劉一燝，文端；　賀逢聖，文恪；　鹿善繼，忠節。

二氏

二氏之教與吾儒異，然老聃見禮於孔子，而佛亦西域有道之人，國俗各殊。吾自不尊其教，然不可慢之，見像而拜，事之以先賢之禮可也。陶靖節與遠公遊甚善，及招之入白蓮社，則不赴，蓋其心平而氣靜也。此又可以爲吾輩待二氏之徒之法。

或有論學者曰：「儒之精者似禪。」予曰：「否，亦禪之正者似儒耳。孔子講學在周時，佛法於漢時始入中國。後者似前，不應前者似後。」曰：「佛法雖漢時始入中國，其説法之時則在前。」曰：「譬之家各有主久矣，忽有客至，其貌類主，即年之少長不可知。自當云有客似主，不當云主似客也。」生爲中國之人，自當以中國之聖爲師，必中國之聖不足師，而後求之佛可也。不知中國之聖果不足師乎否？師中國之聖者果能盡中國之聖之道乎否？且今之佛經，吾疑之。傅弈有云：「佛在西域，言妖路遠，漢譯胡書，恣其假託。」蓋六書皆中國之聖所造，西域之所無。以華言譯梵語時，豈得無所潤飾？即如楞嚴爲房融筆授，順字成句，運句成篇，皆中國之聖之文也。使無六書，佛雖有法，何以自見乎？吾嘗遇一西域僧，貌如所謂達摩者，問以中國所傳諸經，皆不解。則先輩有謂佛經皆中國人所爲者，其言亦未爲無理也。朱子實嘗云然，羅念庵之言未免相庇耳。初予爲此言，友人相愛者戒曰：「君無輕發此論，恐爲智者所笑。」予曰：「甘之，且如此則朱子先不免於笑矣，況區區耶！」

昔有問佛於文中子者，文中子曰：「聖人也。」曰：「其教何如？」曰：「西方之教也。中國則泥軒車不可以適越，冠冕不可以之胡，古之道也。」今之談禪者鮮知此義。然吾察其實皆本於聖人之説，而故爲自異，以見其留心内典，自欺欺人，莫甚於是。此又近日談禪者之隱病，蓋以先儒之所諱者，而今更居之以爲高。世道人心，愈趨而愈下矣！

魏莊渠推地理之説，謂天竺地脈發自崑崙之陽。其左赤水界之，不與中國通。其人多慧而佛生焉。佛教流入中國，徧於四夷，凡夫尊之，甚於孔子。要之不可爲嘗經，終係於天地偏氣，自緣明王不作，故其幻説得以惑人耳。葉子奇曰：「佛居大地之陰，西域也，日必後炤，地皆西傾，水皆西流也，故言性以空。孔子居大地之陽，中國也，日必先炤，地皆東傾，水皆東流也，故言性以實。意者亦地氣有以使之然與？佛得性之影，儒得性之形，是故儒以明人，佛以明鬼。」此語未可盡憑，然而存其説亦可以見佛之非我同羣，學佛之爲入彼異類矣！

天下之理直以言之而已，二氏付法，傳衣鉢，授口訣，作種種態。聖賢問答講論，何其光明正大。即以迹較，邪正之途分矣。

佛老之書，予非欲遂盡廢之，即時一省覽，亦自可爲修身養心之助。但惡夫溺於其中者，尊之太過耳。豈有身爲士大夫，衣冠、飲食、居處、使事，皆依於儒，而自稱爲佛弟子者？至儼然推佛於吾聖人之上，真病狂喪心之徒也。司馬文正公不喜佛老，嘗曰：「其微言不能出吾書，其誕吾不信也。」此言可謂平而正矣。若程伊川夫子淫聲美色之斥，未免已甚。

學佛

人有真能學佛者，吾亦重之。蓋爲佛之徒，服佛之服，行佛之行，言佛之言，是出世之異人也，如沈蓮池是已。雖有謬悠之談，其志堅行修，是難能也。士大夫而學佛，吾實惡之。蓋非佛之徒，不服佛之服，不行佛之行，而獨言佛之言。假空諸所有之義，眇視一切，以騁其縱恣荒誕之説，是欺世之妖人也，如李贄、屠隆是已。或曰：「蘇文忠亦學佛者也，子不非之，何與？」曰：「文忠故談禪，然視贄與隆則大異。游戲禪悦亦見通人之致，惟不失其正而已。」吾蓋惡夫放言而無忌憚者也。

李贄

温陵李贄，頗以著述自任。予考其行事，察其持論，蓋一無忌憚之小人也。不知當時諸君子，如焦弱侯輩何以服之特甚。予疑其出言新奇，辨給動聽，久之遂爲其所移而不覺也。及閱弱侯所爲藏書序云「被其容接，未有不爽然自失者」，益信。贄所著書，唯易因説書尚可采，焚書固不足觀，藏書則率本他人成稿，而增删無法，敘述欠詳，間附己意，故作畸論，語不雅馴，多失體。至爲總目論云：「人之是非初無定質，覽者但無以孔子之定本行賞罰。」又以孟子論王伯爲舛謬不通。此艾千子所謂「敢於非聖」，陳百史所謂「其學謬悠」者也。予既取其書細爲評駁，而復書此，以告後之學者，慎勿墮彼雲霧中。

予嘗謂李贄之學本無可取，而倡異端以壞人心，肆淫行以兆國亂，蓋盛世之妖孽、士林之檮杌也。不及正兩觀之誅，亦幸矣。近從實録中得張給諫劾贄原疏，今録於後，以告學者。

萬曆三十年閏二月乙卯，禮科都給事中張問達疏劾：「李贄壯歲爲官，晚年削髮。近又刻藏書、焚書、卓吾大德等書，流行海内，惑亂人心。以呂不韋、李園爲智謀，以李斯爲才力，以馮道爲吏隱，以卓文君爲善擇佳偶，以司馬光論桑弘羊欺武帝爲可笑，以秦始皇爲千古一帝，以孔子之是非爲不足據，狂誕悖戾，未易枚舉，刺謬不經，不可不燬。尤可恨者，寄居麻城，肆行不簡，與無良輩遊庵院，挾妓女白晝同浴。勾引士人妻女入庵講法，至有攜衾枕而宿庵觀者，一境如狂。又作觀音問一書，所謂觀音者，皆士人妻女也。後生小子喜其倡狂放肆，相率煽惑，至於明劫人財，強摟人婦，同於禽獸而不之恤。邇來搢紳士大夫，亦有捧呪念佛、奉僧膜拜者，手持數珠以爲律戒，室懸妙像以爲皈依，不知遵孔子家法，而溺意於禪教沙門者，往往然矣。近聞贄且移至通州，通州離都下僅四十里，倘一入都門，招致蠱惑，又爲麻城之續。望敕禮部，檄行通州地方官，將李贄解發原籍治罪。仍檄行兩畿、各省，將贄刊行諸書，並搜簡其家未刻者，盡行燒燬，毋令貽亂後日。世道幸甚！」

奉聖旨：「李贄敢倡亂道，惑世誣民，便令廠、衛、五城嚴拿治罪。其書籍已刻、未刻者，令所在官司盡搜燒燬，不許存留。如有徒黨曲庇私藏，該科及各有司訪參奏來，並治罪。」

已而贄逮，至懼罪自盡，馬經綸爲營葬通州。聞今有大書二碑，一曰「李卓吾先生墓」，焦竑題，一曰「卓吾老子碑」，汪可受題。表章邪士，陰違聖人之教，顯倍天子之法，亦可謂無心矣？恨當時無有聞之於朝者，仆其碑並治其罪耳。

屠隆

東海屠隆著鴻苞四十八卷，天文、地理、人事、物情，無所不談，可謂博矣。而尤諄諄於三教一理之説，乃其意實以尊佛。今略舉之，如云：「三教聖人之所以得道者，清淨心也。正心誠意，是儒之清淨也。致虛守靜，是仙之清淨也。除妄歸真，是佛之清淨也。有善無惡者，儒者之心也。仙佛善心且無，何況惡心乎？爲善去惡者，儒者之行也。仙佛善且不爲，何況爲惡乎？」

又云：「儒者將此道修身治世，臨了將此道交還造化。仙人將此道度世延年，與造化齊久。佛氏將此道徹悟到至真至空處，超出造化而無極。」

又云：「就世法而論，則三皇、五帝、三王、周、孔爲世法中聖人。就二氏而論，則如來、上真爲出世法中聖人。以儒者視二氏，則謂二氏異端。以佛如來視儒者，則世法聖人未必聖人也。」

至論孔、孟，則云：「孟子善養浩然之氣，似單修命者。然以集義而生氣，則修性在其中矣。勿忘、勿助，是亦悟虛無自然、無爲有爲者。所嫌集字尚在，未能如孔子之打成一片。孔子五十而知天命，性命雙修矣。七十從心所欲而不踰矩，則形神打成一片矣。」

又云：「孔子、仙、佛，易地則皆然。宰相出居監司之位，則遂下行監司之事。仙、佛，宰相也。諸儒，監司也。孔子之道，宰相其位則監司也。」

又引萬鹿園之言曰：「儒一以貫之，一者無也，貫者有也。一以貫之，有無合一也。費而隱，費者有也，隱者無也，費而隱，有無合一也。佛應無所住而生其心，無所住者無也，生其心者有也，無住生心，有無合一也。老谷神不死，谷神無也，呼之即應，不死有也，谷神不死，有無合一也。儒顧諟天之明命，顧諟即內炤也，天命無聲臭，而聲臭所繇生，故必顧諟焉。

佛炤見五蘊皆空，炤即顧諟也。五蘊非無也，皆空非有也。老故嘗無欲以觀其妙，嘗有欲以觀其竅。觀即炤也，即顧諟也。」諸如此類，不一而足。

而其肆妄莫甚於答張觀察一書，其書援考亭之言，謂：「佛氏之高過於大學而無實。」乃於所謂過於大學，則云：「良亦有見。」而於所謂無實者，則拒而不受。如云：「喜怒哀樂，子思要於中節，而佛氏則併絶乎貪嗔。飲食男女，孟子以爲天性，而佛氏則盡斥爲情慾」等語。「儒者萬物一體，四海一家，規模宏遠矣；而佛氏之普門方之爲尤大。儒者如傷在念痌瘝，乃身中情惻怛矣；而佛氏之大悲比之爲尤切」等語。

凡佛與儒之近似者一一取而較之，而皆推佛於儒之上，幾千餘言，而總結之曰：「凡此皆如來之全體大用也，而謂之無實可乎？」其他譎誕之詞不必悉舉。而即此數端觀之，其誣聖害道不在李贄之下。顧以持躬稍優於贄，又好廣交，樂豪華，得士大夫之譽，卒無有如張黃門者出而劾之，以此得逃兩觀之法焉，亦其倖也。

屠隆才高學疎，口辯識陋。如謂孟子以飲食男女爲天性，周子無極生太極，於古人書多不細看。至論古今人物，大約尊二氏者則譽之，闢二氏者則毀之。謂墨子得如來弘慈大悲之旨，儼然在列仙傳。孟子槩詆異端，爲孟子之褊；謂朱子錯評黃魯直，巧摘其「渠亦孝弟」之語爲朱子之謬，謂孔明勞心竭精驅馳漢事，竟以滅性夭年；謂留侯訪赤松子至今不死，史臣書卒。淮南王爲仙引去，史臣書以反誅。毁黃老大道，使仙伯銜冤，爲史臣之大罪；謂梁武帝盛德有道，無以復加，羲、軒、禹、湯而後罕見其儔；謂王欽若素履奉道，著論多造微之旨，釋囚蠲逋，其行甚善，其功不小。諸如此類，是非軒輊，恣憑胸臆，真所謂揚之則雲霄，抑之則糞土，溢美則濫施粉澤，彈射則過索瘢瑕者也。而反譊譊以此咎人，尤排擊宋儒不已。嗚呼，隆以習宋儒之學得叨科第，爲縣令，爲儀曹郎，列士大夫之林，而遂以逞辨舞智，操戈入室。無論其言之不正，亦詎非所謂負義忘恩之徒哉！

隆又有云：「世間士大夫有一等向饒舌闍黎，口頭拾得些涕涶，開口便罵仙人。是衆生有一等跟著方上油嘴道人，聽得幾句燒煉底死話，便罵佛是出不得陽神底靈鬼。又有一等裹青布頭巾，思量生猪肉喫底，尚自不識性靈是何物，只鑽研故紙，提著個孝經、論語一兩句舊話頭，便罵菩薩、真人做異端邪道。若依者些沒孔鐵椎底見識，三教祖師不知在虛空中每日鬧了幾塲。誰想者三個老翁每日打做一塊，同心同氣甚般相好，就是一個裏底人。卻笑後生們沒見識，爭著些閒是非，卻大家念得一句『非吾徒也，非吾徒也！』」此段是何等語，寧不令觀者欲嘔耶！

隆之著書，唯曇華記反可取。是就彼説法成一家言，亦可以勸善而懲惡，此外皆不足觀也。

寺僧

王端毅作慶善寺碑，文中有云：「佛自漢明帝入中國，至魏延昌間天下建寺計一萬三千餘所。」馬端肅有疏云：「成化十二年，度僧十萬。成化二十二年，度僧二十萬，併以前所度僧道，又不下二十萬。共該五十餘萬人，其私自披剃者尚在外。今天下所建寺觀，所度僧道，又不知其幾百十倍矣！」

端肅以天下公私之財用於僧道過半，故上疏乞加禁約。予謂此輩皆窮乏游惰之民也，不收之於僧道之中，其歸農者無幾，亦大率去而爲盜耳。國家準給度牒，亦權也。世風日下，人心日漓，其害豈僅此一端哉！

永樂五年正月，一時披剃請度牒者千八百餘人。禮部以聞，上怒，命悉付兵部編軍籍，發戍遼東、甘肅。十六年定制：「凡願出家爲僧道者，府不過四十人，州不過三十人，縣不過二十人，額外不許濫收。俟五年後考試，如果精通經典，給與度牒。」天順二年正月敕：「今後僧徒每十年一度。」成化二年三月，命禮部給度牒鬻僧，以賑濟饑民，遂無定制矣。女子不得爲尼姑、女冠，則洪武六年之禁也。自正統至天順，京城内外建寺二百餘區。太學生濟寧楊浩、西安姚顯，俱上疏諫。顯尤指斥王振，一時韙之。

生員

洪武二年十月立郡、縣學。十五年四月詔天下通祀孔子，賜學糧，增師生廩膳有額。二十年十月令增廣生員，不拘額數，故名爲增廣。其增廣有額自宣德四年始，至景泰元年仍無額，成化三年又有額。時京師語曰：「和尚普度，秀才拘數。禮部姚夔，顛覆國祚。」正德十年始有附學之名。計天下廩膳生員共三萬五千八百許，朝廷養士之恩亦溥矣！洪武二十四年十月，上以學較爲國儲才，而士子巾服無異吏胥，宜有以別之。命工部制式以進，上親視必求典雅，凡三易其制始定：襴衫用玉色絹布爲之，寬袖皂緣，皂絛軟巾垂帶。當時重生員盛意如此。

堯二女

史以堯爲黄帝之玄孫，以舜爲黄帝之八代孫，則堯之女乃舜之從祖姑也，堯不應以女妻舜。金仁山謂：「虞者，有國之稱也。」參之國語史伯之言曰：「成天地之大功者，其子孫未嘗不章，虞、夏、商、周是也。虞幕能聽協風，以成樂物生者也。夏禹能平水土，以處庶類者也。商契能和合五教，以保於百姓者也。周棄能播植穀蔬，以衣食民人者也。其後皆爲王、公、侯、伯。」夫以虞幕並契、稷而言，則幕爲有功始封之君，虞爲有國之號，而舜所自出，以王天下者也。是堯、舜實不同出，而史之謬也明矣！予又謂堯以二女配舜，或聘之別族，未必即堯之女。史臣記之不詳，孟子因有館甥之説。書曰：「降二女於潙汭，嬪於虞。」此不過言堯欲歷試舜，以觀其德耳，實亦未明言其即堯之女也。必以爲即堯之女，則九男豈果丹朱兄弟耶？丹朱兄弟九人，豈皆不肖耶？且丹朱既不肖，不應以丹朱試舜矣。

秦始皇

世傳秦始皇焚書阬儒，謂爲李斯之罪，而又推之歸咎於斯之師荀卿，竊以爲過矣。宋蕭森辨之云：「李斯曰：『非博士官所職，天下敢有藏詩、書、百家語者，皆詣守、尉雜燒之。』則是天下之書雖焚，而博士官猶有存者。惜乎，入關收圖籍而不及此，竟爲楚人一炬耳。前輩嘗論之，但阬儒一事，未有究極之者。」

按：史書所阬，特侯生、盧生四百六十餘人，非能盡阬天下儒者。而爲其所阬，又非儒者。何以知之？始皇三十二年使盧生求羨門，刻碣石門。壞城郭，決通隄防。又盧生入海還，因奏録圖書曰：「亡秦者，胡也。」始皇乃遣蒙恬，發兵三十萬人北伐，起臨洮，築遼水。又盧生説始皇曰：「日方中，人主時爲微行，以辟惡鬼，惡鬼辟，真人至。願上所居宮，毋令人知，然後不死之藥殆可得也。」其後建阿房宮，實自此言發之。觀其二事，皆盧生稔其惡，又縱臾之，特方伎之流耳，豈所謂儒者哉？

方其求藥海上也，挾童男、童女以行，皆取於民間，奪其無告之孤。肆厥不軌之狀，如今所謂袄教。竊意其中死無辜者多矣，此一罪也。因亡秦之讖，興北伐之師，築長城，斷地脈，南北生靈以是役死者不可勝算，調發頻仍，誰生厲階，此二罪也。獻辟鬼之術，覬真人之來，咸陽宮觀三百七十，複道相連，有言其所幸之處者罪死。梁山之上其語一泄，時在旁者盡殺之，自是莫知行之所在，此三罪也。以四百六十餘人之阬，償萬人之命，良不爲過。

又始皇曰：「盧生等，吾尊賜之甚厚，今乃誹謗我。諸生在咸陽者，吾使廉問，或爲袄言，以亂黔首。」於是使御史按問諸生，轉相告引。始皇非尊賜儒者之人，其所謂尊賜甚厚，正如前所云方術圖讖之類，有以中其欲，故尊賜之。初不聞其誦孔子之言以進也。

古今相承，皆曰：「坑儒是惑於扶蘇之諫。」扶蘇曰：「諸子皆誦法孔子，皇上皆重法繩之，臣恐天下不安。」蓋當時以盧生之故，或有波及無辜者，故扶蘇以爲言。天下之大，儒者甚衆，坑之者此四百六十餘人而已。而此四百六十餘人者，所謂轉相告引，要之皆習爲方伎，特盧生之黨類耳。若兩生、四皓、伏生之流鴻飛冥冥，弋人何慕，肯搖脣鼓吻自投於陷穽哉？嗚呼，商君以變法禍秦，竟遭車裂。盧生以方伎禍秦，坑於咸陽，其罪等也。商君裂矣，盧生坑矣，而秦以不祀。暴惡淫邪之報明，亦可以知天道之不爽矣！予惡夫坑儒之名，故特著之。非爲末減始皇，實不欲文致荀卿。且以見儒之名，非方伎所可竊，而天下之儒，亦斷非始皇所能阬也。

小宗

朱子嘗云：「余正甫前日堅説一國一宗，某云一家有大宗、小宗，如何一國卻一人？渠高聲抗爭，某簡本與之看，方得口合。」然朱子小宗之説，則本之班氏、蘇氏，予未敢謂然。正甫一國一人之説，亦欠分曉。今衹看「五世則遷」四字便了然矣。蓋小宗，以五世爲宗，身爲高祖之嫡玄孫，則爲小宗。外此不得爲小宗。雖非一國一人，亦不是四人。故曰「有君道焉。」如云小宗有四，則亦人各有長子而已，奚所稱宗？言之似順，行之則礙也。其説詳予所爲族譜中。陳全之曰：「古人宗法之立，所以立民極，定民志也。今人不能行者，非法之不立，講之不明，勢不可行也。有知禮者，家必爲立宗，宗必爲立譜，使宗支不紊。宗子雖微，支子不得以富強陵之。則仁讓以興，乖戾以息，亦庶乎不失先王之意矣！」

立後

公儀仲子之喪，舍其孫而立其子。其友檀弓弔而譏之，子服伯子有詞矣，而子游問諸孔子，孔子曰：「否，立孫。」聖人言簡而義定如此。夫適子死而有適孫，而立其庶子，禮且不可，長樂陳氏至謂之絶宗。今乃有取異姓之子，以爲之後者，不已異乎？莒人滅鄫，春秋之書法凜然。斬祖父之胤，而亂其統系，有心者當自不爲矣。嗚呼，此譜牒之所以不可不作也！

自宗子之法不立，今法長子死，則主父喪用次子，不用孫，而孫祇自申其承重之義，此禮之變也。古者重立後，故大宗有爲後，而小宗不得爲後。然禮有爲人後者，似不專指大宗。今法槩立後，但必取同姓之子以序及之，意重繼祖。此推乎古禮而爲之，則變之善者也。若以弟繼兄以孫繼祖而竟易爲父子，於情理殊不合。今江以南間有之，吾未之前聞矣。

傳奇

越伐吴，吴師潰。夫差使王孫雄行成，勾踐欲許，范蠡辭使者而鼓之，遂滅吴。反至五湖，乘輕舟而去。世或傳其載西施而行，不知西施沉江，見於墨子之書矣。予謂吴之亡，實繇於殺伍員而任伯嚭，即其飾美女八人亦納之伯嚭耳。使夫差斥伯嚭不用，而以國事付伍員，雖日與西施流連於錦帆、館娃之間，或可以殞身，未必亡吴。獨恨吴既亡矣，伯嚭之姦越人習聞而目睹之矣，乃不殺之，而猶使之納賂如故。小人之性，至死不悛，固不足怪。越之君臣亦何昧，昧至此，豈感其舊德耶？然大夫種有大功，而卒不免焉，則又何也？

左傳：「哀公二十二年，越滅吴。二十四年公如越，得太子適郢，將妻公，而多與之地。公孫有山使告於季孫。季孫懼，使因太宰嚭而納賂焉，乃止。」杜預注：「嚭，故吴臣也。」史記吴太伯世家：「越王滅吴，誅太宰嚭，以爲不忠而歸越。」世家與伍子胥列傳亦皆云誅，二書未知孰是？予謂寧信其誅，以快人心，且戒後世也。伯嚭或作帛喜。

予嘗有小論，云：吴之亡，殺伍員也，非西施，猶之楚之亡，棄范增也，非虞姬。夫差不聽伍員之言以害越王，項籍不聽范增之言以害沛公，皆有仁者之心。夫差不肯居甬東而自縊，項籍不肯過江東而自刎，皆有勇者之氣。略成敗而論之，君子亦尚有取焉。西施之於夫差，虞姬之於項籍，其情好頗同。而西施之不及虞姬者，獨未能先死耳。世乃誣謂范蠡載之以遊五湖，亦冤矣。然越之夫人早辱於石室，而漢之太后至爲天下後世所羞稱，其視西施又何如耶？

蔡伯喈父名稜，字伯直。琵琶記謂「名從簡」，非也。

崔鶯鶯，鄭恒夫人也。恒字行甫，有子六人，曰頊、珮、瑾、玘、璿、琬。女一，適盧損。崔年七十六與鄭合葬。此見崔夫人埋志碑，成化間出於舊魏縣廢塚。蓋恒祖世斌爲磁、隰二州刺史。碑，衢州參軍陳貫纂述，大中十二年立也。今世所傳西廂記悉誣，獨怪作者不別立姓氏，如烏有、亡是之類，乃點人名節，至使兒童、婦女皆知其事，雖百喙莫能白矣。佛家言「拔舌地獄」果有之，則王實甫、關漢卿固當不免，然作俑於元微之會真記。或云微之通於其從母之女，借以自表，若是尤可惡也。

玉蓮，樂清王忠文女名也。孫汝權爲忠文之友，忠文劾史浩八罪，汝權實贊之。故史氏之黨切齒，荆釵傳奇蓋有自來。然聞陸允先云：「曾於瓜州龍王廟梁，見書『孫汝權同妻錢玉蓮喜捨』字。」豈當時偶有同名，而作者遂藉此以衊之耶？

臨川牡丹亭膾炙人口，然意侵婁江，亦涉輕薄。當時一官不調，蓋見惡於馮少宰也。今之作者，無其文采而獨肆胸臆，借之以逞其私，宣淫導邪，宜無逭於司寇之誅。婺州民馮順卿嘗告予曰：「民不知書，獨好觀劇。嘗見古人所作皆節孝事，不似近日作者蕘濁，汙日臭口。」予聽之悚然，不謂讀聖賢之書者，其智反出此人下。

金氏批評傳奇小說，亦堪解頤。及行之詩文，則謬矣，卒罹大法，實可憫惜。然聰明誤用，亦足以戒。

初集卷五

聖學

佛曰明心，老曰虛心，是反炤袪蔽，亦自可爲養心之功，但未免失之於偏。聖人之學曰正心誠意，兼體用動靜而言。故成己之仁、成物之智皆備，可以與天地參，而稱三才之道也。

羅整庵曰：「程子言性即理也。象山言心即理也。至當歸一，精義無二。此是則彼非，彼是則此非，安可不明辨之。昔吾夫子贊易，言性屢矣，曰『乾道變化，各正性命』。曰『成之者性』。曰『聖人作易，以順性命之理』。曰『窮理盡性，以至於命』。但詳味此數言，性即理也明矣！於心亦屢言之，曰『聖人以此洗心』。曰『易其心而後語』。曰『能説諸心』。夫心而曰洗、曰易、曰説，洗心而曰以此。試詳味此數語，謂心即理也，其可通乎？且孟子嘗言『理義之悦我心，猶芻豢之悦我口。』尤爲明白易見。故學而不證於經書，一切師心自用，未有不自誤者也。自誤已不可，況誤人乎？」觀整庵之論心性，正聖學、異端之分也。

無極

楊升庵曰：「汲冢周書云：『正人莫如有極，道天莫如無極。』道言也。正人有極，謂會其有極，歸其有極也。道天無極，謂生物不測，悠久無疆也。此語甚玄奧，當表出之。然則無極而太極之言，亦不始於周子矣。」予按：易言太極，不言無極。此言無極，不言太極。周子則言無極而太極也。無極已見老子道德經，陸子嘗引以爲辨。而此言無極，與周子之言要自有別。升庵亦特矜其博，而悉不之察耳。然無極而太極之説，實始於郭景鈍，此又升庵所未及知也。

先天後天龍圖太極

胡雙湖云：「宋一代之易學，希夷先天一圖開象數之門，至邵子經世書而碩大光明。周子太極一圖，洪理義之門，至程子易傳而浩博宏肆。」蓋希夷之言曰：「易學，意、言、象、數不可闕一。」其理具見於聖人之經，不煩文字解説。止有一圖，即先天方圓圖，以寓陰陽消長之説，與卦之生變圖，亦非創意以作。又作易龍圖曰：「龍圖者，天散而示之，伏羲合而用之，仲尼默而形之。」希夷以授穆伯長，伯長以授李挺之。挺之即康節師，其語康節曰：「科舉外有義理之學，義理外有物理之學，物理外有性命之學。」康節悉傳之，乃作後天圖。此見於邵伯温序。朱子作易學啓蒙，指孔子繫辭傳「天地定位」一節曰：「此先天之學。」「帝出乎震」一節曰：「此後天之學。」「數往者順」一節曰：「直解圖意。」楊升庵謂其廋詞誤人，似説易元有此圖。又謂其所以不明言者，非爲康節，直因其出於希夷而諱之，恐人議其流於神仙也。周子作太極圖説，陸子兄弟疑其贅。朱子謂其爲昧者泥象滯形慮。升庵謂其爲鈎深致遠者設，不爲泥象滯形者設也。予嘗論無極太極之辨，以陸子爲長。然陸子所疑，亦只指「無極」二字耳，其意非有不足於周子之學也。予素宗朱子所謂有罔極之恩者，唯於此小異。

朱子發謂：「太極圖説出於穆伯長。」子發去周子不遠，其進表云然，當必有據。子發留心於易，曾著易傳。當時非有所爭論，豈爲漫語於君父之前哉？胡五峰敍通書亦曰：「濂溪得太極圖於穆修」云。

周子無極之真，邵子弄丸，皆類於二氏。「真」字不見於六經，「弄丸」二字尤異，孔、曾門牆豈宜有此？

朱子論太極、陰陽、五行，其周密過於周子。此不易之言也，但以分疏「無極」二字，反致費詞。

朱子既以無形而有理釋無極而太極，則「無極」二字當輕看。諸儒將無極、太極在一處苦苦較問，皆失於滯，而朱子立訓之義反晦。

張子遠

東漢張子遠名遐，餘干人。嘗侍其師徐穉過陳蕃，時郭泰、吴炳在坐。穉曰：「此張遐也，知易義。」蕃問遐，遐對曰：「易無定體，強名曰太極。太者至大之謂，極者至要之稱，蓋言其理至大至要。在混沌之中，一動而生陰陽，陰陽者氣也。所謂理生氣，而氣寓夫理者是也。」蕃顧炳曰：「若何？」炳良久曰：「得之矣。」此見檇李李君實雜著中，他無所考。陳士業云：「載在饒州府志。」予謂理氣是一不是二，理虛位也，舉之即是。氣自有理，非理生氣也。凡言理之動靜者，是言動靜皆理，非言理能動靜也。子遠之事頗疑附會，君實稱其言甚精切，士業稱其剖摘奥義，予謂亦老生常談耳。

博文約禮

朱子解博文曰「致知格物也」，解約禮曰「克己復禮也」。許敬庵曰：「道之散見於人倫、庶物之間者，文也。其本於吾心天然之則者，禮也。隨事而學習之謂博，隨學而反己之謂約。禮即在於文之內，約即在於博之時，博而約之，所以爲精也。精則一，一則中。」

孔子學而不厭，誨人不倦，其斯而已矣。先儒教人，其切實明晰如此，而學者猶不知所宗，其病始於忽卑邇，而求高遠。而究也爲異端之歸，是可慨也。聖賢之學千言萬語，不過博文約禮而已。不博文非學也，博文而不約禮，亦非學也，故往往有滅裂支離之病，先儒論學亦惟是。

存養、省察二端，存養屬約禮事，即誠意之説也；省察屬博文事，即格物之説也。顔子擇善服膺弗失，曾子之毋自欺慎其獨，子思之誠明，孟子之知言養氣，皆此理也。欲存養須省察，愈省察愈存養，理唯一致，功無二候。

或謂「欲存養須省察，是省察先而存養後矣，於體用如何？」曰：論體則存養先，而省察後。若學者用力之序，須以省察爲先，故致知先於誠意。如以存養爲先，恐落玄虚，必以體用爲疑，則誠意且先於正心矣。況知之於意哉！要之，非截然分爲二事也。

格物

王陽明不取朱子格物傳，謂：「若待天下之物皆表裏精粗無不到然後行，則無可行之時。」此似未曾讀朱子或問：「予所謂於其分疏已明者，猶鶻突致詰者也。」

林次崖曰：「知行相資而進，日用應接，俱不可缺，非謂天下之物未能盡知，且停卻不行也。若論用功之極，則必天下之物盡格，然後爲學之成耳。補傳意蓋如此。今不悟其意，輕以終身不能行爲朱子病，竊恐未足病朱子，適自病耳。」

又曰：「孟子時邪説，如許行至爲詭怪無謂。夫人君治天下，許多事費許多心力，設許多官，猶不能理。況欲與民並耕而治，其勢得乎？今日又有一等人，倡爲致良知不用讀書之説，不知天下義理中間，許多曲折微妙，又有似是而非者，惟大聖大賢方見得透徹無差。其餘雖盡力講解，猶不能了，如何只格去物欲，便能知得？可怪，可怪！又有一般人信從他，都不可曉。」

吾友王仲復曰：「格物致知是大學最初用功處，其傳信不可闕。故朱子既取程子之意以補之，而復緝其説於或問中，凡十有六條。學者必合而讀之，庶可知所用功矣。」

又曰：「天下有一物，必有一理。人於此理亦不至全然無知，須即其所知一、二分，直推究到那十分處，方是至乎其極。此極字即事理(堂)[當]然之極,所謂至善者也。」

又曰:「朱子謂表者人物所共繇,即所當然之則,天下之達道,而性之各具也。謂裏者吾心所獨得,即所以然之故,天下之大本,而性之一原也。學者但遇一物,須反覆推究,不惟窮其所當然,亦即究其所以然。如此既久而脱然有悟,則在物之理與吾心之理,自相會合而無不貫通。所謂『衆物之表裏精粗無不到,而吾心之全體大用無不明者』,意蓋如此。」

又曰:「陽明致良知、不用讀書與心體無善無惡、知行合一等議論,皆邪説也。朱子謂:『邪説害正,人人得而攻之。』然則爲吾徒者,可不同致其力哉!」

予嘗謂仲復之學所守極正,於此亦可槩見。大抵陽明之學,真所謂彌近理而大亂真者,而其實始於陳白沙,至陽明而盛。白沙元無學,故人惑之者少。陽明事業、文章,炫燿一時,故天下靡然從之。其徒如王龍溪者,遂離經叛道而莫之知反矣。再傳而爲李贄,則其去白蓮、無爲等敎一間耳。次崖謂「天地間自來有此差異事,有此祅怪人」,至此益信。此仲復所以謂不可不力攻也。

格字訓正

「格」字訓正,亦本於朱子。然一字嘗有數義,用之各有其當,不可執一也。昔劉安禮問御吏,程子曰:「正己以格物。」朱子注云:「格,正也。此乃感格之格,與大學格物字異。即如『動』字,知者動之動,與至誠動物之動,自不同也。」

知行

呂文簡與鄒文莊同遊一寺,文簡謂文莊曰:「不知此寺,何以能至此寺?」文莊曰:「不至此寺,何以能知此寺之妙？」二公相視而笑。馮恭定謂：「二説皆是，不可執一。」予謂畢竟先有知此寺之知，後乃有知此寺之妙之知，此朱子所以有先後、輕重、淺深、大小之説也。

尊經閣記

王文成尊經閣記，大要衍金谿「六經皆我注脚」之緒耳。如其所言是經，可以不尊，尊經亦可以不閣也。題曰「尊經」，文先埽經，於爲記之意不已悖乎？然金谿「六經皆我注脚」之言，謂學貴心得，亦一時自喻之見，但不可以立訓，而後儒更襲之。無論不可爲學亦成語録套話，入耳厭聽。究其病源，皆本之禪。所謂達摩西來，不立文字者也。即如世尊上坐，文殊白槌云：「諦觀法王法法王法。」如是世尊便下坐。論此公案，亦小有理，若重拈起豈不索？然又況帝王之道、聖賢之學哉！茅鹿門謂「此記爲程、朱所不及。」不知程、朱正不肯爲耳。鹿門徒以詞章名家，宜其云然也。

王文成

王文成道德、事功、文章，皆一代之選。而學從禪入，多涉於偏，非聖賢之訓，不能無遺議。乃今之攻之者，掊擊不已，而爲詆毁則過矣。屠緯真稱：「文成靈稟夙成，天才獨詣，神采雄邁，智略深沉。氣九死而不折，才百鍊而彌精，秉操屹於丘山，當機捷於風雨，唐注極其揮霍，理學悟入玄微。負氣節而不專於氣節，譚文章而不局於文章，學爲儒而不拘於爲儒，究仙釋而不露其仙釋。求之底裏，未易窺其際，方之古人，難輕定其品。異人哉！異人哉！」此其贊文成至矣。然云「學爲儒而不拘於爲儒，究仙釋而不露其仙釋」，則又深於訾者也。

鄭端簡曰：「今人專指斥陽明學術，余不知學，但知大學恐不可直以宋儒改本爲是，而以漢儒舊本爲非，此須虛心静思得之。若寧藩反時，余時年二十一，應試在杭，見諸路羽書，皆不敢指名宸濠反。或曰江西省城有變，或曰江西省城十分緊急，或曰江西巡撫被害重情，或曰南昌忽聚軍馬船隻，傳言有變。惟陽明傳報，明言江西寧王謀反，欽奉密旨會兵征討。安仁謂：『陽明學本邪說，功繇詭遇。』又云：『王某心事，衆所共疑。』何其不諒至此？」

又曰：「宸濠之役，王陽明不顧九族之禍，擒賊奏凱。彬、忠諸佞倖導康陵南征，罪人未就甸師之戮，中外危疑洶洶，視行陣間尤費心力。媢嫉之徒，肆爲誣詆，天日鑑之而已。其桶岡、横水、浰頭之賊連穴數省，寇叛數十年，國無大費，竟爾底定。此功豈在靖遠、威寧之下？其學術非潛心内省，密自體察者，慎勿輕訾也。」

又曰：「王陽明初見宸濠，佯言售意，以窺逆謀。宴時，李士實在坐，宸濠言康陵政事缺失，外示愁嘆。士實曰：『世豈無湯、武耶？』陽明曰：『湯、武亦須伊、呂。』宸濠又曰：『有湯、武便有伊、呂。』陽明曰：『若有伊、呂，何患夷、齊。』自是，陽明始知宸濠謀逆決矣。乃遣其門生舉人黄元亨往來濠邸，覘其動静，益得其詳。於是始上疏請提督軍務，言：『臣據江西上流，江西連歲盜起，乞假臣提督軍務之權，以便行事。』意在濠也。司馬王晉溪知陽明意，覆奏稱王某有本之學，有用之才，今此奏請相應準允，給與旗牌便宜行事，江西一應大小緩急賊情，悉聽王某隨機撫剿。以故濠反，陽明竟得以此權力起兵擒賊。捷奏中歸功本兵，新都故不喜晉溪，見陽明奏遂怒，故封爵久不行。至崇正登極詔中言之，議者遂謂新都自爲己定策地也。濠反書初至，諸大臣驚懼，以爲濠事十成八、九。晉溪一日十四奏調兵食，且大聲對諸大臣曰：『王伯安在汀、贛，據南昌上流，旦夕且縛宸濠，諸公無恐。曩請與伯安提督軍務，正爲今日。』已而濠平，職方郎中論功超陞，晉溪乃不得脱戍籍，豈不大舛？晉溪後以張、桂薦，起復爲吏部尚書，卒謚恭襄。」以上三條俱載今言中，其吾學編中傳論不更録。

端簡，君子也，親逢其時，非有所阿於文成，其言當不妄。文成學實深邃，雖其爲説有予所不取者，蓋中之所疑，不能自隱，非敢故爲異論。故備録端簡之言，以示世之過詆文成者。

嗚呼，以方正學之殉節，而修實録者誣之以叩頭乞生，楊文貞可謂無天理矣！以王文成之伐叛，而作國史者誣之以首鼠兩端，費文憲尚可謂之有人心乎！近日孫少宰著書，略文成之善而獨言其通濠有因，則以論學之不合而偏於作惡，欲從百年後定百年前莫須有之案，亦異矣。少宰博學好古，予素重之，惟於此不能無憾也。即如文貞、文憲皆一代名臣，而以私意造謗，則其過有不可掩者。士君子於善善惡惡之際，又烏可不知春秋之義哉！

冀惟乾

潘去華曰：「武陵冀惟乾元亨之被逮也，湖廣按察並逮其家，妻與二女俱不怖曰：『吾夫平日尊師講學，肯有他乎？』治麻枲不輟，暇則誦書歌詩。事白，守者欲出之，李曰：『不見吾夫於何歸？』按察諸寮婦欲請相見，辭不敢赴。已乃潔一室就視，則因服不釋麻枲，爲君夫人歌詩二章。有問者，答曰：『吾夫之學，不出閨門衽席。』聞者嘆服。」

按：惟乾爲王文成門人，其見宸濠，則文成使之，欲因講學沮其邪謀，不然亦得以察其動靜爲備。惟乾與宸濠語不合，宸濠滋怒將加害，惟乾從間道辯文成曰：「宸濠必反，先生宜早計。」乃潛回常德。宸濠既敗，恨文成，以惟乾爲文成門人，輒肆誣謂與同謀，以洩其憤。故文成具咨六部、都察院，轉行十三道，炤會大理寺爲之伸理，至云義當與之同死。又科道交章伸暴，遂得釋。未幾，以染瘧痢遽卒。文成復移文湖廣布、按二司，優恤其家。今觀去華所述，益信文成所稱「元亨忠信之行，孚於遠邇，孝友之德，化於鄉閭」，非溢美也。世之譏文成爲附逆有因者，無非以師婁一齋爲宸濠姻黨，劉子吉請墓誌文宸濠，王守仁亦可之，言與惟乾此事。彼三說者固不足辨，而以惟乾此事爲疑，不特令忠臣受誣於一時，且使義士含冤於千載矣。

蔡伯喈後

王敬美曰：「蔡文姬傳：曹操素與邕善，痛其無嗣。」蔡伯喈後絶矣。晉蔡充別傳乃曰：「充祖睦，蔡邕孫也。」睦父爲邕子，竟是何人？又邕女，傳止云文姬。晉羊祜傳云：「祜，蔡邕外孫。」其母必非文姬矣，豈邕尚有別女耶？至祜討吴功當進爵土，以乞舅子蔡襲，襲得爲關内侯。是襲又伯喈孫也。伯喈遂有兩孫，何得云無後耶？及觀蔡豹傳云：「祖睦是蔡邕叔父質之後也。」睦又非邕孫矣，豈邕本無後，而蔡氏以睦父後之耶？按：邕雖以董卓之黨，爲吾家司徒所誅，然其人無遺行。初爲卓迫脅，而卓實愛其才，在邕遂不無知己之感耳。故司徒之誅，當時即有非之者，則邕之爲人可知矣。又按：祐父名衜，先娶孔融女，後娶邕女。孔氏生發，蔡氏生承，俱病。蔡氏專心養發得濟，而承竟病死。其賢如此，故特著之，亦以爲吾家司徒謝過也。

誠仁

天地之間一「誠」而已矣，吾謂天地之間一「仁」而已矣。仁即誠也，不誠則不仁矣。孔子云：「吾道一以貫之。」言仁也。故曾子曰：「夫子之道，忠恕而已矣。」忠恕者，仁也。程子曰：「維天之命，於穆不已，忠也。乾道變化，各正性命，恕也。」此善言忠恕者也，仁之謂也。仁也，誠也，一而已矣。子曰：「仁者靜。」傳曰：「仁無欲，故靜。」無欲者，誠也。李邦直云：「不欺之謂誠。」徐仲車云：「不息之謂誠。」程子始曰：「無妄之謂誠。」朱子又加二字，云：「誠者，真實無妄之謂。」有一顯者，嘗問李子德，曰：「既言真實矣，何必又言無妄？」子德曰：「譬如公好色一念，豈不真實，然而妄也。」問者悚然。予曰：去盡此妄，一理真實，此聖人之所以爲聖也。故周子曰：「誠者，聖人之本。」程子曰：「動以天爲無妄，動以人欲則妄矣。」

凡木之果，其核中實曰仁。此借用字極有理，以其内含生機發育無窮也。仁之在人，亦人之實耳。培養得好，可以開花，可以結果，可以爲舟楫、梁棟，否則萎耳，朽耳。故程子曰：「心譬如穀種，生之性便是仁。」

朱子解「仁」字曰：「心之德，愛之理。或以愛爲仁，已不如愛之理説得渾全。況又遺卻心之德，是探末而忘本矣。」孔子曰「愛人」是隨問者言，孟子曰「惻隱」是與四德列言，又不可以此例求也。

義字

董仲舒：「仁者人也，義者我也。」義音我。衛尉卿衡方碑有云：「感昔人之凱風，悼蓼儀之劬勞。」以蓼莪爲蓼儀。魯峻碑又作蓼義。周官注：「莪、儀二字皆音俄。」毛詩用以協阿、河字。趙明誠曰：「漢碑多如此。」蓋漢人各以其學名家，故所傳時有異同也。此亦可以見古時字少，其通用之例頗寬。王伯厚云：「董仲舒云：『以仁治人，以義治我。』劉原父云：『仁字從人，義字從我。』豈造文之義耶？」愚謂：告子仁内義外之説，孟子非之。若以人我分仁義，是仁外義内，其流爲兼愛，爲我矣！此尤可以正告子之謬。

陸貞山論

陸貞山曰：「通書之言固爲精確，但朱子謂其皆所以發明太極之藴，則恐未必然。而愚之尤不能無疑者，『愛曰仁』以下數語也。如韓子原道言『博愛之謂仁』，朱子譏之以爲語用而遺體。今周子指愛爲仁，何以異此？朱子之解獨謂『有是五者之用，而因以名其體』。斯言也，其亦善於回護矣，無乃未足以服韓子之心乎！」貞山此論似也，然未細究朱子語録耳。朱子謂韓子博愛之謂仁，是指情爲性。或問：「周子説愛曰仁，與博愛之説如何？」曰：「愛曰仁，猶惻隱之心，仁之端也，是就愛處指出仁。若博愛之謂仁，『之謂』便是把博愛做仁了，終不同。」予又謂仁與四德列言，自當曰愛。若單言仁，則當統四德，非愛所可盡也。周子是五者列言，韓子乃單言，亦當有異。

信

信在四德之中，諸儒之説詳矣。大要謂「實有此仁，實有此義」，即信也。予謂信不止是「實有此仁，實有此義」之謂，是其所以能仁、所以能義之實也，即所謂誠也。金、木、水、火，俱離土不得，以其實也。故金、木、水、火，有時而毁，土則無時而毁也。

技術

程沙隨曰：「易與太玄皆以道義配禍福，故爲聖賢之書。陰陽家獨言禍福，而不配以道義，故爲技術。如李林甫之得君，彼則曰吉。顔魯公以正行乎患難，彼則曰凶。故文中子曰：『京房、郭璞，古之亂常人也。』」近世技術之最足惑人者，莫甚於堪輿。即如其書所載方正學先塋事，謂九族被誅，乃其卜兆殺蛇之報。以忠臣之節，爲凶人之孽，其説不經，而悖道害義，肆然梓行，有心者視之寧不悲憤填膺哉！此其罪當加於妄言禍福者一等矣。至分金布氣之説，本於焦氏，占法鄙瑣無據，又不足言也。

蔡氏地理

蔡季通得康節之學，朱子一見許以老友，謂不當在弟子列。凡疏釋諸書，皆與季通參訂，啓蒙則屬其起稿。嘗曰：「造化微妙，惟深於理者能識之。吾與季通，言而不厭也。」學者尊之曰西山先生。季通父名發，字神禹，號牧堂老人，著有地理發微十八卷。故季通好講地理，朱子嘗用之以遷葬其親。今之學者或疑之，而有信地理之說者，則又往往援之以爲重。然季通每爲鄉人改葬，吉凶不能皆驗。後貶道州，有贈以詩者，曰：「掘盡人家好壠丘，冤魂欲訴更無繇。先生若有堯夫術，何不先言去道州？」此詩固鄙俚不足言，然亦可以作戒。今世有因擇地而停喪，甚至累數十年，或貧乏死亡，而竟不克葬者，可嘆也已。

道術

夜半後生氣之時，東向端坐。先於鼻内微納清氣，口内呵出腹中舊氣，一九止。定心閉目，停息存神，叩齒三十六次，以大拇指拭目，大小九過。以中指按鼻左右，令表裏俱熱，謂之灌溉中岳。次以兩手摩令極熱，閉口鼻氣，揩擦面額連髮際，謂之修天庭。又摩耳根、耳輪，謂之修城郭。皆不拘遍數。次以舌柱上齶，存息少時漱口，中津液滿口，徐徐作三嚥下之，如此三度九咽。黄庭經云「漱咽靈液體不乾」是也。如子後不及，但寅前爲之亦可，卧中爲之亦可，惟枕勿令甚高也。白日無事閑坐，腹空時爲之亦自有益。此起居法雖出道家，然於儒理無礙。行已便兀然放身，心同太虚，萬慮俱遣，久之當有效也。昔予有疾，或有言羽士楊碧雲能治者。予問之，則授以坐功，其説正較此更簡易。大要不出於正心誠意之言，但有一穴爲異耳。所謂歸而求之，有餘師也。

道術之最可惡者有二：一曰御女之術，一曰燒丹之術。以聖賢之訓正之，而或不能止也。今即以道家之言告之，庶其有省乎。參同契曰：「類同者相從，事乖不成寶。」俞玉吾注曰：「或人不知自己同乾坤，卻向身外覓同類，要指童女爲真鉛，遂託黄帝玄素之事飾其邪說，以逢士夫之欲，於是富家貴宦行其術，而往往陷於死亡者有之。蓋不特唐相國夏侯孜之一人也。是故葛稚川以爲冰盃盛湯，羽苞蓄火。陶隱居以爲抱玉赴火，金棺葬狗。洞微子目之爲狗猪行狀。李玉谿稱之爲地獄種子。古今丹書，所以皆極口痛駡此術者，以其害人，而終亦自害其身也。南華云：『無勞爾形，無搖爾精，乃可以長生。』未聞有所謂御女之說。誰生厲階，至今爲梗，誣污前真，迷誤後學，其旁門諸術中，害道之最尤者歟！」參同契曰：「雜性不同類，安肯合體居。千舉必萬敗，欲黠反成癡。」俞玉吾注曰：「彼有燒煉三黄、四神之藥，妄意以爲道在於是。殊不知五金、八石，乃世間有形有質之物。其種類不同，其性質各異，安肯合體而並居哉？」故凡爲此術者，莫不千舉萬敗，欲黠成癡。何則？端緒無因緣，度量失操持故也。指玄三十九章云：『訪師求友學燒丹，精選朱砂作大還。將謂外丹化内藥，元來金石不相關。』蓋神仙金液大還丹，乃無中生有之至藥。而所謂朱砂、水銀者，不過設象比喻而已。奈何世人不識真鉛汞，將謂凡砂及水銀，往往耗火費財，卒無成功。遂至皓首茫然，反起虚無之嘆。嗚呼，豈不惑哉！」

世傳王陽能作黄金。應子謂：「秦始皇欺於徐市之屬，求神仙想蓬萊，而不免沙丘之禍；孝武迷謬文成、五利，處之不疑，妻以公主，賜以甲第，家累萬金，身佩四印，辭窮情得，亦旋梟裂；淮南王安鋭精黄白，庶幾輕舉，卒伏白刃；劉向得其遺文，奇而獻之成帝，令典尚方鑄作事，費甚多而方不驗，被劾繫獄。故曰秦、漢以天子之貴，四海之富，淮南竭一國之貢稅，向假尚方之饒，然不能有成者，夫物之變化，固自有極，王陽何人，獨能乎哉？語曰：『金不可作，世不可度。』王陽居官食禄，雖爲鮮明車馬衣服，亦能幾所，何足怪之。乃傳俗說，班固之論，陋於是矣。」

劉自我

劉自我名震，徽州人。年二十，以爲文譏刺湯霍林，避禍出亡。嘗主山東耿中丞、涿州馮閣學家。著有識大録，自洪武起至崇禎止，計十二套，稿止一部。陳百史居政府，以五百金託人購去，未至，而百史敗矣。今不知所在。又聞范文貞曾聘之著工部志，計五十册。自我卒於戊子年，其著識大録蓋五十年而後成書。陳伯璣云。

道德經

老子著書上下篇，言道德之意。後人因其篇首之文，名上篇爲道，下篇爲德。司馬温公謂道、德連體，不可偏廢。邵若愚亦謂不應分道、德，又不應分八十一章，失前後文義。王輔嗣疑「夫佳兵」、「民之飢」二章，謂非老子所作。予嘗見古本道德經，與今所傳本句字頗異。

陰符經

注陰符經者，除黄帝與天真皇人廣成子問答，伊尹、太公、范蠡、鬼谷子、張良、諸葛亮之集注，赤松子、張良、葛玄、許遜、鍾離權、呂巖、施肩吾、崔明公、劉玄英、曹道沖之集解外，有二十餘家。褚登善所得太極真人本，「天發殺機」下有「移星易宿，地發殺機」二句，而終篇「我以時物文理哲」下有百餘字。又此百餘字中「人以虞愚」六句、「是故聖人知自然之道」二句、「禽之制在炁」一句、「鳥獸之謂也」一句，或有或無。又有謂「天發殺機，龍蛇起陸；地發殺機，星辰隕伏」者，率無定論。甯昌辰以此百餘字爲演章；蕭真宰則以續之者爲非；而王道淵復以逸之者爲誤；李筌與朱子本皆存之而不更，爲之注疏亦似以爲非經文也。予謂：其詞與經文正類，特以鄒訢本爲定本，存其文而去其所謂六句、二句、一句者，似更當。若其注，則以鄒訢與俞琰之注爲得。云鄒訢者，空同道士，乃朱子託名也。

淨明全書

淨明全書有云：「天之有文，地之有理，人之有事，三才之道，古今不可誣也。淨明之道，不廢人事，但當正心處物，常應常靜也」又云：「志節要高，器量要大，操履要正。」又云：「二氏之教過盛，則於綱常之教未免有所傷。故真儒出，以實理正學而振飭之。」又云：「真儒都是戒慎恐懼中做出，親見道體後説來，真是俯仰無愧。」或問：「淨明大教，始於忠孝立本，中於去欲正心，終於直至淨明。然息心甚難，況日用之間，天理人心，互爲雄長，爲之奈何？」曰：「前念爲念，後念爲炤。念起不著，淨心守一。但滅動心，不滅炤心。但凝空心，不凝住心。湛然常寂，是名空心。止動歸止，是名炤心。寂炤兩全，洞合道源。淨極明生，玄之又玄。」此書多正論，當是羽士中留心於儒者所託爲耳。今乃有身爲儒而異端其言者，不亦可怪也哉？

玄牝

司馬温公曰：「玄者言其微妙，牝者萬物之母。」朱子曰：「玄，妙也。牝是有所愛而能生物者也。」至妙之理，有生生之意焉。此程子所以取老氏之説也。又曰：「谷是虚而能受，神是無所不應。」邵若愚曰：「谷以喻虚，虚乃生之本，謂曰玄。神爲化之元，謂曰牝。谷神者是爲玄牝也。萬物皆從玄牝之門出，是謂生天地根，以觀谷神綿綿若存，用之者以神合虚而不在勤勞措意功力爲也。或以口、鼻爲玄牝者，是不中理也。」呂惠卿曰：「玄者，有無之合。牝者，能生者也。」此其人雖有賢不肖之分，而爲説皆合。然揆之於易：玄者，陽也，乾也，天玄是也。牝者，陰也，坤也，牝馬是也。門者所繇出入，乾坤一闔一闢也。故曰：乾坤，易之門也。老子之意似本諸此。

生死之徒

十人之中，大約柔弱以保其生者三，剛強以速其死者三，雖志在愛生而不免於趨死者亦三。其所以愛生而趨死者，繇其自奉養太厚故也。此解切實，足令觀者知警，斯可矣。其餘紛紛之説，姑置之耳。

呂惠卿王雱

注道德、南華者，以予所見，無慮百家，而呂惠卿、王雱所作頗稱善。雱之才尤異，使當時從學於程子之門，則其所就當不可量。惜乎，過庭之訓不能出此，而相濟爲執拗崛強之行，卒以遺譏千古，可慨也夫！竊又疑惠卿之姦諂，雱之恣戾，豈宜有此？小人攫名，或倩門客爲之，亦未可知也。

陳希夷

陳希夷隱居華山，其辭太宗召命表云：「臣明時閑客，唐世書生。堯道昌而優容許繇，漢世盛而善存四皓。嘉遯之士，何代無之？臣形如槁木，心若死灰，不曉仁義之淺深，安識禮儀之去就？敗荷作服，脱籜爲冠，體有青毛，足無草履，倘臨軒陛，貽笑聖明。數行丹詔，徒煩彩鳳銜來。一片野心，已被白雲留住。獲飲舊溪之水，飽吟松下之風，詠味日月之清，笑傲煙霞之表。隨性所樂，得意何言！」及至京師，君臣對語，皆聖賢治平之理，詞簡義正，卒求還山。可謂出處無憾者矣！或云：「希夷將終，密封一緘，付其弟子，使候其死上之。既死，弟子如言入獻，真宗發視無他言，但有『慎水停火』四字而已。或者以爲道家養生之言，而當時皆以爲意在國事，無以是解者。已而祥符間，禁中諸處數有大火，遂以爲先生之驗。上以軍營所聚居尤所當戒，乃命諸校悉書之門，故今軍營皆揭此四字。」此則未免術士之態，而人偏信之。且火既有驗，水何獨否，乃不復察耶？

正易心法

正易心法，戴孔文所著，假稱麻衣所授陳希夷消息。其云：「學易者當於羲、文心地上馳騁，莫於周、孔腳根下盤旋。」此即陸子「六經注腳」之義。不知於周、孔腳根下盤旋，正不失爲聖人之徒也。若於羲、文心地上馳騁，則所謂「古聖相傳只此心」，又不落「斯人千古不磨心」之下哉！

陳藹公

戊午秋，予入都，遣僮尋一幽僻僧房作寓，乃至昊天寺。明日，陳藹公來顧，蓋先寓於其旁舍。予嘗聞藹公名於汪苕文所，然不深知之。時予閉門養痾，雖同寓不數數見也。久之始與之談，漸得讀其所著書，挑燈瀹茗，往往至子夜不休。藹公以世家子，風雅自命，又多遊公卿間。每與客集，議論風生，間雜以詼諧，四坐爲驚，人以是稱其才。或見爲廣交遊，敦意氣；或見爲綜載籍，工文章。而抑知其有所以爲立言行事之本，而之死而不可奪之故耶？

邵伊川

邵康節之父，伊川丈人，名古，字天叟。上蔡謝子爲晁以道傳易堂記後序言：「安樂邵先生皇極經世之學，師承頗異。安樂之父昔於廬山解后文恭胡公，從隱者老浮圖遊。隱者曰：『胡子世福甚厚，當秉國政。邵子仕雖不偶，學業必傳。』因同授易書。」上蔡之文今不傳，僅載於張祺書文恭集後。今人知子文者多，知天叟者少。子文不能大康節之傳，天叟實能開康節之先也。予嘗謂康節之學不盡於儒，此又其一證耳。

周子逸詩

平都山有石刻周子二詩，其一詠陰仙丹訣云：「如覩丹訣信希夷，蓋得陰陽造化機。子自母生能致立，精神合後更知微。」眉山楊楝於亂碑中得之，云：「點畫勁正，猶存溫厲之氣，官合陽時(碑)[筆]也。」予嘗謂周子、邵子之言，間有涉於二氏者，於此亦可徵。然予非以此爲周、邵病，特欲學者讀書知所擇耳。大約上證之孔、曾，下度之一心，惟其相合而無疑，斯從之矣。若隨人俯仰，無益也。故雖二氏之言不無可采，大儒之說亦時有所棄。

羽翼聖經

羽翼聖經，惟程、朱足以當之。近代儒者如曹月川、薛敬軒、胡敬齋，其學可謂醇矣，而其所著書，謂其有自得之詣可也。若陳白沙、王陽明輩，則叛聖經者蓋有之矣。陽明純乎禪，白沙兼近道。

羅整庵云：「近世道學之倡，陳白沙不爲無力，而學術之誤，亦恐自白沙始。至無而動，至近而神，此白沙自得之妙也。愚前所謂徒見夫至神者，遂以爲道在是矣，而深之不能極，而幾之不能研。雖不爲白沙而發，而白沙之病正恐在此。章楓山嘗爲予言其爲學本末，固以禅學目之。胡敬齋攻之尤力，其言皆有所據。公論之在天下，有不可得而誣者矣。」按：敬齋、白沙俱出吴康齋之門，其所就不同乃爾。而賀克恭爲白沙高弟，其學復不盡尊師説。然則，白沙於師友之間，亦可謂過於自信矣。

白沙有云：「學者先須理會氣象，氣象好時，百事自當。」此言最可味，言語動静，便是理會氣象地頭。變急爲緩，變激烈爲和平，則有大功，亦遠禍之道也，非但氣象好而已。此又今之學者不可不知也。」按：理會氣象之説，本於呂原明。原明曰：「不唯君子、小人於此焉分，亦貴賤、壽夭之所繇定也。」

陽明有牧民禦衆之才，經術權謀互用，故能卒樹偉伐。蓋國家之楨榦，謚曰文成不虚也。予嘗謂：論聖學，則文成誠不如文清之純；論人物，則文成之才恐亦非文清所及。王仲復大不然之。或問予：「豈有徵乎？」曰：「文成於危疑用兵之際，講學不輟，非有實得於己者，不能整暇至此。文清於從容侍從之間，誤稱學生，豈對至尊而敬心不存耶，抑懾於天威耶？」

吾輩爲學，當以平心静氣爲第一義，凡讀書論人當求其實。爲吾所最尊之人，或有一失，不必爲之掩。爲吾所深排之人，或有一得，不可因之廢。揆之於理，度之於心，唯求其是而已，唯求其是之有可以徵者而已。

虞姬

予過虞姬墓，爲詩弔之。謂姬不須悲，大王之意氣盡也。彼高帝者，尚不能免「人彘」之禍，則姬之勝戚夫人多矣。然豈獨戚不姬若，即娥姁又其甚者也。使非一二老臣，邀天之幸以成功，則劉氏之統，絶於呂氏也久矣。以視垓下和歌而泣下於不聊生者，不天淵哉！嗚呼，人固不可以成敗論也，即在婦女亦如此！

北鄙之武

北鄙有人，自名曰武。性悍而貧，思爲盜以禦人，又懼弗勝，乃剪紙爲虎皮蒙之，伏草間，伺有負戴而獨行者，輒作虎聲躍而出，人驚而逃，遂取其所有。久之以是成家。鄰翁知之，戒曰：「爾免飢寒矣，其改之。不然，後將敗。」武不聽，又往。有士多力而耳聾，攜笈而過，武作虎聲不聞，躍而出又不逃，與之鬭，武不勝，脱其皮而逸。士拾視之，嘆曰：「吾聞昔之狐假虎威者也，此人所假者虎皮。乃其虎皮，又非虎皮也。」

楊濬修

予妻之從弟、庠生楊濬修，名中清。家極貧，母歿哀毁非時。斷酒肉，並斷鹽醯，杖立柩側者三年，槁而死。終至滅性，亦至慟所結，非有所爲而然也。子名長，弱而淳，能繼其志。本縣公舉孝行，獨屬之長。今已奉旨旌表。然此事行，而濬修之孝，無復有旌表之日矣。予悲哀魂之莫慰，恐獨行之終湮也，故特爲著之，冀後世之或有聞焉。

鬻爵免罪

入粟拜爵免罪，始於鼂錯，文帝用之以實塞下。景帝時，至裁其價以招人。武帝時置賞功官，凡入羊、入穀、入財者，皆得正補爲官、爲郎。死罪入錢五十萬，則減死一等。末流之弊，遂至無極。名器可惜，法紀宜嚴，賞善罰惡，國家之大權也。

長國家者，敦仁儉以求生財之大道，奚必出此。

隆慶

承天有隆慶殿，奉祀興獻帝、后。穆宗年號竟復用二字，此新鄭之疏也。

初集卷六

文廟木主

文廟易塑像爲木主，嘉靖時張孚敬之議也。其實前已有爲之者。天順六年三月，蘇州府文廟像剥落，將加修飾。知府林鶚曰：「塑像非古，洪武時於太學易以木主，彼未壞者，猶當毁之。今遇其壞，易以木主可也。」或以毁聖賢像爲疑，鶚曰：「此土泥耳，豈聖賢耶？」於是併從祀諸賢，皆易爲木主。嘉靖時，則天下通行矣。黜揚雄從祀，亦洪武二十九年三月，以行人司副楊砥之言已黜之。嘉靖時未之考，又黜之耳。

予嘗取簡紹芳之言，辨揚雄之事。後見王荆公疑當時有兩揚雄，尚屬臆説。而王勉夫記姓名相同者，云：「南宫适、伏子賤、朱買臣、孔安國、張長公、揚雄、龔遂之徒，皆不止一人。」則有實據。荆公之言，未爲無理。予又疑谷永亦字子雲。昔人云劇秦美新之文，或出於谷永。得無以其字同而傳之譌乎？姑存其説。

漢帝

三代而下，元以前，有天下之正者惟漢，唐、宋不逮也。開創如高帝，守成如文帝，中興如光武，後世鮮比。太原公子之爲開創，似也。陳橋之事，吾無取焉。守成之次，宋有之。唐之宫闈，不可道也。靈武即位，不得不以中興予之，亦其功有足紀者。高宗昏懦，桓、靈匹也。二聖不還，中原不復，誰執其咎？是惡可以中興稱哉！故曰漢有天下，唐、宋不逮也，餘又無足言矣。昔與丘如磐語及此，予曰：「漢規模宏遠，如黄鍾、大吕，下此皆細響耳。」如磐曰：「不寧唯是，即昭烈一尾聲，猶自鏗訇可聽也。」

漢儒

漢儒傳經之功，天下萬世賴之，必不可易者。如以其人有遺行，則雖孔門七十二子中，亦不無可議者矣。大抵叔世之人，多刻薄之論，學者貴在折衷耳。吴文定云：「從祀苟有益於經傳，則馬融、揚雄昔皆不廢。」倪文毅亦云：「馬融、王弼之徒，其立身不無可貶。然秦漢以來，六經煨燼，賴諸子抱遺經，專門講授，經以復存。自是唐之注疏，多祖其言，今之經傳，引用尚多，其説何可盡廢？」鄭端簡云：「宋儒有功於吾道甚多，但開口便説漢儒駁雜，又譏其訓詁，恐未足以服漢儒之心。宋儒所資於漢儒者十七、八，只今諸經書傳注，儘有不及漢儒者。」此其言皆可思也。

淮南子

淮南子鴻烈解博辯宏深，不可不讀。楊用修曾述「非澹泊無以明志，非寧静無以致遠，非寬大無以兼覆，非慈厚無以懷衆，非平正無以制斷」五語，「心欲小而志欲大。智欲圓而行欲方，能欲多而事欲鮮」三語，皆出其書。諸葛孔明與孫思邈擇而述之耳。朱子采入小學，亦祗以述者爲據。然「能欲多而事欲鮮」，義更精也。

喪服

禮言：「喪至乎期而止，加隆則再期，期而小祥。」家禮注：「不計閏十三月。」「再期而大祥。」家禮注：「不計閏二十五月，中月而禫。」中月者，言月之中也，即於大祥月中。故記曰：「三年之喪，二十五月而畢。」此先王之制，所謂據人情而著其節者也。後人解「中月」爲「間一月」。晉王肅儀謂「二十六月」。自宋至今從鄭玄之説，謂：「二十四月再期，其月餘日不數爲二十五月。中月而禫，則空月爲二十六月，出月禫祭爲二十七月。」遂以二十七月爲制。然是間二月，非間一月矣。唐王元感著論，謂：「三年之喪，必三十六月。」先儒多非之，近日季彭山謂：「二十七月爲衰世之制，短喪之漸云。」子生三年，然後免於父母之懷，豈有二十七月即可免喪之理？況魯宣公新宫災，在薨後二十九月，其時主猶在寢，可見喪不止於二十七月矣。陳用揚云：「魯文公二年書丁丑，作僖公主。」公羊注云：「禮：練主十三月。文公亂聖人制，欲服喪三十六月，故十九月作練主。」是春秋時已有斯議。漢文帝遺詔，令天下吏民服喪以三十六日者，三年之喪故也，所謂以日易月也。駱子本又謂：「二十七月不計足日。」云：「魯僖公三十三年十二月乙巳，公薨。文公二年冬，公子如齊納幣。」左傳曰：「禮也。」杜注云：「僖公喪終此年十一月，納幣在十二月。」唐張柬之謂：「杜元凱以長曆推乙巳是十一月十二日，非十二月。故十二月納幣爲禮，若必計足日，則十二月十二日始滿二十五月，不得言僖公喪終此年十一月矣。國家制度，百官三年考滿，則連閏計三十六月。三年之喪，則不計閏二十七月，惟不計足日。所以不計閏，義自有取矣。君子表微，惜無知此者。」又云：「世俗服者，必滿三年。士夫不滿，又計二十七足月，殊失禮意。」劉太室居母喪，三十六月除服。顧亭林馳書論之，謂先王制禮不敢過也。秦俗以是日謂之三周，親友送即吉之儀，至有稱賀者。亭林曰：「君子有終身之喪，忌日之謂也，哀之不暇，而何賀焉？」或有言以次日舉者，亭林比之朝祥暮歌之類，斯不易之言也。

古者父在爲母齊衰期，見家無二尊，所謂以一治也。記曰：「期之喪，十一月而練，十三月而祥，十五月而禫。」注云：「此謂父在爲母也。」唐高宗上元元年，武后上表請父在爲母服齊衰三年，詔從之。玄宗開元五年，右補闕盧履冰上言，請復舊。下百官議，久不決。七年敕：「自今五服一依喪服文。」然士大夫家行之各不同。後修開元禮，從宰相蕭嵩請，始依上元敕，父在爲母齊衰三年爲定。明太祖洪武七年，著孝慈録，立爲定制：「子爲母，雖父在，庶子爲其母，雖母在，皆斬衰三年。嫡子、衆子爲庶母，皆齊衰杖期。」於序文中特言之，蓋斷自宸衷云。

初令「庶子爲其所生母齊衰期。」注謂：「嫡母在室。」意嫡母不在室，則齊衰三年。是時，子爲母雖三年，亦齊衰也。至孝慈録成，始定庶子爲其母斬衰三年，嫡子、衆子（謂）［爲］庶母齊衰杖期。按：洪武七年，孫貴妃薨，太祖命吴王爲之子，詔太子服齊衰杖期。懿文奏曰：「在禮，士爲庶母緦。陛下貴爲天子而臣制此服，非所以敬宗廟重繼世也。」太祖怒，太子正字桂彦良持衰衣之，懿文服以拜謝，遂爲著令。蓋孝慈録特爲庶母起耳。斯禮也，後世必有起而更定之者。

爾雅：「父之妾爲庶母。」左傳叔向曰：「吾母多而庶鮮。」蓋古者父妾皆謂庶母，不必有子。禮：「父之衆妾爲諸母。」既有母名矣，諸之與庶何異焉？開元禮：「庶母，父妾之有子者。」今遂相沿，以有子無子爲有服無服之準。夫妾之爲嫡子、衆子服期也，固不論其子之有無，而報之者顧以此爲限，無乃非情乎？儀禮：「士妾有子，死而爲之緦。」此當爲士言，非爲子言也。大抵妾之有子者，杖期則已重，緦則已輕。其無子者，亦不得無服，是當有折衷之制矣。古有貴妾，白虎通禮服經曰：「明有卑賤妾也。」左傳：「鄭文公有賤妾曰『燕姞。』」可知矣！貴妾即媵。所謂適妻殁，姪娣得以次攝女君者是也。内則：「聘則爲妻，奔則爲妾。」注：「妾之言接也。聞彼有禮走而往焉，以得接見於君子也。」丹鉛録：「聞命而趨，不備六禮，故謂之奔。」奔者非必淫，淫而奔者謂之淫奔。

禮記祭稱孝子孝孫，喪稱哀子哀孫。司馬温公書儀：「父喪稱孤子，母喪稱哀子，父母俱喪稱孤哀子，承重稱孤哀孫。」朱文公云：「孤子、哀子，今俗以別父母，不欲溷並之也。且從之亦無害。」丘文莊公引禮雜記謂：「書儀之言無據。凡禮中所謂孤子，如當室及不純采之類，皆謂已孤之子，非謂所自稱也。」夫人子居父母之喪，其哀一也。今於母喪，因有父在諱孤可也。若於父喪，因有母在諱哀何謂哉？然先儒所定，舉世行之已久，遂亦莫得而易也。從書儀之義，繼母在，父死不得稱哀，稱哀是無繼母也。嫡母死，不得以生母在不稱哀，不稱哀是無嫡母也。爲人後者，本生父母死，當稱降服子，不當與他從子同。特不丁憂，丁憂是無所後之父母也，非受重之義矣。

昔度尚以從父喪去官，楊著以兄喪去官，司馬光亦然，范仲淹以改嫁母喪去官。予謂凡期喪俱宜解秩，但以期爲限可也。謹識之，以俟後世之議。

論格物

白門有友與余論格物之義，以格去物欲爲主，反復之，終不合而罷。夫人性本善，物欲是性之所無，人欲修身須先窮究此理，是格物。見得分明，何者是理？何者是欲？是致知。而後存其理去其欲。是誠意。欲既去，理自存，而養之、充之，是正心。以至見於言動之際，爲之節文。是修身。此自然之序，必不可易者。今劈頭便說格去物欲，是直從誠意說起。夫物欲既格，意已誠矣，如何知至後，又說誠意？況未曾窮理，則於理欲之辨尚未盡明晰，如何便格？且如此說，自格物以至於平天下，總無窮理之學，將聖人所謂「博文」，所謂「多聞擇善」，所謂「學問思辨」，所謂「好古敏求」之功，俱屬無有。爲大學者只一格去物欲，空空洞洞而已。然則林次崖謂之「差異事，袄怪人也。」宜哉！

文丞相墨跡

宋文丞相寄其妹家書並詩墨跡，周雪客曾親見之，爲予述及，愴然動懷，謹録於篇。

收柳女信，痛割腸胃，人誰無死，妻兒骨肉之情。但今日事到這裏，於義當死，乃是命也。奈何，奈何！塗中有三詩，今録至，言至於此，淚下如雨。

邳州哭母小祥九月七日。

我有母聖善，鸞飛星一周。去年哭海上，今年哭邳州。遙想仲季間，木主布筵几。我躬已不閱，祀事付支子。使我早淪落，如此終天何？及今畢親喪，於分亦已多。母嘗教我忠，我不違母志。及泉曾相見，鬼神共歡喜。

過淮

北征垂半年，依依只南土。今晨渡淮河，始覺非故宇。江鄉已無家，三年一羈旅。龍朔在何方，乃我妻子所。昔也無奈何，忽已置念慮。今行日已近，使我淚如雨。我爲綱常謀，有身不得顧。妻兮莫望夫，子兮莫望父。天長與地久，此恨極千古。來生業緣在，骨肉當如故！

亂離歌六首

有妻有妻出糟糠，自少結髮不下堂。亂離中道逢虎狼，鳳飛翩翩失其凰。將雛二三去何方？何虞國破家又亡。不忍舍君羅襦裳，天長地久終茫茫。牛女夜夜遙相望，嗚呼一歌兮歌正長！悲風北來起彷徨。

有妹有妹家流離，良人去後攜諸兒。北風吹沙塞草萋，窮猿慘淡將安歸？去年哭母南海湄，三男一女同歔欷。惟汝不在割我肌，汝家零落母不知。母知豈有瞑目時，嗚呼再歌兮歌孔悲！脊令在原我何爲？

有女有女婉清揚，大者學帖臨鍾王，小者讀字聲琅琅。朔風吹衣白日黃，一雙白璧委道旁。雁兒啄啄秋無粱。隨母北去無人將，嗚呼三歌兮歌愈傷！非爲兒女淚淋浪。

有子有子風骨殊，釋氏抱送徐卿雛。四月八日摩尼珠，榴花犀錢絡繡襦。蘭湯百沸香似酥，欻隨飛藿飄泥途。汝兄十三騎鯨魚，汝今三歲知在無？嗚呼四歌兮歌以吁！燈前老影明月孤。

有妾有妾今何知？大者手將玉蟾蜍，次者親抱汗血駒。晨粧靚服臨西湖，英英雁落飄瓊琚。風花飛墜鳥嗚呼，金莖沉瀣浮汙渠。天摧地裂龍虎徂，美人塵土何代無？嗚呼五歌兮歌鬱紆！爲爾迎風立斯須。

我生我生何不辰，孤根不識桃季春。天寒日短空愁人，北風吹隨鐵馬塵。初憐骨肉鍾奇禍，如今骨肉更憐我。汝在北兮嬰我懷，我死誰當收我骸？人生百年何醜好，黄粱得喪俱草草。嗚呼六歌兮勿復道！出門一笑天地老。

一、讀此三詩，便見老兄悲痛真切之情。事至於此，爲之奈何？兄事只待千二哥至，造物自有安排。

一、可將此詩呈嫂氏，歸之天命。仍語靚粧、璚英，不曾周旋得，毋怨，毋怨！徐妳以下皆可道達吾此意。當此天翻地亂，人人流落，天數奈何，奈何！

一、可令柳女、環女做好人，爹爹管不得。淚下哽咽，哽咽！

一、此詩本仍可納之千二哥。兄天祥家書達百五賢妹。

後有陳謙、張翥、鄭元祐、王褘、吴訥、吴寬及沙門道衍跋。按：張翥字仲舉，元末任翰林承旨，封潞國公。逆臣孛羅矯制，令草詔，力拒之，曰：「臂可斷，筆不能操。」國瀕亡，憂憤死。王褘字子充，官翰林待制。洪武壬子詔諭雲南梁王把都，忼慨弗屈，被害。陳謙字子平，夙尚孝弟，篤學力行。兄訓，任江浙省炤磨，謁告還吴。適張士誠兵至，兄訓遇害，謙以身蔽兄，並殺之。鄭元祐字明德，元季名士，官儒學提舉而終。仲舉以下五人，俱克捐生蹈義，誠無愧信公矣。周在浚識。

古忠臣烈士，不幸遇難，義不可生，決無反顧。非平日學力到，或出於一時之激，而遲以月日，此念一轉，遂不無鮮終之憾。故曰「慷慨易，從容難。」然當其臨難，有故作排遣之詞，一切置之度外者；亦有眷戀骨肉而爲戚戚不能舍之詞者。要知此眷戀骨肉者，亦是義理之性，而卒不以眷戀骨肉而轉其念，則義理之學。今觀信國之從容就義，斷非徒恃氣質之性者所能。故賢者之立節，不肖者之敗節，俱關於學，不關於性。後之君子可知所勉矣！

罪知録

祝技山狂士也，著祝子罪知録。其舉刺予奪，直抒胸臆，言人之所不敢言，亦間有可取者。而刺湯、武，刺伊尹，刺孟子及程、朱特甚，刻而戾，僻而肆，蓋學禪之弊也。乃知屠隆、李贄之徒，其議論亦有所自，非一日矣。聖人在上，火其書可也。

程子注

朱子師程子，然爲四書注，有不用程子之説者，大抵朱子之説較更精確耳。予觀程子之説，亦尚有不可廢者，略録於左。

明道曰：「亂治也。師摯始治關雎之樂，其聲洋洋乎盈耳哉，美之也！」

明道：「『吾其爲東周乎？』若用孔子，必行王道，東周衰亂所不肯爲也。非作革命之謂也。」伊川曰：「東周之亂，無君臣上下。孔子曰：『如有用我者，吾其爲東周乎？』言不爲東周也。」

伊川曰：「子貢問君子，孔子告以『先行其言，而後從之而可以爲君子』，因子貢多言而發也。『先行其言，而後從之』，謂觀人者，彼能先行其言，吾然後信之。」伊川曰：「蔡與采同。大夫有采地，而爲山節藻梲之事。不知也，山節藻梲，諸侯之事也。」

伊川曰：「人於文采，皆不曰吾猶人也，皆曰勝於人爾。至於躬行君子，則吾未見其人也。」

伊川曰：「泰伯三以天下讓者，立文王則道被天下，故泰伯以天下之故而讓之也，不必革命。使紂賢，文王爲三公矣！」

伊川曰：「『一日克己復禮，天下歸仁』者，言一旦能克己復禮，則天下稱其仁，非一日之間也。」

伊川曰：「『民於爲仁，甚於畏水火。水火猶有蹈而死者。』言民之不爲仁也。」

伊川曰：「『君子不施其親，施與也。』言不私其親暱也。」

悖謬

資於事父以事君，以敢諫爲忠。家人有嚴君焉，以幾諫爲孝，故曰：「事君有犯無隱，事親有隱無犯。」情之自然，禮之當然，不容溷所施也。世道不古，人心日澆，乃有讀書之士，與父母爭是非而不肯相下，以自矜爲直者，悖謬已甚。至有用計力使父母之意沮，專財物使父母之用窘者，則天理澌滅，與禽獸奚異矣？

怪誕

天下怪誕之事，大抵成於好事者之口，亦有有所托、有所諱而爲之者。人情喜異好奇，一倡羣和，傅會粉飾，踵迷傳譌，遂至害道傷義，惑世誣民，而猶相矜爲美談。雖讀書學古之士，亦皆不免。偶見有記樓古汀事者，爲之慨然。凡事無益世道者，當置之不論不議之條，況有損乎？恨不起王弇州於九原而質之。

郭宛委

郭宛委先生，博雅君子也，與予爲忘年之交。著書散佚，深可慨惜。予羈在白門，嘗爲刻行其金石史二卷，今略紀遺論，以見一斑。

先生曰：家君提兵遼左時，覘騎獲倭帥豐臣書一紙，間行草，蒼勁古雅，宛然晉、唐風格，且腕力獨至。其草書卻不可讀，臆會之，當是高麗破後，求其書籍之書也。彼鱗介之鄉，於敵國新破之時，獨有茲好。而我兵出援，反盡其金寶子女。國俗王大臣塋地，各寘銀缸，可重數百斤，我兵一入，盡瓜分之，即其墳墓亦被發。於是國人始大怨，曰：「倭，我讐也，勝則我蝕彼，不勝則彼蝕我，固也，何恨？天兵遠臨，以興滅繼絶爲名，而殘我反勝倭，烏在其爲數十世守臣節哉？」家君至今居恒話及，輒慷慨扼腕頓足曰：「吾謀實不用也。」不可謂秦無其人。

錢塘林表季衛過予，話其遊朝鮮之勝，因誦朝鮮婦許蘭雪詩十首，雖辭格少下而才情綺麗，亦自斐然。其送宮人入道：『趙舞燕歌字莫愁，十三嫁與富平侯。厭攜寶瑟彈珠閣，喜著花冠禮玉樓。琳館月明簫鳳下，綺窓雲散舞鸞休。松風朝暮空壇上，鶴背泠泠一陣秋。」次伯氏望高臺：「層臺一柱壓嵯峨，西北浮雲接塞多。鐵峽霸圖龍已去，穆陵秋色雁初過。山蟠大陸吞三郡，水割平原納九河。萬里登臨日將暮，醉憑青嶂獨悲歌。」塞上：「侵雲石磴馬蹄穿，腳踏重岡若上天。秋晚魚龍滙巨壑，雨晴虹霓落飛泉。將軍鼓角行邊急，宮女琵琶説怨偏。日暮爲君歌出塞，劒花騰躍匣中蓮。」次孫內翰北里韻：「初日紅闌上玉鈎，丁香葉葉結春愁。新粧滿面慵臨鏡，殘夢關心懶下樓。誰把雕籠繫鸚鵡，自垂蓮幕倚箜篌。嫣紅落粉愁無奈，莫把金盆洗急流。」江南樂：「人道江南樂，我道江南愁。年年江浦口，腸斷望歸舟。」築城怨：「千人齊把杵，土底隆隆響。何事苦操築？雲中無魏尚。」遊仙曲：「瑞風吹破紫霞裙，手把天花倚五雲。雲外玉童鞭白虎，碧城邀取小茅君。冰屋珠扉鏁一春，落花煙霧滿綸巾。東皇近日無巡幸，閑殺瑤池五色麟。催呼騰下出天關，腳蹈風龍徹骨寒。袖裏玉塵三百斛，散爲飛雪向人間。騎鯨學士禮瑤京，王母相邀宴碧城。手握彩毫揮玉字，醉顏仿佛進清平。」

此與上倭帥豐臣書合爲一卷，今藏予嘯月樓中。

王允寧先生，爲人長大白皙，濶步廣顙，議論慷慨激烈，要必達其意之所藏。分宜最器重之，而逆胤世蕃恃父廕，倨慢無禮。有卿佐某者，世蕃嘗乘其背，某即故作蹀躞狀，以取調笑，而每憚先生，先生亦傲睨不爲意。世蕃嘗譖之分宜曰：

「王允寧有苦熱行云：『十二街頭不種槐，行人何處避炎埃。望中木槿空無限，朝見花開暮見摧。』此爲老父發耳。」分宜不聽。他日復譖之，分宜遽然曰：「允寧眼中何得有若若，眼中何識王允寧也。」嗚呼，若分宜者，威福之柄侔於人主矣，而卒憐才如此。彼孔文舉、楊德祖輩，卒殺之如刈草菅然，此又分宜之罪人也。

客有言未得見王摩詰真跡者，余曰：「摩詰與裴廸書曰：『近臘月下景氣和暢，故山殊可過。足下方温經，猥不敢相煩。輒便往山中，憩感配寺，與山僧飯訖而去。北涉玄灞，清月映郭。夜登華子岡，輞水淪漣，與月上下，寒山遠火，明滅林外，深巷寒犬，吠聲如豹。村墟夜舂，復與疎鐘相間，此時獨坐，僮僕靜默。多思曩昔攜手賦詩，步仄徑，臨清流也。當待春中，草木蔓發，春山可望，輕鰷出水，白鷗矯翼，露濕青皋，麥隴朝雊，斯之不遠，儻能從我遊乎？』此摩詰輞川圖也。昔人謂摩詰詩中有畫，不知文中亦有畫，特未見皴法耳。」客大笑。余曰：「又如白樂天荔枝圖云：『荔枝生巴峽間，形狀團團如帷蓋，葉如桂冬青，華如橘春榮，實如丹夏熟，紫如蒲萄〔二〕，核如枇杷，殼如紅繒，膜紫綃，瓤肉瑩白如冰雪，漿液甘如醴酪。大略如彼，其實過之。如離本枝，一日色變，二日香變，三日味變，四、五日外香、色、味盡去矣！』此真畫出一幀荔枝也。」客笑曰：「此畫何如摩詰？」余曰：「此亦精手畫工搨本也，纖細曲折無不畢肖，第生動氣韻不及耳。」客曰：「狀草木者，亦有能得其生動氣韻者乎？」余曰：「嵇含南方草木狀云：『仰望渺渺，如插叢蕉於木杪，風至獨動，似舉羽扇之埽天。』又俞益期與韓康伯牋云：『步其林則寥朗，庇其蔭則蕭條，可以長吟，可以遠想。』庶幾耳。」客曰：「何謂也？」余曰：「今試倣樂天語圖荔枝，必無一筆不似。若倣此語圖檳榔，非高手必不能得其彷彿也。乃知形寘語中，雖工非工；意含象外，以不似爲似。今賞鑑家看畫，亦當作如是觀，而知者鮮矣。」客曰：「子論畫實論詩也。」相與大笑而別。

王元美謂：「讀書而不滿於盤庚，當繇錯亂故也。」余意：盤庚上篇，當以「古我先王暨乃祖乃父，胥及逸勤」在「汝猷黜乃心」、「無傲從康」之下，「古我先王，亦惟圖任舊人共政」在「器非求舊惟新」之下。爲是既欲諸臣之「無傲從康」，故

〔二〕「紫」：原作「朶」；「萄」：原作「桃」，據白氏長慶集卷四十五改。

即舉其臣之先人逸勤爲言，若曰率乃祖之攸行也，此豈非一大證乎？欲言先王「圖任舊人」，故先引遲任之言，此豈非又一大證乎？若依舊文，則「遲任有言」三句與上文既離，又與下文不接，將於何處著落？「自荒茲德」，蔡傳謂：「非輕易遷徙，自荒茲德。」果且何據，便以「茲」字爲「遷徙」也？蓋「茲德」即動用非德之德，然非德亦非惡德之德，猶言不敢不以德也。上既言不敢用非德，故即又云：「余非棄此德不用也，惟汝含德，不惕余一人耳。」何等順便？惟前後錯亂，故不可解。若以「自荒此德」爲遷徙，何故忽又說到「不惕余一人」上？然此篇「古我先王」凡兩出，豈老叟伏生誤誦耶？

今有賈人，嘗持古玉如今帶板者，人即謂之帶板，非也。嘗游唐諸陵，翁仲猶存其衣冠腰帶仗衛，胥與今異，況漢、魏乎？又見唐畫十八學士像，腰帶亦可考，抑何嘗作今制也？按：漢帝送死皆珠襦玉匣，形如鎧甲，連以金縷，武帝匣上皆鏤爲蛟龍鸞鳳之象，世謂之蛟龍玉匣。乃知今所謂玉帶板者，即此物也。

李守廉，木工也。在華山青柯坪爲人治屋，見一石大如數間屋。先是有石工劃之，甚堅，遂罷。有數十石工美其材，復劃之，費嘗工數十倍不能就，將舍之。忽劃然中開，正中有一物，形如東瓜，大尺餘，質色如肉，能蠕動。衆疑爲龍，棄澗水中。余後遊華山，復即工人問之而信。按：神仙感異記：「蕭静之掘得一物，類人手肥潤，烹食逾月，齒髮再生。一道士云：『肉芝也。』」又江鄰幾嘉祐雜志云：「徐縝廷評監廬州稅，河次得一小兒手無血，懼埋之。」按：白澤圖所謂：「封，食之多力。」此豈其石芝邪，封邪？不可知，因筆之俟博物者。或謂亦當煮食之。余謂非也，俱類人手，或云封，或云肉芝，食之效各不同，安可即食之邪？按：續博物志云：「丹水有石穴，蝙蝠大者多倒懸。百歲者倒懸，服使人神仙。」亦見他書。宋劉亮合仙藥須、白蟾蜍、白蝙蝠，得而服之立死。唐人陳子真得蝙蝠大如雅，食之，一夕大瀉而死。又瞻披國有人牧牛百餘頭，一牛離羣，忽失所在，暮歸形色鳴吼異常，羣牛長之。明日，主因隨之入一穴，行五六里，豁然明朗，花木皆非人間所有。牛於一處食草，草不可識。有果黃金色，其人竊一將還，爲鬼所奪。又一日復往取果，至穴，鬼復欲奪，急吞之，身遂暴長，頭才出，身塞於穴，數日化爲石矣。又嵇叔夜遇王烈共入山，烈得石髓如飴，即自服半，餘半與康，皆凝爲石。乃嘆曰：「叔夜志趣非常，而輒不遇，命也。」且如漢世文成、五利之徒，假仙術干武帝，至於殺身。觀此則人間祿命，且不可妄求，矧玉清仙籙者乎！

余以黍準尺，以古五銖錢準衡，用以衡度彝器。按：二十四銖曰兩，兩有半曰捷，倍捷曰舉，倍舉曰鋝，鋝謂之鍰。鍰六兩也，二鍰四兩謂之斤，斤十謂之衡，衡有半，謂之秤，秤二謂之鈞，鈞四謂之石，石四謂之鼓。

東嘉趙士楨，字常吉，居燕市，喜任俠，能詩工書，以才藝爲文華殿中書。一日，上簡内府藏硯，悉刻前代年號，命士楨改製刻萬曆字。而内有一硯，乃唐太宗賜虞世南者。因奏云：「太宗賢主，世南名臣，乞留此硯；以彰前代君臣相與之盛。」從之。後因東事上防禦、兵食諸疏，極言石司馬之短，欲得面質，不報。

崔豹云：「不借，草履也。」以其輕賤易得，故人人自有，不假借於人也。又漢文帝履不借視朝。余按：致虚閣雜俎云：「有仙人鳳子者，欲有所度，隱於農。一日大雨，鄰人來借草履，鳳子曰：『他人草履則可借，余之草履不借。』其人怒詈之，鳳子即擲與，化白鶴飛去。故名草履爲不借。」然則不借爲草履，固自有三説也。

金曾經丘塚，及爲釵釧、溲器，陶隱居謂之辱金，不可合鍊。今之方士卻不暇擇，乃知攫金者也。

東山詩：「熠燿宵行。」熠燿，螢也。朱氏注云：「熠燿，明不定貌。」因下章「熠燿其羽」句遂誤。又云：「宵行，蟲名，如蠶夜行，喉下有光如螢。」然以宵行爲蟲名既誤，謂如螢又非也。余嘗閑居觀物化，有蟲一與注合，久之生羽，即螢也。所謂「熠燿其羽」者也。案：梁蕭和賦云：「披書以娛性，悦草螢之夜翔。」唐杜甫詩云：「巫山秋夜螢火飛」，此螢也。唐李子卿水螢賦云：「水螢爲蟲，惟蟲能天。彼何爲而化草，此何事而居泉？腹可自持，故無耿於蟹；足能自運，亦自憐於蚿。」此熠燿也，亦螢也。月令：「二月倉庚鳴，六月腐草爲螢。」詩謂自「倉庚於飛」之時，至「熠燿其羽」，言時之易也。故杜工部詩亦云：「但警飛熠燿，不記改蟾蜍。」即此意。螢火亦名耀夜，一名景天，一名丹良，一名燐，一名丹鳥，一名夜光，一名宵燭，一名熠燿。乃益知注之誤。

方正學

毛稚黄論方正學死事，謂其逞一朝忿激之舌而覆十族，克全其忠，而賊夫仁與孝，當爲聖人所不與。其言有關於世道人心，自是正論，然其事則固有可原者。蓋正學既不屈，不肯草詔，成祖曰：「吾能誅汝九族！」恐之也。正學曰：「即十族何畏！」此不過堅拒之詞，以明其不奪之志耳。豈料成祖之果誅其十族耶？微獨正學不料，即至今日，凡爲臣者亦孰不以爲出之意外也。到此正學不能易其詞矣，易其詞則必至於叩頭乞生而後已。聖性非常，既勃然發怒，即易其詞亦勢所不免，況增之以其弟之激，則駢首就戮，義無可止。不然，正學獨非人情也乎哉，何所求而爲此耶？揆之於理，正學之事吾無憾焉。士大夫不幸而遇難，祇當自靖其身，以求不違於聖賢之道，無容過激，以致貽禍他人。「死不傷勇」，中庸之道也，此則毛子之意也。

孫豹人

前戊午冬，孫豹人之應召入都也，初亦以老病辭，不準。既而回籍，又有旨：「年老者加職銜，以示優榮。」吏部官坐堂上，令年老者前。於時有自前者，有強之而前者，亦有強之而不前者。吏部官固不知豹人，獨記其有長眉皤然者，物色之亟，遂以例授中書舍人。豹人曰：「吾三十年老處士，今乃作官耶？」復譊譊以不老辭，然無有聽之者。予語之曰：執政以子爲中書，子自以爲豹人可也。若自以爲中書，非豹人矣！子其歸乎？陸策蹇衛，水張布帆，圖書無恙，松菊尚存。吾知江上故人，率其子弟，將攜酒慰勞，皆欣欣有喜色，而相告曰：「豹人來矣！」

孫豹人嘗遊桐城，將歸，諸友餞於靖南伯黄公祠。或以其祠中無對聯，因舉爵請之豹人，豹人援筆書云：「立德勝立功，救桐城事小，死蕪湖事大；　論人先論世，將崇禎時易，臣弘光時難。」方爾止爲予述之。予謂此聯直如嶽峙，撼不動，易不得，真傑搆也。

三朝要典

三朝要典成於逆黨，是非低昂，皆失其衡，故論者欲毁之。予謂諸君子之心之言亦賴之以存，當與元祐黨人碑同垂千古。小人以此斥君子，而我以小人之斥爲君子之榮，則正不必毁矣。但去留隱顯之間，頗行其奸，又不可不知也。

江南鄉試題

辛酉秋，予在江南，適見鄉試命題，乃「點爾何如」一節。此節書予有二疑：　周既改月，則所謂暮春，今之正月也。寒尚未退，雖東風解凍，而冰尚未釋，可以浴而風乎？　一也；　聖賢尚禮，沐浴有時，三日具沐，五日請浴是也。有器，沐器用盆，浴器用杅是也。非似今人裸身入水。若白日之下，合童、冠十數人，羣裸而浴於溪，禽獸之爲也，而賢者志之乎？　二也。唐韓愈以「浴」字爲「沿」字之誤。漢仲長統云：「諷於舞雩之下，詠歸高堂之上。」以風爲諷。可見古人亦致疑於此，當毋笑予之固也。

于忠肅

予嘗駁侯朝宗于忠肅論，自謂公平之言，不失其正。而或猶有以不諫易儲爲疑者，故復著之，特論此事，不及其他。

于謙安社稷之功，人所知也，可能也。于謙不諫易儲之心，人所不知也，不可能也。何也？代宗之欲易儲也，非無諫者矣，代宗不聽，然而不罪也。使謙繼之，以一諫塞責，亦不過不聽而已。此稍知惜名者所優爲也，以謙之智豈見不及此，而卒無一言。且册立見濟，且受其賜，微爲一辭而止，於太子若漠不關意者。謙之忠誠，而其心果若是恝乎？

予因有感於鄉里一事而得其説：蓋代宗易儲之意已定，非謙所可回，謙固知之矣。使他人諫之而不聽，則不聽已耳。謙握重兵，大權在其手，謙諫之而不聽，則太子危，諫益力則危益甚。博一身之虚名，釀太子之實禍，謙之心有所不忍者，故寧以身冒不韙之名而不敢恤也。唯謙之視太子也若路人，而太子始安，使少爲周旋，將求爲沂王而不可得矣。豈但不可諫也哉！謙之心，代宗不知，英宗不知，舉朝人皆不知，唯有天日鑑之而已。所冀默相喻者，獨太子耳，而謙不能言也。故居恒自嘆：「此一腔血，不知當灑何地？」正謂此也。

嗚呼，謙欲安社稷則不有其身，謙欲安太子則並不有其名，謙之忠可謂至忠也矣！舍己以全君，民無得而稱焉，謙之忠可謂至忠也矣！

嗚呼，當謙之時，處謙之勢，難在不諫耳，豈難於諫哉！而世之人猶有以不諫疑謙者，真所謂囈語者也。使謙之不諫果可憾，則憾謙者當莫先於太子。而太子以當時事起倉卒，不遑申救，每一念及，爲之嘆息。即位之初，即赦其子，還其没産，復其官，遣官致祭，至云：「先帝已知其枉，朕心實憐其忠。」亦何其自誣也哉！

武陵

或有舉近世奸相及武陵者，雪客偶以問予，予曰：「武陵可議在奪情一事，然亦有可原者。當時實出自上意，非武陵之爲之也。但既有人言，祇當引罪力求去，不當與漳浦對辨上前，又不當言及鄭鄤，以引上怒，而才不足以濟變。又或一時意計之偏，則有之，固不得謂之賢相。如謂之奸，使與烏程、宜興同科，則冤矣！且其不逞欲黷貨，卒以疆埸事自盡，亦可無憾。」

或曰：「其自盡也，懼法而死耳。」予曰：「懼法而死亦賢者事，視彼已賜死而周章徬徨，營求内外，以妄冀赦書於半夜者，其相去何如耶？」

漳浦學問品行高耳，所謂應變將略，亦非所長，觀其後日所爲可見。若其大節，則與日月爭光可也。漳浦之節愈高，而武陵之論不得不抑而愈下，此武陵之不幸也。理勢所至，非人力能爭矣。

羅文莊論欲

羅文莊云：「樂記：『人生而靜，天之性也。感於物而動，性之欲也。』一段，義理精粹，要非聖人不能言。陸象山乃從而疑之，過矣。彼蓋專以欲爲惡也。夫人之有欲，固出於天，蓋有必然而不容已，且有當然而不可易者。於其所不容已者，而皆合乎當然之則，夫安往而非善乎？惟其恣情縱欲而不知反，斯爲惡爾。先儒多以去人欲、遏人欲爲言，蓋所以防其流者不得不嚴，但語意似乎偏重。夫欲與喜怒哀樂皆性之所有者，喜怒哀樂又可去乎？」詳觀文莊斯言，將「欲」字亦不看作惡，其實本於樂記。則虞廷「人心」二字，不可直作惡明矣。

尚左右

孔子與門人立，拱而尚右，二三子亦皆尚右。孔子曰：「二三子之嗜學也，我則有姊之喪故也。」二三子皆尚左。今人爲紙封，以左右分吉凶，其義蓋倣此。

感應

程子曰：「天地之間感應而已，尚復何事？吾年五十始見得，時方觀射，其所以命中之巧即是。推之事事物物，皆此理也。」

韓恭簡

聞韓恭簡嘗語人曰：「天下不治，繇聖人不生。聖人不生，繇元氣不復。元氣不復，繇大樂不作。大樂作則元氣復，元氣復則聖人生，聖人生則天下治。」恭簡深於樂，故其言如此，亦偉論也。

大禮議

「大禮」議，張、桂等援引經傳，亦有理到之言。又以父子至情，易於動聽，故今人尚有是之者。然揆之大義，終爲不可。今特一言以蔽之曰「斬孝宗之嗣，絶成祖之宗」而已，復何説之有？至興獻入太廟，位武宗之上，則以臣加君，恐興獻有知，當亦踧踖而不寧也。言禮者至此，雖不安於心亦晚矣。

甲子紀年

唐堯元年甲辰至洪武元年戊申，計三千七百二十五年，六十三甲子。邵氏經世書謂：「堯得天地之中數，考天開甲子至洪武十七年甲子，計六萬八千八百八十一年。」元元明善有曰：「夏禹即位後八年而得甲子，入午會之初運，當姤之初六，故推至元甲子爲午會第十運。則今已入第十一運之中，乃姤之九三也。」劉太室謂：「入酉會，蓋以斗杓所指爲準。秋分昏，斗杓指酉，天日會於酉中，正酉會也。」此則有象可驗。若春秋元命苞謂：「自開闢至獲麟，二百七十六萬歲。」則荒渺之談，所未敢言矣。

紀遊

憶辛卯春，予始游吴門，所與交者陸履長、姚文初、瑞初、周子佩、子潔、顧云美、朱彦兼、沈古乘、葉聖野、胡雪公、鄒鶴引諸君。時姜如須、張草臣皆病甚，亦爲予强起。同寓虎丘者，則吴梅村、陳階六、韓聖秋也。今復至，歷三十年餘，已强半作古人，而風景、習俗亦大非其舊矣！子佩年幾八旬，每朔望入城謁忠介公祠，健步不異少壯時。注參同契，皆能言其實義，不爲玄妙之詞。蓋其有得於養生之道者深矣！典型之存，斯爲可喜。

湯荆峴太史，自浙江典試回，與予相見吴門。予馳一札云：「文衡山不特詩文書畫名世，而道德醇粹，深心理學，此邦人士迄今稱誦不衰。記舊曾有木坊一座，聞近爲市童爆竹延燒，猶存石柱二根，卓立如故。今方伯丁公崇學好古，雅意人倫。倘借一言及之，率寮屬重建易易耳！向署『翰林』二字，今直請表之以『文衡山先生故里』七字，洵一時義舉，千秋盛事也。前有爲周忠介公修祠者，人咸頌之，正可相方，知高明定不笑其迂也。」湯得予札，即往言之，聞已慨諾。予西歸不及見其成，亦不知竟能踐其言否？聊識之。

序

曩余獲交崑山顧亭林先生，亭林于當世士多否少可，獨亟稱華陰王山史先生。已山史至京師，余一見輒心儀之，顧忽忽别去。比亭林就居山史之家，兩人皆好學敦行，志相得也。康熙壬戌歲暮，余客揚州，山史亦來。則先是出游將盈二稔，聞亭林之殁且周歲矣。同寓蕭寺，朝夕過從，接其言論風旨，往往酬答無倦，或至丙夜不休。得讀所著正學隅見述及山志，乃知山史誠醇儒，其學有本，固非徒博聞強識已也。山史不棄余，爰以山志二集屬余序。余惟天地之間皆物也，有物必有則。朱子云：「則者，法也，法即理也。」自夫人不能求盡其理，真知既蔽，私智萌生。于是毫釐差謬，得失衡決，萬物之理，胥以淆矣。山史之言曰：「爲學當以平心靜氣爲第一義，揆之于理，度之于心，惟求其是而已，求其是之有徵者而已。」夫平心以觀理，復徵事以合宏，執兩端而用其中，斯知有定鑑，而物無遁情焉。今觀此集，自天人性命之微，古今治亂之大，以及六藝百家之嵬瑣，飛潛動植之散殊，無不折衷其要，考正其譌。或以紀見聞，或以昭品騭，夫非有灼晛于中者，能言之鑿鑿不爽乎？山史著述甚富，兹特其外篇耳。然其言已若此，使亭林而在，必無間然。或者僅以説部目之，殆未深知君子之所養也已。

黄州葉封謹識。

山志序

著書未有不欲其必傳者，然務發前人所短，表暴己長，甚者謬爲不必然之論，以欺人。文章雅事，正類婦姑勃谿耳。讀王先生山志，平心靜氣，别白是非，絕文士囂張之習。博綜即不問，而一片好古立説之意，眼中誠不見第二賢。

二集卷一

大明世系

洪武元年戊申春正月初四日乙亥，上允文武羣臣請，親爲文祭告天地於南郊，即皇帝位。定有天下之號曰大明，建元洪武，都應天。

太祖開天行道肇紀立極大聖至神仁文義武俊德成功高皇帝，濠州人，諱上元下璋，字國瑞，仁祖季子。母陳皇后。元天曆元年九月十八日生，洪武三十一年閏五月初十日崩於西宮，壽七十一，葬孝陵，在應天府神烈山之陽。元名鍾山。惠宗即位，上尊謚欽明啓運峻德成功統天大孝高皇帝，廟號太祖。永樂元年，上尊謚聖神文武欽明啓運俊德成功統天大孝高皇帝，廟號如故。嘉靖十七年改今謚，廟號如故。

孝慈貞化哲順仁徽成天育聖至德高皇后馬氏，宿州徐王馬公季女。母鄭氏，皆早卒。定遠滁陽王郭子興育之。太祖起兵依子興，子興妻焉。洪武十五年八月初十日崩，壽五十一，合葬孝陵。惠宗即位，上尊謚孝慈昭憲至仁文德承天順聖高皇后。永樂元年，謚如故。嘉靖十七年，改今謚。

惠宗嗣天章道誠懿淵恭覲文揚武克仁篤孝讓皇帝，諱上允下炆，興宗第二子。母呂皇后。洪武十年十一月初五日生。十五年五月，皇長孫雄英卒。二十五年四月，皇太子卒。九月立爲皇太孫。三十一年閏五月十七日即位，追尊懿文太子爲興宗孝康皇帝，懿文太子妃常氏爲孝康皇后。明年，改元建文，在位四年。六月十三日，靖難兵入金川門，遜位爲僧去，以崩聞。天順中歸京師，入居大内，以壽終。葬西山，不封不樹。弘光元年，上尊謚廟號。

按：成祖即位，以建文年號改爲洪武，萬曆二十三年九月復建文年號。帝出亡爲實，近人必謂其訛者，皆好爲異論之過也。

孝愍温貞哲睿肅烈襄天弼聖讓皇后馬氏，光禄卿馬金女，高皇后姪。洪武二十八年册爲皇太孫妃。惠宗即位立爲后。建文四年六月十三日，靖難兵至，赴火崩。成祖以其尸爲惠宗，以天子禮葬之。弘光元年，上尊謚。

成祖啓天弘道高明肇運聖武神功純仁至孝文皇帝，諱棣，太祖第四子。母馬皇后。元至正二十年四月十七日生，初封燕王。起兵靖難，建文四年六月十七日即位，明年改元永樂，遷都順天。在位二十二年。七月十八日，崩於榆木川。壽六十五，葬長陵，在順天府昌平州天壽山中峰。元名黄土山。初上尊謚曰體天宏道高明廣運聖武神功純仁至孝文皇帝，廟號太宗。嘉靖十七年改今謚。

按：建文四年六月十三日，惠宗遜位去，十七日成祖即位，中三日虚帝位。

仁孝慈懿誠明莊獻配天齊聖文皇后徐氏，中山武寧王徐達長女。初爲燕王妃，建文四年六月成祖即位，十一月十三日册爲后。永樂五年七月初四日崩。壽四十六，合葬長陵。

按：永樂五年，成祖命禮部尚書趙羾以明地理者廖均卿等擇地，得吉於昌平縣東黄土山。葉盛謂：永樂七年王賢奉命得兹吉壤。賢，高麗人。車駕臨視，適值萬壽之期，羣臣上壽，故封其山爲天壽山。以七年五月命武義伯王通督工，作長陵，十一年正月成。自是列聖繼之，皆卜兆長陵左右，同爲一域。長陵之東百餘武有康老墓，時議去之。成祖曰：「安死者，人之同情也。」命勿去。正德八年定縣爲州。何喬遠言：「南京太常志云：『帝磧妃生』，磧，乃磧之訛。」

仁宗敬天體道純誠至德宏文欽武章聖達孝昭皇帝，諱上高下熾。成祖長子，母徐皇后。洪武十一年七月二十三日生，永樂二年四月立爲皇太子，二十二年八月十五日即位。明年改元洪熙，在位一年。五月十二日崩於欽安殿，壽四十八，葬獻陵，在天壽山西峰。

誠孝恭肅明德宏仁順天啓聖昭皇后張氏，永城人，彭城伯張麟女。初爲燕世子妃，永樂二年册爲皇太子妃，仁宗即位册爲后。洪熙元年六月，宣宗即位，尊爲皇太后。宣德十年正月英宗即位，尊爲太皇太后。正統七年十月十八日崩，合葬獻陵。

宣宗憲天崇道英明神聖欽文昭武寬仁純孝章皇帝，諱上瞻下基。仁宗長子，母張皇后。建文元年二月初九日生，永樂九年十一月立爲皇太孫。二十二年八月仁宗即位，十月立爲皇太子。洪熙元年六月初十日即位。明年改元宣德，在位十年。正月初三日崩於乾清宮，壽三十七，葬景陵，在天壽山東峰。嘉靖十五年以景陵規制獨小，稍廓大之。

孝恭懿憲慈仁莊烈齊天配聖章皇后孫氏，鄒平人，會昌伯孫忠女。初爲貴妃，生英宗。宣德三年三月立爲后。十年正月英宗即位，尊爲皇太后。正統十四年九月郕王即位，尊爲上聖皇太后。英宗復辟，天順元年正月尊爲聖烈慈壽皇太后。六年九月初四日崩，合葬景陵。

按：朱國禎曰：「貴妃孕時，即有奇徵。或云上乃宫人生，太后爲貴妃時子之，人無敢言者。太后崩，錢皇后始其言，上莫知母宫人爲誰，竟已。」

恭讓誠順康穆靜慈章皇后胡氏，濟寧人，錦衣都督胡榮女。永樂十五年七月册爲皇太孫妃。仁宗即位，進爲皇太子妃。洪熙元年六月宣宗即位，七月立爲皇后。宣德三年十二月上表讓位貴妃孫氏，賜號靜慈仙師。三年三月退居長安宫。張太后憐其賢，命居清寧宫。正統八年十一月初五日崩。天順七年七月復后位號，上尊謚，葬金山。

皇后吴氏，丹徒人。生代宗。正統十四年九月代宗即位，十二月尊爲皇太后。英宗復辟，天順元年二月廢爲妃。

英宗法天立道仁明誠敬昭文憲武至德廣孝睿皇帝，諱上祁下鎮。宣宗長子，母孫皇后。宣德二年十一月十一日生，三年二月初六日立爲皇太子。十年二月初十日即位。明年改元正統。十四年八月十五日北狩。九月初六日郕王即位，遥尊爲太上皇帝。景泰元年八月還京師，遜居南宫。八年正月十七日復辟，以八年爲天順元年。八年正月十七日崩於乾清宫，在位共二十二年。壽三十八，葬裕陵，在石門山。

按：前代皆用人殉葬，英宗臨崩，召憲宗謂之曰：「用人殉葬，吾不忍也，此事宜自我止，後世子孫勿復爲之。」後遂爲定制。

孝莊獻穆宏惠顯仁恭天欽聖睿皇后錢氏，海州人，都指揮僉事錢貴女。天順八年正月憲宗即位，尊爲慈懿皇太后。成化四年六月二十六日崩，合葬裕陵。

孝肅貞順康懿光烈輔天成聖皇后周氏，昌平人，慶雲侯、贈寧國公周龍女。初侍英宗爲貴嬪，册爲貴妃，生憲宗。天順八年正月憲宗即位，尊爲皇太后。成化二十三年四月尊爲聖慈仁壽皇太后。九月孝宗即位，十月尊爲聖慈仁壽太皇太后。弘治十七年三月初一日崩，祔葬裕陵，上尊謚。

按：山陵祔葬，初止一后。孝莊崩時，以孝肅之故，幾不得祔葬，大臣力爭，憲宗始請於孝肅，乃得祔。然異隧，去英宗泉堂可數丈，中塞之。虚右壙以待孝肅，二后並祔自此始。而孝肅祀於奉慈殿，又不得預於配祭也。

代宗符天建道恭仁康定隆文布武顯德純孝景皇帝，諱上祁下鈺。宣宗第二子，母吴皇后。宣德三年八月初三日生。十年正月英宗即位，封郕王。正統十四年八月英宗北狩，孫太后命攝政輔皇太子。九月遂正大位，改元景泰。在位七年，英宗復辟。天順元年二月朔復廢爲郕王。十九日崩於西宫，壽三十，以王禮葬金山，謚曰戾。成化十一年十二月復帝號，上尊謚爲恭仁康定景皇帝。弘光元年上尊謚、廟號。

按：金山在山西，不在天壽山。凡諸王、公主夭殤者，並葬金山口。諸妃亦多葬此。代宗陵廟初用碧瓦，世宗謁陵，始命易黄瓦。又以陵碑偏置門左非宜，命建亭於陵門之外、大門之内。考唐人諱世曰代，今廟號稱代，不知何居？

孝淵肅懿貞惠安和輔天恭聖景皇后汪氏，錦衣衛僉事汪英女。代宗欲易儲時，后諫以爲不可，不聽。景泰三年廢皇太子，立子見濟爲皇太子，遂廢后，立妃杭氏爲皇后。天順元年廢爲郕王妃，命居舊王府。時憲宗在東宫，感后意，禮之甚恭。正德元年十二月十五日崩，合葬金山。上尊謚曰貞惠安和景皇后，弘光元年上今謚。

憲宗繼天凝道誠明仁敬崇文肅武宏德至孝純皇帝，諱上見下濡。英宗長子，母周皇后。正統十二年十月初二日生。

英宗北狩，孫太后立爲皇太子。景泰三年五月廢爲沂王。英宗復辟，天順元年四月復立爲皇太子。八年正月二十二日即位，明年改元成化。二十三年八月二十二日崩於乾清宮，壽四十一，葬茂陵，在聚寶山。

孝貞莊懿恭靖仁慈欽天輔聖純皇后王氏，上元人，中軍都督、贈阜國公王鎮女。天順八年正月憲宗即位。九月吴皇后廢，十月立爲皇后。成化二十三年九月孝宗即位，十月尊爲皇太后。弘治十八年五月武宗即位，尊爲慈聖康壽太皇太后。正德十三年二月初十日崩，合葬茂陵。

皇后吴氏，都督同知吴俊女。天順八年正月憲宗即位，七月立爲皇后。九月廢居西内。初紀妃爲萬貴妃所忌，上令別居西内，生孝宗，后保抱唯謹。孝宗即位，事之如母后禮。崩，葬金山。

孝穆慈惠恭恪莊僖崇天承聖皇后紀氏，賀人，本蠻土官女。入西宮，侍憲宗，生孝宗。成化十一年五月十九日徙居永壽宮，六月二十八日暴薨。商輅引宋李宸妃故事，得謚贈爲恭恪莊僖淑妃，殮以后禮，葬金山。二十三年九月孝宗即位，十一月追上尊謚。嘉靖十五年遷祔茂陵。

按：后本姓李，入宮時誤報爲紀。賀人紀、李同音也。

孝惠康肅温仁懿順協天祐聖皇后邵氏，昌化人，邵林女。成化十二年册爲宸妃，二十三年爲貴妃，生睿宗。世宗即位，嘉靖元年二月尊爲壽安皇太后，十一月十八日崩。十五年追上尊謚，祔茂陵。孝惠初亦葬金山。

按：太祖作奉先殿，每室一帝一后。孝宗即位，作奉慈殿，祀生母孝穆紀太后，以不得祔太廟奉先殿故也。已而，奉祀憲宗生母孝肅周太皇太后於奉慈殿，居中室，孝穆紀皇太后遷居左室。世宗即位，奉祀生祖母孝惠邵太皇太后於奉慈殿，居右室。嘉靖十五年上諭禮官曰：「廟中帝配一后，陵祔葬乃有二三后，廟祀、陵祀本不同。今奉慈三后，主既不得祔廟，其遷祔陵殿，罷奉慈殿祭。」又曰：「皇太后、太皇太后，本子孫尊稱。稱睿皇后、純皇后又嫌於嫡改主，題皇后不得書帝謚。」

孝宗遵天明道誠純中正聖文神武至仁大德敬皇帝，諱上祐下樘。憲宗長子，母紀皇后。成化六年七月初三日生於西宮。七年十二月悼恭太子薨。十一年帝已六歲，門監張敏以聞，憲宗始知之。五月召入昭德宮，十一月立爲皇太子。二十三年九月初六日即位，明年改元弘治。在位十八年。五月初七日崩於乾清宮，壽三十六，葬泰陵，在史家山。

孝康靖肅莊慈哲懿翊天贊聖敬皇后張氏，興濟人，都督同知、壽寧伯、贈昌國公張巒女。世宗即位，嘉靖元年二月尊爲昭聖慈壽皇太后。二十年八月初八日崩，合葬泰陵。

武宗承天達道英肅睿哲昭德顯功宏文思孝毅皇帝，諱上厚下照。孝宗長子，母張皇后。弘治四年九月二十四日生。五年三月立爲皇太子。十八年五月初八日即位，明年改元正德。在位十六年，三月十四日崩於豹房，壽三十一，葬康陵，在金嶺山。

孝靜莊惠安肅溫誠順天偕聖毅皇后夏氏，上元人，慶陽伯夏儒女。世宗即位，嘉靖元年二月尊爲莊肅皇后。四十年正月二十五日崩，祔葬康陵。

按：后初崩議謚，張孚敬欲用二字、四字，李時請用八字，夏言請用全謚，王廷相、霍韜亦言謚宜與武宗一體。世宗竟用六字。十五年四月世宗至天壽山，面諭仍用全謚。九月御筆定今謚。

世宗欽天履道英毅聖神宣文廣武洪仁大孝肅皇帝，諱上厚下熜。睿宗長子，母蔣皇后。正德二年八月初十日生於興邸。十六年三月武宗崩，遺旨迎立。四月二十二日至京師，日中即位。明年改元嘉靖。在位四十五年，十二月十四日崩於乾清宮，壽六十，葬永陵，在陽翠嶺。元名十八道嶺。

孝潔恭懿慈睿安莊相天翊聖肅皇后陳氏，元城人，都督同知、泰和伯陳萬言女。嘉靖元年九月立爲后。七年十月初二日崩，謚曰悼靈。十五年改今謚。初葬襖兒峪，隆慶元年合葬永陵。

按：陳皇后祔葬在永陵寶城之外明樓之前，實不入陵。

皇后張氏，指揮張楫女。初爲順妃，嘉靖七年十二月册爲后，十三年廢。十五年閏十二月薨，葬金山。

孝烈端順敏惠恭誠祗天衛聖肅皇后方氏，江寧人，都督同知、安平伯方鋭女。嘉靖九年十一月選入掖庭，充九嬪。十三年正月張皇后廢，册爲皇后。二十六年十一月十八日崩，合葬永陵。

按：二十九年祔孝烈於太廟，以孝潔係元配，持議未決。隆慶元年以孝潔仍祔太廟，而祀孝烈於弘孝殿。又別祀孝恪於神霄殿。萬曆三年諭禮官，以孝烈、孝恪宜奉於奉先殿祔享，罷弘孝、神霄之祭。自是繼后、贈后，皆以祔享奉先殿，爲成例。

孝恪淵純慈懿恭順贊天開聖皇后杜氏，大興人，慶都伯杜林女。初爲康妃，生穆宗。嘉靖三十三年正月十一日薨，謚爲榮淑康妃。初葬金山。穆宗即位，隆慶元年正月上尊謚，遷祔永陵，三后同穴，一如茂陵。

穆宗契天隆道淵懿寬仁顯文光武純德弘孝莊皇帝，諱上載下垕。世宗第三子，母杜皇后。嘉靖十六年正月二十三日生，初封裕王。嘉靖二十八年三月莊敬太子薨，無嫡嗣。四十五年十二月十四日世宗崩，徐階等稱遺詔，請裕王入主喪事，十六日即位。明年改隆慶。在位六年。五月二十六日崩於乾清宫，壽三十六，葬昭陵，在大峪山。

孝懿貞惠順哲恭仁儷天襄聖莊皇后李氏，昌平人，德平伯李銘女。穆宗爲裕王時元妃。嘉靖三十七年四月十三日薨。隆慶元年正月追謚爲孝懿皇后。六年六月神宗即位，七月加上今謚，合葬昭陵。

孝安貞懿恭純温惠佐天弘聖皇后陳氏，通州人，固安伯陳景行女。嘉靖三十七年穆宗爲裕王，册爲妃。隆慶元年二月立爲皇后。六年六月神宗即位，七月尊爲仁聖皇太后。萬曆六年三月大婚禮成，加徽號懿安。二十四年七月十三日崩，祔葬昭陵。

孝定貞純欽仁端肅弼天祚聖皇后李氏，宛平人，武清侯、贈安國公李偉女。隆慶元年二月册爲貴妃，生神宗。六年六月神宗即位，七月尊爲慈聖皇太后。萬曆六年三月大婚禮成，加徽號昭文。二十九年十月册立皇太子，上徽號慈聖宣文明肅貞壽端獻皇太后。三十三年十一月十四日皇元孫生，太后壽届六袠，尊上徽號加恭僖。四十二年二月初九日崩，祔葬昭陵。

神宗範天合道哲肅敦簡光文章武安仁止孝顯皇帝，諱上翊下鈞。穆宗長子，母李皇后。嘉靖四十二年八月十五日生。

隆慶二年三月册立爲皇太子。六年六月初八日即位，明年改元厲曆。在位四十八年。七月二十一日，崩於乾清宮，壽五十八，葬定陵，在大峪山。

孝端貞恪莊惠仁明媲天毓聖顯皇后王氏，永年伯王偉女。萬曆六年三月册爲后。四十八年四月初六日崩，七月上尊謚，合葬定陵。

按：后本姓黃，先世以苦勾軍改爲王，至偉五世未復姓。

孝靖温懿敬讓貞慈參天胤聖皇后王氏，指揮僉事王朝寀女。初爲恭妃，生光宗。萬曆三十三年十一月皇元孫生，尊爲皇貴妃。三十九年九月十三日薨，謚温肅端靖純懿。光宗即位，上尊謚，祔葬定陵。

光宗崇天契道英睿恭純憲文景武淵仁懿孝貞皇帝，諱上常下洛。神宗長子，母王皇后。萬曆十年八月十一日生。二十八年三月移居慈慶宮。二十九年十月初十日立爲皇太子。四十八年八月初一日即位，改元泰昌。在位一月。九月初一日崩於乾清宮，壽三十九，葬慶陵，在天壽山西峰之右。

按：慶陵俗名景泰窪。景泰時代宗建壽宮。英宗復辟，代宗葬西山，陵基遂虛。光宗賓天，倉卒不能擇地，乃用此爲陵。是年八月以前稱萬曆四十八年，八月以後稱泰昌元年。

孝元昭懿哲惠莊仁合天弼聖貞皇后郭氏，博平侯郭維城女。萬曆三十年二月册爲皇太子妃。四十一年十二月二十四日薨，謚恭靜端懿温惠元妃。光宗即位，封爲皇后，合葬慶陵。

孝和恭獻温穆徽慈諧天鞠聖皇后王氏，永寧侯王鉞女。初爲才人，生熹宗。萬曆四十七年三月二十三日薨，謚昭肅恭和章懿才人。光宗即位，封爲皇后，祔葬慶陵。

孝純淵靜慈順肅恭毘天鍾聖皇后劉氏，海州人，新樂侯劉應元女。初爲選侍，生大行皇帝，封貞靜劉賢妃。萬曆四十一年七月十九日以失光宗意被譴，薨。崇禎元年上尊謚。十二年三月尊爲皇太后，祔葬慶陵。

熹宗達天闡道敦孝篤友章文襄武端靖穆莊懃皇帝，諱上由下校。光宗長子，母王皇后。萬曆三十三年十一月十四日生，泰昌元年九月初六日即位，明年改元天啓。在位七年。八月二十二日崩於乾清宫，壽二十三，葬德陵，在檀子峪。

懿安悊皇后張氏，祥符人，監生太康伯張國紀女。天啓元年四月册迎，五月初一日封爲皇后。崩日未詳。

聞崇禎十七年三月十九日京師陷，后溢而未絶。僞將軍李巖知爲后，送還太康家，仍自縊崩。或有言后流轉民間者，宫監王永壽識之，謂是貴妃任氏冒稱也。又有言后崩後，合葬德陵。問之守陵中涓，皆云未也。

大行皇帝，諱上由下檢，字德約，光宗第五子，母劉皇后。萬曆三十八年十二月二十四日生。天啓二年九月二十二日册封信王。七年八月二十二日熹宗崩，無嗣，遺命繼統。二十四日即位，明年改元崇禎。在位十七年。三月十九日崩於萬歲山之壽皇亭，壽三十五。欑宫在鹿馬山。弘光元年上尊謚曰紹天繹道剛明恪儉揆文奮武敦仁懋孝烈皇帝。廟號思宗，改毅宗。

大行皇后周氏，長洲人，嘉定伯周奎女。萬曆三十九年三月二十八日生。初大行皇帝爲信王。天啓七年二月出府册爲妃，八月二十四日立爲皇后。崇禎十七年三月十九日崩。弘光元年上尊謚曰孝節貞肅淵恭莊毅奉天靖聖烈皇后。

按：大行皇帝御宇日未營山陵。十五年七月十六日禮妃田氏薨，謚恭淑端慧静懷皇貴妃，葬鹿馬山。十七年三月十九日逆賊李自成犯闕，大行皇帝、后身殉社稷。叛將白廣恩等以梓宫至昌平州，州士民爲葬貴妃墓内。帝居中，後居左，移貴妃居右。以貴妃之椁爲帝椁。貴妃，田宏遇女，陝西華陰縣人。陵門外爲司禮監太監王承恩墓，以從死得祔。

皇太子，諱上慈下烺，大行皇帝第一子，母周皇后。崇禎元年二月初四日生。三年立爲皇太子。薨日莫詳。弘光元年謚曰獻愍太子。

皇第二子，諱慈烜，母周皇后。崇禎二年生，三年封爲懷隱王。先薨。

皇第三子，諱慈炤，母田貴妃。崇禎六年六月十九日生。十五年三月册封爲永王，薨日莫詳。弘光元年謚曰永悼王。

皇第四子，諱慈炯，母周皇后。崇禎六年八月十五日生。十四年九月册封爲定王。薨日莫詳。弘光元年謚曰定哀王。

皇第五子，諱慈熿，母田貴妃。九年九月二十七日生。十二年七月初五日薨，謚曰孺孝通元顯應悼靈王，葬金山。

皇第六子，諱慈炿，母田貴妃。十年十一月二十六日生。先薨。

皇第七子，諱慈焆，所出未詳。十三年八月辛亥生，先薨。

草野孤陋，今以續所聞有異者附於後：

惠宗母呂皇后，太常卿呂本女。

光禄卿馬金，或以「金」爲「泉」。

成祖生日，或云十四日。

徐皇后崩，或云八月。

彭城伯張麟或以「麟」爲「麒」。

憲宗諱下一字初爲「深」。

神宗爲穆宗第二子。

二集卷二

余既寡學而又健忘，每有所論述，逾時輒不復省。慨生之不辰，虞老而益有以塞余心也。石闌點筆，遂付小胥。山翁識。

甲子曆

昔有人以甲子之義問劉靜修者，靜修答之亦有所本。余謂其當直據古書以告，而不必自爲之詞也。故今特著於左，而並詳其問之所未及者，視通鑑之注有加焉。

天皇氏始制干支之名，以定歲之所在。

十干，幹也，亦曰十母。爾雅注：「甲，萬物剖孚，甲而出也。乙，萬物生軋軋也。丙，陽道著明也。丁，萬物之丁壯也。戊，物皆茂盛也。己，萬物皆有定形可紀識也。庚者，陰氣更萬物也。辛，萬物之辛生也。壬，陽氣任養萬物於下也。癸，萬物可揆度也。」許慎注：「太歲在甲曰閼逢，言萬物鋒芒欲出，壅遏未通也。在乙曰旃蒙，言萬物遏蒙甲也。在丙曰柔兆，言萬物皆生枝布葉也。在丁曰強圉，言萬物剛盛也。在戊曰著雍，言位在中央，萬物繁養四方也。在己曰屠維，言萬物各成其性也。屠，別也，維，離也。在庚曰上章，言陰氣上升，萬物畢生也。在辛曰重光，言萬物就成熟，其湟湟也。在壬曰元默，言歲終，包任萬物也。在癸曰昭陽，言陽氣始萌，萬物含生也。」

十二支，枝也，亦曰十二子。史記解：「子者，滋也，萬物滋於下也。丑，紐也，陽氣在上未降，萬物厄紐未敢出也。寅言萬物始生，螾然也。卯，茂也，言萬物茂也。辰言萬物之蜄也。巳言陽氣之已盡也。午，陰陽交，故曰午。未，萬物皆成，有滋味也。申，陰用事，申賊萬物，故曰申。酉，萬物之老，故曰酉。戌，萬物盡滅，故曰戌。亥，該也，陽氣藏於下，故該也。」淮南子注：「太歲在子曰困敦，言陽氣皆混沌，萬物萌蘗也。丑，赤奮，若言陽氣奮迅，萬物而起無不順，若其性也。寅，攝提格，言萬物承陽而起也。卯，單閼，言陽氣推萬物而起，陰氣單盡閼止也。辰，執徐，言伏蟄之物皆散舒而出也。巳，大荒落，言萬物方熾盛而大出，霍然落落大布散也。午，敦牂，言萬物敦盛牂壯也。未，協洽，言陰陽化生，萬物協和、洽合也。申，涒灘，言萬物皆涒大灘，修其精氣也。酉，作噩，言萬物皆陊落也。戌，閹茂，言萬物掩蔽茂昌也。亥，大淵獻，言萬物終大淵深，藏窟以迎陽氣也。」

甲子，古特以記日耳，後以記年。今曆曰某年歲次某，是也。邵子作皇極經世，元、會、運、世、歲、月、日、辰，皆以是推。一元統十二會，三百六十運，四千三百二十世，一十二萬九千六百年。一元世之甲子七十二。運之甲子六一。會年之甲子一百八十。世之甲子六一。運月之甲子七十二。歲之甲子六一。世日之甲子一百八十。月之甲子六一。歲辰之甲子七十二。日之甲子六一。月辰之甲子六。甲子一周凡數六十，干有六甲，支有五子，蓋六甲之中甲寅無子也，故曰六甲而天道窮矣。金以甲子記年，自黃帝元年起至天啓四年，七十三甲子矣。

黃帝元載一，黃帝六十一載二，少昊二十一載三，少昊八十一載四，顓頊五十七載五，帝嚳二十九載六，唐堯二十一載七，唐堯八十一載八，虞舜四十一載九，夏仲康三歲十，寒浞二十三歲十一，帝槐四歲十二，帝不降四歲十三，帝扃五歲十四，孔甲二十三歲十五，桀二十二歲十六，商太甲十七祀十七，太康十五祀十八，太戊二十一祀十九，仲丁六祀二十，祖辛十祀二十一，祖丁二十九祀二十二，殷盤庚二十五祀二十三，武丁八祀二十四，祖甲二祀二十五，武乙二祀二十六，紂十八祀二十七，周康王二年二十八，昭王三十六年二十九，穆王四十五年三十，孝王十三年三十一，共王五年三十二，幽王五年三十三，桓王三年三十四，惠王二十年三十五，定王十年三十六，景王八年三十七，敬王四十三年三十八，威烈王九年三十九，顯王十二年四十，赧王十八年四十一，秦始皇十年四十二，漢文帝三年四十三，武帝元狩六年四十四，宣帝五鳳元年四十五，平帝元始四年四十六，明帝永平七年四十七，安帝延光三年四十八，靈帝中平元年四十九，季漢後主延熙七年五十，晉惠帝永興元年五十一，哀帝興寧二年五十二，宋文帝元嘉元年五十三，齊武帝永明二年五十四，梁武帝大同十年五十五，隋文帝仁壽四年五十六，唐高宗麟德元年五十七，玄宗開元十二年五十八，德宗興元元年五十九，武宗會昌四年六十，昭宗天祐元年六十一，宋太祖乾德二年六十二，仁宗天聖二年六十三，神宗元豐七年六十四，高宗紹興十四年六十五，寧宗嘉泰四年六十六，理宗景定五年六十七，元泰定元年六十八，明洪武十七年六十九，正統九年七十，弘治十七年七十一，嘉靖四十三年七十二，天啓四年七十三。黄梨洲亦有紀此，則從夏元開考，定堯八十一載即舜九載，舜四十一載即禹八載，寒浞十五歲作二十三歲。皇極經世：一元共十二萬九千六百年。元明善曰：「禹即位後八年得甲子，初入午會第一運。前至元元年甲子初入午會第十一運。從天開甲子至泰定甲子得六萬八千八百二十一年。自泰定甲子至今庚午，三百六十九年矣。」至元元年即景定五年也。

周宗伯云：「高陽氏二年甲寅，建寅之月。朔旦立春，日月值艮維之初，而五星聚於營室，遂以是月爲曆元，號甲寅曆。歷代宗之，謂之曆宗。今曆家推曆元者，或以上古甲子，或以是歲甲寅，蓋有繇也。自夏以前皆以寅月爲歲首，黎明爲朔。商以丑月爲歲首，鷄鳴爲朔。周以子月爲歲首，半夜爲朔。秦以亥月爲歲首。漢武帝三十八年復行夏正。王莽居攝，以丑月爲歲首。光武復行夏正。魏明帝十一年以丑月爲歲首，十三年復行夏正。唐武后六年以子月爲歲首，十八年復行夏正。此古今正朔之凡也。」今以寅月爲歲首，將百世，可知矣！

陽九百六

天厄謂之陽九，地虧謂之百六。天地有大陽九、大百六焉，有小陽九、小百六焉。然其說不一。太乙統宗推法，以上元甲寅爲始，每四千五百六十年爲一大陽九，內四百五十六年爲一小陽九。每四千三百二十年爲一大百六，內二百八十八年爲一小百六。洪景盧續筆有陽九、陰九、陽七、陰七、陽五、陰五、陽三、陰三之説。太乙統宗推法以入元上古甲子爲始，四百八十年爲陰九，又四百八十年爲陽九，又七百二十年爲陰七，又七百二十年爲陽七，又六百年爲陰五，又六百年爲陽五，又四百八十年爲陰三，又四百八十年爲陽三。亦以四千五百六十年爲一周，終而復始，其年當有水旱之厄，與洪說異。律曆志云：「十九歲爲一章，四章爲一部，二十部爲一統，三統爲一元，則一元有四千五百六十歲。初入元一百六歲爲陽九，旱九年。次三百七十四歲爲陰九，水九年。次四百八十歲又爲陽九，旱九年。次七百二十歲爲陰七，水七年。次七百二十歲爲陽七，旱七年。次六百歲爲陰五，水五年。次六百歲爲陽五，旱五年。次四百八十歲爲陰三，水三年。次四百八十歲爲陽三，旱三年。從入元至陽三，除去災歲，總有四千五百六十年。其災歲，兩陽九年，一陰九年，一陰、陽各七年，一陰、陽各五年，一陰、陽各三年，總有五十七年。並前四千五百六十年共爲四千六百一十七歲，此一元之氣也。」與太乙統宗說又異。或又云：「大期九千九百年，小期三千三十年。陽九者，天旱海消而陸燋。百六者，海水竭而陵自填。」海録碎事云：「方丈之西北有陰，成大山。滄浪之西有陽，長大山。此二山是陽九、百六之標揭也。」其說益荒矣！金聲遠作太乙春秋梁云：「太乙四百五十六年爲陽九，二百八十八年爲陰六，蓋天地否塞，君危國亂之時也。」此其定而必應，猶三年一閏，五年再閏耳。苟知其期者，則當告其君，使悔懼修省，豫爲之所，庶幾奉承天意而亂亡不至於已甚。不然，風后何爲而作此哉？善乎，道術無異指也！

按：三洞上清境無量經云：「陽九之數一千八百年，遇甲爲大陽九。百六之數一千六百年，遇申爲大百六。陽九不遇甲，百六不遇申，不爲災矣。則甲申乃災刼之會也。」予以今庚午推之，再一百三年爲小百六，再三百二年爲小陽九也。亡友方爾止云：「宋三衢柴望作丙丁龜鑑謂丙午、丁未，天之厄運也。自周末至宋末，歷歷有徵。」爾止曾得其書，有詩記之，末云：「斯言倘不謬，三復能無悲！」亦可異也。

召公

厲王三十七年國人畔，襲王，王奔彘。太子靜匿召公家，國人圍之，召公乃以其子代太子，太子得脫，是爲宣王。程嬰、杵臼謀殺他兒以存趙孤事，蓋類此。李古源論之，謂：「存真孤則爲至仁，殺他兒則爲至不仁。」或曰：「使聖賢處此則何如？」曰：「可爲則爲，不可爲則不爲，但盡吾心力焉耳。若存其一，害其一，忍於此而不忍於彼，此春秋、戰國感恩報主必於成功者之所爲，非聖賢中正之道也。」然程嬰、杵臼謀取他兒耳，召公則己之子也。或曰：「他兒，程嬰子也。」要之，此即殺身成仁之義，恐未可以忍不忍論。若謂兒不可代，則身亦豈可殺乎？

延陵季子

吴子壽夢有四子，長諸樊，次餘祭，次餘眛，次季札。札賢，壽夢欲立，札不可，乃立諸樊。靈王十三年壽夢卒，諸樊既除喪，讓國於札。札謝曰：「昔子臧去曹，以成曹君。札雖不才，願附於子臧之義。」固請，則棄其室而耕，乃舍之，封於延陵，號曰延陵季子。初，諸樊之立也，約兄弟以次傳而及季子，兄弟皆籲天願蚤死，欲札速得國。諸樊卒，餘祭立，餘祭卒，餘眛立。及餘眛卒，欲授札國，札逃去，於是餘眛子僚立。諸樊子光曰：「季子即不受國，光真長公子，當立。」陰納賢士，欲以襲王僚。楚伍員奔吴，知光有異志，進勇士專諸，使光享王，專諸置匕首炙魚腹中，進之，刺殺王僚。

胡氏謂春秋貶札，爲其辭國而生亂。其言非矣。近世李古源曰：「一日爲之臣，則終身便爲吾君也。觀札易而事主，坐視其國之亂而不知退，是亦胡廣、馮道之流耳。」或疑之曰：季札嘗仕餘眛之子僚矣，則僚爲札之君也。光弑僚而自立，札復事之，於心安乎否邪？札之言有曰：『苟得先君無廢祀，人民無廢主，廼吾君也。』廼吾君之言於理順乎？否邪？如札之言則凡弑君而自立者，皆得爲吾之君，人皆可以吾君目之，但得無廢祀、無廢主足矣。如是則孔子春秋何須作邪？原札初讓國之時，廼曰『願附子臧之義』。以今觀之，子臧之讓亦未爲得。公子負芻殺曹世子而自立，子臧不能暴白其罪於天下，徒致其位與卿而不出，潔身之道得矣，於義則未得也。札乃以爲義而願附之，是札之所見蓋已失之於初，固宜晚節之糊塗也。或曰：光乃諸樊之子也，諸樊則壽夢之嫡子也，札廼事之於義亦何害乎？曰：事餘眛之子爲是，則事諸樊之子爲非，事諸樊之子爲是，則事餘昧之子爲非，二者無俱是之理。使餘昧之子不當立，則札宜正之始可也，不能正則勿事之可也。今吴人既已立之爲王，札亦嘗北面事之，則吾君也。及光弑僚自立，而札又復事之焉，是無定主、無定臣也。天下之亂何時而已乎？故愚以爲季札當此之時，只宜遠避山林，爲理亂不聞之計則可，而廼依違不去焉。道、廣之比亦充類至義之盡耳！嘗觀東萊史記詳節云：『札又事闔廬。』又之一字，蓋已微露其意矣！」

予嘗論之，諸樊兄弟之讓可謂義矣。及札不受國則當致位於光，僚之立僭也。光之弑僚亦僚之自取耳。札既逃而謂宜正之於始，謬矣！蓋光與僚之所爲皆失其父之道，札之所不許也，然國不可以無君，而光與僚皆壽夢之孫，非他姓篡弑，故札曰：「苟得先君無廢祀，人民無廢主，廼吾君也。」此病光與僚之詞也。以是而比之胡廣、馮道，恐孟子所謂「充類至義之盡」不如此也。東萊「又事闔廬」之言，亦以見札所遇之不幸耳。光既弑僚，以專諸之子爲卿，以伍員爲行人。札去之延陵，終身不入吴國，此正所謂遠避者，何云依違？及卒，故孔子題其墓曰：「嗚呼，有吴君子。」今如古源之説，是孔子不知人，乃以胡廣、馮道爲君子邪？至子臧辭立守節而逃，古源謂當暴白其罪於天下，是爭立矣，何節之守？凡爲此論皆失於刻。學者知人，當先論世。蓋周末列國諸公子爭立相殘，往往而有，君臣之義，實未有定，非後世一統君臣之分，無所逃於天地之間也。故孟子有「腹心」、「寇讎」之論。豫讓自許以愧天下後世之懷二心者，而乃有常人、國士之別，伍員以報父讎而覆楚，君子不盡非之，可以觀矣！

遷國

蘇文忠曰：「周自平王至於亡，無大失道者，然終以不振，則東遷之過也。凡避寇而遷，未有能復振者。使平王收豐、鎬之遺民，而修其舊政，以形勢臨諸侯，齊、晉雖强，未敢貳也，而秦亦何自霸哉？」宋人南渡，卒亡社稷，文忠之言似有先見。然而時勢所迫，有不得不然者。若天不生秦檜，使岳武穆得行其志，則臨安未始非中興之基。古今覆轍相尋，可勝嘆邪！

中興

寒浞使澆滅斟灌、斟鄩氏，弒帝相。后緡方娠，逃出自竇，歸於有仍。夏遺臣靡奔有鬲。后緡生少康，既長爲仍牧正。澆使其臣椒求之，奔有虞，爲之庖正。虞君思妻之以二姚，而邑諸綸，有田一成，有衆一旅。能布其德，而兆其謀，以收夏衆。故臣靡自有鬲氏收灌、鄩二國之燼，舉兵滅浞，而立少康，此中興之始。少康，賢君也，靡其中興賢佐之首乎！中，去聲，言中理而興也。

三官神

今世祀三官神，於古無稽，始見於漢張魯傳中。魯以三官教行於蜀之鷄鳴山。凡人有所祈禳，則書其事狀爲三，一焚於山上，謂達於天官；一瘞於山下，謂達於地官；一沉於水中，謂達於水官。正月之望爲上元節，祀天官；七月之望爲中元節，祀地官；十月之朔爲下元節，祀水官。或云：三官，周之名臣也，一唐宏字文明，二葛雍字文廣，三周武字文剛。三人同仕於厲王之朝，累諫不從，退隱吴地。宣王立，求得之，輔成中興之功。幽王立，復諫不從，竟隱終於吴地。吴民仰其德化，乃建祠奉祀之。宋真宗時三神現形於上，各述姓字，言奉上帝敕命陰翊陛下。以故，真宗封三神爲上元道化真君、中元護正真君、下元定志真君，號天、地、水三官大帝，命天下皆立祠祀焉。清苑縣有三靈侯墓，亦云周厲王諫臣唐宸、葛瑩、周武三人所葬也。按：此與前所言微異，宏、宸應是體誤，雍、瑩應是聲誤，但三人之字俱用文，又不似三代人字，疑僞，至現形對語尤誕。不知何時又有作三官經典者？據干寶搜神記謂：陳子春名光蕊，娶龍女，生三子，俱有神通。一爲天官，主賜福；一爲地官，主赦罪；一爲水官，主解厄。其云雲臺者，即今海州之東海也。東海有大村，相傳爲陳氏舊里，即昔之大義村也。其上殿宇巍焕，香火甚盛。或以三官經爲蘇眉山作，未可信也。崇禎時有程天狂者，著書多怪異，言近代天下之亂，繇於神號不正，欲改水官爲人官，其誕益甚矣！

婚禮遭喪

曾子問：婚禮既納幣，有吉日，而婿之父母死，已葬，使人致命女氏曰某之子有父母之喪，不得嗣爲兄弟，使某致命。女氏許諾而弗敢嫁，禮也。婿免喪，女之父母使人請，婿弗取，而後嫁之，禮也。女之父母死，婿亦如之。陳氏集說謂：「祥、禫之後，女之父母使人請婿成婚，婿終守前説而不取，而後此女嫁於他族。若女免喪，婿之父母使人請，女家不許，婿然後別娶。」

羅文莊曰：「此於義理人情皆説不通，何其謬也！安有婚姻之約既定，直以喪故需之三年之久，乃從而改嫁與別娶邪？蓋弗取、弗許者，免喪之初，不忍遽爾從吉，故辭其請，亦所謂禮辭也。其後必再有往復，婚禮乃成。聖人雖未嘗言，固可以義推也。澔之集説未爲無功於禮，但小小疎失，時復有之。然害理傷教，莫此爲甚。」

徐伯魯曰：「此節決非孔子之言，直當删去而無疑者。謂議婚而至納幣請期，則夫婦之倫定已久矣，乃爲有喪而改易，可乎？婿除喪而別娶，非義也；女除喪而改適，非貞也。若謂恐其失時，又何以弗敢嫁娶爲禮乎？遲之三年而後嫁娶，則既失時矣，曷若尋舊議之爲便乎？人情事理皆有未安，削之可也。」

按：二氏之説皆善，文莊之解，於本文似尚煩補湊。予謂使人請婿則婿取之，或有別故，弗取而後嫁之也，禮也。此「禮」字當輕看，是以其使人之請並弗取而後嫁之，爲不失其禮也。當重看「弗取」二字，陳氏謂其弗取以終守前説則謬矣。請女家，亦當重看「不許」二字。

瑚璉盤

明堂位：「有虞氏之兩敦，夏后氏之四璉，殷之六瑚，周之八簋。」注：皆黍稷器。鄭注：「夏曰瑚、殷曰璉者，誤也。」臨川吴氏謂：「盤，承盥手餘水器也。古人將欲盥手，別以一器盛水置盤上，用杓㪺而沃之，餘落盤中。故盥文從水、從臼、從皿，兩手加於皿，而以水沃其手也，皿加盤也。」內則曰：「少者奉盤，長者奉水，請沃盥。」盤不以承盥水，而以承其餘水。武王銘諸器載在大戴禮記，於盤曰盥盤，明盤之爲盥器，而非沐器、浴器也。浴器用杅，沐器用盆。盆、杅皆以盛水，浸髮於盆之內，裸身於杅之內。浸髮、裸身槩褻且汙，不可刻文。盥盤承餘水者，不褻不汙，故可刻文而銘也。按內則：凡家之夫婦，上而父母，下而男女及內外使令之人，每日晨興必盥，故曰「日新不特，晨興一盥」而已。雖無事，大約一日五盥，有事而行禮，又不止五也。至若沐、浴，五日然後請浴，三日然後具沐，亦或過三日、五日之期。無一日一沐一浴之理，不日日而沐、浴，不可謂之日新矣。湯所銘之盤，皆謂盥盤也。鄭注但言刻戒於盤，不言盤之爲何用。孔疏乃以盤爲沐、浴之盤，朱子亦不及改正。

死諫

神農時諸侯夙沙氏不用帝命，臣箕文諫而被殺，此死諫之始。紂之時有梅伯，性忠直，數諫爭，紂殺而醢之。又太史辛甲七十二諫而去，其後周人封之。見漢藝文志。又有理徵者，皐陶後也，以直道不容於紂，得罪而死。其妻契和氏與子利貞逃於伊侯之墟，食木子得全，故改理爲李氏。見唐書宗室表敍。世徒知比干耳！

殷人

殷之臣民終不能忘殷，箕子朝周，過殷故墟，作麥秀之歌，殷民聞之皆爲流涕。熊勿軒曰：「當時商之臣民大率有不肯臣周之心，大誥、雒誥、多方、多士諸篇班班可睹。雖周人目之爲頑，在商則不失爲義，亦可見商家一代之人心風俗矣！」

佛經

先儒有言，佛經皆中國人所爲，羅念庵不然之。今之學佛者，則以爲未讀佛經，笑其淺矣。余即以淺論之：佛者，西域之人也，其所説經皆梵字，而今中國所傳經，皆蒼頡所造之字篆變而隸者也。凡譯梵字爲漢字者，其實字可譯，虛字不可譯。今翰林官習譯清書者，余嘗問之，皆云如此，此可類推也。佛經中頗有虛字，孰爲爲之乎？若夫靜智妙圓、體自空寂、但落言詮，皆屬有漏。則今之佛經，微獨不合於聖人之道，恐亦未必爲佛之所與也。達摩西來，不立文字，或亦懲之耳。況如楞嚴爲房融筆授，心經經于志寧諸人潤色，明證可據。其柰邪士之信心而不信古，何哉！

僧僞

人言天童釋密雲爲柴火僧，目不識丁，因悟道後，不假學習，經書會通，書寫悉合。近世傳聞往往有之，如達觀輩是也。曹特臣嘗遊皖城，有友盛稱城南蘭若僧某如是者。特臣不之信，其友強往驗之，特臣謂僧曰：「聞師初不識字，一日悟道，書法悉解。果否？」僧曰：「然。」曰：「道爲無形，魯法有象，悟道何遂能書？」曰：「一了百了，未悟者自不知耳。」曰：「書有楷、有草、有八分，有篆，師悟後能者何書？」曰：「楷耳。」曰：「師於餘體如何？」曰：「不能，尚須學習。」特臣笑曰：「既悟後一了百了，則書法各體皆能，何獨能楷而餘體皆須學習邪？師殆謬爲奇異，聳人皈向耳。」聞者哄然。

昔人謂人死有鬼，阮宣子獨以爲無，曰：「今見鬼者云：『著生時衣服。』若人死有鬼，衣服復有鬼邪？」此與程子論人馬鞍韉之言合。言至不可奪處，雖善辨者不得不語塞，此可相方。

老耼

禮記中每言聞諸老耼，鄭玄注：「老耼者，古壽考之稱也。」孔子問禮於老耼，恐是如此。今人以爲李伯陽者，或因之傅會耳。

書坐右

邵子曰：「夫天下將治，則人必尚行也；天下將亂，則人必尚言也。尚行，則篤實之風行焉；尚言，則詭譎之風行焉。天下將治，則人必尚義也；天下將亂，則人必尚利也。尚義，則謙讓之風行焉；尚利，則攘奪之風行焉。」今天下繇亂而治，學者惡可不知所自警乎！昔吾鄉呂文簡公講學，每提「安貧改過」四字。近日吾友李中孚徵君講學，亦每提「改過自新」四字。皆從實地用功，非他談虛無飾文采者可比。大抵人之有過，多繇於不安貧。而學者致力，莫先於改過。經傳所言，歷歷可指，是用內省，並示諸子弟。

太白經天

太白陰星也，附日而行，如民之附君也。故與日合度之後，太白行速，或一日行度半，行之漸久，以致離日六十度外，是以在日之東。日雖西落，而金星夕見於西方。既離六十日之後，星又行遲，或兩日一度，日漸追及，日星合度遂不可見，所謂出西入西也。合度之後，太白漸漸行遲，追日不及，落在日西，故日未出而金星晨見東方。迨遲至離日六十度，然後星又行速，追及日度。是以合度東方而星不見，此出東入東也。若不附日而行，日入西方而太白夕見東方，日晨未出東方而太白見西方，此謂經天，以其背日之遠，如民畔君而去也，故主改革。其餘日中所見，俱爲晝見，主陰國兵強。予聞之何氏：「太白經天，是天變之大者，於古無不驗。唯誤以晝見爲經天，故時見或爽耳。」

會試二元

有明一代，取士之制莫貴於會試，今録二元名氏備考。其諸進士名氏，予亦有全録，不能悉載。中三元者，商輅一人耳。

洪武元年戊申　己酉　庚戌設科取士　辛亥主試官陶凱、潘庭堅。會試，俞友仁等一百二十名。狀元吴伯宗，初名祐。　壬子　癸丑停科舉。　甲寅　乙卯　丙辰　丁巳　戊午　己未　庚申　辛酉　壬戌　癸亥　甲子頒行科舉式　乙丑考試官朱善、聶鉉。會試，黄子澄等四百七十二名。狀元丁顯。朱氏湧幢小品云：「是科會試第一名乃鄧奇偉。」未知孰是？　丙寅　丁卯　戊辰主試官蘇伯衡、李叔荆。會試，施顯等九十名。狀元任亨泰，敕建狀元坊始此。　己巳　庚午　辛未主試官闕。會試，許觀等三十名。狀元即觀。是年定生員巾服制。　壬申　癸酉　甲戌考試官闕。會試，彭德等一百名。狀元張信。　乙亥　丙子　丁丑主試官劉三吾、白信稻。

會試，宋琮等五十一名。狀元陳郊被戮後，榜六十一名，狀元韓克忠。　戊寅三十一年

建文元年己卯　庚辰考試官董倫、高遜志。會試，吳溥等一百十名。狀元胡靖，初名廣。　辛巳　壬午四年

永樂元年癸未　甲申考試官解縉、黃淮。會試，楊相等四百七十名。狀元曾棨，加賜羅衣一襲。　乙酉　丙戌考試官王達、楊溥。會試，朱縉等二百十九名。狀元林環。　丁亥　戊子　己丑考試官闕。會試，陳璲等八十四名。辛卯殿試，狀元蕭時中。　庚寅　辛卯　壬辰考試官楊士奇、金幼孜。會試，林誌等一百六名。狀元馬鐸。　癸巳　甲午　乙未考試官梁潛、王洪。會試，洪英等三百五十一名。狀元陳循。　丙申　丁酉　戊戌考試官曾棨、王英。會試，董璘等二百五十名。狀元李騏。　己亥　庚子　辛丑考試官楊士奇、周述。會試，陳中等二百一名。狀元曾鶴齡。　壬寅　癸卯　甲辰二十二年考試官曾棨、余鼎。會試，葉恩等一百四十八名。狀元邢寬。

洪熙元年乙巳定鄉試取士額。

宣德元年丙午　丁未主考楊溥、曾棨。會試，趙鼎等一百一名。狀元馬愉。分南北卷始此。　戊申　己酉　庚戌考試官王英、錢習禮。會試，陳詔等二百名。狀元林[一]震。　辛亥　壬子　癸丑主考黃淮、王直。會試，劉哲等九十九名。狀元曹鼐。　甲寅　乙卯十年

正統元年丙辰考試官王直、陳循。會試，劉定之等一百名。狀元周璇。　丁巳　戊午　己未考試官王直、藺從善。會試，楊鼎等九十九名。狀元施槃。　庚申　辛酉　壬戌考試官王英、苗衷。會試，姚夔等一百四十九名。狀元劉儼。　癸亥　甲子　乙丑考試官錢習禮、馬愉。會試，商輅等一百五十名。狀元即輅。　丙寅　丁卯　戊辰考試官高穀、杜寧。會試，岳正等一百五十名。狀元彭時。　己巳十四年

景泰元年庚午　辛未考試官江淵、林文。會試，吳滙等二百一名。狀元柯潛。　壬申　癸酉　甲戌考試官商輅、李紹。會試，彭

[一]「林」：原作「陳」，據明史卷九宣宗本紀改。

華等三百四十九名。狀元孫賢。　乙亥　丙子七年

天順元年丁丑考試官薛瑄、呂原。會試，夏積等二百九十四名。狀元黎淳。　戊寅　己卯　庚辰考試官呂原、柯潛。會試，陳選等一百五十六名。狀元王一夔。　辛巳　壬午　癸未考試官彭時、錢溥。會試，吴釴等二百五十名。甲申殿試，狀元彭教。　甲申八年

成化元年乙酉　丙戌考試官劉定之、萬安。會試，章懋等二百五十三名。狀元羅倫。　丁亥　戊子　己丑考試官劉珝、劉吉。會試，費誾等一百四十七名。狀元張昇。　庚寅　辛卯　壬辰考試官萬安、江朝宗。會試，吴寬等二百五十名。狀元即寬。　癸巳　甲午　乙未考試官徐溥、邱濬。會試，王鏊等三百名。狀元謝遷。　丙申　丁酉　戊戌考試官劉吉、彭華。會試，梁儲等三百五十名。狀元曾彥。　己亥　庚子　辛丑考試官徐溥、王獻。會試，趙寬等二百九十八名。狀元王華。　壬寅　癸卯　甲辰考試官彭華、劉健。會試，儲巏等三百名。狀元李旻。　乙巳　丙午　丁未二十三年考試官尹直、吴寬。會試，程楷等三百五十一名。狀元費宏。

弘治元年戊申　己酉　庚戌考試官徐溥、汪諧。會試，錢福等二百九十八名。狀元即福。　辛亥　壬子　癸丑考試官李東陽、陸簡。會試，汪俊等二百九十八名。狀元毛澄。　甲寅　乙卯　丙辰考試官謝遷、王鏊。會試，陳瀾等二百九十八名。狀元朱希周。丁巳　戊午　己未考試官闕。會試，倫文敍等三百名。狀元即文敍。　庚申　辛酉　壬戌考試官吴寬、劉機。會試，魯鐸等二百九十七名。狀元康海。　癸亥　甲子　乙丑十八年考試官張元禎、楊廷和。會試，董玘等三百三名。狀元顧鼎臣。

正德元年丙寅　丁卯　戊辰考試官王鏊、梁儲。會試，邵鋭等三百四十九名。狀元呂柟。　己巳　庚午　辛未考試官劉忠、靳貴。會試，鄒守益等三百四十名。狀元楊慎。　壬申　癸酉　甲戌考試梁儲、毛澄。會試，霍韜等三百九十六名。狀元唐皋。　乙亥丙子　丁丑考試官靳貴、顧清。會試，倫以訓等三百四十九名。狀元舒芬。　戊寅　己卯　庚辰考試官石珤、李延相。會試，張治等三百五十名。狀元楊維聰。　辛巳十六年

嘉靖元年壬午　癸未考試官蔣冕、石珤。會試，李舜臣等四百十名。狀元姚淶。　甲申　乙酉　丙戌考試官賈詠、董玘。會試，趙時春等三百一名。狀元龔用卿。　丁亥　戊子　己丑考試官張璁、霍韜。會試，唐順之等三百二十三名。狀元羅洪先。　庚寅　辛卯　壬辰考試官張瀚、郭維藩。會試，林春等三百十六名。狀元林大欽。　癸巳　甲午　乙未考試官張璧、蔡昂。會試，許穀等三百二

十五名。狀元韓應龍。　丙申　丁酉　戊戌考試官顧鼎臣、張邦奇。會試，袁煒等三百二十名。狀元茅瓚。　己亥　庚子　辛丑考試官温仁和、張衮。會試，陸樹聲等二百九十八名。狀元沈坤。　壬寅　癸卯　甲辰考試官江汝璧。會試，瞿景淳等三百十七名。狀元秦鳴雷。正主考張潮病卒。　乙巳　丙午　丁未考試官孫承恩、張治。會試，胡正蒙等三百一名。狀元李春芳。　戊申　己酉　庚戌考試官張治、歐陽德。會試，傅夏器等三百二十名。狀元唐汝楫。　辛亥　壬子　癸丑考試官徐階、敖銑。會試，曹大章等四百三名。狀元陳謹。　甲寅　乙卯　丙辰考試官呂本、尹臺。會試，金達等二百九十六名。狀元諸大綬。　丁巳　戊午　己未考試官李璣、嚴訥。會試，蔡茂春等三百三名。狀元丁士美。　庚申　辛酉　壬戌考試官袁煒、董份。會試，王錫爵等二百九十九名。狀元申時行。

癸亥　甲子乙丑考試官高拱、胡正蒙。會試，陳棟等三百九十四名。狀元范應期。　丙寅四十五年

隆慶元年丁卯、　戊辰考試官李春芳、殷士儋。會試，田一儁等三百五十名。狀元羅萬化。　己巳　庚午　辛未考試官張居正、呂調陽。會試，鄧以讚等四百十五名。狀元張元忭。　壬申六年

萬曆元年癸酉　甲戌考試官呂調陽、王希烈。會試，孫鑛等三百一名。狀元孫繼皋。　乙亥　丙子　丁丑考試官張四維、申時行。會試，馮夢禎等三百一名。狀元沈懋學。　戊寅　己卯　庚辰考試官申時行、余有丁。會試，蕭良有等三百二名。狀元張懋修。

辛巳　壬午　癸未考試官余有丁、許國。會試，李廷機等三百四十一名。狀元朱國祚。　甲申　乙酉　丙戌考試官王錫爵、周子義。會試，袁宗道等三百五十名。狀元唐文獻。　丁亥　戊子　己丑考試官許國、王弘誨。會試，陶望齡等三百五十名。狀元焦竑。　庚寅

辛卯　壬辰考試官陳于陛、盛訥。會試，吴默等三百名。狀元翁正春。　癸巳　甲午　乙未考試官張位、劉元震。會試，湯賓尹等三百四名。狀元朱之蕃。　丙申　丁酉　戊戌考試官沈一貫、曾朝節。會試，顧起元等三百名。狀元趙秉忠。　己亥　庚子　辛丑考試官馮琦、曾朝節。會試，許獬等三百名。狀元張以誠。　壬寅　癸卯　甲辰考試官朱賡、唐文獻。會試，楊守勤等三百名。狀元即守勤。

乙巳　丙午　丁未考試官楊道賓、黄汝良。會試，施鳳來等三百名。狀元黄士俊。　戊申　己酉　庚戌考試官蕭雲舉、王圖。會試，韓敬等三百名。狀元即敬。　辛亥　壬子　癸丑考試官葉向高、方從哲。會試，周延儒等三百名。狀元即延儒。　甲寅　乙卯　丙辰考試官吴道南、劉楚先。會試，沈同和等三百五十名。狀元錢士升。同和除。　丁巳　戊午　己未考試官史繼偕、韓爌。會試，莊際昌

等三百五十名。狀元即際昌。　庚申四十八年

泰昌元年即萬曆四十八年自八月朔至十二月晦。

天啓元年辛酉　壬戌考試官何宗彦、朱國祚。會試，劉必達等四百名。狀元文震孟。　癸亥　甲子　乙丑考試官顧秉謙、魏廣微。會試，華琪芳等三百名。狀元余煌。　丙寅　丁卯七年

崇禎元年戊辰考試官施鳳來、張瑞圖。會試，曹勳等三百五十三名。狀元劉若宰。　己巳　庚午　辛未考試官周延儒、何如寵。會試，吴偉業等三百五十名。狀元陳于泰。　壬申　癸酉　甲戌考試官温體仁、吴宗達。會試，李青等三百名。狀元劉理順。御取顔茂猷。　乙亥　丙子　丁丑考試官張至發、孔貞運。會試，吴貞啓等三百名。狀元劉同升。　戊寅　己卯　庚辰考試官薛國觀、蔡國用。會試，楊瓊芳等三百二十四名。狀元魏藻德。　辛巳　壬午　癸未考試官陳演、魏藻德。八月會試，陳名夏等三百九十一名。九月殿試，狀元楊廷鑑。　甲申十七年，共二百七十七年。共取士二萬四千三百九十七名。

顧亭林徵君卒　壬戌正月初九日

辛酉秋，予至嘉興，訪曹秋岳司農，相見即致悼亭林之歿爲文獻之惜。予曰：「亭林無恙，尚在予家。予來時，亭林亦有山西之行。」秋岳且驚且喜。逾年壬戌夏，予在海州接閻百詩手札云：「亭林于春初歿于曲沃。」予爲位而哭之慟。秋，予西歸，取道揚州，將往崑山。過淮安，見張力臣云：「亭林之柩尚未歸，不知何以淹滯於彼。」深以不獲撫柩一哭爲憾。又怪亭林未歿，江南何以遽有此問。搦管偶記，涕下霑衽。

井田　古者百步爲畝百畝當今之四十一畝地之肥瘠不同故有三易再易不易

予嘗爲古法有極善而必不可行者，井田、封建是也。昔張子欲行井田，二程子云：「地形不必謂寬平可以畫方，只可用算法折計地畝以授民。」張子謂：「必先正經界，經界不正則法終不定。地有坳垤處不管，只觀四標竿，中間地雖不平饒，與民無害，就一夫之間所爭亦不多。又側峻處田亦不甚美。又經界必須正南北，假使地形有寬狹尖斜，經界則不避山河之曲，其田則就得井處爲井，不能就成處或五七、或三四、或一夫，其實田數則在。又或就不成一大處，亦可計百畝之數而授之，無不可行者。如此則經界隨山、隨河皆不害於畫之也。苟如此畫定，雖便是暴君、汙吏，亦數百年壞不得。經界之壞亦非專在秦時，其來亦遠，漸有壞矣。」程子曰：「議法既備，必有可行之道。」張子曰：「非敢言也，顧欲載之空言，庶有取之者耳！」程子曰：「不行於今，而後世有行之者，亡也。」細觀程子之意，似亦以爲井田之不可復也。予謂誠能薄其稅斂，準之以十一之法，雖不井田，猶井田也。不然，井田之中豈遂無弊？八家共作，亦未必不滋之擾害也。時勢日異，事變不測，即限田之制亦有不可行者，況井田乎？若封建之不可行，啓爭兆亂不待言而知矣。

加耗

「加耗」二字，起於後唐明宗。入倉見受納主吏折閱，乃令石取二升爲「鼠雀耗」。洪武時定制，每斗起耗七合，石爲七升，中制也。江南糧稅加耗已至七、八斗，蓋併人雜辨，通謂之「耗」，意不止於鼠雀爲也。後於田畆上加耗則失其意矣。五季漢隱帝時，三章爲三司使，始令吏輸斗二，謂之「省」。當時人怨之矣，史亦謂章聚斂刻急。胡致堂推本其殺身，以爲興利之戒。近世有司收銀，於正數外有加者，名曰「火耗」，其數之多寡不等，存乎人而不加者鮮矣。若其數不溢，民亦習以爲常，不怨也。究其所以，豈得盡罪有司？

海忠介公

陸伯生樵史有云：「海中丞公瑞開府江南，意在裁巨室，卹窮閻，見稍偏矣。卒之訟師禍猾，乘機逞志，告詰横起，舉三尺而弁髦之，遂成亂階。諸大姓皆重足立，三吴刁悍風自此而長。」予嘗謂忠介清風勁節，元不可及。然爲政之道，貴識大體，使忠介當國，吾不知其竟何如也？又嘗聞當時有投一訟狀者，乃柳盜跖告伯夷、叔齊兄弟，仗孤竹君之勢，强占首陽田，辱駡周武王等事，忠介爲之意沮。近日江南刁風頗熾，亦似有所自。

郭巨丁蘭

郭巨養母，恐其子分其母之甘旨，而遽埋之。丁蘭刻木爲母像，因鄰人侮其像而遽殺之。何文定公曰：「使黄金不獲，則將遂埋其子矣。母慈其孫，必將啼泣悲傷，雖甘旨滿前，固不能下咽也。養親之口體而不能順其志，孝子之道固如是乎？使木像無垂泣之異，有司不原情貸死，則遂與鄰人抵命矣。縱母尚生存爲人所侮，苟不至以死復讐，猶當權輕重而處之。柰何以一朝之忿而致親之無後乎？」予謂此二人皆兇人也，其悍惡無賴，豈但不可稱之爲孝子哉？巨當如太祖之懲江伯兒，杖之可也！蘭當論死，蘭而可貸，恐奸惡生心，亂賊是長，王者無所貴制法矣。此與梁孝子復讐之事又大異。

冬心詩

彭躬庵作冬心詩二十七首，刻木行世。其六章曰：「吾少從黨人，大言誅楚相。謂其忍奪情，虛功糜國餉。亂後逢闖徒，訪以當時狀。始悉武陵才，謀猷頗能壯。謂更一二載，賊軍盡摧喪。後復逢楚友，鄉評益公諒。謂獻掞往讐，取屍棄江漲。緋衣浮不沉，月餘還舊葬。自慚逐吠聲，發詞何褊宕。隆萬相江陵，國威甫遐暢。祇以峻狹故，萬口相排擋。吾黨三折肱，今更以身謗。」魏善伯語之曰：「公道極，尤妙在黃漳浦門人口中說出。」武陵有子名山松，字長蒼，作龥天録，辨綏寇紀略、明季遺聞、國榷、流寇志、幸存録、延綏志、崇禎朝紀略。謂書之誣，其中亦有公論，未可槩以其爲父子之私情疑也。其後綴刻此詩。躬庵與魏氏兄弟爲至交，善伯謂躬庵漳浦門人，而長蒼謂坐上之客，蓋以避倍師之嫌，預爲躬庵地，亦所以報也。大約武陵差賢於當時諸相，然封疆瓦裂，國社邱墟，而猶讚其謀猷之壯，謬矣。夫不能奏實效於從前，而欲虛美其功於一二載之後，其可信乎？至云逢闖徒、逢楚友，不知誰指？而末復舉奪情之江陵，相提而論，作者之意殊不可解。恐未可爲武陵雪謗，而漳浦有知，其能無遺憾於黨人之目邪？

長蒼之辨固有可信者，而虛詞亦復不少，姑不具論。至云：「賊中之號爲闖王者，高迎祥而外不知凡幾？號爲闖將者，李自成而外不知凡幾？一人死而一人又襲其名，謂作小説者狃於自成之僭竊，遂取從前所謂『闖將』，掀揭事業，皆繫以自成之名，以明涓涓之爲江河，繇來有漸。」此言大謬矣！秦之士民何啻千萬，問之可知也。高迎祥而外安有所謂「闖王」，李自成而外安有所謂「闖將」哉？

父老相傳，謂釀陝西之寇者楊公鶴也，而陝西人感戴洪承疇不啻如神明、父母，無論男女老幼一時尸祝，不在關壯繆之下，至謂其有仙術能飛形。蓋承疇居官清廉勤苦，元異尋常。行軍所至，士民焚香而迎者，道路爲塞。承疇呼引至前，温語慰勞，每每相向洒淚，至哭聲如雷。過予邑時，予尚幼，猶及見之。後聞各郡邑無不然者。唯咸林劉詹石斥爲不祥，予里秦函關謂其不能督戰，縱寇誤國，聞之者皆怒。秦有表兄屈肅卿，至欲批其頰。梅村云：「洪公能得士大夫心。」又云：「廷論多歸之。」又云：「秦士大夫終以洪爲歸者，皆實録也。」長蒼云秦人怨洪甚深，則誣之甚矣！今承疇之事見譏於士大夫耳，市井草莽之氓猶頌之不衰也。

側室

師服曰：「天子建國，諸侯立家，卿置側室，大夫有貳宗，士有隸子弟，庶人、工、商各有分親，皆有等。」喪禮：「妻將生子，及月辰，居側室。」謂燕寢之旁室也。漢文帝曰：「朕高皇帝側室子。」今遂謂妾曰「側室」矣。

糳字

「堯粢食不殺」。殺音毀，米去糠多也。此字訛，當作「糳」。

二集卷三

鑄鼎

禹鑄九鼎，以象九州，蓋備土田、貢賦、經界之式，以爲萬世凖。鑄之鼎者，欲垂久遠耳，即今人立碑之意。左氏謂「使民知神姦」云云，胡雙湖以爲誣。

防墓崩

檀弓曰：「孔子少孤，不知其墓，殯於五父之衢。人之見之者，皆以爲葬也。其慎也，蓋殯也。問於陬曼父之母，然後得合葬於防。」孔子既得合葬於防，曰：「吾聞之，古也墓而不墳。今丘也，東西南北之人也，不可以弗識也。」於是封之，崇四尺。孔子先反，門人後。雨甚至，孔子問焉，曰：「爾來何遲也？」曰：「防墓崩。」孔子不應三，孔子泫然流涕曰：「吾聞之，古不修墓。」按注：陳可大曰：孔子生三歲而叔梁紇死，至顔氏之死，孔子年二十四矣。豈有終母之世不求父墓所在，至母殯而猶不知者乎？且母死殯於衢路，必無室廬，而死於道路者之所爲耳。聖人禮法之宗主，而忍爲之乎？又豈有封墓方反，而隨即崩壞者乎？尤可疑者，封之崇四尺，以周尺計之，今尺纔二尺餘耳。即雨甚，何以崩也？以慎爲引，更屬牽強。陬曼父之母既與孔子之母相善，孔子豈不能先問，必殯之衢，待人之疑而後問之乎？故徐師魯謂檀弓此二章，與「子上之母死」及「伯魚母死」章皆當删去。方孝儒曰：「取乎古而師之者，以其合乎人情、當乎理也。父母之棺皾然暴於人而不修，何取於古乎？信如其言，安足以爲聖？其誣孔子甚矣！謂殯乎五父之衢亦然。」按：陳注曰：「雨甚而墓崩，門人修築而後反。孔子流涕者，自傷其不能謹之於封築之時，以致崩圮。」且言古人所以不修墓者，敬謹之至，無事於修也。方氏之論雖正，然失其旨矣，豈有已崩而不修之理哉？

共和

厲王在彘時，共和爲三公，攝行天子事，號曰「共和」。竹書紀年魯連子云：「共伯名和，好行仁義。厲王奔彘，諸侯奉之以行天子事。」呂氏春秋云：「共伯和修其行，好仁賢。周厲之難，天子曠絶，而天下皆來請矣。」漢書古今人表、顔師古史記注皆云：共伯名和，獨史記謂：「周公、召公以太子靜尚幼，乃相與和協，共理國事，故稱共和。」其説牽強。共和十四年，王死於彘，時大旱。六年，周公、召公奉太子靜即位，共伯歸其國，遂大雨。沈約竹書注云：「大旱既久，廬舍俱焚。會王崩，卜於太陽，兆曰：『厲王爲祟。』」周公、召公乃立太子靜，共和遂歸國。和有至德，尊之不喜，廢之不怒，逍遙得志於共山之首。故莊子云：「共伯得乎共首。」司馬彪莊子注亦同。共伯國即今之輝縣，後並於鄭，以封叔段，曰「共叔」。或以衛武公名和，遂謂共伯即武公，非也。共非衛地，且武公立在宣王十五年。又侯爵非伯也。

魯三家

公子慶父、公子牙俱莊公之庶兄，莊公即位，使慶父主兵，故慶父得專魯政。牙黨於慶父，莊公之同母弟公子季友酖殺牙。其後爲叔孫氏。莊公薨，慶父通於莊公夫人哀姜，共謀殺太子般，季友奔陳。閔公立，莊公幼子。慶父復弑之。季友因齊之力立僖公申，莊公妾成風之子。而戮慶父，其後爲仲孫氏，又曰孟孫。僖公賜季友汶陽之田及費。是爲季孫氏，此魯三家之始。

莊公之母文姜，齊襄公之妹，與襄公通而殺桓公。哀姜，襄公之女也。莊公受制於母，文姜使必娶仇女，而哀姜年幼，莊公立二十四年始娶。文姜殺夫，哀姜殺子，齊、魯之事不可道也。

胡濛溪野談

朱晦庵大學章句補致知格物之傳，蔡九峰尚書集傳考定武成之篇。晦庵又著儀禮經傳，雜引大戴禮、春秋内外傳、新序、列女傳、賈誼新書、孔叢子之類以成書。又吴草廬爲逸經八篇，取小戴、大戴、鄭注雜合成之。近日又有大學定本，移「物有本末」一節，繼以「知止能得」，又繼以「聽訟吾猶人」一節，而結之曰：「此謂知本，此謂知之至也。」以爲即格物致知之傳。周禮司空篇亡，漢儒乃以考工記補之。宋俞庭椿、王次點以爲未嘗亡，欲於五官之中，凡掌邦居民之事分屬之司空，則五官各得其分，而冬官亦完，且合三百六十之數。已上固皆各自有見，余以爲恐非闕疑、闕始及史闕文之義。按：宋雍熙初，日本僧奝然云：「其國中有五經書。」又歐陽修日本刀詩有云：「徐市行時書未焚，逸書百篇今尚存。令嚴不許傳中國，舉世無人識古文。先王大典藏夷貊，蒼波浩蕩無通津。」今日本固嘗通貢，中朝徜得遣使一求，以訂經典脱誤，實斯文莫大之幸也。豈不愈於求宛馬、取佛經者哉！予按：焦弱侯嘗刻古本易經、書經、孝經、大學，特備録斯言。

親字

徐學謨曰：「大學在親民句。」程子曰：「『親』當作『新』。」按左傳「親間舊」，亦以親爲新，古字通用。王文成必要如字解，不知聖人立言，要於精切，非若後來學，徒講一籠統套子，隨處湊泊也。「新」字與「明德」之「明」字相對待，俱在教上説，猶孟子所謂「以其昭昭，使人昭昭」也。王凝齋鴻儒謂：「古『親』、『新』字嘗通用。」

韓文公

韓文公，河陽人，河陽即今之孟縣也。文公集有「過河陽省墳墓」及「我家本瀍、穀，有地界皋、鞏」句。今孟縣之西有韓莊，韓莊有塚，即文公墓。唐史謂文公鄧州南陽人，誤也。弘治間冢宰耿裕奏請於朝，建祠祀焉。

顏魯公真跡

董文敏云：「顏魯公送劉太沖序鬱屈瑰奇，於二王法外別有異趣。米元章謂『如龍蛇生動，見者自驚』，不虛也。宋四家書派皆出魯公，亦只爭坐帖一種耳，未有學此序者，豈當時不甚流傳邪？真跡在長安趙中舍士禎家，以予借摹，遂爲好事者購去。予凡一再見，不復見矣。淳熙秘閣續帖亦有刻此，見戲鴻堂帖與容臺集。」魯公真跡實爲吾鄉南子興宗伯以善價得之趙中舍。中舍出入宗伯之門，凡宗伯所購書畫，皆中舍鑑定。宗伯之孫鼎甫爲河間同知，王中丞固索之去，既乃知爲王燕友納言陰託也。予至京師，嘗以問燕友，燕友云：「曩曾從中丞借觀，孫北海少宰見之，强欲償價。因遣伻送還，不意中途竟失之矣。」及晤劉公勇，偶談及，公勇曰：「數日前尚於燕友所展玩，何得云失？」予始悟，燕友以予與鼎甫交善，故隱之耳。

尚書

梅氏論尚書有云：尚書惟今文四十二篇傳自伏生口誦者，爲真古文。十六篇出孔壁中者，盡漢儒僞作。大抵依約諸經，論、孟中語，併竊其字句而緣飾之。其補舜典二十八字則竊易中「文明」，詩中「温恭允塞」等字成文；其作大禹謨「后克艱厥后，臣克艱厥臣」等句則竊論語「爲君難，爲臣不易」成文；「惟精惟一，允執厥中」等句則竊論語，「允執厥中」等句成文；征苗誓師、贊禹還師等原無此事；舜分北三苗與竄三苗於三危，已無煩師旅，僞作者徒見舜典有此文，遂模倣爲誓「召還兵有苗格」諸語；益稷賡歌亦竊孟子「手足腹心」等句成文；其外五子之歌竊孟子「忸怩」之語；泰誓三篇取語、孟「百姓有過在余一人，若崩厥角稽首」之文。其外胤征、仲虺之誥、湯誥、伊訓、太甲、咸有一德、説命、武成諸篇，文多淺陋，必非商、周之作。相傳共王壞孔子宅，欲以爲宫而得之，不知竹簡、漆書豈能支數百年之久，壁間絲竹八音是何人作？乃獻書者之飾詞也。予嘗與葉井叔言及此，井叔曰：「梅氏論征苗有理，但濬哲文明與贊堯語相似。仲虺之誥發前聖所未發，説命論學皆爲醇粹，恐未必皆竊諸經、論、孟中語也。若壁間絲竹，則其僞無疑矣！」

方素北曰：「按漢藝文志云：『尚書，古文經四十六卷，經二十九卷。』二十九卷即伏生今文也，四十六卷，即張霸僞古文也。漢儒所治不過伏生書爾，張霸僞古文雖在，而辭義蕪鄙，不足取重於世，故成帝時廼黜其書。及梅賾二十五篇之書出，則凡傳記所引書語，注家指爲逸書者收拾無遺。既有證驗，又有孔安國傳及序，世遂以爲真孔壁所藏也。唐初孔穎達等從而爲之疏義，自是漢世大、小夏侯、歐陽氏所傳止二十九篇者，廢不復行，唯此孔傳五十八篇孤行於世。至天寶三載詔衛包改古文爲今文，今之所傳乃天寶所定本也。蔡沈作書傳則復合序篇於後，胡廣等大全從之。竊怪尚書古文果係安國之本，何至晉、齊之間而始出？自鄭玄注禮記、韋昭注國語、趙岐注孟子、杜預注左傳，遇引今尚書所有之文，皆曰逸書。不應七百年中並無一人見之，誠可疑也。故蔡傳曰：『今按：漢書以伏生之書爲今文，而謂安國之書爲古文。以今考之，則今文多艱澀，而古文反平易。或者以爲今文自伏生女子口授，鼂錯時失之，則先秦古書所引之文皆已如此，恐其未必然也。或者以爲記録之實語難工，而潤色之雅詞易好，故訓、誥、誓、命有難易之不同，此爲近之。然伏生背文暗誦，乃偏得其所難，而安國考定於科斗古書，錯亂磨滅之餘反專得其所易，則又有不可曉者。至於諸序之文，或頗與今不合，而安國之序又絶不類西京文章，亦皆可疑。』吴才老亦曰：『增多之書皆文從字順，非若伏生之書詰曲聱牙。夫四代之書作者不一，乃至二人之手而定爲二體乎？其亦難言矣。』吴幼清曰：『伏氏書雖不盡通，然辭義古奥，其爲上古之書無惑。梅頤所增二十五篇，體製如出一手，采集補綴雖無一字無所本，而平緩卑弱，殊不類先漢以前之文。夫千年古書最晚乃出，而字畫略無脱誤，文勢略無齟齬，不亦大可疑乎？』梅鷟直斷古文爲漢儒僞作，良有以也。其傳則朱子謂是魏、晉間人所作，託名安國耳。」素北，方密之之子也，學極博，其説頗詳明，附録之，學古之士知有取爾也。

明稱

今人稱明曰「故明」，不知何所本？邇見邸報奉旨：「明不得稱故。」丁巳春，鑾儀幸江寧，首祭孝陵，極致誠敬。王者之度，信天授哉！或言廷臣頌聖有云「賢於明太祖遠甚」者，顧舍堯、舜不言，言明太祖亦異矣！

仲嬰齊

春秋：「成公十五年三月乙巳仲嬰齊卒。」公羊謂：爲人後者爲之子，嬰齊爲其兄歸父後，即爲之子，故不謂之公孫嬰齊，謂之仲嬰齊。胡氏遂謂亂昭穆之序，失父子之親。以後歸父，則弟不可以爲兄後，以後襄仲，則以父字爲氏，亦非禮也。故書仲嬰齊以罪之，此説經之過也。今觀春秋前後書公孫嬰齊者非一，蓋雖後歸父，不爲歸父之子也。宣公八年仲遂卒於垂，則已以仲爲氏矣。書仲嬰齊者，正見歸父雖逐，嬰齊猶得世其仲氏，嗣宗職也。胡氏謂以父字爲氏，亦非禮者，其言非也。又成公十七年壬申，公孫嬰齊卒於貍脤[一]。左傳杜注謂：是年十一月無壬申。蘇氏亦言壬申非十一月，而公孫

[一]「脤」：左傳成公十七年條作「軫」。

嬰齊則別是一人也。

清源山

戊辰，予在泉南，值中秋。爲予初度前一日，輔兒請遊清源山。至碧霄巖，見石壁有大「壽」字，幾丈許，旁小書：「宋淳祐戊辰立春日，三山林爽奉親遊此山，書於石。」輔喜而異之。山上有泉出石罅，曰「孔泉」，味清甘勝常水，相傳裴仙手闢之，亦誕，郡之得名以此。

兄弟

野談云：「楊椿及弟津並登台鼎，而津嘗旦暮參問，椿不命坐，津不敢坐。崔孝暐奉兄孝芬盡恭順之禮，坐食進退，孝芬不命則不敢也。司馬温公於兄伯康奉之如嚴父。竇儀尚書每對賓客，即其弟二侍郎、三起居、四參政、五補闕皆侍立焉。今世弟之於兄多不肯下，並行並坐，恬不爲異，此倫殆於廢矣，可勝嘆哉！」予嘗謂：五倫之道，今人皆不及古人，固也。而唯兄弟之倫失之爲甚，大抵財爲之祟也。南人兄弟爭財搆訟以爲常事，北人猶知訝之。予見南人雖讀書之士，往往兄立而弟坐者有之，北人則不敢也。

曹娥碑

世説新語載魏武與楊修解曹娥墓碑事，注云：「曹娥墓在上虞，魏武未嘗至上虞。」是矣，即蔡中郎避難在吴，亦並未嘗至越也。今按：典略云：「魏文爲世子，經陳太丘墓，見碑題曰：『黄絹幼婦外孫齏臼。』思之不解，楊德祖即答曰：『陳實之墓，蔡邕之辭，鍾繇之書，此絶妙好辭也。』」與世説新語大異。余嘗謂此皆後人傅會之説，必無之事也。果如所云，作者、解者俱可謂之癡，安可謂之慧耶？或又謂當時有兩蔡邕，皆字伯喈，一陳留人，即中郎；一上虞人，以孝行舉，終隱不仕，即辨柯亭之竹，撰孝娥之碑者也。事固有巧合者，遂致傳訛耳。即如正德時大臣有兩韓文，皆字貫道，一順天人，一山西人也。周宗伯記同姓名、同時、同事而成敗相反者：齊莊公時有兩賈舉，一爲侍人，與崔子同弑公者；一爲勇士，死於崔子之難者。漢昭帝時有兩杜延年，一爲謁者，與上官桀同謀者；一爲杜周子，諫議大夫，誅上官桀者。王莽時有兩王匡，一爲莽將安新公，以兵攻更始者；一爲更始將定國上公，即爲安新公所執者，尤可異也。

擘窠裝潢

范長康曰：「墨池篇論字體有擘窠書，今書家不解其義。」按：顔真卿集有云：「點畫稍細恐不堪久，臣今謹據石擘窠大書。」王惲玉堂嘉話云：「東坡洗玉池銘擘窠大字極佳。」又云：「韓魏公書杜陵畫鶻詩擘窠大字，此法宋人多用之，墨札之祖也。」此解仍未詳。予按：米元章有云：「小字展令大，大字促令小，是張顛教顔真卿。」謬論！蓋字自有大小相稱，且如寫太乙之殿作四窠分，豈可將「乙」字肥滿一窠，以對「殿」字乎？蓋字自有相稱大小不展促也。余嘗書天慶之觀，「天」、「之」字皆四筆，「慶」、「觀」多畫在下，各隨其相稱寫之，掛起氣勢自帶過，皆如大小一般，真有飛動之勢。繹此，則擘窠似是分界之義，故云四窠、一窠耳。又六朝人尚字學，摸臨特盛。其曰廓填者，即今之雙鉤。影書者，即今之嚮搨。硬黄者，謂置紙熱熨斗上，以黄蠟塗匀，儼如枕角，毫釐必見。嚮搨者，謂紙覆其上，以遊絲筆圈卻字畫，填以濃墨，然圈影猶存，其字亦無精采。姜堯章云：「臨書得古人筆意，摹書得古人位置。臨書易進，摹書易忘，經意與不經意也。」楊升庵曰：「海嶽書史云：『隋、唐藏書皆金題、玉躞、錦贉、繡褫。』金題，押頭也。玉躞，軸心也。贉，卷首帖綾，又謂之玉池，又謂之贉。有毬路錦贉，有樓臺錦贉，有樗蒲錦贉。有引手二色者曰雙引，手標外加竹界而打攦其覆首曰標褫。法帖譜系曰：『大觀帖用皁鸞鵲錦標褫是也。』卷之衺簽曰撿，又曰排。漢武紀：『金泥玉撿。』注：『撿，一曰燕尾，今世書帖簽。』後漢公孫瓚傳『皁囊施撿』，注：『今謂之排。』」此皆藏書畫、職裝潢所當知也。

唐六典有裝潢匠。潢音光，上聲，謂裝成而以蠟潢紙也。今製牋法猶有潢裝之說，或作平聲。又改爲裝池，謬矣！

泰伯

鄭玄云：「泰伯適吴、越采藥，太王沒而不返。季歷爲喪主，一讓也。季歷赴之，不來奔喪，二讓也。免喪之後，斷髮文身，三讓也。」路史謂：「一讓王季，二讓文王，三讓武王，皆鑿三讓。只是固讓耳，當以伊川之言爲是。」南軒云：「泰伯知文王有聖德，天之所命，當使天下被其澤，故致國於王季，爲文王也。故曰以天下讓，言其至公之心，爲天下而讓也。」

或曰：「泰伯之心知文王得國，則周有天下乎？」非然也。予謂如伊尹自任以天下之重，范文正公以天下爲己任，豈有漢高帝大丈夫當如此之志乎？雙湖云：「太王當祖甲之時，去高宗中興未遠，特以賢子聖孫望其國胙之緜洪焉爾，豈有一毫覬覦之私心哉！王季、文王之立緜於太王，以至武王有天下，推原其故，則翦商實是太王始，非謂太王真有其心也。」此亦可以相發明矣。又馮猶龍曰：「史記以虞、芮質成之歲爲西伯受命之年，而通鑑周紀遂先列文王，次及武王，謬矣！夫周代商者也，商一日未亡，則周一日未王，勿論天命之受，其年數不可妄測。而以追謚之西伯，儼然埒於開基之王者，文之心安乎？且獨夫無恙，而遽以文王、武王紀之，是二王也。愚謂周統斷自武王十三年始。凡以前爲西伯時事，悉附於紂下，仍稱西伯，而周紀但存文王之號，以伸武王繼述之意，庶爲得之。」亦不易之論也。或以「翦」爲「戩」，則鑿矣。

軒轅

禪通紀：「有軒轅氏，作於空桑之北，紹物開智，見轉蓬而制乘車，横木爲軒，直木爲轅，故號軒轅氏。此在黄帝之前。疏仡紀：「黄帝有熊氏生軒轅之丘，因名軒轅。」是古有二軒轅也。羅泌云：「黄帝名軒，非軒轅也。司馬遷、班固誤作軒轅黄帝，故承譌至今耳。」蚩尤作亂，帝榆罔不能制，黄帝殺蚩尤是誅叛也，諸侯推戴，遂尊爲天子。時蚩尤已僭號，史記認爲榆罔，謂黄帝與榆罔戰於阪泉之野，三戰然後得其志，誤矣！然降封帝榆罔於雒，則廢立之事實始於此。

湯武

商時大旱，湯身禱於桑林之野，以六事自責，謂親禱耳。史記云：「翦髮斷爪，身嬰白茅，爲犧牲。」恐無此理也。紂二十祀西伯薨，年九十三，葬於畢。三十三祀武王伐紂，文王薨已十三年，豈有不葬之事？史記謂伯夷、叔齊叩馬諫云：「父死不葬，爰及干戈，可謂孝乎？」何也？賈子云：「紂死，棄王門之外，觀者皆進蹴之，武王使人帷而守之，猶不止也。」史記謂武王以黄鉞斬紂頭，懸於太白之旗。此後世篡賊之所不爲，而謂聖人爲之乎？誣尤甚矣！

目夷

宋襄公欲會諸侯，求之楚，許之。公子目夷曰：「小國爭盟，禍也。」公又與楚約乘車之會，目夷請以兵車，不聽。及會，楚果伏兵車，以執之。公謂目夷曰：「子歸守國矣。國，子之國也。」目夷歸，設守械。楚謂宋曰：「子不與我國，將殺子君。」宋人曰：「國已有君矣！」楚知雖殺宋公猶不得國，乃釋公，公走衛。目夷復曰：「國爲君守也。」迎公歸。于忠肅於正統、景泰之間，使社稷危而復安，用此道也。而卒以不保其身，遭逢之幸不幸也。倘代宗能爲目夷之事，則豈不爲古今之至德哉，而所全者多矣！

左儒

宣王四十三年，王將殺其臣杜伯，而非其罪。伯之友左儒爭之，九復而王不許，曰：「汝別君而異友也。」儒曰：「君道友逆，則順君以誅友，友道君逆，則順友以違君。」王怒曰：「易而言則生，不易則死。」儒曰：「士不枉義以從死，不易言以求生。臣能明君之過，以正杜伯之無罪。」王殺杜伯，左儒死之。或謂友不可與君相較，然此特論道與逆耳，非以君、友較也。楊用修之言固矣。觀左儒之死，則杜伯之賢可知。一時殺二賢臣，安在其爲中興令主也哉？

周宗伯記字

周宗伯作識小録，予多取其説。其記古字云：

形影之影本作景，葛稚川加彡於右。

軍陣之陣本作陳，王右軍去東作車。

他若焉本鳶字，後改爲焉哉之焉。

之本芝字，後改爲之乎之之。

朋本鳳字，後改爲朋友之朋。

匹本鶩字，後改爲匹配之匹。

雅本鴉字，後改爲雅頌之雅。雅本作疋。

舄本鵲字，後改爲履舄之舄。

爵本雀字，後改爲爵禄、爵斝之爵。

霸本魄字，月體黑者謂之霸。後改爲王霸之霸。王伯之伯不當作霸。

汝本汝水，後借爲爾汝之汝。爾汝之汝當作女。

無本蕃橆，後借爲有無之無。有無之無止可作无與亡。

與本黨與，後借爲取予之與。

予本取予，後借爲余我之予。

蚤本蚤虱，後借爲早暮之早。

冰本凝結之凝，後改爲冰凌之冰。冰本作仌。

奠本尊罍之奠，後改爲奠定之奠。

厄本科厄，音婐，木節也。後轉爲困戹之戹。

椹本鐵椹，音鍼，木趺也。後轉爲桑葚之葚。

嗔本振，音田，盛氣也。後轉爲瞋怒之瞋。

新本薪字，後爲新舊之新，而加艸以代之。

要本腰字，後爲要害之要，而加肉以代之。

野本墅字，後爲田野之野，而加土以代之。

巨本矩字，後爲巨細之巨，而加矢以代之。

府本俯字，後爲府庫之府，而加人以代之。示本祇字，後爲告示之示，而加氏以代之。須本鬚字，後爲斯須之須，而加髟以代之。

記假借字云：告蒼作浩倉，祝敔作祝圄，朞年作基年，瑚璉作胡輦，俎豆作沮梪，百寮作百遼，俠小作陜小，職方作識方，谷神作浴神，眉壽作糜壽，琢磨作琢摩，斜谷作余谷，行李作行理，紛紜作汾沄，功德作公德，蓼莪作蔈莪，遐邇作假爾，後昆作後緄，英雄作瑛雄，謇諤作謇鄂，清儉作清澰，九層作九增，讜言作黨言，蕭條作蕭篠，忠勇作中勇，表著作俵著，蜂起作蠭啓，朝聘作朝娉，擾攘作擾穰，於是作於氏，不暇作不夏，奈何作奈河，禋于六宗作煙于六宗，平原十仞作平源十刃，疇咨作詶咨，黄屋作皇屋，孳孳作滋滋，芃芃作梵梵，蹤作縱，衮作緄，苛作荷，勳作薰，默作墨，澤作睪，殃作央，莠作秀，蕃作番，懲作徵，優作憂，孩作咳，泉作湶，椁作郭，姓作性，霆作庭，特作犆，矩作柜，亦作奕，爛作蘭，葉作汁，漸作瀸，穢作濊，菽作叔，黎作犁，俾作卑，靈作零，璧與辟通，非與飛通，刑與形通，而與如通，伍姓之伍作五，歐陽姓之陽作羊。

記改字云：

罪本作辠，言自受辛苦也。秦始皇以近皇字，故改作罪。

對本作對，漢文帝以言多非誠，故改口從土。

雒本作洛，東漢以火德王忌水，故去水從隹。

疊本作疊，揚雄以古理官決罪，三日乃得其宜也。新室以三日大盛，故改從田。

騧本騧字，宋明帝以近於禍，故改作騧。

隋本隨字，隋文帝以周、齊不遑寧處，故去走作隋。

邠本豳字，唐明皇以近於幽，故改作邠。

此皆學者不可不知也。

應醻詩文

予在廣陵，適汪舟次簡討奉詔出使琉球，相見索予贈詩。予聞舟次出都日，公卿賦詩祖道，極一時之盛，何有於草野蕪詞，未之應。舟次復索之亟，乃作一律。末云：「天遣歸帆早，倚閭雙鬢絲。」注云：「舟次欲告終養，以非獨子，制不許。」或有言不宜及其父母春秋高者，不覺自笑其贅耳。因憶己未予將出都時，葉訒庵掌翰林院事，李天生方授簡討，告終養，來予寓曰：「吾母老，今不得歸，兄竟忍舍我而去乎？」予曰：「我即不去，亦無益於君。」天生曰：「此事掌院可以爲力，兄肯爲言，事可濟。且言出於兄，掌院當益信弟之真情耳。」詰朝，予詣訒庵，訒庵已入朝矣。予念次日當行，不可負諾，乃過阮亭處，託其轉告。阮亭曰：「兄可作一札，弟爲面致，便諄言之。」予即作一札付之。次日，予遂行，天生來送，彈涕而別。予歸無幾，天生竟自具疏，以通政司難之，遂冒不應封而封之禁，朝廷以其情詞懇摯，特予終養，不罪也。

予在都門日，趙韞退爲其里人索予文書屏，賀相國馮公壽。韞退先君與先司馬爲同年好友，予嘗兄事韞退。辭之再三不得，勉擬一稿。及相國壽辰，予不往，亦不以一刺往，蓋安愚賤之分耳。其文之當意與否，遂置之不問。後聞司其事者不喜予文，別倩人作。相國聞之，使語曰：「吾喜王子文。」司其事者不得已，復用之。閻百詩、李屺瞻過予寓，皆爲言如此，未知信否？予仍置之不問。聊記之，以見予之不輕爲詩文者，亦非無謂。而世之以詩文相強者，殊覺多事也。

魏子一

甲申之變，有自北來者，出一紙列降賊受職姓名，予觀至魏學濂，嘆曰：「學濂不特忘君恩，亦奈何不念其父兄乎？」

壬戌冬，於如皋冒巢民處，讀莆田佘羽尊往昔行，又見常熟顧玉書與巢民書，有云：『子一當國變之日，語所知曰：『吾不難一死，然不得當以報國，雖有殉節之名，亦徒然耳。』於是以身辱僞命，遺蒼頭約總戎唐通赴難，而身任爲內應，期某日以草場發火爲驗。蓋唐爲子一素交也。凡三遣人而唐不報，子一知事不諧，乃作絶命詞，投繯而死。弘光時羣小當道，卒以受僞命爲子一罪，而莫有原其所以死者，此千古恨事也。」予三十餘年所疑於子一者，得此少釋，即其確與否，亦未敢遽定。然所樂聞也，亟録之，以俟後之知者。

後見黄梨洲作子一墓誌云：「京師既陷，子一謂同志曰：『吾輩自分唯有一死，然死有三節。自先帝上升之日，一也；發喪之日，二也；李賊即僞位之日，三也。前此二者，今已不及，以彼篡位之晨，爲吾易簀之期耳。』先是，子一與容城孫鍾元密結義旅，劫其不備，賊中亦頗有願內應者。故子一遲遲以待其至，久之，音塵斷絶，賊黨勸進，將以四月二十九日燔燎告天，以正號位。子一曰：『吾死晚矣！』以其日賦詩二章，自縊死。」絶未及唐通事，爲說不一，皆朋友回護之詞也。以二者論之，似當以謂唐通者近是。鍾元先生以老孝廉，所居逼近都城，何從結義旅乎？鍾元先生之子及外孫，皆與余有交，無子一之說。作者蓋以鍾元先生有盛名，故借以爲重耳。至云賊願內應，事變倉皇，亦何遽得與賊密契？粉飾太過，反滋人疑。今更論之，當城陷時，子一實懷隱忍，不免逐流。觀其所云「前此二者，今已不及」，其猶豫可知。繼而內省，恐墜家聲，畏人摘求，卒自縊死。則其克己之力，勇於徙義，亦不謂之賢者不可。使錢謙益、王鐸輩對之，當愧汗浹背矣！不必曲爲之說也。

巢民，復社名士，今之典型也。子二，長穀梁嘉穗，次青若丹書，皆英俊有父風。庚申秋，其族一惡少有求於巢民，不遂，不勝恨，謀挾刃潛襲其室行刺。適婢奉匜水遇之，問何爲者，輒應曰：「尋爾主。」婢素識其人，又見其挾刃，遽以匜當戶抗拒。青若聞之，奔至，徒手格鬬。其人不得入，衆集執之。詣官訊之，詞連巢民之弟，法當並坐。獄已具，巢民有不忍者，復爲申救，人皆謂其不可及。青若被四創，死而復蘇。婢洞腹腸出，納之，亦不死。吳薗次、宗鶴問、宗子發各爲文以紀其事。巢民，今年七十二，老而好學，猶時時爲高會，豪舉不衰。平生周急恤難，不惜傾橐。迨遭回禄，家中落，以不能厭人欲，遂幾致不測之禍。然有青若之孝，婢之義，一時聲溢郡邑，詠歌嘆美篇章盈篋，亦可以慰矣。

女堝

陸賈世本云：天皇封弟堝於汝水之陽，後爲天子，因稱汝皇。汝與女通用。其後爲女氏，夏有女父，商有女鳩、女方，晉有女寬，皆其後也。蕭何媚呂后，使審食其、叔孫通妄謂：「古有女媧，爲天子者。」唐武后篡位，新女堝廟。楊炯撰碑，稱述蕭何之語，故至今以女堝爲女主也。此亦周宗伯之説。

爲人後

程子曰：「既是爲人後者，便須將所後者呼之，以爲父爲母，不如是則不正也。後之疑者，只見禮『不杖期内』有『爲人後者爲其父母報』，便道須是稱親。」禮文蓋言出爲人後，則本父母反呼之以爲叔、爲伯也。故須著道爲其父母以别之，非謂卻將本父母亦稱父母也。伊川又嘗代彭思永上英宗論濮王典禮疏，言：「承祖宗大統，則仁廟陛下之皇考，陛下仁廟之適子。濮王陛下所生之父，於屬爲伯。陛下濮王出繼之子，於屬爲姪。此天地大義，生人大倫，如乾坤定位，不可得而變易者也，固非人意所能推移。苟亂大倫，人理滅矣！」又曰：「若更稱濮王爲親，是有二親，則是非之理昭然自明。」又曰：「名稱統緒所繫，若其無别，斯亂大倫。」世廟時張、桂之説，初元迎合上意，既與衆論不合，益確爲主張，亦時有至情之語，然終非正也。觀程子之言，可以無疑矣！

孫氏孤兒

余幼隨侍先司馬京邸。丙子，咸寧孫嗣履以拔貢應廷試，來見先司馬，先司馬曰：「此佳士也。」嘗留之書齋，蓋余之有友自嗣履始。及歸里後，余應童子試，至郡城則主於其家。又因嗣履得友青門諸子，一時立文會稱盛，爲督學歲星汪公所嘉。癸未，賊陷西安，嗣履投井而死。同死者，嗣履從兄嗣香與朱明遠、王念卿也。先是，嗣履喪母，繼復喪妻。有妾生遺腹子，而妾亦死。父懋修先生攜之避居城南，又殁。乙酉，賊遁。予始往弔，唯懋修之妾許氏與乳媪任氏，共守孤兒而已。懋修之兄警輪，警輪長子即嗣香，尚有二子，最不肖。嗣香赴公車時，嘗同盜其嫂之簪珥、衣服幾盡，其里人號之曰：「二苗、三苗。」至是貧甚，爲屠於肆，耽耽謀害孤兒，以奪其産，慫恿警輪誣訟，謂孤兒非嗣履子，賴親友持公論爭於官，得安。余初與王文含計，義欲保孤兒至華下，後得文含札，遂緩其圖。未幾，有賀賊之亂，孤兒竟爲所棄，而嗣履之緒斬矣。追思始末，不勝泫然。書之以識予爲義不勇之愧。

與孫警輪札：　日者趨哭吾嗣香、嗣履也，炙鷄絮酒，僅得拜於墓下。詢先生所居，而王文含、屈文伯云：「此去尚數十里，即往亦未必值也。」遂不果。彼時曾修短札，不知達記室否？未蒙回示。今再遣小价耑修起居，並申前説：華山之麓有薄田數畝，其上有茅屋數間，險阻可恃，亦吾鄉所希有。先生看透世事，以家業付之兩令郎，而惠然攜嗣履孤兒過臨敝邑，則昔年羽衣學道之願可遂，戎馬搶攘於避地之義爲得，而弘撰亦藉以報嗣履於地下矣！倘賜慨諾，弘撰當策蹇以迎之灞上也。

與康珍赤札：　嗣履已矣，幸天慶善人，舉遺腹子。而懋修先生又溘焉長逝，此呱呱者何所依乎？許氏雖以節自矢，然年在少艾，任媪又難終託，韋、杜之間無險可恃。萬一患難之來，一、二婦人謀身不暇，藐兹孤又奚賴焉？矧意外之侮，更有不忍言者乎！曩晤王文含云：「此事須謀之康珍赤，屬在至戚而篤念夙昔。足與警輪爲難者，莫珍赤若矣。」彼時不能一面，即託文含轉致鄙意。近聞警輪意叵測，其二子又日慫恿之。望先生以有意無意間出之，務令孤兒必到華山，方可無虞也。即今涇原一帶，凡有家者率皆避居於此。而孫氏有弘撰爲之東道主，獨不可營一窟乎？度警輪所欲不過田産，嗣履所遺任其意，欲爲孤兒留之固善，即竟自爲業或其售人，亦聽自便。弘撰尚有薄田數頃，待其長成，不至飢寒。天日在上，不敢食言也。文含、文伯於此事亦甚激切，可與商之。必求克濟，勿畏艱辛，勿避嫌疑，生者死者均感大德矣。如見其可行而行之，見其難行而遂止之，亦盍思令姊如在，事詎至此？今其有知，不含恨於地下也哉！

與王文含札：聞孫氏遂致訟矣，慨恨如何比！屢有小札瀆聽，未蒙回示，怏怏又烏可言。茲再遣小价往視寡婦、孤兒，附與康珍赤一書，幸過彼同識之。並有一函，故爲無聞者，以達孫警輪。先寄兄覽，便復緘之，令小价往致，以探其意。此老殊可恨，只求事濟，不得已化百鍊爲繞指，相向可嘆也。

王文含復札：盛夏兩接手教，彼時孫門正興訶。弟將原委備寫一書，親袖至開元僧舍，楊昆山已行矣，爲之悵然者數日。昨承教，弟即與康珍赤商議，渠云：「孤兒不難來，所難者在許氏耳。且許氏連日甚得所，孤兒相依爲安。此時孫警輪亦不好再起風波，如有別故，令其就養華下，亦未晚也。仁兄高誼，上薄雲天，不止孤氏孤孀啣恩感謝，省城諸友共爲誦義，以爲公孫杵臼再出耳。弟前後欲將僞順事紀録一書，傳信將來。知仁兄夙有同心，將貴縣左右死難諸公留一底本，共成此事，何如？弟春來將遊三峰，尋一險要之地以防不測，乞仁兄預爲我營之。社中八水丁憂，與之登第獻卿家難，痛何可言？弟弘度頓首。

警輪頗好道，昔在庚辰冬，曾爲予言神仙可學，有辭家入山之志，顧復好利，予竊疑之。然不意其機穽之深，滅理忘義遂至如此也。予又嘗見治神仙之學者數輩，皆能爲高論聳聽，而往往見利輒敗，亦不獨一警輪矣！並識之以爲世戒。

青門七子

青門七子：伯明惟燿、叔融惟粽、士簡懷坣、尊生懷玨、季鳳懷巃、伯聞誼瀞、子斗誼泋，皆宗室之賢而篤於學者也。各有詩文集，卓然成家，李本寧太史亟稱之，伯明尤善書畫。余所及與之遊者，子斗翁而已。亂後予數往省之，翁亦喜余，嘗對人有松栢之譽。翁子伯嘗存杠年長於余，以翁與余善而待余以執友之禮甚恭。然余固尊事翁，不敢以雁行進也。嘗與顧亭林言及，亭林入青門，特訪其家，時翁已殁，見伯嘗，索翁著作讀之，因爲之序。今伯嘗亦殁，其子孫冒楊氏，蓋從翁之母姓也。

吴司業

司業吴偉業作綏寇紀〔二〕略，其虞淵沈篇有云：上焦勞天下十有七年，恭儉似孝宗，英果類世廟。白皙豐下，瞻矚非常，音吐如鐘，處分機速。讀書日盈寸，手書逼似歐陽率更。有文武材，善騎，嘗西苑試馬，從駕者莫能及。講射觀德殿，挽三石弓，發輒命中。暇則用黄繩穿墜石，而手自擘之，曰：「吾以習勞也。」行郊廟之禮，先宫中散齋致敬，而後出就齋宫。既涖事，視容端，手容莊，拜移晷刻而後起，欠伸跛踦無自而入焉。居深宫之中，不苟嚬笑，教太子、諸王，準諸禮法。左右長御，不以私怒而小過威刑。無珠玉玩弄之娱，無聲色歌舞之奉，無臺池鳥獸之樂。暇時鼓雅琴，命中書爲詩以進，曰：「此足以娱心神，勝他樂也。」舊事散金銀豆於地，令宫人爭取之以爲笑。上勿獲已，命取棗、栗代之。宫中有日宴、時宴，外戚、公主家以歲時進瓜果，皆傳旨停免。自初年罷三吴織局，尚方御浣濯之衣履襪則以布爲之緣，曰：「朕方率天下以去奢返樸，且令諸子知艱難，可勿自身始乎？」覽有司章奏，指授方略，鉤考條疏，洞悉機宜，抉摘疵病，上書者爲之流汗色恐，退而皆服。手書、口詔告諴者數百言，無不援据詳洽，文切指明。嘗夜半捧黄封下閤門，大臣披衣起讀，中使曰：「上未寢也。」在即位之初，鄉儒術，遵先王，與士大夫型仁講義，以比隆於三代。未幾禍亂大作，巧僞滋生，不得已用權宜，行綜覈以察奸濟變。諫者不察，至以之受譴呵。然上嘗拊髀嘆曰：「此非平世法。」欲以待方陲無警，將寬租薄罰，以偕黎元於休息。而災荒、兵火迭至而不已，羣臣又乘其危急以多方誤之。於是上下猜防，中外煔亂，心志憤決，法令紛更，天下事

〔二〕「紀」：原作「志」，據四庫全書總目卷四九史部之「紀事本末」類改。下文亦作「綏寇紀略」。

浸至於不可爲矣。

京師圍急，上知事不濟，入宮語周皇后以宜死。御便坐呼左右進酒，正色而進金巵者十數，皆嚼，左右摺伏，仰視不敢動。大聲傳趣兩宮及懿安后以自盡，曰：「莫壞皇祖爺國體。」宮人復命，猶以娘娘領旨爲對，叩頭跪起如平時。既而曰：「傳主兒來。」主兒謂太子、二王也。太子、二王入，猶宮服，上曰：「此何時，可弗改裝乎？」亟命持敝衣至，上爲解其衣換之，且手係其帶而告曰：「汝今日爲天子，明日爲平人。在亂離之中匿形跡，藏名姓，見老者呼之以翁，少者呼之以叔、伯。萬一得全，來報父母仇，無忘我今日戒也。」左右不覺哭失聲，班亂。上起入宮，見周后已自經，拔劍撞其懸，轉之，知已絶，乃入壽寧宮。長平公主年十五，方哭，上曰：「汝何故生我家？」揮之以刃，殊左臂。又劍砍昭仁公主於昭仁殿，年六歲矣。時七萬中璫皆喧譁走，宮人亦奔迸都市。十九日質明，各部大臣猶有傳籌入朝者，俄聞城已陷，駕崩。久之，始知遺弓在萬歲山之壽皇亭，與王承恩對縊。亭新成，上所閱内操處。上御絳黄袍，跣左足，胸書：「朕失國，無面目見祖宗，不敢終於正寢。」又書：「寧毁我身，無傷百姓」等語。人有傳上於丙子年，啓大内鐵篋，得圖一，頗類聖容，跣足被髮，而手持一繩。嗚呼，豈非天哉！

悲夫，偉業之有是言也，勝於山陰王思任矣！思任居官不慎罷歸，以私怨鄭冢宰及於先帝。亂後有與解拙存太史書，譏先帝剋剥自雄，可謂喪心之語。雖詩文有時名，然輕妄不足取也。

憶辛卯，余與梅邨同寓虎丘，嘗相聚談。有卞姬敏者能畫蘭，梅邨攜之遊，絶未有出山之志。余意其飲醇酒，近婦人，類信陵之所爲。相别無幾，聞有薦者，余不以爲然，亦曾寓書言之。及余西歸，而梅邨已起官矣。劉真長曰：「若安石東山志立，當與天下共推之。」不能不爲之三嘆也。

梅邨作綏寇紀略，意極善，然有傳聞之誤。余以所知關中事確者，特爲正之。癸未冬，督師孫公自河南敗績，退守潼關。關陷，公不知所在。余前據孔念心之言，謂公無脱理，故作公傳書遇害。後見延安趙玉譜，云其堂叔名完瑛者，以諸生從戎，在公麾下。潼關陷，時公被亂卒鎗刺而死。完瑛同伴三人即臥尸處，推牆垣覆之而去。此實録也。梅邨云潼關陷，公退屯渭南，賊攻渭南，破之，公死。及云舉人王命誥開門迎賊者，皆誤也。潼關陷後，關以西諸州縣皆聞風逃散，無有守城者。渭南非要害地，無堅城，退守渭南何爲乎？王命誥後從賊，受僞職，隨李自成北犯，故人以開門迎賊罪之耳。其實，城原未守，何待命誥之開門迎也。楊知縣被殺亦有故，絶無罵賊事。巡按御史風聞具疏，得贈按察司副使，倖也。

南京吏部尚書南企仲，時年老，雙目已盲，賊至避入南山。未免驚悸，又天寒，飲食不時，遂病卒，未見賊。云（禮）［吏］部尚書遇害者，非也。

副使祝萬齡爲賊拘之追餉，後隨營至山西紅芝驛被殺，非自縊也。斯道中天閣者，馮恭定公之所建，上有孔子像。城陷時，未有冠帶拜孔子而死者，不但非祝萬齡也。

參政田時震，當賊檄下富平拘之追餉時，稱病不出。其子而腴願以身代，而腴後被殺於紅芝驛。時震以悲憤尋卒於家。

御史無名王道紀者，「紀」字或「純」字之訛，道純素與諸生劉長庚不協，及長庚自經殉義，道純特往哭之，拜於樓下曰：「吾愧先生矣！」人以是亦稱之，時未死也。

舉人朱誼眔字明遠，宗室也，城陷，投井死。眔音逵，當是不知「眔」字，遂作泉。

都使司掾丘從周以賊檄取屯田册，飲酒醉，詣端禮門，呼李自成大罵，被賊黨殺死。非凍死也，亦無姓「戴」之疑。

先撥志始三卷、崇禎朝紀略四卷，作者稱天若遺民，序之者稱方山石民。其中傳聞之訛，大約與梅邨略同而甚者，記督師孫公河南之敗，潼關之陷，皆不得其實。至稱賀人龍有功，與賊聞人龍死，酌酒相慶曰：「賀風子死，取關中如拾芥矣。」不知誰爲鑿空造此語者，亦可怪也！人龍跋扈，不爲朝廷用，統兵所至，肆行劫掠。人龍不死，則陝西之壞不待李自成之入潼關矣！孫公殺人龍於進見時，一壯士刃之耳，亦未嘗縛而責之正法軍前。其兵威之振，賊初聞之有憚心者，則正以能殺人龍故也。

二集卷四

孔子生卒

新安潘朱方，名彥登，字去然。嘗作孔子生日考曰：「按史記：『魯襄公二十二年孔子生。』索隱曰：『公羊傳：襄公二十一年十有一月庚子孔子生。今以爲二十二年，蓋以周正十一月屬明年，故誤也。後序孔子卒，云七十二歲，每少一歲也。』再按：史記：『孔子年七十三〔一〕，以魯哀公十六年四月己丑卒。』索隱曰：『若孔子以魯襄公二十一年生，至哀十六年爲七十三，若襄二十二年生，則孔子年七十二。經傳生年不定，使夫子壽數不明。』彥登今考春秋：魯襄公二十有一年，歲在己酉，九月庚戌朔，日有食之。冬十月庚辰朔，日有食之。然則十一月非庚戌朔，即己酉朔也，而是月之內無庚子日。明年爲襄公二十二年，歲在庚戌。又明年，歲在辛亥，春王二月癸酉朔，日有食之。追數前冬十一月朔或甲辰或乙巳，則庚子日乃在十月下旬。且據月朔遞推，自二十一年冬十月庚辰朔，迄二十三年春王二月癸酉朔，中間蓋未置閏，而庚戌歲之十一月，亦無庚子日。更考魯襄公二十有一年，歲在己酉，而上年冬十月丙辰朔，日有食之。」

予嘗按：是時歷法較今爲疏，月分則大小相間以爲常，故每一大而一小，致有日食於晦及食於既朔者。今所考各日食，幸皆正朔，則大小相間之月庶乎可推。既襄二十一年九月庚戌朔，十月庚辰朔，則是九月大也。追數上年九月之朔，當是丙辰，而今丙辰之朔，乃在十月，中間置閏可知。今以一大一小相間法推之，則十月爲大，而十一月之朔定是丙戌。孔子

〔一〕「三」：原作「二」，據史記孔子世家改。

之生於庚子，實月內十有五日也。

難者曰：十月既丙辰朔，則十一月必丙戌朔矣。然此間置閏，焉知當年不即閏十月乎？答曰：否，否！春秋經傳書閏者，八九率在歲終，第書閏月，不書閏某月也。文元年閏三月，昭二十年二月日南至，並以年前失閏爲左氏所譏。是月望日庚子，灼然無疑也。苟以歲在戊申爲疑，則予又按史記本文即無庚戌歲序干支，獨怪太史公自詑家世。文史星歷：今既不書十有一月，如何紀年輒後一載？至使序論語者引史記世家言，漫綴「庚戌之歲」四字於「二十二年」之下，視公羊傳所書「十有一月庚子孔子生」于文爲繫，以數則過，殊乖古史闕文傳信之義。是史記一誤，而引史記者再誤也。或以周正建子，傳之十有一月，乃經之春王正月。此說未然。予以爲公羊本傳春秋，書法從經，其所書十有一月，即孔子所書之十有一月也。傳蓋無襄公二十有一年之文，特書「十有一月庚子，孔子生」九字，當在上年「冬十月丙辰朔，日有食之」之後，偶置下年「冬十月庚辰朔，日有食之」之後爾。緣丙庚隻字之譌，致戊己兩年之隔。編年猶若此，又奚怪史記之移入後年也。後儒尊經好古，今尼父春秋、公羊日月，夏時周正，瞭若列眉，釐千古之譌文，修百代之曠典，即有巧歷之家，千歲日至，無以易此。凡諸治經講業肅拜聖誕者，請以今時夏正秋九月十有五日，爲當年周正冬十一月十有五日，而春王正月勿論焉。彌天亘地，稱觴積歲，窮年效祝，斯實經禮之上儀，不可缺也。

孔子卒於哀公十六年，以爲生於襄公二十二年，則年七十三；以爲生於襄公二十一年，則年七十四。索隱作七十二，七十三疑誤，而諸家皆因之誤矣！洪慶善闕里譜系、程登庸年表辨正、周應賓識小編皆謂孔子生於己酉十月二十一日，乃庚子也。宋景濂作孔子生卒歲月辨，以生主公羊、穀梁。黃梨洲云：「孔子年七十三，則其生年當是庚戌，而公、穀之謂二十一年者，安知非周靈王二十一年誤書爲襄乎？」蓋襄二十二年即周靈王之二十一年也。至於月日，左傳無文，穀梁作十月庚子，公羊作十一月庚子。陸德明釋公羊云：「庚子孔子生。傳文上有十月庚辰，此亦十月也。一本作十一月庚子。又本無此句。」蓋經文庚辰朔，則庚子在二十一日。若十一月則己酉朔，其距庚子五十有二日。十一月無庚子，則知有此句者之爲誤本也。又以歷法推之，以家語、史記爲準，則孔子之生在二十一年酉月，自甲戌推至庚子爲二十七日。故羅泌以爲八月二十七日是也。趙明誠以孔子爲靈王二十年生，不知何據？

左氏春秋接自西狩獲麟，續終夏四月己丑，孔某卒。杜元凱按：「是年四月十八日乙丑，無己丑。己丑，五月十二日也。日月必有一誤。」考經文「哀公十四年五月庚申朔，日有食之。」前此夏四月庚戌叔還卒，爲月之二十一日。後此六月甲午齊人弒其君壬于舒州，爲月之六日。八月辛丑仲孫何忌卒，爲月之十四日，凡此皆月朔可推者也。明年季路死衛難，據傳事在冬閏月。明年春王正月己卯，衛世子蒯聵自戚入於衛，衛侯輒來奔，日而不朔。蓋去冬閏月之事，今春來告，書法應爾。獨夏四月己丑爲不合歷，故杜氏既以乙巳篆文相近爲疑，且云「日月必有一誤。」再考經文，哀十四年夏四月齊陳恒執其君，置於舒州。據傳實五月壬申、庚辰兩日事。而列庚申日食，前書五作四，匪自十有六年始矣。月誤之説豈屬無因？然予既以正月己卯謂是朔日，則前月定坐小盡，二月、四月並同，而己丑乃五月之十三日，抑不得爲十二日也。

哀公十四年庚申，四月大，庚寅朔，庚戌叔還卒。　五月小，庚申朔，日有食之。　六月大，己丑朔，甲午齊人弒其君壬于舒州。　七月小，己未朔。　八月大，戊子朔，辛丑仲孫何忌卒。　九月小，戊午朔。　十月大，丁亥朔。　十一月小，丁巳朔。　十二月大，丙戌朔。

哀公十五年辛酉，正月小，丙辰朔。　二月大，乙酉朔。　三月小，乙卯朔。　四月大，甲申朔。　五月小，甲寅朔。六月大，癸未朔。　七月小，癸丑朔。　八月大，壬午朔。　九月小，壬子朔。　十月大，辛巳朔。　十一月小，辛亥朔。十二月大，庚辰朔。　閏月小，庚戌朔。歸餘于終，先王所以正時，文公元年閏三月，昭公二十年二月日南至，並譏年前失閏云。

哀公十六年壬戌，正月大，己卯，衛世子蒯聵自戚入於衛，衛侯輒來奔。是月己卯朔，合十四年五月庚申朔，至今年五月，是丁丑朔也。　二月小，己酉朔。　三月大，戊寅朔。　四月小，戊申朔。是月無己丑日。　五月大，丁丑朔。十有三日得己丑。

池陽諸友始約祭孔子生日，以八月二十七。予嘗馳簡云：二氏之徒於其師之生日，或誦經，或作道場，云報恩也。而孔子之徒無有於其生日致祭者，曾異端之不如焉？諸君之約爲斯舉也，義甚盛。然考孔子之生，當是周靈王二十一年十月二十七日。今乃改爲八月。夫商、周改月之事，吾不具論，但所爲於是日致祭者，以其月日之同有感而興耳。今之十月二十七日，豈真即周靈王二十一年之十月二十七日哉？即謂周之十月乃今之八月，亦只可作小注，而不得改其大書，以十月爲八月也。若於八月二十七日行之，即至十月二十七日而反漠然，恐亦非情矣。抑君子有終身之喪，忌日之謂也。孔子既沒，當以忌日爲重，則四月十八日之祭，庸可已乎？此又弘撰之所敢請也。

潘氏審定孔子生日爲九月十五，卒日爲五月十三。以爲考究則可，以爲祭日則不可，事各有義也。按：孔氏家譜與祖庭記於生日作十月庚子，乃二十七日；於卒日作四月乙丑，乃十八日。故謂今之致祭者，於斯二日敬以從事焉，斯可矣。

孟子生卒

京山郝仲輿曰：「孟子生於周定王三十七年四月二日，即今之二月也，卒於赧王二十六年正月十五日，即今之十一月也。」

陳士元云：「按史：周定王在位二十八年崩，無三十七年。考之長曆：定王二十七年己亥至赧王二十年壬申，凡一百五十三年。疑『定』字是『安』字之譌。安王在位二十六年崩，自安王二十六年乙巳至赧王壬申，凡八十八年。譜謂孟子八十四歲，自赧王壬申逆推，當生於烈王四年己酉。然年表、綱目、大事記等書並謂孟子於顯王三十三年乙酉至魏，四十三年乙未爲齊上卿。四十四年丙申去齊，復至魏。慎靚王二年壬寅去魏，復適齊。赧王元年丁未致爲臣於齊，不復仕。若孟子果生於烈王己酉至顯王乙酉，應聘至魏則年甫三十七，未老。而魏惠王以烈王辛亥嗣國，三十五年孟子始來，則王已六七十歲，而稱三十七歲之孟子爲叟乎？疑孟子或生於安王初年，卒於赧王初年近是。」

周嘉甫云：「滎陽鄭氏曰：世俗妄傳齊宣王問卿，孟子以正對。宣王怒，車裂以殉。或曰閔王醢之，或曰爲犀首所刺。然應劭云：『孟子同召公之壽，則百十有八歲。』是足以破俗傳之妄。又曰定王三十七年，當作安王七年丙戌，蓋

『安』訛爲『定』而多三十字耳。赧王二十六年當作三十六年壬午，正合百十有八歲也。」

近時周乃祺著歷誌謂：「孟子生於安王七年丙戌，卒於赧王二十八年甲戌。」乃一百九十歲，則以二十八年之誤耳。要皆非所云初年也。所謂定王者，亦當是貞定王介，爲元王之子，而非匡王之弟定王瑜也。

閻百詩曰：「史記六國表、魏世家皆云惠王在位三十六年，始辛亥，終丙戌。襄王十六年，始丁亥，終壬寅。哀王二十三年，始癸卯，終乙丑。竹書紀年則以襄王十六年上繫於惠成王，以爲其改元後之年。而自癸卯以後記二十年事，謂之今王。今王者，杜預以爲哀王是也。是竹書紀年有哀王而無襄王。史記有襄王，又有哀王。世本則又有襄王，而無哀王。通鑑從竹書紀年，而不從史記，故以惠王在位凡五十二年，始辛亥，終壬寅。又不從杜預所云之哀王，而從世本所有之襄王，故以襄王在位爲二十三年，始癸卯，終乙丑。」其說已備載於考異矣。今愚以孟子證之，史記爲近是。何也？

魏世家云：「惠王三十一年辛巳徙都大梁，三十五年乙酉卑禮厚幣以招賢者，孟軻等至梁。」故六國表於三十五年特書曰：「孟子來。」三十六年丙戌惠王卒，子嗣立，是爲襄王。孟子入而見王，出而有「不似人君」之語。蓋儲君初即位之辭，不然必如通鑑「五十二年壬寅始惠卒而襄王立，孟子入見。」豈孟子竟久淹於梁如是邪？不然以襄王之庸，豈能以禮聘孟子而復至梁耶？朱子曰：「七篇之中無更與襄王言者，蓋孟子不特不久於梁，亦生平未嘗復至梁也。」史記所以可信也。或曰：竹書紀年，彼既魏史所書魏事，必得其真，故司馬公從之。曰：不然。紀年云：「惠成王九年四月甲寅徙都大梁。」不知是年秦孝公始立，衛公孫鞅未相，魏公子卬未虜。地不割，秦不逼，魏何遽徙都以避之邪？即一徙都事如此，尚謂其生卒年月盡可信邪？又按：六國表、魏世家皆云：「子罃生於魏文侯二十五年辛巳。三十八年文侯卒，武侯立。」凡十六年而後惠王立，是年已三十矣。若如紀年，文侯五十年卒，武侯二十六年卒，以生辛巳計之，惠王元年已五十三，立三十六年，卒已八十八。更以襄王十六年爲改元後之年，不一百有四歲乎？紀年之不可信如此。

呂成公大事紀：「周赧王元年，孟子致爲臣而歸。」通鑑綱目同。按：孟子去齊，明云「由周而來七百有餘歲」，若果在赧王元年丁未，逆數至武王有天下，歲在己卯，當得八百有九年。孟子方欲言其多，豈肯少言之也？然則不獨不在赧王時，亦不在慎靚王時，當在顯王四十五年丁酉，未滿八百歲以前耳。孟子於顯王三十三年乙酉至梁。明年丙戌，梁惠王卒，即去梁，是爲齊宣王之八年。孟子遊齊當在丙戌以後，中間遭三年之喪，歸魯。喪畢，復至齊，終不合而去，當在此十二年內。孟子於齊行蹤、歲月，約略可知者如此。

金仁山本大事記謂：「孟子赧王元年自齊歸鄒，二年即如宋，有與宋臣戴不勝語。」按：繫「如宋」於「去齊」後，固是。但即在元、二間，殊無據。所可據者，宋初稱王於慎靚王三年癸卯。孟子謂戴不勝爲子之王，不似在滕謂畢戰爲子之君，則應在癸卯後可知。越明年甲辰，魯景公卒，子平公旅立。平公欲見孟子，又應在甲辰後。至在宋，與滕世子言，世子繼世即位，然後之滕，又應爲赧王初年事。

史記與孟子不同者，唯伐燕一事。史記以爲湣王時，孟子以爲宣王時。通鑑從孟子，不從史記，是矣。然繫伐燕事於宣王十九年，當赧王元年丁未。按：此時孟子去齊已久，安得見其取之與復畔也？且以宣王爲卒是年，故改元己丑，當顯王三十七年。於是，上而威王，嘗以齊強天下三十六年者，增爲四十六年矣；下而湣王四十年無道而亡者，減爲三十年矣！紛紛遷就。綱目曰：「未詳所據也。」愚謂此不過欲以伐燕事屬諸宣王，以信孟子耳。然與屈齊之年數以從燕，曷若屈燕之年數以從齊，爲尤信孟子乎！何則？六國表燕王噲五年讓國於子之，當湣王八年。七年，噲及子之死，當湣王十年。後二年燕立太子平，是爲昭王，當湣王十二年。若移此五年事置於宣王八年丙戌後、丁酉前，以合孟子遊齊之歲月，則戰國策載儲子謂宣王宜仆燕，而儲子正爲相者也。王令章子將兵以伐燕，而章子正與遊者也。且三十日而舉燕國，即五旬而舉之之謂五偶，譌爲三也。種種皆合，安得起温公於九原而質之？

郝仲輿著孟子解有云：「或問『孟子歸葬於魯時，未幾也，充虞治木，言前日耳輒反於齊，豈不終喪而遂復爲齊卿乎？』按喪禮：三日成服，杖，拜君命及衆賓，不拜棺中之賜。禮：凡尊者有賜，則明日往拜。喪則孝子不忍遽死其親，故贈襚之賜，拜於葬後。孟子奉母仕於齊，母卒，王以卿禮含襚。及歸魯三年而葬，反於齊，拜君賜也。其止於嬴，何也？禮：衰絰不入公門，大夫去國，踰竟爲壇位，鄉國而哭，此喪禮也。故自魯越國至齊境上爲壇位，行禮於嬴畢，將遂反也。

解者不悉，謂孟子勸王行三年之喪，而身違之。又罪萬章之徒修文不善，可謂逐臭李覯、左袒臧倉者矣。」愚謂此解固善，然有未盡然者。按：儀禮士喪禮云：「三日成服，杖，拜君命乃衆賓，不拜棺中之賜。」(汪)[注]謂：「既殯之明日，全三日始歠粥矣。」禮：尊者加惠，明日必往拜謝之。棺中之賜，不施已也。既夕記云：「主人乘惡車。」注謂：「拜君命、拜衆賓及有故行所乘也。」然則，當孟子母歿於齊，必赴於王，王使人弔，與成服後往謝之，所謂乘惡車者。是王使人襚與，則所謂棺中之賜不施已者。禮明云不拜矣，奚必葬後邪？蓋孟子拜君命非拜君賜，拜亦於殯後非葬後，皆不出齊都城之事。邱文莊公家禮儀節有云：「世俗親友來弔，其孝子必具衰(經)[絰]，躬造其門，謂之謝孝。使居喪者縲然衰絰奔走道途，信宿旅次，甚至浹旬經月。考之古禮，無有也。」夫文莊謂無有，而孟子反有之邪？若果有之，則臧倉善譖，豈不盡言邪？又解「止於嬴」句亦誤。嬴，齊南邑名，漢屬泰山郡，唐并入兖州博城，宋爲奉符，今爲泰安州，距齊都臨淄尚四百里，安有拜君賜於四百里之外者乎？且衰絰不入公門，未聞不入國門也。爲壇位而哭，乃出亡禮，非喪者。所謂蓋孟子母歿於齊，及奉喪來歸，皆哀戚悤遽，無暇可語。唯至往齊拜賜，舍於逆旅，始得以一論匠事耳。以論匠事於止嬴日，故繫止於嬴，亦猶與公孫丑論不受禄於居休日，故繫以居休，豈必別有義在乎？

或問：「謂以孟子奉母仕於齊，其説亦有徵乎？」曰：「徵之劉向列女傳，傳云：孟子處齊有憂色，擁楹而嘆，孟母見之云云，則知母蓋同在齊。自齊葬於魯，則知母即歿於齊也。」「然則既沒而葬，宜終喪於家，何爲而遽反於齊？」曰：「此蓋終三年喪，復至齊而爲卿耳，非遽也。」「果爾，何以爲前日解？」曰：「孟子之書有以昔與今對言，昔似在所遠而亦有指。昨日者，昔者辭以疾是也。以前日與今對言，前日似在所近而亦有指。最遠者，前日願見而不可得是也。夫孟子久於齊而後去，去齊之日，上溯其未遊齊之日，猶目之爲前日，安在僅三年者而不可目以前日邪？」或曰：「充虞蓄一疑於心，至三年始發之與？」曰：「此尤足以見孟門弟子之好問也。陳臻從於齊、於宋、於薛，辭受之後而問；屋廬子從居鄒、處平陸，以至見季任，不見儲子之後而問。其事之相距，誠非止一二年，而歷歷記憶，反覆以究其師之用心者，猶一日也。夫充虞亦猶是爾。且尤可證者，孝子之喪，親言不文。今也據古論今，幾於文矣。三年之喪，言而不語。語，爲人論説也。北魏孝文帝以與公卿往復，追用慟絶曰：『朕在不言之地，不應如此喋喋。』然則孟子反喋喋，見顧出孝文下邪？故充虞問答斷於免喪之後者，爲得其實也。」

郝仲輿解尹士章有云：「孟子仕齊喪母，歸魯終喪，復之齊，與齊王相習久。故尹士譏孟子不明也，然且至遷就顧望也。」按：此乃孟子復至齊之切證，前所未聞。

春秋公羊氏傳：君存稱世子，君薨稱子某，既葬稱子，踰年稱公。左氏例則未葬稱子，既葬稱君，不待踰年始稱君。此二傳之異同也。愚嘗以孟子證之，君存稱世子，滕文公爲世子是也。君薨亦稱世子，滕定公薨，世子謂然友是也。未葬稱子，不獨既葬爲然，至於子之身而反之是也。若孟子所稱子力行之，則在既葬之後，但未踰年耳。何以驗之？滕文公既定爲三年喪，五月居廬，未有命戒，則亦無禮聘賢人之事。可知唯至葬後，始以禮聘孟子至滕而問國事焉。故孟子猶稱之爲子，直至踰年改元，然後兩稱爲君，曰：「君如彼何哉？」曰：「君請擇於斯二者。」然則孟子於滕行蹤、歲月亦略可睹矣。

朱子生卒

予不喜星家者言，而其術之行於世頗有驗者，蓋天地生物，唯人爲靈，人意之所造，其事亦以類應，所謂感應之理。凡卜筮之道，莫不如是，非徒星家也。考朱子生於宋建炎四年庚戌九月十五日甲寅，卒於慶元六年庚申三月九日甲子，年七十一。與孔子生卒年月略似，亦奇矣！聖賢之生，決非偶然，其事又在尋常氣數之外也。

予嘗見朱子畫像，或記之曰：「貌長而豐，色紅潤，髮白者半，目小而秀，末修，類魚尾，望之若英特，而溫煦之氣可掬。鬚少而棘，亦強半白。自左顴微齇，齇微紅，右列黑子七，如北斗狀，五大二小，六在額，一在顴，別一在唇下鬚側。耳微聳，豪生竅前。冠緇，冠巾以紗。上衣皆白，以皂緣之，裳則否，束緇帶，躡方履。」建雲臺祠時，衆議塑像，予初意不然，既而思之，非塑像則必不能久。憶亭林昔亦曾云：「宜塑像以從俗爲便。」遂以此屬之工人。予又見關中書院斯道中天閣中有孔子塑像，蓋馮恭定公所爲也，則大儒已先之矣。

櫺星門

今文廟儀門曰櫺星門，太廟亦然，不知何義？起於何時？議自何人？筠軒釋略謂：「即閥閱，俗呼曰櫺星門。」國制何得云俗？丹鉛録謂：「罘罳象天上櫺星。」按：天文書有櫺星，其字不作櫺，罘罳之制亦與靈星不類。要皆未得其實，聊書以俟知者。

杜氏微詞

晉獻公使荀息傅奚齊。公卒，荀息立奚齊，里克殺之。荀息立卓子，里克又殺之。荀息死之。司馬温公曰：「左氏云：詩所謂『白圭之玷，尚可磨也。斯言之玷，不可爲也。』荀息有焉。杜元凱以爲荀息有詩人重言之意。以愚觀之，元凱失左氏之意多矣。獻公溺於嬖寵，廢長立少。息爲正卿，不能明禮義以格君，遽以死許之，是則息之言玷於獻公未歿之前，而後遂不可救。左氏意在貶息非褒也。」予按：息以忠貞自許，及死，人見爲大義可稱。元凱但以爲有詩人重言之意，其言外固不許其大義矣。温公固正論，元凱之微詞，亦未可謂與之相戾也。

泰昌年號

古者天子嗣立，必踰年然後即位、改元。後世即位多在大行柩前，惟改元猶待踰年，此公羊傳所云「一年不二君」之義，其常也。萬曆四十八年八月朔，光宗即位，詔以明年爲泰昌元年，未一月崩。熹宗即位，復詔以明年爲天啓元年。此則事之變也。大學士孫承宗曰：「大行皇帝一月，堯、舜何忍奪其年？」給事魏應嘉曰：「新君歲餘而仍舊號，不吉。」承宗曰：「豈有人子居喪以變，而以從親號爲不吉者？自古易姓受命，則當年改元。一姓相繼，則踰年改元。唐順宗八月内禪，即令改元，憲宗仍稱永貞。宋太宗即位改元，史以爲篡。」遂下部議，卒以御史左光斗議爲定。楊惟休著泰昌日録，卷末特詳此事。

予按：其議引綱目：「唐睿宗大極元年分」，注：「玄宗皇帝先天元年。」「唐德宗貞元二十一年分」，注：「順宗皇帝永貞元年。」至晉武帝崩於四月，不書太熙，直大書孝惠皇帝永熙元年。資治通鑑于玄帝直書先天元年，注：「是年八月改元先天。」于順帝直書永貞元年，注：「是年八月改元永貞。」晉永熙之書亦如綱目，皆當年改元。一、四月，兩八月，不必正月而後改元也。夫千古禮法、史法之宗，無如朱紫陽、司馬温公。如温公議，則獨存泰昌。如紫陽議，存萬曆，並存泰昌。遂定以八月朔盡歲止，爲泰昌元年。八月以前仍爲萬曆四十八年，明年正月改元天啓，蓋從紫陽之法云。大約泰昌年號決無可泯之理，而新君踰二年而始改元，則事體又有不當。然者，此蒼嶼先生之議，所以合乎天理人情，爲不可易也。魏給事之言非不是，但不宜以不吉爲詞，而又無以爲泰昌計，斯疏矣！陳友諒始據江西，改元天啓。明年己亥爲天啓二年。熹宗竟襲此號，此宰相劉一燝之疏也。湖廣周逢泰謂「五經有緯」，引左傳之言爲魏忠賢爲政之讖，亦異。

酌中志略

太監劉若愚在獄中著酌中志略，蓋飾其黨逆之非，以求好於東林諸君，後聞竟以此得不死。予曾鈔得一部，其中記宫闈事最詳，固有不可廢者。今欽定逆案，除魏忠賢、客氏凌遲處死外，有首逆同謀擬斬六人，若愚在其中。崇禎元年六月二十七日平臺召對，因李實一案，刑部定罪，決不待時。上曰：「李實被魏忠賢迫取印信空本，李永貞填寫，如何含糊定罪？」諭輔臣改票，李永貞決不待時，劉若愚次一等，李實又次一等。聖人持法之平如此，乃知若愚之得延免正法者，亦有故也。後有重刻欽定逆案者，若愚名下注云：若愚屢疏辨，改監(侯)〔候〕。

姓氏

同出一祖者謂之同姓，而或異氏，今人謂之異姓，如吴與周、展與柳、田與車之類是也。非同出一祖者謂之異姓，而或同氏，今人謂之同姓，如劉與劉、杜與杜、王與王之類是也。同氏之通婚姻者於義無礙，而今人以爲嫌。同姓之通婚姻者於義爲礙，而今人習而不察，則甚矣，其舛也，亦不學之過也。吕東萊曰：「姓者，統其祖考之所自出也，百世而不變。氏者，子孫之所自分也，數世而一變。」鄭夾漈曰：「氏同姓不同者，婚姻可通。姓同氏不同者，婚姻不可通。此學之失久矣，圖譜局如何可廢乎？」予嘗見新安吴山立言：「江南吴氏與周氏至今不通婚姻。」此可謂知同姓之義矣，而江北則知之者鮮。予邑中有數王氏不同祖，皆通婚姻。今思此當如諱嫌名之義，傳戒以後止之可也。雖非同姓，夫豈無他氏邪？

理氣合一

或問予理氣合一之說，曰：盈天地之間皆理也。理本實，而其位則虚。即如天地間有潤下之理，水得之。然有水而潤下之理見，即無水而潤下之理亦自在。是潤下之理水得之，非有水而始有潤下之理也。有炎上之理，火得之。然有火而炎上之理見，即無火而炎上之理亦自在。是炎上之理火得之，非有火而始有炎上之理也。有仁義之理人得之，然有人而仁義之理見，即無人而仁義之理亦自在。是仁義之理人得之，非有人而始有仁義之理也。人有是身，即載是理，所謂性也。本之固有，非由外鑠，本之自然，非屬勉强。人於動静之間，率其固有自然之理而見之，云爲不失其則，則理得而氣充，性盡而形踐矣。所謂理氣合一之道，如此而已。

要知理氣合一之説，是以理之用言，非以體言。合一亦是以工夫言，如以體，則理氣本一，何得云合？朱子理氣强弱之論，正就其用處言。不然，則豈有「理管攝他不得」之時，然猶不免于羅文莊之疑以此。

或舉李古源之言曰：「充塞於天地之間者，皆氣也，而理實寓於其中，理氣不相離固矣。然有形者必有所始，氣既有形，則必有所從始。不知未有是氣之時，理何所附？理雖無形，實所以主乎氣，既謂之主，則必先是氣而有矣。又不知此理孰從而來，而又何所附邪？」或謂有則齊有，不可以先後言。然所謂一齊有者，又何自而來邪？曾以問於陽明，陽明曰：「此雖聖人有所不能知其義，如何曰古源於『理』字大欠明了？」故又嘗有「無理則無氣，無氣則無理」之言。夫謂無理則無氣是固然矣，而謂無氣則無理，理安往乎？此與未有氣之時，理何所附，此理孰從而來之云，皆積障所沿，語意滯礙，世之所病於儒者，正是此類，亦可謂之理障。馮恭定曰：「謂之曰障，尚不是理也。」其斯之謂乎？

召忽管仲

予考管子所載，則糾之立，有先君之命。呂紀所載，則度必立者糾。尹文子曰：「子糾，宜立者也。小白先入，故齊人立之。」黄楚望曰：「考春秋立子，以貴之義。子糾，魯出也，魯女貴而班在衛上，則子糾當立。獨程子以桓公爲兄，子糾爲弟，謂襄公死則桓公當立。」

以春秋知之，春秋書桓公則曰齊小白，言當有齊國也。於子糾則止曰糾，不言齊，以不當有齊也。不言子，非君嗣子也。公、穀並注，四處皆書納糾，左傳獨言子糾，誤也。然書齊人取子糾殺之者，齊大夫嘗與魯盟於蔇，既欲納糾以爲君，又殺之，故書子是二罪也。管仲始事糾，不正也，終從於正，義也。召忽不負所事，亦義也。如王珪、魏徵不死建成之難，而從太宗，可謂害於義矣！司馬温公修通鑑至唐，程子言：「太宗、肅宗當正簒名。」又言魏徵之罪謂：「徵事皇太子，太子死遂忘其仇而反事之，此王法所當誅。人特以其後來立朝風節而掩其罪，有善有惡，安得相掩？」温公引孔子論管仲之語爲比，程子復極言管仲之事與徵全異。尹和靖亦以管仲初事糾爲大本之錯。范淳夫作唐鑑謂管仲不得終仇桓，王、魏不可事太宗。蓋皆有得於程子之説者。然左傳、荀子、越絶書俱以子糾爲兄。漢薄昭則云：「齊桓殺弟時有所避故耳。」金仁山又曰：「襄公之弑，糾固在内也，所當討賊以靖國，而乃奔魯。及桓公先入，已正位君齊矣。興師伐國，何爲者也？前無正君討賊之義，後有抗君爭國之非，仲之輔糾爲不義，罪已可殺。桓公不殺而用之，則安得而仇桓乎？」予嘗平心論之，凡爲此言者，皆因出脱管仲而遂及子糾耳。今但觀聖賢問答之意，召忽之死自義，管仲之不死自不義。特以其功在天下萬世之防，義更有大於君臣之間者，故可以相掩耳。後之爲臣者不幸而遇此，斷斷當守召忽之義，無得藉管仲爲口實，以自蹈于反面事仇之罪也。

王元美云：「徵之爲太子官臣，高帝命之也。其官可遷、可移，非委質從一者比。徵初與太子謀，不過以秦勛重有奪嫡勢，勸其立功以安身而已。玄武門之喋血，徵固未嘗身與其事，若仲之射鉤也。秦王正東宫而以高帝之命召徵，徵可以無死矣！仲與徵俱不得言無功也，仲爲大，徵次之；亦俱不得言無罪也，徵爲小，仲甚之。」此論特異，不可不並存也。

徐臞庵

徐臞庵名崧，詩人也。家極貧，寄跡吴門法華庵，蕭然自適，有野鶴孤雲之致。著起信録，屬予作序。予謂其有關風教，勸同志者助之梓行。然老迂之言，未必人聽。臞庵又好佛法，至自稱爲彼教中法嗣，則予之所不敢許也。

識字

韓退之蝌蚪書記云：「作爲文詞，宜略識字。」毛稚黄曰：「退之識字不深，如諱辨云漢之時有杜度，不知「杜」上聲，又平聲。晉爲杜蒯，劉昌宗讀作「屠」，無讀作去、入二聲者。「度」去聲，又入聲，詩「周爰咨度」，無讀作平、上二聲者。則「杜度」二字非同音矣。云諱吕后名雉爲野鷄，不聞又諱治天下之治爲某字也，不知治天下「治」字平聲，非去聲也。又子産不毁鄉較頌以監叶言，徐偃王廟碑詞以頑叶耽。古音既無此通法，考之唐韻益謬。退之蓋讀「監」爲「肩」，讀「耽」爲「丹」故也。是退之於本朝字尚識之未盡，欬吐有乖，何論蝌蚪書邪？」予謂：退之引治天下「治」字，特取其形，未能辨聲，使倒之，作天下。此治「治」字，則稚黄無此譏矣。楊用修謂：「不知用魯有衆、仲。」焦弱侯云：「『仲』與『衆』亦不同音。」閻百詩云：「不知用漢有張、章。」甚矣，識字之難也。杜恕篤論云：「杜伯度名操，字伯度，善草書。曹魏時人以其名同武帝，故隱而舉字，是『度』非名也。」此又不僅在識字矣。然晉書衛恒傳：「漢興而有草書，不知作者姓名。章帝時齊相杜度最妙。」豈别是一人乎？

諸葛忠武

諸葛忠武，古今之所推爲善兵者也。陳壽作志，以應變將略非其所長，意蓋少之。予謂忠武之賢，所以超絶一時而不可及者，正在於此。嘗考其素所自期，唯淡泊明志，寧靜致遠。其論將，説禮樂而敦詩書，先仁義而後智勇。蓋孔子所謂「臨事而懼，好謀而成」者，唯忠武可與。幾而應變，將略固雅，非其志之所存，此其所以爲王佐之才也。岳武穆論將亦云：「先仁信而後智勇。」夫智勇且後，而況其爲應變之將略乎？然則知忠武者，莫踰於壽矣！而後忠武而善兵者，其又莫踰於宋之武穆也哉！

孔明抗表北伐，以爲坐而待亡，不如伐賊。至其臨陳決機，又必動出萬全，不肯輕於一擲。蓋其偏安之勢力小兵弱，一有不戒，危亡立至，所謂臨事而懼也。入陳如率然，乃節節而制之，其持重之意自多於破釜沈舟之算。陳壽以爲不乘利進取，有似無謀者之所爲，不知變自敵作，若不能應，敗軍殺將計不旋踵，斜谷退軍猶擊斬王雙。雖六出未展其志，亦無大敗衄，此非應變之將略而何？且其應變之方不出於營陳之外，若坐策進取，避實擊虚，固已行之矣。惟不聽魏延之言，人皆謂其有失事機，此真孔明之所不肯爲者，乃不僥倖于不可知耳。獨不見街亭之事乎，寧可當累敗自劾耶？男宜輔識。

傳習存疑

王陽明有傳習録，同邑郁天民著傳習存疑，中有云，問：「道心常爲之主，而人心每聽命。此語似有弊？」先生曰：「然心一也，未雜於人謂之道心，雜以人僞謂之人心。人心之得其正者即道心，道心之失其正者即人心，初非有二心也。」

程子謂「人心即人欲，道心即天理」語，若分析而意實得之。今曰「道心爲主，而人心每聽命」，是二心也。天理人欲不並立，安有天理爲主，而人欲又從而聽命者？天民曰：「人心謂人受生而能知，覺氣以成形之心也。道心謂形氣中得於天，而謂之性統於心者也，均之曰心。然舍人心則道心無從有矣。今以道心爲主，人心聽命之説爲有弊，謂天理人欲不並立，則人心全是人欲而無天理，此恐未識人心。蓋人心主形氣，言雖上智不能無在理欲之間者，唯縱之方全是欲。苟處之正，處即純道心，而率性所爲矣，何二之有？不然人心既爲人欲，大舜何用首舉？言以先於道心危微，實相對待，又可專論道心不及人心乎？然則治心者固將盡滅形氣、知覺以爲人欲耶，抑惟使其聽命於道，如仲虺以禮制心之説耶？」予嘗論人心，見前山志中，郁氏此言實先得之。

成濟

齊襄公使公子彭生拉殺魯桓公於車中，魯人請於齊，齊殺彭生。此司馬昭之成濟也。魯與齊猶與國也，成濟則犯君，其罪大。昭曰：「成濟大逆不道，夷三族。」所謂小人枉了做小人也，後又有朱友恭矣。

厭字

堯之庭有草生焉，曰蓂莢，十五日之前，日生一葉，十五日之後，日落一葉，小盡則一葉厭而不落。厭音淹。今草木之葉不茂者曰厭，蓋古語。

昭王

昭王十四年，魯侯弟潰弒其君幽公而自立。此諸侯篡弒之始，而王不能討，故朱子謂：「周綱陵夷，始於昭王。」

平王

朱子曰：「平王知有母，而不知有父，知申侯立已之德，而不知其殺父之怨。真所謂亂臣賊子，無復有人心、天理。春秋托始於平王，可以思矣。」

楚武王

夷王八年，楚子熊渠立三子爲王，後畏厲王暴虐，乃去王號。及桓王十六年楚子熊通伐隨，使隨代請于王，尊其號，王不許，熊通怒曰：「我先公鬻熊，文王之師也。成王舉我先公，令居楚，蠻夷皆率服，而王不加位，我自尊耳！」乃自立爲楚武王。是楚之復稱王，又生而自謚也。

管仲相桓

襄王元年齊侯會諸侯于葵邱，王使宰孔致胙於桓公，使無下拜，桓公謀于管仲，仲對曰：「爲君不君，爲臣不臣，亂之本也。」桓公懼，出曰：「天威不違顔咫尺，小白，余敢貪天子之命，隕越於下，以遺天子羞，敢不下拜！」乃下拜，登受。三年，齊侯使管夷吾平戎于王，王饗以上卿之禮，夷吾辭曰：「臣，賤有司也。有天子之二守國、高在，若節春秋，來承王命，何以禮焉？」乃受下卿之禮而還。

觀此二事，乃管仲之所以相桓以霸也。節春秋，言朝聘之期。

伍員包胥

伍員與申包胥友，員奔吴，謂包胥曰：「我必覆楚。」包胥曰：「我必復之。」後皆踐其言，古之爲友者，各行其志如此。

束修

焦漪園曰：「束修，非謂脯贄也。蓋言自行束帶修飾之禮以上。」漢延篤曰：「吾自束修以來，爲人臣，不陷於不忠。」梁商曰：「王公束修厲節。」賈堅曰：「吾束修自立，君何忽忽相謂降耶？」此可證。然古有指脯贄爲束修者，檀弓「束修之問不出境」，穀梁「束修之肉不行境中」是也。

追蠡

漪園云：「遍考字書，無以追爲鐘紐者。追疑作槌。」言禹樂凡槌擊之處，皆摧殘欲絶，如蟲嚙之形，故高子以爲多而優之耳。趙希鵠曰：「追，琢也。」詩曰：「追琢其章。」今畫家滴粉令凸起，猶謂之追粉。蠡，剥蝕也。今人以器物用久而剥蝕曰蠡。追蠡者，禹之鐘款文，追起處剥蝕也

九合

齊桓公兵車之會凡四，衣裳之會凡十一，惟九合最著。一合於北杏，兩合於鄄，兩合於幽，一合於檉，一合於首止，一合於葵邱，一合於甯母，則「九」字不必作「糾」字解。按：晉悼公曰：「自吾用魏絳，九合諸侯。」服虔注曰：「九合，一謂會於戚，二會城棣救陳，三會於鄬，四會於邢邱，五同盟於戲，六會於相，七戍鄭虎牢，八同盟於亳城北，九會於蕭魚。」又晉平七合諸侯，五合大夫，益可證。

羿奡

「羿善射，奡盪舟，俱不得其死」爲句，金文安曰：「連『然』字讀者非，『然』字起下句，正見尚德之意。」王文憲、何文定俱如此讀。蓋此章述二人於既死之後，故止曰「不得其死」，是斷詞也，與「由也，不得其死然」不同。又「奡盪舟」者，竹書所謂：「澆伐斟、鄩，大戰於濰，覆其舟，滅之也。」漢儒以爲陸地行舟，似强爲之解，而朱子仍之。

二集卷五

春王正月

辨「春王正月」者有三，予獨觀元齊伯恒云：「三代正朔，商則改正不改朔，周則正朔皆改。以十一月爲正月，正也。月數從子起，朔也。以子爲孟春，時也。故孔子告顏淵曰：『行夏之時。』是言周時之不正也。至書於春秋，則曰：『春王正月。』並存當時之實，使後世觀其得失，而損益可知，是則聖人之意也。」此言簡當，不必多爲之詞也。

周官注誤

周官媒氏「中春之月，令會男女。於是時也，奔者不禁。若無故而不用令者，罰之。」注於「不禁」下云：「重天時，權許之也。」此亂道也。魏鶴山云：「此文極分明，謂使媒氏會合婚嫁，苟有奔者，而不爲之禁止。若元無喪故而不用此令者，則皆置之罰，非謂權許其奔也。若讀如子若孫之類，奔者不禁，是教淫也。無故而不用令，恐致摽梅之感耳。二者有過不及之分，故皆罰之。」又按：古者以六禮不備謂之奔，故曰「聘則爲妻，奔則妾。」乃注復不援此。

何必讀書

三代以前，凡言書者有二：一爲詩書之書，詩即今之詩經，書即今之尚書，如云「詩書執禮」「誦其詩，讀其書」「教以詩書」是也；一爲六書之書，即今之字，如云「雒出書」「書同文」「禮樂射御書數」是也。子路所謂書，尚書也。蓋書以道政事，民人、社稷，皆政事所在，故曰：「有民人焉，有社稷焉，何必讀書然後爲學。」

今之説者以書爲書本之書，誤也。伏羲造書契，書者文字，契者刻木書於其上也。自此相傳有簡策而已，無有以字在紙上，累紙成卷爲書，如今之書本然者。

單札謂之簡，連編謂之策。詩小雅：「畏此簡書。」禮內則：「請肄簡諒。」學記：「今之教者呻其佔畢。」爾雅：「簡謂之畢。」孔子云：「文武之政，布在方策。」孟子云：「吾於武成，取二三策而已。」「韋編三絶」「執簡以往」皆是也。

筆古作聿，説文「從又，持巾，一聲，所以書也。」楚謂之聿，吴謂之不律，燕謂之弗。秦蒙恬取中山兔豪，置管加竹於聿，謂之秦筆。中華古今注云：「書契以來，便應有筆。」曲禮云：「士載筆。」左傳云：「臣以死奮筆。」其所言皆刀筆也，故云「加木焉」，云「使書以爲三策也。」唯古筆銘有「毫毛茂茂」之詞，莊子有舐筆和墨之説。筆銘乃後人僞作，莊子亦爲後人假託增飾，不可盡信。

秦、漢以來雖有筆，其書字，尚率用縑帛。司馬相如奏賦猶給筆札，札乃木簡之薄小者。至和帝時蔡倫始采樹膚、生布、漁網諸物造紙，自此以後方有書本之書矣。易大傳言易之爲書也，凡三，皆言卦畫也。故初曰「周流六虚」，次曰「六爻相雜」，又次曰「兼三才而兩之，故六」。其言甚明，非謂書本也。故又曰：「書不盡言，言不盡意。」益曉然矣！

陽九百六

世皆言陽九、百六，而鮮知其義。予於前卷中言之，亦未能詳。漢書：「初入元，百六歲有戹。故曰：『百六之會。』」董卓傳：「百六有戹，遇剥成災。」百六之説，尤不易解，今更考而著之。

陽九者，陽數窮於九也。數窮則變，故及其限而災生焉。限有小大，小限之窮，大國弱，小國強，臣下逆命，女后專權，四方兵起。大限之窮，臣弑其君，子弑其父，天下紛紜，血流滿野。當大小限窮之際，人君將相宜修德結和以禳之，庶大禍化爲小禍，小禍化爲旱祲，否則必應其變。陽九以四千五百六十年爲大限，十分大限爲小限者，法太陽之食也。太陽之食不及十分而止，故九小限得陽數之窮。非十分大限而舍其一，不能明陽九之數，是以十小限即爲一大限也。

百六者，陰數極於六也。數極則反，故終其限而戹生焉。限有小大則戹亦有淺深，小限之極，水澇爲祲，嬪妃挾寵，盜賊潛生。大限之極，洪水氾濫，女主竊位。當大小限極之時，人君將相交相修勉，遠婞去讒，省刑薄賦，以禳之。俾小戹消而大戹杜，則既反之氣復行，已極之陰復續，災沴化，貞祥生，禍變而爲福應矣。反此，必如其占。百六以四千三百二十年爲大限，十五分大限爲小限者，法太陰之蝕也。太陰之蝕不及十五分而止，故十四小限得陰數之極。非十五分小限而舍其一，不能明百六之數，是以十五小限即爲一大限也。經言百六者，六百也。不言六百，而言百六者，以百中用六，求小限之法言也。

太乙秘要合計九戹之年爲四千六百一十四年，除三元六紀六九五十四算，餘與陽九大限數合。陽九之數以小限十分，大限用九不用十，以十即爲一也。其用九之法，以四、五、六乘百、十、零，如四九三千六百，五九四百五十，六九五十四算，共成四千一百零四。分之則爲九小限，又加四百五十六算，合之則爲四千五百六十，即陽九之一大限也。

太乙遊舍八宮，每宮以六百算爲陰之極，八宮合得四千八百算。以百中用六求小限法，於四千中求得四六二百四十算，於八百中求得八六四十八算，合得二百八十八算，故於二百八十八算爲小限之數也。四千八百除去二百八十八，實餘四千五百一十二。又每宫减去六十，八宫合减去四百八十，餘四千零三十二算，爲百六陰極之實算。分爲十四小限，即十五分大限舍一之數，加以先除小限二百八十八算，合之則爲四千三百二十，即百六之一大限也。又十五分大限，舍其一以陰數互乘百、十、零，亦合陰極之實算。如六六三千六、六六三百六、六六三十六。六六三十六合成四千零三十二算，錯綜之理，顛倒反復，無不成章也。每宫减去六十者，窮陰陽相成之數也。謂每宫減去陰數，實得五百四十算，反成九六相呼之極數也。

金聲遠太乙春秋陽九歌曰：「太乙陽九災要算，四千五百六十看。一元爲首災甚明，天意斯時宜修善。又有四百五十六，亦又災兮小數足。小元必定是飢荒，大數終時天下哭。」此乃陽九厄會之期，以四百五十六年爲一元，十元爲一大元，乃四千五百六十年，自始有甲子之年除起，值小元臨終，飢饉兵荒。值大元臨終，天下厄會之期矣。凡入厄會，大則百年，小則旬歲之災。自始有甲子，積至所用之年，得數以四百五十六累除之，是也。

陰六歌曰：「太乙六厄要參詳，二百八十八數當。大厄原來別有數，四千三百二十殃。小厄盡時災較可，大厄窮終劫會亡。」此乃陰六厄會之期，以二百八十八爲一小元，十五小元爲一大元，計四千三百二十年也。小元臨終猶可旬載之兇，大元終時則有百年之亂。自始有甲子，積至所用之年，得數以二百八十八累除之，是也。

科目偏見

崇禎八年有旨：「凡郡王子孫有文武才能堪任用者，宗人府具以名聞，朝廷考驗，換授官職。」禮部右侍郎秋濤陳公上疏爭之，娓娓幾三千言。時予年十四，隨侍先司馬在京邸見科鈔去，上大怒，用朱筆抹其疏，自某字起至某字止，凡數處。予亦不能辨其所言之是非，祗驚服宗伯之戇而已。今五十餘年，復搜訪得其稿，不覺深爲嘆息。蓋上以用人不效，欲甄拔宗才以爲本支休戚之義，冀其實心任事，盡忠於國，此亦不得已之爲，雖屬親親，實大公之道也。其云：「賢才不外於科目，殊屬偏見。」至當之言也。宗伯乃云：「謂科目之外，遂足以盡才，臣以爲未必然。」此獨騰口説耳。上謂「才不盡於科目」，何嘗謂「科目之外，遂足以盡才邪？」更可異者，上欲用宗才，即有如許侃侃之論。若上令諸臣保舉所知，以備守令之選，此亦求才於科目之外者，何滿朝欣然奉行，曾不聞有爭論可否之言進邪？然則謂諸臣之非有偏見，非有私意，雖死不敢信也。予非輕科目，但嫌科目中人視科目太重，如上所云耳。

嗚呼，國變後，科目之降賊受職者，吾姑不論，若來儀牛金星者，豈非科目中人邪？歸震川論科目云：「國家以科目收天下之士，名臣將相接踵而興，豪傑之士莫不自見於其間。而比年以來士風漸以不振，夫卓然不爲流俗所移者，要不可謂無人也。自餘奔走富貴，行盡如馳，莫能爲朝廷出分毫之力。冠帶褎然，輿馬赫奕，自喻得意，内以侵漁其鄉里，外以芟夷其人民。一爲官守，日夜孜孜，惟恐囊橐之不厚，遷轉之不急，交結承奉之不至。書問繁於吏牒，餽送急於官賦，拜謁勤於職守。其黨又相爲引重，曰：『彼名進士也。』故雖犖然肆其恣睢之心，監察之吏，冠蓋相望，莫能問也。居無幾何，陞擢又至矣。其始羸然一書生耳，才釋褐而百物之資可立具，此何從而得之哉？亦獨不念朝廷取之者何如，用之者何如，爵禄寵錫之者何如也？豈其平居無懇惻之意歟？將富貴之地使人易眩失其守歟？世之所倚重者，盡賴此輩，而如是彌望君子，蓋以爲世道無窮之慮焉。」

陳大樽論宗才，常嘆國制拘牽，有云：「親既可疑，疏又何恃？」又云：「唐家宰相不廢隴西，宋室平章多由天水，時賴宗臣，未見内禍也。」

當保舉行時，錢謙益云：「以舉主爲殿最，以竿牘爲上下，以賕賂爲劇易，使天子號咷博求玄纁備禮之至意，不復曉然於天下，蓋其時之弊有不可勝言者。」謙益所記，特其舉後之事耳。

因論才而備列三人之言，平心思之，不可謂非科目中人之負君也。

劉司空疏

崇禎九年二月，工部右侍郎念臺劉公有痛憤時艱一疏，先司馬稱善，授予令熟誦。今繹之，義則正，詞則美，洵純儒之粹言，藎臣之偉義也，然其實亦無濟於時事。故先帝有「堯、舜事業，朕詎不願慕，如流寇蹂躪中原，虛文何以剿除」之旨，唯論陳啓新一段，較爾時言者氣平，先司馬尤善之。三月司空又有申對揚之忱一疏，益非救時之猷，以爲心堯、舜之心，而寇息夷歸，自是理學正論，孰得而非之？但未必爲之而效耳。若爲之而不效，必以爲心堯、舜之心不純，即請司空自爲之，恐其未必效者如故也。國事之壞，壞於小人者十之七、八，而壞於君子者亦不無其二、三。

或謂先朝之亡，諫官與有力焉。雖有激之言，要非過誣。疏中云：「先朝遺直，無如惠世揚一人。」而惠世揚晚年從賊，作李自成右平章，位在牛金星之次，此固諫官之尤也。

二黨

昔顧涇陽先生講學於東林，一時名流咸從之，繇是有黨之名。而四明別爲一黨，及持權多黜東林之人。東林之名日高，附之者日衆，亦日雜。國事決裂，實繇於二黨之相仇，小人之姦回固不勝誅，而君子之偏執亦惡得無咎哉！

史道鄰曰：「諸臣悮國之罪非一，而門戶實爲禍首。」夏彝仲曰：「二黨之於國事皆不可謂非罪。平心論之，東林之始而爲領袖者，爲顧、鄒諸賢，繼而爲楊、左，又繼爲文、姚，最後如張、馬，皆文章節義，表表一時。而攻東林者，始爲四明，繼爲亓、趙，繼爲魏、崔，繼爲温、薛，又繼爲馬、阮，皆公論所不與也。其無濟國事，二者同之耳。」又曰：「二黨之最可恨者，專喜逢迎附和。若有進和平之説者，即疑爲異己，必操戈隨之。雖有賢者，畏其辨而不能自持，亦有因友及友並親戚門牆之相連者，必多方猜防，務抑其進而後止。激而愈甚，後忿深前，身家兩敗，而國運隨之，謂皆高皇帝之罪人可也。」此可謂持平之言矣。

嗚呼，彼黨中人，後有以義殉國者。而東林一二巨公，夙負聲名，晚節頓喪，廉恥掃地，邪正反覆，又可勝嘆哉！

三案公論

文文肅公曰：「三案是非，平心乃見。蓋挺擊一案，事干宮闈，豈能窮究，揜過亦是權宜。紅丸一案，所多在一賞一優旨。至移宮一案，自是間不容髮之事，寧可移而臣子受抗言之罪，無使隱忍不移而開日後僭處之禍。觀後日客氏光景，則此日之急移，有功無罪矣。」予嘗作三案論，獨是移宮而於挺擊、紅丸不盡同東林諸君子之意，亭林頗然之，或以爲不宜易言。今觀文肅語，乃知當時之賢即有此公論，蓋先得我心之所同然也。若王司寇、孫宗伯二公之過求，讀其疏詞，亦自昭然可見，不待他人後日之細究矣！

憶賢

慷慨成仁，從容就義，萊陽有焉。方其請行，本末已定。視鼎鑊、兵刃如飴，此大變以來第一人也。學或不逮漳浦，志節相同，而有爲之才似過之，是可痛惜也！吉水之猷，超出儕輩，晉江其亞，吴橋、山陰又次之。餘姚清直言美而實無濟，若其捐軀自靖，不欲過激，則可爲後世殉難者之法矣！要皆大節炳然，爭光日月者也。唯是青澗、常熟披猖不終，爲東林之辱，能無餘憾哉！晉江謂：「蔣八公既歸里，聞京師之變，哀憤而卒。」

著述

先代著述之書，多卓然可傳，而逞其辨給，敢於非聖亂道而無忌憚者，亦復不少。如祝允明之罪知録，屠隆之鴻苞，李贄之焚書、藏書，皆是也。近時崇正學，尊先儒，有功於世道人心者也。博稽詳研，發前人所未發，爲不朽之業者，顧亭林、毛大可、葉嵩巢之於音韻，梅定九之於曆數，顧景范之於地理也。用聰明於無益之地，尖小淺薄，口吻便利，以巧語險語取趣，如謔似諢，死而無悔者，世固有其人，不必明指而可以意得也。乃人復有效之者，可哀也已。程子云：「功澤不及於民，別事又做不得，唯有補緝聖人遺書，庶幾有補爾。」學者可不念之哉！

文貴簡直

明太祖嘗謂侍臣詹同曰：「六經之文簡奥，史、漢之文太繁，至於唐、宋愈加繁矣，所以後人不如古人也。予於文不喜其繁，唯愛簡直。孔子曰：『辭達而已矣。』卿當辭命，宜以簡古爲尚，不以艷麗爲工也。」故楊維斗嘗云：「文章莫妙於簡，亦莫難於簡。學識庸淺者，其文必繁，蓋不能簡也。」乃今人求文往往以簡爲嫌，作者亦以簡爲歉，視賣菜者尤鄙矣。

爲文稱人，當有分寸。余嘗稱人有志於聖賢之學，其人不足，余笑曰：「易之以古之聖賢不能過，如何？」蓋戲之也，其人色喜。余退而嘆曰：「人之好諛而務僞也至此哉！」又如稱人詩文曰：「文合班、馬之法，詩追李、杜之風。」則與之至矣。必曰「文勝班、馬，詩超李、杜」，美則美矣，而人其許之乎？凡此余皆謂之愚而已。末世風俗澆漓，人心虛詐，好惡偏辟，是非失衡，所賴立言君子，存直道於一二，以爲異乎小人之爲者在此。非徒以「寧可打破鼓，不肯放倒旗」爲操觚之要訣也。

用古

用古人故事，當擇其典雅而中理者。如稱兄弟曰「友于」，孫曰「貽厥」，本不成語，雖陶淵明、杜子美、韓退之皆用之，然不可從也。又有稱所欽者，或謂兄弟，或謂友，此祇以所欽爲義，不必定爲誰屬，較「友于」、「貽厥」本爲近理。又如言「文王刑于之化」亦此類，所從來久矣。

唐彦謙題漢高廟詩：「耳聞明主提三尺。」葉石林曰：「是歇後語，謂三尺不可去劍字也。」又云：「蘇子瞻嘗兩用孔稚圭鳴蛙事，如『水底笙簧蛙兩部』，雖以笙簧易鼓吹，不礙其意同。至『已遣亂蛙成兩部』，則『兩部』不知爲何物？亦是歇後。故用事寧與出處語小異而意同，不可盡牽出處語而意不顯也。」余謂此是糊塗，黄山谷詩餘：「斷送一生唯有，破除萬事無過。」乃是歇後，今人偏亟賞之，爲文豈當如是邪？

史記漢書

漢校書郎楊終，字小山，受詔刪太史公書，爲十餘萬言。是史記曾經刪定，非元書矣。然今之史記又非小山元本也。劉子駿著漢書一百卷，傳之劉歆，歆撰漢書，未及而亡，班固所作，全用劉書，則今之漢書亦非但襲司馬也。

岷嶓沔漢

蜀山之居左者皆曰岷，居右者皆曰嶓。水出於岷者皆謂之江，出於嶓者皆謂之漢，或謂之漾，或謂之沔。出於江而別流，別而復合，皆謂之沱。出於漢而別流，別而復合，皆謂之潛。古今論岷、嶓、沱、潛者衆矣，參差不一，莫得其真。唯繇不知左者皆得爲岷，右者皆得爲嶓，而獨指茂州之汶山爲岷山，金牛之嶓冢爲嶓山，隘矣！然今嶓冢又改隸陝西，非蜀可得並論也。此蜀藝文志中語。岷，説文作㟩，省作岷，隸書作汶，史記禹貢岷皆作汶，古字通用。今山東之汶上，音問；四川之汶川，音民；遼東之汶城，音文，不可溷也。沔水出武都沮縣東狼谷，至沙羨南入江，一名沮水。漾水出隴西柏道，東至武都爲漢。楊用修曰：「蘇代謂漢中之甲出巴者，原出西和州徼處，經階沔與嘉陵水合。閬水即漾水，浪、漾爲一水，字小別。墊江出江谷澤，經仇池，出宕渠，至巴郡入江。」馮嗣宗曰：「漢二源：其出鞏昌府秦川之嶓冢，至四川重慶府江津縣而入江者，西漢水也。水經所紀、禹貢：導漾東流爲漢者也；出漢中府沔縣之嶓冢，至漢陽府入江者，東漢水也。水經所紀：沔與漢合者也，漾至沮縣即爲漢水。沔水自出沮縣，蓋別爲一水也。沮縣，今漢中略陽。惟漾至沮爲漢，而沔又出於沮縣，此古之言沔、漢二水者，多溷爲一也。」張爾公引入正字通。

唐中興頌宋萬安橋碑

永州有顔魯公書唐中興頌，磨崖刻浯溪上，文甚簡，序云：「非老於文學，其疇宜爲。」其自負如此。黃山谷、張文潛皆有詩，發其義，責肅宗，而論者遂謂爲唐之罪案。范石湖所云：「從此磨崖不是碑也。」予謂其言皆太苛。使肅宗當時避擅立之嫌，則唐之天下非復唐有，而明皇當亦不知所終矣。魯公書之，必非有取於抑揚含刺譏也。南鼎甫爲柳州司李，予曾託搨得之，書法壯偉可尚。閱蜀志，資縣有顔魯公中興頌，刻於廢寺崖上，豈好事者摹刻耶？

泉州有蔡忠惠萬安橋碑，其文與字，差堪伯仲。朱山輝爲左江道，予亦託搨得之。後予至泉州，謁忠惠祠，手摩其碑，爲二石，其一似後人重刻者，故豐神稍遜。此即世所謂雒陽橋也，唐宣宗以其風景似雒陽，故名。橋乃衆等募修，橋成，適忠惠以入覲過，衆因求爲文，書之泐碑。文甚平實，載修橋人名氏甚明，無他説也。

宋牧仲筠廊偶筆云：「閩中洛陽橋圮，有石刻云：『石頭若開，蔡公再來。』鄞人蔡錫爲泉州太守，欲修洛陽橋。跨海工難施，錫以文檄海神，忽一醉卒趨而前曰：『我能齎檄往。』乞酒飲，大醉，自沒於海，若有神人扶掖之者，俄而以醋字出。錫意必八月二十一日也，遂以是日興工，潮旬餘不至，工遂成，語載錫本傳中。人不知而以其事附蔡端明，且以爲傳奇中妄語矣！」泉州志亦載錫修橋石刻，「若開」二字作「糜爛」二字，不言醉卒事。余嘗徘徊橋上四望，海潮之至有期，至時水亦不深，退則人於橋下取蠣，其工非難施者，錫傳仍未確耳。夫海既有神，則以檄投諸海斯可矣，何必定以卒往？錫果聽醉卒爲此，則其人亦無足言矣。若賢者處此，必更有道，豈肯令無辜酗酒自沒於水哉？今張侯望齋重修橋與祠，自爲詩文，不遠數千里，屬予作擘窠大字，雙鉤募泐於石，立祠中。今俗云：「蔡興宗修洛陽橋。」誤矣！橋上有小廟，稱將軍乃所謂下得海。不知何人所爲？可爲捧腹也。

韻

記曰：「聲成文，謂之音。」周伯琦曰：「音和爲韻，古云音，即今云韻也。其字與均同。」魏李登有聲韻，晉呂靜倣之作韻集五卷，宮、商、角、徵、羽，各爲一篇。齊周顒著四聲切韻，此平、上、去、入之始。梁沈約倣之，作四聲類譜。隋開皇時，陸詞作切韻五卷，名與顒同，即廣韻，更名聲律，又名律韻。毛大可云：休文、法言之韻，俱名切韻。四聲所分隸之字，皆法言所爲。李涪刊誤極詆吳聲。二人皆吳人，其書皆名切韻，後人遂以詆法言者，詆休文矣。唐天寶間，孫愐增訂作唐韻，仍名切韻。宋景祐時，有校定切韻五卷，本之詞。祥符間陳彭年、邱雍改作大宋重修廣韻，而切韻亡矣。其用以試士，則別有禮部韻略，一名官韻，與唐韻差異，大約分四聲爲二百六部。理宗時平水劉淵實始併爲一百七部，以頒於淳祐壬子，名壬子新刊禮部韻略。元黃公紹因之作韻會舉要，蓋後蜀孟昶嘗作書林韻會，黃公紹實本之。顧、毛論韻極確，獨未及昶耳。

今坊刻詩韻行世，如上海潘氏、濟南李氏、關中梁氏諸本，皆出自黃公紹，三百年來無有正其失者。先輩名公及近時作者，言詩必以唐爲法，而獨用宋末元初之韻，是惑也。李子德嘗得廣韻舊本，顧亭林言之陳祺公，託張力臣爲鋟木淮陰，此唐人所用之韻也。以此明告之，而踵謬襲譌者，曾莫之知返，亦負諸君之苦心矣。閲杜工部集，有詩題云：「聶耒陽以僕阻水，書致酒肉，療飢荒江。詩得代懷，興盡本韻。」蓋廣韻二十九篠、三十小。注云：「同用。」此詩盡用小韻，不及篠韻，故云「興盡本韻。」今韻則直併小於篠矣，不觀廣韻，不知此語之爲可説也。好學者鮮，能無嘆哉！漢許慎説文九千三百五十三。沈約四聲譜一萬一千五百二十。陸詞廣韻二萬六千一百九十四。禮部韻略止九千五百六十，申明續降一百八十三。毛晃增二千六百五十五。陸溱、范斗韻譜一萬四千五百二十二。孫愐所收唐韻四萬五千五百有奇。韻會一萬二千六百五十二。丁氏與司馬温公作集韻五萬三千五百二十五，新增二萬七千三百三十一。許氏説文元本十五卷，今行世者乃宋李燾更定，徐騎省本也。

韻不但爲詩設，故前人韻書皆不稱詩韻。吴棫有補音、韻補二書，宋人以之解經者也。易經、詩經與書經、春秋左傳所載歌詞，皆有韻，乃古人以自然得之，後人因之以作韻書。今不知古音，反以後人之韻，律古人之經，有不合者謂之「叶音」，可謂昧其本末矣。三代而上，豈有韻書哉？

韻所

葉嵩巢作韻所，集古今之韻，以五部統之。彙五部之韻，以十類括之。五部者，鼻、舌、脣、齒、喉也。質言之，一曰通喉，聲發於喉，而直達於脣、齒者也，魚、虞、蕭、肴、豪、歌、麻、尤，八韻是也；二曰舒頤，展其兩輔而收歸於齒、舌者也，支、微、齊、佳、灰，五韻是也；三曰串鼻，開口得字之後，轉而收入鼻音者也，東、冬、江、陽、庚、青、蒸，七韻是也；四曰抵齒，聲發於脣，歸於齦、齶，以舌抵上齒作收者也，真、文、元、寒、删、先，六韻是也；五曰閉口，其音將終，卻閉其口作收者也，侵、覃、鹽、咸，四韻是也。上去二聲，以斯爲準。至入聲，本無齒、鼻二部。屋、沃、覺、藥、陌、錫、職七韻曰通喉，質、物、月、曷、黠、屑六韻曰舒頤，緝、合、葉、洽四韻曰閉口而已。

十類者，東、冬、江爲一類，支、微、齊、佳、灰爲一類，魚、虞爲一類，真、文、元、寒、刪、先爲一類，蕭、肴、豪爲一類，歌、麻爲一類，陽、庚、青爲一類，蒸爲一類，尤爲一類，侵、覃、鹽、咸爲一類。上去亦如之。入聲三部，以五類括之，屋、沃、覺爲一類，質、物、月、曷、黠、屑爲一類，藥、陌、錫爲一類，職爲一類，緝、合、葉、洽爲一類。聲響雖殊，一以收韻爲式。

此説與毛大可大同小異。二君皆善歌，究心於聲音之道，其説之同，初非相襲，可見其自然之理矣。大可作古今通韻十二卷，已刻行。故予特表嵩巢之説。

大可所云古韻五部與嵩巢同，而以魚、虞、歌、麻、尤五韻，再與支、微、齊、佳、灰五韻，共十韻爲一部則異。其以五韻參按加二變爲七均，則東、冬、江爲宫，陽、庚、青、蒸爲變宫，真、文、元、寒、刪、先爲商，魚、虞、歌、麻、蕭、肴、豪尤爲角，支、微、齊、佳、灰爲徵，魚、虞、歌、麻尤爲變徵，侵、覃、鹽、咸爲羽。其以樂部五收屬五音，如所謂喉、腭、舌、齒、唇者。東、冬、江、陽、庚、青、蒸七韻爲一收，皆反喉入鼻之音，即爲宫音。其中又分正、變，則以陽、庚、青、蒸諸韻稍侵齦腭，故有分。若真、文、元、寒、刪、先則爲腭音，正商音也。商音每收字，必以舌抵上腭者。至魚、虞、歌、麻、蕭、肴、豪尤則懸舌嚮腭，謂之舌音。支、微、齊、佳、灰則衝唇接齒，謂之齒音。遂以舌、齒分角、徵，而魚、虞、歌、麻尤則以舌音而間爲齒用，故曰變徵。至侵、覃、鹽、咸則閉唇矣，閉唇者謂讀字訖一閉唇也，唇爲羽，故曰羽也。五音宫始羽終，韻部亦始於東、冬而終於鹽、咸。且宫、羽爲一類，今宫、羽皆有入聲；徵、角爲一類，今徵、角皆無入聲。

宫、商、角、徵、羽，是五音生出自然之序，喉、腭、舌、齒、唇屬之。大可所云樂部五收，屬五音也。嵩巢以鼻、舌、唇、齒、喉爲五部，而不言腭，乃以東、冬、江、陽、庚、青、蒸七韻謂爲串鼻，然此七韻是從喉反而翕於鼻者。鼻不能生音，五音皆口司，非鼻司也。舊以喉、齒、牙、舌、唇言，後疑齒、牙溷出不合，改牙爲咢，作喉、齒、咢、舌、唇。咢即腭，亦作齶，謂齦肉之連上覆者。大可曰：「以宫爲喉音，商爲齒音，角爲咢音，徵爲舌音，羽爲唇音，於腭、齒之間仍不合，故正之以喉、腭、齒、唇、舌。」予謂此序不可易也。

反切

古有雙聲音紐，下元有反切，後人以反字不祥，易作飜字。實則慢聲、急聲，古已有之，謂始於番書，故名飜者，非也。切韻以分別親切爲義，禮部韻略云：「音韻展轉相協謂之反，亦作翻，兩字相摩以成聲韻謂之切。又南北朝以上皆謂之反，唐則謂之切。」顧亭林音論博引經傳，明反語不始於漢末神珙。四聲五音九弄反紐圖序云：「梁沈約創立紐字之圖，其卷內之字，或以飜代反，或以紐代反。」是反、切、飜、鈕，其實一也，諱「反」字，是唐以後事。而音之有反切，不當獨讓之緇流也。

亭林云：「反切之語，自漢以上即已有之。」宋沈括謂：「古語已有二聲合爲一字者，如不可爲叵，何不爲盍，如是爲爾，而已爲耳，之乎爲諸。」鄭樵謂：「慢聲爲二，急聲爲一。慢聲爲者焉，急聲爲旃。慢聲爲者與，急聲爲諸。慢聲爲而已，急聲爲耳。慢聲爲之矣，急聲爲只。是也。」然則二合、三合之字，梵音亦未必，非得法於華音也。

蘭亭

予有定武蘭亭五字未損本，嘗攜至都門，爲孫北海、龔芝麓、劉魯一、王燕友、汪苕文諸公所賞，因而知之者衆。沈繹堂太史相遇青門，使來假觀。時此本藏在山齋，適笥中有別本，遂付之，未及面告。繹堂乃作一跋述所聞，謂的係定武，又自詡鑑賞不謬，輒書其後，而不知其非前本也。及過華下，予有荆山之行，終不獲白。今繹堂已謝世，事出無心，然冥冥之中欺吾友矣！

莊澹庵太史遊華下，曾借予蘭亭臨摹，久之未復。一日以蘇東坡真跡見貽，予心異之，答以箋辭不受。澹庵復託孫長發明府爲言，願相易，予仍謝之。後數年售之知者，雖以貧故，亦念天下尤物，未可久據也。

宋理宗有禊序一百十七種，裝作十册，宋亡不知所歸。明太祖賜晉藩本爲一大套，内有十小套，每套十本，共計一百種。是非同異，皆不可考。遭大亂後，散佚民間，王燕友得一小套，内止九本，尚缺其一。予曾見之，皆前代人刻，目所未睹，亦耳所未聞者。大約禊序自唐人臨摹，有肥瘦之分，後之作者紛出，至不可勝計。予夙好蓄此帖，有十數本，除定武外，唯潁上、國子監、東陽本差佳。又有一本曾經邢子愿收藏，有名字、小印，亦頗佳，然不能辨其爲誰氏刻也。

作文當慎

作文當慎，即作傳奇亦當有則。臨川湯氏還魂記，倩麗俊穎，儘見才思，然只數齣耳，餘亦平平。石道姑扯千字文，判官評花，雖屬游戲，了無意味。「女，顔回。」「孔子陷公冶長。」諸語，侮聖賢矣！「重瞳有眼蒼天瞎」，尤無忌憚。有何不得已而爲此？文人輕薄，無足言者。山陰王氏評點梓行，華亭陳氏序中述張新建嘗勉之以濂雒關閩之學，謂不宜逗漏於碧蕭紅牙隊間。湯曰：「某與吾師終日講學，而人不解也。師講性，某講情。」語似有致，而巧言無實，此孔子之所謂惡夫佞者也。聖賢何嘗不講情，吾不知還魂記所講之情爲何情也？唐李長吉詩有：「天若有情天亦老」，人以爲奇句。石曼卿對云：「月如無恨月長圓」，人以爲勁敵。秦少游作詩餘，嘗用長吉句，程子面斥其褻天，使見臨川語，不知更謂何如也？

外丙仲壬

外丙二年，仲壬四年，爲説不一。或云：「以邵子經世甲子曆推之，無此二君年。」是當主年幼説。或云：「二君立二年、四年而亡，天意乃在太甲。」或云：「二君之立在既廢太甲之後，立此二君，二君既立，而亡乃及太甲。」近世艾千子主後説，謂：「太甲顛覆典刑，已在爲太孫之日，尹實廢之，而立外丙、仲壬及其皆不久，而後爲遷桐放君之事。故曰『伊尹聖之任者也。』若曰二歲、四歲，則此二語爲贅詞。」陳名夏主前説，謂：「當日體統斷無舍嫡立庶之理，太丁未立，國有長孫，況支庶皆弱小無知者乎？」

按：主年幼説，特以甲子曆推，疑無此六年耳。然皇甫謐有云：「武王即位在乙酉。」與所稱己卯相去六年，則武王之誤六年，其即商之失記此六年與？且如主年幼説，則不應先二年者，而後四年者，聖賢出言豈得無序？故書有言伯夷、叔齊者矣，未有言叔齊、伯夷者也。若魏鶴山解年歲字，則又固矣。

唐鑑

元祐中，客有見程伊川先生者，几案間唯印行唐鑑一部。先生曰：「近方見此書，三代以後無此議論。」尹和靖嘗問此書如何？先生曰：「足以垂世。」蓋范淳夫曾與先生論唐事，及爲此書，多用先生之説。先生謂門人曰：「淳夫乃能相信如此。」故先生屢稱之也。今有刻本多刻正學書，不增減一字，亦不輕著評點，有功於後學不淺。視世之浪刻詩文，評點滿行間者，霄壤矣！

末厥兵

陶穀云：「尖簷帽子卑凡廝，短靿靴兒末厥兵。」歐陽永叔不知末厥之義，以王原叔博學多聞，問之亦不知，乃云：「第記之，必有知者。」劉貢父云：「今人呼禿尾狗爲厥尾。衣之短後者亦曰厥。末厥兵正謂未賦耳。」似矣，終未確也。然此鄙小之事，不知猶可，若櫺星門是國家大典所在，竟無知者，何也？

母弟

視異母之弟，殊於同母之弟，古人尚諱言之。今人爭論，乃有執之爲詞者，世道之澆，人心之昧，而不明至於如此，可嘆也！程子曰：「先儒母弟之説非也。禮云：『立嫡子。』母弟者謂嫡也，非以同母爲加親也。以同母爲加親是知母而不知父，非人道也。知母而不知父，狗彘是也。知父而不知祖，飛鳥是也。」觀程子此言，可以警矣！

外大吏

外大吏之以清正率厲寮屬也，實自湯潛庵始。而今之賢者往往著聞，顧其安勉不同耳。若鑑察之識，幹濟之才，擔當之膽，則賦之自天，非可以強企也。然則遂不可學與？曰亦祇是要窮理。

潛庵少年進士，初以翰林簡討，出爲潼關兵備。官閒務簡，日惟讀書，清介之操可比海剛峰。陞任江右，與余言别，嘆時事之難，即有歸田之志。到任無幾，遂自告休。後以魏環溪薦博學宏詞，復入翰林，爲侍講。余西歸日，嘗有寄余札，云：「都門相聚數月，晤對無幾。臨别匆匆，未及追送爲歉。兩人相約同歸，先生得遂本志，而弟久滯長安，命也。史局方開，未敢遽請。何時乞身，了此一叚蛇足也？」後又有答余札，云：「都門僧寮寄跡，數數往還，快聆高論，甚慰夙心。先生名山著書，清風峻節，海内仰之如天半朱霞。又得亭林先生共隱，商確古今，以古道相砥礪，泰山孫、石不足方矣。子德歸養一疏，情同令伯，而高節過之，飄然出都，真鳳翔千仞。至承歡北堂，絶無軒冕態，此固應然，無足異者。中孚冥鴻高蹈，其躬行心德，在語言文字之外。關中形勢完固，風土淳淑，代有偉人，恐不能過今時也。弟雖久滯長安，寤寐歸依，實在四先生。不知何時被放，相從於渭、洛、二華之間也。史事正德以前稿已粗就，目下分世廟以後，大約明春初稿可成。人分五班，弟與苕文、石臺同在首班。太祖本紀，弟以茲序辭之不得，一代開創規模，豈庸手所能繪圖？詳略失宜，體裁乖謬，甚爲愧慚。後半漸入近事，封疆門戶忌諱繁多，尚求時賜指南，庶免隕越。」手跡宛然，今猶藏在巾笥。回思三十年間，升沉生死，倏然如夢，不覺泣下沾衿矣。

王阮亭有寄余札，云：「頃徵聘之舉，四方名流，雲會輦下，蒲車玄纁之盛，古所未有。然自有心者觀之，士風之卑，惟今日爲甚。如孫樵所云：『走健僕，囊大軸，肥馬四馳，門門求知者，蓋什而七八。』其自重以重吾道、重朝廷者，厪有之矣。獨關中四君子，卓然自挺於頽俗之表：二曲貞觀邱壑，雲臥不起。先生褐衣入都，屏居破寺，閉門注易，公卿罕識其面。焦穫跡在周行，情耽林野。頻陽獨爲至尊所知，受官之後，抗疏歸養，平津閣中，獨不挂門生之籍。四君子者出處雖不同，而其超然塵壒之表，能自重以重吾道、重朝廷則一也。此論藏之胸中，惟一向蔚州魏環溪、睢陽湯荆峴兩先生言之，不敢爲流俗道也。先生歸臥三峰，起居甚適。茲因孔霽庵舍親之任，附候道履。先生道德文章，已爲舍親數悉之，行部至華，當先式廬，幸勿避客。至地方利弊，民間疾苦，亦不妨公言之，庶相與以有成也。貴鄉諸郡，自嘉靖後，人物應立傳者，姓氏及其家傳碑版，切望詳晰寄示，幸勿以身隱焉文，使文獻有闕如之憾耳。」余辱阮亭之知非一日，己酉在都門與汪苕文、劉公勇、程周量、孫補庵諸君日相過從，而諸君皆已作古人，獨阮亭與予存。偶撿此札，不勝今昔之感！以中言及睢陽，又論戊午事，有戚戚於心者，故録之於册，將以傳示子孫。雖有過譽之言，涉於自矜，所弗顧也。

紀談

有客過談，述所聞相質者，輒敍次其語。

陽數一衍之爲十，干之類是也。陰數二衍之爲十二，十二支、十二月之類是也。干者，幹之義，陽也，亦曰雄。支者，枝之義，陰也，亦曰雌。干十而支十二，陰陽之道相浸不相離也。竊謂五爲陽數之中，故干以五衍；六爲陰數之中，故支以六衍。

辰數十二，日月交會謂之辰。辰，天之體也。天之體，無物之氣也。十二辰。寅字音移。

日以遲爲進，月以疾爲退，日、月一會而加半日、減半日，是以爲閏餘也。日一大運而進六日，月一大運而退六日，是以爲閏差也。

日行陽度則贏，行陰度則縮，賓主之道也。月去日則明生而遲，近日則魄生而疾，君臣之義也。陽消則生陰，故日下而月西出也。陰盛則敵陽，故日望而月東出也。

日隨天而轉，月隨日而行，星隨月而見，故星法月，月法日，日法天。天半明半晦，日半贏半縮，月半盈半虧，星半動半靜，陰陽之義也。

天之神栖乎日，人之神發乎目。人之神寤則栖心，寐則栖腎，所以象天也，晝夜之道也。

二至相去東西之度凡一百八十，南北之度凡六十。冬至之月所行，如夏至之日。夏至之月所行，如冬至之日。四正者，乾、坤、坎、離也。觀其象，無反覆之變，所以爲正也。

冬至之子，中陰之極。春分之卯，中陽之中。夏至之午，中陽之極。秋分之酉，中陰之中。凡三百六十中，分之則一百八十，此二至二分相去之數也。

冬至之後爲呼，夏至之後爲吸，此天地一歲之呼吸也。

陽生陰，故水先成。陰生陽，故火後成。陰陽相生也，體性相須也。是以陽去則陰竭，陰盡則陽滅。

金、火相守則流，火、木相得則然，從其類也。

水遇寒則結，遇火則竭，從其所勝也。

劉邵曰：火日外照，不能内見。金水内映，不能外光。二者之義，蓋陰陽之別也。

天地之道不測，不可以形盡。渾天儀蓋之說，以形盡之，予之所不能信也。

二集卷六

顏子生卒

周景王十四年，即魯昭公二十一年庚辰，冬十一月辛巳朔十六日丙申，顏子生。少孔子三十歲，少伯魚十一歲。周敬王二十七年，即魯哀公二年戊申，是年顏子年二十九，髮白。又三年辛亥，年三十二，秋八月乙未朔二十三日丁巳，顏子卒。葬魯城東防山之陽。娶宋戴氏，生子歆。孔子厄於陳、蔡之間，乃哀公六年，則顏子先一年死矣。其秋昭王卒，孔子自楚反衞。史記固云：「是歲也，孔子年六十三，而魯哀公六年也。」其載孔子與子路、子貢、顏回問答語，皆傅會之詞，傳聞之誣，故不無自相矛盾。家語尤屬僞書，其所載之詞，又與史記不同。至引伍子胥以諫見殺事。按：春秋哀公十一年爲吴夫差十二年。左傳記子胥以諫死，則在後五年，安得語先引及也？何子元云：「論語：顏淵死，顏路請子之車。子曰『鯉也，死有棺而無椁。』以家語所記歲年較之？顏淵死時，伯魚無恙也。」然則家語之不足信甚矣！

孔子及七十二子像贊

孔子及七十二子像，李龍眠筆。宋高宗製贊並書，紹興二十六年十二月刻石太學，今在仁和縣。聞舊有秦檜記有曰：「孔聖以儒道設教，弟子皆無邪雜背違於儒道者。今縉紳之習，或未純乎儒術，顧馳狙詐權譎之説，以僥倖于功利。」其意爲言恢復者發也。永樂時，吴文恪訥按浙，嘆曰：「奸穢之名，邪妄之語，豈可厠於聖賢圖像之後？」立命磨去。按：漢靈帝光和元年置鴻都門學，畫孔子及七十二弟子像。是漢時已有畫，今皆不可見矣。名山圖有諸葛孔明畫，雖係臨寫，亦可知其能畫也。附記。

王巽卿

王巽卿云：「陸象山論無極曰：『易言有，今乃言無。』」是指『易』字只作一本書，此因『易』字相同，而遂硬坐其失也。象山所云「易言有」是斷語，謂易書云：「易有太極」是「易言有」也，非以「易有太極」之易爲書也。譬如有人引大學云「大學言道在明新」，遂斥其以大學爲一本書也，可乎？除技術家外，無有解「易有太極」之易爲一本書者，況象山乎？學者讀書論人，不平心細思，而立意索瘢如此者，不足以見象山之瘢，適足以見巽卿之不明文義而已。且按：陸子與朱子原書云：「易大傳曰：『易有太極。』聖人言有，今乃言無，何也？」再按：朱子與陸子原書云：「來書又謂大傳明言『易有太極』，今乃言無，何也？」今二子之集俱載，其書可考。不知巽卿獨謂「易言有」者，又何據也？巽卿名申子，宋人，留心易學，嘗著大易緝說，然欲申己之辨，改其原詞以遷就之。如此論學，亦奚貴乎？

轉注假借

亭林嘗舉轉注假借之解，引趙古則曰：「自許叔重以來，以同意相受，考老字爲轉注，依聲託事，令長字爲假借之說既興，康成以之而解經，漁仲以之而成略，遂失轉注假借之本指。蕭楚謂：『一字轉其聲而讀之，是謂轉注。』近世程端禮謂：『轉注爲轉聲，假借爲借聲。』足正考老之謬。」

又引楊慎曰：「六書當分六體，班固云：『象形、象事、象意、象聲、假借、轉注是也。』六書以十分計之，象形居其一，象事居其二，象意居其三，象聲居其四。假借者，假此四者也。轉注者，注此四者也。四象以爲經，假借、轉注以爲緯。四象之書有限，假借、轉注無窮也。鄭漁仲六書考論假借極有發明，至説轉注之義，則謬以千里矣。」

又引陸深曰：「轉注者，轉其音以爲別字，令、長之類是也。假借者，不轉音而借爲別用，能、朋之類是也。」此説正從前之誤，有功於後學不淺。至以先儒兩聲各義之説爲不盡然，則不能無請益者。如所引離騷、趙幽王（友）歌，以美惡之惡讀去聲；劉歆遂初賦、丁儀厲志賦，以愛惡之惡讀入聲，此古人用韻之疏濶耳。代移事異，文字日繁，細與分晰，猶恐不明，而此説一興，混淆紛錯，有不可勝言者矣！今如以士志於道而恥惡衣惡食者，謂亦可讀作去聲；民之所惡惡之，謂亦可讀作入聲，可乎？此正當以兩聲各義，正古人用韻疏濶之不必從，不當以古人用韻疏濶，反疑兩聲各義之説爲不盡然也。

蜀石刻

眉州象耳山舊有李白題石云：「夜來月下臥醒，花影零落，滿人衣袖，疑如濯魄冰壺也。」風人逸致，千載如見。

簡州逍遙洞有漢碑，上十二字，云：「漢安元年四月十八日會仙友。」旁書東漢仙集留題。乃古隸，究不知爲何人遺跡也。

後蜀孟昶嘗立石經于成都，又作書林韻會。黄公紹韻會舉要實本之，然博洽不及也，故以韻會舉要爲名。五代僭僞諸君，吴、蜀獨有文學。然李昪俗誤作昇。不過能作小詞，不及昶遠矣。昶又嘗纂集本草。

三九

孫叔敖碑云：「三九無嗣。」洪景伯注云：「無相繼爲三公九卿也。」此語似誤。國絶注云：「二十七年國絶，不續。」則三九者，正二十七之説也。戰國策有九九八十一、三七二十一之文，古人往往用此。

古詩

古詩十九首，不知作者。或云枚叔，文選注以『游戲宛與洛』、「驅車上東門」詞兼東都，非盡是叔。又以「東城高且長」與「燕趙多佳人」明是二首，不應合而爲一。予於前山志中已言之，以爲一人詩也。今又按：徐陵玉臺謂「西北有浮雲」以下九首，爲枚叔作。前二語皆不在其中。而「凜凜歲雲暮」、「冉冉孤生竹」列爲古詩。又或分「行行重行行」爲二首，以其別用韻也，似誤。文心雕龍云：「孤竹一篇，傅毅之詞。」唐僧皎然以「青青河畔草」爲蔡邕作。楊昇庵云：「十九首非一人之作，亦非一時也。其曰玉衡，指孟冬，而上云促織，下云秋蟬。蓋漢之孟冬，非夏之孟冬矣。漢襲秦制，以十月爲歲首，漢之孟冬，夏之七月也。其曰『孟冬寒氣至，北風何慘慄』，則漢武帝已改秦朔，用夏正以後詩也。三代改朔不改月，古人辨證博引經傳多矣，獨未引此耳。」見蜀志。

楊光禄詩

余舅楊光禄公，自四川罷歸，於檀峪築一園，名翠微莊，眺詠自娛。有六言詩四首，其一曰：「一帶千峰萬壑，四時暮靄朝煙。高樹危巢宿鳥，斷橋野水平田。」其二曰：「雜卉參差遶砌，清流廻合交門。雨暗平疇翠浪，煙籠曠野孤村。」其三曰：「深巷花陰犬吠，夕陽柘影牛眠。摘果家家有圃，灌蔬處處分泉。」其四曰：「庭唳梳翎素鶴，院橫偃蓋蒼松。功課蒲團竹几，生涯茶臼藥舂。」其餘詩文無一存者。偶於鄉間老友處得此，謹録之，亦可想見公之風神一斑矣。

沈繹堂華嶽碑跋

余有郭香察書華嶽碑帖，爲郭宛委遺物，沈繹堂見之，嗟賞不置，遂爲跋云：「華陰王子山史，博雅嗜古，所藏定武蘭亭、率更醴泉舊搨，皆精妙入微，而郭香察隸書華嶽碑，尤冠絶今古。碑燬已久，海内僅存此本。山史居近名嶽，又與郭、東諸君游，鑑精識邃，授受矜重，巋然與三峰並峙，益可珍也。但恐神物易化，風流漸邈，當亟謀撫泐，如岣嶁、介休故事，使漢隸面目猶存天壤間，山史其重圖之哉！」前有錢牧齋七言長歌，自以小楷書之。蓋昔爲宛委作者，詞頗詳雅，亦未可廢也。

謝康樂詩

「池塘生春草，園柳變鳴禽。」本康樂佳句也。吟牕雜録云：「靈運坐此詩得罪，遂託以阿連夢中授此語。」有客以請舒王，舒王曰：「權德輿已嘗評之。」客求之不得，復問，舒王曰：「池塘者，泉州瀦漑之地，今日『生春草』，是王澤竭也。豳詩所紀，一蟲鳴則一候變，今日『變鳴禽』者，候將變也。」客以此益服舒王之博。予謂：此亦傅會之詞，必如此論詩，則古今詩人之應得罪者多矣！葉石林稱其工，正在無所用意得之。

殺生

近殺機者不祥，故聖人以殺獸謂之不孝，禮有「無故不殺」之文。彼殺之者，猶以其爲食也。若微細之蟲不可以爲食，又非蛇蝎之屬，足以爲人害者，殺之尤無謂。無謂而殺，是兇也，故謂之不祥。孟子所謂「君子遠庖廚」者，蓋以養不忍之心也。故曰：「仁術擴而充之，即聖人所爲育萬物者在是矣！」天地好生不忍之心，即生生之心也。亡其不忍之心者，即自戕其生生之心也。故好殺者不壽，其後不昌，此聖賢之理與異端之說不同。夫忍於細微之蟲者，即忍於人之漸也，可不畏哉！

謚典

崇禎十六年七月十一日，李清題爲慘死諸臣早定謚典事，二十二日奉聖旨：「該部速與題覆。」十七年弘光即位，九月十七日禮部侍郎管紹寧題覆擬謚二十五臣，奉聖旨：「準照正擬予謚。」今列于左：

南京御史蔣欽忠烈　兵部主事陸震忠定　行人孟陽忠清　工部主事何遵節愍　行人李紹賢忠端　刑部主事劉較孝毅　評事林公輔忠恪　行人詹寅忠憲　行人李輸臣忠毅　行人詹軾忠潔　行人劉平甫忠質　給事中周璽忠愍　京衛指揮張英忠(壯)[莊]　錦衣衛經歷沈鍊貞肅　左春坊左諭德繆昌期文貞　左僉都御史左光斗忠毅　工部郎中萬燝忠貞　御史李應昇忠毅　御史黄尊素忠端　御史周宗建忠毅　應天巡撫周起元忠惠　給事中周朝瑞忠毅　御史袁化中忠愍　禮部員外顧大章裕愍內闕一人。又沈鍊天啓元年已予謚忠愍。

按：劉瑾擅權亂政，首斥其奸惡者，實蔣公也。今略述其始末：正德元年，洛陽、餘姚兩相國去位。十一月初四日，南京陝西道監察御史蔣欽率同官薄彥徽、王蕃、葛浩、黄安甫、史居佐、任諾、李照、姚學禮、陸崑、張鳳鳴、曹閔，十二人共具疏言：「陛下視朝太遲，遊戲無度，與内臣劉瑾、馬永成等馳馬射箭，市食擊毬。劉健、謝遷直此多事之秋，宜鞠躬盡瘁，以濟艱難，不當坐視國弛，忍心避難。望收回成命，留劉健、謝遷，仍與李東陽照舊辦事，以抑權奸。」十二月十七日奉聖旨：「著錦衣衛都拿解來京，送鎮撫司各打三十，削職爲民。」二年閏正月十五日蔣欽復獨伏午門上疏，請誅賊臣，言：「劉瑾悖逆之徒，蠹國之賊，貪賄鬻爵，假示皇命，陛下懵如不聞。縱令劉瑾壞天下事，壞國家事，壞祖宗百餘年事，陛下亦有何面目立於天地間乎？請急殺瑾以謝天下。」奉聖旨：「著錦衣衛就於午門上再打三十。」十七日仍再上疏，請殺逆賊以慰内外人心，言：「賊瑾蓄惡非一朝，陛下日與嬉遊，懵不知避。内外臣民，罔不寒心。瑾在左右，猶安禄山之在唐，秦檜之在宋，陰爲不軌。臣願借尚方劍以誅之。臣待罪闕下，又辱聖杖，今骨肉都消，涕泗交作，七十二歲老父不能復顧。臣死何足惜，但陛下覆國喪家之禍起於旦夕，是大可惜也。陛下不殺此賊，當殺臣。臣得與龍逄、比干同遊地下，不與此賊同立朝廷。」奉聖旨：「著錦衣衛再打三十。」十九日遂死，年四十有九。忠鯁之氣，九死不折，真鐵漢矣！後瑾既伏誅，正德九年十月二十日尚書楊一清等，以給事中孫禎、御史吴祺等請卹典具題，二十三日奉聖旨：「贈光禄寺少卿。」嘉靖十八年十月初六日，尚書嚴嵩等以巡按御史陳蕙奏乞諭祭修墳具題，初八日奉聖旨：「準與諭祭修墳。」十九年正月十三日尚書許讚等具題請廕，十五日奉聖旨：「準廕其子蔣浣入監讀書。」

初，公草疏燈下，聞鬼聲，因起視曰：「此疏一進，且掇奇禍。嗚者殆先人之靈邪？可更厲聲。」聲復四震，公乃嘆曰：「欽業已委身，義不得緘默負國，爲先人羞。死則死耳，不可易也！」及公死後，正德四年三月十六日，通州李生安國召仙，仙至書：「人生自古誰無死，留取丹心照汗青。」叩其姓氏，則曰：「吾常熟蔣欽也。」復題七言一律，自謂蓬島得名。此二事見松牕快筆，今世或傳爲楊忠愍事，即「轟轟烈烈做一好丈夫」，亦公疏中語，嗚鳳記中用之。「人生」二句乃文信公詩。□□□作李忠文神道碑云：「公聞城破，移宿文信公祠下，告曰：『邦華即邦後學，合死國難，請從先生於九京矣。』取白縑書贊繫腰間，曰：『堂堂丈夫，聖賢爲徒，忠孝大節，誓死靡渝。臨危授命，庶無愧吾。君恩未報，鑑此癡愚。』

縑尾書『人生自古誰無死，留取丹心照汗青。』正述信公詩也。」

蔣公忠直之氣，眞可稱勁松嚴霜矣！然詞涉太過，似非告君之體，孔子之道當不如此，不但取辱云也。黄石齋公亦以直諫蒙杖者，其論易有曰：「凡易爲救世而作也。世有憂患，聖人與共，四方有敗，必先知之。故爻、象，胗脈者也。六十四事，制方者也。爲爻、象而無大象，猶切脈而無方藥也。君子之爲道，嚴於責君子而寬于責帝王。易之言先王者七，后大人者三，餘皆君子也。故君子爲王后，救世而治方藥者也。救天下而以干戈，救君上而以諫諍，君子慎用之。故建侯行師，遇主納約，爻、象間或言之。至於六十四事，修德行政而已。上經取法天地，終於日月，其爲道自韋布通於君相。下經取法山澤，終於水火，其爲道自君相通於百執事。爲治而不知六十四事之象，雖明知吉凶，與世同患，於以救敝起衰無繇矣。善乎，此學者所不可不亟講也！」浦潛夫作周易辨，因大傳云「古者包羲氏之王天下也」，遂拈「王天下」三字，謂易是專責王者，乃偏論也。

無極字同義異

邵子云：「無極之前，陰含陽也。」或據蔡節齋之解謂：「是又先言用也。」吴草廬曰：「邵子所謂無極，即非周子所言之無極，但二字相同耳。」無極之前陰含陽也，有象之後陽分陰也，此是邵子解伏羲六十四卦圓圖。左邊自復卦至乾卦屬陽，陽主生，言生物自無而有也。右邊自姤卦至坤卦屬陰，陰主殺，言殺物自有而無也。無極之前謂自坤卦右旋以至於姤也。有象之後謂自復卦左旋以至於乾也。自坤前至姤皆屬陰，而陰之中有八十陽者，陰中所含之陽也。自復卦至乾皆屬陽，而陽之中有八十陰者，陽中所分之陰也。即非「先言用也」，節齋不特錯解其義，並改「無」字爲「太」字。草廬解「無極」二字「字同義異」，足釋後人之疑。詳見予正學隅見述中。

徑一圍三隔八相生

偶見邸鈔，正月初四日有旨，言徑一圍三之非，云：「徑一尺，圍當三尺一寸四分有奇。若止於圍三，則奇零不盡之數無所歸著。每徑一尺，即差一寸四分有奇。尋丈以上，其差彌甚。徑一圍三，止可算六角，而不可算圓圍也。至十二律，隔八相生，宋人雖有圖説，未嘗揭出自然之理與所以然之故。今令樂工，以遂和瑟審其聲音。七音高下，次第相生，至第八聲，復還其始。所謂隔八相生之法，其本原實在乎此也！」天子睿哲，今之學者所概未知也。

按：漢蔡邕原文云：「龠，黃鐘之宫。長九寸，空圍九分，容秬黍一千二百粒，稱重十二銖，兩之爲一合三分，損益轉生十一律，故新書謂之律呂本原。」

宋胡安定曰：「按歷代律呂之制，黃鐘之管長九十，黍之廣積九寸，度之所由起也。容千二百黍，積八百一十分，量之所由起也。重十有二銖，權衡之所由起也。既度、量、權衡皆出於黃鐘之龠，則黃鐘之龠圍、徑、容受，可取四者之法，交相酬驗，使不失其實也。今驗黃鐘律管，每長一分，内實十三黍又三分黍之一，圍中容九方分也。後世儒者執守孤法，多不能貫知權量之法，但制尺求律便爲堅證。因謂圍九分者，取空圍圓長九分爾。以是圍九分之誤，遂有徑三分之説。若從徑三、圍九之法，則黃鐘之管止容九百黍，積止六百七分半，如此則黃鐘之聲無從而正，權量之法無從而生。周之嘉量，漢之銅斛，皆不合其數矣。」

王仲復曰：「按朱子云：『古人只説空圍九分，不説徑三分，蓋不啻三分，猶有奇也。』則漢、魏而下，律之圍徑不得其真者，大率惑於徑三分之説，而不知其猶有奇爾。至胡安定始辨其誤，謂黃鐘之管徑三分四釐六毫，圍十分三釐八毫，而蔡氏從之矣。」

彭魯齋乃云：「若依三分四釐六毫徑，當得圍長十分八釐七毫六秒二忽強，其空圍内積實不但八百一十分已也。」

今考其說，圍當十分六釐三毫六秒八忽奇，徑當三分三釐八毫四秒四忽奇，較似精密。此徑一圍三之説所以不合也。五聲宮、商、角、徵、羽，加變徵、變宮，古人謂之和繆，左氏所謂七音，漢志所謂七始是也。五聲十二律，至第七爲變徵，然後復旋宮，故曰「七均備而一調成」。七律自爲一均，其聲自相諧也。隔八相生，實止隔七，連第八數乃云隔八也。八十四聲：正律六十三，變律二十一。六十三者，九七之數也。二十一者，三七之數也。朱子曰：「律呂有十二個，用時只使七個。若更插一聲，便拗了。」凡調皆七，故毛大可論七調隔八相生，七調外皆複調也。所謂二十四調、六十調、八十四調、三百六十五調，實只七調也。所謂至第八聲復還其始者，此之故也。

程子云：「以律管定尺，乃是以天地之氣爲準，非秬黍之比也。秬黍積數，在先王時唯此爲適，與度量合，故可用，今時則不同。」而孔東塘言：「累黍之法不差列律候管，屢試之而不應，必不可恃。」則與程子之言特異，附識之，以俟後之有心者。

歲星

敬王十年，吴伐越。史墨曰：「不及四十年，越其有吴乎？越得歲而吴伐之，必受其凶？歲星所在有福，犯者受殃。」三十六年一周，故曰不及四十年也。

五加皮

五加皮一名金鹽。陶隱居曰：「釀酒能益人。」魯定公記載古語云：「寧得一把五加，不用黄金滿車。寧得一把地榆，不用明月寶珠。」又五加一名文章草，見譙周巴蜀異物志。

避火法

周宗伯云：「昔有孫供奉者，火發千堂，衆皆奔逃。有乳媪直穿煙焰中出，身不焦灼，嬰兒尚眠不覺。人問之，答曰：『吾夫云避火當瞑目認路，勁直趨出。若目開則氣悶必倒。我用此法，故出而不損，亦不覺身蹈烈火也。』予在浙江，屢見有火發而人不獲免者，故特著之。」

神龜

永樂年於陽山采石，爲孝陵碑，石長十四丈，濶三之二，厚一丈二尺。尋於龍潭山麓鑿石求趺，既而神龜呈露，昂首曳尾，介文玄蒼，乃於龜下得趺，材適與碑稱。石龜藏孝陵殿中，有木平臺，上安二御坐，乃朱紅圈椅，前一朱紅案，案左一紅匣，貯龜於中，長可尺餘，首昂身形略似而已。右以一空匣配之。鄒簪事作記，謂宜藏於太廟中。今人遂謂太廟中有神龜，誤矣！

朐䏰

朐音渠，朐音閏，䏰音蠢。朐䏰，蟲也。夔州地多此蟲，因以爲縣名：晉書「咸熙二年，朐䏰縣獻靈龜」是也。許氏說文：「朐，其俱反。」顔師古漢地里志注：「朐音劬。」杜佑通典：「朐，如順切，皆從句，朐，脯脡也。申曰脡，曲曰朐。」曲禮：「以脯修置者，左朐右末。」非地名也，地名自是朐，從句，古人亦不及辨。

唐賢

唐自大曆以後，節度使多出禁軍，大將皆以倍稱之息貸錢，以賂中尉而得之，動踰億萬。至裴度、韋處厚奏用高瑀爲忠武節度使，中外相賀曰：「自今債帥鮮矣。」後世不用貸錢，約有成説，抵任後勒索屬官，剥削小民，償之耳。夫爲裴度、韋處厚者，何人乎？彼中尉亦奚足言！

唐浙西觀察使李景讓母鄭氏，性嚴明，早寡，家貧子幼，每自教之。宅後牆陷，得錢輒命掩之，祝曰：「吾聞無勞而獲，身之災也。天必以先君餘慶，矜其貧而賜之，則願諸孤學問有成，此不敢取。」及景讓宦達，髮已班白，小有過，不免捶楚。弟景莊不第，景讓終不肯屬主司。或以爲言，曰：「朝廷取士，自有公道。」後之士大夫有在權要之地者，其子弟親故無不登第。在己居之不疑，在人亦知之，不以爲訝。若景讓者，可謂君子矣！至鄭氏之賢哲，則尤古今所罕也。

桐花鳳

李德裕有畫桐花鳳扇賦，序云：「成都夾岷江，磯岸多植紫桐。每至春暮，有靈禽五色，小於玄鳥，來集桐花，以飲朝露。乃花落則煙飛雨散，不知其所往。」劉績云：「即東坡詞所謂緑毛幺鳳，俗名倒挂者。」李之儀有阮郎歸詞，自注云：「此鳥以十二月來，一名收香倒挂，又名探花使。性極馴好，集美人釵上。」壬戌，予在廣陵，有自閩中來者，攜此鳥二，形色俱類鸚䳇而小，翅下有一二紅毛，其一頂上有翠纓。栖必倒挂，故名倒挂。及予至泉郡，則見有紅色者，皆所謂小於玄鳥者也。李之儀所云似更小。先輩有詠緑牧丹詩者，云：「狂蜂采去渾疑葉，幺鳳藏來只辨聲。」正當與之儀所云同。予亦嘗聞有人云小似蜂，抑有二種耶？又在泉郡見紅色鸚䳇，其色渥丹，亦有五色者，皆外國産也。臺灣鸚䳇，則與隴産同差大。

浣花夫人

成都浣花溪，地名百花潭，有石刻浣花夫人像。志云：「夫人姓任氏，崔寧之妾。」通鑑：「成都節度使崔旰入朝，楊子琳乘虛突入成都。旰妾任氏，出家財募兵得數千人，自帥以擊之，子琳敗走。朝廷加旰尚書，賜名寧，任氏封冀國夫人。」宋任正一遊浣花記云：「百花潭，見於杜子美詩，非因冀國而得名也。百花潭口有任氏一碑，宋熙寧時吴中復撰，八分書也。字半漫滅，略可知者，云：『夫人微時，見一僧墜汙渠，爲濯其衣，百花湧出，因以名潭。』豈當時別有人在冀國之先，姓偶相同，而後人因之傅會耶？」成都記：「四月十九日士女泛舟觀水戲，相傳冀國是日生也。」

蔡忠襄公傳

蔡忠襄公，文學之臣也。巡撫山西，卒死封疆，忠義之節，爭光日月矣！誰得議之？所惜作公傳者，未得其實，又不諳地形，欲溢其美，徒爲虛誣之詞，反開指摘之端耳。當陝西既陷時，爲國家計者，莫急於守河。且河與江不同，船又少，河船不可以戰，不能如江船運轉隨意。誠以數千人守之，多用炮，賊不能飛渡也。李自成於甲申正月元日，在西安即順王位，二月出潼關，從容渡河而北，寂無人焉，將至蒲州，乃有迎降者矣。國家之亡，亡於不守河。山西文武官昧失要害，此鐵案也。篇中云：「堅壁守者，四閱月。」又云：「敗之風陵渡，再敗之大慶渡。」又云：「嚴寒冰合，車馬通行如平地。」皆鑿空説謊。予家去風陵四十里，去大慶六十里，十一月杪，予曾親至河岸，河固未凍。李自成以二月渡河，即凍亦且解矣！前此賊未嘗渡河，兵未嘗見賊，乃云「敗之」、「再敗之」耶？二省人何啻千萬，爲此語者，其欺天乎？篇中固云：「公以千人守平陽，千人守汾州，而身率千人去平陽歸太原，衛晉王也。」聞南都有論公者，謂「公不守平陽，致賊渡河」。論者或出於私，而言則公也。但不當云「公不守平陽」，正當云公守平陽，致賊渡河耳。平陽城去風陵、大慶尚四百里，夫不赴蒲州禦賊於河，而禦之於數百里外之平陽，何也？又云：「公貽書寧武周遇吉，謂拒河力恐不支。」此言尤大謬，拒河力猶不支，更將何以支之耶？是畏怯逗留之狀，已自爲供明矣！此文傳公，將何辭以謝後世？

史閣部

乙酉四月初一日，閣部史公在揚州，聞北兵訊急，督師往泗洲防守。初六日奉旨：「輔臣史可法、藩鎮黄得功等，星夜提兵渡江，以禦左兵。」公於初九日抵浦口，復奉旨：「黄得功等渡江，史可法仍守揚、泗。」公馳至泗，而總兵官李遇春等已降。乃同副將史得威率數十騎回揚，洒泣諭士民，登陴爲死守計。

十五日，豫王率兵至城下，使降將李遇春説降。公令得威痛罵李遇春負國恩。豫王使一鄉約捧令旨至壕邊，公曰：「吾爲朝廷首輔，豈肯反面事人？」遂縋健卒二人，取令旨並鄉約投之水。李遇春奔回，報豫王。豫王乃以書來，公復書責以背約，不屈如故。十七日又接豫王書者五，皆不復啓視，投之火。乃監軍道高岐鳳、總兵官李棲鳳，又踰城降，公知事不可爲。

十八日呼得威入内，持之慟哭，誓死報國。欲以得威爲後嗣，得威伏地泣曰：「相國爲國殺身，得威義當同死，何敢偷生？然得威自有宗譜，況無父母命，安得爲人後？」公泣曰：「我爲我國亡，子爲我家存。我以父母大事屬子，子可勿辭。」同侍者總兵劉肇基等亦交口泣勸。公泣拜得威曰：「爲我祖宗父母計，我不負國，子無負我。」得威亦泣拜受命，公遂寫遺表一道，以上朝廷。又寫書五封，一致豫王，一上太夫人，一遺夫人，一遺叔父兄弟，一遺得威。屬以譜入宗嗣，寄託後事。慮軍中有失，復重寫如前，付僕史書收藏。又囑得威云：「我死當收葬於太祖高皇帝孝陵之側。」

二十日，豫王復以書來，公拒之益堅。

二十五日，兵攻城急，公令以炮擊之，傷者頗衆。豫王親督勁卒疾攻城西北角，城且陷。公知勢已去，乃與得威訣別，舉刀自刎。參將許謹雙手抱之，血濺衣袂而未殊。公令得威加刃，得威不忍，同謹率數十人擁公下城，公罵之。至小東門，謹中箭死。公問得威，前驅爲誰，得威以豫王答之。公大呼云：「史可法在此！」衆驚愕，執赴新城門樓上。豫王以禮待之，稱先生，曰：「忠義既成，今爲我收拾江南，當不惜重任。」公怒曰：「吾爲天朝重臣，豈肯苟且偷生，作萬世罪人。吾頭可斷，身不可屈，願速死，從先帝於地下。」得威持遺書，走鹽商段氏家寄藏。回見公與豫王語，詞色益厲。豫王曰：「既爲忠臣當殺之，以全其名。」公厲聲曰：「城亡與亡，我意已決，即劈尸萬段，甘之如飴。但揚城百萬生靈，不可殺戮！」遂慨然授命。得威被執至營，發許定國處審而放之，曰：「以全忠臣後嗣。」

五月初七日，得威入城尋公尸。時炎熱方熾，胔骸腐變，塞滿巷路，不可復識矣。乃奔南京報訃。六月初十日，復至揚城段氏家尋遺書，段氏一門被殺殆盡。得威傍徨嘆息，忽於破屋殘紙内得之，即復回南京，呈太夫人。

丙戌清明後一日，得威奉公衣冠，葬於揚城北梅花嶺旁，封之立碑而去。

豫王雅重公，然怒揚城之堅守不下也。既陷遂屠之，死者數十萬人而不怨公。以不得尸，説者紛紛。

予見維揚殉節紀略，謹著之如此，以爲庶得其實，備後世史氏之采。遺書附録于左：

致豫王書

敗軍之將，不可言勇。負國之臣，不可言忠。身死封疆，實有餘恨。得以骸骨歸鍾山之側，求太祖高皇帝鑑此心，於願足矣！弘光元年四月十九日，大明罪臣史可法書。

上太夫人書

不肖兒可法，遺稟母親大人：兒在宦途二十八年，諸苦備嘗。不能有益於朝廷，徒致曠遠定省。不忠不孝，何以立於天地之間？今以死殉城，不足贖罪。望母親委之天數，勿復過悲。兒在九泉，亦無所恨。得副將得威完兒後事，望母親以親孫撫之。四月十九日，不肖兒可法泣書。

遺夫人書

可法死矣，前與夫人有定約，當於泉下相候也！四月十九日，可法手書。

遺叔父兄弟書

可法遺書與叔父大人、長兄、三賢弟及諸弟、諸姪：揚城旦夕不守，勞苦數月，落此結果，一死以報朝廷，亦復何恨？獨先帝之仇未復，是爲恨事耳！得副將史得威爲我了後事，收入吾宗，爲諸姪一輩也。勿負此言！四月十九日，可法書於揚城西門樓。

付史得威書

可法受先帝厚恩，不能復大仇；受今上厚恩，不能保疆土；受慈母厚恩，不能備孝養。遭時不偶，有志未申，一死以報國家，固其分也。獨恨不早從先帝於地下耳！四月十九日，可法絶筆。

虚名

地有以虚名者，柳子厚詩云：「青箬裹鹽歸峒客，緑荷包飯趁虚人。」王臨川云：「花間人語趁朝虚，山谷云荷葉裹鹽。」同趁虚，皆用柳詩。漫叟詩話：「凡聚落相近，期某旦集交易閧然，其名爲虚。青箱録云：「嶺南人呼市爲虚，謂有人則滿，無人則虚也。」子厚文又有云：「一虚皆驚」，蓋虚與墟同。詩云：「升彼虚矣。」國語云：「實沉之虚。」可徵也。

胭脂井

隋克臺城，陳後主與張麗華、孔貴嬪俱入井，所謂胭脂井也。在金陵之法寶寺，井有石欄，紅痕若胭脂。相傳云：「後主與張、孔淚痕所染。」石欄上刻後主事跡，八分書，乃大曆中張著文字。寺即景陽宫故地也。

天寶廻文詩

五雜組云：唐范陽盧某，母瑯琊王氏，于景龍中撰天寶廻文詩，凡八百一十二字。誡其子曰：「吾歿之後，爾密記之。若逢大道之朝，遇非常之主，當以真圖上獻。」至玄宗朝，東平太守始上之，高適代爲之表，言：「其性合羲夷，體於靜默，精微道本，馳騖玄關。旁通天地之心，預記休徵之盛。循環有數，若寒暑之遞遷。應變無窮，類陰陽之不測。此有前知之哲，不獨詞翰之工，世徒知蘇若蘭耳！」若蘭圖亦八百字。楊文公謂可讀千首。黄山谷云：「千詩織就廻文錦。」玄崖子只得絶句二百六十首。程篁墩得衍聖公所藏舊本一百四十餘首。起宗和尚分爲七啚、一百四十七段，得三、四、五、六、七言詩至三千七百首，亦異矣！今武功有刻本，以五色分之，然文理強湊，但韻合耳。

算法

邵康節曰：「大衍之數，其算法之源乎？是以算數之法，不過乎方圓曲直也。乘數，生數也。除數，消數也。算法雖多，不出乎此矣。」

邵子昆曰：「算法：自一至五，則於格上記一子作五，數中五上横一，五是也。然後一乘五爲六，故一之外記六。二乘五爲七，故二之外記七。三乘爲八，故三之外記八。四乘五爲九，故四之外記九。五乘五爲十，故中五之上下，二五共成十，此零算法也。一連九爲十，二連八爲十，三連七爲十，四連六爲十，五連五爲十，此合算法也。共五個十，故大衍之數五十。此河圖爲洛書之乘數也。河圖示人以乘數，故自一至十。洛書示人以除數，故自九至一。九者，十之初虧也。十除一餘九，故上九下一；十除二餘八，故二八交織；十除三餘七，故左三右七；十除四餘六，故四六斜射；十除五餘五，故洛書有五無十。此洛書即河圖之除數也。河圖、洛書是一副算盤，一乘一除而天地日月、盈虚消長之理，盡於此矣。所以圖、書並列，缺一不可也。」然此是圖、書中之一義。謂算盤出於圖、書則可，謂圖、書是一副算盤則不可。恨未及與子昆面訂也。

天一地二少其五，天三地四多其五，惟天三地二合其五。故聖人參天兩地而倚數，言依此五以起其數也，非有心以參兩之也。

蕭尺木云：「參兩者，五也。舉五而包一、二、三、四，舉五而括六、七、八、九。九者，究也。天九之外爲地十，然九即爲十。今以算子，九子之外加一，則進前爲十。九即爲十，則九九八十一之即爲百也。今以八十一人歸除一百萬金，一人得一萬二千三百四十五兩六錢七分八釐九毫。復以八十一乘之，爲九十九萬九千九百九十九兩九錢九分九釐九毫。不盡此九九之算所由名也。再以八十一人分八十萬，則一人得九千八百七十六兩五錢四分三釐二毫一絲。算子縱橫，蓋三位一位共十五，爲象洛書故也。又以黍縱置之爲八十一粒，橫置之爲百粒，百粒與八十一粒長短均齊，不爽絲毫，漢之尺度可證也。且居一連九，北而西者十也；居二連八，南而東者十也；居三連七，東而南者十也；居四連六，西而北者十也。内又環之以十，星羅而經緯之。天地之數五十有五，一五虚中，五十環外，中體而外用，而大衍之數止此五十也。當期之日，萬物之數，實始基焉！就洛書論之，今移二火於西南，右旋爲坤土；移八木於東北，左旋爲艮土；又移六水於西北，左旋爲乾金；移四金於東南，左旋爲巽木；移九金於正南，左旋爲離火；移七火於正西，右旋爲兑金。坎、震不動，坤、兑右旋，四卦左旋，先後相施，摩盪成運。如此見天道之行，資生萬物爲無窮也。則洛書之數，一一爲一，二二爲四，三三爲九，四四一十六，五五二十五，六六三十六，七七四十九，八八六十四，九九八十一，十十爲百。除一不算，則六十四卦、八十一律、三百八十四爻，胥統括於其中矣。」

劉牧易象鈎隱曰：「河圖數四十五，陳四象而不言五行。洛書數五十五，演五行而不言四象。是以九爲圖，而十其書矣。以河圖論之：九者，十分一之餘；七者，十分三之餘；八者，十分二之餘；六者，十分四之餘，以爲歸法蓋乾一對坤八爲九也，中虛十焉，自南注北，則二九一十八也；兌二對艮七爲九也，中虛十焉，自東南注西北，則三九二十七也；離三對坎六爲九也，中虛十焉，自東注西，則四九三十六也；震四對巽五爲九也，中虛十焉，自東北注西南，則五九四十五也；巽五對震四爲九也，中虛十焉，自西南注東北，則六九五十四也；坎六對離三爲九也，中虛十焉，自西注東，則七九六十三也；艮七對兌二爲九也，中虛十焉，自西北注東南，則八九七十二也；坤八對乾一爲九也，中虛十焉，自北注南，則九九八十一也。洛書爲一乘之數，用九而得十。河圖爲九乘之數，體十而得九矣。」

尺木著易存一書，於律曆、聲音皆有自得之實，非他剽襲矯強之説可比。予恨未獲與之遊，以盡其藴。此稿則得之李雪夢也。

華清宮詩

周伯弼三體詩載：杜牧華清宮詩中用二「風」字，歸田詩話謂：「曾見一善本作『曉乘殘月入華清』，易此一字，殊覺氣味深長。」然楊用修云：「三體唐詩有杜嘗華清宮詩。」孫公談圃以爲宋人，宋史有杜嘗傳。焦弱侯云：「嘗見杜嘗一碑，凡數詩。華清宮絶句居首，後題元豐年月。其詩與今所傳微不同，前二句乃『一別家山十六程，曉來和月到華清』也。」兩公皆言以宋爲唐之誤，而並無杜牧之疑。

梅花詩

林和靖家於西湖之上，有梅花詩云：「疏影横斜水清淺，暗香浮動月黄昏。」司馬温公以爲曲盡梅態，歐陽永叔亦亟稱之。蘇東坡詩云：「紛紛初疑月挂樹，耿耿獨與參橫昏。」張文潛詩云：「調鼎當年終有實，論花天下更無香。」又有和曾公衮者云：「絶艷更無花得似，暗香唯有月相知。」竹坡謂：「俱在和靖詩之上。」

予按：和靖詩乃唐人詠荷花句，和靖易二字作梅花詩耳，而陳輔之且有野薔薇之譏。似皆不如蘇子卿「祇言花是雪，不悟有香來」之句，渾融淡雅也。近日焦澹園有云：「『花開暮雪人歸後，香滿空庭月上時。』較『雪滿山中高士卧，月明林下美人來』差勝。」予舊有句云：「時飛空際雪，長作静中香。」又云：「影惟宜月映，香不待風吹。」則不堪作衙官矣！

定水帶

賀拓庵曰：詹去矜云：「京師窮市上有古鐵條，垂三尺許，濶二寸有奇，中虚外溢，兩面鼓釘隱起。高麗使以五十金易之，問其故，云：『是神禹定水帶，凡有九，此其一也。投海水中，鹹滷立化甘泉。』此闖賊陷京師，大内所失物也。」聊記之，以廣異聞。

砥齋集

砥齋集序

今之爲文章者，蓋有二途焉：曰秦漢，曰唐宋。而各適其途者，則每自持一説，互相譏詆，即素稱同學者，曾無恕詞，余甚惑焉。夫所貴于作者，期能自成家，爲可傳而已。毋寧寄人籬壁下，尋蹊逐徑，方稱能事哉！故文章莫尊於六經，而子雲氏謂：「易奇而法，詩正而葩。」六經之未始，相同也，固已。若夫唐宋之異于秦漢，亦猶秦漢之不能不異於六經，何也？時使之然也。後世綴文之士好尚遂，於是乎分而筆力，亦各就其所近。乃必指異己者而非之，似欲不與之共壇坫焉，夫豈可哉？度其意，若非肆其譏詆，則無以高自標舉，稱於當世，故取當世所亟稱者，而求疵索瘢，力攻極毁，自以爲得意而耳。食之流，遂從而疑之，曰：「某也非所稱當代之宗工者耶！」而若能瑕指之若此，若誠賢也乎哉！盍思龍門扶風，固所稱良史才也。昌黎、柳州、廬陵、眉山，皆所稱大家者也，不聞其誹，人以自見，而皆爲千古文苑所不祧，亦可以廢然返矣。余友王子山史博學強識，所著富有，先以砥齋集繡之木，即與秦漢唐宋人作合編而並庋之，鮮有能辨之者，其爲成家而可傳也無疑。顧文枝也，行爲本，果能篤氣誼，辨義利，即片言拱璧矣。苟不其然，雖著書等身，于世道又奚裨焉？

余聞當闖逆之亂，王氏以司馬裔索餉不貲，時山史兄弟凡六人，且析箸久，皆欲偕行，山史毅然曰：「不可。同罹其毒，無益也。余當獨往，以覩其變。」即鄉里咸懼不測，而卒能出險而芘其家。又弘農諸巨室避地太華山中，山史之待庵在焉。會他往，寇襲登山。比退，人皆爭識其遺以有之，且有爲山史識之者，山史歸曰：「皆非吾之所有也。」毫無取。嗚呼，臨難不避，見利不居，此其人爲何如者？山史懿行，固不勝書，而余獨樂道此二事，爲可以風。然則是集也，豈獨其文之足傳也哉？

康熙八年季夏，同學弟南廷鉉鼎甫題於萬松山房。

砥齋集序

聖人之行不同，同歸於身潔。文亦然，或長或短，或奇或正，均以潔爲體。潔非徒簡之謂也，瀾翻千變，而至清之氣自孤行於其間。否則，即寥寥數語，局局自慎，氣無以行之，蕪實甚，濁實甚矣。惟天得一以清，斯潔之祖。濁氣爲地，不濁不足以資草木之蕃。一蕃，輒蕪天，必每歲有以清之，付諸秋冬霜雪，去其蕪，乃所以仍俾其可蕃，夫然後知蕃之資於濁，無非資於清也。不有殺機，不能爲生機。

昔人謂：「善將兵者，去其士卒之半；善讀書者，去其書之半。」余謂：「善作文者，去其文之半。」然去半，非徒去之謂也。陳者去半，則新者增半，非推陳，何以致新哉？即陳是新，本濁能清，超然霜雪之上，吾尤重冰焉。霜雪因清以爲清者也，原無所染，其清易。冰因於水泥土溷之，乃能判若兩截，成其獨潔，此爲難耳。至其費力，亦與霜雪不同。霜雪係忽結之清，非關層次，冰則從秋水，時泥土漸澄，而後入冬，呈其清象，可不謂具力乎？黄河之濁，冰仍可結，力之鉅，足以掃濁而敵之也。唐人曰：「冰雪淨聰明。」又曰：「一卷冰雪文。」咸尊冰次雪。又曰：「一片冰心在玉壺。」則專尊冰也。余與無異之尊人爲齊年，世代已殊，家學彌茂，新刻砥齋集，請余爲序。綜其體裁，覈其字句，一一高潔，恍然紙墨之間，一以爲霜飛，一以爲雪集。諦視之，莫非冰凝也。天地嚴凝之氣萃於西北，雖春夏而嘗若秋冬。無異居華山下，爲霜雪，爲冰實，終古不散，高潔之致，挾華山以入硯田，固宜吮毫在塵外。有疑其文之何以至斯者，華山神能言之。

晉安黄文焕拜題。

山史先生集後序

余嘗論明季遺獻，若亭林、南雷、船山，皆不世出之傑，而以著述老死牖下，時哉！時哉！而亭林入秦，嘗主王山史，則又儀山史之爲人，而輒以未見其書爲憾也。

今春二月，余以察賑至華陰山史故里，則先生之裔孫曰淩霄者，以其書來，曰山志、曰砥齋集、曰北行日札、曰西歸日札、曰待庵日札、曰正學隅見述、曰王氏宗祠志，而附以郃陽康乃心山史遺事一編。蓋淩霄學未成而力農，歲有節焉，以事剞劂二十有餘年矣，亦可謂之賢孝也已。顧余讀而有感焉，蓋先生就徵之時，明亡已三十餘年矣。

聖人在上，賢哲列於庶位，君子所可以得志而行道，而先生毅然決退，毫無所動其心者，是豈有所爲而爲之歟。當其閉門蕭寺，翛然偃臥，天子不得臣，諸侯不得友，孟子所謂「富貴不能淫，貧賤不能移，威武不能屈」也，能全節歸秦，耕牧華山之下，盟青松而友白石，老且鬻園爲食，以壽考終，其不謂之高歟？而當時若湯文正、王文簡，皆乘時有爲，出處之道，判然其不同也。觀其致先生書，傾慕之意，深於言也，何其摯歟！蓋世處其盛，士君子皆拳拳忠孝，忠孝之在人與？忠孝之在己一也。故能切劘砥礪，一時道德節義之士，皆有以堅其操而遂其志。余又以嘆開國風氣之古，而士君子皆相與以有成也。

嗚呼！唐自李贊皇之沒，而人才歇矣。履上位者皆以身事異姓，而不惜者也，若韓偓司空圖者則亦鮮焉，是何也？士大夫皆不知學，惟全身苟禄之爲幸也。至於五季之衰，歐陽公修史，求所謂獨行者，亦不過三數人而已。天下之恥，孰有大於此歟！羣且晏然，不以爲怪，而爲天不摧，地不圮，吾不信也。由是言之，前明之所以多遺獻者，士君子皆明於講學，而節義成俗也，故孔子曰：「學之不講，是吾憂也。」孔子以爲憂，而後人以爲是，其欲高出於孔子歟？至於邪說，朋與趙時，若鷙鳥之發，匪獨不可論以道，亦不可動以名也。自古不亡之國，惟士大夫皆中於邪說，而懵不知父子君臣之義，其亡也益易，此尤亡國之大辱也。竊又謂吾人死生得喪，何常之有？知之者順受其正，不知者自立於巖墻之下，而以爲高枕無憂，笑人之不如己也。如先生者，其亦湯王之所嘆息而樂道，而趙延壽馮道之所鄙夷而弗屑者歟？余至雲臺觀，謁朱子祠，而亭林山史之主配焉。瞻華山而髣髴見先生於煙霞巖樹之上也。嗚呼！人非習於憂患，焉知古人之難歟？余是以讀先生之書，而低徊不置也。光緒二十七年春二月乙卯，後學曾廉序。

重刻砥齋集序

傳曰：「大上有立德，次立功，次立言，謂之三不朽。」立德尚已，立功必直其會，非可強爲。至言則隨時發抒，敷文切理，似盡人可能之。竊謂僅以言也，則傳之尟矣。必其人有可千古者，而言始因之不朽。

吾秦自有宋横渠張子倡學以來，夙稱理學名區，而國初時，多堅苦卓絕之士，盩厔李中孚、富平李子德、郿李雪木尤著者也。同時，則有華陰之山史王先生，前大司馬之貴公子，而庠序之名諸生也。讀書樂志，翛然高蹈，與之游者，三李先生外，則朝邑王建常、華州東蔭商、渭南南廷鉉，皆一時名流，而崑山顧亭林入關，必主其家，兼卜鄰焉，其爲人可想已。康熙戊午，薦舉鴻博，引病不試，歸而棲老林泉，殫精述作，所著待庵隨筆等廿餘種。

乾隆中，有司進呈，蒙有純正之褒，而正學隅見述、周易筮述、周易圖説述，欽定四庫全書已著録，固海内所共見。此集多碑版記傳之作，語語切實平正，不爲剽荒獵豔之詞而純一不雜，皭然不滓之旨時時溢於毫楮間，良以人品高潔，故其立言也有如此，斯可不朽也已。板鋟於康熙初年，歷時既久，殘缺不完，先生之六世孫凌霄，農人也，懼墜先業，重付剞劂。噫，難已！嘗見薦紳之家，其祖父不朽盛業侈侈隆富，亦欲繡之貞木，傳諸久遠，而子若孫弗克負荷，惟金玉玩好珍奇服飾之是娛，一任先澤之日銷月蝕，草木同腐，而莫之恤，固不徒覆醬蠟車之，增人感嘆也。如先生之裔，可不謂賢與？抑以先生之人，有可以不朽者，故言亦終不得而朽也歟？

光緒二十年甲午冬十一月，高陵白遇道五齋甫序於關中書院之近林精舍。

後學王運泰來堂甫校正，後學張崇善伯初甫校録，六世孫凌霄峻卿甫重録。

刻砥齋集記

家大人讀書之暇，間作詩古文詞。癸卯，田雪崖先生爲刻之白門，曰砥齋集，文纔數十篇，無詩。己酉春，大人有昌平之行，攜入都，汪苕文先生爲作序，云刻之京師，實非也。大人夙多疾，乙卯春，搆學易廬，書朱子語於門，曰開中今古，靜裏乾坤；又書座右曰養身中之天地，游物外之文章，遂謝人事，棄去一切，朝夕諷繹，惟四聖之易而已。輔請發笥中稿，同弟輯纂次，以續前刻，得文十卷，并家僮所録書簡一卷、雜著一卷，共十二卷，詩稿舊積二寸許，庚戌元旦，大人悉取焚之，今得二卷，僅十之三爾，於是砥齋集始成，殺青既竟，藏諸家塾。

康熙旃蒙單閼歲長至日，男宜輔識，宜輯書。

砥齋集卷之一上

序

壽丘申之先生七十序

辛卯秋七月二十有三日，申之丘先生覽揆之辰，時先生年七十矣。子文學如磐以養志聞，客知丘氏者僉舉觴介壽，以王子與如磐友善，習先生，屬詞洗爵焉。余謝弗敢承，謂詞不乏人也，且告三多祝五福，廣徵洞淵而幻求度索，壺盈尺，鴻縈帶。若是者，人亦不乏詞，余何述焉？無已，則請聞客之所以觴焉者，先之可乎？客肅然斂衽曰：「先生少失恃，即致骨立，事嚴君色養備至篤，怡怡於兄弟，宗族鄉黨無間言，將以敦忠厚而革浮薄，可以勸矣。」其以是觴。王子曰：「行之原也。」然先生方懷明發，而念棠棣無已也。

請其次，客曰：「先生少長勵志，師事伯父司徒公，傳其學，名藉甚諸生間，試輒冠軍，重自樹，羞言門閥，爲文詞袪軋茁駢麗，駸駸乎入韓歐諸君子之室，將以正俗學而崇古處，可以興矣。」其以是觴。王子曰：「德之華也。」然先生方盡擬議，而圖久大不怠也。

又請其次，客曰：「先生兩仕，爲學博。其在潁時，潁方有寇患，先生即進諸生，而告以祖宗三百年愛養之恩，率登埤，無晝夜寒暑，城賴以全。新學宫立，社課而潁之文風丕變。其在鄞也，一如其在潁。時職無廢事，而贊理有績。位固無大小，將使循分者勉，而素餐者愧。警臣工，肅朝常，可以風矣。」其以是觴。王子曰：「猶政之效也。」然先生負經濟才，不獲展施當世，與天子爭可否，籌畫大計，建治安之勳，而僅以明經學博自見。未幾，逆闖作亂，乾綱絶紐，先生方悲烈士之暮年，而眷宗國之如昨，未有涯也。

更請其次，客曰：「先生以甲申之變解印綬，歸隱居，讀書教子弄孫。屋不蔽風雨，八口嗷嗷，而先生方怡然自足。先生素慷慨然諾，排難解紛，識者謂有齊倜儻士風。至是，退伏一室席茅，蘼蔭杞柳，不復與人間事。或說先生命如磐出，可博一第療貧，先生漫弗應，謂吾終不以貧累志，而如磐亦情不干進，臥袁安之雪，耕茅容之雨，循循謹謹以事親，橛橛梗梗以立身。識與不識，無不謂丘氏忠義慈孝之相際，以有成如此也。將見一堂之上，融洩致則福禄昌，眉壽無疆，寧有既乎？」若是者，真可以觴矣。」王子驩然舉手曰：「善哉！」客之所以觴先生也，余又何益焉？

抑余聞之：「家貧親老，不擇官而仕，以爲先哲之美談。」乃宗敬微之致惑也。曰：「誠不能潛感地金，冥致江鯉，但當用天道，分地利，孰能食人厚禄，憂人重事。」則又爽焉。失及讀史，至潘安仁進不得意，退賦閒居，嘆巧宦而自謂拙者之爲政，說者以爲名與官，身受之而用親以市，益以知隱之難，居而不仕者之未爲極則也。其惟上示爲訓，下奉爲軌，無矯於聲色，不變於始終如先生之父子間者，然後履道坦坦，幽人貞吉，可以沒齒而無憾，誠使世之縈情好爵而借言博升斗以爲養，與仕宦不達而聲稱逍遙松筠以爲高者，聞先生之風，有不廢然返，赧然汗下者乎？善哉！客之所以觴先生也。而三立具備，忠義慈孝之旨章章矣。余又何益焉？益之則固所謂人不乏詞者也。嘻！先生方且齊古今如旦暮，而我與若猶侈神仙之術、楊松喬之年，是鳳凰已翔於九天之上矣，而瞻苞采者矜詡夫高岡也。將不爲嵩岱之塵、淮海之霧者幾希矣。客曰：「然。」遂書之清防以進。

辛卯聞見録序

辛卯聞見録者，丘子如磐録其日所聞見，以成書者也。曰：「辛卯者，甲子編詩、丁亥命集、陶劉之志也。」秋日，王子將西歸，且行，丘子出以視王子，屬弁言，王子讀未終卷，大而講道經國，小而記事識物，勸懲之旨備矣。王子曰：「甚矣，如磐之於學也，可謂勤矣。」吾竊自愧，放浪吴越間一歲有餘，目得之所閲，與耳得之友朋之所述，百千詞而不能殫，而吾曾無片札尺楮存於笥中。如磐伏跡里閈，懷鉛握槧，不出一室而謀及萬里，日月幾何，卷帙遂積，何其勤也！吾嘗覽説郛稗海所收諸書，連物徵類，窮幽極微，嘆古人之博學强記，今以如磐録方之，又何多遜焉！抑吾有告於如磐者，泥濘五寸，須説一尺，此古今之通弊也。

又昔聞言于章子：「有人於此善惡參半，舉其善焉，其惡者特不言也，而其人已曾閔不過矣。舉其惡焉，其善者特不言也，而其人已桀跖不過矣。本一人也，隱顯爲言，而判若雲泥，况損益爲言乎！」吾時佩服以爲名言，然善善長而惡惡短，春秋之義，斯留心著述者所不可不知也。如磐懋之，班馬在門，離酒在席，摇筆漫書，言無序次。

南鼎甫詩序

吾鄉學士大夫類無不談渭上南氏之學者，余聞南氏之學始自文成，蓋昔文成以理學冠一代，功業焕然，成言斑如，南氏之先實遊其門，以世著勳名凡五傳矣。至今鼎甫，鼎甫卓犖，自命不可一世。弱冠，登賢能書，絶聲色裘馬之好，搆容庵湑水上，纔足蔽風雨，昕夕其中，於四子之理、百家之説及古今盛衰成敗之故、得失是非之略無不晰若指掌。余每過，從雲霧窈窕顔色鮮好而挹其氣，欲横九州而聽其言，若河漢之無極。使以膺天下大任，奏效治平，黼黻太平，無足少難者，則且喜南氏之學日益昌，而嘆文成之澤未斬也。虞侯守石艾爲梓其近詩，以余與鼎甫天交邂逅，不遠千里屬序。嗚呼！鼎甫豈僅以詩詞自見者哉？然而端本合彩，泱泱淅淅，以紹大雅之休，杜少陵之稱清新俊逸也。問輕俗寒瘦者無有已？珊瑚鈎之，稱含蓄天成也。問破碎雕鎪怪險蹶趨者無有已？而世或以虬户銑溪、篠驂魄兔欲鼓旗當鼎甫者，及鼎甫一言出，則莫不廢然返。蓋鼎甫之功，於詩以功於世，亦偉矣。窺一斑而得豹，嘗一臠而知鼎，虞侯其爲之發嚆矢乎？抑余聞之大函騷變，而爲選郊蘇李而稀，張衡柏梁梁父祧矣。漢其室事，魏其堂事，晋猶在祚，餘悉在祊，波流無騷。非無騷也，善哭者無情而不哀騷之優孟也。繹祊無選，非吾選也，雕幾工而大樸，喪選之栝棬也。有族有祖，比而合之，一當衡石，鼎甫探源窮流，富有日新，根於天性，以韶武雅頌之音，此其昔人以稷契自期者耶。夫滌陋習，振古學，而上追本始，下懸正的，崛起一代，與二三君子鼓吹風雅，是又吾鄉文毅之風所未墜者也。

題自注華山記稿

辛卯春，舟次金、焦之下，談子長益遲余於百尺樓頭。酒半，談子出于鱗華山記，屬注。余寡學，無窺於作者之旨，奚注哉？獨以余生長山麓，知山之狀，而余又好遊，每歲中秋，輒問月其巔，故自謂知山之狀者莫余若也。談子因請談，隨談隨筆，酒畢而注竟，其不文固矣。余既西歸，談子亦北征，瞬息間如隔世，人生離合之故，豈不可念哉？吾道未墜，二三子落落如晨星，江邊音書阻絕，誰爲余問談子歸否？寒笛不寂寞否？金、焦無恙否？即今視昔，有不勝其慨者，而後之視今，固可勿論也。

重修大羅洞序

凡祀不載諸典禮，君子弗舉，以爲其祠之淫也。在唐，狄梁公嘗毁之矣，而近世莆田林見素節鉞江右，復梁公故事，土木之像，至累累蔽江而下，錫山邵國賢爲作頌美之，迄今彰彰傳藝苑，勿絕也。

華山東二十里許，有大羅洞者，里人祀唐韓湘之所作也。考世系表，湘字北渚，第長慶三年進士，官至大理丞，爲昌黎文公從孫。當文公貶潮州時，北渚實從行，文公數見之詩。雖平生無所表見，然能左右文公於患難之際，則其恂恂孝謹，亦有可徵者，而後世顧詫之以爲仙，謂雲横秦嶺，雪擁藍關，北渚蓋先言之矣。不知牡丹見詩，別有一江淮術士，爲文公族子，今文公遺集有贈族姪詩云：「擊門者誰子，問言乃吾宗。自云有奇術，探妙知天工」者，疑即其人也。於北渚奚涉焉？

而乃舉而歸之北渚，至以北渚爲文公之姪，則並其家世而易之，然北渚有遺祠，享俎豆於世，顧翻以此，得之甚矣。異端易惑，而吾道之難也。斯亦事之可爲捧腹絕倒者矣。茲土非其生產與素所遊歷過化之地，其祀之尤無據，而里人言百年前有耆老入山禱雨，蓋嘗遇北渚云，故歸而祀之，有求輒應，他吉凶得失卜之，亦無不以其類告，以是里人德之。此其説誕甚，無足爭者。今且重修甍宇，更飭丹雘，而羣詣予，乞一言，以章其事。余既嘆北渚蒙千載不白之誣，而無以柅里人之爲，將以正其爲江淮之術士，而又有所不可，故聊書其事，以俟後之君子，萬一有如狄林二公者復作，知其爲有唐進士，而大儒骨肉之屬也，則尚可勿毁也。

送南鼎甫任柳州府推官序

渭上南鼎甫博學有文行，與王子交甚善也。壯而筮仕，爲柳州司李。瀕行，王子載酒於道，酌而送之，重之以詞曰：

柳隸天下西南，徼古爲夷，椎髻卉裳，攻劫鬭暴而已耳。奉中國法令，誦説詩書，習仁義，才千餘年。明興以來，與慶遠並爲盜區，山獞海獠，非時竊發，先達嘗患之焉。今吾子爲專官，司訟獄，在位謀政，則哀矜之道盡之矣。余聞子之先大宗伯公者綜經術，其論是官也，以温厚和平爲最，彼天下無事時，地非遐陬，人不異俗，猶斤斤若是，況其在柳？於今又軍旅之際矣。余是以知，匪徒翦暴務先，煦悴甚無謂，其言何平平爾也。前是，客或私告余，柳瘴癘之地，極遠難治。鼎甫斯行也，當憂形於色。今而睹子之狀，則浩浩得也，子誠有志之士乎哉？天下東西南北，至寥廓也，古今至邈也，其中老死里閈，與草木同湮沒者何限？而倜儻非常之人往往鞭策萬里，立功殊域，卒以光於史籍。夫丈夫有四方之志，而又何戚焉？子行矣，余聞柳山水多奇絕，讀子厚諸記，輒爲神往。會少暇，余將擔簦徒步來遊，且以覘子之政矣。

於是停杯，振袂爲之賦雄雉之卒章。鼎甫唯唯，爲之賦小宛之四章而别。

送華然張君陞漢中府教授序

華然張君之司教於吾華也，居五年所，而遷漢中教授，以行則秩加一等矣。余聞之司教者，以天子之命教其邦人，凡廩食縣官而充弟子員者，皆師焉。其必有以率厲化服之使，躬問學，蹈繩榘，出入不悖所聞，然後可故稱難也，而君之司教也，實以此自任，檢身澤物，談經說義，唯日不足。見一善，揚之唯恐弗彰。一不善，誨之唯恐弗更。既復隱之，唯恐或聞也。且夏楚不煩，束脩不問，而困苦疾病至有不能自託於學者，皆於君資之。即邑或有利害、因革諸大故，當事者間勿之，悉人惴惴待命，而君已條本末，策便宜，爭之不遺餘力，皆剴切中窾要，故華之感悅而謳歌者匪一朝夕，而今聞君之遷，所以惘然，如失其怙恃也者，不僅在宮牆之士矣。

夫漢中者，古所謂西川襟喉，而今用武之地也。朝廷迫欲見君才，將有社稷民人之寄焉，而先試君於烽煙刁斗之際，以觀其禮樂文章之用。君生長西塞，折衝禦侮之略，不越樽俎。馳馬橫槊，馮珧利決，亦技時思露。治賦治旅，寧渠不彬彬，孔門之彥哉！而君又春秋未衰，矯健倍人，朝廷之所爲，以才需君者，必更有在，即君亦何有於百里也。若教授之秩，雖視今有加，所職顧無異焉。教育之方，即君之已效於華者，舉而施之，晝如也，奚足以爲君言，而君之行也，龍岡天臺之間，生徒相賀，而華之士獨不得如道州故事。詣闕而請留，則古今時有不同，而勢之所無可如何也。此華之士莫不有戚戚，摯惻其心者，而余之所以不能已於言也與。

贈邑丞徐鼎生序

國家之制，縣有尹，掌教養民事，而丞爲之貳。其縣里不及二十者，不復設丞，謂土狹務簡，斯無所事丞也。丞所職有三：或以馬以河，而華陰則以糧，以糧則天時休咎，地利豐耗，人力勤惰，皆得以調劑，而均節之，一如尹顧官秩，豈有崇庫？君子事君，爲國固無之不宜焉矣。

時華陰爲丞者，鼎生徐君。徐，浙望族也，而君少讀書，工文章，尤以慷慨急難，千里慕義，乃既不得志於有司，遂折節謁銓部，授今職云。君任丞事不一年，事靡弗舉，當事者以君爲賢，於是徵君至省，治一切餉，則餉靡弗治。蓋君潔以持己，誠以待人，而又才實足肆應故，綜實課效，御史中丞且特下檄書勞焉。會學博劉君病卒於官，貧無以殮，二子束手就殉。君聞之，爲舉槖，具棺衾，遣歸其里。此其行誼，雖今之居尊官、崇秩職、宣助教化者，以君方之，宜何如也！

乃余竊有感于唐孫伏伽張玄素之事矣。夫伏伽玄素初一令史輩耳，後並爲大臣，垂名青史，論者以玄素銜愧於太宗之詰，而伏伽對人言，舊事絕不爲隱，謂伏伽所處爲優。今君年甫強，四方之略已具，天子方加意得人，待以不次，君其爲伏伽玄素未可知已。唐事猶云其遠者也，在明盛時，徐孟暐以江陰掾史，卒晉大司馬，李滄溟嘗稱其趣人之急甚己之私，君將無待之而興者耶！而要以異日者能爲伏伽之無隱，則君固翩翩豪傑之士矣。

賀動宇雷先生壽序　代楊樹滋

關中有孝子動宇雷翁者，今文學成九君父，而前欒城令陽生君大父也。翁幼有至性，敦門內行，故人謂爲雷孝子最著云。歲丙申，翁春秋九十有七矣，顏色華粹，齒無或敝，髮轉玄，接賓客，步趾有儀，磬折無慢容，竟日不倦，強年者顧弗如。吁，矍鑠哉！可不謂國家之瑞、當今之希覯哉？

五月六日，翁誕辰也，鄉諸大夫相率造翁庭，賀翁壽，授簡屬洗爵之詞。余雖不文，敢不拜命之辱。余聞之昔揚子之言壽也，曰：「物以其性，人以其仁。」翁逮事父子建翁，孝養備至。沒，爲廬於墓三年，孺慕不衰。撫其弟，以友于聞。與人交坦易，終始無忤。揚善隱惡，多陰德。又好讀書，於古忠臣孝子貞夫廉士之節，靡不章章，悉厥端委，居恒言，必謹行，無踰軌，以是進，有善述，退無憎喙。蓋百年如一日也。

斯言也，余獲之孝廉王子伯貞，伯貞與陽生君善，而余同年友。每爲余誦説無絕，故余稔翁素狀，匪自今始矣。然則揚子所稱仁人者，翁非其儔耶？乃余於此獨不勝慨慕之私焉。世風之下也，右巧僞，鄙長厚，窮居戚戚，苟富貴，則沾沾恣所爲，嗜欲燋其內，聲色灼其外，故享年數率不古。若雖日竊度索之，挑引挈壺之泉，無益也。凡翁之履無一，於是則翁所以自致期頤者有道焉，固司命之所不能制其算矣。設一日者，天子嘉惠海內復古者養老之禮，舉三老五更之席，執漿親饋，執爵親酳，詔有司上德行年耆高者名，余知舍翁，其無與歸矣。又豈獨使加六豆於鄉已哉！余初聞成九君能其業，弗竟其志，而陽生君以壯歲掇巍科，筮仕四方，比余過欒城，欒城人戴陽生君如戴其父母。夫樹績於時章，令譽於先人，儒者之孝，丈夫之所有事也。今諸君往賀翁也，翁且有宴，禮備而樂作，子爲持㪷孫爲進履，琴瑟歌管奏北山白華之什，諸君睹且聽焉，能無脈脈動懷與嗟乎？是仁孝之享也，可以風矣。或又言子建翁當八十時，遘棄疾，翁輒封肱以瘳，錢牧齋太史傳之矣。然翁所以重者，不盡在此也。於是既次其語，以應諸大夫之請，退而私爲之紀，藏之巾笥，以俟執彤管者上石室焉。

壽屈肅卿先生序

自余舞勺之年，而已心稔邑之有肅卿先生者賢，先生瓌容嶽嶽，博通弘衍，恢恢乎不可一世也。素不問生人產，獨以詩酒自娱，間遊狹斜，呼盧一擲百萬，或謂有南郡劉毅風，然周人之急，赴人之難，慷慨然諾，余竊儀其爲古布衣之俠，乃余數與之遊，論四方風俗要害，洋洋纚纚甚具，余竊聽而慨焉。人生百年，須臾耳。跼蹐州閭之內，齷齪米鹽之務。問當代之故，所宜興革者何，在地南北，所便宜何？若輒口噤莫爲應，即令掇一第，奉命任社稷民人，責其所措置，概可知也。先生少有四方之志，足跡遍三陲，所至必考其山川向背、古今成敗之故，故言風俗，風俗便言要害，要害奇中，苟得仕四方，信所往其功名，何可勝道，乃困於諸生間，三十年不得通，而今且七十矣。雖世道日新，經緯不至，無人而懷奇好修，曾不獲少表樹章顯，竟困頓以迄今日也。騏驥伏櫪，鳳凰在笯，人之所遇，詎不有命哉？比者余詣先生，先生爲園一區，具臺池欄檻之美，花竹水石之幽，方蔭杞柳，席茅蘼，偃仰自如也。嘗爲余論老莊之指稱，定神齊物，可以長生。又有方士者好爲服砂辟穀之說，謂可以鍊形，益算此其術。余大疑焉，而先生頗好之。余意先生少挾倜儻非常之氣，談兵略不難以戈馬，策勳萬里，乃厄不見用。今老矣，直怡情方外，寓志於養生之言，以自抑其英雄感慨之懷耳，非其本矣。

歲丙申冬十月二十有四日，先生初度辰，同里諸子製清防以賀，命予爲詞。余於先生知最深，故不敢侈五福三多之說，而特以質其心之所欲言者如此。先生配孺人爲余王氏，與先生年相若，其強與先生等。夫神仙同升並舉之事，吾不敢信矣，庶幾哉！其古鹿門龐公之儔與？

藿庵近稿序

劉子博仲，人豪也。自弱冠好學，博極羣書，名藉甚諸生間，以文豪。又好飲，開筵坐花，飛觴醉月，如長鯨吸川，以酒豪。間選聲伎，絲竹錯奏，或呼盧一擲百萬，則豪於狹邪！而門多長者，坐有鴻儒。急人之難，甚己之私，則豪於交。既以中原寇亂，連不得志於有司，汗漫南北，足跡遍三陲，名山大川靡所不至，則豪於遊。其間興到，長吟累數千篇，出風入雅，一本正始大曆以後，概所不屑，同儕多無敢當者，故尤以詩豪。然用是，不問生人產，家亦因以漸貧，顧博仲無幾微形於色，而豪自若也。博仲洵人豪哉！余在安陵，于博仲席上，得讀其藿庵近稿，嘆服久之，而博仲命爲之序，乃序之如此。

雪舫近詩序

余從海內學古諸君子聞韓子石華之名久矣。觀諸君子所爲贈石華之言，述其流離險阻，扶祖母櫬歸葬事，意一恂恂，至性人也。戊戌，過安陵，得晤其從父叔夜幼平，而時石華有訪戴之遊。越數日歸，始挹其豐采，接其談論，奕奕嶽嶽，映發四座，則固翩翩詩人也。留安陵三十日，無日不過從，文章唱酬，晷漏相繼，因以所爲雪舫近詩一帙，屬余弁言。石華著述甚奢，茲特其豹之一斑耳，而各體咸備，衆美悉臻，蓋石華居恒論詩，睥睨中晚，故其墨采騰奮，翱翔漢魏，馳騁初盛，而必源之三百，矩之六義，則其高薄雲天，密比金石，有自來矣。至近世，公安竟陵諸家，尤其所遠之不道者，石華信翩翩詩人哉！乃叔夜作阮寨志略，稱石華英偉有父風，而安陵人每爲余言石華，慷慨然諾，周人之急，恤人之難，即古俠烈所不逮，益戚戚余心焉，豈李供奉所謂倜儻高妙者流邪？

幼平顧又云：石華深心内典，鷄鳴盥櫛，梵唄鏘鏘已，然後治事，而戶外履滿，樽中酒飛矣。將白太傅蘇端明之遺風，猶有存者，斯其爲廣大教化主也。與夫飛而非翼，走而非脛，峙而非山，流而非水，余殆莫敢定石華爲何如人也？而又焉不爽然失也。

賀田雪崖進士序

戊戌，南宮之有試也。天子方罪邇年倖竇者，詔旨切責，在廷諸臣人人自惴也。是年田子雪崖用治易成進士，對策陳帝王聖賢之道、修齊治平之略甚具，皆切實中事情。天子嘉悅，謂爾其觀司寇政，予將以爾理刑書焉。於是，雪崖在白雲司者五閲月，而始得以例假歸，則取道華下，遍訪諸故舊，爲十日之飲，絶不以衣錦之榮速耀里門，此其度有過人者，唯是華下二三兄弟既喜雪崖之遇，而又服其行誼不違商容下車之言，謂不可無詞，洗爵爲賀。乃咸以屬余，余操觚嚄唶，蓋弗勝今昔之感焉。

甲申之變，四海鼎沸。二三兄弟徙家窮巖邃谷之中，以延旦夕。時雪崖亦奉其母太夫人適至，實結鄰焉。甍宇捷獵，鷄犬聞達，一時有桃花源風。倡和招從，殆無虚日。談經說義，援古究今，出入諸子百家，而雪崖海含地負，泉湧風發，每屈一座，如是者幾八年所。無何，山寇竊發，攻劫立盡，二三兄弟皆落落如晨星，雪崖且扶其母太夫人之柩歸葬也。自是睽別離索，余亦伏先恭人之凷，蓋衣食之不給，租徭之不支，雖二三兄弟所處不同，而同一坐困者，又幾七年所。而今雪崖始獲以文章自見於當世，天之所以困心衡慮，其降任雪崖之意，誠有非偶者矣，而獨如此二三兄弟何哉？顧余不佞，乃於雪崖尤邴邴有進焉。夫雪崖之行爲專官也，以聽訟。

竊以訟者，戰伐之端，而聽訟者，禮樂之基也。帝王弼教期於無刑，聖賢致知使之無訟，誠以德之難洽，而物之難格者，莫訟若也。即周官司寇掌邦禁，禁之爲詞，亦治於其未然云爾。然則國家之有刑，以致生，非致死也，明矣。而或且以爲致死焉，其孰與之？夫訟清則民和，民和則年豐，年豐則飲食益安，而衆益不起，而鬬爭息，而仁讓興，而弓矢可戢，而干羽可舞，然後四方風動可臻也。故曰：「訟者，戰伐之端，而聽訟者，禮樂之基也。」雪崖懋哉！二三兄弟於雪崖乎觀嚆矢矣。余是以推古朋友贈言之義，以勉爲賀，而並及以有感於今昔之故者如此。

賀從兄簡生舉子序

歲戊戌秋八月，從兄簡生有弄璋之慶，余時爲農田間，乃釋鍤馳畚而往見之，於是嘉賓滿座，旨酒盈樽，兄舉爵屬余曰：「天不絕弘敬嗣，使有今日幸也。然吾老矣，幾不免於無後之憾者，而今始獲之襁褓，弟嫺於詞，盍有言以紀吾爲弟操縑。」余受命欷歔，客訝之，曰：「奚嘆也？」余曰：「弘撰蓋重念我世父之德云，昔吾祖生吾父兄弟四人，而世父爲之叔，吾父則季也。仲父乃早夭，艱難於亂離之際者，獨伯父耳，而今皆不及見矣，何可令後人無聞也？世父生從兄兄弟三人，而簡生又爲之仲，伯兄雖早掇一第，顧先逝，僅留一子一孫，育之使立者則惟仲兄。而叔兄道生又獨一女，忻鬱休戚，二兄共之耳，而今皆老矣，余又何可無述也？自吾祖以力學篤行，文燦國華，年未及強仕，遂賫志以沒，蓋亦天之所憾與！世父教授生徒，戶外之屨恒滿，而情怡山水，不干仕進，相羊於煙霞泉石之間者垂四十餘年。天獨無以與之乎？而竟使其孫支不蓄焉。吾知造化之氣有鬱而未暢者矣。夫積之厚者，其發必大。今仲兄年及六十，乃一索而得震，則過此以往，其爲繩繩振振之祥，未有艾也。人嘗謂吾父之德，以爲天之所以報吾祖，而世父位不登廊廟，名不出里閈，則天之所以報吾祖之後人，即以報吾世父者，豈其微乎？顧余益慨。夫世或不服，古積善而徒之裘馬炫燿，矜一時之耳目，黄金在籯而子孫旋以不振，比比是已。雖不自樹立子孫之不賢實，然而其祖父所爲遺之以安者，亦非其道矣。爲王氏者，其將無用，是勿勿乎？則余今日所爲弟賀其兄之詞者，即他日所爲叔父訓其從子之詞也。」客曰：「善。」遂書之。

送湯荆峴兵憲序

歲戊戌之冬，吏部臣言：「潼關治兵使者湯公在職久，宜陞去，以藩司分守豫章之嶺北。」明年春二月，公且行，則關以西大夫惋於第，士嗟於學，農泣於野矣。乃相與謀上，狀臺使者從天子借公，而卒不可得也。蹙頞徬徨，計無復施，遂詣余乞一言，以紓其思。

夫余今而知民猶古也，是非欣怨之故，尤賞賚所不能邀、斧質所不能禁者，則直道之爲也。夫余今而愈知得民之不易也。若公之所以於民，與民之所以於公，寧詎不一哉？一則末之能離矣，末之能離而離，斯愁苦愾嘆之所以作也。聞之父老，即遠代無論，實數百年來如公者，所未僅見矣。余嘗察公爲政，蓋一本之所學，而學尤以存誠爲宗者也，故其所設施率以古聖賢自期，崇厲學校，篤興仁讓，謀民利害，不啻身家，與爲休息無事，刻覈申韓刑名之習。既一切屏之不屑，而寬柔慈惠用法，如不得已，又淡泊自檢，寡所嗜好。或以是疑公有得於佛老虛無清淨之説者，余每從公論議，根極理道，而知公之於儒，固孟氏之所爲醇乎醇者也。蓋公自志學之年，師法程朱，比讀書中秘，益博綜古今。隸關之始，首檄修伯起先生祠。有好修能學者，嘉與成就之，禮下忘分，此豈可以聲音笑貌爲者耶？夫公孫弘舉賢良，相人主，其所舉措，豈有大疵累哉？而人至今薄之者，誠不足也。公言不苟發，行無妄動，不矜名以詭時，不抗行以矯世，惟出於誠，斯上下作孚久而益信，故今於公之去，惘然如失其怙恃也者。千里之內，有同情矣。顧余竊深有感於丁金剛之言。金剛，清和老人也，當宋世良去清河時，金剛自云老人，年垂九十，見三十五政府。君非惟善政過人，清亦徹底。今失大賢人，何以濟常試誦之，而有不淒然長太息？想見其居上之美者，誰耶？夫階可遞晉，秩可遞加，而仍視事如故，代有行之者。主爵者何弗用至，以苦我父老爲也。諸大夫士若民聞余言，愈益戚。余乃復告之曰：「今天子神聖，明見萬里。公文武備足，有牧民御衆之才，此河內所爲借寇恂者，他日其使公以中丞之節惠我秦人，未可知也。若且俟之矣。」諸大夫士若民之色少解，遂録之，以告御者。

贈兵憲荆峴湯公序　代

不佞在昔，於侍從之列，獲職今荆峴湯公，丰采玉立，文翰藻發，即司馬班氏其選也，無何吏部以潼關治兵使者難其人。天子念關中爲天下首，據建瓴之勢，而潼關又重鎮，保障三省，非綜經術，具方略，達古今之故者，無輕畀於是。吏部以公爲請，而公遂西居三年，潼關之政成。吏部又以嶺北分守使者難其人，又以公爲請，而公復南，則諸大夫相與嚄唶者久之，且介介於賢者之去也。夫人臣以身許國，東西南北唯所使，豈敢有擇？今海內武功方彰，四方漸定，所戮力盡瘁者獨西與南耳。公以典禮文備，天子左右顧問者，乃一旦出車屏藩，不西即南，豈舍西與南，他無所爲用公地哉？以公之數載鞅掌曾弗遑，少獲安處，彼優游清華，出入風議，以坐收烜赫之譽者，獨不可一試之疆場之務耶？然不佞聞公願學聖人者也，淡泊寧靜，開誠心，布公道，而才可濟時，操可激俗間，恩足以明道，文章足以華國，隸關以來，崇學厲士，嘉惠斯民，去泰甚，罷紛更，重稼穡，禁游惰，每下檄，問地方孝義廉節事，與夫博學姱修者，令有司不時報聞，苞苴竿牘，概勿之納，疆域以寧，閭伍以輯。比嶺北之命甫下，而父老子弟長號疾涕，如失所天。若不能一日而離公者，此詎可以文法得也，公戒塗矣。夫江右非所稱文章節義之邦耶，其君子強於禮而尚氣，其小人勤以嗇，本實爲功，顧好深文攻詰，喜鬼而信徵，囂訟而非其上，其來已久，而虔州僻在一隅，固荆楚閩越之交也。地深阻山，傜苗蠻匪時竊發，倍號難治。然趙清獻周元公之所嘗涖止也，其遺教應有存者。即遠勿論，往正德間，王文成實以節鉞於此，建封侯之勳，迄今才百年耳，而百年來，指數名儒如安福之鄒、泰和之歐、貴溪之徐、雩之黄，若何不遷而良，則固皆文成之門弟子也。賢者之繼往開來，興教育才，其過化之美有如此者。不佞知公之往也，必有其不使古人專美於前者在，則虔之人之德也。夫盤根錯節以別利器，艱難勞苦之中，不世之功名以出，斯其會矣。諸大夫之帳具東郊也，酒酣而起爲公壽，其以前所云致吾憾，以後所云致吾慶，而終爲吾告，公以靖共之義，尚其邀景福於神聽也，則不佞拭目，請更賦江漢之什。

贈張定一序

王子跧伏河濱，嘯對南山，而故人張子定一實霧隱山麓，少暇，未嘗不過從，奇文共賞，疑義與析，相得也。然余聞張氏之先業醫，有仲融之風，恒願子孫以道術救世，迨一再傳，而張子以文學馳名三輔，顧益善醫，精敏俊發，君子以儗錢唐之紹焉。劉氏選伯一日倉皇告余曰：「君知張子之能乎？家君藎嘗病痰，云手足不仁累月矣，藥投之罔效。張子至，診視之，謂可計日而愈。三傑長跽以請，則爲餌液升餘，約日進一，七藥盡，疾已，呼谷響答不啻也，可不謂能乎？三傑固寒士，無可爲酬德，而張子亦雅不喜三傑他言酬，但曰使王子爲詞足慰矣。唯是用敢謁於下執事。」

余受簡嘆曰：張子賢乎哉！夫鏡經之出，實於仲融，是其以隱德著者也，而宋文稱錢唐之紹，乃道度實居其一。蓋亦有所自來矣。即之才有神解之譽，又可知也。張子賢乎哉！張子儒者也，篤志經術，策名清時，爲天子治一方，起衰撫瘵，其道可以醫通。昔人謂：「讀盡書，天下無不可醫之病。」張子進於是乎？然無謂天下無可讀之書也。余知張子所就不但醫矣。嗟乎！非顔含莫致青囊。余於劉氏選伯又不勝戚戚之懷焉。故欒書其事，以俟他日傳儒林者，兼收技藝矣。

贈楊振公進士序　代

關中有元周楊公者，與余同年進士者也，爲翰林，改給諫，陞奉常卿以老，清風亮節傳於縉紳之口，而懿德善行著在里閈，誦義不休，今十年往矣。歲在己亥，天子章征伐，定遐域。夫既取鱗介，而衣裳之列箐呰而闒闒之矣。而詔下禮部，以今秋八月復舉會試，如春二月例，於是在職諸大夫臚居隸事罔弗慎，而一時獲儁者多珣瑋不恒之士。楊子振公首謁余於退朝之暇，詢之，則爲元周之冢孫，積學多才，已舉於鄉而進於天子之庭，而余暌別日久，地南北阻，修而不及知也。竊弗勝瞿然有今昔之感焉。夫關中，天府之國，西京之業炳焉。今之學者誦説詩書，稱述古今，人人自矜矣。起而操觚，恒鮮所逮。即或文不至戾法，亦既斐然有章矣，而試之以事，昧幾隤度，竟等於膠舟木騮之爲者，又天下類然矣。昔與元周閒理觴詠，每言及此，輒爲太息久之。蓋元周立朝，詘華崇實，始終一節，故其陳治晰理，振綱扶頹，與夫凡所籌布，一以有益於時，不朽於後爲念。今觀振公貌怡而氣靜，兢兢若一無能者，而間嘗叩以古今得失之略、四方風俗之宜，口談指畫，燭炤衡決，顧無不卓然有以自見者，則甚矣。振公之才有似吾元周也。夫劍在匣也，而出之見神，馬在御也，而試之見良。吾知振公繼志述事，將以慰元周於九京，而策勳萬里，垂名無疆，以答天子之明，賜必有在矣。時其鄉之諸大夫士聞振公將歸，乃先期走使千里，乞余言。言振公且先言元周，以爲知元周無如余者。於乎，此又可以知振公哉！

賀郭雲瞻進士序　代霍司馬

己亥秋，有詔舉南宮試，天子輯武功，以章文教，蓋異數也。時不佞列在西樞，仰見痌瘝求賢至意，謂非常之典，必得非常之人。而是役也，吾關以西儁者，實廿有幾人焉。高陵郭子雲瞻其選也。雲瞻爲觀察一章公長子，不佞與一章公里居相距僅一水間，而癸酉同薦於鄉，仕同時，又皆以後先分符於曹。蓋一章公之峻德大業著在內外者，夫人而能知之矣，而博通子史，精詣理解，皭然塵埃之表，與夫世所以未盡其用者，則無如不佞知之深者也。一章公往矣，高陵春秋祀一章公於社者久且勿替，而有子如雲瞻，早掇巍科，慷慨大略，恒不可一世，即儀容嶽嶽，丰采奕奕，風行玉立不啻也。比來京師，不佞嘗謬承質業，見其思沉而氣勇，義篤而詞燦，他古文詩歌亦率類是，殆所謂強毅有立者也，而約躬敕度，沖和靜穆，即之若靡可測，退而未始不咨咨慨慕，爽然自失焉。不佞昔在同寺，曾爲天子相馬矣。彼其範馳驅，中規矩步，雖工弗取也。迨歷險致遠，逸足景靡，若滅若沒，其斯爲天下馬矣。夫獨不聞北地李獻吉氏之言乎？「一飽一石，斂氣凝神，健力勃如，日中微汗，腹鱗爛如，未暮而千里矣，斯之謂良。」故善言馬者，莫李氏若也。今雲瞻之年甫壯，行且爲國大用，著勳名於旂常竹帛間，以畢一章公未竟之志。譬之越西極，踏東溟，飲滇池，超七澤，其間或爲四達之衢，或爲九折之坂，以至進而仙仗，天閑俱於茲焉，實始之，乃不佞猶耿耿於漢武帝之詔也。以爲跅弛之士，泛駕之馬，貴在御之以道，故曰：「非常之功必待非常之人。」其言煌煌史册矣。然文景時，任石氏之子至號萬石，豈有私焉？彼固見不言而躬行，以賢相肖，不敢自墜其教，亦唯求龍駒必於窪洼之產耳，而今雲瞻且卓然，自以其道表樹，章顯於世也。其賢於古人，又何如哉！又何如哉！

募修法興寺序

華東二十里許，泉甘而土肥，寺曰法興。上人了塵居之，疏林悅開士之心，聲聞俱斷，晨鐘省征人之夢，名利頓忘，法界清涼，學徒肅穆，余每盤旋其間，不啻吾家逸少之於道林。至披襟解帶，留連而不能已也。然考寺緣起，未知所自。在唐貞觀二十二年，有僧圓定曾重修之，則擬其創造亦在大法流傳之始矣。明太祖初定中原，僧深遠者又重修之，嗣是旋圮旋復，代有成績，語具碣中，猶歷歷可數也。玄機厄兆，乾綱絕紐，米脂一鼠竊兒肆毒三輔，甍宇委之草莽，鉢衲淪於荆棘，象法陵夷，莫斯爲甚。今鴟梟伏影，鴻雁振聲，山陬海澨，罔不睹白日而熙陽春，而寺獨頹廢猶故，宜乎上人之觸目愴懷，慨然以重修爲己任也。唯時己亥之冬，同雲初布，余方卧獨鶴亭待雪，上人剥啄詣余，屬言勸輸，余久之無以應上人。不懌，余笑曰：「無庸上人弘慈悲願，開布施門，竪淨信種，滅慳貪垢，於此弗輸，其無與於龍華之會，可知也。苟其敬禮三寶，則大地衆生本同此心，應有以檀波羅蜜得度者。歸而求之，導師在焉，又奚以余言爲行矣。上人今正是時。」

壽邑侯劉端伯詩序

庚子冬杪，余抱幽憂之疾，幾不起，方閉門謝客，有羣集剥啄者啓之，則嶽祠之右居人也。齳者丱者於思者甚衆，長跽而言曰：「今邑侯朐陽端伯劉公者，愚儕誠不知其於昔賢宜居何等？獨愚儕世居嶽祠之側，常以供商旅之往來，受其酬金爲業，年來干戈搶攘，豺虎夜遊，居者行者咸患之。公惻然爲計畫，設重闉繚以周垣，嚴關柝之令，令啓閉出入咸有節。愚儕得安居無憂，所業賴以不廢。此則公保障之一端也。愚儕圖所以不忘公者，唯祝之言耳，敢以請吾子。」予伏枕應曰：「公之政章章在人耳目間矣。邑必有能言之者，僕不文，無以爲公辱。」衆曰：「愚儕蓋聞之公博學善鑑，每以吾子之文爲不戾於古法，且亦常以國士遇吾子矣，奚辭？爲敢固以請。」予顔汗沛如曰：「惡何敢承也？顧僕有志焉，今甚矣。憊未能也。」衆益進曰：「雖然愚儕舍是無以報公德，舍吾子之言，又恐非所以悦公心也。望吾子強起，少有言焉。」如是者三，予嗒然無以應，因憶嚮有春雨篇一首，私爲公壽其稾，藏在巾笥，乃命童子檢之，視衆曰：「姑以是辭無罪焉，可也。然所爲祝公者備矣，即使予今爲言，又寧倏有以易此乎？」

制義選序

楊維斗曰：「文章莫妙於簡，亦莫難於簡。」知言哉？古之作者渾渾噩噩爾，國家以制義取士，使明道也。時諸先達皆尚簡，清真典雅，卓然稱盛，嘉隆稍縱，萬末斯靡，啓之乙丑，矯之以子，降而濫矣。故維斗輩出，亟亟尊經，蓋救敝之術，不朽之事也。夫文章之道關乎世運，古今相越，即渾噩之風未睹，要不可不存其意，豈惟制義然乎？今欲復古，莫先趨簡，故余集所載，一無取乎冗長。

又序

予不事制義久矣，然睹今之作者，竊惑焉。故爲斯選，以訓兒輔，實不欲輔隨時俯仰也。選成，輔跽請曰：「夫子欲以簡復古，固也，而稱諸先達以清真典雅者何？」曰：「茲其所以簡也，不雜不蔓故清，不飾不倍故真，不湊不佻故典，不俗不野故雅。唯清、唯真、唯典、唯雅，故簡也。」「然則爲簡有道乎？」曰：「道在力學讀書。明理之人，識必中肯，言必居要，故求之以博，守之以約，欲其自得之也。選義，按部考詞，就班文章，無餘藴矣。以斯爲簡，不亦可乎？非其道也，毋乃太簡乎？」

左傳鈔序

予幼時侍先大人京師，少知讀書，大人以漢文三百篇授予，予受而讀之，無間寒暑，三年成誦，不失一字。及在虔南，受左氏春秋傳，亦如之，今二十餘載往矣。遘世多難，德業不立，而衰且病，君父之恩無以報萬一，暇思所誦書，悉忘之，爲儒而困，殊可嘆也。

咸林劉太室之仲子曰：「繼，予甥也，性敏而好書，予因以左傳寫本授之。繼也受而讀之，將無亦如子之於昔者乎？」然予幼而讀之，長而不獲其用，視不讀書者，奚以異？繼也其必有以用之，則予一人而法戒備矣。孔子於門弟子之賢，以其子妻之，予非敢爲況，然安見以其子妻之，而顧無所庸其教如門弟子也者。繼也其毋以予困，而有言不信也。

秦漢文鈔序

文以理爲主，氣爲輔。其衰也，則浮耳蕩耳。浮且蕩，奚文之能爲？夫六經尚已，先秦兩漢之文皆尚實，故勳在當時，名垂後世焉。彼綵舟木罏，所以不適於用者，其實非也。秦漢文鈔計篇三百，皆予幼所受於先夫子者也。今以授馮翊馬甥宛址，誦數思索，文在是矣。宛址之先文莊公德業巍煥，載在國史，予讀其集，顧不華而實，所稱休休之度，不虛爾。乃今之務華者卒靡及焉，宛址有繼述之責者也。聞予言，其益知所勗哉！

吴太□暨配藺孺人雙壽序　代雪崖

盈天地肫然而無間者，仁之充也。以之立於天地之間，卓然而不渝者，忠信之成也。孔子重言仁，而論學以忠信爲主。蓋忠信者，進於仁之方也。太和淳龎之代，人不必全乎仁，而忠信不失珂瑋之士，以道德文章自敦穆如也。嗜慾不生，機械不作，無以逆其天常，故其時多上壽，傳曰：「仁無欲故靜。」唯靜，故壽，斯自然之徵也。予嘗以是有感於天下之故，而於華陰繼周吴公，有如見元紫芝之幸焉。公伯子六翮與予壬午同舉於鄉，恂恂謹謹，步有則，言有章，予時心異之，而甲申之變，予以避亂潛華山之阿，間從二三子侍公，始得瞻公之貌，察公行誼，聞公義方之訓，而益以稔。夫吴氏之世以德顯有以也，乃二三子則謂予，兵燹之後，俗漸澆漓，日道諛爲僞，而先民篤樸之風賴存之以式里閈者，惟公一人，巋然如魯靈光之在望矣。比六翮之司理於襄陽也，公戒之矣，曰：「濟世無如仁，仁莫大于生人，而不仁莫大於殺人。先王之有刑也，以致生，非致殺也。忠信以求之，斯庶幾乎？」六翮有得於其言，故今襄陽之刑稱平焉。蓋公之存心與見諸事者，素類如此。

歲辛丑，公年七十，八月廿有五日，爲其懸弧之辰，太夫人長於公五歲，設帨之辰在十二月十有七日。先是，或有爲公壽者，公不受賀，曰：「吾有子在楚，方拮据遠役，吾思之惻然，何以舉觴？」時六翮已爲德安郡丞，有永衡之行，故公念之云。然二三子則函書致予謂：「稱壽以言古也，公不好世俗之儀，唯以言庶不爲公所拒。」乃謬屬予具草，將以九月之吉，書之縑端以進。予拜命，脈脈嘆焉。曏予有事於楚，過六翮於司理之署，六翮鬱鬱不樂，予訝之，六翮曰：「吾有母在家，今七十之辰，將屆吾以宦羈，曾不得承菽水歡，其謂子何迨？」予道經華陰，登堂拜太夫人壽，而太夫人顧不受賀，其言與公今日之言同。吳氏之慈孝一揆也，感人欲涕矣。

公性直而氣和，於古今墳籍靡所不覽，而約之有道。與人坦易，無城府，不爲藻繪靡曼，其寢不悶，其覺不驚，故年逮古稀而矍鑠康腴，有強年所弗若者。太夫人明哲內蘊，荊布自甘，與公相莊如賓者，迄今五十載無斁。率諸子婦克勤克儉，壺以內，愉愉如也。公嘗以明經對大廷，爲扶風學博，主爵者且以百里寄公矣。公浩然賦歸，不欲以珪紱易其田園之樂。六翮之在襄陽，兩迎太夫人，而太夫人皆不就，曰：「兒恪共厥職，寧徒欲以珍綺稱能養乎？」蓋公篤雍熙之軌，不干仕進，而太夫人齊德而隱，則並有冀缺龐公之風云。予聞鄉先達有言禮之六〔一〕曰：「嘉，嘉美也。」謂夫天下之至美，可以稱道而頌說之者，皆嘉禮也。書陳洪範壽首五福，詩三百篇祝壽之詞不乏。夫壽之見於諸經者，咸謂之美，則其屬之嘉禮也。固宜屬之嘉禮，而不備其文與詞，是委諸草莽耳。予喜夫二三子之爲禮也，又嘆夫公與太夫人所自爲壽之道，以及吳氏之所以世其德者，以爲不出於仁與忠信之兩言，而神仙導養服食、同昇並舉之術不與焉。公以是迪諸子若孫於庭，而六翮奉之以行蠻方，雖遊於兵革玄黃之世，而亨利永貞，又奚以異夫太和淳龐之際也？予不文，言不足以章公，而二三子學孔子之道者也，亦幸毋以予爲徒言之爲也，斯公之志也夫。

〔一〕「六」下疑缺「翮」。

砥齋集卷之一下　序

周子全書序

自孟子而後，傳孔子之道者，唯宋之周子爲最，二程皆師焉，所著太極圖說，雖朱陸有未一之辨，而於通書，則並尊之，無異詞。撰年四十有九始知讀其書，義約而達，語淡以旨，包括宏深，研入微密，有體有用，有聖有王，蓋六經之樞紐，百代之津梁矣。漢之董、隋之王、唐之韓，其文章雄偉或過之，而純粹以精，曾不得與比。即宋之大儒如林，其學亦詎能出其範圍也哉！偶從友人得呂文簡所定本，分内外篇，曰周子全書演，乃手録之，而去其演之名，別益以諸儒所論注共二卷，重付之梓，庶聖遠言湮之日，使後之有志者尚知所宗云。

關中書院制義序

山東濟水葉公涖西安之四年，閒於政事，以講學明道爲己任。丙午春，檄諸郡邑拔士之尤者肄業書院，兼金嘉幣，先及小子撰俾司厥事，撰謝不敢承，公下書讓之詞切直，撰弗敢固守其私，於是與諸子集焉，凡二百五十餘人，館餐悉備，定約以月之二七日課文，一如棘闈例，甲之乙之弗少假，而夙興夜寐，日邁月征，鉛槧不離，咿吾之聲不輟，敬業樂羣斷斷如也。秋九月，復延諸孝廉至課，亦如之。他日，公自選其文之尤者，授之剞劂，命撰爲言弁首。撰奉公之教，又受益諸子，嘗少有省，竊謂：「人品不一，以誠爲主。文格不同，以簡爲貴。」蓋世降俗澆，導腴爲僞，機械日作，谿壑日深，是生大亂，則寧拙無巧，寧樸無華，故有取於誠也。道喪言湮，綺靡闡緩，膠舟不渡，木騮不駕，斯謂淫費，則選義按部，考詞就班，故有取於簡也。公道高而學富，所設施有古豪傑之風，非小儒所識，其期於諸子者不在瑣細，諸子居恒自命何在？亦嘗返而思之乎？唯異時所成就，或爲經濟，或爲節義，或爲理學，或爲風雅，卓然自見其志，可傳於後世，無遺門牆之辱，斯無負公爲國家育才之意也，故今序諸子之文，不敢以美而以規。若此至其文之純疵，則有公之鑑定在矣。

蔣處士詩序

嘗讀唐東皋子集，想見其爲人真樸淵放，超出一世之表，上可以追陶，下可以匹韋。詩，先徵之矣。夫詩之爲道，有不自已者焉，有不可已者焉。不自已者，爲哀爲樂，情之動也，天也。不可已者，爲美爲刺，禮義之正也，人也。故發乎情，止乎禮義，斯天人之合也，而先王所爲温柔敦厚之教，襄大經大法以不墜者，具是矣。

余從文從蔣子得悉，其王父成甫先生之爲人，而文從更示以先生之詩，屬爲序而傳焉。余盥手誦之，見其約而遠，淡而永，含悲憤於純粹，寫慷慨以從容，尚矣哉！易簡高人之風，忠誠大夫之節也。夫人唯無其情，而禮義又不克以自持。用其柔，氣則流而爲腴；用其剛，氣則激而爲誹。雕繪剽襲滔滔者，天下皆是也，而有能有爲先生之詩者，誰乎？其不能爲先生之詩者，唯其不能爲先生之人也，又誰？則知之。然則先生之詩雖篇什不多，竊謂其可同東皋子集長留天地間矣。

馬紫巖集序 代

文之變，至無窮也。爲文者，不歷其變，則不足以言文，而有不變者存，不得其所以不變，則亦不足以言變。公安，固天下所稱善變者也。自袁中郎氏沒幾百年，而今復有馬君紫巖，紫巖爲政於二曲之間，當搶攘彫劭之後，獨能撫字振作，使其士民戴之如父母，又以其暇日操鉛槧，上下古今，博綜而神明之，發之爲文，極所炫燿，折以法度，如山陰道中煙嵐，萬狀令人應接不遑，抑所謂變而益上，非耶？今天子嘉惠元元，慎簡守令，待以不次之擢。紫巖才高學優，方著勳庸於時，唯其力行而致有終，雖龔黄召杜有不得專美於昔者。蓋紫巖之以其文易天下而傳後世也，道寓焉矣，則於從政也，又何有哉？

金華府志序　代

志者，史之遺也而義小異。史之法嚴，彼其於君臣、上下、得失、是非之間，褒貶予奪，凜不可易，俾君子知勸而小人知懲，而志之法寬，則唯於山川、風俗、生齒、錢穀、文物、典章之屬，與興除損益之故，分晰周至，以資採擇，而揚美必詳，摘疵或略，然其不敢失之僭且誣焉，則一也。

金華爲府，甲於浙東，尚矣。予奉命守兹土在兵燹之後，不及見其盛，而彫敝瑣尾之狀日益甚，是用惻惻，崇清静，罷紛更，勸稼穡，禁泰侈，不敢干赫赫之譽，矜察察之能。蓋才實不逮，而務本詘華，與爲休息，則固有可自信者焉。間從簿書之餘，搜覽舊志，條布類悉，有典有要，而獨自前明茂陵以後闕如，將百餘年來治亂盛衰之繇、忠孝節義之跡湮没無聞，況時移事易，興朝之政有多非其舊者，及今不録，又奚以昭示來兹與？竊不揣開館，延士大夫之賢者重加纂輯，大約遵周氏故本，而益以近世所見聞，於以備稽核，助治理，庶乎可爲全書矣。

嗚呼，金華非所稱文獻之邦耶？其在遠古姑勿論，而前明如宋潛溪、王子克、章楓山輩，道德文章皆卓然爲一代冠冕，今其遺風宜有存者，亦尚可旦暮遇之乎？予不才，愧不能以身先而俯仰留連，不能無感於生兹土者，其烏得無高山景行之思也哉？

聖諭衍義序　代

昔先王之以禮治天下也，有國學、家塾、黨庠、術序備矣，又立爲太師、小師、師氏、保氏之職，以教誡之。凡以敦愛敬之實，弘仁讓之風，使之吉凶有無相賙恤，歲時伏臘禜酺飲射相周旋，不失其雍熙之軌而已。今天下奉聖諭六言，所謂遒人以木鐸，狥于道路者，顧傳之已久。上焉者視同具文，下焉者習爲故事。予竊嘆焉，李君雲襄，中州之俊也，宰長山之二年，勤於民事，間爲衍義一帙，語質而意該，俾愚蒙皆可解，乃修復鄉約所，朔望臨講，風雨不輟，其所以爲世道人心計甚盛。予承乏守茲土幾五載矣，雖繩桀自勵，罔敢佚而無善可述，且我二人春秋高，寤寐以思，安得遄歸田園，奉菽水之歡？是用戚戚，唯曠官之誚是懼。雲襄才敏而學優，言動咸有則，治行卓然，即古循良弗逮也，他日膺不次之擢，爲天子耳目股肱臣，必能盡忠補過，宏教養之德，使四海安，出作入息之常，則今日之見於長山者，其嚆矢耳，而令予得藉手以告無罪。夫是以不避固陋，而爲之弁其端，亦將以樂觀厥成也。

募重修東嶽廟　引

西方華山之麓，而廟祀東嶽之神奚居？曰義及之也。天地之於物也，以氣治者也。橫以五方，縱以四時，皆氣也。東西者，寓乎春秋，氣之所從升降者也。烏乎知之於金與木，知之漢五行志，曰：「東方陽氣動。」蓋其德主乎生者也。東嶽之神，實司之物，莫不有生，故廟而祀之，不與他嶽伍，天下類然，所以答神休也。吾邑之有廟以祀也，所從來遠矣。兵燹之後，坍醁日甚，頃爲修葺，略有次第，而費不給，是以求諸施者，敢告同心焉。嗚呼，君子之教天下也，以人道事神，人盡其道而神之吉凶依焉。此聖人之意也。

梁公崇祀名宦録序

予素喜聞前人嘉言懿行，負笈所至，必造賢者之廬而諮焉，於涇則得昭質梁公之爲政，徵其概，曰：「公約躬敕度，清而直，異不傷物，同不害正。下車之始，首崇學校。每進諸生，與之談經課藝，孜孜無斁，尤敦厲實踐，文教覃敷。時地方多事，公加意撫字，税無羨金，折獄詳慎，罰鍰弗入。至恤災禦寇，保障力多，吏胥憚之，輿人頌焉。」無何涇人上狀督學使者，以丁未四月十日，奉公木主於孔廟名宦之祠，祀事方修，而公之子承篤適至，涇人見承篤如見公焉。承篤違公時，方在襁褓，故往跡弗詳，涇人爲爭述之，語具承篤自爲紀中。他日，梓崇祀録成，過予長跽，泫然流涕，曰：「允植不能讀先君子之書，思先君子之音容而不可得。今于涇得先君子爲政之跡焉，幸也。願子一言序之，允植死且不朽。」予拜而受之，嘆曰：「弘撰聞公之政十載往矣。遺愛在人，口碑載道，可以觀德。禮：凡有功民社，爲國捍患者，皆宜祀，此律令也。涇人思公，久而不忘，俎豆用享，趨之恐後，可以觀義。承篤有志繼述，不憚跋涉，揚親之孅，既竭其力，將模模範範，克紹厥家，可以觀孝。録之不可以已也。三善備焉矣。」昔者先司馬撫虔州幾五載餘，雖所職不同，而持己與人其道，與公如合符。睢陽湯使君分守嶺北，寓書及予，云：「虔人祀先司馬，歲時唯謹。」蓋一如涇人之祀公者。然而予跧伏荒巖，曾不能一詣，彼輯所聞以傳。讀是録也，竊又脈脈愴懷矣。

文稿自序

文，君子之言也，以明理，以曉事，以宣情，取其達而已矣。故貴淡，行乎其所當行，止乎其所不得不止，斯善爲淡者也。所謂絢爛之極爾，浮蕩艱深，綺靡嘽緩，失其淡也，文斯下矣。中庸曰：「淡而不厭，君子之道。」且然，而況文哉？倘反是，則小人矣。小人者，又何文之有？昔豫章章大力之自言其文也，蓋以淡爲實，喻夫梅焉。今讀其集，博而奥，吾則安能？然而無以足於人之欲焉，同也。

賀劉母李太夫人百歲壽序

予爲農於華山之碧雲溪畔，而咸林劉子太室謝政歸田，居相距五十餘里，風雨晦明，來往無間，將耦耕老焉。予又嘗以女妻其子，獲母事太夫人，深知太夫人內德之美，與太室事親之有道也。

蓋劉氏世治戴禮，自太室之曾祖乃祖，皆以明經歷仕教授，所至有安定之風。太翁仁英先生好學力行，以孝弟著聞，承家清白，無中人產。太夫人天性和順，事舅姑盡孝，相夫盡敬。迨失所天，含戚茹荼，極織紝組紃之勞，教子嚴慈，兼至太室亦刻苦自奮。弱冠，遂以文章名三輔。丙子，舉於鄉，時太夫人始壽六十有一也。

太室爲孝廉，奉母儀惟謹，門外多長者跡。遭甲申之變，天下大亂，潛伏墟里，與郭徵君胤伯、東孝廉雲雛輩爲泉石之盟。久之，太室貧益甚，太夫人春秋高，幾無以供菽水，乃嘆曰：「吾其敢擇禄哉？」壬辰，就試春官，成進士。乙未，出守譙郡，迎養太夫人於署，時太夫人壽八十也。每訓戒太室，仁以濟物，儉以治己，是以太室爲政冰清玉白，風高雲澤，譙之人戴之如父母，咸舉手加額，祝太室位三公，太夫人壽百歲。顧不二載，緣上計，誤坐額賦殿，而太室安命，不爲辨。御史臺素重太室，特疏題留，謂治行居最。太室又不阿逢主議者，忻然賦歸，譙之父老子弟遮留弗得，相送數百里外，太室奉板輿以返。初服而後，樂可知也。予往有事於三吴，過譙之野，有識者亟問我劉君無恙否？太夫人善飯否？問已，輒涕下。史載平陵順陽之治，所謂攀車克路，弗忍其去，悒然不樂。思我劉君者，若合符焉。越十二年戊申，以次檄補晉藩幕，太室上狀，陳情乞終養，臺使嘉其孝聞於朝。己酉，得如所請，時太夫人壽九十有五也，今又六年，乙卯，太夫人壽溢百齡，以太室爲子而孫若曾孫翩翩競爽，皆有聲庠序間。婚姻之戚、圭組韋布之交賀者盈門，獨異譙之薦紳士庶齎金幣，介春酒，當兵戈搶攘之際，不遠千里而來。天之祥，善人之報德，斯不亦富貴之難邀，而古今之希遘哉？

予聞九疑之山有得道之女年至九百，而漢使河東所遇一百有三十，則服伯山甫之方藥也。若太夫人以德得壽，合於吾聖人之言，迥出金液、珠蕋元霜，絳雪之外，矧今紅顔緑鬢、聰明康强，無異六十八十時，將來壽尤不可量者，誠當世之人瑞矣，而太室朝夕承懽，竭力盡心，爲謹其飲食起居之節，有得於曾子所云忠養之道焉。予乃以識禮載温清定省、視膳問寢。蓋實以衛生益算，非徒修愛敬之文爲也。於戲，觀太室之所以爲子，即太夫人之所以爲母，愈可知矣。予恨不能起胤伯雲雛相與歌詠其盛，特率子若孫登堂進爵，而先之以詞用紀其實，以俟後之執彤管者。

然太室深於易，得象數之傳，嘗謂：「自秦漢以來，明易者惟邵子康節一人，雖程朱傳義，皆未有盡。」予學宗程朱者也，始而疑，既而信，邇方從之。究其説，則予之所以願北面於太室者，又豈一端而已哉！

煙月堂家集序

容城之望族曰胡氏，胡氏自文範先生立高尚之節後，乃以勳庸顯，至吾絹庵公益著，絹庵公太翁曰：「信山先生嘉遯績學而篤於義。」則今之爲煙月堂家集者也，集八卷，凡其先人之道業、文章與世系、生卒、祠墓，靡不載之。唯詳上自天子之誥敕，若親戚友朋之紀贈，以下及所自爲述者，亦附之以見。

華山王弘撰讀之而嘆曰：嗚呼！世風之偷也，其始於宗廟之不修，而譜牒之廢乎！蓋今之士大夫睦族者鮮矣，彼見爲親盡服，絶支分泒别，喜不慶而憂不弔，而抑知自其祖宗視之，固猶然一體者乎？古之仕者世繼，死者有廟，生者有宗，至於不廟不宗而使之百世而不相忘，則有譜牒所以收合人心，歸之於厚，非細故也。夫貧賤之人饑寒見迫，吾無責焉。苟富且貴矣，美宫室，廣田園，輕裘肥馬，夸耀閭里，其狡者貌爲謹飭矜言，儉素以文，其刻薄鄙吝之行，而於所爲棲祖宗之靈，祗奉蒸嘗者率不之釐慮。或問其先世之事，口噤莫能應，視族人之疾苦，不啻若秦越人之不相關者，比比然矣。即其賢者樹功名，敷文采，自命於大雅之林，而趨末而忘本，務華而詘實，究亦無以異于封殖者之所爲。

嗚呼！尊祖敬宗之義微，而型仁講讓之道衰矣。故曰此世風之所以偷也。吾他日聞信山先生嘗竭力傾橐，創立宗祠，以成其先人未竟之志，而今觀是集，悽愴怵惕，有僾然如見、愾然如聞者，則蘇明允所謂孝弟之心有不油然而生者哉！吾乃益以知絹庵公之澤民愛物，施於爲政者有自也。於是拜手而爲之引其端，將以告諸今之士大夫聞，先生之風亦可以知所興起矣。

文可序

自聖學不明，而祖宗朝所爲取士之文之制與定制之意蕩然矣。蓋文必有本，自禪興而經蝕，而本雜矣。文必有法，自剽竊摹襲之術工，而先民之樸喪，則講法者衆而法之所以亂也。文之衰也，夫孰非其學爲之乎？

山居多暇，課諸子弟，取一代之文，録其清真典雅者以爲式，間收恢閎奇崛之作，以發其才思，得篇五百，彙爲一集，名曰文可，則嘗見世之所爲文者，皆其不可，而欲以吾之所謂可者易之而已。求之六經以爲本則可，軼於禪則不可。求之先民以爲法則可，習於剽竊摹襲則不可。必使今之所爲，質諸古而不謬，傳諸後而不敝，斯可矣。

昔朱子嘗云：「科舉文字近來翻弄得鬼怪百出，都無誠實正當意思，一味穿穴，旁支曲徑以爲新奇，此莫大之弊。今欲革之，莫若取三十年前渾厚純正明白俊偉之文，誦以爲法，亦正人心、作士氣之一事。」古今同病如此，夫諸子弟之讀是集也，誦數以貫之，思索以通之，其庶乎？無負吾既見其生，實欲其可之心也乎！

周易圖說述序

天地事物之理、聖賢之意，有語言文字所不能遽悉者，莫如圖爲易曉。朱文公作周易本義，首列九圖，以明易之原，而卦變一圖本於河陽陳氏之說，乃又增其變，爲後儒之所疑。予爲是編，特復陳氏之舊，而更益以諸家圖說，或相證合，或相發明，或推測一義，或旁通別類，雖其間有重見疊出，至涉於瑣屑，弗恤焉。

於戲！易之變化至不可窮也，然可一言以蔽之，曰「一陰一陽之謂道」而已。一陰一陽之謂道者，言不貳也。不貳則交，交則生，生則惡可已，故又曰：「生生之謂易。」斯不測之神也。神也者，妙萬物而爲言者。言乾坤之不貳也，然後能變化。既成萬物者，言乾坤之不測也，故六子用事而乾坤之德可知矣。是其義莫著於象數，知象數者，莫精於邵子康節。康節而後，談象數者不一家，唯其符契自然，引而伸之，觸類而長之，故足述也。雖然不求之象數，易不可見也。徒求之象數，易亦不可見也。則所謂「體用一原，顯微無間」者，果何如哉？

蓋孔子而後，善說易者，當獨尊子思中庸一書。莫非易也，孔子散而言之，故曰：「仰則觀象於天，俯則觀法於地，觀鳥獸之文與地之宜，近取諸身，遠取諸物。」子思一以貫之，故曰：「其爲物不貳，則其生物不測。」易有太極焉，中庸曰：「於穆不已。」又曰：「上天之載，無聲無臭。」太極之謂也。易有三才之道焉，中庸曰：「博厚所以載物也，高明所以覆物也，悠久所以成物也。」三才備矣。吉凶悔吝之占易，所謂教人知幾之學也，中庸曰：「莫見乎隱，莫顯乎微。」齋戒以神明其德，窮理盡性以至於命。易所謂教人藏密之學也，中庸曰：「戒慎乎其所不睹，恐懼乎其所不聞。」易以知來，中庸曰：「至誠之道可以前知。」易以開物成務，中庸曰：「經綸天下之大經，立天下之大本，知天地之化育。」然則易之所以與天地準，而中庸之所以與天地參者，不從可識乎？

於戲！書不盡言，言不盡意，知變化之道者，亦存乎人之自得而已。昔康節作皇極經世，程純公曰：「堯夫之法只加一倍耳。」康節嘆其聰明。他日正公舉問，純公曰：「已忘之。」後之學易者觀於是編，能盡康節之法，又能爲純公之忘，斯善矣。

張王二稿合選序

天之將喪斯文者，遂有甲申之變，詩書淪棄，世道人心繫焉，君子悲之。丙戌以來，草昧方啓，一時應舉之士或涉飣餖，幾同鬼蜮，文之衰也，莫斯爲甚。壬辰有張子爾成、戊戌有王子卜子出而正之，蓋爾成實以詮理，卜子妙於用虚，即二子爲文各有不同，要之尊經體傳，不失先達氣格，庶幾古道未墜，文在茲矣。嗚呼，天之生才，不盡今海内，智能輩出，炳燿藝林，應自不乏如二子者，寧可易得也耶！

募修朝元洞序

今天下之事鬼神者，衆矣，而莫能知鬼神之情狀，吾識之其森然於人之心而已。夫宇宙有爲之跡，始於無爲。無爲者，心之所以藏，而有爲者，鬼神之所以顯也。自天之有覆，地之有載，日月之有明，四時之有行，以至風雨露雷之鼓動沾濡，災祥禍福生殺消長之紛紛，豈其無宰之者而能若是？然則天神矣，地示矣，而謂人之不鬼，非也。伯有爲厲，彭生豕立，人且鬼矣，而又復何疑於天地乎？故後世儒者之謂鬼神歸之，無以鬼神，非其鬼神，非通論也。中庸稱鬼神之盛曰洋洋。洋洋者，言其無之而非是也。無之而非是，則其有所之而必不是矣，故外氏之謂鬼神執其有，以其鬼神爲鬼神，亦非通論也。蓋有造必有化，有吉必有凶，有明必有幽，有陽必有陰，猶之有形必有影焉，而且以影求之，陽者必外，陰者必内，然月陰屬也，而何以亦外，固知借光於日之説，不誣也，則陰之莫不藉於陽，如是而謂鬼神之非藉於人也，必不然矣。故先王之設教，與斯民之狗意，其理皆不出於此。先王之所有，後世之所無，吾不敢從其無，則與臣言忠，與子言孝矣。先王之所無，後世之所有，吾亦不庸不從，其有則爲善而喜，爲惡而懼矣。凡吾所以事鬼神之説，有以異乎人之所以事鬼神者，亦不出於此。

華山之麓，有廟一所，名曰朝元洞，其地爽塏，老樹扶疏，中所奉祀之神不一，創始不知所自，而修葺在元之季。蓋吾始祖處士公嘗預其事矣，兵燹疊經，坍醳已甚，吾每覽其遺址，爲之低佪不能去，里鄗父老慨然，謀新之顧，其所費不貲，不無望於同心之助，以佈施爲功德，吾不貴其堅淨信之種，而貴其滅慳貪之垢，利而導之，鼓舞而從之，此象教之設將以佐刑賞之所不逮。先王之所謂神道可使由之，而不可使知之者也，此吾所以勸也。夫今之世何世與？滔滔者，天下皆是也，而又敢謂其鬼之不神，且吾嘗睠顧行吟於其間矣。河山如故，風景不殊，戚然有反古復始之思焉。嗚呼，民德之歸於厚也，何日哉？

中説序

漢以來，世之號爲文章家衆矣。義高雲天，詞潤金石，迄今掞六朝之藻者，猶豔稱之，而晉人以老莊之學，雅尚清談，頗著玄解，然往往鮮實用，數百載儒者汩沒於二途，而能卓然獨以孔子之道自任，爲舉世之所不能爲如王通者，豈不難哉？獻策不見用，退而著述河汾之間以終，可謂出處有道矣。乃後人或以此少之，然則孔孟之棲棲以求世用者，皆非與宋咸駁中説，至謂無其人，斯妄矣。唯帝魏之説，則吾之所不取，亦無容爲通也諱耳。

法戒録序　崇禎壬午予年二十有一私擬作

今之事君者必先曰：「法堯舜。」言信美矣，臣獨以爲此昧於法，而不識時者之言也，何也？昔戰國之時，君臣上下唯功利是務，刑名日勝，甲兵相尋，以富強爲忠，以縱橫爲長，蓋人心已溺，天下不復知有堯舜之道久矣，故孟子亟亟正之曰：我非堯舜之道不敢以陳於王前。今國家崇學較，敦教化，明章程，懸帖括，所以取天下之士者，堯舜之道也，而天下之士專誦讀、尊約束、務討論、習文章，以應朝廷之選者，亦堯舜之道也，豈至釋褐登朝，而始孜孜焉入告我后乎？臣獨願陛下存堯舜之心，而法漢以來賢君之事。堯舜之心，仁而已矣。漢以來賢君之事不失其仁而已。今依司馬光資治通鑑，斷自威烈王以後，取其事之可法者，大書於篇，而以其類相反者小注於下，以存戒於君德，國政亦庶乎有徵而無遺矣。是人之言堯舜者徒爲具文，而臣之不言堯舜者，乃所以求進爲堯舜之實也，果能深體而力行之，而天下不治者，請治臣以欺罔之罪。至於執中精一之傳，此陛下宥密自致之學，非臣之愚所能仰助萬一也。

春日看梅詩序

蘇東坡在錢塘日，喜與諸僧遊，尤喜僧之能詩者。雖片語之合，率揚之不置，如聰之「亂山新月」，清順之「竹暗泉聲」，皆是也。至和守詮之詩，與之頡頏。守詮云：「落日寒蟬鳴，獨歸林下寺。松扉竟未掩，片月隨行履。時聞犬吠聲，更入青蘿去。」東坡云：「但聞煙外鐘，不見煙中寺。幽人行未已，草露濕芒屨。唯應山頭月，夜夜照來去。」論者謂雖回三峽倒流之瀾，未可與溪壑爭勝也。然守詮他詩更無聞，使不遇東坡，則此三十字亦湮沒久矣。

予來白下，假寓古刹，多方外交。昔葦航上人和陳涉江侍御梅詩十六首，人或傳誦已十餘載，往矣，有孫嘘萬復次韻如其數，彙爲一册，暇日出眎，求予書其簡端。余見前人之詠梅者衆矣，元之季至有爲二百篇者，乞序於吴草廬，草廬弗善也。詩豈在多乎？即次韻，始自長慶，迄宋寖盛。予竊謂其非大雅之義，嘗以自戒，而不以之繩人。蓋詩之工拙元不係此，夫亦各率其志而已。嘘萬寄跡都會，胸無滯礙，梵唄之餘，博稽羣籍，柴門反關，木榻晏如，吟哦之聲時達塵表。今觀其作，殆東坡之所謂語帶煙霞、從古少氣、含蔬筍到公無者乎？抑聞之古德如寒山拾得及石屋輩，皆以詩傳，其超悟解脫，不涉言詮，雖與儒者異趨，要非浮華之士所可擬似。予老矣，方斷綺語言不能有加於噓萬，噓萬歸而求之，尚不至如歐陽六一所稱，九僧爲許洞之所抑也。

遲屏萬明府壽序

古之以英年自立者，在漢有賈誼，宋則寇準。誼達國體文有餘，準雖貴，或猶以霍光傳喻之，然其大業所就，誼弗逮，豈誼驟遷大中大夫，屢有請建，不無招忌，而準兩爲令，悉心民事，日久迄至大用，故以需之者成之與？且王者重守令，謂其去民甚近，利病易知，即有澤易及爾，而以今方古其治，顧鮮匹焉，何哉？則以文具日張而誠不至也。淩河遲君妙承家學，博綜經術。其爲政也，簡而寬，靜而威。抱誼之才，修準之事。崇學重農，正俗平訟，暇則賁山澤，采芻蕘，求彝典之實，講治平之略，曾不及期而上下作孚，譽溢鄰國，人人恨以得君晚也。邑雖小焉，往而非德之資耶？時在庚申季春，值君誕辰，諸大夫爲君壽，而屬洗爵之詞於予，予則益之以朱子考亭之言焉，曰：初官受奬，可以思懼，勿使過情而躁進焉，夫豈非義？而朱子言之君以存誠之心道民於禮，以閑邪之方防民於淫，守之以固，居之以易，從容而達蹈夫道矣。昔龔遂爲渤海守，年已七十餘，治行爲漢廷最，特拜水衡都尉。君年才踰弱冠，他日大業所就，殆不止此，一旦有使者之徵，則豈無素嗜酒而進長者之言，如王生者邪？

陳堯夫詩小序

詩者，志之所之也，聖人禁人之邪以歸於正，而温柔敦厚，又以治其性情，而使之不即於戾，則詩之有關於道也，詎不大哉？世衰教微，浸淫於讌遊歌舞，留連於風雲月露，甚至取悦獻媚，以助竿牘苞且之用。崇華詘實，肥詞瘠義，詩之亡也，可恥孰甚焉！

陳君堯夫博學好古，孝友之行孚於里閈。戊午應詔，不得已而出，中途有南塘之厄，遂藉以還山。出處之際，不激不隨，無遺憾矣。茲取甲寅以後之詩，别爲一集，蓋回視甲申之變已一世矣。進退汙隆之幾，堯夫必有以自考其得失當何如者。清詩近道，要識子用心苦，予敢以是爲堯夫誦。嗚呼，今天下之爲詩者衆矣，予嘗嫌其多，如堯夫者，又何可少哉！

賀靖逆侯非熊張公入覲序

嘗觀唐天寶末載，天下多故，汾陽郭忠武王初自朔方提孤軍轉戰逐北，屢平大難，王室再造，皆其力。間遭讒惎，詭奪兵柄，然朝聞命，夕引道，無纖介，自嫌史書其入朝者八稱其忠，貫日月神明，扶持完名，高節爛然，獨著取士得才，以身爲天下安危者二十年。朝廷賜賚寵渥，圖形凌煙閣，富貴壽考，子孫衆多，尤能以功名顯千百年來盛德大業，受福之全，一人而已。今觀於靖逆侯非熊張公，其繼之而興者耶！

公鎮西陲先後凡數十年，運籌決勝似子房，正身潔己，威化大行似然明，遠人畏而懷之。日者滇南亂作，連及楚蜀三輔以西，處處煽動，公綏服人心，收復地方，天子倚之，無右顧憂，遂進今爵。四方既定，公請陛見，天子喜見公，可其奏。公奉命就道，橐中唯圖書，衣衾自隨。比入都，天子使使迎之，以公有足疾，命肩輿至乾清宫，賜晏、賜御衣雜綵、賜馬，敕司空爲造輿。凡數見，慰勞褒嘉甚，至公間以年老乞休，優詔不許，留二十日，命還鎮，君臣相悦，可謂古今之希覯矣。予未識公面，與公之子廷尉、司農二君爲道誼文章之交。嘗讀公手書，訓有云：「仁者，善之長也，使萬物各得其所。義者，宜也，欲萬物咸得其理。」天下皆素仰公之名，謂長於應變將略耳，而抑知其氣量宏遠，得聖賢之道，合大儒之識，有如此也哉！公將入關，關中士大夫公製清防，躋堂稱觥，屬予爲詞。夫公勳高一代，河山帶礪之盟，藏之天府，傳之奕葉。雖草野之人不識疆場之務，竊謂當外阻内訌之秋，天下非公，則無以有今日，故特推其所以樹勳之本，以爲盛德大業，受福之全，將有直埒郭忠武者。今之歸也，進退始終之間，益知其處之有道矣。

童氏族譜序

記曰：「古之君子，論撰其先祖之美，而明著之後世者也。」故無美而稱之者誣，有美而弗知者不明，知而弗傳者不仁，是恥也。夫君子將營宮室，必先立廟於正寢之東，以供祭祀，所以教民追孝也。以爲無財不可以爲悦，則不敢不躬行，節儉將慆邪，淫佚之事無自而生，此王者治天下之大端也。自姓氏之學不傳，而圖譜局廢，昧厥本源，獨視支分派别，等諸路人，慶弔不相通，其能因睦以合族者鮮矣。

如皋童太學鹿遊吕齡，其先爲蘭溪人，遷如皋已三世，而鹿遊念之不忘，於甲寅歲，特走蘭溪，訪高曾遺業，展埽墳墓，宗黨咸賢之。壬戌，遇予維揚，亟以修其族譜，請予爲溯其所出，以及於八世之祖。其先不可考，其他亦不能詳。特據其所明者序次而歸之，乃復告之曰：今畎畝之夫或一飲一食不忍忘其先，而士大夫家反有不然者，輒引昔人之言，見爲僭耳。夫三代之時，人皆帝王之支庶，所謂僭者，以有天子諸侯在也，今雖貴爲公卿，要皆崛起草野，何得援不敢祭之説，以自絶於先人乎？大哉！世宗之詔謂：「不可僭者，名物耳。」奈何不合民報本追遠耶！然稽諸祭義，祭不欲數，數則煩，煩則不敬。祭不欲疏，疏則怠，怠則忘。先王體順人情，爲至周也。鹿遊孝弟，性生忠信，孚於閭里，績學能文，翩翩一時之俊也。顧獨以修其譜爲急，以比其身，以重其國家，端在此焉。而更以予言求之，折衷於禮俗之間，合諸天道，以敬祭祀，以序宗族，則譜不徒修也，可以風矣。抑昔人之有譜也，率自爲之者也，武功康得涵之爲張氏譜也，其母族也。予與童氏居不同地，無姻連，而爲之譜，是越也。夫予之爲之譜也，是越也，而予弗能已焉，斯亦可以知鹿遊矣。

瑞燕堂集序

天地中和之氣必國昌而家亨，君臣一德，夫婦偕老。當此之時，明良靜好，慶則有餘，安所從見節哉？故臣與婦之以節見，皆國家之不幸，值夫乖戾之殃，而有若臣與婦以人與天爭，以卒復其中和之氣，天至此亦必有以應之，而始無所憾。故曰：「人定勝天。」昔人司馬遷作史記，不爲婦人立傳。傳婦人自劉向始，後之作者因之捜次，才行又不專在一操。溯之春秋，書叔姬之義，固必以節爲重。三代而降，稱寡婦者，莫先於秦之懷清臺，乃史記既不傳婦人，而於貨殖録之，稱其名顯天下，則以富之，故克成厥家耳。而況於立孤以延宗祀，爲人道之大焉者乎！孟孫之亡也，仉氏教其子，至於三遷，卒成亞聖。此萬世爲母之的，非巴寡婦所可比，而後之截髮、剉薦、畫荻，丸熊者，咸則之。代有芳躅，司彤管者且美不勝書矣。

涇陽念堂趙君之母劉太孺人，爲孝廉伯韶公配。伯韶公年未及三十而卒，太孺人矢從一之節，忍其不死之心，雪涕受家政，仰事俯育，以織紝佐誦讀，拮据卒瘏，歷三十餘年。念堂學成而名立，既登進士第，七年太孺人去世，下報伯韶公於九京。又六年，而念堂爲虞山宰，以忠信之心敷豈弟之政，士民戴之如戴其父母，行且以治最。有子二人，孫六人，森如玉立，皆能向學篤行，是其家有餘慶也。趙氏祖宗之靈實式凴之，孰非太孺人之以人與天爭，而靡有不勝也哉！邵子曰：「死天下事易，成天下事難。」洵有以也。念堂敦義氣，廣交遊，凡知念堂而聞太孺人之德者，咸爲詩若文以述之，上自公卿，下逮韋布，夥矣。念堂彙爲一集，以其有貞燕之祥也，繫之曰瑞燕堂，屬予序而傳之，其不忘母也。予不論其所作，而論太孺人之德，爲有造於趙氏者如此則。嘗中夜而起，仰瞻前星，徬徨流涕，竊有痛於癸甲之際矣。

易傳鈔序

西蜀王承之纘緒從予學易，一以朱子之本義是求，而予兼示以程子之傳。既語之曰：「程子之傳義藴宏深，其於天下之情事備矣。簡而文，確而理，所謂坐而言，立而可見之於行者，與周子之通書、張子之西銘皆上繼六經，下掩羣籍，漢唐之儒未能或之及也。朱子師程子者也，（當）〔嘗〕稱其義理精，字數足矣，而作本義，復不盡用其説。古人學貴自得，所見偶别，不尚剿襲耶！抑易道廣大，不可爲典要，而歸之同者，不害其爲途之殊，固如此邪！子其識之，將於得失之事、順逆之情，錯綜而會通之，必有以不自欺其志焉，然後易簡之理可得，而天人之合庶幾矣。」

守硯庵文稿序

猶記戊申之春，有人焉，攜杖履，北走太原，訪傅公之佗，信宿而西入潼關，過予獨鶴亭，賦詩一章，登太華之巔，作畫一幅而去，飄然出塵埃之表，則鷹阿山樵戴子務旃也。自茲以來，凡花時、月時、風雨霜雪時，孤亭偃仰，闃其無人，莫不有務旃在焉，而務旃則去已二十餘年矣。

庚午秋，予涉江上蔣山之下，久之重見於長干梵宇，復爲華山圖一幅、七言長歌一章見貽，風義翩翩猶昔也，既而示所著守硯文稿，曰：「予文不可無子序。」

余讀至九怨與族譜之作，忠孝之情溢於簡端，斂衽而嘆曰：「此其爲靈均之遺則乎？然而未盡也。」靈均，楚同姓之子也，不得於君，眷戀宗國，發爲文章，照曜古今，人徒見其比物取興，菁華燦然，舒瀉幽愁，貞義鬱勃，故推其志以爲與日月爭光，豈不信哉？予獨觀其行吟澤畔，憔顇枯槁，至無以自持矣。迨與漁父問答滄浪之歌，餘音未絕，而鼓枻杳然，與成連之聞瀣水，澒洞而茫然移情者，千年以來，此境一再見而已。遠遊之篇曰：「其小無内兮，其大無垠。無淈滑而魂兮，彼將自然。壹氣孔神兮，於中夜存。虚以待之兮，無爲之先。庶類以成兮，此得之門。」斯言也，其得之既見漁父之後乎？峥嶸寥廓，太初爲鄰，不第視世之總總者，無所復攖，即三后之思、佗傺慷慨之態，亦覺翛然而無餘。蓋靈均於是乎深於道矣。

務旃以有爲之才，奉其先人遺訓，砥礪名節，遭時不造，裂冠棄人事，遊散山水荒遐之區，足跡遍三陲焉，乃日月幾何，而顛毛種種，田園就蕪，妻子有饑寒之色，務旃獨浩浩落落，忘懷得失，操觚不輟。夫仁不遺親，義不後君，攬萬有於一掬，折以古之法度，而騁其縱横宕逸之致，入理泓然，達於象表，其於靈均之爲有進焉者，異乎否耶！昔公之佗論，予於代州郭九芝所曰：「清貴二字久以奉華下。」予謝不敢承，故嘗自書柴扉云：「昔慚栗里，今愧松莊。」兹將借之以奉務旃。固殷中軍之所謂一時無所後者也。務旃尚許爲同調之憐乎？起公之佗於九京，得無相視一笑邪？

碧落後人詩集序

後十七年，戴子無忝之登華山也，予不及以履從，未識無忝之人也。而今在舊京，於其兄務旃所得讀無忝之詩選。按義訶，出入風雅，不第一門之内，有雍熙之軌，而國運之盛衰，朝事之得失，俱隱隱可指，其識洞，其論公，其氣沉固，非雕飾浮采，留連光景者之所可方也。

昔者權奸柄政，刑賞生殺皆出其手，而不能奪文節先生之硯，至爲蓄憾，此其故豈在硯哉？務旃守其硯以爲庵，庵成而復以硯授無忝，則其兄弟之所勗勵，又自有在可知也。即跡或不同，要以不欺之志，不移之節，不失其先人之貽謀，則一。故予讀碧落後人之作，亦如讀前生、餘生之作，不禁心折首俯，而有時爲之髮衝冠，而涕霑衿也。古來兄弟齊名者，首推采薇之聖人，予不敢遽擬而沮溺耦耕，其風豈違？自兹以降，如二陸兩到輩，代固不乏，文有餘矣。行或不逮，求戴氏兄弟非獨目所鮮覯，抑亦耳所希聞也。余既爲務旃序其文，而務旃又欲余序無忝之詩，同心之好，諒不在區區墨翰之間，是以特寫其中之所知者如此。嗚呼，知其詩矣，豈猶恨未識其人哉？

程然明續遊草序

庚午秋，余以大司馬東山王氏之招，爲其子授易，則吴門程子然明在焉。然明忠信爲質，而博學能文章，内潤外朗，余嘗私嘆：「使公謹復起，當不得獨矜渠儂醇醪也。」

孟冬上浣，余將暫之白下，然明以其續遊草屬序。蓋然明昔有遊草之刻，吾友汪君鈍庵序之，沈君繹堂、程君石臞爲之評，得意於句字之外，一唱三嘆，宏長風流，致足佳也。兹復集甲子以來六七年之作，大抵巡攬山川，寄情景物，各體既備，衆美亦臻，意匠經營，極絢爛之工，而歸之平淡，其有與時俱進者耶。恨華亭南海不可復作，堯峰高蹈，懸車不出，無從復質之。余鼓枻匆匆，江天渺然，俯仰之間，都成陳跡，是以不勝今昔之感，而願然明益懋其所學，當更有事在求至人之髣髴，無但好奇服而玩芳草也。

魯式和琴譜序

古樂之亡也久矣，繇今樂以求之，其器莫近於琴。今之琴猶古之琴，與夫五音之不盡而有二變，天也。而謂之文武之加焉，人也。此非有宿悟神解，莫能識其所以然者。大樂不作，元氣不復，聖人不生，天下不治。昔者韓子昌黎作十操，即未知於古音如何，而其文典雅、忠厚、感切，論者謂有雅之遺則焉，非世所傳諸譜可比，乃今之鼓琴者鮮能用之。或用其名矣，而詞又非焉。嗚呼，文之不擇，而音於何有？

邗江魯君式和究心於音，得其條理，自爲指法，譜有如天授，余尤願魯君留意相賞于松石間，將必有雲浮泉涌之徵焉。無謂世無知之者，如子期傳之者，如賀思令其人也。抑余聞之琴，高琴以養性。魯君爲人，神氣冲和，不異千里，而余生也多感類。叔夜之不堪，涉於末流，而嘆古音之亡也，非獨器亡也，於此又烏能無志義之思耶？

長鳴詩存序

崐山王玉峰先生，倜儻大度人也。弢跡山林間，爲詩崢泓蕭瑟，有金石聲，子甫瞻繼之，嘗思浮家江湖，不罥世網，手録遺稿，鋟之木中，有云：「杜門何所事，不爲著文章。」蓋先生所自矢別有在，非徒爲壯夫之悔云爾。先生之妻弟曰：「陸汝萊先生襟期略同，有夢餘草，戴芸野爲題辭，旃蒙作噩，皆齎志以死。」合而讀之，將二先生行誼之慨與日月同炳，而豈獨以詩傳哉？甫瞻者，亦所謂温不增華、寒不改葉者也。

法言序

漢儒能傳孔子之道者，董仲舒，後則有揚雄。仲舒之學見於天人三策，其春秋繁露，猶純駁參半。雄以莽大夫爲綱目所貶，以此見黜於從祀。吾嘗觀焦竑所述諸，爲雄辨始末者，歷歷有據，則綱目之筆亦未可定爲實録，而法言一書，見道之言，即仲舒有弗及者，烏可廢哉？程子最不輕許人，獨云：「漢儒之中，吾必以揚子雲爲賢。」蓋有以也。反騷解嘲，文之末技，而太玄之作，無當於易，乃後世獨矜重之，則又吾之所未解者矣。

漢隋二子述序

自秦漢以來，儒者之學能出乎一世之上，而無愧於孔孟之道者，五人焉，曰：董仲舒、揚雄、諸葛亮、王通、韓愈而已。董與韓之學規模正大，揚與王之學兼詣精微，諸葛之學則又以忠節奇勳掩然。董之天人三策家傳戶誦，諸葛之出師二表，論者謂可與伊訓羲命相表裏，而韓之詩文峻偉，操觚家師法，至有泰山北斗之仰，獨揚以仕莽，爲綱目所不與。王之獻策見譏於不知者，後人無特識，隨聲附和。二子之書，遂置之不讀者衆矣。吾竊嘆焉。山居之暇，手録成帙，稍去其不切要者，彙爲一集，題曰漢隋二子述，學者讀之，能盡二子之學，則亦可以得孔孟之傳也夫。

砥齋集卷之二

跋

書郭胤伯藏華嶽碑後

漢隸之失也久矣，衡山尚不辨，自餘可知。蓋辨之自胤伯先生始，先生藏古帖甚富，華嶽碑海內寥寥，不數本，此本風骨秀偉，鋒芒如新，尤爲罕覯，先生寶之有以也。先生於書法四體各臻妙，其倡明漢隸，當與昌黎文起八代之衰同功，或云先生豈能作哉？能述耳。嗚呼，秦漢而後，詎惟作者難，正善述者不易也。

爲陳冷雲書桃源詩記跋

桃源人爲隱不爲仙，蘇子瞻辨之矣，然不可見之之，云隱隱，何負於仙哉？隱不可見矣。武陵之漁者，能至其居，而太守不得其路，則漁者無心入之，而太守有心遇之也。余友陳冷雲，無心人也，素嗜其文，間索余書，以爲時一把玩，如睹桃源。嘻！太守失之目前，而冷雲索之紙上乎？是將無貽有心之誚。不然，身隱焉。文陶公之詩記且贅，如其高臥羲皇，則舉足而遊，寓目而視焉。往而不桃源也，而又奚以書爲聊識之，以告後之問津者。

書太極圖説後壽湯荆峴兵憲

冬十月廿日，今兵憲湯公覽揆之辰，草茅下士無以爲壽，乃書周元公太極圖説一通，以請正焉。蓋弘撰不學常妄，有言云：「無極太極之辨，象山爲長；格物致知之論，考亭爲是。」公學之宗也，其必有以教之。昔明道常言：「不學便老而衰。」公篤於學矣，而弘撰仍以學進，此所謂不老不衰之道，乃弘撰所以爲壽也。

劉福庵封君八十詩跋　代

介山之側，代有異人焉。史籍所載，享耄期之齡，出入將相五十餘年，而天下望之以爲在神仙中者，則寬夫文公其人也，豈非龐鴻宕冥，山川靈氣，毓傑篤材，故受性惟貞然乎？以某觀於今福庵劉太翁，輒弗勝咨咨嘆慕之懷焉。

翁夙負至性，敦彝倫，約躬敕度，冲和雍穆，而雅好問學，傳濂洛關閩之秘，爲文章法先秦兩漢。尤重然諾，周急恤難，千里慕義。春秋八十矣，優游頤養，猶日誦睿武，自儆之什，此豈司命所能制其算耶？天子修老更之禮，令有司上年耆行修者，執醬而饋，執爵而酳，舍翁其誰與歸？

翁有子竹堂公，爲京兆司理，德洽平反，方著勳庸於時，崇階峻秩在指顧間，某屬在下吏，嘗奉教於公，有非分之遇，其偉才碩抱誠未易測。今而知過庭之訓，蓋得之翁者深也，猗與天之報人有道。文公於其身，而翁於其子，勢雖殊而道同，豈有間焉？夫執天下之平民，而稱無冤者，非定國之遺風乎？則行且有高，大翁之門者。某不佞，竊拭目俟之矣。嘉平望日，爲翁嶽降之辰，某問言於華下諸子，得人十有二，詩如之，得序一，得書八，寓岡陵松柏之祝焉，而某爲跋其後如右。

書劉孝子册後

廬墓，古也；封肱，非古也。世衰教微，人惟名是矜，雖修身養志之士，非廬墓封肱，不以孝稱，而所稱爲孝子者，舍廬墓封肱外，或無他可述。淫僻邪畸，間有之矣。然驚詫鄰里，爲有司旌門榮身之本。二者之中，封肱實甚，而世顧尤以爲難。君子非之，以爲毁親之遺體，不恤人倫之間，有市心焉。昔高皇帝著令常禁之，而習者接踵不絶，即予所見數輩，察其素履，有於孝無與者，吁，可嘆哉！

庚子冬，余抱病草堂，張子白石來訪，持一册，命予書劉孝子事，謂其修德樂善，達禪理精神，珙韻學，事親孝，親喪，廬墓六年，故稱劉孝子云。問其名，曰喆，問其字，曰謹玄。問曾封肱否？曰否。余喜曰古之道也，劉子之行不苟矣，是可書也，遂伏枕識之，且以示來者，知子雖不封肱，亦可以孝自見也。

書李岸翁閏七夕詞後

填詞一道，語以本色爲尚，洪東碧山蒼疏悲壯之概，目無古今，自是「大江東去」一派，然「楊柳外，曉風殘月」，終屬當行家，故柘湖論元人曲「獨輸心於傷梅香」以此。河濱沉酣經史，尤精詣内典，具經濟之略而不逢時，晚乃游戲於斯間，有所作，聲韻穩貼，縱横合拍，無所借襯，吾鄉作者康王而後，今在河濱矣。閏七夕，新水令一闋，慷慨悽楚，何其音之悲也？予劉覽數四，而嘆河濱所寄，又寧獨在區區文藝之間耶？辛丑秋日，山史書。

書臨玄祕塔帖後

書法，鍾王尚矣，繼莫妙于顔柳，要其忠義正直之氣，溢於筆墨之際。今人舍顔柳不學，而學吴興，無怪乎世道之日下也。辛丑秋日，寓長安，與李岸翁共晨夕間，論及此，岸翁深以爲然。高陵郭子雲瞻，有道君子也，嘗讀書於予，因書以貽之。雲瞻與田雪崖居相近，又同志，倘過汲古閣，並可攜以示雪崖也。

唐榻金剛經跋

金剛經，世傳絶少，此渭上大宗伯南子興先生故物也，云得自壽州朱汝修。大亂之後，南氏所藏書畫蕩然，唯此與顔魯公送劉太冲序真跡得存。宗伯之孫鼎甫博雅能文而慷慨好義，素與予善，嘗以示予，後鼎甫司理柳州，二物爲一孝廉借觀，久之未復，及遷河間郡丞，中丞王公夙聞其名，固求之，鼎甫遣人取之孝廉家，時孝廉已殁，其子以孝廉生時所得別本與魯公真跡付之，鼎甫不疑，倉卒致之中丞，故真本乃得留。

按：興唐寺見於集古録，而不言金剛經，所謂石經，乃八分書。今此經後云：「以八分易誤，故集王書殆合。」獨所紀爲讚者姓名不同。墨池篇止載其目，而格古要論乃以爲懷仁集，石在雁塔下，則謬矣。予細觀筆勢，神采煥發，其媲美聖教，遠勝吴將軍，爲希世之珍無疑，然似一手所書，非集也。卷末題識，小楷復精絶，固當是唐參軍所爲耳。興唐寺即罔極寺，予嘗特往其地，旁皇四求，頽垣衰草，唯石佛一尊，長丈餘，臥於故址而已。一二老僧不知文義，詢之青門故老，亦絶無有能言之者，蓋石之毁久矣。自宋以來，諸君子皆聞之而未睹，故語率不確。近閲董思白容臺集，中言新都吴周生曾以連城購之，重摹上石，而燕京黄氏亦有刻本，然去斯千里矣。

宋榻聖教序跋

咸林有孝廉爲逆閹勒仕，作中舍者，隨之犯闕於内閣，几上得此本，攜之歸。無幾，孝廉歾，歸之吾友東雲雛，復歸之孝廉之族，又歸之吴氏，或購之，貽予完責，江東趙子一見識之曰：「此范質公先生故物也。嗚呼，三月十九日之變，先生以身殉難，大節凜凜。今對此本，先生靈爽倘式憑之，撫摩之手痕，宛然予初欲重付裝潢。」聞斯言，遂止觀董文敏跋，知舊爲陸文裕所藏。前此不具論，自甲申以來，不三十年間，易其主者數矣。宰相不能保，而予以山林之人有之，爲之悚然太息。俯仰今昔，又不覺下新亭之淚耳。與原稿稍異。

九成宫醴泉銘跋

此大宗伯南玄象先生所藏，云朱汝修物也，後有黎惟敬跋，當時以爲天下第一本。汝修既歾，遺書散亡，宗伯以三十千得之舍人子，語載郭胤伯金石史中，東雲雛得之南氏，余近得之雲雛令嗣。名跡流轉，取玩目前，莫知其後也。

書宋元人畫册後

戊申秋七月，余將有事於燕趙，道經昭餘，與戴子楓仲爲傾蓋，交酒間，出所藏宋元人畫册，屬題間，初收無慮數百幅，積十有餘年，而擇之以存者厪如此，亦不易矣。夫畫書之流，而藝之微者也，昔人以之澄懷觀道。戴子博學好古，又與傅青主先生及壽髦輩遊，故鑑賞之精有如然犀，非他好事者比也。天下倜儻高妙之士不得於時，其志鬱而莫申，類有所寓，戴子其然乎？白露既下，旅雁初飛，登丹楓之閣，而遠攬鐘阜在其南，燕山在其北，而漸近。則傅氏之霜紅龕在焉。西瞻二華，真源可問其下，即予之所爲蔽風雨也。日月沉暉，雲霞寡色，危涕墜心，姑置是事。

泉帖跋

世以泉潭絳汝爲淳化之子，而泉實爲之冠，或右絳者殆過汝，無足言潭，則朱子目爲極可笑者，絳亦失之太瘦，淳化固以豐穰爲貴耳。泉之版在前代聞取入大内，不知所終。古舊搨艱得此本，西蜀楊用修故物，流傳有據。司馬賈公得之，以示坐客，客或謂即淳化。予按淳化中，宋太宗命侍書王著臨搨御府所藏，以棗木鏤刻，釐爲十卷，卷首有「臣王著模」四字，人但知卷末之有篆題，而不知此，故辨真贋者亦恃爲一証。又當時拓用澄心堂紙，李廷珪墨其黑如漆。今本不然，予不能妄爲附會也。

書文衡山花鳥册後

文待詔花鳥八幅，婁江王文肅公寄馮翊馬文莊公者。文肅，文莊主試時所取士也。師弟相與，有古人之風。予次女歸馬氏，即文莊，後嘗以是爲予壽。戊申秋日，攜之入都，重付裝潢。馬氏藏文肅書牘數十，中有一札，即致此畫者，予並求之，今附於其後。待詔畫蒼而韻，文肅書亦雅秀。名臣高士之跡，皆足尚也。

穎上黄庭蘭亭跋

此穎上黄庭蘭亭也，董文敏謂各帖所刻皆在其下，當是米南宫所摹入石者，因其筆法頗似耳。今觀此本信然。咸寧尹黄升耳，穎上人，予嘗問之，云：「原石類玉，爲好事者竊割殆盡。」舊搨今不可復得，此本則予得之晉中故家。

題顧進之劍閣圖

予舊藏有李唐巴江雪運圖，曲盡山川險阻之形、人畜勞頓之狀，王弇州題跋謂：「今天子見之，應爲遐方。」惻然軫念，蓋畫之非徒作者，故比之文章，苟其無裨世道，雖工奚益？予觀此卷，意殆近之，而位置皴染，得古人遺法，又其餘事耳。

題吴仲圭山水卷

元季高人多隱於畫，仲圭嘗自題墓曰梅花和尚，後值大亂，以和尚墓獨全，其智亦足多矣。仲圭畫法，董巨此卷老筆紛披，鬱森蒼秀，真合作也。

王阮亭藏王雅宜字卷跋

三百年書家，世咸推枝山、衡山爲最，其次無如雅宜。予數見遺跡，結體運意，類取態者。今觀此卷，殊不爾，古人藴藝固不可測耶？阮亭於書得老宗家法，外拓特勝，以視此卷，不啻過之而珍賞不置。蓋善於取益，爲學之道當如是耳。

題沈石田秋實圖

白石翁秋實圖一卷，共計四幅，朱仲宗湖石館所藏也。卷首有來陽伯題字，亂後歸之郭宛委，爲友人分割，予得其二，重付裝潢。游戲之筆，迥出天機，故足珍也。

高氏高曾規矩卷跋

高念祖佑釲輯其先世遺跡，裝潢成卷，奉以爲訓，四方之遊，輒攜巾笥。己酉夏，同客都門，出以相示，蓋立身、行政、治生、爲學之道具見於中，而世風之隆替、人情之淳漓亦因之可徵，顧予尤所嘆惋者。明水先生以營建藩府之役，卒致畢命東市。今觀與弟賓之書，有懸崖面壁云云。神明整暇，其自得良深，而與戴友石札，則先生之冤已自預言之，有無俟後日之辨而明者。嗚呼，士君子處心無愧，禍福固所不計，而聖人在上，猶有失刑如此，則可以爲國事之惜矣。

書高寓公手跡卷後

寓公先生以庚辰登南宫第時，予已學爲文章，顧未獲負笈問業。無幾，有甲申之變，先生悲憤以死。今觀遺跡，其爲學砥行之概著於言表，而書法亦别有蕭散之致。風徽如在，遐想慨然。

題王雨公華山圖册

華山故無圖，有之，自江東王安道始，王元美稱其「得馬、夏風格」，陸叔平云：「遂接宋人，不似勝國弱腕。」乃自爲臨之，以意相甲乙。雖未獲寓目，其致可想見。吾宗兄雨公，胸中富丘壑，於甲辰之夏，挾册登絕頂，遍探諸峰之勝，處處志之。歸爲圖二十四幀，又别爲八幀。山巒、草樹、水石、徑棧以及殿閣茅茨，無一不肖。而清逸秀潤，晻靄滃鬱，横看側看，遂使華山真面目歷歷楮墨間。其位置點皴則有營丘、河陽遺法，不知視王、陸之筆得失何似？然以私度之，正恐有積薪之嘆耳。

十七帖跋

唐摹右軍真跡，以十七帖爲佳，宋時魏泰家有硬黄本，淳熙秘閣續帖亦有刻此本，正唐刻也。筆鋒迥異，非後人可及。

題品泉圖

品泉圖，氣韻秀潤，位置皴染，皆有法。舊有董宗伯題，論之頗詳，云是趙文敏得意筆，書法復精善，故陳徵君有同觀之語。甲申亂後，爲人割取，璧分劍析，殊可恨，而櫝去珠存，亦尚足喜也，因重付裝潢而識之。

題李長蘅小景

雲林畫以幽淡爲宗，長蘅此册，雖未入室，而筆墨簡遠，得其遺意也。

予生於壬戌中秋，長蘅寫此在是歲之冬，蓋與予齊年，俯仰今昔，不覺慨然。戊申秋，山史再書。

三兄遺札跋

予三兄雲隱先生於讀書學道之餘，頗留心墨翰，雖規模古人，而得之天授者多。此其隨筆殘札，所謂不經意之書，從子宣裝潢珍藏，請予題其後，志殊可取。予搦管泫然，不禁人琴之痛，而宣也誠無忘其親，則事尚有進於是者，其亦知之乎？

聖教序初斷本跋

予嘗得王季安清華閣聖教序初斷本，郭宛委定爲百年前物，有跋語，載金石史中。浙江朱子葆亟賞之，謂與所見未斷本無異。後子葆將歸，遂以贈別，今復得此本，視彼不啻奕奕過之，所稱燠若神明，頓還舊觀，書以示輔兒，使珍藏焉。庚戌秋七月朔，山翁識。

季安本前有方以智、楊鶴、范文光題語，後有郭宗昌、王振奇、張民表、來復、王鐸、温自知、梁爾升、來恒、朱懷□、朱誼汼、徐如翰、朱懷墩、孫國敉、陸啓浤、張學曾、劉廷標、韓霖、伍堣、南居益、釋惟熙如應題語。鋒芒畢具，亦曾與一未斷本，較優劣不分，蓋搨手有工拙耳。附識於此。姓名以題語前後序。

題周元亮藏畫雲柳

予友太原傅青主徵君曾作一圖，與此致同。微異者，帶月影耳。其放而愈收，亂而愈整，亦是自白石翁得來。今對此不勝春樹暮雲之思。

趙元朔藏董文敏手札跋

文敏嘗云：「詩文書畫少而工，老而淡。淡勝工，不工亦何能淡？」其素所經營可知矣。元朔藏此札，腕力微弱，而清淑之氣迎人眉宇。

吴北魚藏蘭亭跋

蘭亭，昔尊定武，今崇潁上，此似從豫章本摹刻者，與今東陽本同出而小異。潁上特以骨勝，顧其石已毁，今著名者，更有上黨本，然遠出其下。

吴北魚藏聖教序跋

懷仁集右軍帖，骨氣洞達，爲百代模楷，今其未斷本價重連城，不可易得，此本乃初斷者，鋒芒如新，未改舊觀。

龔雅生藏戒壇帖跋

吾鄉有北海雲麾碑，今剥蝕不可復，睹此戒壇貼，尤覺遒健。雅生珍之，有以也。

倪夫人繡譜跋

倪夫人，婺郡之禮宗也，苦節，嚴寒玉，而以詩文書畫寄之，死靡他之心。斯其刺繡一種，駕管軼，顧雖古之針神，奚加焉？嗚呼，德而才若此，微獨東南閨秀所不逮，抑天下之爲丈夫者可以愧矣。

題何氏墓圖

予昔曾爲堪輿之説，頗信之。既觀毘陵，有云：「作善降慶，作不善降殃。」儒者之論至精，猶或半驗半不驗，則天道之遠也。今欲以一壤土定百世之吉凶，亦荒矣。然孝子之情有不能已者，故不可不慎也。何氏卜宅兆意在此而不在彼，予是以樂書之。

題李紫庭藏左青岱畫美人

昔過昭餘，坐丹楓閣，觀宋元人畫册，內有梧桐美人一幅，工細之中饒超逸之致，嘆古人之奇絕，青岱此幅雖未能及，而雅範猶存，亦爾時之翘楚也。青岱既歿，紫庭念之不忘，以無署款，恐其久而或湮，屬予識之。紫庭篤故舊之義，嘗爲予言：「青岱爲人樸，而文不染世法，使永其年，必有所就，而惜乎天奪之早！」予搦管戚戚，重有所感，又不獨以丹青之故也。

天下名山圖跋

天下名山圖，爲元、亨、利、貞四册，宋徽宗之所集也。每册有自序，而其臣蔡攸每幅爲之標題。蓋自漢晉以來之能畫者莫不備焉，而其畫者所自署之款，書間不類，予竊定爲畫院諸人所臨摹而成者也。吳興夏文彦有云：「御題畫真僞相雜，往往有當時名手臨摹之作，故祕府所藏臨摹本皆題爲真。」即此益可知，予言之有徵矣。壬子冬，從侯蓮嶽侍御處得一寓目，其位置皴染，出於意表，有非近世丹青之士所可辨者，爲之低佪不能去。嗚呼，徽宗庸主，而蔡攸奸邪小人也。宋室顛覆，實皆繇之其君臣上下之際，本不足道，而此册流傳人間歷數百年，使求之者購以兼金，藏之者襲以文錦，見之者歡欣讚嘆，如得未曾有頓忘其亡國之恥，而追想其風雅文采之致，至與商周先王之彝鼎等重，然則畫雖小道，其亦何可忽也哉？

題爛柯圖

嗚呼，修短有命，同歸於盡，衍短爲修，其實仍短，盧生黄粱是也。縮修爲短，其修安在？王質爛柯，其然乎？觀斯圖者，亦可以憬然而悟矣。

書王文安題畫石册後

予仲兄舊藏石齋先生雪石一幀，蕭淡奇崛，致足佳也，惜失之兵火。文安在華下，嘗言平生推服唯石齋一人，其餘無所讓。遐想風徽，令人有不及見紫芝之恨。若文安學問才藝皆不減，趙承旨特所少者，藴藉耳。偶因觀此册，而漫及之。

東陽蘭亭跋

蘭亭舊石自薛紹彭竊去，以他石刊之。今所傳定武本遂爲極致，得之者不啻球璧矣。劉後邨云：「婺州倅廳本，前輩有評。」其定武典刑，石初裂爲三，號三段石本，亦名梅花本，後裂爲五。此東陽本亦碎石見存無恙，而字之肥瘦合度，風骨秀逸，當在諸本之上。東陽隸婺州，宜有緣飾其説者，而其里人相傳，爲宣德間何士英作兩淮鹽運使得之淮南井中一石刻，肥瘦兩本，今止存其一，亦未詳其何故也。

又

蘭亭，今共推潁上爲最，而予獨取國子監本，茲東陽本雖晚出，似有積薪之美。若上黨本未免失之媚，不堪伯仲。予家藏有定武舊本，是五字未損者，故於此稍能辨之。

孔季將碑跋

郭徵君以韓叔節碑爲漢八分第一，予諦觀之，樸雅有餘，良以其時古耳，書者似不經意出之。此碑結體用筆自是當時名手所爲，不異楷行之有鐘王也。然挺拔瓌偉，遂開唐人一派，漸致肉勝之弊，要非宋元人所能夢見也。

孔季將碑陰跋

漢碑陰無額，獨此有篆：「問生故吏名」五大字，其人即前碑所云陟山采石勒銘，示後者也。書法視前碑微異，當別是一手，與史伯時碑正堪仲伯。按：洪丞相隸釋謂：「漢儒開門授徒，親受業曰弟子，次相傳授曰門生，未冠曰門童，總稱亦曰門生。舊所治官府掾屬曰故吏，占籍曰故民，非吏非民曰處士，素非所涖曰義士義民。」此所載名共六十二人。郭徵君作金石史，以楊用修金石古文謂四十二人爲疑。予考其書，云：門生四十二人、門童一人、弟子十人、故吏八人、故民一人，正與六十二人合，徵君特觀其上句而未之省，乃反疑用修之誤，蓋臨文不可易如此。

「宙」字季將碑文明甚，無可疑者，歐陽公於「季將」下注：一作「秀」，特門生故吏六十二人，此外無餘地，公云碑殘缺，其姓名邑里，僅可見者纔六十二人。又碑載門生四十二人、門童一人，公於故吏故民弟子既皆析言，乃獨略其門童，而云門生四十三人。凡此當繇公得之傳聞，未目睹此碑故耳。山史識。

聖教碑跋

聖教碑，文皇製序，高宗述記，後附心經，懷仁集王右軍書，摹搨入神，故傳爲百代模楷，論者因碑後有潤色字，疑經于志寧諸人手，不無失真，不知此爲玄奘譯經言耳。王弇州辨之已詳，黄長睿謂：「碑中字與所見右軍遺跡纖微克肖，然則偏傍湊合，小小展縮之説，亦安足云也。」咸林郭徵君稱：「此碑爲右軍石刻中第一，諸帖皆相絕千里。」予觀唐諸家書，其原蓋皆出於此，後乃有院體之目，豈可以里婦之矉而罪西子乎？或謂今之學書者，南人多宗蘭亭，北人多宗此碑。蘭亭雖右軍得意之筆，顧真跡久泯，世所傳刻，其視此碑秀姿略同，骨氣蒼勁洞達，則正不逮耳。此本楮墨俱古，神采煥然，的屬宋搨裝褾，乃内府式舊錦如新，非尋常士大夫家流傳者比，真可寶也。

題趙千里水仙真跡

此綽約如處子，手持蓮花，騎飛龍，超山海，而過者有凌厲太空，一息千里之勢，蓋宋趙千里筆，其匠意傳神，自非後人所可倣而及也。舊藏内府，上標官字十三號。亂後，予得之一老閹，顧歲久絹損，每展視，輒爲心惻。戊申冬日，攜入都，求名手裝潢，始復完好，然營營於中者十年所矣。將視古之雲煙過眼者，不有愧乎？書已，憮然者久之。

吴六翮藏聖教碑跋

予見聖教碑未斷本多次，當以予所藏陸文裕本爲第一，而次則南司空本也。司空本後歸東孝廉，尋爲一縣尹以善價購去，遂不復睹。此本出東陽趙氏，精采如新，視彼不啻過之，乃石城公壬午歲主試吾鄉時所得，今歸之吾姻友吴君六翮，六翮即石城公是歲所取士也，博雅能文，行誼最高，此本可謂得所主矣。夫以秦越相去幾四千里，兵戈喪亂之後，經三十餘年而流傳因緣，宛如師弟授受者然，豈所謂神物知歸也邪。書以志喜。

武含和碑跋

漢武含和碑，當是靈帝時物，自宋歐陽公已謂其文字殘缺，不見卒葬年月及氏族所出，都太僕云：「家有藏本殘缺，與歐公同，而以隸釋所載，謂君即吴郡府卿之中子，燉煌長史之次弟，乃其氏族所出，歐公特未之知耳。」予按此碑文極簡，不書卒葬年月，古碑多有之，而集古録所記，其文至「遭疾隕，靈止」下文悉無，故謂不見氏族所出，即太僕所云。又據之隸釋，亦似未睹全碑也。今觀此本，雖殘缺如故，而首尾具存，其文之可見者反多於二公時，是可異也。至其書法，亦自古逸，大約與史伯時乙少卿碑同體，獨碑額「漢故執金吾丞武君之碑」十字作陰文凸起，則他碑所無耳。

書晦庵題跋後

朱子嘗留心書畫，此題跋三卷，持論極正，不作道學門面語，其跋陳光澤家藏東坡竹石，云：「東坡老人英秀，後凋之操，堅確不移之姿，竹君石友，庶幾似之。」跋張以道家藏東坡枯木竹石，云：「出於一時滑稽詼笑之餘，初不經意，而其傲風霆、閱古今之氣猶足以想見其人。」跋與林子中帖云：「仁人之言不可以不廣。」乃爲刻石常平司西齋，蓋於東坡三致意焉。

世獨知朱子論學排擊東坡，而不知其贊美景仰固如此，予故特著之。古道漸衰，流風日下，後之講學者獨傳得排擊法耳，豈不可嘆？

書鄉飲酒碑後

漢隸古雅雄逸，有自然韻度。魏稍後，以方整，乏其藴藉。唐人規模之，而結體運筆失之矜滯，去漢人不衫不履之致已遠。降至宋元，古法益亡，乃有安立細肚蠶、蠶頭燕尾、鰲鉤長椽、蟲雁棗核、四楞闢遊鵝、銕鎌釘尖諸名色者，粗俗不入格，太可笑，獨怪衡山宏博之學，精邃之識，而亦不辨，此何也？

此碑爲洪武六年蘇州太守魏公行鄉飲酒禮，王彝撰文，至嘉靖二十二年王廷立石。其老人周壽誼生於宋景定中，歷元百年，至是蓋百有十歲矣。盛世養老，尊齒之風與太守之賢、老人之壽、後輩彰顯前人之美，皆有足感者，故存之。

書藤陰札記後

藤陰札記，北平孫少宰退谷所著，中掊擊王文成特甚，因文成以及陸子皆非公論。退谷少受知於馮恭定，恭定之學與文成少異，退谷一力攻文成者，尊恭定也。然恭定集中數稱文成致良知洩千載聖學之祕，有功於吾道甚大，獨所辨者無善無惡之説耳，義正詞平，真儒有得之言，自是不同，退谷未免失之厲矣。至論元儒，右許文正而左劉文靖，尤有微旨，予知之而不欲言也。

書志川草訣歌

志川於書道天分不高，而用功多，不作赳赳之態，少存晉人遺風。此草訣歌，其得意之筆也，至謂出自右軍，猶在然疑間。追思杜陵詩，學大成之喻，爲之一噱。

吴將軍碑跋

此碑萬曆間始傳於世，石已破碎，文不可句讀，而年代姓名字獨存，吴文大雅藉以有聞，幸矣。然予於此益嘆懷仁爲文憲功臣也。

魏勸進碑跋

勸進碑，或謂梁鵠書，或謂鐘繇書，俱無的。據書法視，漢小變風格，皆所不逮。王弇州以方整寡情爲漢法，予謂正魏法耳。此碑爲鵠書與否？不可知。以繇楷書推之，似非其手也。

又

此碑傳，魏君臣奸僞之跡益彰。王弇州云：「以太傅手腕，使書前後出師表，刻之七尺，珉不遂與日月相照映哉！」言之雅馴，勝於怒駡。學者爲文，不當如是耶！

顔魯公奉使題字跋

歐陽文忠公跋公殘碑，有云：「如忠臣烈士、道德君子，端嚴尊重，使人畏而愛之。雖其殘缺，不忍棄也。」此公使李希烈時書。靖康初，唐重爲勒石於蒲者，其云：「人心無路見時事，只天知對之。」令人慨想當年，幾欲泣下。裝潢什襲，又寧獨玩其書法而已哉？

郭徵君藏歐陽率更醴泉銘跋

率更書出大令，體方筆圓，故徵君亟稱之。此本其所最珍者，與所云宗伯本先後皆歸予，而予有疑於徵君之言，然非爲宗伯左袒也。至所自書，分法直逼漢人，不知有魏，無論唐宋。王盟津嘗稱爲三百年第一手。今觀之，益信也。

褚河南書聖教序記慈恩碑跋

褚公書聖教序記，勒碑慈恩寺浮圖，結體用筆婉麗秀穎，令人有餘思，所謂瑤臺青瑣，窅暎春林，嬋娟美女，不勝羅綺者也，而王弇州以爲輕弱不足言，蓋其胸中先爲同州本所據故耳。予按慈恩，公所自書刻石者，同州乃摹刻，郭徵君謂：「同州饒骨，慈恩饒韻，而同州尤有墜石驚雷之勢。」其言自不可易，如弇州軒輊，則過矣。

褚河南書聖教序記同州碑跋

此褚公書聖教序記，刻之同州倅廳者，與慈恩本大小略同，而肥瘦少異。郭徵君援昔人臨蘭亭故事，疑二碑皆非公手書，謂必習褚者摹慈恩，習歐者摹同州，故各具其氣骨風韻，然摹與臨有分。公卒於顯慶三年，生不及龍朔，今觀所署年月諸字，與序記如出一手，何所從摹耶？後又有「大唐褚遂良書在同州倅廳」十一字，應屬他人補書。予細察此碑，體勢大約與慈恩不殊，而稍劑以嚴重，故後之論者有出藍之嘆，正使摹刻皆如此，亦復何恨？

自書素書跋

史載黄石公圯上授張子房書，世不傳，或以三略當之者，既誤，而宋張天覺云：「晉亂，有盜發子房塚，於玉枕中獲素書六篇，凡一千三百三十六字。」即此其真贋，亦在然疑間。然其言不合於聖人之道者鮮矣，而切要平實，開引較易，故足録也。夫談圯上之事者，謂必有神奇祕密之術，而抑知其所言如此，不可以止世之語怪者邪！

自書陶詩跋寄陳階六大參

楚州陳階六先生爲吾鄉大參，嘗有札來徵予書，久未應。長夏無事，偶録此卷。陶公高風亮節，千古寡二，蘇文忠謂唯其真也。每讀遺集，翰墨之外，別有傾悟，及更取他集讀之，便如嚼蠟，此豈可以貌爲力強耶？階六抱經濟之略，方樹勳庸於時，而山水文章之娱，視疇昔有加焉。知其於陶公，必有合也。

書三十六峰賦後

三十六峰賦，嵩高令樓异賦少室者，參寥書，大得坡公偃筆遺意，而弇州謂爲坡公書，豈所見別是一本耶？乃並以賦爲坡公作，何也？

顔魯公爭坐位帖跋

爭坐位帖，魯公稿書耳，王弇州稱其無一筆不作晉法，所謂無意而文，從容中道者。都玄敬似以草草易之，何也？董文敏言其家有宋搨精好，因摹入戲鴻堂帖，而不足於陝刻。予嘗取而較之，董刻雖點畫分明，神采都亡，其不及陝刻遠甚。人苦不自知，文敏慧人，乃亦爾爾耶！

書李北海雲麾將軍碑後

雲麾碑，在蒲城，字半剥蝕，而存者法猶可尋。予往於燕市，見良鄉刻本，僅得其形似耳。乃朱秉器反以蒲城者爲趙文敏所臨，不特考據失實，亦豈知書者哉？

米元章書方圓庵記跋

天竺辨才建方圓庵，守一爲記，米海嶽愛而書之，陸文裕曾有題，云：「前數行磨滅，不知何人補之。今觀此刻，乃全文，而前後自是一手，無跡可尋，較海嶽他書有藏鋒斂鍔之美，幾入晉人之室矣。」然海嶽晚年自言其書無一點右軍俗氣，顧易王略帖作據。船入水態，所居齋又以「寶晉」名之，則何也？

爭坐位帖跋

米元章重顔魯公行書，而不重真書，董文敏云：歐虞褚薛之書各有門庭，學之不深亦得髣髴，惟顔魯公行書了無定法，此其故殊可參尋。今之學公書者，獨效其觚稜斬截，乃鈍漢也。爭坐位帖與祭姪文同法，天真爛然，於二王神契，故當出唐諸家之上。

聖教碑跋

予見聖教碑凡數十本，初以南大司空本爲第一，後得陸文裕本，直奕奕過之司空本。歸，東孝廉雲鄉攜遊八（浙）[浙]，爲錢塘尹以白金六十星購去。文裕本尚在，予歗月樓中此本鋒芒具存，神采煥然，正堪媲美，而有補綴數字，至其斷文，則卻無一闕者。尤物難得，未可爲不知者道也。

書易經傳後

漢書藝文志云：「易經十二篇。」顏師古曰：「上下經及十翼也，各自爲卷。初無『傳』字，費直以彖象釋經，加一『傳』字，附於卦後，鄭玄王弼宗之，又分附卦爻之下，增入乾坤文言，加『彖曰』、『象曰』、『文言曰』，以別於經，而繫辭以後如舊。」是爲今易。程子易傳從之，晁說之考訂古經，釐爲八卷，卦爻一、彖二、象三、文言四、繫辭五、說卦六、序卦七、雜卦八，朱子謂未能盡合古文者也。呂祖謙乃定爲經二卷：上經一、下經二；傳十卷：彖上傳一、彖下傳二、象上傳三、象下傳四、繫辭上傳五、繫辭下傳六、文言傳七、說卦傳八、序卦傳九、雜卦傳十，是爲古易，朱子本義從之。

昔程子作易傳，朱子嘗謂：「伊川言理甚備，象數卻欠在。」又謂：「易傳義理精，字數足，無一毫欠缺，只是於本義不合。易本是卜筮之書，程先生只說得一理。」於是作本義，蓋以補程子之所未備也，故他日又謂：「某本義只是卜筮大綱。若義理充實遍滿，離不得程夫子書也。」

今坊刻置易傳，而以本義孤行，既非全書，且又不依呂氏本，而依鄭王本，並失朱子之舊矣。國家頒於學宫，以此取士，著爲令甲，而疏誤若此，歷三百年，卒無有能正之者，何也？且今之尊程子者，爲其著書立言，有輔翼聖經之功，而於其生平所最單心之易傳，乃置之如遺，豈不可慨耶？

書錢牧齋湯臨川文集序後

弇州豔義仍之名，先往造門，有古人之風焉。義仍不與相見，過矣。云盡出其所評抹弇州集，散置几案，預出之以度，弇州之至耶？抑延弇州至堂，而後出之耶？其述事似飾而未確，弇州信手繙閱，掩卷而去，卒不聞有他言以復，此弇州之弘而亦足以見義仍之佻矣。予聞弇州，君子也，太倉人至今稱其德不衰，即爲文不合，亦末矣。爲義仍者，當因其來而與之歡然相接，以徐致其切磋之義，乃處之若此，無亦失禮甚乎？予謂牧齋欲訾弇州而適著其美，而其譽義仍也，君子以爲猶詆也。

書天隱子後

天隱子八篇，言神仙之事而要於易簡，其漸門有五，曰：「齋戒、安處、存想、坐忘、神解。」亦皆修身養心實功，末乃援二氏而一之，言易、言道德、言真如，而仍復歸之神仙，其說近於儒而不純然，無彼奇詭誕異之談。司馬承禎子微謂：「得之王屋山，序而刻之，附以口訣。」云：「誦其書三年，恍然有悟；又三年，覺身心閑而名利淡；又三年，天隱子出焉。」

夫云「天隱子出焉」者，何自而出？此其爲子微之自託也，明矣。故蘇子瞻水龍吟詞云：「古來雲海茫茫，蓬山絳闕知何處。人間自有，赤城居士，龍蟠鳳舉。清靜無爲，坐忘遺照，八篇奇語。」胡璉作跋，引此詞，謂：「觀此，則此書當是子微所著。」而宋景濂亦謂：「子微嘗著坐忘論，此書言長生久視之法，與之相表裏，疑即其人。」然則洪興祖所謂承禎得天隱子之學者，別無所徵，亦臆說也。

書張子孔氏三世出妻辨後

世傳孔氏三世出妻，蓋實本檀弓所載。「孔氏不喪出母，自子思始」之説，其詳不可考，置之勿論，可也。張世經曰：「出母者，所生之母也。其曰不喪出母，即孟氏所謂『王子有其母死者，其傅爲之請，數曰之喪』是也。蓋嫡母在堂，屈於禮而不獲自盡，故不得爲三年之喪耳。其曰爲伋也，妻者則爲白也。母不爲伋也，妻者則不爲白也。母夫所云，不爲伋也。妻者，蓋妾是也，意者白爲子思之妾所出，而子思不令其終三年之喪，故曰：『孔氏之不喪出母，自子思始』也。」

予按張子以出之爲言生也，似也。然聖賢生卒非如他事，可以臆斷。今以出妻爲不白之冤，乃無所徵信，而坐以妾出，可乎？雖人之賢不賢，不視嫡庶爲重輕，而欲諱出妻，遂致易母，無亦悖且誣之甚與？予恐學者驟喜其言之新奇，而使賢者不得其母，非細故也，特書以正之。

題王太常煙客畫卷

畫，一藝耳，古人以之澄懷觀道，予素頗好之，謂不可與他玩好之物等視。婁江王煙客先生學道之餘，留心畫理，昔與先司馬交好京師，嘗爲寫山水大幅，今猶藏在山齋，珍同拱璧。重光作噩之夏，舟次鴛湖，訪故人朱子葆，獲觀此卷，其位置皴染，法猶可尋，而氣韻超逸，有在筆墨之外者，弗可跡求，當是其平生最得意之作。廣陵散絕，欲不謂之至寶，不可。讀子葆自記，知其得之粤中，爲何香山故物，以相國之貴，且兼爲之，子顧不能長有之。雖世變使然，而過眼雲煙古今同，慨褎裒江樓，風景不異，反復遺跡，典型已遥，因題數語，又不覺百感之交集也。

大觀帖跋

世好蓄帖，率以淳化爲最，蓋謂其爲帖之祖耳，其實大觀較勝。蔡氏父子人不足言，論書當在王侍書之上，故弇州視大觀尤貴重。戊申，予在都門，適孫北海少宰以淳化帖售之，泰興季氏獲值千金，後見予每稱大觀，而輕淳化。予知其意，雖以解嘲，然言亦足徵也，因出示其所藏者，云：「初得僅六卷，繼得三卷。一爲山左姜太史所貽，一以錢二百文得之市上，一以數十金得之一收藏家，皆係元本。」延津劍合，固大奇事，顧尚缺一卷。宜川劉石生嘗以其兄客生舊本售之陳祺公憲副，祺公殁，其家復售之張又南廷尉，今見在廷尉所。此本蓋內府物，亂後落在民間者，旁有金筆釋文，但破損不復可展。辛酉秋，攜至吴門，重付裝潢，始得完好，中頗有蟲蝕痕，而幸不傷字，與劉氏本止在伯仲之間，故識而藏之。

砥齋集卷之三 論議

史論

象未必欲必殺舜論

至德如舜，攝而帝矣，而象與瞽瞍曰思殺之，奚與？王子曰：舜之不得於親也，實象爲之殺之之說，雖有而其事疑無。夫其果欲殺之也，何所不可，完廩浚井，有如兒戲，然乃略無回顧，遽分其所有，豈舜以天下養者，牛羊倉廩不能以共父母，必俟殺而奪之耶？至咸我績以及二嫂治棲之云。象雖悖而騃，當不至是，況乎正言以自彰，且象之爲此也，必代之帝，而後可揖讓之，世未制兄終弟及之禮，皋、夔、稷、契在廷，象即殺舜，必不能遂所欲，天下亦必不以不之丹朱者而之象，此象之所明也。今觀之書，亦止言象之傲耳，父母之頑與嚚耳，不言殺也。故曰其事疑無。

或曰：「然則孟子之書何以載之？」曰：「戰國之士多爲不必有之談，如斯類者不一。孟子將以明道也，極人倫之變，所以爲萬世立則也，故師弟問答，姑從所聞，而明之云爾。」曰：「孟子之書列於學宮，經也，而疑之，可乎？」曰：「不然。世有尊經而經亡，疑經而經存者，在求之以道，且孟子先之矣，曰：『盡信書，不如無書。』是則孟子之所以尊書也。」

周公未嘗殺管叔論

周公殺管叔之文不見於經，而後世謂公殺叔者，初由於誤解公我之弗辟之言，繼由於誤認公居東爲東征之事，而卒成於蔡氏不明金縢「罪人斯得」之説，何也？辟之爲避也，鄭氏詩傳主之，漢儒謬以之爲刑辟。夫流言驟聞，而即聲言致辟，豈大臣之誼？且既曰流言，公雖心知，爲叔何據，而遽以之坐罪乎？蔡氏駁之是也，大誥傳居東在王未迎公之前，東征在王既迎公之後。居東之，非東征也，蔡氏知之矣。然觀金縢，罪人斯得在王未迎公之前東征，大誥在罪人斯得王既迎公之後，罪人即叔也。而以罪人斯得，謂王知流言之爲叔，此則不然。蓋罪人斯得者，謂叔之被殺也，是東征之時叔已死，而又何疑於大誥之不言叔乎？蔡氏不知得之言殺，而曰爲親者諱，姑從而爲之辭也，豈有將以討之，尚爲諱之之理哉？然則叔孰殺之？曰王殺之也。王與太公召公殺之，公不與也。王之殺叔也，其策隱，非以師，故稱得以叛，非以流言，故稱罪人。當是時王尚不知流言之即叔也。王既殺叔，故公乃爲鴟鴞之詩，王得詩猶不悟，故有待於風雷之變，其曰王亦未敢誚公者，欲誚之詞也。繹經文前後之序，則公之不殺叔也，審矣。予不信傳而信經，故曰：「公未嘗殺叔也。」

或曰：「蔡仲之命何以言公之『致辟管叔』與？」曰：「蔡仲之命，書之所謂古文也。古文者，固孔氏之僞書也。」

關壯繆侯論

或有問於王子者，曰：「關壯繆侯何人也？」王子曰：「侯蓋深於春秋之義者也。忠勇神武，千人辟易。而艱難險阻，矢死靡貳。自爲平原司馬，以至董督荆州事，奇勳勁節，始終無遺議焉。此春秋之所予也。」

或曰：「春秋撥亂而反正也。曹操之奸而侯，若不亟誅之者，何與？」曰：「春秋之義，莫大乎討賊。討賊者，先正其爲賊。夫爲漢賊者，吴也，先儒嘗言之矣。孝獻猶在操也，挾天子以令諸侯，所謂以力假人者也。然君猶是漢也，羽敢不臣漢哉？斯言也，其絶操也，甚矣。可奪耶？不可奪耶？吴之割據江東，於春秋之義何居？昭烈且與之結二姓之好矣，而忠武亦以爲吴可與援而不可圖，侯則罵使絶婚，直欲滅此，而後朝食者。夫知吴之爲漢賊，在當時，侯一人耳。樊城之捷，敗將覆軍，侯擣宛洛，以擬許昌，忠武由斜谷出武關，天下事定矣，而孫權聽司馬懿、蔣濟之謀，陰攝其後，卒之侯以不免善乎？」王氏弇州之言曰：「樊城之師炎熸幾然，前無衡操，後有伏權，天乎？數也。公則奚愆？故曰爲漢賊者吴也。」

或曰：「孝獻猶在也，然則侯之仕昭烈，無乃非孔子之志與？」曰：「周之東也，王降而風矣。一人雖稱守府，而孔子欲用魯。夫蜀之在漢，不猶魯之在周乎？今將謂侯宜仕獻，則孔子言不及周之敬者，何也？魯一孔子不能用，而蜀能用侯，又能用忠武諸人，此東周之爲不果，而季漢之業有成也。惜也侯未竟其用而遽霣，侯一霣而大事去矣。蓋蜀之衰也，夷陵之師，實始之斯，又季漢之所以終也與。然而侯之道，一孔子之道也。故曰侯深於春秋之義者也。」

聖賢爲萬世生民而發論　試卷

天地能生天下之民，而不能治天下之民；帝王能治一世之民，而不能治萬世之民。而有人焉，體天地之德，具帝王之道，而權與位不在焉，乃著書立說，以告天下，抑邪而扶正，撥亂而反治，卒能砥一世之狂瀾，而救萬世之沉溺，而天下相與稱之曰聖賢。故聖賢者，補天地之憾，而濟帝王之窮者也。

自隆古以來，事變屢經，而生之所以遂、性之所以復、紀之所以修、極之所以立者，則皆聖賢之教，有以垂憲於無窮也。此其事莫隆於孔子、孟子。孔子之事，莫大於作春秋。孟子之事，莫大於陳王道。而陽節潘氏以爲聖賢爲萬世生民而發，蓋獨有以見立教之心矣，奚以明其然也？

周之東也，王降而風矣。繻葛之戰以後，天王僅稱守府，而問鼎請隧天下，幾不知有君臣之分矣。孔子懼之，懼夫萬世之王化由此不章也，於是因魯史之舊文，寓褒貶之大義，立乎定哀，以指隱桓。雖所見異辭，所聞異辭，所傳聞異辭，而二百四十年之間，有將必誅，使亂臣賊子能逃於大司寇之法，不能逃於一字之斧鉞，故昔有求春秋之義者，而先儒以爲宜求之愚夫愚婦之心，此之謂也。

孔子沒而微言絕，楊墨之害無論，已而蘇秦張儀之徒游説人主，忽焉合從，忽焉連衡，忽焉六國之勢張，忽焉秦楚之交合，而東周西周介在大國，一附庸耳。孟子有憂焉，憂夫萬世之人心由此不正也，乃説仁義，稱堯舜，僕僕於魏齊之間，所爲啓告其時君者，明井田學校之義，使天下曉然於王霸之辨而已。

夫以孔子之聖，東周不難復矣，而惜乎哀公不能用也。賢如孟子，以齊王猶反掌耳，而宣王亦計不出此。然稱孔子者以爲賢於堯舜，尊孟子者以爲功不在禹下。君子曰：此魯與齊之不幸，而萬世之幸也。使當時得國而治，亦不過復湯武之烈耳。然商周之業有時而亡，而二子之書日月爲昭，迄於今，無論智愚賢不肖，莫不慨然慕化，而知人心之所以正者，夫皆誰氏之教也？故曰：湯武之功在一世，孔孟之功在萬世。

諸葛忠武侯宜祀瞽宗論

孔子廟兩廡從祀，古今大典也，而惜乎未得其直，患在於狥名太拘，而持論過嚴，其究也，將使人爲無用之學。諸葛忠武侯亮，王佐之才也，三代而下，不可再得。其事君之忠、立勳之勞、致身之義、爲政之仁且信，固已炳如日星，至築臺以集羣儒，志在表章聖學，故文中子曰：「孔明而無死，禮樂其興乎？」即出師二表，蘇文忠公謂可與伊訓説命相表裏，而淡泊寧靜之説見取於朱文公，録入小學，此豈無功於聖人之道者？乃或以用申韓抑之，則過矣。夫道有經權，因其所不足而濟之，誠有裨於時，雖蒭蕘之言，可采斯通儒之弘也。況今天下之法，孰有不本於申韓者，而顧獨於忠武致訾耶？韓文公愈、歐陽文忠公修，固唐宋之賢者也，然皆不廢聲伎，特以有衛道議禮之言，至今從祀不衰。嗚呼，聲伎不足以累韓歐，而申韓乃以累諸葛，此焉足以服天下之心也哉？

曹子建論

曹子建可以爲魏一代之才乎？曰：否。植也，季漢忠義之士也，不幸而生於曹氏，而其心不忘乎漢者也，獨是家庭骨肉之際，有欲言不可、欲默不能者，故往往形於詠謌慨嘆之餘，正其所爲者極難耳。讀情詩一章，黍離、式微之哀見乎詞矣。至其贈丁儀、王粲有曰：「皇佐揚天惠，四海無交兵。權家雖愛勝，全國爲令名。」則亦甚矣。有激乎？其言之也，父死兄嗣，篡謀已成，平生隱志，鬱而莫申，縱情游娛，動罹愆尤，既經責黜，悲悔紛集，託賦三良，冀以自明於後之君子，曰：「功名不可爲，忠義我所安。」蓋至是，而植也不勝沒世之感矣。北地李文毅序其遺集，美其才而怪其生於操也，以爲不係世類。嗚呼，其然哉！其然哉！

劉文靖公從祀論

嗚呼，元之世，何世哉？大儒如許魯齋、吴草廬輩，皆出而仕矣，獨静修先生隱居樂道，徵之以爲贊善大夫則辭，召之以爲集賢學士則又辭。或問之，曰：「不如此則道不尊。」夫先生與許、吴皆元之賢者也，然論出處進退之義，律以春秋之法，自當以先生爲正，故武進唐順之謂許吴之仕，君子所否，而稱先生風節扶持世教，爲元代一人。無錫邵寶稱先生負名義之重，裕以成貞，非深於道者不能，自伊閩諸君子後，儒者未能或先。蓋天下萬世之公論，自在人心，而非作意軒輊於其間也，乃從祀孔廟之典，文靖獨不與焉，建言者自王沂、江存禮、宋褧、楊俊民、李世安而下，不啻數十家，而教諭李伸言之尤力。

或謂先生於經籍無所箋注，無論四書精意、易繫辭說與小學語録之作，皆根極理要，承往開來，而以從祀大典略其行，而徒求之言，固舛甚矣。

瓊臺丘濬則又謂渡江賦幸宋之亡，以爲先生病。自濬之言倡之，而後之好爲畸論者和之，遂以慨嘆悲憫之微詞，指爲聲罪致討之實事。一似先生實與宋爲讎者，則亦不善讀書之過也。予考先生祖父五世仕金，於宋本無君臣之誼，而先生之不仕，其高尚之志别自有在斯，可謂之元〔一〕之逸民，而不可謂之宋之義士也。

夫論人而不論其世，觀人而不觀其行，未有不失其人者也。且天下有言是而行非者，尚不可以行而廢其言，而有行是而言非者，又烏可以言而毁其行，而況其言之未必非者乎？然則渡江一賦，雖可以不作而作之，何減於先生之賢？危行言孫，既明且哲，其亦有合於孔子之道者矣，而顧欲以文詞之末掩其生平之大節，豈不謬哉？嗚呼，苟不論其世，而唯言之論，則孟子勸齊梁之王，遂以爲不忠於周也與？又何以配享孔子之庭與顏曾任也？

祭祀論

君子將營宫室，必先立廟於正寢之東，以供祭祀，而古者大夫士庶祭不及四代。乃溯其説，雖諸侯有不得祭祖考之時，然諸侯不敢祖天子，而天子之爲祖者，自有天子祭之；大夫不敢祖諸侯，而諸侯之爲祖者，自有諸侯祭之；支子不敢祭大宗，而大宗之爲祖者，自有宗子祭之，是已雖未祭而祭未嘗廢也。後世既多崛起草野，非時王之支庶，則不得援不敢祖之説，以絶其祀事，故程子曰：「高祖有服，不可不祭。」朱子稱其最得祭祀本意。至爲廟議，亦斷自高祖以下。洪武十七年十二月十八日欽准庶人祭曾祖考，三十一年三月十九日頒降祝文，祭高曾祖考。王文成公以爲體順人情之至，蓋時與古異，而禮以義起者也。

〔一〕「元」：疑爲「金」。

予謂其法莫善於立宗，立宗之道，嫡子既爲宗，則其庶子之嫡子，又各爲其庶子之宗，其法止於四而其實無盡。今天下無世卿大宗，既不可以復立，而小宗之法自存，誠能舉而行之，則高祖廟祭繼高祖，小宗主之，統三從兄弟至其子，則遷曾祖廟祭繼曾祖，小宗主之，統再從兄弟至其孫，則遷祖廟祭繼祖，小宗主之，統從兄弟至其曾孫，則遷禰廟祭繼禰，小宗主之，統親兄弟至其玄孫，則遷而又作爲譜牒，以昭示世世，引之勿替，則尊卑有分，親疏有別，將敦孝弟，興仁讓，而犯上作亂者鮮矣。故治天下者未有不使人明於祭祀之禮，而天下治者也。

立後論

古者大宗有爲後，而小宗不得爲後，蓋族統於大宗親，分於小宗，喪主於其親，祭祔於其祖也。其爲大夫士者，爲之置後。置後者，行大夫士之禮，主其喪者也。其無爵，則男主同姓，女主異姓，皆其親也。其廟則繼高者絕，繼曾者主之；繼曾者絕，繼祖者主之；繼祖者絕，繼禰者主之。繼禰者祔祖，繼祖者祔曾，繼曾者祔高，皆其祖也。

世變而禮之損益，因之人有無子者，得立同姓之子以爲己子，意重繼祖，故王者不禁，然必先期而大功，而小功，而緦麻，以次相及，要不失其昭穆戚疏之序焉，所以崇倫窒亂也。如取異姓之子，改從己姓，以自亂其族，與以子與異姓人，改從人之姓，以亂人之族者，其罪等，皆律令之所不許也。

今之立後者，只欲專其貨財宮室土地之美，而不顧其義，此忿爭之所以興，而禍敗之所以不旋踵而至也。即不然，亦豈可不自念其祖也哉！

大禮論

宗之重也，自天子至於庶人靡以異，唯是明太祖代元，撫有華夏，德不必加於湯武，而名之正、功之偉，實視商周過之。宮府嚴清，禮法大備，漢唐以來所未有也，乃升遐無幾，元孫蒙塵，即成祖以太祖之子，天下猶悲懿文之不祀焉。後又百年，而肅皇帝興，由藩邸登大位，聖德天授，英武有爲，廟號世宗，誰曰不宜？然考興獻，而孝宗之嗣斬矣。孝宗之嗣斬而成祖之大宗滅矣。不知祖宗之靈，其竟許焉？否耶？蓋肅皇帝誠至性篤摯，顧其初亦躊躇未決。自繼統不繼嗣之説入，而百世不遷之義無復，以關睿慮，雖羣臣廷爭益力，而卒未之回也。嗚呼，宗之滅矣。統於何有？故曰張璁桂萼之罪甚於姚廣孝。

三案論

挺擊、紅丸、移宮三案，忠佞紛紛，各騁其説，在諸君子不無已甚之詞，而爭之者亦時有可取之言，然消叵測於意外，寢無窮之邪謀，使綱常賴以不墜，則諸君子之功必不可誣。予更爲探本之論，是不當問三案之是非，而祇當問鄭貴妃欲立所生之有無耳。果其無也，則諸君子之言誠過；如其有之，則諸君子之言豈得已乎？卒之受益在國家，受禍在諸君子矣。乃當時之爭之者，顧揚揚以爲得意，則泯其可取之言，而究其傾陷之故，小人之罪可勝誅哉！逆璫魏忠賢輒用私人矯旨編集，爲三朝要典一書，極其排詆。

崇禎己巳，翰林侍講倪元璐上言，三案鬨於清流，而要典成於逆豎，其議不可不兼行，而其書不可不速毁。蓋主挺擊者力護東宮，爭挺擊者計安神祖；主紅丸者仗義之言，爭紅丸者原心之論；主移宮者弭變於幾先，爭移宮者持平於事後。

六者各有其是，未可偏非，而奈何逆璫害人則借三案，羣小求榮則又借三案，而三案之面目全非，故凡推慈歸孝於先皇，猶夫頌德稱功於義父。繇此而觀三案者，天下之公議。要典者，魏氏之私書，翻即紛囂，改亦多事，惟有毁之而已。上從之。及弘光金陵即位，馬士英引用逆案諸人，楊維垣遂疏請重頒三朝要典，袁弘勳又請追論毁三朝要典諸臣罪，則皆小人迎合諂媚，逞臆於一時而無忌憚者也。

然予觀元璐之言，可謂平矣，而於移宫一案，尚不能無議。夫發移宫之端者，楊漣、左光斗也。移宫之後，漣言移宫自移宫，隆禮自隆禮，必兩者相濟，而後先帝在天之靈始安。光斗言移宫之後，當存以大體，捐其小過。若株連蔓引，使宫闈不安，則大非臣等建言初心，是主移宫者未嘗不持平於事後也，而元璐何以不察也？且其於六者之説，亦太無軒輊。予於是合三案，而又有平心之論，張差未可遽信，風癲但亦未可遽坐，鄭國泰、王之寀議論自正詳其語意。或不無太苛。紅丸原非行鴆，李可灼情有可原，而治容藏劍，攻泄繼投，鄭養性、崔文昇意不可測，孫慎行計慮深遠，然舍養性、文昇而單以引進可灼，加方從哲以弑逆之罪，亦失之於偏。李選侍即無垂簾之謀，而有挾上之迹，關係重大，事機轉移，間不容髮，故漣等持之不得不力，而事後周全，此其心較之寀、慎行更爲光明正大，乃謂其借大題目徼大富貴，設大網羅，則冤甚矣，卒使之受禍獨慘。此予所以拊膺太息而不覺泣下沾襟者也。嗚呼，人臣之義，何可不以諸君子爲正耶？

三朝要典論

三朝要典成於逆黨，是非低昂，皆失其衡，故論者欲毁之。予謂諸君子之心之言，亦賴之以存，當與元祐黨人碑同垂千古。小人以此斥君子，而我以小人之斥爲君子之榮，則正不必毁矣。但去留隱顯之間，頗行其奸，又不可不知也。

予爲三案論成，以示慈水孫補庵，補庵深以爲然，酒間因復縱談，補庵曰：「有此論，不可無今夕之談。發明始快也，盍更著之？」遂援筆載紀。

發挺擊者王之寀，而翟鳳翀、何士晉、魏光緒、魏大中、張鵬雲等助之。借京察以處王之寀者，則涂紹吉、韓浚也。自會道唯大發風癲之論，楊維垣再攻之，而王之寀革職矣。霍維華繼之，而諸大臣劉一燝、韓爌等俱得罪矣。岳駿聲繼之，而王之寀追贓矣。劉志選之疏八，而王之寀、孫慎行被逮矣。劉廷元之疏八，而三案盡翻矣。然其時可笑而可恨者，則劉廷元爲最初有挺擊之事。劉廷元巡視，即具疏以聞，其心本無他觀。其壬戌再疏，請訊與鼠器路馬之言，可見故王之寀亦有深憂遠慮，爲國家根本計之稱，或摘其「貌之」二字以爲巧脱，實屬過求，但「風顛」二字始於劉廷元，而後之定執爲風顛也。此所以來張鵬雲保奸之斥矣。及楊漣、左光斗遘禍，劉廷元起復，有疏只詆攻己者之非，而不復申辨己之初心，乃居然自處於羣小之列，以快其積憤，卒致三案盡翻，遂爲罪魁，抑何其無具之甚乎？召對曰劉光復以皇上「極慈愛太子，極仁孝」二語聲高，致干宸怒，及翟鳳翀疏參輔臣內言，劉光復「一腔懇款，雖開端而未竟」兩句，讚美實有頌而無規，而使孟麟稱爲直臣。駙馬王昺救之，直稱之爲忠臣。昺爲東朝首也，其言如此，必知劉光復之意，非屬黨奸。然張差未訊擬，而劉光復輒有「無詫奇貨，無居元功」之語，此郝土膏所以有諷切諫官，預爲逆黨出脱之，特糾而張，慎言又從而論之也。予觀其疏，有「根究情實，務元惡伏辜，以安慰皇太子，以解通國之惑」之言，則其心固可原，而「無詫奇貨，無居元功」或有不足於當時紛爭之狀，而發其言，亦未嘗不是，非劉廷元可比矣。王之寀議論雖正詳，觀諸疏，未免有悻直居功之心。無論其所請，必不能得之於神宗；即得如所請，鄭國泰不足言，而誅貴妃、戮藩王，將宮闈之間成何光景？意外之變，恐更有不可知者，非所以安神宗，亦非所以安皇太子。臣子之於君父，有必不當如是者。不深思其後，而一味力爭，可乎善哉？江日彩之疏、沈猶龍錢士貴之議，爲可味也。江日彩曰：「以風顛者，所以全家庭骨肉之恩，而定中外一時之危。」有諸臣偉議，所以折奸謀於既露，而維萬古綱常之大。有此處法，不可無此議論；有此議論，不妨有此處法。兩存之乃全，偏執之亦非也。沈猶龍錢士貴曰：「張差一案，論正法，只宜執奏不阿，直窮到底；論國體，亦宜諫官封駁，政府調停。」此其言可謂情法兼得，至正至大矣，而惜乎當時之不能用也。

發紅丸者孫慎行，而張問達、薛文周、張慎言、周希令、沈惟炳等助之。然首糾李可灼，則始於王安舜。李可灼既以罪譴，自無庸再爲置喙。孫慎行疏參，意在方從哲，非爲李可灼，而云彰不軌之罪，銷奸臣逆賊於異日，則其持論之正也。然黄克纘言李可灼輕事之罪，辨許世子說頗有理，不可廢。鄒元標謂方從哲當時依違其間，既不申討賊之義，反行賞奸之典，即謂其無心，無以解人心之疑。周朝瑞責之尤爲侃侃，此方從哲之所不能辭也，而必如孫慎行直坐以殺逆之罪，則已甚矣。總之，鄭養性之冶容久伐、崔文昇之攻泄繼投光宗大漸之時，紅丸進亦崩，不進亦崩，而李可灼欲恃其區區之藥糞，幸萬一以希不世之賞，亦只可謂之愚而已。舍鄭養性、崔文昇，而獨罪李可灼，豈爲得其平者乎？

發移宮者楊漣、左光斗，而周朝瑞、周嘉謀、高攀龍、惠世揚等助之。較韓魏公撤簾，更非得已。蓋有不出於是，而萬萬不可者。忠誠之略與日月爭光，非挺擊、紅丸之紛紛多事者可比矣。若云迫之徒跣而行，與奪失財物宮府之中，何至如此甚哉？小人之誣亦無足辨矣。惠世揚晚節有虧，則亦楊左諸君子之羞也，可爲大息。

艾千子罪王弇州論

嘉靖一朝之政，紀之者不一，其英武有爲、美不勝書，其失則誤信嚴嵩及子世蕃作奸弄權，誣陷忠良，蓋人無異詞也。王世貞以文章名世，獨好摹擬史漢，未得古人之深，爲艾南英所不喜，而以與夏允彝、陳子龍辨，益惡之，乃書其四部稿後，謂肅皇帝威福操縱，無所旁貸，而世貞於其大誅賞，一則曰相嵩，再則曰世蕃，是視其君如漢獻孺子嬰也，而終以一言蔽之，曰修怨而無君。

嗚呼，世貞之意本以恨嵩與世蕃，而南英曰怨君，巧以視其君如漢獻孺子嬰爲案，南英可謂深文也矣。夫天下有知其君之無能爲，而乘機遘會，倒持太阿，而儼然以帝制自處者，謂之篡，如董卓、曹操是已；有知其君不可犯，而矜小節、修細謹、飾女采以希寵，使其君入於其術而不覺，而後或以言中之，或以事激之，借國法以便身，圖肆其貪殘，而無所不至者，謂之奸，則嚴嵩父子是已。君固有不必如漢獻孺子嬰者，而後臣乃得以行其私也。今不必他舉，其大者如夏言、曾銑、沈錬、楊繼盛輩之死，南英以爲果盡出於肅皇帝，而與嚴氏無與乎？且世貞父忬之死，天下孰不知其出於嚴氏之所爲者，而顧獨謂非怨毒之於人乎？世貞以父子之情至痛結於中，即其言誠過，君子猶當原之，況其言之有合於天下萬世之公也。南英必以無君爲罪，是舉記嘉靖時事。凡言嚴氏之奸者，皆可以此罪罪之，又不止一世貞爲然矣。抑使世貞而易其言焉，於其誅賞之失一歸之肅皇帝，而曰與嚴氏無與，不唯無以服人，而世貞尚可以爲子乎？則恐南英之責之者，以爲畏權相而忘父仇，世貞其何辭焉？至云才相英君，千載知遇，誅戮稍稍過當，易以惑人。世貞罪狀，相嵩爲不可信。嗚呼，南英於是乎益失言矣。既曰千載知遇，則君之誅戮不得曰相無與也，明矣。試舉其時之所誅戮者，而計之果爲稍稍過當已耶。信如所言，則楊繼盛之誣大臣，而欺自尊也，毋乃死有餘辜乎？

南英博通古今，有志聖賢之學，不當滅理逞臆，紊亂是非，至於如此，故不可以無辨。然又有嘆者，世貞徒以文章不得古人之深，而致後輩橫加刻責，幾不保其素履，至當之以無君之罪，然則文章蓋可忽乎哉！

侯朝宗責于忠肅論

英宗北狩，郕王監國，尋即帝位，于謙爲大司馬，已而英宗還，中外晏然，天下稱之曰社稷再造，謙之功。英宗居南宮七年，景帝大漸，徐有貞、石亨等奪門迎英宗復辟，其夕景帝崩，坐謙謀召襄世子，棄市，天下惜之曰：「謙，社稷臣，不當殺。」河南侯方域獨作論，謂謙之所以自處，與其所以處，景帝多有非其道者非社稷臣，社稷臣非可以功論，唯道之所在，毅然爭之，不計禍福，不從則決以去，就意以景帝之廢太子，而立見濟，謙不造膝密，陳其不可，又不率羣臣面折廷諍也。

方域雅善屬文，才足以濟其辨，而詞足以聳人之聽，於是謙之罪見誣於一時者。自方域之論出，而謙之心將不白於天下萬世。予讀之，惻然而嘆曰：嗚呼，觀謙之始終所自矢者，社稷爲重之。一言蓋其心，袛知祖宗所傳之神器，不可不力爲圖存，而君之爲兄爲弟，爲姪爲子，自可以付之廷臣之共爲推戴，此其大公至正之懷，對之皇天后土，告之二祖列宗，而可以無愧，偉哉！謙之爲社稷臣也，三代而下，指未易以四五屈也。方域之論過矣，而充方域之説，則謙之失，應不獨其易儲之不爭已也。方郕王即帝位之時，即當造滕密，陳其不可，率羣臣面折廷諍。勸郕王終監國之號，行周公之事，輔太子負扆而臨天下。又不然於英宗居南宫之日，即當造滕密，陳其不可，率羣臣面折廷諍，援伯夷叔齊之義，勸景帝致位於其兄而自退處郕邸。若是，則於方域之所謂社稷臣者，始可以當之而無歉。而方域固曰：「英宗還，而欲景帝讓位，非謙所能也。」雖不言監國事，而以此例之，亦必謂非謙所能也，然則父爲天子，而欲其子之不爲太子，而曰此謙之所能也，其孰信之？夫君臣之相得、叔姪之相關切，其不能易其父子之愛，不待智者而知之矣。黄竑之議既起，以謙之忠誠謨猷，豈不計及於爭？正見爲爭之，非徒無益，而又害之也。而自今思之，則真有不必爭者，何也？爭之而斷，弗聽也，而景帝必嫌見濟，必忌堂簾之隙開，而疆場之事裂矣。即爭之而聽焉，則太子德之，見濟恨之，猜疑一生，將宫府之禍變有不可勝言者。危亡之事不在疆場，而在肘腋之間矣。

唐太宗之於建成、元吉，一父之子而不免於推刃。宋太祖親授天下於太宗，兼之以太后之命，而不能以保之德昭，其已事之彰明較著者也，而誠以「社稷爲重，君爲輕」之言審之，君子於此固無所貶焉爾。且方域既大其有社稷再造之功矣，而猶譏之以爲非社稷臣，是社稷臣唯其道之所在，以一直明己志，而謝天下不必思所以善其後，雖啓釁兆亂、隕身傾國皆可以不恤。若是，則天下亦何賴有此社稷臣也乎？予聞謙之爲大司馬也，所居者直房，沒之日，籍其所有，僅一緋而已。

嗚呼，入贊帷幄，出冒矢石，致身忘家，安社稷於險難危急之秋，勞苦而功高，未蒙封侯之賞，而爲小人所陷，一旦被罪名而受極刑，而猶不得免於後世刻責之口，豈不悲哉？然使方域而但以謙爲非社稷臣也，予尚可不爲謙辨，而至其推之，以爲吾輔人之弟，而閑放其兄，是其大權不可一日今不在我，以爲幸一二十年，南宫之事終，而天下無意外之變，以爲挾以居功，以爲畏禍乃其得禍，以爲隱忍而無所於擇，以爲以寵利居焉，則謙豈特不可謂之非社稷臣乎？予是以欲不爲謙辨，而中心有所不忍也。

方域又曰：「金牌召襄世子，雖不必其事之不出於誣，而自其不爭易儲之心推之，則景帝升遐之後，謙之不主南宫也，明矣。」夫謙不主南宮，其將誰主？是即非襄世子，亦必有金牌别召之事，猶之襄世子也。方域騁其筆鋒，欲成其莫須有之説，而遂不顧其自爲牴牾也已。

士君子立言論人，宜平其衡而設身處地，寧過存其長，毋巧索其短，此忠厚之道也，亦春秋之義也。如方域之所推求於謙者，喋喋不一端，无乃不當情實而傷天下忠臣義士之心乎？不然，豈自以其論爲天地間不可少之論，而必出之也哉？嗚呼！亦妄矣。

文論

文者，經國之大業，不朽之勝事，後世浮淺之士或以爲戲，甚有借以詆詈，快所私憤者，真藝林之蟊賊也。裴晉公嘗有與人書云：昌黎韓愈舊識其人信美才也。近有傳其作者云。不以文爲制，而以爲戲，可乎？蓋謂毛穎傳、送窮文等篇也。五代劉昫修唐書，以愈文爲紕繆，亦指此類。趙驎云：「裴晉公鑄劍戟爲農器文，觀其氣概，已有立殊勳致太平意。進士李爲作輕薄暗小四賦，李賀樂府多屬意花草蜂蝶間，二子身名終不遠大。」予嘗以爲知言，又有卞彬之作蚤蝨、蝸蟲、蝦蟇等賦，尤可鄙。至豐考功，乃以辱其友朋，世道人心之壞於斯爲極。然亦適足以自彰其慝而已。獨怪昌黎一代山斗，而不免爲此小兒事。若濂、洛、關、閩諸子，必所不爲，故文至宋儒始還淳歸雅，不愧六經羽翼。彼不讀唐後書者，雖藻繢繽紛，其於爲文之本指遠矣。今之論者或以毛穎傳爲唐文第一，抑何謬耶？

甲申之變論

甲申三月十九日之失天下也，非失之君也，失之臣，而尤失之大臣，何也？

賊據河南，猖獗極矣，天下安危惟係一督師耳，而當時之爲督師者，若熊文燦、傅宗龍、丁啓睿輩望不足重，才不足稱，不知司爵者何所見而用之矣。及啓睿謀去，在廷諸臣視督師如陷穽，爲社稷不如其爲私家，念君父不如其念同僚，於是汪喬年以提學累陞至督師，豈真謂喬年之壯猷勝任，而不吝崇秩之驟遷耶？此其罪不僅在無知人之明也，審矣。喬年之出師也，疾聲詈曰：「滿朝無心，乃以喬年爲督師。喬年何足惜？獨不計封疆耶？」蓋喬年以清直忤時，自謂不知兵，故其言如此。鋒未及接，誓以身殉其志，亦足悲也。

喬年既死，不得已而起孫傳庭於園扉。傳庭之才可以有爲，訓練未孚，時勢宜待，乃促之出關，霖雨爲阻，曾不克停，秦人固知其不競也，而秦人之仕於朝者不知也。若以爲傳庭一出，而秦即可粗安者，由是廷議促之，巡撫促之，監軍促之，而一出而敗，遂不復支，存亡之機已決於洛陽之一戰矣。

潼關甫陷，全陝悉降，賊騎東向，到處披靡。閣部李建泰倉皇西征，既苦無兵，又苦無餉。帝命捐助時，諸臣人人以廉自居也。天崩地裂，在不旋踵之間，而猶思爲封殖自全之計，竟無有一人如卜式之所爲者，卒之李自成之酷刑追比，而金帛累累，固皆出之廉者之笥矣。

今之小人敢於放言，乃有以失天下之故，歸咎於帝之殺大臣者。夫帝之任大臣也，其寵禮不可爲不至矣。任綿竹而綿竹如彼，任武陵而武陵如彼，任韓城而韓城如彼，任宜興而宜興如彼，法愈嚴而賄賂日章，求愈急而因循日甚，有牢不可破之黨，有堅不可奪之欲。悲夫，帝之心亦不知所託矣，爾時之大臣可殺耶？不可殺耶？無奈其殺之不盡，而猶以陳演、魏藻德輩遺之自成也。考之往牒，跡其行事，帝之德非中主可幾，諸臣之品宜居何等？清夜思之，平情以論，而尚敢有過求於君父者，其亦喪心之甚矣。

順治初，山陰王思任寄書龍門解胤樾，其詞悖慢，追咎神宗，追咎熹宗不已也，終之曰繼之以崇禎尅剥自雄。嗚呼，生勤宵旰，死殉社稷，此普天哀痛之時也。思任亦人臣，何其忍於刻責，而肆爲無禮之言，以至此哉？思任有女曰端淑，能詩文，刻映然子集行世，中有言思任之死，嫌其數十日之生之多者，蓋謂其死非殉難，不能擇於泰山鴻毛之辨也。嗚呼，臣而非君，女而非父，一何其報之之符也。世祖章皇帝祭帝之陵，哭之流涕，以爲大明有君無臣也。大哉！言乎崛起而在斯位，非偶然矣。

延安屯田議

屯田之制，實始金城，相其臨戎，廣野使戎，卒耕稼其間，以十一二輸官，十八九自贍，歷代行之，法良意美。明太祖屯田遍天下，九邊爲多，而九邊屯田又以西北爲最，其墾田之令，以邊方閒田許軍民開種，永不起科。開屯之例，軍以十分爲率，以七分守城，三分屯種，有額内額外之殊。然法久弊生，瘠田荒蕪不治，腴田爲豪強兼併，或官核侵奪，汩沒混亂，徒有其名，此體國經野者所旰衡而嘆也。

今延安、綏德、宜君等處各設兵防，人不下數千。大亂之後，閒田頗廣，誠大修屯政，耑任責成，諭令所在，地方有司並鎮守將官一心規畫，設給牛種，每軍一人，量給閒田若干，務有餘裕，則軍爲樂業。措置已定，請旨永著爲令，内省帑運，外省民輸，期年之間，將變荒磧爲豐壤，易流徙而樂康，足食足兵，未有善於此者。經界在田，開列在籍，非高遠難行之事，非幽隱難察之情，特在以實心實任之耳。至如地方水泉可引灌溉者，令有司相度高下，經營蓄洩，有成功者特與薦剡，尤所謂富國至計。一日之勞，百世之利矣。

延安織紡議

民生大事，不過衣食二者而已。古人云：「一夫不耕，或受之饑；一女不織，或受之寒。」言其不可緩也，貴至夫人，不廢蠶繅之事。孟子論王道，斤斤樹桑，誠以女紅與農功並重也。今延安一帶各州縣不知織紡爲何事？布帛之價貴於西安數倍，商賈之業素不諳爲田畝所出，其值有限，既不獲織紡之利，而又歲有布帛之費，生計日蹙，國税日逋，其於生財之道亦尠矣。然此非盡其民之惰也。邊塞地方從來經習爲之上者，又視爲末務，而不肯設方教導，故悠悠拙守耳。

今於每一州縣各發織紡之具一副，以爲式令，本地有司依式造若干副，散於本地民間，一里一副或二副，又覓一二能織紡之人以爲師，督其學習，責任有司以學習能成者，計其多少以定其殿最，諭令有司督責，里長課其勤怠，加以賞罰。初或見爲迂闊難行，不過一年之間，彼且享其利益，爭自爲之，將有禁之而不能止者矣。事雖若細，開萬世預寒之源，當與古之播種五穀者同功，是不可不急爲施行者也。計延安所屬州縣四萬五千餘戶，戶不下三女子，約略計之，固已三四一十二萬矣，以一十二萬之衆爲織紡之事，不特家有餘衣，亦所以廣生財之道也。

朱子晚年之悔論

夫學有道也，孔子分之以三等：爲生知安行、學知利行、困知勉強行，而其成也則歸於一，歸於一則困與勉強者與生與安者等，與生與安者等，則視前之所爲困與勉強者宜悅而無悔，而君子或以悔言者，蓋其自得之詣，而非直以爲悔也，直以爲悔，是廢學也，奚可哉？孔子之門有顏子、曾子，二子之學不同，論者擬之，亦如外氏之有頓漸兩途焉。然曾子有一貫之唯，而顏子之嘆曰：「循循然善誘人，博我以文，約我以禮。」是將何以定之與？孔子自言其學曰：「多聞，擇其善者而從之；多見而識之。」又曰：「好古，敏以求之。」其論思學之功，既曰：「學而不思則罔，思而不學則殆。」而又曰：「吾嘗終日不食，終夜不寢以思，無益，不如學也。」然則聖賢之所爲學與聖賢之所爲教，皆可知矣。明乎此，而金谿新安之得失有不待辨而決者，姚江之定論、休寧之道一皆左袒金谿。因極言朱子晚年支離之悔，有數數然者。

夫朱子之悔，誠有之，在朱子自悔則可，論朱子者，何可爲朱子悔也？爲學之功，以日新爲貴，擬議之力至變化始融。孔子之學大約十年而一進，當其從心所欲不踰矩之時與志學之時自異，如以從心所欲不踰矩爲孔子晚年之定論，而以志學爲早年未見道之失也，可乎？

或曰：孔子何以不言悔？曰：孔子謂子貢曰：「賜也，女以予爲多學而識之者與？」此必其平日有所爲多學而識者，故有此問也。子貢曰：「然。非與？」此必平日有見其爲多學而識者，故有此對也，而後孔子曰：「非也。予一以貫之。」此朱子悔之之義也。後之儒者空疎不學，而高談性命，借「悟」之一字，以飾其寡陋者，比比有之，是欲求其所爲支離者而不可得，而悔於何有？如陳白沙者，非近代之名儒乎？楊升庵譏其胸中全無古今，崔后渠遂以曹溪目之，況其下焉者哉！

嗚呼！今之所病於朱子者，爲其支離也。予謂學者爲學有道，當即自所爲支離者始，斯不失爲聖人之徒也。不然，其不流於異端者幾希。

水火論

物之至常者，無如水火，而至異者，亦無如水火。天地萬物不外陰陽，水火者，陰陽之精也。水無人相，火無我相。潤下炎(土)[上]上者，水火之用也。即其性也，水之取影也於中，陰之受也。火之取影也於外，陽之施也。水之中黃，坎之所以內陽也。火之中玄，離之所以內陰也。人非水火不生，狎之則溺、附之則焚者，能生人者，亦能殺人也。然火或避之，水或玩之，斯陰之賊也，小人之所以易爲禍也，故尊陽而抑陰者，聖人之教也。

砥齋集卷之四

記

重修顯應侯廟記

顯應侯廟者何？龍廟也。廟之者何？所以祀龍也。何以稱侯？爵也。孰爵之？天子爲天所立者也。其爵之奈何？韓子曰：「龍噓氣成雲，薄日月，伏光景，感震電，神變化，水下土，汨陵谷。」以其嘗有功德於民也，册而尊之，致窑極也。何言乎顯應？載陰載暘，隨所希求，章龍之績，亦孔之昭也。夫鱗蟲之屬三百有六十，而龍爲之長，記禮者亦謂之四靈之一耳，其不秩於三代之典也，明甚。此其祀之何也？時及之也。且古禮之失也久矣，祖龍之過也。蜡也，貓虎昆蟲皆有享焉，獨不及龍，是闕也。秦並天下，令祠官所嘗奉天地名山大川鬼神，而龍與焉，史所稱湫淵祠，朝那者是也，是則祖龍之功也。然則儒者奚以非其非古，與議於禮則無據，考於籍則無傳，求其故而不得，斯非之矣。曰：「懼其與天地分功焉者。」從而爲之辭也，則甚矣。宋人之固也，故毘陵追而疑焉，以爲古有豢龍氏，其無乃羞飲食以祀龍之謂，如伊耆氏之於蜡，實掌其祭者邪。顧華陰何以祀？天下水府有八，而車箱潭其一也，故祀之莫華陰宜也。宮華皆山也，淫焉，潛焉，皆水也，滙而入渭，廟當其所，故祀之華陰，又莫茲廟宜也。廟始於此乎？前此矣。前此則奚始乎祖？所逮聞是在洪永之際也。始之者何立乎？今日以指洪永，洪永之日遠矣，無聞焉爾，聞之久，而圮而繼，而理之者。嘉靖之乙卯也，聞之又久，而圮而繼，而理之者。萬曆之丙辰也，殿焉、序焉、庖焉、基焉備矣。曆不百年，而迄今圮猶昔也。廣其宮而大之，易其故而新之者，社之人趙氏、田氏、党氏之三族者先之也。

嘗聞之矣，共工氏有子曰勾龍，能平水土，沒而祀以爲社，故社之祀猶古也。嘻！狗舞方而沛霖雨者，神龍也。竄古木而匿欝楹者，乖龍也。傳曰：「雩者爲旱，求者也。」求者，請也。古之人重請，請道去讓也。庭壇聿新，五穀胥熟，神人以和，夫亦猶行古之道也。是役也，費且鉅，覆簣爲山，積腋成裘，故取諸衆也。勸之輸而詔以義者，慷慨之思，以爲君子之爲，亦有以樂乎此也。爲斯言者何？山史王弘撰也。

重修五嶽廟記　代

國之大事曰祀與戎。予奉天子命，矢文德以洽西陲，則兼治戎事。楚寇平，秦民少息，將蠲除非常，以明舊典。乙巳春不雨，苗以洊槁。民滋懼，予躬同寮屬早夜禱於五嶽廟，雨，明日又雨，民乃大悅，聞之功著於人者，必有其報於時祇戒，灑掃以修，祀事載瞻，廟貌坍醇，慨懷崇飭，僉志攸同，遂擇某月之某日經始焉。鳩工庀材，捐輸有差，易厥故唯新，補厥缺唯備，罔徵民財，罔奪民力，越幾月而落成，爲殿，爲序，爲庖，爲基，枚枚渠渠。於乎，美矣！僉謂宜紀以泐貞珉。請予載筆。

予惟雍州之域爲天下首，古稱天府，爰有西嶽，是曰華山，函金德以養生，其祀之宜也。而並祀泰、嵩、恒、衡，其義何居？昔先王制禮，天子祀四望，諸侯祭境內山川，所以昭告神祇，饗報功德，是以災厲不作，而風雨寒暑以時，當其時敬慎幽冥而淫祠不起。夫五嶽以視三公，以其能大布雲雨焉，能大斂雲雨焉，觸石而出，膚寸而合，不崇朝而雨天下，施德博大，故制爲之極，以報陰陽之功。非此族也，則非所事。稽之往牒，唯秦有五畤，以祭五帝。今廟倘其遺意，與則秦之有祀，特殊他邦，作者非妄矣。今不度之祀非，一媚淫昏之鬼，以蠹百姓，沃酹不止，而山川大神更爲簡闕。予竊嘆焉。夫天子崇雩有同，祈穀風教，所被禋祀，宜甄恒暘，爲災民將無歲，非徼惠於神，其曷克濟？廟以妥神，所謂置岇蕝，植表望，使民知所瞻依，有其舉之，莫敢或廢，則茲役也，欽若嘉業，以崇古禮，以飭王章，以敬民事，又烏容後？傳曰：「陰陽合而後時雨降。」徵之人事，唯和可以格天，有事茲土者益懋，乃績三時不害，五穀胥熟，民以寧壹，厚生正德，神用永享。予素不嫻於詞，亦不樂以詞，自見而得藉手，以無負天子之休命，故特述其義，以詔後之人，使知所繼焉。

夢遊浮玉山記

庚戌冬十一月初九日，舟泊桐江，初阻風，水浪洶湧，舟子爲動色。至是風止，夜乃帖然就枕矣。有夢將遊一山，從子通州守攜其幼子二以從，乘籃輿而行，輿夫皆歌顔魯公七言古詩，中有云：「一疏爲請誅奸佞，再疏爲請誅奸佞」，至於十疏，而九疏則及使李希烈事，歌竟陟嶺顛。寒風浩浩生兩腋間，予謂從子曰：「非是歌，不足以壯氣；氣不壯，不能遊是山。昔人制令有以也。」予曩讀魯公詩，喜其雄宕，不知其得之於此，巖寬丈有餘，循行三四里許，爲埒。別度一嶺，輿夫告退，謂：「進此不可以輿」，是蘇子瞻學士舊遊之山也。

嶺石如美玉，其色璀璨，寬纔盈尺。入搦嶺，騎行，以手代足，左右皆絕壁，深不見底，而右煙雲窈冥，變徙無定，時聞有水聲，云其下即滄海也。予頗心怖，回顧從子不見，計不可返，乃奮勇而前，肅然悄然，弗敢睨視。復三四里許，頓履平地，其地廣可百畝，林木青葱，花葉俱別，幽香習習襲人，禽鳥各異色，翔鳴上下，亦不類常產，有一字朴而邃虛無人。予憑几理筆硯，將有所作。

倏族兄孚公至，蓋聞予有是遊，追而來，而予先行，不及知也。少頃，從子偕其二子亦至。予爲慰勞孚公，曰：「世有山焉峻如此者乎？微獨目所未睹，即載籍所未聞矣。」從子曰：「叔父讀書多，知此山何名？亨問之人謂飛魚嶺，然與？」予曰：「否否，此浮玉山也。」予曾見一畫卷，爲此山圖，子瞻爲之題，獨其圖僅得其橫看者耳，子瞻之題亦不備。不親至此，不知此山之奇若是。因仰視，山上有二大字，字綠色，曰浮玉云。予乃詰從子：「此山無人，汝何從問之？」孚公爲大笑，復同行。迤邐皆坦途，途以石砌石雜用去。

思遺愛碑，人畜之跡踐之，溲溺積汙，予隨作札，將致主者，請磨而去其字。不然，或覆之，從子曰：「此非易事，毋乃爲主者累。」予曰：「事固有不當避其難者，是寧可已耶？」竟致之然。此山無人不知，人畜之跡與溲溺何來？不知予札何從致之？又不知其主者何人？復何在也？夢中之事，幻其前後本末不相應類然。嗚呼，天下事之如此夢者固不乏矣，顧安所得清遠曠寂如此山者，而以遊以處哉！又況於今之世邪！

壬子四月三十日，舟阻京口，同范北鑰登焦山，所歷皆如曾至者，憶之乃曩夢也。因爲北鑰述其故，並出僮所攜稿示之，而行不數武，忽見巖上果有浮玉字，與北鑰嗟異久之。既觀楊忠愍公鐫石遺詩：「楊子懷人渡洋子，椒山無意合焦山。地靈人傑天然巧，瞬息神遊萬古間。」署「嘉靖壬子，約會唐荆川到此」，乃恍然有悟。附書一五言絕句：「故國知何處？重來壬子年。相看風景異，洒淚向江天。」此事大奇，未可爲不知者道也。北鑰頃有寄予札云：「浮玉一案，公如天際真人，而堅亦與從遊之列，何其幸也！身世因緣，無非素定，知公之所自得深矣。予邇來志謝俗務，獨保浩然之氣，蓋竊有感於斯。」

按：浮玉山一見山海經，一見拾遺記。或云即金山，或云天目，一名浮玉，或云在湖州玉湖中，或云太湖，乃仙家浮玉之北宅也。

重建文廟儀門記 代

國家之以廟祀孔子也，其宮室有制，與禮樂等，修之以時，無致怨恫，否則罪在有司。金華之廟如制，獨儀門坍醉已久。先是，緣兵燹之後，瘡痍未復，勢有所不逮。今天下文德遹彰，民漸寧謐，而任其麇蔽湮涠，竊爲之懼，且予歸有日矣，及今不理，而以委之後之君子，其奚所逭罪？於是謀之寮屬，僉志允協，蕆工庀材，始於某年月日，越幾月而竣，財不賦出，力罔農妨，庶幾免於戾以落成，則孔子之靈實式憑焉。

予乃進邦之人而告之曰：「金華自宋以來，大儒輩出，講道著書，羽翼聖經，如呂成公以及何文定、王文憲、金文安、許文懿諸公，炳耀簡策，歷歷可徵，而在前明開一代文章氣運之先，則實宋景濂、王子充。其人蓋自大義乖而微言絕，士之荒於不學，而汩沒於俗學者衆矣。其或有繼之而起者，吾不知今之視昔，果何如也？夫國家立學建官，教之以詩、書、禮、樂之文，習之以干戈、羽籥、琴瑟、柷敔、鼗鎛之器，而又加之以比觵撻罰之刑，冀以化民易俗，使近者悅服而遠者懷之，斯學之成也。記曰：『官先事，士先志。』今而後遊於聖人之門者，其尚知所從事，而毋以斯役爲徒飾觀美也與。」是爲記。

頻陽札記

丁巳秋九月初三日，顧寧人先生入關，止於予明善堂，將同築山居老焉。頻陽郭九芝明府使來，附朱山輝太史之訃，札云：「憶前歲之冬，與先生坐張鹿洲將軍席上，辨尊經閣記。今已再歷春秋，而張將軍丘首故園及期矣。世事蜉蝣，可勝浩嘆。朱太史晚年好學，文章卓然有體，一旦溘逝，關中喪一名紳。弟與天生憑弔隕涕，哀不自禁。聞先生邇年潛修，十倍曩昔，德進名藏，甚得古處樂道之益，私衷甚爲聳悅。今聞顧寧人先生已抵山居。寧人命世宿儒，道駕儼然，非無所期而至止。關學不振已久，斯其爲大興之日耶！」

予復之云：「尊經閣記，大要是衍『六經皆我注腳』之緒，茅鹿門謂程朱所不及，弟謂程朱正不肯爲耳。知先生有未忘於懷者，而弟亦執其愚見如故也。朱山輝倏捐賓客，聞之驚悼彌旬，不勝哲人其萎之嘆。弟少躭聲色，好雕蟲之技，年近五十始歸正學，今幸寧人先生不棄遠來，正欲策勵駑鈍，收效桑榆，但以有室家之累，不能脫去俗務，方自悲悔無及。先生譽逾其實，祇增赧悚耳。」

是月十有九日，予往弔朱氏，哭於山輝之柩，九芝要予入城，坐定，問別後爲學之功，予出所爲正學隅見述一册視之，九芝攜歸署，尋有札云：「敬讀大著，極其真切平正，最透徹者尤在格物一段，如所引『天生烝民，有物有則』，舜『明於庶物，察於人倫』，認物既真，充義亦到。蓋人倫者，庶物之則也。能在『物』、『則』二字會解，物之則明，格之義自明矣。此解得之天然，當與文成致良知本義同尊。至云聖人爲學有序，斷無一蹴而至之事。知行原不相離，亦斷無行在知內之理。以傳芳思之道理，原自一貫，在已得者可，不庸其層次。若繇下學至上達，須是自邇及遠，如知到百步地位，即從一步用心起，工夫不敢間斷，方可行到百步。若是止知五十步，再五十步即有支岐舛錯之處。以此推之，行實不在知之外也，先生以爲何？」

予復之云：「承教『物之則明，格之義自明』，此真實之解，即精微之解也，然庶物人倫皆此一理。言人倫者庶物之則，不如言庶物有庶物之則，人倫有人倫之則耳。弘撰之說與文成頗異，唯先生更察之。至知行之說，朱子有輕重先後之別，爲不易之言。有知而不行者矣，未有行而不知者也，豈真謂行在知外哉？亦言其序如此耳。尊札云：『如知到百步地位，即從一步用心起，工夫不敢間斷，方可行到百步。』此正知先行後之明徵，而先生推以爲行不在知外之證，何也？」

時李中孚先生寓居頻陽之軍砦，予至，使其子伯著來札云：「適聞駕臨頻城，喜出意外，謹令小兒晉謁，希與進，是荷。」蓋中孚有不出門拜客之禁，予隨詣之，中孚偶患腿痛，臥於榻，爲予強起，具鷄黍，爲竟日之談。伯著侍，恂恂雅飭，不愧其家學也。又數日，九芝以中孚所爲格物說見示，大要謂格物乃聖學入門第一義。入門一差，無所不差。毫釐千里，不可以不慎。古之「欲明明德於天下」節與「物有本末」節原相連，只因章句分作兩節，後儒不察，遂昧卻物有本末之「物」，將格物「物」字另認另解，紛若射覆，爭若聚訟，以成古今未了公案。又謂欲物物而究之，入門之初，紛紜膠葛，墮於迷魂，陳此是玩物，非是格物。真能爲格物之學者，其用工之序，先之以主靜，令胸中空空洞洞，了無一塵。物欲既格而後，漸及於物理，誠正之。基本既立，然後繇內而外，逐事集義，隨時精察，天德王道一以貫之矣。否則縱博盡羲皇以來所有之書，辨盡羲皇以來所有之物，總之是騖外逐末。昔人云：「自笑從前顛倒見，枝枝葉葉外頭尋。」喪志愈甚，去道彌遠。末云：「姑誦所聞，藉手請教，並以質之山史先生。」

蓋九芝有札與中孚，以予札附往，故中孚以此札來，而予未知也，於是即以正學隅見述馳致之，因求其指示，中孚爲書云云，今具載卷首，予復之云：「讀手札，過蒙獎借，所不敢承，而中亦尚有致疑者。以弘撰愚魯之資，固守考亭之訓，於先生『內外本末一齊俱到』之旨，實未信及。如以欲物物而究之爲玩物，則易所云：『知周乎萬物』，『遠取諸物。』孟子之『明庶物』、『備萬物』皆何以解免耶？且格物『物』字原兼物有本末之『物』在內，亦非另認『物』字。以格物『物』字爲物欲，乃與物有本末之『物』異耳。如云物欲既格，而後漸及於物理，則又合二說而一之，是欲致其知者，先誠其意矣，於經文不合，皆心所未安也。更望教之。」

中孚札云：「承教，謂知周乎萬物妙，蓋必知周萬物，始能經綸萬物，物物咸處之得其當，而後可以臻治平之效，然遠取諸物，必先近取諸身，知明善誠身爲本而本之，則心無泛用，功不雜施。本既格，方可繇本以及末，然後明於庶物，使萬物皆備於我，何樂如之？茲因有感於大教，而弟之格物說不可以不改也，唯付來手是望。」

予即以原稿付之，過日，中孚又札云：「昨承示致，疑於『內外本末一齊俱到』之言，其意必以爲先博文而後約禮，理窮而始可主敬也。若然，則文與理浩乎無涯，將終其身無有約敬之時矣。夫博文窮理而不約禮主敬，則聞見雖多，而究無以成性存存，便是俗學。徒約禮主敬而不博文窮理，則空疏無用，而究不足以經世宰物，便是腐儒。故必主敬以窮理，使心常惺惺，方能精義入神，隨博隨約，庶當下收斂，不至支離馳騖，德業與學業並進，此內外本末之貴於一齊俱到也。知行合一，其在斯乎？欲易之以內外兼詣，本末無遺，然終不若此言之吃緊而警策也。如何如何？」

予復之云：「承云教我多矣，然繹顏淵循循善誘之訓，固謂必先博文而後約禮也。又證之以博學而詳說之，將以反說約之言，益信聖賢爲學之序，窮理主敬如此而已，然所謂先後者，豈真截然分爲二事？蓋禮即在文之中，約亦在博之際，即朱子所云：『非謂窮理時便不主敬也，其間有淺深之別。』朱子於或問中言之已詳，今具載鄙著中，後人不察耳。先生俗學腐儒之論，正符此旨。今以格物致知爲窮理誠意，正心爲主敬，本末不離，終始有序，自可斬斷葛藤，何必舍確有可循之詣，外生支節，以滋紛紛乎？至文理無涯之說，似無庸慮。孟子云『知者無不知也，當務之爲急。』今如此，則只存『當務之爲急』一句，而『無不知也』四字竟可刪去，恐非聖賢立教意也。」

適予借閱紫陽通志，中孚札云：「先生恬定靜默，弟所心服，居恒逢人說項。今近在咫尺，而不獲朝夕聚首，快我心型，中心殊悵。頃匆匆，報札唯先生可以語此，不敢令世人見也。紫陽通志録中如有論斷，乞見示。」

予復之云：「紫陽通志匆匆卒業，此極得正學之傳者，弘撰豈能有所論斷？但中有未安者，既承尊諭，亦不敢隱，如新安汪氏稱朱子之功不在孟子下，信矣。然歷數朱子之功，有云發揮於辨論，則有辨無極太極一書，以祛絕江西之頓悟，此言非也。今其書具在，試取而繹之與？所謂頓悟者，有何於涉此，卻立意尊朱子而不審其實者，無乃聞其聲而不辨其音乎？至答高彙旃問中庸不傳之緒，有云：『令下先有戒慎恐懼存養一步功夫，此直造無極先天之本旨。』又云：『主靜在一切動靜之先，所謂無極太極不落陰陽五行者也。』弘撰謂動靜一理也。主靜者，即主此動先之靜，所謂不動之體也，安得有靜先之靜？先儒所云：『未發不是先，已發不是後，祇是言體用一源，顯微無間。』今云主靜立極，在一切動靜之先，恐令學者無用力處，且後儒明理之原，祇舉孔子之所謂太極足矣。今或舍太極而單舉無極，或以無極太極並舉，不特顯違孔子之言，亦大失朱子無形有理爲訓之本義矣。先生以爲何如？」

時予將東歸，中孚札云：「動靜說領到，弟於先生篤好之私，有不可得而形容之者，故此來，謬不自度，妄有請正。蒙先生臥榻之論，一一中弟膏肓，非道義骨肉之愛，不至此厚德之賜，感何如也！駕旋不獲祖送，中心悵結。」

予復之云：「弟於學無所得，特以辱在夙好，故中有所疑，直言無忌，臥榻之論，弟竟茫然，唯先生恕其狂瞽，幸甚。」中孚天資高明，學識淵邃，近代之好古篤行者罕見其匹，但意主文安、文成之說，其所從入似得之禪，故談論筆札往往不諱。此番相會，不覺多言，亦實以心所敬事者，不欲草草，負金蘭之誼耳。

次日，予遂歸，而在頻陽，又別有往還者：田憶東、李賓岱、楊白公、唐大章、武秉文、田玉田、李素心、李闇君、田子經、田傅若、周靜生、田南若、楊贊石諸君，文章翰墨，唱酬無虛日，唯李天生以女病，與弟大生不獲從容晤談，及予瀕行，其女竟殤矣。山輝之子長源在苦凷之次，不暇及他，而喪葬盡禮，則可稱云。

文衡山殘畫記

昔歲在庚戌，予遊陽陵，信宿田雪崖汲古閣下，偶同出，見一友屋角積殘楮，與糞土伍。命僮取火焚之，稍簡視，得畫一幅，幾寸寸裂矣。間有方如斗大者，詫爲衡山先生筆，雪崖更取一方，乃其署款，笑謂予曰：「君鑑不爽也。」遂命僮袺之歸。每暇日輒集，而相其位置爲補綴，久之十得七八，復託雪崖覓善手裝潢，蓋歷五年，所始還舊觀，或有以其缺爲憾者，予曰：「此如遊龍在雲霧中，雖支股間斷，而睹一鱗一爪，無不見其出沒變化之神，正令人思之不盡耳。」衡山德行文章冠絕一時，畫特其餘藝，而澄懷觀道，有寓於筆墨之外者，非近代丹青之士所可同日語。予之爲此，夫豈徒哉？嗚呼，世無長久之物，成毀得喪，有數存焉，則今之裂而獲完者，予又安必其後之不復委諸瓦礫，而化爲灰燼也耶。士君子處世，苟存心於物，扶衰起敝，祇以盡其力之得，爲者必有所濟，而他何知焉？此事雖小，可以喻大。

劉氏葬禮記附詩

丁巳冬十二月十有八日，姻友劉君澤溥爲母李太宜人襄大事，遷其先君柩，合葬少華山左，夙夜經營，情至而禮備，無微不謹，無患不防，蓋今之爲子而能盡心竭力於所生者，未有如澤溥者也。昔者弘撰家有大故，雖不敢以儉，而率不得其道。今觀澤溥之爲，不禁戚戚，有擊惻於中者，於是作詩八章，非獨爲劉氏紀，將以告凡爲子者，尚其以澤溥爲法，而無徒爲世俗之所爲，如弘撰之抱恨於終天也，詩曰：

維翁之德，孝弟温恭。學纘先緒，蔚爲時宗。哀以賫志，吁嗟乎潛龍。

維母之德，齊莊慈貞。爰賦柏舟，苦節用亨。天賜百有二齡，爲天下禎。

禮器具修，亨祀維馨。清酒既載，焫焫揚靈。僾然愾然，陟降在庭。新阡合窆，禮無不宜。必誠必信，既單厥儀。親戚克道，莫不悲思。北山有石，琢以爲碑。具曰青玉，作之噩噩。靜斯方斯，子心是若。乃作灰隔，沙與土附。松葉之水，霑洒以布。視古闉壙，亦孔之固。南山峨峨，泉之出兮。清波黃壤，賁堋寧止。無佗封以樹之，松兮柏兮，婆娑。㢆萬古宅，藏唯深之。天覆地載，日月臨之。霜露以時，世其嗣欽之。

待庵自記

二仞之臺，數椽之宅，是曰待庵。小子居之，以永朝夕焉。門外蓮峰作霧，階前松樹生濤。酒盈一罇，書破萬卷。仰觀俯察，遠取近求，吾其有待也耶？無待也耶？

客有不知而問之者，曰：「櫝中之玉，以待賈也；席上之珍，以待聘也。」「子其志之乎？」小子伏几對曰：「惡是何言？與客所謂『先天下之憂而憂，後天下之樂而樂』者，其唯古之豪傑之士與？小子凡民也，生遭多難，學愧無成，少不如人，老且喪我，莫之敢有覬焉，以餘年待盡也云爾。雖然嘗試登高四顧，長嘯裒裒，夕陽既沒，朝華未升，有不知其悄然而悲者，如聞風水之聲。嗚呼，是耶？非耶？居海濱者，吾師也耶。」

山來閣記

桃葉渡之側，有園一區，廣數十弓，宋君以偉之所營也。花藥林竹，可以娱目。蓄古今人字畫，可以澄懷。積書千卷，可以求聖賢之道，知人論世。有閣焉，高三層，可以遠眺。

癸卯春，予來金陵，曾登其上，望鐘山焉。以偉負意氣，不屑流俗，每招四方士爲高，曾賦詩飲酒不掇。予固心壯之，然以偉，魏國之女夫也。遘世之變，魏國故第廢置，東園闌榭蕩爲寒煙，中山之遺烈不可問矣，而以偉尚有此，以優遊卒歲。俯仰之間，其能無今昔之感乎哉？

予去幾三十年，庚午秋重來，下榻其中，雖風景如故，而書畫散佚，閣已殺其最高一層，不得如昔之所望，以偉亦皤然老矣。閣故顏容安，以偉喜予之來，易之曰「山來」，乃舉觴屬記，援文忠銘，蘇程庵爲說，予不敢承，則告之曰：「今天下何曾有山水哉？予生長西方天府之國，爲荒墟久矣。比出潼關城郭，人民皆已非舊。過郟鄏之野，觀當年戰場，燐火夜青，殤魂晝號，祖宗之澤日以滅沒，有不勝其戚者，而此邦煙景華麗，士大夫猶得以管弦歌舞飾其遊晏之樂，乃市井囂競之習相尋未息，有道者之所懼也。且人生夢幻，來去之跡亦何常之有？予之居此寄爾，即子之有此亦寄爾。縱浪大化，身名翳如，苟適目前，何多求焉？其敢竊前賢之美談，以自侈爲？」以偉不答，予亦就寢，恍惚窈窕宛如昔之所望，鬱鬱葱葱，直臨牕牖，予不覺其肅然而恐，悄然而悲，憬然而寤也，遂披衣書之，以爲山來閣記。

周子佩血書貼黃記

烈皇帝即位之始，褒恤先時死諫諸臣，首周忠介公，賜贈、賜蔭、賜祭葬、賜謚建祠、賜額，典禮備矣。更以所贈之官，追給三世誥命，則以子茂蘭之請，而烈皇帝之特恩，遂爲諸死諫者子孫之倡。詩云：「孝子不匱，永錫爾類。」其茂蘭之謂乎？

初，茂蘭匍匐詣京師，上疏鳴父冤，乞誅諸奸，復其仇，刺指血以書，姚文毅公見其中有鼎湖諸語，謂非所宜，欲令易之，而以血書爲難，茂蘭曰：「以先人之遺體爲先人用，茂蘭何敢惜？」更破舌取血，改書貼黃以進，故元本得私存笥中，弘撰嘗盥手觀之，一百四十四字，光熒熒如幾不化碧也。今五十載餘矣。既遭喪亂，所藏誥命竟失二軸，茂蘭號慟不已，有卒王得勝得之，詢諸鄉人，悉忠介公事，乃戚然，踵門以還。嗚呼，人之好善，無貴賤智愚皆同，彼逆璫不足論，倪文煥、毛一鷺，獨何心耶？

茂蘭字子佩，自甲申變後，高隱不出，念烈皇帝之恩，與弘撰每一言及，輒相對泣下霑衿。弘撰以兄事茂蘭歷三十載，嘗大其復仇之義，推之等於王裒，蓋裒以不事君者不忘父，茂蘭以不忘父者不忘君，所遇雖殊，其志一也。河山不改，此書長存，將嵇侍中之血有不得與並凝者矣，況其他哉！況其他哉！

重修古函谷關記

古稱函谷關，尚已，自周召分陝關屬之，陝以西唯秦據之，號天府之國，沃野千里，而四塞獨斯關有建瓴之勢，所謂天下河山，秦得百二者也。漢魏以來，關以屢遷，迄今二千年，坍圮無存。寒煙荒草，谿谺迤運，輶軒之使過之者，未嘗不咨嗟太息於其間也。

漢陽江君宰靈寶之三年，勤勞民事，百廢具舉，周覽故址，慨懷修葺，於是捐金，庀材鳩工重建，爲門，爲閣，財不賦出，力罔農妨，經始於某年某月，歷幾月而落成，甃甓孔固，榱桷維新，枚枚渠渠，於乎美矣。

吾生也晚，未睹昔所爲關何似，而今之堅好宏麗，巍然竦立兩崖之中者，嘗試登而望之，澗水潛其下，城廓在几案間，洪河遶流於外，左之有翠微之色者，中條也；右之蒼茫出於雲霞之表者，其嵩高乎？背負太華而拱神京，爲秦豫扼要之地，洵堪輿之偉，觀斯關所係，豈尠小哉？江君曰：「否否。夫不觀於秦之已事乎？當其發憤爲天下雄，有并吞八荒之心，諸侯連衡，以六國之衆逡巡而不敢入。而其季也，泗上一亭長，直抵咸陽，收其圖籍，以建四百載至治之業，亦烏在所謂攻守之勢異乎？今天下一家，山陬海澨，罔不臣服，關雖險，顧安所用之，吾特以復古之跡焉。使君子之至於斯者，憑而弔之，尚論古今盛衰成敗之故，而知其在德不在險也。將仁義常施，以爲國家無疆之休，則區區之心所願與！天下共識之矣。」吾善其言，遂因邑人之請而書於石。

華陰縣重修學宮記

洪武二年，詔天下府州縣皆立學，尊孔子爲先師，以春秋二仲月有司舉釋奠，諭都御史選太學諸生中年長學優者分教，至有輟翰林院官爲之者，誠重之也。

當是時，華陰之丞曰黃文明，應詔創建學宮，規模咸備，典禮攸存，迄今三百餘年，雖以時修之者不乏人，而材弗良，工弗善，又疊遭兵燹，坍圮之餘，幾鞠爲莽。明府遲君下車之始，睹之興慨，遂捐俸金，倡爲重修計，而鄉大夫若士亦輸助有差，又擇士若民之謹愿者董其事，先先師廟、東西廡、欞星門，至明倫堂、啓聖名宦鄉賢祠以次，襄役各得其度，周繚以垣，榱桷陶甓，罔不壯固，嚴嚴翼翼，煥然一新，遠邇仰瞻，咸大悅，謂前此所未有也。君性敏而學贍，政以敦本善俗爲尚，興利除害，惟恐不及，見父老慰以農桑，見少年勉以孝弟，進文學之士課藝論道，齗齗如也。

予聞之宋訥曰：「學所以扶天理，淑人心也，皇極繇之而建，大化繇之而運，世道繇之而清。風化本原，國家政務，未有舍此而先者。或有未備，則無以維三綱五常之具，作人重道之心。蓋古今之以循吏著者，無不崇學是亟者也。」

於是遡而諗於衆曰：「於乎，自聖遠言湮，異端橫行，世之爲學者不免滅裂支離之病，誠求之經傳以立其體，參之諸子史以達其用，擇焉而精，語焉而詳，以之修己治人，無施不宜，將偏駮之說奇衺之。行有不排而自泯者，惟茲弦誦之區，藏修息游，其有以知教之所繇興與所繇廢，而救其多寡，易止之失，勉之無斁，以無負今日之役乎？若飾虛僞徒事帖括，以徼利達，華而不實，非君之所期矣。」

復拜手以告於君曰：「祀典之正至嘉靖時而盡善。予不學，偶聞諸先達之謂，尚有可得而言焉。夫啓聖公於孔子爲父之尊，不當祠於學宮之偏，是孔子不安於廟，謝鐸謂莫若別立廟於闕里，以顏無繇四主配享。徐學謨、駱問禮言之尤悉，而今議禮者未之省，一也。」

「且先賢稱子，先儒則稱氏。今顏無繇四主，既稱先賢，不應復稱爲氏。崇禎元年，加周敦頤、程顥、程頤、邵雍、張載、朱熹六子爲先賢，今亦仍稱氏，未當，二也。」

「十哲本從難之人，非可以此盡孔門之賢。羅恢云：『以道學論，當時有若優於宰我，論語記有若言行者四，皆有禪世教；記宰予言行者四，皆見責聖人。』今以宰予居十哲而有若居廡，定品弗確，三也。」

「孟懿子嘗學禮於孔子，牧皮見孟子書，皆孔子弟子，後乃不列於傳。公孫尼子，漢志謂七十子之弟子，隋志云：『孔子弟子，曾撰樂記、緇衣。』反不得比於兩廡，無聞之人，今從祀俱闕，四也。」

「秦冉、顏何從祀已久，何以知是字畫之誤？如謂當是四姓，孔門弟子名類於姓者多矣，何以爲卜商、高柴、顏高輩解耶？況顏何載於史記，顏之推稱仲尼門徒升堂者七十二，顏氏居八，而顏何與焉。陋巷志是顏氏家譜，載孔門弟子，顏居其八，其七曰顏何，字子冉。今以千載後之人，無徵而罷之，此程敏政之過，五也。」

「至兩廡位次因有改祀黜祀者，當東西遞遷，彼時唯以東西廡爲定制，東廡去九人，仍以東廡遷，西廡去十四人，亦仍以西廡遷，遂致西廡漸上。今漢儒有在唐宋儒之後者，明儒有在宋元儒之前者，至程子以弟而前兄。紊亂失序，六也。」

「朝廷之禮非庶人所宜議，然求之於野，古人不廢，子大夫勤於政而好禮，行且大用於世，此固他日之責也。可與言而不與之言，咎將在予，乃子大夫獨無意乎哉？」

時學宮既成，僉謀泐石，屬予撰文，遂爲書之如此。昔元姚燧作汴梁廟學碑，於興造始末不之詳，而所言者司馬遷之訛誣與後世祀十哲之非，孔子志象設之非古而已，今予於此亦然。

種紙庵雅集記

夾秦淮岸而閣者，以百十數，水澗軒敞，獨具昭曠之概者，則顧子友星種紙庵也。

癸酉冬之日，龔子歲庵、姚子後陶、胡子靜夫、葉子桐初、田子志山、先子遷甫、吴子尊五、余子九迪、張子元子、吴子无咎、詹子秋圃爲雅集，酒酣探韻，作惜黄華詞各一闋，或如蘇子瞻之「大江東去」，或如柳耆卿之「曉風殘月」，聲度雖殊，所以即事寫懷，其致一也。友星走使來定山，屬余爲記。

夫舊京之有秦淮，遊觀之麗區也。其地雖無蒲蘆叢蔚，鳧鷺翔泳，而坳窪渟瀅，綺疏憑虚，平波瀲灩，畫舫御風。其遊人舃履交錯，絲竹迭奏，瀹茗焚香，引觴度曲，以至賭棋垂釣，忽近忽遠，或喧或寂，爲樂之方不可勝計，而皆以供諸子之玩，爲揮毫操觚之助不淺。然而留連光景，放浪形骸，飾藻采於目前，流名譽於後世，顧丈夫不遇於時者之所爲也，其亦念樂之不可極，而聚之不可嘗也，又得無有當歡而悲者乎？

昔竹林之飲七人而顔光禄詠之者五，蘭亭之集四十二人而吾家右軍序之成詩者二十有六。興會所至，祇以自適，而清標逸致，遂使千載相傳爲盛事。予老矣，悵嘉會不與，登高而望，山阜竦峙，江濤浩蕩，雉堞參差，風帆上下，煙雲杳〔一〕靄中其有文章光燄煥星日，而干氣象者，是耶？非耶？以今視昔，倏成陳跡。後之視今，亦復如是。嗚呼，孰使余睠風景之不殊，懷西方之好音，如溯洄於蒹葭霜露之湄，不禁其百感交集而凄然涕下者，非兹諸子之爲之也歟？

〔一〕「杳」：原作「查」，據文意改。

竺隖草廬記

問：「二百年來有德粹於躬，而文章合於古，書畫爲當時所重，而後世奉以爲珍者，何人乎？」必曰：「長洲之文衡山先生。」

問：「百年來清忠著於朝端，受知於聖主，信於君子，而見忌於小人，去不終日者，何人乎？」必曰：「衡山先生之曾孫湛持公，則殁而爲烈皇帝所深悼，悔不克竟其用，予謚爲文肅者也。」

文肅公殁不及十年，而烈皇帝殉社稷，變日孔亟，九州沉淪，文肅公之家亦喪有不忍言者，冢子孫符君跳而隱居竺隖草廬以老。竺隖草廬者，文肅公未第時，所搆讀書別業也。孫符君晨夕其中，著崇禎朝紀略、先撥志始、姑蘇名賢續紀諸書。書成而齎志以殁，子南雲繼之，恪守先訓，謝絕塵務，以詩文書畫自娱，與予締交二十餘載，嘗爲寫獨鶴亭圖，妙得家法，汪苕文、王阮亭、李天生皆亟賞之。

重光協洽春，予至吴門，相晤於慧慶寺，求予作竺隖草廬記，予諾之而未遑爲也。及予在舊京，數有書來，促予報之以口號，曰：「玉蘭堂上有寒煙，竺隖風光復渺然。莫怪三年疏翰墨，終須親洒水雲邊。」閼逢閹茂冬復至，吴門遂挐杖詣之。始識所謂竺隖草廬者，其額爲王百穀書，門額曰考槃，則文肅公自書。數椽僅蔽風雨，孤寂無鄰，環之皆山也。長松百萬，黛色參天，時作濤聲，階前二桂，大六七圍，高二丈許，婆娑有餘蔭，中蓄琴書、酒鑪、茶竈、繩牀、木几，樸淡蕭散，儼然太古之風。其外薄田數十畝，耕植以自給。南雲偃仰優游，内足以懷，晏如也。嘆生三季後，不及見陶靖節五柳之宅，以意擬之，當不多讓，乃集陶詩，爲律體以贈之，曰：「虚室絕塵想，清晨聞叩門。遲遲出林翮，暖暖遠人村。但道桑麻長，而無車馬喧。先師有遺訓，甘以辭華軒。」先師即謂文肅公也。

夫天下之峻宇穹閣，畫棟雕闌，不知凡幾，而倏忽之頃，化爲灰燼者，比比然矣，誰復記憶而稱道之？靖節念先世曾爲宰輔，不以五斗米折腰，因事順心，以終其身，迄今讀歸去來兮辭，覺松菊三徑尚在人間，葛巾、籃輿、尋壑、經丘如或遇之，學士大夫靡不仰頌，操觚綴詞，援爲盛事，然則世之榮辱輕重竟何如也？南雲唯不欺其志，努力崇明德，善繼善述，長養子孫，以無墜先緒所云。樂夫天命，復奚疑？庶幾有焉。

嗚呼，衡山先生遠矣，文肅公魂魄猶應戀，此其有戚然於今昔之故者。山空林冥，月白風清，將無駟虬，乘鷖陟降其間耶。吾知草廬之不朽矣。小寒日，鹿馬山人王弘撰記。

鄧寧畫蘭記

鄧寧者，鐘山之僮也。鐘山善畫，有黄鶴白石法，寧日侍其側，得其筆墨皴渲之意，不敢遽用之山水，而惟用之蘭，清風灑雪，幽谷生香，遂極其致，一時丹青家皆謝不及。

世之言僮者，率稱銀鹿，銀鹿無他表見，特以魯公之故，名垂不朽，亦其倖也。近世錢景寅之僮吴小仙，初欲學畫，景寅善而成之，後乃致盛名，至爲武宗所知，敕賜號曰畫狀元。此則僮之雄也。

嗚呼，天下僮之可傳者，豈易哉？夫既不能自爲傳，而其爲之主者亦往往自傳，尚不能安。能傳僮若虞氏之海鷗者，則紛紛者衆矣。祇足爲點，又傳之不如其無傳也。吾尤嘆蕭穎士之僮杜亮，穎士箠楚過甚，或謂何以不去？曰：「愛其博奥耳。」吾嘗深嘉之，以爲賢於後世公卿之操。用人之權而不憐才者，然而不可謂其非遇之不幸也，故今記寧之能畫，亦所以賀寧之遇也。

池陽員氏祠記

員氏，池陽之望族也。祠者何？所以祀其先也。古云廟，今云祠也。祠何在？曰在廣陵城之內也。在廣陵城之內，何以稱池陽？池陽，員氏之舊籍，遷而於廣陵。稱池陽，不忘本也。其遷奈何？曰商也。孰遷之？曰丕承翁也。祠孰作？曰翁之二子賡颺、賡載也。遷之有祠禮與？曰古者士仕於他國，則載其主以行，主必有廟。夫商於外亦猶是也。記云：「君子將營宮室，宗祠爲先。」有宮室矣，惡可無祠？翁之生也，歌於斯，哭於斯，聚族於斯，其沒也葬於斯。有墓焉，祠之作，惡可已。祀者獨翁與？曰是爲考，推而上之，有祖考焉，有曾祖考焉，有高祖考焉。翁在池陽，爲考在廣陵，則爲始遷祖，祀於斯，宜也。上及其舊籍之祖，禮與？曰古者士一廟，今制許祭四代，君之明之始之，皆所以尊本之意也。池陽故無祠也。神所憑依，在其子孫。霜露降濡，莫不有悽愴怵惕之心焉。溯所自出，執其嘗事，斯不亦亡於禮者之禮也。其動也中與，然則墓在池陽，奈何？曰禮不墓祭，歲時以歸展掃。有儀祀則於祠其魂氣無不之也。祠之貌何？曰有門焉，有堂焉，有室焉，有廡與庖焉。望之巍然，入而肅然，僾然如有見焉，愾然如有聞焉。致敬發情，竭力從事，二子之爲孝思之至也。事亡之事，吾與其至者非然，則二主也，不明其宗也，而專以禮許人，是縣子之所謂汰也。夫撰也，豈其敢？

止亭記

予嘗讀陶靖節止酒詩，而嘆靖節之善言止也，然有進焉。蓋古聖賢之學莫不以止爲要也。記言知止而定，而靜，而安，而慮，而得從之。易曰：「艮，止也。艮其背不獲其身，行其庭不見其人。無咎。」止之義，大矣！

長洲程君然明有亭焉，顔之以止。然明曰：「吾見夫滔滔者之不知止也，竊爲之懼，故願以之。」王弘撰曰：「予家華山。華山，宋陳圖南之所居也。圖南好睡，其睡有五龍蟄法。蟄，止也。其告錢若水曰：『急流勇退，退亦止也，唯老氏嘗言之矣。知止不殆，不知止由於不知足，不知足則辱，辱且殆，君子惡之。』」

然明讀古人書，工詩文，年方壯，未可以止而止，其有見於天下之故深矣。嗚呼，天下之士能知遊於然明之亭者，蓋已寡也，而況更有進於是者邪？

砥齋集卷之五

傳

永寧縣知縣武公傳

武名大烈，字海寧，臨潼人。天啓丁卯舉人，爲河南永寧縣知縣。蒞任即值歲饑，設方賑之，多所全活。萬安王恣行，大烈輒繩之以法。王爲斂戢，戒其左右，士民懷之。未及一載，逆闖自楚入豫，有騎數十萬攻城，四門俱焚，大烈率士卒誓守勿去，凡七晝夜，殺賊甚衆，卒以力不支，又無外援，城陷，大烈衣冠坐堂上，題詩於几，有「武氏孝子、大明忠臣」之句，賊執之問：「何敢多殺吾人？」罵曰：「恨不盡殺諸賊。」索印，曰：「印乃朝廷之寶，賊敢問耶？」賊大怒，縛而加炮烙焉。鬚膚俱焦，脂血塗地而死。

夏孝子傳

夏君存古，名完淳，華亭縣人，忠惠彝仲先生之中子。生有至性，眉目朗秀，八歲能賦詩，十二即博極羣書，爲文千言立就，如風發泉湧。談軍國事，鑿鑿奇中，蓋風雅倜儻人也。當甲申三月，京師不守，丁未計至，忠惠哀痛不欲生，築土室爲永訣計。金陵擁戴，起吏部考功郎，辭不就。乙酉松江之難，忠惠賦絕命辭，以九月十七日自沈於淞塘。死而未幾，又有丁亥之變，一時罹其禍者皆風節矯矯，或謂檄，實君爲之索之亟，君奮然曰：「天下豈有爲義避禍夏存古哉？」遂出而死焉，年十七。妻錢氏，嘉善錢彥林梅女，削髮爲尼。君無子。

王弘撰曰：余讀君遺文，而爲之喟然嘆也。曰此其古所謂聖小兒者乎？使不遭變，以永其年，其所著述當軼唐宋而上，以是爲君惜。然忠義鬱勃，矢志殉決，彼駱丞之以隱去者，君固有所不爲也。寶劍在匣，光氣射天，有抑之不得者，卒踐大義，名垂青史，豈爲不幸哉？

劉長女傳

予讀高愍女碑，蓋泫然不知涕之何從也？方濮陽爲忠遺，戮妻子，遂以及女，其母爲之請免，衆既許之，而女不受也。至不問神祇，獨問其父所在之方，再拜就死，女何人也，而勇至是，悲夫！李翱之言曰：「當此之時，天下之爲父母者，莫不欲愍女之爲子也。」乃今見渭南劉氏女，女父孝廉懿宗，抱道不仕。有二女，女爲長，生而名曰貞，性婉靜，寡言笑，嫻女紅。誦詩及女訓，能解大意。事親無違顔，與妹處，不自長也，劉氏宗黨咸稱之。予爲輔兒問字焉，將納幣矣。己丑，里有寇至，與其母及妹俱投井死，時年十有四歲耳，祔於劉氏之塋，禮也。

嗚呼，甲申之難，臣而致死者幾人？其不死而守志不辱者復幾人？女能辨大義，自決如是，雖古烈士，奚加焉？奈何太常之不聞也。女之行同高愍，而遇不若矣。悲夫！予之不竟得女爲婦也，於是作劉長女傳。

貞節貟母孟氏傳

貟母孟氏者，貟公偉鉉繼配也。公先娶於任氏，有子二女一，長曰賡諆，將及齔矣，任卒。踰二年，母始歸。性嚴靜，閫範修明，乃未四年而公卒，母慟欲絕者屢，時年纔二十餘耳。上無舅姑，二子又幼，凡所爲公身後事，皆力任之。視含敦木，賁瑚卜藏，誠信無悔，宗族咸難焉。伯氏以母少艾，又乏己出子，諷之更，母以死自誓曰：「禮，婦無二適之文。詩著共姜、春秋紀叔姬，皆無子。未亡人所以不即殉決者，以有藐諸孤在。夫爲偉鉉也，妻者是爲賡誐之兄弟也母。夫死之謂何？其或有他志，聞之女憲，得意一人，是謂永畢；失意一人，是謂永訖，未亡人復何知？」於是雪涕，督内外政益嚴，男受書，女受紅，夙興夜寐，機杼軋軋，與咿唔聲相答。首不重珥，衣不曳地，食貧茹戚垂四十餘年，即賡誐兄弟弗知其爲非母出也。賡誐既壯，積學姱修，爲名諸生，食廩餼，行且應大廷試，有子三女七繞膝含飴，皆母鞠育之，使有室家。乙未，母年八十有二，六月二十五日以疾卒。丙申十二月二十四日合窆於祖塋之次，諸子若孫哀毀盡禮，如喪所生，里人感之，多下涕者。嗚呼，可以風矣。先是有司采輿論，旌其門曰貞節，故今稱貞節負母云。

山史王弘撰曰：古今言節婦不一，而穆姜最著，史稱其慈仁出自天性，以撫其前子，故尤爲難也。然穆姜初不能信於其子，以斯方之，豈獨賡誐賢於興哉？皇甫規亦更娶，妻後以死殉規，烈矣，而子無聞，一時號曰禮宗。抑其遇，有足悲焉！若負母者，殆易所謂「苦節不可貞」，而母亨者也。

裴節婦傳

予嘗至高陵，蓋聞裴節婦事，時其里人方上狀臺使者，以聞於朝，聚土旌門，田進士雪崖屬予爲傳。傳曰：

節婦姓欒氏，高陵民，裴汝清之妻，今孝廉憲度之母也。憲度生踰月，汝清卒，氏年十有九耳。家故貧，竭力以養孀姑，姑歿，脱簪珥，治喪事，葬祭成禮，鄉黨咸稱之。或有欲奪其志者，氏截髮自誓，日號泣，訓憲度攻業。織紝組紃，以佐所需。拮据顛沛，寡親戚兄弟之助，歷十有九年丁丑，氏以疾卒。又二十年丁酉，而憲度舉於鄉。

山史王弘撰曰：予不識憲度何如人？觀其母，即憲度可知也。人貴自樹，在婦女猶然哉！當其毀容守約，以立不可知之孤，固己義，固金石信貫神明焉。推斯道也，憲度可以爲人臣矣。

眭太守傳

眭君任衡，名時聘，澄城人也。中萬曆丙午鄉試，宰延津，多善政，其最著者有蠲除荒地賦税事，厥利溥世，世賴之。而諸生李孟南貧不能娶，君助之金，使之有室。又耿宗純者，以病見黜，君廉其實，力白學憲復之，乃是年宗純舉於鄉，已而孟南復舉於鄉，遂同第南宫。延津人以爲君之惠民育才如是，立祠祀春秋，勿絶也。調石臺，恤節婦王月英之孑身無依，至衣食不給，而矢志益堅，出俸金爲易地三十畝，召其母氏，使同居焉。尋陞渾源守，興水利，鑿渠，令高下受溉，畝可一鐘。故渾源人尤感君，又立祠祀春秋，勿絶也。無何有鄖陽太守之命，人方爲君喜，謂得漸展其猷，而君顧思退，無復四方之志，遂謁歸，歸則以田園樂天命也。蓋年亦六十矣，置義田以裕族，立社學以訓子弟，散金散粟以濟饑乏，而自處泊如也。里人德之，爲泐石以傳斯，亦所謂施於有政者乎！君素坦率，不假名，以日好治己如不勝，惠人如不及，終始無間焉。因撮其大者著之篇。

惠姬傳

惠姬名桂，字月華，華陰微族也。容不冶而皙，以頎翩然，有出塵之態。性柔慧藴雅，能識大義，決事幾，與之談，微中，對不知己者語間多詭端，故或疑其僞，不知其誠也。尤善歌，兼工絲竹，聲情動人，一時無與匹者，然非其好矣。居恒鬱鬱，頗以酒自寬，醉則憤形於色，嗚咽不勝。醒而悔，輒掩焉。心所自矢，卒不可奪，以是落落寡契，讓之者日衆，引咎而已。有時獨處，人潛窺之，往往見垂涕云。

山史氏曰：姬蓋慕周南之化而末之遂也，予悲其志焉。夫時命之際，難言矣。天下之淪落不偶者，豈鮮哉？君子於斯，可以知怨。

孫督師傳

公諱傳庭，字伯雅，號白谷，山西代州振武衛人。萬曆乙未進士，授河南永城令，調商丘，擢吏部主事，遷稽勳郎，以逆璫魏忠賢用事，請假歸。

乙亥，起司封郎，尋以邊才超擢順天府丞，時秦寇方熾，廷議推公巡撫秦，上召見便殿，公面陳方略，毅然自任。至秦，簡募標旅，得兵三千人，自將之，戰屢捷，擒闖王高迎祥，獻俘闕下，上大悦，告廟，行賞，復殲拓養坤，乃奮然清屯軍，凡得守卒九千餘人，歲得餉銀一十四萬兩有奇，米麥二萬餘石，上益大悦，褒奬備至，且命諸撫以秦爲法。

武陵爲司馬，限期合剿，計用兵十二萬，加餉至二百八十萬。公移書力爭，謂兵貴精不貴多，恐致潰蹶，且民力已竭，不堪重困。武陵啣之，剿事卒不就。具如公言，公於是復自簡募，得兵六千人，自將之，擊賊於楊家嶺、黃龍山，大破之，嗣復擊之於職田庄，賊走寶鷄，取棧道，中伏，折而走隴州關山，又中伏，皆大破之，闖將僅以二十餘騎由秦嶺南遁入豫，秦賊遂平。上晉公階，而豫賊日猖獗，上命公督師，公具密疏糾舉，又言年來疆事決裂之故，甚切直。武陵益恨之，會綿竹督察，諸軍失上意，上大怒，褫其職，武陵授意，令劾公以自解，遂奉部院勘議之旨，公候勘通州，鬱憤成疾。武陵意稍解，趣公之保定任，公請陛見，武陵咀之。公至保定，引疾乞骸骨，而武陵謂公欺罔，坐革職，仍屬巡按御史查真僞，御史疏稱真疾，遂並逮御史公，在請室幾二年餘。

宜興再入相，初政多引用正人。上悟公寃，以佐樞召公於圜扉御文華殿，問公所以安天下者？公爲指陳甚悉，上嘉予燕勞，賞賚甚渥，遣公將禁旅援汴，時秦帥賀人龍兵最強而肆，秦人苦之。上改公督秦軍，屬誅人龍，公竟誅人龍，所部萬餘人無敢譁者，兵威大振，朝議令公亟入豫，公言兵未訓練，未可用，弗聽。公乃出師，戰於郟，大破賊，後軍潰，公收兵入關，斬倡潰者，上疏曰：「兵無鬭志久矣，賊大勢已成，今欲再舉，非數萬人不可，宜大行調募訓練，恩信既孚，鼓行而出，賊尚可滅也。」上聽公言，命督七省師，賜尚方劍。

癸未，公調募得馬步兵凡六萬人，方訓練，朝議復謂公兵已成，宜速出潼關。上意雖不中制，亦日夜望公出，公以八月出師，值霖雨，至洛陽，與賊戰數捷，賊望見旌旗即引去，公追至郟，復大捷。時公師露宿久，又大雨不止，糧不繼，馬足陷泥淖中幾及尺，將士相顧無人色，公令移師河畔就糧。兵既動，賊以驍騎數千人犯之，乃遽潰。公退守潼關，潼關陷，公遂遇害。

公貌魁梧，胆智絶人，忠義憤發，可以有爲矣，而功卒不就。嗚呼，豈天爲之哉？

胡母楊宜人傳

容城胡絹庵先生學行爲時宗，予夙切嚮往，而先生擢吾郡丞，蒞任初，即垂詢草茅，忘分降禮，數數來往，他日以所爲楊宜人狀，屬予作傳。

予聞楊氏之先世多隱德，至六翮公始以位顯，娶王氏，實生宜人。宜人小字慧真，生有異質，好學書，讀内則、論語諸籍，通大義。及笄，歸先生。時先生方爲博士弟子，勤於業，夜焚膏繼日，宜人以女紅佐之，間爲烹茗爇香，弗倦也。尤性至孝，逮事侯太安人，嘗遘疾，供藥餌唯謹，爲衣不解帶。舅信山公嘉遯，居貞不治生産。兵燹之後，家益落，宜人親操井臼，凡米鹽醯酪，織紝組紃，悉綜理有條，爲黽勉有無，助先生奉菽水懽。迨先生謁選銓曹，宜人風之曰：「妾有隱居服，在夫亦安往，而不得貧賤也者，孰與食人之禄，憂人之事乎？」其高志如此。

丙申，先生出宰粤之香山，念天末瘴癘之鄉，欲獨行，留宜人侍養信山公，弗許，於是宜人與俱之香山。香山俗素刁捍，以逋賦爲能，又值軍需孔棘，不無事敲朴，宜人言宜以撫字先，而隱憂勞人，恒惴惴以早，遂生還爲冀。雖對先生勉餐相慰藉，然枕簟間涕痕淫淫矣。

癸卯，太安人訃至。宜人驚悼，幾絕爲廢食飲，無何先生有京兆郡丞之命，宜人喜與故鄉漸近，而逋賦未完，不獲即發，先生囊空如洗，四顧躊躇，或疑宜人簪珥有奇珍，宜人聞之，憤傾篋以出，纔數十金而已。先生既得代，如穗城，寓易氏之室，易素奢，被服華麗，宜人荆布處之，意泊如也。獨念舅姑春秋高，定省久缺，會先生又以緝盜停馭，宜人乃先歸，至浦口，長子滄以病卒，宜人哭之慟，兼窮途旅食資斧維艱，南望有卷耳之懷，北望有岵屺之思，徘徊哽咽，鬱鬱成疾，竟不起，時二子暨孀媳幼孫在側，宜人撫而哭曰：「我不慙兒女子，而宿志莫酬，命也。特不及見我舅姑，汝曹未成立爲恨耳。今且死，勿聞穗城，恐益遠人悲。」有他虞，訃至里中，無親疏内外皆爲隕涕。蓋自先生爲諸生，以至宦遊，與宜人相敬如賓，而宜人婉娩聽從，不忘儆戒規勉之義。至宜家睦鄰恤匱撫下懿行，未可更僕數，而年顧不永如天，何哉？

宜人生於崇禎丁卯九月十九日，卒則康熙己酉六月初一日也。二子曰滿，曰沆，俱未就傅，居宜人喪，能盡禮，人謂賢者有後之徵云。

華陰王弘撰曰：昔司馬子長、班孟堅爲史，不爲婦人立傳，蓋傳婦人自劉子政始，乃後之作者，率録節烈，而於居常處順或略，予竊以爲過矣。以今觀楊宜人，其内德純備若此，是何可使無傳也。范蔚宗作列女篇，搜次才行，高秀不專在一操，其贊有曰：區明風烈，昭我管彤。善乎言，固不可以人廢哉！不然，詩詠柏舟足矣。琴瑟在御，莫不靜好，又何以稱焉？

劉四冲傳

康熙十二年秋，有詔徵盩厔李中孚先生，中孚稱疾不就。冬仲策杖過予草堂，留五日。論爲學出處之義甚悉。及指數近代人才，因得聞四冲劉公遺事，中孚謂予：「劉公雖已有傳，子不得無言。」予狀其爲人，又重中孚之命，於是載筆。

公名漢臣，四冲其字，河南襄城人。性磊落通敏，博綜經史，爲有用之學。當崇禎末，督師汪公之征賊河南也，聞公才，辟爲監軍。及賊圍襄城，公贊汪公登埤爲守計，卒以勢不敵，又無外援，城陷，汪公自刎，不殊被執，頸血淋漓，喉咯咯出聲，大罵不屈，賊怒，磔汪公，殺秦軍五千人，無一脱者，監紀同知孫君暨從事李君與焉。李君即中孚先人也。時襄城人率逃匿，公獨密具棺斂汪公尸藏之，後汪公之孫至，扶櫬歸浙，則公之德也。又收瘞諸死者遺骸，於是賊去，襄城人相聚，欲置長，咸推公，長者乃請公，公謝不能，遂強立之，臺使者聞於朝，詔特以公宰襄城，蓋異數矣。公整理殘疆，修飭政事，襄城復得爲完邑，士民安焉。無何京師失守，公退居丘園，鬱鬱不樂，以疾卒。

中孚之尋父尸襄城也，公殁已二十餘年矣。中孚既不得父葬處，呼天而哭，招魂以祭，公之子實左右之，已乃率里人爲築墳，又建祠祀汪公，以孫君李君配享。雖中孚之賢，有以感之。然仁心爲質，引義慷慨，其有得於過庭之訓者深矣。中孚將歸，大書勒石曰劉四冲先生之墓，表公隧道。公之子三人宗洙、宗泗、宗□皆好問學，英駿有父風。中孚云。

王弘撰曰：昔齊人魯連仲好奇偉，俶儻之畫策，劉公非其儔耶？使得乘時行其志，所自樹何可量哉？然傾側擾攘之中，義聲肆馳，卒保身名，亦可謂善始善終者矣。乃其子又能繼之行，爲世大用。易曰：「視履考祥。」公父子所爲若此，後雖欲無顯，得乎？

呈貢知縣夏君傳

予嘗讀天台馮氏所作滇攷，嘆十七年三月十九日之變，九州沉淪，而雲南以沐藩世守之地，猶獨力搘柱，乃前有吾必奎、沙定洲之叛，後有孫可望、李定國之亂，非素明大義，特立不懼，其能於干戈搶攘邪正溷淆之日，而慷慨成仁，如知州冷君陽春、知縣夏君祖訓其人者乎？予至嘉興，識夏君之子壽明，得觀其家傳，益悉君素履。

君字仲有，號昭許，博學工文章。癸未以吾宗少宰昆華公之薦，蒙先帝召對平臺，授呈貢知縣。跋涉萬里，抵任之日爲甲申六月，時京師已不守矣。君洒泣受事，凡地方利害，無不竭力籌畫。乙酉四月，吾必奎叛，據楚雄，昆華公死之沐藩，檄沙定洲會剿，定洲失期，沐藩既誅，必奎、定洲後至，顧要功，請階沐藩，以其有異志，不許。定洲恨之，潛謀以兵襲入沐府，沐藩僅以身免，走守永昌，定洲持一年餘，而孫可望、李定國以蜀兵至，殺巡方御史，入省城，時臨安、晉寧、崑陽、呈貢同樹義旗拒之，呈貢獨當其衝，君率先登陴，與士民約誓，咸願效死。糧盡城陷，君被縛，罵賊不屈，奮躍繩斷，以頭觸賊，賊怒，刀割其皮，君益罵不絕聲，乘間投水而死，賊乃大肆屠戮，故呈貢受禍獨慘。君有妾金氏，攜幼女及僕陸朝、史倫俱以死殉。予友趙元錫申禧云：「君死於城東門之菱角塘，遺骸不可問。有老吏沈逢時歲時以茶湯奠於塘側而已。」姑蘇黃美中有尋親記、予鄉李叔則作黃楊別傳，中皆述及君死事，略同。

蓋君忠烈之概，固已爭光日月，而中原士大夫或有未之盡知者，予故特紀之，以俟後世史氏之采，然又恨不得冷君爲人之詳，而並爲著之也。

閻處士牛叟傳

淮陰有處士閻君牛叟者，名脩齡，字再彭，今之隱君子也。性端凝方正，不苟言笑，少攻舉子業，博綜經史。時漳海石齋黃公清德績學，蔚爲儒宗，又方以直聲震天下，君輒往師事之。遭甲申之變，棄諸生，以耕釣自蔽，與張虞山養重、靳茶坡應昇善，嘗同作秋心詩，昭陽李小有長科爲序，名溢江南北，而君益閉戶卻掃，讀書教子孫，此外事不聞，有蒲衣、石戶之風，尤諳先朝典故，惡近世奢靡之習，每底厲廉隅，以復古道爲任。追思父蹯礎公遺事，編次成書，垂訓後人。有子若璩以文章應詔，淹雅爲一時冠。故鄉里故家凡有所舉措，莫不以君父子爲模範。初，蹯礎公司里閭中，尚無子，禱於九鯉山，而生君有異徵。其名字，皆錫自夢中。九鯉山產荔枝爲嘉果最，君晚年自號丹荔老人，寓意遙深，虞山爲作傳。甲寅春，攜妻丁孺人展考妣墓，指旁一丘謂孺人曰：「吾他日與汝同穴於斯，永依吾父母之側，無憾矣。」與孺人藉草而坐，久之歸，遂預自造壙，人稱其達，方之司空表聖云。是秋八月，孺人歿，葬之即其地也。山水迴環，松林梅隖相望，今遂爲淮陰勝概矣。

華山王弘撰曰：吾不識君，而善君之子。蓋君之志行高潔，疾流俗若浼，不爲世務所糾纆，聞之熟矣。觀其所師友，不既然與？記曰：「非時不見，非義不合。」唯君有焉。抑其於生死之際，又何了了也！或謂君嘗好天竺氏之言而學之有得者也，則非吾所知矣。

孫夫人殉節碑

崇禎癸未秋，督師白谷孫公征賊於河南，敗績退守潼關。冬十月六日，潼關陷，公死之，夫人張氏在西安城中。賊薄城，夫人率諸妾劉氏、張氏、吴氏及二女俱投一井死，三婢從焉。

嗚呼，當公出師時，霖雨四十日，士痡馬瘏，糧又不繼，賊反以逸待勞，卒爲所掩，豈戰之罪？厥功不就，隕身以殉，公之節見。婦女何知？視死如歸，公之化彰。

嗚呼，非學有得於聖人之道，能若是哉？大清定鼎，乙酉，公之子世瑞、世寧匍匐啓井，獨夫人面如生，如禮棺斂，扶以歸代，諸妾與婢留葬於秦。秦人德公，尋祀公於名宦之祠。越二十有四年丁未，世寧復至，乞紀其事。於時華陰王弘撰載筆泐石，樹於碑林。

重修孔子廟碑

郡邑有廟，以祀孔子也，載在典禮久矣。荒陲徼塞無敢闕，或有其宫牆坍醇罔理，或具其物儀怨恫罔恤，守長習爲故事，計弗之急，而博士弟子又力不足以振，名存實亡。昌黎發慨，弦誦輟響，考亭致啃，蓋天下類然，而吾邑爲甚。

戊戌，三河劉侯隸邑之明年，政壹民寧，訟清事舉，眷顧學校，慨懷修葺，薙藹芟莖，易朽興頹，乃財不以賦，力不以役，而材鼃堅好，丹臒汩越。

嗚呼，美矣！ 夫國家立學建官，養天下聰明才智之士於德業文章之內，冀爲世用，顧道散言湮，學失其統，鄙夫佔畢自苦，亦事剽賊，以博科第，工阿比以邀名位而已耳，於天地事物之則、古今治亂之理與損益因革質文升降之故，概未之有將，所謂三物以教萬民者，蔑如也。嗟夫，道之亡也，荒於不學者十三而汩於俗學者十七，世又奚賴焉？ 邑俗愨而儉，人鮮大略，安其所習，毀所不見，所從來者遠。侯敷崇墳籍，敦厲風尚，則今之庚新學校，夫豈徒哉？ 士亦庶乎其知所志。先儒有云：「古者致治之盛衰，視其學之興廢。」侯於爲政，得其本矣，是可書也，遂作詩曰：

奕奕者廟，劉侯斯新。克光儒苑，惠我人民。下褰上奇，歇欻濯濩。赫赫厥靈，亦孔之樂。樂其何極？ 振世弘道。俎豆既馨，禎祥有造。莘莘學士，爰朝爰夕。無怠無僞，曰珍在席。日而月之，星而辰之。千載可作，文亦在茲。惟予寡陋，實鏤斯碣。學愧隋通，詞慚唐勃。

關中書院會文姓氏碑

丙午春，關中書院成，山東濟水葉公檄下所隸郡邑，曰：「關中文獻邦，被成周風化，湛西漢經術，沐盛唐雅藻，尚已。惟士也，有能從學於斯者，所司列其狀，於時郡邑之長選而拔其尤以上。」夏四月望，遐邇之士咸集，設館授餐，凡需之器役之傭，與庖湢之所悉無缺。已乃進小子撰而命之曰：「書院，講學明道之所也。崇教育以善俗成才，王政所有事，蓋古者鄉學之遺制焉。吾惟既其實，匪名是要。茲士之至者，濟濟矣。敬業樂羣，圖厥始，克厥終，有其倡之，必有其和之，是用屬子。雖然文以載道者也，士也修之於家而獻之於天子之廷，非文無由見，矧歲當大比，吾將徵其先資之言焉。且以文會友，以友輔仁，君子之道也。其以月之二日七日爲期，課其文，第其甲乙，以寓勸勵勤，乃事惟和惟一，罔有攸斁。」予與諸子皆唯唯。

他日，諸子録其姓氏籍貫，次以長幼之序，謀泐諸石，以志同學之誼，示不忘公之教，僉詣予舍，謂予不可無言，以詔於後。於是，弘撰拜手載言曰：

自世之降也，大義既乖，微言斯絶，士狃於俗學而不知道久矣。然其權恒操之自上，古之君子其居上也，知所當務，故成人有德，小子有造，彬彬如也。撰也側聞諸先達之訓矣，一徵之池陽之端毅，曰：「擇師選士，明綱常之道，知修齊之理，動遵矩矱，化洽閭里，興仁興讓，無乖爭凌犯之非，則福無不至，禍無不弭矣。」

一徵之陽陵之文簡，曰：「孔子之道可以生人，可以秀人，可以阜人，可以壽人，故友回之信，屈賜之敏，怯由之勇，賓師之莊，斯道之講於學者也。取時於夏，取輅於殷，取冕於周，取韶於虞，斯道之講於政者也。」

一徵之北地之文毅，曰：「浩然而塞於天地之間者，氣也。士有是氣，常苦抑而不伸，鼓之而使之伸，則係乎上之人焉。」

一徵之咸林之祭酒，曰：「董子對策論天人之際極矣，一遷江都而莫之返。賈生言治安之要，漢廷公卿皆不能及，而宣室之後不復再見。」蓋致嘆於才之雋詞之美，而所遭非其時耳。

茲四公者，或以勳高，或以德彰，或垂芳於節義，或振采於詞章，固皆吾鄉之產而有得於鄒魯之道者也。其言具在，猶班班可考焉。

今公於爲政之暇而與諸子言文，其所求於諸子者，非徒以文也，諸子其知之乎？夫天下之事備於學，立乎其大者，體也；致乎其極者，用也。言求其可則也，行求其可法也。有孚斯格，與時偕行，無非學也，則無非道也，非然則殆也。諸子其勉之，毋自畫，毋上人，毋以通而淫其志，無以困而變其守，異日以勳、以德、以節義、以詞章有如諸先達者出，卓然立於不朽之途，則披是録也，榮孰加焉？不然，敗其羣焉，斯辱矣。然昔者吴人張天如有言曰：「古之爲大臣者，非待功見名顯，然後知之也。草野之時，命之矣。」故曰生今之世，讀古之書，進不敢倍於王制，退無負於聖人，此士品也。撰也不敏，竊有以相之，則以今日與諸子約。所不如約者，有如此石。

學憲玉行鐘公去思碑

國家建立學官，周於四海，內則統於祭酒，外則統於督學。凡以尊師而率天下之爲弟子者，使之敦彝倫，崇道德，詩書以訓之，禮樂以節之，名物以彰之，非獨有取於文章之工拙云爾也。唯陝以西爲成周故地，文獻攸存，前之以督學至者，往往著可紀之績，而開發成就，則未有如今玉行鐘公之盛者也。

蓋公以綜經術，蔚爲儒宗，甲午舉鄉薦第一，己亥成進士，讀書中秘，侍從天子，備顧問，及膺簡命，至以正身範物，振起科條，誥誡詳明，根極理道。凡所品題，指授靡不興起，其或有放佚怠荒者，亦在所黜而教育之誠，則惻然見於顏色辭氣之表。唯明也，士不即於闇。唯恭也，士不即於褻。唯靜也，士不即於囂。崇志廣業皆知愛其身以有爲，而胥卒無賴輩遂無敢以非禮干者，乃公尤採察賢否，咨訪利病，激揚興革，唯日不足。迄二年報竣，而陝以西之世風士習駸駸有復古之思矣。

在昔，浙之以督學來者，遠則有唐公漁石、許公敬庵，近則有汪公歲星。唐許二公德業文學爲一時冠冕，而汪公清風勁節，將彪炳千載。今公修勞來匡直之事，濟之以温厚和平之德，爲道不同，收效亦異，然其興學宣教之功無負天子之休命，則一而已矣。嗚呼，浙，信大賢之藪也哉！公且去，多士以格於制，不能效道州故事，詣闕請留，乃謀伐石泐詞，世之士林以比於峴山之義，後之君子尚有考於斯焉。

王熙寰先生像贊

矯矯王公，率祖攸行。貌清而腴，德温以莊。摛藻春華，厲節秋陽。出守則惠養義使，執憲則文洽武揚。唯帝寵嘉，俾作屏藩，而公忽厭圭組而眷林塘，逍遥於酌醴焚魚之側，容與乎含丹炤白之場。蓋有始有卒，知微知章，得禄得壽，而熾而昌。嗟！典型之如在，邈河山之無方，累德陳詞，拜手旁皇，其無乃求公於丹青形似之間，而公所爲象帝之先者，固已合漠於無何有之鄉邪！

王母蘇恭人像贊

於美坤儀，順成克惇。維邦之媛，覃作于秦。素里毓質，華胄麗倫。稱詩率禮，穆穆循循。範今約義，視古弘仁。光於蘋藻，懋茲組紃。戒且肅肅，翼訓誾誾。匹德齊壽，多祉咸臻。象服允宜，式賁絲綸。徽音孔昭，日月長新。令嗣矯伉，錫類思申。圖光鐘萬，以詔來嬪。

陳孕香像贊

吾聞古有倜儻士，見者不敢談俗事。肆求其人，未能得。今之倚石而坐者，無乃是披圖翻爲嘆息久，磊磊如此定不偶。噫吁嘻，華陽松，南嶽柳，何預人事？傳人口，蘭九畹，蕙百畝，幽谷窈窕，汝自有清風洒雪但飲酒。

自題一劍圖

家散千金，身留一劍。行年五十，亦尚無忝。

李雲襄像贊

秀乃眉，豐乃頤。知唯圓，行方之。磨不磷而涅不緇，斯所謂汪汪若千頃之陂者與？

趙靈修像贊

其貌古，其神清。聽松濤，餐芝英。抱犂吟，寡所營。永言藏之，可長生。

范北鑰像贊　時已爲僧

精悍短小，是沉毅有爲之士與？而一松一石，胡爲乎戀戀於此？當其三上書於天子之前，將建非常之勳，而今皤然而頹唐者，乃歸諸大雄氏邪！寄跡方丈之室，而神游八極之表，吾固莫得而擬之，而丹青者流欲索之形骸之間，則又安知其似與不似也？

法上人像贊

峨峨崇巖，寂寂通壑。法雲自古，慧日如昨。唯上人者，爰止爰託。息心了義，貌癯志皭。擁錫蔭松，友鹿伍鶴。倘亦有茂三明而超六入者，故學徒肅穆而檐宇寥廓。予來西極，得接大略，如右軍之於道林，不覺解衣而磅礴。若其心行之表，有不生不滅者，吾且無得而度之。嗚呼，此丹青之所以可不作也。

砥齋集卷之八上

書

與孫嗣履

疇昔入青門，承足下教愛甚隆，别來忽復數月。人生三萬六千日耳，況居不同地，計吾輩一生聚首寧有幾邪？頃榜發，弟碌碌無足數，私謂以足下之才，取高第，當掇之耳。乃竟落孫山外，何也？吴六翮文行俱高，弟素推之，今且與令兄爲同年友，他日所樹立，必有可觀，晤時當自識之耳。弟以多病之軀，又自知福薄，思結煙霞之侶，近於華山鑿石爲屋。殘書數卷，效古人藏諸名山之義。他日羽衣長往，賴此以消歲月矣。足下努力，勿疑行脱穎而出著勳庸，以垂不朽。訪故人於白雲深處，雖不文，其尚能爲足下賦之。

與劉客生

中原烽火日急，竟無能一奏蕩平者，汪督師捐軀，以殉臣節，盡矣！如封疆何？

與周錬師

大兵之東也，邑城内外，户爲之空，曾不幾日，而逃者至矣。中原事不可問，先生高卧白雲深處，所謂出世偉丈夫也。

一介書生累於塵勞，進不能以所學表見於當世，退不獲優游山谷以自遂，其志言之太息耳。

與李千之

聞賊甚倡狂，馬逼城下，足下將無過驚乎！ 今天子孤立于上，加意得人而不能收腹心干城之用，其有爲久安長治之策者，誰邪？ 天下厝火積薪，舉朝掩耳偷鈴，不知將來何所底止耳？ 足下高才達識，視今日時勢，較宋季何如？ 念之，真泣下霑襟也。

與張白石

空空先生與弟爲方外友，淡泊寧靜，弟甚高之。石隱數十載，取友一不慎，去未終日，而松筠遺跡遂致紛紛如此，可嘆也！ 足下亦聽之而已。

與族兄孚公

避跡山中，驚魂未定，忽接訃音，哀悼彌日。吾兄純孝天成，望勿致哀毀。亂離之際，宜速葬。揆之孺慕之誠，未免有拂，然時勢至此，歸土爲安，堪輿家說不足惑也。蓋地脈地氣不無，但不可移禍福與人耳。昔者爲我司馬府君卜塋，堪輿家各持其說，止欲售其術得利耳。不觀夫西郊一地，張紹孔之前否，而後可；劉誠吾之前可，而後否耶。弟彼時頗厭之，以有我諸兄在，故未敢盡言，其後稍言之，亦竟無聽之者，此弟學業疏淺，不能正告取信，爲可恨也。大約地形平正，向背有方。毋爲風號，毋爲路侵，毋爲雨水流溺，土色黄潤，無沙無石，便是佳宅，即可妥先靈也。吾兄以爲何如？不腆白金助窀穸之費。國破家亡，饑寒不免，無益之虚文，概省之可也。

與郭胤伯

太平橋上忽得邂逅，把酒吟詩，真太白以後無此樂者也。潤生述近況，爲宵小所忌，料高懷雅量，已置之度外，而旁觀不平，輒爲怒髮衝冠者，久之漫作一詩，聊以抒我感慨耳。于鱗華山記石幢奈何？中廢前曾面語雲雛。秋來，望書完，便可載之白帝宫，立精享碑之右也。

與解拙存太史

先生學爲時宗，道高物表。近讀素位篇，睠顧行吟忠孝之旨，油然而筆吞九溟，詞抗五嶽，直與少陵同軌矣。倏聞太夫人之變，驚悼彌日，伏跡窮巖，不能躬弔，謹具不腆之儀，馳薦几筵，唯賜鑑涵，更節哀毁，爲道自重。聞王遂東先生近有札至，可擲示一覽乎？附及。

與友人

别久矣，未獲再晤。日月荏苒，即今秋風蕭蕭，回首春和時，已不可得。過此以往，當復如是。弟年已三十，生老病死漸見端倪，獨才非任華，而於足下有李白之慕。今寄上近詩一帙，望有以教之。古人重友朋，正以德業相長，學問相切磋耳，否則老杜之所以傷心於汎愛矣。王察父詩文有存者否？弟欲搜之，擇其合者以付剞劂。鐘伯敬云：「生前詩文不留稿。」自其名根淡泊，不粘帶處，然爲後死者卻不可如此。吾輩不可不體此意。

又

孟常與弟有年誼，又有臭味之合，聞堂前道韞，尚未字人，弟欲爲輔兒納聘焉，以蹇修氏，煩足下也。王司成史記歸趙，華山志補得數頁否？

與朱文度

長安別後，弟以落落不得意，人事都絕。癸未春，劉客生、孫嗣履過訪山中，遍攬三峰之勝，留連數日。得悉足下近況，喜慰何可言？

冬來闖逆陷長安，嗣香、嗣履、明遠、念卿諸子遂死於難。憶昔薦福寺把臂談心，謂我同人當努力中原，無愧古先。曾日月之幾何，而此數子已化爲糞壤，可復道哉？猶憶嗣履有言：「百年瞬息耳，未審同人誰爲先紀貞珉者邪？」當時以爲戲語，豈意當春而隕者，竟是斯人乎！及今思之，而後知其言之悲也。

乙酉，闖逆敗走，弟始哭於其墓，晤王文含，便問吾文度，云：「一瓢賣卜，莫識所之矣。」弟曾作寄孟鴻詩六章，雲水茫茫，魚雁莫通。昨得驪山任態書，郵寄手翰，披讀間，如見吾故人，雙瞳炯炯，相向快心處翻愴然下涕也。

華山中，弟搆有茅屋數間，藏書數千卷，嶺上白雲大可怡悅，足下能一遊乎？鹿苑田雪崖久寓敝邑，與弟爲莫逆交，其人意氣肝胆，迥異時流，今西來，足下便當聯轡東發，弟將埽榻以俟。

今春，歹子孝以七十歲老人，不遠數百里，獨步垂訪，自嘆來日苦短，且一相見，便當永訣。留兩日歸去。風義翩翩，不減巢谷。弟每遇佳山水，輒思此老，足下與之善，聊及之。

與孫警輪

日者趨哭吾嗣香、嗣履也。生芻一束，僅得拜於墓下。詢先生所居，而王文含、屈文伯云：「此去尚數十里。即往，亦未必值也。」遂不果。彼時曾修短札，不知達至記室否？未蒙回示，今再遣小价耑候起居，並申前說：華山之麓有薄田數畝，其上有茅屋數間，險阻可恃，亦吾鄉所希有，祈先生看透世事，以家業付之兩令郎，而惠然以嗣履孤兒攜之敝邑，則昔年羽衣學道之願可遂，戎馬搶攘，於避地之義爲得，而弘撰亦藉以報嗣履於地下矣。倘賜慨諾，弘撰當策蹇以迎之灞上也。

與康軫老

嗣履已矣，幸天慶善人，舉遺腹子，而懋修先生又溘焉長逝，此呱呱者何所依乎？許氏雖以節自矢，然年在少艾，任媪又難終託，而韋杜之間無險可恃，萬一患難之來，一二婦人謀身不暇，而藐茲孤，又奚賴焉！矧意外之侮，更有不忍言者乎？曩晤王文含，云：「此事須謀之康軫老，屬在至戚而篤念夙昔，足與警輪爲難者，莫軫老若矣。」彼時不能一面，即託文含轉致鄙意。近聞警輪意叵測，而其二子又日慫恿之，望先生以有意無意間出之，務令孤兒必到華山，方可無虞也。即今涇原一帶凡有家者，率皆避居於此，而孫氏有弘撰爲之東道主，獨不可營一窟乎？度警輪所欲，不過土地，嗣履所遺，任其意欲，爲孤兒留之固善，即竟自爲業，或其售人，亦聽自便。弘撰尚有薄田數頃，待其長成，不至饑寒。天日在上，不敢食言也。文含、文伯於此事亦甚激切，可與商之。必求克濟，勿畏艱辛，勿避嫌疑，生者死者均感大德矣，如見其可行而行之，見其難行而遂止之，亦盍思令姊如在，事詎至此，令其有知，不含恨於地下也哉！

與王文含

聞孫氏遂致訟矣，慨恨如何？ 比屢有小札瀆聽，未蒙回示，怏怏又烏可言？ 玆再遣小价往視寡婦孤兒，附與康軫老一書，幸過彼同議之，並有一函，故爲無聞者以達孫警輪，先寄兄覽，便復緘之，令小价往致，以探其意。 此老殊可恨，只求事濟，不得已化百鍊爲繞指相向，可嘆也。

盛夏兩接手教，彼時孫門正興詞弟將原委備寫一書，親袖至開元僧舍，云：「楊崑山已行矣。」爲之悵然者數日。昨承教，弟即與康軫老商議，渠云：「孤兒不難來，所難者在許氏耳。 且許氏連日甚得所孤兒，相依爲安。」此時孫警老亦不好再起風波。 如有別故，令其就養華下，亦未晚也。 仁兄高誼，上薄雲天，不止孫氏孤孀啣哀感謝，省城諸友共相誦義，以爲公孫杵臼再出耳。 弟前後欲將僞順事紀録一書傳信將來，知仁兄夙有同心，將貴縣左右死難諸公留一底本，共成此事何如？ 弟春來將遊三峰，尋一險要之地，以防不測，乞仁兄預爲我營之，社中八水丁夒，與之登第獻卿，家難，痛何可言？ 社小弟王弘度頓首。

此王文含復札，未幾有賀賊之亂，孤兒竟爲所棄，而嗣履之緒斬矣。 追思始末，不勝泫然，存之以識予爲義不勇之愧，山史書。

警輪頗好道，昔在庚辰冬，曾爲予言神仙可學，有辭家入山之志，而顧復好利。 予竊疑之，然不意其機穽之深，滅理忘義，遂至如此也。 予又嘗見治神仙之學者數輩，皆能爲高論聳聽，而往往見利輒敗，亦不獨一警輪矣。 並識之，以爲世戒。 山史又書。

與劉孟常孝廉

弟每笑剡溪返棹，謂其不情，乃以數載之思，百里遠涉，而一晤即別，曾無信宿之談，其去吾家子猷幾何？日月不居，今且溽暑侵人矣。落雁峰上，白雲爽籟，水木清華，吾兄能無意乎？

又

一别數旬，鄙吝漸生。秋水夜月，時勤伊人之想，忽承手教，知有同心也。金昆玉友，深山讀書，真天倫樂事。弟年已三十，而録録風塵，比復多病，憂思日積，不知將來作何狀耳？試期伊邇，諸令弟取元魁如拾芥，自是長技。弟近在山中，送一相知偶成一詩，詞愧不工，録以請正，想見粲然一笑，謂咄咄狂生，真吾臭味中人也。

復雨公

僻巷蕭然，忽拜茗酒之惠，知足下念我至厚，兹寄上石印二方，求鐫賤名與字，並紙一幅，求山水小畫。知足下政事繁劇，或不暇及此。然弟竊謂熱鬧場中正不可無此冷淡生活，且今日在蒲州堂上作官者，一時之雨公耳。究篆籀之文，揮毫潑墨，極山水之變態者，千秋之雨公也。雨公豈以一時易千秋哉？

與友人

曏執事之以拙稿索觀也，僕未嘗敢以太冲之干玄晏者干執事也，乃執事不我鄙，輒辱賜高文，稱述過實，僕讀之顔汗沛如，雖然僕不敢望太冲矣，而執事之爲玄晏，則固有在，因以使天下後世知執事之於人，即不才如僕，猶以不請而獲假譽如此，而益以見執事與人爲善之大也，則僕亦藉以不朽矣，其敢弗祇承？

與郭胤伯徵君

比有友人南遊者，約與俱一言。既諾，遂爾束裝，未及過咸林面別，悵惋！悵惋！今已至淮陰，春初或可往西湖，得與相晤，一醉六橋風月，亦他鄉快事也。小阮具茨，撰素慕之，何數過名園不一相見，豈高人爲竹中避，抑先生以門庭嚴朝典邪。撰謂宜令其日侍几席之側，天倫樂事，無以踰此，如何？如何？

與張川原

前見足下悠悠眠食外，略無事事。甚怪之，頃詢之知者，云足下有美質，學將成而自棄，是可惜也。丈夫戴天履地，耳聰目明，豈可不思自立乎？僕與足下約，每日究經書一章，誦古今文一篇，爲功至簡，惟期有恒，日積一日。浸貫久則義理熟，當必月異而歲不同矣。僕所言者，非區區爲科名地也。足下必聽之，末世朋友道喪，忠告風微，僕交人多矣，持此不易。一旦易之足下，僕不願也。夫木棄溝壑，見者恒求爲梁棟之資；玉委泥沙，聞者必思爲圭璋之器。今僕知足下有美質，學將成而自棄，而遂無一言，則是待足下曾木與玉弗若矣，足下又願之乎？

寄王阮亭祭酒

相別計已五年，思之無一日忘也。從子宜章在都門，承教愛不棄，昭穆之義，永矢勿諼矣。頃於邸報中讀正祀典大疏，可爲空谷之音，爲之欣躍。

愚嘗謂漢儒能尊孔子之道者，前有董仲舒，後有揚雄，先俱從祀兩廡，而揚以事莽美新，爲綱目所不與，一黜於洪武，再黜於嘉靖。近世簡紹芳、焦竑辨其誣，皆歷歷可據。王安石云當時有兩揚雄，美新之作或謂出自谷永，永亦字子雲，豈一時傳譌邪？既已舉之以疑案，而廢殊非春秋之義，則揚之從祀宜在所復。又諸葛亮之學行，三代以來不可再得者，故人稱爲王佐之才，築臺集羣儒，表章聖學，有功於道統不細，則諸葛之從祀，亦宜在所議。

前萬曆時，有上疏舉應從祀者呂柟，而崇禎時亦有議及馮從吾者，愚謂事關典禮，非草野所宜言。然事即未可，遽行其論，則不可不存也，或亦大司成之所欲聞乎？馮元成云：「劇秦美新是劉棻作。」

與許無功使君

噫，氣未已，似不可忽，道家者言，於吾儒較近，無礙於義，不妨從之。朱夫子嘗作調息箴矣，不但陰符經、參同契之有注已也。程夫子云：「心要在腔子裏。」此語未可易言。作聖之基，正是艮卦注疏，陳希夷五龍蟄法亦只是此作用耳。用力於此，然後知息無一刻不耗，心無一刻不放也。長生久視未敢遽言，卻病延年實非虛謊。顧爲之，有作輟耳。

與湯荆峴中丞

恭聞開府江表，清介之操遠紹粤之海，近邁晉之于，而忠厚之德、和平之度則有逾焉。弘撰不敏，嘗以爲政貴識大體，不在刻激自矜，修硜硜之節爲者。求之今日，唯先生一人耳。大司寇魏公頃有詩箋見寄，聞其逍遥林泉，研易自得，洵所謂祥麟威鳳，爲一代完人。古云：「行百里者半九十。」今而知魯公之不我欺也。先生其籌之。

與張望齋元傒

弟寓秦淮數月矣，風景不殊，又多讀書博雅之士，時相聚談客邸，亦不寂寞。邇復移居烏龍潭，竹根柳下，徜徉竟日，看魚戲蓮葉，閒致足嘉也。擬待秋風凉冷，然後策杖西歸矣。開美、紫庭，今皆在此。紫庭爲張瑶星重修松風閣，一時義聲播於三山二水，乃吾鄉之西美堂頽廢於荒煙衰草之中，先賢木主無一存者，唯有望之悽然而已，先生得無意乎？

答康孟謀

邇來誌墓之文率浮而冗，大抵譽其人必極其力，無善之不備焉。乃合求者之意，而其人之真或不見，譬如丹青家貌人而不肖，雖美弗貴也。故僕嘗謂文之不古，莫此爲甚。荆川、震川數先生作，庶幾少存古法，然亦或無以厭人之欲也。尊君行狀雖微，必舉此自孝子之心，而鄙作或留或删，亦各有説，固未必於義允當，而不敢泛爲之，以負知己。則有可以自信者，唯兄察之。如有未安，不妨筆削，姻戚書名牽詡官閥，未能免俗。飛浮山一段，無所關係，僕特録入山志矣。

別論宗子法，小宗有四之說，始於漢儒言之，似順行之則礙。蓋小宗所以尊高祖，一而已。如其有四，是人各有長子，奚其宗兄或有未逮，玄孫之疑，非也。人有不逮高祖者，而其所以事高祖之禮，固不以生死異也，至別子爲宗。今士大夫皆崛起草野，非天子諸侯同姓，貴卿無事此矣。

曹靜修著書頗多，僕所見者文集與夜行燭耳。

周禮：「凡有道者、有德者，使教焉，死則以爲樂祖，祭於瞽宗。」鄭司農云：「瞽，樂人，樂人所共宗也。」明堂位：「瞽宗，殷學也。」文王世子：「禮在瞽宗。」僕所言謂宜祭於學宮中也。

詩韻坊刻本，本宋劉淵所爲，而黃公紹因之，前輩名公皆習而不察，踵謬至今。

沈隱侯四聲譜已不傳，切韻、唐韻、集韻亦皆未見，唯廣韻尚存。僕近得舊本，與顧先生所刻行者同。聞徐太史得內府本，較更詳備。曾有書與顧先生，言之洪武正韻爲朝廷制書。僕淺學未能識其源流。崇禎末，有倡而尊之者，而和者殊少。顧先生潛心此學，所作音學五書，自謂得不傳之秘。

廣陵散絕，今獨有浙江毛稚黃、毛大可耳。顏字楷法，方整，正如魏人分法。所患寡情，蓋書家固以險絕爲功，海嶽獨窺得此，故云。然以爲近俗則非，若行草直逼晉人，如祭姪文、爭坐帖，已入右軍之室，唐宋諸家皆瞠乎後矣。執筆欲緊，運之欲活，所謂運筆之妙，全在指掌，虛之謂掌，實之謂指也。懸腕，腕不著紙耳，海嶽謂之提筆。沈太史近號能書，但不解此，是以力弱。

承問及，輒以條對如右，毋以其言之不讓而哂之。

又

三爻變則占本卦及之卦彖辭，而以本卦爲貞，之卦爲悔。朱子云：「三爻變則所主者不一，故以兩卦彖辭占。」胡氏云：「所以占本卦及之卦彖辭者，蓋變至三爻，則所變爻與不變爻，六爻平分，故就兩爻彖辭占耳。」晉語晉公子筮，有晉國得貞屯悔豫，司空季子舉利建侯，其例也。然周語晉筮，成公遇乾之否，亦三爻變，及引當時占書，而不舉彖辭，故梅氏有云：「彖辭非可以占變，當以先變爻爲貞，後二變爻爲悔，作三節消息之。」王氏曰：「四爻變、五爻變，皆當以先變爻爲貞，後變爻爲悔。作四節五節消息之。今法四爻變占，二不變爻；五爻變占，一不變爻。」夏氏曰：「既不變，如何用變底爻辭？周公爻辭本爲九六之變者設，非爲七八之不變者設。周易不用七八，豈有七八而可冒用九六之辭哉？如六爻盡變，則乾坤占二，用餘占變卦彖辭，可也。」

答陳六謙　時爲安邑丞

曩承嘉訊，兼惠鴻著，諦觀諷誦，甸有餘日，而後藏之笥中也。「陽明純乎禪。」對下句「白沙兼近道」而言，非對儒而言也。其學之爲禪，本之先達之言。弟不知學，何敢妄議？但讀其書，實有不能無疑者，蓋其悖於孔曾之意者，時有之矣。劉念臺先生傳信録可謂陽明先生功臣，然粗觀其序，如云：「截去之繞尋向上。」云：「因病立方，權實互用。」平心繹之，亦復大類禪宗。二先生皆千古偉人，如泰山喬嶽，要其論學少偏，固不能爲之諱也。

黄太冲先生，弟景仰有日，聞其著作皆經濟之實，鄴架有所望，悉以見示，此大惠也。亭林先生音學五書板在淮上張力臣處，容索之奉寄。中孚、子德近狀皆善，豹人雖秦人，久寓維揚。阮亭南海之行，未有書至，至則走聞也。

砥齋集卷之八下　書

與屈狂歌書

昨論周孝侯墓碑，僕舉元美所云：「以士衡文，中自有舛謬，不得不疑。」而先生遂因僕以譏元美，至謂元美不學。夫元美不學，誰爲學者耶？

按：本紀永熙七年，處及齊萬年戰，王師敗績，處死之，而碑云：「元康元年因疾增加，奄捐館舍。」此其大異，且鑑或元康六年八月，或元康七年正月，皆云力戰而死，與本紀相合。蓋元康者，永熙改元年號，元美所云無元康年號者，謂處死之日無元康九年年號耳。一時言之不詳，不能無弊，故他日復詳之宛委餘編。

僕考之晉書惠帝本紀，亦無元康年號。太安二年冬十月，士衡與弟士龍俱見殺於成都王穎。又十五年，元帝爲晉王之明年，始稱建武元年，而碑中云：「建武元年，冬十一月甲子，追贈平西將軍，封清流亭侯，謚孝〔侯〕，禮也。」然則已死之士衡，又烏知十五年後之事，而預爲云云如此耶？此易曉者，而先生不察，徒欲使人不己異，亦過矣。

僕閱碑尾，有一條云：「唐元和六年歲次辛卯十一月十五日，承奉郎守義興縣令陳從諫重樹此碑。」又有一條云：「前試太常寺協律郎黃某書。」意當時士衡曾有此文，爲右軍所書，後世湮失，好事者補作，固不無竄易舛謬如此。從諫不及辨，從而樹之，而爲黃某所書者也。故前既書右軍書，存其跡；而後又書黃某書，著其人。不然，原碑既存，不須重樹。即重樹，不應復書黃某書矣。此僕偶見，是非未敢知，不則所云因陸機撰下有空石，後人增刻右軍，以重其價者，當不誣也。況此碑輕重，前輩諸家久有定論，先生未廣稽耳。使果爲右軍書，則海內之寶之，當不在聖教蘭亭下，無俟先生今日之揚波淮海也。

又

先生謂元康年號昭然於書者，問所據？則即鳳洲綱鑑。此書爲元美所纂，而謂元美昧於此，豈理也哉？乃先生不知元美之即鳳洲，益可異也。元美所云忽接韓信背水，文差不成句，不應以永平之詔移入建武，皆可疑。它文錯簡或有之矣。至疑其家竄入與諱戰沒，雖恕詞，僕謂實嚴彈也。生死，祖父之大，豈可失實？況戰沒，死王事也，稱之唯恐不著，諱何爲耶？然云其督策之際，得鐘王意，當在李北海、張從申之間，不可以其謫而易之者。知元美無所作好作惡於其間，僕亦謂未始不可爲先生嫏嬛增富也。

復臨川周業師書

自虔南拜別先生，遂歷十有餘載，玄機厄兆，賊闖肆逆。門生輩命懸如鷄者，屢矣。家既蕩然，學亦無成，偷生荏苒，以至今日，實忝所生焉！性素狂顛，遭忌搆陷，吏卒見迫，幾蹈不測，賴里中士庶不忘先人之澤，聲義公堂，使沉冤獲雪，此門生所以發憤於鄒陽，而墮涕於江淹者也。乃天不我憫，慈母見背，惜焉苫凷中，百事都廢。忽捧瑤函，諷誦再四，念喪亂以來，南北阻絕，門生輩曾不能修片楮候道履，而先生篤念故誼，垂注門牆，且感且愧。憶在庚寅，偶遊吴越山水，間訪一時道德文章之士，亦嘗欲鼓枻章貢，拜先人遺祠，過謁臺堦，以盡所懷，而老母見憶，遂復不果，乃言歸。無幾，而倏及茲難。痛定思痛，門生亦復何所靦顔於人世間耶？

門生有二男，長者名宜輔，已爲娶婦，次者名宜輯，庚寅生也。二女，在齠齔間。輝有一男二女，卓亦有二男二女，皆可成家。三兒次兒宜章，處南所生者，已入庠，行文頗有法，獨宜濬不幸，化爲異物。餘内外骨肉五十口俱無恙，知皆先生所欲聞，因詳及之。

與温州司李劉仲旋

柳陰奉别，屈指已復數月，想顧建康爲治，上下作孚，固不俟時日淹久也。東南民力已微，瀕海之國尤爲劇，罰姦戢暴之餘，加意矜恤，是亦野人之所惓惓耳。

王君雨公，弟舊宗也，精畫理，通南北二宗，直可頡頏顧陸，伯仲文沈，弟斷推爲今代第一，非阿私也。足下當自識之。

與尉庠師書

昨元旦謁先師廟，至啓聖祠，見自啓聖公孔氏而下，凡爲木主者四以配享，而他或闕焉。又其題當稱先賢，不當稱啓賢。今稱啓賢，非制也。

按：先儒程珦、朱松、蔡元定從祀祠之兩廡，而萬曆二十三年，朝廷下禮部議，以周敦頤父輔成從祀，皆載典禮，不知何以悉闕也？夫祀，國之大事，其不得以意爲去留也，久矣，豈兵火之後，已經傾圮，而復之者忽之耶？或云在昔時，即無將邑小地，遠朝廷之詔令，顧有所不盡及耶？弘撰生也晚，誠不知其何説也？今邦君崇厲學校，敬往風來，而俎豆不章，斯亦博士弟子之所不能辭其責也。弘撰是以不敢不告。

復楊樹滋進士

足下以妙齡掇巍科，顧優游里閈，不急於仕爾。日春風惠暢，定有佳句滿奚囊矣。獨如「遲卻河陽花數載」，何也？承教作送兵憲湯公序。此公清德善政，真不易得，是所願爲言者，但吴剛高倚清虚，乃假斧凡間，不幾令珸璘笑人耶？

復潤生

投桃報瓊，令人感愧交集。前奉面言，弟即如約，而親家乃不爾，豈信於朋友者然耶？荇花葉可愛，食之殊無味，聞更有紅黄兩種，然未見也。蒪則别是一種，弟在江東曾食之，加於荇數等矣。季鷹之思，亮不虚耳。

復馬融我

闗門匆匆一晤，方擬再圖侍教，傾聆名理，而歸鞭何勇耶？遠承雅惠，兼捧手翰，諷誦之下，如奉顔色，欣慰何任！弟年三十有八，一事無成，獨幸三年之内兩産孫兒，他時含飴，不愁老景寂寞矣。以此遂敢拜君之賜。若犬馬之齒，亦辱垂及，則非所敢承然。美醖又不欲，返東皋，達者也，至置榮辱利害於何有？而未免以三升戀待詔，此真老宗家法也。

辭軍廳彭鴻叟刑廳劉竹堂

比蒙憲檄，召弘撰纂修省志者，伏惟明公閣下道通今古，望峻斗山，文學在吴武城，歌言游之，化史才屬晉涑水，章司馬之風，乃因政事之餘，益廣作述之事，諏詢靡已，實媲美乎古人。搜羅無遺，遂濫及於下士。弘撰草茅賤子，章句腐儒，雖學有虚名，實負子長深思之義，顧慮無一得，尤乏叔皮守道之情。儼命臨門，汗顔無地，望宫牆而引領，豈曰無心？撫鉛槧以知慚，敢云自信？祈回謬舉，恐汙大譔。

與劉孟常

潤生處草草一晤，别去遂復彌載，日月逝於上，體貌衰於下，而出處無成，言之汗浹背，涕沾襟矣。足下既抗志塵埃之表，而諸令弟又皆矯矯自樹，方著勳庸於時，此實關西所罕覯，豈第快同人之私臆已耶？潤生鶡贈一鶴，弟欲搆小亭居之，擬顔曰「獨鶴」。此亭不肅雜賓，非吾臭味，不得坐談，其中非元亮、幼安之流，不以書此額。今以求足下，想當不拒耳。足下若自矜，謂弟仰書法之妙，則誤矣。一笑。

復葉天水太守

辱承佳題，光生蓬蓽矣。昨聆高談，不第句句肝膈之要，而名理燦然，足豁塵襟，乃恨十年相從，知公未盡。世途悠悠，正自索解，人不得耳。

與張讓伯

鄙性用拙，與世鮮可玉趾，儼然辱臨敝邑，乃草堂闃寂，寡所來往，竟亦不知君子之至於斯也。從子輩傳致台意，詡我修詞而勗我窮經。讓伯之德，愛弘遠矣，敢不拜承交道之濟也。日導腴爲僞，名利薰心，驕吝成習，讓伯獨挺拔俗之韻，皭然塵埃之表，不爲異學所惑，不爲曲學所拘，而執經於潛德之士，弘撰益以服讓伯之勇焉。視世之科第蒙頭而不讀書者，其相去奚啻雲泥矣。

與周元亮司農

金石史皆胤伯所自藏秦漢以來金石之文，各有評跋，卓然獨得，絕不隨人，悲笑行文，亦自藴雅可喜。弘撰淺學寡聞，竊謂可與集古、金石二録並傳不朽。他著述甚多，其後人既不能爲之廣播流傳，而友朋中又力不及此。弘撰每以此自恨，旋自愧也。先生爲王于一刊四照堂集，凡有與於斯文者，無不感之欲涕，豈但于一銜環地下哉？今之世如先生者幾人乎？殊可嘆也。聞已揚帆，不及走餞，翹首江天，我勞如何？

復魏環溪大司寇

老先生威鳳祥麟，忽爾朋松介石，作一代完人，前讀大疏，知研易有得，非徒高勇退之節也。遠承不棄，辱賜鴻篇，又何其深於風人之義邪？寄中孚、子德二函，即轉致之矣。

與遲屏萬明府

柳堤之別，黯然銷魂，以明府教愛真摯，洵有令人不能忘者。邑小民貧，風俗澌澆，今日處上下之際，所爲極難。然邵康節云：「正賢者，所當盡力之時，省一分民，受一分之賜。」欲明府之留意也。至悠悠之口，如浮雲之點太空，靜以鎮之，乃見爲己之學有得力處耳。會課事尚未見實濟，唯加意振興，此亦爲政之大端，而不至以供應累及行戶，斯盡善也。

與湯荆峴太史

自違顏範，不勝廑企之私。屢接瑤函，益深離索之感。比聞典試越中，竊喜文獻之邦，得一代大宗師，持衡其所鑑拔，必皆正直忠厚之士、清真典雅之文，亦斯道振興之一會也。高士毛君先舒、應君撝謙、林君璐皆道義文章，不愧古人，倘可垂訪，無靳先施，形諸詠歌，亦武林一盛事也。

明太祖本紀得先生敍次，當爲古今第一篇文字，不僅雄於一代而已，稿本賜示，幸甚。

與葉訒庵太史

友弟李天生有老母在堂，而年已五旬，尚無子息，前之陳情，誠有迫於中者，既不獲允，謂必應詔後乃可告歸，天生亦自謂不中選，則遂初志耳，不意復在拔取之列。弟方束裝，特來小寓，言及淚下，貌苦神傷，至致憾於弟之遄歸，弟雖爲心惻，莫能力助於友誼，殊愧。天生在關西，洵爲無雙之士，朝廷以孝治天下，廟廊之上豈少此一人？古云：「憂能傷人。」此子當不永年，是可念也。先生有斯道之任，而又蒙聖眷特隆，詎能恝然，置之膜外乎？曲成一佳士，亦大臣之義也，唯先生圖之。

答郭九芝明府

弟以荒疏之學，衰病之軀，不得已而出，幸還甽畝，以度桑榆，此分內事也。執事經權方圓之喻，可謂愛忘其醜矣。然從來徵士之無體，未有甚於此時者。弟兢兢半載，秖求免「無恥」二字。此或可不見斥於先生長者，則亦弟之所敢自信者也。遠承注念，兼以鼎貺，不勝感佩。

顧亭林先生五月往汾州，歸華尚無定期，蓋俟楓仲結完前事耳。胡兵憲曾蒙顧問，而弟以病目，又畏暑熱，尚未報謁，並不知其有西河之痛，年齒行實毫未有聞，無從著筆，且弟於今歲元旦有不代作詩文之誓，敢請以執事爲始。

復于密庵

周子平生之學在通書，不在太極圖說也。通書與太極圖說其理亦元不異，而發揮詳明，特絕不及「無極」二字之説耳。當日朱子發謂太極圖說出於穆伯長，其言斷非無因。伯長之學近道家者流，今道藏中特載周子此篇，而他言無極者不一而足，不止老氏知其雄章云然也。朱陸辨論往返數四，陸子之言較朱子之言更爲平實，故愚意欲刪去「無極」二字，以還孔子之太極，庶可以免後世之葛藤，徹去藩籬。平心細繹，當知吾言之不謬也。

復施愚山侍講

李子德歸，接華札，並讀扇頭佳詠，如親承意旨，所謂辭寄清婉，有逾平日，但獎借過情，非所敢任耳。欲作一和篇，思竭手蒙，遂復中輟。家茂衍至，再捧手教，草茅衰病，何足比數？而先生篤念不忘乃爾邪。自分一丘一壑可畢餘生，而今每爲徭賦所迫，不免拮据，唯是與顧亭林先生共數晨夕，得日聞所未聞，差足自娛，而亭林明道正誼，弟實奉若神明蓍蔡，不第服膺其問學之精博已也。承念及即爲轉致，今有復書附上。弟孤陋寡聞，何知史事，先生指南之諭亦善謔矣。關西民力已竭，運餉千里之外，兼以蜀道之險，米一石遂費十二金，今年猶可搘柱，明年若不更計，則其患有不可言者。不審廟堂之上，何以籌之邪？

寄魏環溪總憲

前在都門，承老先生先施之誼，感切於心，而久不通問，以分隔雲泥，道岔出處，尋常寒温語，無容達於有道之前也。弘撰章句腐儒，不敢談當世之務，唯是中之所懷，有關在茲。

文者，意將有待而發，而今衰且老矣。語云：「可與言而不與之言，失人。」故願有請焉。竊以治平之略，莫要於明經教化之端，莫先於達禮。昔程子作易傳，朱子嘗謂：「伊川言理甚備，象數卻欠在。」又謂：「易傳義理精，字數足，無一毫欠缺，只是於本義不合。易本是卜筮之書，程先生只說得一理。」於是作本義，蓋以補程子之所未備也。今坊刻置易傳，而以本義孤行，非全書矣。夫今之尊程子者，爲其著書立言，有羽翼聖經之功，而於其生平所最單心之易傳，乃置之如遺，安在其爲尊邪？按：會典取士試義，易主程朱傳義。成化時成矩，以私意廢傳，遂沿習至今。又春秋兼用張洽傳，今張傳亦廢，此皆不可不復者，所謂明經之一事也。

啓聖祠建於學宮之偏，於禮有未安者。先輩徐學謨有云：「啓聖公與孔子並祀學宮。」雖云推崇之典，顧子廟而父祠，主祭者意有所耑，不得不令人代攝。傳曰：「子雖齊聖，不先父食。」揆之孔子之心，必有大不安者在。蓋叔梁紇元無述作之功，在孔子決不以一祭爲其父榮。在後世，亦不必概祭其父。爲孔子報，唯立廟於其鄉，並其配享，諸賢祀之，而徹天下之通祭，庶爲禮之得也。駱問禮作啓聖公祠論，其言尤悉，大抵謂先王之制祭祀也，本之以仁，而裁之以義，叔梁紇之饗果不可已，修之曲阜，可也。又云叔梁紇不當稱公，謂不以王加孔子者，不敢臣之也，而以公加叔梁紇，顧臣其父也，可乎？此皆不可不改者。所謂達禮之一事也。

斯二者，言之於今日以爲迂，則誠迂也。然而言之于老先生之前，當有不見爲迂者。弘撰竊謂今天下之角才智務文飾者往往而有，而所少者獨一迂耳。是以不能終默，唯執事圖之。

復湯荆峴侍講

羈跡都門，無一好懷，惟得式瞻儀型，慰夙昔企思之私，爲一快耳。史事，千秋大業。今朝廷所簡皆名士巨儒，而學行深醇如先生數公者，尤不易覯，真可爲得人慶矣。先生初志雖不及此，然既在其位，其義亦何可負也？弘撰以不才，又衰病侵尋。西歸以來，益復憊甚，唯是與顧亭林先生朝夕同處，以古道相砥，優游山水之間，差足娱耳。中孚去頻陽而還故里，高節逾厲。子德奉事母唯謹，深居簡出，絕無軒冕態。昨枉顧山堂，從者一老僕而已，致足嘉也。

與王阮亭侍讀

比入都，棲遲蕭寺，無一可意事，有度日如年之苦，唯得侍教執事，聆談名理，差足慰耳。踉蹌西歸，徘徊中路，幸逢一二故人，助以資斧，始抵山居。圖書無恙，松菊猶存，喜可知已。頃有所懷，論易傳與啓聖公祠事，曾有書達魏總憲，今附録一稿呈覽。葉太史新膺宗伯之命，其能無意於鄙言乎？

復張又南冏卿

草堂僻陋，辱執事不棄，干旌遠賁，顧匆匆不能備鷄黍，甚自歉也。捧讀華札，猶復軫念，不忘高懷古道，真令人佩服無斁矣。弟衰病日增，又值時艱，爲徭賦所苦，不知將來更作何狀耳？吾鄉民力已竭，豈有越蜀道之險，而運糧於千里之外者？今計小米一石費至十有二金矣。明年若不更作長計，其憂不細，執事桑梓在念，將何以策之乎？小兒近無書至，承念及並謝。

寄顔修來吏部

曩在都門，承執事遠念，兼示佳稿，而實未至弟處，遂不獲諷誦，亦無從效他山之石，非敢自外也。弟西歸以來，益厭人事，且衰病日增，唯閉門卻埽，幸得亭林先生朝夕晤對，親近經師，或可收桑榆之效，此外俱等之浮雲流水耳。執事有爲之學、大用之才，蒼生屬望方殷。然時至今日，難言矣。進退之際，必思之爛熟，所恨遠離，不得一聞高論耳。

答王茂衍

聞玉體違和，以未能走候爲歉。適接手教，知已勿藥，有喜，然益珍攝爲要耳。言念遠別，無以爲情，何更勞鼎貺儼及耶。佳篇洋洋纚纚，道義骨肉之意具見於中，即懸之座右，朝夕諷詠，不啻親承謦欬矣。顧亭林先生函並使者口傳尊意，一一致之，幸不辱命。亭林方欲遣价奉候，明日遂發，亦有所將以爲縞帶之誼，受之可也。

復王仲復處士

近世操觚之濫，無如墓誌銘，以敘事體而多涉議論，非法矣，況繁詞溢美，人人可冒，亦奚取乎？故當以簡爲貴，擬搆一篇，刪之至無可刪，庶幾簡矣。承示鎮撫公墓誌銘，諭令點定。此文以誌鎮撫公也。司寇公名重一時，爲同胞兄弟，又有助金事，自不得不載。若太詳，則失賓主矣。即敘先生行履，亦只宜略見於前篇中，不必多贅，今皆僭爲損益，並有闕者詳具乙注。文章質定朋友之義，如其未可，不妨反復。在孟常有道之衷，亦決不以爲嫌也，便中弟當專致之身隱焉。文爲己身言也，顯揚先德，表之唯恐不著，豈可已耶？

寄鄭谷口

曩在白門，從李董自處得承教緒，獨以未獲從容游讌，挹汪汪千頃之度爲悵耳。嗣是每睹墨翰，分法直逼漢人，私擬爲近代第一手。太原傅青主、敝鄉郭胤伯兩先生差堪伯仲，王孟津所不逮也。弟有所求者，望即揮賜爲感。顧亭林先生云索到，當有耑札耳。

古碑刻，今以案頭所有豆盧恩馮刺史二幅附寄，當塗令係弟至戚，凡有尊札，於彼寄之，至易也。亭林囑致意，待嵩山碑搨

答于密庵

僕賦性拙直，事理須實有自信者，方敢相從。少年涉獵内典，頗悦之，繼而疑焉，近來益棄絕。足下所云：「現前如是」、「於此透得」、「還得不打失」、「徹底掀翻」諸語，僕皆無入。足下憫僕，欲誘之事佛，而僕妄執己見，亦輒欲足下歸儒。今將兩有所不能。朱子云：「我日斯邁，而月斯征，各尊所聞，各行所知，亦可矣。無復可望於必同也。」其斯之謂乎？北行日札之刻，實欲以此見始末。故不憚重複。足下云少清畏人知之意，此至教也，敢不佩服。文肅事未易言，足下所謂黨鄭之疏，乃譏切諫官耳，非黨鄭也。當時既致，滿朝之譁，文肅即以元疏梓行，其人固賢者。若謂其非，乃心王室，則過矣。大抵論國事，不可以一家之言爲定也，如何？如何？

與劉孟常孝廉

前爲仲復尊人鎮撫公墓文敍次，論議依於法，合於道矣。仲復以有字句之疑，往復商訂，遂輒有增刪。有道之衷，知無所嫌，而文昌之誚，弟自懼不免，唯兄更教之，仲復待以泐石也。

答王仲復

承示復齋録，以暇日卒業，雖未獲盡窺先生之藴，而以今所就，可謂純而正矣。中有實得，故語皆親切有味，與他人浮襲者不同。族譜較慶陽李氏、長安馮氏更爲詳備，洵堪垂範。來兹商定墓誌稿，並來翰，即致之孟常，取有廻札，今奉上，别所爲二張墓誌，皆謹嚴有法，今之修詞家固瞪乎後矣。而世之講學而不能爲文者，不當廢然返耶？竊謂聖賢作述，元以明道，非爲文也。然子以四教，則文爲首，蓋聖人首重在行，未嘗去文，故曰：「行有餘力，則以學文。」今或侈談性命，以文爲末事，而間一操觚，則粗鄙散漫，不復成章，識者知其中之未必有也。胡支湖嘗辨異學，謂：「漢儒雖非伊洛之比，其於傳經明制度、辨名物，功亦博矣。使當時而無此，則後世亦將何所取以證而折衷之？象山之欲廢書，我知之矣。蓋其於書，初不甚解，慮乎有問之不能答，而見拙於門人也，乃預爲是言，以禁止之。學者歆其簡易之説而靡然趨之，卒至塗其目耳，而不知其賊夫人之子也。」斯言也，雖未必於象山允當，而實中乎近代講學者之隱病矣。

與劉太室

比不得音問，令君頻語及故。昨札言之，大抵青天白日心事，自信之無疑，特恐疾惡過嚴，有發於不自覺者，是以不憚喋喋耳。

復孫補庵

別後得讀手教，深慰離索之思。日月不居，江河漸下，足下高卧東山，度越人遠矣。弟爲虚名所誤，奔走風塵。雖得返我故廬，而賣田稱貸，種種苦狀，有不可以告人者。觀小刻，知梗概矣。視三兄文章義氣皆第一流，弟不能盡地主之禮，而反資客囊之助，足下之賜厚矣，敬謝！

與王仲復

送葬觀禮，夙心也。已戒僕馬，忽值兵過，斷行路者三四日，而大事逾期，致乖所願，中心悚歉，今具薄儀，耑人代獻，唯先生鑑而宥之，幸甚。時事孔亟，長星示變，先生靜觀天人之際，其有以啓導愚蒙乎？望之，望之。

與張又南

奉别又庚寒暑矣。懷想耿耿，比讀手教，極感垂注之雅，至進退之論，非道義骨肉之愛，何克有此？然弟非有高蹈之舉，小兒淹滯吴中，初以資斧之艱，既而染病，幾致不起，遂遲延至今。昨得家書，云於新歲正月由水路北上，計仲春之杪當獲侍教於左右耳。弟衰疾日甚，兼以羽書旁午，供應軍需，辛苦備嘗，不意薄莫之年，有此維谷之遇，即鉛槧之業亦不啻付之流水矣。執事德高望隆，春秋方富，開府秉鈞皆分内事，朽夫倘不即填溝壑，或得樂觀其盛，亦可備稗官記載，以資司彤管者之采録矣。

復李禹門

承命，謹具一稿，雖文無足稱，然不敢爲繁詞虛譽，要使後之觀者有可采焉。張定遠之死，潼關人稱之者多，而今卷中斥之太過，如云攜資奪門欲出，賊爭資而斫其首，賊與賊爭資而復斫其二三，賊之首不特定遠所未有，亦賊所必不然，是誰從旁目睹而詳悉？

砥齋集卷之九

墓誌墓碣

善契蘇君暨配楊氏吴氏合葬墓誌銘

蘇君名師軾，字善契，先世山西洪洞人，明初徙居華陰西賈村，數傳至廩生自新，以孝行蒙旌表，事載邑志中。自新生子純，庠生。子純生佳葵，佳葵生永泰，武庠生，是爲君父。有子二，君其長也。

君性温恭孝友，篤勤儉，鄙詐僞，稼穡匪懈，無紛華綺靡之好。與弟析居時，絶不較財物，鄉人稱其義焉。娶楊氏，閫儀克修，奉舅姑唯謹，處妯娌以讓。耕前鋤後，與之媲德。生子光裕，有室矣。顧不幸早殁，得遺腹子，曰培蒂，時蒂母年方十九，以柏舟自矢，然孀婦嗚嗚與孤兒呱呱聲相聞，慰勞撫育，至有今日者。君之拮据卒瘏可知矣。蒂既長，爲庠生，事君能盡禮，人無間言，咸謂君之自食其報者也。君再娶吴氏、王氏，卒，無他子。光裕卒時年二十一歲，娶王氏，邑人應坤女。女二，長適邑人吴學禮，次適朝邑庠生徐蓁。孫男一，即培蒂，娶王氏，邑庠生胤基女。曾孫男一，幼。曾孫女三，長適邑人袁琚，餘未字。

君生於明萬曆八年十一月初四日，卒於清康熙四年六月十五日，得年八十有六。楊氏，邑人敬祖女，生於明萬曆十二年六月二十二日，卒於崇禎二年十月初八日，得年四十有六。吴氏，邑人事湯女，生於明萬曆三十七年正月初六日，卒於崇禎六年三月二十二日，得年二十有四。王氏，余族大行女，今在堂。康熙四年十一月初二日辰時，合葬於西賈村之北百武許。嚮余爲農河濱時，數與君往來，又以葭莩戚得與聞門以内事，蓋君之婦王氏實賢，君之有兹婦，豈微乎？即君雖無文學奇節，要亦所稱醇樸善人者矣。銘曰：

丘芋眠渭之陰，無斁者斯德音，引勿替後人心。

雷孝子墓表　代陳公朗方伯

嗚呼，此故庠生、孝子動宇雷公之墓也。公有冢孫曰噓和，爲余丙戌同年友，余承乏秦藩，嘗數過從之，故獲知公遺事。公諱振關，動宇其字也。其所可知之祖曰中，爲洪洞丞，四傳至其父，曰邦起，生二子，公爲長。公幼氣骨不凡，尊長咸器之，治經通尚書，補邑博士弟子員，佔畢孜孜，如有所弗，及乃神瘁，貌日以癯，其父憐之，謂：「吾雷氏世約，今宗祧有承足矣。富貴顯榮非所期，兒毋以學自苦，徒使吾心惻焉。」於是稍置鉛槧，不復言進取事。菽水供歡，竭力養志，以終其身。余聞公貌温恭樸木，性依於仁而動以禮。自持褒衣矩步，出言有章，與人交，恂恂善下人，未睹其怨怒之色。處不足之地，而坦乎恒若有餘。蓋古所云隱君子也。其父大耋，遘疾，公禱於天，願身代，刲肱以療，延九齡，及歿，哀毁骨立，葬祭誠信，廬於墓者三年。有司上其事，得旌表，故今稱雷孝子。配孺人徐氏，閫範嚴静，有少君裙布之義。先公卒，卒時公年五十矣，終孑居不復娶，今合葬云。

盟津陳子曰：余察孝子行誼最高，竊慨焉。慕之獨以未得親炙爲憾，然噓和述其王父之德，不誣也。及觀諸所爲傳若誌，亦既章章矣，而噓和尤拳拳屬余表其墓。夫雷氏孝謹之風，其日興乎？因撮其大概，使鑱之麗牲之石。

從孫僑壙誌銘

予從子斐有第四子曰僑，不幸早卒，斐哭之慟，將葬，予爲誌之曰：

僑性敏而毅，齔而好學，爲文有清思。事父兄爲謹，能知大義。每見予，輒質問經史意，矯然不欲下人。予嘗器之，乃以勤積瘁，今年春，嘔血數升，病日增且革，予往視之，執予手泣曰：「祖讀書多，何方救我？」予亦泣下曰：「吾不知醫，敢以藥試？」遂卒，時丙辰四月二十日也，距生庚子二月初四日，得年才十七耳。嗚呼，是可惜也！銘曰：

碧雲溪之側，唯汝之藏。汝其安之，壽夭亦事之常也。以爲有成人之行焉，故弗殤也。

故教諭瀛翘李公暨配孺人衛氏合葬墓誌銘

余少時嘗聞先司馬言：「朝邑瀛翹李公者，學行爲時宗。」即婚姻之好，非所道矣。比余少長，隨侍先司馬於北畿，公適以貢應大廷試。時吾宗昆華公方在翰林，實與試事。余從昆華公座中，得讀公所爲，事君盡禮，制義忠厚悱惻，而昆華公嘆之，以爲其音悲颯。蓋憂國之不競也。公既以宦久於越，甲申變後始歸，而余以落魄廢人事，顧不獲時從公遊。經師不遠，而赴業未能，是余之過也。夫公殁且葬，公之子公鼎乃以所自爲狀，來請銘其合窆之石，余又烏可辭？

按狀：公諱之杜，字惟斷，瀛翹其別號也。先世山西洪洞人，元末徙朝邑河西村。所可知之祖自得仁始，得仁生才，才生準，即誌所稱年百二十歲，以壽官者也。準生昶，昶生聘，選貢，聘生友直，嘉靖庚子舉人，任四川什邡縣知縣。友直生華，乙卯舉人，歷任淮安鹽運使，華生汝器，爲邑庠生，娶張氏，實生公。

公生而穎悟絶人，尤篤學，補邑博士弟子員，食餼。才弱冠，名藉甚，每棘圍將撤，關西士擬元魁者，必首及公，乃公八試，顧數奇，卒不遇。崇禎乙亥，始以歲貢至京師，投牒天官，部授浙江處州府訓導，署龍泉縣庠，復署縣事。尋陞金華府永康縣教諭。甲申賊陷京師，公遂棄官歸，杜門不出者七年所，順治壬辰二月二十有四日亥時以疾終，距生萬曆庚辰正月十有七日未時，享壽七十有三歲。

公性慈而介，有大略。事二人以養志，聞名譽既彰益事，博綜於書，無所不讀，爲文章千言，立就不加點。尤好獎成後進，河濱之士多從學者。公貌魁梧而意氣慷慨，不設城府，遇人是非，片言即決，不少阿。劉四罵人，人不恨，以是親之。然或私有不義，至不敢使。王彦方知也，亦以是憚之。

方在龍泉時，龍泉諸生陳某有義女，以無疾死，例驗屍，可得厚餽，左右以言公，屹不爲少動。又周某者以富於財，爲人誣告抵死命，周孱民大懼，以百金夜投公，公怒斥之，曰：「人命至大，果實，即千金詎貸一死冤耶？又奚以金爲尋得？」其情竟出之。公在龍泉才數月耳，而惠義大著。及在永康，有徐生者自訟其子大惡，法當死，或且以爲奇貨可居矣，公召至，數之曰：「子爲人子，而使父有殺子之名。」即其狀勿問，其謂子何？」徐向徐生曰：「若亦聞吾黨之直乎？父而忍殺其子，孰不可忍者！司教不職，惟有閉閤思過耳。」言已，幾泣下，徐赧服，遂爲父子如初。故龍泉與永康人尤尸祝公，不忘至今。蓋公所爲，扶善遏過。在鄉在官類如此。

論者方之陽道州云：孺人衛氏者，華陰儒官逢吉女也，性婉靜，讀書通大義，能誦孝經、列女傳。逮事舅姑，舅姑言其孝；處兄弟，兄弟稱其讓。歸公六十年，相敬如賓，猶一日也。勤儉理家，寬厚逮下，悉有條則。當庠生翁暨張孺人先後屬纊時，公適皆在闈，凡附身附棺，必誠必信，惟孺人獨任，里中尤稱難焉。孺人生萬曆丁丑二月十有七日丑時，後公七年卒，順治戊戌二月二十有八日丑時也，享壽八十有二歲，斯古所謂同德者乎？

生男子一，即公鼎，庠生，娶邑資縣知縣張孚鯨子廩生必昌次女，繼娶華陰武進士楊玉柱女，又繼娶邑人張鶴皋女。女子三，長適華陰廩生王弘期，即予兄，先司馬仲子也；次適邑庠生趙鐘元，新蔡縣知縣勉季子；三適邑廩生王鏘，山西左布政使于陛仲子。孫男六：育液，娶邑人張紹光女；育浚，娶邑庠生翟句彦女，高邑縣知縣運晉孫；育沆，娶邑人張臨光女；育泗，娶邑人李嘉樂女；育淮，娶邑人薛呈秀女；育溟，未聘。孫女三，俱幼，張氏出。曾孫男三：瓛，聘邑人倪丕顯次女，珣，幼，俱液出，琮，幼，浚出。曾孫女三：長字同州盧慶餘，餘未字。

是年十一月二十有七日，公鼎奉公暨孺人之柩，合葬於事域村祖塋之次。竊以公之才不獲大展於當世，則惜公者不徒余，即余又不徒以爲公惜也，是宜銘，銘曰：

峰一巒，泉一涓。渭之陽，穆將愉。幽其闕，永以藏。唯德吉，復乃始。俾而昌，銘有述。辭無愧，亦孔章。

故庠生動宇雷公暨配徐氏合葬墓誌銘

公諱振關，字動宇，其先世譜無傳焉，則諱中者，實爲始祖，爲洪洞丞，中生雲，雲生同，同生洪義，洪義生邦起，字子建，是爲公父，娶某氏，生二子，公其長也。幼岐嶷，有異資。好問學，補邑博士弟子員。勤於業，積瘁幾殆。子建翁呢弗令求進，公遂無意用世。而視世所舑舕，富貴勢厚亦不啻敝屣，菽水承歡，泊如也。子建翁年八十，寢疾，不強飯，公禱於天，願以身代，潛刲股以進室，輒有異香蒸蒸起，而子建翁良愈，即刲股勿論，蓋亦誠之所感矣。家人微覺之，數日聞於外，時余舅楊光禄公方家食，急詣公省狀，公唯唯，謝無有。又九年，子建翁殁，公哀毀盡禮，既葬，廬於墓下，烏啼狐嘷與哭泣聲相聞者三年。有司上其事御史臺，御史臺聞於朝，遂以恩受教諭，旌其門曰孝子云。太史錢牧齋氏以文章高一代，時爲作傳，世所傳雷孝子傳是也。

公素仁柔善下，與人無貴賤，耆少無敢慢，未嘗有怒容叱聲，里中咸稱長者。視弟振蛟如一體，衣食必共。娶孺人徐氏，邑某女，性慈而謹，與公媲德。先公卒，方孺人卒，時公年五十矣，即誓不再娶。或諷之，公笑曰：「吾子女不乏，又奚庸？」遂孑居終身。公有孫噓和，爲欒城宰，嘗迎養公於欒城，公一至即返。頗怡情山川，吟嘯自娱。間與二三老友攜壺觴爲會，有耆英真率之風，時陽生亦謝事歸，三世一堂，而温而清，而捧杖而納履，享人倫至樂者訖十年，斯不可以知天哉。

公生於明嘉靖四十一年五月初六日，終於清順治十五年二月二十三日，享壽九十有七。孺人生於嘉靖四十四年八月初二日，終於天啓六年九月十二日，享壽六十有三。生男子三：如咸，娶楊默女；如英，娶史觀光女；如韶，娶李尚志女。生女子二，長適鮑從表，次適郭偉士。孫男四：肇和，娶張一鳳女，咸出；景和，娶杜美裔女，英出；噓和，順治乙酉舉人，丙戌進士，任欒城縣知縣，娶屈氏，邑庠生陞階女；際和，庠生，娶韓氏繼武女，俱韶出。曾孫男四：晉、晄、晊、肇和出；暄，景和出。曾孫女四，肇和出者未字，噓和出者長適邑庠生郭之楨子焯，次字邑庠生吴獮子弘先，未歸殤，際和出者字邑庠生王致猷子心從。己亥二月某日，合葬於縣北三里南凹堡之東。余竊聞諸父老所述公概，徵今狀，益信。蓋孝友，性生之矣，而執雌守黑，侗然自全，其天器又似有得於老莊之術者。然余嘗從公遊，顧恂恂一儒者，無異人意，將其中有不易測者與。是可銘也。銘曰：

維山有璞，珠亦在淵。澤以韞久，輝以藏完。投或怒生，獻至刖連。唯刖與怒，自處則然。抑抑雷公，德醇志堅。無與世炫，弗爲物先。旭作昬息，龐眉白顛。爰返其真，曰歸於玄。奠茲幽宅，祔是賢媛。銘詞有徵，俾也可傳。

故霍母楊孺人墓誌銘

予邨居有鄰霍正儒者，以忠信稱於鄉里，尤能竭力事母。母歿，而亟思所以永其母者，欒欒匍匐，詣予草堂，乞銘其隧道之石。予時抱疴，未有以應，而正儒乞之益懇。嗚呼，正儒之孝加於人一等矣，予無以辭也。

按狀：孺人姓楊氏，父汝諧，母張氏，世爲陝州之弘農澗人。性淑靜，幼習詩書，通孝經、女憲。及笄，歸霍君霞，逮事舅姑唯謹。霞既爲士不成，去而爲商，遊關西，寓高陵。未幾，疾卒，時孺人年才二十餘耳，正儒在襁褓中，鮮兄弟，外乏幹僕，煢煢提一藐孤，拮据治喪，窀穸松櫝之務罔弗。備葬且畢，乃入關，遂卜居吾華，華去陝州二百有餘里，去高陵者半，故孺人便之，以歲時歸陝州埽墳墓，而以其暇往高陵計責，時寇氛漸熾，孺人又以爲一旦有急，則華天險可恃也，故久於華而其業卒賴以不衰。初，孺人痛蚤失霞，即潔一室，長齋事佛，朝夕其中。他尊長或憐之，而知其志，至不忍有所言也。正儒幼復多病，孱甚，孺人養之盡瘁，方就外傅，孺人雪涕曰：「未亡人無以兒苦學爲第令，識方名書數而已。」夫固有先人之故業在，以是正儒既壯，而復以商遊，乃孺人督之，顧日益嚴，有小失，輒予之杖，不少假借，正儒亦長跽受之，未嘗見於色，人謂正儒商也，而與之處，恂恂若儒者，動止咸有法則，皆孺人之教也。正儒有子，復有孫子，弱冠能文章，歌采芹奕奕章矣。嗟乎，曩微孺人霍氏之存者幾何？予又聞孺人疾革時，預定逝期，力起盥櫛，坐無悽容哀鳴。古之至人臨絕而不亂，孺人豈其有得於佛之道者然邪？

孺人生於明萬曆甲申七月十有二日，卒於清順治戊戌十二月初一日，享年七十有五。子一，即正儒，娶楊氏盛春女，滕王氏。孫男一，光斗，州庠生，娶王氏家仕女，繼娶党氏體聚女。孫女三，長適華陰庠生王問臣長子廷麟，餘幼未字。曾孫男一，廣，業儒，聘任立政長女，王氏出。庚子二月十七日未時合窆於君文君之兆，在州治西七里鋪路南。君文者，霞字也。

山史王弘撰曰：楊孺人之苦節四十餘年，著矣，而迹其終始，若兩人焉。其心不甚難哉！蓋二十年前，唯恐正儒之生之不保也，故諸所以處之率用寬；二十年後，又唯恐正儒之行之不修也，故諸所以處之率用嚴，孺人可謂善立厥孤矣。然斯道也可通之以治國，而惜乎孺人女子也，是又烏可以無銘？銘曰：

生從夫賈於四方，死而有子歸骨於其鄉。維山巉巉，維水涓涓，以永其藏。魂如有知，其母乃以是爲鹿門之隱，將一笑於冥漠，而顧何有於悲傷也邪？

田封君暨配太孺人趙氏王氏白氏合葬墓誌銘

崇禎甲申之變，田子薰將母白太孺人避亂華山谷中，居與予鄰，朝夕見高朗爽直，博學有幹才，予兄事之歷八年，母卒，田子以靈輀還高陵。戊戌，田子成進士。壬寅，爲江寧司理，聽訟明允，令譽日起。丁未，以調歸里，則奉太翁暨三孺人之柩合窆焉。乃先期匍匐，將所自爲狀，來責予文，以勒石隧道。蓋田子幼失恃怙，雖白太孺人哺鞠周至，顧家中落，尋罹兵燹，封樹未遂，田子常心悲之。今田子貴，克襄大事，以慰九京，田子崇禮矣。予其何辭？

按狀：公諱景豫，號念庵，陝西高陵人也。先世家山西之洪洞，明初西徙，徙者名字佚，可知者曰瑄，瑄生文淵，文淵生富民，富民生繼大，是爲公父，娶馬氏，生四子，伯氏景康，仲氏景樂，叔氏景豐，季氏即公。公生有異質，垂髫向學，攻舉子業，不離典訓。稍長，貫綜羣籍，爲詩若文，閎中肆外，同儕謝不及，名大譟，顧數奇不得志於有司，遂棄去。性敦孝弟，矜尚名節。父殁，太和逆旅，伯氏叔氏早卒，仲氏扶櫬千里外，獨留公養母。公娱侍左右，竭力奉菽水歡，服用百需，皆親任之。朝課農桑，夕爲嬰兒戲，依依母牀側，不再命之退，不退。念伯氏、叔氏有人琴之痛，事仲氏與嫂尤盡禮，故宗族鄉黨咸稱之，無間言。忠信坦易，不設城府，而正家有則，處事有方，人更難焉。初，公爲儒而困，濩落不試，遂有四方之志。嘗南涉淮泗，居潁濱者久之。所至，賢豪長者爭締交。時張鑑源先生負人倫之望，特推之。每與酬詠，相得歡甚。公既胸涵今古，意常割如，即橐中裝殆盡，或告之，若弗聞也。識者謂其愿而達云。

崇禎辛未十二月十六日，以病終於太和寓舍，距生萬曆庚寅正月二十日，得年四十有二。娶趙氏，邑處士諱應祖女，嫻内則，約敕爲恭儉。事舅姑唯謹，與娣姒處以和，接遇姻戚，恩誼咸備，稱禮宗焉。繼娶王氏，邑處士諱允升女，歸公僅逾一年卒。田子曰：「傷哉！吾父母之棄薰也早，薰又孤，蓋二母生卒之日莫能記憶矣。」繼娶白氏，邑庠生可綺女，孝慈天植，歸公十年而公卒，白氏矢不貳之操，撫前子如己出，勤績自厲，飲荼茹檗歷二十餘年，閫政肅謐，庭無譁言。順治辛卯正月初三日卒於華陰寓舍，距生萬曆甲辰六月初三日，得年四十有八。男一，即薰，戊戌進士，初仕江寧府推官，趙氏出，娶白氏，邑太學生所學女。繼娶程氏，邑湖南道景頤女。孫男二：霙，廩生，娶劉氏，邑處士玉道女，白氏出；霦，業儒，少房氏出。孫女三：白氏出者適邑廩生魚鵬翔，工科給事中飛漢長子；程氏出者俱幼未字。康熙六年九月二十九日合葬於縣西十五里世墓之次，銘曰：

陽陵之墟鬱氤氳，吁嗟哲人埋丘墳。賢媛是祔唯德芬，禮心玉節慰先君。賁堋卜藏有子薰，肅言將之質以文，而昌而熾卒有聞。

素雯吴公暨配倪氏合葬墓誌銘　代湯荆峴

順治辛卯夏，素雯吴公捐館舍，公配孺人倪氏先公殁七年矣，且葬，至是公之二子嶙、峋，將啓倪孺人之兆而合窆焉。

預期嶙走使千里而以所自爲狀，來請銘其玄宮之石。予與嶙爲同年友，相好最篤，聞公與孺人之德已稔，而又嘗司彤管之職，善善章幽於法，可以銘矣。

按狀：公姓吴氏，諱四箴，字景程，素雯其別號也。吴氏之先尚矣，唐左臺御史少微居歙之鳳凰山，傳宣、議、光，遷豐西，又二十二世而籍寧陵，則明嘉靖初，良璣公實始之。良璣公生知賜公，知賜公生三讓公，是爲公父，娶于汪氏，娠十二月而生公。

公生有異質，丱歲即力學，補邑博士弟子員，名稱藉甚，尤虛懷負笈，屢從宋州吴元白、新安吴士忠遊，二君於公諸父行也，而皆學爲時宗，故公受業焉，於是業日益進，所爲文好深湛之思，同輩咸遜謝弗及，私籍籍謂：「吴生取科名，猶掇之耳。」而父母者顧弗色喜也，曰：「吾非薄科名，但人位高則矜，矜則侈心生；居下則讓，讓則善心生。吾相天下衆矣，縉紳之家恒多驕子，怙寵凌物，或反及禍。吾家世以小心樂善爲寶，他非所願也。」公唯唯，自此益欲然，不敢上人，無何母汪氏棄世，公哀毁骨立，嗣遘父疾篤，日夜侍湯藥，衣不解帶。及沒，凡所爲祭葬，悉如禮，皆身任之，而不以委其弟，弟曰景周者，劉氏出，與公異母，當劉之病革也，景周方在襁褓，公命倪孺人乳之。比長，延師爲訓，遂至成立，既入庠，復援例，入國學，皆公經營，而景周頗敦意氣，重然諾，囊輒空，費浸不支，公與之田二百畝，里人以義比裴叔則云。

嘗之郡城旅舍，有夜泣者，公詢之，云一姚姓者爲人誣訟抵罪，將鬻妻以贖，故訣別耳。公惻然捐金，令完其贖，後姚率妻詣公，願傭工以償。公力辭，終使之去。時歲大寒，裂膚墜指，道路有死者，公謀之倪孺人，製棉衣百，以施之。尋復大饑，人相食，公誡家人勿擊鮮，曰：「吾不忍以一七箸餘，而當數窶人命，有駱公緒之仁焉。又爲粥以飼餒者，所全活者甚衆。會邑諸生議優免差徭，例本國制，爲舊宰某徑意輒除，將圖復之，而中不無所費無自出，公傾資爲助，遂得復，至今諸生猶以爲美談也，曰微吴公之力不及此。蓋公之孝友媚睦，根之天性，而慷慨急難，則其素所欲爲者類然矣。

獨是一燈攻苦垂五十年，雖試輒冠軍，獲廪餼，而卒不得一第。至論里中士，業孰精孰荒？名孰成孰敗？其言不毫髮爽，而顧不能自信之於其身。嗚呼，豈非命哉？公既以連不得志於有司，乃設義館，督課二子於其中，而邑子弟之高才好學者，皆從而問業焉。束脩一無所責，或其家有不給，則公周之，故戶外屨恒滿，而十餘年間，邑所稱知名士，無不出公之門者。戊子秋，長子嶙遂登賢書，且具衣冠拜公，公泫然泣下曰：「此予未竟之志，恨若母之不及見也。然丈夫事不止此。」因爲詩以勉。前是，公有痰疾，尚善飯，旋作旋愈。辛卯春，膺新綸拔貢，猶爲詩志感，方就試大廷，而前疾頓劇，遂不起。嗚呼，斯又孰非命哉？

倪孺人者，邑倪公某女也，嫻内則，年及笄歸公，與公相敬如賓，四十年猶一日也。誨子以嚴，御下以寬，食止二簋，衣不襲華，其性然矣。兵戈後，益勤績，篝燈不倦，以佐日用之需，遂以積勞成疾，溘然長逝。然其徽德厚祥有不與俱逝者已。

公生於明萬曆十四年四月初四日辰時，卒於清順治八年四月二十二日酉時，享年六十有六。孺人生於萬曆十七年十二月二十日午時，先公七年卒於明崇禎十七年四月初九日戌時，享年五十有六。男二：長即嶙，戊子鄉試十九名，娶郭氏，督撫幕賓某女；次岣，邑增廣生，娶張氏，邑庠生某女。女二，一適商丘縣高唐州知州常某季子、府學生霖；一適邑庠生呂某長子、庠生紹中。孫男二：大奇，嶙出；二奇，岣出，俱未聘。孫女三：一字睢州廩生袁某次子某，嶙出；一字邑庠生盧某長子某，一未字，岣出。順治二年春正月初六日，嶙等葬孺人於祖塋之左。丙申冬十一月二十八日，奉公祔焉。予既爲之敍，爰系以銘。銘曰：

硲眠側兮瀺灂濱，奠玄宅兮賁堋新，蔚松楸兮扆明神，懿流光兮鍥貞珉，昭千歲兮利嗣人。

張季子墓碣

張子之湛，韓城芝川人也。弱冠而卒，其父聞遠名鼎鍠，哭之慟。初，聞遠有子六人，長、次相繼亡。他日，嘗以第三子爲從弟鼎銓後。至是，湛又亡，今在膝下者纔二人耳。湛生有異資，好問學，誦於口，不忘於心，爲文章燁燁動人，里鄗咸器之，而事親至孝，處諸兄弟間有禮，聞遠尤憐之。於其卒也，故哭之慟，慟無以自解也，乃礱石欲以識湛，使不朽。因友人眭子乞余爲詞。

夫人孰有不憐其子者？子而才又不幸短命死，亦烏能無慟？聞遠之慟，固情之所必不能自已也。嗚呼，湛也！其能知聞遠之爲慟乎？否耶。夫死者，歸也，必至之期也，無耆艾、貴賤、先後、正變，同一盡焉。後死者之爲悲，豈有涯乎？余嘗觀童烏之事，而顧無以動欷歔之懷焉。蓋知其明於易，而無所憾於生死之際也。即在子雲猶然矣。故達人於此，可以觀化。余未識湛，又不知湛奚疾？無以定湛也，而生而人愛之，死而人惜之，雖年不永，猶永也。湛乎，尚何憾？然第無如聞遠之慟，何也？昔郄超且卒，以其父損眠食爲慮，乃遺所與桓温，往返書一箱以解之。論者謂其不愛名以全親，君子或有取焉。今即其事，不必若超，而所以爲解父之情，寧無同眭子歸，其爲余有以告聞遠矣。湛能爲童烏，則不必慟。湛不能爲郄超，則亦無足慟也已。余爲湛碣，不徒識湛也。是以云。

李于鯤妻蘇氏墓誌銘

歲在屠維作噩，予與曲沃李子潛庵蓋同寓京邸云。潛庵曰：「龍有從弟鯤，鯤之妻與龍之妻兄弟也，姓蘇氏，名瑞，邑儒士蘇公寰望次女、漢中郡丞虞廷公孫。性淳而和，幼通女憲，孝於父母。及笄歸，尤竭力以事舅姑，晨昏唯謹。鯤故能學氏相之以勤，弗懷安也。顧善言辭，度諸情事，輒娓娓，悉端委，靡不中。至處衆以睦，恤下以寬，以是鄉黨益稱之。龍妻嘗告龍曰：『妹，女也，而有丈夫之節焉。』今年三月十二日以疾卒，距生順治八年十月初九日，年才十有九歲耳。」比鯤書來，謂且葬，思有以銘其墓。夫善善彰幽，無微弗録也，敢請之子。予喟然起曰：「惜哉！婦之賢也，而年不永，又乏子女，今不銘。其泯乎？」銘曰：

女不以色，尚厥德也。德之不爽，述可則也。藏莫如深，亦足惻也。

故耆賓月岡蘇君墓誌銘

月岡蘇君以病卒於家，將窆，冢子景軾持所自爲狀，來祈銘其隧道之石。余既聞月岡君之賢，又嘉景軾之能以禮事其親也，遂不以不文辭。

按狀：君諱繼祖，字肖先，月岡其別號也。世居朝邑郭南，族系遠，莫可考。有諱䄠者，實爲始祖。䄠生智，智生孟春，孟春生濟舟，濟舟生四子，季曰世興，是爲君父。

君幼學書，長而棄去，貿易於四方，獲倍息。年十八，嗣伯父世通後，世通有廢疾，君復棄商爲農，朝夕侍寢膳，色養不衰。事母亦如其所生。及沒，喪祭盡禮，歲時伏臘洒汨，哀慕若孺子焉。居家友于兄弟，訓諸子以義方。性恬靜，不近市闤。與人處，非善不規，不伐人之短。至有裨風化者，則樂道不倦。當崇禎庚辰，邑大祲，蠲粟賑饑，所全活數百家。復造廣車，傭貧人使收暴骸而掩之，計千五百有奇，其仁足以及物如此。

時盜方熾，邑令以重法繩之不止。有竊禾者見君，驚而走，君招而給之，其人詷過，遂改焉。鄰人侵其田，君不之較，侵者感而納租，卻不受，其義足以服衆又如此。

闖逆之亂，邑泮宮踐毁，僉議修葺，曰：「工費多，非蘇君執其事不可。」已而功果就。至於他興廢舉墜，君皆以身任之，竟底績，其才足以幹事又如此。

暇日則煮湯茗，以濟行旅，捨藥餌以瘳疾痍，蓋好善樂施，其天性類然矣。

順治初，薦鄉飲賓，同州守山右趙公以狀聞於御史臺，有曰：「值米珠薪桂之年，而義濟時艱。當兵燹蹂躪之餘，而勞著黌宮。」以爲世不多得之人。李叔則氏嘗爲之贊稱：「其砥躬以直，率俗以臧。」皆實録也。

君生於明萬曆二十五年八月十七日，卒於清康熙八年七月初十日，享年七十有三，囑其子以見善則行，有過則改云。

君娶賈氏，生男子四，某某，女子一，適某。孫男四，某某。孫女六，適某某。是年十二月十三日葬於華原。銘曰：

藏維深兮德唯醇，奠玄宅兮無冬春。乘白雲兮穆將愉，慶有餘兮利嗣人。

知縣典企李公暨配孺人馬氏合葬墓誌銘

康熙九年春，潼關李登龍氏將葬其父典企公，以母馬孺人從，而持狀來徵予詞，泐其隧道之石，予有從子爲公甥，居相去不十里，於公與孺人之德知之稔，故不辭，而爲之誌曰：

公姓李氏，諱式祖，典企其字，其先未之詳，居於鄉者曰希賢，從明太祖定天下，有戰勳，封明威將軍。希賢生興，天策衛指揮，食禄萬戶。興生仁，世其爵，詔改金吾右衛。仁生昇，昇生堂，詔改潼關衛，遂籍焉。堂生汝杜，好文學，中嘉靖庚子鄉試，歷仕揚州府同知。汝杜生文渙，承爵，視衛篆十有五年，多善政，人感之，爲立祠，祀春秋，歷仕山西都使司，封昭勇將軍。文渙生行和，字去知，天啓辛酉恩選入太學，是爲公父，以公貴，封文林郎，配張氏，封孺人，實生公兄弟五人：長惠祖，庠生；次率祖，崇禎己卯舉人，見任山東長山縣知縣；次即公。

公生而岐嶷，性仁厚。孝事二親，能竭其力，晨昏溫凊之節罔斁，于諸父昆弟不失雝熙之軌，動以禮自持，而與物無忤意，豁如也。

弱冠，補博士弟子員，食廩餼，殫精舉子業，旁通墳典，誦數思索，務自得，爲文好深湛之思。累經兵燹，手不釋卷。

乙酉，膺恩選，秋闈，復中副卷，遂以貢入太學，曹太史知而雅重之，使其子弟受業，從遊者日衆，多成名去。

甲午廷試，以上上卷投牒天宮，部授四川西克縣知縣。西克自大亂之後，孑遺僅存，公殷然與之休息，不事刻覈，勸農桑，崇學校，尤軫恤驛站，凋瘵稍蘇。會有軍需，司理且身督之，民聞風欲亡，公諭令安業，而自見司理，言民不堪重困狀，司理曰：「如此將毋生玩。」公爭曰：「西克之民乃窮民，非頑民也。即不爲之所，則四方散矣。究如國事何？」司理改容聽之，更爲計畫，民以不瘠。臺使者薦于朝，稱其清如孔奮，惠比魯恭，蓋實録云。

己亥，相繼丁内外艱，歸居，喪盡禮，克襄大事。二弟所不足，公率力任，不少委。

癸卯，補授湖廣松滋縣。松滋固逼西山道，通滇僰。值寇方熾，禁旅往征，供應浩繁，公措置盡瘁，至自爲稱貸，雖囊需勿顧也。而其他一以治西克者治之。若修補江堤，清理地糧。恤僚屬之難，以助其窘乏。代窮民之稅，以全其妻子，又其章章著者。無何有秋闈之役，公患疾未至，遂坐吏議，乃毅然賦歸去之詞，自幸得優游林泉，而前疾頓劇，卒不起。士大夫聞之，皆哭失聲，民爲罷市。嗚呼，以公之才而不竟厥施，是可惜也已。

孺人，衛庠生馬公文女也，幼貞靜嚴正，不爲嬉戲。及笄於歸，相夫以勤，尤善事舅姑，奉醴饋唯謹。歲時修蘋藻，佐饗思，成出納，掌志悉有則。接遇内外姻戚，恩誼備至，而自奉儉薄，餐餌蔬糜，被服縞練，無珍異華靡之好。初，公與諸兄弟將析箸，孺人輒告之以讓，故公于田廬之美、僕婢之壯者皆推以與二弟，鄉黨以其事比之薛包焉。當庚辰歲大祲，公出粟爲賑，而孺人亦脱簪珥資之，此其知義樂善，雖丈夫弗若之矣。

公生於明萬曆四十六年二月十一日，卒於清康熙七年十二月二十三日，得年五十有一。孺人生於明天啓二年七月二十七日，先公十五年，卒於清順治十年三月二十一日。繼娶孺人柳氏，今在室。子男二：長即登龍，馬氏出，衛增廣生，娶華陰江西廣信府同知楊公用陛女；次夔龍，柳氏出，業儒。女子二，俱馬氏出，長適衛庠生廖濬，次育于伯氏，適華陰王宜觀，即予從子，先司馬公第十七孫也。孫男二，長又白，次亦白，俱登龍出，業儒。是年三月十三日，合葬於華陰縣城西二十里道南新阡。銘曰：

嗚呼，李公唯武，是纘而文，用章爲百里侯，於先有光。山一區兮水一方，賢媛祔兮永厥藏，靈連蜷兮白雲鄉，昭茲有徵兮後克昌。

誥封一品夫人靖逆侯張公元配李氏墓誌銘

康熙十四年，歲在甲寅秋，靖逆侯非熊張公元配，誥封一品夫人李氏卒於京兆之第。是時有雲南之變，公命子雲翼等即其地權厝而不發喪，上疏曰：「臣方治軍，旋不幸，而臣之妻死，臣無以家爲也，奚暇治喪？然不敢不以聞。」天子嘉憫，下部議，以事平日舉葬。今雲南平，四方寧謐，雲翼暨弟雲翮陳情以歸葬請，天子許焉。往，雲翼兄弟每相見，頃不言，而有戚容，蓋惟此之故，不能置諸懷十年如一日也。癸亥秋，奉窆有期，公適入朝間，以雲翼所自爲夫人狀，屬書其幽宮之石，予誼無辭。

按狀：夫人漢中府洋縣人，前監察御史李公時孳女也，年十九歸公。性柔靜勤儉，內則克明，居恒以未逮事舅姑爲憾。凡奉祭祀，享賓客，筐筥爵斝，必親臨之。御下有條，內外不踰，閫肅如也。公勞於王事，夫人督家政，諸子齠齔以次就外傅，不令知博奕羣嬉戲事。被服與民間子無異，嘗戒之曰：「汝曹生長富貴家，將無習於驕奢，漸即非彝，吾聞汝父言：『古之大將敦禮義而說詩書。』況汝曹乎？勤誦讀，明理道，尊汝父之訓，顯名於士林，其勉之。」今諸子彬彬，皆知向學篤行，實夫人之教居多。雲翼弱冠，列黌序，文章有法，方期自表見於當世，驟登華班，非其志也。然君恩出於非常，雲翼曰：「致身竭力，不敢以負君者恩。親學在是矣。」予韙其言，獨惜乎夫人之不及見也。

夫人生於明崇禎四年十月十三日，卒於康熙十四年七月十三日，得年四十有五。子六人：長雲翥，殤；次即雲翼，大理寺卿，娶劉氏，原任甘肅總兵官左都督劉公友元女，早卒，誥封淑人，繼娶趙氏，鑾儀衛鑾儀使、前總督雲貴、兵部尚書、勇略將軍趙公良棟女，誥封淑人；次雲翮，戶部郎中，娶黃氏，江西處士黃君律女，誥封淑人；次雲翔，以廕入國子監，未娶；次雲翬，次雲翰，俱幼，業儒。女一人，適江南蘇州府同知劉三傑，即左都督劉公子也。孫一人，宗仁，幼，雲翼出。康熙二十二年九月二十七日，葬於西安府咸寧縣東南鮑陂新塋。銘曰：

天賜徽德，嗣音篤祥。淑慎且惠，象服斯皇。漢水毓質，南山卜藏。珠媚玉澤，亦既允臧。佑啓厥後，克熾而昌。昭示鐘萬，俾也勿忘。

砥齋集卷之十

誄

大司空二太南公誄

明崇禎十有七年甲申春二月朔九日，資政大夫、工部尚書，二太南公薨。踰九年，癸巳，公從子廷鉉將奉公窆焉，命撰作誄。撰賤且幼，才謝大夫，豈曰敢承？唯古有云忠孝義烈慷慨非命者，綴詞士未之，或遺抑行以號章，德以述美，然則榮始哀終，又烏可以無紀哉？

公生世宗朝，綜經術，志企周召，逮事神宗十有九年，由廣平太守擢晉督學，進方伯，所在著徽猷。熹宗時，紅夷亂，詔以公節鉞閩中，公至，討之，獻俘闕下，條上善後十策，不報。乃總督河道之命下，而璫黨且矯旨罷公也。先帝即位，始起公於家，召對平臺，寵錫出異數，遂歷今官。未幾，賜歸，於是公春秋六十有五矣。歸則居瀑園以老自休，徜徉山澤，延一時知名士瀹茗談藝，漉酒賦詩，間列聲伎，絲竹雜陳，或以東山謝安擬之，如是者十有三年。乾綱絕紐，大盜竊國，投繯不就，遂及於難。嗚呼，人誰無死，公死可矣。撰生也晚，未及從公遊，以廷鉉友好，悉公素履。嗚呼，世或悲才不獲遇，乃遇矣，卒不獲展施，至銜恨沒世，彼勒勳旂常，豈異人哉？撰竊嘆焉，敢託玄翰，爰表素旗，倘亦有僾乎？若覿悽焉，可傷者與！

其詞曰：

於穆肅廟，時雍化淳。庶司儁乂，陬瀯熙春。矯矯南公，覃作於秦。弱冠厲翼，珠藏玉韞。克孝克友，強記洽聞。鴻軒鳳舉，北斗南山。綏我邦家，惠此黎民。文經三晉，武緯七閩。維閩多難，紅夷不馴。南公秉鉞，荒遐稱臣。茂勳唯嘉，彼奄是畀。睮睮彼奄，悠悠九閽。成功獲罪，勇退厥身。譽章南服，憤溢搢紳。明明先帝，赫赫斯甄。乃眷西顧，徵賁蒲輪。

抗疏陳計，國儲攸均。文華賜寵，漕政以新。清鼇著績，制用永遵。亮節克明，出車屏藩。司空有命，夙駕星奔。蹇蹇盡瘁，以濟時艱。建言不遂，訏謨未申。臣罪當誅，皇心惟仁。曰歸曰歸，娛此丘園。龍臥豹隱，止足守玄。胡勾切。高山作賦，渭水垂綸。青娥白紵，爽籟芳罇。平濟才鬱，遊松志伸。躅仰前哲，學啓後昆。崇斯風徽，以日以年。彌因切。昊天不弔，爰作妖氛。三輔幅裂，九州沉淪。番番元老，大義攸存。吞聲絕茹，景命其終。諸仍切。嗚呼哀哉，名飛九天。身沒重淵，一均切。寸長尺短。鐙曜月湮，琴書黯采。丘壑鬱芬，詞林頹泣。野庶騰怨，紆云切。素軒未舉，孤嗣亦泯。嗚呼哀哉，厥惟從子。考禮奉窀，文幢日掩。縞蓋雲屯，允寧玄夜。垂表貞珉，嗟予小子。不學無文，山頹木壞。寡綜靡循，孤松掛劍。落日撫墳，千秋在茲。以慰幽魂，嗚呼哀哉！平濟、遊松，皆公堂名。

李千之誄

拒陽李三千之既卒之三月，將卜葬於華山之陰小漲村西百武許，有期矣。王子聞之，泫然流涕，曰：「嗚呼哀哉！李子生辭故壤，歿藏異土。吳季子之遺、蘇眉山氏之風乎？嗚呼哀哉！李子。」乃作誄曰：

翩翩李子，志一行醇。嗤彼世嶮，率爾天真。弱不好弄，長不輟吟。讀書嗜古，譽噪詞林。中原急難，負笈從親。孤舟萬里，茹苦嘗辛。乃恣翰墨，益蘊經綸。業成不試，歸臥寒山。悲纏風木，載賦棘人。心悽形毀，長即九冥。董帷閴戶，鄭草荒徑。魏帝悼阮，潘友哭任。幽明異隔，荏苒冬春。落暉初隴，淒風故園。而來而往，日月常新。

三兄雲隱先生誄

康熙八年己酉冬十月二十有五日，三兄雲隱先生奄捐館舍。越明年庚戌秋九月十有六日，從子宜章等啓嫂氏郝孺人之兆，奉柩以窆，追治命也。柏門松帳，哭泣祖送者充道周，蓋先生立德立言，爲善於鄉，故不忘在人矣。撰也揮涕作誄，俾有述於後，其敢以幼且賤焉，委諸草莽。詞曰：

吁嗟先生，性敏志純。夙敦孝友，益懋經綸。動正用和，秋肅春温。立人之極，慕義歸仁。家既多難，國靡濟屯。耿耿先德，在茲丘園。游藝翰墨，頤情典墳。若昧若退，一道是循。南嶽徵士，東皋逸人。以今方之，實唯其倫。天不慭遺，奄棄中年。孰有恒化？亦曰返真。厥藴不展，音容遽泯。有常存者，日月與新。素幢被野，縞蓋蔽雲。悽聲震木，酸涕霑巾。已矣先生，長寢九京。與伯仲季，從我嚴君。弟獨何能？留後死身。不即殉決，慚率子孫。仰事俯育，莫慰苦辛。哀哀天地，夫復何云？

吴繼洲先生誄

歲上章涒灘夏四月二十日己卯，故扶風縣儒學訓導、誥封中憲大夫繼洲吴公卒。冬十二月十二日丁酉，冢嗣翀奉葬於先塋之穆位，以元配蘭太恭人從禮也。賤子王弘撰相哀作誄，表諸素旗焉。其詞曰：

猗歟吴公，沉潛高明。孝弟維允，忠信攸行。氣因義養，情以禮耕。伯春恂恂，子横觥觥。府藏墳典，畹富芷衡。爰彪於外，唯中之弸。岐陽司鐸，宣詠由庚。返服渭汭，厚志畏榮。自樂名教，笑絕拘儜。常勤稼穡，斥遠邪嬴。善爲國紀，實維輔檠。履道坦坦，幽人之貞。陳寵敦朴，劍賜椎成。卓茂恬蕩，褒德錫名。公也兼之，孚於里閎。山中宰相，洛下耆英。溪側漁父，垌外田更。執漿執爵，以待時清。何天不弔，朱華西傾。寢疾奄忽，駟虬上征。哲人其逝，我心京京。賢媛是祔，齊德偕盟。素車戚發，白馬悲鳴。何以送之？稷粢簠盛。又何送之？翠濤竹罌。風雲黯色，日月慘晶。嗚呼殄瘁，莫罄哀誠。

砥齋集卷之十一　祭文

建石坊祭告文

曩癸未冬，男學奉我父訃，疏請恩闕下，欽蒙聖諭，贈蔭如典，已復賜祭葬。嗣以逆闖作亂，京師不守，未及施行。男學等遭逢不造，跧伏荒巖，雖展掃時切，而坊表碑碣闕焉。未修惴惴，旦夕爲懼。茲不幸我母見背，將以今歲甲午冬奉襄大事，時四方少寧，謹督工人擇四月朔八日建石坊一座，追遺命，稱敕建云。恪陳牲醴，敢告我父。事涉稽遲，罪在男等。皇恩維新，靈庶慰止。榮終啓後，永貞無渝。

祭睢州王封君文　代湯荊峴兵憲

嗚呼，公一旦遂至於是耶，則斌竊以嘆嵩嶽之無真氣，而詞壇之失大賢。緬惟公之夙昔，學足冠乎時表，而道實超乎象先。珠藏玉韞，鳳矯鴻翩。燦密辭以比金石，渙高義而薄雲天，故摛藻則鮑謝瞠焉。其後而詮理，則濂洛關閩不得耑美其前。若此將以掇青紫如拾芥矣，而竟蹶一第，斯世道之汙隆攸係也，而豈僅公一身之迍邅？

乃公齊古今而渺萬物，遂陶然容與，自樂其林泉，舉聲色裘馬無以動淡泊寧靜之衷，而獨朝夕乎其韋編，於是里誦仁人之昌後，家祝君子之大年，當事者重。鄉飲之載在國典，賁干旌於睢陽者，至再而屬在遠邇，無不謂唯公克光，此豆籩蓋見閭而式，執饋而饗，彼自以勸勵風化，有司之本事，而三代之直，猶在民心，亮非斌一人之阿私所好而云。然方以幸泰山梁木之在，仰何天不憖遺而欻焉，騎箕尾以歸於重玄。

斌生也晚，辱公忘年之愛者，固非一日，而與公之二子既朱陳之誼好，而又管鮑之情堅，横經析義，角藝聯篇，爰文章之勗矣，亦節概之勉旃。或一室偃仰，或旬日留連，或登山而同屐，或泛木而共船，惟龍文驥子之後先。其金門射策，而斌亦明光起草，承下風以與周旋久矣，得失休戚之相切至哉！形骸畛域之都捐，誠繇公過庭之訓，有不鄙夷者，是以二子結交，盡四方之彦，而於斌益致其拳拳。

不謂奉别鄉土，擁節秦川，曾日月之幾何？而今遽捧公之訃也，則斌之恨不獲左右，二子於苫凷之次者，又烏禁其腸九廻而如輪，涕疾出而如弦哉！嗚呼，弱冠負青雲之志，皓首膺一命之錫，論時數者或見爲寵，而亦見爲憐，抑聞之厚積而薄發者，必以遺諸其嗣，然則二子之克世家學，而蔚爲儒宗，且以耀功名於竹帛也。公亦可以無憾於人世而含笑於九淵也已。山川目斷，風木悲纏，炙雞絮酒，弛薦几筵，唯公之靈有先天地而生者，自不與物化遷，尚其鑑。此千里之忱而封疆臣之不與祭者，於簡書不得以自專也。嗚呼哀哉，尚饗。

祭伯兄石渠先生文

庚子正月丁巳朔越十四日庚午，伯兄殁七日矣，弟弘嘉、弘賜、弘撰、弘輝率從子宜卓、宜穆、宜述、宜章、宜純、宜宣、宜輔、宜輯、宜紳、宜溥、宜懋、宜繩、宜繼，從孫錫、鑄、雍、驌、楫、孝、曾、騶等，謹以剛鬣柔毛庶饈香楮之儀，致奠柩前而告之以詞曰：

嗚呼，大兄竟忍舍我而逝邪！唯我父母生我兄弟六人，乙酉之歲，喪我仲兄，時我母猶在堂上，今去母殁才八年耳，而大兄復忍舍我而逝邪！大兄天資醇厚，好學篤行，少從我父遊馮恭定之門，履規蹈矩，惟濂洛關閩是程，勤以立業，儉不負德，接人處事既直且恕，同里咸敬而畏之。即時小有牴牾，而久之未嘗不心折也。乃運數偃蹇，屢困棘圍。大兄信道不惑，益振奮自厲，無何甲申三月十九日之難作，遂裂衣冠，棄人事，教子弄孫，自謂長有丘壑矣。時移代易，物情潛庚，大兄固有不忘於懷者，間復縱酒，慷慨於邑，浸尋有疾，以致右臂不仁，遂彌年載然，左手操筆，抄録經史，誦數思索，曾不一日輟也。

嘉等情則兄弟，誼兼師友，方幸執業談藝，不至荒迷失依，而大兄竟忍舍我而逝邪。比宜亨成進士，人皆爲大兄賀，謂是可以愈疾，乃大兄顧弗沾沾色喜也者。有道之衷，其無所動也，蓋然而何意？其遽及於是邪？疾且革，呼嘉等前，謂生死事已見，心無所苦，獨待長兒來一訣耳，而今竟不及見也。

嗚呼，痛哉！尚復何言邪？牲醴在几，涕淚在衣，五内如割，繼之長號，號曰：

學極夫根宗兮，何夭壽而可貳。土伯九約兮，黔贏懭悅而弗治。信姱節之獨修兮，亦衆芳之咸臻。魍魎映睟兮，紛駓駓其逐人。從嚴君於九京兮，與仲氏而翱翔。羌後死之無所兮，心脈脈其内傷。哀哉命兮夫何常！

祭四兄酒臣先生文

維歲次庚子十一月壬子朔十日辛酉，弟弘撰、弘輝率從子宜亨、宜卓、宜斐、宜穆、宜温、宜述、宜章、宜宣、宜輔、宜準、宜輯、宜昂、宜溥、宜懋、宜植、宜銓，從孫子仙、子僖、錫、子佶、子偉、子侗、鑄、子儼、子儀、雍、楫、孝、曾、騊、子僑，從曾孫贇天等，謹以剛鬣柔毛庶饈香楮之儀，致奠于四兄酒臣先生之柩曰：

嗚呼，我伯兄之喪未除，而四兄又遽及於是也，哀哉！尚何言？唯是兄幼負至性，聰敏邁倫。長而涉獵古籍，意矯矯不肯下人。獨鄙章句，不喜爲舉子業，間爲之，率有精詣語。然輒棄去弗理，以爲丈夫章樹不第，在是也。昔我先考秉鉞虔南，兄趨省者，屢往來江漢，視如閭里。時我考方征猺夷之不庭者，乃兄即抵掌談軍旅事，語中窾要，我考喜謂兄：「吾年垂六十，知子不盡。」於是兄益自許蕩，目中原烽火搶攘，恒欲以戈馬策勳萬里。

追甲申之變，遂自廢，寓情杯斝，著號酒臣，醉後奮袖低昂，每下涕於髀肉，幾擊碎唾壺，蓋其懷才莫展之槩，有不可告人者矣。乃何意遽及於是耶？

先是一日方聚，飲於鄰友之館，載談載笑，不異夙昔，弟且醉亡酒，而兄猶歡呼不輟，夜深就寢，雞將鳴，痰作，嫂氏遣家僮亟召弟，至則兄瞪目而視，喉咯咯有聲，顧不能出一語。及諸子若孫咸來環之而泣，兄已若弗聞也者。藥投之百端，罔效，曾不及午而溘然逝矣。夫人孰無死？古今旦暮即修短何殊？第無如此，子未及成，女未及笄，何也？且天地間才不數出，而淪落湮沒者又不可勝道，寧直抱骨肉之痛已乎！傷乎！傷乎！

昔我兄弟六人耳，今則半歸泉下。歿者已矣，生者又無所建立。念我二人，能不悲哉？嗚呼，兄得從我二人，以與伯氏仲氏遊，弟不能言有盡而恨無窮，其何能悉此縣別之緒、永訣之情也耶！

祭馬君豐文 代張繼昭舅

矯矯馬君，灤川之英。明月隱秀，降爾崢嶸。鬱鬱厥祖，好善鮮成。寸心秋水，大難以攖。哀哀馬君，襁褓斯娉。間關千里，如物在萺。於惟先考，亮節怦怦。慨焉收爾，適我柴荊。時余就傅，出入與並。衣無常著，食不異烹。旭日聯几，午夜分檠。及爾無間，風雨晦明。嗟我先考，夢奠兩楹。煢煢在疚，與爾一情。遭時不造，寇氛搶攘。喪亂飽歷，爾無渝盟。大清定鼎，昭幽鑑貞。保爾室家，復始振聲。天不厭禍，二豎營營。奪爾壯歲，掩藻摧菁。嗟嗟馬君，多難維縈。於十年間，榮枯三更。人世幾何，倏忽陰晴。矧艱厥嗣，曷報所生？爰設几筵，亦有醴牲。柏門目斷，松帳魂驚。靈而有知，庶歆余誠。橫涕永訣，搖搖心旌。

謁思陵祭告文

嗚呼，昔甲申三月十九日之難，惟帝棄四海臣民，身殉社稷。臣幺䍽下士，僻處西陲，未遂哭臨，罪當萬死。兹來燕薊，特謁園陵，敢及諱辰，恭修祀事。爰陳俎豆，祗薦溪毛。念十七年覆載之恩，心慚書劍；盡三千里草茅之悃，淚灑河山。仰冀皇靈，俯垂昭鑑。嗚呼哀哉！尚饗。

祭三兄雲隱先生文

維歲次己酉十一月庚寅朔越二日辛卯，弟弘撰、弘輝率從子宜亨、宜卓、宜斐、宜穆、宜温、宜述、宜純、宜輔、宜準、宜輯、宜紳、宜懋、宜植、宜繩、宜銓，從孫子仙、子僖、錫、子佶、子偉、[子]侗、鑄、子儼、子儀、雍、楫、駒、子僑、駉、彦、椿、伊，從曾孫瓚、璟、珏、琯等，謹以剛鬣柔毛庶饈香楮之儀，致奠于三兄雲隱先生之柩曰：

嗚呼，吾三兄今日而竟至於是耶，傷哉！傷哉！弟之生則不如其死也。

念我父母生我兄弟六人，仲兄之殁已二十有五年，伯兄、四兄之殁亦且十年。今三兄又逝，所存者獨弟撰與輝耳。道業未成，君親之恩未報，進無以表見於當世，退無以式刑於一家。弟之生則不如其死也。

弟自襁褓出，繼爲叔父後，不自知時稱我父母曰伯父伯母，兄非之，爲語之，故曰制，則從之父母之稱，無改古之道也，弟始悟。我父母居京，留弟在家，飲食衣服唯兄與嫂氏是依。既而入京，則弟與兄俱。隨侍虔南，又弟與兄俱。蓋諸兄弟時有暌別，而弟與兄出入相同，如影隨形，未嘗離也。兄之孝友出於天性，約躬敕度，有金玉之美，而博通羣籍，富有日新，乃于諸弟之中，又獨愛弟，弟從之，習爲詩歌，習爲古文詞，習書習奕，事事皆兄導之。弟邇厭雕蟲，有壯夫之悔，欲更綜經術，爲就實歸根之學。兄聞之，且喜且勉，方期共相砥礪，而今一旦生死頓異，聽之而不聞其聲，瞻之而不見其容，僾然以思，愾然以嘆，欲求其髣髴而終不可得。弟之生則不如其死也。

弟素不治生產，兵燹之餘，析居山村，家中落，值歲祲，不免饑乏，唯兄恤之周之恐後。今弟有難，急之者誰耶？弟學操觚，間有所著，兄與伯兄每以爲可，而兄尤相爲商確，不惜改定。今弟有作，知之者誰耶？弟昔有狎邪之行，兄知之切戒，而杖僮僕之從弟遊者，不少寬，弟爲之閉門不敢出者累日。今弟有過，責之者誰耶？唯我先人以勤儉寬厚垂訓我兄弟，奉之無違，食指漸多，中年分爨，未嘗知有較論財物之事，而四十年式好，無猶兄無怒色，弟無逆言，庶幾既翕之風，此可質之鬼神，信之里鄙。或有稱之爲沮溺耦耕機雲共學者，斯言雖未敢承，而以視世之爲兄弟者，則亦稍有別矣。若兄之諸子：章已登第，舉止頗謹飭；宣性剛而訥，雖不諳事，然濳跡攻業，有長可取；獨觀也幼，敏而不學，兄嘗以爲憂。前數日，兄坐我明善堂，言偶及觀，爲之愀然，不樂者移時。今觀不自立，弟將任咎，懲之不嚴，觀且藐聽，愛不避勞，必施夏楚焉。此兄之所待以瞑目者也。

嗚呼，弟不敢虧天地之仁，弟不敢失胞與之義，弟不敢泯我祖宗之澤，弟不敢忘我父母之恩，弟不敢置我兄弟子孫之事於膜外，弟不敢藏我兄弟子孫之怒於胸中。今弟與輝率我兄弟之子孫聚哭於斯，而娓娓爲是言以告者，一以自厲，一以慰兄，亦使我兄弟之子孫共聞之，庶幾有以勉之無斁也。

嗚呼，牲醴既設，血淚沾襟，唯兄愛弟之心實倍尋常，而歆然來格，將必有以鑑弟之心，又豈幽明之所能睽隔耶？

又祭三兄雲隱先生文

嗚呼，吾兄之棄弟也，今十閲月矣。秋華零露，濺淚驚心，念我父母諸兄皆已隔世，弟也道業無成，獨苟活旦夕，靦顔實甚。唯是吾兄三子析產，昔有治命，弟仰思俯推，更爲區畫，罔不均。以吾兄承之於先者，所望吾兄之子守之於後，而有恣不遵訓、玩不攻業者，是用寤寐爲勞，雖夏楚屢施，頑冥未移，或且欲弟姑置揆之於義。既有所不可，尤恐他日相從，無以見吾兄於地下耳。茲值奉窆之時，謹率六弟暨諸從子從孫從曾孫等，刑牲斢醴，祇薦几筵，知吾兄有不瞑目於此者，故略陳及之。唯吾兄靈爽長存，庶幾鑑之歆之，倘有以默啓其衷，而使之聞斯言也。爲之憬然知警乎？則弟之所痛心疾呼而不能已者，亦尚其不虛矣乎？

告高曾祖神主文

昔癸未冬，有寇亂，陷我縣城，毀我祖廟及神主，時爲之後者，不能以死守，罪也。嗣是撰兄弟散居村莊，生計艱難，以致几筵不存，俎豆罔設，迄二十餘年，霜露悽愴，不可以爲人矣。今宗子譽已亡無後，而撰之諸兄亦皆謝世，則撰之有作，非僭也。謹於壬子冬至日，率弟輝及諸從子從孫從曾孫等，特成神主，重修祀事，唯冥有靈，尚鑑悲悔之誠，是憑是依，來歆來格，撰等不勝哀悚追慕之至。

王氏宗祠成祭告文

蓋聞古者各有始祖廟焉，今無定制，然作者不一矣。弘撰不才，稽先王制禮之意，參近世諸儒之說，擇吉卜地，鳩工庀材，創建祠堂，以奉我始祖考始祖妣神座，有事以我先祖考先祖妣祔。自傷貧賤，無力致美，然不敢不及寢，以貽怨恫。經始於昭陽赤奮，若至閼逢攝提格。落成正值冬至之日，聚族之長少，恭修祀事，祇用昭告，特申追遠之情，以廣因睦之義。惟冥有靈，是憑是依，啓佑我後人，俾克以續，無墜厥德，弘撰不勝大願。

三兄祠堂成祭告文

嗚呼，斯堂也，昔兄讀書會友之所也。今兄之子宜章重新之，奉木主於中，將以時修祀事，弟心與之，知兄之所歆然憑依者也。俎豆既設，音容如在，竊以嘆世有美其居處，而先人之靈無所栖託者矣，如宜章之爲，得不以爲孝乎？敢告。

祭吴繼洲先生暨蘭太恭人

聞昔翁之生也，蓋感文昌之異徵，僉謂早策名天府，作帝股肱。孅道德之純粹，燦文章之爾雅，履規矩以宗程朱，鬱縱横而軼班馬，何數奇於科第之餘？晚乃司鐸乎岐陽，顧不折腰於五斗，浩然返初，服以相羊，樂天命而善晦，頤情志於竹素，敕子姓以纘緒，事嚴祊其永慕，唯元妃之齊德，矢雙隱比跡。夫鹿門既孝慈之可，則復勤儉之克敦。令嗣出守著譽，循良寵錫紫，誥賜養華堂，胡旻天之不憖遺，嗟薤露之易晞。琴瑟百年以偕老，窀穸千載而同歸。小子懷經師而憮惘，拜禮宗而徘徊，將廢讀乎蓼莪，疇補亡於南陔，陳俎豆以攄悃，敢趨蹌而致詞，靈連蜷兮如在，庶陟降兮格思。

砥齋集卷之十二　雜著

先儒胡先生謚文範説　代孫鐘元徵君

文惠以婦謚，靖節以友謚，至文中子則以門人謚，自是除國典外，凡道德文章可法於後世者，學者皆得以私謚，其來尚已。

余嘗慨邑先賢胡先生之字不著於籍，而邑誌暨配祀劉文靖公集中，皆稱炳南。炳南，先生名也。夫文章如謝靈運，勳勞如郭子儀，而皆不以字著，豈遽有減於令譽之烜赫？然而後學景仰前賢，尊名之禮於先生又烏可已？於是生先生之里者，考先生素履，僉議謚曰：「文範」，將使後之述先生者，尚有所稱云。

客有徵其説者曰：「先生以五經成進士，累徵不仕，與楊、李、毛、焦四君子講道林尖山，卒配享文靖公祠。在易，觀之六四曰：『觀國之光，用賓於王。』蠱之上九曰：『不事王侯，高尚其志。』先生蓋兼之焉。文爲國華，範爲世則，擬諸形容，昭茲來，許其誰？」曰：「不然。」或曰：「聞之謚法有之，道德博聞曰文，而範則奚稽？」曰：「斯私謚也，固國典之所不載，且古有之矣，陳君仲弓是也。」

野語

睢州荆峴湯公爲潼關治兵使者，諸部下吏神明之，鄉大夫蓍蔡之，士師之，農工商旅父母之，歷三年無間言，而遷豫章藩司，分守嶺北。弘撰嘗爲學博士，代草一文，公見而亟稱之，召與語，忘分降禮，待以國士，故其感公也爲尤深。公且戒塗，乃述野語一卷，言無倫脊，乏藻采，而又出自草茅，故曰：「野也。」

陸象先在官，務以寬仁爲政，司馬韋抱真以爲言，象先曰：「爲政者理，則可矣，何必嚴刑樹威，損人益己，以傷仁恕之道。」又常言：「天下本自無事，但庸人擾之爲煩耳。第澄其源，何憂不簡？」楊公權至性沉靖，獨處一室，左右圖史，凝塵滿席，淡如也。其所知友皆一時名士，或造之者，清談終晷，未嘗及名利，天下雅正之士不遠數千里爭趨其門。斯二者，公實似之。

潼關久苦兼并，國稅積逋有至數歲者，公下令輒完，至片言折獄，尤多所哀矜。陳邦彥催租不下文符，但揭示名物，民競樂輸，聽訟咸得其情。或問陳何術？答曰：「無術，第公此心如虛堂懸鏡耳。」

天下事以誠爲主，公所以能使人悦服不忘者，亦唯以誠。昔貞宗與黄石齋論誠與清，往反數端。撰不學，亦以爲清出於誠，今觀於公益信。

孔君魚爲姑臧長，清儉。前長居官數月，即致貲產，君魚四歲財物不增，唯老母極膳，妻子俱食葱菜，公除祭祀燕享外，率不用肉。吴隱之爲廣州刺史，常食不過菜及乾魚，公並乾魚無之。三年如一，始終不渝。聞太翁至署中時，曾用一雞。先達云：「咬得菜根，百事可做。」有以哉！

任長孫爲會稽都尉，年才十九，迎官驚其壯。及至郡，靜汨無爲。先遣饋禮，祀延陵季子公。隸關之始，首檄修楊伯起墓，建饗堂，自爲文泐石。蓋其生平所自期許者，可知矣。

己未大旱，公責躬步，禱爲文告西嶽華山之神，其詞曰：「惟神體函金德，位列兑方，功配兩儀，澤潤萬類。惟茲關輔，實處神宮牆之下，雨暘寒燠，咸賴神休，乃自去歲三冬無雪，入春恒暘，轉亢雲興，斯颸塵霾晝曀，麥苗洊槁，百姓無所歸命。夫休咎徵事，祥異從人，良由斌等奉職無狀，或政乖刑濫而獄有冤民，或吏墨兵驕而里盈怨氣，或單丁獨戶窮苦重其租徭，或鰥夫孤兒死亡莫之振救，以故感動天威，召致災眚。然神目孔明，官之不職，宜明賜誅殛，奈何舍其有罪而殃我羣黎。今斌躬率寮屬，早夜步禱數月於兹矣。呼神莫應，籲天則高，下民何知，遂妄疑神聽不聰，而欲求媚於淫昏之鬼。夫山魅澤怪，神之所宜屏斥，而淫昏之祀，明主之所宜禁也。若三日不雨，民奔走於淫昏之鬼，斌不能止也。倘氣運丕極，而通偶與雨會，則民必歸靈於鬼魅，將淫祠日盛，左道日興，雖告以名山大川，澤被生民，其孰信之？惟神念官吏士民悔過之誠，敷奏上帝，屏風伯招雨師，雲奔電趨，貽我來牟，使農夫饁婦知嶽瀆明神果能闔闢陰陽，吐納風雨，將益堅其畏信之心，而淫昏之鬼自不能惑我民志，是神之眷佑斯民，不但錫以有年之慶，兼賚以正德之福，仰戴神休，永永無既。」謹告數日，果雨。鄧巨君白鹿之祥，敢爲公祝。

馬人望檢括戶口，旬餘日而畢，蕭保先怪而問之，人望曰：「民產若括之無遺，他日必長厚斂之弊。大率十得六七，足矣。」保先謝曰：「公慮遠，吾不及也。」前均地時，公下令極嚴，及莅視，但綜其略已耳。弘撰嘗以公爲政，爲能得大體者，此類是也。

弘撰嘗問公唐以後文奚法？公曰：「文以理爲主，無不可法。歐蘇之文暢，昌黎體格高峻，故當出一頭地。」問明一代詩孰長？公曰：「信陽俊逸，滄溟高華，太倉博藻，終是北地氣魄大。」公鑑賞如此，不獨優於爲政矣。

一日，與伯兄、三兄同坐草堂，偶論當代人物，伯兄曰：「湯公，其古之善人乎？」弘撰曰：「否否。公貌温而氣嚴，學博而養粹，寡欲無累，取與不苟，刑不濫亦無所縱，覊捕巨盜數十人，有立斃杖下者。異不傷物，同不害正。光風霽月之度未易測其藴。善人者不及是，公蓋有道之士也。」三兄曰：「五弟知人哉！又知言。」

鄉大夫雷君噓和曰：「湯公品行學問度越一世，當典禮文，備顧問，主爵者何以出公？即出，豈不可復入？乃不西即南，使賢者僕僕道路，吾不知其出入於承明著作之間者，皆何人也？」弘撰無以應。

諸生陳其良曰：「湯公仁政清操，舉世無二。其良每問之父老，皆云百年來所未聞見。」時郝玉栗在旁曰：「詎止百年哉？」故弘撰嘗作贈公序，中有云：「百年來所未僅見。」其上一數字，乃玉栗所增也。

公謂揚雄學極有得，但多投閣一事、美新一文耳。弘撰因舉賀長白嘗辨投閣美新之誣，云：「揚子雲古以比孟荀，紫陽氏著通鑑綱目，直書之曰：『莽大夫揚雄死。』不知雄至京，見成帝年四十餘矣。自成帝建始改元，至天鳳五年，計五十有二歲。以五十二合四十餘，已近百年，則與所謂年七十一者相牴牾矣。又考雄至京，大司馬王音奇其文，而音薨於永始初年，則雄來必在永始之前無疑。然則謂雄延於莽年者妄也。其云媚莽，妄可知矣。按：雄，郫縣人。郫人簡紹芳辨證尤悉，簡引桓譚新語曰：『雄作甘泉賦一首，夢腸出，收而納之，明日遂卒，而祠甘泉在永始四年。雄卒永始四年，去莽篡尚遠，而劇秦美新，或出於谷子雲輩。』然考之法言，云：『漢興二百一十載，爰自高帝至平帝末，蓋其數矣。』而謂雄卒永始，亦未必然。計雄之終或在平帝末，則其年正七十餘矣。因雄歷成、哀、平，故稱三世不徙官。若復任莽，詎止三世哉？由是言之，紫陽亦未可爲實録也。」公悦，既復嘆曰：「此賴有心者白之耳。而紫陽一筆竟不可易。」洪武時，遂以此黜雄孔廟從祀。嘉靖時，人猶議之甚矣。行己立言之不可苟也。

新歲，弘撰嘗謁公，值公方理事，時元宵近，適有某縣遣一吏送華燈火樹並桑落十卣，公怒斥出，吏色喪，其負之至者，一鄉人也，恚曰：「我一小人，固知其然，豈有清嚴如此，即金玉弗愛，而又需此區區者耶，獨使我往來受苦奚爲？」蓋怨其邑長之不知公也。

或有言公持準提齊者，此必不然。弘撰始見公時，公論學，謂弘撰學切不可雜佛老，豈以戒弘撰者，而顧躬自蹈之歟？韓昌黎作原道，距邪息淫，至抗表佛骨，掊擊不遺力，及在潮州，與大顛往來，頗密信之，稱其胸中無滯礙。周子嘗有詩云：「退之自謂如夫子，原道深排佛老非。不識大顛何似者？數書珍重更留衣。」雖賢者之所爲，固不可測，然不免於後世之疑也，恨不及與公質之。

公嘗論時義，曰：「子文清高，恐不利於售。利於售者，其陳長祚、陳調元乎？」長祚爲弘撰同社友，又戚屬，而調元則弘撰之姑之孫也。二生皆工於文，然長祚受知於公之作，實出其弟寬祚手。寬祚少年，能讀書，尤可愛也。

公一日問弘撰：「君從子宜斐、宜純在家何事？」弘撰對曰：「無事。」公曰：「人家子弟只可令讀書，不可令預人事。黄山谷每言子弟惟俗不可醫，醫俗惟讀書。若斐與純者，故當是君家千里駒。」弘撰謝曰：「敢不受教？」歸以語兒輔，輔邇來亦勉力於學，則公之有造於寒宗者多矣。

豫章，古所稱文章節義之邦也。公溯江而上，山川人物之盛在指顧中矣。弘撰聞西山南浦之間，有徐巨源先生者，博學行義君子也，足跡不入城市。昔周孟玉清潔自厲，前後太守禮命皆不至，惟陳仲舉能致之。弘撰不知巨源，視孟玉何似，公倘能致之乎？

虔州當四省之衝，山磎所會，人詐而多盜，諸猺苗蠻之所出入也。然兵強糧聚，南服雄鎮，公以治關西者治之，行見虔州之政成也。

先大夫節鉞虔州垂六年，所剿妖剿寇，具有成績，鞅掌盡瘁，所不負一人，以媚百姓者，尚炳炳也。夫爲國捍患有功，民社皆宜祀，此國家之律令也。公得無有意采之乎？然非弘撰之所敢請也。

人非鹿豕，焉能常聚？故淚不洒別離之間，此亦通人之概也。然文通有云：「黯然銷魂者，唯別而已矣。」況於賢者之去，師表漸遠，鄙吝斯生，又安能無悽悽於懷耶？己亥花朝，華陰王弘撰識。

募修佛頭崖文

關中爲天下首，而潼關以臨中原，實扼其吭，具建瓴之勢，南阻絕巘，北陷洪河，然茀莽川蹊，伏牛鎮渡，是謂崇期南三十里奇有谷，曰潼，以潼水洄流，故即達拒，陽道固合，方氏所弗敢廢也。厥有岐旁，嶔巇沉漻。蜿蜒行，前者見趾，後者見頂，徇是者十里，獨崖突兀起，人相傳稱爲佛頭，蓋謂其凸凹硱硍狀，似佛頭然，故名。

羣峰拱趨，萬木蓊鬱，談形勝者尚之，爲殿爲洞者數以像諸佛菩薩，爽塏攸宜，一泉出洞側，滉瀁淤漫，秦晉之間，有魃虐，禱之輒有霖，應人以是，尤神之。

孤巖旁峙，爲埒一石，眂之如菡萏初發。擬鑿洞，以奉三教聖人。夫三教之名，唐以後始有之，其說不經，君子有世道之憂焉。然所從來已久，里人之意有匪可以口舌爭者，今方鳩工庀材，圮者復之，缺者補之，顧其費頗鉅，而周自孝者獨慨捐四十緡，以爲衆倡，乃羣詣予，乞有言以勸。

維時四方底定，廬落整頓，耕耘以時，而兵憲公振綱肅紀，郊圻有澄清之樂，而于于，而吾吾，即出所有餘，以綴太平之色，亦其情之所不惔者，予是以云。

紀劉石生事

癸未春，劉石生送其兄遠生、客生之京，道經華下。予與客生素善，因下榻留飲，十有餘日而別。遠生尋補虔州別駕，值甲申之變，客生亦南，兄弟或仕或隱不能詳，而久之相繼以疾卒於粵，櫬不克歸，石生在家，顧窘甚，兼中讒疑，懼禍且不測，卒賴顯者力獲免。

甲午，石生以明經廷試，將博升斗，爲扶櫬計，適國家取人之途方廣，銓法且壅，石生遂西還，與予相見，每言及粵中事，輒嗚咽泣數行下，既仰天嘆曰：「即兩兄之櫬不歸，漢客一旦填溝壑，目何以瞑？」

時李孔德在代州，陳祺公先生所知之趨，石生入代而告陳先生以故，陳先生曰：「此大事也。吾當成之。」問所需，或晝非三百金不可，陳先生傾橐資之如其數。石生復遘疾，不能自行，以金付其族孫亦步率僕往，即馳書關中，以報予曰：「今而後漢客可以死矣，所不敢忘陳先生之德者，願與子共識之。」予聞之，且悲且慚，爲書以謝陳先生，而復書石生，則附以勉勵之言。又戒其暴怒、食用過度數事，先是石生以他事責三水文黃庭，予復言黃庭無他所責非是，石生得書大怒，方治歸裝。雖孔德解之，不釋也。予度石生不終怒予，在途必翻然悟，悟必有書及予，以白其在代之失。乃歸未幾，以前疾頓劇，遂殁。殁月餘，而亦步始以其兩兄之櫬至。

嗚呼，石生十載苦心，惟以兩兄之櫬之故，今兩兄之櫬聚於一堂，而石生不及見矣。予自復書石生後，未與石生再面，是石生之怒，予竟爲永訣，雖有翻然悟之言，而予與孔德之不及聞也。斯二者，予之所以慟石生也，又何能有已時耶？

哀嵩山

湯太夫人趙氏死義睢陽，紀在太史矣。太夫人有子荆峴，今潼關憲副，崇德修政，聖人之徒也。恒愀然莫之慰志，于時華山賤子王弘撰爲擬楚聲焉。

硐松亭生兮嵩山幽，霜霰澹淡兮正氣繚。龐鴻宕冥兮石巑嵲，谽㗇泬寥兮水嗚咽。土伯觺角兮魑魅嗥，侘傺中野兮徒離憂。貞妃逝兮不歸，恒幹去兮淒淒。日暮兮蕩丘墟，猿狖啼兮，瞻瞻蔥兮，鬱洞髣髴中惝惘兮視軋。沕戃兮，忽潚兮。汩風雨，訣震霆。淫裔兮人驚怵。峗巍巊㠑兮滉瀁泧漫，巖谷霐寥兮餐菊紉蘭。柏舟容與兮窈窕九天，白雲揚靈兮寒泉增嘆。珮纕楚楚兮，騑騑剡剡兮，珊珊瑤席兮，霞厄陟屺兮永悲。侘傺中野兮徒離憂。山有虎兮木有鷙，鳳呼雛兮慕其儔。貞妃兮歸來，禮宗兮申誦以懷憂。

河圖洛書賦

粵溯天地之鴻濛無朕兮，乃大聖人之首作。肇千萬世文章之祖兮，發元機之渾噩。通乾出天苞於河兮，流坤吐地符於洛。雖愚陋之寡識兮，間嘗竊窺其大略。

繫龍馬之文以旋兮，五十五之圓以爲圖。靈龜之文以坼兮，四十五十書以方符。唯陳摶之秘傳兮，乃劉牧之厚誣。義或晦而不明兮，端有賴於宋之諸儒。圖以左行而生相次兮，書以右行而克相須。既生而克以寓兮，亦克而生以俱。蓋不克則無以制生兮，而不生則克亦永徂。

是以其爲圖也，北有一六之共兮，南有二七之同，四九以西兮三八以東，五合五而爲十兮，相守以居其中。其爲書也，戴九兮履一，左三兮右七，肩二四而足六八兮，五虚十以退於密。天地之數相得以有合兮，儼然兄弟夫婦之允乎。圖之有十而未嘗有兮，書之無十而未嘗無。對待之於流行兮，體以一致而用以萬殊。洵卦畫之可作兮，亦蓍策之攸模。將五行之無遯兮，詎九疇之可拘。圖以生數配成數兮，秪道其常。書以奇數統偶數兮，其變可詳。陽内陰外而相合兮，交泰之義藏。陽正陰偏而各分兮，尊卑之位彰。圖之行奇以比兮，書之位唯偶是當。正四方以爲乾坤坎離兮，補四隅以爲兑震巽艮。斯進退饒乏之有序兮，乃陰陽老少之足論。然則圖有天地之象兮，觀其位次而天地之交以清。書有日月之象兮，觀其位次而日月之會以明。三才以之而立兮，四時之所以行也。百物以之而生兮，萬化之所以成也。

於乎盛哉！孰能上而仰述？夫太昊之神兮，下以竊附於邵朱之亹亹。嘆河圖之效靈兮，發聖人之獨智。以有斐愧千慮而無一得兮，其尚奚用此娓娓？

公留狄陶鄰兵憲呈詞

竊以潼關，三省衝衢，據天府具獨尊之勢。兵憲，一方崇秩，等外臺，有特重之權，況當刁斗紛紜之餘，正值閭閻凋攰之際，此出車報政，惟大惟艱，故司爵簡賢，其難其慎。慨自湯使君之去，人爭誦彼甘棠思。惟今天子之恩誰爲膏，兹陰雨幸得明公。大人靜以治躬，仁能及物，負嚴四知之操，玉潔冰清，饒敵八面之才。風馳電埽，不矜名而抗迹。神聽和平，無泰甚與紛更。民以寧壹，繁詞恐涉面諛。美德已盈口碑，豈意大猷方升，倏聞稱疾不出，知一人結泉石之盟矣。奈萬姓失雲霓之望，何唯漢廷之送老成祖，道壯榮歸之色，乃唐帝之惜賢達，吟詩從高尚之心，卓爾遐風，歷代相傳盛事，飄然遠蹈於今，亦屬美談。然而西陲非無事之時，詎是南嶽可幽居之日，即遷之河内，尚思從陛下以借冠。君縱久在東山，亦欲爲蒼生而起謝傅。且江湖之於廊廟，何重何輕？抑天下之於一身，孰微孰大？諒已籌度有素，奚無權衡於斯。望體朝廷付託之隆，勉抑松菊之興，更憐士庶皈依之切，少緩蓴鱸之思，地方幸甚，人心幸甚。

公舉霍節婦呈詞

竊以故霍霞妻楊氏于歸，秉禮眉案，修無違之儀。早失所天，柏舟矢不貳之操。慈提孤嗣，食無饑而衣無寒。孝事二親，生能養而死能葬。一心愈厲，諸苦備嘗。於五倫中有二難，古今實鮮覯也。歷四十年如一日，內外允無間然。人衆言公年深論定，乞賜棹楔，以旌門閭，慰貞節於九原，不獨霍氏子孫戴恩有永，而矢激揚於一邑，將合華陰士氓亦頌德無疆矣。

待庵日札

待庵日札

飲鳳亭記

泉之甘者曰醴，唯華山下亦有焉，在予所居潛村之東，王處一志稱「璚漿玉髓，曾致鳳飲」，予每與友人就之烹茗，藉草踞石而已。戊寅秋，謀搆小亭，遂顏曰「飲鳳」，風景朗徹，林木蔚然，春榮新綠，夏茂濃陰，紅葉秋脱，素雪冬凝，四時之遊，無不宜者。其爲山澤之適，講道談藝，挾册撫琴，至足也。竊以古有品第天下之水，如陸羽、劉伯芻、張又新輩，率詳於南，其在北者，僅武關西一水耳。今乃知其所歷未廣，非知水者，豈但浮槎見棄，爲廬陵之所惜與？又嘗聞之先儒，鳳、麟皆祥物也：鳳，感陽之靈者也；麟，感陰之靈者也。孔子嘆聖王之不作，故特言鳳；至西狩獲麟，春秋以終，蓋自傷也。鳳固有不同於麟者。天碧山青，清泓淅瀝，有管弦之聲，德其未衰，敢不斂衽以須？

敍次簡潔，藴義遙深，非苟作者。

健字識疑

乾、坤，卦名也。健、順，卦之性情也。乾爲天，爲陽，故以行言；坤爲地，爲陰，故以勢言。象辭釋卦名，宜曰「天行乾」，猶曰「地勢坤」也；如曰「天行健」，則當曰「地勢順」矣。今既曰「地勢坤」，天行如之何不曰「乾」而曰「健」也？偶觀字彙，阜部有隉字，注云「古文乾字」，豈隉、健二字筆畫相似，故傳寫有誤邪？謹識以存疑。

白髮解嘲

輕雲散蔭，芳草布茵，天山丈人攜其同甲，躡芒屩，挈邛枝，放乎青山之麓，綠水之湄，聽鳥語，挹花香，游目騁懷，致足樂也。有羣少年過，私相嘲曰：「是白髮鬖鬖者，奚爲乎？」或聞之，恚曰：「嘻！人亦惡用斯髮哉！」丈人釋杖，倚石趺坐，而謂之曰：

客休矣！夫髮者，黔嬴生之，蒼華司之，受之父母，丱而兄弟序焉，結而夫婦諧焉，束之登朝，君臣以合，截之爲供，朋友以親，喜則濡墨，怒則衝冠，心有自長，土所不蝕。其在於人也如此。然白，何容易？老子生而白，顏子二十九而白；孔子七十三，孟子八十四，籍雖不言其白，而白可知。四皓采芝於商山，五老現瑞於河渚，伏勝傳經於漢廷，蘇武持節於瀚海，白之盛也，豈徒如何遜有詩，左思作賦，顧愷之致蒲柳之感，韋應物興落葉之嗟已哉！至顧命元老、勝國逸民，問道就室，車迎珍從，期頤養於庠序，耆英會於林泉，復算，授杖，加豆，賜帛，或言白髮，或不言白髮，而要之，髮未有不白者。

白之半爲蒼。白之極爲黃。曰髯，曰鬢，曰髭，曰鬍，曰眉，其屬也。如霜，如雪，如月，如玉，如銀，其色也。古人之於白髮，皆斤斤其矜且貴也。若夫不學而衰，爲事鮮終，干進希榮，遑欲敗度，壯心頓已，晚節盡喪，語言失次，登眺無興，棄忠厚之夙交，爭好惡於末契，是則人負白髮耳，白髮何負於人哉？且天之愛白髮至矣，其不輕畀人也。天下之爲殤，爲夭，黔其首者紛紛皆是也。而白，何容易？

客休矣！他如海外之裔有髮不白者，非吾族類，又何足算也。

中有大義，非游戲也。

書百石圖後

南唐寶石，既歸道祖，邈不可問，而海嶽哦詩嘆息，思之成圖，後之臨摹記述，往往於竹素間彷彿見之。乃知石雖堅，有時而泐，或湮沒弗傳，而特傳於學士之筆墨者，歷千百世而不磨也。

可齋賈先生詩文妙一代，以其餘力爲畫，神契六法，寫此百石圖，各系以數語，或如正人君子端笏垂紳，或如逸民野叟席茅蔭柳，或精悍如幽燕老將，或婥約如春林嬋娟，或如俠客帶劍，或如草聖揮豪，或如入定僧，或如羽化仙。其瀟淡絕俗之致，磊落自命之槩，所謂「塵夢忽不到，觸目萬慮空」。公家富奇石，不許常人同。」先生之意遠矣。麗農老人拜而識之曰：「古來稱愛石者，無如元章，今觀可齋先生，殆過之。而百石圖，非胸中有五嶽鬱勃，安能變化出人意表，又豈區區一硯山圖所可擬哉！」

翁嘗見硯山於鴛湖朱子葆處，謂與陶南村所圖不類，乃知唯詩文摹寫，爲得其真也。

明經五章王君墓誌銘

華陰有數王氏，皆不同姓，世通婚姻，而予與五章王君，則更以道誼文章爲友者也。予負笈南遊，君與吴君六翮送別柳隄。及予歸，而二君翛然逝矣。悲戚在心，不禁涕下沾袍。今君且葬，冢子斗樞又殁，仲子斗機以所作君狀，偕冢孫文經來，請爲誌銘之文。嗚呼！非予，其疇宜爲？

君諱衮，五章其字。自始遷祖諱端，居華山之麓，八傳而至君之考諱善士，以明經爲河南許州同知，陞山西都使司經歷，丁憂歸，值甲申之變，遂杜門不出以終。妣孟氏，生子三人，君其長也。

君生而英敏，篤問學，補博士弟子員，試輒冠其曹，食廩餼。爲文清深雅粹，不襲陳言，聲譽峻起，顧數入秋闈，竟不第。己酉，以歲貢需次，尋授鎮夷所訓導，辭不就，非其志也。當經歷公七十時，以老而傳君受家政，事親至孝，友愛其弟，教子以義方，課農桑，供徭賦，因睦宗族，敦好親戚，一切周旋醻應，雖至瑣屑，莫不規畫有條。故經歷公立高蹈之節，相羊林泉，不爲塵紲，而無四顧憂者，君之忠養可知也。飭躬厲行，以誠信爲本。與人交，坦易和平，不設城府。至恤急解紛不少恡，而繁華勢利不縈其懷。冢子爲當塗宰，迎君至署，逾數旬即返。仲子任懷遠，兼以道遠且阻，不更往，唯誡之以潔己愛民，而不以珍綺之奉易其田園之適也。博綜經史，揚搉古今，無不得其肎綮。間作行楷，有晉人丰度。授徒草澤，挈杖逍遙，俛仰無愧，樂善不倦，鄉黨咸稱之。而獨以生不逢時，抱有爲之才，莫展其用。此則予之所爲嘆也！

配吴氏，扶風縣訓導吴公元正女，幼承名父之訓，嫻内則。及笄于歸，事舅姑，晨昏唯謹，無違夫子，相莊如賓者，五十年猶一日也。俯育子女，不爲姑息之愛。以勤儉率諸婦，織紝饎爨，不惜勞苦。歲時祭享必虔，而澹素自甘，釵荆裙布，恬如也。處妯娌以讓，御臧獲以慈，接三黨之戚，禮儀有則。身不離鬲釜間，而於内外之務無不理。蓋貞靜整肅，秩秩不爽，卒成雍熙之軌。是謂「媲德儷義，宜於夫宗」，爲閨閣之所難焉。

君生於萬曆十九年十一月初一日，卒於康熙二十八年正月十四日，壽七十有九。以子官，封文林郎、懷遠縣知縣。吴氏生於萬曆三十六年八月二十六日，卒於康熙三十五年七月初二日，壽八十有九，以子官，封太孺人。

子男二人：斗樞，甲午選貢，歷任當塗、筠連縣知縣，娶王氏，予兄歲貢君弘嘉女，卒；繼娶王氏，庠生王君致猷女，卒；繼娶馬氏，庠生馬君河出女，卒；繼娶馮氏，馮君時拔女。斗機，丙辰進士，歷任懷遠、藤縣知縣，娶郭氏，安定縣教諭郭君之紀女，封孺人。女三人：一適庠生安節，一適楊復馨，一適庠生雷揚和。孫男八人：文經，庠生，娶太學生吴覲先女，樞出；文絅，娶癸酉舉人郭崇曆女，早卒；文綬，庠生，娶太學生吴弘先女，俱機出；文綸，娶予從子太學生宜觀女，樞出；文紱，聘膚施縣訓導吴覺先女，機出；文紘，文綱，文紹，俱幼，樞出。孫女五人：一適太學生王駒，予孫也；機出；一適華州庠生党翔洛，樞出；一適吴琬，機出；一適予從孫太學生王崇曾，樞出。曾孫男四人：訓，綱出；

詒，綬出；　諄，綬出；　訒，綖出〔二〕，俱幼。

以康熙三十七年十一月二十八日，葬於祖塋之次，吴太孺人祔。銘曰：

維嶽竦峙，淵亦清漪，黄玉自出，令德攸滋。矯矯王君，達節識時，進道藏輝，履險若夷。賢媛偕老，同歸在茲，幽宫孔恤，魂無不之。鬱鬱松柏，顥氣昭垂。克昌厥後，無疆永思！

不泛不繁，尚存古人之意。

趙英吾七十壽序

今之以生辰賀壽者，於古禮無之。先王之制，見於養老之政：執醬而饋，執爵而酳，若獻鳩，賜几杖；其所以重年，至矣。唯詩有之，曰「以介眉壽」，曰「萬壽無疆」。洪範五福，一曰「壽」。要皆徵之於德，以祈天永命，非必於其生辰舉也。世之稱觴生辰者，肆筵設席，子心之不能自已，而親戚友朋餽享燕衎，玉帛鐘鼓交錯於庭。其以風雅相尚者，更求能言之士作爲詩文，類稱其人素履之善以美之。乃推爲子者愛其親之心，而行以鄉飲酒之遺意，其爲人倫之樂，甚盛事也。然浮詞泛說，間失之誣，雖極爲形容，無當情實。又或侈談蓬壺閬苑、服食導引之術，若神仙可立致者，則學道之士抑亦岸然有所不爲也。

戊寅冬，奉天楊君□□、屈君□□、王君孝齋，以其鄉英吾趙翁明年七十元旦生辰，不遠百里，屬予爲言，書諸清防以賀。此固今之禮也。翁有子隆伯善昌，績學，工文章，爲名孝廉，嘗從予遊，此又予之所不獲辭者。

翁生有異資，舞勺即好讀書，父文明公器之。獨以屢遭兵燹，窶甚，無以爲養，徙業治生，以勤儉承家。及文明公見背，

〔二〕「綖出」：前面孫男無「綖」者，疑誤。

竭力襄事，不以貧故廢禮； 友愛其弟，弟沒，而撫其子如己子； 失偶中年，終不再娶，鄉里並以爲難焉。 蓋寬厚樸直，篤行君子也。 家既稍裕，遂以好施予、周急卹難聞於郡國。 每爲人解紛息爭，訢訢如也。 昔萬石君不言而躬行，齊魯諸儒皆自以爲不及。 子孫遵教，皆至貴顯。 雖無文學，名與司馬、枚、鄒並光史册。 翁非其儔耶？

近時曹正夫先生爲一代儒宗，父子之間日以講學爲事，所著夜行燭，無非引其親於當道，此世之所僅聞者。 今翁年登七十，而隆伯以壯盛之年，方以其學自見於當世，則其所以顯揚其親者，未艾也。 予特喜其一門之內，肅肅雍雍，積善餘慶，可以信之已，而必之天，以爲吾儒之舉嘉禮，有非苟而已者。 若神仙荒唐之說，既予所不道，又豈敢效浮華之俗，使方外者流翻以「禮爲忠信之薄」也哉？

義起之禮，說得有本，方不俗。

簡吳九苞

高坐老人正舉杯，海東仙子笑歌回。 爲言度索山前樹，眼見花開結子來。

翁老友凋謝殆盡，獨九苞公松柏愈茂，而小星有徵蘭之夢，故翁聞之鼓掌。

春陰

二月連陰淹凍雨，東風寂歷野人家。 屋前雀噪聲何急？ 城上烏飛影復斜。 不改青山留暮靄，虛疑杲日向春華。 沉吟厥異追郎顗，扶病從誰泛海查。

寄慨時事之作。「屋雀」，見毛詩。「城上烏」，見後漢書五行志。

焦餐石修天台山古廟記

華山之西有竹谷，緣谷而行，路纔容人，蜿蜒二十里，前者見趾，後者見頂。林木森蔚，鬱鬱葱葱。青巖隆起，有門如竇，其上平衍，廣百餘弓，有殿南向者三：一祀玉皇，一祀雷公，一祀三大士。有泉二，滙而爲潭，不待潯陽之杖叩，清源之手闢，淵淵湜湜，雖極旱不涸。是曰天台，通玄真人曾晒經於此。旁爲鹿圈觀，道士仇潤之之所經營也，自大觀迄今幾千歲，時久坍圮，僅存遺址。羽士焦餐石陽壽求諸四方之尚義好施者，重加修葺，而屬予爲言。予嘗聞客談天下山水之奇，必先及越之天台。以其當斗牛之分，上應台星，故曰天台。予邑當東井之次，此山遙隔三千里，雲霞不相接，李元之去而就之也，視之如一，貌茲名也，詎無以乎？

餐石性樸而剛，有志學仙，年及三十，有妻有子矣，一旦棄去，入山唯恐不深，居則偃臥如槁木，出則行乞於市，時而籜冠草衣，時而披髮赤腳，又時而簪花舞劍，見者率以風顛目之，而養色含津氣，粲然有心理，其中固未易測也。夫蟬葉蔽身，受欺於人，人以爲癡，不知癡者之不癡，而更以不癡者爲癡也，則人之爲所欺也久矣，其餐石之謂耶？華山之學仙者：前有焦道廣，辟粒餐霞，是周武帝之所爲置雲臺者也；有焦孝龍，危坐一庵，入火不灼，臥雪而顔色赫然者，志所稱焦公巖，其遺跡也。今將得餐石而三矣。

昔一行求師資，欲窮大衍，以天台松下水西流爲徵。予學易有年，觸緒興感，行將與餐石爲猿鶴之侶。長生久視，非所敢言，而「履道坦坦，幽人貞吉」，亦庶其不爲塵韁所紲也已。四方君子有同心者，其必有以與之矣。

天台山在華山之西，勝跡久湮。翁文出，遂多問津者。

復劉恭叔

曩二曲述君家尊人行誼，屬爲作傳，不揣愚陋，輒爾濡筆，以識景仰之私，二十餘載於兹矣。比接手翰，垂注諄切，古道照顔色，但獎借過實，非所敢承耳。僕今年七十有八，衰疾待盡，夙昔微志，付之流水，而江河日下，每一念及，不覺百感之交集也。足下高才雅度，樹立未可量，將無因時觸緒，亦有同於老朽之所懷者乎？

二曲，中孚先生也，嘗尋父屍至襄城，感劉氏父子高義，故歸而求翁作傳以報之。

書史相國字後

此道鄰史公司李吾郡時書也。公大節炳然，爭光日月，與信國略同。而春夫公宗室之賢，予猶及奉教者也，當癸未冬，賊陷郡城時，以死殉義。今於李虞臣處拜觀遺跡，覺二公忠貞之氣千載如生。追念疇昔，百感集焉，豈特筆墨是玩也哉？

題宋人畫漁樂圖

鑒畫者分三品：曰神，曰妙，曰能。朱景真於三品外，更增逸品，而黄休復乃以逸爲上。古今作者，或有筆而無墨，或有墨而無筆，兼之者難焉，然必先之以命意超俗，而位置皴渲，濃寫淡掃，唯其所宜耳。

此幀不知出誰氏手，煙艇雲林，極漁家瀟散幽適之致。相其氣韵，非宋人不能，當在郭熙、劉松年之間，所謂千之百，百之十，十之一中之所擇，不易得也。虞臣好學嗜古，什襲以藏。己卯夏日，屬爲之題，留觀數旬，幾欲效海嶽據船投水之爲，而一笑自止。澄懷觀道，何間人我。乃識而歸之。

招李虞臣看花張北山至同飲北山有詩

輕雲冉冉覆山家，沽酒人歸埽落花。正是遊春懷李白，何當博物問張華。石闌點筆風如昨，澤畔扶笻興轉賒。倒著接籬同一醉，柴門相送夕陽斜。

寄李中孚先生

奉别久矣，懷想儀型，形於夢寐。邇聞涵養益粹，知行並進，正所謂「先生之學，安且成矣」。獨恨孟常既逝，子德繼隕，言念疇昔，又不第離索之感也。弟浪跡吴越，十載有餘，今雖歸田里，而衰疾日甚，不勝「少壯不努力，老大徒傷悲」之嘆。何時得一侍函文，啓茅塞，策駑鈍，或可少收桑榆之效，是所切望耳。反身録，知已成帙，並近日著作，祈見賜。小刻二册，附呈正，唯教之，幸甚！

伏跡山莰承觀察賈公可齋招入青門談對經旬臨别述贈

山村春日暮，彌載長蒿蓬，辛苦罷行役，蕭條田舍空。幸存松柏志，猶念升華嵩。步屧無繇騁，息機養薄躬。使君才不世，高義古人同。招尋及幽仄，直以性情通。信宿酬真意，清樽日融融。素軒藏琬琰，怪石儼巃嵸。書帙共好友，藥欄課小童。翰墨展游戲，凌雲舞迴風。蒼濤與翠巘，長見画圖雄。老夫垂華髮，衰謝已成翁。嘆息身名晚，鶯花醉眼中。祇憐小兒女，往往啼門東。元亮恨枯槁，嗣宗哭途窮。饑寒非細故，束縛愧樊籠。他日煩相憶，崦嵫不堪終。殊方深雨露，薄俗願年豐。自覺心浩浩，無如事悤悤。游魚戀舊浦，倦鳥思故叢。餘生唯寂寞，何以報蒼穹？

賈公與翁爲道義之交，有久要之誼。此詩情既真摯，而詞更雅健，非漫然也。

記節女

女有未嫁而婿死者，或問字焉，媒妁既通，父母許之，女無言也，夜乃自縊，賴其家人救之甦，始言其欲之婿家以終。予聞之，遙具一瓣香，將拜之而嘆曰：賢哉女乎！是其志矢皎日、節凜嚴霜者乎！敢不拜？

既而思之：女可謂義矣，然而非禮也，其所謂「非義之義」乎？古者先王制禮，賢者不敢過，不肖者不敢不及也。昏禮有六，六禮不備謂之奔。奔者，君子之所賤也。女之歸也，必父母命之，施衿結帨，婿親迎，三日而廟見，然後成婦。未廟見而死，歸葬於女子氏之黨，示未成婦也。故其有故而未歸也，及請之，有「婿不許而後嫁，女不許而後娶」之文，無「婿不許而不嫁，女不許而不娶」之文。今女未成婦也，而行婦之事焉，父母不命，婿未親迎，而女欲往焉，是奔也！又何敢拜？

夫禮者，所以體順人情而爲之節文，非強也。今女之行如此，於禮則越，於情則拂，必非其父母之心所安也。若安之，則不慈。父母即安之，又必非其舅姑之心所安也。若安之，則不仁。父母不聽，可強而聽也；舅姑不受，可強之而受乎？且以人事言之，女才十七歲耳，從女之行，即一時安之，未必歷之數十年之久而終安之。人生以百年爲期，不幸而或早或暮，舅姑見背，婿既無子，是將誰依？必伯叔也。伯叔賢，且難之，而況其有不敢必者乎？又況伯叔各有妻子，未必其能體伯叔之心，以上體其舅姑之心者乎？其間之艱虞翻覆，是非嫌疑，瑣屑紛紜，意外之慮，胥不可勝言者。此人世之常，非予之敢以不肖待人也。又如他日女以壽終，將必與婿合葬，是婿未就女，而女就婿也。昔者曹操有子蒼舒死，曹操取其未娶之女而合葬，書之史册，貽笑千載。嗟哉！女之賢也，而究乃同於曹操之所爲，豈不可惜哉！

女未讀書，未達聖賢中正之道，或聽稗官小説細人之言，而激而出於此，是在其爲父母者，婉諭而曲成之也。若不深惟終始，或致他日之悔，使其事不光於彤管，則負女矣，亦非天下人心之所欲聞也。

言合中庸，有益於世道人心不淺，非狂妄所知。

與觀察可齋賈公

頃讀歸震川集，有貞女論一篇，與弟前言頗合，所引禮文亦俱同，至所謂「重廉恥之防」、「傷天地之和」，則愚言之所未及者，更見其大。

昔杞有史氏女，未嫁而死其夫，李空同作詩稱其烈，亦必先言踰禮破經，而特以爲「有激俗之功焉」。此即震川論末所述「或人厲世」之意，豈其重一女子之行，而反薄視先王之禮邪？葉水心有云：「爲文不關世教，雖工何益？」愚謂此女之行，必不可以教世，則空同此詩，無作可也！邵二泉作張女傳，亦亟稱其節，然必以其「進而之於中行」爲言。若衞女之嫁齊太子，而中道太子死者，與此又有異也。

言至不可易處，古今人皆同也。

又與賈公

後世著作多有僞託者，必考諸聖賢經傳之言而有合，始爲可信。即以銅器言之。儀禮云：「簠、簋、敦、豆、鐙皆有蓋，敦蓋有首。」簠内圓外方，其實稻粱；簋外圓内方，其實黍稷。爾雅云：「竹豆謂之籩」，其實乾實；「木豆謂之豆」，其實葅醢；「瓦豆謂之鐙」，其實大羹之湆。洗，承盥洗者，棄水器也；湯所銘之盤，盥盤也。先儒謂簠簋之蓋皆象龜形，士大夫刻龜於蓋，人君全鏤，故管仲鏤簋，禮以爲僭。

廢爵未有足，足爵未有篆，纔爵則口足之間有篆。韓詩說：「一升曰爵，二升曰觚，三升曰觶，四升曰角，五升曰散」，明堂位「加以璧散、璧角」，謂散、角皆以璧飾其口也，則天子用玉可知。燕禮、大射以象觶獻公，則諸侯用象可知。燕禮司正飲角觶，而士喪禮大斂亦有角觶。「蓋觶以象爲貴，角次之；凡單言觶者，以木爲之也」，先儒楊氏之說如此。然則古器之爲銅與否不一，而今之傳世者率屬銅。予謂除鏤者與有篆者外，其餘疑皆漢以後人倣作，以爲三代之物，恐未必然。敢以質之博古者。

爲賈公題趙松雪畫卷

疊嶂入雲霄，澄淵浴日月，微茫辨煙樹，蒼翠半明滅。闃寂高人宅，回翔蔭牀□，延旭開戶牖，經樓三層設。門前石徑平，橋側戴□轍，不見雜花榮，唯餘衆草沒。何處駿馬客，銀鞍耀巖穴，前行已澗底，後騎猶木末。琴樽有佳興，迤邐清景闊，風吹谽谺合，霜染木葉脫。欻聞天籟聲，送使幽襟豁。使君素心人，不受塵羈紲，爲政多暇日，丹青自怡悅。緬懷宋元際，作者奕奕發。而我遊嫏嬛，罣然見松雪。嗟哉書畫傳，惆悵能事絕。願言從箕潁，俛仰想遺烈。誰爲迴春姿，珍重歷秋節。

點景寫情，亦復妙有含蓄。杜陵沉鬱，長慶真朴，殆其兼之。

爲賈楫堂題桂曲垂綸圖

桂幹亭亭秋氣高，垂竿脫帽自逍遙。期君他日拾瑤草，更向滄波釣巨鼇。

爲賈作霖題行樂圖

坐倚平皋得自如，林光淡沲好風疎。知君興與煙霞會，歸向茅齋讀素書。

題秋溪獨坐圖

古木幽篁紫翠分，溪橋石徑也氤氳。高人獨坐茅堂裡，似有書聲出白雲。

觀高澹游畫册即境短述

薜荔爲衣坐葯房，天清海濶下微霜。陵風采藥知何處？芳草空山路正長。

茅廬近傍老梅根，曲徑斜通野外村。更有漁舟來盪槳，問誰曾到武陵源。

獨寫南山一片石，更兼脩竹兩三竿。氷壺濯魄渾如昨，不比陰崖風雨寒。

遙遙不見釣潭翁，海嶽雲深一望中。獨向牀頭點周易，從教木葉響秋風。

爲嘆人間似轉蓬，竹林高臥倚微風。朝來忽憶前溪好，煙水蒼茫學釣翁。

巖際幽人正閉關，籬邊童子借琴還。嵇康未絕廣陵散，衹在高山流水間。

孤亭結在蒼煙曲，獨樹蕭蕭帶遠岑。此際空濛如異域，那教人不憶雲林。

雲樹層層映碧流，羽人髣髴識丹丘。問他緣岸行舟客，何事茫茫作浪遊？

石畔雙松歲月深，時時濤響作龍吟。月明一片虛無路，長歗何人奏羽音。

萬木千山白雪新，石牀偃臥淨無塵。情知一路鳥飛絕，也有扶笻乘興人。

情景宛然，一一如在目前，所謂詩中有畫，得右丞之神。

爲沈尚文題三友圖

梅老豈無色？松筠亦有聲。願言聲色外，別結歲寒盟。

似涉凡近，而清音正遠。

題高澹游畫竹

予嘗見東坡畫竹卷，筆勢縱橫淋漓，於萬竿林中忽著數字，云「與可筆意如此」，督策飛動，與風梢雨籜相亂，想見其得意疾書時，何啻渭川千畝在胸中也！澹游此幀，獨寫其亭亭玉立之致，如姑射神人，綽約雲外，舉似楫堂，當振袂以歌曰：

「自是君身有仙骨，世人那得知其故！」

題可齋公畫蓮

周子云：「蓮，花之君子者也。」此寫一花一葉耳，正如史家之傳獨行，自足千古，視雲林十萬圖中所有，亦復何間？

題可齋公仿倪雲林卷

寒山古木，極瀟淡之致，而一望平遠，復令人有天空海濶之思。氣韻超逸，如璚樓玉宇，可望而不可即也。昔董文敏題雲林畫有云：「若使煙霞填骨髓，可知我法總同卿。」可齋先生胸中有萬卷書，筆下無一點塵，故其神契乃爾，如文敏復起，當與之把臂入林矣。

題可齋公仿唐六如卷

唐六如之畫，與文、沈齊稱，而世傳者少，以其生時頗自矜重耳。可齋先生此卷，雖云仿之，而落筆蕭灑，別有自得之妙。其奇崛處，往往出人意表，正使六如見之，亦當首肎。

題唐六如菊巖圖卷

六如，倜儻士也。其拒絕寧庶人，有先見之明，志節皭然，出乎一世之上。既經放廢，慷慨激烈，特賴以山水陶寫，所謂「不使人間造業錢」也。今觀菊巖圖，健筆縱横，正可想見其卓犖自命之槩。可齋先生博雅善鑑，收藏古今名跡，撫摩吟諷，不減米海嶽、趙子固一流人。其珍賞此卷，有以也夫！

題可齋公蘭竹卷

詩以蒹竹詠君子，而孔子以蘭比之同心之言。其他草木，無與匹者，故高士逸人往往寓興於此，以自娱也。昔東坡嘗作枯木竹石，朱子題之有云「出於一時談笑之餘，初不經意，而其傲風霆、閱古今之氣，猶足以想見其人」。可齋先生此卷，其似之矣。予又謂如此用筆，三百年來亦唯白石翁能之耳。

翁深於畫理，嘗言近時名手當推賈公與鍾山佟公，決非尋常丹青家可及。

題印册

印章必以秦漢爲則，渾古雄逸，意超象外。近代作者，甘旭爲上，何雪漁次之，文三橋自是宋元一派。友人中，唯顧云美純用漢法，程穆倩極雅秀，而間雜鐘鼎文，未免好奇之過。賈公藏古玉章，皆希世之珍，此其自用者，富比周櫟(國)[園]司農，而樸雅過之。其篆刻多出汪快士之手，恨予不及與之遊耳。穆倩有子萬斯，能傳家法。如皋童鹿遊，亦後起之俊也。賈公識密鑑洞，其許予言乎？

募修雲臺觀序

雲臺觀者，以祀西嶽華山之神及於三清者也。其初，乃後周武帝爲焦道廣建，既經坍圮，而宋陳希夷先生重闢荆榛，隱居其中，著三峯寓言、釣潭集諸書。迨置祠禄，遂爲國家典禮所在，幽以事神，明以治人，不僅爲遊攬勝跡也。歷年既久，榱桷寢朽，其中諸羽流以屢遭兵燹，皆餬口不給，有散而之四方者矣。而此之所關，亦不在諸羽流，故合邑士大夫僉謀重新，議推賢者董其事。將次第興工，而忽以別故，幾致中輟，此衆人所以復請爲言，而予所以嘆也。蓋予嘗論事，以「有初鮮終爲耻」，所愧家貧，不能效吾家元琳、季琰捐雲巖故事，而亦不敢以湘沅之事望人，則一絲一粒之助，莫非善事也。

夫華山爲五嶽之一，典禮攸崇，古今並重，唯此與灝靈宫耳，其他皆所謂淫祠，林貞肅、李文毅如起，當在所毁。而世或急於彼，而緩於此，予之所大惑也。今天子時舉巡狩之禮，一旦臨幸，則琳宇嚴飾，固守土者之光；若見其荒凉湮廢，將無惻然動念乎？此亦守土者之所宜籌也。嗚呼！厚生正德，王政之大端也，唯人以忠信和平之心，事聰明正直之神，則太平可基，而風俗以淳，神之祐之，福禄永臻矣。不然，苟其爲人所不與，即神所不嘉也。願與吾郿共勉之，豈徒琳宇是飾云乎哉！

與青巖太常

急流勇退，知邇日東山之興不淺，咏「池塘春草」之句，嘆古人於兄弟之情，正自夢寐匪遥耳。稍待秋風凉冷，欲相遲於蓮華、玉女之間也。

與李華西太守

去春得侍杖履，天朗氣清，肆游忘返，今忽忽踰一年矣。邇者沉陰不解，花草闌珊，正憶往時如隔世。嘗嘆君家兄弟敦崇古道，爲吾郿人倫之表，渭北春樹，時廑於懷，又未知何日復信宿，酬清話也。

題宋人畫册

右宋人真跡，集之成册者，郭徵君沚園先生也。後歸之吾友劉刺史太室，而太室之孫美中奉藏如拱璧。

其一、二爲趙子昂作。子昂妙墨遍天下，此二幅雖真，似非其至者。

三爲關仝。仝早師洪谷子，論者謂其有出藍之美。深造平淡，筆愈簡而氣愈壯，景愈少而意愈長，此幅正可想見。

四爲趙大年。大年年少好奇，人惜其未能周覽遐游，以爲筆端之助，然寫陂湖林樾、煙雲鳧雁之趣，荒遠閒暇，雅稱得意。

五、六爲趙千里。千里於山水、花鳥、竹石無不善，而更長於人物，此二幅妙絶等倫，所云精神清潤不虚也。

七、八則徽宗御筆。徽宗畫不蹈襲古人，尤注意翎毛，點睛多用生漆，隱然豆許，高出縑素，幾欲活動，此二幅正合。

畫雖一藝，可以澄懷觀道。徵君鑑賞極精，而此册皆流傳有據，美中珍之，即視同子固之於蘭亭至寶是保，可也。

郭沚園、東雲雛、劉太室三先生爲一時風雅之宗，其收藏鑑賞亦名甲關西，錢虞山、王孟津皆亟稱之。翁與爲莫逆交，嘗作四懷詩，其一則渭上劉孟常先生也。老成典刑，喪亡略盡，翁每言及，輒欷歔泣下。

重修三皇廟記

今天下之立廟以祀神者衆矣，所祀之神亦不一，其祀三皇者，未之槩見，華山上方獨有之。己卯，廟以圮，羽士輩募化重新，乞予爲記。

予徵所謂三皇者，羽士以伏羲、神農、黄帝對。按：三皇之號，昉於周禮，實無所指名也。秦博士有天皇、地皇、人皇之議；至宋，邵康節有「天開於子，地闢於丑，人生於寅」之說，而胡氏遂以此爲三皇之所繇稱也。唯胡安國序書，始以伏羲、神農、黃帝爲三皇。管子云：「明一者皇，察道者帝，通德者王，謀得兵勝者霸。」皇極經世書列皇、帝、王、霸，爲之差等，自後諸儒因之，議論紛紜，泥三五之數，辨墳典之書，爲詞頗繁，而卒靡有定，適足以起後人之疑。學者誦法孔子、言六藝者，取以折衷：孔子刪書，斷自唐虞；贊易，衹稱伏羲、神農、黃帝而已，而不言三皇。

三皇之號雖不可泥，然鴻荒遐邈，莫得而詳。今以祀無所指名之神，何如以祀經傳所載功德及民之神？則從安國之說，如羽士之所云，爲義之得也。即小司馬之本紀，譙周之古史考，皇甫謐之代紀，徐整之三五歷，以及劉道原、胡雙湖之說，皆置之不道，可矣。他如洞神秘録之記三皇有初、中、後，既與吾儒不同，而梁武之以燧人氏易黃帝、以舜與三王爲「四代」，尤謬妄不經。予故因羽士之請，而明著之，使凡有血氣者，知先天地開闢之仁，後天地制作之義，溯厥初生民，政教君臣所自起，飲食男女所自始，必有默與之契者。

欽茲典禮，蓋其去非類之祀，遠矣！

翁學以尊經爲主，一闢邪說，而正論侃侃道之。本末具見，確乎不拔。

釋蝨文

天山丈人夜坐讀書，以手探腹，得蝨焉。將殺之，欻如有聞其聲者曰：「哀哉！予蝨也。黑者居於髮際，白者藏於衣端，均稟血氣，不乏覺知，附大人之身，託一日之命，唯肌膚之是咂，所損於人者至渺。孰不渴飲而飢餐，實非恃強而食弱。苟一蒙其所察，遂慘然以遽殞。雖情涉於應憎，詎恨結乎深仇？何洪纖之特殊，將無報償之過當？」

「哀哉！力不能支，口不能辨，不能效蚊之飛，不能作蚤之躍，固禍機之相同，獨痛苦其尤甚，如已北之卒，無用鋃鐺，似就烹之徒，不俟炮烙，肆厥掌指，立爲齏粉，魄喪俄頃，魂絕終古。世有用戮同於嬉戲，而致死毫不惻隱如此者哉！亦曾上遊宰相之鬢，下處逸人之褌，雖駋臭見譏於商隱，而恒德亦叨賞於龜蒙。若自以爲無患，究莫逃於一收。倘別有資以苟活，誓不侵夫貴軀。奈更無物以自養，焉能坐而待斃？天地以並育爲德，是何育之能並？帝王使萬物得所，將何所之可得？或欲效仙人之辟穀而生，無其術，亦弗信也；即能爲義士之不食而死，非其倫，又誰許也。不知王猛談當世之務，奚所取而見捫？聊以誦杜牧阿房之賦，復何有於敢怒？」

「哀哉！既無改過自贖之路，亦不在福善禍淫之條，憫茲微息，請告仁人。」

於時丈人廢書而嘆曰：「嗟哉爾蝨乎！懵以成形，蠢而能動，繁有其類，了無所爲。伎倆固有限，力猶遜夫螻蟻，容受雖不多，情實同於饕餮。所謂幺魔小人，不足辱吾斧鉞者也。姑從放流之典，用彰浩蕩之恩！」乃釋之。

仁人之言。惡之，亦所以憫之也。

教諭雪龕賈公墓道碑銘

曲沃雪龕賈公卒於家，既葬，冢子荆生鳴璽遣使具書，以洪洞范君彪西鄗鼎所爲公墓誌銘來，乞文其麗牲之碑。范君雅志聖學，爲今之魯齋，其言信而可徵，而予又辱與荆生遊好，雖不斐，其焉辭。

公諱佩徵，字賓臣，雪龕其號，世爲曲沃之西亭里人。叔祖考諱獻廷，祖妣許氏，有子諱弘齋，不及娶而殤，本生考諱還醇，妣王氏，以公爲其後，蓋重祖也。

公性淳靜端謹，弱不好弄，稍長，篤問學，研精六經，探綜羣籍。崇禎壬午，補儒學弟子員，食廩餼。康熙癸卯，與子鳴璽同舉於鄉，鳴璽爲舉首，里黨頌美，公處之汩如也。當丙戌、辛卯歲，相繼遭本生考妣喪，雖以制降服，哀毁倍甚。丁未，鳴璽成進士，尋爲內閣撰文中書舍人，遇覃恩，得敕貤封如典。時公猶應禮部試，卒不第。己巳，乃授太原縣儒學教諭。甫涖任，謁先師廟，見十哲兩廡木主題稱位次舛誤，即請於督學道改正，使它州縣皆式之。其教人以立志爲先，朔望集諸生講孝經、小學，課制義，親爲甲乙，雖勞不倦。既數月，有感，喟然嘆曰：「教諭雖微秩，然司學較，爲國家育才，厥任匪輕。今士習囂競，往往不辨義利，一旦得用，無所樹立，或至敗羣，其咎奚繇？予老且病，曠官爲懼！」遂上狀乞休。迄得請，即日歸，諸生不忍公去，越境遠送，有泣下者。公引贈言之義，誨諭諄諄，以復性爲要，謂：「堯舜之道唯孝弟，孝弟爲仁之本。仁爲性，乃善之長也。孟子道性善，必稱堯舜。能孝弟，即是復性。諸生勉之！」

先是，公六十時築東園，搆十松亭，其臥室曰雪龕。及既歸，遂居其中，杜門不出，益肆力於學。間爲詩文，曲暢旁通，而一以聖賢爲的，蓋自得之詣，視時流之勦襲華靡者大異。如訂族譜、述先德、表貞節，及勸賑饑、畫積穀諸作，皆班班有實濟，繇其道，可以治國。而惜乎其時之不遇，不得大爲展布。然其曠達之識，恬退之節，已足以光史册而垂後世矣。公素慕陶靖節之風，咏「青松在東園，卓然見高枝」詩，故嘗自稱東園老人，而書雪龕之壁亦取其句，曰「斯晨斯夕，有琴有書」。其在官不滿期，與靖節之八十日而賦歸去來詞略同。「唯其有之，是以似之」，公之謂與？

公生於萬曆四十五年十月十九日，卒於康熙三十七年六月二十七日，享年八十有二。配柴氏，敕封太孺人，閫範嚴明，伉儷齊德，生於天啓二年三月十二日，卒於康熙三十八年正月初九日，享年七十有八。以是年十一月初八日，合葬於蘇邨之東坡。男三人：長即鳴璽，癸卯解元，丁未進士，爲內閣撰文中書舍人者也；次鳴璧，庠生；次鳴鑾，太學生；俱歿。孫九人：長遠，歿；次乃名，次乃音，次華平，俱庠生；次惟條，次乃聲，次乃韻，次凡，次愚，皆克傳其家學。銘曰：

於休賈公，德高志沉。龍潛鳳棲，爲國之琛。司鐸巖邑，典禮是導。肅肅雝雝，多士有造。歸即田園，爰樂琴書。神明內蘊，淡然自如。既多受祉，宗祏有光。琳琅一門，奕世其昌。山之幽幽，水之深深。廮萬古宅，以莫不歆。長松蔭丘，白雲在野。鏤斯樂石，以詔來者。

賈公父子雖在宦途，而有高尚之節，好問學，翁故與爲夙契，「同心之言，其臭如蘭」也。

答賈荆生

淡秋亭一别，二十年矣。雖音聲時聞，而無從一接色笑。契濶之懷，與日俱深。使者遠來，承命泐石之文，愧不堪副，然知己之誼，亦不敢辭，謹擬撰一稿呈覽。即有白者：雪龕公爲獻廷公後者也，獻廷公有子弘齋，其諱不著，雖未娶而殁，然世次相承，安得舍之而禰其祖？况本生考妣之喪既曾降服，則又烏可不考弘齋公也？若仍考還醇公，是二本矣，且降服之義何在？禮必正名，此志銘中之大端，不容混者。又雪龕公葬以何時，葬之何地，文中皆不著，亦所未安。今爲補出，統惟鑑訂。

此亦足以見翁之操觚不苟矣。

蒲城重修城隍廟敬明樓記

粤稽古者，禹始作城，而易泰之上六云「城復於隍」，所以戒否，唯傳亦有「繕其城隍」之文，大抵因人心所善爲之制，設險以守國爾。其在祀典，則未之前聞也。後世以其捍外衛内，必有神主之，始爲立廟，肖之以像，土木而衣冠之，宫室居處儼與人同。洪武初，錫以爵號，府曰公，州曰侯，縣曰伯，亦如官秩之有差等。既而正祀典，一切革去，詔天下爲神主，衹稱「城隍之神」，春秋宗奉，災異告譴，亞於嶽瀆。其祭用少牢，文職長吏行事，武官不得預，誠重之也。遂爲不易之典。

蒲城，巖邑也，故有城隍廟，爲殿，爲廡，爲門，爲序，與他邑同，而東北隅有樓曰敬明，則所獨也。創建未久，旋遭兵燹，幾於頽廢，邑人王煒、雷聲表輩廣募重修，經始於某年某月，至己卯秋八月落成，榱桷孔固，丹雘燦然，乃不遠百里，屬予爲文，以泐樂石。

予聞之顔師古曰：「樓一名譙，謂其可以登高望遠，備非常也。」昔先王體國經野，以奠民居，地大物衆，防好惡強弱之相攻，於是爲之樓，實古者重門之遺制，所云「擊柝以待暴客」也。故今有置漏數刻，伐鼓鳴角，以謹晨昏者，謂之譙樓。蓋樓之用如此。後世學士築之以讀書，而爲神仙之術者居之，以爲燕息調養之便，固非其造始之意。而廟之有樓也，何居乎？將無神之聰明正直，司禍福之柄，悽悽然俯臨市廛，以覘其出入邪？抑陟降在上，默佑于冥冥之中，布惠澤而卹水旱，肅具瞻以爲四方之極邪？則幽以妥神，明以治人，亦無非寓察善惡、禦患害之意，以爲國家行教化、助刑賞之不逮云爾。

昔人謂「非神也而神之」，「非弗神也而弗之神」，皆人也。今諸人所爲經營之誠，竭心勞力，自矢于夙夜，以人道事神者，其亦衞覬之所謂「敬恭明祀」而「顯乂王庭」者乎？予故爲著其有關於世道民生者如此。若徒糜金錢，侈華麗，以爲遊觀之美，則非予之所知矣。

樓成，其邑人初欲易其名，翁謂宜仍舊，特爲大書其扁而作斯文，泐諸石，詞詳義備。

寧羌州青岑劉刺史壽序

先王制五禮以治天下，其節文無不具，而祝壽之禮則未之有也。或謂禮義之所以起，孝弟之所以生，教化之所以成，人情之所以固，莫備於豳風，其七月之詩曰：「躋彼公堂，稱彼兕觥，萬壽無疆」，則居上者之德，有以宜其人民，而下焉者謳歌頌禱，爲之祈天永命，此後世祝壽之禮之所繇肇也。

今天下之士莫不尊經，其能以聖人之經躬行實踐，立可大可久之業者，十無二三。非空言理性，入於虛無，則競尚縟彩，流爲浮華，使人以宋之講學，等於晉之清談，是可慨也。向予友有之楚遊者，歸而言長沙宰青岑劉公以經術飭吏治，其興利剔弊，卹困捍患，皆確有碩畫，爲人所難，非尋常俗吏之所能及者。予竊心識之久矣。己卯秋，里人陳遵理氏爲寧羌州儒學訓導之明年，有書來，稱其州刺史爲政之美，十月七日爲其初度之辰，州士民感其德，載酒介壽，乃不遠千里，乞予爲洗爵之詞，書諸清防。其言曰：「寧羌，要害地也，屢遭兵燹，凋㓜已極，城無寧宇，野多荒草，額賦不及他邑之半。自公下車，招來安集，爲生聚教養之計，勸稼穡，導樹畜，平徭役，省訟獄，獎貞廉，抑豪強，舊規之病民者罷之，奸胥之蝕民者除之，至立義學以育才，敦之以詩書，陶之以禮樂，而流風爲之丕變。條畫備荒，榷會節適，公私不妨，倉庾以充，因時補給，雖旱祲洊至，流離載道，而寧羌百里獨爲樂土。以是，譽溢鄰邦。即有援之以爲例者，其長或難之。公適入府，環車泣訴，公遂慨然代爲請命。而洋縣之繁劇孔瘁爲尤，臺使者知公，屬之監賑。公不避嫌、不辭難，詳察緩急，權宜調轉，其全活甚衆，故洋之士民感頌尸祝，亦如寧羌。」其所爲告予者如此。而徵其姓字，則即向者爲長沙宰之劉公也。

公爲西水先生之季子，而木齋公之弟也。西水先生績在農部，碩德遐齡，爲世達尊。木齋公督學江南，教士有規矩，其廉正不阿，稱後之子昆邵公、運青張公，而鑑拔造就，變綺靡之習歸諸典則，則木齋公實先之也。予既喜夙昔之所聞不誣，而益嘆公之爲山左世家，赫赫奕奕，發揚先業，使聖賢經濟之學措諸當世，鑿鑿有實效，一雪「儒者迂濶」、「虚文妨務」之言，爲大快也！

古者天子視學、大合樂及鄉飲酒，皆必有養老之典，蓋三代之盛，未嘗遺年。今之祝壽，非特有豳人餘風，亦深得先王制禮之遺意者也。於是酌酒西望，拜手而遥賦南山之什，一曰：「樂只君子，民之父母！」再曰：「樂只君子，遐不眉壽！」終曰：「樂只君子，保艾爾後！」一篇之中，三致志焉，願公之䩵然舉斯爵也！

此應陳氏之求，中言寧羌之政，皆本之陳氏，而首尾娓娓，則翁之自知刺史有素也。

題潼關義學

漢文翁爲蜀郡守，以教化爲先，起學宮市中，招下縣子弟受業，其時蜀郡學者比於齊魯。宋胡安定在湖州，置治道齋，教人有法，科條纖悉備具，視諸生如其子弟，諸生亦信愛如其父兄，從遊者常數百人。朝廷興太學，下湖州取其法，著爲令，史册美之。今燕山楊公以不世之才，當方盛之年，自莅潼關，潔己仁民，期月而政成，簿書餘暇，雅意作人，爰捐俸金，立義學於文廟之側，擇端謹之士爲之師，使民間子弟咸有所資以從事，一如文翁之在蜀郡。而予願諸生守湖州之範，深體力行，他日出而用世，必卓然有以自見，使人知今日之爲，非徒以名也，斯爲不負公矣。

昔吾鄉文光禄論人才，謂「某也華而不實」、「某也氣而不道」，蓋學者之病，不出此二端。而區區之意，以爲其要莫先於嚴義利之辨。唯主敬致知，忠信以求之，介然不欺其志，於近日浮華之習、以詐力相尚者，庶有豸乎？老夫耄矣，然不敢一日廢學，辱公之知，尤願延垂盡之年，扶杖以觀其成也。

正學彙語序

學，所以正人心也，一有偏，則不得其正。其之於偏，繇理之不明，不明則不公，不公則不平。始焉岐而已，而究之即於悖，此異端之滋，而人心之所以陷溺也。

自宋以來，諸儒之語録如林，無非講此學。學一也，而講之者各有所宗則二。宗朱者疑陸，宗陸者疑朱，一唱衆和，幾於聚訟。即如陽明之定論，予以爲非定，篁墩之道一，予以爲不一，固不必論，而清瀾之通辨，亦間有已甚之詞，若敬齋之居業、整庵之困知、石潭之濯舊、少墟之辨學，其庶乎？

雲間張子北山，以詩文鳴者也，而留心正學，博採先儒之語，手自抄寫，彙爲一編，屬予序其首簡。予寡昧，幼事佔畢，晚而知學。今且耄矣，茫無所得，愧虚此生。顧嘗謂學者爲學，以平心静氣爲第一義。凡讀書論人，當求其實。爲吾所最尊之人，或有一失，不必爲之掩，爲吾所深排之人，或有一得，不可因之廢。本諸天地之理，證諸聖賢之經傳，反之於心，唯求其是而已，唯求其是之有可以徵者而已。蓋心不平，不可爲己，氣不静，不可喻人；無言學矣。北山此編，草創已具，然其間一人之載，有多至數十則者，有少止一二則，又或非其要，不足以槩其人之生平，則語焉而貴詳也；有操行甚高，議論亦偉，而未抉其藴，又或負其偏詣，固執己見，而曲爲之説，則擇焉而貴精也。以北山之才之敏，學之富，日夕孜孜，進而不已，將必集語録之大成，爲學士之蓍龜，闢異端以正人心，所關豈鮮小哉？

北山行且歸矣，道經錫山，其地有張子秋紹者，今之得正學之傳者也，著洛閩源流録，表章前哲，啓導後學，其功不細，非海門之宗傳所可同日而語者。予雖未識其人，心竊嚮往之。北山既與之爲夙交，今亦有數載之别，造其廬而質所學焉，以吾言請益，其必有以相助矣。

平心静氣之文，學者亦須平心静氣讀之。

復湄園記

昔予同三兄雲隱侍司馬府君於京師，其時聖人在上，公卿朝退，有燕享之樂焉。一日，府君以漳浦石齋黄公七不如疏訓之誦，尋復聞召對平臺，君明臣直，滿朝動色。予與兄私相嘆仰，以爲黄公者，天人也。初，兄於里中築一小園，内多美竹，至是告於府君，請黄公爲之題，黄公以八分法，手書曰斐園，既而易之以「湄」，以其在碧雲溪畔，蒹葭之詩，固秦風也。姜山人造周爲作圖，湄園之名遂聞於四方。

乾綱絶紐，九有幅裂，家之不保，園爲荒墟久矣。辛卯、壬辰之間，兄稍整頓，始搆一堂，曰冠山，則命予爲書者。堂之北有古藤約十圍，虬枝蟠結，上可容七八人坐卧，旁爲竹籬。少北有一室，兄自書曰吾廬，是其燕息處也。堂之東南，溪水環流，其地多沙石，不宜於蓮，獨可種樹，若桃、杏、梅、李之屬，間以花草，當春時，望之如錦繡，鶯啼蜨舞，芳菲之氣襲人衣袂。少南則松柏成林，霜皮溜雨，黛色參天，皆兄昔所手植也。有一亭，較竹籬差大，曰怡雲，亦予所書，爽朗可以眺遠，山川麗崎，煙霞明滅，予每從之，同觴咏爲歡，東孝廉雲雛嘗舉「機雲原自爲朋友，沮溺緜來是弟兄」之句以相況也。

兄有子四人，及捐賓客之日，園屬之仲子章。章頗能文，登進士第，宦未成，遽殁，家復中落，而園非其有矣。季子觀心戚之，償其值以歸，然其所謂堂，若亭，若廬，悉殘毁無存。觀别爲經營，雖不及舊，而以蔽風日，戶庭已幽，草木則皆有欣欣向榮之意焉。觀早失怙恃，初荒於業，予所爲教誡之者獨切於諸子，今諸子類不振，而觀乃侃然自拔於雁行之中，學古有獲，行且有爲於世，予以是不能無慟於章之先霣，而喜觀之晚成，爲可以報兄於地下而無憾也。

觀求爲園記，故特以著其始末。回憶五六十年間，如夢幻泡影，其興廢之在一家者已倏忽如此，而國運之盛衰、人事之得喪，足令人慷慨悲憤而至於流涕霑衿者何限？唯念府君與黄公比肩事主，其君臣、朋友之義，關於萬古之綱常不小，不禁百感之交集，而匪直爲一人之私言也。夫丈夫所爲，有不止於此者，觀其無自多焉，更有事在！

園記耳，家國興衰，驚心濺淚。關係名教之文，與清言麗語，直分雲泥。

清漣隝記

迤邐潛村之東二里，高高下下，爲地十有七畝，繚以周垣，流水縈洄，林木蓊藹，出於塵氛之表者，予之清漣隝也。游焉，息焉，歌伐檀之詩，而孜孜以素餐爲懼者，予志也。

樹則爲松，爲柳，若楸、槐，棗、柿，桃、杏之屬，以百數。其東爲崖，上有泉，雖高僅尋丈，而瀉而下之，淙淙然有飛瀑之勢，淅瀝之聲，如鳳笙鶴管，不絕於耳。匯而爲池，蓮葉田田，魚戲於東西南北間，蒲荇菱芡錯然。别有小泉，清泓可鑑，宜煮茗，宜釀醖，皆所謂醴泉也。南眺層峯疊嶂，煙嵐萬狀。西北俯平原千里：近之城郭，阡陌相連，有農桑鷄犬之資，炊煙時起，雜以埃塵，車馳馬驟，大抵名利客也；遠之蒼茫無涯際，直接邊塞，其間征夫荷戈，思婦寄衣，古來拜爵封侯，與馬革裹尸、化爲燐火青青者，不知凡幾。日月易邁，千載一瞬，動人感慨者何限。

我生不辰，飽經喪亂，負君父之深恩，丘壑苟全，今且耄矣，水旱爲灾，窮乏日甚，遂向李甥虞臣易粟餬口。虞臣仍顔其門，系以老夫，如故人之見之者，莫知其今爲李氏有也。予朝夕挈杖，著雙不借，相羊偃仰、游目騁懷之日，固多於虞臣，則亦頹然嗒然，相忘已耳。竹樹蒙密，藥欄分列，雖無亭館臺榭之飾，以貯歌扇舞衣，而木榻草茵，研露點易，撫無弦琴，招忘機友，看未開花，飲微醉酒，四時之景不窮，而萬物之情各得，間復有風聲、雨聲、飛雪聲、啼鳥聲、落葉聲、近村砧聲、遠寺鐘聲，寒暑晦明，皆可悠然而得，以與吾泉聲相答也。閑閑一區，倘亦迂叟之所謂獨樂者乎？而吾且與虞臣共之。蓋嘗有感於成毀代謝之故，簡其所欲，不溺於所好，誦六一之言，而嘆平泉之陋也。

翁文皆直寫胸臆，而妙有含蓄，每於結處，倍覺精神。人以此知翁之晚節，老當益壯也。清漣隖爲里中勝地，得翁此記，益足千古。予附之，聲施於後，亦幸甚已。

北行日札

北行日札原序

文章根本六經。六經者，載道之書也。文章無道氣，即組練爲工，奚當焉？所謂根本者，非模其膚革，襲其弁帶，規規焉以求似。無論摹之而終不似，即使摹之而似，六經之後，亦安用此文章爲哉？大抵明其道，正其心術，發爲文詞，其志氣所注，各自成家，或一臠一斑，無非此物此志也。

茲讀關中王山史先生北行日札，其義廉以直，真以婉，其詞醇正而馴雅，俯仰觀察，靡非至理，使人讀之，躁心浮氣皆爲消融。斯真根本六經者。漢儒惟董仲舒有儒者氣象，先生庶幾近之。嗟乎！辟召之典，莫盛於漢之孝武。申公、轅固皆以經術賢良應召，申公所對不合，舍之魯邸，爲大中大夫，後人譏其不如穆生；轅固爲諸儒忌嫉齮齕，乃以老罷。先生以經學名家應召，所著則欿然自下，恬然思退，又加於古人一等矣。

昌黎秉正嫉邪，其文廉而肆。子厚矯矯殊俗，其文悍而敏。廬陵道高時望，師表人區，其文昌明。眉山父子曉暢義理，練達機務，其文閎以遠，詳而不膚。後之讀是集，其所以擬議先生者，當必有在歟？

康熙十八年，歲在屠維協洽之孟陬，燕山陳僖撰。

重刻北行日札序

北行日札者，華陰王山史先生應召赴京之日，所札記者也，士君子修身、行道、出處、進退之際，宜審矣哉。不仕則無義，躁進則嗜利，不知止則取辱，非熟察於義理之精者，未易得當也。孔子有言：不降其志，不辱其身，伯夷叔齊與。又曰：事君難進而易退。易進而難退，則亂也。君子三揖而進，一辭而退，以遠亂也。佩服聖教，可知精義矣。

先生生當聖人之世，闢門籲俊，白屋下士，鴻博之薦，海内榮之，正宜乘時利見，盡發抒生平蘊蓄，與夔龍望散比烈，而乃一辭再辭，儼有斯未能信者，何其難也！既而病不入試，浩然西歸，又何其易也！所謂堯舜在上，小臣願守其穎之節者，非歟？有聖恩之寬，乃見乾坤之大；有先生之高，乃見道德之尊，並行不悖，無一非義之精當者。

先生述作甚富，兼邃於易，隨筆有曰：「遯之初六曰：『遯尾厲。』不及者也，是以危也。大壯之初九曰：『壯於趾，征凶。』居下而壯於進，其凶必矣。天下之事以先爲貴，惟進之事不可先也。天下之事處後則吉，惟退之事不可後也。」是書之旨，數言蔽之。顧其爲文，沖澹廉潔，和平彬雅，無一毫奮激峻厲之意，則平日之所養，又可知已。

裔孫淩霄刻砥齋集既成，復以此編問序於余，余嘉其先澤之不泯也，而老而失學，不足以知先生，第推測出處進退之義如此。或曰：先生石隱者流，煙霞痼疾人也，則淺之乎窺先生矣，又惡足以論先生之文哉？

光緒二十年甲午冬十一月，高陵白遇道五齋甫序於關中書院之仁在堂。

華陰縣告病呈狀

第一次

呈爲據實陳情懇祈回文事。

弘撰元係本縣儒學廩膳生員，康熙八年，原任巡撫陝西兵部尚書賈漢復，爲援例入國子監。時值弘撰有胃痛之疾，雖已入監，實未坐監，故未敢領咨赴部。今蒙詔訪學行兼優之人，備顧問著作之選，謬列薦牘，遂塵宸聽。竊念弘撰草茅下士，章句腐儒，雖外有虛名，實中無一得，兼以夙患胃痛，作止無時，血氣既衰，耳目漸廢，無才不堪以克侍從，有病不能以效馳驅，恐傷公卿知人之明，致汙朝廷求賢之典，不勝踧踖，是用逡巡。仰祈賢侯，俯察愚悃，轉申憲府，免令赴京，得安畎畝之身，庶保桑榆之景，從此有生之日，皆戴德之年也！

爲此具呈，須至呈者。康熙十七年閏三月二十七日呈。

第二次

呈爲再懇回文事。

弘撰一介書生，謬叨薦舉，躬逢盛典，心切觀光。但孤陋寡聞，本非致用之才，而年衰多病，應守拙愚之分。前奉文諭令赴部，已具呈據實陳情，今復蒙憲檄嚴催，曷勝惶悚。極知薄劣，不庸妄自希榮，實非假誣，豈敢輒爲規避？伏祈慈鑑，俯察真情，仍據前詞上覆，倘得准免赴京，俾養草本之年，永荷帡幪之德矣！

爲此具呈，須至呈者。康熙十七年四月二十二日呈。

第三次

呈爲再懇回文事。

弘撰以不才，謬蒙薦舉，屢奉憲檄嚴催。正具呈仰懇回文間，不意夙疾頓發，晝夜呻吟，不離牀褥。又蒙本府差提守催，展轉悚惶，手足無措。今方延醫調治，以藥餌爲飲食，實不能匍匐前往，並無規避情弊。懇祈慈臺據呈轉申，倘得准免，領文赴部，仰荷洪造，不啻再生矣！

爲此具呈，須至呈者。康熙十七年五月十五日呈。

第四次

呈爲據實具結，再祈回文事。

弘撰仰奉檄催，領文赴部，乃夙疾觸發，方延醫診治，又奉憲牌取結，委係真情，非敢規避。懇祈慈臺再爲轉申，得遂調攝之願，永荷曲全之仁矣！

爲此具呈，須至呈者。康熙十七年五月十九日呈。

戊午秋日北征留別親串

匹馬黃塵裡，秋風白露時。所親驚遽別，問我欲何之？好鳥歸林早，高雲下澗遲。蓮華猶在眼，已覺鬢成絲。惜別天將暮，留歡酒不辭。誰爲捫蝨客？獨憶墜驢時。嬾性違高臥，餘生詅老癡。莫教巖壑誚，終許慰幽期。

即次却寄

秋風吹長陌，白日被古道。淒淚音厲。嗟行役，悠悠耿懷抱。觸物靡所慰，衰林間野草。芳華日以歇，顏色安可保。藹藹連理枝，棲棲比翼鳥。故心終不移，明誓鑑蒼昊。相期展嬿婉，與子以偕老。

吏部告病呈

呈爲祈憐衰病，准賜代題，以便回籍調理事。

弘撰草野書生，謬叨薦舉，奈年逾六十，鬢白齒搖，兩目昏花，不能遠視，兼有胃痛之疾，時時舉發，僵臥呻吟，動經旬日。本縣知縣素知其狀，故敢據呈申詳本省巡撫，轉咨大部。嗣蒙嚴催不准，又奉聖旨切論，是以不敢遲違，力疾赴京。於八月初七日，行至山西趙城縣地方，前疾又作，僮僕無措，告赴本縣，知縣呂維榦親自驗視，遣醫生李蔚美調治，至二十六日方獲小愈，勉強就道。茲於九月二十一日已到京城，勞頓困苦，飲食廢減，至今不痊。所有陝西巡撫咨文，並趙城縣印結，隨投大部。

訖伏念衰庸之人，不堪應詔，又不幸身有夙疾，作發無時。見今病臥牀褥，藥餌罔效，目昏神憊，不能讀書寫字，棲遲旅邸，疾勢日增，將不保其微軀，終必負乎大典，故敢哀泣上控，懇祈俯晉真情，准行代題，俾得回籍調理，苟延餘生。仰荷明德，永矢不忘矣！

爲此具呈，須至呈者。

對菊有懷〔一〕

御水橋邊秋葉黃，一枝寒菊度重陽。臨風每憶陶元亮，恐負東籬晚節香。

病臥昊天寺僧舍述懷遂呈李書雲張南溟余佺廬姚濮陽諸掌科張幼南廷尉

盛代開東閣，徵書下五雲。彈冠疑貢禹，對策憶劉蕡。敢謂功名薄，無如出處分。故山冰雪夜，猿鶴數聲聞。

競喜夔龍滿，猶懷木石居。游巖兼痼疾，栗里失耕鋤。多難羞長劍，息機攜舊書。故人臥明月，山名。遥爲惜躊躕。謂顧亭林先生。

仰切羣賢集，中宵每自驚。跡慚陶處士，名點魯諸生。潦倒虛瞻對，蹣跚絶送迎。從來麋鹿性，也到鳳皇城。時閉門謝客。

歷歷關西路，蕭蕭冀北風。緣空僧定後，籟寂月明中。歸夢梅盈屋，羇愁雪滿空。晨鐘簷外發，又見日華東。

風木纏餘恨，鶺鴒思在原。那堪疲道路，祇合老柴門。徙倚飛鴻暮，迢遥古樹存。雲臺有遺教：直下是諸孫。朱子主管雲臺，云然。

少年激裘馬，晚歲負松筠。未習登高賦，深慚積病身。青山將朽骨，緑酒託餘春。何日承明詔？歸與作外臣。

〔一〕此詩亦載顧炎武年譜外七種同志贈言，詩題作燕臺觀菊寄亭林先生。

得駒駬家書口占寄示

旅館棲遲時序更，霜黄露白雁歸聲。三秋作客書纔寄，幾夜還家夢不成。休擬臘花看上苑，定隨春燕返紫荆。牽衣稚子應歡笑，野菜盈盤斗酒清。

書陳藹公送黄俞郃奔喪序後

初，黄子俞郃母夫人訃至，予聞之，悼怛彌日。既與同人致賻矣，陳子藹公欲爲文送行，予謂黄子在（苦）〔苫〕凷擗踊之次，方致痛於附身附棺之事，未可以文，不許也。陳子不答。明日，文成以示，其情真，其義宏，其詞在經史間，於以處黄子有道，陳子可謂能言之士矣。黄子讀之，其亦可以勿之有悔乎？予始知文固無地焉不可，而予前之説，固也。予與黄子交久，無言以送黄子。陳子文屬予書，雖謬有譽及，不獲以嫌辤，遂書之素縑以貽之。是日也，先恭人生之辰也。念以衰病之身，爲虚名所誤，遠違丘隴，染京洛之塵，中夜徬徨，有不敢以告人者。搦筆泫然，涕下霑巾，又奚能爲黄子言也？

戊午冬十一月朔識。

答阮亭太史

承召即赴者，本心也。病體不任，遂敢方命。他日西歸有期，定當奉過，領高談，作不速之客也。

病夫不出寺門，左右所知，既忝宗誼，自可垂諒。即不允辭，弘撰亦終不至也。勿罪。

答總憲環溪魏公

尊者之召，不速而至，禮也，況夙仰模範，親炙有藉，而却足不前，亦非情也。但弘撰以衰疾掩關，廢友朋往來，若不拜客而赴席，恐開罪於人不淺，當亦長者之所不取也。捧繹華簡，書齋敍談，元不比於尋常讌集，然其跡近之矣。用是敢辭。

與趙韞退大參

昨承執事枉駕，以貴鄉諸先生之命，屬爲賀相國馮公壽文，且云本之相國之意，又述相國嘗稱弘撰之文爲不戾於古法，似欲躋諸一時作者之林。此雖弘撰所惶悚不敢當，而知己之誼，則有中心藏之而不忘者，即當欣躍操觚，竭其所蓄，直寫相國碩德偉抱、輔世長民之大略，以求得相國之歡然。而審之於己，度之於世，皆有所不可。故敢敬陳其愚，唯執事詳督焉。弘撰以衰病之人，謬叨薦舉，嘗具詞，控諸本省撫軍轉咨吏部，不允。嗣又奉旨嚴催，不得已，強勉匍匐，以來京師。復具詞，令小兒抱呈吏部，又不允。借居昊天寺僧舍，僵臥一榻，兩月以來，未嘗出寺門一步，即大人先生有忘貴惠顧者，皆不能答拜，特令小兒持一刺，詣門稱謝而已。鬢白齒危，兩目昏花，不能作楷書，意欲臨期尚復陳情，冀倖於萬一，蒙天子之矜憐，而放還田里。

夫賀相國之壽，非細故也。諸先生或在翰苑，或在臺省，或在部司，皆聞望素著，人人屬耳目焉。公爲屏障，以爲相國壽，則其文必傳視都下，非可以私藏巾笥者也。弘撰進而不能應天子之詔，乃退而作賀相國之壽之文，無論學疎才短，不能揄揚相國之德，即朝廷寬厚之恩，亦未必以此爲罪，而揆之於法既有所不合，揣之於心亦有所不安，甚至使不知者以弘撰於相國素不識面，今一旦爲此文，疑爲夤緣相國之門，希圖録用，欺世盗名，將必有指摘之及，不但文不足爲相國重，而且重爲相國累。此弘撰之所以逡巡而不敢承也。即執事代爲弘撰籌之，亦豈有不如是者哉？不然，相國操天下文章之柄，爲天子教育人才，天下之士望之如泰山北斗，伏謁門下者，咸思得邀相國之一盼爲榮，其間負名位而擅詞華者固繁有徒，而相國獨屬意於賤子，身非木石，豈有不心識此義者，而顧推委而不爲，有此人情也乎？所謂「韓愈亦人耳」，所行如此，欲以何求耶？是用直布腹心，唯執事裁之諒之，並乞上告相國之前。倘邀惠於相國，得歸老華山，爲擊壤之民，以遂其畎晦作息之願，午夜一燈，曉牕萬字，其不能忘相國之德，將以傳之紀載而形之歌詠者，必有在矣。燕山、易水共聞斯語，唯執事圖之。

韓昌黎上執政書，意有所干，故文雖工，而近於佞。蘇老泉上執政書，意雖無所干，然其中詡詡焉，思有以自見，故文雖辯，而類於夸。吾兄一丘一壑，其志不易，不惟無所干，并不欲稍有以自見，故其爲言也，神閒而氣定，絶無矜飾，惟見素懷，具眼者當自得之。驪山王孫蔚。

賀相國易齋馮公七袠壽序

冬十二月五日，今相國易齋馮公生之辰也。時歲在戊午，公壽登七袠，同里婣黨官於朝者某君某、某君某，恭製清防，爲公壽，而介趙君某屬洗爵之言於陝西王弘撰。弘撰謝不敢承，趙君詞益懇，且云公實有意於弘撰之文。辭不獲已，於是拜手颺言曰：

夫調元以佐天子，進退人才，俾詩書禮樂之教日興，而獄訟不起，干戈不爭，民安物阜，共登仁壽之域，非宰相之職耶？公生齊魯文獻之邦，爲學以聖賢自期，博古通今，綜經術，崇實踐，自弱冠之年，即以天下爲己任，歷秩清華，皆卓然有以自見。今居論思密勿之地，所爲盡忠補過，獻替於天子之前，爭可否，畫成敗，以至用兵之際，運籌帷幄，決勝千里，其事重大而秘，雖外廷之臣有不盡與聞者，疎逖小子，又烏足知之？所知者，公以冰清玉潔之操，光風霽月之度，虚己下士，思得天下之賢才而用之，汲汲如恐不及。

夫天下之治莫先於用人，故孔子謂尊賢之義與親親之仁並大，而孟子亦曰「爲天下得人謂之仁」，蓋言君相之道，一也。昔姬公嘗用之矣，史所紀「一食三吐哺，一沐三握髮」者是也，公實有焉。

弘撰聞公之族爲山東之望，自公之先閒山先生以傳，至公凡六世，爵位蟬聯，文才相繼，皆有集行世，照耀重光。而萬曆時，婁江王文肅以三王並封之議，爲衆所不與，有上書力爭者，文肅引咎自陳，云「左庶子馮某告臣如此」，則即公之從伯祖，天下所稱爲北海先生者也。先生之奏疏論策，弘撰嘗推爲三百年一人，後雖階至大宗伯，獨以不登三事爲憾。今得公而光大之，不特見家學之淵源有自，而公之訏謨遠猶，上贊天子以體元之事，下範百僚以履中蹈和之氣，教育人才，使文德日彰，四海宴然，天下仰之如日星河嶽，將書所謂「天壽平格」，詩所謂「壽考」「作人」，皆見於今日矣。寧獨以一身之康濟，一家之尊榮，爲公揚松喬之年，而侈閥閱之盛已耶？

乃趙君又言，公心切思退，屢疏請告，天子溫旨慰留，眷注益隆。以弘撰觀，宋之文潞公享期頤之壽，出入將相四十餘年，而天下引領以爲神仙中人，則公七袠之辰，正方興益壯之時，矧四方未盡寧謐，朝廷倚爲股肱，天下蒼生之屬望方殷，固非公東山高臥之日，而天子所以篤公者，又豈其微哉！

弘撰，華山之章句腐儒也，素弱而多疾，雖名在太學，不能修其業，退處農圃之伍久矣。恭逢天子下求賢之詔，謬列薦牘，欿然愧懼，辭於巡撫，辭於吏部，俱不獲允。今跧伏僧寮，不能跬步踰閾，其不得有謁於宰相之門，分也，亦志也。顧公獨不以其賤而念之不棄，其將以弘撰爲涓人之駿骨矣乎？

唯是，弘撰學易有日，而公亦嘗以「易」名其齋。在易，十二月於卦爲臨，臨之才「元亨利貞」，同於大父，象曰「君子以教思无窮，容保民无疆」，朱子云「教之无窮者，兌也。容之无疆者，坤也」，「二者皆臨下之事」。「五日」於爻爲初九，辭曰「咸臨，貞吉」，程子云「初得正位，與四感應，是以正道爲當位所信任，得行其志。獲乎上，而得行其正道，是以吉也」。且初九之末，九二方始，卦唯二陽，遍臨四陰，故並有「咸臨」之象；陽長而漸盛，感動於六五「知臨」之「大君」，復有「已然如是，吉」，將然於所施爲，无不利」之義。此可大之業，又弘撰之所敢爲公進者已！

相臣所重，不在功名，而在度量。故休休有容，即以保我子孫黎民。歸之相公虛己下士，只此一節足矣。

文凡七大段。第一段先寫爲文之由，泛論宰相之職，調元贊化，皆歸重於進退人才。第二段出公歷履，即云不足知公，蓋公之盛德大業，不必瑣細鋪張，一鋪張之，便屬越俎，便失我輩壽公之文之體也。第三段始出公虛己下士，而大言暢言之，不惟我之知相公者止此，而相公之可重可傳者，亦莫先於此也。此後若接出「心切思退」，前幅文氣雍容紆徐，至此未免節奏太緊，故第四段又出公家世，特拈出北海公爭三王並封一事，以見齊魯文獻即在公家。前後映帶，聲光陸離。末乃承出祝義。假使此段敍在第二段中，便索然矣。

第五段方是壽公正義，又就公恬退，借文潞公出之，以見上下之屬望方殷，天之啓佑國家，以培養老成，正在未艾也。此下直接學易，末段再敍自己出處志向，以映「謝不敢承」之義，誰曰不宜？又偏不肯如此，只輕輕用於第六段中，承上起下作波瀾，「我之絕跡相國之門」，「相國每飯不忘之誼」，寫底相得益彰，而「虛己下士」至此又生一色。「相公之知我者，文也。我之酬知者，亦文也」，宜直出所學爲頌，故第七段總歸宿於易，不惟祝壽之文尋出絕高地步，而祝公之義庶幾極大極遠，儒者氣象，真有壁立萬仞之概。

通篇段段方承，備極錯落，却渾淪深微，絕無痕跡，蓋運氣於骨，不露其才耳。前輩壽文多不傳，此則必傳矣。予榮古陋今，才短性強，文章一道，不肯服人，茲於先生，不能不心折也。燕山陳僖。

答閻百詩

三王並封，雖舉朝具疏，然其中旋轉，仍賴首相。故北海上書文肅力爭之，而其事終寢，則文肅之力居多。拙作所指，蓋謂此耳，非謂其上書天子。且舉此者，借一端以美馮氏，亦非論述當日並封事也。不斐之文，過蒙留意，一語質定，不厭再三。足下有心人，真吾師矣。

答傅青主先生

昨小兒歸，承先生問易中義。弟固不知易，小兒語又不甚詳，今據其詞以復，不知竟合否？

一生三，三生九，九生七，七生一，此洛書之數。所謂「參天」者，乃一而三，而九，而二十七，而八十一，推之千萬，無出一三九七者。「兩地」，則二而四，而八，而十六，而三十二，而六十四，推之千萬，無出二四八六者。一二三四，生數，順推；九七八六，成數，逆推。又「參天」左旋，「兩地」右旋也。

鄭夬卦變，即河陽陳氏之說。陳氏云本之邵子，秦玠見而詫之，自謂嘗遇異人授此，乃云西京邵雍亦知大略。後邵子又見之，遂作辨惑文，以斥其僞。然其說奇偶相生，最有次第，故諸儒多稱其精，所謂象學也。易之爲道，一陰一陽而已，陰陽之道莫大於乾坤，乾坤之卦莫貴於泰。泰之九三變爲六三，六四變爲九四，乃爲歸妹，朱子謂泰自歸妹來，卦變圖正云歸妹自泰來也。三、四二爻相比，爲上下卦相交之際，而九六乃乾坤相交之變，此歸妹之象也。且互爲坎離，綜爲巽艮，是一卦而八卦之義皆於此可求，其實亦只易中之一義耳。若謂其「洩易之秘，爲造物所忌」，則傅會之說，無足言也。

遊魂、歸魂，八卦一例。會通觀之，亦是八宮至之變，非有意安排，但後儒之談，聖人所未言耳。

昨承委，即書四大字於卷首，此真所謂著糞佛頭者，未必有當於相國意也。今往數紙，求暇中揮洒，真草大小，唯興所到。前令郎匆匆行，未及作答，並諒。

答陳藹公

承詢敝鄉高節之士，以僕所見之確，今見存者，朝邑諸生王仲復建常、渭南孝廉劉孟常懿宗，皆自甲申變後，即棄冠冕，謝人事，閉戶讀書，或教授生徒，足跡不入城市，非獨公祖官不得致之，即本縣父母官率不與面。其學皆以考亭爲師，僕之所自謂不及者也。

仲復絶不與人往來，頃兩過予草堂，皆以日昳，謂既避耳目，且夜間得以靜坐久談也。仲復力攻金谿之學，僕嘗言無已甚，而仲復乃更以僕不嚴斥金谿爲憾。僕所爲正學隅見述中言朱陸異同，仲復欲改數句，僕亦未肯從，仲復云：「如此，則藏之名山，以待後之人。」蓋微詞也。

孟常與僕爲世好，又有戚誼，但所居在渭北之下邽，路頗辟遠，接見甚稀，其人則渾金璞玉也。僕不能爲避世之舉，唯素心自矢，不敢干進，有可以對祖宗、信朋友者，古人云「隱不違親，貞不絶俗」，竊有志焉而未逮也。足下留心世教，不隨人俯仰，顧獨喜僕，謂可與言，僕亦遂不敢負孔子失人之訓耳。

先伯兄石渠，先朝廩生，蒙蔭入監，其爲學執節，大約與仲復、孟常同，縣尹唯葉天木先生曾到門一面，亦不答拜，僕輩代謝而已。今先兄殁已十年餘，而天木亦以南昌太守告歸，絶意仕進，近聞其且欲爲僧。回憶往事，不覺淒然。波流日下，古風寧可復得耶！

今人相稱字，輒曰某翁、某老，近日市井屠沽莫不然，可笑也。吾輩當戒之。子貢之徒字其師，子思字其祖，未聞有罪其肆者。

頃得所示易通，讀之三日，雖尚未得其精微所在，而明體達用，不爲幽僻深隱、空虛傅會之說，至「以經解經」「準諸典禮」，尤爲曠世之識，此内聖外王之學也。四聖先後同揆，互相發明，理到之言，自不可易，然須從同處看其異處，又從異處看其同處。凡聖賢經傳皆然，非但易也。不然，則作者之聖，無貴於述者之明矣。「言思路斷」「上根利器」「說法救世」「一點婆心」等語，皆出禪家，似不雅，今注聖經，而以此施於簡端，得無不擇於言乎？

前爲序者有云「周、程輩出，各有論著。及康節主圖，晦翁主筮，盡掃漢唐諸家之說，而易之不明滋甚」，並其前後論述，皆影響剽竊，非真有見於易者之言也。康節之圖，所以發明大傳之旨；晦翁以程傳只說義理，欠象數，故作本義，主箴，所以補程子之所未備。乃俱以爲「不明」之咎，可乎？大抵學者好駁斥宋儒，便可知其爲學淺深無得力處，此觀人之法，所關於世道人心亦復不淺。

又劉念臺先生，先朝人，錢乃今代官，譬之女子再醮，則當從其後夫而已。今以錢前劉，亦非所宜。此書之傳，無籍此序，句字之間，不得不慎，無使千百世後，得以指摘及之耳。僕未識其人，不敢通言，足下既與之善，不可不告也。

答裴晉裔

冬至之義有三：一，陰極之至；一，陽氣始至；一，日行南至。一事而有三説，似爲傅會，當以陽氣始至之説爲正。易曰：「雷在地中，復。先王以至日閉關，商旅不行，后不省方」，謂陽至也。故冬至一曰「升辰」，言陽始升也。寶典曰「陰陽日月，萬物之始」，「故有履長之慶」；曹植云：「冬至獻履，所以迎福踐長」；蔡邕獨斷云：「冬至，陽氣起，君道長，故稱賀。夏至，陰氣始，君道衰，故不稱賀」；晉書，「冬至日，受方國及百僚稱賀」。宋人並夏至亦賀，則非也。

又今世稱冬至曰「長至」。按：月令，仲夏之月，日長至，仲冬之月，日短至，故餘冬序録以冬至稱長至爲非，月令所言「長至者，日長之至。短至者，日短之至」也。今世所謂長至者，言冬至後，日之長漸至耳，然於短至之説，似難通矣。又冬至前一日曰「小至」，杜甫有詩。唐會要云「冬至日，祀圜丘，遂用小冬日視朝」，「小冬日」，即小至也。

「常有欲以觀其徼」，「徼」字，前人注疑皆牽強。嘗見唐王懸河云：「元本『徼』字乃『微』字，字形相類，後人傳寫之誤耳。」注者就「徼」字發論，豈果得其本旨耶？陰符經云「三盜既宜」，米海嶽書「宜」字作「冥」字，董文敏謂其必有所據。「冥」字於義較長，當亦形類致譌。

書戴楓仲丹楓閣册子

予猶憶戊申秋過昭餘，登丹楓閣，閣中人飲我以醇醪，示我以文章，歡甚。今戊午冬，復值於京邸，爲時幾何，而髮各種種矣。天道十年一變，物不能逃，可慨也。時予且病，求歸未遂，因相與道離索之情，及遭逢之得失憂喜，復肯爲予籌度出處，其言有足感者。蓋閣中人，與予相期以學古之道如此。昔吾鄉呂文簡講學，每以「安貧改過」爲宗，予近日與朋友砥礪，亦唯以此爲切實之詣，非矜詡文采，空談性命者所可比。今與閣中人言，未之能易也。

閣中人且歸，爲我問丹楓無恙否？老冉冉其將至，悲修名之不立。予之再來，登閣與不登閣，俱未可知。日月逝矣，山川間之，人生離合之故，難言也。然而誠之所通，千里必應。易曰：「鳴鶴在陰，其子和之」，又遠乎哉？

施氏崇祀鄉賢録序

予居京師之三越月，宣城施愚山以其祖崇祀鄉賢録見示，且拜而屬之曰：「惟子爲序。」

予聞萬曆時，海内之在山林以理學名者，如求溪、斗津諸君子，不一其人，而宣城則有施氏允升云。先生之學以見性爲宗，以善與人同爲大。遡其所自，蓋受業祁門陳文臺，得盱江羅近溪之傳。予初竊疑焉，今讀是録，始知先生之爲躬行君子。其所著述，固多折衷諸儒，期於羽翼六經，有繼往開來之功，非其師説之所能盡者。當時爲鄒南皋、焦漪園所推重，雖至世殊事異，而人思之不忘，崇以俎豆，從而彌彰，有以也。

嗚呼！文明之代，賢才輩出，無間朝野，斯道之興，如日中天，何其盛哉！前是，天順間有吴氏康齋，天子延見便殿，稱其非迂濶，特賜崇秩，不受而歸，斯不亦布衣之極則乎？乃文廟從祀，門弟子居其二，而吴氏獨不與焉。予嘗嘆息，以爲典禮之缺。即先生之僅祀於鄉，亦有未盡其報者。他日有知人論世之君子，其將以聞之於朝，而與吴氏並躋於兩廡之間，未可知也。

有孫如愚山，應召入都，爲詩有曰「祖德述周程」。當波靡之世，人以詞華相尚，而獨惓惓有志於濂洛關閩之學，其亦何所求而然與？夫孔子之道，得其孫而傳，予非敢遽以此爲況，然而謂愚山無其任焉，則不可也。愚山勉之哉。今而後，天下之士有負笈而從愚山遊者，問家學之淵源，唯勉之以「如吴氏之有餘干，而不爲新會」，其斯爲善繼述者矣。

復施愚山少參

讀佳稿，氣恬而詞潔，儼然有道之度，此大雅之宗也。河南侯氏之文，非不備縱横變化之致，然「米氏作字，衹知險絕爲功，而赳赳自雄，去鍾情王態遠矣」。古人有作，以後世誰相質定爲嘆，弟不揣，妄有損益，知先生必有取爾。此中語不堪爲外人道也。小作呈上，不學之人，無能揄揚盛熾，愧矣。中有未妥者，望加改定。文章之事，朋友切磋之義，俱在形骸之外。

梅

清香絕不染緇塵，別有孤山一段春。回首故園芳信杳，柴門空鎖月如銀。

此日

此日能無憶，千秋亦有詩。歲寒迷道路，心苦拙言辭。燕市空看劍，秦山且采芝。那堪小年夜，白首淚痕滋。

印史跋

印，古人所以示信也，通典以爲三代之制。或疑三代無印，然汲冢周書已有「湯取璽」之言。即謂其僞，而季武子之問、燕王之收、虞卿之棄、蘇秦之佩，又非明証乎？秦李斯損益史籀之文作小篆，漢因之，爲摹印。其法以方直爲主，而朴雅可則，後漸增減遷就，間違六義。故馬伏波上書下大司空，正郡國印章，誠重之也。今人不師漢，不究六義，而謬誤章法、刀法，以奇巧相尚，失其指矣。

童君鹿遊潛心此道，嘗擬刻歷代作史者諸印以自娱，正得漢人遺意。鹿遊爲人樸而文，其志有不僅在此者。吾姑與之言印。

與葉訒庵太史

弟老而有失學之悔，昔時偶習爲詩文，無當作者。尊命儼及，不敢自隱。今呈一册，唯先生教之。前承枉顧僧寮，不能即謁謝。病夫廢禮，惶恐惶恐！

與阮亭

山志，小說耳，不足人目。徐勝力見訪，强持去。曾囑勿輕示人，不謂其傳視葉太史也。承命，今付往，幸勿如葉又更以示人耳。唐荆川集求借觀。山志中有不當者，望爲改正，即不書之册，或另作一紙，此至誼也。學易隅見覽畢，先祈擲還。

贈湯荆峴大參

桃林一别幾經秋，浪跡燕臺許共遊。千里星隨新講席，十年月照舊經樓。尋常尚憶春風坐，咫尺翻淹雪夜舟。何日西歸邀杖履？振衣同上華山頭。

爲遲默生學憲書册子自跋

元人有一日能作一萬字、三萬字者，予竊疑之。戊午除夕，友人以此册屬書，才過數幅，便覺神憊腕怯，不但工拙，去古人千里也。思之生愧，乃奮筆復書，遂盡其紙。紙粗澀，不受墨，裝潢亦不精。予抵京以來，爲人寫字未如此之多，於所謂「五合」者無一焉，殆不自解。書已，爲之一笑。

與傅壽髦

承許金剛經，專价來領，知不食言也。黄庭内景，以書法重耳，弟嘗看聖教序，亦復如是。

潛庵記

潛庵者何？睢陽湯荆峴先生舊所讀書之居，而今錫之以名者也。時方應詔京邸，南北之士如雲，圭組韋布，詩文唱酬無虛日，先生獨處一室，寡所與，而予亦以病伏跡僧寮。先生過予，語之故，且屬之記，蓋不勝其遂初之思也。

予惟易首乾，乾始初九，初九之潛，擬之龍德之隱焉。隱而未見，行而未成，是以君子弗用。潛，其可易言哉！程正公曰：「守其道，不隨世而變。晦其行，不求知於時。」此潛之可見者也。子思之言，要之於「人所不見」，其必有所以爲潛之本者在矣。蓋誠有得於確乎其不可拔者，將舉榮辱、成敗、毁譽、是非一無所繫於中，而後潛可爲也。天下之事，貴藏而惡著，知幾者神，而不相得者凶。用世，避世，其義一也。夫復之所以「見天地之心」者，非即此乾之初九乎？不潛，則無以爲復，而不復，則亦無以見潛之用，此動静消長之説也。故知潛之所以爲復者，其又知亢之所以爲剥乎？而世之人昧而未之察也，久矣。

或曰：陳希夷謂錢若水激流勇退人也，先生方壯而乞休，殆似之耶？或曰：朱文公辭焕章閣待制之命而更號遯翁，先生在闕下而惓惓於潛，以名其庵，將無同耶？夫其志固然耶，抑亦時爲之耶？予不答，退而書之，以爲記。

己未元日試筆

遯之初六曰：「遯尾，厲，勿用有攸往。」傳曰「遯而在後，不及者也，是以危也。」大壯之初九曰：「壯於趾，征凶，有孚。」本義曰：「居下而壯於進，其凶必矣。」天下之事，以先爲貴，唯進之事，不可先也。天下之事，處後則吉，唯退之事，不可後也。

易有三人焉曰大人丈人幽人賦之

六龍御天行，上下明無外。大哉允一德，相值利見會。遐思聲氣同，仰首雲雨沛。王者矢文德，戎衣彰武功。至靜藏不測，老成在師中。莫漫詢弟子，磻谿有釣翁。行藏亮不易，我貴亦忘情。所遇非其類，深林鹿豕驚。尚懷獨行願，坐嘯天地清。

爲崔清如京卿題畫

古人寫生，以氣韻超逸爲上，不在刑似。此幀慘澹經營，落筆潚灑，風寒雪靜，得其息機，兼以古木蒼藤，助之傳神，當是林以善得意之作，視邊、吕輩，不啻奕奕過之。

答問示耿門人蔚起

問：「何謂太極？」曰：「太極是理。理氣合一，混淪無朕，名曰太極。道家以無極爲理，太極爲氣，故謬。」

問：「太極是理，理何以能動靜？」曰：「動靜是理，不是理能動靜。」

問：「理氣先後？」曰：「理不可以與氣言先後。言先，則先是理；言後，則後是理。言理，理在；不言理，理亦在。如云理能生氣，是不明也。」

太極是人不能離者。人要識得太極，悟得理氣合一之妙，默而識之，體而行之，其要祇在主靜存誠。纔有欲，則離矣。

故聖人之學，以知止爲先。

天下之理，不離動静二端。静者道心也，動者人心也。心一而已。静故微，動故危，精一執中，繇工夫以還本體，動静合一矣。動静合一，非佛氏之所謂「空」、老氏之所謂「虚」也，誠也。寂然不動，存誠也。感而遂通天下之故，誠則明也。動亦定，静亦定，正所謂「體用一源，顯微無間」耳。近有謂「主静在一切動静之先」，又有謂「動是本體」者，説來亦自可聽，要皆過奇之論，非實際也。

自書朱子詩跋

釋子寫經流傳，謂「作功德」，近代士大夫多效之。己未上元，獨坐僧房，滌硯試筆，連書朱子詩十數紙，有欲之者，輒以相贈，或有因之以向正學者。此亦吾之佛事也。

詩以唐爲聖境，謂風格非宋元人可及。然如紫陽夫子，此詩正恐非唐人所能夢見也，難爲不知者道。

自書邵子詩跋

今日天朗氣清，僮僕都往城中看元宵會，獨坐無事，舉筆寫邵子數詩，胸中浩浩，致足樂也。

四壁肅然，春寒漸解，陰陽進退之幾有可見者，人事乃不爾耶？思昔人彈禊序，正如説夢。唐詩云「秋天林下不知春」，非騃也。

賀閻牛叟先生壽序

閻子百詩若璩，今之所謂博學君子也。應詔入都，與予數相往來。己未春，乞予言，爲其尊人牛叟先生壽，而以先生之命，將於稱觴之日並追饗其母丁孺人。時先生年六十有三矣，初度之辰在九月十日。

先是，友人魏君寧叔、李君子德既各有作，以達其父子之情，雖於一時之禮似有未安者，而其爲說，類皆扶持綱常、挽回澆薄，得先王制禮之意，有益於世道人心，非苟而已也。予獨以先生秉忠信之資，早能以禮事其父母，而與丁孺人相得無間，丁孺人又賢，故雖琴瑟中輟，而先生念之不忘，不特百詩之永思其母，爲能子也。先生行誼甚高，又淹通墳籍，著爲詩文，清真典雅，可以式靡起衰。古之所謂鄉先生者，以其耆年道修，在上則三老五更，爲王侯師，在下則爲閭胥族師，以教誨化導於鄉，求之淮上，將不以屬之先生，而誰屬哉？

予聞先生之先爲太原人，以貲遊於淮，遂家焉。居有廬，耕有田，藝有圃，崇園綺之節，養松喬之年，方逍遥於山水蒼靄之間，而有子如百詩，以天子之召，待命闕下，乃瞻望依戀，恒不欲以簪紱之榮，易其菽水之養，切切焉亟求天下學古之士爲之文，以仰承先生之歡。蓋先生之志，亦有以樂乎此也。予少於先生五歲，孤陋無聞，今且衰白多疾，羈跡京華，若一旦脱樊籠而攜杖履，從諸賓客後，佐百詩，稱觴於先生之側，將見子拜於前，孫舞於後，禮行而樂作，聲容衎衎然。尚望先生裁之以孔子「其甚」之訓，而使百詩得全其爲伯魚之孝，庶幾鄉之中稱壽於其親者，有所取法焉，不亦可乎？蓋予之爲說，有出於魏、李二君之外者，又如此。

與閻百詩

承命爲尊君先生壽文。竊以「哀樂不並用」，古之訓也誠如此，即有以得乎尊君之心，而恐難乎其爲吾子之色。若漆園吏之説，固不敢爲尊君道，而吾子孝思無已，將欲爲終身之喪焉，夫固有太夫人之忌日在矣。

書自作賀閻先生壽序後

予爲賀牛叟先生壽序成，寄之淮上，先生曰：「休矣！吾昔者有餘哀，將以慰吾子稱觴之情，而不忘吾偕老之盟，故有斯舉也。豈今復爾耶？」於是百詩札來，告予以故。予乃謝曰：「此予之所爲得間而有請者，然而疎矣，是予之過也。」而先生之行，則何其曲而中乎！

昔予在淮上，得交萬年少、丘如磐輩，今於燕臺，復識百詩，質疑問難，有朋友之樂焉，顧獨恨未獲從先生遊也。夫發乎情，止乎禮義，予益以知先生父子之深於詩也，可以風矣。嗚呼！今天下之爲禮者，有不及而已，亦安有所爲過者哉！

與閻百詩

前讀乞言引，謂今復舉斯禮焉，遂爾下筆。今接來札，爽然自失，此弟之疎也。如命，復作數語書於後，亦可以見吾輩相與之誼，其不敢苟如此。

鷹

玉爪金眸欲下韝，琱弓羽箭伴驊騮。何當擊盡平蕪鳥，一任高飛山海秋。

馬

伏櫪已無千里志，誰教羈勒入天閑？長塗不是駕駘事，敢向君王乞華山。

題汪舟次匡盧集字帖

集字，於古未有，自懷仁始，遂爲絕藝，即大雅，莫及之，況其後乎？唐參軍金剛經爲董文敏所稱，予嘗疑之。今觀匡盧帖，益識其故，有如然犀。舟次書得法米氏父子，而能出入諸家，此又昔人之所謂盡其理者也。

只是爲農好

只是爲農好，陶潛不我欺。風於茅舍暖，日向綠疇遲。異患因疲少，餘閒覺睡宜。況兼春酒熟，初值雨來時。

只是爲農好，南風解愠時。良苗經夜發，老樹息陰遲。荷笠巡阡陌，呼僮建枳籬。況兼粗識字，長咏伐檀詩。

只是爲農好，涼風最早知。黄華餘老圃，落葉佐晨炊。歷澗收松子，緣畦打雀兒。況兼秋興切，還和杜陵詩。

只是爲農好，收成樂歲時。焚魚供酒醉，埽雲出門遲。稚子煨爐火，山妻摘鬢絲。況兼官稅足，心事老天知。

田雪崖壽詩序

己未春，予羈跡京邸，二月二十四日，鹿苑田雪崖先生初度之辰將屆，同人官於朝者賦詩，戒使不遠千里而致之以爲壽，屬予言，序諸首。

雪崖，倜儻非常人也。以其有爲之才，常思樹功名於時，顧所遇不偶，用於世者無幾，而罷歸於家者，已十有七年。乃結廬藝圃，蓄典墳，植花竹，將如五柳之以山水文章自娛者，而尤好養生家言。向也，有采薪之憂，予往視之，固憊甚。後數月，聞有楊羽士授以靜功，雪崖日爲之不倦，予再往視之，則貌漸腴而神王，非復昔者之舊矣。

雪崖其果有獲於彼之説然耶？朱文公，儒者之宗也，注陰符、參同契，作調息箴，皆能言其所以然。楊之説，予亦嘗與聞之，而私獨推之歸於易之所謂「洗心」者，以爲彼蓋竊焉而逃者也。今予髮且種種矣，若天子垂念衰病，一旦放還田里，行與雪崖把臂於白雲之鄉，訪希夷之遺跡，而求道德之微言，將必更有進於是者，亦終不失其爲真逸之徒也已。睠懷故都，天涯咫尺，雪崖披襟而舉爵焉，以同人之詩，使童子歌於其側而繹吾言也，將無欣然有得於其心乎哉！

答田雪崖

衰疾之人，正藉山水文章優游卒歲，不意諸公謬推，遂致奔走道路。知己之義不可忍，然狼狽如此，未免貽戚。朝廷所求，自須一時英俊，老拙聾聵，何用日索長安米？弟之西歸，無俟再計，但以遲遲爲苦耳。旅食維艱，稱貸無地，新春漸暖，冬衣或可典賣，以濟目前，只愁將來歸裝不辦。又聞山東、河南大饑，流民四徙，杞憂正殷，不知竟當作何狀也？然天命有定，弟晚而知學，真覺餓死事小，以此胸中亦自有浩浩處矣。承兄遠念，故輒直吐所懷，當千里面談，餘悠悠無可言者。

寄劉敬庵明府

曩匆匆北發，左右狼顧，承執事惠念周至，感且愧焉。抵京，借棲僧舍，日引月長，不知所進止。衰廢之人，實不足以應明詔，而無肯爲之上聞者。雖有懷而莫遂，祇自嘆耳。知蒙注念，輒此報聞。小作呈教，亦足以見其梗概。

答王昊廬太史

前承惠顧，又讀與藹公札，悃欵備至，洵古人之風雅。召恐以異同招愆，敢辭。他日晤阮亭，當知弘撰之非慢也。承手教，益感垂注之殷。然弘撰衰病伏跡，不能與於燕飲久矣。素性拙直，豈肯餙虚詞於知己之前哉？藹公至，當悉之。敢固以辭。

題楓江漁父圖爲徐菊莊小像

霜葉垂綸岸，檥舟風緒結。莫嫌秋色遲，更釣寒江雪。

與陳其年

十載空聞感遇詩，荆谿風月每相思。於今已覺黄昏近，悵望春郊聽子規。

答余佺廬給諫

前辱枉臨，又承寵召，先生先施之誼，備矣。弘撰衰病已久，邇日委頓滋甚，友朋往來，一切俱廢，其敢以燕飲遠咎？惟知己諒之。歸田志遂，奉教有日也。前見家茂衍弟，極道垂念之殷，並謝。

答姚濮陽給諫

弘撰自入都來，以衰病力辭燕會。承召雖領教心切，而恐以異同招尤，辱先生之知。不能修禮節於左右，又敢自外乎？幸諒之。

答施愚山

蘇長公卷，不特書法可疑，絹色亦異，弟不敢妄跋也。此復。

寄郝得中郡丞

弘撰，迂疎之儒也。麋鹿之性，自顧無用於世，而濫膺斯舉，即寬大不棄，亦終不能與時賢較後先。昔孟浩然詩云：「北闕休上書，南山歸弊廬」，此欲進不得，感於中而發之吟咏。弘撰之心則異是：安愚賤之分，冀以遲暮之年，粗有所纂述，雖身不列仕籍，或可附遺民之末，不泯于後耳。抵都，即具陳衰病本末，而無人肯爲之上達者，豈朝廷不欲天下有知止甘退之士耶？今呈所爲述懷詩，輒並疏所以，即旅況可知矣。

復于密庵

昔與足下種菊碧雲溪畔，朝夕同力灌溉剪剔，不厭其勞，而意則甚適也。足下既别去，僕亦孤寥自廢，衰病日增。然相羊山水，以度餘年，所謂自以爲無患、與人無爭者，不意復入弋者之耀視。冥冥飛鴻，唯有顧六翮而自傷耳。頃得手翰，詞婉意摯，知足下所期于老夫者别有在，而區區所自矢者，亦不敢不勉。但羈滯京華，出門跼蹐，偃臥僧房，旅食艱窘，有嘆息書空而已。數年學易，方欲有所述作，纔得端緒，乃以此奪，頗自惋嘆。兩遣小兒具呈吏部，迄不見允，然自分拙愚，終圖西歸，不失作華山老圃，看黄華晚節香也。

答顔修來吏部

孤陋之人，兼以衰病日侵，自分丘壑老矣，乃逐時賢之隊，溷跡京華，不特夜慚枕衾，抑亦晝愧天日。而翰教遠來，遽以激昂相期，豈所望於先生乎？唯道阻且長，音問久疎，先生儼然衰絰之中，而弟未能稍申雞絮之儀，中心是疚，如何可言。誄辭見屬，不敢以幼賤辭，願以異日。

寄周彝初制府

弘撰衰且善病，自去秋狼狽就道，抵京益甚，兀兀僧寮，人事都絕，感念明公雅誼，未嘗一日釋諸懷也。夫秦民，猶公之民耳，其欲邀惠於蔭覆而衽席之者，正復不淺，如弘撰之受知，又其微者矣。竊復自念，道不足以經時，文不足以華國，只合擊壤鼓腹，爲農圃之老，豈宜與翩翩英俊較聲譽，覬榮禄？而舉者不察，謂尚可以驅之仕進之場，則誤矣。用是，對簪纓而生愧，悵松菊之就蕪，不副明詔之求，徒損大官之奉，亦何爲乎？要之，抱朴守拙，以不負夙昔者報知己，即所以報朝廷也。辱明公之眷厚，不同尋常，故敢略道其所懷如此。春寒，伏惟珍重自愛，幸甚。

答陳藹公

圖書之一六皆在北，三八皆在東，五皆在中，三者之位數皆同，而圖之二七在南，書則二七在西，圖之四九在西，書則四九在南，二者之位數皆異者，朱子論之詳矣。解者曰：「其云『陽不可易』，耑指一三五，『陰可易』，統指二七四九；『成數雖陽』，指七九，『固亦生之陰』，指七爲二生數之陰，九爲四生數之陰也。二四以生數言雖屬陽，然以偶數言則屬陰，不得謂之陽矣，七九以奇數言雖屬陽，然以成數言只可謂之陰矣，故可易。其曰『成數雖陽，固亦生之陰』，不曰『生數雖陰，固亦成之陽』者，蓋但主陰可易而言也。」按：此說蓋謂一三五以奇數言固屬陽，以生數言亦屬陽，六八以偶數言固屬陰，以成數言亦屬陰，是以不易也。予謂陽主生，故陽之生數不易而成數易，陰主成，故陰之成數不易而生數易，於理較長。

至於其定位，則以五行生克爲主。圖主生，左旋一周也；書主克，右轉一周也。此言其運行之序。若對待之位，則圖亦寓相克之義，書亦寓相生之義。至圖之全數，皆自五而來，其所謂十者，乃五得五而爲十，雖有十，而不用也。書之數雖缺十，而皆有含十之義，十常居五之兩端，雖無十，而十已具矣。圖數偶，偶者靜，靜以動爲用，故圖之行，合皆奇；書數奇，奇者動，動以靜爲用，故書之位，合皆偶。此圖書合一之妙也。大抵數莫妙於五；六七八九十，即在中五之中而五之，二三四五，即在中一之中，乃所謂太極也。此其大略，皆先儒之所已發者。如析言之，則亦更僕不能盡矣。

兒易，「兒」字正取蒙義。其序有云：「童烏者，子雲九歲兒也」，不可見乎？日暮目昏，草率不悉。

與裴晉裔

弟行矣。半載兢兢，祇求全得一恥字歸，足矣。孫樵所云「囊刺買聲」，庶幾免夫。故山無恙，還讀我書，所得不既多乎！

北行日札之刻，當時爲先生及門耿君蔚起、賈君國楹所校者也，迄今二百餘年，板片散佚久矣，先生六世孫峻卿君重梓之，僅得家弆故本，字畫半蝕，而謬囑小子讐校之，小子何人斯，而敢承乎？辭不獲已，因略正其點畫之殘缺者，以復舊觀，且幸吾華愛鵝之客有王文卿映彬、楊力山爾勉暨先生之八世從孫登初步瀛，臨池而分書焉，其功皆有足多者，小子亦竊幸附驥也。光緒二十年冬月二華山人子莪謹跋。

西歸日札

序

山翁，予妻之世父也，攜笈遊吳越間者十載餘，丙子春始西歸，樹門眉曰：「跡似雲歸岫，心如日在天。」年七十有七，好學不衰，偃仰山茨，松筠自娱，泊如也。里中智愚耆艾咸心歸之，無不願得一當翁者。其忠信仁讓，素孚於人，獎善誨過，卹急解紛，論者方之卓子康、王彦方焉。輶軒使者過華下，輒訪之，翁接必以禮。求文與字者日集，翁審於義，亦不拒。同不害正，異不傷物，直以真氣勝人。逍遥林泉，子姓數十，迭相從遊，捧杖納履，天倫之樂，關西所僅見也。太原傅青主徵君嘗語李子德太史曰：「『清貴』二字，久以奉華下。」故子德作存沒口號，有云「松莊長捲蹈東濤，華下爭傳晚節高」，則取以相匹。松莊，乃青主居也。

翁著作尚夥，此丙子後稿，予兒滋所手録者，妄爲評注，付之剞劂，略述梗槩如此。世多知翁者，定不以予言爲阿所好也。

康熙戊寅春清明日，潼津李夔龍序。

西歸日札

丙子元日將西歸感述

老夫年垂七十五，飽歷喪亂心常苦，泉臺父母寧知否？苟延喘息終何補？吁嗟悲哉！一萬九千日沉淵，丁未以至今戊午，大塊豈不榮春色，憔悴獨與槁木伍。前年弟殁曾孫殤，弟弘輝，年六十二。曾孫著，年十七。老妻倏又隕二豎，妻楊氏，年七十四。生離死別關塞黑，洒淚九野無乾土。落拓奈經十載餘，窮愁旅舍翳環堵，故人書束亦滿席，分禄時肎周資斧。積困莫救稚子饑，況復難免衣襤褸，皇皇有似失林鳥，朝東夕西羣鎩羽。慘淡遙瞻鹿馬雲，蕭摵久滯鍾山渚，憶昔飛鳳失其凰，鶬駕茫茫反遭取。天南逆流波浪惡，蛟龍夜睡魚鼈舞，李白狂歌走夜郎，杜甫麻鞋歸靈武。世間是非成敗異，悠悠之徒何足數，比來愧聽碩果言，朱林修留予語。相遲卜築桃源隖。顧友星、祁紹傳勸予買宅小桃源。邀篴有人復好事，歌奏潛忠泣風雨，君臣凍餒臥荒陬，汪受茲有常裁五招飲觀劇，演程編修從亡事。賤子何心懷故宇。即今桃李花滿眼，但覺松柏精靈聚，圖書抛棄罷登臨，天闕寂寞江濤怒。蒼浪鬢髮步踥蹀，又聞直北震金鼓，南嶽愛菊制頹齡，沅湘芳草淹宿莽。徘徊欲歸歸未得，冷落丘隴廢場圃，日暮聊爲悲春吟，飄風烈烈颯終古。行間小字，翁自注。

清真淒婉，大雅之章也。翁嘗取朱僅庵李白論，篇中感嘆正同。

留別白門友人

春花落盡鳥空啼，春水東流人向西。有夢常依桃葉渡，寄書應到碧雲溪。

翁寓在桃葉渡水閣，碧雲溪畔則翁家也。起語含情無限。

松風圖記

古云磵松所以能陵霄漢者，藏正氣也。其根如石產茯苓，其柯屈鐵交錯，反走虬龍，其色蒼翠，其響作濤聲，撼半天風雨。自來貞士幽人莫不尚之，所以淵明撫而盤桓，子美嘆其昂藏也。李松翁以有爲之才，不用於世，退而老以死。葉榮木爲作松風圖，乃其九十時自命者。山有餘靄，亭無行跡，煙嵐縹緲中，薜荔爲衣，芙蓉爲裳，挈桃竹之杖，蹁躚天際，可望而不可即者，其翁也邪？恨涉末流，失我故林，對此茫茫，豈惟精靈之聚，生其慘澹；抑亦歲寒之感，莫慰淒涼？有在於丹青之表者，歷千載而蟠穹蒼矣。

言簡義遠，可稱文外獨絕。

斷石汪氏族譜序

新安汪氏之盛，甲於天下，自越公以來，所謂孝敬忠順以事其長上，故能保其禄位而守其祭祀者也。後之本支蕃衍，遷居四方不一，而在斷石者又爲盛。

慨自宗法亡，圖譜局廢，雖仕宦之家，視昭穆之親，等於塗之人，至有不能舉其先世之載者，往往而然，而尊祖敬宗收族之義微矣。廷讓君心戚焉，於是督其從子左宮、子受茲，作汪氏族譜，世有系，行業有傳，生卒有日，墳墓有所，歲時祭享有禮。以三爲五，以五爲九，蓋自斷石始遷祖以下，至廷讓君，凡九世，故稱族焉。今廷讓君已逝，自斷石行賈至金陵者日以衆，修業而息之，而左宮、受茲誦詩讀書，敦長者之行，以善聞於閭里，所謂「富好行其德」，較之務纖嗇以希贏得，其相去何如邪？

夫天地生物，人爲貴。人之道，莫大乎親親。先王之制、聖人之教，皆本諸天地之性。故親親而仁民，仁民而愛物，有端有序，而要以天地萬物爲一體，斯人之極也。然則追孝因睦，以合其族，有無相周，吉凶相資，德業相成，過失相規，使不至於渙且疏焉，將必有大其門者，以克纘先人之緒，則譜之作也，夫豈徒哉！推而極之於民物，反詐僞而復淳樸，革浮薄而從忠厚，其道莫不基乎此也。汪氏兄弟勉之矣！

翁論文，以簡淡爲宗，句字必有來歷，本之經史，乃免於俗。此柳子厚之所云「潔」也。

題荆默庵廣文畫像

靄靄雲垂谷，幽篁濯漣漪。春深沒衆草，山靜長紫芝。箕踞類嵇阮，實惟洛閩師。熱官亦嬾作，獨與冷相宜。履道何坦坦，傳經日在茲。清天羣響息，俛仰物無私。散髮粲玉齒，微吟豁心期。塵氛一以遠，千載不磷緇。容裔撰杖屨，吾將從所之。

默庵留心正學，故翁與獨契。詩亦有陶、韋之風。

近思録傳序

正學之傳於天下也，宋諸儒之力也。而諸儒之爲金聲玉振者，新安朱子也。乃自金谿之異說起而人心惑，浸至於姚江而愈熾。姚江之有龍溪，猶之金谿之有慈湖，又往往溢於師說之外，其遺患尤甚。後之學者樂其簡佚，遂不勝鹵莽滅裂之弊。

張黄岳先生生朱子之里，學朱子之學，特取近思録爲之傳，以反覆發明。其心純，其氣平，其言簡而盡，其誨人者殷，而非以炫己之長也。然於其晰實，見自得之詣；於其闕疑，見不欺之志。有功於先儒，爲德於來學，非徒賢於世之以詞章自命者遠矣。冢子山來潮，博雅通敏士也，不以予不知學，使序簡端。

予嘗謂孟子當異端横行之時，示人以所當繇之路，如救陷溺，其道猶治水然，故昔人以爲孟子之功不在禹下。朱子於羣籍紛綸之日，示人以所用力之方，如飯菽粟，其道猶種五穀然，故予以爲朱子之功亦不在稷下。然則「辨十有二壤之物，而教之稼穡樹藝，如周官之有司徒」，殆莫踰於此書矣。慨惟金谿誤認格物而尊德性，遂有「六經皆我注腳」之說，姚江單提致知，遂有「知行合一，行在知内」之說，而孔、曾之訓爲之漸晦。今之起而正之者，疾之已甚，或不免於厲，詞費而爭不息。先生蓋謂是不必非諸人也，但當求諸己。誠使學者以此書而求之，循序而進，隨時涵養，到處省察，用力之久，豁然貫通，明體達用，充實光輝，則紛紛之說有不待辨而詘者焉，而正學明於天下矣。

侃侃正論，然不爲過激之言。禹、稷二喻尤確。間黄岳嘗有疑於西銘，文中言「不欺之志」，蓋有謂也。

知秋閣記

楸，美木也，古謂「山居千章之楸，其人與千戶侯等」，誠貴之也。朱子林修庭柏博學工文，有閣曰知秋，階前老楸數株，青柯參天，綠蔭蓋地，取董子「木名三時」之說，以爲有秋之意焉，故云。垢區道人爲作此圖，以蒼疏之筆，舒蕭森之氣，煙飛雲斂，天高日晶，得秋之神焉。予流覽數四，抗手而嘆曰：「夫知秋者，莫先於梧桐，而能秋者，獨有松柏。詩云『鳳凰鳴矣，于彼高岡；梧桐生矣，于彼朝陽』，言君臣相得之盛也，子云『歲寒，然後知松柏之後凋也』，則有衰世之感焉。昔允升先生錫林修以嘉名，而林修之以『知秋』顏閣也，其神游太和之宇宙，而不勝其憂患之心也乎？」然予嘗學易矣，秋於卦爲兌，傳云「兌，正秋也，萬物之所說也」，物成乎秋，故說之。又云「君子以朋友講習」，程子謂「天下之說，莫過乎此」者也。願與林修以之。

發秋義獨別。垢區道人，程穆倩之別號也。能，耐也。

歸州知州龔彙征傳

龔君名仲泰，字彙征，江西進賢縣人，天啓四年舉於鄉，崇禎七年爲崇仁縣儒學教諭，用臺使者薦，陞湖廣歸州知州，十三年六月到任。時地方凋敝，官舍俱燬，聽政於觀音寺，撫綏殘疆，慰勉流亡復業。會閣部楊嗣昌督師合剿，羽書旁午，君拮据區畫，接濟軍需，月餘，鬢髮爲白。十五年十二月，荆襄陷，君不勝震驚，率士民爲守禦計。未幾，賊破夷陵，渡江直入州境，肆行殺掠，士民逃散，君獨懷印綬，矢與俱殉。奸徒王謨、吴繼廉輩，劫之見賊，君指誓天日，唯求一死。賊好言喻降，謂「人生須富貴耳，胡自苦爲？」君曰：「刀鋸非所畏，爵祿非所願，存此名節，以報朝廷，復奚言！」賊義之，轉加優禮，冀緩之易慮。君持志益堅，觸石而死，十六年二月初九日也。僕職書哭乞遺骸，賊憐而許之。職書以孤弱不能負，遂用釋氏法，火化以歸，十一月二十日抵家。君之子煥哀慟治葬畢，泣陳所司。方待題卹，而大變作矣。悲夫！

華山王弘撰曰：嗚呼！大行帝之死社稷也，千古爲烈。論者或致嘆於臣節未光。夫名位顯赫，素談忠義，臨事而敗，廉恥頓喪，以視龔君，愧矣！乃使成仁取義者受同類之羞，能無憾哉！若四方守土吏之捐軀殉職如龔君者，又何可令後世無聞也！

翁於殉難君子，皆亟表之，而此贊語中，似又有慨於東林遺老也。

徐世修傳

徐世修，名安遠，武進縣儒學生員，世所傳儆弦先生之曾孫也。父叔美，當乙酉之變，挈家避湖村中，遭兵刃創甚，世修抱之痛哭，同沉死。時其妻楊氏及婢妾蕙香異舟。蕙香方娠，見世修死，呼告楊氏曰：「事急矣，唯有一死！毋速自裁，不則無及也！」號慟叩首，奮身入水死。楊氏將隨之，兵遽登舟遮止。楊氏恨不及如蕙香之言。兵迫之百端，不從，捶楚累日夜，卒持之如故。抽刀臨之，益大罵不絕，遂被殺。其魁義之，以其頭懸湖郡霸王城外高柳，牓曰「貞節婦人之頭」。世修無子，弟奕爲收殯。湖人即其地，立義婦碑焉。其從孫介云。

華山王弘撰曰：世修之從其父，以國事死，固也；至蕙香殉義之決，楊氏守志之堅，尤世所罕覯。即世修之刑于其家，可知矣。予聞儆弦先生之後多才，其詩書之澤，未艾也，而忠孝節烈之風，有令人悲嘆欲泣者不已。彤管有餘輝也哉！

題詹鶴村尋山圖

飛泉瀉逸峯，翠篠疏白石。脫幘信幽步，谽谺罕人跡。亭亭冰雪姿，容與忘晨夕。宗炳臥遊者，幼輿丘壑客。停雲靜無聲，歸鳥亦斂翮。栖託正復好，薄榮罷行役。琴樽應有娛，更卜何處宅？

題王承之小照

此少年者，不裘馬之好，而巖壑是娛。愉色婉容，孺慕之符，修業之素，而味道之腴，將無希風於古人之高蹈，而慨念黃虞邪？

承之，翁之高弟也。孝事二人，尤好風雅，故翁言如此，亦所以勉之也。

題王石谷畫

衡山畫師白石翁流覽遺跡，固大不同，然有同者在。近時作者，推江東二王先生，今皆不可復起矣。石谷得法於元照，其秀潤處可謂神似。此幀尤稱合作，秋日靜肅，對之使人怡悅。予自壯歲，有臥遊之癖，行年七十，萬事灰冷，於此猶不免見獵心喜也。

贈陸儀吉

輕盈鳳子爲春忙，醉筆熟時花草香。呼喚休歌唐樂府，内中今不數滕王。

張子野詩「嬾同蝴蝶爲春忙」。居寧工畫草蟲，梅聖俞詩有「醉筆正熟」之句。滕王元嬰，唐史稱其善畫。廣川「考湛然亦嘗封滕王，正與王建同時」。未知孰是？

善畫八大家記

金陵之以善畫名者衆矣，而周櫟園司農獨標舉八人，曰「八大家」，則張損之修、謝仲美成、樊浴沂沂、吴遠度宏、樊會公圻、高蔚生岑、胡石公慥、鄒方魯喆也。其時有葉榮木欣、盛白含丹、施雨咸霖、盛林玉琳輩，八人者不能過之，乃不與焉。癸卯，予至金陵，八人者日相往來，皆爲予作獨鶴亭圖，位置渲皴，極山雲林泉之勝。八人者，固未見亭，亦寫其意而已。戊辰，予再至，則六人已化爲異物。損之老，不復出門，獨會公尚健，乃二三年間，亦俱倐然謝世，今遂無一存者矣。可勝嘆哉！

仲美有子大令靖孫，會公有子青若九雲，蔚生有子樹嘉蔭，方魯有子子貞壽坤，皆能繼志，不失家法。石公有門人陸儀吉逵，以花草蟲鳥特著名一時，尤善蝴蝶，能曲盡其態，工細而有逸致，則青出於藍矣。

翁篤於友誼，即一藝之交，皆久而不忘。八人者，可以不朽矣。

李遇廷像贊

蒼顔翼翼，偉幹堂堂，德恭以儉，氣和而莊。是嘗早事詩書，懷鉛握槧，企作述於千古；繼習韜略，横戈攬轡，矢綱紀乎四方者也。唯數多奇，鬱封侯之志，遭時不造，奏陳情之章，乃謝橐韔，引壺觴，掇桂實，沐蘭湯。慨陳迹之儵忽，寓形玉浦，求至人之髣髴，栖神芝房，豈徒感激夫草澤？蓋將垂示奕葉，俾萬子孫，仰思而弗忘！

一松閣詩序

嘗讀昌黎原道，於佛教斥而遠之，欲火其書，廬其居。及在潮州，與大顛往來，則稱其識道理；而作序送高閑，則稱其一死生，解外膠；與文暢，則稱其喜文章，欲挽而歸之吾聖人之道，故以知而不告爲不仁，告而不實爲不信。廬陵作本論，其説與昌黎相發明。而序秘演之詩，則稱其雅健；序惟儼之文，則稱其贍逸；至於贊寧、惠崇之屬，亦皆有以表揚之，恐後絶不及其所爲浮圖者。然後知二公衞道之嚴，而好善之弘也，可以爲後世法焉。

靈潤上人生於朔方，壯而遠遊，爲浪杖人法嗣，受具戒。神清體拔，主天界寺十有餘年，竹拂禪牀，花飄講席，涵泳性情，流觀景物，提唱酬答，積有篇章，軌合法前，意超象外。昔滄浪説詩，取喻於禪，今上人以禪爲詩，得之妙悟，得之熟參，非予所知。獨以予生也魯，於佛教未有所入；上人早通儒書，遭時不辰，有託而逃，間有觸發感慨，固非徑情忘世者。予每欲挽之歸儒，而恨力小，有所未能。故今序上人詩，特爲質其中之所蓄，以見予與上人相好在尋常之外，而於道不敢以或誣，庶幾無負於昌黎、廬陵之所爲者如此也。

翁學闢異端，而不拒方外之交，正與韓、歐同義。

隨園詩序

隨園詩者，電巖上人作也。電巖爲佛弟子，戒行精嚴，顧好讀儒書，與儒者遊，故其詩清新雅贍，無蔬筍氣。又喜畫，妙究六法。蓋其道恆相資，摩詰之所以兼擅也。

初，陳原舒來白門，以畫名，有蒼疏之致，電巖輒倣之，見者以爲神似。已而鷹阿山樵戴務旃至。務旃，有道之士也，寄跡長干，尤善畫，獨用燥筆，而滃鬱超逸，出人意表。世皆知畫貴潤，不知潤在筆，不在墨，不然何以從燥得潤？此其故，殊可參尋。電巖有妙悟，盡務旃之法，慘淡經營，視原舒之頹然自放者，不侔矣。

今務旃不可復作，而電巖有日新之美。是詩何足以盡電巖？要之，合巨然、皎然爲一人，其在電巖矣。若斷綺語鄙藝，事更有進焉者，非特佛教爲然。老夫於此，亦安得不爽然自失也哉？

「潤在筆，不在墨」，個中三昧，非深於畫者不能。

衞母韓恭人傳

古之爲史者，士既有之，女亦宜然。春秋左氏傳所載介之推、叔向二母而外，莫賢於公甫文伯之母，其勞逸之訓，儼然與典謨同義，安在内言不出哉？無成有終，發聞於其後，以爲史所不得闕也。竊取劉中壘之義，作衞母韓恭人傳。

恭人，曲沃韓公一濬女，及笄，嬪於衞，爲少司馬郃孫公繼室。先是，公父贈少師，臨山公客江右，歾，櫬未獲反，公年才十齡，弟文清公尤少也。太夫人許氏矢節撫孤，備極辛苦。公已入庠而恭人歸，事之唯謹。庚午，公舉於鄉。甲戌，成進士。乙亥，爲金華府推官，迎養太夫人。恭人隨侍者八年，左右服勤，不飾不敢見。壬午，公以行取，授四川道監察御史，累上封事，論時政，觸忌諱，黨人側目。繼以彈秉軸大臣，降西安府知事。恭人則謂：「直言獲謫，人臣之榮，且得還鄉里，見親戚，於願已足。」甲申，方促治裝，值闖賊作亂，京師不守，公與恭人奉太夫人潛匿僻區，獲免於難。大清復仇定鼎，詔求遺賢，以原官起公，尋陞大理寺少卿。公慨生不辰，睠顧侘傺，特以清節自厲，恭人知公志，含涕以請曰：「夫子身許國矣，家唯妾任，仰事俯育，不敢遺夫子憂。」於是奉太夫人歸。時二子台揆、台擢皆漸長知學，恭人嚴督內外，讀者于塾，耕者于畝，織紝者于室，執管鍵，擘畫有無，雖家傳素業，無脂田華宅，而克勤克儉，卒不至困，太夫人顧之，謂「婦之健也」，喜甚。己丑，太夫人病，恭人親理藥餌，夙夜不離側，及卒，含斂如禮。公奔歸，固抱恨終天，而凡附身附棺之事，賴以無悔。

初，公爲御史日，方思報國恩，欲俟少間請急，爲襄大事計，而寇氛驟逼，社稷遂墟。北堂當已暮之年，南方有未招之魂，撫膺傍徨，隱忍悲慟，泣盡而繼之以血者，公之所爲極難可知也。至是，乃匍匐江右，扶贈公櫬反曲沃，與許太夫人合葬於邑城北新阡。朝廷諭予祭一壇，公感激涕零，雖于情稍慰，而猶自視欿然，乃恭人相之，於窀穸之務、几筵告奠之儀，則無不至焉。公既除服，歷晉兵部右侍郎，然心灰體瘁，又不合於時，遂告歸，晦跡田園。司爵者復徵之，不起也。庚子，奄捐賓客，二子憯然在衰絰中，而營封賁塴，備物成事，皆制自恭人，四方來觀禮焉。

恭人性貞靜淑惠，識道理，言動不踰矩，無疾聲遽色，食無兼味，衣常數澣，自奉甚菲，而好施不倦，接三黨戚屬咸有恩誼，教子女以正，惡佻巧，愛惜天物，喜佛法慈悲，戒殺生，御臧獲嚴而不苛，壼以內，秩秩如也。病且革，猶呼台揆，爲敘昔年隨公宦□時，涉吳越山水，歷歷如在目前。神明不亂而逝，康熙三十年辛未正月初七日也，距生明萬曆四十五年丁巳四月初八日，壽七十有六。

王弘撰曰：台揆字枚吉，今爲兵部職方清吏司郎中，予友也。故恭人之德，予習聞之，遭世多故，出險濟難，視古之禮宗，奚忝焉？昔歐陽永叔表唐子方先人之墓，謂「子方方進用於時，其所以榮其親者，未知其止。」予於枚吉亦云。

翁在金陵，衛司馬不遠千里，往求此文，其相與之誼不同尋常可知。文之情戚而詞質，具見不苟。

原任中軍都督府僉書府事李公行狀

曾祖考光弼，榆林衛千戶。曾祖妣周氏。

祖考宗道，榆林衛千戶。祖妣柴氏。

考守忠，榆林衛千戶。妣單氏，繼妣杭氏。

貫陝西榆林衛李芝蘭年七十四狀

毘陵唐襄文公之表錫山吴氏之墓也，論近代爲誌銘者之非法，娓娓至數百言，而後謹書其人之姓名、里宦、世系、卒葬月日外，不輕置一語，自謂近古，以爲不如是，非所以安泉壤而傳後世。今予之爲李公狀也，於是重有感焉。

公姓李氏，諱芝蘭，字遇廷，陝西榆林衛人。始祖從高皇帝，以戰功，子孫得襲衛千戶，蓋世禄之家也。八傳而至公之考，諱守忠。妣單氏，生公兄弟五人，卒。繼妣杭氏。公行三，性慈而敏，恒幹豐偉，既失怙，二兄又早逝，獨事杭太夫人，孝養備至，杭太夫人亦唯公是依。

早攻詩書，尚義氣，善謀，有勇力，念以武胄承家，爵雖不及，而日習騎射，講孫吴法，矢志以策勳報國恩。值關中賊亂，兵垣陳公泰來奉旨徵兵，公年十九，趨謁之，抵掌談軍旅事，陳公悦，擢爲前驅。大司馬孫公傳庭之初出關也，公從之，奮先登陳，諸偏裨亦相率力戰，賊爲之卻。總兵高傑方鼓之進，而蕭漢鼎、左襄等遽怯而走，兵遂以潰，隳垂成之功，秦豫人至今以爲恨。

癸未之役，公已爲貳師，霖雨泥濘，糧餉不繼，洛陽失利，潼關隨陷，孫公且以身殉矣。天實不佑明德，中朝士大夫又以口舌事君，其有如方叔之壯猷、武侯之盡瘁者，幾人乎！社稷丘墟，罪不在閫外，二祖列宗之靈鑑之，人心豈盡泯哉！留都擁戴，四鎮分藩，公在興平軍中，有詔同總兵王之綱迎太后於河南，展轉兩月以至。敍勞，授中軍都督府僉書，賜蟒玉。時奸邪柄國，嫉正修隙，上下沉湎酒色，不爲恢復計，公已知事不可爲。及出守鼓城，不數旬，而大清豫王之兵壓境。衆議勢不支，公拊膺不能決，解甲詣壘，蓋以杭太夫人在堂故也。豫王喜得公，賚賜有加，授副總兵官，劄令率兵削除賊黨，公一戰平之。幕府報功，公謝曰：「吾攝焉爾，馳驅所不辭，將諗母爲幸，又焉貪。」尋聞商丘之變，興平伯死，兵散淮、泗間，其部下將胡茂禎、栗養志等皆公夙交，公往招之，一日而歸者數萬人。

會用兵滇南，主者素知公，以副總兵調赴軍前。公不得已而行。至貴陽，稱疾返，僑居江浦。當代重臣如浙閩總督趙公廷臣、漕撫蔡公士英皆雅重公，先後檄致麾下，公亦各有所報効，而蔡公尤以公剿土寇功在諸將上，具疏請於朝，謂堪大任，公又謝曰：「吾之壯也，不克自樹，唯以母故，靦顔至今。今血氣就衰，得菽水承歡，以畢餘年，足矣，夫復何爲？」而倏而杭太夫人之訃至，公哀慟，踊恨不親含斂，匍匐歸。既襄大事，慷慨流涕，謂：「吾今而奚有此不死之身，以爲贅疣乎！」自是無復意人間世，閉門却埽，待盡而已。未幾，遽卒。嗚呼，是可傷也！

予不識公，而公之諸子皆與予遊，其以狀請也，予不獲辭，乃特推公所以事母之心，與累有功而不居之故，以見公之自視欲然有過人者，而其他友兄弟、睦宗族、周卹急難諸善行，固不細書。蓋亦悲公之遇，寄予所感悼，以求無愧於辭，尚其不爲學古者之所非也已。

公生於萬曆四十七年八月二十四日，卒於康熙三十一年三月十五日，享年七十有四歲。配某氏，子孫若干人，將以某年月日葬某處。是用備書，祈立言君子錫之鴻章，以光九京，李氏子孫感且不朽。謹狀。

雖表一氏，而有關國事，可備太史之采。首尾敍述，尤見作者自命。

哭戴務旃記

昭陽作噩秋，鷹阿山樵戴務旃先生死華山，王弘撰爲位而哭。既三年矣，柔兆困敦春，於舊京讀其弟無忝所爲先生傳，又聞其二子藿廬、篠泉之廬於先生之墓也，作而號曰：「夫先生之生，猶之生乎？先生之死，猶之死乎？抑先生之生如死乎？先生之死如生乎？將先生之生，有不足於生，先生之死，有不足於死乎？抑先生之生，有以慰其生，先生之死，有以慰其死乎？先生知予乎？予又惡敢謂不知先生乎？」

曷言乎「生猶之生？」自少而壯，自壯而老也。曷言乎「死猶之死？」魂升於天，魄歸於地也。人之常也。

曷言乎「生如死？」放浪形骸，流觀山海，翛然之志，無繫於塵埃之世也。曷言乎「死如生？」道德可貞，翰墨有永，浩然之氣長存於宇宙之間也。先生之異也。

曷言乎「生之不足？」君父之恩罔極，呼天有淚也。曷言乎「死之不足？」臣子之心未畢，入地猶視也。先生之所自戚也。

曷言乎「生有以慰？」夷之有齊也，長之有桀也，以無忝爲之弟也。何言乎「死有以慰？」偉元之柏爲枯也，季義之鹿爲殉也，以藿廬、篠泉爲之子也。人之所無憾也。

翁嘗評杜子美同谷歌，曰「一時創作，千古絕調」，予於翁此文，亦云。或曰：「哭有記乎？」曰：「有，西臺痛哭是也！」

過尉氏登嘯臺贈王羽臣

高臺城東隅，云是嗣宗跡。令尹爲政暇，寤言追遙昔。林端列軒楹，平野連廣陌。遐矚蕩餘靄，遠風吹砂磧。猶疑明月夜，長歗殷茵席。怒虎與淒鳶，蒼茫落深澤。況吟詠懷篇，浩氣藴金石。沉醉稱至慎，弢光愜所適。途窮寧免哭，青眼聊復白。千載相知人，渺如山嶽隔。垂簾俯晚市，惻惻嘆形役。裴俠獨立君，賀循忘歸客。鳳鸞不栖棘，天表厲風翮。倘遇蘇門儔，更期慰今夕。

裴俠爲守，清慎奉公，時人莫比，號獨立使君。虞喜博學，賀循每詣之，信宿忘歸。此美羽臣至矣，亦不忘勗勵。

抵潛村舊居

猶是向山路，依然流水村。荒墟遺敗竈，宿莽翳頹垣。不見桑麻長，何知雨露存。遲徊拜家慶，洒淚到黃昏。

旱荒之後，幾於井竈有遺處，桑竹殘朽株矣，翁之所以悽愴多所悲也。五、六有汵慨。

少陵悲道路，元亮即園田。涼月四松下，疏風五柳前。心蘇靈武事，詩記義熙年。希跡懷之子，餘生枕石眠。

二賢分起分承，合結以己志，章法清楚。

書仇十洲畫郭令公家慶圖

畫貴氣韻生動，以山水爲上，而郭若虛之論，獨歸於軒冕才賢、巖穴上士，要在發曠代之迹，炳煥無窮。至宮室一科，最號難工，蓋臺榭戶牖，有量有制，折算尺寸，曾無少差，乃爲合作。束於規矩準繩，筆墨既不可以逞，而一涉界畫畦畛，復易入庸俗。自晉、隋以來，鮮有能者。迄五代，衛賢始以此名家。及宋，郭忠恕出，游於規矩準繩之內而不爲所窘，視賢不啻過之，故論者以爲古今獨絕。

吴中仇十洲，妙究六法，名重一代，尤善臨古人之跡，追蹤媲媺。此郭令公家慶圖，大抵有所規橅，而幽隝麗區、茂林脩竹、傑閣邃宇、畫棟雕闌，與夫花草禽鳥、几榻帷帳、管弦罇罍、名馬珍物之屬，無不具。中堂據牀而坐，鬢髮蒼然，和敬在色者，令公也。左七婿，右八子，嬉於前者爲孩四，乃其孫。廡下使令之人，凡二十五。後宮自夫人以下，凡爲婦女七十二，孩二十三。門外鹵簿前導，御輦掀簾者，天子臨幸。羽林扈從，騎者，步者，凡三十二。其經營位置，隨類傅彩，取賞於瀟洒，見情於高大，精密蒨麗之中，有放逸之致，滃鬱無塵埃氣，亦可謂妙理從容，自能中度者矣。

按史，令公歲入官俸無慮二十四萬緡，宅居親仁里四分之一，中通永巷，家人三千相出入，不知其居。前後賜良田、美器、名園、甲館不勝記，以身爲天下安危者二十年，子孫蕃衍，多以功名顯。富貴壽考，哀榮終始，三代而下，一人而已。今觀此圖，庶幾得之，令人想見其勳業文物之盛。君臣際合，保乂艱難，雲龍叶應，山河盟誓，赫然筆墨之表。士君子博綜載籍，睹往昭來，指鑑賢愚，發明治亂，於此寧不憬然知所勸勉乎？

裕庵明府弱冠有大志，方自奮於功名之會，屬予爲題，當非收藏好事者可比。而予，山澤之癯也，年迫八十，豈能以揮豪染翰，作馬援據鞍顧盼以示不衰故態？俯仰陳迹，感慨興懷，所謂文未盡經緯，而書不能形容，繼之於畫，與六籍同功，四時並運者，非好學深思，心知其義，又豈易一二爲人言邪？

於畫理、畫趣，皆確有所據而爲言，非泛然者。

晚坐有感

無奈好花凋欲盡，誰教惡木長成陰。殷勤唯有歸栖鳥，晚來猶作舊啼音。

爲李虞臣題董文敏字册

文敏書，初從北海入，既而出入海嶽、松雪間，晚年間摹魯公。此册骨氣清秀，有翩翩自逝之態，是其平生長處，所謂偶然欲書，合作也。視龍威虎震、劍拔弩張，當有間耳。

孫過庭論書，有五合五乖。神怡務閒，一合也；感惠徇知，二合也；時和氣潤，三合也；紙墨相發，四合也；偶然欲書，五合也。心遽體留，一乖也；意違勢屈，二乖也；風燥日炎，三乖也；紙墨不稱，四乖也；情怠手闌，五乖也。今之求者、應者，皆昧此義，予故附録之，爲吾黨告。

題曹雲西畫

華亭曹貞素畫山水人物，爲元四家之亞。此盤桓孤松之下，藉草揮豪，翩翩自得，髣髴如見其落紙雲煙與濤聲相亂也。昔郭河陽作連山一望松爲文潞公壽，妙跡弗睹。冥搜遐想，彼一丘一壑，自謂過之者。苟其瀟洒出塵，發幽潛之光，亦何必遽減於千巖萬瀑？作如是觀，可矣。

答員子進問焦京之易

承手札：「焦延壽一卦直一日，用周易之序；京房主六日七分，用太玄之序。望解釋清楚，指示迷津。」僕固無知，感足下虛懷垂問，輒略述所聞，不敢逞己意，爲杜撰之説也。惟足下察之。

昔延壽作易林，一名大易通變，一卦變六十四卦，總四千九十六卦，爲韻語，如其數，其詞類古繇詞，如左傳、漢書所載諸語，似讖似謠，或時援引古事，間有重複。其説長於災變，分六十四卦，更直日用事，以風雨寒温爲候。一爻主一日，六十卦主三百六十日。餘震、離、兑、坎四卦，二十四爻，爲二至二分，用事之日，不在六十卦輪直之數，專主四時節候：坎冬至，震春分，離夏至，兑秋分。其占，各以其日觀其善惡。所謂「用周易之序」者，即今本義始乾、終未濟者是也。

延壽之學傳於京房，既以震、離、兑、坎四正卦直四時，各主一方，又以復、臨、泰、大壯、夬、乾、姤、遯、否、觀、剥、坤爲十二辟，各統一月，餘分四十八卦爲公、侯、卿、大夫以佐之。然每歲凡三百六十五日四分日之一，遂爲「六日七分」之説。除三百六十，餘五日四分之一，每日分爲八十分，五日爲四百分，日之一又分爲二十分，是四百二十分，六十卦分之，六七四十二，故每卦得六日七分也。所謂「用太玄之序」者，其直日圖列四正卦，二十四爻以司一歲二十四氣，除四正卦外，以六十卦分公、辟、侯、大夫、卿，三百六十爻以司一歲三百六十五日四分日之一，其次第與揚雄之太玄同。太玄始於「中」，終於「養」，中者法於中孚，養者法於頤是也。房去四正卦，而用止六十卦，故卦直六日七分；雄除四正卦，重二十一卦爲八十一卦，則卦直四日有半。是雄與房法亦有更改，方虚谷謂「太玄精於卦氣，特以其所紀日星、氣候比房稍詳，而增損遷變，以己意強排，故朱子謂其拙」也。合而言之，二氏之説亦各有異，唯以卦氣起於中孚則同。

宋咸著論，言卦氣起中孚非聖人之旨，朱氏難咸，謂「中孚，十一月之卦也。歲始於冬至，曆始於牽牛，日始於夜半，故卦必始於十一月」。夫律曆始於十一月，是矣，而以中孚爲十一月之卦，則果何義？朱氏又謂「人之慮，始於心思」，使中孚取心思之義，則起於咸亦可。太玄以中准中孚，言「陽氣潛萌於黄宫，信無不在其中」；使中孚取孚信之義，則起於无妄亦可，何必中孚？復以一陽初生，謂之「冬至之候」，有説屯以一陽震動於坎離之中，謂之「冬至之候」，有説中孚以兑巽爲卦，而謂之「冬至」，則何説也？近世章斗津謂「豚魚，江豚也，水澤中物，而得風之信者。澤物，信風，一出天然」，「仲冬，豚魚至。物至以其時，即中孚豚魚之象」，故謂十一月卦屬之中孚。僕謂此亦卦爻之序耳，是「中孚次於十一月」，非「卦起中孚」也。上經：乾起甲子，泰甲戌，噬嗑甲申，至離，三十卦、一百八十日而三甲盡；下經：咸起甲午，損甲辰，震甲寅，至節癸亥而終，亦三十卦、一百八十日而年一周。節曰「天地節而四時成」，「節而信之，故受之以中孚」也，「受」之云者，非「起」之謂也。

并疑者，先儒云：「坎、離、震、兑之與乾、坤諸卦，一也。坎、離、震、兑主二十四氣，而乾、坤諸卦主六日七分，何耶？」「合六十卦爲日三百六十五日四分之一，附之一歲則有餘，而加之閏則不足，若之何其主一歲耶？」「盈縮餘閏，初無常時，而卦之所直則有定日，又烏能候寒温耶？」蓋卦之爻，實數也，歲之日，虚數也，歲月不盡之日，積而爲閏，則加算焉。使六十四卦任我意分之，減去二十四爻，易置其位，何取乎經？此房與雄之非也。

唐孔穎達疏復之「七日來復」，以爲六日七分之數，云「剥卦，陽氣之盡，在於九月之末，十月當純坤用事，坤卦有六日七分，坤卦之盡，則復卦陽來，是從剥至陽復，隔坤之卦六日七分，舉成數言之，故云『七日』也」。又，或者謂「『日』當爲月，言自五月陽剥而陰長，以至於十一月而一陽生，是『七月而來復』也」。夫自五月坤之初六，一陰用事，至於十月坤之上六，純陰用事，是坤之六爻於一歲中主六月。設只以十月純坤用事言之，則一月三十日，又豈可云「七日而復」也？若以六日七分之説爲然，既一卦主六日七分，則十月一月已隔五卦，非只坤之一卦，明矣。蓋一卦之變，歷數七，故曰「七日來復」，文甚明。爲陽言，故言日；臨，爲陰言，故言月。謂「日當爲月」，是輕改聖言；謂「舉成數」，是混解聖言，皆妄也，章山堂謂其「迂曲僻怪，牽强配合」，楊止庵謂其「與易理滋失」也，宜矣。

僕嘗三復之，唯胡玉齋因邵詩「冬至子之半」推之，以卦分配節候，「由復卦冬至子之半，至乾交夏至午之半，三十二卦爲陽」，「由姤卦夏至午之半，至坤交冬至子之半，三十二卦爲陰」，卦爻自然與天地之節候相脗合，出彼三氏之右。

章氏謂「一卦直一日，自乾直甲子，以至未濟直癸亥，則六周爲三百六十日，而(氣)[其]餘五日四分日之一，又當以甲子起之，非周一歲之義也。故卦氣之説，當以費直序一爻主一日、卦主三百六十日者爲是」。蔡季通謂「邵子亦用六日七分」，朱子謂「未見邵子説處」。僕觀邵子論太玄準易，謂其意趣同，而指用異、其生數異、其體用異、其始終異，而其所以同者，則陰陽五行變化之理也。僕以理而求，故獨以章氏之説爲得。義海云：「乾坤二卦，天地闔闢終始於其間，故曰『乾坤爲易之門』也。陽不得陰之助，不能任以生物，陰不得陽之助，不能任以成物；乾坤二卦，六陰六陽，天地盈虚消長之道，配於四時、十二月，周而復始，陰陽代謝之功畢矣。」今謂乾坤亦只分主六日七分，則乾坤之用小矣。

復，一陽生，故曰「『七日來復』，天行也。『利有攸往』，剛長也」。臨，二陽生，故曰「剛浸而長」也。姤，一陰生，故曰「柔遇剛也」，一陰之來，小人道亨，故變復爲姤。遯，二陰生，故曰「浸而長也」，二陰之長，君子道消，故變臨爲遯。夬，五陽並進，上一陰將隕，而衆陽之盛，君子之道亨，以剛決柔，故變剥而爲夬，「夬，決也，剛決柔也」，「『利有攸往』，剛長乃終也」。剥，五陰並進，上一陽將落，而衆陰之盛，小人之道亨，然柔不能以決剛而剛自隕，故變夬爲剥，易曰「剥，剥也，柔變剛也，『不利有攸往』，小人長也」。觀夫陰陽相生，剛柔迭用，四時之所變化，萬物之所終始，莫不備於斯矣。此易道也，體天地之撰，通神明之德，聖人之所以知進退存亡，而不失其正也。

焦京之學，專主占筮，其言不經，與易道無涉，所云「得隱士之説」，託之孟氏者，皆非也。故僕責亂易之罪，以焦爲首，而京爲甚。嘗考圖象辨疑，亦深以京爲非。或曰：「房之術，以候風雨寒温，各有效驗，則何可貶？」曰：「非也。天下之小術，雖閲擇時日、算布五行、察尋地脈，以至猥瑣邪僻之書，無不借易以爲説。蓋天下之理，無有不麗於陰陽者，故淺陋之術，皆得假聖人之糟粕以爲精深，所以眩惑斯人，而取售於世。房之所以用之驗者，乃其術也，而非易也。焦嘗曰：『得我道以亡身者，必京生也。』京作易傳，專主五行，如漢書所載休咎效驗，近於語怪，卒以不保其身，至於棄市。如此則不但非易，即其術之爲占，亦奚足貴哉？」班氏曰：「彷彿一端，假經設誼，依託象類，或不免乎『億則屢中』。」又曰：「京房區區，不量淺深，危言刺譏，搆怨强臣，罪辜不旋踵，亦不密以失身。」斯二言者，足以蔽京矣。

足下好學深思，故僕不憚娓娓至此，以相質耳。不然，則輕議古人，僕亦何敢？

又

昨承手翰，日已暮，使者速返，不及裁答。挑燈讀之，質言不欺，其不苟同之義，真學者之心，尤可尚也。焦氏變卦與朱子卦變，雖作用不同，其實則一，韓氏所謂「其生異，其成同」「其本同，其末異」者是也。僕嘗謂：「變卦者，變因乎蓍也，有對待之義而無常也。卦變者，卦自爲變也，具流行之義而有序也。」蓋變卦是未定底，卦變是已定底，原未嘗有二，而僕所謂二者，謂道義與技術之分耳。邵子云「爲學失於自主張太過」，此僕與足下今日皆所不免。然僕之主張擯焦京者，歸於道義之正，而足下之主張尊焦京者，恐其流於技術之偏。

大抵焦京之説，世儒習聞之，入於人心者既久，久則難變。又況相傳推驗奇異，驚人耳目，方且信之如神，自非無我之極，誰肎翻然自反乎？僕謂其事屬詭僻，言多附會，即如漢書天文五行志所載董仲舒、劉向、劉歆、京房輩之所云云，彼此互異，實無準的，故難免於劉知幾之譏也。至以火珠林爲擬，尤非所宜。苟申其説，即莛篿、靈棋、梅花數、一撮金、珓錢、木丸，亦皆有靈，豈得與易並稱哉？又謂「廢焦易，不明孔聖引伸觸類之法，百姓何以與能？」然則無焦易，而周易遂熄乎？六十四卦有象，有占，有變，備於繫辭傳，豈在焦易？程子易傳言理不言象數，特所重者理耳，非廢占也，他日云：「占，出於自然之理。」又云：「卜筮，所以決疑也。今之人，獨計其一身之窮通而已，非惑夫？」其意可見矣。足下以孔子、程子較是非，是巧訾也。朱子云：「易傳義理精，字數足，無一毫欠缺，只是於本義不合。易本是卜筮之書。」於是作本義，以補程子之所未備。他日又云：「某本義只是卜筮大綱。若義理充實遍滿，離不得程夫子書也。」其爲注，間不從程子者，學貴自得，各有所見，不關其言占與不言占也。

向謂吾里鮮真讀書求道之士，今得足下，爲之喜而不寐，又以相知之晚爲憾。社廟忽生蓍，洵異事。足下歸美於僕，是何言與？若謂其生不百莖，而五十莖復歸責於僕之擯焦京，於易爲不備，此至教也，敢不祗承？

又

天地之間，理而已。理有難明，則以象數明之。象數與理，元非二也。數始於一二，備於三，三外皆衍也，故爻惟三。此自然之數，不可易也。三畫卦之象，列至於八而盡，八外無象也，故卦有八。此自然之象，不可易也。僕敢自信斯言爲確。先儒以三居生數之中，爲生數之主，八居成數之中，爲成數之主，故爻成於三，而卦成於八，猶餘論也。

答從子宜純問蠱巽之辭

「先甲」、「後甲」、「先庚」、「後庚」，先儒之說不一。吾平心備求，爲汝折衷言之，實亦不敢自謂遂得聖人之意也。

甲者，始也，見於禮記。程子曰：「甲，數之首，事之始也。」「治蠱之道，當思慮其先後三日，蓋推原先後，爲救弊可久之道。『先甲』，謂先於此，究其所以然也；『後甲』，謂後於此，慮其將然也。一日、二日，至於三日，言慮之深，推之遠也。」「制作政教之類則云甲，舉其首也。發號施令之事則云庚，有所更變也。」朱子曰：「甲，日之始也，事之端也。『先甲三日』，辛也；『後甲三日』，丁也。前事過中而將壞，則可自新，以爲後事之端，而不使至於大壞；後事方始而尚新，然更當致其丁寧之意，以監其前事之失，而不使至於速壞。聖人之戒深也。」朱子之言本之鄭康成，然「自新」「丁寧」之說(以)[似]迂。程子之言本之王輔嗣，輔嗣曰：「甲者，創制之令也。創制不可責之以舊，故先之三日，後之三日，使令治，而後乃誅也。因事申令，終則復始，若天之行，用四時也。」胡雲峰曰：「蠱繇巽艮而成。從艮巽看：先天，甲在東之離，由甲逆數三位得艮，『先甲三日』也；自甲順數三位得巽，『後甲三日』也。然則上艮止，下卑巽，所以爲蠱。於艮，得先甲三日之辛，於巽，得後甲三日之丁，又所以治蠱也。」說艮巽爲合，而於所以治蠱，仍不免用「自新」「丁寧」之解。

項平庵曰：「『先後』者，上下卦也。『三日』者，三爻也。」徐古爲亦曰：「『先三』『後三』者，六爻也。」來瞿塘本之曰：「『先三』者，下三爻也，巽也；『後三』者，上三爻也，艮也。當蠱之時，亂極必治，占者固元亨矣，然豈靜以俟其治哉？必歷涉艱難險阻，以撥亂反正。知其先之三爻，乃巽之柔懦所以成其蠱也，則因其柔懦，而矯之以剛果。知其後之三爻，乃艮之止息，所以成其蠱也，則因其止息，而矯之以奮發。斯可以元亨，而天下治矣。」

「庚」與「更」同，古字通用，見於史記。程子曰：「庚者，變更之始也。十干，戊己爲中，過中則變，故謂之庚。事之改更，當原始要終，如『先甲』『後甲』之義，如是則吉也。」朱子曰：「庚，更也，事之變也。『先庚三日』，丁也；『後庚三日』，癸也。丁，所以丁寧於其變之前；癸，所以揆度於其變之後。有所變更，而得此占者，如是則吉也。」然「揆度」之說亦似迂。朱子又嘗云「丁、辛皆古人祭祀之日，癸日不見用處」，蓋亦以爲疑也。

胡安定曰：「『庚』『甲』，取申令之義。甲，於五行爲木，於四時爲春，仁恩之道也。蓋蠱者承衰亂之後，聖人當以仁恩之令拯濟之，故曰『先甲』『後甲』。庚者，於五行爲金，於四時爲秋，金主斷割，秋主嚴厲，此巽爲風之象，無所不入，主人君之號令，言五處人君之位，其發號施令在於當，其賞罰在乎信，使善者知勸，惡者知懼。然賞罰號令之出，將使天下之人皆服從之，固不可驟然而行，故先三日以申諭之，後三日以丁寧之，使民知其號令之必行，賞罰之必信，有所戒懼，則天下大治而吉矣。」

張中溪曰：「蠱言先後甲，而曰『終則有始』；巽言先後庚，而曰『无初有終』」，蓋「甲者，十干之首，事之端也，故謂之『終則有始』；庚者，十干之過中，事之當更者也，故謂之『无初有終』」，況巽九五乃蠱六五之變，「蠱者事之壞也，以造事言之，故取諸甲；巽者事之權也，以更事言之，故取諸庚」，「易於甲庚，皆曰先後三日」者，蓋聖人謹其始終之意也。

胡雲峰曰：「文王發先天於彖，故取先天艮巽前後三卦，其方爲甲。周公發後天於爻，故取後天艮巽前後三卦，其方爲庚。巽，體本無艮，九五變則爲巽下艮上之蠱，故特於此爻發之。『先庚』『後庚』，申命以防蠱也。」來瞿塘謂「文王圓圖，艮巽夾震木於東之中，故曰『先甲』、『後甲』，言『巽先於甲』『艮後於甲』也」，「伏羲圓圖，艮巽夾坎水於西之中，故曰『先庚』、『後庚』，言『巽先於庚』、『艮後於庚』也」，亦得之雲峰之言。其以「震木在兌澤之上」釋「利涉大川」者，則用互卦之説也。

朱漢上有云：「『春分之日，旦出於甲；秋分之日，暮入於庚。甲庚者，天地之始終也。『先甲三日』，辛、壬、癸，天運之終，事之已壞，終象也。『後甲三日』，乙、丙、丁，天運之始，事之將興，始象也。」

平庵曰：「『先甲三日』，蠱之下三爻，巽以行事也；『後甲三日』，蠱之上三爻，止而不行，又將復蠱也。天道自巽而艮，復自艮而巽，故曰『終則有始，天行也。』明『事未有不蠱，蠱未有不復造者』。此以天道言也，故不言吉凶。『先庚三日』，巽之下三爻，行事之初，我與民皆未信也；『後庚三日』，巽之上三爻，行而又行，我與民皆信之矣，故曰『後庚三日，吉』，明『初猶未吉，至終而後吉』。此以人事言也，故以吉終之。」此説較長。

別有説者，於蠱曰：「乾剛上而坤柔下爲蠱。艮者乾之終，巽者坤之始，終始之間，元氣流行，無不亨通，故曰『元亨』。隨以兌終，故言『利貞』；蠱以艮終，故不言『利貞』。『利涉大川』，得巽而行，得艮而止也。『甲』言始也，以支言之，子、寅、辰爲『先甲』，在後天則歷艮而抵於巽，午、申、戌爲『後甲』，在先天則歷巽而抵於艮；以干言之，『先甲』，辛、壬、癸也，辛爲金，生壬癸之水以養甲木，『後甲』，乙、丙、丁也，乙亦爲木，佐乎甲以養丙丁之火，皆原始之道也。先天艮位，乾居之，先天巽位，坤居之，故諸爻有父母之義。」

或曰：「易以陰爲亂，陽爲治。陽生於子而盡於巳，『先甲』屬陽，自甲子至癸巳而陽窮，『後甲』爲陰，自甲午至癸亥而陰盡；自甲子至癸亥，自始至終，繇治至亂，非蠱而何？『先庚』以庚午至己亥屬陰，『後庚』以庚子至己巳屬陽；『先庚』皆陰，亂極將治，『後庚』繼起皆陽，自亂而又治，故曰『無初有終』。自甲至癸，如物之繇稚至老，有必壞之勢。自庚至己，如繼起之君，整頓前規，有申命之意，故異於甲也。」於巽九五，曰：「五爲巽主，于物有潔齊之德，故『貞吉悔亡』而『无不利』也，于帝有代終之功，故『无初』而『有終』也。『先庚』『後庚』，與蠱之『先甲』『後甲』相待而成，甲屬仁，原始之氣備，庚屬金，要終之事立。」

郝仲輿云：「『先甲』『後甲』，因先後二卦，正倒取象，蠱之初六自隨上來，在隨爲先，在蠱爲後。『先三』『後三』，上兑下巽，往來之象，『先三日』，至甲終也，『後三日』，自甲始也；凡時之終，不于終之日，必有所先，凡時之始，不於始之日，必有所後也。『先庚三日』『後庚三日』者，巽反爲兑，兑居庚方，『後庚三日』以癸爲終，而『先庚三日』無可爲始，故云『無初有終』，所以與甲異也。」

按：「先甲三日」，辛、壬、癸也，不有終乎？「後甲三日」，乙、丙、丁也，不有始乎？孔子彖傳曰「終則有始，天行也」，天行，必始甲終癸也。「先庚三日」，丁、戊、己，無甲，固無初也。「後庚三日」，辛、壬、癸，不有終乎？周公爻辭曰「無初有終」，其巽於民也，至矣。若「先甲」「後甲」不尊孔子「終則有始」之彖傳，「先庚」「後庚」不尊周公「無初有終」之爻辭，止曰「辛，自新也」「丁，丁寧也」「癸，揆度也」，恐失之纖巧，無當於蠱巽也。

熊朋來嘗以「蠱隨相伏」「巽震相伏」，實爲發其端。而近日方羽南則謂：「先後天艮巽之方，皆未及甲庚，而文、周於此致戒焉。邵子所謂『用不過乎寅申』，其妙於守中者乎？」蓋甲庚皆在艮巽之中，而以甲子、甲戌、甲申爲「先甲」，申屬庚方；甲午、甲辰、甲寅爲「後甲」，寅屬甲方。甲庚相貫，寅申爲用，又自有可參觀者。

汝更研之，若別有所見，當以相告。此教學相長之義也。

又

五十者，數之節也。孔子曰「假我數年，五十以學易」者，謂「或五年」、「或十年」，正與上「數」字應，如「冠者五六人」「童子六七人」之類。今連讀「五十以」，與言之時不合，故疑爲「卒」字誤分。袁坤儀謂「易之數，莫尊於五十。孔子『五十以學易』，蓋欲即五十之數以明理也，非論年也」，此亦一說，然吾恐未必是孔子之意，不如前説之自然爲得也。人手指五，合二手則十，故今人數物皆用五、十也。

又

近日之言易者，非雜則妄。雜則淺鄙，妄則穿鑿，而穿鑿者究亦祇見其淺鄙，於所謂「體用一源，顯微無間」者，茫如也。歙有吳惟喬氏，謂：「羲皇本洛書衍先天，而畫卦以立體。文王本河圖衍後天，而繫辭以致用。孔子則兼先後天以贊易，而後大業生。」蓋以「天尊地卑」云云爲先天，「帝出乎震」云云爲後天，「易有太極」云云爲兼先後天，亦出自先儒之説，敏悟所至，極有發明，自成一家言。昔邵子嘗自謂得先天之學，惟喬謂：「邵子於先天圖看得極透，於後天圖未能真知。京房主歸藏，配節氣，則不知而作者也。」遂自謂得後天之學。所作後天發隱，衍後天八卦圖爲六十四卦横圓方三圖，本之孔子大傳之言。其序：震、益、噬嗑、復、隨、无妄、屯、頤、恒、巽、鼎、升、大過、姤、井、蠱、豐、家人、離、明夷、革、同人、既濟、賁、豫、觀、晉、坤、萃、否、比、剥、歸妹、中孚、睽、臨、兑、履、節、損、大壯、小畜、大有、泰、夬、乾、需、大畜、解、涣、未濟、師、困、訟、坎、蒙、小過、漸、旅、謙、咸、遯、蹇、艮。

所爲首震者，震屬寅宮之卦，以天地之終始言之，則人生於寅也，以一歲之終始言之，則寅爲歲首也，以一日之終始言之，則日出寅時也。先天明陰陽，乾爲天，故首乾，天統陰陽，故陽順陰逆。後天明四時，日統四時，故首震，法日左旋，故有順無逆。日乃天之主，故稱「帝」。日出東方，故「帝出乎震」。而繼之以風雷益、火雷噬嗑、地雷復、澤雷隨、天雷无妄、水雷屯、山雷頤。八卦俱屬震，故居正東之震位。

而繼之以雷風恒、重巽、火風鼎、地風升、澤風大過、天風姤、水風井、山風蠱。八卦俱屬巽，故居東南之巽位。

而繼之以雷火豐、風火家人、重離、地火明夷、澤火革、天火同人、水火既濟、山火賁。八卦俱屬離，故居正南之離位。

而繼之以雷地豫、風地觀、火地晉、重坤、澤地萃、天地否、水地比、山地剥。八卦俱屬坤，故居西南之坤位。

而繼之以雷澤歸妹、風澤中孚、火澤睽、地澤臨、重兑、天澤履、水澤節、山澤損。八卦俱屬兑，故居正西之兑位。

而繼之以雷天大壯、風天小畜、火天大有、地天泰、澤天夬、重乾、水天需、山天大畜。八卦俱屬乾，故居西北之乾位。

而繼之以雷水解、風水涣、火水未濟、地水師、澤水困、天水訟、重坎、山水蒙。八卦俱屬坎，故居正北之坎位。

而繼之以雷山小過、風山漸、火山旅、地山謙、澤山咸、天山遯、水山蹇、重艮，終焉。八卦俱屬艮，故居東北之艮位。

而繼之以震。

内卦首震終艮，外卦亦首震終艮，一如先天之首乾終坤焉。

所爲合河圖者：河圖三八木居東，後天震巽二木卦亦居東，爲春，爲仁；河圖二七火居南，後天離火卦亦居南，爲夏，爲禮；河圖四九金居西，後天兑乾二金卦亦居西，爲秋，爲義；河圖一六水居北，後天坎水卦亦居北，爲冬，爲智；河圖五十土居中，後天艮坤二土卦亦居於六卦之中，爲信，爲四季；東北，自大壯迄頤三十二陽卦，俱内陽而外陰，主陽而客陰也；西南，自恒迄損三十二陰卦，俱内陰而外陽，主陰而客陽也。説亦有理。然必牽引五行，合數，配方位，方可相通，而周易固不言五行也。

予嘗以先儒謂「伏羲則圖書，作八卦」，爲不合於大傳。今惟喬之論，所執者大傳，而不復通顧全傳，乃其一端之見，正朱子所謂「通透一路」者，亦足以見易道廣大，長學者之識，爲研易之助，無所不可，非楚中妄人可比，故樂爲汝言之。若謂其確出聖人之意，則不得本原，斷乎不敢許也。

又答問三墳

周官：太卜掌三易，一曰連山，二曰歸藏，三曰周易。孔安國序書，謂「伏羲、神農、黄帝之書，謂之三墳。」墳，大也，言大道也。釋名，「墳，分也」，天地人爲治，三才之分也。其書不傳，今傳者，毛漸所得，有序，有晉阮咸注，乃僞作也。三墳以山、氣、形爲別，各有爻、卦、大象：山墳，天皇伏羲氏言君臣、民物、陰陽、兵象，謂之連山易，夏因之；氣墳，人皇神農氏言歸藏、生動、長育、止殺，謂之歸藏易，商因之；形墳，地皇軒轅氏言天地、日月、山川、雲氣，謂之乾坤易，周因之。山墳有姓紀、皇策之篇，氣墳、形墳各有政典之篇，與周官太卜所掌三易異。羅盧陵考諸儒之說頗備，而謂此書淺鄙，大抵假羲、炎、黄帝爲言，以遷就於孔說也。

吴淵穎曰：「周易古矣，『天地定位，山澤通氣，雷風相薄，水火不相射』，此先天之易，伏羲之所畫者也，文王修之。伏羲豈以連山爲易，又首艮乎？夫『連山』，蓋『列山』也，列山本神農之舊國，首艮，又有重山之象，連山非屬之神農，而誰乎？歸藏本黄帝之别號，『初坤』、『初乾』、『初離』、『初坎』、『初兑』、『初艮』、『初震』、『初巽』，乃歸藏初經，歸藏非他易也，乾坤是已，又何析而爲二乎？唐藝文志，『連山十卷，司馬膺注』，今亡；『歸藏十三卷，晉薛貞注』，今或雜見他書，頗類焦贛易林，非古易也。」桓譚新論：「連山藏於蘭臺，歸藏藏於太卜。」可知二書亡於漢後。而古三易自三易，僞三墳自三墳。則淵穎所云「食肉不食馬肝，未爲不知味」者，亦付之不論不議之條，可矣。

翁研易有年，所著周易圖說述、周易筮述，問業者鮮。翁嘗謂予曰：「近來攻制義者不乏時彦，若真能讀書明理者，所見獨員子進與吾家阿純耳。」讀此數札可見。

募建陳希夷先生祠序

劉禹錫云「山有仙則名」，華山名甲域中，而世之言仙者，類稱陳希夷先生，不啻吾儒之有新安朱子也。今國家敷文崇道，於古賢人君子及隱逸高尚之士，令所在咸嚴飭俎豆，乃華山之下祀先生者，僅玉泉院數椽，有臥像在小石洞中，湫隘殊甚，而天中張使君詩云「希夷臥處此元非」。蓋先生遺跡，在山上者爲西峰，在山下者爲雲臺觀。按：雲臺觀即唐衛包所謂下方，雖始於後周武帝爲焦道廣建，而荒廢已久，先生重闢荆榛，潛居其中數十年，著三峰寓言、釣潭集諸書。迨朱子有主管之命，自稱「雲臺真逸」、「爲希夷直下諸孫」，雖聲教未加，而勝跡聞於天下，傳於後世。予嘗徘徊周覽，其上爲大殿，祀西嶽諸神，其右即焦祠，其左有隙地，可數十弓，擬爲先生立一祠，與焦祠並列，而力之不給，搆造爲艱，是用告諸大人君子合成之，彰貞士之流風，備名山之盛事，非他不度之祀可比也。

竊聞先生少負經綸之志，值世亂，嘗欲大有所爲。後聞宋太祖興，墜驢笑曰：「天下自此定矣！」遂爲石隱之計。及太宗三召，遣宋琪問鍊養之道，先生答以「君臣同德，興化致治，勤行修鍊，無過於此。」蓋先生儒者也，尤深於易，得四聖之傳，啓宋諸儒之先，朱子本義首列諸圖，皆自先生發之，實爲吾道之宗，而世徒以「仙」稱之，則鮮矣。予之尊事先生，有在此而不在彼者。他日將結茅其側以老，冀於先生之學少有窺焉，此又予之私也。

雲臺觀無希夷祠，誠爲缺典。此亦吾黨之責也，當圖共成之。

題陸奇畫蘭卷

草木之花見取於大聖人者，唯蘭。蓋昔孔子歷聘諸侯，自衛反魯，見於隱谷之中，嘆其爲王者香，與衆草伍，止車援琴，爲猗蘭操，傷不逢時也。唐韓愈擬作，有云：「蘭之猗猗，揚揚其香，不採而佩，於蘭何傷？」似慰之者。

今觀此畫卷，筆墨瀟洒，宛若習習谷風，飄拂衣袂，不覺起逍遥九州，一身將老之感。至其寫形傳神，不著培塿，亦復使人想見鄭思肖當年。

昔人云「趙昌寫花形，徐熙傳花神」。昌，宋宗室。熙，江南處士。所南不著培塿，正與倪迂不作人物意略同。

題唐六如畫嚴子陵像

世謂嚴子陵與光武同卧，以足加帝腹，太史奏「客星犯帝坐」，千載傳爲美談。私臆其人，必岸然磊砢，嚴峻倨傲，而唐六如爲寫此圖，豐而腴，温恭之色可掬，又絕不作披裘荷竿故態，點綴桐江煙水。其中所蘊，殆異尋常。凝庵之寶而藏之，有以也。

予獨異處士雖高節，何至以足加腹之細事，上干象緯？即天子至貴，宫府中舉動有不止於與故人同卧者，若一一皆應，豈所以爲天哉？抑考客星有五：曰周伯，曰老子，曰王蓬絮，曰國皇，曰温星，有所犯者必凶，固與少微不同。意者，客星犯帝坐，光武心知其爲不祥之象而惡之，姑以子陵之事掩之，史臣未習天官書，從而艷稱之，爲其所愚，而弗悟與？不然，則子陵者一災戾所鍾不祥之人與？後漢天文志：建武三十二年，客星居周地；後二年，光武之崩應之。故近世范氏舉正謂其爲上天譴告之使，而或者以客星同於德星，其謬不已甚乎！恨不能起桃花隖中人而更論之。

發人所未發，引建武三十二年事，証據符合，遂爲不易之論。

贈張令公

行盡江南萬里程，歸來風月有餘清。故林新見嚶鳴侶，不是悠悠凡鳥聲。

又

高臥東籬有所思，故園涼冷少人知。不因之子愜幽興，采得黄花欲問誰？

令公，詩秉正聲，不染時習，故翁有取焉。問，遺也。詩云「雜佩以問之。」又見曲禮、左傳。杜工部詩「鄰家問不違。」

簡宋澄溪明府

昨晤李廣文，得聞尊諭，不勝惶悚。僕腐儒也，性本愚直，拙於應對，兼以望八之年，力疲神憊，步履艱難，一切世務，久不相關。頃以地方之變，迫於不得已而出，從此當復斂跡山茨矣。所望齒頰弗及，物色罔加，即有顯者垂問，實以衰老無用爲言，若至尊之前，尤以隕越是懼。所關匪細，明府斯文宗匠，吾道主盟，唯希俯察微衷，曲賜矜全，使得安於草澤，晚節無虧，則感同生我矣。

宋明府來華下，有所議。予以告翁，故翁有此簡。

贈佟峻公明府序

古今之時勢日異，後代之制勝於前代者，無如郡縣，而歷代建官，其與民最親者，無如守令。守令不得其人，雖公卿大夫之賢盈廷，而天下無繇以治。予嘗仰稽漢唐以來循吏名光史册，而予郡有以英年自樹者，率推寇萊公。萊公勳業赫卓，位至宰輔，爲宋之冠冕，顧其初則兩爲令，悉心民事，廉惠明決，倜儻非常之略，固已裕於宰百里之日矣。

乃今見永寧明府峻公佟君。其所以治永寧者，予不具論，而閿鄉爲邑，與予邑雖越在兩省，實壤相接也。近有草野愚魯輩，不得於其令，聚徒而譁，幾成不測之憂，御史臺察而知之，爲劾罷令，而以君代攝其事。君下車之始，別白是非，曉諭利害，捐去舊故，與爲更新，凡所以興除疏剔無不盡，而淡素自甘，守其常度。崇奬學校，勤勸農桑，寓撫字於催科，平訟獄以哀矜，踐更勾攝，宿弊一清，民不知苦，而耆幼貴賤莫不感戴謳歌，以爲父母孔邇，如出一口也。予更有得於輿誦之表，嘆其動也正，用之則和。藏精明於渾厚之中，爲恒情所難。昔李文靖不樂胡秘監之啓，謝方明受政，以次漸變，使無跡可尋。君年纔踰弱冠，而練達如是，世謂古今人不相及，豈其然乎？

予偃蹇畎畝，久廢筆硯，不與聞外事，乃邑之士民不遠百里而來，乞爲之詞，書諸縑端，以志不忘。予素不識君，而徵諸道路之言有不誣者，於此見好惡之公，感應之實焉，不覺有慨於心，輒以予郡之前賢爲喻，冀君他日之勳業，當必有與之媲媺者。君其勉之，無徒齴然一笑，謂予之爲秦人而秦語也。

李文靖拜參政，胡秘監啓賀，歷詆前參政以譽文靖。文靖不樂，曰：「乘人之後而議其非，吾所不爲。」翁言有蘊藉，頌美之中，不忘規勉。

勸士文

士，民之表也。興教化，正風俗，必自士習始。孔子論士，首以「行己有恥」爲言，韓昌黎作解，先之以「宗族稱孝，鄉黨稱弟」，蓋重本也。曾子曰：「士不可以不弘毅，任重而道遠」，孟子曰：「士尚志，則居仁由義」，是也。

先王之制，黨庠術序有其地，師氏保氏有其職，詩書以訓之，禮樂以節之，名物以彰之，觵撻以治之，爲士計至殷。國家建立學官，申禁令，嚴科條，率勵化服，使之躬問學，蹈繩榘，所爲臥碑，學校格式赫赫具在，可鑑焉。至條陳政事利弊，自公卿以至軍民皆所不諱，唯生員不許，此非輕之也，愛之也，欲其守身有道，養之以有爲也，奈之何士反不知所以自愛邪？

與總憲運青張公

弘撰，草澤之賤儒也，承老先生忘分下交，雖接談片晷，而所舉皆有關於前古當今之故，真一夕話勝十年讀書矣。何幸！何幸！

頃程使君傳尊指，謂横渠張子之父不從祀於啓聖祠，乃缺典，特以其人事垂問。按：横渠父名迪，仕仁宗朝，雖其事業不大表著，而以孟孫氏之例推之，則從祀誠不可少。其木主宜稱曰「宋涪州守贈尚書都官郎中張迪」，位在周輔成之下、程珦之上，蓋迪與珦有戚誼，乃尊行也。又，康節邵子之父名古，康節皇極經世之學，實自古發之，亦宜並祀。其人無官爵，稱曰「宋布衣邵古」，而位在程珦之下，可也。

弘撰更有請者：昔伊川程子著易傳，乃其一生所極精研之書，每矜慎不輕示人，門人爲請，以「冀有少進」爲言，晚年始出，蓋大賢之虚心好學如此。朱子嘗稱其「義理充實遍滿」，弘撰亦以爲後世學易者多雜技術，唯程子一出於正，得四聖之傳。按會典：考試士子兼用程子之傳、朱子之本義，自教諭成矩單刻本義孤行，而程子之傳遂廢，百餘年來，無有人言之者，可慨也。老先生或有條陳疏時，望告朝廷，敕禮部，鄉會兩試及督學歲科兩考，士子不通程傳者勿録，則表章正學，有功於斯道，非淺小也。舊有易傳跋，今附録呈覽，唯老先生教之。

書總憲張公詩後

康熙三十有六年秋，都察院左都御史遂寧運青張公，奉天子詔，來祭西嶽華山之神。禮既成，賦詩一章，遂行，四境之民若無聞者。邑宰裕庵董侯誦其詩而美之，泐石以傳，屬予書其後。

予草茅賤子，孤陋無知，嘗辱公垂詢，對語移晷。其論爲學爲政之要，皆本諸聖賢中正之訓，甚具。次咨時務，予曰：「時務非野人所知，古訓則公言已備。治平無難，唯是以實心行實事者少耳。」公頷之而去。予聞公視學江南，振起人文，澄清徹底，與前任子昆邵公並稱從前所未有，而邵公負性過剛，公則更劑以和平，其所成就較大。

昔杜工部覽元使君詩，以爲「知民疾苦，得結輩十數公，落落然參錯天下爲邦伯，萬物吐氣，天下少安可待」。今公之令德亮節爲朝野傾服，行登三事，調元贊化，非道州可擬，又豈徒以比興體制見俊哲之情，與之頡頏已哉？予不知詩，不能如工部同作，而董侯泐石之意，亦不僅在詞翰，故受命不辭，而非敢爲佞，將以示諸後世而無愧也。

張公好善下士，允有古大臣之風，而翁恬淡自守，不失布衣之體，可存爲華山一段佳話。予又聞邵公之官時，翁適寓浦口，邵公嘗就而見之，蓋臭味之投，類如此。

題李北海書出師表册

李北海書，昔人評爲書中仙手，其自論有云：「學我者拙，似我者死。」而米海嶽意弗然也。華亭董文敏書，初實從北海入，繼倣海嶽，以妍秀之姿劑其瘦硬，遂冠絕一代。此出師表爲北海遺跡，雖殘缺不完，正與雲麾、岳麓同法，恨不使文敏見之耳。式武善鑑，藏爲家寶，世之臨摹雙鈎者，豈其倫乎？

正陽門右關將軍廟碑是文敏早年書，全倣北海，予嘗謂其有出藍之美。

書鄭方南遊華山詩記後

遊華山記，當以李滄溟之篇爲冠。許敬庵理學名儒，文不虛作，意在匡世敷教，所見者别。而袁中郎特擅風流跌宕之致。此方南自書記若詩，以貽式武者，可以繼美矣。近時王雨公有圖並詩、記，藏予勷月樓中，於峰巒、林泉、祠屋、徑棧，無所不寫，能使華山真面目畢列几案間。予嘗妄論，以爲在王安道之上。式武雅意好學，而又有山水癖，他日過山茨，當出以下酒，應不減蘇子美之漢書也。

題張北山像

春以温兮其色，秋以肅兮其神，蔭蒼松以如蓋，藉芳草而爲茵。把太極之圖，如中天之日，可以自喻，而亦可以示人。科頭箕踞，似希風於嵇、阮，而志與俗違，以自全其所受於天者，實願學夫濂洛關閩。蓋嘗觀其懷鉛槧，窮源流，孜孜不倦者，皆載道之文也。而或欲以雕蟲之技求之，則非吾之所敢聞。

北山善詩，而翁獨喜其輯理學源流之書，所取者大也。

熙春橋記

華山之麓西三里許，曰王道村，居者百十家，阡陌交通，桑竹餘蔭，男耕婦饁，髦士攸宜。有溪焉，源出車箱潭，瀦焉，淫焉，迤邐而北，入於渭，春秋之際，揭厲倍艱。時爲彴以通徒行，而租車則淹，又以速朽是虞。戊寅春，邑宰裕庵董侯聽政之餘，因時令以布農事，周巡溝，遂誡以勤惰，問所疾苦。童孺行歌，班白游詣，並怡然自適。侯顧而樂之，出銀錢以勞徠之有差。或獻野蔌濁醪，人人以得親侯顔色爲悦，幾忘勢分之隔間。有以病涉告者，侯慨然曰：「昔賢爲政，以橋梁不修，引爲己過。予實涖兹土，其又焉委？」遂捐貲，屬孟生珍鳩工累石，爲久計。孟生受命經營，不日而成，雁齒魚鱗，厥狀孔固。僉謀泐石識德，乞予爲詞。

夫司險、合方，載在周官。先王之制，不厭其詳，仁民也。不逆地防，達其道路，使川澤無阻，仁斯溥矣。老夫學農南畝，素餐唯惕，睹世俗之異，日以行詐，甚且鬬力，心竊傷之。今喜侯之愛施於民，而民之質矣，如熙春陽，穆然想見古太和之風焉。於是題其橋曰「熙春」，而記之以諗後之有聞於斯者。

寄碩揆上人

曾訪巖栖逸興乘，鶯花世界有傳燈。年來水旱君應卹，老去文章我自憎。寂寂閒房飛白鳥，深深野苑集青蠅。長風萬里江湖迥，一任逍遙欲化鵬。

碩揆，儒者也，有託而隱於浮圖，久主靈隱。有譏於當事者，留偈而去，詩故及之。

春興

海雲遙接赤城霞，春滿平原百萬家。珍重曉來風起處，莫教吹落玉蘭花。

晴和天氣看花來，踏遍山阿與水隈。可信春風愜幽興，紅紅白白一齊開。

一壺春酒正堪攜，雲滿前山花滿谿。日暮醉眠芳草地，數聲啼鳥過橋西。

杏樹成林花不同，開時分有淺深紅。嬌容應自誇三妙，結子還須讓海東。

「三妙」、「海東」，皆杏名。

桂陽州知州慤叟李公墓誌銘

墓之有誌銘之文也，人子欲不朽其親之孝思也。顧有文美矣，而人弗之信，卒以湮沒無傳，則華而不實，君子弗尚也。近世士大夫，位高多金，修息纖嗇，身殁而不能守其祭祀者，往往而有。若出不負國，處而爲德於鄉，以倜儻非常之度，爲和睦博濟之事，久而不倦者，吾見惟李華西彥瑁而已。丁丑秋，既爲其考妣襄大事，不遠三百里，躬至吾門，而以所自爲狀，屬文其隧道之石。吾讀其狀，乃知淵源之有自，而作述之相際也，故欣然載筆焉。

按狀：李公諱弘櫄，字元文，慤叟其號，世爲三原人。曾祖考諱尚忠，以貢士爲武鄉丞。祖考諱欲發，邑庠生。考諱士掄，郡庠生，妣□氏，生子三人，公其長也。公生有異資，忠信温厚，篤於孝友，失怙後，與其叔父同居，事之唯謹，恂恂蹈規矩，不妄言動，攻苦較淡，於紛華勢利，泊如也。博綜經史，爲文閎中肆外，較於有司，常出衆人之上，門外執經問業者履恆滿。嚴教家塾，如從子彥珂、彥珽，皆經指授以成名，而身顧數奇，不第。

戊子，以拔貢對大廷。癸巳，授永州府通判。時廣西方用兵，永與接壤，羽檄交馳，公督粮以濟軍需，調度有方，不勞而集。治獄明允，不爲深文周內，傳斷如流，案牘爲清。臺使者才公，前後屬公攝縣事者三，若零陵，若新田，若寧遠，咸著惠義之跡。上計以治行最，陞桂陽州知州。桂陽疊遭兵燹，凋劫已極，公招集流亡，與爲休息，墾荒土，興文教，鋤奸剔弊，修廢舉墜，爲久遠計。竟以催科之拙，坐額賦殿，左遷解組。桂陽人戴之如父母，恨不能從天子借公，乃乞李大年氏爲文泐石，有云「介行持己，真道事人」，「『三異』媲於中牟，『四知』同於關西」，知者以爲實録云。

公既浩然賦歸，優游田園，怡情松菊。雖宦游七載，囊橐蕭然，自奉惟約，而歲時崇享祀，收合宗族，施及鄉黨，有窘乏者則周之，婚喪不能舉者則助之。他如濬河渠，築橋梁，則首倡捐資，不少靳。與人交，不矯矯爲異，亦不翕翕爲同。或有爭訟者，公諭以情理，無不立釋。蓋至誠動物，久而化之。家興仁讓，父老相聚而頌，爲樹碑里門，以識其美。吾嘗仰稽前賢，慕范文正之爲人。誦其居恒訓子弟語，以爲「先憂後樂」，有文正，斯有忠宣也。今觀於公，不勝戚戚於心焉，流俗日媮，何斯風之邈也！

公生於明萬曆三十一年九月二十七日，卒於清康熙十年八月十三日，享年六十有九。以子彥瑁貴，誥封如其官。配王氏，同邑王公諱希宰女，誥封太恭人。

太恭人之歸公也，孝事舅姑，曲盡婦道，敬戒無違，克勤克儉，教子以義方。公作宦兩地，皆不從之官，惟勗之以慎起居、潔己愛民，而自受家政。凡中饋事，皆身臨治之，嚴飭內外，男耕女織，秩如也。彥瑁綰符專城，戒無爲板輿之迎，曰：「我自有壺內事，奚事遠涉？兒能盡忠，即孝也，又奚必以鐘鼎奉膝下爲能養乎？」嗣值歲大祲，陝以西，饑饉相暨，出彥瑁積俸所寄，付次子彥玽爲周之，不足則脫簪珥佐之。或以自贍爲言，弗聽也。故關中稱好義聲孚遠邇者，咸推公父子，則亦以太恭人之樂善喜施本之天性者，其內助爲多。斯豈尋常閨閣之所有哉？康熙三十一年八月初六日，以疾卒，距生萬曆三十五年四月三十日，享年八十有六。

子二人：長即彥瑁，康熙丁未進士，仕至肇慶府知府，娶馮氏，馮公良高女；次彥玽，康熙丁卯舉人，娶王氏，王公長泰女。女三人：一適邑庠生昝文耀，一適姚紹陽，一適貢生孫逢吉。孫男四人：敘采，邑庠生，娶邳州知州孫文燦女；孜采，邑庠生，娶王明遇女，卒，繼娶邑廩生秦彥女，彥瑁出。歡采，邑庠生，娶候選州同知秦紹緒女，卒，繼娶太原縣知縣溫樹璠女；敎采，娶待贈孟峋女，彥玽出。孫女四人：彥瑁出者，未字；彥玽出者，一適申思鴻，一字張某，一未字。曾孫男二人：溍，湞，俱幼，敘采出。

某年月日，葬某地。越明年，予始爲之誌，而系之以銘曰：

其進也，忠順不失，厥職克修。其退也，爲善最樂，惟古與儔。其歿也，倡隨齊德，合窆茲丘。其子之卜藏賁堋也，琢詞堅石，以納諸幽。則予之敢竊比於中郎也，庶以無愧，諗來裔於千秋！

華西爲吾鄉賢大夫之冠，田園自娛，不汲汲於富貴者。翁嘗取仲長統之言，爲顏其亭曰「樂志」。唯其以古道相期，故雖誌墓之文，美而不溢。

募重修山蓀亭序

華山谷之西不數十武，曰玉泉院，白石林立，碧澗分流而合注，鏗訇有聲，南望諸峰竦峙，北眺平原渭水，如几案間。故有亭翼然，踞虎豹，蔭藤蘿，白榆歷歷，嶙囷婆娑，煙霏天淨，翔禽和鳴，倘所云「想羽人之來儀，若玄音之有寄」者，致足樂也。

癸甲之變，疊遭兵燹，毀圮無餘，僅存遺址。孝廉郭子長卜、王子鳴皋、王子伯仁，徘徊四矚，慨謀重建，屬予爲詞，求諸施者，凡風雅文學，有志於山水之間者，咸可隨分助之，無計多寡，使勝地名跡復還舊觀。異日者，杖策提攜，相與優游，以樂於斯，漁於溪，釀於泉，山肴野蔌雜然前陳，當有不減醉翁故事者，則古今一契。老夫雖耄，尚能爲諸君記之，庶幾附青山流水以不朽矣。志云：「亭創于陳圖南。」聞蘇子瞻曾修之，則於籍無據。然如子瞻，正堪藉爲此亭重。事固有不妨信其所疑者，此其一也。

祠旁有希夷墓，實空塚也。有小碑記其事。

募修藥王祠序

人生天地間，以萬物爲一體，故「存心濟物謂之仁」者，三才之所以參也。黄帝使岐伯主典藥以瘳人疾，爲醫之始，其德與契之教人倫、稷之教稼穡等。而今世之奉祀爲藥王者，則唐華原孫先生也。或稱「王」，或稱「真人」，吾不具論，唐史則列在隱逸，謂其通百家說，於陰陽、推步、醫藥無不善。太宗初召見，不受官。顯慶中復召，拜諫議大夫，固辭還山。一時名士如孟詵、盧照鄰輩，皆師事之。卒年百有餘歲。

其論愈疾之道，推言天人常數，謂「高醫道以藥石，救以砭劑；聖人和以至德，輔以人事。故體有可愈之疾，天有可振之災」。論人事，有「膽欲大而心欲小，智欲圓而行欲方」之説，亦實得之淮南鴻烈，而有合於聖賢之指，故朱子録入小學。予尤喜其論養性之要，以自慎爲先，「慎以畏爲本。故士無畏則簡仁義，農無畏則惰稼穡，工無畏則慢規矩，商無畏則貨不殖，子無畏則忘孝，父無畏則廢慈，臣無畏則勳不著，君無畏則亂不治」，實詣名言，有出於醫之外者。其他所著書，計十有五種，載於道藏，而千金方鑴石投祠山洞，雖不無爲後人所亂，然用之多奇效。蓋醫之有先生，不減於吾儒之有濂洛關閩也，可謂盛矣。

羽士蘇義定嘗遭危疾，禱於先生，服其方而差，發願募建先生祠於雲臺觀中，以報德也。夫西方司秋神以白帝爲尊，華原屬同郡，則祠先生於華嶽之下固宜。予嘉與衆共成之，故因其請，而不辭爲之言，以告夫世之以醫知先生者，尚有未盡也，於世道、人心，其均有賴乎！

鴻烈原文尚有「能欲多而事欲鮮」一句。孫特舉二句，朱子仍之。

張芝山明府詩序

程朱夫子之學，以明道爲任，其道以經世爲務；苟涉詞章，比於玩物，斯爲道病。故其言詩也，在持性情，敦倫理，厚風俗。若推敲字句，敷綴藻采，皆末矣。

芝山張君，才高而學優，爲韓城宰，廉以約己，慈以愛人。政事之餘，雅好吟詠。此戊寅春偶作，鋟木以傳，屬予書其簡端。予觀子游在武城有弦歌之聲，子賤在單父彈琴而治，聖門高弟當社稷人民之任，其從容暇豫之風，千載如見。今四方水旱時有，所在況瘁，而少梁之墟獨稱樂土。君不以簿書爲勞，而游思竹素，頤情翰墨，此豈易得哉？猶憶昔者，君嘗以事至華下，顧予草廬，片晷晤對，如坐春風，其高懷雅度，有逾倫等，固知「士元非百里才」也。聞邑故有萊陽轟石左公祠，邑人士生祀君位於萊陽之次。此猶非泛泛者。夫高明、忠孝，跡異心一，陳元方之所謂有無間於易之「斷金」、「如蘭」者，何其深於禮意如此也！因序君詩，輒附及之。他時有過其地，而想見其人者，豈徒以詞章之學，翱翔於藝苑也哉？

世說載陳仲弓之事，未得其實，而元方對客之語自是，翁特以明理，故不嫌引證。

鴛鴦歎

錦水有鴛鴦，七十二成行，花渚交頸同戢翼，不與衆鳥相頡頏。誰家鳴鷄司晨夜？何處振鷺知低昂？青田鶴向九皋唳，靈丘鸞作千仞翔。鴛鴦方自喜，畢羅睨在旁，一旦失水徒呼號，殿瓦墜夢非吉祥。別綠岸，辭丹嶼，哀聲感人生悲傷。君不見邯鄲才人潯陽婦，虛疑新寵入金屋，何曾得意傍蘭牖？人生況異雙飛鳥，莫厭空牀不獨守。

里姬有亟嫁失所者，翁感之而作，爲躁進者戒也。先儒范魯公云「亟走多顛躓」，此之謂與？「綠岸」「丹嶼」，「新寵」「得意」，俱見簡文帝鴛鴦賦。

春暮

芒鞋竹杖老來身，贏得東風九十春。萬紫千紅無數在，當前誰是別花人？

四書審音序

韓退之云：「文從字順。」高子業云：「字學明，六經如指掌。」今之爲士者，矜言文采，而字學不講，即所朝夕誦習之四子書，承訛襲謬，不能是正，往往然矣。

夫字學有二：一點畫，一聲音。點畫遠溯諸許氏説文，近參以洪武正韻，十得八九。而聲音則有未易言者。自周顒以平上去入著四聲切韻，沈約作類譜，神珙因之，作等子、反切，以内外八攝總其聲，三十六母總其音，聲音之學實興於此，而後之論者，獨稱沈約爲著。邇日顧亭林作音學五書，毛大可作康熙通韻，葉嵩巢作韻所，各自成書，其中不無小異，而研極精微，發前人所未發，合於自然之理，則一也。

先儒謂道之大原出於天，予謂聲音之大原亦出於天。聲繇心生，氣之出也有漸，隨所到之處，爲宮、商、觮、徵、羽；配之以實，爲君、臣、民、物、事；喉、咢、舌、齒、唇，其序也。音有五，而沈氏約之以四，乃今之韻書於平聲則分上平、下平，謂氣自上咢出者爲上平，氣自舌上出者爲下平，等子於上聲則又有濁上聲。予嘗疑之，將無其間有未協之隙與？及見徐坦庵天籟譜，以沈氏四聲之説未達一間，謂諸書爲識字設，非審音，慨學者不得字之正音，乃定正五聲，推原六氣，作經緯諸圖，以其本於天地自然之聲，故以「天籟」命之。五聲者：一曰開聲，開口而呼，得氣之最先者。第一聲也。二曰承聲，承上而來，去開聲不遠。第二聲也。三曰轉聲，就上轉下，居平與仄之間。第三聲也。四曰應聲，响然與上相應。第四聲也。五曰煞聲。聲自此收煞，不復能去。第五聲也。沈氏少一承聲，故不能無乖。六氣者：一曰嗚，努唇，懸舌，自喉中直吐，入口鼻間出聲也。二曰欶，撮唇向下，捲舌，自舌本吐，從唇間出聲也。三曰咿，掀唇，下舌，自上咢吐，從齒間出聲也。四曰如，撮唇向上，舌浮上咢，自舌間吐，至唇齒出聲也。五曰而，掀唇，齊齒，以舌尖逼氣，從齒間出聲也。六曰呃。懸唇，合齒，縮舌，自舌四旁吐，至齒出聲也。又以類分之，得父音五十八字，凡口吐一字，未落音响，先有聲自氣中來者，父音也，即每字之上半截也。但以一字緩緩吐出，便見一聲有兩半截也。母音二百九字。凡字既出口，歸於某韻，自成一聲者，母音也，即每字之下半截也。亦以一字緩緩吐之，歸到成韻處，劃然如兩字，其音自見。而天下之萬聲，悉歸於此而無遺，蓋歸於天地予人自然之祖氣也。其妙旨微言，又有出於顧、毛、葉三君之外者。甚矣，聲音無窮，學亦無窮也！

戊寅春暮，坐松風水月之亭，念年迫八十，學愧無成，而後起之彥，亦復寥寥，誦停雲、榮木之詩，不勝平陸成江、晨華夕喪之感。適涇干劉君友山，以所作四書審音遠屬弁首。友山學識淵邃，負有爲之才，不遇於時，歸田以來，日事鉛槧。其爲此書，考核詳確，闕者補之，誤者正之，視沈龍江之義氣[一]正字，正如積薪，其嘉惠後學之意甚盛，予因述夙昔所聞於二三君子者，以就正焉。書既成，尚其早出問世，以質於海內之留心字學者，此亦羽翼經傳之大端也。

翁嘗言，今之作詩者多，知韻者少，即先輩名家，亦往往昧此，字學何可不講也？

廣東提刑按察使司按察使介庵劉君墓表

孔子過季札之墓，書曰：「嗚呼！有吳延陵君子」，此墓表之所自昉也。後世操觚之士，繁文過當，爲有道者之所斥。近時唐襄文、歸大僕輩，以斯道爲任，每有撰著，謹記其姓名、世系、爵里、生卒，而於立身爲政之槩，亦唯摭其實而直書之，無溢言。漢蔡中郎史才高一代，而自謂獨於郭有道碑無愧辭，良有以也！

咸陽劉君介庵，與予爲夙交，嘗以古人自期。君宦成而身退，倏然謝世。君之子既襄大事，乃不遠數百里，詣予山茨，乞表其墓。予慨然下涕，以爲知君無如予者，於是書曰：

君諱元勳，字漢臣，介庵其號也。籍居咸陽之鮮原。祖考諱希明，武舉，固原東路遊擊。祖妣李氏，封恭人。考諱君

[一]「氣」：千頃堂書目作「學」，近是。

弼，累贈奉政大夫、山西冀寧道布政司僉事，早歿，有才無命，士林惜之。妣李氏，累封太宜人。君七歲失怙，太宜人念立孤之難，雪涕忍死，鞠育提誨，勉以成先志。君束脩厲節，唯期無忝所生，故又自號慕孺。甲午，舉於鄉。己亥，成進士，選翰林院庶吉士，改戶部廣東清吏司主事，歷員外郎、郎中。以祖母年老，乞終養歸。終祖母之喪，仍補本部郎中。辛酉，爲福建主考，陞分巡淮徐道江南按察使司僉事，加四級。甲子，丁太宜人憂。服闋，補山西冀寧道，舉卓異，敕賜蟒衣一襲，調觀察河東，旋陞廣東等處提刑按察使司按察使。甲戌，自請致仕。甫抵家，以哭其妹傷於哀，數日遂不起。

君性仁厚，而又自負亮峻，潔以律己，寬以蘇人，言動有則，取與不苟。其事恭人暨太宜人，晨昏定省，盡忠養之道。居喪哀毀骨立，葬祭備禮，爲士大夫家法。君既於書無所不讀，績學綴詞，富有日新，初入翰林，文名藉甚，儕偶罕與匹者。改戶曹，兩有潞河之役，復榷關於湖，皆著廉節，克盡厥職，恤旗丁，通商旅，以裕國計。典試七閩，矢公矢慎，鑑拔多清貧知名士。在淮、徐，惠政及民，以獎善懲惡爲急。值黃河泛溢，躬率吏民防禦，徐城得以不沒。又首倡捐俸，以濟飢民，所全活無算。在山西，復值大祲，流離載道，甚於在淮、徐日。君亟請撫軍，發大有倉米十萬、藩庫銀十萬賑之。撫軍謂必俟奏聞，君曰：「若是，則溝壑之瘠豈能待乎？古有矯詔救民者，請以便宜先發，即得罪，無恨！」於是民得安集。其廉靖寡欲，遇事敢爲，不遺餘力，類如此。蒞臬粵東，嚴飭僚屬，以德化爲先，傅爰論報，既極明允，而案無留牘，雪冤息競，出滯達幽，晝如也。致政而歸，溘然遽逝，朝野痛惜焉。

配岳氏，贈淑人，同邑岳公牧女，未笄歸君，恭敬無違，以勤儉治家，凡君所爲生事死葬，備物盡禮，與處宗族姻戚，曲有恩義，亦皆淑人之助居多。蓋其幼承名父之訓，習女憲，故能識道理，克修婦職。至滅性以殉所生之喪，尤爲閨閣所罕覯云。

君生於明崇禎六年三月十八日，卒於清康熙三十四年十月初二日，享年六十有三。淑人生於明崇禎六年二月初七日，卒於清康熙十四年五月十九日，享年四十有三。子五人：企向，山東青州府昌樂縣知縣；企基，浙江台州府寧海縣知縣；企禎，吏部候選司務；企陶，企峻，俱貢生。孫一人：釗，貢生。其合葬君與淑人於此，則康熙三十五年十二月某日也。

嗚呼！　君仕陟外臺，位非不顯，所至有卓績，名非不著，六旬之年，亦不爲夭，獨是馳驅四方，賢勞於外，三十餘載，既已急流勇退，而曾不獲娱志丘園，優游以卒歲，寧不悲哉！　然予讀君詩文，涵泳道腴，充然有自得於中者，世之榮辱得喪，固不足以介其懷，而縱浪大化，身名翳如，亦何有於生死壽夭之陳迹也？　予故撮其大略，泐諸麗綍之石，以召其後之人，且使過而式者，知君自有所以不朽者在。　而予言不敢近誣，亦庶幾告無罪於古之作者矣。

附録

附録一　遺詩文

寄亭林先生

衰晚幽棲十載餘，行藏到此豈堪疏。故人自寄當歸草，何處能容卻聘書。上海古籍出版社二〇一二年七月版清張穆等撰黄坤徐德明點校顧炎武年譜亭林先生同志贈言頁二四九

哭亭林先生六首　戊辰

海内推明德，江東溯世家。傳經憶劉向，博物藐張華。倚劍天之外，揮戈日已斜。蔣山松柏路，顥氣不勝嗟。

先帝賓天日，孤臣晢墓時。攀髯悲不逮，仗策計何之？入魯聊爲稼，游秦共賦詩。薊門回首處，今昔寸心知。

霜露空縈思，行藏祗自憐。祭無王氏臘，書有晉家年。古殿中宵月，寒林幾處煙？何曾戀山水，洒血記芊眠。

卷跡囂塵表，弢光野水濱。無求追大隱，不器是先民。氣以艱難壯，懷因誦讀新。重逢面黧黑，垂老惜征塵。

天將興禮樂，世已誦文章。一代才難盡，千秋恨正長。山空啼鳥寂，江渺暮雲黃。披髮瓊樓側，翻然下大荒。

晚計同棲隱，春風忽棄捐。空留安石屐，竟罷祖生鞭。問字亭猶在，銜杯榻遽懸。乾坤渾閴寂，吾淚日潸然。同上頁二五五至二五六

再過亭林先生墓下作

三年客江東，兩度撫君墓。野日滋宿草，秋花淒零露。緬維同心交，明誓金石固。稽古啓愚昧，敏求祛冥悟。朝昏恒不遑，患難行我素。重訪伯起市，更尋公超霧。惠然止吾廬，一似形影附。同泣鹿馬石，手攀神烈樹。倏更四十春，戚戚不忘故。疇昔夢雲闕，白衣從玉輅。連蜷下大荒，偃蹇問天步。嘆惜桑榆景，徘徊崦嵫暮。幽明事已非，生死情一訴。洒淚歸山去，長辭西洲路。同上頁二二五六至二二五七

三過亭林先生墓下作

與君長别九年矣，白馬重來千里餘。獨拜荒邱淒宿草，更揮老淚問遺書。爲憶神期恒若存，謝康樂句。莫將封禪比文園。當年羊傅徒輕爵，何似龍門有外孫。同上頁二二五七

冒巢民先生七十有三壽序

昔予弱冠攻舉子業，即知東南復社有冒辟疆先生，學行爲時宗，心竊嚮往之。迨遭變亂，予以狂廢，習爲詩古文辭。辛卯秋，至金陵，登閱江樓，裴回四望，追念往時，馬阮諸奸佞負君誤國，修怨肆毒於諸正人義士不遺餘力，爲嘆恨者久之，而詢復社諸子，已落落如晨星，獨與方爾止、白孟新訂交而去。下姑蘇，復得與姚文初、瑞初、周子佩、子潔結兄弟之好，獨未獲過如皋，從辟疆遊也。

壬戌冬，予寓廣陵，偶於道上遇一士，神采俊發，爲目送之，士亦回首，私詢從者，既知，爲予趨而前，執禮甚恭，則辟疆之仲子穀梁也。乃相與就廡下，談移晷。始知辟疆自脱奸佞之網，不求仕進，遯栖林下，著號巢民，往往招致四方賢豪士，飲酒論文，賦詩爲樂，不與流俗伍。今年踰七十，矍鑠不衰，爲之喜而起舞。

穀梁返，其弟青若以巢民之命復來，省予寓舍，通殷勤。及予鼓棹如皋，拜巢民於匿峰廬。留數夕，俛仰天地，上下古今，感慨係之。予乃問所謂水繪庵者，巢民漫不應，既而曰荒頽久矣。子乘問，獨步尋之頗訝，其故客曰：「君不見池里而南有屋，出於林表者乎？」此憲副公祠，祀奉直公之逸園也。昔憲副公勤奉直公石像於中，歲時修祀事。憲副公歿，專命長子世守，巢民又奉憲副公道像於中以祔。雖仍其名曰園，實祠也。巢民有弟，輒私鬻與豪家，巢民以是悲憤，日夜思復之，而未得，其久不涉足於此，有不忍者在耳。予曰：「禮大夫二廟，適士二廟。君寵錫之，則祭高曾大夫於其太廟，適士於其祖廟。今制許祭四代，而憲副公又貴，則冒氏之廟當在所增。」誠若此，如更有廟則可。不然，巢民亦安得辭其責焉？宜其悲且憤也。

先是，予聞冒氏有大惡，其甘心於憲副公與巢民者三十年。至前秋，遣族少之不逞者挾刀潛入巢民室刺之，賴青若與一婢以身力格，青若被四創，婢腸出獲免。執某諸官訊之詞，連巢民弟，法當並坐，將傳爰書，巢民復痛哭，白當事，乞從寬典，寘勿問，某亦因得末減。蓋巢民素敦孝友於家類如此。顧釁生骨月，禍起本支，亦人事之所不可解者矣。雖然此無足爲巢民介意也。

吾聞之衛武公，耄而自儆，有睿聖人之稱。程子有云：「不學便老而衰。」巢民好學不倦，進於道者也。君子落落幽人，坦坦將以永不朽之譽，享無疆之裕，必有在矣。於戲！三百年之河山頓異，十五國之文獻漸泯，如巢民者，又豈特爲東南之典型也？

歲癸亥，巢民年七十有三，三月望日爲其誕辰，穀梁青若不遠三百里，乞予詞洗爵，予重其誼，不可辭，乃獨爲言其心之所欲言者如此。

華山友弟王弘撰并書。清冒襄輯光緒八年刻本同人集卷二

壬戌小年過訪巢民先生款留匿峰廬三日別後寄贈二首

浩浩乾坤内，巢居有逸民。夙懷唯磊柯，晚節益嶙峋。頻洒河山淚，猶餘草木春。匿峰廬畔月，長照夢魂新。

四海推簪盍，千秋託簡編。高曾遺矩在，朝野大名傳。不作尋常事，而垂七十年。感時思俎豆，家國總悽然。時令祖鄉賢公祖祀逸園爲人所踞，先生竭力思復之。同上卷九

懷仲復先生

茅堂渭水濱，幽棲寡世累。潔身亮獨難，藏煇殊不易。懷古執高節，讀書晰疑義。百家用從火，六經道未墜。白日苦易馳，秋節颯然至。常恐毛髮變，蒼蒼勞夢寐。逝川只向東，空山濕晚翠。思君步屧聲，陶然成獨醉。清王建常撰民國十三年四勿齋石印本復齋餘稿頁二十九

病中對雨

何處可逃俗？茅齋愧未能。百年身是客，昨夜夢爲僧。細雨休羣雀，高簷敞一燈。囊空無藥物，不覺病朝增。

淵明雖有子，穎上已無僮。不盡升沉理，都歸造化功。平疇今日事，白眼古人風。泥水還堪藪，何時射獵同。華東師範大學出版社二〇一三年三月版明卓爾堪編蕭和陶點校遺民詩下頁七六八

雨中感懷

兵火息還未，蕭齋奈老何。墅雲高綴樹，急雨暮翻荷。病久琴書好，愁深魑魅多。百川東去盡，誰與問明河？同上頁七六九

詠松

孫楚庭前有異姿，婆娑已見老虬枝。他年會使淩霄漢，祇許山中宰相知。同上

或語題辭

世之論文者，咸推司馬子長。柳子厚獨稱其「潔」。予頌人之能文者，輒有溢詞；唯「潔」之一言，不敢妄許。今觀于張君杞園，其庶幾乎？或語者，特其偶梓近作耳，篇固不多，虛實詳略，行止有法，而咸以古義副之，其可傳無疑，有非時流所能及者，則「潔」之故與！杞園嘗自言其文質而可信，而予謂其中之所蘊有未易盡者；蓋予之信杞園，其又在「或默」時矣。清康熙四十九年春岑閣刻本張貞撰杞田集卷首

古詩述序

人不可以不學詩也，學詩不可以不求之古也。求古之詩，不可以不知古之韻也。古自帝王朝廟，以至閭巷士女，有歌有引，有謳有謠，有銘有箴，有頌有辭，有吟有操，往往出於自然，比之天籟。無意於詩，詩無意於工，而後之工者，顧靡及焉。

夫詩以義爲主，以韻爲程。無韻則無詩，而韻有古今。古之韻，天也，故可通今之韻。人也則必叶，知其通，則不言叶而叶矣。韻有五音，爲宮、商、角、徵、羽。加之以變宫、變徵，爲七均。屬之喉、咢、舌、齒、唇，爲五部收之，有生出之序，不得而移易者，是爲古韻。三代以上之詩，以之韻有四聲，爲平、上、去、入，始於周顒，有四聲切韻繼之，沈約有四聲類譜，陸詞分四聲爲二百六部，亦有切韻，即廣韻。至唐，以試士，有官韻。宋有禮部韻略，劉淵並之爲一百七部，有壬子新刊。禮部韻略，元黄公紹因之，作韻會舉要，而唐韻不行，是爲律韻。後代之詩以之，又有曲韻準之，以周得清之中原音韻合平、上、去爲一，亦本於古，通三聲無入，而平有陰有陽，近代之爲曲者以之，而詩無與也。

夫發乎情，止乎禮義，温柔敦厚，詩教也，孔子訓之以興觀羣怨，事父事君，多識於鳥獸草木，而曰：「不學詩，無以言。」所謂以義爲主者，此也。

記曰：「聲成文謂之音。」周伯奇曰：「音和爲韻。」諧呂律，協絲竹，感鬼神，聽吉凶，唱嘆舞蹈，以赴乎清濁，高下往返，疾徐之節，而樂生焉。然古韻不可以爲律韻，律韻不可以爲曲韻，有正音，有旁音，其獨用同、用通、用轉、用咸，有則而不可以亂，所謂以韻爲程者，此也。

今予所録，唯意所悦，凡已見於經者，不復載。始自唐虞，終以項羽爲一卷，又采逸詩爲一卷，古語古諺爲一卷，折衷於前人之論，而附以一得之愚，略爲評注，題曰古詩述，而不嫌喋喋如此者，夫以爲今之言詩而不知韻者，告非妄也。清乾隆本

詩借序

予夙誦陶靖節先生詩，山茨無事，偶集其句，爲近體借之以自娱爾。比來扶筇所至，欣慨動中，復間有吟詠，久之成帙，藏諸篋笥。昔文信國公以憂憤之心集杜詩，謂隔數百年而其言語爲己用，以見情性之同，故但覺爲己詩，忘其爲子美詩也。予之爲此，亦庶幾焉。嗚呼，高山仰止，景行行止，敢云小技於道未尊，遂自外於古人之門牆歟？ 同上

扶風縣訓導誥封中憲大夫浙江金華府吴公墓誌

予歸自燕臺，戒作詩文，而吴君六翮以繼洲先生狀，來屬爲誌銘。繼洲先生者，予向所推三輔達尊者也，獨爵未貴耳。而予家與之世有姻連，義不可辭，則爲之誌曰：

公諱元正，字淑貞，繼洲其別號也。先世洪洞人，有敬甫者，始遷華陰。至進諭先生，中嘉靖甲子舉人，初授山西太平儒學訓導，陞萬泉知縣，歷任山東招遠、四川梓潼縣，有惠政，是爲公父。

生而惇敏，舞象從族叔文焕學，已乃受業經寰張翁之門，張翁學行爲時宗者也。弱冠，督學洪公首拔之，尋食廩餼。瀛洲公捐館舍，葬祭盡禮，事太孺人唯謹。每嘆漢法，孝弟力田，得先王遺制，故常身親稼穡，督力作，以給俯仰，今里中稱農事之善者，首吴氏云。

辛巳，歲大饑，公出所積粟賑之，全活甚衆，於同姓尤渥。後有公議，欲以上聞請表者，公以近名力止之。甲戌，潼關以驛傳之苦，欲分縣馬之半在關供應，民將不堪，公首倡議爭之臺使者，事遂寢，其爲德於鄉類如此。

公既博學多才，而以數奇不遇。壬辰，以歲貢，次授鳳翔扶風縣儒學訓導。任月餘，即掛冠歸，時長子六翮司理湖廣襄陽，公以平恕勵之。及六翮迎養於署，公見其清冷如僧寮，曰：「兒作官如此，吾無憂矣。」留旬日而返。比六翮爲金華太守，復迎養公，公笑曰：「吾樂田園，不可再也。」

公修眉豐頤，軀幹魁梧端方，誠愨言動，無或苟提命，子孫奉顏氏家訓，爲蓍蔡。丁巳，創建吴氏宗祠，置義田，歲時聚族講論，事甫舉而公逝矣。配蘭恭人，爲河南汝寧府同知養直女，性温而莊，寡言笑。與公相敬如賓，七十年猶一日。雖貴膺榮命，荆布自甘，秩秩如也。公子二，長即六翮，名翀，崇禎壬午舉人，仕至浙江金華府知府。次翽，縣庠生。公生於萬曆二十年八月，卒於康熙十九年四月，壽八十有九。古所云五福，公實備之，其積善之所致與？因爲之銘曰：

卓卓吴公，人倫之表。伉儷齊德，以既壽考。廛萬古宅，世亦永保。鐫辭無愧，視諸有道。同上卷二十

附録二　同志贈答

答王山史書

顧炎武

仲復之言，自是尋常之見。雖然，何辱之有？小星、江汜，聖人列之召南，而紀叔姬筆於春秋矣。或謂古人媵者皆姪娣，與今人不同。誠然。然記曰：「父母有婢子，甚愛之，雖父母沒，沒身敬之不衰」。夫愛且然，而況五十餘年之節行乎！使鄉黨之人謂諸母之爲尊公媵者，其位也；其取重於後人，而爲之受弔者，其德也。易曰：「利幽人之貞，未變常也。」諸母當之矣。君子以廣大之心而裁物制事，當不盡以仲復之言爲然。將葬，當以一牲告於尊公先生而請啓土。及墓，自西上，不敢當中道。既窆，再告而後反。其反也，虞於別室，設座不立主，期而焚之。先祖有二妾，炎武所逮事，其亡也，葬之域外。此固江南士大夫家之成例，而亦周官冢人或前或後之遺法也。今諸母之喪，爲位受弔，加於常儀，以報其五十餘年之苦節足矣。若遂欲祔之同穴，進列於左右之次，竊以爲非宜。追惟生時「實命不同」「莫敢當夕」之情，與夫今日葬之以禮，「沒身敬之不衰」之義，固不待宋仲幾、魯宗人釁夏之對也。謹復。

附　答王山史見蔣山傭殘稿卷一

仲復之言，自是尋常之見。雖然，何辱之有？小星、江汜，聖人列之召南，而紀叔姬筆於春秋矣。或謂古人媵者皆姪娣，與今人不同。誠然。然今人以此爲賤者，不過本其錙銖之身價而已。價與義有時而互爲輕重。記曰：「父母有婢子，甚愛之，雖父母沒，沒身敬之不衰」。夫愛且然，而況於其五十餘年之節行乎！使鄉党之人謂諸母之爲尊公媵者，其位也；其取重於後人，而爲之受弔者，其德也。易曰：「利幽人之貞，未變常也。」諸母當之矣。君子以廣大之心而裁物制事，當不盡以仲復之言爲然。將葬，當以一牲告於尊公先生而請啓土。及墓，自西上，不敢當中道。既窆，再告而後反。其反也，虞於別室，設座不立主，期而焚之。

附　又見蔣山傭殘稿卷一

先祖有二妾，炎武所逮事而亡，葬之域外。此固江南士大夫家之成例，而亦周官冢人或前或後之遺法也。今諸母之喪，爲位受弔，加於常儀，以報其五十餘年之苦節，使民德歸厚，敬服敬服。若遂欲祔之同穴，進列於左右之次，竊以爲非宜。追惟生時「實命不同」、「莫敢當夕」之情，與夫今日葬之以禮，「沒身敬之不衰」之義，固不待宋仲幾、魯宗人釁夏之對也。謹復。

中華書局一九八三年五月版清顧炎武著華忱之點校顧亭林詩文集亭林文集卷之四頁八三至八四

與王山史書[一]

顧炎武

朱子祠堂之舉，適有機緣。今同令弟及諸君相視形勢，定於觀北三泉之右，擇平敞之地，二水合流之所，建立一堡，止用地四五畝，繚以周垣，引泉環之，並通流堂下。前爲石坊，列植松柏，內住居民三四家守之。雖所費不訾，但有百金即便興工，不患無助。春仲弟自來視工。望作一家報，凡擇地委人一切託之令弟允塞，仍移書報弟，速爲措辦可也。同上頁八四至八五

〔一〕與王山史書，蔣山傭殘稿卷三題作又（與王山史）。

規友人納妾書

顧炎武

董子曰：「君子甚愛氣而謹游於房。是故新壯者十日而一游於房，中年者倍新壯，始衰者倍中年，中衰者倍始衰，大衰者以月當新壯之日，而上與天地同節矣。」炎武年五十九，未有繼嗣。在太原遇傅青主，浼之診脈，云尚可得子，勸令置妾，遂於靜樂買之。不一二年而衆疾交侵，始思董子之言而瞿然自悔。立姪議定，即出而嫁之。嘗與張稷若言：「青主之爲人，大雅君子也。」稷若曰：「豈有勸六十老人娶妾，而可以爲君子者乎？」愚無以應也。又少時與楊子常先生最厚，自定夫亡後，子常年逾六十，素有目眚，買妾二人，三五年間目遂不能見物。得一子已成童而夭亡，究同於伯道。此在無子之人猶當以爲戒，而況有子有孫，又有曾孫者乎！有曾孫而復買妾，以理言之，則當謂之不祥；以事言之，則朱子斗詩有所謂好人嘆者，即西安府人，殷鑒不遠也。伏念足下之年五十九同於弟，有目疾同於子常，有曾孫同於西安之「好人」，故舉此爲規，未知其有當否？

附　與王山史 諱弘撰，字無異，薦舉。陝西華陰人。（見蔣山傭殘稿卷一）

董子曰：「君子甚愛氣而謹游於房。是故新壯者十日而一游於房，中年者倍新壯，始衰者倍中年，中衰者倍始衰，大衰者以月當新壯之日，而上與天地同節矣。」□年五十三，遭西河之戚，未有繼嗣。及辛亥歲，年五十九，在太原遇傅青主，俾之診脈，云尚可得子，勸令置妾，遂於靜樂買之。恃其筋力尚壯，亟於求子，不一二年而衆疾交侵，始思董子之言而瞿然自悔。會江南有立侄衍生之議，即出而嫁之。嘗與張稷若言：「青主之爲人，大雅君子也。」稷若曰：「豈有勸六十老人娶妾，而可爲君子者乎！」僕無以答也。又少時與楊子常先生最厚，自定夫亡後，子常年逾六十，素有目眚，買妾二人，三五年間目遂不能見物，竟得一子已成童而復夭亡，同於伯道矣。此在無子之人猶當以此爲戒，而況有子有孫，又有曾孫者乎！有曾孫而復買妾，以理言之，則當謂之不祥；以事言之，則朱子斗詩有所謂好人嘆者，即西安府人，殷鑒不遠也。伏念足下之年五十九同於弟，有目疾同於子常，有曾孫同於西安之「好人」，敢舉此爲規，未知其有當否？同上卷之六頁一三六至一三八

與王山史

顧炎武

四月杪自曲周遣人入都，至貴寓，言駕已西行數日，甚慰。自今以往，以著書傳後學，以勤儉率子弟，以禮俗化鄉人，數年之後，叔度、彦方之名，翕然於關右，豈玉堂諸子之所敢望哉？

弟今年涉伊闕，出轘轅，登嵩山，歷大騩，將有淮上之行，而資斧告匱，復抵西河暫憇，未獲昕夕一堂，奉教左右，良爲憮然！

前寄次耕詩，有關中二臣語，及三月十九日嵩山絶句，度已呈覽。頃子德有札來云：「聞將特聘先生，外有兩人。」弟遂作一書與葉訒庵，託爲沮止。今則纂修之事，屬之舍甥，似可免於物色。其書仍付既足録上，與關中同志觀之。既足英年好學，今在尊府，朝夕得領訓誨。弟嘗惓惓以究心經術、親近老成爲囑。小兒衍生雖極魯鈍，尚未有南方驕慢習氣，幸待之以嚴，勿作外人視也。弟在此待祁縣之物，西來之期，未卜早晚。六令弟並仲和不及另柬，統此不悉。同上蔣山傭殘稿卷二頁一九七至一九八

留書與山史

顧炎武

弟以淮上刻書未竟，須與力臣面相考訂，而晉中亦不可不一往，故於明日東行，不能□先生歸里。此去計須半載，然聞中州、淮甸，在在饑荒，未卜前途何似？興盡而返，亦無容心也。考亭祠堂，原一字來言當事視爲迂闊之舉，當更作區畫，

今候駕回與子德合力經營。劉太室父母來此者，再同之周覽形勢，亦以竹園爲定，但其費頗鉅耳。三徑雖荒，四松無恙，此歸須另作一番整頓。家計漸窘，世情日薄，而烏衣子弟，若復染尋常百姓之習，則從惡如崩，不可復振矣。恃在知己，敢以肝鬲之言，陳諸左右，不必向人道也。郎君輩甚相推敬，並謝惓惓。同上卷三頁二一二

與王山史

顧炎武

弟以十月七日自華下回頻陽，付仲和名宜輯，山史次子。一函，並疏廿紙，想已到。知臥疾京邸，甚善甚善。弟冬來讀易，手録蘇、楊二傳，待駕歸，得共山中之約，將大全謬並之本，重加釐正。程、朱各自爲書，附以諸家異同之説，此則必傳之書也。建祠之所，形家謂在二泉合流之中爲佳，今仲和力言欲用其竹園，乃在泉渠之北，亦無不可，須弟自往同允塞看定。此事規模亦不可太小，百堵皆興之後，自有助者。萬勿將刻疏送人募化，類僧道所爲，損吾輩體面。但一二百金之事，弟能任之，亦足以築周垣，立前堂矣。君子先行其言，而後從之，今人作事每每相反。易曰：「默而成之，不言而信。」存乎德行，能無望之同志乎？若弟自欲垂後世之名，無藉於立此祠院；苟立之而有未盡善，以取議於人，則不如無立。今爲此者，但欲成吾友之願，且有宋、元以來相傳經典之書，不能無所寄託耳。二題録左，並乞採用，不盡。

附 四書：「聖人之行不同也」四句。易象曰：「君子夬夬，終無咎也。」同上頁二一五至二一六

又 顧炎武

接來書及詩，並悉近況，甚慰。今有一詩奉和。孟子曰：「是求無益於得也。」況有損乎？願執事之益堅此志也。建祠之費，謀之江左，去人未來，弟今先出橐金，代爲創始；一二當事亦有樂助者，期以必待興工之日，廣衆之庭，方敢接

受。興工者，聚資之策也，然而多口紛呶，有不欲弟與君共事者，又有貽詩沮止者，弟皆不聽。然弟將有江南之行，一去則瓦解矣，是以汲汲爲之。欲以秋丁安神，而築垣蓋堂，須百五十日，塑像裝飾須百五十日，爾時執事與天生定已旋里。著鞭雖在祖生之先，而成佛自居靈運之後也。來札云：「不可小就」，甚合鄙意。若苟且草率，遠無以愜四方觀者之心，近無以弭同鄉議者之口，則不如勿爲。今將圖様呈覽，但有二百金可以先成周垣及祠堂，其後次第爲之可耳。至弟一身且未欲卜居，祠中亦非可居也。擇地二處具別紙，待江左信至即興工。弟今來華下，欲待□又老過一晤。令姪北上先寄此。同上頁二一六至二一七

答

顧炎武

尊指具達□遲公，□城字屏萬，時爲華陰令。想即日發銀矣。程丁庀務，多藉賢勞，弟惟進祝一語：無貽四方觀者譏議而已。規制一幅呈上，雖出鄙見，亦參中孚、天生、仲復諸君之論，幸詳閱之。如有不合者，亟爲教示，當聞義而徙，若作者不合此式，而或歸咎於弟，弟不任受矣。更有請者：官以主管雲臺入銜，書以雲臺真逸自號，若欲舍此而另求地，則適以犯衆口之雌黃，尤斷斷不可也。同上頁二一七

與王弘撰六札

顧炎武

六月十四日，弟炎武頓首上山史仁兄先生。前馬夫回，得惠示諸刻，謝謝。即具一札寄省下傳報人，昨伻來，知尚未到，恐不的當。今專遣戴鳳走報，並呈胡、郭二書，及二李近況並具別紙。弟在此靜穆自守，頗不見惡於人，而遠方無藉之徒，乃有騁而相求者，其不可者拒之，惟有守子夏氏之家法而已。近來學得宋廣平面孔，頗善絕物，見門外人可以此告之。

次耕文承爲刻之，甚感。但弟今年生日效法中孚，盡拒觴祝之事，而又刻壽文，得無矛盾？然其意不在壽也。第一號學官誤作宮，先王誤作生，並乞改之。土膏作土爲是，欃星亦作零，未考。光録領到，抄訖奉返。另單取夾板内書幾本，並求發趙子函、郭胤伯、方爾止詩來，不要全集，但取其詩。一看即返。匣袱三件先繳。仲和近況何如？張子經兄想在館，幸致念。仲復比有書否？率爾不盡。各書並寄送，惟天生尚留於此，俟其來。

其二

幸因積雨，得侍至誨，爲益孔多。嘉惠下頒，彌深跼蹐。謹登尊酒，以醉德旨。午後仍當叩晤，以二篚爲約。泥濘不煩使者再來爲祝。弟炎武再頓首。

其三

頻傾北海之樽，復睹西山之祕，快何如之！第未免過損清庖耳。蔣山圖一幅計或案頭所未備也，幸收藏之。邑志二本附繳。明早登山，不敢煩起居，得一銀鹿指引，足竟諸處。面頌未悉。弟炎武頓首。山史老社臺先生。

其四

孫老先生字送覽。此在欲爲竟日之譚，少遲至月初何如？廣平申鳧盟年翁在此，弟與之仰誦鴻名，極爲嚮往，亦候便中同一晤也。小弟炎武頓首。河濱書領到。

其五

昨偶出，失答台教爲罪。天生及周札俱領到，一至即致之。鷃庵先生行事不甚詳，胸中無可發揮處。如刻成，幸惠示，有可言即言之，不然，不敢犯所謂今之君子不學而好多言之戒也。弟明日擬於午後出門，如天晚，則俟後日。駕如無事，能再過爲半日譚乎？小弟炎武頓首。

其六

復煩使者攜餉入山，深荷垂注之切，謝謝。正欲走別，承命當於午刻趨至。昌平記希付原稿較對。弟自同州、富平至

省，如有台札，並希今日見惠。昨爲湘濱作得記一篇，容請正。弟炎武頓首。同上亭林佚文輯補頁二三九至二四一

雨中至華下宿王山史家

顧炎武

重尋荒徑一衝泥，谷口牆東路不迷。萬里河山人落落，三秦兵甲雨淒淒。松陰舊翠長浮院，菊蕊初黄欲照畦。自笑飄萍垂老客，獨騎羸馬上關西。同上亭林詩集卷之五頁四〇六至四〇七

和王山史寄來燕中對菊詩

顧炎武

雪滿河橋歸轡遲，十行書札寄相思。楚臣終日餐英客，愁見燕臺落葉時。同上頁四一二

王徵君山史六袠序

李因篤

士君子立身之大閑，仕隱二者而已，而隱之義亦有二：嘉遯林巖，遺世以爲高，甚則離其天屬，躬膺困瘁而罔顧，所謂固隱也；無意圭組，而不爲詭激戾俗之行，亦不必岸然自絕於當世之君大夫，究之史册，書爲處士，而無遺議，所謂通隱也，夫固隱者不可及矣。夫子之論逸民，既非一致，而孟子於段干木、泄柳、申詳、於陵仲子皆譏其過，況未能度其身與其時之可否，而硁硁慕空名，履危機，至於潔己自全，陷於凶德，非吾道所貴矣。且夫君子不得志則蓬虆而行，此無關於世之治亂也。以「四皓」爲避暴，何以處採薇之仁人？以務光爲不事易姓之君，彼巢、許何據焉？然則善藏而不詭於正，其通隱乎？

當吾世而有孫蘇門、顧亭林二公，其道大而行方，其學至博且深，實而有用。擬之古，庶幾貞白、康節之儔，而二公皆往矣，求之關中，華下王徵君無異先生者夙交於二公，而樹品嗜古，秀令淵茂，亦其流匹也。

先生爲司馬公少子，出後從父母，夫人憐之，亟請於公，奈何奪吾季，公曰：「余豈以嗣仲貳季？析產使均，可也。」及司馬公與夫人相繼薨，而未嘗有申命，故先生視昆弟獨處約，然先生迄不言也。比長益貧，而益邃於學，爲名諸生，食餼二十人中，顧小試，多冠其儕，而闈試輒蹶，蓋先生於制義獨好成宏，大家之文範我馳驅，其不遇無足怪，而先生亦厭帖括，肆力爲詩古文詞。

未幾，尚書賈公來撫秦，會纂通志，念秦士無出先生右者，敦聘以董其成。旋都，延教其子若婿，猶恐先生之去也，爲援入國子監。當康熙八年秋，適試於鄉，而先生竟歸。初，未受業期滿，未取咨。自茲以還，荏苒十五載，並未有請急一刺，亦不復預試。蓋先生入太學，即棄諸生之日，譬之泰伯讓國，有託而逃，故無得而稱也。

已而詔集天下儒者京師，修石渠、虎觀故事，廷尉張公若給諫諸公，僉以先生重薦牘，或摭其跡，猶曰國子生，索鴻鵠於澤中，而不知其翔天表久矣。先生辭疾不獲，遲遲抵燕，寓遠寺僧寮，王公大人非就訪，罕覯其面。甫峻試，膏車馳還，時奉恩綸年六十許，許官中舍，先生計齒當在所授九人之列，而先生不待也，蓋先生自是賦遂初爲布衣焉，圭組不及其身，而究未嘗有戾俗之行，顯絕乎君大夫，庶乎通隱者耶！

雖然微，賢子海州君伯佑暨文學仲和左之右之，不至此。夫王儒仲，高士也，顧其子色沮令狐子之車服，而長臥不起。郗方回盡力王室，而嘉賓乃爲桓氏，謀主寸裂父書。李元忠以嗜飲辭中書，而其子欲其父爲僕射，至令斷酒。少陵譏陶元亮歷敍子之賢愚爲未必達道，而於宗文宗武亦數數念其懶而失學，然則即負曠懷，而自失其父子之恩深。雖前哲不免，先生固貞信得，海州伯仲而益彰矣。曩先生赴徵，海州實侍以往，諸公之詣先生者，海州必報謁其門，卑語婉容，謝其父衰病不能出，又數籲內部，力贊以歸。既歸，因捧檄爲上佐升斗之祿，上逮二人以爲榮，而仲和亦委曲承顏，先生優遊暮齡，俯仰無憾。如海州伯仲，可不謂養親之至哉！

先是二十年八月乙未，值先生六袠皇覽，海州謀製錦屏，介先生壽，詘於貧未能也。今將補爲之。春日，走書三百里而丐予文。予兄事先生，稔悉其生平，又海州幼從予遊，誼無所卻。故推本其世，粗述厓端，而詳其苴冠退耕之始終。蓋先生之苦心，海州知之不能言之，他人能言之，不若予言之較切而得實也。至先生之孝友，學術之淵醇，吾所爲言，或言之而未備。觀此以例，彼思過半矣。

曰何以壽先生？先生靜者也。靜，壽之基也。先生居山而樂山，簡默温文，全乎其爲仁，斯全乎其爲壽，期頤可坐而致矣。海州褰帷劇郡，屢攝鄰符，廉卓之聲，格於遠邇，旦夕貤紫誥，晉大封於先生，仲和暨先生諸孫咸隸博士，工藝業似續司馬公，鵲起巍科，所以慰先生者方興未艾，而先生不爽其素也。先生諸猶子從孫再光廷對，彙征都邑，彬彬郁郁，紹太原瑯琊之風流。中秋之辰，樹屏草堂，諸君從仲和後，繞膝洗腆，而持予言以導之，先生曰：「李子以隱概我，知我者也。」覼然舉爵，子孫疊起，上壽先生有無窮之爵，亦有無窮之年。六袠之酒其權輿也。夫有述於人，貴得其心，以隱概先生，即使海州伯仲奮筆自書，不易吾言矣。清李因篤著道光本續刻受祺堂文集卷二

王山史先生次子仲和補博士弟子員序

李因篤

予嘗論秦漢以來，朝有大議，則詢之博士。其隸博士者，皆有修明經術之責，即今之弟子員是也。繇此而薦於鄉，升於秩宗，受事於九卿，或納諸侍從，或任爲守令，而其初無不自弟子員始。距宦達猶遠人，以其介在潛見之間，往往不甚重。予謂此治道之所以日戾於古，而士趨因之日卑也。何者視之重，則得之必難，得之難則守之必敬慎而不敢苟，故其才皆足用而爲天子之所養，當世之所須，庶幾三代里選之遺意。今也不然，是其始進也，無可觀，何以責其後效哉？無已，則必拔一二賢者，爲鄉國素所知名，寓特進於常科之中，俾人知所慕而爲之，而乃可以反積輕之勢，而漸歸於正。

吾友王山史先生次子仲和補弟子員，足以當之矣。山史以布衣祭酒青門，今年冬，長子伯佐試冠軍，仲和復有是慶，於

是三原杜二蒼舒將率諸同人觴山史於關中書院，而命因篤以言導之。蒼舒之雄長右輔，猶山史之在東也。因篤嘗兄事二公矣，何敢辭？夫山史，文獻之家也，其子弟皆彬彬俊髦，得於家教者深，伯佐、仲和能詩古文，兼長書法，所謂修明經術，隸於博士，則處也習其事，出也賴其才，吾直以里選予之矣。山史既賢，而其學自大，中丞公以來有源有本，積厚流光，能世其家，當以古之大學勤勤自任。於過庭仲和，他時之所樹立者，皆基於此。吾黨昆弟將拭目焉。同上

獨鶴亭詩寄王徵君山史

李因篤

鶴生何矯矯，高舉入青冥。瀟灑辭江海，委身君子庭。庭中有玉樹，曉露滋其榮。側頸時就飲，回翔代飛鳴。嗟哉當世士，爲樂甚多營。野田憂黃雀，蕩子唶烏生。欣我賢主人，古歡不近名。東瞻蓮花空，窈窕作此亭。悠然忘雕飾，冀託展素情。抗志無儔匹，相將保百齡。咳唾皆珠玉，被之得餘馨。駟馬常到門，中宵起長征。語君且復休，人事分虛盈。天寒朝雨深，聊用採杜蘅。清李因篤撰康熙三十八年田少華刻本受祺堂詩集卷八

王五山史寄緘岕片至卻寄三十韻

李因篤

渭水魚竿日，南山芝草春。幽期拚絕境，夙好信斯人。邂逅鮮處外，踟躕北谷濱。定州右鮮虞北谷，恒水所出。予舊年秋，於此遇五兄如京。班荆酬契濶，發篋照沉淪。王出新作中，有哀亡友石生之語。雁避青榆冷，蟬揚白露新。獨歸瞻隴月，明發送京塵。惜別仍禁淚，飄囊未覺顰。柴門團暮靄，菊徑瀉秋雯。眼畔羌烽息，年來吏術醇。薄知築場圃，何敢廢枌筠？究苦征裘遽，空悲旅食頻。辛盤疎故國，綵勝隔佳辰。輦樹重連邸，邛花各館神。五噫吾漫寄，三物子初陳。屢引中丞幕，曾聯大令紳。新城辛王之猶子。雪霜班馬客，旌旆擁離津。旅病誰兼晤，同心豈易伸？倦遊迷所適，高臥忽經旬。尺素天邊剖，

筐莛雨後臻。蘊蒸渾欲去，消渴轉相親。石乳清無敵，江煙杳絶倫。探泉儲洌水，活火致勞薪。已愜狂歌興，翻滋執友貧。德音終愛惜，賓竈必逡巡。醉逐懷思減，愁於去住均。漢儒多萃闕，周史暫趨秦。定有登樓賦，徐看待席珍。攀雲期奉母，望嶽許爲鄰。時借無異山房。曉仗時吹角，涼風儻憶蓴。初龍潛勿用，羽翼莫教馴。同上卷十二

無異先生同客京師家書至有舉曾孫之慶喜甚既而歎曰安有爲人作曾祖尚可干進者愚述其意爲賦古詩因得略敍山川門閥之雄並及生平梗概凡六百字即示門人輔

李因篤

華嶽三輔東，其高五千丈。下有司馬廬，開門儼相向。季子美丰儀，中情兼直諒。弱冠讀父書，諸兄才俱讓。西遊涇渭間，所與必哲匠。有時聞新篇，四座盡惆悵。先秦何蒼然，兩漢互激宕。委蛇縞帶垂，一吐河山壯。少年或豪舉，天性嗜醇釀。回首笑嵇阮，把酒多跌踼。醉拊詞翰柔，操觚神彩王。篆分存遺法，龍虎駭有狀。君起羲獻裔，大名日星傍。釵角及漏痕，側鋒安足尚？同人丐筆跡，注墨猶崩浪。片羽總吉光，餘輝流屏幛。潛居將白頭，晚節益清亢。閉戶謝賓客，高眠心獨暢。凌虛築草亭，百尺瞻絶曠。几席擁翠陰，褰簾迷青嶂。吾愛仙掌蓮，削成本奇創。怪汝擅此物，乾坤乃私貺。病餘躭注易，疑義晰纖纊。重發太昊圖，概删諸說妄。吴郡顧亭林先生。秉人倫，世儒希得當。紫氣昨入關，幽期頻往訪。二公弟蓄予，矜許每過望。振緌來澗阿，懷古一酬唱。春風吹鶴書，謬亦點徵兩。部檄嚴勒程，台司亟趣裝。俄復違慈親，未容引宿恙。先生以病辭，予控親老，俱爲部駁。徘徊暮山深，積雨秋水漲。省君就僧寮，先生時寓昊天寺。撫事同悽愴。短裘裁蔽膝，儲粟不盈盎。朝看霜雪明，頓使朔風涼。行矣歲律除，曰歸仍難量。故園遞好音，矚客顔一放。弧矢宛在懸，朶雲驚殊相。充閭占舊德，歷世慰主鬯。君近耳順年，且遲鄉飲杖。桂樹久並立，謂輔及弟輯。芳蘭鬱成行。先生有孫四人。明珠徑寸新，忽綴孫枝上。含飴弄所哺，已解稱色養。爲祖爲人曾，老懷亦頗亮。即今長安道，賢達密列仗。底須驅麇鹿，綿

蕞議趨抗。偃臥室嘗開，將迎項猶強。接塵憶平生，萬感如夙㱕。刓急隴首戍，還殷棧閣餉。牙節曁驛館，羽林馳諸將。自從賦行役，辛苦窮旅況。供稅廹恒期，薄田愁莫償。佳兒昔負笈，畏友幓絳帳。捧檄詎獲已，參軍情悒怏。前執戲綵柯，先生孫騆之婚，予爲議聘。御輪幾弦望。玉燕早報慶，紫荊能週防。藻蘋延屢及，泉石敢誰誑？儻附躬耕耦，甘爲擊壤倡。出邸詢曉鐘，旋秦倚春舫。一片芙蓉月，寒光浩蕩蕩。同上卷二十

答無異先生

李因篤

客夢生闗輔，鄉愁逼歲時。暗存喬嶽淚，猶把漢臣詩。柳自青陽色，松餘白雪姿。冥鴻隨所往，不託上林枝。同上

題無異先生顧廬三首 有序

李因篤

無異先生初輯是廬，學易其中，因以顏之。顧亭林先生至華下，借居之。亭林先生既歿，山翁改署今名。李生見而哀之，且多山翁之敦夙好也，爲詩紀實云爾。

學易中年自結廬，衡門忽繫遠遊車。雙飛遂合延津劍，萬卷同歸遯世書。逝水難留清漢老，名山忍對白蓮疎。還因適館移新額，淚洒西州寓目初。

江海英魂何處飄，入闗曾此問漁樵。三峰客去秋光冷，一榻亭閒夜色遙。博愛濫收元禮御，幽棲翻易伯通橋。榛苓遺恨無存歿，欲傍周原賦大招。

獨步空庭悼所思，悲歌永夜憶同時。武陵誰引千年跡，姑射渾無一物疵。每爲松楸愁北嚮，爭教鴻鵠戀南枝。潛居幸有王符在，夙契兼留趙壹詩。時同趙子名鼎。同上卷二十五

山史先生舉第五子賦寄新句

李因篤

第五寧殊驃騎名，烏衣連翩照前楹。爭傳晚節蓮峰峻，更喜同根玉樹清。比歲麟書誇過客，他時鯉封接諸兄。排雲問序通橋梓，先生行本居五。鄉族遙追百代聲。「王氏百代卿族」，通鑑王僧虔語。同上卷三十

詠獨鶴亭爲王山史作二首

李楷

鶴羣落人間，相憐始相呼。孤鶴反脱累，不受雌雄愚。地上即雲霄，何必翔虛無？小亭隣高山，濕翠時一鋪。池鱗多文錦，相忘如江湖。此生苟自得，歲月聽肥癯。他人或未解，主者情允符。

嘯月既有樓，獨鶴復置亭。其中無長物，空韻清冷冷。朱闌照虛日，相對煉神形。酒冽不敢飲，歌細不入聽。四時琅玕色，終古一青冥。客至或歡謔，客退數鶴翎。清李楷撰同治九至十年刻本河濱詩選卷四

獨鶴亭觀美人雨中飼鶴

李楷

小亭當木橤，雨聲生華暈。胎禽沐霜翎，可望不可近。綠涉聊矯首，青霞憶飛奮。佳人藕華衣，愛之相存問。雙袖約金環，豐致如春温，取彼盤中餐，觀君閑中韻。飲啄衆鳥同，無以別喜愠。飽亦不颺去，饑亦絕悲憤。乃知山中儔，遙遙多深藴。同上

沈繹堂雅集張將軍宅屈翁山先爲詩時家子德將之代州要杜蒼舒王山史各成韻

李楷

同爲京兆客，獨羡泖湖賢。風雨流交誼，酒尊沒道詮。吾儕觀海後，太史採風前。傾國驚車蓋，飄飄入暮煙。

山近青梧觀，日銜紫閣峰。佳賓來嶺嶠，高韻和洪鐘。周道榛苓合，唐郊狐兔逢。因池念王儉，人是小芙蓉。

幕府今崇武，開坊不廢文。我思周吉甫，亦重鮑參軍。邊堠無烽火，煙光在夕曛。牽蘿縈別館，絲管正紛紛。繹堂題穆誦堂、薜蘿坊。

齋日枯腸斷，城中酒不迷。老夫如稚子，何肉與周妻。小史供濡削，書生聽鼓鼙。浮沉推曼倩，何事醉如泥？同上卷六

送王山史入都二首

李楷

秋機回燠入清涼，獨領新天詣帝鄉。司馬知人懸膽鏡，謂尚書賈公也。斗杓應候挹神漿。子牟魏闕身心共，郭隗金臺韻致長。行使一肩或加重，相隨我寄夢魂將。

不問寧人近若何，卻因雙鯉倩雲波。離亭偏是津亭逼，秋露先迎行露多。文章凌虹朝暮見，酒星貫月主賓過。吾儕藏隱須聖賢，遥向龍城念玉珂。同上卷七

一枝花　寄王山史

李楷

黃塵暗麥疇，赤旱燒沙渚。逢年思硯海，娱日守詩廚。　老景清虛，猶嘆光陰誤。猛然間，雙鯉魚剖開來，顆顆明珠，怪得那龍宮水府。同上卷十

寄王山史無異書

王建常

春莫有一函復命，想已達之記室矣。茲所瀆者，子德李先生素不識常面，而過於揄揚，得無損知人之明乎？煩先生爲我謝而止之，則愛人以德，當頌兩君子矣，臨楮馳依。清王建常撰民國十三年四勿齋石印本復齋餘稿頁十六

復王山史書

王建常

辱教及無禮者之禮。弟愚，固非明於禮者。但據所聞家禮：父妾之有子者，正義服緦麻；若適子、冢子，皆齊衰杖期，乃皇明律文也。媵則從無聞焉。今先生欲以免爲始喪之服，得非以義起乎？至於合葬，則非埜人之所敢擬也。然近世有於塋域後首南趾北葬者，不諗亦可踵而行之否乎？嘉貺，敢南向拜登。謹復。同上頁十六至十七

與王山史書

王建常

敬軒薛先生以四者不雜爲真儒，曰：「存諸心見於行，措諸事業，而終之以形諸文辭。」頃讀北行日札，駸駸乎幾於大醇矣，以是知先生工夫老益親切，誰謂三十年前好用工耶？但閒以賤名語通人，非惟草野子心有不安，且恐重傷大雅知人之明，後此幸無再誤。切切。同上頁十八

又書

王建常

弟鹿豕之性，見人則驚，矧冕衣裳者乎？近貴邑令公遲先生無端賜扁衡門，一時遂未敢遽卻，然惶愧累日，夜殊難寧貼。既而聞復欲枉顧，是又不安之甚者。先生知我愛我，即力止公車，俾我得安居樂業，不至於蒼黃鑿壞，則受蔭多矣，敢布腹心，仰惟崇炤。

答曰：「遲明府傾仰德教，欲見顔色，非一日矣。頃方謝事，倥偬之際，造廬送扁，略失次第，然其敬賢之心出於至誠也。承論當力言之，以成先生之義。但恐鋭往之志未敢必其遂已耳，草書不盡。」同上頁十八至十九

寄奉王山史先生客白門兼壽七十

康乃心

徵君聞作秦淮客，畫舫江煙夢裏猜。故國曾經桃葉渡，新詩定傍雨花臺。少微處士連雲動，太華仙人降岳來。爲問草玄今幾許？揚雄夙數漢廷才。砥齋、山志諸書聞有續作。清康乃心撰康熙刻本莘野集

嶽麓斷句(三十一首)之一山史先生

康乃心

一别徵君悵索居，松花石徑冷庭除。不知子晉吹笙去，何處重逢有道車。同上

玉女峰阻雪有懷顧亭林王山史二徵君

康乃心

倏忽風雪起，繽紛洞壑餘。開軒重嶺隔，掩戶石林居。萬古匡山野，千秋白岳書。傳經今日事，搔首一躊躇。

十年蓮花計，淹留亦大宜。燒松香入夢，煮石缶生芝。身世連朝斷，空濛四顧奇。幾人曾到此，雲霧掌中披。陝西通志館一九三四至一九三六年排印本宋聯奎等輯關中叢書第三集清康乃心撰莘野先生遺書二卷卷上詩

題王山史獨鶴亭

屈大均

仙人騏驥是胎禽，千歲丹砂入頂深。聞爾浮邱能相鶴，孤飛忽至華山陰。華山三峰削青天，白帝金精育大賢。黄河萬里入胸臆，文章一瀉如雲煙。我本羅浮五色鳥，化爲仙人出炎嶠。狂歌不逐哀鳳游，高舉時蒙斥鷃誚。聞君好鶴鶴亭居，九臯清淚爲君娱。攜持杯杓來相就，驂駕煙霞遂共驅。共驅直上華山巔，鶴兮起舞何翩翩。衣裳皎若玉井蓮，何殊玉女臨樽前？清屈大均撰清木刻本道援堂詩集卷四

寄王山史

屈大均

首陽太華何時合？一道黄河苦間之。愁絶白雲與秋色，風陵渡口望君時。同上卷十一

酬别華陰王山史關中天生兄

李良年

我有數尺畫，長洲文點作。老屋三重茅，清渠妙疏瀹。隔浦駐漁舟，垂楊蔽山郭。中有抱甕子，蕭然守耕鑿。長鑱挂青蓑，紅藤倚忙屩。俯仰川巖間，置身殊不惡。觀者訝似予，賤子笑且諾。高堂倚閭人，齒髪漸衰落。壯年恥無成，食力分所託。數載客殊方，飄若風轉籜。春陽忽滿眼，雛鶯上簷角。閒來展此圖，恐負平生約。故人三秦彦，清風九霄鶴。覽圖各枉句，相期在巖壑。江潮淼無限，苦竹青若昨。田園雖荒蕪，猶能供藜藿。努力副高言，明當去京洛。上海古籍出版社二〇一一年六月清李良年撰朱麗霞整理秋錦山房集卷二頁八十至八十一

題王山史獨鶴亭圖

李良年

小隱含豪對落暉，霞催風偪見應稀。昔人評鄭廣文書「如風逼雲收、霞催月上」，山史書法近之。籠鵝往事須君續，鐵限門邊看鶴飛。

三峰飛瀑洒簾茵，九月松風拂四鄰。欲認椶亭西畔水，他年吾作叩門人。同上頁八十一

山史別逾十載聞届七秩不獲涉江爲壽彌益懷想賦二章寄之

李良年

羡爾行蹤著處堪，短長亭有異書擔。石渠合貯斯人易，野史曾聞信口談。名士六朝誰伯仲，好山雙屐盡東南。應料七十顔如昨，唤作真仙也不慚。先生曾自浙入閩，近聞游寓白下。

車可施巾權可呼，天隨栗里信吾徒。尚能桃葉清溪載，那便香山皓叟俱。百四十年須再數，用一日如兩日語。五千三字好重摹。不知如此稱觴語，博得當場一笑無？同上卷十頁三五六至三五七

王山史先生寄贈二首答和原韻

冒襄

太華王夫子，西秦古逸民。三峰盤窈窕，八水照嶙峋。拂袖金門遠，飡花玉井春。偶來淪海上，交訂白頭新。

丙舍悲先澤，頽垣集斷編。鐘孫無共恤，謝宅未三傳。拮据當窮歲，哀吟逼暮年。新詩最悽愴，捧誦亦茫然。召伯之津猶能庇及甘棠太傅之仁，不保五畝之宅。晉書載有欲毁謝安石故宅者，故云云。清冒襄輯光緒八年刻本同人集卷九

贈王山史兼寄題獨鶴亭二首

汪琬

嵯峨樹石營丘筆，繭紙蘭亭定武刻。山史攜所收書畫甚多，營丘畫人物樹石一軸，五字不損本蘭亭一卷，尤可寶也。秦川公子收藏家，牙玉爲籤錦爲帙。蹇驢馱來入京國，好事何人相賞識。几靚窗明親卷舒，每防寒具沾遺墨。我聞君家築亭太華偏，亭面華山。短歌招鶴鶴來前。松陰月午引修吭，何不騎此同飛騫？看君直上西峰頂，俛視長物皆可捐。區區書畫何足道，

一笑過眼如雲煙。

我不羡輞川隖中辛夷白，亦不羡灞陵橋頭柳條碧。惟羡君家一草亭，遥對青柯坪上松千尺。玄衣老鶴何處來？瘦骨稜稜露標格。有時叫月長松閒，松聲鶴聲並蕭瑟。老夫愛吟招隱詩，佗年峰頂結茅茨，從君擬乞浮丘術，也借仙人一隻騎。

人民文學出版社二〇一〇年一月版汪琬著李聖華箋校汪琬全集箋校鈍翁前後類稿卷五頁一八一至一八二

題獨鶴亭圖五首

汪琬

倒檜枯杉侵澗壑，小紅疏翠點柴荆。獨來倚杖看山色，一朵蓮花潑眼明。

擬共幽禽占白雲，玉泉瑶草隔塵氛。平生解笑天隨子，但養能言鴨一羣。

月中松露墜無聲，誰伴閑吟永夜清。自是長身古君子，與君能締歲寒盟。

華山山人不在山，鶴聲凄切望君還。青鞵布襪且歸去，對歗蒼松錦石閒。

招鶴新詩似招隱，一聲歌向秦山秋。山中從此有忙事，寫券租田爲鶴謀。同上頁一八二

河上寄山史

王士禎

前年君往蘭谿道，金華洞中拾瑶草。傳來八詠似休文，愛玩新詩愁絶倒。華陰古道接弘農，一望秦山深萬重。遥看青壁孤雲起，知在西南第幾峯？清王士禎撰四庫本精華録卷二

同施愚山陳藹公集山史昊天寺寓觀唐子華水仙圖

王士禎

先生舊隱三峰椒，太乙玉女時招邀。秦都漢時一蟻蛭，目玩易象窮昏朝。蒲車應詔謝賓客，城西古寺風蕭蕭。殘碑老樹氣象古，凉衫重戴風神超。八騶喧闐不到此，兩三素侶還相要。殘冬氣暖似吴越，佛香入院鍾魚飄。徐出一軸自拂拭，古光黯澹生鮫綃。青峯出没高歷歷，海天萬里迴春潮。仙人綽約駕雲氣，飛龍決起横煙霄。六銖衣輕逐見舉，熒熒顏色如陵苕。四座咨嗟嘆奇絶，倏乘六氣遊空寥。子春一去伯牙逝，海波汩没秦人橋。君歸西嶽望東海，齊煙九點非迢遥。同上卷三

爲王山史獨鶴亭

王士禎

園林華山下，水石遠人間。獨鶴來江海，蕭然相對閒。博臺殘雪散，仙掌片雲還。騎向三峰頂，遥遥不可攀。同上卷六

送山史歸華山

王士禎

華山丹頂鶴，清唳向西峰。不羡三珠樹，長棲千歲松。林巒有佳色，眠起日高春。石上流泉好，菖蒲方紫茸。同上卷八

訪山史讀易廬時久客淮南未歸

王士禎

多年華下遂君初，廿載重過訪舊廬。滿徑苔痕侵竹石，當牕嶽色淨琴書。山中宰相人誰識，江左夷吾我不如。爲報倦遊歸及早，淮南無此好家居。同上卷十

寄山史從兄兼懷陳藹公

王士禎

車廂谷口問松筠，獨鶴亭中點易新。嶽色東回迎玉女，秦雲西望似行人。從教霧隱公超市，不識風高庾亮塵。曾上元龍大牀臥，比來豪氣更誰親。清乾隆本華陰縣志卷十七

過王山史烏龍潭寓舍

孔尚任

歡喜逢君漸爽天，青鞵白袷致翩然。買山錢少家雖累，著易年多道自傳。一頃殘荷秋剩藕，幾層荒寺晚多煙。遊人每日潭邊望，誰識茅亭寓大賢。定九云：「山史先生命世大儒，此詩能寫其高致。」清孔尚任撰康熙本湖海集卷七

與王山史聘君

孔尚任

兩訪清涼山下，門徑寂然，不知先生何往也，悵立久之！遂有無限離羣之感。昨問穆翁，始知移家秦淮水亭。夫清

涼、秦淮，皆爲金陵勝地，然消夏宜於山邊，吟秋宜於水際。況山邊之龍潭，荷花已泠，水際之鍾山，爽氣方新。先生意在山水，其因時遷移，皆有遲早分寸，世人那得知其故也。同上卷十三

另札

孔尚任

同客金陵，如水萍風絮。既無意遭逢，便思結團鋪錦，爲不可解之因緣。頃聞先生欲之武林，僕亦將歸燕臺，是猶風以吹之，水以激之。不得不散者，其勢也。不肯不聚者，其情也。堅此情而不變，南北天涯，何地無再聚之時乎？前有拙詩求教，先送舊寓而不遇，再送新寓而不遇。以爲必不遇矣，豈料反遇先生于座上？即此遇、不遇之間，可以覌聚散之境矣。同上

寄先生三札

張雲翼

一　暌違道範，倏改歲矣。對春雲島嶼，益念三峰。昔工部因巫峽而瞻華嶽，則僕立清源望白帝，並懷高居著述之賢徵君，諒非餙語以欺先生耳。憶從分袂，曾訂閩遊，不識果於何時共觴詠、看海日也。

二　夏初，得杜雲柯書，知先生游車已抵邗上，滿擬秋時當至温陵，而傳聞尚稅駕于姑孰，不知此時可至錢塘否？紫雲冉冉，日爲引領，覺丹山碧水，亦憾邀題之遲也，顒望顒望。

三　一別倏復三年，時憶紫氣所臨，泉山晉水，猶日爲文光所蕩漾。茲者先生稀壽，淮陰張子遠徵侑觴之言。因念登嶽躋堂，以及剌桐投轄，皆得爲先生酌斗。今在天末，惟望明月之光，遥祝大年，詩固不能盡意也。趙儷生撰王山史年譜康熙二十二年條録自張雲翼式古堂集

贈王山史先生

高孝本

紫氣行看近，重重嶺上雲。山尊秦二華，名重漢三君。獨鶴亭初到，如鸞嘯乍聞。欲依張楷市，可許一廛分。中華書局一九七五年清沈德潛編清詩別裁集下册卷十七頁三〇三至三〇四

華山歌送山史先生

施閏章

華山突兀陵八荒，仙掌擘畫摩青蒼。洗頭盆水瀉銀漢，斜掛星辰森在旁。攀絙〔一〕直上幾千仞，俯看海日生扶桑。韓愈當年驚眩處，昔爲絕險今康莊。誰能羅致歸戶牖，瑯琊先生有草堂。霞舉煙霏何爛熳，杖藜散帙隨昏旦。奔騰腕下走鐘王，研索牀頭窮繫彖。安車強起棲僧閣，夜夜山中夢紅藥。蹀躞金門懶上書，公卿縞紵還垂橐。先生豈是塵中人，披帷匿就多逸民，所歡顧況尤比鄰。謂顧炎武。華山不作終南徑，看爾三峰頂上身。乾隆本華陰縣志卷十七

贈王山史

許孫荃

爾音自金玉，人望亦崚嶒。姓字聞殊久，風流見未曾。著書忘歲月，入世辨淄澠。想像居名嶽，塵埃隔幾層。同上

〔一〕「絙」：清光緒本華嶽志卷五作「痕」。

贈雲隱山史

朱誼汫

二難齊譽望，千仞失高危。牛斗雌雄劍，江山琬琰碑。真形驚突兀，灝氣泣淋漓。十五連城璧，孤懸未是奇。同上

過華陰與王山史

東蔭商

白帝宫前大夫家，停鞭對酌夕陽斜。博臺一訪當年事，賭爾峰頭十丈花。同上

獨鶴亭歌

林古度

吾聞白鶴稱仙禽，飛鳴從古以至今。雪翎丹頂最奇妙，稟陰宜爾來華陰。華陰王子是仙客，宛似王喬騎一隻。得之亳守劉祖榮，拆雙爲單頗憐惜。結構草亭爲鶴棲，養兹矯矯凌霄翮。不誇□貫腰胯纏，寧羨乘軒身顯赫。我家和靖隱孤山，放鶴種梅幽□閑。鮑照才思賦翻舞，丁令感嘆言歸還。君鶴一比濟川六，非□近玩於耳目。教成識字解銜書，俾君安坐隨時讀。清光緒本華嶽志卷五

贈别華州王山史兼呈秦晉諸同學

徐嘉炎

東南稱材藪，不如西北士。西北崇樸學，東南尚華靡。樸學必樸心，華靡徒爲耳。此固地氣然，人情亦復爾，黄河崑崙

來，龍門漸南徙。兩戒首秦晉，分流鍾其美。名流爰挺生，前哲庶可擬。先生產華陰，人綱復人紀。自署爲無異，世皆稱山史。其言明且清，其道温而理。手輯山志編，高風軼塵軌。令子成國器，孫曾茂蘭芷。三世習雍頌，一堂成燕喜。與余遇燕臺，相見忘執雉。傾蓋蕭寺中，悠然消鄙俚。時作五字吟，長嘯芬人齒。使我心如醉，移情未能已。我交秦晉賢，始自蒲吴子。吴雯天章。談諧腹可實，坊表跛能履。青主陽曲傅山。篤風烈，碩果誰能似？天生富平李因篤。雄夏聲，宏博無涯涘。孝廉武功李大椿。不勝衣，恬漠遺糠粃。大令涇陽李念慈。繩祖武，敏肅如可起。藹公保定陳僖。文獻存，和歌滿燕市。百詩太原閻若璩。富典墳，遺經究終始。凡此廣廈材，良非泙漫技。冉冉聚將散，亭亭行且止。雖復隔形神，素心良可恃。贈君牽連書，感發情何底？習俗稱秀民，漓風頹有泚。鏤板數篇書，謁門累幅紙。好便豐羽毛，惡即成瘡痏。標榜必同流，排擠惟異己。何當學冥鴻，且或迷亥豕。駢語與枝詞，徒矜身不訾。芻狗視陳言，菁華誰徹髓？肉食笑懸疣，車多因治痔。不幸生三季，吾黨還鑑此。翹首慕高遐，褰裳願濡趾。橘樹生南國，踰淮甘化枳。上海古籍出版社二〇一二年六月版鄧之誠撰清詩紀事初編下卷七頁七五三至七五四

附録三　傳記資料

清史稿　王弘撰傳

王弘撰，字無異，號山史，華陰人。明諸生。博雅能古文，嗜金石，藏古書畫金石最富。又通濂洛關閩之學，好易，精圖象。學者翕然宗之，關中人士領袖也。與李顒、李柏、李因篤齊名，時以得一言爲榮。凡碑版銘誌非三李則弘撰，而弘撰工書法，故求者多於三李。弘撰交遊遍天下，甲申後，奔走結納，尤著志節。

顧炎武遍觀四方，至華陰，謂「秦人慕經學、重處士、持清議，他邦所少；華陰綰轂之口，雖足不出户，而能見天下之人，聞天下之事。」欲定居，弘撰爲營齋舍居之。炎武嘗曰：「好學不倦，篤於朋友，吾不如王山史。」當時儒碩遺逸皆與弘撰往還，頗推重之。弘撰嘗集炎武及孫枝蔚、閻爾梅等數十人所與書札，合爲一册，手題曰友聲集，各注姓氏。中有爲謀炎武卜居華下事，言：「此舉大有關係，世道人心，實皆攸賴，唯速圖之！」蓋當日華下集議，實有所爲也。

康熙間，以鴻博徵，不赴。初與因篤同學，甚密，及因篤就徵，遂與之絕。弘撰所居華山下，有讀易廬，與華峰相向，稱絕勝。卒，年七十有五。著有易象圖說、山志、砥齋集。中華書局一九七七年版趙爾巽等撰清史稿卷五〇一遺逸二頁一三八五八至一三八五九

華陰縣志　王弘撰傳

王弘撰字文修，一字無異，號山史，更號待庵。祖大受，邑廩生，贈嘉議大夫、都察院右僉都御史，祀鄉賢。父之良，明進士，歷官巡撫南贛，晉陞南京兵部右侍郎，贈嘉議大夫、都察院右都御史。弘撰幼嗣于季父之祚，實司馬第五子也。生而穎奇，風儀儁整。初肄童子業，即嗜詩書如飲食。司馬官京師，弘撰從侍邸中，有翩翩公子之目。司馬授以制科，文匪所好也。私抄録左、國、史、漢及歷代詩、古文辭，沉酣不輟。迨歸試于督學使者，即補邑學弟子員，再以高等食廩餼。家既豐，性復瀟曠，喜與當時諸名士游。且豪于聲妓，花晨月夕，攜杯榼，偕良朋，挈昆仲，倚右臨流，徵奇鬬韻。加以翠黛雙鬟，競陳肉竹，風流儒雅，見者謂烏衣諸俊，好音未泯。即弘撰亦以爲吾家螭虎法護，不我過也。

崇禎十五年，司馬病卒。越明年十月，逆闖李自成破潼關而西，賊騎充斥，焚刼騷然，奉祖母與母避難山谷。未幾，全陝陷沒，逆闖籍繫縉紳，拷索輸金。家在籍中，兄弟畏不敢出，弘撰曰：「不出禍立至矣！」遂挺身入長安賊營，爲之陳説大義，慷慨激昂，賊不能屈，亦不忍加刃。詭與約輸而還，屏居于小漲村之别墅。

順治七年，土寇竊發，遺貲摽掠殆盡。乃縱游，之淮陰，抵建康。至吴門，與江左高士留連詩酒，越歲而歸。適副使睢陽湯文正公斌駐節潼關，造廬訂文章道義之交。中丞賈漢復聞其名，聘纂陝西通志，并命子婿受業。中丞入都，邀之偕行，數載始旋里，結屋華麓，單心洛、閩之學，而尤邃于易。以其餘爲詩歌古文，清健高超，一時三輔隱賢莫不趨赴華陰之市。所與之切劘者朝邑王建常李楷、盩厔李顒、富平李因篤、華州東䕃商、渭南南廷鉉，皆關中名流。而崑山顧炎武入關來訪，弘撰分宅館之。當時碩儒偉彦萃兹華封，羣依弘撰爲居停主。

康熙十七年，詔徵博學鴻辭之士，弘撰列于薦剡，累辭不允。至都，寓昊天寺，會病，乞不入試，閉户古刹，足不履顯者之門。而大學士益都馮公溥雅重其品藝，介人求文。司寇新城王士正、編修長洲汪琬、侍講宣城施閏章等莫不單車就舍，把臂訂交。病愈即返。

二十四年丙寅，再爲江南遊，挽留者皆績學老蒼。頗不好虚浮之士，有忌其名者從而毁之，淡如也。如是十年乃歸，歸而息老于獨鶴亭。康熙四十一年壬辰卒於家，年八十一歲。門人私謚貞文。弘撰襲司馬之業，富於插架，金石、文字率多舊榻，故兼善隸、草書，具得其家將軍大令宗法。著述具載經籍志内。子宜輔，拔貢生，海州同知。清乾隆本華陰縣志卷十四

清代七百名人傳　王弘撰傳

王弘撰字無異，一字山史，陝西華陰人。明南京兵部侍郎之良子。少與兄弘學、弘嘉互相師友，博雅能古文，尤深於易。隱居華山下，築讀易廬居之。其論易，闢焦、京之術，闡周、文之理。推本經義，一以朱子、邵子爲歸。尤究心濂洛關閩之學。嘗以周子無極之説，陸九淵争之於前，朱子格物之説，王守仁軋之於後。弘撰則謂：「格物當以朱子所注爲是，無極則以陸九淵所辨爲是。」又謂：「崇朱學者，稱先朝之亂，由於學術不正，其首禍爲陽明；崇陸學者，稱『無極』二字出於老子，爲周子真贓實犯。其説皆爲太過。」又謂：「陽明之定論，予不敢以爲定；篁墩之道一，予不敢以爲一。即陳建之通辨，亦間有已甚之詞。」又謂：「學者爲學，以平心静氣爲第一義。凡讀書論人，當求其實。爲吾所最尊之人，或有一失，不必爲之掩。爲吾所深排之人，或有一得，不必爲之廢。本諸天地之理，證諸聖賢經傳。反之，爲心惟求其是而已。」

初與李因篤不識，一日，邂逅長安茶肆，各以意擬姓名，及詢之，皆不謬，遂定交焉。崑山顧炎武遍觀四方，至華陰，謂：「秦人慕經學，重處士，持清議，他邦所少。」欲定居，弘撰爲營齋舍。炎武曰：「好學不倦，篤於朋友，吾不如山史。」嘗一至延安，著延安屯田議，謂：「今延安、綏德、宜君等處，各設兵防，人不下數千。大亂之後，閑田頗廣，誠諭令所在地方有司並鎮守將官，一心規畫，設給牛糧。每軍一人，量給閒田若干，務有餘裕。期年之間，將變荒磧爲豐壤，易流徙爲樂康。足食足兵，莫善於此。」又著延安紡織議，謂：「延安布帛價貴於西安數倍，生計日蹙，國税日逋，非盡其民之情，無教

之紡織者耳。今當於每州縣各發紡織具，令有司依式造成，散給里下，募外郡能織者爲師，即以民之勤惰工拙爲有司殿最。一、二年間，民享其利，將自爲之，不煩程督矣。」

康熙十八年，舉博學鴻儒，徵至京師，居城西昊天寺，不謁貴游。左都御史魏象樞招之，亦不往。遂以老病不能試罷歸。卒後，睢州湯斌題其像曰：「胸懷淵穆，立行介確。蓋具經綸天下之才，而退藏不見其崖略也。」其推挹如此。古文簡潔有法，汪琬稱其得史遷遺意。當時關中碑誌，非三李則弘撰，而弘撰工書法，故尤多於三李焉。北京市中國書店一九八四年六月版蔡冠洛編著清代七百名人傳下册理學頁一五二八至一五二九

清詩紀事初編　王弘撰　砥齋集十二卷西歸日札一卷待庵日札一卷

王弘撰，字山史，號待庵，華陰人。明亡，高隱不仕，與關中「三李」齊名。康熙戊午被徵鴻博，至都，以老病不預試，放歸。未悉卒年，待庵日札有今年七十有八語，是己卯康熙三十八年。所作。

砥齋集成於己酉，康熙八年。有黃文焕、南廷鉉所爲序，後隨時附益，至丙子康熙三十五年。止。西歸則南遊後裒丙子以後詩文，刻於戊寅。康熙三十七年。待庵又稍後焉。弘撰自序其文，謂以明理曉事。宣情貴達貴淡，故無事摹古，而平實可誦，汪琬乃稱其得史遷遺意，則爲過情之譽。集中大禮論、三案論、三朝要典論、甲申之變論，議論平允，俱於明史有關，夏孝子傳、孫督師傳、呈貢知縣夏君傳、孫夫人殉節碑、大司空二太南公誄，皆至有關系，不止於表微闡幽而已。謁思陵祭告文，見其志節。延安屯田議、紡織議，見其經濟。野記紀湯斌潼關治績，贈序之外，益以此作，復書問不絕，與斌交特厚也。日札中歸州知州龔彙正傳、徐正修傳、哭戴務旃記、書史相國字後，可謂不苟之作。詩非所長，唯見於此。集中多金石書畫題識。平生所嗜，不以爲玩物喪志也。爲學宗朱而不薄陸王，蓋重其事功。

顧炎武至關中，實爲之主，炎武稱「好學不倦，篤於友朋，吾不如王山史。」湯斌題其像曰：「胸懷淵穆，立行介確。蓋

具經綸天下之才，而退藏不見其崖略也。」交推若此。弘撰他無表見，唯延安二議，坐言可以起行。延安，秦漢上郡，弘撰常遊其地，必非無故，意者顧炎武、李因篤皆走邊塞，與老兵戍卒語，思以有爲，弘撰必預其事，而欲資延安以爲興王之始基乎？高士不必以文傳，而所傳者不止於文，則其文之可貴，又別有在矣。上海古籍出版社二〇一二年六月版鄧之誠撰清詩紀事初編上卷二頁一六八至一六九

國朝學案小識　華陰王先生弘撰

先生名弘撰，字無異，號山史。康熙己未，薦舉博學鴻詞。著周易筮述八卷。蓋以朱子謂易本卜筮之書，故作是編，以述其義。其卷一：曰原筮，曰筮儀，曰蓍數筮儀，本朱子，並參以汴水趙氏；其卷二：曰揲法；其卷三：曰變占。尊聖經，黜易林，稽之左傳，與朱子大同小異；其卷四：曰九六，曰中爻，中爻即互體；其卷五：曰卦德，曰卦氣。卦氣本邵子、朱子，並附太乙秘要；其卷六：曰卦辭；其卷七：曰左傳國語占，曰餘論；其卷八曰推驗。采之陸氏，其涉於太異可駭者，弗載。其書雖專爲筮著而設，而大辟焦京之術，闡文周之理，立論悉推本於經義，較之方技者流，實區以別矣。岳麓書社二〇一〇年九月版清唐鑒撰李健美校點唐鑒集國朝學案小識卷十二經學學案頁六六〇至六六一

清儒學案　王弘撰簡介

王弘撰，字無異，號山史，華陰人。明諸生。康熙己未，以鴻博徵，不赴。嗜學好古，富藏金石，廣交遊，爲關中聲氣領袖。居華山下。著有易象圖述、山志、砥齋集。亭林入關，始與訂交。後其每至，輒主其家。河北人民出版社二〇〇八年版徐世昌著陳祖武點校清儒學案卷七亭林學案下頁三一五

關學編附續編　王弘撰簡介

弘撰，以文章博雅名動天下。康熙十七年，與顧寧人等同徵，固辭不允，至京師，不就職。著述滿家，尤邃於易。晚年亦講義理之學，有正學隅見述，辨格物，主朱子；辨太極，主陸子。中華書局一九八七年九月版明馮從吾撰陳俊民徐興海點校關學編關學續編頁一〇七

關學宗傳　王山史先生

先生諱弘撰，號無異，一字山史，華陰人。而時雲隱之少弟也。以文章博雅名動天下，尤工書法，當時碑版多出其手。晚年邃於易象，究極關閩濂洛之學，與二曲、雪木、河濱、天生並稱「五虎」，言雄長關中也。崑山顧寧人西遊華下，嘗主其家。康熙十七年，與顧寧人同舉博學鴻詞，固辭不允。至京師，不就職而歸，主講關中書院，及門稱盛。與富平李天生往來甚密，天生以兄事之，著有正學隅見述，天生爲序，見天生文録。周易圖説述、山志、砥齋集行世。

山志

予少攻舉子業，時有酒色之失。尋遭寇亂，狂惰自廢，德業靡成。年逾四十，始知爲學。見聖賢言語實際，要以明善爲宗：「致知者知此，力行者行此，盡性者盡此，踐形者踐此，修己者非此無以修己，治人者非此無以治人。此之謂善，至善也；此之謂明，明則誠矣。身之所在，道即在焉。道之所在，藝亦在焉。下學而上達，大行不加，窮居不損，豁如也。」書以自喻，遂顔於堂。

先司馬爲學，宗考亭，尤重實踐。不事表暴，爲德於鄉，人無間言。故文敔郝公嘗語人云：「古之聖人，吾不得而見之

矣。如王司馬者，不謂之今之聖人，不得興思及此，可勝泫然。」漢昭烈帝云：「勿以善小而不爲，勿以惡小而爲之。」明太祖云：「爲惡或免禍，然理無可爲之惡。爲善未必福，然理無不可爲之善。」又云：「善雖小可以成名，惡雖小足以亡身。」大行帝云：「無所爲而爲之，謂之天理。有所爲而爲之，謂之人欲。」聖賢精義不出諸此，可不奉爲律令歟！

先儒語録不可不讀者，在審問明辨。而有不可不改者，在用鄉音俗字。即如用「這」字、「的」字之類，非徒不文，實不明字義也。嗚呼！言之不文，行之不遠。若謂不必乃爾，則亦奚貴讀書矣。宋人用「底」字，不知何時竟作的？宰相相沿擬入聖旨，天子考文之謂何，而絲綸苟簡如斯耶？予謂此類皆宜改正，無以出於先儒而重自反也。

語録中用方言俚語，揆厥所繇，實始於禪僧。轉相沿冒，曾不之覺，雖大儒不免。此苟簡之道，不敬之一端也。易曰「修辭立其誠」。曰「擬之而後言」。曰「其旨遠，其辭文」，何弗省耶？

予自三兄逝後，無日不愴然於中，且自警自懼，故於庚戌元旦，謹告先靈：凡一切逾分違理事，必不敢爲，所以養身，非獨自勵，亦望我子弟共識此意也。

予昔日好聲伎，三兄嘗以爲戒。今每憶及，不禁泣數行下，悔過之誠，有如皦日。不獨如吾家右軍所云：「恐兒輩覺，損欣樂之趣也。」

天地生人，即生爲人之食者，如五穀、蔬果之類，不一而足，食肉非天地之心也。弱肉強食，殺機日熾，聖人知其不可止也，制爲之禮，示之以節，使其非祭祀、燕享，不無故輒殺。故殺生者，聖人之不得已也。若以殺生爲理之當然，此必不敢信者。試思物之就殺，其哀怖痛楚之狀，有不心惻者乎！在我不過縱一時口腹之欲耳，而令彼之性命以終，此何理哉？虎狼，人皆惡之，謂是惡獸。天地生彼，以肉爲食，無有他食，人乃惡之。人既有穀食，又必食肉，且無所不食，百計以取之，豈得非惡乎！而恬不爲怪，蔽於習也。蘇文忠公自出獄後，但食已死之物，絶不宰殺一生，自謂非有所求。因已親經患難，無異鷄鴨之在庖廚，不復以口腹之故，致使有生之類，受無量怖苦耳。今未能斷肉，當守文忠公此戒，可也。

邵子堯夫見佛老者像則拜。程子伊川遊僧舍，一後生置坐，背佛像，伊川令列坐。門人問曰：「先生平日闢佛老，今何敬也？」伊川曰：「平日所闢者道也，今日所敬者人也。且佛亦人耳，想在當時，亦賢於衆人者。故闢其道而敬其人。」朱子嘗記尹和靖五事，有云：「先生在從班時，朝士迎天竺觀音於郊外，先生與往。有問：『何以迎觀音也？』先生曰：『衆人皆迎，某安敢違衆。』又問：『然則拜乎？』曰：『固將拜也。』問者曰：『不得已而拜之與，抑誠拜也？』曰：『彼亦賢者也，見賢斯誠敬而拜之矣。』」予次子知讀書，不喜二氏，每遇寺觀中像，挺然而過，即一長揖不肯也。予嘗舉此訓之，今至寺觀，乃恂恂然致禮矣。

朱子讀釋氏書，作詩有「身心晏如」之嘆，而尤時時有取於道家之言。如陰符經有注、參同契注，雖不成於朱子，而其説皆本之朱子。蓋其學通徹上下，包括巨細，如海涵地負無所不有。故於二氏之言，不盡棄絶，而要其所守，一歸於正。學者必如朱子之守，方可以讀二氏之書。胡敬齋謂「調息箴可以不作」，乃以是爲朱子病耶！

人首圖象乾天，足方象坤地，身體象艮山，津液象兑澤，聲音象震雷，呼吸象巽風，血榮象坎水，炁衛象離火，是八卦皆備於我也。耳、目、鼻皆雙竅，口、小便、大便皆單竅。故鼻下、口上謂之人中，其卦則泰也。素問云：「天不足西北，以北方陰也。人右耳目不如左明。地不滿東南，以東方陽也。人左手足不如右強。」氣屬陽，形屬陰。陽左陰右，陽清陰濁，陽虚陰實也。道家謂：「人一身皆屬陰，唯先天一氣是陽。」此氣非呼吸吹嘘之氣，人在胎中，先受此氣，九竅四肢，次第而成，人象具足。此氣正在空虚之間，若能御氣，則鼻不失息。食生吐死，可以長生。鼻納氣爲生，口吐氣爲死也。朱子不非調息之説，蓋有以也。

虞廷言心不言性，是從其動處言之也。蓋人心一動，有善有惡，是聖狂之分也。豈不危乎！人心一動，知善知惡，天良不昧，即爲道心。所謂幾也，豈不微乎！惟精者察其危也，惟一者養其微也。精一者工夫也，中者本體也，精一是從本體用工夫也。至「允執厥中」，是從工夫識本體也。先儒以人心直作人欲，則於「危」字不關切。且明是「心」字，如何強作

「欲」字耶？

精有二義，别其端不雜也，充其類弗蔽也，故曰「辨之明」。一有二義，志之專，勿二三也。行之力，無作輟也，故曰「守之篤」。

馮恭定之學，恪守程、朱之訓，可謂純而正矣。先司馬嘗遊其門，稱其「口無擇言，身無擇行」，此吾輩之所當奉爲神明蓍蔡者也。讀其集，但觀其語録足矣，其詩文固可略。在公，原不欲以詩文自見也。

馮恭定論陽明，可謂公而平矣。獨於爲善去惡一句，猶有恕詞。予謂此句正不可不辨，蓋學者用功分途，正學異端分途，皆在於此。豈可謂非大學本旨，而猶不至誤人耶？

馮恭定作善利圖，其教人之方最爲警切。詩云：「聖狂分足處，善念是吾真。若要中間立，終爲蹠路人。」謂中間無路。予謂並無中閬，譬之植表於此，不正即邪，非有不正不邪之影在其中間。故嘗僭擬一圖，善路正出，利路邪出，不作兩對也。

宋儒深於易者，邵康節耳。其擊壤集是以詩作語録，前無古，後無今矣。宜朱子之稱爲「天挺人豪」也。

予聞諸朱子曰：「陽主進而陰主退，陽主息而陰主消。進而息者，其氣强。退而消者，其氣弱。此陰陽之所以爲剛柔也。陽剛温厚居東南，主春夏，而以作長爲事。陰柔嚴凝居西北，主秋冬，而以斂藏爲事。作長爲生，斂藏爲殺，此剛柔之所以爲仁義也。」以此觀之，則陰陽、剛柔、仁義之位豈不曉然？而彼揚子雲之所謂「於仁也柔，於義也剛」者，乃自其用處之末流言。蓋亦所謂「陽中之陰，陰中之陽」，固不妨自爲一義。但不可以此而論之耳。近有一士疑此説，予爲之指析數端，終不免爲袁機仲一流也。

凡爲學之道，皆逆功也。逆以用之，順以成之，自然之道也。順者其體，逆者其用也。體用一原，順逆一理，知逆之爲順者，其知道乎！

天下之道，順、逆、虚、實而已。不逆則其順無成也，故生知安行皆是逆力，困知勉行莫非順事。不實則虚，不得而用也。故多聞多見，所以用虛，不睹不聞，正因體實。君子爲學，唯爲其逆，且實者而已。

天地之理本實，然其用在虛。老子所謂「埏埴以爲器」，當其無，有器之用。參同契所謂「以無制有，器用者空」是也。艾千子論朱陸、論無極、太極書，兩是而兩足存。此意乃申陸子之説也。蓋陸子之説，於理較長。朱子特爲學者過慮耳。今取兩書平心細繹，自可見矣。

人有是身，即載是理，所謂性也。本之固有，非由孫鑠，本之自然，非屬勉強。人於動靜之間，率其固有自然之理而見之，云爲不失其則，則理得而氣充，性盡而形踐矣。所謂理氣合一之道，如此而已。

要知理氣合一之説，是以理之用言，非以體言。合一亦是以工夫言，如以體，則理氣本一，何得云合？朱子理氣強弱之論，正就其用處言。不然則豈有「理管攝他不得」之時，然猶不免于羅文莊之疑以此。

或舉李古源之言曰：「充塞於天地之間者，皆氣也，而理實寓於其中，理氣不相離固矣。然有形者必有所始，氣既有形，則必有所從始。不知未有是氣之時，理何所附？理雖無形，實所以主乎氣，既謂之主，則必先是氣而有矣。又不知此理孰從而來，而又何所附邪？」或謂有則齊有，不可以先後言。然所謂一齊有者，又何自而來邪？曾以問於陽明，陽明曰：「此雖聖人有所不能知其義，如何曰古源於『理』字大欠明了？故又嘗有無理則無氣，無氣則無理之言。夫謂無理則無氣是固然矣，而謂無氣則無理，理安往乎？此與未有氣之時，理何所附，此理孰從而來之？云：皆積障所沿，語意滯礙，世之所病於儒者，正是此類，亦可謂之理障。馮恭定曰：『謂之曰障，尚不是理也。』其斯之謂乎？」

近殺機者不祥，故聖人以殺獸謂之不孝，禮有「無故不殺」之文。彼殺之者，猶以其爲食也。若微細之蟲不可以爲食，又非蛇蠍之屬，足以爲人害者，殺之尤無謂。無謂而殺，是兇也，故謂之不祥。孟子所謂「君子遠庖廚」者，蓋以養不忍之心也。故曰：「仁術擴而充之，即聖人所爲育萬物者在是矣！」天地好生不忍之心，即生生之心也。亡其不忍之心者，即自戕其生生之心也。故好殺者不壽，其後不昌，此聖賢之理與異端之説不同。夫忍於細微之蟲者，即忍於人之漸也，可不畏哉！

邵子云：「無極之前，陰含陽也。」或據蔡節齋之解謂：「是又先言用也。」吴草廬曰：「邵子所謂無極，即非周子所言之無極，但二字相同耳。」無極之前陰含陽也，有象之後陽分陰也，此是邵子解伏羲六十四卦圓圖。左邊啓復卦至乾卦屬陽，陽主生，言生物自無而有也。右邊自姤卦至坤卦屬陰，陰主殺，言殺物自有而無也。無極之前謂自坤卦右旋以至於姤也。有象之後謂自復卦左旋以至於乾也。自坤前至姤皆屬陰，而陰之中有八十陽者，陰中所含之陽也。自復卦至乾皆屬陽，而陽之中有八十陰者，陽中所分之陰也。即非「充言用也」，節齋不特錯解其義，並改「無」字爲「太」字。草廬解「無極」二字「字同義異」，足釋後人之疑。

周易圖説

邵子堯夫謂：「圓者河圖之數，方者洛書之文，故羲、文因之而造易，禹、箕敘之而作範也。」邵子此言，本之漢儒，於圖書之義皆無切實處；至謂『敍書作範』，尤非。按：傳云：「河出圖，洛出書，聖人則之。」孔子以圖書並舉，皆言易也。自邵子之言出，而蔡氏因之解洪範，以洛書配九疇，不但疇於洛書無涉，轉使洛書與易無與矣，視孔子之言，不幾悖乎？夫圖書並出於伏羲時，特圖圓而書方耳，其陰陽老少、奇耦順逆、次序方位、對待流行之義，有與卦相發明者，蓋其理一而已矣。理一，是象與數之所不能二也，此則聖人之所爲則也。若以「則之必有象」，則魯論所云「唯天爲大，唯堯則之」，是何象乎？先儒謂易以卜筮爲用，「則之」者，「則河圖而制蓍以筮，則洛書而制龜以卜」耳。徐文長云：「『聖人則之』，上則推本卜筮出自神物，下則推本神物出自圖書。觀首尾兩『則之』，可見文義之所在，亦足徵矣。」

「洛書錫禹」，實無明文。按：禹時有大龜出，此龜之再見者，然無書。余更著之曰：「禹時龜出，非易之所謂洛書也，猶之黄帝受河圖，非易之所謂河圖也。」

一乃數之始，十乃數之終，而五則天地之中數、陰陽之總會也，故數至五而極矣。一乘五則六，故一六同位於北，其行爲水；二乘五則七，故二七同位於南，其行爲火；三乘五則八，故三八同位於東，其行爲木；四乘五則九，故四九同位於西，其行爲金；五乘五則十，故五十同位於中，其行爲土。奇耦并居，陰陽類配，五位相得，而各有合也。朱子云『相得如兄弟，有合如夫婦』，蓋以『相得則取其奇耦之相爲次第，辨其類而不容紊也。有合則取其奇耦之相爲生成，合其類而不容間也。「相得」「有合」四字，該盡河圖之數』。相得，謂一與二，三與四，五與六，七與八，九與十也。有合，謂一與六，二與七，三與八，四與九，五與十也。在十干，則甲乙木，丙丁火，戊己土，庚辛金，壬癸水，便是相得；甲與己合，乙與庚合，丙與辛合，丁與壬合，戊與癸合，便是各有合，所謂「兩其五行」也。或曰『一與六，二與七，三與八，四與九，五與十，是五位相得也。一合九爲十，三合七爲十，而并中五，曰「天數二十有五」，五爲數主，實係生數，爲陽，故屬之天；二合八爲十，四合六爲十，五合五爲十，曰「三十成數」也；是各有合也。』相得以五言，有合以十言。天之一三七九統於中之一五，地之二四六八，統於中之二五，故天地之數皆曰數五也，特以其生數奇，奇屬天，故曰『天五』爾。何元子疑舊說一與二、三與四、五與六、七與八、九與十，及十干甲乙木之類，於理無據，謂『各有合者，一奇合一耦，如一與六、二與七、三與八、四與九、五與十是也。而相得者，則天五奇、地五耦，自相得也』。近日王似鶴宗其說，故謂『一與九、二與八、三與七、四與六、五與十爲相得，非止成十相得，蓋從類相得也：一九、三七，陽類相得也；二八、四六，陰類相得也。中宫五、十，分爲三五，亦是陽類相得，合爲十五，亦是陰陽相配，故五、十既相得，復有合也』」。按：此則相得即是有合，中宫五、十必分爲三五，方可云陽類相得。即云陰陽相配，亦與別數不一例，未免費辭，費辭則非出於自然，聖人之言恐不如此。「相得如兄弟，有合如夫婦。」於理已足，何謂無據乎？ 民國張驥撰陝西教育圖書社排印本關學宗傳卷三十七

文獻征存録　王弘撰記述

王弘撰字無異，號山史，華陰人。博雅能古文，嗜金石成癖，又通濂洛關閩之學。著易圖象述、筮述、十七帖述，並著有砥齋集，諳前明故實，以博學鴻儒徵，至京居昊天寺，不謁貴游，以老病辭，不入試，罷歸。有病臥述懷云：「盛代開東閣，徵書下五雲。彈冠疑貢禹，對策憶劉蕡。敢謂功名薄？無如出處分。故山冰雪夜，猿鶴數聲聞。」歸關中，所居華山下，有

讀易廬，潔樸無纖塵。有獨鶴亭在華北，與三峰相向，嶽影滿窗，陰翠可愛。

與李因篤初不相識，一日邂逅長安茶肆，隔席遙接，各以意擬名姓，及詢之，皆不謬，遂定交。顧亭林遍觀四方，至華陰，謂：「秦人慕經學，重處士，持清議，他邦所少。華陰綰轂之口，雖足不出戶，而能見天下之人，聞天下之事。」欲定居，弘撰爲營齋舍居之。

嘗著議，以爲延安一府布帛之價貴於西安數倍，既不獲紡織之利，而又歲有買布之費，生計日蹙，國稅日逋，非盡其民之惰，以無教之者耳。今當每一州縣發紡織之具一副，令有司依式造成，散給里下，募外郡能織者爲師，即以民之勤惰工拙爲有司之殿最，一二年閒，民享其利，將自爲之，而不煩程督矣。

王士正曰：「弘撰工書法，頃來京師，觀所攜書畫，有定武蘭亭五字未損本，米元暉、宋仲溫二跋。又仲溫臨趙文敏十七跋，又興唐寺石刻金剛經，貞觀中集王右軍書，又漢華山廟碑、沈石田秋實圖三物，皆華州郭宗昌允伯家物，皆有允伯跋。華山碑有虞山宗伯長歌，即所謂郭香察未遑辨者也。又李營邱古木，賈秋壑題詩語，潦倒可笑。華亭董宗伯得之，南充陳文憲公者有跋。又唐子華水仙圖，甚妙。嘗刻華州郭宗昌金石史。家藏漢唐以來金石文字甚富。古文詞亦嫻雅。又嘗攜蘭亭「湍」、「流」、「帶」、「右」、「天」五字未損本、唐棣水仙圖，乞予作長歌。同觀者施侍讀愚山也。在關中，蓋張芸叟一流人。又以其鄉王建常仲復律呂圖說二卷寄予，蓋本諸朱、蔡，參之李文利、王子魚、刑雲路說，折衷以自得之義。建常，長武人，居河渭間，早棄帖括，以著述自娛，顧炎武重之，以爲吳中所未有，亦秦士之高尚其志者。」清錢林輯王藻編咸豐八年有嘉樹軒本文獻征存録卷四陶元淳條

亭林文集　與王仲復書

華陰王君無異有諸母張氏，年二十六，其君與小君相繼殁。無異以兄子爲後，方四齡，張氏獨守節以事太君。二十五

年太君亡，又三十餘年年八十一，及見無異之曾孫而終。無異感其節，將爲之發喪受弔而疑所服。僕以免服告之。讀來教與無異書，未之許也。竊惟禮經之言免者不一，而詳其制有二焉。其重也，自斬至緦皆有免；其輕也，五世之親爲之袒免。夫五服之制，有冠有衰，免則無冠也。鄭氏曰：以布廣一寸，自項中而前，交於額上，卻繞紒，如著幓頭矣。是故有免而衰者，有免而袒者；在五服之內則免而衰，五服之外則免而袒。袒者，非肉袒也，無衰，故謂之袒也。傳言晉惠公獲於秦，穆姬「使以免服衰絰逆」，是免而衰者矣。史言漢高爲義帝發喪，「袒而大哭，兵皆縞素」，是無衰而袒者矣。今張氏之卒，無異將爲之表其節而報其恩，其可以無服乎哉？童汪踦幼而勿殤，縣賁父卑而有誄，國固有之，家亦宜然。請爲之免而布素，既葬而除，敢以質之君子。若曰：「汏哉，叔氏，專以禮許人！」則吾豈敢？中華書局一九八三年五月版清顧炎武著華忱之點校顧亭林詩文集亭林文集卷之四頁八五

亭林文集　復張又南書

華下有晦翁舊事，歷五百餘年始得山史爲之表章，又十二年，而炎武重遊至此。及今不創，更待何人？今移買山之資，先作建祠之舉。若改歲之初，旌騶至止，當於華下奉迎。白石清泉，共談中愫，慰二載之闊悰，訂千秋之大業，幸甚幸甚！至鄙人僑居之計，且爲後圖，而其在此，亦非敢擁子厚之皋比，坐季長之絳帳。倘遂聽不察，以爲自立壇坫，欲以奔走天下之人，則東林覆轍，目所親見，有斷斷不爲者耳！

附　復張廷尉書衍生注：諱雲翼，字又南。見蔣山傭殘稿卷二

得拜瑤函，具承隆注。頃者雙龍出水，乍當乖別之時，以致三匝依枝，頓起南飛之念。既荷白駒之賦，遠道相詒，坎止流行，元無固必。況華下有晦翁舊事，歷五百餘年始得山史爲之表章，又十二年，而炎武重遊至此。及今不創，更待何人？今移買山之資，先作建祠之舉。若改歲之初，旌騶至止，當於華下奉迎。白石清泉，共談中愫，慰二載之闊悰，訂千秋之大

業，幸甚幸甚！至鄠人僑居之計，且爲後圖，而其在此，亦非敢擁子厚之皋比，坐季長之絳帳。倘逖聽不察，以爲自立壇坫，欲以奔走天下之人，則東林覆轍，目所親見，有斷斷不爲者耳！率此附候，並謝惓切，不宣。同上頁八六

亭林文集　華陰縣朱子祠堂上樑文

蓋聞宣氣爲山，衆阜必宗乎喬嶽；明徵在聖，羣言實總於真儒。自夫化缺三雍，風乖四始。兩漢而下，雖多保殘守缺之人；六經所傳，未有繼往開來之哲。惟絶學首明於伊洛，而微言大闡於考亭，不徒羽翼聖功，亦乃發揮王道，啓百世之先覺，集諸儒之大成。然而代運當屯，蓍占得遯。官方峻直，難久立於朝端；祠禄優遊，每自安於林下。睠此雲臺之側，實爲寄禄之邦。子靜書中，羨希夷之舊隱；啓蒙序末，題真逸之新名。雖風聲遠隔於殊方，而道德實同乎一統。家傳戶誦，久已無間寰區；春祀秋嘗，獨此未瞻廟貌。於是邑之薦紳耆舊，以及學士青衿，無不博考遺編，深嗟闕典，睇琳宮之絢爛，悲木鐸之幽沉。爰有廷揆張君、山史王君蒐採於前，子德李君、適之宋君宣揚於後；而會炎武跋涉關河，留連原巘，發遐情於五嶽，尋墜緒於千年。即雲臺舊院之西，度香火專祠之地，重邀茂宰，華陰令遲維城。贊此良圖。萃人力以作新，捐緡錢而倡導，卜神涓吉，庀材效工。右帶流泉，來惠風之習習；前憑嶽麓，狀盛德之峨峨。將使俎豆增崇，章逢無絶，敬泚衰蕪之筆，式陳邪許之辭。同上卷之五頁一一二

亭林文集　廣師摘録

好學不倦，篤于朋友，吾不如王山史。同上卷之六頁一三三至一三四

亭林佚文輯補　送韻譜帖子摘録

王無異名弘撰，一字文修，號山史。華陰縣西嶽廟南小堡内故少司馬公之子，關中聲氣之領袖也。同上亭林佚文輯補頁二四四

亭林佚文輯補　書西嶽華山廟碑後

此爲漢延熹八年四月甲子前弘農太守汝南袁逢所立，會遷京兆尹，後太守安平孫璆嗣而成之者。碑舊在華陰縣西嶽廟中，嘉靖三十四年地震碑毁。華州郭胤伯有此拓本，文字完好，今藏華陰王山史家。其末曰：「京兆尹勑監都水掾霸陵杜遷市石，遣書佐新豐郭香察書。」東漢人二名者絶少，而察書乃對上市石之文，則香者其名，而特勘定此書者爾。漢碑未有列書人姓名者，胤伯以香察爲名，殆非也。敕者自上命下之辭，漢時人官長行之掾屬，祖父行之子孫，皆曰勑，亦作敕。考之前史陳咸傳，言「公移敕書」。而孫寶之告督郵，何並之遣武吏，俱載其文爲「敕曰」。他如韋賢、丙吉、趙廣漢、韓延壽、王尊、朱博、龔遂之傳，其言敕者，凡十數見。至南北朝以下，則此字惟朝廷專之，而臣下不敢用。故北齊樂陵王百年習書數敕字而遂見殺，此非漢人所當忌也。歐陽公録魯相韓勑修孔子廟器碑，乃謂人臣不當名勑，而或以爲勑音賚，後人借爲勑字，於古未有，故名焉。此皆誤。書言：「勑我五典五惇哉。」又云：「勑天之命。」而周禮樂師「詔來瞽皋舞」。注云：「來，勑也。勑爾瞽，率爾衆工，奏爾悲誦，肅肅雍雍，毋怠毋凶。」鄭康成，漢人也，何嘗不知勑爲敕哉！又如孝宣皇帝本號中宗，而此書爲仲宗，豈漢人固有此音，如中興讀爲仲興之比。而又曰「左尉唐佑」。百官志：「尉，大縣二人，小縣一人。」此言左尉，蓋縣大而設之兩尉，與史書合。又郡國志弘農郡下云：「華陰故屬京兆，建武十五年屬。」而此碑袁

府君逢先爲弘農太守，後遷京兆尹，故所書丞尉，一爲河南京人，一爲河南密人，主者掾則華陰人。漢時丞尉及掾俱用本郡人，三輔郡則用他郡人。弘農在後漢爲三輔，故得用旁郡人爲丞尉，而京兆尹所遣掾佐，一爲霸陵人，一爲新豐人，則客也。故別書於下，而言京兆尹勑遣之，以著袁府君之已遷官而不忘敬於神也。使其在本郡之官與掾，則市石、察書有不必言者矣。又曰：「令朱頡，甘陵鄃人。」桓帝建和二年改清河國爲甘陵。而汝南、女陽，上汝從水，下女無水，則又古人之所謂互文者。子曰：「可與言而不與之言，失人。」因書之以遺山史，而又惜胤伯之獲同時而論正也。東吳顧炎武書。同上亭林佚文輯補頁二四五至二四六

亭林詩集　二月十日有事於欑宮　已下疆圉大荒落

青陽回軒邱，白日麗蒼野。封如禹穴平，木類湘山赭。不忍寢園荒，復來奠樽斝。仿佛見威神，雲旗導風馬。當年國步蹙，實嘆謀臣寡。空勞宵旰心，拜戎常不暇。賊馬與邊烽，相將潰中夏。頹陽不東升，節士長喑啞。及今擐甲兵，無復圖宗社。飛章奏天庭，謇謇焉能舍。華陰有王生，弘撰。伏哭神牀下。亮矣忠懇情，咨嗟傳宦者。遺臣日以希，有願同誰寫？同上亭林詩集卷之五頁四〇三

亭林詩集　關中雜詩之一

緬憶梁鴻隱，孤高閱歲華。門西吳會郭，橋下伯通家。異地情相似，前期道每賒。請從關尹住，不必向流沙。山史新築小齋，將延予住。同上頁四一二至四一三

金石文字記摘録四則

泰山都尉孔宙碑並陰

王弘撰曰：漢碑陰無額，獨此有篆，「門生故吏名」五大字，書法視前碑微異，當別是一手。中華書局一九九一年叢書集成初編一五一七册清顧炎武撰金石文字記卷一頁三四至三五

執金吾丞武榮碑

王弘撰曰：碑額「漢故執金吾丞武君之碑」十字作陽文凸起，他碑所無。同上卷二頁七九

蘭亭序

王弘撰曰：今又有東陽本，不讓國子監本，宣德間，何士英作兩淮鹽運使，得之淮南井中，潁上、上黨皆不及也。同上卷二頁九二

大唐三藏聖教序記並心經

王弘撰曰：序中如「金容掩色」、心經中「色不異空，空中無色。」諸「色」字於草法合。至「空不異色，色即是空，空即是色，無色聲香味觸法。」諸「色」字乃「包」字，集書者誤，以此作「色」字耳。觀天地苞乎陰陽，「苞」字下體文「抱」風雲之潤，「抱」字右邊自見，而昔人無言及之者。同上卷三頁一六七

莘野集　暮春嶽麓呈懷李太史三十二韻摘録

握手集靈闕，班荆獨鶴莊，山史先生隱居。遺編詩共訂，寧人徵君。別緒語難詳。剪燈宵常旦，聯榻夜未央。餘生瞻斗

嶽，此夕計行藏。清康乃心撰康熙刻本莘野集

受祺堂文集　王子無異重刻張冢宰鶡庵先生文集序

鶡庵先生世居美原，去敝廬僅十里，東西頻山之陽，里人馬光禄理懷古詩云：「山川誰與爭光彩，太宰莊東有繡衣。」太宰謂先生，繡衣則楊侍御斛山爵也。予過美原，輒拜先生廟宮，所交諸孫，去先生已十五六世，皆恂恂彬雅，能承祖德，間至墓田，不封不樹，問之則先生遺命也。先生歷官皆有顯績，最著者爲雲南左布政使，凡十三年，撥亂反正，等於佐命之功，而明禮修樂，丕變其俗，迄今滇之人喪葬冠昏遵用遺法，其儀去關中不遠焉。先生在滇，每考治行，必爲天下第一，徵拜大冢宰，大祖屢幸其第，御書旌廉，牓以寵異之。及靖難兵入，南都七日，而先生自經於吏部寢堂，可謂從容就義者矣。予讀實録，觀先生受知高皇帝與方黄諸君同，然任大責，重其死之遲速，一代典制之存亡係之，故爲方黄之激烈，易爲先生之從容，難何者？方黄齋練一朝之臣，先生一代之臣也。惜其死於變亂，生平所爲詩文多散佚不傳，斤斤從碑版中録存數首，故十九皆出雲南，如機務抄、黄黔寧昭靖王廟記諸作，經營草昧，推本廟謨，創守相資，貽謀來哲，儼然與多士多方相表裏，而文氣高古，整而不俳，有東漢大篇之風。

予友華山王子無異讀而異之，庀工重梓，其前之畫像，又麟谿集序一首，則予家藏本所無，無異購得他木增入者。嗟夫，斯文未喪，表述前賢，後死者之責也。冢宰名德峻節，一代冠冕，予生其里，欲窮歷歲年，掇集遺文，寸絫銖積，漸備大觀，以昭先正之休烈，惜乎遊覽四方，未遑從事，而若委之於文獻之無徵。無異一見，顧深知篤好之，輒廣其傳，以徧同人賢者之用心，固不可及乎。予兄事無異，於其刻成，而敬論大略如此，旌無異，且以志吾過也。清李因篤撰道光本受祺堂文集卷三

明末四百家遺民詩　鹿馬山人歌

鹿馬山，烈皇帝葬處也。關中王弘撰於三月十九日匍匐山下泣奠，自稱鹿馬山人。陽山李沂再拜作歌。

鹿馬山頭妖鳥啼，鹿馬山下草離離，鹿馬山人空涕洟。清卓爾堪選輯有正書局民國石印本明末四百家遺民詩卷九

翁山文外宗周行記摘録

至温氏館，遇華陰王山史，閱其所注于鳞華山記，華山嶔奇之狀，恍惚在目。山史邀予爲太華遊。是夕連牀，山史談太華，予談羅浮，至夜分不寐。初八，抵山史獨鶴亭，亭在華北，與三峰相向，嶽影滿窗，陰翠寒人，可愛也。山史命其子伯佐導上太華，而送予至醉谿。

居西峰二十餘日，四月朔下山，返山史砥齋。

五月二日，山史攜入西安。李叔則、山史、李天生、伯佐置酒高會，時有十五國客。清屈大均撰康熙刻本翁山文外卷一

居易録一則

華州宗人弘撰山史，博物君子也，寄所著十七帖述，並注極雋而核述，云：此帖前人謂皆與周益州者。周名撫，字道和。永和三年，桓温攻成都，李勢降，以撫代，毌丘奥爲益州刺史，進爵建成公，征西督護，進鎮西將軍。在官三十餘年，有惠政。卒，蜀人廟祀之，帖中多言蜀事。又按淳化帖，有一帖云：「周益州

送此邛竹杖，卿尊長，或須此，今送。」則此帖謂是與周者，可信。而中有數帖，非與周語。來禽帖，宋僧邦詩謂與桓宣武。楊用修四川志只載八帖。是與周，則謂此帖皆是與周者，亦不然也。

帖凡二十有七，以第一帖首字名篇，故曰十七帖。張彦遠法書要録云：「十七帖，長一丈二尺，即貞觀中内本。一百七行，九百四十三字，是烜赫著名帖也。」黄長睿東觀餘論云：「十七帖多臨本，永禪師、虞世南、褚庭誨臨字皆不甚遠，故書有數本，皆不同。南唐李後主勒石澄心堂者，乃賀知章臨本。宋魏泰家有硬黄本，淳熙秘閣續帖亦有刻。淳化帖刻多殘缺。今世所傳者，雖非皆右軍真跡，然皆出於右軍，要皆不及唐人摹刻。帖尾有勑字及解，褚勒定者，爲佳也。」

山史之書，皆刻華州郭宗昌金石史。家藏漢唐以來金石文字甚富，故辭亦嫺雅。康熙己未，以博學鴻儒徵至京師，居城西昊天寺。不謁貴遊。以老病辭，不入試。罷歸。嘗攜示蘭亭「湍」、「流」、「常」、「右」、「天」五字未損本、唐棣水仙圖，乞予作長歌。同觀者施侍讀愚山也。在關中，蓋張芸叟一流人。清王士禛撰雍正刻本居易録卷九

古夫于亭雜録摘録

華陰王伯佐宜輔。來，求其父山史弘撰。墓銘，以文五峰畫驪山圖潤筆。清王士禛撰古夫于亭雜録交通圖書館石印本卷三頁六

秦蜀驛程後記摘録

康熙三十五年三月初三日，過訪宗人山史弘撰。山居，潔樸無纖塵。聯額皆孫鍾元、奇逢。鄭谷口、簠。李天生因篤。諸名士書。後爲讀易廬，鍾元題曰待庵。戊申歲，山史在京師，屬賦獨鶴亭，詩今不可至矣。

康熙三十五年三月十二日，過杏花坪、古龍堂，登勳蔭坡，即牛頭寺之麓也。寺倚杜陵原，精藍因山高下疏落有致。有唐乾符六年尊勝陀羅尼幢一，明許中丞少華宗魯。書碑。一夜坐寺前，前對終南、太乙諸峯，下俯潏水，注云水出杜陵縣，亦曰高杜水也。西爲神禾原，水田棋布，蛙聲閣閣，月明皎然，煙鳥皆定，不知去人世幾由旬矣。二更歸，宿方丈，有王山史題壁。清王士禛撰藏康熙刻後印本秦蜀驛程後記卷上

髮史摘録

范上右，明司禮監秉筆太監也。國變後不肯剃髮，遂至華山爲道士。與王山史游，有詩云：「非求不死栖名嶽，有愧貪生遠帝宸。」亦中官中之有品節者。北京古籍出版社一九九九年二月版清代野史叢書清朝興亡史外八種髮史頁二二三

王弘撰像贊　湯斌

蒼然如深谷之松，矯然如晴天之鶴。絕慮寡營，素懷寂寞。凝塵滿席，濁酒孤酌。寄志羲皇，吟詠閑託。著述歲久，光氣磅礴。相彼畫史，含毫綽約。七弦静張，古音淡泊。手拂緗帙，陶然自樂。開卷視之，想見其胸懷之淵穆與立行之介確。蓋具經綸天下之才，而退藏不見其崖略也。民國華陰縣續志卷七

王山史先生像贊　劉光蕡

惟命不辰而運於革，惟德充符而名以赫。嗚呼，運耶，革耶，名耶，赫耶，孰爲爲之？而先生窮通皆厄。瞻儀型而流

連，願摹萬本爲萬世則。同上

王貞文先生遺事（又名王山史先生年譜）

康乃心

明天啓二年壬戌八月之望，先生始生，叔父徵華先生即抱以爲己子。四歲而孤，族屬倡言此絶業，當衆分之，以至器物俱盡，假於鄰以炊。其後，即長且貧，終不與之較，人以是服其器量宏深，而不知先生之志不在温飽也。

先生丰姿秀挺，聰穎過人，稍長知讀書，即自負豪邁，尚義氣，有父風。稍與司馬公異趣云，司馬公常語張恭人曰：「是不破家，即晚成。」雖心憐之，然終不以與諸子均產，知其憂不在貧也。

先生以出繼故，既兩失其分業，而奉養之孝，葬祭之誠，則兩盡焉。孝睦之風可爲世法，不獨其家傳至行也已。

先生年十三，就省司馬公於京師，知名公卿間，與頻陽朱山輝、闕名。有三公子之稱。好爲古文辭，手鈔左、國、史、漢，皆成帙，其志趣高遠，已自可見。而一時名臣，如劉公宗周、黄公道周，每上封事，司馬公輒令録而誦之，然又戒以無廢制舉之學，以故所習好，常私諸篋中，其後以畀館甥，而自爲之序，以示勸戒焉。

崇禎癸未十月，潼關陷，逆賊長驅入西安，先生削髮，將走京師，告急爲守河之議，以文告先司馬，及河爲賊所阻，不得渡而還。晚年著山志，猶言當陜西既陷，爲國家計者，莫急於守河，而致憾於山西文武諸臣，昧失要害。使當其時有封疆之責，縱不能奏績敉寧，亦必爲國家死綏臣矣。

李自成僭王改年，名繫縉紳，責之輸餉，僞將軍劉宗閔尤號慘酷，輸不及數，往往加炮烙，或夾頭頸，至腦脂流地，聞者股慄，故司馬家亦在籍，諸公子計無所出，先生白恭人，願往約輸，恭人曰：「兒不任司馬家事，毋與徒往，見害無益也。」

先生曰：「賊焉知我家事，獨兒能了此。不然，必不免。」恭人不得已，許之，果薄輸而還。蓋先生少敦義氣，廣交遊，於此有耳目之助焉。

大清定鼎，逆賊已平，而城郭丘墟乃築室於小漲邨。蒲城人單汝思初與先生無舊，順治己丑避難，以渭南劉孟常先生書來，先生處之山中别業。尋詢其弟，同其伯母俱至，乃分嘯月樓旁書屋居之。人重先生行義，亦不復踪迹。單先生卒，免於禍後五年，乃得歸其家，有送石愚之保定詩，即其人也。孟常先生諱懿宗。

富平楊生亦以避難歸先生，爲之飲食，於家處於曩所爲嘯月樓者數年，平乃去。

辛卯，先生往江南，過舊京，至鍾山下，徘徊欷歔，黍離麥秀，與古同悲。後聞世祖章皇帝，痛苦思宗陵，有激勸臣民之言，乃走京師，謁鹿馬山，因遍諸陵，獨行山谷，屨穿指墮。昭陽李艾山感其事，爲作鹿馬山人歌。

江南歸，逆旅中逢一士，困頓不能還家，先生即傾橐給之，不問姓名，曰：「非以求報也。」同行友人陳康成每爲述其事。

先生嘗謂：「天地生人，即生爲人之食，如五穀蔬果之類。食肉，非天地心也。聖人制禮，示之以節。使之非祭祀燕享，不無故輒殺，則亦不得已也。」又曰：「天地好生不忍之心，即生生之心也。忘其不忍之心者，即自戕其生生之心也。故好殺者不壽，其後不昌。」以此戒殺生，唯祠堂節祀鷄鴨用其一，餘雖嘉賓之禮，亦不特殺。先生每戒屠宰者曰：「天下生計自多，豈必此業？以所見聞有屠戶殷富長久者乎？如新城屠子王天勉三子，二子自刎，幼子投湯中，而本族有二人亦皆以屠刀刎死，可鑑也。」尚有一族弟爲屠，乃資以白金數兩，令之改業。

流寓人樊仲喬能讀書，習醫藥，先生聞之曰：「仁術也。」助之金，樊後爲名醫，語人曰：「成我者，王先生也。」報之不受，要當濟貧弱而不計酬，以廣先生之明德耳。

邑有庾某者，橫暴鄉曲，莫敢誰何。爲其母壽，至空其邑人，獨以不得先生一往爲恨事。託人致誠，先生曰：「無傷也。吾與其以毋缺也，且嘗與之脱桎梏矣。獨奈何惜此一往？不令人有受善地乎？」庾大喜過望，厚爲之禮，而歸王氏之宗，素謹愿，終其身，伊亦不相犯者，先生感之也。

張某者，人奴也，經營其主之貲産，主死，而遂背之。其主遺孫幼弱，鳴之官，張某意先生白，令曰：「王某所親也，願與質之嶽神。」乃以令之意入廟聲鼓，曰：「如爲人奴，而私其産者死，不旋踵誣我者，某亦如之。」先生笑此人出門仆地而死，令大駭，曰：「王先生，君子也。」以此見神之靈，而心尤不可欺云。

先生公平仁恕，與物無矜，而信義自孚，親友有紛不可解者，必曰：「唯王先生。王先生公，王先生不私其子弟，而況他人乎？王先生有詞，我則伏。」及羣至，徐以情理喻之，各得其平而去。子弟與人有相涉者，至出己貲，以爲之解。或得意欣然，或有愧色。或曰：「愧色者善。」先生曰：「欣然者亦善人也。」嘗以學喫虧訓子姓，而聞者亦有感焉。

有史某者與人爭田，質成於先生，先生謝之，史某怒其不助己也，則反爲惡言，以誣受人之田，而不直其事，先生姑矢之曰：「我無是也。」族之少年不平，欲與之角，先生不許。其後史之父，老書生也，詈其子：「王先生何如人，且其事何與王先生，而狂妄敢爾耶？」先生一笑而已。驛鹽使者賈公聞之，謂邑令曰：「亟燒其詞，毋汙王先生。王先生不以是非與人較者也。」賈公諱鉝。

先生以士大夫之家，祭祀之禮多疏略不足，起孝敬之念，乃考先儒議論，合以王制，創爲始祖之祠，別置附郭田，以供祀事。其法皆可行之久遠，而金銀之費不以絲毫及族人。且勒之石，以杜爭端。著族譜，以明昭穆而合涣散，使後之子姓守而勿替。詩書禮儀之澤，雖累百世可也。

有孤女，其出微，兄弟不加收恤，先生爲擇婿嫁之。

夏存古者，義士也。年十七，能詩古文，有志樹功名，曰：「亦欲以馬革裹尸耳。且爲其事而避其死，非夫也。」卒以義死，今數十年矣。先生捐金，以葬焉。又集陶句以弔之曰：「自古皆有殁，如何辛苦悲。形骸久已化，顧盼莫誰知？」

巡撫賈公修通省志，聞先生名，聘之入局，先生辭之，不得乃奏記賈公，潤色討論，廣集羣英，筆削予奪，實仰宏裁，請從較讐之列，不任是非之衡，庶乎謗讟不作，而訂定可期。公報曰：「如議其後剞劂，告畢先生，不以爲善也。」答友人書云：「此書繁蕪無足觀，其中予奪，悉秉當事，有居之以爲己力者，小人欺人耳。」賈公諱漢復。

河南、山西有民與其地之胥役大鬨，其風遂倡，而華陰亦效之。有毆之立斃者，其勢洶洶，不得卒解。先生出而爲之調停，一邑帖服，臺司莫不聞，非先生誠信素著，當羣情沸騰、衆口囂張之時，欲以數言而定之，豈不難哉？

先生恬淡寡營，不以私干公，不事請謁，士大夫式廬造訪，則修賓主禮，或坐久，則供園蔬漉舊醅，泊素之風不異古人。督撫如白公、賈公、周公、鄂公、希公、布公、貝公，皆敦布衣之交，而監司守令諸公尤多所往還。問學相長，則如湯公、狄公、賈公，其最著者。蓋先生不爲矯矯之行，而人之見之，亦自忘其貴勢，常慕卓子康、郭林宗之處世，有言曰：「隱不違親，貞不絕俗，竊有志焉，而未逮也。」然先生實以之矣。白公諱如梅、周公諱有德、鄂公諱善、希公諱福、布公諱哈、貝公諱和諾、湯公諱斌、狄公諱敬。

先生伯兄石渠先生，以司馬公蔭入監，賊亂後，高蹈不出，潛心理學，一家之中自相師友。縣令葉舟一訪，亦不答拜，子弟造謝而已。先生於諸弟中獨相孚契，故其學問出處在通介之閒，而先生文章尤有名於時。今石渠已採輿論，進之鄉賢祠。先生新捐賓館，邑之人莫不隕涕悼嘆者，昌黎所云：「古之鄉先生歿，而可祭於社者，其在斯人歟？」愚於先生亦云。

關中書院爲長安馮恭定公講學之所，太守葉公重加修葺，聘先生主其中，一時英俊如雲，稱爲盛事。後制府鄂公延李中孚先生會講於茲，關學復興，而先生遺文在石刻，倡始之功尤不可沒也。

先生敦尚友義，力復古道。李太史初爲布衣，以弟蓄之，而兄事顧徵君，砥礪文行，期以千秋。論學與李徵君，不爲苟同，然中心之好，未嘗或閒。今觀往復諸札，猶見前輩風範。先生喜賓客，所居在華下孔途，四方名士日至其門，談經較藝，津津不倦，尤悉先朝故實，如大禮、三案、封疆門戶，皆有持平之論。於古今邪正是非，言必當情，而不爲深文刻責，如辨于忠肅不諫立儲、王文成不通宸濠之類，尤痛恨於亡國誤君之臣，而幸思宗得先皇以爲知己。搦筆臨文，未嘗不垂涕，反覆言之也。

康熙戊午，有詔徵天下宏博之士，先生與富平李處士因篤、盩厔李徵君顒，皆爲有司敦迫。先生笑之，上豈少一二布衣之士？顧採虚名以飾薦牘耳。數辭不允，則就道至京，寓古剎中，公卿罕識其面，即造訪及門，談經析義外，不一語及世事。及還山，侍講湯公寄書云：「先生名山著書，清風峻節，海内仰之如天半朱霞。又得亭林先生共隱，商榷古今，以古道相砥礪，泰山孫石不足方矣。」

朝邑王仲復先生，高士也，與先生爲同心之友。每先生書往，仲復必揖而啓之；仲復書來，先生亦然。在江南，爲刻其律吕圖説。仲復先一年捐館，先生爲之誌銘，稱無愧焉。論學相切磨，終始無閒，仲復嘗語人曰：「山史先生粹然儒者，平生未嘗以矜氣加人。」王仲復先生諱建常。

朱子文公，淳熙中有主管華州雲臺觀之命，當時雖遥領，然著易學啓蒙，自稱雲臺真逸，先生以爲祀之，莫此地宜也。會顧徵君寧人至主先生家，遂共謀建祠於觀之西。名嶽真儒，同爲景仰，斯文未喪，後學蒙休，實自先生啓之也。顧徵君諱炎武，號亭林。

先生卜居邑城之東，曰潛邨，其地有醴泉，清澈可鑑，種花釀秫。每至花時，招親友坐其下，觴詠移日。量能兼人，而不復劇飲，嘗書康節「飲酒看花」之句，蓋以自況云。

晚年研易，搆幽齋一區，顔曰學易廬。窗前梅影，檻外松聲，瀹茗焚香，蕭然自得。著周易圖説述四卷行世。先生於易，服膺程傳，嘗勸友人刻之廣陵。先是，與總憲魏公書云：「昔程子作易傳，朱子謂伊川言理甚備，象數卻欠在。又易傳義理精，字數足，無一毫欠缺，只是於本義不合。易本是卜筮之書，程先生只説得一理，於是作本義，以補程子之所未備。今置易傳而以本義孤行，非全書矣。」又云：「按會典取士，試義易主程朱傳義，成化時成矩，以私意廢傳，遂沿習至今。又春秋兼用張洽傳，今張傳亦廢，此皆不可不復者。」他日又與總憲張公書云：「程子易傳，乃其一生所極精研之書，每矜慎不輕示人，門人爲請，以冀有少進爲言，晚年始出，朱子嘗稱之。某以後世學易者，多雜技術，唯程子一歸於正，得四聖之傳，老先生或有條陳上告，朝廷則表章聖學，有功於斯道，豈淺小哉？」魏公諱象樞，張公諱鵬翮。

先生耽玩經史，耄年彌篤。質明即起，盥漱畢，兀坐齋中，除二時茶飯外，無一刻釋卷。凡樂律、曆算、術家之説，皆窺其微妙，尤精於蓍法，著周易筮述八卷行世。

先生學道之餘，溢爲文筆，行楷得晉唐之遺法，閒爲八分，則上追先漢，唐以下所不爲也。然人不知求之，亦無存者，惜哉！

嘗擯焦京之學，時自江南歸，有蓍生於近地，員子進蓍，讀書之士以書來歸美，先生答之云：「僕之擯焦京者，歸於義理之正，而足下之尊焦京者，恐其流於技術之偏。」又云：「社廟生蓍，洵希有之事。足下謂僕遠遊西歸，易學書成而蓍生，非所敢當。」又謂：「不百莖而五十莖，復歸責於僕之擯焦京，於易爲不備，此至教也，又敢不祇承。」

先生著正學隅見一書，論格物致知之説，以朱子爲正，無極太極之辨，以象山爲長。至其躬行實踐，誠信不欺，不逆人之詐，不言人之過，不矜能，不宿怨，人見其和易之色，而不知其有懍冰霜傲風霆之操，服其渾含之度，而不知其有察幽微辨疑似之識。嗜古蓄奇而過眼煙雲，無不可捨之外物，蓋其胸襟瀟灑，識度曠遠，雖天分特優，亦學問得力云。

先生被服古樸，時挈杖於溪山林圃之閒，蔭松坐石，俯檻聽泉，望之者以爲仙。

先生疾且革，以先朝圖畫三事、絶筆詩二章，授其子宜輔曰：「傳之後之賢者。」蓋其拳拳君親之念，雖沒世而不渝也。嗟乎！先生道大德宏，案牘莫殫，然迄今不述，後生何聞焉？姑撮其所知者。

絶筆詩

負笈江南積歲年，歸來故里有殘編。自從先帝賓天後，萬事傷心泣杜鵑。

八十衰翁沮溺徒，祖宗積德豈全孤？平生不作欺心事。留與子孫裕後謨。

純、從子宜、斐同輯，宣、從孫儼録，六世孫淩霄彙梓。

附　謚議

皇清徵君山史王先生，捐棄賓館，將斂矣，於禮柩前，有銘旌之文。當日山史先生，乃素所號於海內，士大夫既已莫不知之矣，僉以爲宜有加稱，若易名之典者，不知所從，於是嘗受教於先生，若友若門弟子，合議曰：「古者士大夫歿，則君賜謚，其後弟子之於師，鄉守道不仕，布衣終老，無勳業表樹於時，德澤不加於民，則與膺爵賦禄者，不可同功而並論矣。然而忠孝率乎其性，信義孚於遠邇，博學好古，洛閩爲宗，攻異推正，厥有成書，四方學者慕義向風，樂與之遊，抑可謂之立德、立言，所裨於世道人心不爲淺小。綜其言行始末，蓋棺之論，於是而定。按謚法：不隱無屈曰「貞」，道德博聞曰「文」。請謚先生曰「貞文」，敢以質之中孚先生。」中孚曰：「然。文範、靖節之遺則，先生無愧焉。」

門人趙善昌等謹議。

祭文

維康熙四十一年歲次壬午三月壬午朔越宜祭日，陝西布政司分守潼商道按察司副使金培生，謹以剛鬣柔毛香帛全品之儀，致祭於皇清徵君山史王先生之靈曰：

於乎！士各有志，尊聞行知，乃若左圖右史，以置其身，著書立說，衡量異同於諸儒，而藏名山以待其人，非有得於斯理，何能泥塗軒冕，長樂道而安貧耶？

先生少無宦情，窮覽載籍，著爲詩文，天球拱璧，道貌温純，冰壺玉尺，盤礴二華之巔，嘯詠希夷之側，盟青松，友白石，拉巢許而結皓，光渺伊呂而傲禹稷，鴻冥天衢，龍矯淵澤，此固詔命之所不能起，而謂勢位之所能易哉！假令先生有志雲程，何難取高第，以通籍於西清，而顧煩當事者之推轂。若彼終南捷徑，宜先生之不足以攖情。向之與先生並徵者，縈好爵縛塵纓，磵戶摧絕，石徑荒凉，遂不克附先生之高名。

先生足迹半天下，交遊多遺逸一時宇内知名之士，如嶺南屈翁山、齊安杜茶邨、毘陵陳椒峯諸君子，論文往來甚密。亭林顧先生結廬三峯，先生與之，上下千古，考論得失，所至名卿大夫，想望丰采，冀永朝夕，而先生之意山高水長，曠乎其別有適也。先生作述等身，余所窺甚少。抗塵走俗，未能編讀了了。太極圖辨尤爲精切，邃窅俾象山之微旨，揭日月而行天，表然而脫略窠臼，小儒震驚，輒議先生之特矯，而不知先生之說垂萬古而皎皎者也。先生鍾秀關西，名齊三李，學者宗之，號四夫子。康熙辛酉，閒室凡屏，萬遲君宰華陰，因悉先生之爲人，心切仰止。庚辰，守杜陽親炙道履。辛巳，移潼谷卒。卒，無須臾之及。壬午，減從造請，則先生已卧病仁里。喜余至榻前，談語理致清美，余心竊憂之，憂先生之歲在巳。他日再過，先生惓懷難已。迨余甫回關，而訃聞，遂不起矣。

於乎！少微月犯，老成凋謝，天不慭遺，胡年不假？先生處已在郭有道、文中子之閒，講學在鵞湖鹿洞之下。壽逾八袠，溘焉觀化。俯箕傅說，修文子夏。鶯燕在林，花柳在樹。絜酒一尊，神在西華。清康乃心述光緒本王山史先生年譜

王山史年譜

趙儷生　撰

嵇文甫序

好幾年來，我就想寫一部清初北學考，以夏峰和二曲爲兩大宗，分述河北、河南、關中、山西、山東諸儒，而歸結于顏、李學派。這樣，一方面使大家知道當時北方學術界自成風氣，確乎有一種特殊傳統，可以和東南方面顧、黃諸子相輝映；另一方面，使大家對於顏、李學派有更進一層的認識，知道他和當時整個北方學術界淵源甚深，並非憑空突然而來。這樣，不僅可以給清初學術史補充許多材料，而且會根本影響若干重要觀念，使整個清初學術史的面目焕然一新。

清初關中諸儒，都是艱苦卓絕、壁立萬仞，在當時北方學者中最虎虎有生氣。如果用孟子的說法，拿他們和夏峰一系學者相比較，我們可以說：「聞蘇門之風者，鄙夫寬、薄夫敦；聞關中之風者，貪夫廉、懦夫有立志。」要講清初北方學術，對於他們實在應該特別加以闡揚。正因如此，所以當前年逃難到西安的時候，我很想把關中諸儒的著述大大搜集一番，爲清初北方學術發掘出一大寶藏。但因來去匆匆，一蹉跎間，便把機會失掉了。這使我至今引爲憾事。

去年冬天，趙君儷生過汴。傾談之間，才知道他已經搜集了很多關中學者的著述，並且寫出來很多論文。我當時大爲高興，不禁拍掌稱快，深引爲同調。現在他居然把大批書物帶來了。並出其新著王山史年譜相示。從這本新著中，不僅使

我們很清楚地認識了王山史，並且還告訴我們，那一羣學者志士交遊往來的蹤跡，怎祥棲棲南北、聯絡聲氣，怎樣建立活動根據地，怎樣被幾個有正義的大吏所掩護，把一幕學術和政治混而爲一的民族運動，很生動地傳寫出來。倘若像這樣的著述多出幾本，真足爲清初學術史開生面，而我的區區夙願，也可以借趙君而得償了。姑書此以當左券。

一九四七年八月二十二日

先生名弘撰，字文修，一字無異，號太華山史，又署鹿馬山人。

李沂鸞嘯堂詩集鹿馬山人歌序云：「鹿馬山，烈皇帝葬處也。關中王弘撰於三月十九日匍匐山下泣奠，自稱鹿馬山人。陽山李沂再拜作歌。」歌曰：「鹿馬山頭妖鳥啼，鹿馬山下草離離，鹿馬山人空涕洟。」（亦見卓爾堪明末四百家遺民詩卷九引）

晚號山翁，又曰麗農老人、天山丈人。名其所居曰砥齋，又曰待庵。

譜主山志初集卷三「待義」條：「何燕泉曰：『呂居仁童蒙訓：「當官者，先以暴怒爲戒。事有不可，當詳處之，必無不中。若先暴怒，只能自害，豈能害人？」（前輩）嘗言，凡事只怕待。待者，詳處之謂也。蓋詳處之，則思慮自出，人不能中傷也』。予以『待』名庵，初非有取於此。今觀燕泉所言，是亦一義，且甚中予病，正可借以自警。」

譜主砥齋集卷四待庵自記：「二仞之臺，數椽之宅，是曰『待庵』，小子居之，以永朝夕焉。」「吾其有待也耶？無待也耶？客有不知而問之者，曰：『櫝中之玉，以待酤也；席上之珍，以待聘也。子其志之乎？』小子伏几對曰：『惡！是何言與？客所謂先天下之憂而憂，後天下之樂而樂者，其唯古之豪傑之士與？』小子，凡民也，生遭多難，學愧無成，少不如人，老且喪我，莫之敢有覬焉，以餘年待盡也云爾。雖然，嘗試登高四顧，長嘯徘徊，夕陽既沒，朝華未升，有不知其悄然而悲者，如聞風水之聲。嗚呼，是耶？！非耶？！居海濱者，吾師也耶？」

陝西華陰人。所居在濳村，別墅在小漲村。又有獨鶴亭。

屈大均翁山文外卷一宗周行記：「初八至山史獨鶴亭，亭在華北，與三峰相向，嶽影滿窗，陰翠寒人，可愛也。」王士禎（漁洋）秦蜀驛程後記：「康熙三十五年三月初三日，過訪宗人山史山居，潔樸無纖塵。聯額皆孫鍾元、鄭谷口、李天生諸名士書。後爲讀易廬，鍾元題曰待庵。」顧炎武亭林詩文集佚文輯補送韻譜帖子：「王無異名弘撰，一字文修，號山史。華陰縣西嶽廟南小堡內，故少司馬公之子，關中聲氣之領袖也。」此所指不在山邊，而在平川之上，豈小漲村歟？

父名之良，字虞卿，又字鄰華。曾游于馮少墟（從吾）之門。其學宗朱子，重實踐。

山志初集卷一「庭訓」條：「先司馬爲學宗考亭，尤重實踐，不事表暴。」

先生兄弟六人，長兄弘學，號石渠，又號而時；次兄弘期；三兄弘嘉，字玉質，號雲隱；四兄弘賜，號酒臣；六弟弘輝，號允塞。先生第五，出爲再從父徵華公後。

此散見各篇，出處不俱引。

明天啓二年壬戌（一六二二年）八月十六日，先生生。

砥齋集卷二題李長蘅小影：「予生於壬戌中秋，長蘅寫此，在是歲之冬，蓋與予齊年。」山志二集卷三「清源山」條：「戊辰，予在泉南，值中秋，爲予初度前一日，輔兒請游清源山，至碧霄巖」。按：先生至福建泉州，爲應張勇之子張雲翼（又南）之邀，詳後文。

天啓五年乙丑（一六二五年），先生年四歲。先生父成進士。

李桐閣（元春）關學續編卷二「而時王先生」條：「父之良，字虞卿，鄉舉後六上春官，登天啓乙丑進士。」

崇禎七年甲戌（一六三四年），先生年十三歲，隨父居北京。

康乃心王貞文先生遺事：「先生年十三，就省司馬公于京師，知名公卿間。與頻陽朱山輝、□□□，有『三公子』之稱。好爲古文辭，手抄左、國、史、漢皆成帙。」按：光緒富平縣誌朱崇德之子朱國棟，朱國棟之子朱廷璟，字山輝。

崇禎十年丁丑（一六三七年），先生年十六歲，接觸時政，奮力讀書。

譜主待庵日札復湄園記：「昔予同三兄雲隱侍司馬府君於京師，其時聖人在上，公卿退朝，有燕享之樂焉。一日，府君以漳浦石齋黃公七不如疏訓之誦。尋復聞召對平臺，君明臣直，滿朝動色。予與兄私相嘆仰，以爲黃公者天人也。」按：「七不如」事，見明史卷二五五黃道周傳，「七不如者：謂品行高竣，卓絶倫表，不如劉宗周；至性奇情，無愧純孝，不如倪元璐；湛深大慮，遠見深計，不如魏承潤；犯言敢諫，清才絶俗，不如詹爾選、吴執御；志尚高雅，博學多通，不如華亭布衣陳繼儒、龍溪舉人張燮；至圜土纍系之臣，樸心純行，不如李如璨、傅朝佑；文章意氣，坎坷磊落，不如錢謙益、鄭鄤。」「帝得疏駭異，責以顛倒是非。道周疏辯。」

砥齋集卷一上左傳鈔序：「予幼侍先大人京師，少知讀書，大人以漢文三百篇授予，予受而讀之，無間寒暑，三年成誦，不失一字。」

崇禎十一年戊寅（一六三八年），先生年十七歲。先生父自御史出爲虔州南贛巡撫。先生隨任，其父以左氏春秋授之，復聘臨川周師教讀。

砥齋集卷一下梁公崇祀名宦録序：「昔者，先司馬撫虔州，幾五載餘。」同書卷一二野語，「先大夫節鉞虔州，垂六載。」按：此處年數，字面稍顯歧異，「六載」云云，指所跨年頭而言。砥齋集卷一上左傳鈔序：「及在虔南，受左氏春秋傳，亦如之。」砥齋集卷八下復臨川周業師書：「自虔南拜別先生，遂歷十有餘載，玄機厄兆，賊闖肆逆，門生輩命如懸雞者屢矣。」

崇禎十五年壬午（一六四二年），先生年二十一歲。嘗擬作法戒録，參酌歷史，供垂危中之統治者有所鑒戒。

砥齋集卷一下法戒録序題下作者自注云：「崇禎壬午，予年二十有一，私擬作。」序文略曰：「今依司馬光資治通鑑，斷自威烈王以後。取其事之可法者，大書於篇；而以其類相反者，小注於下，以存戒。」「人之言堯、舜者徒爲具文，而臣之不言堯、舜者，乃所以求爲堯、舜之實也。果能身體而力行之，而天下不治者，請治臣以欺罔之罪。」按：此中「堯、舜爲具文」、「爲堯、舜之實」云云，均藴藏着一種清醒與進步的思想。

崇禎十六年癸未（一六四三年），先生年二十二歲。是歲先生父自虔南遷南京兵部左侍郎；謁告歸。冬，歿於途。先生三兄弘嘉護喪歸華下。

李因篤受祺堂文集卷四王公雲隱先生墓表：「翁爲御史」，「擢南贛巡撫」，「遷樞貳，留都，謁告歸。中途疾劇，公奉湯藥，不離側，不解衣臥。翁薨，哀號聞路人。值巨盜横鄖、襄間，行旅斷絶。乃奉輿伺間，取道武關。」「卒抵里無他虞。時崇禎十六年冬也。」

是歲十月，李自成大軍至關中，先生挺身入其營說之。

南廷鉉（鼎甫）砥齋集序：「余聞當闖逆之亂，王氏以司馬裔索餉不貲。時山史兄弟凡六人，且析箸久，皆欲偕行。山史毅然曰：『不可！同罹其毒，無益也。余當獨往，以觀其變。』即鄉里咸懼不測，而卒能出險，而芘其家。」

續陝西通志稿王弘撰傳略：「逆闖籍系縉紳，拷索金帛。弘撰家在籍中，兄弟畏不敢出。弘撰曰：『不出，禍立至矣。』遂挺身入長安賊營，說以大義，慷慨激昂，賊不能屈，亦不肯加刃，詭與約輸而還。屏居小漲村之別墅。」

同上引南氏序：「又弘農諸巨室，避地太華山中，山史之待庵在焉。會他往，寇襲登山。比退，人皆爭識其遺以有之，且有爲山史識之者。山史歸曰：『皆非吾之所有也。』毫無取。」

崇禎十七年、清順治元年甲申（一六四四年），先生年二十三歲。三月十九日，李自成大軍入北京，明思宗朱由檢自縊死。先生奉母率戚黨徙居穹巖邃谷之中，歷八年。

砥齋集卷一上賀田雪崖进士序：「甲申之變，四海鼎沸。二三兄弟徙家穹巖邃谷之中，以延旦夕。時雪崖亦奉其太夫人適至，實結鄰焉。甍宇捷獵，雞犬聞達，一時有桃花源風。倡和招從，殆無虚日。談經説義、援古究今，出入諸子百家。而雪崖海含地負，泉湧風發，每屈一座。如是者幾八年所。」按：雪崖名薰，高陵人，順治十五年進士。

順治二年乙酉（一六四五年），先生年二十四歲。初與富平李天生（因篤）訂交于長安。

山志初集卷三：「李天生」條：「李天生，天資敏異，所謂『目所一見，輒誦於口；耳所暫聞，不忘於心』者也。予昔邂逅于長安茶肆，隔席遥接，各以意擬名姓。及詢之，皆不謬，遂與訂交。」按：「目所一見」云云，爲孔融稱禰衡語。復按：此條暫系此年，或可系兩年之後。

在長安與明宗室朱子斗相交接，後引顧亭林往，爲其遺著撰序。

山志二集卷三「青門七子」條：「青門七子：伯明惟燿、叔融惟焌、士簡懷堂、尊生懷玨、季風懷難、伯聞誼漸、子斗誼泬，皆宗室之賢而篤於學者也。各有詩文集，卓然成家。伯明尤善書畫。余所及與之遊者，子斗翁而已。亂後予數往省之，翁亦喜余，嘗對人有松柏之譽。翁子伯嘗存杠年長於余，以翁與余善而待余以執友之禮甚恭，然余固尊事翁，不敢以雁行進也。嘗與顧亭林言及，亭林入青門，特訪其家，時翁已歿，見伯嘗，索翁著作讀之，因爲之序。今伯嘗亦歿，其子孫冒楊氏，蓋從翁之母姓也。」

顧亭林詩文集亭林文集卷二朱子斗詩序：「余聞萬曆以來，宗室中之文人莫盛於秦，秦之宗有七子，而子斗最少。及崇禎之末，六子皆先逝，而子斗獨年至八十，後先帝十一年乃卒，故其爲詩多離亂之作，有閔周哀郢之意而不敢深言。」「子斗没後八年而余至關中」，「（長子）伯常年已六十有二。獨其家遺書尚存，而爲人亦温恭愨慎，以求全於世，惟恐人目之爲故王孫者，反不若庶姓之人，猶得盱衡扼腕，言天下之事於朋友之前而無所忌。雖時勢則然，亦繇國家向日裁抑太過，無有强宗大豪如南陽諸劉得以撓新莽之威而保先人之祚者也。」按：亭林爲此序，在康熙二年。序中流露反對中央集權、主張地方分權等思想，十分明顯。同一思想，在日知録中更趨成熟。

先生嘗往西安弔友人咸寧孫嗣履之喪，並謀收養遺孤，終未成其志。諸友誦義，謂「公孫杵臼再出」。顧亭林廣師謂：「好學不倦，篤于朋友，吾不如王山史。」「篤于朋友」云云，此其一徵。

山志二集卷三「孫氏孤兒」條：「余幼隨侍先司馬京邸。丙子，咸寧孫嗣履以拔貢應廷試，來見先司馬，先司馬曰：『此佳士也。』嘗留之書齋。蓋余之有友，自嗣履始。及歸里後，余應童子試，至郡城則主於其家。」「癸未，賊陷西安，嗣履投井而死。」「先是嗣履喪母，繼復喪妻，有妾生遺腹子，而妾亦死。父懋修先生攜之避居城南，又歿。乙酉賊遁。予始往弔，唯懋修之妾許氏與乳媪任氏，共守孤兒而已。懋修之兄警輪，警輪長子即嗣香，尚有二子最不肖，嗣香赴公車時，嘗同盗其嫂之簪珥衣服幾盡，其里人號之曰『二苗』、『三苗』。至是貧甚，爲屠於肆，眈眈謀害孤兒，以奪其產。慫恿警輪誣訟，謂孤兒非嗣履子，賴親友持公論爭於官，得安。余初與王文含計議，欲保孤兒至華下。後得文含札，遂緩其圖。未幾有賀賊之亂，孤兒竟爲所棄，而嗣履之緒斬矣。追思始末，不勝泫然。書之，以識予爲義不勇之愧。」「警輪頗好道。昔在庚辰冬，曾爲予言神仙可學，有辭家入山之志。顧復好利，予竊疑之，然不意其機阱之深，滅理忘義，遂至如此也。予又嘗見治神仙之學者數輩，皆能爲高論聳聽，而往往則見利輒敗，亦不獨一警輪矣。」

是歲，先生仲兄弘期歿。

砥齋集卷一一祭伯兄石渠先生文：「乙酉之歲，喪我仲兄。」

順治七年庚寅（一六五〇年），先生年二十九歲。次子宜輯生（按：長子宜輔生年待考）。是歲，華山亂發，於是始游吴、越山水，訪一時道德文章之士。

砥齋集卷八下復臨川周業師書：「門生有二男，長者名宜輔，已爲娶婦；次子名宜輯，庚寅所生也。」又「憶在庚寅，偶游吴、越山水間，訪一時道德文章之士。」

譜主北行日札書自作賀閻先生壽序後：「昔予在淮上，得交萬年少、丘如磐輩；今于燕臺，復识百诗，质疑问难，有朋友之乐焉。」

續陝西通志稿王弘撰傳略：「順治七年，土寇窃發，遺貲摽掠殆尽。乃縱游，之淮陰，抵建康，至吴門，與江左高士，留連詩酒。越歲歸。」

順治八年辛卯（一六五一年），先生年三十歲。行蹤當在維揚、姑蘇間。

山志初集卷二「康山」條：「辛卯春，予寓惟揚，姚永言太史嘗招飲康山草堂。詢其錫名之故，云：『康對山昔微身於此，日事酩酊，每出於市上，唱琵琶詞，人不識其所以。一直指過，於輿中識之。翼日相訪，果然。再跡之，已行矣。「康山」得名以此。』事不見於對山傳中，草堂匾則董文敏書也。」

砥齋集卷一上題自注華山記稿：「辛卯春，舟次金、焦之下，談子長益遲余於百尺樓頭。酒半，談子出于鳞华山記属注。」「余生長山麓，知山之狀，而余又好遊，每歲中秋，輒問月其巔，故自謂知山之狀者，莫余若也。談子因請談，隨談隨筆，酒畢而注竟，其不文固矣。余既西歸，談子亦北征，瞬息間如隔世。人生離合之故，豈不可念哉！吾道未墜，一二三子落落如晨星，江邊音書阻絕，誰爲余問談子歸否？」

按：談長益名允謙，丹徒人，著有樹萱草堂集。卓爾堪明末四百家遺民詩卷八中有小傳。又嘗見宋琬（荔裳）安雅堂集中有京口弔談長益二首，頗能傳寫談氏之遺民豐貌，録之：「憶在僧房醉濁醪，瘦藤不倚尚能豪。關情五斗羞陶令，慟哭西臺有謝翱。射虎石邊朝立馬，金鼇背上夜揮毫。我來欲作招魂賦，劃地西風卷怒濤。」「微服曾從北寺還，呑聲躑躅淚潸潸。憐余幾續膺滂後，惟爾無慚生死間。腳踏盧龍臨瀚海，魂爲白鶴瘞焦山。故人近報方干死，地下相逢且破顔。」

山志二集卷三「吴司業」條：「憶辛卯余與梅邨同寓虎丘，嘗相聚談。有卞姬敏者能畫蘭，梅邨攜之遊，絕未有出山之志。余意其饮醇酒、近妇人，类信陵之所爲。相别無幾，闻有荐者，余不以爲然，亦曾寓書言之。及余西歸，而梅邨已起官矣。劉真長曰：『若安石東山志立，當與天下共推之。』不能不爲之三嘆也。」此條除言梅邨之民族節操外，尚對梅邨所著綏寇紀略談了些意見。大抵對虞淵沉一篇中記崇禎帝臨終前胸書「寧毁我身，勿傷百姓」等語，表示欣賞；而對孫傳庭之死的情節，梅邨所記潼關陷，孫不知所在；及破渭南始死等情節，爲傳聞之誤。先生云：「見延安趙玉譜云，其堂叔名完瑛者，以諸生從戎，在公麾下。潼關陷時，公被亂卒槍刺而死，完瑛同伴三人即臥尸處，推牆垣覆之而去。此實録也。」此爲一條重要的訂正。而梅邨所記傳聞及不實處正多也。

山志初集卷六「紀遊」條：「憶辛卯春，予始遊吴門。所與交者陸履長、姚文初、瑞初、周子佩、子潔、顧雲美、朱彦兼、沈古乘、葉聖野、胡雪公、鄒鶴引諸君。時姜如須、張草臣皆病甚，亦爲予強起。同寓虎丘者，則吴梅邨、陳偕六、韓聖秋也。」

砥齋集卷一上首篇，爲壽丘申之先生七十序，文章頗具章法層次。作者先不自言，而倩稱觴諸客次第言之。於是先言其「行之原」，繼言其「德之華」，再言其「政之效」，最後言其民族節操：「先生以甲申之變，解印綬歸，讀書教子弄孫，屋不蔽風雨，八口嗷嗷，而先生方怡然自足。」「退伏一室，席茅蘼，陰杞柳，不復與人間事。」「或說先生命如磐出，可博一第療貧，先生漫弗應，謂吾終不以貧累志。而如磐身情不干進，臥袁安之雪，耕茅容之雨，循循謹謹以事親，橛橛梗梗以立身。」「王子矍然舉手曰：『善哉。』客之所以稱觴先生也，余又何益焉。」

同上辛卯見聞録序：「辛卯見聞録者，丘子如磐録其日所聞見以成書者也。秋日，王子將西歸，且行，丘子出以示王子，屬弁言。」先生在序文中主要提了兩點。其一，「吾竊自愧，放浪吴、越間一歲有餘，目得之所閲、與耳得之友朋之所述，百千詞而不能殫，而吾曾無片札尺楮存於笥中。」「如磐何其勤也。」其二，「抑吾有告於如磐者，泥濘五寸，須說一尺，此古今之通弊也。又聞有人於此，善惡參半，舉其善焉，其惡者特不言也，而其人已曾、閔不過矣；舉其惡焉，其善者特不言也，而其人已桀、蹠不過矣。本一人也，隱顯爲言，而判若雲泥。然善善長而惡惡短，春秋之義。斯留心著述者，所不可不知也。如磐懋之，斑馬在門，離酒在席，搖筆漫書，言無序次。」竊以爲，此一段爲掌握批評尺寸之理，讀者珍之。

先生嘗遭構陷，吏卒相迫，幾蹈不測。

砥齋集卷八下復臨川周業師書：「門生素性狂戇，遭忌構陷，吏卒見迫，幾蹈不測。賴里中士庶，不忘先人之澤，聲義公堂，使沉冤獲雪，此門生所以發奮於鄒陽，而墮涕於江淹者也。」按：此事之詳情待考。以札中後文「乃天不我憫，慈母見背」度之，當發生於喪母之前，故排比於此。

順治十年癸巳（一六五三年），先生年三十二歲。是歲，先生母楊太夫人歿。

按：砥齋集卷一一祭伯兄石渠先生文：「庚子正月十四日，伯兄歿七日矣，弟弘嘉等致奠柩前而告之以詞曰：『今去母歿才八年耳，而大兄復忍舍我而逝耶？』」以順治十七年庚子逆推，當在此年。又山志二集卷六「楊光禄詩」條，「余舅楊光禄公自四川罷歸，于檀峪築一園，名翠微莊，眺詠自娱」，可證先生母姓楊氏。唯恐是鄰華公原配，而鄰華公繼配姓張氏，康乃心王貞文先生遺事有云「司馬公常語張恭人曰：『是不破家，即晚成。』」觀之，則先生有母姓張也。

順治十一年甲午（一六五四年），先生年三十三歲。是歲冬，先生父母合葬。

砥齋集卷一一建石坊祭告文：「曩癸未冬，男學奉我父訃疏，請恩闕下，欽蒙聖諭，贈廕如典，已復賜祭葬。」「京師不守，未及施行。」「兹不幸我母見背，將以今歲甲午冬奉襄大事。」

順治十二年乙未（一六五五年），先生年三十四歲。是歲，湯潛庵（斌）來爲潼關兵備道，于先生備極推許。

砥齋集卷一二野語：「睢州荆峴湯公爲潼關治兵使者。」「歷三年，而遷豫章藩司，分守嶺北。弘撰嘗爲學博士代草一文，公見而亟稱之，召與語，忘分降禮，待以國士，故其感公也爲尤深。」復按：砥齋集卷一上送湯荆峴兵憲序：「歲戊戌之冬，吏部臣言潼關治兵使者湯公在職久，宜陞去」，自順治十五年戊戌逆推三載，當在本年。

順治十五年戊戌（一六五八年），先生年三十七歲。嘗過安陵（咸陽），留三十日，與韓石華、劉傅仲等，文章唱酬無虚日。是歲有科場之獄，而高陵田雪崖以治易成進士。

砥齋集卷一上雪舫近詩序：「余從海内學古諸君子聞韓子石華之名久矣。觀諸君子所爲贈石華之言，述其流離險阻、扶祖母櫬歸葬事，意一恂恂，至性人也。戊戌過安陵。」「始挹其丰采，接其談論，奕奕嶽嶽，映發四座，則固翩翩詩人也。留安陵三十日，無日不過從，文章唱酬，晷漏相繼。」「石華居恒論詩，睥睨中晚，故其墨采騰奮，翺翔漢、魏，馳騁初、盛，而必源之三百，矩之『六義』。」「近世公安、竟陵諸家，尤其所遠之不道者。」「而安陵人每爲余言，石華慷慨然諾，周人之急，恤人之難，即古俠烈所不逮，益戚戚余心焉。」

同上藿庵近稿序：「劉子傅仲，人豪也。自弱冠好學，博極羣書，名藉甚諸生間，以文豪。又好飲，開筵坐花，飛觴醉月，如長鯨吸川，以酒豪。間選聲伎，絲竹錯奏，或呼盧，一擲百萬，則豪於狹邪。而門多長者，坐有鴻儒，急人之難，甚己之私，則豪於交。」「汗漫南北，足跡遍三陲，名山大川，靡所不至，則豪於遊。其間興到，長吟累數千篇，出風入雅，一本正始、大曆以後，概所不屑，同儕多無敢當者，故尤爲詩豪。然用是，不問生人産，家亦因以漸貧，顧傅仲無幾微形於色，而豪自若也。傅仲洵人豪哉！」

同上賀田雪崖進士序：「戊戌，南宫之有試也，天子方罪邇年幸竇者，詔旨切責在廷諸臣，人人自惴也。是年，田子雪崖用治易成進士。」

順治十六年己亥（一六五九年），先生年三十八歲。二月，潼關兵備道湯斌將赴豫章，先生撰野語一卷相送。

按：野語見砥齋集卷二，文凡十七、八條，不及三千言，大體譽湯氏爲政之善，可采者少，故不俱引。

是歲，先生家居，偃仰獨鶴亭。當時雅士、遺民多有題詠。

砥齋集卷一上募修法興寺序：「唯時己亥之冬，彤雲初布，余方臥獨鶴亭待雪。」

同上卷八下與劉孟常：「潤生曩贈一鶴，弟欲構小亭居之，擬顔曰『獨鶴』。此亭不肅雜賓，非吾臭味不得坐談其中，非元亮、幼安之流不以書此額。今以求足下，想當不拒耳。足下若自矜，謂弟仰書法之妙，則誤矣。一笑。」按：山志初集卷三有「劉孟常」一條云：「劉孟常，侍御文石公之長子，壬午（按：崇禎十五年）孝廉也。隱居讀書，有幽貞之節，而不事炫耀。予嘗以『渾金璞玉』擬之，與仲復稱爲『渭北二隱』。孟常有二女，予爲長子聘其長者；會有寇亂，與其母並妹俱投井而死。予曾作劉長女傳。今每憶及，猶戚戚於懷也。」

按：獨鶴亭題詠，就所見者録之如下：

王阮亭（士禎）漁洋精華録卷六爲王山史賦獨鶴亭：「園林華山下，水石遠人間。獨鶴來江海，蕭然相對閑。博臺殘雪散，仙掌片雲還。騎向三峰頂，遙遙不可攀。」

李天生（因篤）受祺堂詩集卷八獨鶴亭詩寄王徵君山史：「鶴生何矯矯，高舉入青冥。瀟灑辭江海，委身君子庭。庭中有玉樹，曉露滋其榮。側頸時就飲，回翔代飛鳴。嗟哉當世士，爲樂甚多營。野田憂黄雀，蕩子啗烏生。欣我賢主人，古歡不近名。東瞻蓮花空，窈窕作此亭。悠然忘雕飾，冀託展素情。抗志無儔匹，相將保百齡。咳唾皆珠玉，被之得餘馨。駟馬常到門，中宵起長征。語君且復休，人事分虚盈。天寒朝雨深，聊用保杜衡。」按：吴懷清三李年譜天生譜將此詩系在康熙四年乙巳，先生三十五歲時作。

屈大均翁山詩外卷之四有七言古題王山史獨鶴亭：「仙人騏驥是胎禽，千歲丹砂入頂深。聞爾浮丘能相鶴，孤飛忽至華山陰。華山三峰削青天，白帝金精育大賢。黄河萬里入胸臆，文章一泄如雲煙。我本羅浮五色鳥，化爲仙人出炎嶠。狂歌不逐衰鳳游，高舉時蒙斥鷃誚。聞君好鶴鶴亭居，九皋清唳爲君娱。攜持杯杓來相就，驂駕煙霞遂共驅。共驅直上華山巓，鶴兮起舞何翩翩。衣裳皎若玉井蓮，何殊玉女臨樽前？」

李良年（武曾）秋錦山房集卷二題王山史獨鶴亭圖二首：「小隱含豪對落暉，霞催風偪見應稀。昔人評鄭廣文書『如風偪雲收、霞催月上』，山史書法近之。籠鵝往事須君續，鐵限門邊看鶴飛。」「三峰飛瀑洒簾茵，九月松風拂四鄰。欲認椶亭西畔水，他年吾作叩門人。」按：李氏對山史評價甚高；山史論書論畫之語正多，詳後。

李叔則（楷）河濱詩選卷四詠獨鶴亭爲王山史作二首：「鶴羣落人間，相憐始相呼。孤鶴反脱累，不受雌雄愚。地上即雲霄，何必翔虛無？小亭憐高山，濕翠時一鋪。池鱗多文錦，相忘如江湖。此生苟自得，歲月聽肥癯。他人或未解，主者情允符。」「嘯月既有樓，獨鶴復置亭。其中無長物，空韻清泠泠。朱欄照虛日，相對煉神形。酒冽不敢飲，歌細不入聽。四時琅玕色，終古一青冥。客至或歡謔，客退數鶴翎。」

同上，復有獨鶴亭觀美人雨中飼鶴一首：「小亭當木藥，雨聲生華暈。胎禽沐霜翎，可望不可近。綠莎聊矯首，青霞憶飛奮。佳人藕華衣，愛之相存問。雙袖約金環，豐致如春温，取彼盤中餐，覩君閑中韻。飲啄衆鳥同，無以別喜愠。飽亦不颺去，饑亦絕悲憤。乃知山中儔，遙遙多深藴。」按：此處所詠美人，頗疑是山史姬妾。嘗見砥齋集卷五有惠姬傳一則，姑録此存疑：「惠姬名桂字月華，華陰微族也。容不冶而皙以頎，翩然有出塵之態。性柔慧藴雅，能識大義，決事機。與之談，微中。對不知己者，語間多詭端，故或疑其僞，不知其誠也。尤善歌，兼工絲竹，聲情動人，一皆無與匹者，然非其好矣。居恒鬱鬱，頗以酒自寬。醉則憤形於色，嗚咽不勝。醒而悔，輒掩焉。心所自矢，卒不可奪。以是落落寡契，讓之者日衆：引咎而已。有時獨處，人潛窺之，往往見垂涕云。」

汪苕文（琬）堯峰集卷一贈王山史兼寄題獨鶴亭二首：「嵯峨樹石營丘筆，螢紙蘭亭定武刻。秦川公子收藏家，牙玉爲簽錦爲帙。蹇驢馱來入京國，好事何人相賞識。几靜窗明親卷舒，每防寒具沾遺墨。我聞君家築亭太華偏，短歌招鶴鶴來前。松陰月午引修吭，何不騎此同飛騫？看君直上西峰頂，俯視長物皆可捐。區區書畫何足道，一笑過眼如雲煙。」「我不羨輞川隝中辛夷白，亦不羨灞陵橋頭柳條碧。惟羨君家一草亭，遙對青柯坪上松千尺。玄衣老鶴何處來？瘦骨稜稜露標格。有時叫月長松間，松聲鶴聲並蕭瑟。老夫愛吟招隱詩，他年峰頂結茅茨，從君擬乞浮丘術，也借僊人一隻騎。」

譜主砥齋集卷四竺隝草廬記：「南雲格守先訓，謝絕塵務，以詩、文、書、畫自娛。與予締交二十餘載，嘗爲寫獨鶴亭圖，妙得家法。汪苕文、王阮亭、李天生皆亟賞之。」按：南雲姓文氏，名點。文徵明後裔。文震孟孫文秉之子也。

砥齋集卷八下復馬融我：「弟年三十有八，一事無成。獨幸三年之内，兩産孫兒，他時含飴，不愁老景寂莫矣。」

順治十七年庚子（一六六〇年），先生年三十九歲。正月，先生伯兄弘學歿；十一月初四兄弘賜又歿。先生抱幽憂之疾，幾不起。

砥齋集卷一一祭伯兄石渠先生文：「庚子正月十四日，伯兄歿七日矣。」「唯我父母，生我兄弟六人。乙酉之歲，喪我仲兄。」「今母歿才八年耳，而大兄復忍舍我而逝耶？大兄天資醇厚，好學篤行，少從我父游馮恭定之門，履規蹈矩，惟濂洛關閩是程。勤以立業，儉不負德，接人處事，既直且恕。」「無何，甲申三月十九日之難作，遂裂衣冠，棄人事，教子弄孫，自謂長有丘壑矣。時移代易，物情濳庚，大兄固有不忘於懷者。間復縱酒，慷慨於邑，浸尋有疾，以致右臂不仁，遂彌年載。然左手操筆，抄録經史，誦數思索，曾不一日輟也。嘉等情則兄弟，誼兼師友。」「而大兄竟忍舍我而逝耶！」按：李桐閣關學續編云，王弘學著有石渠閣文集。

同上祭四兄酒臣先生文：「庚子十一月壬子朔十日。」「致奠于四兄酒臣先生之柩。」「唯是兄負至性，聰敏邁倫，長而涉獵古籍，意矯矯不肯下人。獨鄙章句，不喜舉子業。」「昔我先考，秉鉞虔南，兄趨省者屢，往來江、漢，視如閭里。時我考方征猺夷之不庭者，乃兄即抵掌談軍旅事，語中窾要。我考喜，謂兄『吾年垂六十，知子不盡如是』。兄益自許。蒿目中原，烽火搶攘，恒欲以戈馬策勳萬里。迨甲申之變，遂自廢，寓情杯斝，著號酒臣。醉後奮袖低昂，每下涕於髀肉，幾擊碎唾壺。蓋其懷才莫展之概，有不可告人者矣。乃何意遽及於是耶！」

同上卷一上壽邑侯劉端伯詩序：「庚子冬杪，余抱幽憂之疾，幾不起。」

是冬，曾爲劉孝子題册，闢淫僻邪畸之孝。又嘗論婦女貞節。

砥齋集卷二書劉孝子册後：「廬墓，古也；封肱，非古也。世衰教微，人唯名是矜，雖修身養志之士，非廬墓封肱，不以孝稱；而所稱爲孝子者，舍廬墓封肱外，或無他可述。淫僻邪畸，間有之矣。然驚詫鄰里，爲有司旌門榮身之本，二者之中，刲肱實甚，而世顧尤以爲難。君子非之，以爲毁親之遺體不恤，天倫之間有市心焉。」「庚子冬，余抱病草堂，張子白石來訪，持一册，命予書劉孝子事。」「問：曾刲肱否？曰，否。余喜曰古之道也。劉子之行不苟矣，是可書也。遂伏枕識之，且以示來者。」

按：竊見傅青主（山）霜紅龕集卷三〇中有禮解一篇，與此同調，略曰：「人有父死而哀毁廬墓、幾至於滅性者，而孝之名歸焉。鄰遂有其母死而亦效其哀毁以幾滅性，蓋知孝之爲美名，而惟恐其不似喪父之人。」「及問其母，則其父之再娶，而即以其女婦若，繼母而實婦之母，視其父若婦翁者也。不知其哀毁之何所能致也？故非其孝而孝之，孝喪世、世亦喪孝；猶非其忠而忠之，忠喪世，世亦喪忠。非其親而親之，曰『禮也』，非禮也。而不親之，『非禮也』，禮也。非其君而君之，曰『禮也』，非禮也。而有不君之，『非禮也』，禮也。夫世儒之所謂禮者，治世之衣冠而亂世之瘖也。」山志二集卷二「郭巨丁蘭」條：「郭巨養母，恐其子分其母之甘旨，而遽埋之。丁蘭刻木爲母像，因鄰人侮其像而遽殺之。」「予謂此二人，皆凶人也，其悍惡無賴，豈但不可稱之爲孝子哉？巨，當如太祖之懲江伯兒，杖之可也。蘭當論死。蘭而可貸，恐奸惡生心，王者無所貴制法矣。」

又嘗論婦女之守節。待庵日札論節女一則曰：「女有未嫁而婿死者。或問字焉，媒妁既通，父母許之，女無言也；夜乃自縊，賴其家人救之甦，始言其欲之婿家以終。予聞之，遙具一瓣香，將拜之，而嘆曰，賢哉女子，是其志矢皎日，節凛嚴霜者乎！敢不拜。既而思之，女可謂義矣，然而非禮也。古者先王制禮，賢者不敢過，不肖者不敢不及也。」「夫禮者，所以體順人情而爲之節文，非强也。今女之行如此，於禮則越，於情則拂，必非其父母之心所安也；若安之，則不慈。父母即安之，又必非其舅姑之心所安也；若安之，則不仁。」綜上所引，山史思想中蓋有反封建的人道主義因素存在也。

順治十八年辛丑（一六六一年），先生年四十歲。嘗寓長安，與李叔則（楷）論書法。

砥齋集卷二書臨玄秘塔帖後：「書法鍾、王，尚矣。繼莫妙於顔、柳，要其忠義正直之氣，溢於筆墨之際。今人舍顔、柳而學吴興，無怪乎世道之日下也。辛丑秋日寓長安，與李岸翁共晨夕，間論及此，岸翁深以爲然。」

按：竊見傅青主（山）霜紅龕集卷四有作字示兒孫詩：「作字先做人，人奇字自古。綱常叛周孔，筆墨不可補。誠懸有至論，筆力不專主。一臂加五指，乾卦六爻睹。誰爲用九者，心與挐是取。永兴溯羲文，不易柳公語。未習魯公書，先觀魯公詁。平原氣在中，毛穎足吞虜。」詩後有跋，略曰：「貧道二十歲左右，於先世所傳晉、唐楷書法無所不臨，而不能略肖；偶得趙子昂香光詩墨跡，愛其圓轉流麗，遂臨之；不數過而遂欲亂真。此無他，即如人學正人君子，只覺觚稜難近；降而與匪人遊，神情不覺其日親日密，而無爾我者，然也。」「不知董太史何所見而遂稱孟頫爲五百年中所無，貧道乃今大解，而今大不解。」跋文之末，青主總結書法體會，曰：「寧拙勿巧，寧醜勿媚，寧支離勿輕滑，寧直率勿安排：足以回臨池既倒之狂瀾矣。」

按：譜主山史先生又嘗論王鐸書法。山志初集卷二「王宗伯書」條云：「宗伯於書道，天分既優，用工又博，合者直可抗跡顏、柳。晚年爲人漸無行簡，書亦漸入恶趣。奉命來祭華嶽，爲賊所困，滯留華下，寫字頗多，益縱弛，失晉人古雅遺則，乃知書品與人品相表裏，不可掩也。」

又砥齋集卷八上答康孟謀：「顏字楷法方整，正如魏人分法，所患寡情。蓋書家固以險絶爲功，海嶽（按：米芾）獨窺得此，故云。然以爲近欲則非。若行草直逼晉人，如祭侄文、爭坐帖，已入右軍之室，唐宋諸家皆瞠乎後矣。執筆欲緊，運筆欲活。所謂運筆之妙，全在指掌。虚之謂掌，實之謂指也。懸腕，腕不著紙耳。海嶽謂之『提筆』。」

按：山史先生善書，李良年有「風逼雲收，霞催月上」之譽，已見前引。今歲四月過先生故里小漲村，其裔孫中有一老者云，傳説「康熙王學字（陝人讀如『次』）兩年半，只有一點像弘撰（陝人讀『撰』不作 zhuan，而作重唇音 vuan）」。此雖野老之言，姑志于此。

又，砥齋集卷二書李岸翁閏七夕詞後：「河濱沉酣經史，尤精詣内典，具經濟之略，而不逢時，晚乃游戲於斯。間有所作，聲韻穩貼，縱横合拍，無所借襯。吾鄉作者，康、王而後，今在河濱矣。閏七夕新水令一闋，慷慨悽楚，何其音之悲也。

予劉覽數四，而嘆河濱所寄，又寧獨在區區文藝之間耶？！辛丑秋日山史書。」按：李楷，朝邑人，字叔則，號岸翁，學者稱河濱夫子。長於山史先生十九歲。平生著述甚富。其子建嘗選訂爲河濱全書一百卷，後多散佚。道光中，其七世孫元春（桐閣）爲輯詩選十卷，文選十卷，遺書抄四册。

康熙二年癸卯（一六六三年），先生年四十二歲。是歲，崑山顧亭林（炎武）先生歷山陝，在太原與傅青主（山）訂交；在代州，與李天生（因篤）訂交；旋自蒲州過河，至華陰、富平、盩厔，與先生及李中孚（顒）訂交。

丁寶銓傅青主年譜：「［康熙］二年癸卯，五十七歲。崑山顧寧人（炎武）訪先生于松莊，贈五律一首，先生依韻答之。」

吳懷清三李年譜天生譜：「康熙二年癸卯，三十三歲。在代州。崑山顧寧人遊五台經代州，遂訂交（顧寧人長先生十有八歲）。」

張穆顧亭林先生年譜：「［康熙］二年癸卯，五十一歲。正月，自平陽登霍山，游女媧廟。至太原，訪傅處士青主。至代州，游五臺，與富平李子因篤遇，遂訂交。在汾州，聞摯友吳赤溟炎、潘力田檉章遭湖州莊氏私史之難。」「由汾州歷聞喜。」「取道蒲州，入潼關，游西嶽太華，過訪王山史弘撰於華陰。至西安。游富平，館李子德家。又西至乾州。十月，過訪李處士中孚於盩厔，遂訂交。」

惠龗嗣歷年紀略：「十月朔，東吳顧寧人（諱炎武）來訪。顧博學宏通，學如鄭樵。先生與之從容盤桓，上下古今，靡不辯訂。既爾嘆曰，『堯、舜之知，而不偏物：急先務也。吾人當務之急，原自有在，若舍而不務，惟騖精神於上下古今之間，正昔人所謂抛卻自家無盡藏，沿門托鉢效貧兒也。』顧爲之憮然。」按：於此可見朱學與王學之歧異。

按：先生嘗爲亭林言及朱子斗，亭林訪之長安，並爲其詩集撰序。事見本譜順治二年下，此處不再引。

是歲，先生嘗再游江南，至金陵，登容安閣，望鐘山。時，田雪崖爲先生初刻砥齋集于白門。先生亦爲華州郭胤伯（宗昌）刻其金石史。始與畫家「金陵八家」相往還。

砥齋集卷四山來閣記：「桃葉渡之側有園一區，廣數十弓，宋君以偉之所營也。花藥林竹，可以娱目；蓄古今人字畫，可以澄懷；積書千卷，可以求聖賢之道，知人論世。有閣焉，高三層，可以遠眺。癸卯春，予來金陵，曾登其上，望鍾山焉。以偉負義氣，不屑流俗，每招四方士爲高會，賦詩飲酒不輟。予固心壯之。然以偉，魏國之女夫也，遘世之變，魏國故第廢置，東園闌榭，蕩爲寒煙，中山之遺烈，不可問矣。而以偉尚有此，以優遊卒歲，俯仰之間，其能無今昔之感乎哉？」

西歸日札善畫八大家記：「金陵之以善畫名者，衆矣；而周櫟園（按：周亮工）司農獨標舉八人，曰『八大家』，則張損之修、謝仲美成、樊浴沂沂、吴遠度宏、樊會公圻、高蔚生岑、胡石公慥、鄒方魯喆也。其時，有葉榮木欣、盛白含丹、施兩咸霖、盛林玉琳輩八人者不能過之，乃不與焉。癸卯，予至金陵，八人者日相往來，皆爲予作獨鶴亭圖，位置渲皴，極山雲林泉之勝。八人者，固未見亭，亦寫其意而已。」

砥齋集卷首先生長子（王）宜輔撰刻砥齋集記：「家大人讀書之暇，間作詩古文辭。癸卯，田雪崖先生爲刻之白門，曰砥齋集，文才數十篇，無詩。汪苕文先生爲作序，云『刻之京師』，非也。」按：汪苕文（琬）序作於康熙八年己酉，不見於砥齋集，僅見於堯峰文抄，略曰：「王子故嘗以『山史』自號，觀其學識如此，信乎其近于史矣。今天子方詔修太宗、世祖實録，及前明史書，逾年於此；行且考求徵聘之典，網羅山林老成、淹雅隱逸之士，以廣儲其選。使王子得給筆札，廁身玉堂之中，發凡起例，是是非非，必不苟同流俗，雖以之爭光日月不難。而惜乎其布衣芒屩，沉淪諸生間，而莫之爲援也。苟得一二鉅公出氣力以左右之，其所撰述，豈止是哉？」按：此文臭味，與山史迥乎不同，宜乎其不以刻入，而另倩渭南南鼎甫（廷鉉）爲之也。

山志初集卷六「郭委宛」條：「郭委宛先生，博雅君子也。與予爲忘年之交。著書散佚，深可慨惜。予曩在白門，爲刻行其金石史二卷。今略記遺論，以見一斑。」按：所記遺論，有有關萬曆援高麗抗倭事、嚴世蕃父子軼事、王維輞川圖、白居易荔枝圖事，以及古器物及山林怪異諸事，不俱引。

李慈銘越縵堂日記：「金石史所收，僅五十三部。四庫書目謂其『好持高論』。允伯卒在順治九年，至康熙二年，其友王無異始刻是書于金陵。」

砥齋集卷八下與周元亮司農：「金石史，皆胤伯所自藏秦、漢以來金石之文，各有評跋，卓然獨得，絕不隨人悲笑。行文亦自藴雅可喜。弘撰淺學寡聞，竊謂可與集古、金石二録，並傳不朽。他著述甚多，其後人既不能爲之廣播流傳，而友朋中又力不及此，弘撰每以此自恨，旋自愧也。先生爲王于一刊四照堂集，凡有與於斯文者，無不感之欲涕。豈但於一銜環地下哉？今之世如先生者幾人乎！殊可嘆也，聞已揚帆，不及走餞，翹首江天，我勞如何。」

按：先生再游江南，與亭林至華陰締交，二事在同一年份内如何安排，是一問題。由所引諸文觀之，在金陵爲春日；亭林見二曲時已冬十月，在長安時「積雨乍開褰，淒其秋已半」，故到華陰登華山時當在盛夏，然則是時山史已𨚫歸耶？謹此志疑，固不敢作爲判斷也。

康熙三年甲辰（一六六四年），先生年四十三歲。嘗爲王雨公跋其華山圖册。

砥齋集卷二題王雨公華山圖册：「吾宗兄雨公，胸中富丘壑，於甲辰之夏，挾册登絕頂，遍探諸峰之勝，處處志之，歸爲圖二十四幀，又别爲八幀，山巒草樹水石徑棧，以及殿閣茅茨，無一不肖，而清逸秀潤，晻靄滃鬱，横看側看，遂使華山真面目歷歷楮墨間；其位置點皴，則有營丘、河陽遺法。」

按：砥齋集卷八上復有先生復雨公一札云：「僻巷蕭然，忽拜茗酒之惠，知足下念我至厚。兹寄上石印二方，求鎸賤名與字；並紙一幅，求山水小畫。知足下政事繁劇，或不暇及此。然弟竊謂熱鬧場中，正不可無此冷淡生活。且今日在蒲州堂上做官者，一時之雨公耳；究篆籀之文，揮毫潑墨，極山水之變態者，千秋之雨公也。雨公豈以一時易秋哉？」

康熙五年丙午（一六六六年），先生年四十五歲。是歲，番禺屈大均來遊關中，與先生在三原相識，旋來遊華山，繼在長安曾有詩酒高會。

屈大均翁山文外卷一宗周遊記：「三原，古焦獲地，亦曰瓠中，曰池陽。丙午正月至温氏館，遇華陰王山史，閱其所注于鱗華山記，華山嶔奇之狀，恍惚在目。山史邀予爲太華遊。」「是夕連牀，山史談太華，予談羅浮，至夜分不寐。」「三月六日從故道復往華陰。」「初八，抵山史獨鶴亭。」「山史命其子伯佐導上太華，而送予至醉谿。」「居西峰二十餘日，四月朔下山，返山史砥齋。」「五月二日，山史攜入西安。李叔則、山史、李天生、伯佐置酒高會，時有十五國客。予與曲阜顔修來以詩盛稱于諸公，一座屬目。先是，有傳予登華長律至西安，天生見而驚服，謂自有太華，無此傑作，可與于鱗一記並傳。比相見，即再拜訂交。謂今日始得一勁敵云。天生雖心奇予，然嘗欲抑予馳騁雄奇之氣而一湛於醇粹。與遊，輒多所琢磨。予大喜，遂約爲鴈、代之遊。」

按：翁山詩外中有飲王氏漱園醉賦云：「華山谷口雲茫茫，尋君臺館玉泉旁。閑揮玉麈論秋水，莊襟老帶何清狂！朝邑美人善歌舞，荆州處士能壺觴。飛揚且任神龍性，温柔何羨白雲鄉。白雲變化何時息，人生壽命有時極。努力讀書與好色，明星玉女日侍側。」按：待庵日札明經五章王君墓誌銘，「華陰有數王氏，皆不同姓，世通婚姻。」足見漱園主人王氏或非山史族人，不然定當寫明也。

按：又見翁山詩外中有寄王山史七絶一首云：「首陽太華何時合？一道黄河苦間之。愁絶白雲與秋色，風陵渡口望君時。」以詩中情節度之，作詩時當在北岸，已是翁山入晉以後之事矣。權贅於此。

是歲，西安府拔郡邑士肄業關中書院，延先生掌院事。先生訓迪諸生，主文章以「簡」爲貴。又嘗標揭一「淡」字或一「潔」字。

砥齋集卷一下關中書院制義序：「山東濟水葉公，蒞西安之四年」，「丙午春檄諸郡邑拔士之尤者，肄業書院。兼金嘉幣，先及小子撰，俾司厥事。撰謝不敢承，公下書讓之。詞切直，撰弗敢固守其私。於是與諸子集焉，凡二百五十餘人，館餐悉備。」「撰受公之教，又受益諸子，嘗少有省。竊謂人品不一，以誠爲主；文格不同，以簡爲貴。」按：葉名承祧，曆城人，康熙二年任，五年遷去。

砥齋集卷一上制義選序：「楊維斗曰：『文章莫妙於簡，亦莫難於簡。』知言哉！」「國家以制義取士，使明道也，時諸先達皆尚簡，清真典雅，卓然稱盛，嘉、隆稍縱，萬末斯靡，啓之乙丑，矯之以子，降而濫矣。故維斗輩出，亟亟尊經，蓋救敝之術，不朽之事也。」按：此處譜主道出其個人對明代文學流變的一些看法。

同上又序：「不雜不蔓，故清；不飾不倍，故真；不湊不佻，故典；不俗不野，故雅。唯清、唯真、唯典、唯雅，故簡也。然則爲簡有道乎？曰道在力學。讀書明理之人，識必中肯，言必居要，故求之以博，守之以約，欲其自得之也。」

同上卷一下文稿自述：「文，君子之言也，以明理，以曉事，以宣情，取其達而已矣，故貴淡。行乎其所當行，止乎其所不得不止，斯善爲淡者也。所謂絢爛之極爾，浮蕩艱深，綺靡嘽緩，失其淡也，文斯下矣。」

按：又嘗見吾鄉人張貞杞田集，卷首有華山王弘撰所撰或語題辭：「世之論文者，咸推司馬子長。柳子厚獨稱其『潔』。予頌人之能文者，輒有溢詞；唯『潔』之一言，不敢妄許。今觀于張君杞園，其庶幾乎？或語者，特其偶梓近作耳，篇固不多，虛實詳略，行止有法，而咸以古義副之，其可傳無疑，有非時流所能及者，則『潔』之故與！杞園嘗自言其文質而可信，而予謂其中之所蘊有未易盡者；蓋予之信杞園，其又在『或默』時矣。」

自以上所引，可以窺見山史的文章觀點，亦即文藝觀點。

是冬，先生次子宜輔補博士弟子員，李天生爲文以賀。

續刻受祺堂集卷二王山史先生次子仲和補博士弟子員序：「吾友王山史先生次子仲和補弟子員。」「山史以布衣祭酒青門，今年冬，長子伯佐試冠軍，仲和復有是慶，於是三原杜二蒼舒將率諸同人觴山史於關中書院，而命因篤以言導之。」

「夫山史，文獻之家也，其子弟皆彬彬俊髦，得於家教者深。」

康熙六年丁未（一六六七年），先生年四十六歲，陝西巡撫賈漢復聘先生纂修陝西通志。

續刻受祺堂集卷二王徵君山史六帙序：「尚書賈公來撫秦，會纂通志，念秦士無出先生右者，敦聘以董其成；旋都，延教其子若婿。」按：賈漢復，正藍旗漢軍。康熙元年以兵部尚書出任陝西巡撫，七年遷去。

是歲，孫傳庭次子世寧來乞其母碑文，先生爲書之。

砥齋集卷六孫夫人殉節碑：「崇禎癸未秋，督師白谷孫公征賊於河南，敗績，退守潼關。冬十月六日潼關陷，公死之。夫人張氏在西安城中，賊薄城，夫人率諸妾劉氏、張氏、吴氏及二女俱投一井死，三婢從焉。嗚呼！當公出師時，霖雨四十日，士痡馬瘏，糧又不繼，賊反以逸待勞，卒爲所掩，豈戰之罪？厥功不就，隕身以殉，公之節見；婦女何知，視死如歸，公之化彰。」「大清定鼎，乙酉，公之子世瑞、世寧匍匐啓井，獨夫人面如生。」「越二十有四年丁未，世寧復至，乞紀其事。於時華陰王弘撰載筆泐石，樹於碑林。」

康熙七年戊申（一六六八年），先生年四十七歲。春，和州戴務旃（本孝）來遊華山，過先生獨鶴亭。

砥齋集卷一下守硯庵文稿序：「猶記戊申之春，有人焉，撰杖履北走太原，訪傅公之佗，信宿而西，入潼關，過予獨鶴亭，賦詩一章；登太華之顛，作畫一幅而去，飄然出塵埃之表，則鷹阿山樵戴子務旃也。自兹以來，凡花時、月時、風雨霜雪時，孤亭偃仰，闃其無人，莫不有務旃在焉。而務旃則去已二十餘年矣。」「務旃以有爲之才，奉其先人遺訓，底厲名節，遭時不造，裂冠棄人事，遊散山水荒遐之區，足跡遍三陲焉。」

按：務旃先人名戴重，字敬夫，號河村，和州人，有河村集。四朝成仁録中有戴重傳，略曰：「會國變，遂與王元震裂縞結太湖義旅爲一軍，吴江吴暘、宜興盧像觀相檄爲首尾。攻復湖州，磔降者。三失而三復之。轉戰三月，被流矢洞胸，潛居僧寺，作絕命詞十五首，絕粒而死。」所著河村集，嘗見方以智（「合山舊史」）爲之序，略曰：「余隱平西，觸痛爲之一歌。今閉竹關，見其子務旃，無忝，如見其父，又爲之觸痛一歌。劉存宗編河村集，芑山梓之，屬余弁之，余不忍讀。」「無忝重趼天下，復抵我，我不擇地而與之捽草把土，此痛何如！作而號曰，敬夫，丈夫；其子，丈夫子。冷風刮骨，聲滿天地，爲之再三歌。其所歌，愈歌愈變，愈變愈和，此吾黨學道之硎也。」

嘗在上海圖書館閲河村集，見書首有海寧陳乃乾癸酉（按，其同治十二年歟？）手書跋語，略曰：「書友楊壽祺架上檢得河村文集兩册」，「云購自蘇州，其後尚有詩集兩册，有缺卷未之取也。」「因倩蘇友鄒君訪之，越三日遞至，開椷誦讀，始知非河村詩，乃河村之子鷹阿山樵作也。山樵詩分前生餘生兩集，此則餘生集之殘本也。世人僅知山樵之畫，寸縑兼金，而父子遺集毀於禁網，極不易得。如此等書，天壤間寧有幾殘本耶？」

譜主西歸日札「隨園詩序」條云：「隨園詩者，電巖上人作也。電巖爲佛弟子，戒行精嚴，顧好讀儒書，與儒者遊，故其詩清新雅瞻，無蔬筍氣。又喜畫，妙究六法。初陳原舒來白門，以畫名，有蒼疏之致，電巖輒仿之，見者以爲神似。已而鷹阿山樵戴務旃至。務旃，有道之士也，寄跡長干，尤善畫，獨用燥筆，而滃鬱超逸，出人意表。世皆知畫貴潤，不知潤在筆不在墨；不然，何以從燥得潤？此其故殊可參尋。電巖有妙悟，盡務旃之法，慘澹經營，視原舒之頹然自放者，不侔矣。」

王阮亭（士禛）池北偶談：「戴本孝，字務旃，和州人。嘗在京師，夜與友人談華山之勝，晨起即幞被往游，其高曠如此。」

秋，有燕、趙之行，過祁縣，與戴楓仲（廷栻）訂交。

砥齋集卷二書宋元人畫册後：「戊申秋七月，余將有事於燕、趙，道經昭餘，與戴子楓仲爲傾蓋交。酒間，出所藏宋元人畫册屬題。」「夫書畫之流，而藝之微者也，昔人以之澄懷觀道。戴子博學好古，又與傅青主先生及壽髦輩遊，故鑑賞之精，有如然犀，非他好事者比也。天下倜儻高妙之士，不得於時，其志郁而莫申，類有所遇。戴子其然乎？白露既下，旅雁初飛，登丹楓之閣，而遠攬鐘阜在其南，燕山在其北，而漸近則傅氏之霜紅龕在焉。西瞻二華，真源可問，其下即予之所爲蔽風雨也。日月沉暉，雲霞寡色，危涕墜心，姑置是事。」

至保定，識陳祺公（上年）及其兄大來。旋入北都。

山志初集卷二「陳祺公」條：「陳祺公與予以翰墨相來往，幾四載矣，而實未識面。戊申秋，予至保定，始獲晤對，朝夕相聚，因並識其兄大來。祺公居官有才有守，而豁達大度，不可一世。政事之暇，博覽羣籍，尤好交遊，慷慨然諾，有古人之風。其居家，則内外大小事皆大來主之。祺公事之唯謹，恂恂若孺子。夫身列外臺，位非不高；年逾不惑，齒非不長，而能守禮若此，可謂賢矣。予每察其言動，退而思之，益覺其尊。」

按：代州志：「陳上年，字祺公，清苑人，順治六年進士，授鞏昌府推官，内遷兵部郎；十六年，出爲涇固道；十七年十二月調雁平道；康熙六年，裁缺歸。再起廣西布政司參議。逆賊破梧州，迫以官，不從，幽死。」李因篤與之相契甚久，曾有句敍其族望云「汝南望族，於淮潁川，浩浩澄波，分流于燕，上谷之陽，朗山巍然，聚族而居，子姓實繁。」（受祺堂詩卷十八）又，其先母田太孺人行實中云：「會僉憲上谷陳公備兵固原，蘇、趙其同年也，並薦不孝爲兩公子師。從五原如雁門，忘其穹賤，托異性昆弟。」（續刻受祺堂文集卷四）復有觀察陳公初度序云：「丁未春正月既望，予從陳祺公先生遊，凡九年而八見其初度矣。」（續刻受祺堂文集卷二）後聞祺公在粵，而夫人次子在籍新亡，復有句云「宦薄捐妻子，材違冷棟梁。」（受祺堂詩集卷十八）陳祺公、顧亭林歿後，天生復有憶亡友陳使君顧寧人兩先生三首，有句云「潁川頻入夢，吳郡罷傳書。」「好春胸悵結，中夜涕漣如。」（受祺堂詩集卷二十五）

砥齋集卷二書文衡山花鳥册後：「戊申秋日，攜之入都。」按：入都，當是爲賈漢復家課子弟。

康熙八年己酉（一六六九年），先生年四十八歲。春三月至昌平，祭告思陵。

砥齋集卷首先生長子宜輔刻砥齋集記：「己酉春，大人有昌平之行。」

同上卷一一謁思陵祭告文：「嗚呼！昔甲申三月十九日之難，惟帝棄四海臣民，身殉社稷。臣幺麼下士，僻處西陲，未遂哭臨，罪當萬死。茲來燕薊，特謁園陵。敢及諱辰，恭修祀事。爰陳俎豆，祗薦溪毛。念十七年覆載之恩，心慚書劍；盡三千里草茅之悃，淚灑江山。仰冀皇靈，俯垂昭鑑。嗚呼哀哉！尚饗。」揚州李沂爲賦鹿馬山人歌，已見本譜前文所引，茲不重贅。

是歲，渭南南鼎甫（廷鉉）爲先生砥齋集撰序。

序曰：「今之爲文章者，蓋有二途焉，曰秦、漢，曰唐、宋。而各適其途者，則每自持一説，互相譏詆，即素稱同學者，曾無恕詞。余甚惑焉。」「余友王子山史博學強識，所著富有。」「即與秦、漢、唐、宋人作合編而並庋之，鮮有能辨之者。其爲成家而可傳也，無疑。顧文枝也，行爲本。果能篤氣誼，辨義利，即片言拱璧矣。苟不其然，雖著書等身，于世道又奚裨焉！」「康熙八年季夏同學弟南廷鉉鼎甫題于萬松山房。」

按：南鼎甫，先生摯友，續陝西通志稿王弘撰傳略：「所與朝夕切劘者，朝邑王建常、李楷，盩厔李顒，富平李因篤、華州東蔭商，渭南南廷鉉。」砥齋集卷一上有南鼎甫詩序，「吾鄉學士大夫，類無不談渭上南氏之學者。余聞南氏之學，始自文成（按：王守仁）。蓋昔文成以理學冠一代，功業焕然，成言斑如。南氏之先，實遊其門，以世著勳名，凡五傳矣，至今鼎甫。鼎甫卓犖自命，不可一世。」「絶聲色裘馬之好，構容庵湭水上，纔足蔽風雨，昕夕其中，於四子之理、百家之説，及古今盛衰成敗之故，得失是非之略，無不晰若指掌。余每過從，雲霧窈窕，顔色鮮好，而挹其氣欲横九州，而聽其言若河、漢之無極，使以膺天下大任，奏效治平，黼黻太平，無足少難者。則且喜南氏之學日益昌，而嘆文成之澤未斬也。」「嗚呼！鼎甫豈僅以詩詞自見者哉！」

復按：東蔭商字雲雛，華州舉人。竊嘗見王士禎感舊録卷四中有東蔭商過華陰與王無異詩一首：「白帝宮前大夫家，停鞭對酌夕陽斜。博臺一訪當年事，賭爾峰頭十丈花。」

是歲十月，先生三兄弘嘉歿。

砥齋集卷一一祭三兄雲隱先生文：「念我父母，生我兄弟六人。仲兄之歿，已二十有五年。伯兄四兄之歿，亦且十年。今三兄又逝，所存者獨弟撰與輝耳。」「父母居京，留弟在家，飲食衣服，唯兄與嫂氏是依，既而入京，則弟與兄俱。」「隨侍虔南，又弟與兄俱。」「出入相同，如影隨形，未嘗離也。」「弟素不治生產，兵燹之餘，析居山村。家中落，值歲祲，不免饑乏，唯兄卹之周之恐後。今弟有難，急之者誰耶？弟學操觚，間有所著。」「兄尤相爲商榷，不惜改定。今弟有作，知之者誰耶？弟昔有狎邪之行，兄知之切戒，且杖僮僕之從弟遊者，不少寬。弟爲之閉門不敢出者累日，今弟有過，責之者誰耶？」

李天生受祺堂集卷四王公雲隱先生墓表：「王公諱弘嘉，字玉質，一字雲隱。」「前南京兵部左侍郎鄰華翁諱之良第三子也。母，恭人。翁六子，自一至五，並恭人出，咸端亮能承家學。公與第五無異徵君，尤秀而有文。關輔俊廚，交相推讓；家庭私議，亦謂『二難』。」「少有高韻，遭亂，益放情山水。築園碧雲溪畔，蒔花竹，藏書甚富。素工爲詩，尤善書。又好遊，遍歷四方。康熙八年十月晨餐已，將適所築園，忽疾作，急召無異至，倏然而逝。公偉豐儀，美須髯，襟期曠達，翩翩濁世之佳公子也。著有信古齋詩文、太華存稿。」

待庵日札復湄園記：「昔予同三兄雲隱侍司馬府君於京師。」「一日府君以漳浦石齋黃公七不如疏訓之誦。」「予與兄私相嘆仰，以爲黃公者天人也。初兄於里中築一小園，内多美竹，至是告於府君，請黃公爲之題。黃公以八分法，手書曰斐園，既而易之以『湄』。」「回憶五六十年間，如夢幻泡影，其興廢之在一家者，已倏忽如此；而國運之盛衰，人事之得喪，足令人慷慨悲憤而至於流涕沾襟者何限？唯念府君與黃公比肩事主，其君臣朋友之義，關於萬古之綱常不小，不禁百感交集，非直爲一人之私言也。夫丈夫所爲，有不止於此者。」

是歲九月，李中孚（顒）先生來游太華。

惠龕嗣歷年紀略：「（康熙八年）九月，駱公量移常州，先生祖别於長樂坡，遂遊驪山，浴温泉，與同游發明洗心藏密之旨，甚悉。乘便東游太華，張敦庵聞而迎至同州。」「冬仲，西旋。」

康熙九年庚戌（一六七〇年），先生年四十九歲。元旦，先生自焚詩稿，且痛自悔過，不敢爲一切逾分違理之事。

山志初集卷二「自勵」條：「予自三兄逝後，無日不愴然於中，且自警自懼。故於庚戌元旦謹告先靈，凡一切逾分違理事，必不敢爲。所以養身，非獨自勵，亦望我子弟，共識此意也。」「予昔日好聲伎，三兄嘗以爲戒。今每憶及，不禁泣數行下。悔過之誠，有如皦日，不獨如吾家右軍所云：『恐兒輩覺，損欣樂之趣也。』」

同上「明善」條：「予少攻舉子業，時有酒色之失。尋遭寇亂，狂惰自廢，德業靡成。年逾四十，始知爲學。見聖賢言語實際，要以『明善』爲宗，致知者知此，力行者行此，盡性者盡此，踐形者踐此。修己者非此無以修已，治人者非此無以治人。此之謂善，至善也。此之謂明，明則誠矣。身之所在，道即在焉；道之所在，藝亦在焉。下學而上達，大行不加，窮居不損，豁如也。書以自喻，遂顔於堂。」

按：在修養問題方面，先生嘗稱道馮少墟（從吾）對陽明「四句教」之批評，内容相當深刻。山志初集卷二有「馮恭定」一條曰：「馮恭定之學恪守程、朱之訓，可謂純而正矣。先司馬嘗遊其門，稱其『口無擇言，身無擇行』，此吾輩之所當奉爲神明蓍蔡者也。讀其集，但觀其語録足矣。其詩文固可略，在公、元不欲以詩文自見也。」又曰：「公嘗云：『陽明先生「致良知」三字，泄千載聖學之祕，有功於吾道甚大。』而先生又曰：『「無善無惡心之體，有善有惡意之動，知善知惡是良知，爲善去惡是格物。」夫「有善有惡」二句，與「致良知」三字互相發明，最爲的確痛快；「爲善去惡」一句，雖非大學本旨，然亦不至誤人；唯「無善無惡」一句，關係學脈不小，此不可不辨。何也？心，一耳。自其發動處謂之意，自其靈明處謂之知，既「知善知惡是良知」，可見有善無惡是心之體。今曰「無善無惡心之體」，亦可曰無良無不良心之體耶？近日學者信「致良知」之説者，並信「無善無惡」之説，固不是；非「無善無惡」之説，並非「致良知」之説，尤不是。』或曰：『果如「致良知」之説，然則諸儒所稱，或主靜、或居敬、或窮理、或靜坐、或體認天理、或看喜怒哀樂未發氣象，彼皆非歟？』曰：『不然。良知是本體，居敬、窮理諸説皆是致良知工夫。「致」之云者，非虛無寂滅如二氏之説也。「致」乎！「致」乎！豈易言哉！』公之論陽明，可謂公而平矣。獨於『爲善去惡』一句，猶有恕詞。予謂此句正不可不辨。蓋學者用功分途、正學異端分途，皆在於此，豈可謂『非大學本旨』，『而猶不至誤人耶！』」按：此段之後，尚有繼續探討之文六段，本譜不及備録。有興趣者可取山志一一讀之可也。

是歲，先生始讀周濂溪（敦頤）之書，並爲付刻。

砥齋集卷一下周子全書序：「自孟子而後，傳孔子之道者，唯宋之周子爲最，二程皆師焉。所著太極圖説，雖朱、陸有未一之辨；而於通書，則並尊之無異詞。撰年四十有九，始知讀其書，義約而達，語淡以旨，包括宏深，研入微密，有體有用，有聖有王，蓋六經之樞紐，百代之津梁矣。漢之董、隋之王、唐之韓，其文章雄偉或過之，而純粹以精，曾不得與此。即宋之大儒如林，其學亦詎能出其範圍也哉！偶從友人得呂文簡所定本，分内、外篇，曰周子全書演，乃手録之，而去其『演』之名，別益以諸儒所論注，共二卷，重付之梓。」

曾遊陽陵（高陵），主田雪崖汲古閣，得文衡山（徵明）殘畫。

砥齋集卷四文衡山殘畫記：「昔歲在庚戌，予遊陽陵，宿田雪崖汲古閣下，偶同出，見一友屋角積殘楮，與糞土伍。」「稍簡視，得畫一幅，幾寸寸裂矣。」「詑爲文衡山先生筆。雪崖更取一方，乃其署款。」「遂命僮袺之歸。」「爲補綴。久之，十得七、八。復托雪崖覓善手裝潢，蓋曆五年所，始還舊觀。」「衡山德行文章，冠絶一時，畫特其餘藝，而澄懷觀道，有寓於筆墨之外者，非近代丹青之士所可同日語。」

是歲，朝邑李叔則（楷）卒，年六十八歲。冬，先生三游江南，至浙。

砥齋集卷四夢遊浮玉山記：「庚戌冬十一月初九日，舟泊桐江。初阻風，水浪洶涌，舟子爲動色。至是風止，夜乃帖然就枕矣。有夢，將遊一山，從子通州守攜其幼子二以從。乘藍輿而行，輿夫皆歌顔魯公七言古詩，中有云『一疏爲請誅奸佞，再疏爲請誅奸佞』，至於十疏。」「歌竟，陟嶺顛，寒風浩浩，生兩腋間。」「巖寬丈有餘，循行三、四里許，爲埒；别度一嶺，輿夫告退，謂『進此不可以輿』，是蘇子瞻學士舊游之山也。嶺石如美玉，其色璀璨，寬才盈尺，人搦嶺騎行，以手代足。左右皆絶壁，深不見底。而右煙雲窈冥，變徙無定。時聞有水聲，云其下即滄海也。予頗心怖，回顧從子不見，計不可返，乃奮勇而前，肅然悄然，弗敢睨視。復三、四里許，頓履平地。其地廣可百畝，林木青蔥，花葉俱别，幽香習習襲人，禽鳥各異色，翔鳴上下，亦不類常產。有一宇，朴而邃，虚無人。予憑几理筆硯，將有所作。倏族兄孚公至，蓋聞予有是遊，追而來。」「從子曰：『叔父讀書多，知此山何名？亨問之人謂飛魚嶺，然歟？』予曰：『否否，此浮玉山也。』予曾見一畫卷，爲此山圖，子瞻爲之題，獨其圖僅得其横看者耳。」「夢中之事幻，其前後本末，不相應類然。嗚呼，天下事之如此夢者，固不乏矣。顧安所得清遠曠寂如此山者，而以遊以處哉！又況於今之世邪！」

按：康熙十年辛亥（一六七一年），先生在江、浙行蹤與活動，暫無考，俟後。

康熙十一年壬子（一六七二年），先生年五十一歲。曾與范堅（北鑰）同游焦山，觀楊椒山（繼盛）會唐荆川（順之）遺詩。旋西歸。

砥齋集卷四夢遊浮玉山記跋尾云：「壬子四月三十日，舟阻京口，同范北鑰登焦山，所歷皆如曾至者。憶之，乃曩夢也。」「而行不數武，忽見巖上果有『浮玉』字，與北鑰嗟異久之。既觀楊忠愍公鐫石遺詩『楊子懷人渡洋子，椒山無意合焦山。地靈人傑天然巧，瞬息神遊萬古間。』署『嘉靖壬子，約會唐荆川到此。』乃恍然有悟。附書一五言絶句：『故國知何處？重來壬子年。相看風景異，洒淚向江天。』此事大奇，未可爲不知者道也。」按：嘉靖壬子（一五五二年）至康熙壬子（一六七二年）恰爲一百二十年，兩甲子矣。嘉靖三十一年，楊繼盛與唐順之在此約會，越三年，繼盛下詔獄死，再越五年，順之亦疾卒。明史謂順之於學無所不窺，學者不能測其奧；爲文洸洋紆折，有大家風；又聞良知説，閉戶兀坐，匝月忘寢，多所自得云。

同上卷七范北鑰像贊（時已爲僧）云：「精悍短小，是沉毅有爲之士與？而一松一石，胡爲乎戀戀於此？當其三上書於天子之前，將建非常之勳，而今之皤然而頹唐者，乃歸詣大雄氏耶！寄跡方丈之室，而神遊八極之表，吾固莫得而擬之，而丹青者流，欲索之形骸之間，則又安知其似與不似也。」

嘗跋天下名山圖。

砥齋集卷二天下名山圖跋：「天下名山圖，爲元、亨、利、貞四册，宋徽宗之所集也。每册有自序，而其臣蔡攸每幅爲之標題。蓋自漢、晉以來之能畫者，莫不備焉。而其畫者所自署之款書，間不類。予竊定爲畫院諸人所臨摹而成者也。吴興夏文彥有云：『御題畫真僞相雜，往往有當時名手臨摹之作，故祕府所藏臨摹本，皆題爲真。』即此，益可知予言之有徵矣。壬子冬，從侯蓮嶽侍御處得一寓目，其位置皴染，出於意表，有非近世丹青之士所可辨者，爲之低徊不能去。嗚呼！徽宗庸主，而蔡攸奸邪小人也。宋室顛覆，實皆繇之。其君臣上下之際，本不足道，而此册流傳人間歷數百年，使求之者購以兼金，藏之者襲以文錦，見之者歡欣讚嘆，如得未曾有，頓忘其亡國之恥，而追想其風雅文采之致，至與商、周先王之彝鼎等重。然則畫雖小道，其亦何可忽也哉？」

按：先生題跋小文，多深雋之語。嘗見另一則書晦庵題跋後，略曰：「朱子嘗留心書畫。此題跋三卷，持論極正，不作道學門面語，其跋陳光澤家藏東坡竹石云『東坡老人英秀後凋之操，堅確不移之姿，竹君石友，庶幾似之。』跋張以道家藏東坡枯木竹石云『出於一時滑稽詼笑之餘，初不經意，而其傲風霆、閲古今之氣，猶足以想見其人。』跋與林子中帖云『仁人之言，不可以不廣，乃爲刻石常平司西齋。』蓋於東坡三致意焉。世獨知朱子論學，排擊東坡，而不知其贊美景仰，固如此。予故特著之。古道漸衰，流風日下。後之講學者，獨傳得排擊法耳，豈不可嘆？」

是歲，新城王阮亭（士禎）入蜀，過華陰相訪，不遇。有詩。

漁洋精華録卷二河上寄山史：「前年君往藺谿道，金華洞中拾瑤草。傳來八詠似休文，愛玩新詩愁絶倒。華陰古道接弘農，一望秦山深萬重。遙看青壁孤雲起，知在西南第幾峰？」按：精華録卷十復有丙子年詩，有句云「廿載重過訪舊廬」，惠定宇（棟）詩纂曰「至今二十年矣」，不確。自壬子至丙子，已二十四年。

先生西歸後，王氏宗祠建成，於冬至日告祭。後五年，顧亭林爲之撰記。

砥齋集卷一告高曾祖神主文：「昔癸未冬有寇亂，陷我縣城，毁我祖廟及神主。」「迄二十餘年。」「謹於壬子冬至日。」「特成神主，重修祀事。」

顧炎武亭林文集卷之五華陰王氏宗祠記：「有人倫，然後有風俗；有風俗，然後有政事；有政事，然後有國家。」「自三代以下，人主之於民，賦斂之而已爾，役使之而已爾，凡所以爲厚生正德之事，一切置之不理，而聽民之所自爲，於是乎教化之權常不在上而在下。」「吾友華陰王君弘撰」「遊婺州二年而歸，乃作祠堂以奉其始祖」，「夫躬行孝弟之道，以感發天下之人心，使之惕然有省，而觀今世之事若無以自容，然後積汙之俗可得而新，先王之教可得而興也。」按：吳、張諸氏亭林年譜，均將此文之作系在康熙十六年。

康熙十二年癸丑（一六七三年），先生年五十二歲。秋有詔徵李中孚。仲冬，中孚過先生草堂，論爲學出處之義甚悉。

砥齋集卷五劉四沖傳：「康熙十二年秋，有詔，徵盩厔李中孚先生。中孚稱疾不就。冬仲，策杖過予草堂，留五日，論爲學出處之義甚悉。」

按：是年冬，「三藩」之變始起。吳三桂自稱天下都招討大元帥，以明年爲周元年。遣將馬寶攻湖南，遣王屏藩自川入陝。南部中國爲之震動。

康熙十三年甲寅（一六七四年），先生年五十三歲。是歲，孫延齡以廣西、耿精忠以福建響應三桂。平涼提督王輔臣（「馬鷂子」）亦在秦州參加「三藩」起事。西北爲之震動。獨甘肅提督張勇（原籍洋縣，寄籍西安府咸寧縣）支持清廷。

按：本年内先生之生活與活動，暫失考。

康熙十四年乙卯（一六七五年），先生年五十四歲。是歲，張勇與「三藩」王屏藩、王輔臣部對壘於岷州、河州、洮州、蘭州、鞏昌、秦州一帶。春，先生構「讀易廬」，讀易其中。冬，先生長子宜輔、次子宜輯續纂砥齋集，得十二卷。

砥齋集卷首王宜輔刻砥齋集記：「大人夙多疾，乙卯春構學易廬，書朱子語於門曰『閑中今古』、『靜裏乾坤』，又書座右曰『養身中之天地』、『遊物外之文章』，遂謝人事，棄去一切，朝夕諷繹，惟四聖之易而已。輔請發笥中稿，同弟輯纂次，以續前刻。得文十卷，並家僮所録書簡一卷、雜著一卷，共十二卷。詩，舊積二寸許，庚戌元旦大人悉取焚之，今得二卷，僅十之三爾。於是砥齋集始成。殺青既竟，藏諸家塾。」按：下署「旃蒙單閼」，蓋乙卯也。

是歲八月，李中孚挈家避兵富平，居軍寨，歷四年。

吳懷清三李年譜二曲譜：「八月初六日，先生挈家避兵富平。是時，雲、貴構亂，蜀、漢盡陷，盩厔密邇南山，敵人盤據于中，土人往來私販者，傳敵營咸頌先生風烈。先生聞之大驚，亟擬渡渭遠避。」

康熙十五年丙辰（一六七六年），先生年五十五歲。是歲，張勇薦趙良棟，赴寧夏之急。夏六月，張勇與王屏藩對壘於伏羌（今甘谷）之洛門鎮。「三藩」軍受挫，王輔臣又降歸清廷。形勢遭歷反復。

按：竊見待庵日札中有詩春陰一首，詩曰：「二月連陰淹凍雨，東風寂歷野人家。屋前雀噪聲何急，城上烏飛影復斜。不改青山留暮靄，虛擬杲日向春華。沉吟厥異追郎顗，扶病從誰泛海查。」末贅李夔龍評語曰「寄慨時事之作。」據此，待庵日札雖編刊于先生七十以後，自江南西歸之時，但竊疑雀噪烏飛云云，與王輔臣反復之事似不無聯繫，故系於此。

冬十一月，先生哲學著作正學隅見述寫成，自爲序。

正學隅見述自序：「弘撰愚不知學，唯讀古人之書，以平心靜氣自矢，罔敢逞其私臆，而久之，有是非判然於吾前者。蓋嘗有見於格物致知之訓，朱子爲正；無極太極之辨，陸子爲長。賢者之異，無害其爲同也。今掇其旨要，著之於篇。若爲兩賢折衷，弘撰何人斯，而足語此！庶幾下學一得，質諸古人，而幸其不遠也。尚望有道君子，惠而教之焉。華山後學王弘撰無異識。康熙十五年冬十一月朔。」

康熙十六年丁巳（一六七七年），先生年五十六歲。二月，與顧亭林（炎武）同至昌平，謁思陵。

張穆顧亭林先生年譜「康熙十六年」條下：「二月至昌平，六謁天壽山及懷宗欑宮。是行也，與王山史偕。」

顧炎武亭林詩集卷之五二月十日有事於欑宮：「青陽回軒邸，白日麗蒼野。封如禹穴平，木類湘山赭。不忍寢園荒，復來奠樽斝。仿佛見威神，雲旗導風馬。當年國步蹙，實嘆謀臣寡。空勞宵旰心，拜戎常不暇。賊馬與邊烽，相將潰中夏。頹陽不東升，節士長喑啞。及今擐甲兵，無復圖宗社。飛章奏天庭，謇謇焉能舍。華陰有王生，伏哭神牀下。亮矣忠懇情，咨嗟傳宦者。遺臣日以希，有願同誰寫？」

是歲九月初三日，顧亭林入關，主先生明善堂，將同築山居。

砥齋集卷四頻陽札記：「丁巳秋九月初三日，顧寧人先生入關，止於予明善堂，將同築山居老焉。」

亭林詩集卷五雨中至華下宿王山史家：「重尋荒徑一衝泥，谷口牆東路不迷。萬里河山人落落，三秦兵甲雨淒淒。松陰舊翠長浮院，菊蕊初黃欲照畦。自笑飄萍垂老客，獨騎羸馬上關西。」按：十一年後，先生有哭亭林先生六首，其四云：「卷跡囂塵表，彶光野水濱。無求追大隱，不器是先民。氣以艱難壯，懷因誦讀新。重逢面黧黑，垂老惜征塵。」當是描述此時情景者。

是月十九日，先生至頻陽（富平），弔朱山輝（廷璟）之喪，與邑令郭九芝（傳芳）及李中孚論學於頻陽之軍砦，並出所著正學隅見述相質證。

砥齋集卷四頻陽札記：「丁巳秋九月初三日，顧寧人先生入關，止於予明善堂，將同築山居老焉。頻陽郭九芝明府使來，附朱山輝太史之訃。札云：『憶前歲之冬，與先生坐張鹿洲將軍席上，辨尊經閣記。今已再歷春秋，而張將軍丘首故園，及期矣。世事蜉蝣，可勝浩嘆！朱太史晚年好學，文章卓然有體；一旦溘逝，關中喪一名紳，弟與天生憑弔隕涕，哀不自禁。聞先生邇年濬修，十倍曩昔，德進名藏，甚得古處樂道之益，私衷甚爲聳悅。今聞顧寧人先生已抵山居。寧人命世宿儒，道駕儼然，非無所期而至止。關學不振已久，斯其爲大興之日耶！』予復之云：『尊經閣記，大要是衍「六經皆我注腳」之緒，茅鹿門謂程、朱所不及，弟謂程、朱正不肯爲耳。知先生有未忘於懷者，而弟亦執其愚見如故也。朱山輝倏捐賓客，聞之驚悼彌旬，不勝哲人其萎之嘆。弟少躭聲色，好雕蟲之技。年近五十，始歸正學。今幸寧人先生不棄遠來，正欲策勵駑鈍，收效桑榆。但以有室家之累，不能脫去俗務，方息悲悔無及，先生譽逾其實，祇增赧悚耳。』是月十有九日，予往弔朱氏，哭於山輝之柩。九芝要予入城，坐定，問別後爲學之功，予出所爲正學隅見述一册視之，九芝攜歸署。尋有札云：『敬讀大著，極其真切平正，最透徹者，尤在格物一段，如所引天生烝民，有物事則，舜明於庶物，察於人倫，認物既真，充義亦到。蓋人倫者，庶物之則也，能在「物」、「則」二字會解，物之則明，格之義自明矣。此解得之天然，當與文成致良知本義同尊。至云聖人爲學有序，斷無一蹴而至之事，知行原不相離，亦斷無行在知內之理，以傳芳思之，道理原自一貫，在已得者，可不庸其層次；若繇下學而上達，須是自邇及遠，如知到百步地位，即從一步用心起，工夫不可間斷，方可行到百步。若是止知五十步，再五十步，即有支岐舛錯之處。以此推之，行實不在知之外也。先生以爲何如？』予復之曰：『承教。

物之則明，格之義自明，此真實之解，即精微之解也。然庶物人倫皆此一理，言人倫者庶物之則，不如言庶物有庶物之則，人倫有人倫之則耳。弘撰之説，與文成頗異，唯先生更察之。至知行之説，朱子有輕重先後之别，爲不易之言，有知而不行者矣，未有行而不知者也。豈真謂行在知外哉？亦言其序如此耳。尊札云：「如知到百步地位，即從一步用心起，工夫不孔敢間斷，方可行到百步。」此正知先行後之明徵，而先生推以爲行不在知外之證，何也？」

「時李中孚先生寓居頻陽之軍砦，聞予至，使其子伯著來，札云：『適聞駕臨頻城，喜出意外，謹令小兒晉謁，希與進是荷。』蓋中孚有不出門拜客之禁，予隨詣之。中孚偶患腿痛，臥於榻，爲予强起，具雞黍，爲竟日之談。伯著侍，恂恂雅飭，不愧其家學也。又數日，九芝以中孚所爲格物説見示，大要謂格物乃聖學入門第一義，入門一差，無所不差，毫釐千里，不可以不慎。古之『欲明明德於天下』節與『物有本末』節原相連，只因章句分作兩節，後儒不察，遂昧卻『物有本末』之『物』，將『格物』『物』字另認另解，紛若射覆，爭若聚訟，以成古今未了公案。又謂欲物物而究之，入門之初，紛紜膠葛，墮於迷魂陣。此是玩物，非是格物。真能爲格物之學者，其用工之序，先之以主靜，令胸中空空洞洞，了無一塵。物欲既格，而後漸及於物理。誠正之基本既立，然後繇内而外，逐事集義，隨時精察，天德王道，一以貫之矣。否則，縱博盡羲皇以來所有之書，辨盡羲皇以來所有之物，總之是騖外逐末。昔人云『自笑從前顛倒見，枝枝葉葉外頭尋』，喪志愈甚，去道彌遠。末云『姑誦所聞，藉手請教，並以質之山史先生。』蓋九芝有札與中孚，以予札附往，故中孚以此札來，而予未知也。於是即以正學隅見述馳致之，因求其指示。中孚爲書云云，今具載卷首，予復之云：『讀手札，過蒙獎借，所不敢承，而中亦尚有致疑者。以弘撰愚魯之資，固守考亭之訓，於先生「内外本末一齊俱到」之旨，實未信及。如以欲物物而究之，爲玩物，則易所云「知周乎萬物」、「遠取諸物」，孟子之「明庶物」、「備萬物」皆何以解免耶？且「格物」「物」字，原兼「物有本末」之「物」在内、亦非另認「物」字。以「格物」「物」字爲「物欲」，乃與「物有本末」之「物」異耳。如云「物欲既格，而後漸及於物理」，則又合二説而一之，是欲「致其知者，先誠其意」矣，於經文不合。皆心所未安也，更望教之。』中孚札云：『承教，謂知周乎萬物，妙妙。蓋必知周萬物，始能經綸萬物，物物咸處之得其當，而後可以臻治平之效。然遠取諸物，必先近取諸身。知明善誠身之本而本之，則心無泛用，功不雜施，本既格，方可繇本以及末，然後明於庶物，使萬物皆備於我，樂如之？茲因有感於大教，而弟之格物說不可以不改也。唯付來手是望。』予即以原稿付之，過日，中孚又札云：『昨承示，致疑於「內外本末一齊俱到」之言，其意必以爲先博文而後約禮，理窮而始可主敬也。若然，則文與理浩乎無涯，將終其身無有約、敬之時矣。夫博文窮理，而不約禮主敬，則聞見雖多，而究無以成性存存，便是俗學。徒約禮主敬，而不博文窮理，則空疏無用，而究不足以經世宰物，便是腐儒。故必主敬以窮理，使心常惺惺，方能精義入神，隨博隨約，庶當下收斂，不至支離馳騖，德業與學業並進。此內外本末之貴於一齊俱到也。知行合一，其在斯乎？欲易之以內外兼詣，本末無遺，然終不若此言之吃緊而警策也。如何？如何？』予復之云：『承示，教我多矣。然繹顏淵「循循善誘」之訓，固謂必先博文而後約禮也。又證之以博學而詳說之，將以反說約之言，益信聖賢爲學之序，窮理主敬如此而已。然所謂先後者，豈真截然分爲二事？蓋禮即在文之中，約亦在博之際，即朱子所云，非謂窮理時便不主敬也，其間有淺深之別，朱子於或問中言之已詳，今具載鄙著中，後人不察耳。先生「俗學」「腐儒」之論，正符此旨。今以格物致知爲窮理，誠意正心爲主敬，本末不離，終始有序，自可斬斷葛藤，何必舍確有可循之詣，外生支節，以滋紛紛乎？至文理無涯之說，似無庸慮。孟子云：「知者，無不知也，當務之爲急。」今如此，則只存「當務之爲急」一句，而「無不知也」四字竟可删去，恐非聖賢立教意也。』」

「時予將東歸，中孚札云：『弟於先生篤好之私，有不可得而形容之者。故此來謬不自度，妄有請正。蒙先生臥榻之論，一一中弟膏肓，非道義骨肉之愛不至此。厚德之賜，感何如也！駕旋不獲祖送，中心悵結。』予復之云：『弟於學無所得，特以辱在夙好，故中有所疑，直言無忌。臥榻之論，弟竟茫然，唯先生恕其狂瞽，幸甚。』」

「中孚天資高明，學識淵邃，近代之好古篤行者罕見其匹，但意主文安、文成之說，其所從入，似得之禪，故談論筆札，往往不諱。此番相會，不覺多言，亦實以心所敬事者，不欲草草負金蘭之誼耳。次日，予遂歸。而在頻陽，又別有往還者，田憶東、李賓岱、楊白公、唐大章、武秉文、田玉田、李素心、李闇君、田子經、田傅若、周靜生、田南若、楊贊石諸君，文章翰墨唱酬無虛日。唯李天生以女病、與弟大生不獲從容晤談。及予瀕行，其女竟殤矣。山輝之子長源在苫凷之次，不暇及他，而喪葬盡禮，則可稱云。」

按：此篇頻陽札記爲先生理學思想展現最充沛之一文，故幾乎全文録入譜中。其中與二曲先生多處交綏，可以看出朱學系統與王學系統之互不相讓云。

復按：郭傳芳，字九芝，大同人，歷官咸寧、郃陽二尹，康熙十三年遷富平知縣。康熙十七年春，顧亭林至富平；十八年秋，傅青主至富平，九芝均郊迎。宰富平首尾七年，康熙十九年調四川達州，旋歿于任。與傅青主、李天生交極密，傅云九芝「嘗爲予歷訴生平艱難苦毒，至於二人終天飲泣，舌卷不可忍聽。」（見霜紅龕集卷一八題四以碣後）李醉時歌贈郭九芝云「過我索書囊底詩，低徊涕泣被顔面。」（見受祺堂詩集卷一三）

康熙十七年戊午（一六七八年），先生年五十七歲。詔舉博學鴻儒，先生辭疾不獲，遲遲入都，寓昊天寺。

續刻受祺堂文集卷二王徵君山史六袠序：「蓋先生入太學，即棄諸生之日，譬之泰伯讓國，有託而逃，故無得而稱也。已而詔集天下儒者京師，修石渠、虎觀故事，廷尉張公若給諫諸公，僉以先生重薦牘，或摭其跡，猶曰國子生，索鴻鵠於澤中，而不知其翔天表久矣。先生辭疾不獲，遲遲抵燕，寓遠寺僧僚、王公大人非就訪，罕覯其面。」按：受祺堂詩集卷二〇無異先生同客京師詩有注云：「先生時寓昊天寺。」復按：當時傅青主、李天生亦均被徵。天生所謂「張廷尉」即張勇之子張又南（雲翼），時官大理寺卿。

時，先生有燕中對菊詩，顧亭林遙自陝西和之。

北行日札對菊有懷：「御水橋邊秋葉黄，一枝寒菊度重陽。臨風每憶陶元亮，恐負東籬晚節香。」按：此詩亦載亭林詩集同志贈言，詩題爲燕臺觀菊寄呈亭林先生。

顧炎武亭林詩集卷五和王山史寄來燕中對菊詩：「雪滿河橋歸轡遲，十行書札寄相思。楚臣終日餐英客，愁見燕臺落葉時。」按：同志贈言中復録山史寄亭林先生：「衰晚幽棲十載餘，行藏到此豈堪疏。故人自寄當歸草，何處能容卻聘書。」

在都，與蔚州魏環溪（象樞）、新城王阮亭（士禎）、宣城施愚山（閏章）、睢州湯潛庵（斌）、清苑陳藹公（僖）、山陽閻百詩（若璩）、秀水李良年（武曾）、三原孫豹人（枝蔚）、涇陽李屺瞻（念慈）等，均有往還。

王士禎居易録：「華州宗人弘撰山史，博物君子也。」「康熙己未，以博學鴻儒徵至京師，居城西昊天寺。不謁貴遊。以老病辭，不入試。罷歸。嘗攜示蘭亭『湍』、『流』、『常』、『右』、『天』五字未損本，唐棣水仙圖，乞予作長歌。同觀者施侍讀愚山也。在關中，蓋張芸叟一流人。」

王士禎漁洋精華録卷三同施愚山陳藹公集山史昊天寺寓觀唐子華水仙圖：「先生舊隱三峰椒，太乙玉女時招邀。秦都漢時一蟻蛭，目玩易象窮昏朝。蒲車應詔謝賓客，城西古寺風蕭蕭。殘碑老樹氣象古，凉衫重戴風神超。八騶喧闐不到此，兩三素侶還相要。殘冬氣暖似吴越，佛香入院鍾魚飄。徐出一軸自拂拭，古光黯澹生鮫綃。青峰出没高歷歷，海天萬里回春潮。仙人綽約駕煙氣，飛龍決起横煙霄。六銖衣輕逐見舉，熒熒顔色如陵苕。四座咨嗟嘆奇絶，倏乘六氣遊空寥。子春一去伯牙逝，海波汨没秦人橋。君歸西嶽望東海，齊煙九點非迢遥。」

譜主北行日札答阮亭太史：「承召即赴者，本心也。病體不任，遂敢方命，他日西歸有期，定當奉過，領高談，作不速之客也。」又：「病夫不出寺門，左右所知，自忝宗誼，自可垂諒。即不允辭，弘撰亦終不至也。勿罪。」

同上答總憲環溪魏公：「尊者之召，不速而至，禮也。況夙仰模範，親炙有藉，而卻足不前，亦非情也。但弘撰以衰疾掩關，廢友朋往來，若不拜客而赴席，恐開罪於人不淺，當亦長者之所不取也。捧繹華簡，書齋敍談，元不比於尋常讌集，然亦跡近之矣。用是敢辭。」

同上復施愚山少參：「讀佳稿，氣恬而詞潔，儼然有道之度，此大雅之宗也。河南侯氏之文，非不備縱橫變化之致，然米氏作字，祗知險絶爲功，而赳赳自雄，去鍾情王態遠矣。古人有作，有後世誰相質定爲嘆。弟不揣妄有損益，知先生必有取爾。此中語，不堪爲外人道也。」答施愚山：「蘇長公卷不特書法可疑，絹色亦異，弟不敢妄跋也，此復。」

同上潛庵記：「潛庵者何？睢陽湯荆峴先生舊所讀書之居，而今錫之以名者也。時方應詔京邸，南北之士如雲，圭組韋布，詩文唱酬無虚日。先生獨處一室，寡所與，而予亦以病伏跡僧寮。先生過予語之故，且屬之記，蓋不勝其遂初之思也。」「或曰：陳希夷謂錢若水急流勇退人也，先生方壯而乞休，殆似之耶？或曰：朱文公辭焕章閣待制之命，而更號遁翁，先生在闕下而惓惓於『潛』以名其庵，將無同耶？其志固然耶？抑亦時爲之耶？予不答，退而書之以爲記。」

同上書自作賀閣先生壽序後：「予爲賀牛叟先生壽序成，寄之淮上，先生曰休矣。吾昔者有餘哀，將以慰吾子稱觴之情，而不忘吾偕老之盟，故有斯舉也。豈今復爾耶？於是百詩札來告予以故。予乃謝曰：此予之所爲得間而有請者，然而疏矣，是予之過也。而先生之行，則何其曲而中乎？昔予在淮上，得交萬年少、丘如磐輩，今於燕臺復識百詩，質疑問難，有朋友之樂焉；顧獨恨未獲從先生遊也。夫發乎情，止乎禮義，予益以知先生父子之深於詩也，可以風矣。」

山志初集卷五「陳藹公」條云：「戊午秋，予入都，遣僮尋一幽僻僧房作寓，乃至昊天寺。明日，陳藹公來顧，蓋先寓於其旁舍。予嘗聞藹公名於汪苕文所，然不深知之。時予閉門養疴，雖同寓，不數數見也。久之，始與之談，漸得讀其所著書，挑燈瀹茗，往往至子夜不休。藹公以世家子，風雅自命，又多遊公卿間。每與客集，議論風生，間雜以詼諧，四座爲驚，人以是稱其才，或見爲廣交遊，敦義氣，或見爲綜載籍，工文章，而抑知其有所以爲立言行事之本，而之死而不可奪之故耶！」按：居易録：「門人陳僖藹公，清苑人，以古文名河北，有燕山草堂集若干卷。」

山志初集卷六「孫豹人」條云：「前戊午冬，孫豹人之應詔入都也，初亦以老病辭。不準。既而回籍。又有旨：『年老者加職銜，以示優榮。』吏部官坐堂上，令年老者前。於時，有自前者，有強之而前者，亦有強之而不前者。吏部官固不知豹人，獨記其有長眉皤然者，物色之亟。遂以例，授中書舍人，豹人曰：『吾三十年老處士，今乃做官耶？』復撓撓以『不老』辭，然無有聽之者。予語之曰：執政以子爲中書，子自以爲豹人可也。若自以爲中書，非豹人矣，子其歸乎？陸策蹇衛，水張布帆，圖書無恙，松菊尚存，吾知江上故人，率其弟子，將攜酒慰勞，皆欣欣有喜色而相告曰：『豹人來矣。』」

李因篤受祺堂詩集卷二十有詩題目甚長，録之如下：「無異先生同客京師，家書至，有舉曾孫之慶，喜甚；既而嘆曰，安有爲人作曾祖尚可干進者！愚述其意，爲賦古詩，因得略敍山川門閥之雄，並及生平梗概，凡六百字，即示門人輔。」其詩前半部分爲敍閥閲及生平梗概者，故録入譜：「華嶽三輔東，其高五千丈。下有司馬廬，開門儼相向。季子美丰儀，中情兼直諒。弱冠讀父書，諸兄才俱讓。西遊涇渭間，所與必哲匠。有時聞新篇，四座盡惆悵。先秦何蒼然，兩漢互激宕。委蛇縞帶垂，一吐河山壯。少年或豪舉，天性嗜醇釀。回首笑嵇阮，把酒多跌踢。醉拊詞翰柔，操觚神采王。篆分存遺法，龍虎駭有狀。君起義獻裔，大名日星旁。釵角及漏痕，側鋒安足尚？同人丐筆跡，注墨猶崩浪。片羽總吉光，餘暉流屏幛。潛居將白頭，晚節益清亢。閉戶謝賓客，高眠心獨暢。凌虛築草亭，百尺瞻絶曠。几席擁翠陰，褰簾迷青嶂。吾愛仙掌蓮，削成本奇創。怪汝擅此物，乾坤乃私貺。病餘耽注易，疑義析纖纊。重發太昊圖，概刪諸説妄。吴郡秉人倫，世儒希得當。紫氣咋入關，幽期頻往訪。二公弟蓄予，矜許每過望。振綏來澗阿，懷古一酬唱。」「徘徊暮山深，積雨秋水漲。省君就僧寮，撫辛同悽愴。短裘裁蔽膝，儲粟不盈盎。朝看霜雪明，頓使朔風颺。行矣歲律除，曰歸仍難量。」以下爲敍述産曾孫事，從略。

是歲，吴三桂即位於衡陽，旋卒。其孫吴世璠繼之。先生在京，嘗就「理」、「氣」之辨，答問。

北行日札答問示耿門人蔚起：「問：『何謂太極？』曰：『太極是理。理氣合一，混淪無朕，名曰太極。道家以無極爲理，太極爲氣，故謬。』問：『太極是理，理何以能動靜？』曰：『動靜是理，不是理能動靜。』問：『理氣先後？』曰：『理不可以與氣言先後。言先，則先是理；言後，則後是理。言理，理在；不言理，理亦在。如云理能生氣，是不明也。』」按：此處先生之唯物主義觀點，顯示比較明切。且在「理氣」關係問題上，亦較富有辯證的因素。但不論如何，其總的哲學體系，仍不出朱學之唯理論。試觀以下諸引文。

同上：「天下之理，不離動靜二端。靜者道心也，動者人心也。心一而已，靜故微，動故危，精一執中，繇工夫以還本體，動靜合一矣。動靜合一，非佛氏之所謂空，老氏之所謂虛也。」「近有謂主靜在一切動靜之先，又有謂動是本體者，說來亦自可聽，要皆過奇之論，非實際也。」按：「動是本體」，並非過奇之論。

山志二集卷四「理氣合一」條：「或問予：『理氣合一之說？』曰：『盈天地之間皆理也。理本實，而其位則虛。即如天地之間有潤下之理，水得之。然有水，而潤下之理見；即無水，而潤下之理亦自在。是潤下之理水得之，非有水而始有潤下之理也。有炎上之理，火得之。然有火，而炎上之理見；即無火，而炎上之理亦自在。是炎上之理火得之，非有火而始有炎上之理也。有仁義之理，人得之。然有人，而仁義之理見；即無人，而仁義之理亦自在。是仁義之理人得之，非有人而始有仁義之理也。人有是身，即載是理，所謂性也。本之固有，非有外鑠。』」按：先生始終主張「理」是「用」，是「工夫」，非以「體」言，凡此皆含蘊唯物主義因素。唯以水、火、人性並論，一爲自然現象，一爲倫理現象，則稍顯駁雜矣

同上：「或舉李古源之言曰：充塞於天地之間者，皆氣也，而理實寓於其中。理氣不相離，固矣，然有形者必有所始；氣既有形，則必有所從始。不知未有是氣之時，理何所附？理雖無形，實所以主氣乎；既謂之『主』，則必先是氣而有矣，又不知此理孰從而來？而又何所附也？或謂有則齊有，不可以先後言，然所謂『一齊有』者，又何自而來耶？曾以問於陽明，陽明曰：此雖聖人有所不知其義如何。」陽明、山史均謂此種打破沙鍋問到底之問題爲「積障」或「理障」云。

康熙十八年己未（一六七九年），先生年五十八歲。春三月，西歸。赴徵往返，悉由長公宜輔、次子宜輯隨侍。

續刻受祺堂文集卷二王徵君山史六袠序：「甫峻試，膏車馳還」，「蓋先生自是賦遂初爲布衣焉，圭組不及其身，而究

未嘗有戾俗之行，顯絕乎君大夫，庶乎通隱者耶？　雖然微，賢子海州君伯佐暨文學仲和左之右之，不至此。」「曩先生赴徵，海州實侍以往，諸公之詣先生者，海州必報謁其門，卑語婉容，謝其父衰病不能出，又數籲內部，力贊以歸。」「如海州伯仲，可不謂養親之至哉！」按：　先生長子宜輔曾官海州同知，故天生作如是稱呼。

曾因趙韞退（進美）之請，爲相國益都馮溥撰壽屏文。

山志二集卷三「應酬詩文」條：「予在都門日，趙韞退爲其里人索予文書屏，賀相國馮公壽，韞退先君與先司馬爲同年好友，予嘗兄事韞退。辭之再三不得，勉擬一稿。及相國壽辰，予不往，亦不以一刺往，蓋安愚賤之分耳。其文之當意與否，遂置之不問。後聞司其事者不喜予文，別倩人作，相國聞之，使語曰：『吾喜王子文。』司事者不得已，復用之。閻百詩、李屺瞻過予寓，皆爲言如此。」按：　韞退爲趙執信（秋穀）族祖輩。

曾與翰林院掌院事葉訒庵（方靄）札，代李天生告終養事緩頰。

同上書同卷同條：「憶己未予將出都時，葉訒庵掌翰林院事，李天生方授檢討，告終養。來予寓曰：『吾母老，今不得歸。兄竟忍舍我而去乎？』予曰：『我即不去，亦無益於君。』天生曰：『此事掌院可以爲力，兄肯爲言，事可濟。且言出於兄，掌院當益信弟之真情耳。』詰朝，予詣訒庵，訒庵已入朝矣。予念明日當行，不可負諾，乃過阮亭處，託其轉告。阮亭曰：『兄可作一札，弟爲面致，便諄言之。』予即作一札付之。次日予遂行。天生來送，彈涕而別。」按：　札文見砥齋集卷八下，不俱引。

離京抵華前後，與王阮亭（士禛）、湯潛庵（斌）等互有酬答。

漁洋精華録卷八送山史歸華山：「華山丹頂鶴，清唳向西峰。不羨三珠樹，長棲千歲松。林巒有佳色，眠起日高春。石上流泉好，菖蒲方紫茸。」

山志二集卷五「外大吏」條：「余西歸日，［潛庵］嘗有寄余札云：『都門相聚數月，晤對無幾，臨別匆匆，未及追送，爲歉。兩人相約同歸，先生得遂本志，而弟久滯長安，命也。史局方開，未敢遽請。何時乞身，了此一段蛇足也。』後又有答余札云：『都門僧寮寄跡，數數往還，快聆高論，甚慰夙心。先生名山著書，清風峻節，海内仰之，如天半朱霞。又得亭林先生共隱，商確古今，以古道相砥礪，泰山孫、石，不足方矣。子德歸養一疏，情同令伯，而高節過之。飄然出都，真鳳翔千仞。至承歡北堂，絶無軒冕態，此固應然，無足異者。中孚冥鴻高蹈，其躬行心德，在語言文字之外。關中形勢完固，風土淳淑，代有偉人，恐不能過今時也。弟雖久滯長安，寤寐歸依，實在四先生。不知何時被放，相從於渭、洛、二華之間也。』「回思三十年間，升沉生死，倏然如夢，不覺泣下沾衿矣。」

同上同卷同條：「王阮亭有寄余札云：『頃徵聘之舉，四方名流，雲會輦下，蒲車玄纁之盛，古所未有。然自有心者觀之，士風之卑，惟今日爲甚。如孫樵所云：走健僕、囊大軸、肥馬四馳、門門求知者，蓋什而七八。其自重以重吾道、重朝廷者，屢有之矣。獨關中四君子卓然自挺於頹俗之表。二曲貞觀丘壑，雲臥不起。先生褐衣入都，屏居破寺，閉門注易，公卿罕識其面，焦獲（按：孫枝蔚，三原人）跡在周行，情耽林野。頻陽（按：李因篤，富平人）獨爲至尊所知，受官之後，抗疏歸養，平津閣中獨不挂門生之籍。四君子者，出處雖不同，而其超然塵壒之表，能自重以重吾道、重朝廷者，則一也。此論藏之胸中，惟一向蔚州魏環溪、睢陽湯荆峴兩先生言之，不敢爲流俗道也。』余辱阮亭之知非一日。己酉（按：康熙八年）在都門，與汪苕文「諸君時相過從，而諸君皆已作古人，獨阮亭與予存。偶撿此札，不勝今昔之感。以中言及睢陽，又論戊午事，有戚戚於心者，故録之於册，將以傳示子孫。雖有過譽之言，涉於自矜，所弗顧也。」

砥齋集卷八下有答郭九芝明府云：「弟以荒疏之學，衰病之軀，不得已而出。幸還畎畝，以度桑榆，此分内事也。執事經、權、方、圓之喻，可謂愛忘其醜矣。然從來徵士之無體，未有甚於此時者。弟兢兢半載，祇求免『無恥』二字，此或可不見斥于先生長者，則亦弟之所敢自信者也。」「顧亭林先生五月往汾州，歸華尚無定期，蓋俟楓仲結完前事耳。」

秀水徐嘉炎亦有贈詩。

鄧之誠清詩紀事初編卷七引抱經齋詩集卷四贈別華州王山史兼呈秦晉諸同學：「東南稱材藪，不如西北士。西北崇樸學，東南尚華靡。樸學必樸心，華靡徒爲耳。此固地氣然，人情亦復爾。黄河崑崙來，龍門漸南徙。兩戒首秦晉，分流鍾其美。名流爰挺生，前哲庶可擬。先生産華陰，人綱復人紀。自署爲無異，世皆稱山史。其言明且清，其道温而理。手輯山志編，高風軼塵軌。今子成國器，孫曾茂蘭芷。三世習雍頌，一堂成燕喜。與余遇燕臺，相見忘執雉。傾蓋蕭寺中，悠然消鄙俚。時作五字吟，長嘯芬人齒。使我心如醉，移情未能已。」

是歲，顧亭林先生來居華下，先生歸，與共晨夕。

亭林文集卷四（蔣山傭殘稿卷三與三姪）：「新正已移至華下。祠堂書院之事，雖皆秦人爲之，然吾亦須自買堡中書室一所，又須買水田四五十畝，爲饔飧之計。而山右行囊五百金寄戴楓仲者，爲其子竊去，納教諭之職。以此捉襟見肘，尚未有就。然秦人慕經學、重處士、持清議，實與他省不同。我在此靖逆侯請至蘭州而未往，川督周請至西安而亦未往，華陰本邑令君遲維城。親來，我僅差人叩頭而已。此皆得之關中士大夫之指教。王（按：山史）、李（按：天生）赴京，復有劉（按：太室）、楊（按：端本）二紳爲之地主。黄精松花，山中所産；沙苑蒺藜，止隔一水；終日服餌，便可不肉不茗。然華陰綰轂關河之口，雖足不出戶，而能見天下之人，聞天下之事。一旦有警，入山守險，不過十里之遥；若志在四方，則一出關門，亦有建瓴之便。今年三月，乘道塗之無虞，及筋力之未倦，出崤、函，觀伊、洛，歷嵩、少，亦有一二好學之士聞風願交，但中土饑荒，不能久留，遂旋車而西矣。彼中經營方始，固不能久留於外也。」

砥齋集卷八下復施愚山侍講：「李子德歸，接華札，並讀扇頭佳詠，如親承意旨。所謂辭寄清婉，有逾平日。但獎借過情，非所敢任耳。欲作一和篇，思遏手蒙，遂復中輟。家茂衍至，再捧手教，草茅衰病，何足比數，而先生篤念不忘，乃爾耶？自分一丘一壑，可畢餘生，而今每爲徭賦所追，不免拮据。唯是與顧亭林先生共數晨夕，得日聞所未聞，差足自娱。而亭林明道正誼，弟實奉若神明蓍蔡，不第服膺其問學之精博已也。」「關西民力已竭，運餉千里之外，兼以蜀道之險，米一石遂費至十二金。今年猶可搘柱，明年若不更計，則其患有不可言者。不審廟堂之上，何以籌之邪？」

同上復湯荆峴侍講：「羈跡都門，無一好懷，惟得式瞻儀型，慰夙昔企思之私，爲一快耳。」「弘撰以不才，又衰病侵尋，西歸以來，益復憊甚。唯是與顧亭林先生朝夕同處，以古道相砥，優游山水之間，差足娱耳。」

吴映奎亭林年譜：「（康熙十八年、己未，六十七歲）十二月二十七日張廷尉雲翼夜半告訪。」

亭林文集卷四復張又南書：「至鄠人僑居之計，且爲後圖。而其在此，亦非敢擁子厚（按：張載）之皋比，坐季長（按：馬融）之絳帳。倘逖聽不察，以爲自立壇坫，欲以奔走天下之人，則東林覆轍，目所親見，有斷斷不爲者耳。」

蔣山傭殘稿卷三祝張廷尉書：「兹當初度，倍迓百祥。」「敬效葵芹，用裨山海，伏惟鑒茹，可任榮施。別有啓者：鄠人以頒白之年，采山而隱，卜于西嶽，宗祀考亭，前書已陳，無煩贅説。惟恐物情難一，多口易生，疑爲色取行違之人，謂是講學聚徒之輩，則朱子當年尚且蒙譏於僞學，而腐儒今日豈能遍信于同人？倘晤撫軍，乞陳硜鄠之素，幸甚幸甚！」

康熙十九年庚申（一六八〇年），先生年五十九歲。是歲，張勇舊部王進寶、趙良棟師分兩路入川，夾擊雲南。四月，先生有父之側室張氏卒，亭林有免（務奮切，讀「問」。）服之議，朝邑王仲復（建常）辯之。

亭林文集卷四與王仲復書：「華陰王君無異有諸母張氏，年二十六，其君與小君相繼歿。無異以兄子爲後，方四齡，張氏獨守節以事太君。二十五年太君亡，又三十餘年，年八十一，及見無異之曾孫而終。無異感其節，將爲之發喪受弔而疑其服，僕以免服告之。讀來教，與無異書，未之許也。竊惟禮經之言免者不一，而詳其制有二焉：其重也，自斬至緦皆有免；其輕也，五世之親爲之袒免。夫五服之制，有冠有衰，免則無冠也。鄭氏曰：以布廣一寸，自項中而前，交於額上，卻繞紒，如著幓頭矣。是故有免而衰者，有免而袒者；在五服之内，則免而衰；五服之外，則免而袒。袒者，非肉袒也，無衰，故謂之袒也。」「今張氏之卒，無異將爲之表其節而報其恩，其可以無服乎哉！」

王仲復（建常）復齋餘稿復顧寧人書：「讀來教，言免服之制，引經據傳，明且盡矣。但以處無異之於母媵，則不可。夫媵，所謂婢子也。人之配妾，與妻不同，婢又與妾不同，無子與有子又不同。今無異以司馬公子，後於從叔父，是爲祖繼體也；且夙擅文名，晚歸理學，爲關中賢者。顧乃惓惓于父之婢子，而發乎情不能止以禮義，賢者固無此乎！若欲表其節，只可以辭，未聞以服者。此事以委曲傅會，恐爲無異累不小也。夫先王制禮，不肖者不敢不勉，賢者不敢過也。況禮經所無者乎？竊擬縞冠深衣，送伊歸土，爲無禮者之禮可也。若發喪受弔，只能得市童憐耳，恐未免爲識者鄙也。不揣愚陋，敢布腹心，唯有道俯加裁正，即以轉致無異，慎勿自輕，則吾黨幸甚，斯道幸甚。」

同上復王山史書：「辱教及無禮者之禮。弟愚，固非明于禮者。但據所聞家禮：父妾之有子者，正義服緦麻；若適子、冢子，皆齊衰杖期，乃皇明律文也。媵則從無聞焉。今先生欲以免爲始喪之服，得非以義起乎？至於合葬，則非塋人之所敢擬也。然近世有於塋域後首南趾北葬者，不諗亦可踵行之否乎？」

亭林文集卷四答王山史書：「仲復之言，自是尋常之見。雖然，何辱之有？小星、江汜，聖人列之召南，而紀叔姬筆於春秋矣。或謂古人媵者皆姪娣，與今人不同，誠然。然今人以此爲賤者，不過本其錙銖之身價而已。價與義有時而互爲輕重。記曰：『父母有婢子，甚愛之，雖父母沒，沒身敬之不衰』。夫『愛』且然，而況五十餘年之節行乎！使鄉黨之人謂諸母之爲尊公媵者，其位也；其取其重于後人而爲之受弔者，其德也。易曰：『利幽人之貞，未變常也。』諸母當之矣。君子以廣大之心而裁物制事，當不盡以仲復之言爲然。將葬，當以一牲告於尊公先生而請啓土。及墓，自西上，不敢當中道。既窆，再告而後反。其反也，虞於別室，設座不立主，期而焚之。」「今爲位受弔，加于常儀，以報其五十餘年之苦節，使民德歸厚，敬服敬服。若遂欲祔之同穴，進列於左右之次，竊以爲非宜。」

山志初集卷三「王仲復」條：「王仲復，司寇心一公（按：名之宷）之從子也，其學一以考亭爲師，沉潛刻苦，讀書一字不輕放過。持躬處物悉有矩。昔司寇公爲逆黨誣害，追贓，仲復先君舉橐助之，故仲復長而家貧。遭寇亂，棄諸生，弢跡渭濱，教授生徒。足不入城市。不近名，名亦不著。關西高蹈當推獨步。」

康孟謀（乃心）王貞文先生遺事：「朝邑王仲復先生，高士也。與先生爲同心之友，每先生書往，仲復必揖而啓之；仲復書來，先生亦然。在江南，爲刻其律呂圖說。」

是歲先生又納妾，亭林作書規之。

蔣山傭殘稿卷一與王山史：「董子曰：『君子甚愛氣而謹游于房。是故新壯者十日而一游于房，中年者倍新壯，始衰者倍中年，中衰者倍始衰，大衰者以月當新壯之日。』某年五十三，遭西河之戚，未有繼嗣。及辛亥歲，年五十九，在太原遇傅青主，俾之診脈，云尚可得子，勸令買妾，遂於靜樂買之。恃其筋力尚壯，亟於求子，不一、二年而衆疾交侵，始思董子之言而瞿然自悔。會江南有立姪衍生之議，即出而嫁之。嘗與張稷若言：『青主之爲人，大雅君子也。』稷若曰：『豈有勸六十老人娶妾，而可爲君子者乎！』僕無以答也。又少時與楊子常先生最厚，自定夫亡後，子常年逾六十，素有目眚，買妾二人，三、五年間目遂不能見物，竟得一子已成童而夭亡，究同于伯道矣。此在無子之人猶當以此爲戒，而況有子有孫，又有曾孫者乎！有曾孫而復買妾，以理言之，則當謂之不祥；以事言之，則朱子斗詩有所謂好人嘆者，即西安府人，殷鑒不遠也。伏念足下之年五十九同於弟，有目疾同於子常，有曾孫同於西安之『好人』，敢舉此爲規，未知其有當否？」

十月，趙良棟率師攻入昆明，吴世璠服毒死。「三藩」告平。關中遭此七年戰亂，民生痛苦不堪。

亭林詩文集卷六答徐甥公肅（按：名元文）書：「關輔荒涼，非復十年以前風景。而雞肋蠶叢，尚煩戎略；飛芻轉粟，豈顧民生？至有六旬老婦，七歲孤兒，挈米八升，赴營千里。於是強者鹿鋋，弱者雉經，闔門而聚哭投河，併村而張旗抗令，此一方之隱憂，而廟堂之上或未之深悉也。」按：此札，吴映奎顧譜系在庚申年。

是歲之末，先生復遊江南，是爲中年後之第四次。

康熙二十年辛酉（一六八一年），先生年六十歲。往來于蘇州、嘉興等處。

砥齋集卷二題王太常煙客畫卷：「畫，一藝耳。古人以之澄懷觀道。予素頗好之，謂不可與他玩好等視。婁江王煙客先生，學道之餘，留心畫理。昔與先司馬交好京師，嘗爲寫山水大幅，今猶藏在山齋，珍同拱璧。重光作噩（按：辛酉）之夏，舟次鴛湖，訪故人朱子葆，獲觀此卷。其位置皴染，法猶可尋，而氣韻超逸，有在筆墨之外者，弗可迹求，當是其平生最得意之作。廣陵散絶，欲不謂之至寶不可。」「裴裒江樓，風景不異，反復遺跡，典型已遥。因題數語，又不覺百感之交集也。」按：嘉興府南有湖曰鴛鴦湖。

砥齋集卷四周子佩血書貼黄記：「烈皇帝即位之始，褒卹先時死諫諸臣，首周忠介公（按：忠介名順昌，明史卷二四五有傳），賜贈賜蔭、賜祭葬、賜謚、建祠、賜額，典禮倍矣。更以所贈之官，追給三世誥命，則以子茂蘭之請，而烈皇帝之特恩，遂爲諸死諫者子孫之倡。詩云：『孝子不匱，永錫爾類』，其茂蘭之謂乎！初，茂蘭匍匐詣京師，上疏鳴父冤，乞誅諸奸，復其仇，刺指血以書。姚文毅公見其中有『鼎湖』諸語，謂非所宜，欲令易之，而以血書爲難。茂蘭曰：『以先人之遺體爲先人用，茂蘭何敢惜？』更破舌，取血，改書貼黄以進。故元本得私存笥中。弘撰嘗盥手觀之，一百四十四字，光熒熒如幾，不化碧也。今五十載餘矣。既遭喪亂，所藏誥命，竟失二軸。茂蘭號慟不已。有卒王得勝得之，詢諸鄰人，悉忠介公事，乃戚然踵門以還。」「茂蘭字子佩，自甲申變後，高隱不出，念烈皇帝之恩，與弘撰每一言及，輒相對泣下霑衿。弘撰以兄事茂蘭，歷三十載，嘗大其復仇之義，推之等於王裒，蓋裒以不事君者不忘父，茂蘭以不忘父者不忘君，所遇雖殊，其志一也。河山不改，此書長存，將嵇侍中之血有不得與並儗者矣，況其他哉！況其他哉！」按：先生初交子佩在順治八年（一六五一年），至本年（一六八一年）恰三十年；再，崇禎登位在一六二八年，至一六八一年，恰爲五十餘年，故系於此。

康熙二十一年壬戌（一六八二年），先生年六十一歲。是歲正月初九日，崑山顧亭林（炎武）先生卒于山西曲沃，終年七十歲。夏季，先生在海州始悉噩耗。

山志二集卷二「顧亭林徵君卒」條云：「辛酉秋，予至嘉興，訪曹秋岳司農，相見，即致悼亭林之歿爲文獻之惜。予曰：『亭林無恙，尚在予家。予來時，亭林亦有山西之行。』秋岳且驚且喜。逾年壬戌夏，予在海州（按：或往探視長子宜輔），接閻百詩手札云：『亭林于春初歿于曲沃。』予爲位而哭之慟。秋，予西歸（按：指海州向西），取道揚州，將往崑山，過淮安，見張力臣云：『亭林之柩尚未歸，不知何以淹滯於彼？』深以不獲撫柩一哭爲憾。又怪亭林未歿，江南何以遽有此問？搦管偶記，涕下霑衿。」

按：張力臣，吴映奎顧譜云：「力臣，名弨，山陽人，號亟齋。」「（亭林）先生音學五書皆先生手寫付梓」。竊嘗見張亟齋遺集一小册，其附録中云：「亟齋父張致中，字性符，有眉尹文集，爲復社領袖。」亟齋晚年窮困流離，攜子弟居於京師（略見靜志居詩話及茶餘客話）。又見山陽丁晏所著張亟齋遺集序，云曾于淮陰市上見張力臣棧行圖一軸，繪其貌癯古，有微須，布巾裹首，著淡紅色衣，策馬行萬山中，一奚童尾其後，以袖掩口，若沖寒之狀云云。

冬，先生在揚州，與葉井叔（封）、冒巢民（襄）、童鹿遊有往還。

山志二集卷首黃州葉封序：「曩余獲交崑山顧亭林先生。亭林於當世士多否少可，獨亟稱華陰王山史先生。已，山史至京師，余一見輒心儀之；顧蔥蔥別去。比亭林就居山史之家，兩人皆好學敦行，志相得也。康熙壬戌歲暮，余客揚州，山史亦來，則先是出遊將盈二稔，聞亭林之歿，且周歲矣。同寓蕭寺，朝夕過從，接其言論風旨，往往酬答無倦，或至丙夜不休。得讀所著正學隅見述及山志，乃知山史誠醇儒，其學有本，固非徒博聞強識已也。」按：葉封，與宋犖、王又旦、曹貞吉、顔光敏、田雯、謝重輝、丁煒、曹禾、王懋麟被稱爲「京師十才子。」

山志二集卷三「魏子一」條：「（冒）巢民，復社名士，今之典型也。子二：長穀梁嘉穗，次青若丹書，皆英俊有父風。庚申（按：康熙十九年）秋，其族一惡少有求於巢民，不遂，不勝恨，謀挾刃潛襲其室行刺。適婢奉匜水遇之，問何爲者？輒應曰：『尋爾主。』婢素識其人，又見其挾刃，遽以匜當戶抗拒。青若聞之，奔至，徒手格鬭，其人不得入，衆集執之。詣官訊之，詞連巢民之弟，法當並坐。獄已具，巢民有不忍者，復爲申救。人皆謂其不可及。青若被四創，死而復蘇。婢洞腹腸出，納之亦不死。」「巢民今年七十二，老而好學，猶時時爲高會，豪舉不衰。平生周急恤難，不惜傾橐。迨遭回禄，家中落，以不能厭人欲，遂幾致不測之禍。然有青若之孝，婢之義，一時聲溢郡邑，詠歌嘆美，篇章盈篋，亦可以慰矣。」

同人集卷九載華山王弘撰（山史）壬戌小年過訪巢民先生款留匿峰廬三日别後寄贈二首：「浩浩乾坤内，巢居有逸民。夙懷唯磊柯，晚節益嶙峋。頻洒河山淚，猶餘草木春。匿峰廬畔月，長照夢魂新。」「四海推簪盍，千秋託簡編。高曾遺矩在，朝野大名傳。不作尋常事，而垂七十年。感時思俎豆，家國總悽然。」巢民亦有王山史先生寄贈二首答和原韻：「太華王夫子，西秦古逸民。三峰盤窈窕，八水照嶙峋。拂袖金門遠，滄花玉井春。偶來淪海上，交訂白頭新。」「丙舍悲先澤，頹垣集斷編。鐘孫無共恤，謝宅未三傳。拮据當窮歲，哀吟逼暮年。新詩最悽愴，捧誦亦茫然。」

砥齋集卷一下童氏族譜序：「如皋童太學鹿遊昌齡，其先爲蘭溪人，遷如皋已三世，而鹿遊念之不忘，於甲寅歲特走蘭溪，訪高曾遺業，展埽墳墓，宗黨咸賢之。壬戌遇予維揚，亟以修其族譜請。予爲遡其所出，以及於八世之祖，其先不可考，其他亦不能詳，特據其所明者，序次而歸之。」「予與童氏，居不同地，無姻連，而爲之譜，是越也。夫予之爲之譜也，是越也，而予弗能已焉，亦可以知鹿遊矣。」

康熙二十二年癸亥（一六八三年）先生年六十二歲。嘗命改華下讀易廬爲顧廬，李天生爲詩紀之。

受祺堂詩集卷二五題無異先生顧廬三首序云：「無異先生初輯是廬，學易其中，因以顔之。顧亭林先生至華下，借居之。亭林先生既歿，山翁改署今名。李生見而哀之，且多山翁之敦夙好也，爲詩紀實云爾。」詩曰：「學易中年自結廬，衡門忽系遠遊車。雙飛遂合延津劍，萬卷同歸遯世書。逝水難留清漢老，名山忍對白蓮疎。還因適館移新額，淚洒西州寓目初。」「江海英魂何處飄，入關從此問漁樵。三峰客去秋光冷，一榻亭閒夜色遙。博愛濫收元禮御，幽棲翻易伯通橋。榛苓遺恨無存歿，欲傍周原賦大招。」「獨步空庭悼所思，悲歌永夜憶同時。武陵誰引千年跡，姑射渾無一物疵。每爲松楸愁北嚮，爭教鴻鵠戀南枝。潛居幸有王符在，夙契兼留趙壹詩。」

是歲，李天生復補撰先生六十歲壽序，于先生有「通隱」之譽。

續刻受祺堂文集卷二王徵君山史六袠序略曰：「先是二十年八月乙未，值先生六袠皇覽，海州謀制錦屏，介先生壽，詘於貧未能也。今將補爲之。春日，走書三日里而丐予文。予兄事先生，稔悉其生平，又海州幼從予遊，誼無所卻。」「蓋先生之苦心，海州知之不能言之，他人能言之，不若予言之較切而得實也。」其論曰：「夫君子不得志則蓬累而行，此無關於世之治亂也。以『四皓』爲避暴，何以處採薇之仁人？以務光爲不事易姓之君，彼巢、許何據焉？然則善藏而不詭於正，其通隱乎？當吾世而有孫蘇門、顧亭林二公，其道大而行方，其學至博且深，實而有用。」「而二公皆往矣，求之關中，華下王徵君無異先生者夙交於二公，而樹品嗜古秀令淵茂，亦其流匹也。」按：吴懷清三李年譜天生譜系之康熙二十一年，但觀序文中「海州褰帷劇郡，屢攝鄰符」云云，似應較康熙二十一年爲更晚，兹權系於此，以俟再考。

是歲秋冬日，先生應張雲翼（又南）之請，爲其母張勇夫人李氏撰墓誌，又爲關中士夫撰賀張勇入覲之序。以上兩文，究爲旅中所撰，抑爲返里寫成，待考。

砥齋集卷九誥封一品夫人靖逆侯張公元配李氏墓誌銘，略曰：「康熙十四年歲在甲寅秋，靖逆侯非熊張公元配、誥封一品夫人李氏卒於京兆之第，是時有雲南之變，公命子雲翼等即其地權厝，而不發喪。」「今雲南平，四方寧謐。」「癸亥秋，奉窆有期，公適入朝，間以雲翼所自爲夫人狀，屬書其幽宫之石。予誼無辭。」

砥齋集卷一下賀靖逆侯非熊張公入覲序，略曰：「公鎮西陲，先後凡數十年，運籌決勝似子房。正身潔己，威化大行似然明。」「日者，滇南亂作，連及楚、蜀、三輔以西，處處煽動。公綏服人心，收復地方，天子倚之。」「四方既定，公請陛見，天子喜見公，可其奏。」「以公有足疾，命肩輿至乾清宫。」「乞休，優詔不許，留二十日，命還鎮。」「予未識公面，與公之子廷尉、司農二君爲道誼文章之交。」「公將入關，關中士大夫公製清防，躋堂稱觥，屬予爲詞。」

謹按：此後四年間先生行綜失考。傳聞先生有南遊詩草、南遊日札，而遍訪南北各大圖書館，則刻本無論抄本，均所未見。無法之餘，姑志于此。

康熙二十七年戊辰（一六八八年），先生年六十七歲。爲「金陵八家」撰記。

西歸日札善畫八大家記：「金陵之以善畫名者，衆矣。而周櫟園司農（按：周亮工）獨標舉八人，曰『八大家』。（前文已引）。」「癸卯，予至金陵，八人者日相往來。」「戊辰，予再至，則六人已化爲異物，損之（張修）老不復出門，獨會公（樊圻）尚健。乃二、三年間亦俱倏然謝世，今遂無一存者矣。可勝嘆哉！」

是歲，先生有哭亭林詩六首。

亭林遺書同志贈言中有戊辰哭亭林先生六首：「海內推明德，江東溯世家。傳經憶劉向，博物藐張華。倚劍天之外，揮戈日已斜。蔣山松柏路，顥氣不勝嗟。」「先帝賓天日，孤臣誓墓時。攀髯悲不逮，仗策計何之？入魯聊爲稼，游秦共賦詩。薊門回首處，今昔寸心知。」「霜露空縈思，行藏祇自憐，祭無王氏臘，書有晉家年。古殿中宵月，寒林幾處煙？何曾戀山水，洒血記芊眠。」「卷跡囂塵表，弢光野水濱。無求追大隱，不器是先民。氣以艱難壯，懷因誦讀新。重逢面黧黑，垂老惜征塵。」「天將興禮樂，世已誦文章。一代才難盡，千秋恨正長。山空啼鳥寂，江渺暮雲黃。披髮瓊樓側，翻然下大荒。」「晚計同棲隱，春風忽棄捐。空留安石屐，竟罷祖生鞭。間字亭猶在，銜杯榻遽懸。乾坤渾闃寂，吾淚日潸然。」

按：先生復有「再過」、「三過」亭林墓下作詩，度其寫作年份，當不出先生六十七至七十歲之間，故一併系在此。再過亭林先生墓下作云：「三年客江東，兩度撫君墓。野日滋宿草，秋花淒零露。緬維同心交，明誓金石固。稽古啓愚昧，敏求祛冥悟。朝昏恒不違，患難行我素。重訪伯起市，更尋公超霧。惠然止吾廬，一似形影附。同泣鹿馬石，手攀神烈樹。倏更四十春，戚戚不忘故。疇昔夢雲闕，白衣從玉輅。連蜷下大荒，偃蹇問天步。嘆惜桑榆景，徘徊崦嵫暮。幽明事已非，生死情一訴。洒淚歸山去，長辭西洲路。」三過亭林先生墓下作：「與君長別九年矣，白馬重來千里餘。獨拜荒邱淒宿草，更揮老淚問遺書。」「爲憶神期恒若存，莫將封禪比文園。當年羊傳徒輕爵，何似龍門有外孫。」

復按：先生除以韻文表達對亭林哀悼、並進行總結外，復以散文表達。山志初集卷三有「顧亭林」條：「顧亭林，古所謂義士不合於時、以遊爲隱者也。丰姿不揚，而留心經術，胸中富有日新，不易窺測。下筆爲文，直入唐、宋大家之室。至講明音韻，克傳絶緒。他所爲日知録、金石文字記、天下利病諸書，卷帙之積，幾於等身。朝野傾慕之。行誼甚高，而與人過嚴，詩文矜重。心所不欲，雖百計求之，終不可得。或以是致怨，亭林弗顧也。居恒自奉極儉，辭受之際，頗有權衡。四方之遊，必以圖書自隨，手所抄録，皆作蠅頭行楷，萬字如一。每見予輩或宴飲終日，輒爲攢眉，客退必戒曰：『可惜一日虚度矣。』其勤厲如此。所著昌平山水記二卷，巨細咸存，尺寸不爽，凡親歷對證，三易稿矣，而亭林猶以爲未愜。正使博聞强記，或尚有人；而精詳不苟，未見其倫也。」按：竊認爲，此不啻爲亭林所作最佳傳略。

復按：除山史對亭林進行總結性評論外，竊亦嘗見他人爲之。亭林年譜康熙九年下引山東德州程先貞（正夫）所爲贈顧徵君亭林序，略曰：「抽絲啓鑰，其辨詳以核，其論典以要，其思平實以達，其義純粹以精，本於經而不泥于昔聞，原于史而不拘於成説，多前賢所未明，一旦自我發之者。自漢、唐以來，諸賢林立，觀其意思，略與鄭康成、王文中輩相彷彿，皆能深造理窟，力追大雅，以斯文爲己任者也。以視今之作者，不啻奏黄鐘大吕於秋蟲嚮答之前，其巨細不侔矣。假使先生得時而駕，爲當代柱石，功業所至不過封侯而止，其于閑先王之道，以津逮將來，爲天下後世之利，且孰得而孰失乎？」亭林同邑學者朱伯廬（用純）愧訥集卷三中有顧亭林先生集序一篇，略曰：「蓋自聖門『文』、『學』爲科，而説者謂著之辭章者爲『文』，博其探索者爲『學』。竊以爲秦、漢以來，如先生之文者有矣，未有能如先生之學者也。然苟未有能如先生之學，則雖謂未有能如先生之文，可也。」亭林弟子潘次畊（耒）遂初堂集卷一〇顧亭林先生六十壽序，略曰：「當天地閉塞之時，而有特立不俱、遁世無悶之君子。霰雪集而不凋者，松柏之所以待春也；風雨晦而不熄者，膏火之所以待晨也，是可以答天心矣。」以上王、程、朱、潘諸論，可以連觀，故謹輯録於此。

是歲，先生應張勇之子張雲翼（又南）之邀，曾至福建。

張雲翼（又南）式古堂集尺牘中有寄先生三札，録之如下：（一）「睽違道範，倏改歲矣。對春雲島嶼，益念三峰。昔工部因巫峽而瞻華嶽，則僕立清源望白帝，並懷高居著述之賢徵君，諒非飾語以欺先生耳。憶從分袂，曾訂閩遊，不識果於何時共觴詠、看海日也。」（二）「夏初，得杜雲柯書，知先生游車已抵邗上，滿擬秋時當至温陵，而傳聞尚稅駕于姑孰，不知此時可達錢塘否？紫雲冉冉，日爲引領，覺丹山碧水，亦憾邀題之遲也，顒望顒望。」（三）「一別倏復三年，時憶紫氣所臨，泉山晉水，猶日爲文光所蕩漾。茲者先生稀壽，淮陰張子遠徵侑觴之言。因念登嶽躋堂，以及剌桐投轄，皆得爲先生酌斗。今在天末，惟望明月之光，遙祝大年，詩固不能盡意也。」按：式古堂集尾有李建（立庵）跋，自謂丙寅（按：康熙二十五年）隨雲翼從事於閩，刻書撰跋時已至壬申（按：康熙三十一年），足見張雲翼在閩或首尾七年（一六八六年至一六九二年）。以上三札，最後一札當作於康熙三十年，第二札或作於康熙二十六年前後，第一札當作於二十五年初到之時。式古堂集中有「關中張雲翼，以大理卿提師駐泉，六載中兩入覲」云云，足見雲翼在閩爲提督官，且一直爲康熙帝所寵信。山志二集卷三「清源山」條：「戊辰，予在泉南，值中秋，爲予初度前一日，輔兒請遊清源山，至碧霄巖，見石壁有大『壽』字，幾丈許，旁小書『宋淳祐戊辰立春日三山林奭奉親遊此山，書於石。』輔喜而異之。山上有泉出石罅，曰孔泉。味清甘，勝常水。相傳裴仙手闢之，亦誕。郡之得名以此。」

是歲，郃陽康孟謀（乃心）與李天生在華山先生山居，共訂亭林遺詩。

莘野集暮春嶽麓呈懷李太史三十二韻：「握手集靈闕，班荆獨鶴莊，山史先生隱居。遺編詩共訂，寧人徵君。別緒語難詳。剪燈宵常旦，聯榻夜未央。餘生瞻斗嶽，此夕計行藏。」

康熙二十八年己巳（一六八九年），先生年六十八歲。秋，曲阜孔東塘（尚任）與先生訂交于白門。

湖海集卷七（己巳詩）過王山史烏龍潭寓舍：「歡喜逢君漸爽天，青鞵白袷致翩然。買山錢少家雖累，著易年多道自傳。一頃殘荷秋剩藕，幾層荒寺晚多煙。遊人每日潭邊望，誰識茅亭寓大賢。」定九云：「山史先生命世大儒，此詩能寫其高致。」

同上卷一三與王山史聘君：「兩訪清涼山下，門徑寂然，不知先生何往也，悵立久之！遂有無限離羣之感。昨問穆翁，始知移家秦淮水亭。夫清涼、秦淮，皆爲金陵勝地，然消夏宜於山邊，吟秋宜於水際。況山邊之龍潭，荷花已冷，水際之鍾山，爽氣方新。先生意在山水，其因時遷移，皆有遲早分寸，世人那得知其故也。」

同上另札：「同客金陵，如水萍風絮。既無意遭逢，便思結團鋪錦，爲不可解之因緣。頃聞先生欲之武林，僕亦將歸燕臺，是猶風以吹之，水以激之。不得不散者，其勢也。不肯不聚者，其情也。堅此情而不變，南北天涯，何地無再聚之時乎？前有拙詩求教，先送舊寓而不遇，再送新寓而不遇。以爲必不遇矣，豈料反遇先生于座上？即此遇、不遇之間，可以觀聚散之境矣。」

康熙二十九年庚午（一六九〇年），先生年六十九歲。爲宋以偉撰山來閣記，並爲戴務旃（本孝）、無忝（移孝）詩集作序。

砥齋集卷四山來閣記：「（前文見康熙二年條下引）予去幾三十年，庚午秋，重來下榻。其中雖風景如故，而書畫散佚，閣已殺其最高一層，不得如昔之所望。以偉亦皤然崎矣。閣故顏『容安』，以偉喜予之來，易之曰『山來』。乃舉觴屬記。」「予不敢承，則告之曰：『今天下何曾有山水哉？予生長西方，天府之國，爲荒墟久矣。比出潼關，城郭人民，皆已非舊。過郟、鄏之野，觀當年戰場，燐火夜青，殤魂晝號，祖宗之澤，日以滅沒，有不勝其戚者。而此邦煙景華麗，士大夫猶得以管弦歌舞，飾其遊晏之樂；乃市井囂競之習，相尋未息，有道者之所懼也。』以偉不答，予亦就寢。恍惚窈窕，宛如昔之所望。鬱鬱葱葱，直臨牕牖。予不覺其肅然而恐、悄然而悲、憬然而寤也。遂披衣書之，以爲山來閣記。」

砥齋集卷一下守硯庵文稿序：「（前文見康熙七年條下引）庚午秋，予涉江上蔣山之下，久之，重見於長干梵宇。復爲華山圖一幅、七言長歌一章見貽，風義翩翩猶昔也。既而示所著守硯文稿，曰：『予文不可無子序。』余讀至九怨與族譜之作，忠孝之情溢於簡端，斂衽而嘆曰：『此其爲靈均之遺則乎？』」「予獨觀其行吟澤畔，憔顇枯槁，至無以自持矣。迨與漁父問答滄浪之歌，餘音未絕，而鼓枻杳然，與成連之聞瀨水，澒洞而茫然移情者，千年以來，此境一再見而已。遠遊之篇曰：『其小無内兮，其大無垠。無淈滑而魂兮，彼將自然。壹氣孔神兮，於中夜存。虛以待之兮，無爲之先。庶類以成兮，此得之門。』斯言也，其得之既見漁父之後乎？崢嶸寥廓，太初爲鄰，不第視世之總總者無所復攖。即三后之思、侘傺慷慨之態，亦覺翛然而無餘。蓋靈均於是乎深於道矣。務旃以有爲之才，奉其先人遺訓，底厲名節，遭時不造，裂冠棄人事，遊散山水荒遐之區，足跡遍三陲焉。乃日月幾何，而顛毛種種，田園就蕪，妻子有饑寒之色，務旃獨浩浩落落，忘懷得失，操觚不輟。夫仁不遺親，義不後君，攬萬有於一掬，折以古之法度，而騁其縱横宕逸之致，入理泓然，達於象表，其於靈均之爲有進焉者，異乎否耶！」

同上碧落後人詩集序：「後十七年，戴子無忝之登華山也，予不及以履從，未識無忝之人也。而今在舊京於其兄務旃所得讀無忝之詩選，按義詞，出入風雅，不第一門之内，有雍熙之軌，而國運之盛衰，朝爭之得失，俱隱隱可指。其識洞，其論公，其氣沉，固非雕飾浮采、留連光景者之所可方也。昔者權奸柄政，刑賞生殺皆出其手，而不能奪文節先生之硯，至爲蓄憾。此其故豈在硯哉？務旃守其硯以爲庵，庵成而復以硯授無忝，則其兄弟之所勖勵，又自有在可知也。即跡或不同，要以不欺之志，不移之節，不失其先人之貽謀，則一。故予讀碧落後人之作，亦如讀前生、餘生之作，不禁心折首俯，而有時爲之髮沖冠而涕霑衿也。」「余既爲務旃序其文，而務旃又欲余序無忝之詩。同心之好，諒不在區區墨翰之間，是以特寫其中之所知者如此。嗚呼！知其詩矣，豈猶恨未識其人哉！」

又嘗遇長洲程然明，爲之序其詩草，並爲其亭作記。

砥齋集卷一下程然明續遊草序：「庚午秋，余以大司馬東山王氏之招，爲其子授易，則吴門程子然明在焉。」「孟冬上浣，余將暫之白下，然明以其續遊草屬序。」

砥齋集卷四止亭記：「予嘗讀陶靖節止酒詩，而嘆靖節之善言『止』也，然其進焉。蓋古聖賢之學，莫不以『止』爲要也。」「長洲程君然明有亭焉，顔之以『止』，然明曰：『吾見夫滔滔者之不知止也，竊爲之懼，故願以之。』王弘撰曰：『予家華山。華山，宋陳圖南之所居也。圖南好睡，其睡有「五龍蟄法」。蟄，止也。其告錢若水曰：「急流勇退。」退，亦止也。』」「然明讀古人書，工詩文，年方壯，未可以止而止，其有見於天下之故深矣。嗚呼！天下之士，能知遊於然明之亭者，蓋已寡矣。而況更有進於是者耶！」

康熙三十年辛未（一六九一年），先生年七十歲。李良年、康乃心均遥寄祝壽詩。在吴門，承爲文徵明裔孫文點爲其先人竺隝草廬撰記。未遑。三年後成之。

李武曾（良年）秋錦山房集卷一〇山史別逾十載聞屆七秩不獲涉江爲壽彌益懷想賦二章寄之：「羨爾行蹤著處堪，短長亭有異書擔。石渠合貯斯人易，野史曾聞信口談。名士六朝誰伯仲，好山雙屐盡東南。應料七十顔如昨，喚作真仙也不慚。先生曾自浙入閩，近聞遊寓白下。」「車可施巾櫂可呼，天隨栗里信吾徒。尚能桃葉清溪載，那便香山皓叟俱。百四十年須再數，用一日如兩日語。五千三字好重摹。不知如此稱觴語，博得當場一笑無？」

康孟謀（乃心）莘野集寄奉王山史先生客白門兼壽七十：「徵君聞作秦淮客，畫舫江煙夢裏猜。故國曾經桃葉渡，新詩定傍雨花臺。少微處士連雲動，太華仙人降岳來。爲問草玄今幾許？揚雄夙數漢廷才。砥齋、山志諸書聞有續作。」

砥齋集卷四竺隝草廬記：「問：二百年來，有德粹於躬，而文章合於古，書畫爲當時所重，而後世奉以爲珍者，何人乎？必曰：長洲之文衡山先生。問：百年來清忠著於朝端，受知於聖主，信於君子，而見忌於小人，去不終日者，何人乎？必曰：衡山先生之曾孫湛持公（按：名震孟），則歿而爲烈皇帝所深悼悔，不克竟其用，予謚爲文肅者也。文肅公歿不及十年而烈皇帝殉社稷。變日孔亟，九州沉淪，文肅公之家亦喪，有不忍言者，冢子孫符君（按：名秉）跳而隱居竺隖草廬以老。竺隖草廬者，文肅公未第時所搆讀書別業也。孫符君晨夕其中，著崇禎朝紀略、先撥志始、姑蘇名賢續紀諸書。書成而賫志以歿。子南雲（按：名點）繼之，恪守先訓，謝絕塵務，以詩文書畫自娱。與予締交二十餘載，嘗爲寫獨鶴亭圖，妙得家法，汪茗文、王阮亭、李天生皆亟賞之。重光協洽（按：辛未）春，予至吴門，相晤於慧慶寺。求予作竺隖草廬記，予諾之而未遑也。」

康熙三十一年壬申（一六九二年），先生年七十一歲。是歲十一月，李天生（因篤）卒于富平，年六十二歲。

吴懷清三李年譜天生譜，康熙三十一年十一月二十二日卒。又康熙二十八年：「春，早起爲人作記，覺右臂舒緩不能屈，遂患瘓。朱長源往候，先生執其手曰：『吾一生作詩文不下數百萬語，無一字不從心中刻畫出，血枯矣，其能久乎！』自是語蹇澀，行須杖。」

康熙三十二年癸酉（一六九三年），先生年七十二歲。是歲，戴務旃（本孝）卒。冬，先生在定山（焦山），爲秦淮種紙庵雅集作記。

砥齋集卷四種紙庵雅集記：「夾秦淮岸而閣者，以百十數。水濶軒敞，獨具昭曠之概者，則顧子友星種紙庵也。癸酉冬之日，龔子歲庵、姚子後陶、胡子靜夫、葉子桐初、田子志山、先子遷甫、吴子尊五、余子九迪、張子元子、吴子無咎、詹子秋圃爲雅集。」「友星走使來定山，屬余爲記。夫舊京之有秦淮，遊觀之麗區也。」「供諸子之玩，爲揮毫操觚之助不淺。然而留連光景，放浪形骸，飾藻采於目前，流名譽於後世，固丈夫不遇於時者之所爲也。其亦念樂之不可極，而聚之不可嘗也。又得無有當歡而悲者乎？」「予老矣，悵嘉會不與，登高而望，山阜竦峙，江濤浩蕩，雉堞參差，風帆上下，煙雲杳靄中，其有文章光焰焕星日而干氣象者，是耶？非耶？以今視昔，倏成陳跡；後之視今，亦復如是。嗚呼！孰使余睠風景之不殊，懷西方之好音，如溯洄於蒹葭霜露之湄，不禁其百感交集而淒然涕下者，非茲諸子之爲之也歟？」

康熙三十三年甲戌（一六九四年），先生年七十三歲。冬，復至吴門，詣文震孟竺隖草廬，並爲記。

砥齋集卷四竺隖草廬記：「（前文見康熙三十年條下）及予在舊京，數有書來促。予報之以口號曰：『玉蘭堂上有寒煙，竺隖風光復渺然。莫怪三年疏翰墨，終須親洒水雲邊。』閼逢閹茂（按：甲戌）冬，復至吴門，遂挈杖詣之，始識所謂竺隖草廬者，其額爲王百穀書。門顔曰『考槃』，則文肅公自書。數椽僅蔽風雨，孤寂無鄰，環之皆山也。長松百萬，黛色參天，時作濤聲。除前二桂，大六七圍，高二丈許，婆娑有餘蔭。中蓄琴書、酒鑪、茶竈、繩牀木几，樸淡蕭散，儼然太古之風。其外薄田數十畝，耕植以自給，南雲偃仰優遊，内足于懷，晏如也。」「嗚呼！衡山先生遠矣，文肅公魂魄猶應戀此。其有戚然於今昔之故者。山空林冥，月白風清，將無駟虬乘鷖陟降其間耶！吾知草廬之不朽矣。小寒日，鹿馬山人王弘撰記。」

按：木瀆小志卷一：「華山在龍池山西，與天平、靈巖連屬。」「迤南爲竺隖。」吴縣誌（一九三三年印）卷三九：「竺隖山房，在天池山北，文肅公讀書處，子秉、孫點亦隱居於此。」

康熙三十五年丙子（一六九六年），先生年七十五歲。先生中年以來，凡四遊江南，遠至閩中，末次竟棲遲十餘年之久。至是，始西歸。有古體與截句各一，留别南方友人。

西歸日札丙子元日將西歸感述：「老夫年垂七十五，飽歷喪亂心常苦。泉臺父母寧知否？苟延喘息終何補。吁嗟悲哉！一萬九千日沉淵，丁未以至今戊午。大塊豈不榮春色，憔悴獨與槁木伍。前年弟殁曾孫殤，弟弘輝，年六十二。曾孫著，年十七。老妻倏又隕二豎。妻楊氏，年七十四。生離死别關塞黑，洒淚九野無乾土。落拓奈經十載餘，窮愁旅舍翳環堵。故人書束亦滿席，分禄時肯周資斧。積困莫救稚子饑，況復難免衣襤褸。皇皇有似失林鳥，朝東夕西羣鎩羽，慘淡遥瞻鹿馬雲，蕭摵久滯鍾山渚。憶昔飛鳳失其凰，鶴駕茫茫反遭取。天南逆流波浪惡，蛟龍夜睡魚鼊舞。李白狂歌走夜郎，杜甫麻鞋歸靈武。世間是非成敗異，悠悠之徒何足數！比來愧聽碩果言，朱林修留予語。相遲卜築桃源隖。顧友星、祁紹傳勸予買宅小桃源。邀篴有人復好事，歌奏濬忠泣風雨。君臣凍餒臥荒陬，汪受茲有常裁五招飲觀劇，演程編修從亡事。賤子何心懷故宇？即今桃李花滿眼，但覺松柏精靈聚。圖書拋棄罷登臨，天闕寂寞江濤怒。蒼浪鬢髮步踥蹀，又聞直北震金鼓。南嶽愛菊制頹齡，沅湘芳草淹宿莽。徘徊欲歸歸未得，冷落丘隴廢場圃。日暮聊爲悲春吟，飄風烈烈颯終古。」

同上留別白門友人：「春花落盡鳥空啼，春水東流人向西。有夢常依桃葉渡，寄書應到碧雲溪。」

行前，作哭戴務旃記。

西歸日札哭戴務旃記：「昭陽作噩秋，鷹阿山樵戴務旃先生死。華山王弘撰爲位而哭。既三年矣。柔兆困敦春，於舊京讀其弟無忝所爲先生傳，又聞其二子藿廬、蓧泉之廬於先生之墓也，作而號曰：『夫先生之生，猶之生乎？先生之死，猶之死乎？抑先生之生如死乎？先生之死如生乎？將先生之生，有不足於生；先生之死，有不足於死乎？抑先生之生有以慰其生，先生之死有以慰其死乎？先生知予乎？予又惡敢謂不知先生乎？曷言乎生猶之生？自少而壯，自壯而老也。曷言乎死猶之死？魂升於天，魄歸於地也。人之常也。曷言乎生如死？放浪形骸，流觀山海，翛然之志無繫於塵壒之世也。曷言乎死如生？道德可貞，翰墨有永，浩然之氣長存於宇宙之間也。先生之異也。曷言乎生之不足？君父之恩罔極，呼天有淚也。曷言乎死之不足？臣子之心未畢入地，猶視也，先生之所自戚也。曷言乎生有以慰？夷之有齊也，長之有桀也，以無忝爲之弟也。何言乎死有以慰？偉元之柏爲枯也，季義之鹿爲殉也，以藿廬、蓧泉爲之子也，人之所無憾也。』」

歸後，賦詩二首。並有門楣榜題。

西歸日札抵濬村舊居：「猶是向山路，依然流水村。荒墟遺敗竈，宿莽翳頹垣。不見桑麻長，何知雨露存？遲徊拜家慶，洒淚到黃昏。」「少陵悲道路，元亮即園田。涼月四松下，疏風五柳前。心蘇靈武事，詩記義熙年。希跡懷之子，餘生枕石眠。」

李夔龍西歸日札序：「山翁，予妻之世父也。攜笈遊吳、越間者十載餘，丙子春始西歸。樹門眉曰『迹似雲歸岫，心如日在天。』」

抵家前，新城王阮亭（士禛）入川主鄉試，過華下相訪，又不遇。有詩。

漁洋精華録卷十訪山史讀易廬時久客淮南未歸：「多年華下遂君初，廿載重過訪舊廬。滿徑苔痕停竹石，當牕嶽色浄琴書。山中宰相人誰識，江左夷吾我不如。爲報倦遊歸及早，淮南無此好家居。」

康熙三十七年戊寅（一六九八年），先生年七十七歲。有懷王仲復詩。仲復有答詩。

朝邑縣後志卷八引王弘撰懷仲復先生詩：「茅堂渭水濱，幽棲寡世累。潔身亮獨難，藏輝殊不易。懷古執高節，讀書晰疑意。百家用從久，六經道未墜。白日苦易馳，秋風颯然至。常恐毛髮變，蒼蒼勞夢寐。逝川只向東，空山濕晚翠。思君步屧聲，陶然成獨醉。」

山志初集卷三「王仲復」條：「戊寅秋，予懷之以詩，仲復答曰：『蹉跎秋已半，髮白欲上顛。勉力取書讀，兢兢嘗恐偏。伊君能好我，寄我詩思鮮。光風自南來，霽月偕之前。休休晤有道，此心殊悠然。于時思就正，又懼落言詮。六經無異指，千聖有真傳。不知君子教，何術可及泉。』」

康熙四十年辛巳（一七〇一年），先生年八十歲。王仲復（建常）先生卒，終年八十五歲。先生爲之志墓。

事見康孟謀（乃心）王貞文先生遺事。

康熙四十一年壬午（一七〇二年）春，先生卒，終年八十一歲。有絶筆詩。門人私謚曰「貞文」。其長子宜輔求先生墓誌銘于新城王阮亭（士禛）。

康孟謀（乃心）王貞文先生遺事：「先生疾且革，以先朝圖畫三事、絶筆詩二章授其子。詩曰：『負笈江南積歲年，歸來故里有殘編。自從先帝賓天後，萬事傷心泣杜鵑。』『八十衰翁沮溺徒，祖宗積德豈全孤。平生不作欺心事，留與子孫裕後謨。』」

同上謚議：「於是嘗受教于先生、若友、若門弟子，議曰」，「按：謚法，不隱無屈曰『貞』，道德博文曰『文』，請謚先生曰『貞文』，敢以質之中孚先生。中孚曰：『然。文範、靖節之遺則，先生無愧焉。』」

王士禎古夫于亭雜録卷三：「華陰王伯佐宜輔來，求其父山史弘撰墓銘，以文五峰畫驪山圖潤筆。」

康熙四十三年甲申（一七〇四年），先生卒後兩年，康孟謀（乃心）復至華山，有憶先生七言斷句一首。

莘野集嶽麓斷句（三十一首）之一山史先生：「一別徵君悵索居，松花石徑冷庭除。不知子晉吹笙去，何處重逢有道車。」

趙儷生一九四四年第一遍稿於陝西之蔡家坡，一九八四年最後一遍稿於甘肅之蘭州大學。山東大學出版社二〇〇九年趙儷生著趙儷生史學論著自選集頁二九四至三四九

附録五　序跋

周易圖說述序

馬如龍

古來亟蓋萬有，研理極數之書，莫精於易，易之所原本者何？河洛是也。使無河洛，則無有易。無有易，則不得備卜筮，以牖百姓之衷，而聖人同患之情以隱，故學者探本溯源，斷自圖書，始易說。繇商瞿而下，施、京、馬、鄭，繼之一變而爲輔嗣王氏之易，再變而爲圖南陳生之易。意見互異，駁雜不精，至程朱傳義出，而四聖人之道始著。程朱之所宗者，大抵濂溪與康節耳。周子無極太極之說渾渾灝灝，根極理奥，析及毫芒，能使陰陽動静生生不窮之義經緯縱横，了然在人心目。談易家信難逾其閫閾矣。邵子皇極經世一書，以元統會，以會統運，以運統世，上追洪濛之初，下究混合之末，分配十二時，就河洛中五之數，推而衍之，而知來彰往，億千萬類之胎卵，化生億千萬，刼之天地闔闢，舉不外此參數，日不遺乎理？其有功於圖書也。固宜後世經生束髮就塾，各占一經，或詡爲易壇宿望，而叩之以圖書原委，茫然不識爲何物？夫理與數相表裏也，不知數，安知理？不知理之寓於數，安知數中之皆理？且不知河洛之理與數，則言卦言爻言辭、占象變，童而習之，壯而文之者咸糟粕耳，易學之榛蕪可勝道哉？

余友王公無異，篤學潛修，睥睨章句，於六經諸史靡不淹貫，而尤殫心於易學。今上御極之十六年，舉博學鴻詞，屢以疾辭，雅志著書，絕意仕進，泊如也。他日出所爲周易圖說述示余，曰：「君素有同心者，曷爲我訂正之，得無繆戾否？」余展而覽其圖，究其說，剖悉奇耦之生成，辨論陰陽之變化，圖書分合之數，卦畫生變之理，分流别派，條理井然，俱博證先儒而裁以己意，探本溯源，曲盡其藴，迥非剽竊雷同者比。不禁喟然嘆輿曰：「王公之窮年力學，而不以仕進爲榮也。有以夫。」余向服王公之才，今喜是編之作，理數俱陳，得以啓發蒙聵，而爲河洛功臣也。因授梓而爲之序。金明馬如龍序。

清乾隆本華陰縣志卷十五

周易圖說述序

佟毓秀

易之爲道也，廣大悉備，變動不居，有意言象數焉，非極研之，無以窺其藩籬，矧夫堂奥？自漢田和以至鄭玄，皆言象數。魏王弼起而掃之，然往往涉於老莊，而京房、焦贛、郭璞之徒又雜以技術。唐孔穎達宗王，李鼎祚祖鄭，各是其所見，毁所不習，學者紛岐，莫知適從也久矣。宋邵子精於象數，程子獨言理，至朱子而兼之，而易學始明於天下。

余嘗隨侍家君入關中，訪三輔文獻，即知徵君王山史先生，及過華陰，歷覽三峰之勝，周行於煙村澗道之間，而白叟黄童無不誦先生之德者，不圖卓子康、王彦方之風復見於今日，遂同友人南枝特造其廬，則松菊三徑，牙籤萬卷，先生方偃仰自如也。留談信宿，得讀所著周易圖說述四卷，約十萬餘言，蓋以邵朱相傳之九圖爲的，而博采諸家，爲之折衷，純正精粹，自得之指，不苟同於人，間亦有與邵朱之言微異者。夫朱子師程子者也，而作四書集注，不盡用程子之說，爲學之道罔敢自欺？大綱既同，無害其節目之異也。余聞南枝言顧亭林先生嘗語人云：「今之學易者，講象數而不局於象數者，惟王山史耳。」信哉其言矣！因借録副本，藏之笥中。丙寅攜至武林，將付諸剞劂，以廣其傳，太守見五馬公曰：「此余夙心也。」遂共成之。襄平佟毓秀序。同上

重刊山志序

李蔭春

余邑徵士王山史先生，力學敦行，工書法，善古文辭。其時高士名卿莫不推重，與之納交。若崑山顧徵君亭林假爲居

停，切劘折衷數年而不欲去，新城王司寇阮亭稱其爲張芸叟一流人，固非盜虛聲者比也。先生生平著述最富，如周易圖說、筮述、正學隅見等數十種，擇精語詳，多發先儒未發之旨。而以其居山之餘，輯山志兩集十二卷，尤足以覘其胸次之淳粹光明也。先生存日，並鏤板行世。歲久，梨棗朽殘，詢之縉紳藏書之家，縹帙亦復罕見。嗟乎，先生之謝世也將近百年，梓里猶稱頌不衰，即屠沽兒咸能道其爲人，顧咳唾之音，幾無聞於讀書之士，豈不良可浩嘆哉！茲者，先生之孫順伯君追前武之莫繩，慨遺編之就廢，圖次第重鐫，以永其傳，請自斯集始，乃窘於工資，或且中止。余聞之，急解囊而成其善述之志，亦以慰余表章大雅之微衷也。夫邑之往哲鴻儒，自漢唐而後，撰著者非止一家，迄今流布寥寥，等諸烏有，愧不能搜覓而全梓之，以求快於心，僅得於是編一寄嚮往焉。不禁愛古之情因之而彌摯矣！集中博考尚論，廣大精微，原序備言之，而先生自謂識小。夫先生爲之小，孰能爲之大？昔郭熙謂「華山多好峯」，余以舉似先生，宜乎當代諸君子仰之如天半之雲也。刊既了，輒掇數語簡端，覽之者幸勿以佛頭着糞見嗤。

乾隆五十三年歲次戊申嘉平八日，後學潼亭李蔭春撰。同上頁二至四

重刻山志序

王山史徵君山志十二卷，舊刻屢矣，然近人欲購其書，尚多不可得，而故板已不復存。予搜得遺片於書賈，木半毀蝕，字多殘破，缺者亦三之二，因補梓，珍藏於家，俟陸續刷，散以公同志。昔山史語王阮亭曰：「山志，小說耳，不足傳。」此山史自言也。今讀其書，中何所不有。有漢人之訓詁，而無其牴牾；有唐人之文章，而無其浮蔓；有宋人之語録，而無其麤俚；有野史之紀載，而無其妄說。爲山史之學，學山史之人，皆在是矣。山史又跋自書朱子詩云：「釋子寫經流傳，謂作功德。己未上元，獨坐僧房，滌硯試筆，連書十數紙，有欲之者，輒以相贈。或有因之，以向正學者，此即吾之佛事也。」是刻也，予亦云然。道光辛巳冬，朝邑謝蘭佩畹九題。清王弘撰撰道光本山志卷首第二篇序

山志序

汪榮堃

幼嘗讀李二曲集，於中得睹山史王徵君之名，竊嚮往之，恒以未獲讀其書爲憾。光緒戊戌歲倖選華陰司訓，接篆之後即訪求先生著述。越數日，遂有先生之六世孫名凌霄字峻卿者來謁，呈乃祖各鉅製。欣受而披之，乃知先生學品純粹，蓋隱居求志人也。太華爲吾秦名峰，奇秀紆鬱，間生篤行之士，一空柔靡浮脆氣習。所謂凜然有節概，知去就之分，非其人歟？先生生當聖人之朝，高箕潁風，紹濂洛學，著述之富，約廿餘種。在昔固悉付剞劂，海内傳聞矣。歷年既久，兵燹疊經，原刻剥蝕殆盡。賴賢裔峻卿繼起而修補之，次第重鐫者正學隅見述、砥齋集、北行日札等書，印布於世。今夏復續刻山志初、二兩集，工竣，乞跋附綴。堃自慚譾陋，烏足以表厥芳規。顧念先生之文行，其得以流播今時，令堃可誦習而弗釋者，固由其立言不朽，亦由其述事有人也。有人而先生之手澤常新，益以見先生之貽謀甚遠已。故不揆不斐，敬書以歸之。嘉竣卿繩武之心，即以慰堃景行之志。且願此邦人士常求先生于篤行中，即作獨行傳讀，庶無負先進隱居求志之旨也夫。至若是集所載，纂輯衆美，零金碎玉，洵堪爲學人身心之助者，已詳余、葉二公序中，茲不復贅云。

光緒二十六年庚子荷月朔日，後學褒谷資生汪榮堃謹跋。中華書局一九九九年第一版清王弘撰撰何本方點校山志序頁四

山志跋

謝化南

己亥秋暮，余登太華，過嶽廟潛邨山史王先生故里，拜祠展像。其六世孫凌斗字煇暄，厥弟凌霄字峻卿，俱以耕讀爲業，古樸是尚，蓋自先生殁後二百餘年未變也。煇暄年逾六十，躬節儉，重整先生祠宇，新先生畫像。峻卿力服田畝，又能重刻先生遺集正學隅見、砥齋集、山志等書。於戲，悉賢已先生之澤木既長乎？，既而峻卿託友人朝坂吴子恭屬余序山志，

余自愧末學淺識，何足知先生？辭不獲已。竊見是書，先生自謂：偶觸隨記，雅俗並收，不賢識小，固無倫脊。此固先生自道之語。其記述繁富，蘊蓄崇深，莆陽、黄州兩序蓋已詳盡。然以余觀之，述寶訓則見先生之尊王，紀庭訓則見先生之承家，録潛庵、阮亭二札又見當時關中氣節實甲天下。其他闢地理，惡仙撕，斥麻衣易，駁塑像易木主，論科目之負君，辨爲人後之稱謂，又皆痛指時弊，以正人心。至辯陽明人心道心之非，謂：「人心主形氣，言雖上知不能無在理欲之間，惟縱之方全是欲。苟處之得其正，即純是道心，而率性所爲矣。若直指人心爲惡，恐其説之果而流於偏也。」陽明指格物爲扞去物欲，先生謂：「未曾窮理，則於理欲之判尚未明晰，如何便能格去？且如所説，將聖人所謂『博文擇善』俱屬無有。」辨馮恭定善利圖，恭定詩云：「聖狂分足處，善念是吾真。若要中間立，終爲蹠路人。」蓋謂中間無路。先生謂：「並無中間，譬立植表於此，不正即邪。善路正出，利路邪出，不作兩對也。」恭定又云：「一本大學都是釋格物，不必另補格物傳」先生謂：「此傳明晰痛切，有功聖人，有益來學，必不可少。朱子第一作也，正學、異端分途全在於此。」則先生之學亦可見其梗概，讀是書者所當知也。李潼亭序云：「山志兩集十二卷。」今二集缺首卷、末卷，僅存二、三、四、五四卷而已。峻卿博蒐書肆，乃得别本山志首、二兩卷。首卷記明十六廟皇帝暨諸后誕生、徽號、在位年月、升遐山陵。二卷所記則甲子曆及有明一代會試二元考，并辨召公救孤，季札讓國，昏禮遭喪及佛經、僧僞、老聃、郭巨、丁蘭等事，皆有關繫。至書座右，則尚行不尚言，尚義不尚利。嘗曰：「人之有過多有不安貧，學者致力莫先改過。」每拈吕涇野「安貧改過」四字自省，并示子孫，尤屬切要。但與舊本二卷無一字同，不知何故？今僭擬將舊本二、三、四、五四卷即續此卷之後，共爲六卷。不識合否？觀者諒之。

光緒二十五年孟冬上浣洽陽後學謝化南謹跋。同上頁五至六

王山史砥齋集序

李良年

華陰王子山史，與予定交國門。出所著砥齋集，爲文若干篇，屬予序之。予曰：嗟夫！古文至今日難言矣。夫文以載道，古之立言者，皆自重其名，其淵源授受各有師承，而不屑爲雷同附麗之習，故皆有以表著於當時，而不泯滅於後世。自頃文章當絶續之會，一二恃才者出，或以數十年所欲爲之文，而成於數日夜，用以衒示於人，人亦以此爭多之，或以山林遺逸不能絶意於干謁，而挾其文以自豪於公卿之間。彼既不知所以自重，而支離瑣鄙，稗官小説之餘，皆雜取而用之。今其書具存，其可謂有合於古之立言者否耶？然此一二人者既死，而大江南北，翕然宗之。旦作一文，暮從而刻之。暮作一文，旦又從而刻之。又自以其意互爲評定，而羣號爲大家。譬諸倚門之女，爭妍取憐，觀者至不可甲乙，而其人猶相競而不已。嗚呼！古之文以載道，今之文乃不惟無當於道，而其雷同附儷之習中於人心，相率以爲故常，而不之怪，此有識之士所以執筆而三嘆也。今山史讀書萬山中，蕭遠澹泊，枕經而籍史，其所師者古人之言，其所言者山史之文也。予以爲有合於古作者之義，故爲言之。山史嘗逾大江，文章風氣亦既耳習而有慨於心矣，必不以予言爲誕。顧山史，西北士也，秦晉之交，能文者相望，豈無俊偉非常之人，不墜於風氣而遠過乎？大江以南，重爲山史之所許者乎？山史其尚有以告我也。

上海古籍出版社二〇一一年六月李良年撰朱麗霞整理秋錦山房集卷十四頁四四一至四四二

砥齋集序

汪琬

砥齋集者，華陰王子弘撰字無異之所作，彙而刻諸京師者也。王子既與予定交，因出是集示予，予讀至孫督師傳庭公傳，往復數四，輒爲慨然以嘆，凄然以悲也。前明崇禎之季，中朝士大夫日夜分立門户，以相攻訐，至於國事之顛覆，盜賊之蔓延，中原、秦楚之陸沈版蕩，率棄置不復誰何？ 先儒謂揚之水，閔鄭忽之無忠臣良士，終以死亡。予於愍帝亦云。當是時，惟督師公慷慨任事，所撲滅流寇不可勝計，而卒爲宦寺之所搖撼，政府之所把持，不獲盡展其用，以及於禍。蓋督師公死，而明之大勢已不可爲矣。王子之爲是傳也，其采輯情事既詳且核，加以敍次簡潔有法，頗得太史公傳傅、靳、蒯成之遺意，所以不朽督師公者，不端有賴於王子乎？ 王子故嘗以「山史」自號，觀其學識如此，信乎其近于史矣。

今天子方詔修太宗、世祖實録，及前明史書，逾年於此； 行且考求徵聘之典，網羅山林老成、淹雅隱逸之士，以廣儲其選。使王子得給筆札，廁身玉堂之中，發凡起例，是是非非，必不苟同流俗，雖以之爭光日月不難。而惜乎其布衣芒屩，沉淪諸生間，而莫之爲援也。苟得一二鉅公出氣力以左右之，其所撰述，豈止是哉？

王子多諳前明故實，尤好鑑別唐宋以來法書名畫，平生爲文甚夥，其議論馳騁今古，悉有據依，非苟作者。於是顧謂予曰：「某將舍吾子西歸矣，君子幸以一言序其文。」予既爲之序，則又慰留之，曰：「吾方以史事望王子，殆未可以西也，盍姑馳橐少俟之？」人民文學出版社二〇一〇年一月版汪琬著李聖華箋校汪琬全集箋校鈍翁前後類稿卷二十六頁五八七至五八八

王氏族譜序

李因篤

古之爲大夫者，得賜於國，而後有族，否則稱名而已。漢以後，無弗族焉。未有族而有族，或冒其姓。夫姓自天子達於庶人者也，稱女以之。周之姬、宋齊之子若姜是已，而漢雖女亦從族。司馬氏史記最爲近古，稱文武之名，冒以姬姓，似未知諸侯以國爲族也。其述外戚后妃不能舉其姓，姓族之弗辨久矣。春秋之法，命卿具族，子姓雖去其國，弗改，以尊祖也。唐杜氏之處者爲劉氏，伍氏之爲王孫氏，變也。而智果請於太史，別爲輔氏，猶有賜族之遺焉。

故夫族之義有二，其始未有族，而賜之族，子孫守之，所謂氏族也； 其後有族，自其始祖推而下之，至九世而止，謂之九族，蓋有高祖，因以有族兄弟，有族子孫，外是則族盡絕服，曰：「吾之宗而已。」所謂宗族也。宗者，百世不遷者也。族

自高祖以下，遞祧而遞進之，各爲其高祖，各有其小宗。宗大而族密，宗尊而族親，故不可以無譜也。

夫譜之義，以有二：古之族所以別於庶人，貴貴也。漢以後，無弗族矣。始譜而爲望，猶之貴貴也。唐宋之末，其譜亡，望亦闕。有間後之爲譜者，親親而已。蓋族降而有望，望湮而求之，後之譜猶得半焉。吾聞之尊卑不殊，則國無世臣，而其上緩急無所倚，此氏族之失序也。親疏不辨，則家無宗法，而孝弟之恩衰於妻子，婣姻之風不聞鄉黨。一旦有死喪急難，相視如道路，此宗族之失序也。自漢歷唐，其譜氏族率繇上作，則責在上，族有賢者自爲之譜，以庇其宗，則責在下。吾責在下而姑置之，密者日涣而難舉，親者日離而不可制，則宗族之譜之亡也，故尤不可以無譜也。不可以無譜，而無譜其始有譜，及吾之世而失其傳，華陰王子於是乎懼，而作王氏譜，其取例兼歐蘇，而書卒書薨本之涑水，又立後貴同姓，家傳從男，於古頗有損益，吾尤愛其宗子之篇，詳小宗以尊高祖，別父子以黜二嫡，義正而辭嚴，確乎其不可奪也。

或曰：譜始高祖則曰族，今王氏之譜斷自處士公以下，於高祖蓋衍矣。其稱族，何也？夫族始於高祖，而譜不始於高祖。譜衍於族而稱族，猶之親親而已。古之人皆然，王子弗能異也。

今之族或男冒姓，女冒氏，或望遠而莫稽，或大絕宗〔一〕而莫爲之後。賢者處此勢，無如之何？夫王子亦爲其所得爲者而已矣。無事則聚族而居，有不得已，非舉其宗弗遷，修其忠信，澤於詩書，吉凶相同，疾病相扶，斯其所可爲者也。敬老屬寡，厚倫整俗，躬行以先之，獎善而救過，成之惟恐不及，而誨之不倦，使吾之族恂恂，無弗率之子弟，即非小宗之主，可無忝於祖焉〔二〕。蓋宗子族之督，而賢子其表也，故宗子有君道，賢子有師道也。賢子糾其族之人，惟宗子之是依，而後宗法以申，則賢子者又宗子之相也。王子勗之矣。

然竊嘗因是而有感焉，譜存則宗不亂，宗不亂則大宗重。譜亡則宗潰，宗潰則幾幸生横議滋，以漢世祖之神武，中興功

〔一〕「絕宗」：清李因篤續刻受祺堂文集卷二作「宗絕」。

〔二〕「焉」下清李因篤著道光本續刻受祺堂文集卷二有「吾之宗恂恂，不異於其族，即非大宗之主，可無忝於始祖焉」。

配高帝，猶不敢私舂陵而稱南頓，而近代張桂邪説乃得行於世，及之朝天下，莫能爭之，豈非宗法不立之流弊哉？夫譜作於上，其下奉之。譜作於下，而有時爲君相之所折衷。非其人，莫之屬也。夫子論二代之禮，喟然於杞宋之無徵，曰：「文獻不足。」王子，固秦之獻也，舊嘗爲陝西通志。國有志，族有譜，可以覿其才焉。他日有聞王子於朝者，將在著作之林矣。清乾隆本華陰縣志卷十五

書華陰王山史先生日省志後

劉青霞

華山王山史先生以文章名，盩厔李徵君中孚先生以道學顯，二公並著稱關中，相友善。壬子癸丑間，山史先生嘗爲予王父贊畫，公作傳，自書之。中孚先生裝潢成卷，寄余恭叔叔父，叔父感先生高誼，致書以謝，即假中孚先生轉致之，自是遂訂交，郵筒往來，嘗無間云。近又以所著書數種及明善堂日省志見寄。志凡七十六則，防嫌于微，杜邪於漸，内而家庭，外而接物，立心制行，時時省察，大要爲忠厚，不爲刻薄，爲謙虛，不爲疏放，以至言動視聽謹小慎微，罔敢稍有疏忽。先生斯編蓋即顔子之克己，曾子之省身，反之於躬，而日以之自課者也。以此見先生暮年留心聖學，鞭辟近裏着功夫，而不復於文章末技爭得失、計工拙也。余叔父曰：「中孚讀之，應無德孤之嘆，而自慶其有鄰矣。爾小子其書一通於座右。」余亦將朝夕省視以自勵焉。清劉青霞撰乾隆刻本慎獨軒文集卷八

附録六　著作提要

四庫全書　周易筮述提要　經部六易類六

周易筮述八卷，國朝王弘撰撰。弘撰字無異，號山史，華陰人，康熙己未薦舉博學鴻詞。弘撰以朱子謂易本卜筮之書，故作此編，以述其義。其卷一曰原蓍，曰蓍儀，曰蓍數。蓍儀本朱子，並參以汴水趙氏。其卷二曰揲法。其卷三曰變占，尊聖經，黜易林，稽之左傳，與朱子大同小異。其卷四曰九六，曰三極，曰中爻。中爻即互體。其卷五曰卦德，曰卦象，曰卦氣。卦氣本邵子、朱子，並附太乙秘要。其卷六曰卦辭。其卷七曰左傳國語占，曰餘論。其卷八曰推驗，采之陸氏，其涉於太異，可駭者弗載。其書雖未筮蓍而設，而大旨辟焦京之術，闡文周之理，悉推本於經義，較之方技小數固區以別焉。

四庫全書　正學隅見述提要　子部一儒家類

正學隅見述一卷，國朝王弘撰撰。弘撰有周易筮述，別著録。是編以周子無極之説陸九淵爭之于前，朱子格物之説王守仁軋之于後，諸儒聚訟數百年而未休。大抵尊朱者則全斥陸王爲非，尊陸王者則全斥朱子爲謬，迄無持是非之平者。弘撰則以爲格物之説當以朱子所注爲是，無極之説當以陸九淵所辨爲是，持論頗爲平允。其中雖歷引諸説以相詰難，而詞氣皆極和平。凡諸儒所稱先朝之亂由於學術不正，其首禍爲王陽明及所稱無極二字出於老子，爲周子真贓實犯者，弘撰皆指爲太過，其言曰：「予素信朱子，惟於無極太極之説小異，誠不敢以心之所不安者徒剿襲雷同，以蹈於自欺欺人之爲。」其亦異於好爲異論者矣。

四庫全書總目　山志提要　子部雜家類存目六

國朝王弘撰撰。弘撰有周易筮述，已著録。是編乃其筆記之文，議論多而考證少，尔頗及見聞雜事。其論曾子字子輿。孟子受業子思之門人，不應亦字子輿。不知古不諱字，郎弟子亦不避師名。董仲舒弟子有吕步舒，漢人最重師承，當時不以爲非也。其論古詩「東城高且長」與「燕趙多佳人」當從文選注分爲二篇。不知李善、五臣並無此語。此語起於明張鳳翼之纂注，不足爲據。陸機所擬及徐陵玉臺新詠亦均作一首，鳳翼何從知爲二也。其載明世宗論書武成篇，有引用歐陽修語，指爲有功於六經。楊一清對以修之解經僅見武成，弘撰以一清之對爲是。是均未知修自有詩本義也。其載郭正域所刻韻經爲沈約故本，詆屠隆未見其書。是韻書原委全未尋檢也。其載簡紹芳之説辨揚雄未嘗仕王莽，是未核李善文選注、王儉集序所引劉歆七略也。其爲楊嗣昌辨冤，亦恩怨之見，不足爲憑。至於紀孫傳庭之死，謂得於其至戚孔滌儒，與史小異，可資參考。其講學諸條，亦皆醇正平允。與孫承澤雖友善，而無所曲徇，頗能去門户之見爲可取云。

清人文集别録　砥齋集十二卷　清康熙刻本

華陰王弘撰撰。弘撰字山史，少讀書華山下，精研易理，闢京焦之術，推本經義，以明人事，尤究心濂洛關閩之學。時李因篤、李顒、李柏並稱「三李」，爲關中人文領袖，弘撰名與之齊，而相友善。崑山顧炎武遍遊四方，至華陰，謂「秦人慕經學，重處士，持清議，爲他邦所無。」因欲定居，弘撰爲營齋舍，延主其家。炎武稱其爲人「好學不倦，篤於朋友。」弘撰亦自言與亭林相友，朝夕同處，以古道相砥礪。優遊山水之間，差足自娱。見是集卷八下復湯荆峴侍講蓋二人志操節行，超軼一時，故識解議論，投合無間。惟弘撰於經史之外，兼擅文藝，尤喜品畫。以爲畫雖一藝，古人以之澄懷觀道，不可與他玩好之物等視，故是集卷二題跋諸作，以論畫者爲多。嘗謂「朱子論學排擊東坡，而於東坡書畫贊美景仰，無所不至。後之講學者，獨得傳其排擠法耳，豈不可嘆？」見是集卷二書晦庵題跋後可知其論學平允，不欲以詆斥爲高，於晚明門戶之爭，不謂然也。其論古人，則謂自秦漢以來，儒者之學能出乎一世之上，而無愧於孔孟之道者五人，曰：董仲舒、揚雄、諸葛亮、王通、韓愈而已。惟揚雄以仕莽，爲綱目所不與。王通以獻策見譏於不知者，因取二家書，手録成帙，而稍去其不切要者，題爲漢隋二子述，以表章之。詳是集卷一下漢隋二子述序則其品第前賢，而不囿於成説，又可見矣。弘撰論文主於淡。是集卷一下文稿自序，嘗闡發其意，而其友晉安黄文焕爲是集序，復推重其文，得力於潔。今觀集中文字，篇之簡短者居多，而辭氣閒雅，語不支蔓。「淡潔」二字，信足以盡之矣。是集首無總目，而卷一爲壽序、贈序，蓋編定時原無倫次，隨作隨刊，故雕版字跡大小亦復不齊。弘撰尚有西歸日札、待庵日札、北行日札各一卷，康熙刻本，潼津李夔龍序其書，稱山翁爲其妻之世父，攜笈遊吴越間者十載餘，丙子春始西歸，年已七十有七，而好學不倦。此乃丙子後稿云云。今觀諸編，雖標日札之名，而實爲詩文續集。所不同者，砥齋集不録詩，日札則間存詩篇。砥齋集不乏論學之文，日札則以雜記應俗之作爲多，而品論書畫題跋之作，尤爲繁夥，皆晚年所爲，足與正集相輔而行也。中華書局一九六三年張舜徽著清人文集别録頁二一一至二一二

圖書在版編目(CIP)數據

王弘撰集/［清］王弘撰著；孫學功點校整理．—西安：西北大學出版社，2014. 10

（關學文庫/劉學智，方光華主編）

ISBN 978-7-5604-3553-4

Ⅰ．①王…　Ⅱ．①王…②孫…　Ⅲ．①王弘撰（1622～1702）—關學—文集　Ⅳ．①K825. 72－53

中國版本圖書館 CIP 數據核字(2014)第 313608 號

出品人　徐　曄　馬　來

篆　刻　路毓賢

出版統籌　張　萍　何惠昂

王弘撰集　［清］王弘撰 著　孫學功 點校整理

審定專家　郝潤華　　**責任編輯**　黄偉敏

裝幀設計　澤　海　　**版式統籌**　劉　爭

出版發行　西北大學出版社

地　址　西安市太白北路 229 號　　**郵　編**　710069

網　址　http://nwupress. nwu. edu. cn　　**E－mail**　xdpress@ nwu. edu. cn

電　話　029-88303593　88302590

經　銷　全國新華書店

印　裝　西安華新彩印有限公司

開　本　720 毫米×1020 毫米　1/16

印　張　80

字　數　1230 千字

版　次　2015 年 1 月第 1 版　2015 年 1 月第 1 次印刷

書　號　ISBN 978-7-5604-3553-4

定　價　280. 00 圓

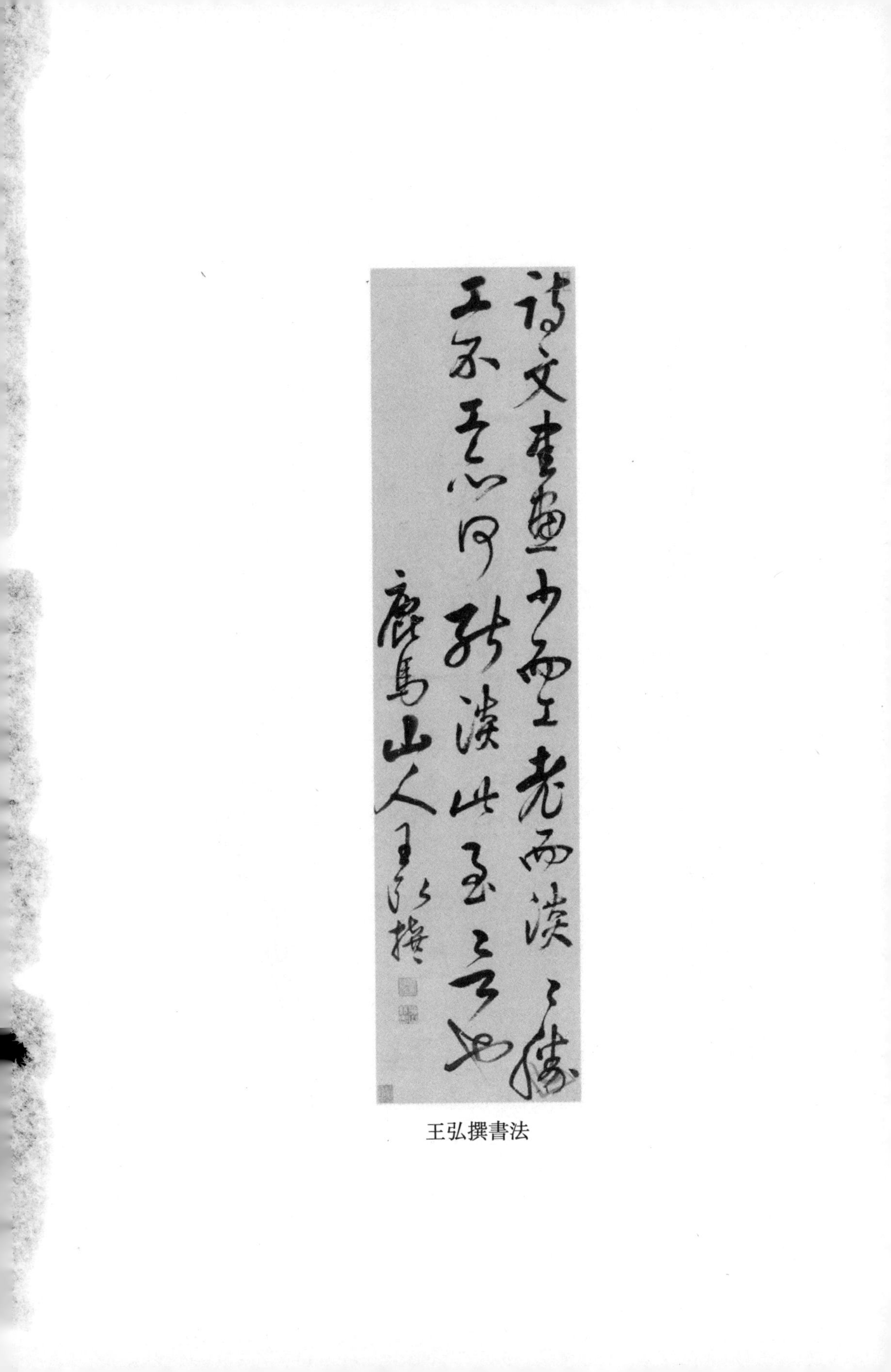

王弘撰書法

王弘撰像

國家出版基金項目
NATIONAL PUBLICATION FOUNDATION

陝西出版資金資助項目

「十二五」國家重點圖書出版規劃項目

關學文庫・關學文獻整理系列

總主編 劉學智 方光華

王弘撰集（上册）

［清］王弘撰 著 孫學功 點校整理

西北大學出版社

總序

張載（一〇二〇—一〇七七），字子厚，宋鳳翔府郿縣（今陝西眉縣）人，祖籍大梁，宋仁宗嘉祐二年（一〇五七）進士。張載出身於官宦之家。祖父張復在宋真宗時官至給事中、集賢院學士，死後贈司空。父親張迪在宋仁宗時官至殿中丞、知涪州事，贈尚書都官郎中。張迪死後，張載與全家遂僑居於鳳翔府郿縣横渠鎮之南。因他曾在此聚徒講學，世稱「横渠先生」。他的學術思想在學術史上被稱爲「横渠之學」，他所代表的學派被後人稱爲「關學」。張載與程顥、程頤同爲北宋理學的創始人。可以説，關學是由張載創立并於宋元明清以至民國初年，一直在關中地區傳衍的地域性理學學派，亦稱「關中理學」。

關學基本文獻整理與相關研究不僅是中國思想學術史的重要課題，也是體現中國思想文化傳承與創新的重要舉措。關學文庫關學文獻整理系列以繼承、弘揚和創新中華文化爲宗旨，以文獻整理的系統性、全面性爲特點，是我國第一部對上起於北宋、下迄於清末民初，綿延八百餘年的關中理學的基本文獻資料進行整理的大型叢書。這項重點文化工程的完成，對於完整呈現關學的歷史面貌、發展脈絡和鮮明特色，彰顯關學精神，推動傳統文化創造性轉化、創新性發展無疑具有重要意義。因爲文庫關學文獻整理系列的各部分均有整理者具體的前言介紹和點校説明，我這裏僅就關學、關學與程朱理學的關係、關學的思想特質、關學文庫關學文獻整理系列的整體構成與學術價值等談幾點意見，以供讀者參考。

一、作爲理學重要構成部分的關學

衆所周知，宋明理學是中國儒學發展的新形態與新階段，一般被稱爲新儒學。但在新儒學中，構成較爲複雜。比較典型的則是程朱理學與陸王心學。南宋學者呂本中較早提到「關學」這一概念。南宋朱熹、呂祖謙編選的近思録較早地梳理了北宋理學發展的統緒，關學是作爲理學的重要一支來作介紹的。朱熹在伊洛淵源録中，將張載的「關學」與周敦頤的「濂學」、二程（程顥、程頤）的「洛學」并列加以考察。明初宋濂、王禕等人纂修元史，將宋代理學概括爲「濂洛關閩」四大派別，其中雖有地域文化的特色，但它們的思想内涵及其影響并不限於某個地域，而成爲中國思想文化史上重要的一頁，即宋代理學。

根據洛學代表人物程顥、程頤以及閩學代表人物朱熹對張載關學思想的理解、評價和吸收，張載創始的關學本質上當是理學，而且是影響全國的思想文化學派。過去，我們在編寫中國思想通史第四卷、宋明理學史上册的時候，在關學學術旨歸和歷史作用上曾作過探討，但是也不能不顧及古代學術史考鏡源流的基本看法。

需要注意的是，張載後學，如藍田呂氏等，在張載去世後多歸二程門下，如果拘泥門戶之見，似乎張載關學發展有所中斷，但學術思想的傳承往往較學者的理解和判斷複雜得多。關學，如同其他學術形態一樣，也是一個源遠流長、不斷推陳出新的形態。關學沒有中斷過，它不斷與程朱理學、陸王心學融合。明清時期以至民初，關學的學術基本是朱子學、陽明學的傳入及與張載關學的融會過程。因此，由宋至清末民初的關學，實際是中國理學的重要組成部分，它是一個動態的且具有包容性和創新性的概念，它開啓了清初王船山學術的先河。

關學文庫關學文獻整理系列所遴選的作品，結合學術史已有研究成果，如宋元學案、明儒學案、關學編及關學續編、關學宗傳等，均是關中理學的典型代表，上起北宋張載，下至晚清的劉光蕡、民國初期的牛兆濂，能够反映關中理學的發展源流及其學術内容的豐富性、深刻性。與歷史上的關中叢書相比，這套文庫文獻整理更加豐富醇純，是對前賢整理文獻思想與實踐的進一步繼承與發展，其學術意義不言而喻。

二、張載關學與程朱理學的關係

佛教傳入中土後，有所謂「三教合一」說，主張儒、道、釋融合滲透，或稱三教「會通」。唐朝初期可以看到三教并舉的文化現象。當歷史演進到北宋時期，由於書院建立，學術思想有了更多自由交流的場所，從而促進了學人的獨立思考，使他們對儒家經學箋注主義提出了懷疑，呼喚新思想的出現，於是理學應時而生。理學主體是儒學，兼采佛、道思想，研究如何將它們融合爲一個整體，這是一個重要的課題。從理學產生時起，不同時代有不同的理學學派。譬如，在「三教融合」過程中，如何理解「氣」與「理」（「理」的問題是迴避不開的，華嚴宗的「理事説」早在唐代就有很大影響）的關係？理學如何捍衛儒學早期關於人性善惡的基本觀點，又不致只在「善」與「惡」的對立中打圈子？如何理解宇宙？宇宙與社會及個人有何關係？君子、士大夫怎麼做才能維護自身的價值和尊嚴，又能堅持修齊治平的準則？這些都是中國思想史中宇宙觀與人生觀的大問題。對這些問題的研究和認識，不可能一開始就有一個統一的看法，需要在思想文化演進的歷史進程中逐步加以解決。宋代理學的產生及不同學派的存在，就是上述思想文化發展歷史的寫照，因而理學在實質上是中國思想文化的傳承創新，具有重要的歷史意義。

張載關學、二程洛學、南宋時朱熹閩學各有自己的特色。作爲理學的創建者之一，張載胸懷「爲天地立心，爲生民立命，爲往聖繼絕學，爲萬世開太平」的學術抱負，在對儒學學説進行傳承發展中做出了重要的理論貢獻。北宋時期，學者們重視對易的研究。易富於哲理性，張載通過對易的解説，闡述對宇宙和人生的見解，積極發揮禮記、論語、孟子等書中的義理，并融合佛、道，將儒家的思想提升到一個新的高度。

張載與洛學的代表人物程顥、程頤等人曾有過密切的學術交往，彼此或多或少在學術思想上相互產生過一定的影響。宋仁宗嘉祐元年（一〇五六），張載來到京師汴京，講授易學，曾與程顥一起終日切磋學術，探討學問（參見二程集河南程氏遺書卷二上）。張載是二程之父程珦的表弟，爲二程表叔，二程對張載的人品和學術非常敬重。通過與二程的切磋與交流，張載對自成一家之言的學術思想充滿自信：「吾道自足，何事旁求！」（呂大臨橫渠先生行狀）

因爲張載與程顥、程頤之間爲親屬關係，在學術上有密切的交往，關學後傳不拘門戶，如呂氏三兄弟呂大忠、呂大鈞、呂大臨，蘇昞、范育、薛昌朝以及种師道、游師雄、潘拯、李復、田腴、邵彥明、張舜民等，在張載去世後一些人投到二程門下，繼續研究學術，也因此關學的學術地位在學術史上常常有意無意地受到貶低甚至質疑（包括程門弟子的貶低和質疑）。事實上，在理學發展史上，張載以其關學卓然成家，具有鮮明的特點和理論建樹，這是不能否定的。反過來，張載的一些觀點和思想也影響了二程的思想體系，對後來的程朱學說及閩學的形成也有重要的啓迪意義，這也是客觀的事實。

張載依據易建立自己的思想體系，但是，在基本點上和易的原有内容并不完全相同。他提出「太虚即氣」的觀點，認爲沒有超越「氣」之上的「太極」或「理」世界，换言之，「氣」不是被人創造出的產物。又由此推論出天下萬物由「氣」聚而成；物毁氣散，復歸於虚空（或「太虚」）。在氣聚、氣散即物成物毁的運行過程中，纔顯示出事物的條理性。張載說：「太虚不能無氣，氣不能不聚而爲萬物，萬物不能不散而爲太虚，循是出入，是皆不得已而然也。」（正蒙卷一）他用這個觀點去看萬物的成毁。這些觀點極大地影響了清初大思想家王船山。

張載在西銘中說：「乾稱父，坤稱母。予茲藐焉，乃混然中處。故天地之塞，吾其體；天地之帥，吾其性。民，吾同胞；物，吾與也。」天地是萬物和人的父母，人是天地間藐小的一物。天、地、人三者共處於宇宙之中。由於三者都是氣聚之物，天地之性就是人之性，所以人類是我的同胞，萬物是我的朋友，歸根到底，萬物與人類的本性是一致的。進而認爲，人們「尊高年，所以長其長；慈孤弱，所以幼其幼。聖，其合德；賢，其秀也。凡天下疲癃殘疾、惸獨鰥寡，皆吾兄弟之顛連而無告者也」。這裏所表述的是一種高尚的人道主義精神境界。

二程思想與張載有别，他們通過對張載氣本論的取捨和改造，又吸收佛教的有關思想，建構了「萬理歸於一理」的理論體系。在人性論方面，二程在張載人性論的基礎上進一步深化了孟子的性善論。二程贊同張載將人性分爲「天地之性」和「氣質之性」。但二程認爲「天地之性」是天理在人性中的體現，未受任何損害和扭曲，因而是至善無瑕的；「氣質之性」是氣化而生的，也叫「才」，它由氣禀決定，禀清氣則爲善，禀濁氣則爲惡，正因爲氣質之性不可避免地受到了「氣」的侵蝕而出現「氣之偏」，因而具有惡的因素。在二程看來，善與惡的對立，實際上是「天理」與「人欲」的對立。

朱熹將張載氣本論進行改造，把有關「氣」的學說納入他的天理論體系中。朱熹接受「氣」生萬物的思想，但與張載的氣本論不同，朱熹不再將「理」看成是「氣」的屬性，而是「氣」的本原。天理與萬事萬物是一種怎樣的關係？朱熹關於「理一分殊」的理論回答了這一問題。他認爲：「太極只是個極好至善的道理。人人有一太極，物物有一太極。」又說：「太極非是別爲一物，即陰陽而在陰陽，即五行而在五行，即萬物而在萬物，只是一個理而已。」（朱子語類卷九四）「理一分殊」理論包括一理攝萬理與萬理歸一理兩個方面，這與張載思想有別。

總之，宋明理學反映出儒、道、釋三者融合所達到的理論高度。這一思想的融合完成於兩宋時期。張載開創的關學爲此做出了重要的學術貢獻。正如清初思想家王船山所說：「張子之學，上承孔孟之志，下救來茲之失，如皎日麗天，無幽不燭，聖人復起，未有能易焉者也。」（張子正蒙注序論）船山之學繼承發揚了張載學說，又有新的創造。

三、關學的特色

關學既有深邃的理論，又重視經世致用。這可以概括爲以下幾個方面：

首先，學風篤實，注重踐履。黃宗羲指出：「關學世有淵源，皆以躬行禮教爲本。」（明儒學案師說）躬行禮教、學風樸質是關學的顯著特徵。受張載的影響，其弟子藍田「三呂」也「務爲實踐之學，取古禮，繹其義，陳其數，而力行之」（宋元學案呂范諸儒學案）。特別是呂大臨。明代呂柟其行亦「一準之以禮」（關學編）。清代的關學學者王心敬、李元春、賀瑞麟等人，依然守禮不輟。

其次，崇尚氣節，敦善厚行。關學學者大都注意砥礪操行，敦厚士風，具有不阿權貴、不苟於世的特點。張載曾兩次被薦入京，但當發現自己的政治理想難以實現時，毅然辭官，回歸鄉里，教授弟子。明代楊爵、呂柟、馮從吾等均敢於仗義執言，即使觸犯龍顔，被判入獄，依舊不改初衷，體現了大義凜然的獨立人格和卓異的精神風貌。清代關學大儒李顒，在皇權面前錚錚鐵骨，操志高潔。這些關學學者「窮則獨善其身，達則兼善天下」，體現出「富貴不能淫，貧賤不能移，威武不能屈」的「大丈夫」氣節。

最後，求真求實，開放會通。關學學者大多不主一家，具有比較寬廣的學術胸懷。張載善於吸收新的自然科學成果，不斷充實豐富自己的儒學理論。他注意對物理、氣象、生物等自然現象做客觀的觀察和合理的解釋，具有科學精神。後世關學學者韓邦奇、王徵等都重視自然科學。三原學派的代表人物王恕以治易入仕，晚年精研儒家經典，強調用心求學，用心考證，求疏通之解，形成了有獨立主見的治國理政觀念。關學學者堅持傳統，但并不拘泥於傳統，能够因時而化，不斷地融合會通學術思想，具有鮮明的開放性和包容性特徵。由張載到「三呂」、呂柟、馮從吾、李顒等，這種融會貫通的學術精神得到不斷承傳和弘揚。

四、關學文庫關學文獻整理系列的整體構成與學術價值

關學文獻遺存豐厚，但是長期以來沒有得到應有的保護和整理，除少量著作如正蒙、涇野先生五經說、少墟集、元儒考略等在清代收入四庫全書之外，大量的著作仍以綫裝書或手抄本的形式散存於陝西、北京、上海等地的圖書館或民間，其中有的已成孤本（如韓邦奇的禹貢詳略、李因篤的受祺堂文集家藏抄本），有的已殘缺不全（如南大吉集收入的瑞泉集殘本，現重慶圖書館存有原書，國家圖書館僅存膠片；收入的南大吉詩文，搜自西北大學圖書館藏周雅續）。即使晚近的劉光蕡、牛兆濂等人的著述，其流傳亦稀世罕見。二十世紀七十年代以來，中華書局出版了張載集，并將藍田呂氏遺著輯校、關學編、正蒙合校集釋、涇野子內篇、二曲集等收入理學叢書陸續出版，這些僅是關學文獻的很少一部分。全方位系統梳理關學學術文獻仍係空白。

關學典籍的收集與整理，是關學學術研究的重要基礎。這次關學文庫文獻的整理與編纂者在全國范圍的圖書館和民間廣泛搜集資料，一是搶救性發掘整理了一批關學文獻，二是對一些文獻以新發現的版本進行比對校勘、輯佚補充，從而使關學文庫關學文獻整理系列成爲目前最能反映關學學術史面貌，對關學研究具有基礎性作用的文獻集成。關學文獻整理系列圖書共涉及關學重要學人二十九人，編訂文獻二十六部，計一千八百六十餘萬字。這些文獻分別是：張子全書、

藍田呂氏集、李復集、元代關學三家集、王恕集、薛敬之張舜典集、馬理集、呂柟集涇野經學文集、呂柟集涇野子內篇、呂柟集涇野先生文集、韓邦奇集、南大吉集、楊爵集、馮從吾集、王徵集、王建常集、王弘撰集、李顒集、李柏集、李因篤集、王心敬集、李元春集、賀瑞麟集、劉光蕡集、牛兆濂集以及關學史文獻輯校等。其中的韓邦奇集、南大吉集、李柏集、李因篤集、牛兆濂集屬于搶救性整理；李復、王恕、薛敬之、呂柟、馬理、楊爵、王建常、王弘撰、王心敬、李元春、賀瑞麟等學人文獻屬于首次系統整理出版；張子全書、藍田呂氏集、李顒集、劉光蕡集、關學史文獻輯校是在進一步輯佚完善的基礎上整理出版的。總之，關學文獻整理的系統性和全面性得到了體現。

關學文庫文獻整理力圖突出全面性、系統性和深度整理的特點。就全面性和系統性而言，就是保證關學史上重要學人的文獻資料不被遺漏，這裏所選的二十九位學人，都是關學史上較爲重要的和代表了關學發展某一環節的學人。其中如張載、藍田「三呂」、馬理、呂柟、楊爵、馮從吾、王弘撰、李顒、李柏等人的著作集，是迄今文獻收集最爲齊全的。同時對於有關關學史的文獻也進行了全面系統的搜集和整理，如關學史文獻輯校，不僅重新點校整理了馮從吾的關學編，收録和點校整理了王心敬、李元春、賀瑞麟以及由劉光蕡、柏景偉重加整理校勘的關學續編，還首次點校整理了清末民初張驥的關學宗傳，并從諸多史書中輯録了一些零散的關學史資料，使之成爲目前能全面反映關學史面貌的文獻輯校本。關學文庫關學文獻整理系列，以豐富的關學史文獻，證明了「關學之源流初終，條貫秩然」，關學有其自身發展演變的歷史。就深度整理來説，關學文獻整理系列遵循古籍整理的傳統做法，采用繁體字、豎排版，標點、校勘，并對專用名詞做下劃綫處理。其目的不僅在於使整理與編纂者在文獻整理中提高自身的學術素養，同時也爲以後文獻研究者提供方便，推動關學研究深入開展，這也是關學文庫關學文獻整理系列圖書出版的重要目的。

關學文庫係「十二五」國家重點圖書出版規劃項目、國家出版基金項目、陝西出版資金資助項目，得到了中共陝西省委、陝西省人民政府、國家新聞出版廣電總局以及陝西省新聞出版廣電局的大力支持。文庫的組織、編輯、審定和出版工作在編輯出版委員會領導下進行，日常工作由陝西省人民政府參事室（陝西省文史研究館）和西北大學出版社負責。本文庫歷時五年編纂完成，凝結着全體參與者的智慧和心血。總主編劉學智、方光華教授，項目總負責徐曄、馬來同志統籌全書，精心組織，陝西師範大學、西北大學、西北政法大學、中國人民大學、華東師範大學、鄭州大學等十餘所院校的數十位專家學者協力攻關，精益求精，體現出深沉厚重的歷史使命感和復興民族文化的責任感；他們孜孜矻矻，持之以恒，任勞任怨，樂於奉獻，以古人爲己之學相互勉勵，在整理研究古代文獻的同時，不斷錘煉學識，砥礪德行，努力追求樸實的學風和嚴謹的學術品格。出版社組織專業編輯、外審專家通力合作，希望盡最大可能提高本文庫的學術品質。作爲文庫編輯出版委員會主任，我謹向大家卓有成效的工作表示衷心的感謝。由於時間緊迫、經驗不足等原因，文獻整理中存在的疏漏差錯難以完全避免。希望讀者朋友們在閱讀使用時加以批評指正，以便日後進一步修訂，努力使文庫文獻整理更加完善。

張豈之

二〇一五年一月八日

于西北大學中國思想文化研究所

前言

王弘撰（一六二三至一七〇二），字文修，又字無異，號太華山史，又署鹿馬山人。鹿馬山爲明崇禎皇帝葬地，弘撰藉以自號。晚號山翁，又曰麗農老人、天山丈人。去世後，門人私謚「貞文」。名其居曰砥齋，又名待庵。今陝西省華陰市人。

王弘撰具有多方面的才能和成就。他在金石書畫方面的成就非常突出，很多書法作品在當代還有一定的收藏價值。當時關中碑誌非三李（李顒、李因篤、李柏）則弘撰，而弘撰工書法，故尤多於三李。此外，他在理學、易學、史學、詩歌、古文創作等方面也有較高的造詣。梁啓超先生認爲王弘撰「治經學，熟於掌故」，當時即有「博物君子」之稱，在陝西與「關中三李」齊名，時人號爲「四夫子」。加上朝邑的李楷，並稱「五虎」。顧炎武對王弘撰學術才識、治學態度、做人原則給予了很高的評價，稱贊其爲「關中聲氣之領袖」。

王弘撰爲南京兵部侍郎王之良（字虞卿，又字鄰華）第五子。王之良曾從馮從吾遊學。其學宗朱子，重實踐，「不事表露」，明天啓五年（一六二五）中進士，官至虔州南贛巡撫、兵部左侍郎。他悉心經濟，撫南贛，屢平寇，著戰功，時稱「前有文成，後有虞卿，得兩王公」。王之良長子弘學，深得濂、洛、關、閩之學，李自成攻陷長安，遂隱居不仕，博覽經史，手自抄録，累年不懈。著有孔時圖、達天説、九章、石渠閣文集。王之良三子弘嘉亦山居讀書，終身不出，學守兼勵，人稱「雲隱先生」。所築手蓉閣，四方名流多題詠者。王弘撰一門四人，在關學續編皆有記述。

王弘撰少年時有較好的文史基礎，十三歲時即隨父京居，開始研讀左傳、國語、史記、漢書，手抄筆録，勤奮不輟。十七歲，隨父親赴虔州任，父親特延師教其讀左氏春秋，這爲他以後研究金石小學打下了基礎。據王弘撰邸齋集稱：「予幼侍先大人京師，少知讀書，大人以漢文三百篇授予，予受而讀之，無間寒暑，三年成誦，不失一字。」他青少年時期長期隨侍父親左右，京師三年，南贛五年多，在家父的教誨下勤奮讀書。王弘撰二十一歲曾打算作一部法戒録，借鑑宋司馬光修資治通鑑的做法，將可資參考者列出，各種反例、教訓注於後，以供對比，期望達到「不言堯舜而求堯舜之實」的目的。他認爲只要統治者按此行事，即可達到天下大治，表現了他青年時期具有遠大的政治抱負和報國熱情。

崇禎十六年（一六四三），其父自南贛擢南京兵部侍郎，歿於途，自此他返回故里陝西華陰。十月，李自成率部轉戰關中，明政權陷入風雨飄搖之中。在此之前，王弘撰過的是一種貴公子式的生活。自此以後，以前的優裕生活不復存在，他和族人陷入離亂之中。李自成入關時向縉紳富戶拷索金帛，王弘撰挺身而出，入營與農民軍談判，使一族人性命得以保全，具有孔子夾谷之會之風。明政權被推翻之後，他與親戚帶着母親逃難於「穹巖邃谷之中，以延旦夕」，如是者七八年。在此期間，他結識了李因篤及明宗室「青門七子」中的朱子斗。王弘撰與朱子斗相交甚密，此時子斗已是落難王孫，甚至不如尋常百姓，弘撰不避嫌疑，表現了他對明室的眷戀和不二情操。

清順治七年（一六五〇），王弘撰結束了離亂生活，開始遊歷於吴越之間。他廣泛結交東南逸士遺民，不問時事，詩酒唱酬，過的是一種名士、文人式的優遊自適、放浪形骸的生活，直到清康熙九年（一六七〇）爲止。據山志初集卷六「紀遊」條記：「憶辛卯春，予始遊吴門，所與交者陸履長、姚文初、瑞初、周子佩、子潔、顧雲美、朱彦兼、沈古乘、葉聖野、胡雪公、鄒鶴引諸君。時姜如須、張草臣皆病甚，亦爲予強起。同寓虎丘者，則吴梅村、陳階六、韓聖秋也。」可見剛年過三十的王弘撰在當時已名聲甚著，江南文士對之頗爲看重。在江南遊歷，形式上是詩酒唱酬，實際是借此以排遣亡國之愁。

後來，政局基本安定下來，王弘撰又回到關中。友人送其仙鶴一隻，王弘撰築小亭居之，名曰「獨鶴亭」，此處也成了雅士遺民聚會的場所，一時名士如王士禛、李因篤、李楷、汪琬等常聚於此，均有詩歌相贈。交名士，研金石，玩書畫，飲醇酒，近婦人，就是此時王弘撰的生活方式。在這些年，王弘撰雖談不上自廢，因爲他的金石、書畫在此時達到了很高的造詣，用「狷狂」二字可以概括他當時的生存方式。這與李顒艱苦卓絶、專心理學的爲學路徑實有雲泥之别。李顒體現了道學先生的認真嚴謹，弘撰則代表着文人名士的狷狂放浪，但兩人在對明王朝的忠貞和堅守民族氣節上則是一致的。康熙八年，王弘撰赴北京昌平，謁崇禎皇帝陵，哭祭故主，曰：「念十七載覆載之思，心慚書劍；盡三千里草茅之悃，淚灑河山。」於是，自號鹿馬山人，以志對崇禎帝和明王朝的哀思。

康熙八年（一六六九），弘撰三兄去世。他感到十分悲傷，以前由於自己有狎邪之行，三兄曾多次勸戒，並杖責從弘撰遊玩的僕人，以表對其弟的警示。現在想起過去的一切，他深有悔責，決定告別過去的生活，皈依理學的行爲準則。由此，王弘撰生活態度、學術興趣都發生了較大的轉變，年近五十始在理論上、行動上轉向理學。之後，他即在關中，與富平李因篤，朝邑李楷、王建常，盩厔李顒、郃陽康乃心多所往來，相處論學。

康熙十八年（一六七九），由張雲翼推薦，朝廷詔王弘撰爲博學鴻儒。詔下後，他見無法推脱，便來到京師。在此地，他遠避喧囂，寄寓於京師昊天寺，不去拜訪任何人。但王弘撰名聲甚高，又喜遊歷。京師慕名來訪者絡繹不絕。他爲了遠離當道，不論新知舊友、布衣顯貴，一律不予回訪，稱疾不出寺門，只以書信的方式答酬來訪者。據載，當時與他往來論學的有魏象樞、王士禎、施閏章、湯斌、閻若璩，李良年、孫豹人等學者。

從北京回籍後，又兩度遊歷江南，與各地學者切磋學藝。先後與戴廷栻、陳上年、葉封、孔尚任、戴務旃等人結交。王弘撰一生五次南遊，故在他身上，具有江南文人风流倜傥和西北学人質樸篤實的双重品格。

王弘撰長期隱居華陰，閉戶讀書，以文會友。康熙二年（一六六三），昆山顧炎武來訪，與之訂交。康熙五年（一六六六），番禺屈大均游關中時亦來拜訪。視弘撰爲「博學君子」的王士禎也曾兩次造訪，惜其未遇。王弘撰與南方學者的交往，不僅是他们個人的尋師訪友，也是溝通江南文化和關中文化的活動，有力地促進了江南學術與關中學術的互動、交流，在清初的南北學術、金石書畫交流中具有舉足輕重的地位。

顧炎武說：「好學不倦，篤於朋友，吾不如山史。」顧炎武的這句話道出了王弘撰一生的兩個基本特點：一是好學不倦，這可以從他多方面的才能和著作宏富上看出；二是篤於朋友，喜交遊，樂於助人。據康乃心的王貞文先生遺事記載：

「蒲城人單汝思初與先生無舊，順治己丑避難，以渭南劉孟嘗先生書來，先生處之山中別業。」

「富平楊生亦以避難歸先生，爲之飲食，於家處於曩所爲嘯月樓者數年。」

「江南歸，逆旅中逢一士，困頓不能還家，先生即傾橐給之，不問姓名，曰：『非以求報也。』同行友人陳康成每爲述其事。」

王弘撰學術思想的特點是善於獨立思考，持論公允平實，沒有門戶之見。本體論上，他持理本論，但不同意朱子「理生氣」說，並且對朱子「無極而太極」的解釋表示無法接受。心性論上，雖不同意王陽明「無善無惡心之體」說，但對其「致良知」極爲贊賞。工夫論上，雖也秉持朱子「格物」之訓，但又認爲馮從吾「格物」之說「尤爲明切」。其學雖以儒學爲主，但對佛、道二教是「不尊其教」而「敬其人」，認爲佛老之書「自可以修身養性之助」，所以他主張「於二氏之言，不盡棄絕」。他對待西學的態度，亦復如此。盡管他對西人「專奉耶穌」不以爲然，但贊賞其「天文奇器，則獨有所長」。王弘撰之學亦重經世致用，其於屯田、紡織皆有論說，劉師培稱其「敦崇實學」。

正學隅見述是王弘撰理学思想的代表作，他在自序中说：

> 弘撰愚不知學，唯讀古人之書，以平心靜氣自矢，罔敢逞其私臆，而久之有是非判然於吾前者。蓋嘗有見於格物致知之訓，朱子爲正；無極太極之辨，陸子爲長，賢者之異，無害其爲同也。今掇其旨要，著之於篇，若爲兩賢折衷，弘撰何人斯，而足語此！庶幾下學一得，質諸古人，而幸其不遠也。尚望有道君子，惠而教之焉。

在這一段話中可見王弘撰的主要理學思想和治學風格。

王弘撰對易學有深刻的研究，爲此撰寫了兩部易學方面的著作：周易圖說述四卷、周易筮述八卷。王弘撰學宗朱子，朱子作周易本義，首列九圖，所以明易之原，爲此，王弘撰作周易圖說述。弘撰還以朱子謂易本卜筮之書，故作周易筮述，「其書雖專爲筮蓍而設，而大辟焦京之術，闡文周之理，立論悉推本於經義，較之方技者流，實區以別矣。」王弘撰的易學可以概括爲由朱子易學經程子易學，向原始易學的回歸。王弘撰治學，「揆之以理，度之以心」，秉持「唯求其實」「唯求其是」的學風。這一點，在易學研究上表現尤爲明顯。

王弘撰在孝親和婦女貞節問題上亦有獨到之見。他對於「刲肱」「刻木」「埋兒」等現象進行了批評，指出這是違反人之本性的行爲，認爲婦女再嫁應該得到社會的普遍承認。這些都體現了王弘撰思想中的人道主義因素，與當時興起的一股人文思潮十分合拍。

王弘撰的理學思想雖不豐富，亦無深刻之處，這是與當時的時代大勢相一致的。因爲理學發展到清初，已經是在走下坡路，與宋明時期理學蓬勃發展的情況是不可同日而語的。説王弘撰通濂、洛、關、閩之學，確實如此。他主張「反之於躬」。尤其在晚年，王弘撰對理學「踐形」愈加看重。王弘撰在執掌關中書院期間，「一時英俊如雲，稱爲盛事」，因而清初「關學復興」，其「倡始之功尤不可没也」。由此亦可知，他在關學史上應當佔有相當重要的地位。

王弘撰對後世的影響不盡表現在他的「學」上，更爲重要的是表現在他的「文」上。李元春以爲王弘撰「文章博雅，名動天下」。王弘撰的古文簡潔有法，汪琬乃稱其得史遷遺意。王弘撰的爲文追求「簡」和「淡」，宣情貴達貴淡，故無事摹古，而平實可誦，但由於著述太多，有很多地方表達得不夠準確和精當。

王弘撰一生的詩歌創作也很旺盛，但在他四十九歲時一把火燒了所有詩稿，隨後一心皈依理學，專心於理論研究，很少再有詩歌創作，所以今天能看到他的詩歌很少。

最後，本書之所以能在較短時間内完成，首先要感謝叢書主編劉學智教授和本書責任編輯黄偉敏先生的辛勤勞動。臺灣學者楊承嗣先生和陝西師範大學中國哲學史專業碩士研究生王孜、王樂同學爲本書完成也做了部分工作。本次點校時間緊，任務重，加之本人水平有限，錯誤和不足之處肯定是存在的，敬請方家指正。

孫學功

二〇一四年二月識於長安郭杜

點校說明

王弘撰著作，乾隆本華陰縣志卷十五載有：周易圖說述四卷、周易筮述八卷、正學隅見述、十七帖述一卷、淳化閣帖述、古詩述、山志初集六卷、山志二集六卷、待庵文稿十六卷、砥齋集十二卷、臥雲章堂集、古今體詩、南遊詩草、詩借一卷、待庵日札、北行日札、西歸日札一卷、文可、王氏宗祠志、王氏族譜共二十種。

從砥齋集卷一，我們知道王弘撰還編有法戒録、漢隋二子述二書。據清史稿王弘撰傳，王弘撰輯録有顧炎武及孫枝蔚、閻爾梅等數十人所與書札，合爲一册，并手題曰友聲集，各注姓氏。劉青霞的慎獨軒文集卷八書華陰王山史先生日省志後云：「近又以所著書數種及明善堂日省志見寄。志凡七十六則，防嫌於微，杜邪於漸，内而家庭，外而接物，立心制行，時時省察，大要爲忠厚，不爲刻薄；爲謙虚，不爲疏放，以至言動視聽謹小慎微，罔敢積有疏忽。先生斯編蓋即顔子之『克己』，曾子之『省身』，反之於躬，而日以之自課者也。以此見先生暮年留心聖學，鞭辟近裏著功夫，而不復於文章末技爭得失、計工拙也。」由此可知，王弘撰還撰有明善堂日省志。

另有砥齋集跋一卷，全部出自砥齋集卷二。張亞權整理的康熙十八年博學鴻儒科綜録王弘撰條有孔子生卒考一卷，山志二集卷四有孔子生卒一篇，不知是否相同？國家圖書館存有砥齋文録一卷，道光十九年瑞州府鳳儀書院刻國朝文録編本，不知是否是砥齋集的節選本？國家圖書館存有大明世系一卷，山志二集卷一有大明世系一篇，不知是否相同？國家圖書館還存有王弘撰題名八張、吳元正及妻藺氏合葬誌兩張、孔子廟碑一張，筆者皆未見到。乾隆本華陰縣志卷二十有扶風縣訓導誥封中憲大夫浙江金華府吳公墓誌一篇，不知與國家圖書館存吳元正及妻藺氏合葬誌是否一致？

筆者能搜集到王弘撰的著作有十種：周易圖說述四卷、周易筮述八卷、正學隅見述一卷、十七帖述一卷、山志十二卷、砥齋集十二卷、待庵日札一卷、北行日札一卷、西歸日札一卷、王氏宗祠志一卷。

各書的版本流傳情況如下：

周易圖說述有三個版本：一個是康熙二十六年（一六七九）刻本，藏西北大學圖書館；一個是乾隆四十四年（一七七九）刻本，藏陝西師範大學圖書館；一個是道光二年（一八二二）大荔致遠堂刻本，藏陝西省圖書館、陝西師範大學圖書館。

周易筮述有三個版本：一個是乾隆五十八年（一七九三）滋德堂刻本，藏陝西師範大學圖書館、陝西省韓城市圖書館；一個是文淵閣四庫本。四庫本周易筮述最後有「康熙癸酉陽月，三原後學員賡載謹跋」，可知周易筮述還應有一個康熙本，但未見流傳下來。

正學隅見述有三個版本：一個是文淵閣四庫本；一個是光緒二十一年（一八九五）華陰敬義堂刻本，藏陝西省圖書館。從光緒刻本正學隅見述序文中知道，有王弘撰康熙十五年作的自序和李顒在康熙十六年爲正學隅見述作的原序，可知正學隅見述也應有一個康熙刻本，也未見流傳下來。

山志有四個版本：一個是康熙二十一年（一六八二）前後刻本，乃明善堂藏版之傳世本，藏國家圖書館；一個是乾隆五十三年（一七八八）紹衣堂刻本，藏陝西省圖書館、陝西師範大學圖書館；一個是道光元年（一八二一）朝邑謝蘭佩重刻本，藏陝西師範大學圖書館；一個是光緒二十六年（一九〇〇）華陰敬義堂刻本，藏陝西省圖書館。

砥齋集、待庵日札、西歸日札皆有兩個版本：一個是康熙刻本，藏陝西省圖書館、陝西省社會科學院圖書館、西北大學圖書館等；一個是光緒二十六年（一九〇〇）華陰敬義堂刊本，藏陝西省圖書館。

北行日札現存兩個版本：一個是康熙十八年（一六七九）刻本，藏陝西省圖書館、西安市文物管理所古籍室；一個是光緒二十年（一八九四）華陰敬義堂刻本，藏陝西省圖書館。

十七帖述，清王晫、張潮輯檀几叢書卷十三有收録。

王氏宗祠志，存於光緒二十二年（一八九六）華陰敬義堂刻王山史先生年譜（又名王貞文先生遺事）中。

歸納起來，王弘撰著作刻本主要有四個時期：康熙、乾隆、道光、光緒。其中，把光緒華陰敬義堂刻砥齋集、待庵日札、北行日札、西歸日札、王山史先生年譜，合稱王山史五種，這些著作均收録在上海圖書館編中國叢書綜録一五〇一頁。

本次點校正學隅見述、山志、砥齋集、待庵日札、北行日札、西歸日札、王氏宗祠志皆用光緒華陰敬義堂本爲底本，其中，待庵日札、西歸日札含有潼津李夔龍評。周易圖説述以道光本爲底本。周易箋述以文淵閣四庫本爲底本。十七帖述用檀几叢書本。

底本使用理由：這些底本内容完整、文字清晰、易於辨認，錯誤較少，且容易獲得。

參校本：周易圖説述，一個是康熙刻本，一個是乾隆刻本。周易箋述是乾隆刻本。山志，一個是康熙刻本，一個是乾隆刻本，一個是道光刻本。砥齋集、待庵日札、西歸日札、北行日札是康熙刻本。正學隅見述，是文淵閣四庫本。十七帖述、王氏宗祠志，無參校本。

他校本：明萬曆郝千秋、郝千石刻郝氏九經解本郝敬撰周易正解；清康熙徐乾學、納兰成德辑编通志堂經解的宋胡方平撰易學啓蒙通釋（簡稱通釋）、宋趙汝楳撰易雅、元胡一桂撰周易發明啓蒙翼傳（簡稱翼傳）、元雷思齊撰易圖通變、元張理撰易象圖説、元熊朋來撰熊先生經説（簡稱經説）；文淵閣四庫全書的元王結撰王文忠集、明唐順之編荆川稗編（簡稱稗編）；二〇〇六年國家圖書館出版社朱熹撰晦庵先生朱文公文集（簡稱朱集）；中華書局一九七九年清錢泳撰張偉點校履園叢話、一九九〇年楊伯峻注春秋左傳注、一九九一年周振甫譯注周易譯注、二〇一二年史記、宋史、明史、二〇一三年清永瑢、紀昀主編四庫全書總目。此外，還參考了中華書局一九九八年何本方點校本。

底本因避皇帝諱，「宏撰」，全書直接改爲「弘撰」；「元」，直接改爲「玄」。因避父親諱，「肙」，直接改爲「良」。皆不出校。其他校勘原則均依關學文庫所制訂之規則執行，這裏不再贅述。

王弘撰著作的刻本，後世流傳的較多，筆者盡可能的多方搜求，但難免掛一漏萬。以後如有新發現，當盡可能在修訂時彌補，請讀者諒解。

目録

總序 …… 張豈之 一
前言 …… 一
點校説明 …… 一

上册

周易圖説述

周易圖説述序 …… 三
重刻周易圖説述序 …… 四
補刻周易圖説述引言 …… 五
周易圖説述卷之首 …… 六
略例 …… 六
周易圖説述卷之一 …… 一七
周易圖説述卷之二 …… 八五
周易圖説述卷之三 …… 一七二
周易圖説述卷之四 …… 二三九

周易筮述

周易筮述原序 …… 二九一
周易筮述卷一 …… 二九三
原筮第一 …… 二九三
筮儀第二 …… 三〇一

蓍數第三……三〇二
周易筮述卷二……三〇七
揲法第四……三〇七
周易筮述卷三……三三九
變占第五……三三九
周易筮述卷四……三六二
九六第六……三六二
三極第七……三六五
中爻第八……三六九
周易筮述卷五……三七一
卦德第九……三七一
卦象第十……三七三
卦氣第十一……三八九
周易筮述卷六……三九四
卦辭第十二……三九四
周易筮述卷七……四二八
左傳國語占第十三……四二八
餘論第十四……四四三
周易筮述卷八……四四六
推驗第十五……四四六

正學隅見述

重刻正學隅見述序……四八七
正學隅見述原序　二曲弟李顒中孚撰……四八七
原序　渭北弟李因篤子德撰……四八八
自序……四八九
正學隅見述……四九〇
正學隅見述書後……五一五

十七帖述

十七帖述……五一九

王氏宗祠志

華陰王氏宗祠記……五二七
王氏宗祠志……五二九
祭儀……五三三
創建王氏宗祠碑文……五三三
答問附……五三四

山志

山志序……五三九
凡例……五四〇

下册

初集卷一……五四一
明善……五四一
庭訓……五四一
寶訓……五四二
孔孟生卒……五四二

孔子子孫……五四三
孟子父母……五四三
紫陽……五四四
漢二賢王……五四五
語録……五四五
曹靖修……五四六
五祀……五四六
父子……五四七
蔣相國詩……五四七
西洋……五四八
孫督師……五四八
北遊集……五四九
王右軍……五五〇
康對山……五五一
康山……五五一
詩文……五五二
心史……五五三
趙文敏書畫……五五三
陸包山……五五四
董文敏……五五四
王宗伯書……五五四
仇紫皺……五五五
朱竹……五五六
陳祺公……五五六
孫少宰……五五六
定武蘭亭……五五七
善畫人……五五七
上林圖……五五八
自勵……五五八
瘞骨……五五八
殺生……五五九
戒屠……五五九
九經字數……五六〇
禮佛老……五六〇
朱子讀二氏書……五六一
人身八卦……五六一
書式……五六一

初集卷二

……五六三
人心道心……五六三
馮恭定……五六三
善利圖……五六六
好名……五六六
楊墨……五六六
邵康節詩……五六七
日月星辰水火土石……五六七
陰陽剛柔仁義……五六七
順逆虚實……五六八
諱字……五六八
歐陽文忠……五六九
洪忠宣祭文……五六九
五更……五七〇
司馬孚武攸緒……五七〇
錦瑟……五七一
丘文莊……五七一
疊字……五七二
田孝子……五七二
五音……五七三
韻……五七三
字從俗……五七四
閏字……五七四
芤芇……五七四
押字……五七五
俗字……五七五
臨川文選……五七五
桂……五七六
蘭蕙……五七六
玉蘭……五七七
禹碑……五七七
淳化閣帖……五七八
聖教序……五八一
問交……五八一
匼字……五八二
恩字……五八三

初集卷三 …… 五八四

程子訓 …… 五八四
蘇文忠 …… 五八五
程門諸子 …… 五八五
太歲土旺 …… 五八六
忌月月忌 …… 五八七
好學 …… 五八七
顧亭林 …… 五八八
王仲復 …… 五八九
劉孟常 …… 五八九
李中孚 …… 五九〇
李天生 …… 五九〇
養生 …… 五九一
灰隔 …… 五九一
天根月窟 …… 五九二
環中 …… 五九二
中 …… 五九三
冬至子半 …… 五九三
數 …… 五九四
祅民　昔有挾預知之術者專持寂感報耳祕呪即萬回哥哥其異更甚則亦祅而已 …… 五九四
劉石生 …… 五九五
神荼鬱壘 …… 五九六
貞燕　元元貞二年燕人柳湯佐宅有雌燕獨巢凡六稔時人目爲貞燕 …… 五九六
宋大逆 …… 五九六
碧雲騢 …… 五九七
富春山圖 …… 五九七
十萬圖 …… 五九七
霖雨舟楫圖 …… 五九八
白巖圖 …… 五九八
閔茶 …… 五九八
劉台凝 …… 五九九
臥冰割股 …… 五九九
建安諸子 …… 六〇〇
姜楚嵎 …… 六〇一
聖壽寺羅漢 …… 六〇一

奕……六〇一
方爾載……六〇二
蔡卞……六〇二
印……六〇二
蔡孝子……六〇三
永樂大典……六〇四
單汝思……六〇四
寫字……六〇四
待義……六〇五
不幸而壽……六〇五
得閒知足……六〇五

初集卷四……六〇六

周公……六〇六
謚法……六〇八
二氏……六一一
學佛……六一三
李贄……六一三
屠隆……六一五
寺僧……六一七
生員……六一八
堯二女……六一八
秦始皇……六一九
小宗……六二〇
立後……六二〇
傳奇……六二一

初集卷五……六二三

聖學……六二三
無極……六二三
先天後天龍圖太極……六二四
張子遠……六二五
博文約禮……六二五
格物……六二六
格字訓正……六二七
知行……六二七
尊經閣記……六二八
王文成……六二八

冀惟乾……六三〇
蔡伯喈後……六三一
誠仁……六三一
義字……六三二
陸貞山論……六三二
信……六三三
技術……六三三
蔡氏地理……六三四
道術……六三四
劉自我……六三六
道德經……六三六
陰符經……六三六
淨明全書……六三七
玄牝……六三七
生死之徒……六三八
呂惠卿王雱……六三八
陳希夷……六三八
正易心法……六三九
陳藹公……六三九
邵伊川……六四〇
周子逸詩……六四〇
羽翼聖經……六四〇
虞姬……六四一
北鄙之武……六四二
楊濬修……六四二
鬻爵免罪……六四二
隆慶……六四三

初集卷六

……六四四
文廟木主……六四四
漢帝……六四四
漢儒……六四五
淮南子……六四五
喪服……六四六
論格物……六四八
文丞相墨跡……六四八
罪知録……六五一
程子注……六五一

悖謬……六五二
怪誕……六五二
郭宛委……六五二
方正學……六五七
孫豹人……六五七
三朝要典……六五八
江南鄉試題……六五八
于忠肅……六五八
武陵……六五九
羅文莊論欲……六六〇
尚左右……六六〇
感應……六六一
韓恭簡……六六一
大禮議……六六一
甲子紀年……六六二
紀遊……六六二
序……六六四
山志序……六六四

二集卷一……六六五
大明世系……六六五
二集卷二……六七五
甲子曆……六七五
陽九百六……六七七
召公……六七八
延陵季子……六七九
遷國……六八〇
中興……六八一
三官神……六八一
婚禮遭喪……六八二
瑚璉盤……六八三
死諫……六八三
殷人……六八四
佛經……六八四
僧僞……六八四
老聃……六八五

書坐右……六八五
太白經天……六八六
會試二元……六八六
顧亭林徵君卒 壬戌正月初九日……六九〇
井田 吉者百步爲畝百畝當今之四十一畝地之肥瘠不同故有三易再易不易……六九一
加耗……六九一
海忠介公……六九二
郭巨丁蘭……六九二
冬心詩……六九三
側室……六九四
槩字……六九四

二集卷三

二集卷三……六九五
鑄鼎……六九五
防墓崩……六九五
共和……六九六
魯三家……六九六
胡濛溪野談……六九七
親字……六九七
韓文公……六九八
顏魯公真跡……六九八
尚書……六九八
明稱……七〇〇
仲嬰齊……七〇〇
清源山……七〇一
兄弟……七〇一
曹娥碑……七〇一
擘窠裝潢……七〇二
泰伯……七〇三
軒轅……七〇四
湯武……七〇四
目夷……七〇四
左儒……七〇五
周宗伯記字……七〇五
應醻詩文……七〇八
魏子一……七〇八
女瑀……七一〇

爲人後……七一〇
孫氏孤兒……七一一
青門七子……七一二
吴司業……七一三

二集卷四

二集卷四……七一六
孔子生卒……七一六
孟子生卒……七一九
朱子生卒……七二三
櫺星門……七二四
杜氏微詞……七二四
泰昌年號……七二五
酌中志略……七二六
姓氏……七二六
理氣合一……七二七
召忽管仲……七二八
徐臞庵……七二九
識字……七二九
諸葛忠武……七三〇
傳習存疑……七三〇
成濟……七三一
厭字……七三一
昭王……七三二
平王……七三二
楚武王……七三二
管仲相桓……七三二
伍員包胥……七三三
束修……七三三
追蠡……七三三
九合……七三四
羿奡……七三四

二集卷五

二集卷五……七三五
春王正月……七三五
周官注誤……七三五
何必讀書……七三六
陽九百六……七三七
科目偏見……七三八

劉司空疏……七四〇
二黨……七四〇
三案公論……七四一
憶賢……七四一
著述……七四二
文貴簡直……七四二
用古……七四三
史記漢書……七四三
岷嶓沔漢……七四三
唐中興頌宋萬安橋碑……七四四
韻……七四五
韻所……七四六
反切……七四八
蘭亭……七四八
作文當慎……七四九
外丙仲壬……七四九
唐鑑……七五〇
末厥兵……七五〇
母弟……七五一
外大吏……七五一
紀談……七五二

二集卷六

……七五四
顔子生卒……七五四
孔子及七十二子像贊……七五四
王巽卿……七五五
轉注假借……七五五
蜀石刻……七五六
三九……七五七
古詩……七五七
楊光禄詩……七五七
沈繹堂華嶽碑跋……七五八
謝康樂詩……七五八
殺生……七五九
謚典……七五九
無極字同義異……七六一
徑一圍三隔八相生……七六二
歲星……七六三

五加皮……七六三
避火法……七六四
神鼂……七六四
朐朐……七六四
唐賢……七六五
桐花鳳……七六五
浣花夫人……七六六
蔡忠襄公傳……七六六
史閣部……七六七
虛名……七六九
胭脂井……七六九
天寶迴文詩……七七〇
算法……七七〇
華清宮詩……七七二
梅花詩……七七二
定水帶……七七三

砥齋集

砥齋集序　南廷鉉……七七七
砥齋集序　黄文焕……七七八
山史先生集後序　曾廉……七七九
重刻砥齋集序　白遇道……七八〇
刻砥齋集記　王宜輯……七八一

砥齋集卷之一上　序

……七八二
壽丘申之先生七十序……七八二
辛卯聞見録序……七八三
南鼎甫詩序……七八四
題自注華山記稿……七八五
重修大羅洞序……七八五
送南鼎甫任柳州府推官序……七八六
送華然張君陞漢中府教授序……七八七
贈邑丞徐鼎生序……七八七
賀動宇雷先生壽序　代楊樹滋……七八八

壽屈肅卿先生序……七八九
藿庵近稿序……七九〇
雪舫近詩序……七九〇
賀田雪崖進士序……七九一
賀從兄簡生舉子序……七九二
送湯荆峴兵憲序……七九三
贈兵憲荆峴湯公序　代……七九四
贈張定一序……七九五
贈楊振公進士序　代……七九六
賀郭雲瞻進士序　代霍司馬……七九六
募修法興寺序……七九七
壽邑侯劉端伯詩序……七九八
制義選序……七九八
又序……七九九
左傳鈔序……七九九
秦漢文鈔序……八〇〇
吴太□暨配藺孺人雙壽序　代雪崖……八〇〇

砥齋集卷之一下　序

……八〇二
周子全書序……八〇二
關中書院制義序……八〇二
蔣處士詩序……八〇三
馬紫巖集序　代……八〇三
金華府志序　代……八〇四
聖諭衍義序　代……八〇五
募重修東嶽廟　引……八〇五
梁公崇祀名宦録序……八〇六
文稿自序……八〇六
賀劉母李太夫人百歲壽序……八〇七
煙月堂家集序……八〇八
文可序……八〇九
周易圖說述序……八一〇
張王二稿合選序……八一一
募修朝元洞序……八一一
中說序……八一二

法戒録序　崇禎壬午予年二十有一私擬作 …… 八一二
春日看梅詩序 …… 八一三
遲屏萬明府壽序 …… 八一四
陳堯夫詩小序 …… 八一四
賀靖逆侯非熊張公入覲序 …… 八一五
童氏族譜序 …… 八一六
瑞燕堂集序 …… 八一七
易傳鈔序 …… 八一八
守硯庵文稿序 …… 八一八
碧落後人詩集序 …… 八一九
程然明續遊草序 …… 八二〇
魯式和琴譜序 …… 八二〇
長鳴詩存序 …… 八二一
法言序 …… 八二一
漢隋二子述序 …… 八二二

砥齋集卷之二　跋 …… 八二三

書郭胤伯藏華嶽碑後 …… 八二三
爲陳泠雲書桃源詩記跋 …… 八二三
書太極圖說後壽湯荆峴兵憲 …… 八二四
劉福庵封君八十詩跋　代 …… 八二四
書劉孝子册後 …… 八二五
書李岸翁閏七夕詞後 …… 八二五
書臨玄祕塔帖後 …… 八二六
唐榻金剛經跋 …… 八二六
宋榻聖教序跋 …… 八二七
九成宮醴泉銘跋 …… 八二七
書宋元人畫册後 …… 八二七
泉帖跋 …… 八二八
書文衡山花鳥册後 …… 八二八
穎上黄庭蘭亭跋 …… 八二九
題顧進之劍閣圖 …… 八二九
題吴仲圭山水卷 …… 八二九
王阮亭藏王雅宜字卷跋 …… 八三〇
題沈石田秋實圖 …… 八三〇
高氏高曾規矩卷跋 …… 八三〇
書高寓公手跡卷後 …… 八三一

題王雨公華山圖册 …… 八三一
十七帖跋 …… 八三一
題品泉圖 …… 八三二
題李長蘅小景 …… 八三二
三兄遺札跋 …… 八三二
聖教序初斷本跋 …… 八三二
題周元亮藏畫雲柳 …… 八三三
趙元朔藏董文敏手札跋 …… 八三三
吴北魚藏蘭亭跋 …… 八三三
吴北魚藏聖教序跋 …… 八三四
龔雅生藏戒壇帖跋 …… 八三四
倪夫人繡譜跋 …… 八三四
題何氏墓圖 …… 八三四
題李紫庭藏左青岱畫美人 …… 八三五
天下名山圖跋 …… 八三五
題爛柯圖 …… 八三六
書王文安題畫石册後 …… 八三六
東陽蘭亭跋 …… 八三六
孔季將碑跋 …… 八三七
孔季將碑陰跋 …… 八三七
聖教碑跋 …… 八三八
題趙千里水仙真跡 …… 八三八
吴六翮藏聖教碑跋 …… 八三九
武含和碑跋 …… 八三九
書晦庵題跋後 …… 八三九
書鄉飲酒碑後 …… 八四〇
書藤陰札記後 …… 八四〇
書志川草訣歌 …… 八四一
吴將軍碑跋 …… 八四一
魏勸進碑跋 …… 八四一
顏魯公奉使題字跋 …… 八四二
郭徵君藏歐陽率更醴泉銘跋 …… 八四二
褚河南書聖教序記慈恩碑跋 …… 八四三
褚河南書聖教序記同州碑跋 …… 八四三
自書素書跋 …… 八四三
自書陶詩跋寄陳階六大參 …… 八四四
書三十六峰賦後 …… 八四四
顏魯公爭坐位帖跋 …… 八四四

書李北海雲麾將軍碑後……八四五
米元章書方圓庵記跋……八四五
爭坐位帖跋……八四五
聖教碑跋……八四六
書易經傳後……八四六
書錢牧齋湯臨川文集序後……八四七
書天隱子後……八四七
書張子孔氏三世出妻辨後……八四八
題王太常煙客畫卷……八四八
大觀帖跋……八四九

砥齋集卷之三　論議

砥齋集卷之三　論議……八五〇

史論

象未必欲必殺舜論……八五〇
周公未嘗殺管叔論……八五〇
關壯繆侯論……八五一
聖賢爲萬世生民而發論　試卷……八五二
諸葛忠武侯宜祀瞽宗論……八五三
曹子建論……八五四
劉文靖公從祀論……八五四
祭祀論……八五五
立後論……八五六
大禮論……八五七
三案論……八五七
三朝要典論……八五八
艾千子罪王弇州論……八六〇
侯朝宗責于忠肅論……八六一
文論……八六三
甲申之變論……八六三
延安屯田議……八六五
延安織紡議……八六五
朱子晚年之悔論……八六六
水火論……八六七

砥齋集卷之四　記

砥齋集卷之四　記……八六八
重修顯應侯廟記……八六八
重修五嶽廟記　代……八六九
夢遊浮玉山記……八七〇

重建文廟儀門記　代……八七一
頻陽札記……八七二
文衡山殘畫記……八七六
劉氏葬禮記附詩……八七六
待庵自記……八七七
山來閣記……八七七
周子佩血書貼黄記……八七八
重修古函谷關記……八七九
華陰縣重修學宫記……八八〇
種紙庵雅集記……八八二
竺隖草廬記……八八三
鄧寧畫蘭記……八八四
池陽員氏祠記……八八五
止亭記……八八五

砥齋集卷之五　傳

……八八七
永寧縣知縣武公傳……八八七
夏孝子傳……八八七
劉長女傳……八八八
貞節貟母孟氏傳……八八八
裴節婦傳……八八九
眭太守傳……八九〇
惠姬傳……八九〇
孫督師傳……八九一
胡母楊宜人傳……八九二
劉四冲傳……八九三
呈貢知縣夏君傳……八九四
閻處士牛叟傳……八九五

砥齋集卷之六　碑

……八九七
孫夫人殉節碑……八九七
重修孔子廟碑……八九七
關中書院會文姓氏碑……八九八
學憲玉行鐘公去思碑……九〇〇

砥齋集卷之七　贊銘

……九〇一
王熙寰先生像贊……九〇一
王母蘇恭人像贊……九〇一

陳孕香像贊……九〇二
自題一劍圖……九〇二
李雲襄像贊……九〇二
趙靈修像贊……九〇二
范北鑰像贊 時已爲僧……九〇三
法上人像贊……九〇三

砥齋集卷之八上 書……九〇四

與孫嗣履……九〇四
與劉客生……九〇四
與周鍊師……九〇四
與李千之……九〇五
與張白石……九〇五
與族兄孚公……九〇五
與郭胤伯……九〇六
與解拙存太史……九〇六
與友人……九〇六
與朱文度……九〇七
與孫警輪……九〇八
與康軫老……九〇八
與王文含……九〇九
與劉孟常孝廉……九一〇
復雨公……九一〇
與友人……九一一
與郭胤伯徵君……九一一
與張川原……九一一
寄王阮亭祭酒……九一二
與許無功使君……九一二
與湯荆峴中丞……九一三
與張望齋元侯……九一三
答康孟謀……九一三
答陳六謙 時爲安邑丞……九一五

砥齋集卷之八下 書……九一六

與屈狂歌書……九一六
復臨川周業師書……九一七
與溫州司李劉仲旋……九一八
與尉庠師書……九一八

復楊樹滋進士……九一九
復潤生……九一九
復馬融我……九一九
辭軍廳彭鴻叟刑廳劉竹堂……九二〇
與劉孟常……九二〇
復葉天水太守……九二〇
與張讓伯……九二一
與周元亮司農……九二一
復魏環溪大司寇……九二一
與遲屏萬明府……九二二
與湯荆峴太史……九二二
與葉訒庵太史……九二三
答郭九芝明府……九二三
復于密庵……九二三
復施愚山侍講……九二四
寄魏環溪總憲……九二四
復湯荆峴侍講……九二五
與王阮亭侍讀……九二六
復張又南冏卿……九二六
寄顔修來吏部……九二六
答王茂衍……九二七
復王仲復處士……九二七
寄鄭谷口……九二七
答于密庵……九二八
與劉孟常孝廉……九二八
答王仲復……九二九
與劉太室……九二九
復孫補庵……九三〇
與王仲復……九三〇
與張又南……九三〇
復李禹門……九三一

砥齋集卷之九 墓誌墓碣

……九三二
善契蘇君暨配楊氏吴氏合葬墓誌銘……九三二
雷孝子墓表 代陳公朗方伯……九三三
從孫僑壙誌銘……九三三
故教諭瀛翻李公暨配孺人衛氏合葬墓誌銘……九三四

故庠生動宇雷公暨配徐氏合葬墓誌銘……九三六
故霍母楊孺人墓誌銘……九三七
田封君暨配太孺人趙氏王氏白氏合葬墓誌銘……九三八
素雯吴公暨配倪氏合葬墓誌銘 代湯荆峴……九三九
張季子墓碣……九四一
李于鯤妻蘇氏墓誌銘……九四二
故耆賓月岡蘇君墓誌銘……九四三
知縣典企李公暨配孺人馬氏合葬墓誌銘……九四四
誥封一品夫人靖逆侯張公元配李氏墓誌銘……九四六

砥齋集卷之十 誄……九四八

大司空二太南公誄……九四八
李千之誄……九四九
三兄雲隱先生誄……九四九
吴繼洲先生誄……九五〇

砥齋集卷之十一 祭文……九五一

建石坊祭告文……九五一
祭睢州王封君文 代湯荆峴兵憲……九五一
祭伯兄石渠先生文……九五二
祭四兄酒臣先生文……九五三
祭馬君豐文 代張繼昭舅……九五四
謁思陵祭告文……九五五
祭三兄雲隱先生文……九五五
又祭三兄雲隱先生文……九五六
告高曾祖神主文……九五七
王氏宗祠成祭告文……九五七
三兄祠堂成祭告文……九五八
祭吴繼洲先生暨蘭太恭人……九五八

砥齋集卷之十二 雜著……九五九

先儒胡先生謚文範説 代孫鐘元徵君……九五九
野語……九五九

募修佛頭崖文……九六三
紀劉石生事……九六四
哀嵩山……九六五
河圖洛書賦……九六五
公留狄陶鄰兵憲呈詞……九六六
公舉霍節婦呈詞……九六七

待庵日札

待庵日札……九七一
飲鳳亭記……九七一
健字識疑……九七一
白髮解嘲……九七二
書百石圖後……九七三
明經五章王君墓誌銘……九七三
趙英吾七十壽序……九七五
簡吳九苞……九七六
春陰……九七六
焦餐石修天台山古廟記……九七七
復劉恭叔……九七八
書史相國字後……九七八
題宋人畫漁樂圖……九七八
招李虞臣看花張北山至同飲北山有詩……九七九
寄李中孚先生……九七九
伏跡山茨承觀察賈公可齋招入青門談對經旬臨別述贈……九七九
記節女……九八〇
與觀察可齋賈公……九八一
又與賈公……九八一
爲賈公題趙松雪畫卷……九八二
爲賈楫堂題桂曲垂綸圖……九八二
爲賈作霖題行樂圖……九八三
題秋溪獨坐圖……九八三
觀高澹游畫册即境短述……九八三
爲沈尚文題三友圖……九八四
題高澹游畫竹……九八四
題可齋公畫蓮……九八四

題可齋公仿倪雲林卷……九八五
題可齋公仿唐六如卷……九八五
題唐六如菊巖圖卷……九八五
題可齋公蘭竹卷……九八六
題印册……九八六
募修雲臺觀序……九八六
與青巖太常……九八七
與李華西太守……九八七
題宋人畫册……九八八
重修三皇廟記……九八八
釋蝨文……九八九
教諭雪龕賈公墓道碑銘……九九〇
答賈荆生……九九二
蒲城重修城隍廟敬明樓記……九九二
寧羌州青岑劉刺史壽序……九九三
題潼關義學……九九四
正學彙語序……九九五
復湄園記……九九六
清漣隝記……九九七

北行日札

北行日札原序……一〇〇一
重刻北行日札序……一〇〇一
北行日札……一〇〇三
華陰縣告病呈狀……一〇〇三
戊午秋日北征留别親串……一〇〇四
即次却寄……一〇〇五
吏部告病呈……一〇〇五
對菊有懷……一〇〇六
病臥昊天寺僧舍述懷遂呈李書雲張南溟余佺廬姚濮陽諸掌科張幼南廷尉……一〇〇六
得騶騈家書口占寄示……一〇〇七
書陳藹公送黄俞邰奔喪序後……一〇〇七
答阮亭太史……一〇〇七
答總憲環溪魏公……一〇〇八

與趙韞退大參 …… 一〇〇八
賀相國易齋馮公七袠壽序 …… 一〇〇九
答閻百詩 …… 一〇一一
答傅青主先生 …… 一〇一二
答陳藹公 …… 一〇一二
答裴晉裔 …… 一〇一四
書戴楓仲丹楓閣册子 …… 一〇一五
施氏崇祀鄉賢録序 …… 一〇一五
復施愚山少參 …… 一〇一六
梅 …… 一〇一六
此日 …… 一〇一六
印史跋 …… 一〇一七
與葉訒庵太史 …… 一〇一七
與阮亭 …… 一〇一七
贈湯荆峴大參 …… 一〇一八
爲遲默生學憲書册子自跋 …… 一〇一八
與傅壽髦 …… 一〇一八
潛庵記 …… 一〇一九
己未元日試筆 …… 一〇一九
易有三人焉曰大人丈人幽人賦之 …… 一〇二〇
爲崔清如京卿題畫 …… 一〇二〇
答問示耿門人蔚起 …… 一〇二〇
自書朱子詩跋 …… 一〇二一
自書邵子詩跋 …… 一〇二一
賀閻牛叟先生壽序 …… 一〇二二
與閻百詩 …… 一〇二三
書自作賀閻先生壽序後 …… 一〇二三
與閻百詩 …… 一〇二三
鷹 …… 一〇二四
馬 …… 一〇二四
題汪舟次匡廬集字帖 …… 一〇二四
只是爲農好 …… 一〇二四
田雪崖壽詩序 …… 一〇二五
答田雪崖 …… 一〇二五
寄劉敬庵明府 …… 一〇二六
答王昊廬太史 …… 一〇二六
題楓江漁父圖爲徐菊莊小像 …… 一〇二六
與陳其年 …… 一〇二七

答余佺廬給諫……一〇二七
答姚濮陽給諫……一〇二七
答施愚山……一〇二七
寄郝得中郡丞……一〇二八
復于密庵……一〇二八
答顔修來吏部……一〇二八
寄周彝初制府……一〇二九
答陳藹公……一〇二九
與裴晉裔……一〇三〇

西歸日札

序　李夔龍……一〇三三
西歸日札……一〇三四
丙子元日將西歸感述……一〇三四
留別白門友人……一〇三五
松風圖記……一〇三五
斷石汪氏族譜序……一〇三五
題荆默庵廣文畫像……一〇三六
近思録傳序……一〇三七
知秋閣記……一〇三八
歸州知州龔彙征傳……一〇三八
徐世修傳……一〇三九
題詹鶴村尋山圖……一〇四〇
題王承之小照……一〇四〇
題王石谷畫……一〇四〇
贈陸儀吉……一〇四一
善畫八大家記……一〇四一
李遇廷像贊……一〇四二
一松閣詩序……一〇四二
隨園詩序……一〇四三
衛母韓恭人傳……一〇四三
原任中軍都督府僉書府事李公
行狀……一〇四五
貫陜西榆林衛李芝蘭年七十四狀……一〇四五
哭戴務旃記……一〇四七
過尉氏登嘯臺贈王羽臣……一〇四七

抵濳村舊居……一〇四八
書仇十洲畫郭令公家慶圖……一〇四八
晚坐有感……一〇四九
爲李虞臣題董文敏字册……一〇五〇
題曹雲西畫……一〇五〇
答員子進問焦京之易……一〇五〇
答從子宜純問蠱巽之辭……一〇五五
又答問三墳……一〇六〇
募建陳希夷先生祠序……一〇六一
題陸奇畫蘭卷……一〇六二
題唐六如畫嚴子陵像……一〇六三
贈張令公……一〇六三
簡宋澄溪明府……一〇六四
贈佟峻公明府序……一〇六四
勸士文……一〇六五
與總憲運青張公……一〇六六
書總憲張公詩後……一〇六六
題李北海書出師表册……一〇六七
書鄭方南遊華山詩記後……一〇六七
題張北山像……一〇六八
熙春橋記……一〇六八
寄碩揆上人……一〇六九
春興……一〇六九
桂陽州知州慤叟李公
墓誌銘……一〇七〇
募重修山蓀亭序……一〇七二
募修藥王祠序……一〇七二
張芝山明府詩序……一〇七三
鴛鴦歎……一〇七四
春暮……一〇七四
四書審音序……一〇七五
廣東提刑按察使司按察使介庵
劉君墓表……一〇七六

附　録

附録一 …… 一〇八一

遺詩文

寄亭林先生 …… 一〇八一

哭亭林先生六首　戊辰 …… 一〇八一

再過亭林先生墓下作 …… 一〇八二

三過亭林先生墓下作 …… 一〇八二

冒巢民先生七十有三壽序 …… 一〇八二

壬戌小年過訪巢民先生款留匿峰廬

三日別後寄贈二首 …… 一〇八四

懷仲復先生 …… 一〇八四

病中對雨 …… 一〇八四

雨中感懷 …… 一〇八五

詠松 …… 一〇八五

或語題辭 …… 一〇八五

古詩述序 …… 一〇八六

詩借序 …… 一〇八七

扶風縣訓導誥封中憲大夫浙江

金華府吴公墓誌 …… 一〇八七

附録二 …… 一〇八九

同志贈答

答王山史書　顧炎武 …… 一〇八九

與王山史書　顧炎武 …… 一〇九〇

規友人納妾書　顧炎武 …… 一〇九一

與王山史　顧炎武 …… 一〇九二

留書與山史　顧炎武 …… 一〇九二

與王山史　顧炎武 …… 一〇九三

答　顧炎武 …… 一〇九四

與王弘撰六札　顧炎武 …… 一〇九四

雨中至華下宿王山史家　顧炎武 …… 一〇九六

和王山史寄來燕中對菊

詩　顧炎武 …… 一〇九六

王徵君山史六袠序　李因篤 …… 一〇九六

王山史先生次子仲和補博士弟子員序　李因篤　……　一〇九八
獨鶴亭詩寄王徵君山史　李因篤　……　一〇九九
王五山史寄緘芥片至卻寄三十韻　李因篤　……　一〇九九
無異先生同客京師家書至有舉曾孫之慶喜甚既而歎曰安有爲人作曾祖尚可干進者愚述其意爲賦古詩因得略叙山川門閥之雄並及生平梗概凡六百字即示門人輔　李因篤　……　一一〇〇
答無異先生　李因篤　……　一一〇一
題無異先生顧廬三首　有序　李因篤　……　一一〇一
山史先生舉第五子賦寄新句　李因篤　……　一一〇二
詠獨鶴亭爲王山史作二首　李楷　……　一一〇二
獨鶴亭觀美人雨中飼鶴　李楷　……　一一〇二
沈繹堂雅集張將軍宅屈翁山先爲詩時家子德將之代州要杜蒼舒王山史各成韻　李楷　……　一一〇三
送王山史入都二首　李楷　……　一一〇三
一枝花　寄王山史　李楷　……　一一〇四
寄王山史無異書　王建常　……　一一〇四
復王山史書　王建常　……　一一〇四
與王山史書　王建常　……　一一〇五
又書　王建常　……　一一〇五
寄奉王山史先生客白門兼壽七十　康乃心　……　一一〇五
嶽麓斷句(三十一首)之一山史先生　康乃心　……　一一〇六
玉女峰阻雪有懷顧亭林王山史二徵君　康乃心　……　一一〇六
題王山史獨鶴亭　屈大均　……　一一〇六
寄王山史　屈大均　……　一一〇七
酬別華陰王山史關中天生兄　李良年　……　一一〇七

題王山史獨鶴亭圖　李良年 …………… 一一〇七
山史別逾十載聞届七秩不獲涉江爲壽
　彌益懷想賦二章寄之　李良年 …… 一一〇八
王山史先生寄贈二首答和
　原韻　冒襄 ……………………… 一一〇八
贈王山史兼寄題獨鶴亭
　二首　汪琬 ……………………… 一一〇八
題獨鶴亭圖五首　汪琬 …………… 一一〇九
河上寄山史　王士禛 ……………… 一一〇九
同施愚山陳藹公集山史昊天寺寓
　觀唐子華水仙圖　王士禛 ……… 一一一〇
爲王山史獨鶴亭　王士禛 ………… 一一一〇
送山史歸華山　王士禛 …………… 一一一〇
訪山史讀易廬時久客淮南
　未歸　王士禛 …………………… 一一一一
寄山史從兄兼懷陳藹公　王士禛 … 一一一一
過王山史烏龍潭寓舍　孔尚任 …… 一一一一
與王山史聘君　孔尚任 …………… 一一一一
另札　孔尚任 ……………………… 一一一二
寄先生三札　張雲翼 ……………… 一一一二
贈王山史先生　高孝本 …………… 一一一三
華山歌送山史先生　施閏章 ……… 一一一三
贈王山史　許孫荃 ………………… 一一一三
贈雲隱山史　朱誼泘 ……………… 一一一四
過華陰與王山史　東蔭商 ………… 一一一四
獨鶴亭歌　林古度 ………………… 一一一四
贈別華州王山史兼呈秦晉
　諸同學　徐嘉炎 ………………… 一一一四
附録三 ………………………… 一一一六
傳記資料
清史稿　王弘撰傳 ………………… 一一一六
華陰縣志　王弘撰傳 ……………… 一一一七
清代七百名人傳　王弘撰傳 ……… 一一一八
清詩紀事初編　王弘撰　砥齋集十二卷
　西歸日札一卷待庵日札一卷 …… 一一一九
國朝學案小識　華陰王先生弘撰 … 一一二〇
清儒學案　王弘撰簡介 …………… 一一二〇

關學編附續編　王弘撰簡介 …… 一一二一
關學宗傳　王山史先生 …… 一一二一
文獻征存録　王弘撰記述 …… 一一二七
亭林文集　與王仲復書 …… 一一二八
亭林文集　復張又南書 …… 一一二九
亭林文集　華陰縣朱子祠堂上樑文 …… 一一三〇
亭林文集　廣師摘録 …… 一一三〇
亭林佚文輯補　送韻譜帖子摘録 …… 一一三一
亭林佚文輯補　書西嶽華山廟碑後 …… 一一三一
亭林詩集　二月十日有事於欑宮　已下疆圉大荒落 …… 一一三二
亭林詩集　關中雜詩之一 …… 一一三二
金石文字記摘録四則 …… 一一三三
莘野集　暮春嶽麓呈懷李太史三十二韻摘録 …… 一一三三
受祺堂文集　王子無異重刻張冢宰鷃庵先生文集序 …… 一一三四
明末四百家遺民詩　鹿馬山人歌 …… 一一三五
翁山文外宗周行記摘録 …… 一一三五
居易録一則 …… 一一三五
古夫于亭雜録摘録 …… 一一三六
秦蜀驛程後記摘録 …… 一一三六
髮史摘録 …… 一一三七
王弘撰像贊　湯斌 …… 一一三七
王山史先生像贊　劉光蕡 …… 一一三七

附録四 …… 一一三九

年譜

王貞文先生遺事（又名王山史先生年譜）　郃陽後學康乃心述 …… 一一三九
王山史年譜　趙儷生撰 …… 一一四六

附録五 …… 一二〇八

周易圖說述序　馬如龍 …… 一二〇八
周易圖說述序　佟毓秀 …… 一二〇九
重刊山志序　李蔭春 …… 一二〇九
重刊山志序 …… 一二一〇
山志序　汪榮埜 …… 一二一一

山志跋　謝化南……一二二一
王山史砥齋集序　李良年……一二二三
砥齋集序　汪琬……一二二三
王氏族譜序　李因篤……一二二四
書華陰王山史先生日省志後　劉青霞……一二二六

附録六……一二二七

著作提要

四庫全書　周易筮述提要　經部六易類六……一二二七
四庫全書　正學隅見述提要　子部一儒家類……一二二七
四庫全書總目　山志提要　子部雜家類存目六……一二二八
清人文集別録　砥齋集十二卷　清康熙刻本……一二二八

周易圖說述

周易圖說述序

天地事物之理、聖賢之意，有語言文字所不能遽悉者，莫如圖爲易曉。朱文公作周易本義，首列九圖，所以明易之原也，余爲是編特祖之，而更益以諸家圖說，或相證合，或相發明，或推測一義，或旁通別類，雖其間有重見疊出，至涉於瑣屑，弗恤焉。

於戲！易之變化，至不可窮也，然可一言以蔽之，曰「一陰一陽之謂道」而已。「一陰一陽之謂道」者，言不貳也。不貳則交，交則生，生則惡可已，故又曰「生生之謂易」，斯不測之神也。蓋其義莫著於象數，知象數者莫精於邵子康節，康節而後談象數者不一家，惟其符契自然，引而伸之，觸類而長之，故足述也。雖然，不求之象數，易不可見也，徒求之象數，易亦不可見也，則所謂「體用一原，顯微無間」者，果何如哉？

孔子而後，善說易者當獨尊子思。中庸一書，莫非易也；孔子散而言之，故曰：「仰則觀象於天，俯則觀法於地，觀鳥獸之文與地之宜，近取諸身，遠取諸物。」子思一以貫之，故曰「其爲物不貳，則其生物不測」；易有太極焉，中庸曰「於穆不已」，又曰「上天之載，無聲無臭」，太極之謂也；易有三才之道焉，中庸曰「博厚所以載物也，高明所以覆物也，悠久所以成物也」，三才備矣；吉凶悔吝之占，易所爲教人知幾之學也，中庸曰「莫見乎隱，莫顯乎微」「齋戒以神明其德」「窮理盡性以至於命」，易所爲教人藏密之學也，中庸曰「戒慎乎其所不睹，恐懼乎其所不聞」；易以知來，中庸曰「至誠之道，可以前知」；易以開物成務，中庸曰：「經綸天下之大經，立天下之大本，知天地之化育。」然則易之所以與天地準，而中庸之所以與天地參者，不從可識乎？

於戲！書不盡言，言不盡意，知變化之道者，亦存乎人之自得而已。昔康節作皇極經世，程純公曰：「堯夫之法，只加一倍耳。」康節嘆其聰明；他日正公舉問，純公曰：「已忘之。」後之學者觀於是編，能盡康節之法，又能爲純公之忘，則古之所云「善易者不言易」，斯旦暮遇之矣。

華山王弘撰自序。

重刻周易圖說述序

易之道，三端而已，曰象，曰數，曰理，而象乃其本。河、洛初出，造化原以象示人，而數即因之，理斯寓焉。伏羲則而畫卦，亦使人即象以見理數。吾夫子所謂「設卦觀象，繫辭焉而明吉凶」者，一言盡之矣。漢易三家，其後或多別出，如焦京之卦氣直日，揚雄之大玄、衛元嵩之元包、關朗之洞極、司馬温公之潛虚，大抵準易以爲一家之學，要其實皆欲窮數，而理反疑湮。後邵子主數，程子主理，朱子合理與數以言占，而列九圖於首，則固以象爲主矣。夫象，即圖也，理數不可究詰，而圖則易見。世多謂易道精微，不知天地既洩其秘，本欲示人以顯，而不欲示人以疑。聖人之心，猶天地之心也。後賢之心，即猶前聖之心也。

予觀九經皆有圖，而易圖爲多，皆自九圖衍之。由漢儒以下，其傳爲圖者，予嘗備取而講焉。既得山史圖說，鈔太二卷，中尚有向所未及見聞，喜甚，因呼同人急付梓以廣其傳。既成，詳玩之，始意有缺。亡何，古澂王進士以舊藏全本遺，乃知所刻勉強半耳。嗚乎！象事知器，占事知來，易所以教人寡過之書也，若予之疎悮，直可云不知易；悮又不改，山史其謂我何？諸同人其謂我何？即人之讀是書者其謂我何？中宵念此，輒覺汗泚。欲續刻之，而力實不能。一日，友人閆子君采聞之，竟慨然以此事任。閆子好積書，兼亦好善，此固其所樂爲，然予之得此于閆子，一何幸哉！延津之劍神物，自當終合，竊謂此亦山史默默中有以啓之，前聖與造物隱隱中有以護之也！

始予刻此書，未敢爲序，今刻已竣，不嫌於佛頭着糞，一以明閆子之美，一以喜予之得以補過，而且可益由是觀象玩辭，以卒易學。若夫人之責我恕我，則妨勿聞耳矣。

道光壬午中冬，朝邑李元春書于桐閣之西牕。

補刻周易圖說述引言

華下王山史徵君著述甚多，而尤邃於易，當時太原傅青主累以疑義相質，他無論焉。余少讀書，仰山史不啻如仰華嶽，往得周易筮述，爲吾里蕭氏所刊，喜因此於筮法始悉，而又喜蕭氏之能表章前賢也。適里中諸君子又刊周易圖說既成，以書見遺，閱之喜彌甚，謂兩書不可缺一。雖章本清圖書編，所載固不如此爲備，所說固不如此爲精矣已。

友人李時齋得舊本於澄，始知前書尚非完璧，刻刻以續刊爲念。一日，余與雷省齋先生言及此，先生勸余成其事，而時齋亦慫恿之余主臣不違也。夫余何敢隨諸子後，且疑如伯宗之攘善哉？雖然余慕山史，幸諸君子能表章此書，余得附驥尾以成其美，幸之幸者矣。況雷、李兩君之言，予固不得而辭，即諸君子亦或不見棄也。因呼剞劂氏授之。工既竣，爲述其原委如此。

始出此書者：山史從裔孫光天道昌、潼關李蔭伯榕。付梓者：吾里李時齋元春。同任其事者：吾里趙斗屏映奎、張乾伯佑、雷省齋里洊、雷儀廷鳳至、張翔九翰陵、謝仰山述孔、王葵圃克允、王叔如用予、霍柱堂樹清、徐穆園效陵、張子範飭、柴思堂毓睿、党符六瑞、董獻之對策、孟伯亨嘉會、李子法士式。繼出全書：澄城王迴瀾振江。

朝邑閆有章君采。

周易圖說述卷之首

略例

希夷先生陳氏圖南曰：「易學，意、言、象、數不可闕一，其理具見於聖人之經，不煩文字解說。止有一圖，即先天方圓圖，以寓陰陽消長之說與卦之生變，圖亦非創意以作。」又作易龍圖，曰：「龍圖者，天散而示之，伏羲合而用之，仲尼默而形之。」希夷以授穆伯長，伯長以授李挺之，挺之即康節師，其語康節曰：「科舉外有義理之學，義理外有物理之學，物理外有性命之學。」康節悉傳之，乃作後天圖。

周子濂溪曰：「聖人之精，畫卦以示；聖人之蘊，因卦以發。卦不畫，聖人之精不可得而見；微卦，聖人之蘊殆不可悉得而聞。易何止五經之源，其天地鬼神之奧乎！」

邵子堯夫曰：「有意必有言，有言必有象，有象必有數。數立則象生，象生則言著，言著則意顯。象數則筌蹄也，言意則魚兔也，得魚兔而謂必由筌蹄，可也，舍筌蹄而求魚兔，則未見其得也。」「象起於形，數起於質，名起於言，意起於用。天下之數出於理；違乎理，則入於術。世人以數而入術，故失於理也。」

程子明道曰：「康節先生之學淳一不雜，汪洋浩大，乃其所自得者多矣。然而明其學者，豈所謂『門戶之衆，各有所因而入』者歟？語成德者昔難居，若先生之道，就其至而論之，可謂安且成矣。」

謂周純明曰：「吾從堯夫先生游，聽其議論，振古之豪傑也，惜其無用於世。」周曰：「所言何如？」曰：「內聖外王之道也。」

程子伊川曰：「『上天之載，無聲無臭。』其體則謂之易，其理則謂之道，其用則謂之神。」

康節見伊川，極論天地萬物之理，以及六合之外，伊川嘆曰：「平生惟見周茂叔論至此。」晁以道問邵之數，曰：「某與堯夫同里居三十餘年，世間事無所不問，惟未嘗及數。」

伊川問堯夫：「知易數爲知天？知易理爲知天？」堯夫云：「還須知易理爲知天。」因說今年雷起甚處，伊川云：「堯夫怎知？某便知。」又問：「甚處起？」伊川云：「起處起。」堯夫愕然。

朱子晦庵曰：「易之圖九。有天地自然之易，有伏羲之易，有文王、周公之易，有孔子之易。自伏羲以上皆無文字，只有圖畫，最宜深玩，可見作易本原精微之意。文王以下方有文字，即今之周易。然讀者亦宜各就本文消息，不可便以孔子之說爲文王之說也。」

「太極、兩儀、四象、八卦，此乃易學綱領，開卷第一義。孔子發明伏羲畫卦自然之形體，孔子而後，千載不傳。」「惟康節、明道二先生知之。」「蓋康節始傳先天之學而得其說，且以此爲伏羲之易也。說卦『天地定位』一章，先天圖乾一至坤八之序，皆本於此。」「然康節又不冐大段說破。易之心髓全在此處，不敢容易輕說，其意非偶然也。」

「伏羲畫八卦，只此數畫，該盡天下萬物之理。」「學者於言上會得者淺，於象上會得者深。」

「凡某之說，非某之說，乃康節之說；非康節之說，乃希夷之說；非希夷之說，乃孔子之說。但當日諸儒既失其傳，而方外之流陰相付受，以爲丹竈之術，至於希夷、康節，乃反之於易，而後其說始得復明於世，然與今周易次第行列多不同者，故聞者創見而不自信，只據見行周易，緣文生義，穿鑿破碎，有不勝其杜撰者。此啓蒙之書所爲作也。」「若能虛心遜志，以求其通曉，玩之久熟，則天地變化之神，陰陽消長之妙，自將瞭然於心目之間，而有以識其奧矣。」

「易中七八九六之數，向來只從揲蓍處推起，雖亦脗合，然終覺曲折太多，不甚簡易，疑非所以得數之原。因看四象次第，偶得其說，極是捷徑。蓋因一二三四，便見六七八九：老陽位一便含九，少陰位二便含八，少陽位三便含七，老陰位四便含六。數不過十。惟此一義，先儒未曾發，先儒但說中間進退而已。」

「四象之名，所包甚廣，大抵須以兩畫相重、四位成列者爲正，而一二三四者，其位之次也，七八九六者，其數之寔也。其以陰陽剛柔分之者，合天地而言也。其以陰陽太少分之者，專以天道而言也。若專以地道言之，則剛柔又自有太少矣。推而廣之，縱横、錯綜，凡是一物，無不各有四者之象，不但此數者而已矣。」

「問康節數學。曰：且未須理會數，自是有此理。有生便有死，有盛必有衰，且如一朵花，含蕋時是將開，略放時是正盛，爛熳時是衰謝。又如看人，即其氣之盛衰，便可以知其生死。蓋其學本於明理，故明道謂其『觀天地之運化，然後頹乎其順，浩然其歸』。若曰渠能知未來事，則與世間占覆之術何異？其去道遠矣，其知康節者末矣。蓋他玩得此理熟了，事物到面前便見，更不待思量。」

「康節：氣質本來清明，又養得來純厚，又不曾枉用了心。他用那心時，都在緊要上用，被他靜極了，看得天下之事理精明。嘗於百原深山中闢書齋，獨處其中，王勝之常乘月訪之，必見其燈下正襟危坐，雖夜深亦如之。若不是養得至靜之極，如何見得道理如此精明。」

「康節其初想，只是看得太極生兩儀、兩儀生四象，心只管在那上面轉，久之理透，想得一舉眼便成四片。其法：四之外又有四焉。凡物才過到二之半時，便煩惱了，蓋已漸趨於衰也。謂如見花方蓓蕾則知其將盛，既開則知其將衰，其理不過如此。謂如今日戌時，從此推上去，至未有天地之始，從此推下去，至人消物盡之時。蓋理在數內，數又在理內，康節是他見得一個盛衰消長之理，故能知之。若只說他知得甚事，如歐陽叔弼定謚之類，此知康節之淺陋者也。」

「易之象似有三樣：有本畫自有之象，如奇畫象陽、耦畫象陰是也；有實取諸物之象，如乾坤六子，以天地雷風之類象之是也；有只是聖人以意自取那象來明是義者，如『白馬翰如』、『載鬼一車』之類是也。」

「易大槩欲人恐懼修省。今學易，非必待遇事而占，方得所戒，只平居玩味，看他所說道理於自家所處地位合是如此。故云『居則觀其象而玩其辭，動則觀其變而玩其占』。孔子所謂『學易』，正是平日常常學之。想見聖人之所讀，異乎人之所謂讀；想見胸中洞然，於易之理無纖毫蔽處。故云『可以無大過』。」

「說易得其理，則象數在其中，固是如此，然泝流以觀，却須先見象數的當下落，方說得理不走作。不然，事無實證，則處理易差也。」

「上古之時，易方是利用厚生。周易始有『正德』意。如『利貞』，是教人利於貞正；『貞吉』，是教人貞正則吉。至孔子，則說得道理又多。」

「讀易之法。竊疑卦爻之辭，本爲卜筮者斷吉凶而具訓戒，至彖、象、文言之作，始因其吉凶訓戒之意，而推說其義理以明之。後人但見孔子所說義理，而不復推本文王、周公之本意，因鄙卜筮以爲不足言，而其所以言者遂遠於日用之實，類皆牽合委曲、偏主一事而言，無復包含該貫、曲暢旁通之妙。若但如此，則聖人當時自可別作一書，明言義理，以詔後世，何用假託卦象，爲此艱深隱晦之辭乎？故如今欲凡讀一卦一爻，便如占筮所得，虛心以求其辭義之所指，以爲吉凶可否之決，然後攷其象之所以然者，求其理之所以然者，推之於事，使上自王公，下至民庶，所以修身治國，皆有可用。私竊以爲如此求之，似得三聖之遺意。」

「易最難看。其爲書也，廣大悉備，包含萬理，無所不有，其實是古者卜筮書，不必只說理，象數亦可說，初不曾滯於一偏。某近看易，見得聖人本無許多勞攘，自是後世一向妄意增減，便要作一說以強通其意，所以聖人經旨愈見不明。且如解易，只是添虛字去迎過意來便得；今人解易，乃去添他實字，却是借他做己意說了，又恐或者一說有以破之，其勢不得不支離，更爲一說以護之。說千說萬，與易全不相干。此書本是難看的物，不可將小巧去說，又不可將大話去說。」

謂甘叔懷曰：「曾看河圖、洛書數否？無事時好看，且得自家心流轉得動。」

「自有易以來，只有康節說一個物事如此齊整。如揚子雲太玄，便零星補湊得可笑；若不補，又却欠四分之一，補得來，又却多四分之三。如潛虛之數用五，只是如今算位一般，其直一畫則五也，下横一畫則爲六，横二畫則爲七，蓋亦補湊之書也。」

蔡氏西山曰：「康節云：『思慮未起，鬼神莫知，不繇乎我，更繇乎誰？』所謂範圍天地，曲成萬物，造化在我者也。

蓋超乎形器，非數之能及矣。雖然，是亦數也。伊川先生曰：『數學至康節方及理。』康節之數，先生未之學，至其本原，則亦不出乎先生之說矣。」

「天下之萬聲，出於一闔一闢。天下之萬理，出於一動一靜。天下之萬數，出於一奇一耦。天下之萬象，出於一方一圓。」

黃氏瑞節曰：「先天圖與太極圖同時而出，周、邵二子不相聞，則二圖亦不相通。此勿論也。陳瑩中云：『司馬文正與康節同時友善，而未嘗有一言及先天之學。』邵伯温云：『伊川在康節時，於先天之學非不問不語之也。』即二先生之論，則先天圖在當時豈猶未甚著邪？魏了翁云：『先天之學以心爲本，其在經世書者，康節之餘事耳。』又云：『闡先聖之幽，微先天之顯，不在康節之書乎？』然則朱子以前表章尊敬此圖者，了翁爲有見也。」

蔡氏九峯曰：「理之所始，數之所起。微乎微乎，其小無形。昭乎昭乎，其大無垠。微者昭之原，小者大之根。有先有後，孰離孰分。成性存存，道義之門。老氏爲虛，釋氏爲無。刑名失實，陰陽多拘，異端曲學，烏乎不渝哉！」

「正數者，天地之正氣也，其吉凶也確。間數者，天地之間氣也，其吉凶也雜。其進退消長之道歟？」

「國家將興，必有禎祥。國家將亡，必有妖孽。善必先知之，不善必先知之。因天下之疑，定天下之志，去惡而就善，舍凶而趨吉，謁焉而無不告也，求焉而無不獲也，利民而不費，濟世而不窮，神化而不測，數之用，其大矣哉！」

「上焉者安於數者也，其次守焉，其下悖焉。安焉者謂之聖，守焉者謂之賢，悖之者愚而已矣。是故歷數在躬，不思而得，不勉而中，聖人也；體數之常，不易其方，順時而行，賢人也；逆數越理，亂天之紀，小人之無忌憚也。」

魏氏寉山曰：「辭變象占，易之綱領。而繇彖爻象之辭、畫爻位應之別、互反飛伏之說、乘承比應之例，一有不知，則義理闕焉。」

真氏西山曰：「日往月來，寒往暑來，晝夜昏明，循環不息，此天道之常也。聖人擬之以作易，不過推明陰陽消長之理而已。陽長則陰消，陰長則陽消，一消一長，天之道也。人而學易，則知吉凶消長之理，進退存亡之道也。」

胡氏庭芳曰：「朱子云『伏羲、文王於易，只就陰陽以下説，夫子却就陰陽上發出太極來』。易固是如此，先儒未嘗道破者，蓋以釋『極儀象卦』章，從前未有分曉，至康節邵子傳先天易，而後此章大明，朱子從而別白言之，其義益著。易本是卜筮書，有卦爻便可占，然伏羲畫卦豈但從陰陽起？必有不雜乎陰陽而實不離乎陰陽者以爲之本，太極是也。此易之有太極，如木之有根，水之有源。必知乎此，則六十四卦、三百八十四爻莫不有極至之理在乎其間，所謂『六[一]爻之動，三極之道』者是也。文王、周公雖嚴利貞、貞吉之教，『貞固』便是理，但未明説出太極來；夫子恐人惟以卜筮視易，則卦爻涉於粗淺，故推本太極爲言。太極者，是理至極之稱，而爲兩儀、四象、八卦、六十四卦、三百八十四爻之祖，太極之名一立，而仁、義、禮、智、性命、性情、道德、道義、忠信、誠敬、中正之教，發揮無餘藴矣。文言乾九二言仁誠，坤六二言敬義，九三言忠信，乾彖言性命，説卦言盡性至命，文言言性情，上繫言智崇禮卑、言道義之門，説卦言和順道德，彖傳、小象傳説中正尤多。程沙隨謂『易以道義配禍福，故爲聖人之書。陰陽家獨言禍福而不配以道義，詭遇獲禽則曰吉，得正而斃則曰凶，故爲技術』，斯言最有補於世教，且使小人盜賊不得竊取而用，深得夫子之遺意。吁！以夫子之教如是，而後世猶有流爲技術之歸；微夫子之教，如之何其可也！」

「有理而后有氣。氣之始，莫先於陰陽。天地、山澤、雷風、水火與夫人物之散殊，何莫非陰陽之爲者？易卦爻辭無陰陽二字，惟中孚「鳴鶴在陰」，特以地言。夫子於乾初九爻小象曰『陽在下也』，於坤初六爻小象曰『陰始凝也』，陰陽之稱始於此，蓋以六十四卦陰陽之初爻，即太極所生三十二卦陽儀之一、三十二卦陰儀之一，以爲諸卦初九初六陰陽爻之通例也。陰陽之名一立，而動靜、健順、剛柔、奇耦、小大、尊卑、變化、進退、往來之稱，亦繇是而著矣。」

「河圖、洛書，爲作易而出也；河圖自一至十，爲數五十五，洛書自一至九，爲數四十五，合之爲數者百。蓍策、大衍，爲用易而生也；王道得，則其叢生滿之數亦百，可當大衍之數者二。則作易與用易之不外乎數者，非出於聖人之私意也，

[一]「六」下原脱「爻之動三極之道者是也文王周公雖嚴利貞貞吉之教」二十二字，據周易啓蒙翼傳補。

天也。故圖書位數，隱然與羲、文之卦合，而揲蓍掛扐之數所以定卦爻，過揲之數所以定乾坤之策，而當期之日合二篇之策而當萬物之數也。或曰：『數固不能相通與？』曰：『圖書不過列數之文，以發聖人之獨智而已，蓍則真可執持分合進退以求卦，故不同也。然圖書虛中之外，其餘九、六、七、八可以畫卦，蓍策用全用半之後，亦視九、六、七、八，以別陰陽之老少，二者初未嘗不同也。』」

「説卦首論聖人生蓍立卦，次及伏羲、文王卦位不同，次論八卦之象甚備，其象多是夫子所自取，不盡同於先聖。漢儒以來，千五百餘年未能勘破此義，以爲夫子只是隱括前聖所取之象，求之於經又不合，是以言象多牽合傅會而不得其説。愚謂數聖取象各有不同，故説卦言象，求之於經不盡合，蓋夫子自取之象爲多，不必盡同於先聖；若分文王、周公〔二〕之易，各自求之，坦然明白矣。此説似足以祛古今之惑。」

「宋一代之易學，自分爲三節。希夷先天一圖開象數之門，至邵子經世書而碩大光明。周子太極一圖洪禮義之源，至程子易傳而浩博宏肆。然邵乃推步之法，程子不言象數，至朱子斷然以易爲卜筮作，且就象占上發明義理以示教，而後一代之易，理數大明，體用兼該，使天下後世識易之所繇作，不迷於吉凶悔吝之塗，而能識乎仁義中正之歸，不其幸歟！噫！朱夫子於易學傳授，其亦可謂金聲玉振，集大成者矣。」

「朱子本義、啓蒙二書，只教人以象、占二事。或者乃謂『易有聖人之道四焉，有辭、變、象、占之分；今只説卜筮，乃是朱子之學，易道不止是也』，是則然矣。然文王卦辭中，於蒙、比二卦，只發『初筮』、『原筮』之義；周公爻辭中，於革九五只發『未占有孚』之義；夫子繫辭曰『極數知來之謂占』，曰『大衍之數五十』，曰『蓍之德圓而神』，曰『幽贊於神明而生蓍』；説尚占之事，不一而足。誠以伏羲之卦本爲卜筮作，文王、周公彖爻無非占決之辭，所以周公於周禮一書論易，惟與連山、歸藏並掌於太卜之官，則易之所繇作，大抵爲卜筮也，審矣。故論語引恒卦『不恒其德，或承之羞』之辭，而繼之以

〔二〕「公」：周易啓蒙翼傳作「孔」。

『子曰不占而已矣』者，又足以見夫子謂人不知尚占之學，故不識『不恒其德，或承之羞』之義，是則夫子專以易爲尚占之書，又可見矣。奈何以爲朱子獨解作卜筮乎？何不知言之甚也？夫子所謂『聖人之道四焉』，亦說易道廣大、其用不窮，又何止於四道？而原其所繇作，則本爲教人卜筮，使人決嫌疑、定猶豫，而不迷於吉凶悔吝之塗爾，可不考其本而唯朱子之議乎？」

趙氏汴水曰：「昔者聖人之作易也，將以明道也，道無形，何從而明之？惟寓之象數而已。象數非所以爲易，非象數則無以見易，易不可見，則道何繇而明哉？是故求道者必於易，求易者必於象數；象數之於易，猶木之本，水之源也。一陰一陽之謂道，奇耦其寓也；像之爲象，陽奇而陰耦；數之爲數，陽一而陰二。過此目往，則有辭焉，辭也者，聖人所以發象數之緼而明此道也。夫易之卦，有體焉，有名焉；體以數成，名以象得。易之爻，有位焉，有吉凶焉；位以數列，吉凶以象顯。何謂體？儀象遞生，八卦成列，因而重之，六畫成卦，豈非以數成體乎？何謂名？乾坤是也：積六陽，有天之象，天行健，故曰乾；積六陰，有地之象，地勢順，故曰坤，豈非以象得名乎？何謂位？初、三、五爲陽，二、四、上爲陰，六爻既備，六位成章，豈非以數列位乎？何謂吉凶？潛龍安於下則宜，履霜至於冰則殃；豕一也，吉於豶牙，凶於蹢躅；車一也，積載於二，曳輪於初，豈非以象顯吉凶乎？卦有六十四，一卦一名，一名一時；爻有三百八十四，一爻一位，一位一變。象辭，統一時之義以斷其情；爻辭，辨六位之情以盡其變；釋象，所以明卦下之辭；錯綜其辭，所以極卦爻之變；小象以明諸爻，大象以明兩體。使世無古今，人皆聖知，則道不待傳，言且可廢，又奚象數辭義之足云？包羲御上古真朴未漓之時，已不能不見之畫，況當中古憂患之日，聖人能坐眡生人之顛越而獨吝於言乎？故辭所以明象數，象數所以形道，道固非囿於象數之中，象數則未嘗出於道之外。是故求象數者必本於道，求辭者必本於象數。謂得道而象數在其中則可，必欲遺象數而求道，則遠矣。是故象數者，余之所謂水之源、木之本也。卦有定名，猶水之濫觴、木之芽甲，定爲某水、某木也。六爻則流派、枝葉也；流派有通塞，枝葉有華瘁，則諸爻之吉凶也。辭則水之經、木之譜也；學者觀水經、木譜，而不尋其源、察其本，故不及者因習而訛經譜，過之者牽合經譜以證己說，此易道所以不明也。易道貫通萬古之變，易書該括萬變之情。玩畫而不探得名之原，是謂不知卦；玩辭而不循名卦之義，是謂不知言；不知卦，不知言，而謂之知易，吾未之信也。知卦矣，知言矣，然後以卦爲吾所遇之時，以爻爲吾所居之位，以爻象爲吾所爲之事，深思而詳處之，然後玩辭之吉凶，以驗己之所行，則一卦、一爻、一辭，皆吾受用。大君之宰制宇內，大人之參贊化育，達而尊主庇民，窮而儉德遯世，無入而不自得，此聖人觀象玩辭之學，洗心憂世之方也。吁！言象數於今之世者亦難矣，漢儒累之也。漢儒累之，故虛無者得以荒之，浮辯者得以亂之，占驗者得以詭之。余今所云者，聖人之象數，非漢儒之象數也，以之進德修業，以之傳道解惑，庶或取諸！」

「太極渾融，道函三才之象；太極既判，道寓三才之中。是以三才有象，而至道無形。夫天運於上，日月麗焉；地載於下，山川出焉；人物生其間，動植分焉；莫非象也。然則要其所以爲象者，非道而何？故道雖無形，而見象即可以見道。凡至神至賾之理，皆寓於可指可索之象；象即理，理即象也。夫理寓於三才，在在昭露，聖人通之，凡人迷之。聖人欲天下後世洞明無形之道，故即有形之象而示之。且設卦之初，將以周萬變而盡情僞，似若疲精竭神，窮搜而冥討者，然跡其仰觀俯察、近取遠取，曾不過天地人物之象，未嘗爲希夷奇祕之說以驚世衒俗，使人不可思而得學而至也。然象至顯也，亦至徵〔一〕也，自夫人求理於深僻，遂目象爲淺鄙，繇其視物象爲淺鄙〔二〕，而象之理遂不暇明，象之理不明而曰知易，未之或知也。是故聖人有以見天下之賾，而擬諸其形容，象其物宜。包犧觀象而作卦，文王、周公因象而繫辭，故曰易者象也。純陽象天，象不止天，而剛健之理可求；純陰象地，象不止地，而柔順之理可得；震巽以動入之理象風雷，艮兌以止說之理象山澤，坎離以虛明流行之理象水火。互乘而六十四卦，變動而三百八十四爻，物物有象，象象具理，觸類而格之，象不可勝窮，理不可勝用。則精粗一貫，窮達一致，其曰『自天祐之，吉無不利』，非誣我也。聖人謂言不盡意，故立象以盡意，則

〔一〕「徵」：易雅作「微」。

〔二〕「視物象爲淺鄙」：易雅作「淺鄙視物象」。

象非可鹵莽而定也；物理精微，格致〔二〕其極，然後可得而定也。乾坤，陰陽夐殊也，而坤上稱龍；戶庭、門庭幾近也，而吉凶胥反；履之虎，不咥於卦而咥於爻；小畜之雲，雨於爻而不雨於卦；言桎梏於蒙之初，而言校於噬嗑之上下；言鴻於漸之六爻，而言飛鳥於小過之初上；蹇之五二，不稱往來；中孚諸爻，象皆不類；木取枯楊，金別黃金，水指井谷，火極焚巢，聖人沿理以象物，其精微若是，雖疑似之間，斷乎其不可易。奈何漢儒習聞春秋以來筮易之辭，不察聖人象物之意，於是以象爲象，不以象爲理，玩辭以辭，不玩辭以象，甚而取筮家互體與術家卦氣五行諸說而附益之，其淫流蔓茹，罔知紀極。王輔嗣病其然，則爲『得意忘象，得象忘言』之論以通之，其說曰：『義苟合順，何必坤乃爲牛？義苟應健，何必乾乃爲馬？』然質諸聖人之言，馬乃一畫剛之象，健則三畫乾之德；在需，乾居坎下，以剛健而免險陷之災，至重坎，雖各具一陽，而六爻終無出險之象。儻指一畫之剛爲三畫之健，不亦違聖人之情，而謬得失之幾乎？聖人因卦爻而立物象；卦爻所無，聖人不輕象以物也。輔嗣尤漢儒之案文責卦，乃欲忘象以求義。且聖人設卦觀象，舍象無所觀也；象既忘矣，又何義之可求？使義可忘象而得，則聖人何爲立象以盡意？是漢儒病於固滯，輔嗣則流於荒忽矣。夫三才有是理，則包犧有是象；卦爻有是象，則文王、周公有是辭；夫子所謂剛柔當否之類，蓋指觀象之法，以探三才之理。然則辭也，象也，理也，一物而異名者也。至若說卦之象與諸卦之象不同：乾卦不言馬，而說卦言馬；震卦不言龍，而說卦稱龍；大畜稱牛豕，說卦乾艮不爲牛豕；大過稱茅楊，說卦巽兌不爲茅楊；至爲布、爲大塗、爲心痛、爲蚌等，皆諸卦所無。若以左傳筮易之象參之，疑說卦後章爲占家玩占之象，後人或取以附夫子說卦之末，猶諸緯皆稱夫子之筆是也。況此文失於漢初，至孝宣時河內女子發老屋得之，又荀、鄭、馬、虞諸家之象多寡不同，以故不能不起後世之疑。唯得象之理者，可以無惑。」

先儒之言，不可勝述，見聞孤陋，未能博搜。然詳玩數，則其義亦已備矣。若程子易傳序、上下篇義，朱子啓蒙序、

〔二〕「致」：易雅作「知」。

五贊，皆已家傳戶誦，不復録。

周、邵、程、張、朱稱子，餘稱氏，制也。

聖賢經傳之言頂格，先儒之言低一格，時人之言亦如之，余之言低二格。或首尾見意，雖援引成篇，亦降從低二格之例。

周易大全、性理大全、諸儒纂集中皆正論。世好新奇，又厭其繁，鮮能研究，輒肆譏評。余所採取，不一而足，願讀者無忽之。

周易圖說述卷之一

日月爲易

弘撰曰：「古篆文『易』從日從月，則『日月爲易』明矣。祕書參同契亦皆如此說。若羅泌云『易於文爲勿，月彩之散者也』，則鑿矣。或云「易，蜥蜴也，身色無恒，日十二變，易取其變也」，趙撝謙亦云然。陳第曰：『夫易，開物成務，冒天下之道，乃借義微蟲，不亦鄙乎？』是其取義雖得，而釋文寔謬。以易爲蜴，陸佃之過也。」

「昔胡氏著書，揭『易』爲首，有云：『太虛中，天地、山澤、雷風、水火、飛潛、動植，何莫非易之呈露，豈但日月圖書。按日月繼照，真天地自然之易，圖書迭出，真天地自然之數。作易之原，雖肇於圖書，而易之爲易〔一〕，尤著明於日月。』今予以之。」

孔氏仲達曰：「日譬之火，月譬之水；火外光，水含景，故月生於日之所照，魄生於日之所蔽，當日爲光，就日則明，明盡謂之一月。」愚謂，於文，日中有一奇也，月中有二耦也，一而二，二而三，三才道立，萬物生生，變化無窮矣。或曰：「日月特坎離二象，何以得專易之名？」曰：「易有爻與位。九六爲爻之陰陽，九陽而六陰也；初、二、三、四、五、上爲位之陰陽，初、三、五陽，而二、四、上陰也。以爻之陰陽言，惟坎離二卦當日月之象；以位之陰陽言，初、二、三爲位之離，四、五、上爲位之坎，六十四卦之位皆坎離，則六十四卦之位皆日月之象也。況日月，陰陽之精，天地功化皆寄在大光明中。日之功又大於月，月特受日之光。大哉日乎！出則晝，入則夜，行南陸則暑，行北陸則寒，萬萬古，生殺慘舒，皆日功用。不然，八表同昏，父母諸子，亦且奈何哉！」或又曰：「離陰卦，乃日象，坎陽卦，乃月象，何也？」「陰陽之精，互藏其宅也。又況離雖陰卦，實生於陽儀，坎雖陽卦，實生於陰儀，陽中有陰，陰中有陽也。」然則離日坎月，厥義彰矣。

雷氏齊賢曰：「夫易與天地準，能彌綸天地之道。仰觀象於天，俯觀法於地，則成象謂乾者，日也，效法謂坤者，月也。日象離，數極乎九；月象坎，數始乎一。凡九必對六，今云一者，一合天五爲六。坎一乾六，爲水生成，所以爲月者也。且天地乃乾坤之體，乾坤乃天地之用。惟天地定位，而上下氣形有不易之分；故乾坤成列，陰陽體用有變易之數。天地有常體而莫見其用，乾坤〔二〕有常用而莫究其體，惟日月之體用兼著，故特著其義，以配陰陽云爾。且明教以『範圍天地而不過，曲成萬物而不遺』者，特通乎晝夜之道而知也。夫晝夜之道豈難知哉？百姓日用而不知爾。請略舉其凡：乾，陽物

〔一〕「易」：周易啓蒙翼傳作「義」。

〔二〕「乾坤」：易圖通變作「陰陽」。

者，日其類也；　坤，陰物者，月其類也；　陰陽成列而合德者，四時合序，日月合明，亦類也〔二〕。闢戶謂乾，近則日之出旦、月之上弦，遠則春之日夜分，而謂啓也；　闔戶謂坤，近則日之入夕、月之下弦，遠則秋之日夜分，而謂閉也。仰觀其成象，則日之晝、月〔三〕之望、夏之景長而至；　俯察其效法，則夜之分、月之朔、冬之景短而至也。是以日往則月來，月往則日來，日月相推而明生焉；　寒往則暑來，暑往則寒來，寒暑相推而歲成焉。變化者，進退之象也；　剛柔者，晝夜之象也。日月運行，一寒一暑，故曰『天地之道，貞觀者也；　日月之道，貞明者也；　天下之動，貞夫一者也』。『貞夫一』也者，四時分至之中皆一也，而此特謂『天下之動，貞夫一』，則正繇坎之一也。一日之陽氣，初動於夜分之際，固謂『貞夫一』也；　一年之陽氣，復動於冬朔之始，尤見其『貞夫一』者也。坎之數一，離之數九，坎離以一九爲乾。離爲日，坎爲月，日月必合於月之初一，爲朔。而日不云朔，月乃云朔；　南不云朔，北乃云朔。夫朔，逆度也，逆與日會，故謂之朔，以朔文觀之，明著月之逆度者也。說卦曰『易，逆數也』，書亦曰『平在朔易』，理寔同也。繇是以進乎『日月之爲易』，其懸象得不謂著明矣乎！」

章氏本清曰：「神、易，無方體也。易從日從月，於義何居？　蓋易者，象也，所以像此者也。陰陽不可象也，庖犧畫一奇一耦以象之矣；　乾坤不可象也，三奇三耦，名曰乾坤；　又曰乾爲天、坤爲地，則天地亦可象乾坤矣。日，陽精也，月，陰精也；　日月合體，陰陽變化，所謂變易、交易、互易，不可象物宜，而擬諸其形容哉？　然天地大德曰生，而生生之謂易也，日月何以見其生與？　蓋純陽純陰爲乾坤，惟坎離得陰陽之中也，法象莫大乎天地，懸象著明莫大乎日月，故天地設位，易行其中者，日月也。晝夜運行，變遷相爲，呑吐摩盪，俾二氣絪縕於六合、五行交錯於四時；　所以日漸南而晝長多暑，萬物靡不敷榮，日漸北而晝短多寒，萬物靡不收斂，皆日新之功也；　月從日，陰順陽也，三五而明生，漸滿則爲望，三五而魄生，漸消則爲晦，二十九日有奇。日月交會於壬子之間則爲朔，一歲十二交而會於冬至，故書曰『平在朔易』。然則易之明義，

〔二〕「亦類也」：易圖通變無此三字。

〔三〕「月」：原作「日」，據易圖通變改。

得非本於日月之交朔乎？繫辭謂『日月相推而明生』者，此也，『寒暑相推而歲成』者，此也，故又謂『日月運行，一寒一暑』。可見天地之所以生生不測，無方無體，至賾至隱，皆日月斡旋之矣。是故諸卦咸始於乾坤，而乾坤爲易之首，二氣互藏於離坎，而坎、離、既濟、未濟爲易之終，總只『一陰一陽之謂道』也，而陰陽之義配日月，凡闔闢往來，變通法象，形器神化，惟一『易』字統括無餘蘊矣。日月合而爲易，不信然哉！」

弘撰曰：「乾鑿度云『易含三義：簡易也，不易也，變易也』，孔穎達疏取其説，然謂簡易、不易者，於易皆無當，易特取變易之義。日月者，變易者也。程子專言變易，朱子兼取交易之義，然交易之義寓於變易之中者也，故張真父曰『易，無所不變』者也。」

陳季立云：「易也者，變易也，不易也；惟變易，故不易；唯不易，故能變。不觀之日月乎？寒暑晝夜，無息不移，至變也；萬古此晝夜，萬古此寒暑，不易也。」其説似矣，然當淺觀之，豈有取於「不易」而名爲「易」者乎？故「不易」之説，亦非也。

或問：「交易變易之分？」曰：「朱子云：『陰陽有個流行底，有個定位底。一動一靜，互爲其根，便是流行底，暑往寒來是也；分陰分陽，兩儀立焉，便是定位底，天地上下四方是也。變易便是流行底，交易便是定位底。』然非交無繇得變，非變亦無以見交，總之一陰陽之變化而已。故曰『交易之義寓於變易之中』者也。」

古河圖圖

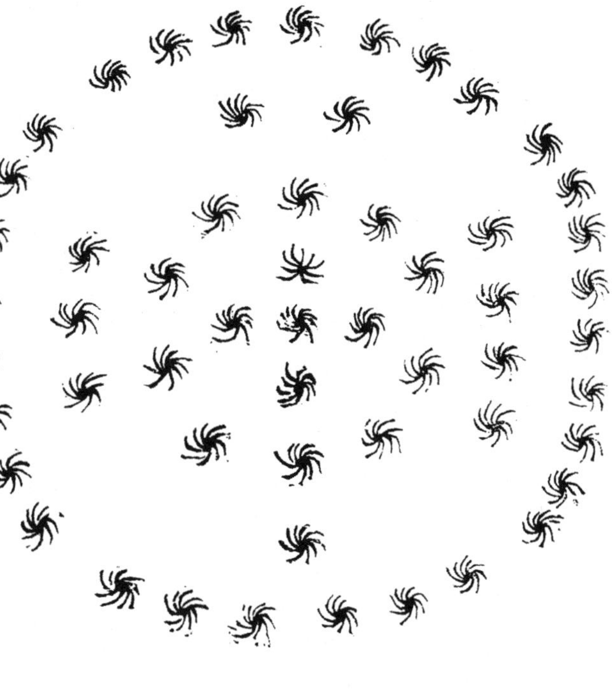

龍馬出於河，馬身旋文具五十五數：一、六下，二、七上，三、八左，四、九右，五、十中。聖人則之，畫爲河圖。

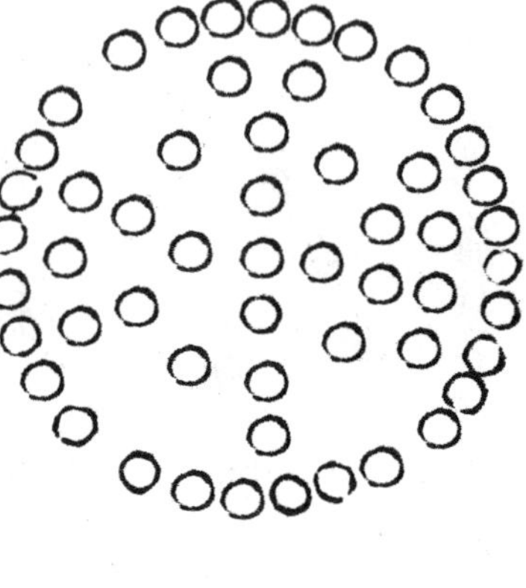

此圖，世所傳也。元以白黑分陰陽，今不分。分見於後。

各點皆圈而旋轉者，亦取其象之圓而圈之，故名爲「圖」。若分開生成之數以補四隅，則其象方，而非「圖」之義矣。

弘撰曰：「『則之』者，則馬毛之旋文而爲圖，故名河圖。後儒謂則河圖以畫卦。繫辭傳云『古者包犧氏之王天下也，仰則觀象於天，俯則觀法於地，觀鳥獸之文與地之宜，近取諸身，遠取諸物，於是始作八卦』，不言河之馬也。」

歐陽氏永叔曰：「『始作』者，前未有之言也。考其文義，其創意造始，其勢如此，而後八卦得以成文。則所謂河圖者，何與於其間哉？若曰已受河圖，又須有爲而立卦，則『觀於天地鳥獸，取於人物』者，皆備言之矣，而獨遺其本始所受於天者，不曰取法於河圖，此豈近於人情乎？」

弘撰曰：「歐陽氏不信河圖洛書。蘇東坡云『著於易，見於論語，不可誣也』，曾南豐云『以非所習見，則果於以爲不然，是以天地萬物之變爲可盡於耳目之所及，亦可謂過矣』，則其不信，非也！然其言有可思者，如此段所云，其理詎可奪哉？但謂聖人非因河圖作卦、非因洛書叙疇則可，若并以圖書爲怪妄，則謬矣。汴水趙氏亦以圖書爲後人所作，而特取其數有妙理，其說與歐陽氏又別。詳見所爲象數體用圖。」

古洛書圖

靈龜出於洛，龜身坼文具四十五數：戴九，履一，左三，右七，二、四爲肩，六、八爲足，五居中。聖人則之，畫爲洛書。

此圖，余所擬也。當以白黑分陽陰，今亦不分。分見於後，仍作圈，不敢易先儒之傳也。

各點皆直如字畫者，亦取其象而畫之，故名爲「書」。若點數亦圈而圓，則非「書」之義矣。

弘撰曰：「『則之』者，則龜甲之坼文而爲書，故名洛書。後儒謂則洛書以叙疇。洪範云『天乃錫禹，洪範九疇』，不言洛之龜也。」

「陰陽之義見於奇耦，奇耦之象見於數，此何待白黑而明？且其始亦何白黑之有？況洪荒之世，楮墨未具乎？」按：以白爲陽、以黑爲陰，昉自朱子，蓋因周子太極圖白黑成章而然也。陳季立畫羲圖兼用朱墨，畫文圖純用奇耦，謂羲畫不聯不可爲圖，文畫不斷不可爲卦，圖達其渾成，卦顯其對待，故畫文圖仍以奇耦，便於斷，而畫羲圖必用朱墨，以便於聯也。或問：「亦有本乎？」曰：「有。傳不云乎？乾爲大赤，坤於地也爲黑。」然有得於渾成對待之妙，亦何待朱墨而明乎？至援説卦之言，可謂巧合而實傅會之辭也。若云兩儀兩畫，用奇耦則三；四象四畫，用奇耦則六；八卦八畫，用奇耦則十二；又失之固矣。

邵子堯夫曰：「圓者星也，歷紀之數，其兆於此乎？方者土也，畫州井地之法，其放于此乎？蓋圓者河圖之數，方者洛書之文，故羲、文因之而造易，禹、箕叙之而作範也。」

弘撰曰：「邵子此言，本之漢儒，於圖書之義皆無切實處；至謂『叙書作範』，尤非。」按：傳云：「河出圖，洛出書，聖人則之。」孔子以圖書並舉，皆言易也。自邵子之言出，而蔡氏因之解洪範，以洛書配九疇，不但疇於洛書無涉，轉使洛書與易無與矣，視孔子之言，不幾悖乎？夫圖書並出於伏羲時，特圖圓而書方耳，其陰陽老少、奇耦順逆、次序方位、對待流行之義，有與卦相發明者，蓋其理一而已矣。理一，是象與數之所不能二也，此則聖人之所爲則也。若以「則之必有象」，則魯論所云「唯天爲大，唯堯則之」，是何象乎？先儒謂易以卜筮爲用，「則之」者，「則河圖而制蓍以筮，則洛書而制龜以卜」耳。徐文長云：「『聖人則之』，上則推本卜筮出自神物，下則推本神物出自圖書。觀首尾兩『則之』，可見文義之所在，亦足徵矣。」

謂「洛書錫禹」，實無明文。按：禹時有大龜出，此龜之再見者，然無書。余更著之曰：「禹時龜出，非易之所謂洛書也，猶之黃帝受河圖，非易之所謂河圖也。」

圖書之象，自漢孔安國、劉歆，魏關朗，至宋邵雍，皆謂如此。劉牧乃兩易其名，蔡元定正之，本義從之。

河圖

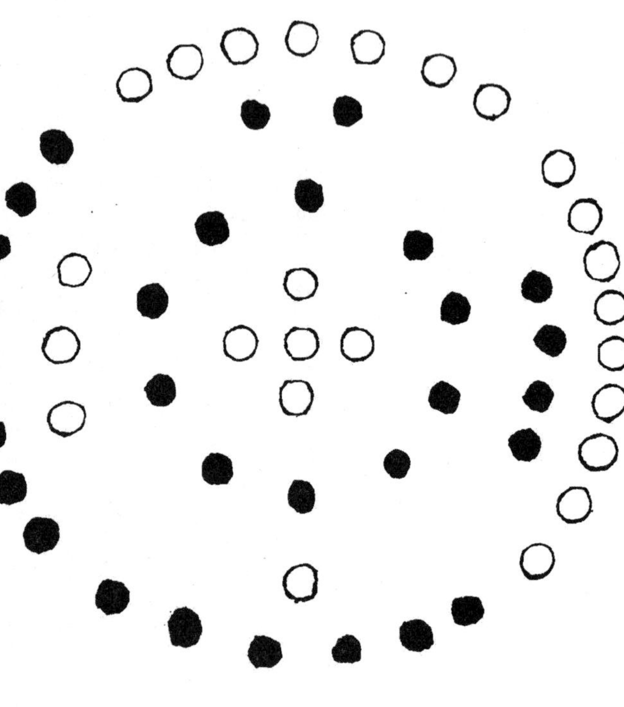

河圖，生數居内，成數居外，以一爲始，陽生陰成，陰生陽成，内外相生。故五行各居其方：一六同宗居北，二七爲朋居南，三八同道居東，四九爲友居西，五十相守居中。然合而觀之：一六水生三八木，三八木生二七火，二七火生五十土，五十土生四九金，四九金生一六水，生生不窮，左旋一周天也。然此運行之序也。若對待之位，則北方一六水克南方二七火，西方四九金克東方三八木，未始不寓相克之義。

洛書

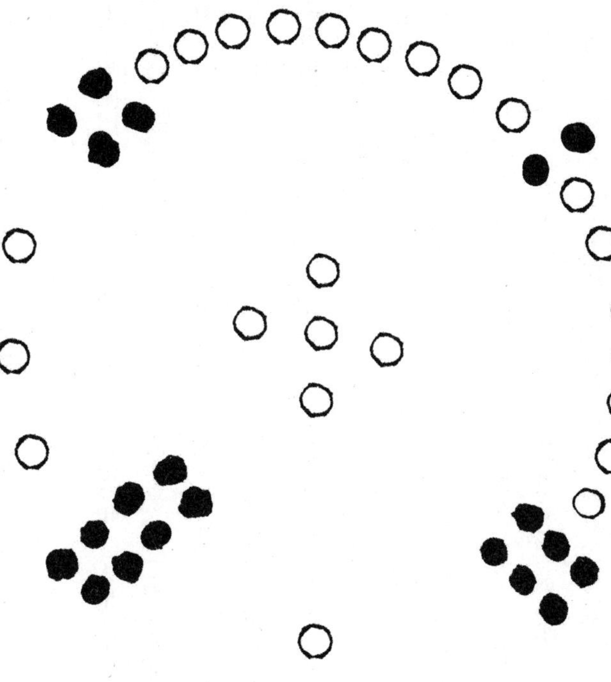

洛書，陽居四正，陰居四隅，以五爲主，而始於一，雖中間無十，而一九、三七、二八、四六，縱横皆十數焉。但五行逆數則相克，其數本乏。合而觀之：一六水克二七火，二七火克四九金，四九金克三八木，三八木克中五土，中五土克一六水，右轉一周天也。然此亦運行之序也。若對待之位，則東南方四九金生西北方一六水，東北方三八木生西南方二七火，未始不寓相生之義。

傳曰：「天一，地二；天三，地四；天五，地六；天七，地八；天九，地十。天數五，地數五，五位相得而各有合。天數二十有五，地數三十，凡天地之數五十有五，此所以成變化而行鬼神也。」

朱子晦庵曰：「此夫子所以發明河圖之數也。天地之間，一氣而已，分而爲二，則爲陰陽，而五行造化、萬物始終，無不管於是焉。故河圖之位：一與六共宗而居乎北，二與七爲朋而居乎南，三與八同道而居乎東，四與九爲友而居乎西，五與十相守而居乎中。蓋其所以爲數者，不過一陰一陽，一奇一耦，以兩其五行而已。朱子曰：「天地生數，至五便止，一二三四遇五便成六七八九，五自遇五便成十。」所謂天者，陽之輕清而位乎上者也；所謂地者，陰之重濁而位乎下者也。陽數奇，故一三五七九皆屬乎天，所謂『天數五』也；陰數耦，故二四六八十皆屬乎地，所謂『地數五』也。天數、地數各以類而相求，所謂『五位之相得』者然也。天以一生水，而地以六成之；地以二生火，而天以七成之；天以三生木，而地以八成之；地以四生金，而天以九成之；天以五生土，而地以十成之。此又其所謂『各有合焉』者也。積五奇而爲二十五，積五耦而爲三十，合是二者而爲五十有五，此河圖之全數，皆夫子之意，而諸儒之說也。朱子曰：「陽變陰合，初生水火，水火，氣也，流動閃爍，其體尚虛，其成形猶未定；次生木金土，則確然有定形矣。」「大抵天地生物，先其輕清，以及重濁。水火在五行中最輕清，木金土漸重濁矣。」○五行，質具於地，氣行於天。「以質而言其生成之序，則曰水火木金土；以氣而言其運行之序，則曰木火土金水。」○黄氏勉齋曰：「造化之初，天一生水而三生木，地二生火而四生金。蓋以陰陽之氣，一濕一燥而爲水火，濕極燥極而爲木金。人物始生，精與氣耳。大傳曰『精氣爲物』，精濕而氣燥，精實而氣虛，精沉而氣浮，故精爲貌，氣爲言。精之盛者濕之極，故爲木，爲肝、爲視；氣之盛者燥之極，故爲金、爲肺、爲聽。貌與視屬精，故精衰而目暗；言與聽屬氣，故氣塞而耳聾。」○劉氏雲莊曰：「水陰也，生於天一；火陽也，生於地二。是其方生之始，陰陽互根，故其運行：水居子位極陰之方，而陽已生於子；火居午位極陽之方，而陰已生於午。若『木生於天三，專屬陽，故其行於春亦屬陽；金生於地四，專屬陰，故其行於秋亦屬陰』，不可以陰陽互言矣。蓋水火未離乎氣，陰陽交合之初，其氣自有互根之妙；木則陽之發達，金則陰之收斂，而有定質矣，此其所以與水火不同也。」○翁氏思齋曰：「水火木金不得土，不能成一器。何以見之？天一生水，一得五便爲水之成；地二生火，二得五便爲火之成；天三生木，三得五便爲木之成；地四生金，四得五便爲金之成，皆本於中五之土也。」至於洛書，則雖夫子之所未言，然其象其説已具於前；有以通之，則劉歆所謂經緯表裏者可見矣。」

或曰：「河圖洛書之位與數，其所以不同，何也？」曰：「河圖以五生數統五成數，而同處其方，蓋揭其全以示人，而道其常數之體也。洛書以五奇數統四耦數，而各居其所，蓋主於陽以統陰，而肇其變數之用也。」蔡氏九峯曰：「象非耦不立，數非奇不行。奇耦之分，象數之始也。」○蔡氏節齋曰：「河圖數耦，耦者靜，靜以動爲用，故河圖之行，合皆奇：一合六，二合七，三合八，四合九，五合十。洛書數奇，奇者動，動以靜爲用，故洛書之位，合皆耦：一合九，二合八，三合七，四合六。」○「河圖非無奇也，而用則存乎耦。洛書非無耦也，而用則存乎奇。耦者，陰陽之對待乎？奇者，五行之迭運乎？對待者不能孤，迭運者不可窮，天地之形，四時之行，人物之生，萬化之凝，其妙矣乎！」○陳氏潛室曰：「河圖以生數統成數，洛書以奇數統耦數，若不相似也；然一必配六，二必配七，三必配八，四必配九，五必配十而居中，圖書未嘗不相似。河圖之生成同方，洛書之奇耦異位，若不相似也；然同方者有内外之分，是圖猶書也，異位者有比肩之義，是書亦猶圖也。又如圖則備數之全，書則缺數之十，疑若相戾也；然圖之全數乃皆自五而來：一得五而爲六，二得五而爲七，三得五而爲八，四得五而爲九，至其所謂十者，乃五得五而爲十，其實未嘗有十也，八卦全不用十；洛書雖曰缺十，而皆有含十之義：一對九而含十，二對八而含十，三對七而含十，四對六而含十，十常夾居五之兩端，與河圖頗相類，是亦未嘗無十也。」○劉氏雲莊曰：「河圖者，陰陽生成之合；洛書者，陰陽奇耦之分。以質而論，則分而各居其所，是對待之定體也；以氣而論，則合而同處其方，是流行之妙用也。然氣質二者初不相離，有分則必有合，有合則必有分，所謂『推之於前，不見其始之合；引之於後，不見其終之離』，又不可以拘泥而觀之也。」○胡氏玉齋曰：「河圖以生成分陰陽：以五生數之陽，統五成數之陰，而同處其方；陽内陰外，生成相合交泰之義也。洛書以奇耦分陰陽：以五奇數之陽，統四耦數之陰，而各居其所；陽正陰偏，奇耦既分尊卑之位也。河圖數十，十者，對待以立其體，故爲常；洛書數九，九者，流行以致其用，故爲變也。常變之説，朱子特各舉所重者爲言，非謂河圖專於常、有體而無用，洛書專於變、有用而無體也。」

曰：「其皆以五居中者，何也？」曰：「凡數之始，一陰一陽而已矣。陽之象圓，圓者徑一而圍三；陰之象方，方者徑一而圍四。圍三者，以一爲一，故參其一陽而爲三；圍四者，以二爲一，故兩其一陰而爲二，是所謂『參天兩地』者也。三二之合，則爲五矣，此河圖洛書之數所以皆以五爲中也。胡氏玉齋曰：「陽之數奇而屬乎天，其象爲圓，圓者取其動也。凡物之圓者，其直徑則一，而横圍則三，若陽則其數以一爲一而用其全。擬之于象，實圍三，而三各一奇，皆在所用，故曰『參天』。陰之數耦而屬乎地，其象爲方，方者取其静也。凡物之方者，其直徑則一，而横圍則四，若陰則其數以二爲一而用其半。擬之於象，實圍四，而四合二耦，半在所用，故曰『兩地』。夫數，始於陰陽，倚於參兩，參兩之合則爲五，此圖書之數所以皆以五爲中也。陽大陰小，陽饒陰乏，故陽得用全，而陰惟用半，其尊陽之義寔昉於此矣。或問『參天兩地，舊説以爲五生數中天參地兩。不知其説如何？』朱子云：『如此却是三天二地，不見參兩之意。參天者，參之以三；兩地者，兩之以二也。』又云：『一個天，參之而爲三；一個地，兩之而爲二；三三爲九，三二爲六，兩其三、一其二爲八，兩其二、一其三爲七，此又七、八、九、六之數所由起也。』」然河圖以生數爲主，故其中之所以爲五者，亦具五生數之象焉：其下一點，天一之象也；其上一點，地二之象也；其左一點，天三之象也；其右一點，地四之象也；其中一點，天五之象也。洛書以奇數爲主，故其中之所以爲五者，亦具五奇數之象焉：其下一點，亦天一之象也；其左一點，亦天三之象也；其中一點，亦天五之象也；其右一點，則天七之象也；其上一點，則天九之象也。胡氏玉齋曰：「圖之五，具五生數之象，書之五，具五奇數之象，蓋皆以其所主者言之。有主必有賓，而圖之成數與書之耦數，亦各具於中央之五數矣。圖之中，五下一點既具天一之象，則一與六合，而地六之成數自不能離乎天之一矣，以至二、三、四、五皆然，如是則河圖緐一與六以至五與十生成相合，而五十五之全數盡具於中央五數之中。書之中，五下一點既具天一之象，以至上一點既具天九之象，則一與二，三與四，七與六，九與八，奇耦亦相爲脗合，而四十五之全數，亦盡具於中央之五數矣，豈可惟以五數拘之哉？」其數與位，皆三同而二異。蓋陽不可易而陰可易，成數雖陽，固亦生之陰也。」劉氏雲莊曰：「圖之一三五七九皆奇數，陽也，而一三五之位不易，七九之位易者，亦以天地之間陽動主變故也。然陽於北、東則不動，於西、南則互遷者，蓋北、東陽始生之方，西、南陽極盛之方，陽主進，數又必進於極而後變也。」

曰：「中央之五，既爲五數之象矣，然其爲數也奈何？」曰：「以數言之，通乎一圖。繇内及外，固各有積實可紀之數矣，然河圖之一二三四，各居其五，象本方之外，而六七八九十者，又各因五而得數，以附于其生數之外。洛書之一三七九，亦各居其五，象本方之外，而二四六八者，又各因其類，以附於奇數之側。蓋中者爲主而外者爲客，正者爲君而側者爲臣，亦各有條而不紊也。」蔡氏覺軒曰：「一二三四，爲四象之位；六七八九，爲四象之數。河圖位與數常相錯，然五數居中，一得五而爲六，二得五而爲七，三得五而爲八，四得五而爲九，各居其方，雖相錯而未嘗不相對也。洛書位與數常相對，然五數居中，一得五而爲後右之六，二得五而爲右之七，三得五而爲後左之八，四得五而爲前之九，縱横交錯，雖相對而未嘗不相錯也。」○胡氏玉齋曰：「在圖者，陽生陰成，在書者，陽奇陰耦，而皆以陽爲尊也。」

曰：「其多寡之不同，何也？」曰：「河圖主全，故極於十，而奇耦之位均論其積實，然後見其耦贏而奇乏也。洛書主變，故極於九，而其位與實皆奇贏而耦乏也。必皆虚其中也，然後陰陽之數均於二十而無偏耳。」胡氏玉齋曰：「河圖耦贏而奇乏者，地三十，天二十五也。洛書奇贏而耦乏者，天二十五，地二十也。河圖虚其中之十五，洛書虚其中之五，則陰陽之數均於二十矣。」

曰：「其序之不同，何也？」曰：「河圖以生出之次言之，則始下，次上，次左，次右，以復於中，而又始於下也；以運行之次言之，則始東，次南，次中，次西，次北，左旋一周，而又始於東也。其生數之在内者，則陽居下左而陰居上右也；其成數之在外者，則陰居下左而陽居上右也。洛書之次：其陽數則首北，次東，次中，次西，次南；其陰數則首西南，次東南，次西北，次東北也；合而言之，則首北，次西南，次東，次東南，次中，次西北，次西，次東北，而究於南也；其運行，則水克火，火克金，金克木，木克土，右旋一周而土復克水也。是亦各有説矣。」翁氏思齋曰：「相克者，寓於相生之中。」「相生者，寓於相克之中。」「蓋造化之運：生而不克，則生者無從而裁制；克而不生，則克者亦有時而間斷。此圖書生成之妙，未嘗不各自全備也。」

曰：「其七八九六之數不同，何也？」曰：「河圖六七八九既附於生數之外矣，此陰陽老少、進退饒乏之正也。其九者，生數一三五之積也，故自北而東，自東而西，以成於四之外。其六者，生數二四之積也，故自南而西，自西而北，以成於一之外。七則九之自西而南者也，八則六之自北而東者也。此又陰陽老少互藏其宅之變也。洛書之縱横十五，而七八九六迭爲消長，虚五分十，而一含九，二含八，三含七，四含六，則參伍錯綜，無適而不遇其合焉，此變化無窮之所以爲妙也。」胡氏玉齋曰：「此專言圖書七八九六之數，以分陰陽之老少也。七九爲陽，陽主進：繇少陽七而進，七之上爲八，故踰八而進於九；九則進之極，更無去處了，故九爲老陽。六八爲陰，陰主退：繇少陰八而退，八之下爲七，故踰七而退於六；六則退之極，更無轉處了，故六爲老陰。進則饒，故老陽饒於八，少陽饒於六。退則乏，故老陰乏於七，少陰乏於九。進而饒者陽之常，退而乏者陰之常，此所謂正也。以言其變，老陽數九，繇一三五積而成於四之外，四，老陰之位也；老陰數六，繇二四積而成於一之外，一，老陽之位也。此二老互藏其宅之變也。七、八，則非繇積數而成：七與九皆陽，故少陽七自九來，而居於二之上，二，少陰之位也；八與六皆陰，故少陰八自六來，而居於三之上，三，少陽之位也。此二少互藏其宅之變也。其在洛書，雖縱橫有十五之數，實皆七八九六之迭爲消長：一得五爲六，而與南方之九迭爲消長；四得五爲九，而與西北之六迭爲消長；三得五爲八，而與西方之七迭爲消長；二得五爲七，而與東北之八迭爲消長。大抵數之進者爲長，退者爲消；長者退則又消，消者進則又長：六進爲九，則九長而六消；九退爲六，則九反消而六又長矣；七進爲八，則八長而七消；八退爲七，則八反消而七又長矣。『虛五分十』者：虛中五之外，則縱橫皆十，以其十者分之，則九者十分一之餘，八者十分二之餘，七者十分三之餘，六者十分四之餘也。參伍錯綜，無適而不遇七八九六之合焉，此所謂變化無窮之妙也。」

曰：「然則聖人之則之也，奈何？」曰：「則河圖者虛其中，則洛書者總其實也。河圖之虛：五與十者，太極也；奇數二十、耦數二十者，兩儀也；以一二三四爲六七八九者，四象也；析四方之合以爲乾坤離坎，補四隅之空以爲兌震巽艮者，八卦也。洛書之實：其一爲五行，其二爲五事，其三爲八政，其四爲五紀，其五爲皇極，其六爲三德，其七爲稽疑，其八爲庶徵，其九爲福極；其位與數，尤曉然矣。」

曰：「洛書而虛其中，則亦太極也。奇耦各居二十，則亦兩儀也。一二三四而含九八七六，縱橫十五而互爲七八九六，則亦四象也。四方之正以爲乾坤離坎，四隅之偏以爲兌震巽艮，則亦八卦也。河圖之一六爲水，二七爲火，三八爲木，四九爲金，五十爲土，則固洪範之五行，而五十有五者，又九疇之子目也。是則洛書固可以爲易，而河圖亦可以爲範矣。且又安知圖之不爲書，書之不爲圖也邪？」曰：「是其時雖有先後，數雖有多寡，然其爲理，則一而已。但易乃伏羲之所先得乎圖，而初無待於書；範則大禹之所獨得乎書，而未必追考於圖耳。且以河圖而虛十，則洛書四十有五之數也；虛五，則大衍五十之數也；積五與十，則洛書縱橫十五之數也；以五乘十、以十乘五，則又皆大衍之數也；洛書之五又自含五而得十，而通爲大衍之數矣；積五與十則得十五，而通爲河圖之數矣。苟明乎此，則橫斜曲直無所不通，而河圖洛書又豈有先後彼此之間哉？」

弘撰曰：「予聞之，一乃數之始，十乃數之終，而五則天地之中數、陰陽之總會也，故數至五而極矣。一乘五則六，故一六同位於北，其行爲水；二乘五則七，故二七同位於南，其行爲火；三乘五則八，故三八同位於東，其行爲木；四乘五則九，故四九同位於西，其行爲金；五乘五則十，故五十同位於中，其行爲土。奇耦并居，陰陽類配，五位相得，而各有合也。朱子云：『相得如兄弟，有合如夫婦。』蓋以『相得則取其奇耦之相爲次第，辨其類而不容紊也。有合則取其奇耦之相爲生成，合其類而不容間也。「相得」「有合」四字，該盡河圖之數』。相得，謂一與二，三與四，五與六，七與八，九與十也。有合，謂一與六，二與七，三與八，四與九，五與十也。在十干，則甲乙木，丙丁火，戊己土，庚辛金，壬癸水，便是相得；甲與己合，乙與庚合，丙與辛合，丁與壬合，戊與癸合，便是各有合，所謂「兩其五行」也。或曰：『一與六，二與七，三與八，四與九，五與十，是五位相得也。一合九爲十，三合七爲十，而并中五，曰「天數二十有五。」五爲數主，實係生數，爲陽，故屬之天；二合八爲十，四合六爲十，五合五爲十，曰「三十成數」也；是各有合也。』相得以五言，有合以十言。天之一三七九統於中之一五，地之二四六八，統於中之二五，故天地之數皆曰數五也，特以其生數奇，奇屬天，故曰『天五』爾。何元子疑舊說一與二、三與四、五與六、七與八、九與十，及十干甲乙木之類，於理無據，謂『各有合者，一奇合一耦，如一與六、二與七、三與八、四與九、五與十是也。而相得者，則天五奇、地五耦，自相得也』。近日王似鶴宗其說，故謂：『一與九、二與八、三與七、四與六、五與十爲相得，非止成十相得，蓋從類相得也：一九、三七，陽類相得也；二八、四六，陰類相得也。中宮五、十，分爲三五，亦是陽類相得，合爲十五，亦是陰陽相配，故五、十既相得，復有合也。』」按：此則相得即是有合，中宮五、十必分爲三五，方可云陽類相得。即云陰陽相配，亦與別數不一例，未免費辭，費辭則非出於自然，聖人之言恐不如此。「相得如兄弟，有合如夫婦。」於理已足，何謂無據乎？

梅氏云：「漢儒釋『五位相得而各有合』，爲『一六、二七、三八、四九、五十之相得而各有合』。果如是，則當云

『十位』，不當云『五位』也，又當急綴以『天地之數五十有五』之凡者言，不當更分『天數二十有五』、『地數三十』也。今既分而言之，可見天五位承上『天數五』而言，地五位承上『地數五』而言，決不可以十位相得而有合矣。蓋謂『五位』者，『天數五』、『地數五』，一三五七九，天數相得也，合一三五七九爲二十有五，天數有合也。二四六八十，地數相得也，合二四六八十爲三十，地數有合也。天數合天數，地數合地數，故曰『各有合』也。」亦一說也。

胡氏謂：「圖書之一六皆在北，三八皆在東，五皆在中，三者之位、數皆同也。圖之二七在南而書則二七在西，圖之四九在西而書則四九在南，二者之位、數皆異也。陽不可易，專指一三五。陰可易，統指二七四九。成數雖陽，指七九，固亦生之陰，指七爲二，生數之陰，九爲四，生數之陰也。二四以生數言，雖屬陽，然以耦數言，則屬陰，不得謂之陽矣，故可易。七九以奇數言，雖屬陽，然以成數言，只可謂之陰矣，故可易。其曰『成數雖陽，固亦生之陰』，不曰『生數雖陰，固亦成之陽』者，蓋但主『陰可易』而言也。」按：此說蓋謂一三五以奇數言固屬陽，以生數言亦屬陽；六八以耦數言固屬陰，以成數言亦屬陰；是以不易也。予謂陽主生，故陽之生數不易而成數易；陰主成，故陰之成數不易而生數易也。

胡氏謂：「聖人之則河圖也，亦因橫圖卦畫之成，以發圓圖卦氣之運耳。本河圖以爲先天橫圖，則卦畫之成者：老陽居一，分之爲乾兌；少陰居二，分之爲離震；少陽居三，分之爲巽坎；老陰居四，分之爲艮坤。本河圖以爲先天圓圖，則卦氣之運者：老陰居北，少陰居東，所以分而爲艮坤離震者，此四卦固無以異於橫圖也；少陽居南，宜爲巽坎而乃爲乾兌，老陽居西，宜[一]爲乾兌而乃爲巽坎，此四卦實有異於橫圖矣。其故何哉？蓋河圖二象之居於東北者，陰之老少也，陰主靜而守其常，故水木各一其象，不能他有所兼，一六居北爲水，其於卦也爲艮坤，不得爲離震矣；三八居東爲木，其於卦也爲離震，不得爲艮坤矣。陰，所以小也，所以居窮冬，相錯而爲冬與春之卦也。河圖二象之居

[一]「宜」下原脱「爲乾兌而乃爲巽坎此四卦實有異於橫圖矣其故」二十字，據易學啓蒙通釋與性理大全書補。

於西南者，陽之老少也，陽主動而通其變，故金火互通其象〔二〕，實能兩有所兼，乾居南方火位，而說卦曰『乾爲金』；坎居西方金位，而說卦曰『坎爲赤』； 故四九居西爲金，其於卦也本爲乾兌，而亦得爲巽坎矣； 二七居南爲火，其於卦也本爲巽坎，而亦得爲乾兌矣。 陽，所以大也，所以居大夏，相錯而爲夏與秋之卦也。」按： 胡氏之說雖理有可通，然似費詞，蓋其實秪是對待之義耳。

胡氏又云：「大禹之則洛書以作範也，未必拘拘於書之位次以定疇之先後，然自一至九之數，實有以默啓聖人作範之心。故自初一之『五行』包天地自然之數，餘八法則是大禹參酌天時人事而類之，不必盡協於火木金土之位也。」按： 洛書本文只有四十五點，漢儒云「六十五字皆洛書本文」，誕謬不足信。故朱子亦嘗云：「漢儒此說未是，恐只是以義起之，不是數如此。」蓋洪範元與洛書無涉，不過以「九」之一字，子目之數合耳，其實意不相屬，理無可通。故胡氏解至此，亦不能強爲之說，則曰「未必拘拘於書之位次」，又曰「不必盡協於火木金土之位」而已。然則蔡九峯之說，不待極辨而可以知其非矣。

又有云：「一六，老陰之數，而畫卦爲艮坤，艮居六、坤居一也。三八，少陰之數，而畫卦爲離震，離居三、震居八也。四九，老陽之數，而畫卦爲乾兌，乾居九、兌居四也。二七，少陽之數，而畫卦爲巽坎，巽居二、坎居七也。此洛書亦可以爲八卦也。」洛書已不可以爲範，而又牽河圖，益不可矣。即朱子，亦過爲圓圖之說，且如云「安知圖不爲書？書不爲圖？」是劉牧之說，亦不必改正矣！

蔡九峯謂：「伏羲得乎圖，初無所待於書； 大禹獨得乎書，未必追考於圖」，而朱子因之。此言明與孔子不合。孔子云：「河出圖，洛出書，聖人則之。」而謂易「無所待於書」，是一則，一不則也。且圖書併出於伏羲時，禹時有龜而非書也，經文可據，安得以孔安國、劉歆之說而詘經哉？

〔二〕「其象」： 原作「相象」，據易學啓蒙通釋與性理大全書改。

朱子晦庵曰：「其以河圖洛書爲不足信，自歐陽公來已有此説，然終無奈繫辭、顧命、論語皆有此言，而諸儒所傳二圖之數，雖有交互，而無乖戾，順數逆推，縱横曲直皆有明法，不可得而破除也。至如河圖與易之天一地十者合，而載天地五十有五之數，則固易之所自出也；洛書與洪範之初一至次九者合，而其九疇之數，則固範之所自出也。繫辭雖不言伏羲受河圖以作易，然所謂『仰觀俯察』、『遠求近取』，安知河圖非其中一事耶？大抵聖人制作所繇，初非一端，然其法象之規模，必有最親切處。如洪荒之世，天地之間陰陽之氣雖各有象，然初未嘗有數也；至於河圖之出，然後五十有五之數，奇耦生成，粲然可見。此其所以深發聖人之獨智，又非泛然氣象之所可得而擬也。是以仰觀俯察、遠求近取，至此而後，兩儀、四象、八卦之陰陽奇耦，可得而言。雖繫辭所論聖人作易之繇者非一，而不害其得此而後決之也。」

弘撰曰：「夫云『不害其得此而後決之』者，此朱子周旋之詞也。」

鄭氏漁仲曰：「天地之數五十有五，而河圖四十有五，虚十而不用，何也？蓋十數雖不用，然一與九爲十，二與八爲十，三與七爲十，四與六爲十，合居中之五數，縱横皆十五，是知十數不用之中，有至用者存焉。河圖之數四十五，而八卦之數三十有六，虚九數而不用，何也？蓋九數雖不用，然乾之與坤其數則九，震之與巽其數則九，坎之與離其數則九，艮之與兑其數則九，是知九數不用之中，有至用者存焉。天地之數五十有五，而大衍之數五十，虚五數而不用，何也？蓋五數雖不用，然天一生水，加五爲六，故曰地六成之；地二生火，加五爲七，故曰天七成之；天三生木，加五爲八，故曰地八成之；地四生金，加五爲九，故曰天九成之；天五生土，加五爲十，故曰地十成之；是知五數不用之中，有至用者存焉。易之爲數，無往而不合，何疑九數之不可爲河圖，十數之不可爲洛書哉？」

弘撰曰：「按鄭氏此段論河圖、八卦、大衍之數，而謂圖書之可相通，其所言河圖，正即今之洛書也。」

程氏泰之曰：「夫子之言易，曰：『河出圖，洛出書，聖人則之。』是易於圖書固所兼法。周人寶藏河圖，孔子嘆河不出圖，是河圖也者，古盛世實有之，非後世傳會也。孔安國曰：『龍馬出河，伏羲則其文以畫八卦，故謂之河圖。』又曰：『天與禹，洛出書，神龜負文出，列於背有數至九，禹因而第之，以成九類。』劉歆乃曰：『伏羲氏受河圖，則而畫之，八卦是也；禹治水，錫洛書，法而陳之，洪範是也。』又叙洪範曰：『自五行至六極，凡六十五字，洛書本文也。』夫安國之所謂文者，數著乎象而錯縱可觀焉爾，非謂後世文籍之文也；歆謂洛書有字，則全與孔異矣。夫二子在漢，皆號精博，而違異如此，余於是疑此時圖書已自不存，故各出意想，而終無定證也。然劉歆專佐符命，正使漢家祕藏有之，歆何以不得而見？此不可曉也。鄭康成則直曰河圖有九篇、洛書有六篇，說者謂其『本諸緯書。緯書者，哀平間實始有之，非古也，不可據也』，而其誤有可以理證者：典籍之字生於卦畫，卦畫之智發於圖書；易謂書契取夬爲象，是八卦已重，而文字始生也。若圖書始出而篇章已具，則夫子謂書契取夬者，誤矣，此自可以意曉也。特不知漢末遠古，二圖尚皆茫昧，而陳摶之徒生二千年後，何從得之？然而『九位』者，三列數之旁，正縱横無有不爲十五，故劉牧、李泰伯悉謂非人智能僞爲也。劉、李之言近矣，而乾鑿度本出漢世，其書多言河圖，曰：『太一取之以行九宫，四正四維皆十五也。』夫『太一』非所論也，其所謂『四正四維』，環拱一五，無往而不爲十五，即此圖也。然則昔之作爲乾鑿度者，實嘗親見是圖矣。其書言七八之象、九六之變，皆以十五爲宿，蓋於圖乎得之也。乾鑿度者，世儒多引之以明易指者矣；而鄭康成之論大衍，以十日、十二辰、二十八宿爲五十，亦自乾鑿度出也；晉張湛傳列子至『七變爲九』，曰：『此章全是周易乾鑿度。』則漢魏以降，凡言易老者皆已宗而用之，非後世託爲也。然則圖書也者，乾鑿度實能得之，而孔、劉反不得見，何耶？所可言者，其『四正四維皆爲十五』，正符陳摶所傳，則其來已古，篤可信爾。且說易者莫古於繫辭矣，而繫辭之言圖書，正與天地變化、天象吉凶，同在聖人法效之數也。則謂『以數發智』者，信而可驗也；謂『有字有書』者，妄也。天何言哉？而況造字成書，明與世接乎？」

熊氏與可曰：「先天圖，體也；後天圖，用也。先天圖，從也；後天圖，衡也。是故有先天八卦之次序，有後天八卦之次序；有先天八卦之方位，有後天八卦之方位。自太極分陰陽，陽之中有陰有陽，所謂太陽、少陰也；陰之中有陰有陽，所謂太陰、少陽也；太陽之中，陽乾，陰兌；少陰之中，陽離，陰震；少陽之中，陽巽，陰坎；太陰之中，陽艮，陰坤。自乾一至坤八，此先天八卦之次序也。乾父，坤母，震得乾初爻爲長男，巽得坤初爻爲長女，坎得乾中爻爲中男，離得坤中爻爲中女，艮得乾上爻爲少男，兌得坤上爻爲少女，此後天八卦之次序也。乾上坤下象天地，離東坎西象日月，艮兌象山澤，震巽象雷風；　自乾至震，順布；　自巽至坤，逆布，此先天八卦之方位也。震東，離南，兌西，坎北，巽東南，乾西北，坤西南，艮東北；　乾坤退居，六子用事，此後天八卦之方位也。説卦傳所謂『天地定位，山澤通氣，雷風相薄，水火不相射。』言先天也；　所謂『帝出乎震，齊乎巽，相見乎離，致役乎坤，説言乎兌，戰乎乾，勞乎坎，成言乎艮』，言後天也。先天四圖，其來久矣，世傳康節得於李挺之，挺之得於穆伯長，伯長得於陳希夷。四圖之中，其一爲八卦次序，又其一爲六十四卦次序，其一爲八卦方位，又其一爲六十四卦方位。自太極、兩儀、四象、八卦，加倍而進之，八卦倍爲十六，十六倍爲三十二，三十二倍爲六十四。觀六十四卦次序，但觀八卦之次序可也。圓圖在外以象天，先將八卦定內卦，而以乾一、兌二、離三、震四、巽五、坎六、艮七、坤八依次布於外卦；　方圖在內以象地，先將八卦定內卦，而以乾一、兌二、離三、震四、巽五、坎六、艮七、坤八依次布於外卦。觀六十四卦方位，但觀八卦之方位可也。後天二圖，其一爲六子受生之次序，其一爲八卦入用之方位，朱子蓋以此配先天四圖爾。先天所以立體，而明法象自然之妙；　後天所以致用，而著隨時變易之道。先天圖當豎看：　乾天坤地，以上下言；　後天圖當平看：　離火坎水，方可以南北言。」

「伏羲易，自作伏羲易看；　文王易，自作文王易看。大抵文王以前有占無文本，非可以言語文字求之。易之見於辭者，自文王始。易之有先天、後天，則自孔子於説卦發其機，至康節四圖而大明。先天之學，心學也，所謂『畫前有易』者也。伏羲，畫八卦而已，詎知百世之下乃有是圖？」

「愚嘗細〔一〕繹羲、文之易，惟周子太極圖上一截『陽動陰静』處，可以見先天『四象生八卦』之象，下一截『乾道成男，坤道成女』處，可以見後天『乾坤生六子』之象。太極所謂『陽動陰静』，即先天圖中『太極分陰陽』：　陽動中一暈之陰，即少陰生太陽中，乾兌離震在焉；　陰静中一暈之陽，即少陽生太陰中，巽坎艮坤在焉；　此太極圖中先天圖也。太極所謂『乾道坤道』，即後天圖中『乾父坤母』：　乾道成男，震坎艮在焉；　坤道成女，巽離兌在焉；　此太極圖中後天圖也。」

〔一〕「細」：稗編作「紬」。

「先天，乾南坤北。後天，乾西北、坤西南。先天，震巽對。後天，震東方、巽東南。先天，艮兌對。後天，兌正西、艮東北。此六卦不但變其方位，且變其對卦。獨坎離二卦，先天爲東西之門，後天守南北之極，常相對立。坎離具四象之體，太極陽動陰靜圖，即坎離二卦從揭之也，豈惟太極圖哉？參同契曰『易謂坎離』，又曰『日月爲易』、『乾坤門戶』、『坎離匡〔一〕郭』、『牝牡四卦』，先天以乾坤坎離，牝牡兌震巽艮四卦；又曰『坎離者，乾坤二用。』老陽變陰用九，老陰變陽用六，其牝牡之體、九六之用，皆坎離也。姑就參同契言之，則先後天圖已在其中。乾坤爐鼎，坎離水火，故後天坎離居先天乾坤之位，以坎中陽實離中陰，則仍爲乾坤，故丹經謂之『還元』。乾專於陽，坤專於陰，曰爐鼎者，器之。惟夫離己日光，坎戊月精，互相根依：在納甲，則生〔二〕中宮戊己之功；在先天，則爲日東月西之象；在後天，則正火南水北之位。八卦中，乾兌二金、坤艮二土、震巽二木，皆陰陽和順〔三〕；惟坎離，水陰根陽，火陽根陰，不同他卦。天降而地升，陽倡而陰和，坎離者，天地之交也。故『日爲太陽精，離者日之象』；何不三爻純陽，而中有陰爻？才說太陽，其間便有少陰，所以日納月之烏，認得日中有月，則可以知離卦。『月爲太陰精，坎者月之象』；何不三爻純陰，而中有陽爻？才說太陰，其間便有少陽，所以月納日之兔，認得月中有日，則可以知坎卦。乾與離同受太極之陽，而離者中虛之乾；坤與坎同受太極之陰，而坎者中滿之坤；乾坤，太極之兩儀，離坎，太極〔四〕之四象，是以離坎二卦常〔五〕爲陰陽造化之樞紐也。」

「或謂太極圖與先天圖皆自希夷來，其一自濂溪發之，其一自康節發之。或謂周、邵所自得。使圖出希夷，亦安用諱？故明道先生誌邵墓，不隱其師，但言其自得處非師傳所及，真大賢之言也！」

〔一〕「匡」：原作「隹」，據經說改。
〔二〕「生」：經說作「主」。
〔三〕「和順」：經說作「相須」。
〔四〕「太極」：經說作「兩儀」。
〔五〕「常」：經說無此字。

王氏子充曰：「洛書非洪範也。昔箕子之告武王曰：『我聞在昔，鯀陻洪水，汨陳其五行，帝乃震怒，不畀洪範九疇，彝倫攸斁，鯀則殛死，禹乃嗣興。天乃錫禹洪範九疇，彝倫攸敘。』初不言洪範爲洛書也。孔子之繫易曰：『河出圖，洛出書，聖人則之。』未始以洛書爲洪範也。蓋分圖書爲易範，而以洪範九疇合洛書，則自漢儒孔安國、劉向歆諸儒始。其說以爲『河圖者，伏羲氏王天下，龍馬出河，負圖其背，其數十，遂則其文，以畫八卦。洛書者，禹治水時，神龜出洛，負文其背，其數九，禹因而第之，以定九疇。』後世儒者以爲九疇帝王之大法，而洛書聖言也，遂皆信之，而莫或辨其非。然孰知河圖洛書者，皆伏羲之所以作易，而洪範九疇，則禹之所自叙，而非洛書也。」

「自今觀之，以洛書爲洪範，其不可信者六：夫其以河圖爲十者，即天一至地十也；洛書爲九者，即初一至次九也。且河圖之十，不徒曰自一至十而已：天一生水，地六成之，水位在北，故一與六皆居北，以水生成於其位也；地二生火，天七成之，火位在南，故二與七皆居南，以火生成於其位也；東、西、中之爲木、金、土，無不皆然。至論其數，則一三五七九，凡二十五，天數也，皆白文，而爲陽、爲奇；二四六八十，凡三十，地數也，皆黑文，而爲陰、爲耦。此其陰陽之理、奇耦之數、生成之位，推而驗之於易無不合者，其謂之易，宜也。若洛書之爲洪範，則於義也何居？不過以其數之『九』而已。然一以白文而在下者，指爲五行，則五行豈有『陽』與『奇』之義乎？二以黑文而在左肩者，指爲五事，則五事豈有『陰』與『耦』之義乎？八政、皇極、稽疑、福極，烏在其爲『陽』與『奇』？五紀、三德、庶徵，烏在其爲『陰』與『耦』乎？又，其爲陽與奇之數二十有五，爲陰與耦之數二十，通爲四十有五，則其於九疇何取焉？是故陰陽奇耦之數，洪範無是也，而徒指其名數之『九』以爲『九疇』，則洛書之爲洛書，直而列之曰一二三四五六七八九足矣，奚必黑白而縱橫之積爲四十五，而效河圖之爲乎？此其不可信者一也。」

「且河圖洛書所列者，數也，洪範所陳者，理也。在天惟五行，在人惟五事，五事參五行，天人之合也。八政者，人之所以因乎天也。五紀者，天之所以示乎人也。皇極者，人君之所以建極也。三德者，治之所以應變也。稽疑者，以人而聽於天也。庶徵者，推天而徵之人也。福極者，人感而天應之也。是則九疇之自一至九所陳者，三才之至理，而聖人所以參贊經綸，極而至於天人證應禍福之際，以爲治天下之法者也，其義豈在數乎？豈如易之所謂天一、地十者，中含義、數，必有圖而後明，可以索之無窮、推之不竭乎？漢儒徒見易繫，以河圖與洛書並言，而洛書之數九，遂以爲九疇耳。審如是，則河圖之數，十也，伏羲畫卦何爲止於八乎？此其不可信者二也。」

「先儒有言，河圖之自一至十，即洪範之五行，而河圖五十有五之數，乃九疇之子目。夫河圖固五行之數，而五行特九疇之一耳，信如斯，則是復有八河圖，而後九疇乃備也。若九疇之子目雖合河圖五十有五之數，而洛書之數乃止於四十有五，使以洛書爲九疇，則其子目已缺其十矣。本圖之數不能足，而待他圖以足之，則造化之示人者，不亦既踈且遠乎？而況九疇言理不言數，故皇極之一不爲少，庶徵之十不爲多，三德之三不爲細，福極之十一不爲鉅；今乃類而數之，而幸其偶合五十有五之數，使皇極儕於庶徵之恒暘恒雨、六極之憂貧惡弱，而亦備一數之列，不其不倫之甚乎？且其數雖五十有五，而於陰陽奇耦方位，將安取義乎？此其不可信者三也。」

「班固五行志舉劉歆之説，以『初一曰五行』至『威用六極』六十五字爲洛書之本文。以本文爲禹之所叙則可，以爲龜之所負而列於背者則不可。夫既有是六十五字，則九疇之理與其次序，亦已燦然明白矣，豈復有白文二十五、黑文二十，而爲戴履左右肩足之形乎？使既有是六十五字，而又有是四十五數並列於龜背，則其爲贅疣，不亦甚乎？此其不可信者四也。」

「且箕子之陳九疇，首以鯀陻洪水發之者。誠以九疇首五行，而五行首於水。水未平，則三才皆不得其寧，此彝倫之所爲斁也。水既治，則天地繇之而立，生民繇之而安，政化繇之而成，而後九疇可得而施，此彝倫所以〔二〕爲叙也。彝倫之叙，即九疇之叙者也。蓋洪範九疇原出於天，鯀逆水性，汨陳五行，故帝震怒，不以畀之；禹順水性，地平天成，故天以錫之耳。先言『帝不畀鯀』，而後言『天錫禹』，則可見所謂『畀』、所謂『錫』者，即九疇所陳三才之至理、治天下之大法，初非有

〔二〕「以」：王忠文集無此字。

物之可驗、有跡之可求也，豈曰『平水之後，天果錫禹神龜而負夫疇』乎？仲虺曰『天乃錫王勇智』，魯頌曰『天錫公純嘏』，言聖人之資質、天下之上壽，皆天所賦予，豈必有是物，而後可謂之『錫』乎？使天果因禹功成，錫之神龜以爲瑞，如簫韶奏而鳳儀，春秋作而麟至，則箕子所叙，直美禹功可矣，奚必以鯀功之不成先〔一〕之乎？此其不可信者五也。」

「夫九疇之綱，禹叙之，猶羲、文之畫卦也；而其目，箕子陳之，猶孔子作彖象之辭以明易也；武王訪之，猶訪太公而受丹書也。天以是理錫之禹，禹明其理而著之疇，以垂示萬世，爲不刊之經，豈有詭異神奇之事乎？鄭康成據春秋緯文有云『河以通乾出天苞，洛以流坤吐地符』，又云『河龍圖發，洛龜書感』，又云『河圖有九篇，洛書有六篇』。夫聖人但言圖書出於河洛而已，豈嘗言龜龍之事乎？又烏有所謂六篇、九篇〔二〕者乎？孔安國至謂『天與禹，神龜負文而出』，誠亦怪妄也已。『人神接對』、『手筆粲然』者，寇謙之、王欽若之『天書』也，豈所以言聖經乎？此其不可信者六也。」

「然則洛書果何爲者也？曰：河圖洛書皆天地自然之數，而聖人取之以作易者也，於洪範何與焉？羣言淆亂，質諸聖而止。『河出圖，洛出書，聖人則之』者，非聖人之言與？吾以聖人之言，而斷聖人之經，其有弗信者與？劉牧氏嘗言河圖洛書同出於伏羲之世，而河南程子亦謂聖人見河圖洛書而畫八卦，吾是以知孔安國、劉向歆父子、班固、鄭康成之徒以爲『河圖授羲，洛書錫禹』者，皆非也。」

「或曰：河圖之數即所謂天一至地十者，固也；洛書之數，其果何所徵乎？曰：洛書之數，其亦不出於是矣。是故朱子於易學啓蒙蓋詳言之，其言曰：『河圖以五生數合五成數而同處其方，蓋揭其全以示人，而道其常數之體也。洛書以五奇數統四耦數而各居其所，蓋主於陽以統陰，而肇其變數之用也。』『中爲主而外爲客』，故河圖以生居中而成居外；『正爲君而側爲臣』，故洛書以奇居正而耦居側。此朱子之說也。而吾以爲洛書之奇耦相對，即河圖之數散而未合者也；

〔一〕「先」：王忠文集作「發」。

〔二〕「六篇九篇」：王忠文集作「九篇六篇」。

河圖之生成相配，即洛書之數合而有屬者也；二者蓋名異而實同也。謂之『實同』者，蓋皆本於天一至地十之數；謂之『名異』者，河圖之十，洛書之九，其指各有在也。是故自一至五者，五行也；自六至九者，四象也，而四象即水火金木也；土爲分旺，故不言老少；而五之外無十，此洛書之所以止於九也。論其方位，則一爲太陽之位，九爲太陽之數，故一與九對也；二爲少陰之位，八爲少陰之數，故二與八對也；三爲少陽之位，七爲少陽之數，故三與七對也；四爲太陰之位，六爲太陰之數，故四與六對也。是則以『洛書』之數而論易，其陰陽之理、奇耦之數、方位之所，若合符節，雖繫辭未嘗明言，然即是而推之，如指諸掌矣。朱子亦嘗言『洛書者，聖人所以作八卦』，而復曰『九疇並出焉』，則猶不能不惑於漢儒經緯表裏之說故也。」

「嗚乎！事有出於聖經，明白可信，而後世弗信之，而顧信漢儒傅會之說。其甚者，蓋莫如以洛書爲洪範矣。吾故曰：洛書非洪範也！河圖洛書皆天地自然之數，而聖人取之以作易者也！」

弘撰曰：「熊氏云：『易蓋兼取於圖書，後儒以易爲河圖，範爲洛書，遂使圖書體用二致。』『固哉！其言圖書也，如大傳所謂「參伍以變，錯綜其數」，乃發明洛書之數：參者，三而數之；伍者，五而數之；錯者，交而互之；綜者，總而挈之，即洛書之數，而易用之以變易，所以成天地之文、定天下之象者也。』又云：『尚書言必稱天，此其常也，癡愚之人遂謂禹得龜書，爲「天以此錫之」。如「龜書畀姒」，詞人言之則可，而不可用於解經。孔子於河圖洛書俱言「聖人則之」，非天以此分送羲、禹也。』按此，則圖書之事益可以無疑矣。」

河圖數起一六

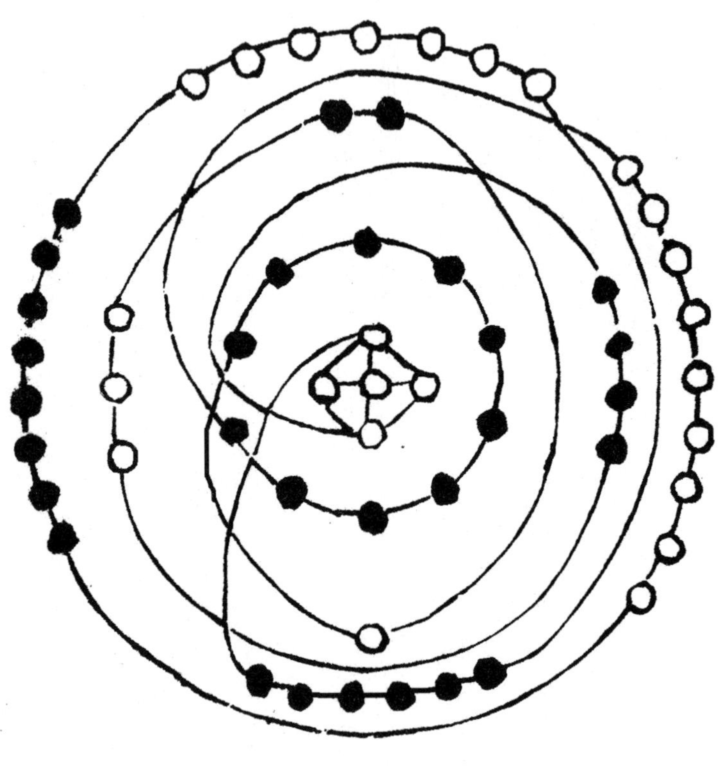

圖之體在中，而用在北，故數起於北之一。自北而南以生二，自南而東以生三，自東而西以生四，自西而入於中以生五： 隨氣機之動極而變也； 自中而出於北以生六，自北而南以生七，自南而東以生八，自東而西以生九，自西而入於中以生十： 入必復出，隨氣機之靜極而變也。入乘靜機，出乘動機，動靜有常，而流行不息。

西、北者，數所出入之門乎？ 陰陽相求而數生焉，數始於一而極於九，化於二而通於十； 自北至西則陽數極，極則益深，不得不入而歸諸十； 自二至十則陰數極，極則必反，不得不出而復於一。一以始之，九以極之，二以化之，十以通之，數之圓而神也如是夫！

洛書九一相生

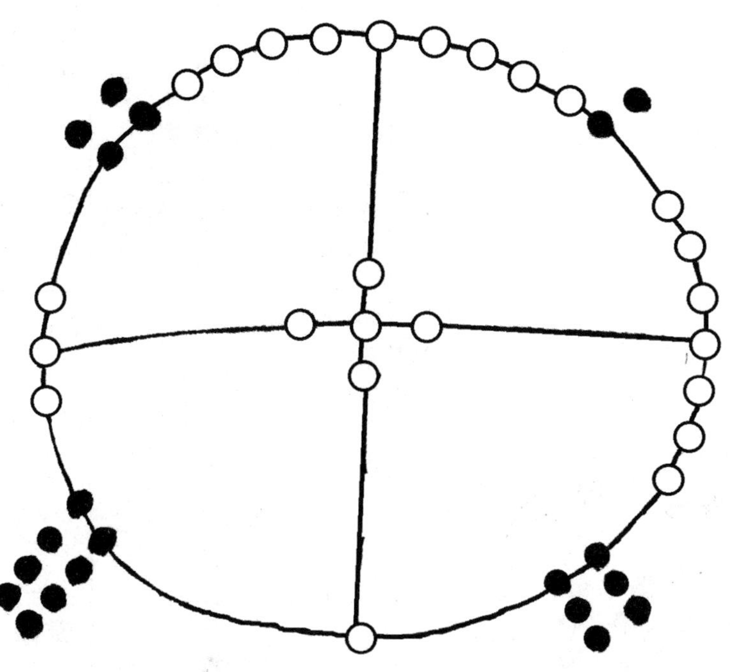

洛書右轉相克者，其義也；隨其右轉而相生者，其數也。何也？中數五，而四方各十，總之凡四十有五。知五九之變，莫不繇中五以爲之主也。是以數起於一，而中五合一爲六，故次六；一六爲七，故次七；五與七合爲十二，故次二；七二爲九，故次九；五與九合爲十四，故次四；九四十三，故次三；五與三合爲八，故次八；八與一合，亦歸於九也；孰謂其數之次序無義於其間哉？況其數始於一，終於九，一居正北，九居正南；一三五成九，而五則九之中也；合一二三四，生九七八六，是九七八六皆生於九，所以一九生九，二九生八，三九生七，四九生六，六九生四，七九生三，八九生二，九九生一。自一生九，自九生一，其變不可勝窮矣。

噫！陽數極於九，而極則變也。洛書以陽統陰，五九四十五數，豈獨與河圖大衍相貫通哉？凡天地萬物之數，莫非九數之變化也，又何必專指九疇爲洛書之數？

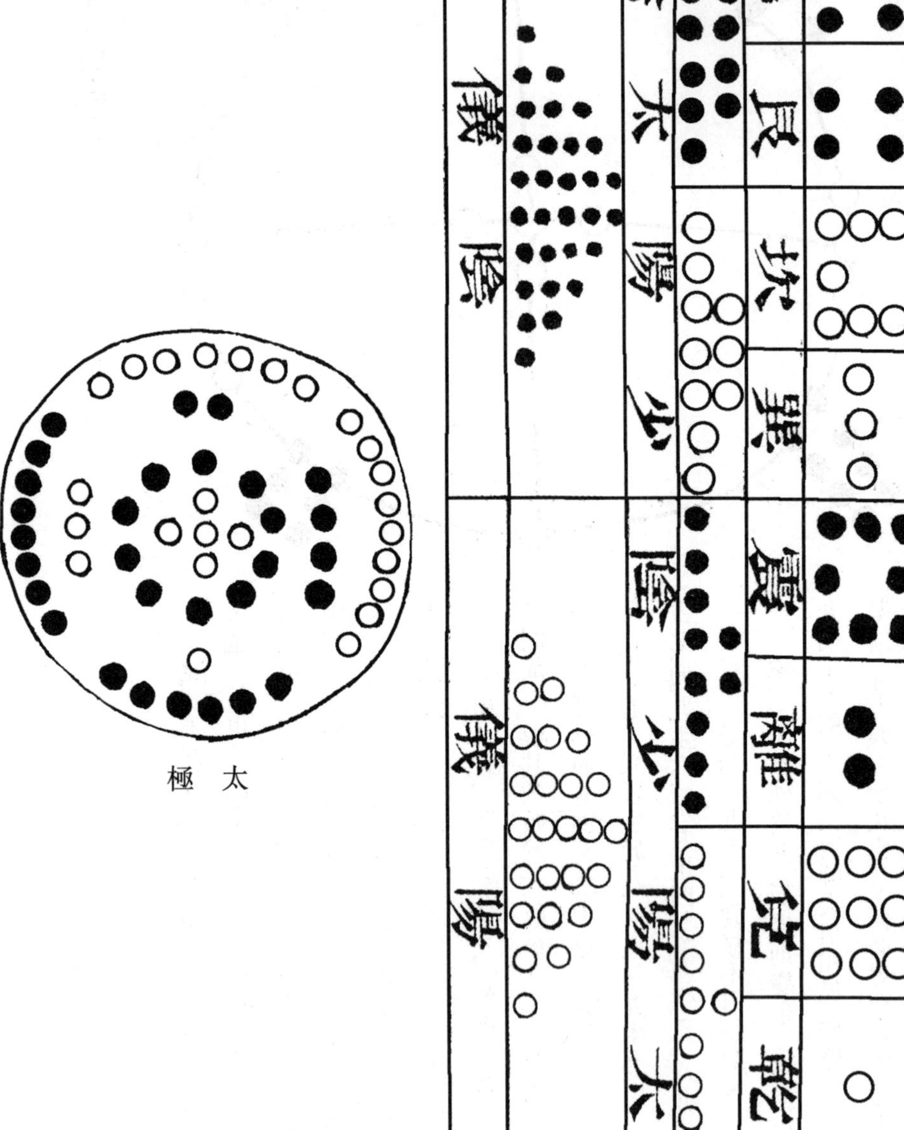

太極

河圖，象之始呈也，而數以之顯。以五而言，下十〇含天一而合地六，上一〇含地二而合天七，左一〇含天三而合地八，右一〇含地四而合天九，中一〇含天五而合地十。以十而言，順序而數，即「天一，地二，天三，地四，天五，地六，天七，地八，天九，地十」之象。蓋五十有五之數已具於十五之中，十之數即具於五之中，五之數即具於一之中：；一生於無，是所謂太極也。及五十有五之數已布，陰陽之象燦然分明，一三七九爲陽，二四六八爲陰，所謂兩儀也：。蓋兩儀，太極之所生者也。由是分之，一九爲太陽，八二爲少陰，三七爲少陽，四六爲太陰，所謂四象也：。蓋太陽、少陰，陽儀之所生：；少陽、太陰，陰儀之所生者也。由是分之，一爲乾，九爲兑，二爲離，八爲震，三爲巽，七爲坎，四爲艮，六爲坤。

蓋乾兑者，太陽之所生，一九乃太陽之數也：；離震者，少陰之所生，二八乃少陰之數也：；巽坎者，少陽之所生，三七乃少陽之數也：；艮坤者，太陰之所生，四六乃太陰之數也：；其配合莫非自然之妙也。今乃以一六爲老陰，二七爲少陽，三八爲少陰，四九爲老陽：；六七八九是矣，一二三四何爲乎？夫一六、二七、三八、四九，乃五行生成之數，非陰陽老少之數也。

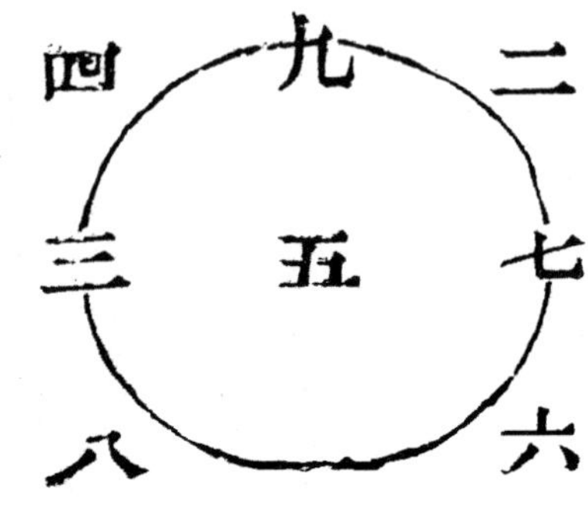

參天。一而三，而九，而二十七，而八十一，千萬無出一三九七者，左旋也。

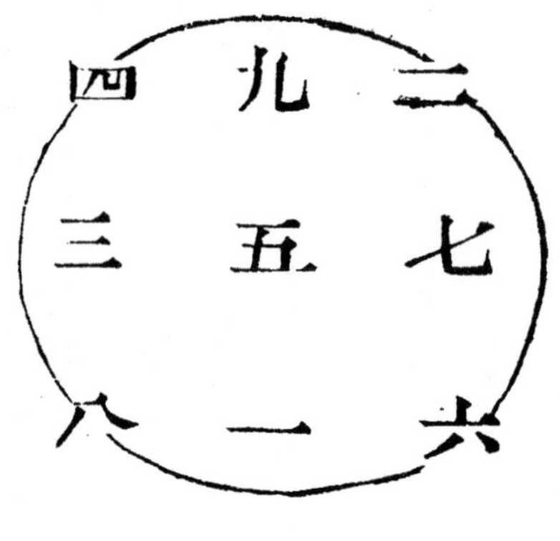

兩地。二而四，而八，而十六，而三十二，而六十四，千萬無出二四六八者，右旋也。

河圖天地交

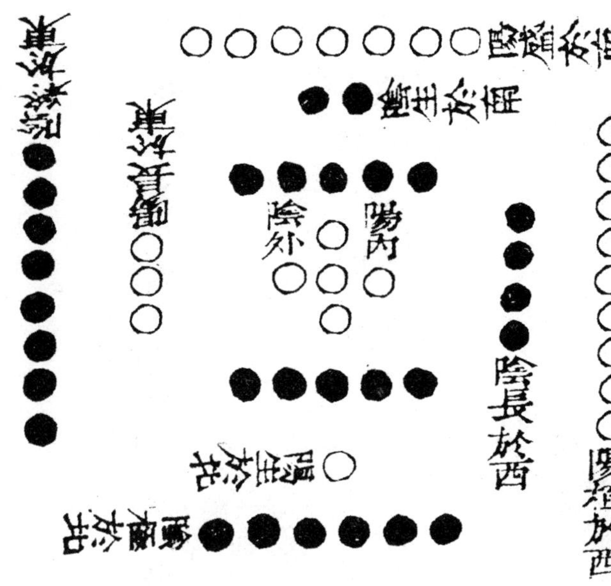

一三七九，陽也，天之象也。二四六八，陰也，地之象也。即奇耦位次，而天地之交見矣。

洛書日月交

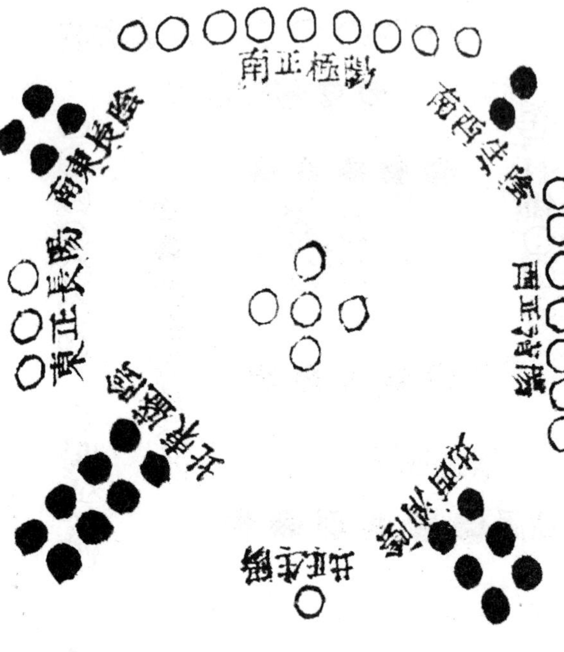

一三七九，陽也，日之象也。二四六八，陰也，月之象也。即奇耦位次，而日月之交見矣。

天地氣交之圖

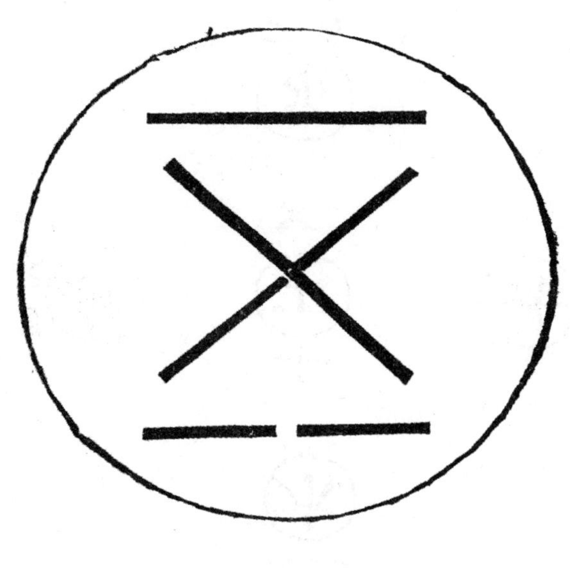

太極判，而氣之輕清者上浮爲天，氣之重濁者下凝爲地。聖人仰觀俯察，因河圖而畫卦，則天○以畫一，則地••以畫⚋，名一曰奇，爲陽，名⚋曰耦，爲陰。此上奇下耦者，天地之定位，中✕者，天地氣交，四象、八卦、萬物化生之本，樂記所謂「一動一靜者，天地之間也。」周子曰：「太極動而生陽，動極而靜，靜而生陰，靜極復動，一動一靜，互爲其根，分陰分陽，兩儀立焉。」細玩此圖，可以得意而忘言矣。

ㄨ氣之圖

天地之數中乎五，圖書之象著乎×，皇極之位建乎×。×者，中也。中也者，四方之交會也；東木，西金，南火，北水。其行之序曰木火土金水，木火陽，金水陰；其生之序曰水火木金土，水木陽，火金陰；中土亦陰亦陽。

五行相生相剋，其理昭然，十干十二支、五運六氣、歲月日時皆自此立，更相爲用。在天則爲氣，寒暑燥溼風。在地則成形，金木水火土。形氣相感，而化生萬物，此造化生成之大紀也。原其妙用，可謂無窮矣。

木主於東，應春。木之爲言，觸也，陽氣觸動，冒地而生也；　水流趨東，以生木也，水上發而覆下，乃自然之質也。火主於南，應夏。火之爲言，化也，燬也，陽在上，陰在下，燬然盛而變化萬物也；　鑽木取火，木所生也，然火無正體，體本木焉，出以應物，盡而復入，乃自然之理也。金主於西，應秋。金之爲言，禁也，陰氣始，禁止萬物而揫斂；　披沙揀金，土所生也，生於土而別於土，乃自然之形也。水主於北，應冬。水之爲言，潤也，陰氣濡潤，任養萬物也；　水西而東，金所生也，水流曲折，順下而達，乃自然之性也。土主於中央，兼位西南，應於長夏。土之爲言，吐也，含吐萬物，將生者出，將死者歸，爲萬物家；　故長於夏末，火所生也，土或勝水，水乃反土，自然之義也。

五行相克，子皆能爲母復仇也：　木克土，土之子金反克木；　金克木，木之子火反克金；　火克金，金之子水反克火；　水克火，火之子土反克水；　土克水，水之子木反克土。互能相生，乃其始也；　互能相克，乃其終也；　皆出乎天之性也。

圖書合一圖

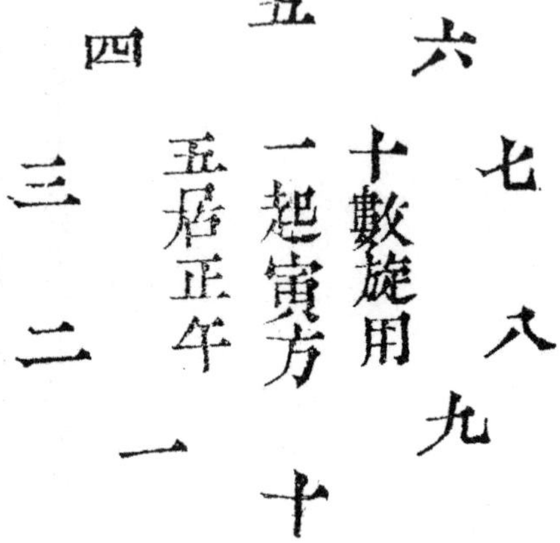

七　八　九　十　一　二　三　四　五　六

十數旋用
一起寅方
五居正午

此圖本之朱氏。一數至十，環列爲圖，交午取之則圖，平衡取之則書，圓方贏縮，相與爲用，原出於此。其於圖書合一之旨，最爲明切，而有自然之妙，不可廢也。

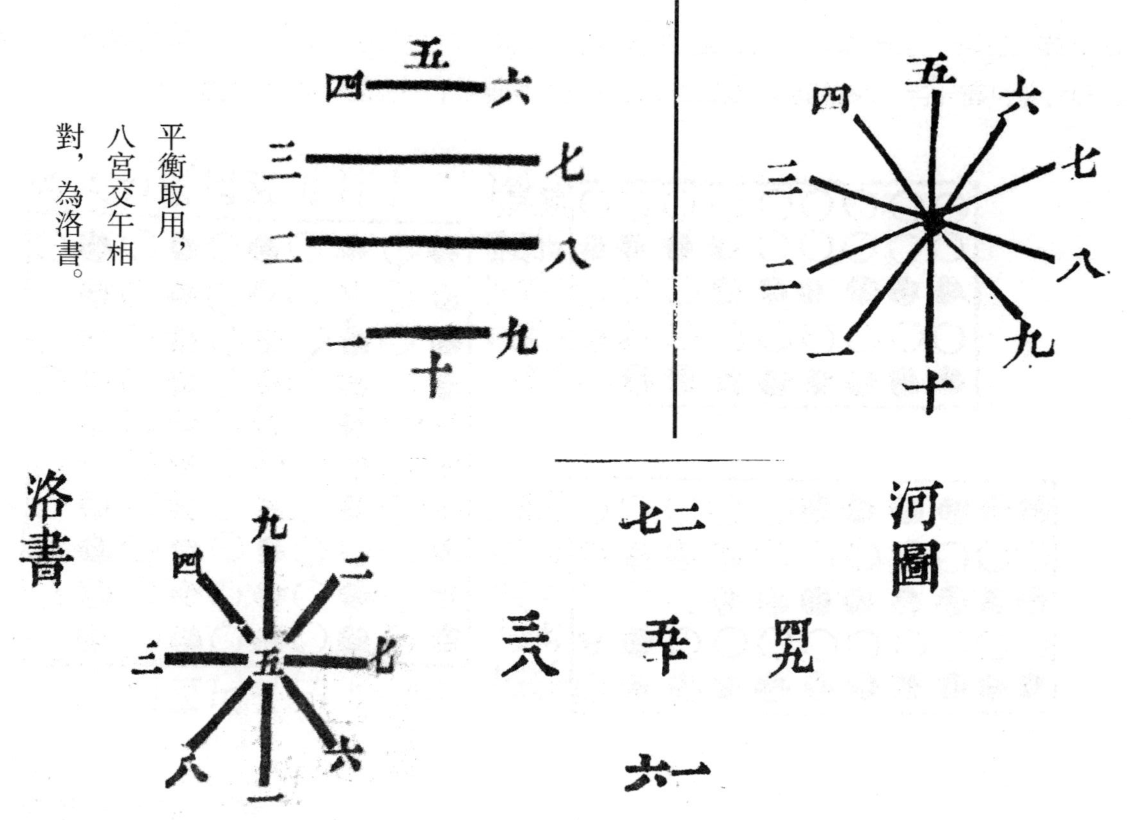
交午取用，一位內外相合，為河圖。
五
四
六
三
七
二
八
一
九
十
河圖
七二
八三
五十
九四
六一
平衡取用，八宮交午相對，為洛書。
洛書
九
四
二
三
五
七
八
六
一

河圖方百數母圖

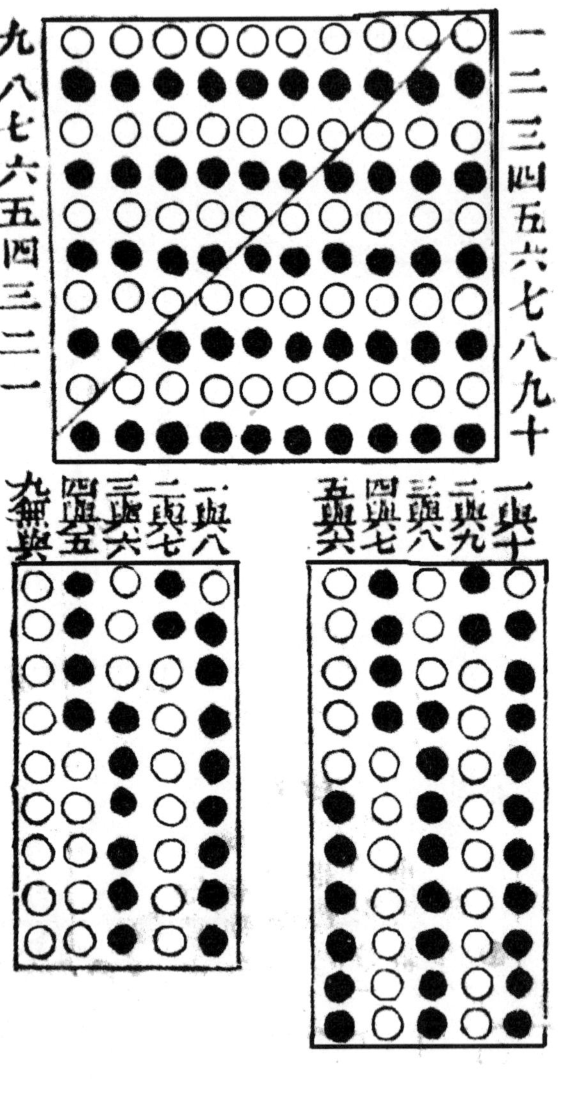

五行之數，去十則用九，存十則用十一。蓋百加一十，得兩河圖，爲萬物終。九十御二十、八十御三十、七十御四十、六十御五十，各兩河圖。始九十者，兩洛書也。老陽一，連九用，而一與六合爲七；老陰四，連六用，而四與九合爲十三；

少陰二，連八用，而二與七合爲九；少陽三，連七用，而三與八合爲十一；合七與十三爲二十，九與十一爲二十。

兩天兩地相合圖

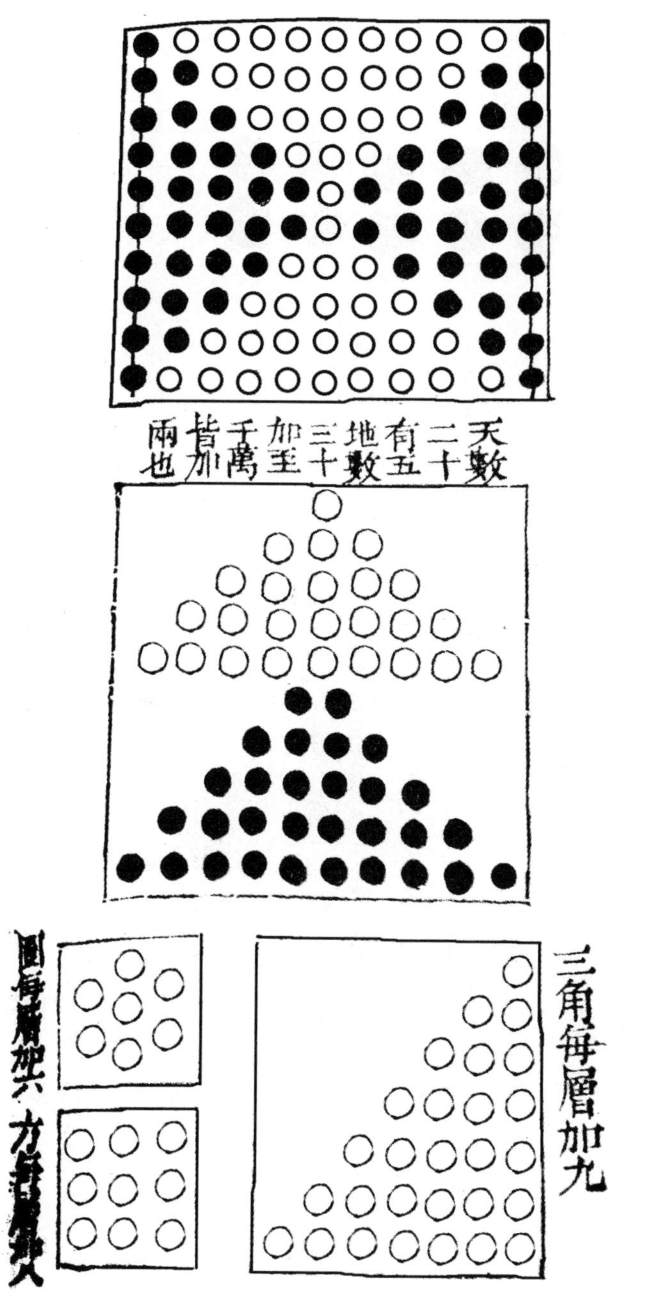

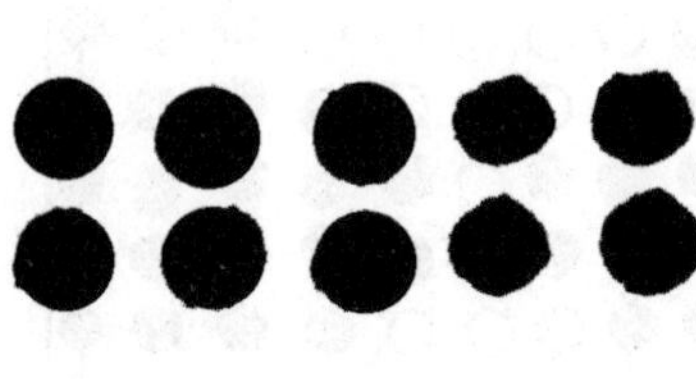

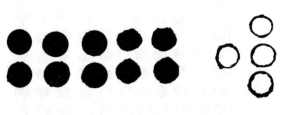

此陰陽之總會，居中包四方者也。數之始，一陰一陽而已。陽之象圓，圓者徑一而圍三；陰之象方，方者徑一而圍四。圍三者，以一爲一，故三其一陽而爲三；圍四者，以二爲一，故兩其一陰而爲二；是所爲「參天兩地」者也。二三之合，則爲五矣。

此陰陽之全數也。十中：除一爲太〔二〕陽之位，餘九則爲太陽之數；除二爲少陰之位，餘八則爲少陰之數；除三爲少陽之位，餘七則爲少陽之數；除四爲太陰之位，餘六則爲太陰之數。蓋一者九之餘，八者二之餘，七者三之餘，六者四之餘也。四方之數皆括於此。

〔二〕「太」：原缺，據上下文意補。

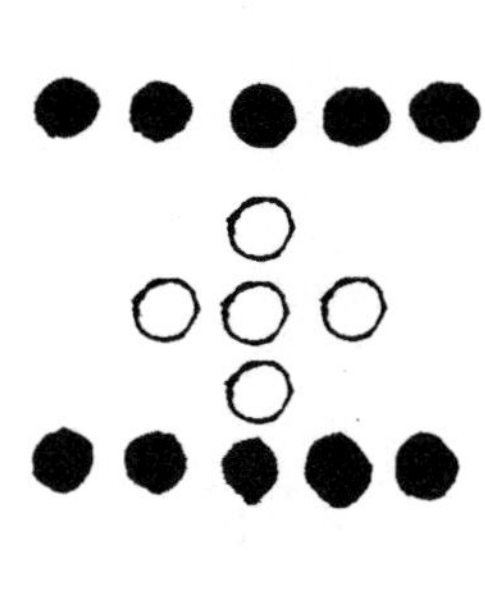

此陰陽之合也。以太陽之九，合太陰之六，十五；以少陽之七，合少陰之八，十五。亦包四方之數者也。

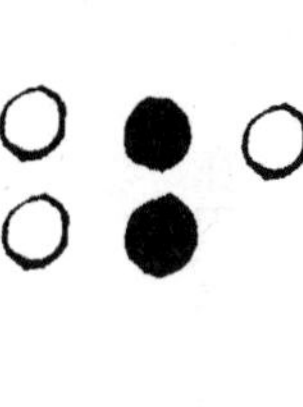

陽儀具矣。上加一奇爲太陽，太陽先得之，故居一；上加一耦爲少陰，少陰次得之，故居二。陰儀具矣。上加一奇爲少陽，少陽三得之，故居三；上加一耦爲太陰，太陰四得之，故居四。

數，十而已。五爲衍母，十爲衍子，以象太極。一二三四，又四象之位，止有六七八九：自七九，陽也，陽主進，自七進至九，九爲太陽，七則少矣；六八，陰也，陰主退，自八退至六，六爲太陰，八則少矣。且一位太陽，所餘則九；二位少陰，所餘則八；三位少陽，所餘則七；四位太陰，所餘則六。蓋數之自然，得所適之妙，夫豈聖人以意爲之哉？

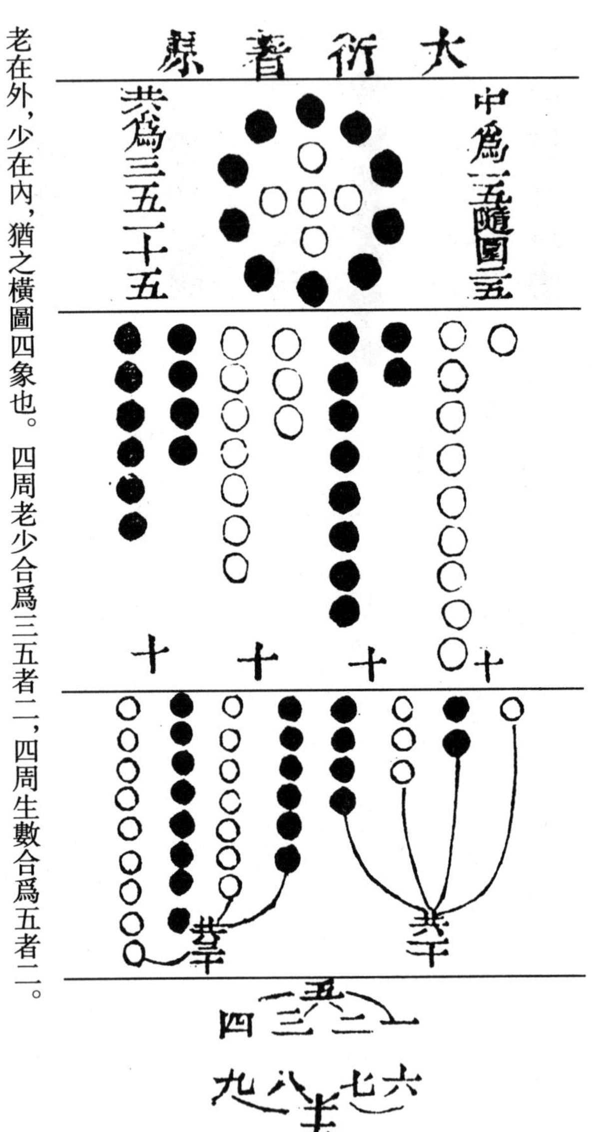

老在外，少在内，猶之横圖四象也。四周老少合爲三五者二，四周生數合爲五者二。

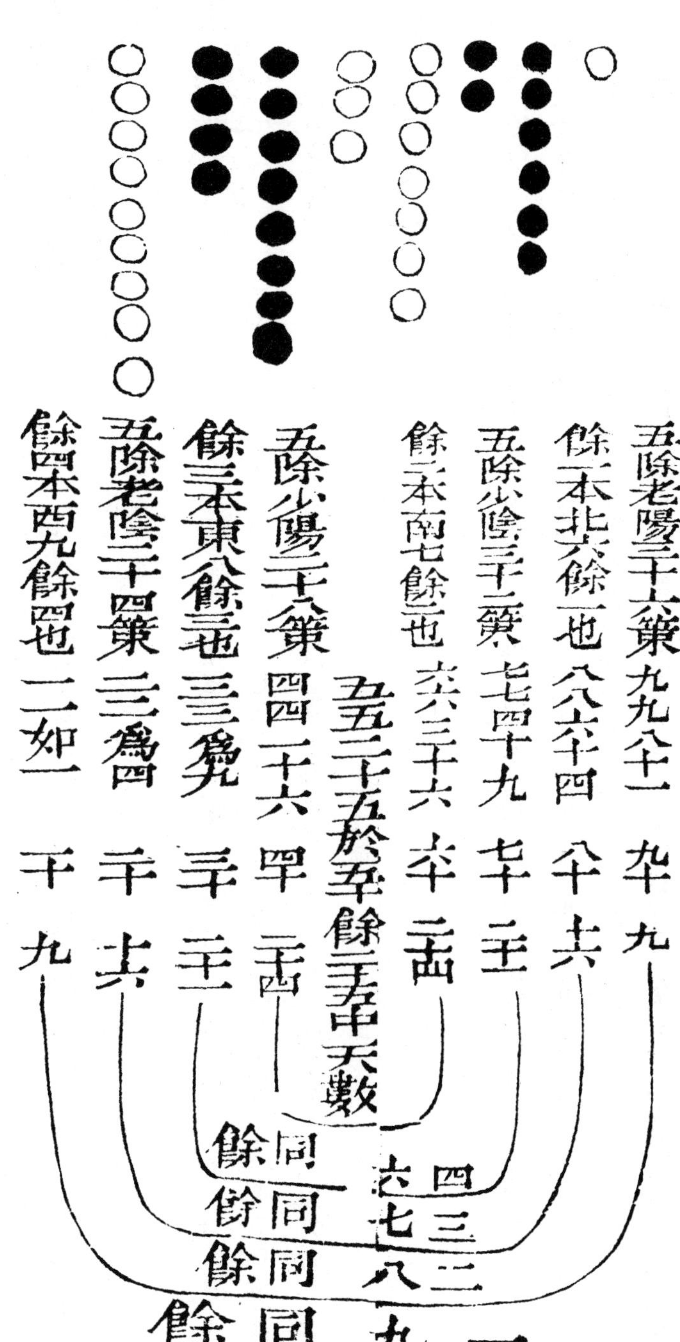

一二三四五
生數二陰間三陽
六七八九十
成數二陽間三陰

生數一二三四五
互相乘
成數六七八九十

四周之四十中，十、五之所用也；中之十，又五之所用也；故以五用五十，而五十之中又以一用四十九。約言之，五與十相乘而得矣。河圖虛五藏中也，大衍虛一藏太一也，虛初卦一藏萬物之初一也，三變成爻，而太陽一九，太陰四六，少陽三七，少陰二八，合之縮於策八者藏卦之初也。故曰圖者，造化之蓍；蓍者，聖人之造化其圖也。

約以十五，與四十相乘，各六百，故大衍序曰：「天地中積千有二百。」圖中十五，生數十五，六九十五，七八十五，共六十，倍爲百二十而十之，此「千二百」之本。本於六十，應六甲也。故老陽、老陰策共六十，少陽、少陰策亦六十，以九合三七爲三十，以六合三八亦三十，而六甲之數包焉。

方氏仁植曰：「河洛合爲一百而方矣，用半即大衍也。圖四布，連中爲五，藏中則爲四，此四五爲奇之象也。書八布，連中爲九，藏中則爲八，此八九爲耦之象也。圖書皆重五，而圖十一其五，藏五兼六之用也；書九其五，專示初掛之奇耦也，盈五、虛五，即盈虛之表也，故就蓍策，表其用餘之用。」

「生數八百二十五，成數二千二百，即圖自乘，爲三千二十五也。虛天數爲三千。天五地六互乘爲三十，而大衍之，爲千五百，即百其三五也；又兩之，爲三千。蓋二十五與三十相乘，各得七百五十，是古歷所謂『天地出符』千五百也。」

「一與八，二與七，三與六，四與五，則四象無九而無非九也。故陽九爲究。用老陽三十六策，爲百中六十四之餘焉。五十五，益陽九則六十四也；四十五，損陽九則三十六也；天數二十五，益陽九則三十四也，損陽九則十六也。」

關子明易傳云：「兆於一，生於二，成於三，此天地人所以立也；衍於五，成於六，耦於十，此五行六爻十日支統於干。所以錯綜也。天一，數之兆也；雖有其兆，未可用也。地二，數之生也；有生則滋，乃可推也。天三，數之極也；極乎中，則反乎始，兼兩之義，三極之道也。獨陽不生，獨陰不成，故生必待成，五行皆然，其體雖五，而成必六；六者天地生成之謂也，五者參天兩地之謂也。地二天三合而爲五，一不用者，六來則一去也，既成則無生也。有生於無，終必有始，五者生數之終，六者成數之始。既有，則無去矣。故大衍五十用四十九者，入有去無之謂也。天地未分之無，即在天地已分之有中。」

「夫生於一，成於六，一六相虛，三五爲用，自然之道也。聖人立策，數必舉其三，兩於六，行於五，合於一，推萬而變，無出於此。爻，所以著象；策，所以推數。象以數五、參天兩地，先三十而六之，得一百八十；又二而六之，得一十有二；合百九十二。陽，每爻三十六策，六爻二百十六；先三十其六，凡百八十爻，得六千四百八十；又二其六，凡十二爻，得四百三十二；共六千九百一十二。陰，每爻二十四策，六爻百四十四；先三十之，凡百八十爻，得四千三百二十；又二之，凡十二爻，得二百八十八；共四千六百零八。合萬一千五百二十。蓋舉盈數而溢之也。」「凡過盈爲溢，不及爲虛；當期之數，過者謂之氣盈，不及者謂之朔虛。故七十二爲經，五之爲期，五行六氣推而連也，七百二十爲起法，七千二百爲統法，七十二萬爲通法，氣朔之下，收分必全盡爲率，七千二百萬爲大率，謂之元紀，歲月日時皆甲子，日月五行在子位之宿，當盈朔先後之中焉。」

三〇〇〇〇三〇〇十〇四

十〇〇〇〇〇十〇〇二〇十

十〇〇〇〇〇者〇〇者〇八

二○○○○五○○二○則
互○○○○○其○○其○餘
用○○○○○六○○六○六

方氏審之曰：「按子明云：『象以數五、參天兩地，先三十而六之，得一百八十；又二而六之，得一十有二；合百九十二。』蓋三十者，五其六也；十二者，二其六也；共四十二，用七其六，於四十八策中餘六焉。百九十二者，三十二其六也。全爻，六十四其六也；九則四十二其九，則仍餘六也。益知六爲參兩之會，元洞虛疇不若此之適矣。觀此七六與八六之盈虛：三十益一六爲老陽，二六益二六爲老陰，半六爲三，倍半爲九，何適而不臧乎？邵子取諸年月日時，以爲元會運世，何謂不同符耶？隱老曰：『蓍法，六居五後七前，爲升降進退之交也。』」

三陰三陽之卦爲九六明象

是兩層九六亦是兩其九參其六

一陽卦之九寓十一是餘二也
一陰卦之六寓七是餘一也
二陽卦之九寓十是餘一也
二陰卦之六寓八是餘二也

八卦用六

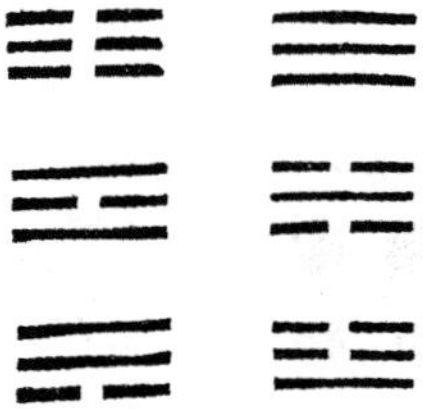

☰ ☷ ☵ ☲ ☳ ☴ ☶ ☱

乾坤坎離不易
震巽轉爲艮兑

邵子曰：八卦用六卦，四分用三也；小成卦不易者四，反易者二，是以六變成八變，八爲萬物之體，六爲三才之用，故曰用九於六中。夫六者兩其三也，十二者兩其六也；十二而四分損一即九矣，九而三分損一即六矣，六而三分益一即八矣，六而三分損一即四矣。

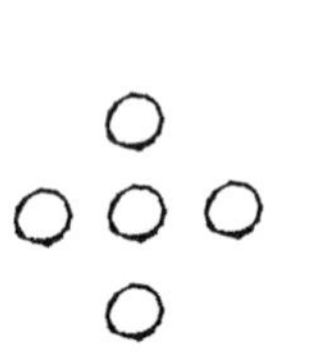

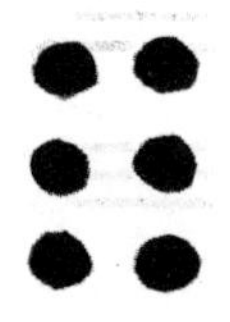

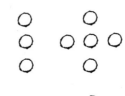

乾三連九

坤六斷六

四九三十六老陽策

三八二十四老陰策

參乾策爲六百四十八

兩坤策爲三百八十八

此寓參伍之象，即寓天貫地中而包乎地外之象。以卦言，爲乾三，爲坤二；橫取之，爲離六，爲坎三。

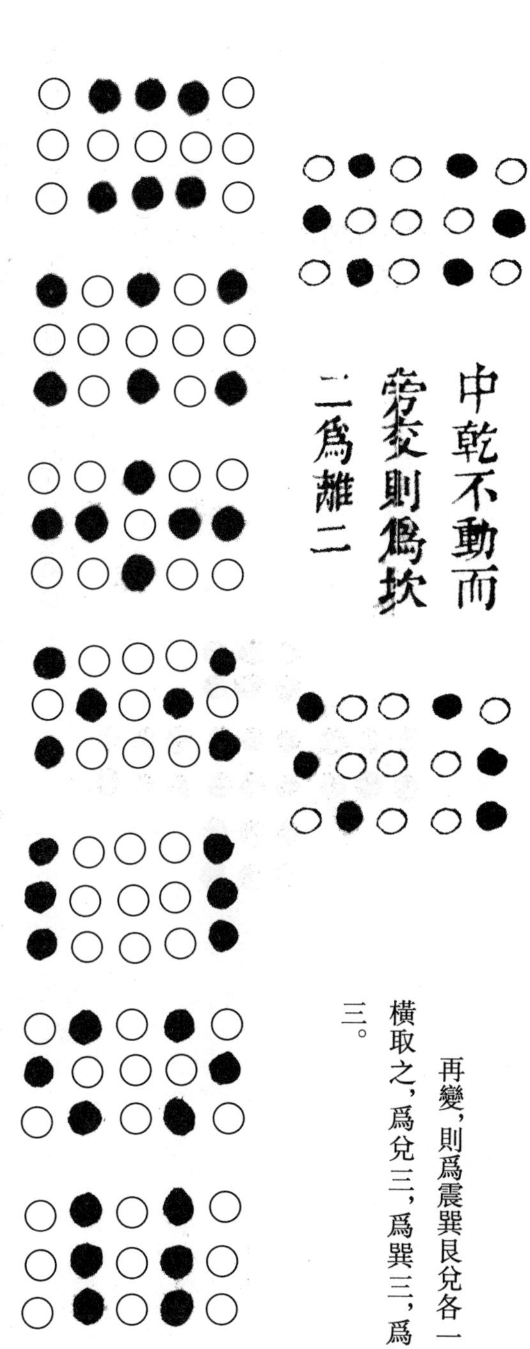

再變，則爲震巽艮兌各一；橫取之，爲兌三，爲巽三，爲離三。

「此予偶因方氏所載，推爲此象，皆正變也。左右維均，若參差取之，其變甚多。意欲以此擬一占法，姑識於此，以俟異日。」

陳氏圖南有龍圖，自序云：「且夫龍馬始負圖出於羲皇之代，在太古之先，今存已合之位，或疑之，況更陳其未合之數邪？『然則何以知之？』答曰：『於仲尼三陳九卦之義探其旨，所以知之也。』況夫天之垂象，的如貫珠，少有差，則不成次序矣。故自一至於盈萬，皆累累然，如絲之縷也。且夫龍圖本合，則聖人不得見其象，所以天意先未合而形其象，聖人觀象而明其用。是龍圖者，天散而示之，伏羲合而用之，仲尼默而形之。」

「始龍圖之未合也，惟五十五數。上二十五，天數也；中貫三、五、九，外包十五，盡天三、天五、天九並十五之用；後形一六無位，上位去一，下位去六。又顯二十四之爲用也；茲所謂天垂象矣。下三十，地數也，亦分五位，言四方、中央也。皆明五之用也；上位形五，下位形六。十分而爲六，五位，六五三十，數也。形地之象焉；坤用六也。六分而成四象，成七八九六之象也。地六不配，謂中央六也，一分在南邊六成少陽七，二分在東邊六成少陰八，三分在西邊六成老陽九，惟在北邊六便成老陰數，更無外數添也，所謂『不配』也。在上則一不用，形二十四，在下則六不用，亦形二十四。上位中心去其一見二十四，下位中心去其六亦見二十四，以一歲三百六旬，周於二十四氣也，故陰陽進退皆用二十四。」

「後既合也，天一居上爲道之宗，地六居下爲氣之本，一六上下覆載之中，進四十九數，爲造化之用也。天三，幹地二、地四爲之用，參：一、三、五天數合九，乾元用九也。兩：二、四地數合六，坤元用六也。三若在陽則避孤陰，在陰則避寡陽，成八卦者，三位也。上則一三五爲三位，二四無中正，不能成卦，爲孤陰。下則六八十爲三位，七九無中正，不能成卦，爲寡陽。三皆不處，若避之也。」

「大矣哉！龍圖之變，歧分萬途，今略述其梗概焉。」

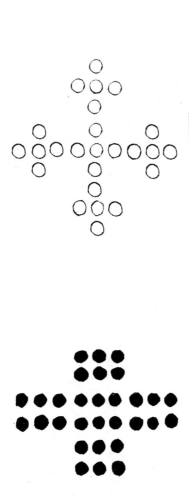

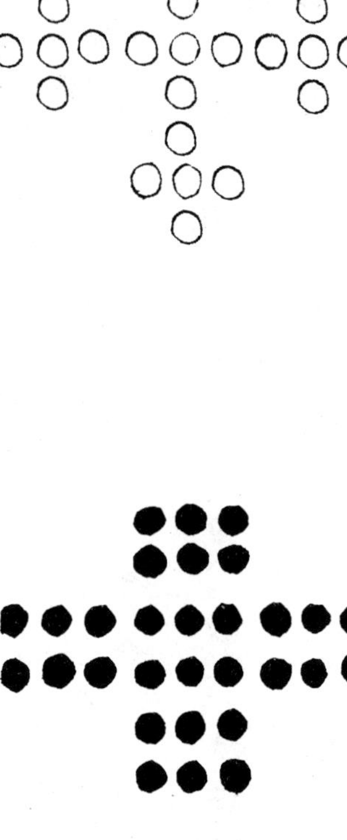

右龍圖天地未合之數

上位天數也，天數中於五，分爲〔一〕五位，五五二十有五，積一三五七九，亦得二十五焉；五位，縱橫見三，縱橫見五，縱橫〔二〕見九，縱橫見十五，序言「中貫三、五、九，外包之十五」者，此也。下位地數也，中〔三〕於六，亦〔四〕分爲五位，五六三十，積〔五〕二四六八十，亦得三十焉；序言「十分而爲六，形地之象〔六〕」者，此也。

〔一〕「爲」：原作「於」，據易象圖說改。

〔二〕「縱橫」上易象圖說有「三位」二字。

〔三〕「中」上易象圖說有「地數」二字。

〔四〕「亦」：原作「六」，據易象圖說改。

〔五〕「積」：原作「象」，據易象圖說改。

〔六〕「象」：原作「變」，據易象圖說及前龍圖序改。

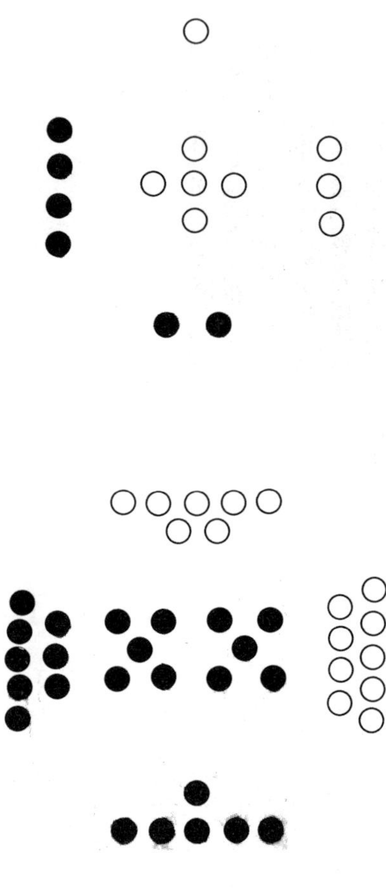

右龍圖天地已合之位

上位，象也。合一三五爲參天，耦二四爲兩地，積之凡十五，五行之生數也。即前象上五位：上五去四得一，下五去三得二，右五去二得三，左五去一得四，惟中五不動；序言「天一居上，爲道之宗」者，此也。按：律歷志云：「合二始以定剛柔。」一者陽之始，二者陰之始。今則此圖，其上天○者，一之象也；其下地●●者，⚋之象也；其中天○○○○○者，四象五行也：左上一○，太陽爲火之象；右上一○，少陰爲金之象；左下一○，少陽爲木之象；右下一○，太陰爲水之象；土[一]者沖氣居中，以運四方，暢始施生，亦陰亦陽；右旁三〇〇，三才之象，卦之所以畫三；左旁四●●●●，四時之象，蓍之所以揲四。是故上象一二三四者，蓍數卦爻之體也。

下位，形也。九八七六，金木火水之成數；中見地十，土之成數也。即前象下五位：以中央六分開，置一在上六而成七，置二在左六而成八，置三在右六而成九，惟下六不配而自爲六；序言「六分而成四象，地六不配」者，此也。按：七者蓍之圓，七七而四十有九；八者卦之方，八八而六十有四；九者陽之用，陽爻百九十二；六者陰之用，陰爻亦百九十二；十[二]者大衍之數，以五乘十，以十乘五，而亦皆得五十焉。是故下形六七八九者，蓍數卦爻之用也。上體而下用，上象而下形，象動形靜，體立用行，而造化不可勝概矣。

按：一二三四，天之象，象變於上；六七八九，地之形，形成於下；上下相重而爲五行，則左右前後生成之位是也；上下相交而爲八卦，則四正四隅九宮之位是也。今以前後圖參攷，當如太乙遁甲陰陽二局圖：一二三四猶遁甲天盤在上，隨時運轉；六七八九猶遁甲地盤在下，布定不易。法明天動地靜之義，而前此諸儒未有能發其旨者。是故一在南起，法天象，動而右轉；初交，一居東南，二居西北，三居西南，四居東北，四陽班布居上右，四陰班布居下左，分陰分陽而天地設位；再交，一居東北，二居西南，三居東南，四居西北，則牝牡相銜而六子卦生；合是二變，而成先天八卦自然之象也。然後重爲生成之位，則一六、二七、三八、四九，陰陽各相配合，即邵子、朱子所述之圖也。三交，一居西北，二居東南，三居東北，四居西南，則剛柔相錯而爲坎離震兌；四交，一居西南，二居東北，三居西北，四居東南，則右陽左陰而乾坤成列；合是二變，而成後天八卦財成之位也。再轉，則一復於南矣。大傳所謂「參伍以變，錯綜其數」，劉歆云「河圖洛書

[一]「土」：原作「上」，據易象圖說改。
[二]「十」：原缺，據易象圖說補。

相爲經緯，八卦、九章相爲表裏」，此其義也。蔣氏師文曰：「謂河圖成數在下象地，而不動生數在上[一]象天，運行而成卦，以先天八卦爲自然之象，後天八卦爲財成之位。觀其初交而兩儀立，再交而六子生，三交兌震相望而坎離互宅，四交乾坤成列而艮巽居隅；聖人升離於南，降坎於北，而四方之位正，置乾於西北，退坤於西南，而長子代父[二]、長女代母之義彰：則先天見自然之象，後天見財成之位者，至明著矣。」雖其說不本先儒，然象數既[三]陳而義理昭著，不害其自爲一家之言也。

弘撰曰：「希夷龍圖，張仲純爲之說。其三陳九卦，朱子謂『皆反身修德，以處憂患之事也』，而有序焉，其序以事之理。希夷謂『龍圖之旨得之於此』，亦不過以九卦之序而然。然其序以卦之次也，注曰『上經次履，明用十，示人以辨上下；次謙，明用十五，示人以裒多益寡；次復，明用二十四，示氣變之始；下經次恒，明用二，示形化之始；次損、益，明用十一、十二，示人以盛衰之端；次困、井，明用十七、十八，示人以遷通之義；次巽，明用二十七，巽以行權。權者，聖人之大用也，因事制宜、隨時變易之義備矣』，『上經卦三，三序而九；下經卦六，三序而十八。九卦之數總一百三十有六，凡三求之，四百有八也。周天三百六十，成數也，餘四十八，陰陽所以進退也：陽進於乾，六月各四十八；復至乾也。陰退於坤，六月亦四十八。姤至坤也。此九卦數之用也。』至其發明義理，切於身心，則有安定之說在焉。」

象數體用圖釋　趙汝楳作

盈天地之間，可見皆象，可計皆數，雖殊類異形，千變萬化，曾莫越象數之外。曰象曰數，有體有用，爲圖凡四：乾上

[一]「在上」：易象圖說無此二字。

[二]「長子代父」：易象圖說無此四字。

[三]「既」：原缺，據易象圖說補。

坤下爲象之體，不必曰包犧先天；離南坎北爲象之用，不必曰文王後天；一六二七爲數之體，不必曰河圖；一九三七爲數之用，不必曰洛書。各疏其原於左。

象體天地定位，以至水火不相射。象用帝出乎震，以至成言乎艮。數體天一以至地十。數用履一以至戴九。

象體圖

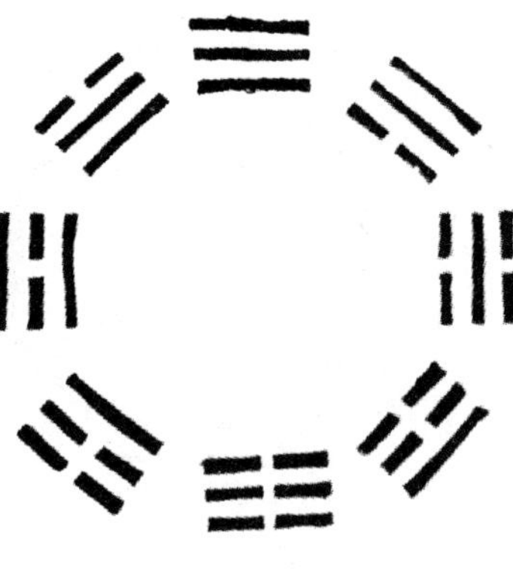

乾上坤下，天地之體。巽離兑，繇乾體而索，本乎天者，親上〔一〕，故附乾。震坎艮，繇坤體而索，本乎地者，親下，故附坤。此象之體也。乾坤定位，六子分行，坎離自然當東西之中，而八象對立，亦合自然。

〔一〕「上」：原作「一」，據下文「親下」改。

象用圖

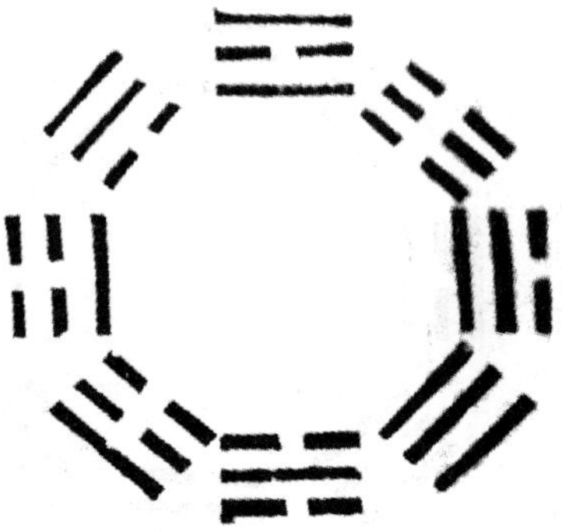

天地位，二氣分，分必合，合必交。乾坤交而爲坎離；　離之外具乾之體，中則坤致其用；　坎之外具坤之體，中則乾致其用；　繇外觀之，乾坤之體未嘗變，其中則交矣。故天地之用，莫妙於水火。雖坎離也，實乾坤也。乾坤立天地之體，而其用藏；　坎離具乾坤之體，而其用著；　因乾坤之用而圖之：　坎離居中，乾坤居其旁，非退乾坤也，既交之後，下皆乾，上皆坤，布以爲圖，乃見如是。震艮從乾父而聚於東北，巽兑從坤母而聚於西南，而陰陽之羣以分。乾坤用交，餘卦布列，自有出震成艮之序。此乃聖人因類辨方，隨方命辭，非私出意見以傅會其説也。

體圖辨天地之體而人居中，當立以觀，故言上下。用圖合天地之用以利斯世，當偃以觀，故言方所。

數體圖

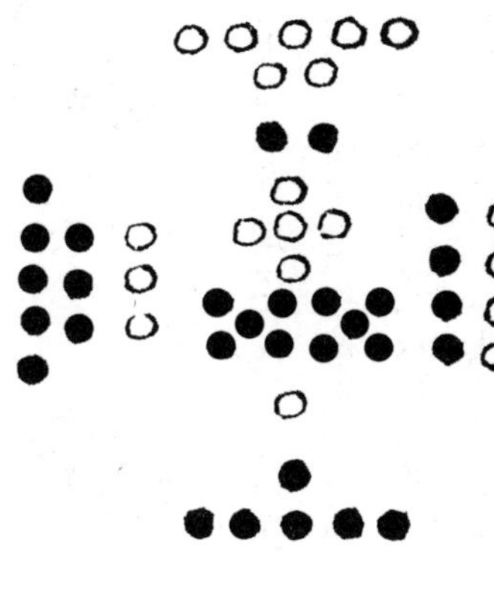

天地既交，數體以立。故天交於下，一居之，平視則北；地交於上，二居之，平視則南；三居東，爲陽；四居西，爲陰；五乃居中。自是，六合一，七合二，八合三，九合四，十合五。一二三四五爲自然之位，六七八九十爲自然之合，自一至十而數體備，繇是而億兆，皆十而積也。

數用圖

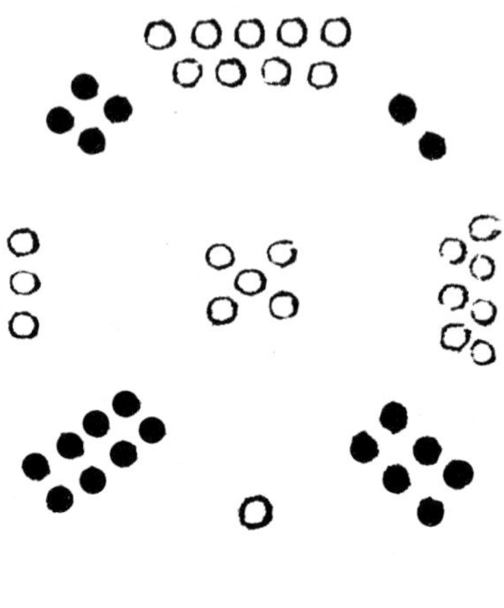

體十而用九，理之自然。九可變，十不可變，今之因乘法可見也。其數：一北而二南，陽三而陰二，陽左旋陰右轉。一在北；一而三之，三在東；三而三之，九在南；九而三之，七在西；七而三之，一復其本。二在西南；二而二之，四在東南；四而二之，八在東北；八而二之，六在西北；六而二之，二復其本。陰陽數交，自然定位，不可易置其一，而妙用無窮。或曰：「一北二南，今二何爲在西南？」曰：「是亦南也。陽數居四方，故陰數居四維，猶坎離居中，而乾坤居其旁。此圖之形也。識者當以理觀。」八數析位，因奠八方，五運於中，九位備矣。

右泝未圖之前而探其原，其體用如此。若沿已圖之後而演其流，則象體圖有八卦相錯之用，象用圖定八方之體，數體圖有陰陽合德之用，數用圖類五行之體。體以致用，用不離體；體用二名，實則一致。

揚雄明一六二七之數，其數十，凡五位，止於五十，後人衍爲五十五，目之曰河圖。鑿度述一九三七之數〔二〕，其數九，其位亦九，後人因太乙遊宮之次，目之曰洛書。至劉牧互易其名，朱子雖復其舊，迨今學者所主猶未一。況陳希夷有未合已合之分，邵康節有圓〔三〕數方文之辨；若畫卦叙疇等論，由漢以來，紛紜誕異，不可勝載，奈之何哉！且聖人儕圖書於神物變化垂象之列，箕子但云「天錫九疇」，未嘗指包犧則圖而畫卦、大禹法書而叙疇也，聖經所載，炳然甚明，何後人不之信，而遽祖漢儒邪？爲「則圖畫卦」之説者，以九六七八配陰陽老少，謂聖人畫卦蓋本諸此；不知九六七八爲揲蓍策數，乃先有卦而後揲蓍，非先得數而後畫卦，況包犧仰觀俯察、近取遠取，不過天地人物之象乎？爲「法書叙疇」之説者，沿洪範「天錫」之語，以爲龜負數而出，禹因第爲九類；使龜文不出，則宇宙間無此九類邪？況「天錫勇智」、「天錫純嘏」，不知天命何物負之以錫諸人也？嗚呼！河圖洛書，古必有是；儻形制湮泯，正可闕疑，何至依緣髣像，以一時臆見而斷千古之疑邪？若夫圖或爲書，書或爲圖，其無所取證於聖人，則均也。

雖然，此二數者如不名之爲圖書，而直論其數，則有不可廢者。一對二，三對四，而五居中；六七合一二，八九合三四，而十合五；奇耦胥對，陰陽有合，而數之體以立。聖人所謂陰陽合德而剛柔有體者，此其類也。體立矣，不變則數不行，故陽以三左行，陰以二右行；三其一爲三而居東，三其三爲九而居南，三其九爲二十七而七居西，三其二十七爲八十一而一復居北，等而上之，至於億兆，其餘數之位皆然；二其二爲四而居東南，二其四爲八而居東北，二其八爲十六而六居西北，二其十六爲三十二而二復居西南，上而億兆，亦然。八位既列，五仍居中，而數之用以通。聖人所謂參伍以變、錯綜其數者，此其類也。

夫數雖有體用，而貫於體用之間者，一三五也。一爲數之始，五爲數之中，三爲奇耦之合，故體用之圖雖不同，而一三

〔二〕「數」：易雅作「叙」。

〔三〕「圓」：原作「圖」，據易雅改。

五之位不易也。或曰：「數一而已，何有體用之殊？」「吁！數豈有二本哉？曰體曰用，咸兆乎一，對布之以立體，錯布之以通用，顧人所布如何爾。凡天下之數，雖有萬不同，皆始於一也。」或又曰：「然則易之數云何？」曰：「易書有衍數，有積數：自五衍而爲五十者，衍數也；自一二三四五積而爲五十五者，積數也。圖書二數皆積數之儔，不可以與於揲蓍也。故捨圖書之名而論二數，則自有妙理；强二數以圖書之名，則於經無據，況欲牽合九六七八以爲四象、傅會五行生成以配八卦而論，謂之作易之原，可乎？」

弘撰曰：「趙氏致疑圖書，謂無所取證故也。然理既契矣，疑何有焉？予故特録之。」

熊氏與可曰：「河圖洛書之名，自易大傳言之，『天一，地二，天三，地四，天五，地六，天七，地八，天九，地十』，言河圖數也，『三五〔一〕以變』，言洛書數也。言洛書者，莫如易大傳三五〔二〕之説；後儒則僅知有洪範而已。至於其方位，則莫如大戴禮記明堂篇所謂『二九四、七五三、六一八』者最爲明白，本注云『法龜文也』，二九四是其前三位，七五三是中間三位，六一八是尾後三位。漢儒所説龜文可證者，莫如大戴禮〔三〕經注之言。」

「大抵圖書之説至宋始詳，其源發於希夷，而劉牧亦從范諤昌傳希夷之學，其紊亂圖書，特錯忤〔四〕言之以祕其術爾。易本義、啓蒙雖改正十爲河圖、九爲洛書，而朱氏之門於其他文字間有未經改正處，後儒猶或執劉牧舊説爲是，反以所改正爲不然者。按：劉牧字長民，衢州人，其書有易數鈎隱圖，頗穿鑿詭祕；有河圖四象圖，自以爲玄妙，卻是十爲河圖矣。牧

〔一〕「三五」：經説、稗編俱作「參伍」。
〔二〕「三五」：經説作「參伍」。
〔三〕「禮」：原缺，據稗編補。
〔四〕「忤」：經説作「互」，稗編作「午」。

之說不當自爲異同。觀其所作河圖四象及大衍等圖，則學者宜守朱、蔡改定，十爲圖、九爲書，證於大戴禮明堂篇經注龜文方位，可無疑矣。今録劉牧河圖四象圖如左方。」

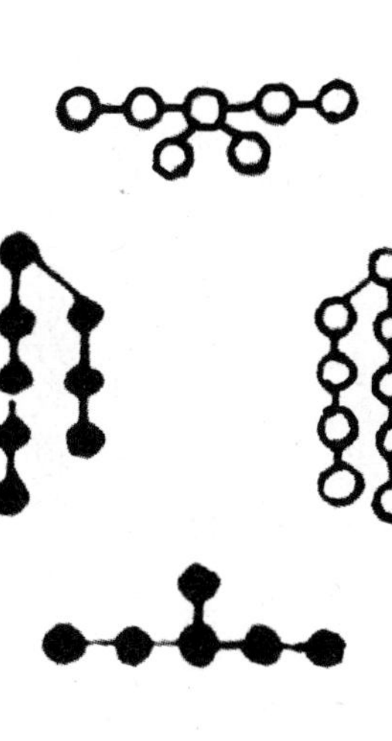

五合一成六而居北爲水，五合三成八而居東爲木，五合二成七而居南爲火，五合四成九而居西爲金，謂之河圖四象。此即河圖矣。不言中宫五與十者，内外周回〔一〕皆五、十也。

「洛書即是河圖中天數二十有五圖，所以顧命但言『河圖』，論語但言『河不出圖』，禮運但言『河出馬圖』，皆不言洛書者，洛書在河圖中也。近年虚齋趙氏嘗作天數地數二圖，不知天數圖即洛書。上官氏嘗以河圖衍爲十圖，其第五圖即洛書，第六圖即地數三十圖而東西南北易位，以仰承五圖陽順轉、陰逆轉也。彼蓋以陰陽家三白、飛宫之例，布十於九，抽添而求之爾。五、六，天地之中數：五爲天心，縱橫八面皆三五之數，六爲地心，縱橫八面皆三六之數；其餘八圖，則不能縱橫八面皆合，不若五、六兩圖之自然。今只以天數二十有五、地數三十合〔二〕爲一圖，見得河圖乃其全體總圖也。」

「天數二十有五圖自然金火易位，地數三十圖自然水土易位。天數圖自然缺十，故洛書言疇，則自一至九；地數圖自然缺一，故洛書言用，則自二至十，邵子所謂『陰無一，陽無十』也。河圖者五行之全體，至洛書入用，必有易位處，以見造

〔一〕「回」：原作「四」，據經說、稗編改。
〔二〕「合」：經說作「各」。

化發用即如此。卦爻變動處，占者於此取用焉。天用莫如金火，日月是也；　地用莫如水土，山川是也；　陰陽家水土同生中旺子，亦是河圖洛書中已具此理。書不盡言，圖不盡意，上官氏十圖以地數圖易置四方之位，不如但以天數地數爲正面圖，天數圖即洛書也。」

河圖天數地數全圖[一]

天數二十有五圖

地數三十圖

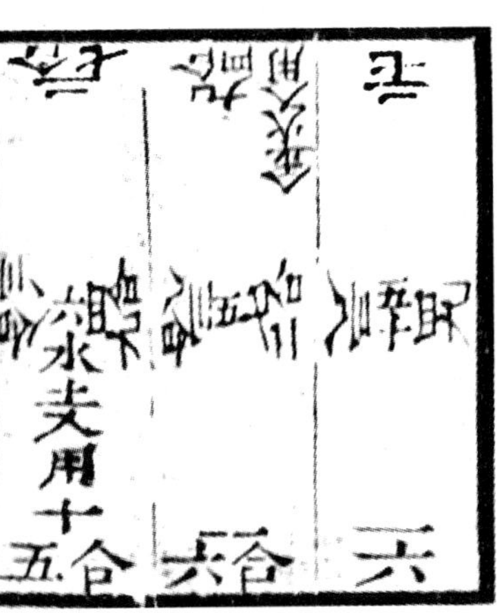

五居中，八面皆成十五，三之爲三五也；　虛五，則八面皆成十，兩之爲二五也。六居中，八面皆成十八，三之爲三六也；　虛六，則八面皆成十二，兩之爲二六也。

弘撰曰：「雷思齊者，道家者流也，謂『河圖生數一二三四其實體，五其虛用；　成數六七八九其實體，十其虛用』，『其數實止四十，而以其十五會通於中，爲後人之妄』，乃以希夷爲誤標，而諸儒誤從之，不但劉長民之先誤也。然予觀其說，實出於長民之四象圖而矜爲獨得，亦時有理到之言，因采其合者，附著於後，益足以見易道之廣大矣。」

「『易有[二]太極』，極，中也，一也，中自一也。『是生兩儀』，儀，匹也，二也，匹而二也。『兩儀生四象』，一二三四，分之以爲四生數。『四象生八卦』，則六七八九，合之以爲四成數也。四奇爲陽，陽雖有生成之異，而各列於四方之正；　四

[一]「全圖」：經說作「全體」。

[二]「有」：易圖通變作「爲」。

耦爲陰，陰亦有生成之異，而同均於四維之偏；　繇正生偏，繇偏成正也。　一與三爲奇，爲陽之生數，而必待於六與八之陰數以爲成；　二與四爲耦，爲陰之生數，亦必賴於七與九之陽數以爲成也。」

「自北而東，一而三，乃陽生之進數，而其自八而六，東而北，陰成之退數者，固已寓乎其中。　自南而西，二而四，乃陰生之進數，而其自九而七，西而南，陽成之退數者，亦兼具乎其中矣。」

「坎一、巽四而五，故乾六、離九而十五也，合之而二十。　坤二、震三而五，故兑七、艮八而十五也，合之亦二十。　是一二三四之十，成六七八九之三十。　故河圖之數止於四十，而虚用天五與地十，而爲天地之數五十有五也。」

「生數之二五而十，雖分陰分陽，而俱以生數之陽載成數之陰，以維北若東，而中繇以立。　兩其十五而三十，遂互陰互陽，而又以成數之陰奉生數之陽，以維南若西，而中所以行也。　立者，寄於虚以體其實。　行者，布其實以用其虚也。」

「易以一其三畫，因得析而生八卦；　二其三畫，遂得錯而成八八之卦。　若其卦之成畫，則止於六矣，乃復於乾獨三其三以至謂之九，何也？　凡卦畫如圖以五爲中，必有九，而後中乃在五。　既中五之後，六爲上爻者，蓋其卦氣之餘也。　生數既終，成數攸始，此九六虚實之所以寄也。　坤起於成數之六而實，乾極於成數之九而虚。　六乃坤數成始，附於圖位，則以寄其乾九。　九乃乾數成終，附於卦位，則以同於坤六。　其六居退數之極，而進居乎坎中之前；　九居進數之極，而退附乎離麗之後。　故六於卦猶有位，九於卦已無位，而並寄位於六而迭爲九六者，九虚六實，因兼著其體用也。」

「天一兼天五而六，地二合地四而六；　五與六，當十數生成互中之地。　納甲以戊己爲中；　納戊以中乎坎，納己以中乎離，戊己即五六也，置於坎離之中，所以見其互中也。　六合二四，爲地數之成始，見於卦之坤，曰『龍戰於野』，即『戰乎乾』，疑於陽而嫌於無陽，見陰之有待於陽也，故『其道窮』，而坤之用六不過曰『利永貞』。　天數之一、五、九，是所謂始、中、終。　九爲天數之成終，見於卦之乾，曰『亢龍有悔，盈不可久』而『不可爲首』，而乾之用九則『天下治』而『見天則』，是見其行健無所待於陰也。」

「五其五而二十有五，亦天數也。六其五、五其六、三其十[一]、十其三而三十，亦地數也。一且九、二且八、三且七而四且六之各十，與本數虛用之十，以之伍其十、什其五，斯則大衍之數五十矣。而其兆始之一，寄中之五，藏其用於無形之天，則又出乎五十、十五之外，大衍之[二]所不得而用也；又惡知不用之用，乃所以用大衍者，以是見『一陰一陽之謂道』，『參伍而錯綜之』，『凡天地之數五十有五，所以成變化而行鬼神』，『有以見天下之賾、見天下之動而知神之所爲』者，斯羲皇所以則河圖而作易者也。孔子贊易，謂其『至精至變以至於至神』，吁！斯其至神者矣。」

「天地之理，未始不有數行乎其中，然或有餘於數、不足於數，唯其餘、不足而爲之中制。故雖陰陽奇耦之數有分有合、有虛有實、有進有退，有自然互相生成之中道焉。一陰一陽之謂道者，陰陽分一以爲天地，上下合一以爲乾坤，天地上下分爲四方，而中無以合乾坤，陰陽合爲四時，而中有可分，是同一道也。天地以形言，則南北爲經，上天下地，而水火木金之爲形者，既可以圖而分，故曰『法象莫大乎天地』，『廣大配天地』。陰陽以氣論，則東西爲緯，乾陽坤陰，而冬夏春秋之爲氣者，亦可以理而合，故曰『變通莫大乎四時』，『變通配四時』也。於斯二者，無以異也。四方有中，中無定體，而四象八卦以之立。四時有五，五無定著，而四時八節以之行。孔子著大傳，不存河圖，而獨[三]存天地之數者，示其『有得於數，則圖在其中矣』」。

「奇數皆天，耦數皆地，生以天者成以地，生以地者成以天；其爲天若地，特陰陽之進退出入、奇耦之體用分合而已。說卦曰：『參天兩地而倚數，觀變於陰陽而立卦，發揮於剛柔而生爻。』大傳曰：『參伍以變，錯綜其數。通其變，遂成天地之文。極其數，遂定天下之象。非天下之至變，孰能與於此？』其曲盡乎至妙之用者，河圖法也。」

[一]「十」下原衍二「而」字，據易圖通變刪。

[二]「之」：易圖通變無此字。

[三]「獨」：易圖通變作「特」。

「數始於一，而中於五，而終於十。中於五者，分其四之偏。終於十者，合其八之正。蓋一之始，其全體無餘、不足，不可得而用，而獨得於中。既以其一寄生於五，遂以其一寄成於十以終之。故四象有五，八卦有十，皆有數而無所定其位。以五生其偏，以十生其正，而所謂一者，遂莫知所尋，獨見於五、見於十之爲中者，以止齊焉耳。」

「天一起於坎，地六附於坤，是一六之合，綜之則七也。參以天五，錯五[一]於中，並列而求之，其首尾各一也。故坎之一數爲陽，立極於北方之始；而乾之六數爲陰，附於西北之維也。天三出於震，地八附於艮，是三八之合，綜之則十有一也。參以天五，錯五[二]於中，並列而求之，其首尾各三也。故震之三數爲陽，立於東方之正；而艮之八數爲陰，附於東北之維也。是二者，先陽後陰。地二分於西南爲坤，天七列於西爲兑，是二七之合，綜之則九也。參以天五，錯五[三]於中，並列而求之，其首尾各二也。坤之二數爲陰，先處於西南之維；而兑之七數爲陽，始立於西方之正也。地四偏於巽，天九正於離，是四九之合，綜之則十有三也。參以天五，錯五[四]於中，並列而求之，其首尾各四也。巽之四數爲陰，退守東南之維；離之九數爲陽，正南面而立於極位也。是二者，先陰後陽。繇是知乾兑艮離之所以六七八九，即坎震坤巽之一二三四也。故陽得五而陰，陰得五而陽；耦得五而奇，奇得五而耦；乾之六，乃一五而六也；兑之七，乃二五而七也；艮之八，乃三五而八也；離之九，乃四五而九也。」

「夫參天者，成象謂乾，於是參陽數之三三，以統乾元用九，而參中有兩，陽中見陰。兩地者，效法謂坤，於是兩陰數之二二，效法乾，遂參其二而六之，以會坤元用六，而兩中用參，陰中見陽。以是見一陰一陽，變而通之於天地之間，所以必參

[一]「五」：易圖通變作「伍」。

[二]「五」：易圖通變作「伍」。

[三]「五」：易圖通變作「伍」。

[四]「五」：易圖通變作「伍」。

兩也。參之兩之，所以必九六也。」

「太極而兩儀，所以四象而八卦，不過生數之一二三四、成數之六七八九而已。至於五與十，雖有其數，特存虛用，未嘗列於卦象之實體者也。蓋自一，分一而二，一二而三，一三而四，是四象立矣。四象無五也，天五特虛中而無體。然一四而[一]五，一二三亦五，是兩伍矣，具以本數之天五，又參伍矣；況一二三四自然總而十數，中以天五，參伍而十五也。天數之一三五則九，地數之二四則六，而一五亦六也；一六而七，二五亦七也；一七而八，三五亦八也；一八而九，四五亦九也；則八卦成列矣。一九則十，一二三四自然亦十也；八卦則無自而十也。十故無所容其體，以一用其二三四，則其十亦特九也；十之爲九，乃所以復歸於一，是十即一也。河圖之數，四方各十，故坎一與離九相對而十，中虛天五之用而十五；坤二與艮八相對而十，中虛天五之用而十五；震三與兑七相對而十，中虛天五之用而十五；巽四與乾六相對而十，中虛天五之用而十五。以是知天五與地十，皆無其體與位之正，特虛用其數，以相五十而什伍也；斯所以參伍也，參伍所以參兩也。故河圖之數止[二]實四十，而以天五、地十之虛數通用之，以計『凡天地之數五十有五』者也。七爲少陽，八爲少陰，其合固成十五，然其生數不備，不能變；九爲老陽，六爲老陰，其合亦雖只十五，而生數之一三五而九、二四而六，故六之變則九、九之變則六。此通重易之爻，不見七八，而無非九六，而『參伍以變』、『參天兩地』，莫非是也。」

[一]「而」：原缺，據易圖通變補。

[二]「止」：原作「正」，據易圖通變改。

周易圖說述卷之二

伏羲易 ⚊ ⚋ ⚌ ⚍ ⚎ ⚏ 始作八卦

☰ ☱ ☲ ☳ ☴ ☵ ☶ ☷ 八卦成列

䷀ 因而重之

䷪ ䷍ ䷡ ䷈ ䷄ ䷙ ䷊ ䷉ ䷹ ䷥ ䷵ ䷼ ䷻ ䷨ ䷒ ䷌ ䷰ ䷝

䷶䷤䷾䷕䷣䷘䷐䷔䷲䷩䷂䷚䷗䷫䷛䷱䷟䷸

䷯䷑䷭䷅䷮䷿䷧䷺䷜䷃䷆䷠䷞䷷䷽䷴䷦䷳

䷎ ䷋ ䷬ ䷢ ䷏ ䷓ ䷇ ䷖ ䷁

弘撰曰：「此伏羲之易也，象數之兆、文章之祖也。其畫卦次序如此，此外別無文字，亦無所謂圖也。泰古之世，渾噩出乎自然，有合於天地，易簡之理固應爾。沮誦、蒼頡體卦畫、摹鳥跡以造字，六書始興，而文日滋矣。故首列之，而以朱子本義所載諸圖續於後。」

「今之橫圖即此，然伏羲初非以爲圖也。潛心究玩，則所謂錯綜、摩盪、流行、對待之義皆已具焉，然後知方之、圓之，黑之、白之，爲圖、爲說，固莫非發明其中之所蘊，要皆後人之爲，可以不辨而忘言矣。」

孔氏仲達曰：「繫辭云：『河出圖，洛出書，聖人則之。』又禮緯曰：『伏羲德合上下，天應以鳥獸文章，地應以河圖洛書，伏羲則而象之，乃作八卦。』孔安國、馬融、王肅、姚信等並云：『伏羲得河圖而作易。』是則伏羲雖得河圖，復須仰觀俯察，以相參正，然後畫卦。伏羲初畫八卦，萬物之象皆在其中，故繫辭曰『八卦成列，象在其中』是也。雖有萬物之象，而萬物變通之理猶自未備，故因其八卦而更重之，卦有六爻，遂重爲六十四卦，繫辭曰『因而重之，爻在其中矣』是也。然重卦之人，諸儒不同，凡有四說：王輔嗣等以爲伏羲重卦，鄭玄之徒以爲神農重卦，孫盛以爲夏禹重卦，史遷以爲文王重卦。其言夏禹及文王重卦，按繫辭，神農之時已有取益與噬嗑，以此論之，不攻自破。其言神農重卦，亦未爲得。今以諸文驗之：上繫論用蓍，云『四營而成易，十有八變而成卦』，既言聖人作易『十八變成卦』，明用蓍在六爻之後，非三畫之時，伏羲用蓍，即伏羲已重卦矣；說卦又云『昔者聖人之作易也，兼三才而兩之，故易六畫而成卦』，既言『聖人作易，兼三才而兩之』，非神農始重卦矣。又上繫云『易有聖人之道四焉：以言者尚其辭，以動者尚其變，以制器者尚其象，以卜筮者尚其占』，今觀伏羲結繩而爲網罟，則是制器，明伏羲已重卦矣；又周禮少史掌三皇五帝之書，明三皇已有書也；下繫『上古結繩而治，後世聖人易之以書契，蓋取之夬』，既象夬卦而造書契，伏羲有書契則有夬卦矣。故今依王輔嗣，以『伏羲畫八卦，即自重爲六十四卦』爲得其實。」

弘撰曰：「孔子言『伏羲始作八卦，因而重之』，二語本自明白，其爲伏羲重卦無疑。若復別有人，孔子豈得無一言乎？又如『八卦相錯』，明八卦已錯爲六十四矣；周禮太卜掌連山、歸藏、周易三易，云『經卦皆八，別皆六十有四』，明夏、商已有重卦矣。揚雄從司馬遷之說，亦謂文王重卦，而宋儒胡安定諸人以爲然，皆非也。」

傳曰：「古者包犧氏之王天下也，仰則觀象於天，俯則觀法於地，觀鳥獸之文與地之宜，近取諸身，遠取諸物，於是始作八卦，以通神明之德，以類萬物之情。」

朱子晦庵曰：「大傳又言包犧畫卦所取如此，則易非獨以河圖而作也。蓋盈天地之間，莫非太極陰陽之妙，聖人於此仰觀俯察、遠求近取，固有以超然而默契於其心矣。故自兩儀之未分也，渾然太極，而兩儀、四象、六十四卦之理已粲然於其中。自太極而分兩儀，則太極固太極也，兩儀固兩儀也；自兩儀而分四象，則兩儀又爲太極，而四象又爲兩儀矣。自是而推之，由四而八，由八而十六，由十六而三十二，由三十二而六十四，以至於百千萬億之無窮。雖其見於摹畫者，若有先後而出於人爲，然其已定之形、已成之勢，則固已具於渾然之中，而不容毫髮思慮作爲於其間也。程子所謂『加一倍法』

者，可謂一言以蔽之，而邵子所謂『畫前有易』者，又可見其真不妄矣。世儒於此或不之察，往往以爲聖人作易，蓋極其心思探索之巧而得之，甚者至謂『凡卦之畫，必由蓍而後得』，其誤益以甚矣！」胡氏玉齋曰：「『仰則觀象於天』，即所謂『仰以觀於天文』，日月星辰皆是也；『俯則觀法於地』，即所謂『俯以察於地理』，山林川澤皆是也。『鳥獸之文』，羽毛之屬；『地之宜』，草木之屬。『神明之德』，如健順動止之性；『萬物之情』，如雷風山澤之象也。朱子云畫卦只是一分爲二，節節如此，以至於無窮，蓋以凡一爲極，凡兩爲儀：所謂一者，非專指『生兩儀之太極』；所謂兩者，非專指『太極所生之兩儀』。兩儀分爲四象，則兩儀爲一，而四象爲兩矣；四象分爲八卦，則四象爲一，而八卦又爲兩矣；自是推之，至於不窮，皆此一之分爲兩爾。」

弘撰曰：「程子云：『聖人始畫八卦，三才之道備矣；因而重之，以盡天下之變。故六畫而成卦。』或疑此說，却是『聖人始畫八卦，每卦便是三畫；聖人因而重之，爲六畫』，似與邵子『一分爲二而至六十四，爲六畫』其說不同。朱子云：『程子之意，只云三畫上疊成六畫、八卦上疊成六十四耳，與邵子說誠異。蓋康節此意不曾說與程子，程子亦不曾問之，故一向只隨他所見去。但程子說「聖人始畫八卦」，不知聖人畫八卦時，先畫甚卦？此處便曉不得。』按：程子之言是聖人畫卦之本理，邵子特以數分之耳；朱子意主邵子，至以「先畫甚卦」爲疑。按：聖人畫卦，只是先從畫一奇一耦始，及三畫卦既成，『因而重之』。細繹此四字，則其義自明。朱子胸中蓋爲邵子之言所據，故反抑程子之言耳。『因而重之』，而有乾一兌二之序，其理本明，有何『曉不得』也？若或所云『每卦便是三畫』，似癡人說夢矣。」

「伏羲畫卦始有象，而數生焉。八卦既成，因而重之，爲六十四卦。其時無文字，未有名也，邵子謂『獨有卦畫次第』，朱子謂『但有此畫』，吴草廬謂『有圖而無書』，是也。文王因伏羲之卦，而定之以名，繫之以辭，曰『彖辭』。周公因文王彖辭繫卦，而繫爻以辭，曰『爻辭』。孔子因文王、周公繫辭，上溯伏羲之意而發明之，曰『傳』，後人稱之曰『十翼』。此周易之本也。或謂三畫卦即伏羲所作乾、兌、離、震、巽、坎、艮、坤之字，梅氏、陳氏遂謂『六十四卦皆即伏羲之字』。如是，則乾、夬之類，是矣；大有、大壯之類一字而二音，不幾似西域之所謂『二合』者乎？又三畫卦之乾既爲乾字矣，六畫卦之乾復爲乾字，是又二字而一音矣。且二字卦名皆有義存焉，豈可徒謂之字哉？凡此皆臆説也。至梅氏長短廣狹之疑，陳氏左手右手之詰，則拘泥之見，直可付之一噱耳。」

伏羲八卦次序圖

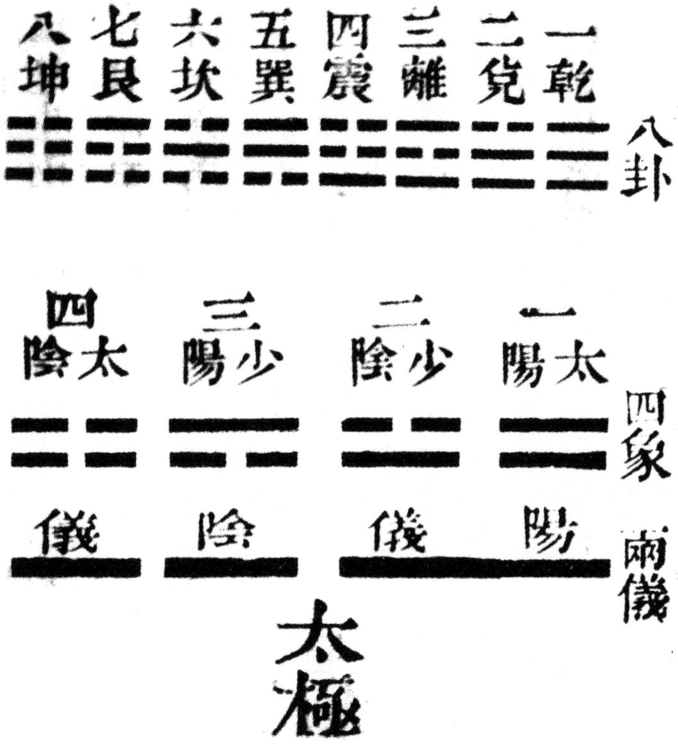

八卦

一乾　二兌　三離　四震　五巽　六坎　七艮　八坤

四象

太陽一　少陰二　少陽三　太陰四

兩儀

陽儀　陰儀

太極

傳曰：「易有太極，是生兩儀，兩儀生四象，四象生八卦，八卦成列，象在其中矣。」

邵子堯夫曰：「一分爲二，二分爲四，四分爲八也。」

傳曰：「易，逆數也。」

邵子堯夫曰：「乾一、兌二、離三、震四、巽五、坎六、艮七、坤八，自乾至坤，皆得未生之卦，若逆推四時之比也。後六十四卦次序倣此。」

朱子晦庵曰：「太極者，象數未形而其理已具之稱，形器已具而其理無朕之目；在河圖洛書，皆虛中之象也。太極之判，始生一奇一耦而爲一畫者二，是爲兩儀，其數則陽一而陰二；在河圖洛書，則奇耦是也。兩儀之上，各生一奇一耦而爲二畫者四，是謂四象，其位則太陽一、少陰二、少陽三、太陰四，其數則太陽九、少陰八、少陽七、太陰六；以河圖言之，則六者一而得於五者也，七者二而得於五者也，八者三而得於五者也，九者四而得於五者也；以洛書言之，則九者十分一之餘也，八者十分二之餘也，七者十分三之餘也，六者十分四之餘也。四象之上，各生一奇一耦，而爲三畫者八，於是三才略具，而有八卦之名矣，其位則乾一、兌二、離三、震四、巽五、坎六、艮七、坤八；在河圖，則乾、坤、離、坎分居四實，兌、震、巽、艮分居四虛；在洛書，則乾、坤、離、坎分居四方，兌、震、巽、艮分居四隅也。」

「太極之義，正謂理之極致耳。有是理即有是物，無先後次序之可言。故曰『易有太極』，則是『太極乃在陰陽之中，而非在陰陽之外』也；若以乾坤未判、大衍未分之時論之，則非也。形而上者謂之道，形而下者謂之器，有是理即有是氣，理一而已，氣則無不兩者，故曰『太極生兩儀』，而老子乃謂『道生一』而後乃『生二』，則其察理亦不精矣。」○真氏西山曰：「朱子此言，可謂有功於學者。大抵自周子以前，凡論太極者皆以氣言。莊子以道在太極之先，所謂太極，乃是指作天地人三者『氣形已具，而渾淪未判者』之名，而道又別是一懸空底物，在太極之先，則道與太極爲二矣。不知道即太極，太極即道，以其通行而言則曰道，以其極致而言則曰極，又何嘗有二邪？若列子渾淪之云，漢志函三爲一之說，所指皆同。倘非周子啓其祕，而朱子又闡而明之，孰知太極之爲理而非氣也哉！」

傳曰：「乾，健也；坤，順也；震，動也；巽，入也；坎，陷也；離，麗也；艮，止也；兌，說也。」

弘撰曰：「此八卦之性情也。乾純陽，爲健；坤純陰，爲順。程子云『凡陽在下者，動之象』，謂一陽起於二陰之下也；『在中者，陷之象』，謂陽墮於二陰之中也；『在上者，止之象』，謂陽終於二陰之上也；『陰在下者，入之象』，謂一陰伏於二陽之下也；『在中者，麗之象』，謂陰附於二陽之中也；『在上者，說之象』，謂陰見於二陽之上也。」

伏羲八卦方位圖

傳曰：「天地定位，山澤通氣，雷風相薄，水火不相射，八卦相錯，數往者順，知來者逆。」

邵子堯夫曰：「乾南，坤北，離東，坎西，震東北，兌東南，巽西南，艮西北。自震至乾爲順，自巽至坤爲逆。八卦相交而成六十四卦，所謂先天之學也，後六十四卦方位倣此。」

「乾坤縱，而六子横，易之本也。」

「震始交陰而陽生，巽始消陽而陰生；兌陽長也，艮陰長也。震、兌在天之陰也，巽、艮在地之陽也，故震、兌上陰而下陽，巽、艮上陽而下陰。天以始生言之，故陰上而陽下，交泰之義也；地以既成言之，故陽上而陰下，尊卑之位也。乾坤定上下之位，坎離列左右之門，天地之所闔闢，日月之所出入，春夏秋冬、晦朔弦望、晝夜長短、行度盈縮，莫不繇乎此矣。」徐氏進齋曰：「一氣循環，自復至乾爲陽，生物之始也，故震、兌陰上而陽下，爲交泰之義，蓋主動而言，太極之用所以行；自姤至坤爲陰，成物之終也，故巽、艮陽上而陰下，爲尊卑之位，蓋主静而言，太極之體所以立也。○翁氏思齋曰：「卯爲日門，太陽所生；酉爲月門，太陰所生。不但日月出入於此，大而天地之開物雖始於寅，至卯而門彌闢，閉物雖始於戌，至酉而門已闔。一歲而春夏秋冬，一月而晦朔弦望，一日而晝夜行度，莫不繇乎左右之門。所以極贊坎離功用之大也！」

朱子晦庵曰：「自乾一横排至坤八，此則全是自然。故說卦云『易逆數也』，皆自已生，以得未生之卦。若如圓圖，則須如此，方見陰陽消長次第，震一陽，離兌二陽，乾三陽，巽一陰，坎艮二陰，坤三陰。雖自稍涉安排，然亦莫非自然之理。自冬至至〔一〕夏至爲順，蓋與前逆數者相反；皆自未生，而反得已生之卦。自夏至至〔二〕冬至爲逆，蓋與前逆數者同。其左右與今天文家〔三〕說左右不同，蓋從中而分，其初若有左右之勢爾。自北而東爲左，自南而西爲右。」

蔡氏西山曰：「其法：自子中至午中爲陽；初四爻皆陽，中前二爻皆陰、後二爻皆陽，上一爻爲陰、二爻爲陽、三爻

〔一〕「至」：原缺，據朱子語類補。
〔二〕「至」：原缺，據朱子語類補。
〔三〕「家」：原缺，據朱子語類補。

爲陰、四爻爲陽。自午中至子中爲陰：初四爻皆陰，中前二爻爲陽，後二爻爲陰，上一爻爲陽，二爻爲陰，三爻爲陽，四爻爲陰。在陽，中上二爻則先陰而後陽，陽生於陰也。在陰，中上二爻則先陽而後陰，陰生於陽也。其序始震終坤者，以陰陽消息爲數也。」

胡氏雙湖曰：「觀此圖，以四正卦居四方之正位，乾坤坎離反覆，只是一卦；以二反卦居四隅不正之位，震反爲艮，巽反爲兑，本只震巽二卦，反而成四卦。合而言之，天位乎上，地位乎下，日生於東，月生於西，山鎮西北，澤注東南，風起西南，雷動東北，自然與天地大造化合。先天八卦對待以立體如此。其位，則乾一坤八、兑二艮七、離三坎六、震四巽五，各各相對而合成九數。其畫，則乾三坤六、兑四艮五、離四坎五、巽四震五，亦各各相對而合成九數。九，老陽之數，乾之象而無所不包也，造化隱然尊乾之意可見矣。方八卦之在横圖也，則首乾，次兑，次離，次震，次巽，次坎，次艮，終坤，是爲生出之序；及八卦之在圓圖也，則首震一陽，次離兑二陽，次乾三陽，接巽一陰，次坎艮二陰，終坤三陰，是爲運行之序。生者卦畫之成，而行者卦氣之運也。乾坤，父母也；震巽，長男女也；坎離，中男女也；艮兑，少男女也；乾統三女，坤統三男，本其所由生也。」

胡氏玉齋曰：「伏羲先天之易固以河圖爲本，而其卦位未嘗不與洛書合。且以乾南、兑東南，則老陽四九之位也；離東、震東北，則少陽三八之位也；巽西南、坎西，則少陰二七之位也。艮西北、坤北，則老陰一六之位也。其卦實與洛書合焉。文王後天之易雖但本之伏羲，然亦未嘗不與河圖合。且以坎離當南北之正、子午之中，則兩卦各當夫水火之一象：離當地二天七之火而居南，坎當天一地六之水而居北。外此六卦，則每卦各當一象：震者木之生，當天三之木於東；巽者木之成，當地八之木於東南；兑者金之生，當地四之金於西；乾者金之成，當天九之金於西北；艮者土之生，當天五之土於東北；坤者土之成，當地十之土於西南。坤、艮所以獨配夫中宫之五、十者，以土實寄旺於四季，無乎不在，故配夫中數耳。其卦實與河圖合焉。」

伏羲六十四卦次序圖

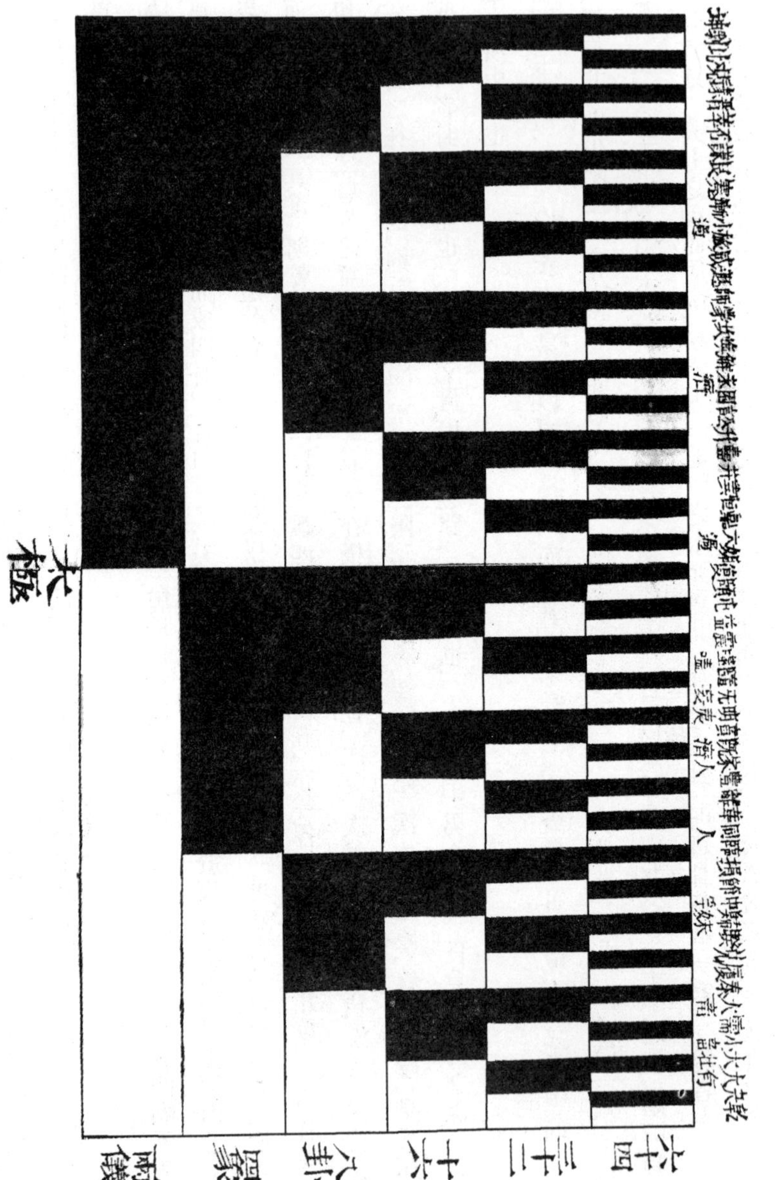

傳曰：「因而重之，爻在其中矣。」

朱子晦庵曰：「前八卦次序圖即繫辭傳所謂『八卦成列』者，此圖即其所謂『因而重之』者也。故下三畫即前圖之八卦，上三畫則各以其序重之，而下卦因亦各衍而爲八也。若逐爻漸生，則邵子所謂『八分爲十六，十六分爲三十二，三十二分爲六十四』者，尤見法象自然之妙也。」

弘撰曰：「伏羲畫卦，元非爲圖，因而重之，亦非此形，然以此求之則易明，要亦無異於伏羲之畫也。而邵子因之以爲分法，後之說者紛紛，以致漸失伏羲之舊。或有問於余者，余曰：『伏羲作八卦，重之爲六十四，其爲圖也，止此而已，今謂之横圖。規之而左右布爲圓圖，析之而上下疊爲方圖，皆後人因横圖而作者，必非出於伏羲也。蓋圓圖、方圖猶待於人意之爲，而横圖自然，不假安排，聖人易簡之道固如是也。』陳氏有得於圓圖之妙，謂惟圓圖爲伏羲作，而反以横圖、方圖爲後人增附，失其本末矣。即方圖之義，亦何必減於圓圖乎？梅氏以方圖爲相錯，又以相錯非相重，遂謂孔子所言『八卦相錯』是指方圖而言，此亦有毫釐千里之殊。蓋錯者，以經卦爲主，以別卦錯也，如一乾在下，而上卦乾往兑來、兑往離來之類，此與『此往彼來』之義正合，焉得以相錯爲非相重乎？既成六十四卦，則不重何以相錯也？至以三畫卦方位圖爲非伏羲之本真，則六畫卦方位圖實本之三畫者，又豈得爲伏羲之本真乎？一信而一否，謬矣！」

「余謂唯河圖洛書當傳之有據，餘諸圖皆有得於易者推四聖之意、參諸天地法象而爲之者。蓋易道廣大，聖言淵微，有非尋常所可窺測者，故爲之圖，所以釋經也。而今謂聖人之經所以贊圖也，亦已傎矣。按：諸圖皆顯，自陳希夷授之穆、李，以及邵子始大著，余私臆以爲希夷之爲之，而託之有傳者也。不然，何以自漢至宋，歷代非一，學易者繁有人，而絕未有一言及之者？即謂其隱之方技，而方技之徒亦未有一言及之者，希夷何從得之？傳自何人乎？邵伯温作經世辨惑，云『自伏羲、文王、周公、孔子以來，世世相傳，或隱或顯，未嘗絕也』，此言何徵乎？既謂其『或隱或顯』，是必有一顯，果能指而實之，斯可以無疑，否則不免爲遁辭矣。若論其圖之理至義周，符乎自然，有同造化，要非三代以下之聖人必不能爲，亦何必其出於古之聖人，而始爲可尊也哉？」

「孔子云『易有太極，是生兩儀，兩儀生四象，四象生八卦』，未嘗云『八生十六，十六生三十二，三十二生六十四』也。朱子稱邵子分法爲『法象自然之妙』，余謂特易中之一義。魏鶴山云『朱文公易得於邵子爲多』，蓋過信邵子，故有是言耳。然今觀本義，於『八卦相盪』下注云『兩相摩而爲四，四相摩而爲八，八相盪而爲六十四』，『因而重之』下注云『各因一卦，而以八卦次第加之爲六十四也』，絕不作『十六』『三十二』之説；又云『既重而後，卦有六爻也』，愈爲明晰。『重之後方見六爻』，則非逐爻漸生可知矣。此蓋朱子作本義時定説也。」

「朱子答袁機仲云：『要見得聖人作易根原直截分明，不如且看卷首横圖，自始初止有兩畫時漸次看起，以至生滿六畫之後，其先後多寡既有次第，而位置分明，不費辭説。於此看得，方見六十四卦全是天理自然挨排出來，聖人只是見得分明，便只依本畫出，元不曾用一毫智力添助。』或問：『先天圖有自然之象數，伏羲當初亦知其然否？』曰：『也不見得如何。但横圖據見在底畫較自然，圓圖便是就此中間拗做兩截，恁地轉來底是奇，恁地轉去底是耦，有些造作，不甚依他元初畫底。伏羲當初也只見太極下面有個陰陽，便知得一生二，二又生四，四又生八，恁地推去，做成此物事，不覺成來却如此齊整。』觀此所言，則陳季立之主圓圖，而疑横圖爲後人之爲，其謬益著矣。」

胡氏庭芳曰：「康節先天之學，本來只是先天六十四卦大横圖一一八八之序。横圖者，卦之所以列；一一八八者，數之所繇肇；卦之於數，猶形之於影耳。繇是取横圖復至乾三十二卦，自北歷東以至於南，取姤至坤三十二卦，自南歷西以終於北，以應天之運，而天根月窟自然之理，不假作爲，莫不對待，而圓圖立矣。取横圖乾一宫之八卦，自乾至泰，横布於圓圖之内，而兑二宫之八卦，自履至臨，加布於兑〔二〕宫八卦之上，餘六卦以次横列，而乾居西北，坤居東南，否泰陰陽之交居

〔二〕「兑」：周易啓蒙翼傳作「乾」。

於東北、西南，以應地之方，橫斜曲直之妙理無窮，而方圖立矣。」

弘撰曰：「此予所以主橫圖，蓋原於羲聖之畫，而圓圖、方圖則後聖之作用耳。」

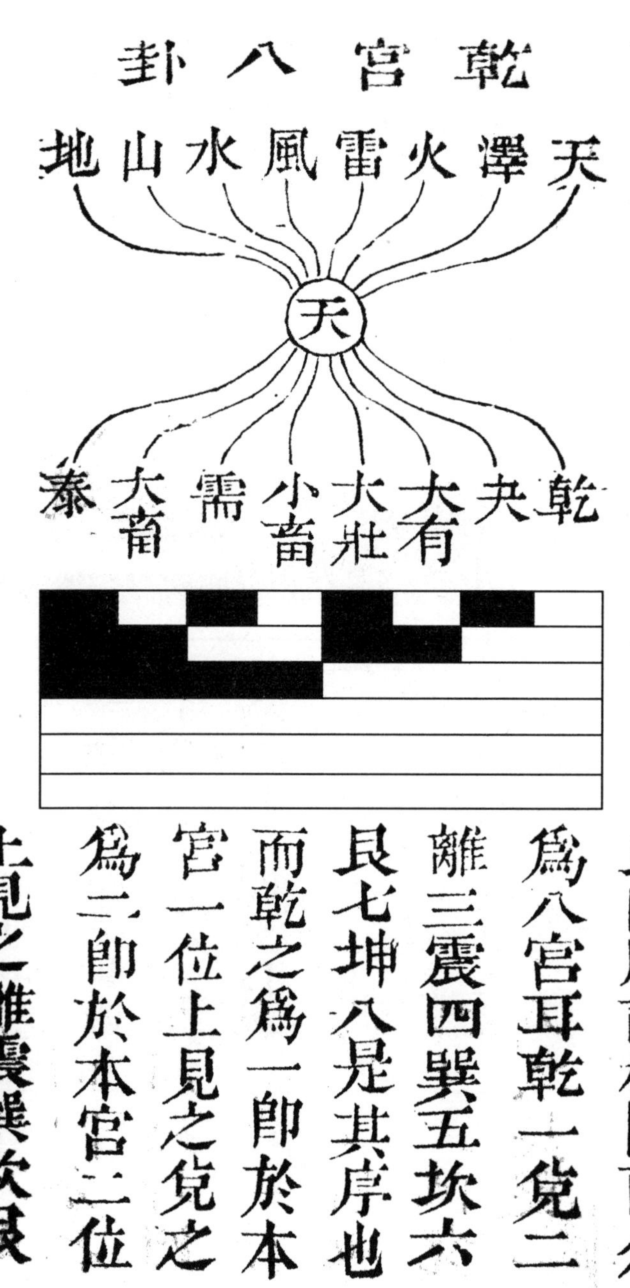

此即所謂橫圖而分爲八宮耳乾一兌二離三震四巽五坎六艮七坤八是其序也而乾之爲一即於本宮一位上見之兌之爲二即於本宮二位上見之離震巽坎艮

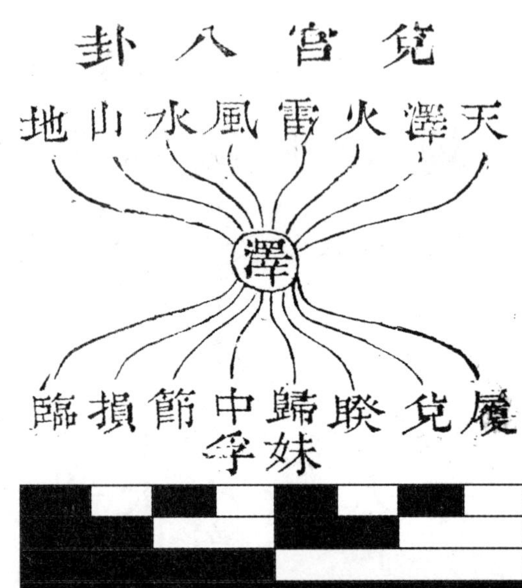

坤莫不肰矣邵子曰乾四十八而四分之一分爲陰所克坤四十八而四分之一分爲所克之陽又曰乾三十六坤十二離兌巽二十八坎艮震二十於此圖觀之尤易明也

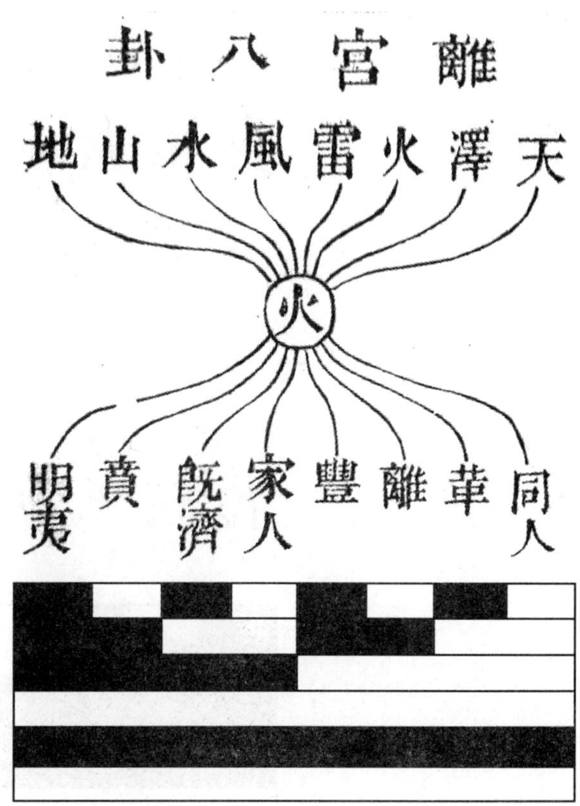
離宮八卦
天
澤
火
雷
風
水
山
地
火
同人
革
離
豐
家人
既濟
賁
明夷

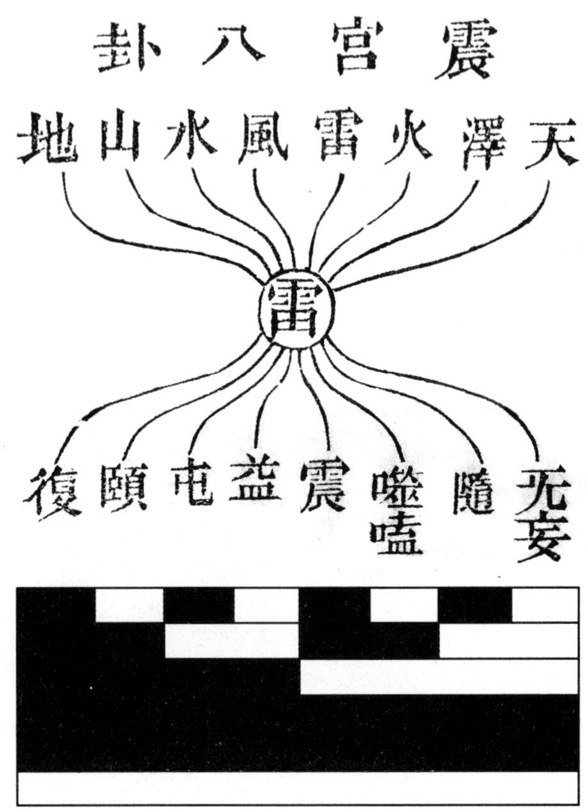
震宮八卦
天 澤 火 雷 風 水 山 地
雷
无妄 隨 噬嗑 震 益 屯 頤 復

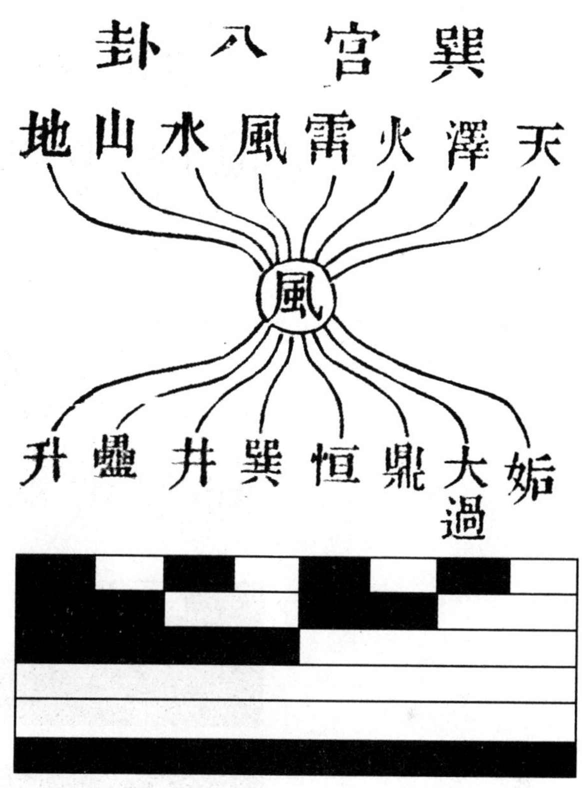
巽宮八卦
天 澤 火 雷 風 水 山 地
風
姤 大過 鼎 恒 巽 井 蠱 升

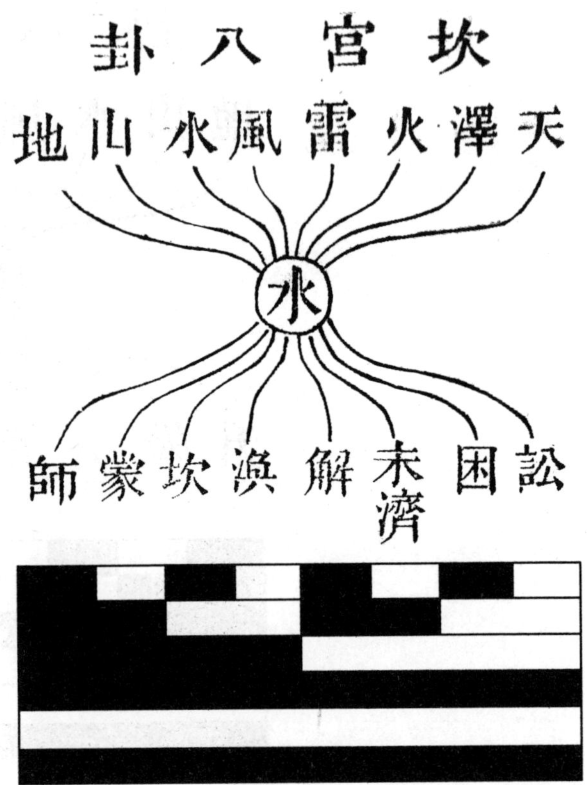
坎宮八卦
天
澤
火
雷
風
水
山
地
水
訟
困
未濟
解
渙
坎
蒙
師

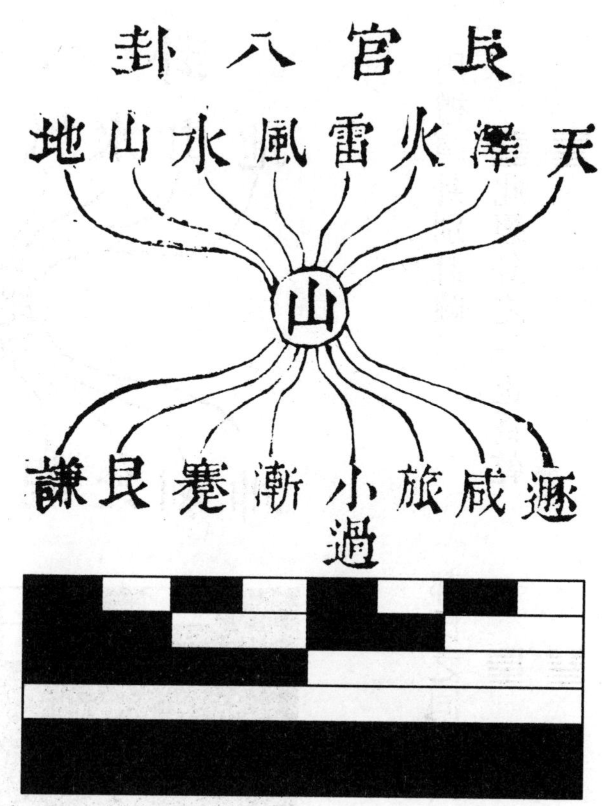
艮宮八卦
天 澤 火 雷 風 水 山 地
山
遯 咸 旅 小過 漸 蹇 艮 謙

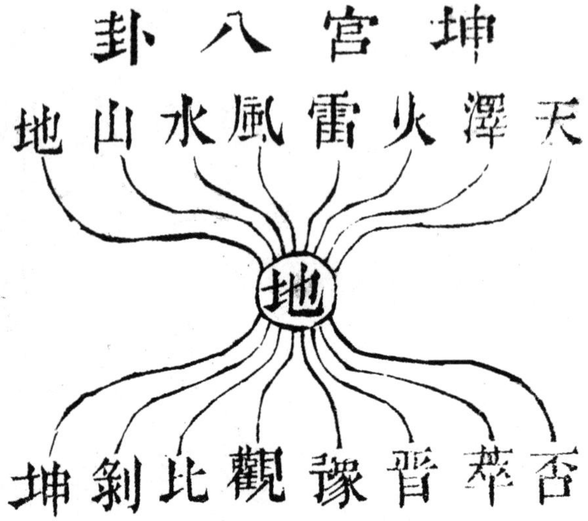

坤宮八卦

天 澤 火 雷 風 水 山 地

地

否 萃 晉 豫 觀 比 剝 坤

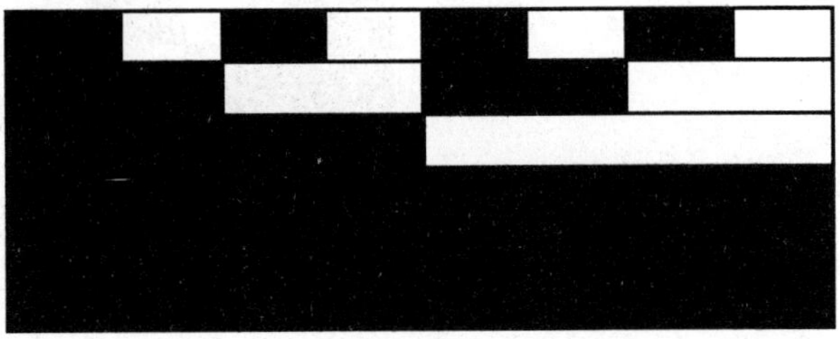

周禮經卦別卦圖

☰此經卦之一也爲乾

郝氏之同而異

來氏之似而非

乾一

以上皆乾之別也

乾在他卦之上則爲別，餘倣此。

此經卦之二也爲兑

以上錯坤

兑二

離三

震四

巽五

坎六

艮七

坤八

此經卦之三也爲離

以上皆離之別也

此經卦之四也爲震

以上錯

乾一

兌二

離三

震四

巽五

坎六

艮七

坤八

以上皆震之別也

此經卦之五也爲巽

以上皆巽之別也

此經卦之六也爲坎

以上錯坎

以上錯艮

乾一

兑二

離三

震四

巽五

坎六

艮七

以上皆坎之别也

此經卦之七也爲艮

以上皆艮之别也

以上錯巽

以上錯離

坤八

乾一

兑二

離三

震四

巽五

坎六

艮七

坤八

此經卦之八也爲坤

以上錯兑

以上皆坤之別也

周官太卜掌三易之法，一曰連山，二曰歸藏，三曰周易，其經卦皆八，其別皆六十有四。

弘撰曰：「此本伏羲之易，即所謂横圖也。經卦之序：乾一、兑二、離三、震四、巽五、坎六、艮七、坤八，而別卦即以經卦之序爲序。因重之義如此，益可徵邵子『逐爻漸生』之説爲非其本矣。」

郝氏仲輿曰：「易者，陰陽之氣摩盪而生變化，故曰『天地定[一]位，而易行乎其中』。聖人作卦以象之：三奇而乾爲天，三耦而坤爲地，天高地下，乾坤定位，此易之門也；地有山澤，乾九三與坤六三往來，其氣相通，所以象之，而爲艮兑也；天有風雷，乾初九與坤初六往來相薄，所以象之，而爲巽震也；天地之中氣爲水火，乾九二與坤六二往來不相射，所以象之，而爲坎離也。天地之間，六氣同運，使乾坤位而陰陽不交，六子分而剛柔不和，則變化不行，易不可見，是以聖人於八卦之上，各以八卦挨次錯之[二]，往來周流，而三才之變形矣。然伏羲之錯八卦也，爻位皆自下而上，文王之序六十四卦也，各爻[三]又自上而反下，何也？天地之間，往來而已，八卦相通、相薄、不相射、相錯，往來之象也。往來相倚，順逆相因。自上下來曰順，自下上往曰逆。陽自下起，圖書履一，人上達天，故易數皆繇下生也。自下往上本逆，而繇初適二，繇二適

[一]「定」：周易正解作「設」。
[二]「之」：周易正解作「磨」。
[三]「爻」：周易正解作「卦」。

三，其數則順也；自上來下本順，而三先二來，二先初來，其知則逆也。蓋內外體用遠近之數自此往，而吉凶悔吝得失之兆自彼來，雖往與來有二象，而順與逆非二機：往之所至即來，來之所過即往，往以致其來，數以探其知，逆以迎其順，未有往而不來、來而不往者。是故乾坤生六子，皆自下而上，造化以往屈而致來伸也；卦爻六位，皆自下而上，易以彰往而爲察來也。事未來而吉凶悔吝先知，則不迷所往，此聖人畫卦作易之本義也。」「天地山澤風雷水火者，三畫之象也；八卦相錯者，錯爲六畫也，諸卦皆天地山澤風雷水火八者之交錯，故卦惟有八耳。如一乾爲體，而坤、艮、兑、震、巽、坎、離錯其上，皆乾也；一坤爲體，而乾、艮、兑、震、巽、坎、離錯其上，皆坤也；餘六皆然。故曰『八卦相錯』。或謂專指三畫，非也。磨石曰錯，相錯猶相磨也。」

來氏瞿塘曰：「伏羲圓圖一左一右相錯，文王序卦一上一下相綜。」

弘撰曰：「一左一右，乃相對之卦陰變陽、陽變陰也，可謂之相對，可謂之變，未可謂之錯。此余所以觀周禮經卦別卦之說，而知來氏之誤，獨有取於郝氏之圖也。」按：郝氏之圖，即橫圖也，即先天方圓圖也，即八卦八宮圖也，但彼以一二三四五六七八爲序，此以父母男女長中少爲序耳，通其義者一以貫之矣。蓋卦名六十四，所謂「因而重之」者，其實卦祇八耳，以八卦加八卦，故曰「爻在其中矣」；如邵子之說，謂以一爻相加，則聖人又何必曰「爻在其中」乎？且其所謂八分而爲十六、十六分而爲三十二者，名義何在？故以分數則可，而以訓卦則不可；即如來氏之言一左一右者，亦可謂之六爻相錯，而未可謂之八卦相錯矣。或曰：「如此，聖人又何以逐爻而繫之辭也？」曰：「此自大成，卦既成之後而觀之，有此六爻之位耳。聖人之教人也詳，故逐爻繫辭，以前民用也。然有內卦，有外卦，卦重而求之爻，此所謂『爻在其中矣。』前後言易者不一而足，但言八卦耳，絕未嘗言六十四也，則聖人之意可見矣。」

綜卦圖

屯　蒙

需　訟

師　比

小畜　履

泰　否

同人　大有

謙　豫

隨　蠱

臨　觀

噬嗑　賁

剝　復

无妄　大畜

咸　恒

遯　大壯

晉　明夷

家人　睽

蹇 ䷦ 解

損 ䷨ 益

夬 ䷪ 姤

萃 ䷬ 升

困 ䷮ 井

革 ䷰ 鼎

震 ䷲ 艮

漸 ䷴ 歸妹

豐 ䷶ 旅

巽 ䷸ 兑

涣 ䷺ 節

既濟 ䷾ 未濟

來氏錯卦圖見前，此綜卦圖。其言曰：「文王序卦，六十四卦除乾、坎、坤、離、大過、頤、小過、中孚八卦相錯，其餘五十六卦皆相綜，雖四正之卦如否、泰、既濟、未濟，四隅之卦如歸妹、漸、隨、蠱，此八卦可錯可綜，然文王皆以爲綜也。故五十六卦止有二十八卦與相錯之八卦，共三十六卦，所以上下經各分十八卦。此文王序卦相綜之妙，亦如伏羲圓圖相錯之妙，皆自然而然，不假安排穿鑿，所以孔子贊其爲『天下之至變』也。先儒止以爲上下篇之次序，不知緊要與圓圖同；諸象皆藏於二圖錯綜之中，惟其不知序卦緊要之妙，則易不得其門而入矣。」

伏羲橫圖卦位

乾一	兌二	離三	震四	巽五	坎六	艮七	坤八
㊈	十	十一	十二	十三	十四	十五	十㊅
十七	十八	十九	二十	廿一	廿㊁	廿三	廿四
廿五	廿六	廿七	廿㊇	廿九	三十	卅㊀	卅二
卅三	卅㊃	卅五	卅六	卅㊆	卅八	卅九	四十
卌一	卌二	卌㊂	卌四	卌五	卌六	卌七	卌八

乾	兌	離	震	巽	坎	艮	坤
卌㊈	五十	五十一	五十二	五十三	五十四	五十五	五十㊅
五十七	五十八	五十九	六十	六十一	六十㊁	六十三	六十四
六十五	六十六	六十七	六十㊇	六十九	七十	七十㊀	七十二
七十三	七十㊃	七十五	七十六	七十㊆	七十八	七十九	八十
八十一	八十二	八十㊂	八十四	八十五	八十六	八十七	八十八
八十㊈	九十	九十一	九十二	九十三	九十四	九十五	九十㊅

王氏似鶴曰：「上圖第一層乃八卦順布之序也。卦之本數在下五層：凡上畫奇者，數皆一三五七九；耦者，數皆二四六八十；除十不用，只用零數，各得其卦之本數，而止無犯重者。如第二層，乾下取『九』字，坤下取『六』字；第三層，坎下取『二』字；第四層，震下取『八』字，艮下取『一』字；第五層，兌下取『四』字，巽下取『七』字；第六層，離下取『三』字；合而觀之，則『乾九』『坤六』並列於上，而『震八』『巽七』『兌四』『離三』『坎二』『艮一』雁行於下，且乾坤平對，艮兌斜對，坎離斜對，震巽斜對，未或紊焉。當知卦數不外乎位序矣。下圖即從上圖演出，因坤之四十八而起乾之四十九，以至坤之九十六而終焉。此圖之四維皆乾九坤六，而六子之序與上圖無異，則卦數豈可移易哉？且演必六位者，六位成章也；乾起四十九者，大衍之策也；終於坤之九十六者，陽九陰六之會也。此圖包含甚深，不止爲卦數取證也。」以圖數推卦數，先儒所見互異，此與邵子亦不同，邵子用圖之連數，此用合數也。

伏義六十四卦方位圖

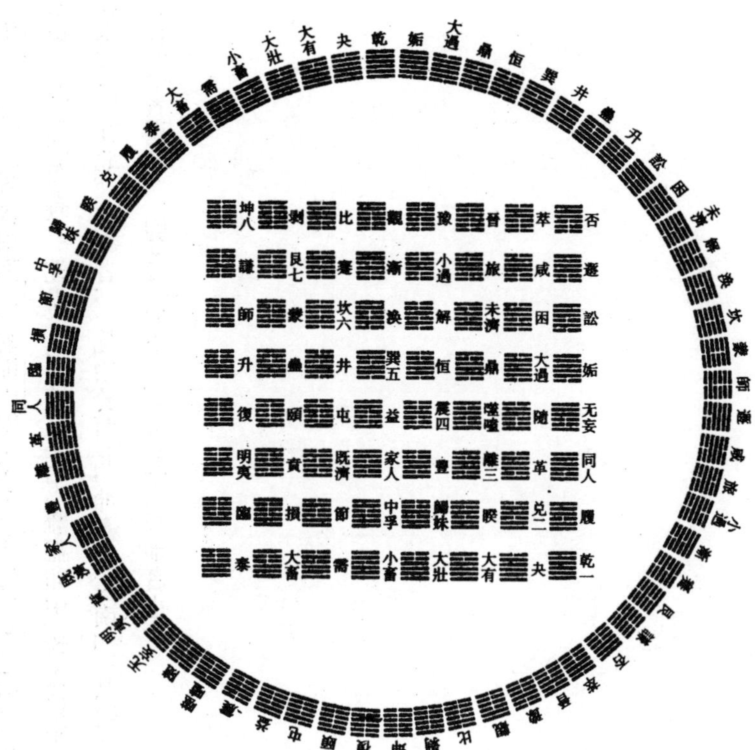

伏羲四圖，其説皆出邵氏，蓋邵氏得之李之才挺之，挺之得之穆修伯長，伯長得之華山希夷先生陳摶圖南者，所謂先天之學也。此圖圓布者：乾盡午中，坤盡子中，離盡卯中，坎盡酉中；陽生於子中，極於午中，陰生於午中，極於子中；其陽在南，其陰在北。方布者：乾始於西北，坤盡於東南；其陽在北，其陰在南。此二者，陰陽對待之數：圓於外者爲陽，方於中者爲陰；圓者動而爲天，方者静而爲地者也。

傳曰：「天地定位，山澤通氣，雷風相薄，水火不相射，八卦相錯。數往者順，知來者逆，是故易逆數也。」即前八卦次序，故重録大傳。

邵子堯夫曰：「此一節，明伏羲八卦也。『八卦相錯』者，明交相錯而成六十四也。『數往者順』，若順天而行，是左旋也，皆已生之卦也，故云『數往』也。『知來者逆』，若逆天而行，是右旋也，皆未生之卦也，故云『知來』也。夫易之數，繇逆而成矣。此一節直解圖意，若逆知四時之謂也。」朱子曰：「以橫圖觀之，有乾一而後有兌二，有兌二而後有離三，有離三而後有震四，有震四而巽五、坎六、艮七、坤八亦以次而生焉。此易之所以成也。而圓圖之左方自震之初爲冬至，離兌之中爲春分，以至於乾之末爲夏至焉，皆進而得其已生之卦，猶自今日而追數昨日也，故曰『數往者順』。其右方自巽之初爲夏至，坎艮之中爲秋分，以至於坤之末而交冬至焉，皆進而得其未生之卦，猶自今日而逆計來日也，故曰『知來者逆』。然本易之所以成，則其先後始終，如橫圖及圓圖右方之序而已，故曰『易，逆數也。』」〇胡氏玉齋曰：「邵子云『易之數，繇逆而成，若逆知四時之謂也』，此論橫圖之序。自乾至坤，皆未生之卦也。所謂未生者，自卦之未畫者推之，蓋太陽未交以前，乾未生也，自其上生一奇則爲乾，而兌猶未生也，然其生之勢不容已，不必太陽上生一耦，方知其爲兌已可，即乾而逆推兌於未生之前，知其必爲兌矣；少陰未交以前，離猶未生也，自其上生一奇則爲離，而震猶未生也，然其生之勢亦不容已，不必少陰上生一耦，方知其爲震已可，即離而逆推震於未生之前，知其必爲震矣；自巽五至坤八，其所推者亦然。如自春而推夏，知春之後必爲夏；自夏而推秋，知夏之後必爲秋；自秋而推冬，知秋之後必爲冬。所謂『若逆知四時之謂』者，此也。邵子據經文解釋，則先圓圖，而後及於橫圖。朱子釋邵子之說，則先自橫圖而論者，誠以橫圖可以見卦畫之立，圓圖可以見卦氣之行。所謂圓圖者，其寔即橫圖規而圓之耳。朱子嘗答葉永卿云：先天圖『須先將六十四卦畫作一橫圖，則震、巽、復、姤正在中間。先自震、復，而却行以至於乾。乃自巽、姤，而順行以至於坤，便成圓圖。而春夏秋冬、晦朔弦望、晝夜昏旦皆有次第。此作圖之大旨也。』『數往知來之說，大抵以卦畫之已生者爲往，未生者爲來，亦當先以橫圖觀之，而後其義可見。』橫圖之前一截列於圓圖之左方者，乾一、兌二、離三、震四，而運行之序則始於震。既有震矣，則乾、兌、離之已生者可見。繇是，自震之初爲冬至，離、兌之中爲春分，以至乾之末而交夏至焉，是皆進而得其已生之卦也。天道左旋，此四卦旋於方之左，若順天而行，所以數之者，豈不如今日追數昨日之順而易乎？橫圖之後一截列於圓圖之右方者，巽五、坎六、艮七、坤八，而運行之序則始於巽；方其有巽，則坎、艮、坤之未生亦可見。繇是，自巽之初爲夏至，坎、艮之中爲秋分，以至坤之末而交冬至焉，是皆進而得其未生之卦也。天道非右行，此四卦行於方之右，若逆天而行，所以知之者，豈不如今日逆計來日之難〔一〕乎？要之，數往知來之說，以陰陽之節候次第觀之，皆自微而

〔一〕「之難」：原作「難之」，據易學啓蒙通釋改。

至著，以人之推測言之，亦因微而識著。何則？震、巽本同居横圖之中，今以横圖中分而成圓圖，則震乃居圓圖之北爲陽之始，巽乃居圓圖之南爲陰之始，各相對望而不復同處其中，此陰陽之逆順，自復、姤而始，其勢已於微而判矣。況曰『數』、曰『知』，皆是就人而言，亦皆是各據震、巽地頭而論，以此求之，則往來順逆之旨居然可見矣。若論其初，則易畫之所以成其先後始終，不過如横圖之始乾終坤，及圓圖右方自巽至坤之序而已，是皆以逆而成也，故曰『此一節直解圖意，若逆知四時之謂也』。」

「太極既分，兩儀立矣。朱子曰：「此下四節，通論伏羲六十四卦圓圖。」「此一節，以第一爻而言。左一奇爲陽，右一耦爲陰，所謂『兩儀』者也。今此一奇爲左三十二卦之初爻，一耦爲右三十二卦之初爻，乃以累變而分，非本即有此六十四段也。後放此。」陽上交於陰，陰下交於陽，而四象生矣。朱子曰：「此一節，以第一爻生第二爻而言也。陽下之半，上交於陰上之半，則生陰中第二爻之一奇一耦，而爲少陽太陰矣；陰上之半，下交於陽下之半，則生陽中第二爻之一奇一耦，而爲太陽少陰矣；所謂『兩儀生四象』者也。太陽一奇，今分爲左上十六卦之第二爻；少陰一耦，今分爲左下十六卦之第二爻；少陽、太陰，其分放此。而初爻之二，亦分爲四矣。」陽交於陰，陰交於陽，而生天之四象；剛交於柔，柔交於剛，而生地之四象。朱子曰：「此一節，以第二爻生第三爻言也。陽謂太陽，陰謂太陰，剛謂少陽，柔謂少陰。太陽之下半交於太陰之上半，則生太陰中第三爻之一奇一耦，而爲艮爲坤矣；太陰之上半交於太陽之下半，則生太陽中第三爻之一奇一耦，而爲乾爲兌矣；少陽之上半交於少陰之下半，則生少陰中第三爻之一奇一耦，而爲離爲震矣；少陰之下半交於少陽之上半，則生少陽中第三爻之一奇一耦，而爲巽爲坎矣；此所謂『四象生八卦』也。乾一奇，今分爲八卦之第三爻；坤一耦，今分爲八卦之第三爻；餘皆放此。而初爻、二爻之四，今又分而爲八矣。乾兌艮坤生於二太，故爲『天之四象』。離震巽坎生於二少，故爲『地之四象』。」八卦相錯，而後萬物生焉。朱子曰：「一卦之上，各加八卦，以相間錯，則六十四卦成矣。然第三爻之相交，則生第四爻之一奇一耦，於是一奇一耦各爲四卦之第四爻，而下三爻亦分爲十六矣；第四爻又相交，則生第五爻之一奇一耦，於是一奇一耦各爲二卦之第五爻，而下四爻亦分而爲三十二矣；第五爻又相交，則生第六爻之一奇一耦，則一奇一耦各爲一卦之第六爻，而下五爻亦分而爲六十四矣。蓋八卦相乘爲六十四，而自三畫以上，三加一倍，以至六畫，則三畫者亦加一倍，而卦體横分，亦爲六十四矣。二數殊塗，不約而會，如合符節，不差毫釐，正是易之妙處。」是故一分爲二，二分爲四，四分爲八，八分爲十六，十六分爲三十二，三十二分爲六十四，猶根之有榦，榦之有枝，愈大則愈少，愈細則愈繁。是故乾以分之，坤以翕之，震以長之，巽以消之。長則分，分則消，消則翕也。乾坤，定位也；震巽，一交也；兌離坎艮，再交也。故震，陽少而陰尚多也；巽，陰少而陽尚多也；兌離，陽浸多也；坎艮，陰浸多也。」胡氏玉齋曰：「震者長之始，『雷以動之』也，歷離兌而乾，則長之極，而爲陰陽之分限矣，『乾以君之』也。巽者消之始，『風以散之』也，歷坎艮而坤，則消之極，而爲純陰之翕聚矣，『坤以藏之』也。此所以長則分，分則消，消則翕，翕則復長，而循環無端也。乾，至陽也，居上而臨下，故曰『君』，以震離兌之陽，得乾而有所君宰。坤，至陰也，居下而括終，故曰『藏』，以巽坎艮之陰，得坤而有所歸宿。然謂『乾以分之』，則動而陽者乾也，靜而陰者亦乾也，乾寔分陰陽，而無不君宰也。」又曰：「乾坤以陰陽之純，定上下之位。震一交，兌離再交，由一陽之交以至二陽之交也。巽一交，坎艮再交，由一陰之交以至二陰之交也。故初交爲震則陽尚少，再交爲離兌則陽浸多矣，初交爲巽則陰尚少，再交爲坎艮則陰浸多矣。」

「無極之前，陰含陽也。有象之後，陽分陰也。陰爲陽之母，陽爲陰之父，故母孕長男而爲復，父生長女而爲姤，是以陽起於復，而陰起於姤也。」朱子曰：「邵子自圖上說循環之意。自姤至坤是陰含陽，自復至乾是陽分陰。坤、復之間乃無極，自坤反姤是無極之前。」

「陽在陰中，陽逆行。陰在陽中，陰逆行。陽在陽中，陰在陰中，則皆順行。此真至之理，按圖可見矣。」朱子曰：「圖左屬陽，右屬陰。自震一陽，離兌二陽，乾三陽，爲陽在陽中，順行。自巽一陰，坎艮二陰，坤三陰，爲陰在陰中，順行。坤無陽，艮坎一陽，巽二陽，爲陽在陰中，逆行。乾無陰，兌離一陰，震二陰，爲陰在陽中，逆行。」

「復至乾，凡百一十有二陽；姤至坤，凡八十陽。姤至坤，凡百一十有二陰；復至乾，凡八十陰。」胡氏玉齋曰：「自復至乾，居圖之左，陽方也，故陽多而陰少。自姤至坤，居圖之右，陰方也，故陰多而陽少。左邊一畫陽，便對右邊一畫陰；左邊一畫陰，便對右邊一畫陽。對待以立體，而陰陽各居其半也。由此觀之，天地間陰陽各居其半，本無截然爲陽、截然爲陰之理，但造化貴陽賤陰，聖人扶陽逆〔二〕陰，故於消長之際，淑慝之分，又不能不致其區別耳，豈容以槩論哉？」

「坎離者，陰陽之限也。故離當寅，坎當申，而數常踰之者，陰陽之溢也。然用數不過乎中也。」朱子曰：「此更宜思。離當卯，坎當酉，但以坤爲子半，可見矣。」○胡氏玉齋曰：「『坎離，陰陽之限』者，就寅申而言也。以四時言之，春爲陽而始於寅，是離當寅而爲陽之限，秋爲陰而始於申，是坎當申而爲陰之限也。『數常踰之』者，離雖當寅而盡於卯中，坎雖當申而盡於酉中，是踰寅申之限，而爲『陰陽之溢』矣。『用數不過乎中』者，取寅申而不取卯酉也。蓋子位，陽雖生而未出乎地，至寅，則温厚之氣始用事；午位，陰雖生而未害於陽，至申，則嚴凝之氣始用事。是所以〔三〕『用數仍不過乎寅申之中』也。由是推之，則乾當巳，坤當亥，兑當卯辰，震當子丑，巽當午未，艮當酉戌，皆數之不及，而邵子以爲中者也；乾當午，坤當子，兑當辰巳，震當丑寅，巽當未申，艮當戌亥，皆四方之中、四隅之會處，而邵子以爲數常踰之者也。此即邵子『怕處其盛』之意。」

朱子晦庵曰：「圓圖，乾在南，坤在北。方圖，坤在南，乾在北。乾位，陽畫之聚爲多；坤位，陰畫之聚爲多；此陰陽之各以類而聚也，亦莫不有自然之法象焉。」

「圓圖象天，一順一逆，流行中有對待，如震八卦對巽八卦之類；方圖象地，有逆無順，定位中有對待，四角相對，如乾八卦對坤八卦之類。此則方圓圖之辨也。圓圖象天者，天圓而動，包乎地外；方圖象地者，地方而静，囿乎天中。圓圖者，天道之陰陽；方圖者，地道之柔剛。震離兑乾，爲天之陽、地之剛；巽坎艮坤，爲天之陰、地之柔。地道承天而行，以地之柔剛應天之陰陽，同一理也。特在天者，一逆一順，卦氣所以運；在地者，惟主乎逆，卦畫所以成耳。」胡氏玉齋曰：「嘗合邵子、朱子之說考之：邵子以太陽爲乾，太陰爲兑，少陽爲離，少陰爲震，四卦，天四象；少剛爲巽，少柔爲坎，太剛爲艮，太柔爲坤，四卦，地四象。天地各四象，此八卦也。朱子釋之，乃曰『乾兑艮坤生於二太，故爲天四象；離震巽坎生於二少，故爲地四象』。其言乾兑、巽坎同，而言離震、艮坤異，何也？蓋四象八卦之位，邵子以陰陽剛柔四字分之，朱子惟以陰陽二字明之。其論四象既殊，則論八卦亦異：邵子

〔二〕「逆」：易學啓蒙通釋作「抑」。
〔三〕「以」：易學啓蒙通釋作「謂」。

以乾兑離震爲天四象者，以此四卦自陽儀中來，以巽坎艮坤爲地四象者，以此四卦自陰儀中來；朱子則以乾兑艮坤生於太陽太陰，故屬其象於天，離震巽坎生於少陰少陽，故屬其象於地；二者各有不同也。但詳玩邵子本意，謂陰陽相交者指陽儀中之陰陽，剛柔相交者指陰儀中之剛柔，是以老交少、少交老，而生天地四象，其機混然而無間；朱子易陽爲太陽，陰爲太陰，剛爲少陽，柔爲少陰，二太相交而生天四象，二少相交而生地四象；其分粲然而有别。朱子之説雖非邵子本意，然因是可以見圖之分陰分陽者，以交易而成象之或老或少，初不易其分也。朱子嘗言『文王後天八卦，震東兑西爲長少相合於正方，巽東南艮東北爲長少相合於偏方，以長少之合爲非其耦。必若伏羲先天八卦，震以長男而合陰長之巽爲雷風不相悖，艮以少男而合陰少之兑爲山澤通氣，以長合長、少合少爲得其耦』，又言『無伏羲底，做文王底不成。其歸却在伏羲上』。今邵子説四象之交，即文王之説也，朱子説四象之交，即伏羲之説也。觀朱子之説，實廣邵子未盡之意，而觀邵子之説者，亦庶乎有折衷矣。」

「以河圖洛書論之：太極者，虚中之象也；兩儀者，陰陽奇耦之象也；四象者，河圖之一合六、二合七、三合八、四合九，洛書之一含九、二含八、三含七、四含六也；八卦者，河圖四實四虚之數，洛書四正四隅之位也。以卦畫言之：太極者，象數未形之全體也；兩儀者，一爲陽而--爲陰，陽數一而陰數二也；四象者，陽之上生一陽則爲⚌而謂之太陽，生一陰則爲⚍而謂之少陰，陰之上生一陽則爲⚎而謂之少陽，生一陰則爲⚏而謂之太陰也，四象既立，則太陽居一而含九，少陰居二而含八，少陽居三而含七，太陰居四而含六，此六七八九之數所繇定也；八卦者，太陽之上生一陽則爲☰而名乾，生一陰則爲☱而名兑，少陰之上生一陽則爲☲而名離，生一陰則爲☳而名震，少陽之上生一陽則爲☴而名巽，生一陰則爲☵而名坎，太陰之上生一陽則爲☶而名艮，生一陰則爲☷而名坤，康節先天之説所謂乾一、兑二、離三、震四、巽五、坎六、艮七、坤八者，蓋謂此也。至於八卦之上，又各生一陰一陽，則爲四畫者十有六，經雖無文，而康節所謂『八分爲十六』者，此也。四畫之上，又各生一陰一陽，則爲五畫者三十有二，經雖無文，而康節所謂『十六分爲三十二』者，此也。五畫之上，又各生一陰一陽，則爲六畫之卦六十有四，而八卦相重，又各得乾一、兑二、離三、震四、巽五、坎六、艮七、坤八之次，其在圖可見矣。」

陳氏潛室曰：「易本逆數也。有一便有二，有三便有四，有四便有十六，以至於六十四，皆繇此可以知彼，繇今可以知來。故自乾一以至於坤八，皆循序而生，一如横圖之次。今欲以圓圖象渾天之形，若一依此序，則乾坤相並，寒暑不分，故伏羲取天地定位、山澤通氣、雷風相薄、水火不相射之義，以乾坤定上下之位，坎離列左右之門，艮兌、震巽皆相對而立。蓋乾兌離震皆屬陽，巽坎艮坤皆屬陰，悉以陰陽相配。圖必從中起者，蓋『萬事從心出』之義。卦必從復起者，蓋『天開於子』之義。自一陽始生之復，起冬至節，歷離震之間爲春分，以至於乾爲純陽，是進而得其已生之卦，如今日覆數昨日，故曰『數往者順』。自一陰始生之姤，起夏至節，歷艮兌之間爲秋分，以至於坤爲純陰，是進而能推其未生之卦，如今日逆計來日，故曰『知來者逆』。」

胡氏雲峯曰：「諸儒訓釋此，皆謂『已往而易見』爲順，『未來而前知』爲逆，『易主於前民用』，故曰『易逆數』也。唯本義依邵子，以『數往者順』一段爲指圓圖，而言卦氣之所以行，『易逆數』一段爲指横圖，而言卦畫之所以生。非本義發邵子之蘊，則學者孰知此所謂先天之學哉？此本義之功所以爲大也。」

梅氏□□曰：「自天天至地天八卦，言天定位於南；自天地至地地八卦，言地定位於北；天山至地山八卦，言山通氣於西北；天澤至地澤八卦，言澤通氣於東南；天雷至地雷八卦，言雷相薄於東北；天風至地風八卦，言風相薄於西南；天火至地火八卦，言火不相射於東；天水至地水八卦，言水不相射於西，此六十四卦之圓圖，皆自南而北、自上而下，故曰『順』。雷八卦以動物，風八卦以散物，生物之春也；雨八卦以潤物，日八卦以晅物，長物之夏也；艮八卦以止物，兌八卦以說物，收物之秋也；乾八卦以君物，坤八卦以藏物，藏物之冬也，此六十四卦之方列，皆自北而南、自下而上，故曰『逆』。邵子所傳先天之圖，其原蓋出於此。」

陳氏季立曰：「大哉圖乎！何其分數之明，而消息盈虚者不忒也！夫屈信天地間者，惟陰陽耳，初若爭而交惡，又若遜而交和。故生於子者至巳而極，生於午者至亥而極；其未極也，若日增其所無，其既極也，若日減其所有，然此非加多，彼非加少，適均而已矣。今觀於圖之內，則陰陽各分其儀；觀於圖之外，則卦體各八其八。乾坤以純而等，六子以雜而合。姤復專其一乎？遯臨遂其二乎？泰否均其三乎？觀壯通其四乎？夬剥盈其五乎？故一一可以著始而決幾也，二二可以明事而審勢也，三三可以比類而例觀也，四四可以度時而斷志也，五五可以考終存變而不忘其始也。此進而彼退，此屈則彼信，此來則彼往，此歸則彼旋；陽無有餘，不能以意溢之；陰無不足，不能以意縮之。用是而知：日之一南一北，天道也；海之一潮一汐，地道也；世之一治一亂，人道也。說者謂治常少而亂常多，非也。夫治有小大，亂亦有小大，合百千年而乘除之，不差焉耳。猶之歲然：或有餘於氣，或不足於朔，合十九年而七閏之，匪爽焉耳；且春分之後日行北，陸下土無不暑也者；秋分之後日行南，陸下土無不寒也者。乃西北極陬，六月履霜，東南極島，三冬裸體，彼且有疑於寒暑也？故善論人事者，必於天地；善論天地者，必於包羲之圖。」

「大哉圖乎！聖人之心也！君子觀圖，得洗心之學焉。夫圖之所有，不過陰陽迭紆迭循，而六十四卦炳然列矣。聖人之心，寂非陰乎？感非陽乎？寂感相生而事理出。故健以宰之，於是乎見乾；順以達之，於是乎見坤；明而深，可以見離見坎；動而定，可以見震見艮；說而潛，可以見兑見巽；時乎同人，所以廣仁也；夬決，所以裁義也；履分，所以辨禮也；晉哲，所以用智也；中孚，所以起信也；或豫而謙，或豐而節，或困而頤，或恆而革，從容於否泰之交，順適於蹇解之際。蓋無以生有，有者既謝而無，無者自如；虚以出實，實者既馳而虚，虚者自若，此聖人之心也，不於圖而可見乎？古之君子，緣圖而契心，即心而求學。觀大壯，則奮發之念殷；憂明夷，則防危之意切；損其嗜慾，以益真也；剥其疵纇，以復本也；始乎漸，常卒乎升；始乎蒙，常卒乎解；故過寡其大而後及於小，久之而德純矣；畜基於小而必底於大，久之而業廣矣。無無而有有，實實而虚虚，將不與聖人玄同矣乎？是唐虞未起，而執中之訓已昭；文武未興，而敬義之箴斯在：圖之所以可貴也。是故爲熊經鳥伸、吐故納新之說者，則取之以養生；爲孤生旺相、方隅生死之說者，則取之以論兵；爲璿璣齊政、推步躔度之說者，則取之以作歷；爲參伍錯綜、知來藏往之說者，則取之以卜筮；而研精好古、希聖希天之士，則取之以洗心。大小不同，道藝異用，皆不能離夫圖也。噫！洗心其要矣乎！」

「大哉圖乎！一氣者乎！太極之流衍者乎！蓋天地間一陰一陽而已矣，猶一歲之中有寒有暑。寒暑之中分爲四時，四時之中離爲八風：此兩儀四象八卦之說也；八風別爲二十四氣，又判爲七十二候：此六十四卦之說也；七十二候又各有晝夜。晝夜一陰陽矣，然日中之前可爲陽，日中之後可爲陰，夜半之前可爲陰，夜半之後可爲陽。又，寅陽也，而卯可爲陰；子陽也，而丑可爲陰。又，一時也，分爲八刻，上四刻爲陽，下四刻爲陰。又，刻之方來也爲陽，及刻之既去也爲陰。繇此而推，無有窮盡，雖巧歷莫之能算矣。然圖止於六十四者，蓋以遠近幽深已無弗該，洪纖高下已無弗貫耳。然圖必圓之，何也？見陰陽之一氣也。故日行地上則晝，行地下則夜，晝夜豈二氣乎？日行赤道北則暑，行赤道南則寒，寒暑豈二氣乎？或問：『理又何物也？』曰：『理也者，氣之條理也。故天惟一氣，而日星有章矣；地惟一氣，而山川各得矣；人惟一氣，而仁義禮智森然具矣；木惟一氣，而枝葉花實燦然出矣，是則所謂理也。』或問：『太極又何物也？』曰：『太極也者，至妙至盡，非可匹合於天下者之名也，亦強名之也。非終非始，非內非外，非微非顯，非方非圓，非形而形天下之形，非象而象天下之象。故兩儀四象，太極也；八卦六十四卦，太極也；宇宙三才，無一非太極也。聖人不能按之而使小，亦不能廓之而使大，不能拂之而使無，亦不能造之而使有，亦示以意而已矣。故兩儀四象可畫，八卦六十四卦可畫，而太極終不可畫也。』」

「大哉圖乎！純乎純變乎！變而其數，卒不可窮者乎！夫造化物理，一每生二，故有兩儀，不得不有四象八卦矣。有四象八卦，不得不有六十四卦矣。八卦者，本之所以立也。六十四者，道之所以行也。本立者，純無疵也。道行者，變雜擾也。何者乾尊也，坤親也？重而乾坤美哉。剛柔之德乎，離章也，坎晦也，重而離坎美哉。得乾坤之中乎，震出也，巽入也，重而震巽，美哉！得乾坤之始乎，艮定也，兌和也，重而艮兌美哉。得乾坤之終乎，然及其互相交錯也。節之後，繼之以損；同人之後，繼之以革；賁之後，繼之以明夷；益之後，繼之以屯；井之後，繼之以蠱；升之後，繼之以訟；漸之後，繼之以蹇；比之後，繼之以剥，是高岸爲谷也。夬之後，繼之以大有；大畜之後，繼之以泰；睽之後，繼之以歸妹；家人之後，繼之以既濟；大過之後，繼之以鼎；蒙之後，繼之以師；遯之後，繼之以咸；否之後，繼之以萃，是深谷爲陵也。禍福利害之相因，吉凶成毀之迭至，乾坤六子不得而自繇矣。聖人純乎其純，變乎其變，行與時會，而心與天通，是以道無弗亨，而行無弗得也。嗟夫！圓圖既具，天地萬物之情見矣。儻於六十四之上重之陰陽，則爲一百二十八；再重之，則爲二百五十六；三重之，則爲五百一十二；四重之，則爲一千二十四；五重之，則爲二千四十八；六重之，則爲四千九十六卦，而乾一、兌二、離三、震四、巽五、坎六、艮七、坤八之位卒未嘗易也。夫一卦重而爲六十四，六十四重而爲四千九十六，不過於兩儀之上畫加一倍而已。」

「大哉圖乎！其有待於後聖者乎！苟非其人，道不虛行也。或問：『圖義奧妙，何以漢唐宋莫之知乎？』曰：『惟其奧妙，是以莫知。惟其莫知，是以奧妙也。文王作易，取圖之卦，遞繫之詞，尊圖至矣。孔作繫傳贊圖，居半至於大象，純爲解圖設也。厥後周易行而羲圖隱，自漢田何至鄭玄皆主象數，魏王弼獨主理義象數之學，以卦變、互體、五行、納甲諸類明繫易之本原。理義之學以乘、承、比、應、當位、中偏諸類見用易之顯效。孔穎達宗王而訾鄭，李鼎祚宗鄭而訾王，其波及至今，皆鄭王之餘也。乃其旁門，則爲京房、魏伯陽、管輅、郭璞，且流於壬遁葆真術數技藝之末矣。羲圖雖有妙義，孰從而究索之乎？此所以歷千古而常存，亦歷千古而若晦也。』」

弘撰曰：「邵子嘗云：『先天學，心法也。故圖皆自中起，萬化萬事生乎心也。』又云：『圖雖無文，吾終日言而未嘗離乎是。蓋天地萬物之理盡在其中矣。』或問：『何也朱子云一日有一日之運，一月有一月之運，一歲有一歲之運，大而天地之始終，小而人物之生死，遠而古今之世變，皆不外乎此？』『只是一個盈虛消息之理，本是個小底，變成大底，到那大處，又變成小底。如納甲法，乾納甲壬，坤納乙癸，艮納丙，兌納丁，震納庚，巽納辛，坎納戊，離納己，亦是此個。又如道家以坎離爲真水火，爲六卦之主，而六卦爲坎離之用，自月初三爲震，上弦爲兌，望日爲乾，望後爲巽，下弦爲艮，晦日爲坤，亦不外此。』又云：『乾之一爻屬戊，坤之一爻屬己，流戊就己，方成坎離。蓋乾坤是大父母，坎離是小父母。又如火珠林，占得一屯卦，則初九是庚子，六二是庚寅，六三是庚辰，六四是戊申，九五是戊戌，上六是戊子，亦都是此個。』又云：『先天圖，今所寫者是以一歲之運言之，推而至於元會運世十二萬九千六百歲，亦只是此圈子，都從復上推起去。』」

「朱子之意蓋謂自有先天圖以後，如納甲法、道家修養法，下至火珠林、占筮等書，莫不自先天圖出，此所謂天地萬物之理盡在其中也。邵子嘗自贊云：『弄丸餘暇，時往時來。』又云：『自從會得環中意，閒氣胸中一點無。』其有得於圖者如此。朱子贊之云：『天挺人豪，英邁蓋世，駕風鞭霆，歷覽無際，手探月窟，足躡天根，閒中今古，靜裏乾坤。』可謂形容盡之矣。今歷引其言，而終之以圖爲心法，圖皆自中起。且以爲天地萬物之理盡在其中，則其學之得於心。心之根於理者，又豈徒象數云乎哉？言皆者，兼方圓圖也。天地定位，圓圖從中起也。雷動風散，方圖從中起也。圓者，動以定位爲本。方者，靜以動散爲用。動而無動，靜而無靜，固先天之法與？」見胡氏。

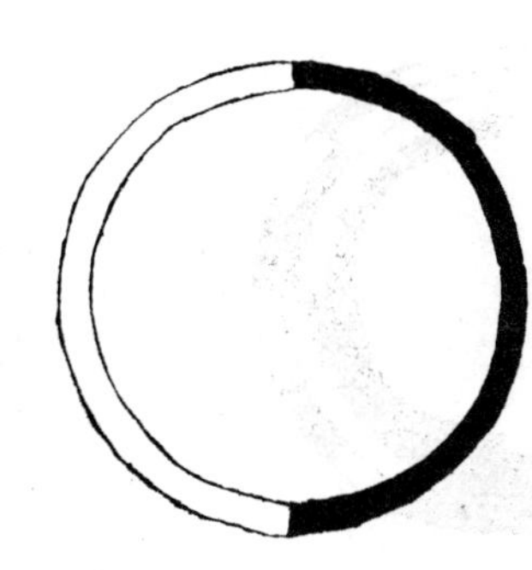

此兩儀也，兩畫所成。

此四象也，四畫所成。

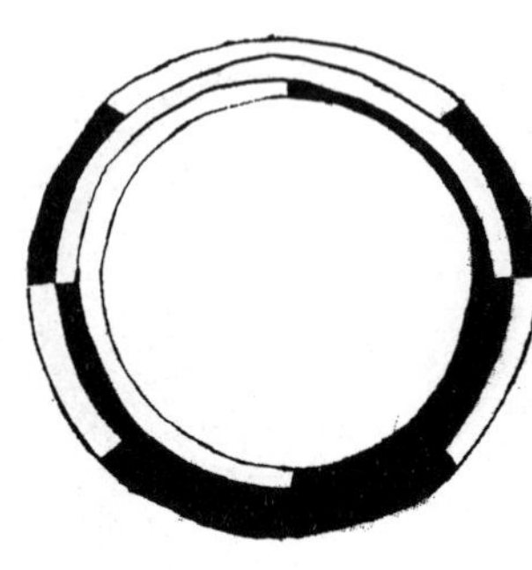

此八卦也，八畫所成，小成也。

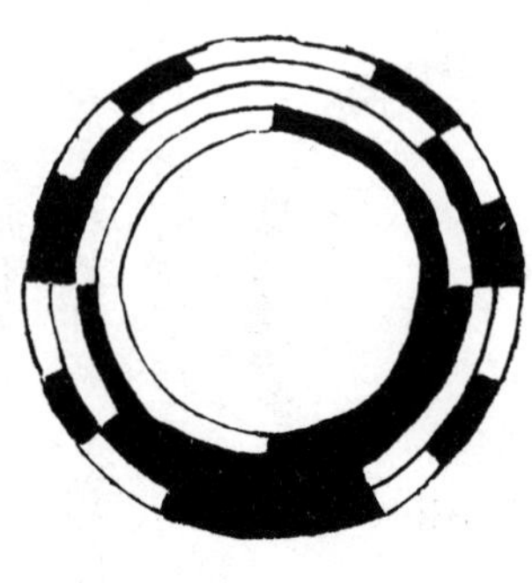

此十六卦也，十六畫所成。除去兩儀，爲十六小成之卦，春秋傳所謂互卦也。

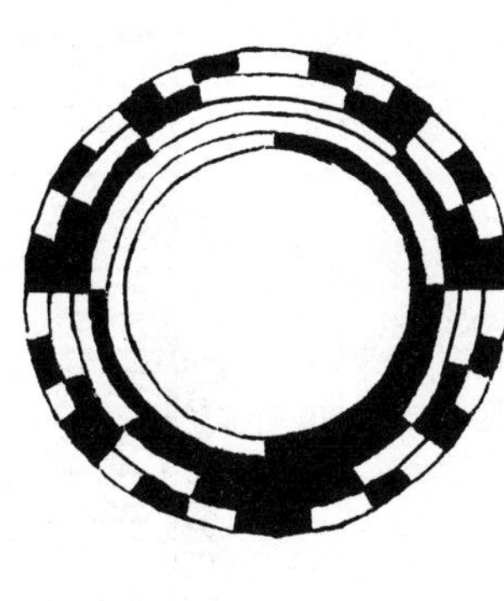

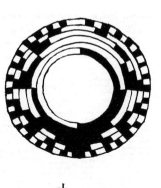

此三十二卦也，三十二畫所成。除去四象，爲三十二小成之卦，亦春秋傳所謂互卦也。

此六十四卦也，六十四畫所成。除去八卦，爲六十四小成之卦。合下八卦，爲六十四大成之卦也。

弘撰曰：「此圖舊有傳者，而陳季立特表章之。余嘗論因重不取，逐爻漸加之說，謂『十六』、『三十二』，都無名義。梅氏亦云：『中間曾無駐足之地』。今季立尋出互卦爲詞，可謂巧合，亦可見象數之無所不在也。然以爲伏羲作卦即有此意，則必不然矣，蓋非其中爻不備孔子之易也。」

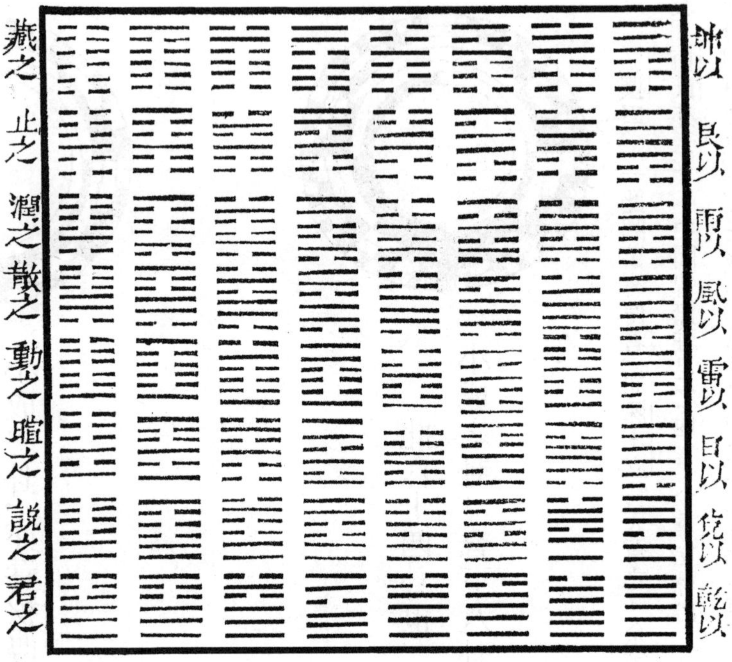

坤以　艮以　雨以　風以　雷以　日以　兌以　乾以

藏之　止之　潤之　散之　動之　晅之　說之　君之

傳曰：「雷以動之，風以散之，雨以潤之，日以晅之，艮以止之，兌以說之，乾以君之，坤以藏之。」

邵子堯夫曰：「天地定位，否泰反類，山澤通氣，咸損見義，雷風相薄，恒益起義，水火相射，既濟未濟四象相交成十六事。」朱子晦庵曰：「此是釋方圖中兩交股底，且如西北角乾、東南角坤是天地定位，便對西南角否、東北角泰，次乾是兌，次坤是艮，山澤通氣，便對次否之咸，次泰之損，後四卦亦如此，共十六事。以是推之，方圖八卦之位即是橫圖生出之序，橫圖乾一坤八，自前而後，方圖乾一坤八，自下而上，繇卦之有八，故不相隔，而交者左右各七，如兌次乾，乾與兌即交於其次，如此者凡七。隔一卦交者六，如乾與離隔一卦相交，同人大有亦隔一卦相對。兌與震，離與巽，震與坎，巽與艮，坎與坤，皆是隔二卦交者五，如乾與震，隔二卦相交，無妄大壯亦隔二卦相對。兌與巽，離與坎，震與艮，巽與坤，皆是隔三卦交者四。乾與巽，兌與坎，離與艮，震與坤，隔四卦交者三。乾與坎，兌與艮，離與坤，隔五卦交者二。乾與艮，兌與坤，隔交卦交者一。乾與坤，不相隔者其交最多。上下各七，交之最遠者，其交最少。上下各一，西北與東南二隅交，西南與東北二隅不交，無他，東北陽方，西南陰方，西北東南陰陽之交，故此二隅其交最密，而經世之數獨於其交者有取焉，有旨哉。」

「圖皆自中起，方圖自中起，則有震巽之一陰一陽，然後有坎離艮兌之二陰二陽，又然後成乾坤之三陰三陽，其序皆自內而外。內四卦四震四巽相配，而近有雷風相薄之象。震巽之外，十二卦縱橫有坎離，有水火不相射之象。坎離之外，二十卦縱橫有艮兌，有山澤通氣之象。艮兌之外，二十八卦縱橫有乾坤，有天地定位之象。四而十二，十二而二十，二十而二十八，皆有隔八相生之妙，又其中爲震巽者各四，自是而爲坎離者各八，而坎離之上下，四震四巽復存焉。自震巽坎離之外，而爲艮兌者各十二，而艮兌之上下，震巽坎離者各四。又自震巽坎離艮兌之外，而爲乾坤者各十六，而乾坤之上下，爲震巽坎離艮兌者又各四焉。」

朱子嘗欲取出圓圖中方圖在外，庶圓圖虛中以象太極。今考方圖，乾、坤、艮、兌、坎、離、震、巽八卦之正也，泰、否、咸、損、既濟、未濟、恒、益即乾、坤、艮、兌、坎、離、震、巽之交不交也。圓圖乾居南，今轉而居西北。內乾八卦居北，外乾八卦居西。坤居北，今轉而居東南。內坤八卦居南，外坤八卦居東。而艮、兌、震、巽、坎、離皆易其位，於以見方圖不特有一定之位，而有變動交易之義也。

恒
未濟
咸
否
益
既濟
損
泰
巽
坎
艮
坤
震
離
兌
乾

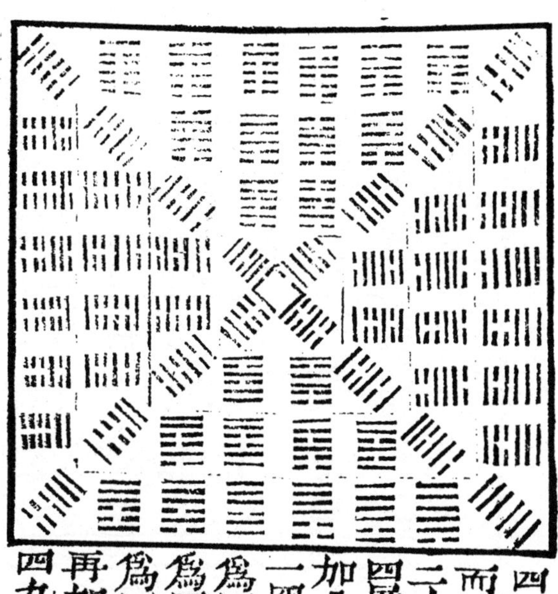

四而十二而二十而二十八以四層分每加八爲一四起次爲四三次爲四五次爲四七再加之則四九矣

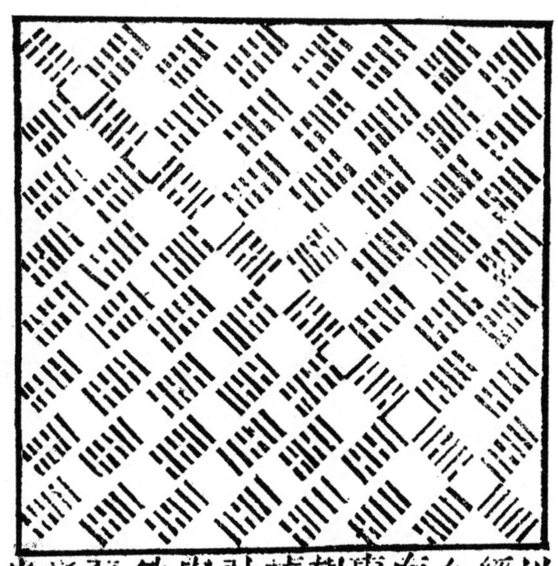

以八經卦介西南與東北相向皆叠卦也內卦外卦交相錯易也

四介分之各得十六以天地人物春夏秋冬配

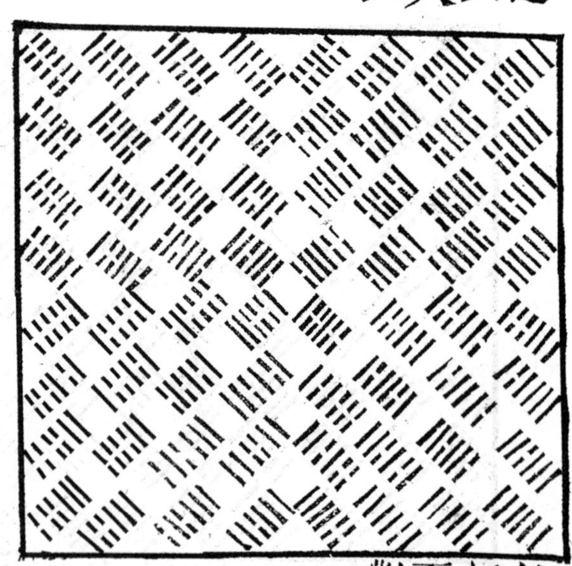

旋交相望而錯對

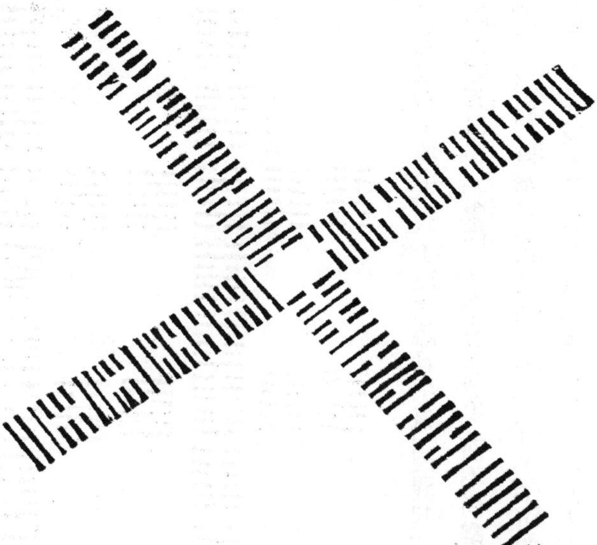

此方圖之乂也

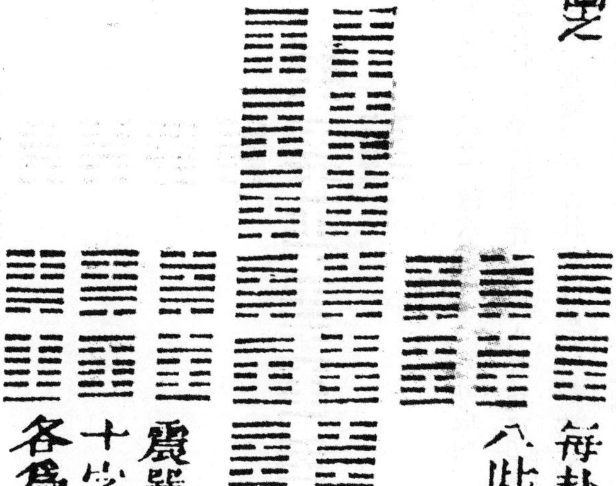

每卦横竪八直竪八此惟方圖可觀

震巽在中雙交十字其餘四隅各爲方九

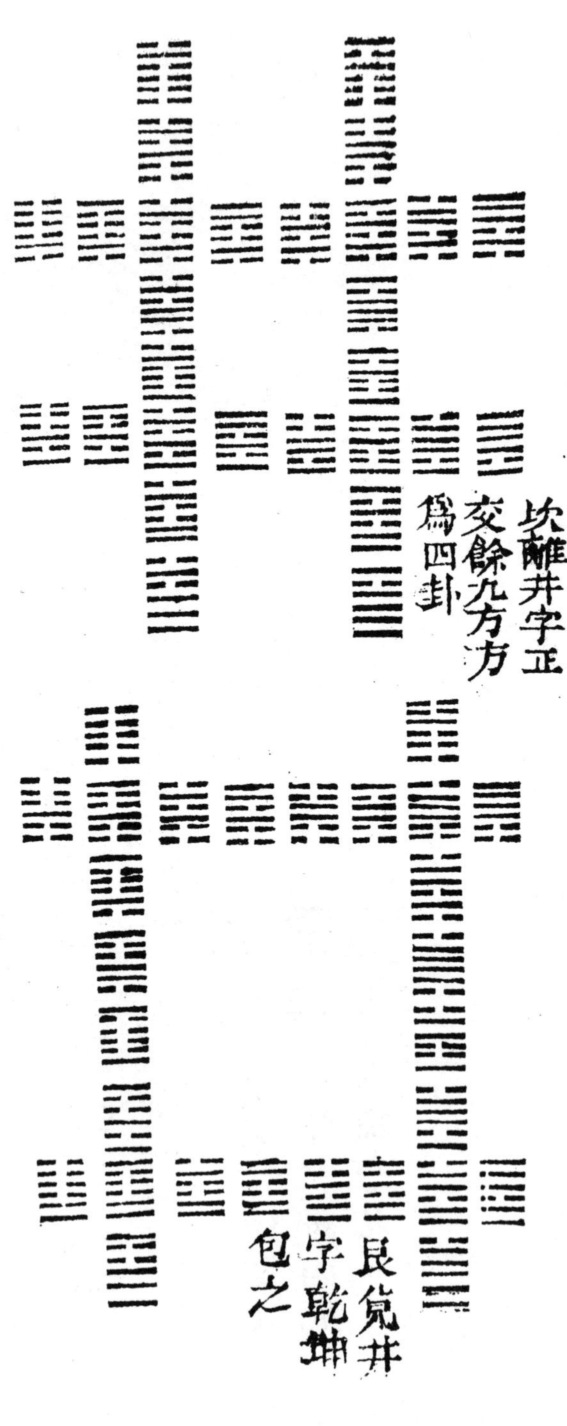

二老包六子於中，六子以坎離爲中氣，震巽起初氣，而艮兑究氣成之，故坎離雙交，其分最均。

胡氏庭芳曰：「康節先天之易尚象，而不尚辭。觀物篇有所謂律呂圖、聲音圖，八卦交爲十二辰圖，十二辰交而爲十六位圖，太極圖、既濟陰陽圖、掛一圖、三千六百年圖諸圖之傳，並無一字言其所以然？蓋欲示不言之教，如伏羲六十四卦，初無語言文字也。然其圖雖多，特只本之先天六十四卦方圓圖。且以先天圖言之，圓圖象天，包於地外；方圖象地，處於天中，是一大陰陽相配也。分圓圖而觀，乾兑離震居左爲天卦，巽坎艮坤居右爲地卦，分陰陽，立兩儀，而主運行不息之事。分方圖而觀，西北十六卦天卦自相交，東南十六卦地卦自相交，其斜行則乾、兑、離、震、巽、坎、艮、坤，自西北而東南，皆陰陽之純卦也，不能生物。西南十六卦天去交地，天卦皆在上，而生氣在首，故能生動物，而頭向上。東北十六卦地去交天，天卦皆在下，而生氣在根，故能生植物，而頭向下。其斜行則泰、損、既濟、益、恒、未濟、咸、否，自東北而西南，皆陰陽得耦之合也，所以能生物也。又合二圖而觀，方圖乾處，圓圖亥位，謂之天門，是天氣下降也。方圖坤處，圓圖巳位，謂之地戶，是地氣上騰也。此兩十六卦所謂陰陽互藏其宅也。方圖泰處，圓圖寅位，謂之鬼方。方圖否處，圓圖申位，謂之人路。此兩十六卦是天交地、地交天，而生生不息，所以泰居寅而否居申，所謂陰陽各從其類也。夫圓圖主運行之事，方圖主生物之事。運行者，氣也。生物者，質也。氣非質，則無所附麗。質非氣，則豈能生物哉？康節經世書本先天方圓圖，其作用大略如此。」

文王八卦次序圖

乾父

艮坎震

震長男得乾初爻

坎中男得乾中爻

艮少男得乾上爻

坤母

兌離巽

巽長女得坤初爻

離中女得坤中爻

兌少女得坤上爻

傳曰：「乾天也，故稱乎父。坤地也，故稱乎母。震一索而得男，故謂之長男。巽一索而得女，故謂之長女。坎再索而得男，故謂之中男。離再索而得女，故謂之中女。艮三索而得男，故謂之少男。兌三索而得女，故謂之少女。」

朱子晦庵曰：「坤求於乾，得其初九而爲震，故曰一索而得男。乾求於坤，得其初六而爲巽，故曰一索而得女。坤再求，而得乾之九二以爲坎，故曰再索而得男。乾再求，而得坤之六二以爲離，故曰再索而得女。坤三求，而得乾之九三以爲艮，故曰三索而得男。乾三求，而得坤之六三以爲兌，故曰三索而得女。」胡氏玉齋曰：「三男，陽也，乾之，似也，乃歸之於坤。求而後得；三女，陰也，坤之，似也，乃歸之於乾，求而後得，何也？蓋三男本坤體，各得乾一陽而成，此陽根於陰，故歸之坤也。三女本乾體，各得坤一陰而成，此陰根於陽，故歸之乾也。」邵子曰：「母孕長男而爲復，父生長女而爲姤，陰陽互根之義可見矣。」

文王八卦方位圖

傳曰：「帝出乎震，齊乎巽，相見乎離，致役乎坤，說言乎兌，戰乎乾，勞乎坎，成言乎艮。」

邵子堯夫曰：「此文王所定八卦八用之位，所謂後天之學也。」

「萬物出乎震，震東方也。齊乎巽，巽東南也。齊也者，言萬物之潔齊也。離也者，明也，萬物皆相見，南方之卦也。聖人南面而聽，天下嚮明而治，蓋取諸此也。坤也者，地也，萬物皆致養焉，故曰致役乎坤。兑，正秋也，萬物之所説也，故曰説言乎兑。戰乎乾，乾西北之卦也，言陰陽相薄也。坎者，水也，正北方之卦也，勞卦也，萬物之所歸也，故曰勞乎坎。艮東北之卦也，萬物之所成終，而所成始也，故曰成言乎艮。」

邵子堯夫曰：「至哉！文王之作易也，其得天地之用乎？故乾坤交而爲泰，坎離交而爲既濟也。乾生於午，坎終於寅，離終於申，以應天之時也。置乾於西北，退坤於西南，長子用事而長女代母。坎離得位而兑艮爲耦，以應地之方也。王者之法其盡於是矣。朱子曰：「此言文王改易，伏羲卦圖之意也。蓋自乾南坤北而交，則乾北坤南而爲泰矣。自離東坎西而交，則離西坎東而爲既濟矣。乾坤之交者，自其所以成，而反其所由生也，故再變則乾退乎西北，坤退乎西南也。坎離之變者，東自上而西，西自下而東也。故乾坤既退，則離得乾位，而坎得坤位也。震用事者，發生於東方。巽代母者，長養於東南也。」○胡氏玉齋曰：「乾南、坤北、離東、坎西者，先天卦位。乾坤繇南北而交，坤南乾北，則坤上乾下，故交而爲泰也。離坎由東西而交，則坎上離下，故交而爲既濟也。先天卦，乾居午而云生於子者，以乾陽始生於復，復子之半也。坤居子而云生於午者，以坤陰始生於姤，姤午之半也。午，乾之所已成，今下而交坤於子，是反其所繇生也。子，坤之所已成，今上而交乾於午，是反其所由生也。故再變而爲後天卦，則乾退而北，坤退而南也。先天卦，離當寅而云終於申者，申乃坎之位，離交坎而終於申也。坎當申而云終於寅者，寅乃離之位，坎交離而終於寅也。東者，離之本位，其變則交於坎而向西，是東自上而西也。西者，坎之本位，其變則交於離而向東，是西自下而東也，故再變而爲後天卦。乾坤既退，則離上而得乾位，坎下而得坤位也。震代父始事，而發生於東方。巽代母繼事，而長養於東南也。先天主乾坤坎離之交，其交也將變而無定位，天時之不窮也，故曰應天。後天主坎離震兑之交，其交也不變而有定位，地方而有常也，故曰應地。此文王作易所以得天地之用，而邵子以『至哉』贊之也。」易者，一陰一陽之謂也。震兑，始交者也，故當朝夕之位。坎離，交之極者也，故當子午之位。巽艮不交，而陰陽猶雜也，故當用中之備。乾坤，純陽純陰也，故當不用之位也。」

「兑離巽，得陽之多者也；　艮坎震，得陰之多者也，是以爲天地用也。乾極陰，坤極陰，是以不用也。」「震兑横而六卦縱，易之用也。」朱子曰：「嘗考此圖，而更爲之説曰：震東兑西者，陽主進，故以長爲先而位乎左，陰主退，故以少爲貴而位乎右也。坎北者，進之中也。離南者，退之中也。男北而女南者，互藏其宅也。四者皆當四方之正位，而爲用事之卦，然震兑始而坎離終，震兑輕而坎離重也。乾西北坤西南者，父母既老而退居不用之地也，然母親而父尊，故坤猶半用而乾全不用也。艮東北巽東南者，少男進之後而長女退之先，故亦皆不用也，然男未就傅，女將有行，故巽稍向用而艮全未用也。四者皆居四隅不正之位。然居東者未用，而居西者不復用也，故後歷舉六子，而不數乾坤，至其水火雷風山澤之相耦，則又用伏羲卦云。」〇陳氏隆山曰：「離爲日，大明生於東，故在先天居東。日正照於午，日中時也，故在後天居南。坎爲月，月生於西，故在先天居西。月正照於子，夜分時也，故在後天居北，在先天則居生之地，在後天則居旺之地，不特坎離後天卦位皆以生旺爲序，震木旺於卯，兑金旺於酉，土旺中央，故坤位金火之間，艮位水木之間。兑陰金乾陽金，故乾次兑居西北；　震陽木巽陰木，故巽次震居東南，皆以五行生旺爲序，此所謂易之用也。」

朱子晦庵曰：「據邵氏説：『先天者，伏羲所畫之易也。後天者，文王所衍之易也。』伏羲之易，初無文字，只有一圖，以寓其象數，而天地萬物之理、陰陽始終之變具焉。文王之易，即今之周易，而孔子所爲作傳者是也。孔子既因文王之易以作傳，則其所論固當專以文王之易爲主。然不推本伏羲始畫之易，只從後半説起，不識向上根源矣，故十翼之中，如八卦成列，因而重之，太極、兩儀、四象、八卦，而天地山澤雷風水火之類皆本伏羲畫卦之義，而某於啓蒙原卦畫一篇，亦分兩儀。伏羲在前，文王在後，必欲知聖人作易之本，則當考伏羲之畫。若只欲知今易書文義，則但求之文王之經、孔子之傳足矣。兩者初不相妨，而亦不可以相雜也。」

胡氏玉齋曰：「先天卦：　乾以君言，則所主者在乾；　後天卦，震以帝言，則所言者又在震，何哉？　此正夫子發明羲文尊陽之義也。蓋乾爲震之父，震爲乾之子，以統臨謂之君，則統天者莫如乾，而先天卦位宗一乾也，此乾方用事，則震居東北而緩其用也。以主宰謂之帝，主器者莫若長子，後天卦位宗一震也，此乾不用，則震居正東而司其用也。先天所重者在正南，後天所重者在正東，如此則文王改易伏羲卦圖，同一尊陽之心可見矣。」

胡氏雙湖曰：「先天乾中爻下變坤中爻則成坎，而襲坤之位，故天氣下降，而乾位西北。先天坤中爻上變乾中爻則成離，而襲乾之位，故地氣上騰，而坤位西南。先天離下爻變坎下爻則成兌，襲先天坎之位，故離居南而爲夏，兌居西而次夏爲秋。先天坎上爻變離上爻則成震，而襲先天離之位，故坎居北而爲冬，震居東而次冬爲春。後天乾既位西北，而當先天艮之位，則艮進而位於東北，襲先天震之位，艮亦震之反也。後天坤既位西南，而當先天巽之位，則巽退而位於東南，襲先天兌之位，巽亦兌之反也。後天四正四隅之卦，所繇定如此，天豈舍先天而自爲之哉？」

徐氏進齋曰：「坎離，天地之大用也，得乾坤之中氣，故離火居南，坎水居北也。震動也，物生之初也，故居東。兌說也，物成之後也，故居西。此四者，各居正位也。震屬木，巽亦屬木。震陽木也，巽陰木也，故巽居東南巳之位也。兌屬金，乾亦屬金。兌陰金也，乾陽金也，故乾居西北亥之方也。坤艮皆土也。坤陰土，艮陽土，坤居西南，艮居東北者，所以均旺乎四時也。此四者，分居四隅也。後天八卦，以震、巽、離、坤、兌、乾、坎、艮爲次者。震巽屬木，木生火，故離次之。離火生土，故坤次之。坤土生金，故兌乾次之。金生水，故坎次之。水非土，亦不能以生木，故艮次之。水土又生木，木又生火。八卦之用，五行之生，循環無窮，此所以爲造化流行序也。」

胡氏庭芳曰：「文王八卦，自取東南西北四方之位，及春夏秋冬四時運行之序。震東爲春，巽東南春夏之交，離南爲夏，坤西南夏秋之交，兌西爲秋，乾西北秋冬之交，坎北爲冬，艮東北冬春之交。震巽爲木，離爲火，坤艮爲土，兌乾爲金，坎爲水。春夏秋冬，木火金水，與四方俱協焉。後天八卦流行以致用又如此。天地之間，有對待之體，不可無流行之用。有伏羲之易，不可無文王之易，所以知得此爲文王者，文王彖坤有曰：『西南得朋，東北喪朋。』正合此圖之方位也。」

趙氏庸齋曰：「坤上乾下爲泰，以天地之交也。坎上離下爲既濟，以水火之交也。泰六爻雖相應，而二五處非其位。既濟六爻不惟皆相應，而剛柔無一之不當，以是爻居是位，其應者皆正也，水火相交而剛柔正應，其爲既濟，豈不大哉？」

序卦圖

上經以乾坤坎離爲主，以震巽艮兑爲客。

乾 ䷀　坤 ䷁ 乾坤萬物父母

屯 ䷂　蒙 ䷃ 震坎艮三男合

需 ䷄　訟 ䷅ 乾坎合

師 ䷆　比 ䷇ 坤坎合

小畜 ䷈　履 ䷉ 乾合巽兑長少二女

泰 ䷊　否 ䷋ 乾坤正體交

同人 ䷌　大有 ䷍ 乾合離

謙 ䷎　豫 ䷏ 坤合震艮長少二男

隨 ䷐　蠱 ䷑ 震兑巽艮四偏卦男女合

臨 ䷒　觀 ䷓ 坤統巽兑長少二女

噬嗑 ䷔　賁 ䷕ 離合震艮長少二男

剥 ䷖　復 ䷗ 坤統震艮長少二男

无妄 ䷘　大畜 ䷙ 乾統震艮長少二男

頤 ䷚　大過 ䷛ 艮震兑巽四偏卦男女合

坎 ䷜　離 ䷝ 坎離天地大用

下經以兌巽震艮爲主，以離坎坤乾爲客。

咸䷞	恒䷟	兌艮震巽交
遯䷠	大壯䷡	乾統震艮長少二男
晉䷢	明夷䷣	坤合離
家人䷤	睽䷥	離合兌巽長少二女
蹇䷦	解䷧	坎合震艮長少二男
損䷨ּ	益䷩	咸恒交
夬䷪	姤䷫	兌巽御乾
萃䷬	升䷭	兌巽御坤
困䷮	井䷯	兌巽御坎
革䷰	鼎䷱	兌巽御離
震䷲	艮䷳	震艮長少二男前
漸䷴	歸妹䷵	巽艮震兌交
豐䷶	旅䷷	震艮御離
巽䷸	兌䷹	巽兌長少二女後
渙䷺	節䷻	巽兌御坎
中孚䷼	小過䷽	巽兌震艮別
既濟䷾	未濟䷿	水火交

熊氏與可曰：「夫子易卦之序，本於伏羲八卦圖，是以乾坤離坎正對之卦列於上經，震巽艮兌反對之卦列於下經。上

經主天道而言，故乾坤爲首，至十一卦序泰否，以見乾坤之交不交也。下經主人事而言，故咸恒爲首，至十一卦序損益，震巽艮兑之交不交也。上經終坎離，下經終既濟未濟，以見天地水火正對之卦列之四正，雷風山澤反對之卦列之四隅。泰否在上經之中，既濟未濟在下經之末，咸恒在下經之首，損益在下經之中，今易卦之序皆伏羲卦序也。若乾、坤、離、坎、頤、中孚、大過、小過八卦，以正對爲序。屯蒙以下五十六卦，以反對爲序。然頤大過序於上經之末，中孚小過序於下經之末，以明諸卦之反對，及其終也，又有正對者焉。」

胡氏庭芳曰：「文王之易，所以首乾次坤者，蓋定天地之位，著君臣上下之分，以紀綱人極。今觀乾坤二卦彖辭『利貞』、『安貞吉』之訓，可以見文王之心矣。此其所以三分有二，以服事殷也。要之文王彖辭，只是卜筮占決之辭，亦多取象及卦變，大抵皆因占以寓數，如言利貞，不言利不貞，言貞吉，不言不貞吉之類，便是一個正固底道理。文王作卦辭，雖未嘗明言太極，然所謂正理，是即所謂太極矣，故孔子發之。」

「合上下經始終而論之，乾坤天地也，坎離水火也，以體言也。咸恒夫婦也，既濟未濟水火之交不交也，以用言也。上經以天道爲主，具人道於其中。下經以人道爲主，具天道於其內。三才之間，坎離最爲切用，日月不運，寒暑不成矣，故上下經皆以坎離終焉。」

弘撰曰：「天地之間，陰陽而已。上篇首天地，陰陽之正也，故以水火之正終焉。下篇首夫婦，陰陽之交也，故以水火之交終焉。然易始於乾之初九，終於未濟之上九，則又始終亦一陽而已。陽包陰，故天包地，此聖人所以尊陽也。」

上經十八卦成三十卦

乾
坤
屯／蒙
需／訟
師／比
小畜／履

泰／否
同人／大有
謙／豫
隨／蠱
臨／觀
噬嗑／賁

剝／復
无妄／大畜
頤
大過
坎
離

不變者六卦。

下經十八卦成三十四卦

咸／恒
遯／大壯
晉／明夷
家人／睽
蹇／解
損／益

夬／姤
萃／升
困／井
革／鼎
震／艮
漸／歸妹

豐／旅
巽／兌
渙／節
中孚
小過
既濟／未濟

不變者二卦。

弘撰曰：「上下經卦數維均之説，始於孔氏疏本之乾鑿度，至陳希夷、鄭夾漈，已各有其説，而近世來瞿塘亦嘗言之，瞿塘之言曰：『以卦爻言之，上經陽爻八十六，陰爻九十四，下經陽爻一百六，陰爻九十八，上經陰多於陰，下經陽多於陰，皆同八焉。是卦爻之陰陽均平也。以綜卦兩卦論之，上經十八卦成三十卦，陽爻五十二，陰爻五十六，下經十八卦成三十四卦，陽爻五十六，陰爻五十二，上經陰多於陽，下經陽多於陰，皆同四焉，是綜卦之陰陽均平也。』其義較詳，此邵子所以言三十六宮也。」

胡氏雲峰曰：「易終於雜卦，而交易變易之義愈可見矣。每一卦反覆爲兩卦，而剛柔吉凶每每相反，此變易之義也。自乾坤至困三十卦，與上經之數相當，而雜下經十二卦於其中。自咸至夬三十四卦，與下經之數相當，而雜上經十二卦於其中。此交易之義也。或曰：『此偶然爾。』愚曰：『非偶然也，皆理之自然也。』坎離交之中者，本居上經三十卦内，今附於下三十四卦。震艮巽兑交之偏者，本居下經三十四卦内，今附於上三十卦。至若無反對者，上經六卦，下經二卦，今附於上者二卦，附於下者六卦，皆交易之義也。十二月卦氣，除乾坤外，上經泰、否、臨、觀、賁、復，陰之多於陽者十二。下經遯、壯、姤、夬，陽之多於陰者十二。今雜卦移否泰於三十四卦之中，而陰陽之多少復加之，特在上經者三十六畫，在下經者二十四畫，今附於上者二十四畫，附於下者三十六畫，愈見其交易之妙耳。若合六十四卦論之，上經三十卦，陰爻之多於陽者八，下經三十四卦，陽爻之多於陰者亦八，今則附於三十卦者，陽爻七十二，陰爻一百八，而陰多於陽者三十六，附於三十四卦者，陽爻一百二十，陰爻八十四，而陽之多於陰者亦三十六，特反對論。上經陰之多於陽者四，下經陽之多於陰者亦四，今則附於上者陽爻三十九，陰爻五十七，而陰爻多於陽者十八，附於下者陽爻六十九，陰爻五十一，而陽之多於陰者亦十八。或三十六，或十八，互爲多少，非特可見陰陽交易之妙，而三十六宮之妙愈可見矣，是豈聖人之心思智慮之可爲哉！愚故曰伏羲之畫、文王周公孔子之言，皆天也。本義謂自大過以下，卦不反對，或疑其錯簡。今以韻協之，又似非誤，未詳何義？愚切以爲雜物撰德，非其中爻不備，此蓋指中四爻互體而言也。先天圖之左互復、頤、既濟、家人、歸妹、睽、夬、乾八卦，右互姤、大過、未濟、解、漸、蹇、剥、坤八卦，此則於右取姤、大過、未濟、漸四卦，於左取頤、既濟、歸妹、夬四卦，各舉其半，可兼其餘矣，是雖所取不能無雜，蓋此謂雜卦，而互體又其最雜者也。上三十卦終之以困柔揜剛也，下三十四卦終之以夬剛決柔也。柔揜剛，君子不失其所亨。剛決柔，君子道長，小人道憂矣。雜卦之末特分别君子小人，言之意微矣！」

胡氏雙湖曰：「嘗推八卦奇耦之畫，每卦雖各得其三，而合之則爲六。乾坤合爲六，震巽合亦六，坎離合亦六，艮兑合亦六，適符老陰掛扐之用數。總之，則四六二十四而成老陰過揲之數，若無與於老陽之數矣。然以陽卦五畫、陰卦四畫觀之，奇耦之合又皆老陽掛扐之用數。故乾坤合爲九，震巽合亦九，坎離合亦九，艮兑合亦九，悉數之實成三十六，而爲老陽過揲之數焉。此乾坤用九用六，其數默見於卦畫之可推者如此。雖出於偶然，其實亦莫非自然之妙也，豈可以人力參哉？」

張氏仲純曰：「九陽，數之窮，窮則能變。陽主變，故乾用九六，乃陰數之中，中則守常。陰主常，故坤惟用六。乾陽之位共十二畫，謂乾三爻，震坎艮各一爻，巽離兑各二爻，共十二畫也。坤陰之位共二十四畫，謂坤六畫，巽離兑各二畫，震坎艮各四畫，計二十四畫也。陽爻，君道也，故得兼之，計有三十六畫，所以四九三十六畫，陽爻則稱九也。坤，臣道也，不得僭上，故四六二十四畫，所以陰爻則稱六也。故乾三畫兼坤之六畫，成陽之九也。陽進而乾元用九矣，陰退而坤元用六矣。」

弘撰曰：「以四象觀之，太陽居一而含九，少陰居二而含八，少陽居三而含七，太陰居四而含六，所以九爲老陽，而六爲老陰，此理數之自然也，天也。以爲扶陽而抑陰者，猶人意也。」

三極圖

傳曰：「六爻之動，三極之道也。有天道焉，有人道焉，有地道焉，兼三才而兩之，故六爻者非他也，三才之道也。」

程子伊川曰：「三極，上中下也。三才，以物言也。三極，以位言也。六爻之動，以位爲義，乃其序也。得其序，則安矣。自卦言乾夬之類，自爻言初二之類，皆序也。」

張子横渠曰：「陰陽，天道，象之成也。剛柔，地道，法之效也。仁義，人道，性之立也。三才兩之，莫不有乾坤之道。六爻各盡利而動，所以順陰陽、剛柔、仁義、性命之理也，故曰：『六爻之動，三極之道也。』」

朱子晦庵曰：「三極，天地人之至理。三才，各一太極也。立天之道曰陰與陽，是以氣言。立地之道曰柔與剛，是以質言。立人之道曰仁與義，是以理言。三畫已具，三才重之，故五而以上二爻爲天，中二爻爲人，下二爻爲地。兩卦各自看，上與三是天，五與二是人，四與初是地。」

弘撰曰：「兩之，即加一倍也。程子曰：『不兩則無用。』蓋兩之，所謂動也。兼三才而兩之，言重卦也。重之而六，天地人之道各兩，而實則大成之卦即小成之卦也，故曰非他。」

「又析言之，九三者，天之陽；六三者，天之陰；九二者，人之仁；六二者，人之義；初九者，地之剛；初六者，地之柔。又上是天之陰，三是天之陽，五是人之仁，二是人之義，四是地之柔，初是地之剛。」

八卦正位圖

☰乾在五　乾屬陽，五以陽居陽位，故爲正位。

☱兑在六　兑屬陰，六以陰居陰位，故爲正位。

☲離在二　離屬陰，二以陰居陰位，故爲正位。

☳震在初　震屬陽，初以陽居陽位，故爲正位。

☴巽在四　巽屬陰，四以陰居陰位，故爲正位。

☵坎在五　坎屬陽，五以陽居陽位，故爲正位。

☶艮在三　艮屬陽，三以陽居陽位，故爲正位。

☷坤在二　坤屬陰，二以陰居陰位，故爲正位。

來氏瞿塘曰：「乾屬陽，其位在五，惟坎可以同之，蓋坎中一畫乃乾也，若艮震之五皆陰矣，故居三居初，此陽卦正位不可移也。坤屬陰，其位在二，惟離可以同之，蓋離中一畫乃坤也，若巽兑之二皆陽矣，故居四居六，此陰卦正位不可移也。

然易惟時而已，不可爲典要，如觀卦下六二，乃坤之正位也，因本卦利近不利遠，故六二止於『闚觀』。知此，庶可以識玩易之法。」

弘撰曰：「乾爲天，天尊，自上而下，莫尊於五，故位在五，不在三與初。三與初，艮震居之。坎之位同於五者，得乾之中爻也。二爻雖陽，其位則陰矣。震之四爻，艮之六爻，亦然。坤爲地，地卑，自下而上，莫卑於二，故位在二，不在四與六。四與六，巽兑居之。離之位同於二者，得坤之中爻也。五爻雖陰，其位則陽矣。巽之初爻，兑之三爻，亦然。」位之陰陽一定不易，爻之陰陽變易無常，易曰：「上下無常，剛柔相易」是也。不言九一、九六、六一、六六，言初九、上九、初六、上六，見始終之義也。言九六，不言七八，易以變者，名爻也。

趙氏汴水曰：「易闡於三畫，而三才之象顯，卦重於六畫而三才之位備。位也者，所以列貴賤，明外內，虚之以待，剛柔之迭居。辨之以定趨變之吉凶者也。夫兩儀，形太極之判。四象爲兩儀之衍，合兩儀四象而象三才，故上爲天，中爲人，下爲地。(天)(人)(地)三才顯矣，而位猶未備，兼而兩之，故六位而成章，上五爲天，四三爲人，二初爲地，(天)(天)(人)(人)(地)(地)，大畜上九：「何天之衢，亨。」乾九五：「飛龍在天。」九四、九三上不在天，下不在田，九二：「見龍在田」，初九：「潛龍勿用」。三才之道如是。析而六之，則六位各有所配，以類人事，則五爲君之正位，又爲陽之正位，二爲臣之正位，又爲陰之正位。(陰)(君陽正位)(陰)(陽)(臣陰正位)(陽)需：「位乎天位，以中正也。」蹇六二：「王臣蹇蹇。」四爲近臣，三爲公，初上爲外諸侯。(外侯)○(近臣)(公)○(外侯)師上六：「開國承家。」豫九四：「由豫，大有得。」大有九三：「公用亨於天子。」屯初九：「利建侯。」上又爲高尚之臣，初又爲民及未仕之賢，(高尚之賢)○○○○(未仕賢民)蹇上六：「不事王侯。」姤九四：「遠民也。」民指初六。乾初九潛龍。析上下卦而論，則上爲天，下爲地，(天)(天)(天)(地)(地)(地)否：「天地不交。」初爲內，三爲外，爲終。○○○(終外)○(內)無妄：「剛自外來而爲主於內。」謂剛自二來初，乾九三知終終之。

二五爲中，爲内。◯(內中)◯◯(內中)◯大有大中，而上下應之，指五。蒙時中也，指二，比六二，比之自内，指二五。合六爻而論，五四三二爲中，初上爲外，爲初終，爲上下。(上終外)(中)(中)(中)(中)(初外下)子曰：「則非，中爻不備」，指五四三二。需初九需於郊。同人上九同人於郊。師初六師出以律，以出爲初。否上九否終則傾。乾初九潛龍勿用，下也。井上六元吉在上。四爲五純爻之中。(陰)(陰)(中)(陰)(陰)(陽)復六四中行，獨復。繇下而上爲往，繇内而外亦爲往。(上)(上)(內往)(下)(下)(外往)泰小往大來，爲由下而上。屯六四往吉，繇四往初，爲繇内而外。繇上而下爲來，繇外而内亦爲來，繇主視客亦爲來。(來主)(來來)(來來)(外客)(來客)(內客)復七日來復，爲繇上而下。無妄剛自外來，而爲主於内，爲繇外而内。需三人來，上爲主，三人爲客。其爲是參錯不一者，所以極六位之變，此爻位之别也。剛居陽，柔居陰，爲當位。反是，爲不當位。(柔)(剛)(柔)(剛)(柔)(剛)既濟剛柔正而位當，未濟雖不當位。剛自陰之陽，柔自陽之陰，爲得位。反是，爲失位。◯◯(剛失柔得)◯◯◯漸六四進得位，小過九四剛失位而不中。剛柔合爲應。(剛)(柔)(剛)(柔)(剛)(柔)未濟，剛柔應也。純爲敵應。(剛)(柔)(柔)(剛)(柔)(柔)艮，上下敵應。上臨下爲乘，下奉上爲承。◯◯(初乘)◯(初乘)(承五)屯六二：「乘馬班如」謂乘初，六四：「乘馬班如」謂應初，而乘之蠱初六，意承考也，謂承五。是故五則大明中天，臨制萬國，如飛龍在天、火在天上之類是也。二則得時行志，尊主庇民，如在師中吉、包荒得尚於中行之類是也。三四居危疑之地，故多虞於凶懼。初上爲始終之際，故罕係乎吉凶，此居位之常也。然諸爻有當位，而反疑不當位，而反利者。賁爲剛柔交，賁之時四，乃舍三而賁初，則九三、六四雖當位而反疑。噬嗑，用獄之象，柔上進而得中，則六五雖不當位而反利，此居位之變也。九四之萃，羣陰既大吉矣，以其近君而擅民，聖人必嚴不當之戒。九三之勞謙，屈天道矣，以其有功而不德，聖人乃明有終之吉，此又吉凶無常，惟時是適。斯易所以能周萬變而不窮者歟？王氏略例曰：『乾上九文言云「貴而無位」，需上六云「雖不當位」，若以上爲陰位邪，則需上六不得云不當也，若以上爲陽位邪，則乾上九不得云貴而無位也。』陰陽處之，皆云非位，然則初上者是事之終始，無陰陽定位也。吁！殆未足以論位之變也。聖人言位，有指本爻者，有指他爻者，有析六爻者，有總三爻者。萃九五曰：『萃有位』，謂九四已萃羣陰，九五僅有位而無民，此指本爻之位。乾上九曰：『貴而無位』，謂上九居飛龍之上，無財成輔相之位，此指他爻之位。既濟曰：『剛柔正而位當』，謂六位之陰陽皆當，此析六爻之位。需上六曰：『雖不當位』，謂上三爻爲天陽之象，於陰爲不當，此總三爻之位。爻位之變不同，故爻位之辭亦不同，倘拘於析位之陰陽，而遂謂初上無陰陽定位，則蒙九二、晉六三、豫九四、大有六五，不聞以不當位爲嫌，是中爻亦無定位，庸止於初上乎？略例謂之無定位，而需爻直注云無位，益舛矣。雖然此聖人吉凶與民同患之故爾，至於範圍輔相，所貴又不止此。剛居二而帥，師猶有毒天下之憂，至五則比輔而下順從矣。柔居二而同人則有伏戎乘墉之吝，至五則大中而上下應矣，此繇居五而有功者也。豫之世，臣強君弱，而得常不死者，幸居中而未亡。需之時，陽礙於險，其得不困窮者，以有九五天位之君，此繇居五而免究者也。然則聖人之大寶曰位，詎非五乎？」

坎離天地之中圖

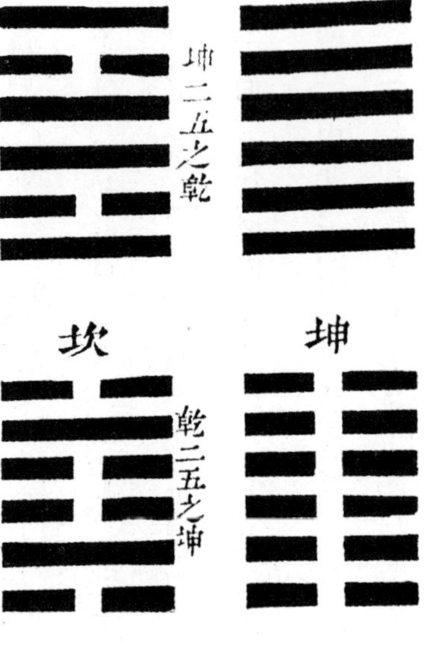

朱氏漢上曰：「乾坤，天地鬼神也。坎離，日月水火也。艮兑，山澤也。震巽，風雷也。坎離震兑，四時也。坎離，天地之中也。聖人得天地之中，則能與天地日月四時鬼神合。先天而天弗違，聖人即天地也。後天而奉天時，天地即聖人也。聖人與天地爲一，是以作而萬物睹。同聲相應，震巽是也。同氣相求，艮兑是也。水流溼，火就燥，坎離是也。雲從龍，風從虎，有生有形，各從其類，自然而已。」

弘撰曰：「坎離以數言，則得天地之中數，以爻言，則得天地之中爻，以位言，則得天地之中位，以氣言，則得天地之中氣，其爲用也不亦大乎？ 離之中爻變則復乾體，坎之中爻變則復坤體。既濟則六爻得位，未濟則六爻失位，然既濟之中互未濟，未濟之中互既濟，則又所謂互藏其宅也。」

「道家者言離南午也，爲陽爲火，坎北子也，爲陰爲水。陽火炎上，陰水潤下，上下若睽而不交也。然離中一爻爲耦，是外陽内陰之象，則陰負陽而趨下，陰降而陽亦降矣。坎中一爻爲奇，是外陰内陽之象，則陽負陰而趨上，陽升而陰亦升矣。於是有顛倒坎離之法，使心腎相交，水火既濟。而或者非之，於是又有虚坎實離之法，謂二陰抱一陽爲坎，坎中滿，外象水也，而陽火生於其中必鍊，此陽以虚其中，二陽抱一陰爲離，離中虚，外象火也，而陰水生於其中必鍊，此陰以實其中，取坎之實，補離之虚，則坎虚離實，而乾坤之體復矣。故乾坤爲坎離之全體，坎離爲乾坤之大用也。然虚之實之，在吾儒宜如何也？ 曰：無思無爲，退藏於密，所以虚也。存誠閑邪，自彊不息，所以實也。」

鄭氏湘卿曰：「坎水也，其情淫而邪。離火也，其性烈而正。坎常爲小人，離常爲君子。然離中有坎，情其性也，故既未之離，反爲小人。坎中有離，性其情也，故既未之坎，反爲君子。君子在上，而小人在下，則治無不濟，故坎上離下爲既濟。小人在上，而君子在下，則治莫能濟，故離上坎下爲未濟，此以人事言也。」

趙氏復齋曰：「陰盛而陽陷爲坎，陽盛而陰麗爲離，故小人勝君子則揜而害之，君子勝小人則容而化之。小過有坎象，中孚有離象。」

傳曰：「易之興也，其於中古乎？ 作易者，其有優患乎？」

朱子晦庵曰：「夏商之末，易道中微，文王拘於羑里而繫彖辭，易道復興。」

孔子三陳九卦圖

䷉履，德之基也。　履，和而至。　履以和行。

䷎謙，德之柄也。　謙，尊而先。　謙以制禮。

䷗復，德之本也。　復，小而辯於物。　復以自知。

䷟恒，德之固也。　恒，雜而不厭。　恒以一德。

䷨損，德之修也。　損，先難而後易。　損以遠害。

䷩益，德之裕也。　益，長益而不設。　益以興利。

䷮困，德之辯也。　困，窮而通。　困以寡怨。

䷯井，德之地也。　井，居其所而遷。　井以辯義。

䷸巽，德之制也。　巽，稱而隱。　巽以行權。

胡氏翼之曰：「履者，禮也，言人踐行其禮，敬事於上，不失其尊卑之分，如此是履，德之基也。柄者，人之所以操持也。夫人雖有爵禄之分，崇高之位，若無謙順之德，恃其驕盈，必至於傾失，是故君子之人若能居爵禄之位，必當持謙順之德，則雖危而不失，雖高而不危，如此是謙，德之柄也。君子之人若能復其性，明其心，至於思慮之間有不善之事，必先改之，如此是復其性，爲德之根本也。爲德之時，常能執守，終始不變，如此則其德固，故恒卦爲德之堅固也。君子之人若能謙損以自增新，降損其志，此是修身之本也。裕者，寬大也，言人凡所作事，能利益於人，日新一日，則其德寬裕而有所包容也。君子之人居於治平之時，恣其安逸之性，多不知艱險之事，惟是居困否之時，備歷艱苦，知其君子小人之道，然後能明辯困否之事者也。夫君子之身可貴、可賤、可貧、可富，而其志不可易，其心不可變，其德不可改，猶井之居地不可遷改也。夫愚民之性蚩，然而無所識其非辟，姦僞無所不至矣，是故聖人必行號令，以示其法制。然行號令之始，必以權變之術而巽入於人心，然後民可制也。」

「履者，禮也，言人有恭敬之德，有剛直之行，必須與人和同。既與人和同，則可以至於道也。夫人有其才，有其德，雖在崇高之勢，必須謙恭以自卑，謙遜以接下，如是則德益大而身益光也。物者，萬物之理也，言人於性之初，吉凶未形之時，始於微小之事，有其不善便從而改之，使無能爲之咎也。君子之人能守其常道，不改其操，不變其節，雖錯雜混處於小人之間，亦其心不厭倦於事。凡人若不能謙損於己，反欲他人謙損而奉於己，則失爲人之道，是故君子之人必須先減損其身，謙讓其己，以及於他人，是損己以益於下，損身以尊於人，是先難也。及其性既復，行既成，所言皆合於道，所行皆中於禮，不失其法度，是後易也。君子之人先求仁義以益於身，身既益，則其仁義之道可以推及於天下。然其仁義既及於物，則可長裕於天下。因其所利而利之，不待先爲施設而行之，而天下之人自有其餘者也。君子之人雖居困窮之時，身即困窮，而其道得以亨通也。井之道，居其所不可以遷改，而其澤可以遷施於人，猶君子之德固不可遷易，不可變改，而其道可以濟人。巽者，是聖人之權也，言聖人以權變之術行其號令以及於天下，而人不知所以然而然也。」

「凡人有剛直之性、温良之行，必以禮而和之，故論語曰：『禮之用，和爲貴』者是也。人性能謙順，自卑尊人，則可以裁制其禮法而行之也。人既於事微小之初，知其不善而能改過，是自知也。人能守其常道，不變其節，終始不移，雖居富貴而不自恃，雖居貧賤而不自移，是純一其德者也。人能自降損其身，謙冲其德，以尊於人，則無患害之事也。人能以仁義之道自益於身，又益於他人，因其所利而利之也。人居困窮之時，守節不移，上不怨天，下不尤人，但守其正而已。井之道，居其地而不移其濟天下之義，故於井之道可以明辨其義也。權者，反經而合道也，言聖人凡發號施令，則以巽順之德而行之，以順其物性，以洽於人心也。既能順時，故能行權也。」

弘撰曰：「孔子三陳九卦，希夷之說也，謂探其旨而得龍圖之義。余細繹之，似非切实之理，故別載其說，而特录安定之言於此，學者求之，其於反身修德之道備矣。」

「余觀此九卦之圖，獨無離，蓋離爲火，火屬陽，陽剛處憂患之道，宜柔也。火明象，光外耀，處憂患之道，宜晦也。終之以重巽，剛巽乎中正，而志行柔，皆順乎剛，聖人之意也。」

六十四卦反對變圖

一陰五陽反對變六卦　一陽五陰反對變六卦

二陰四陽反對變十二卦　二陽四陰反對變十二卦

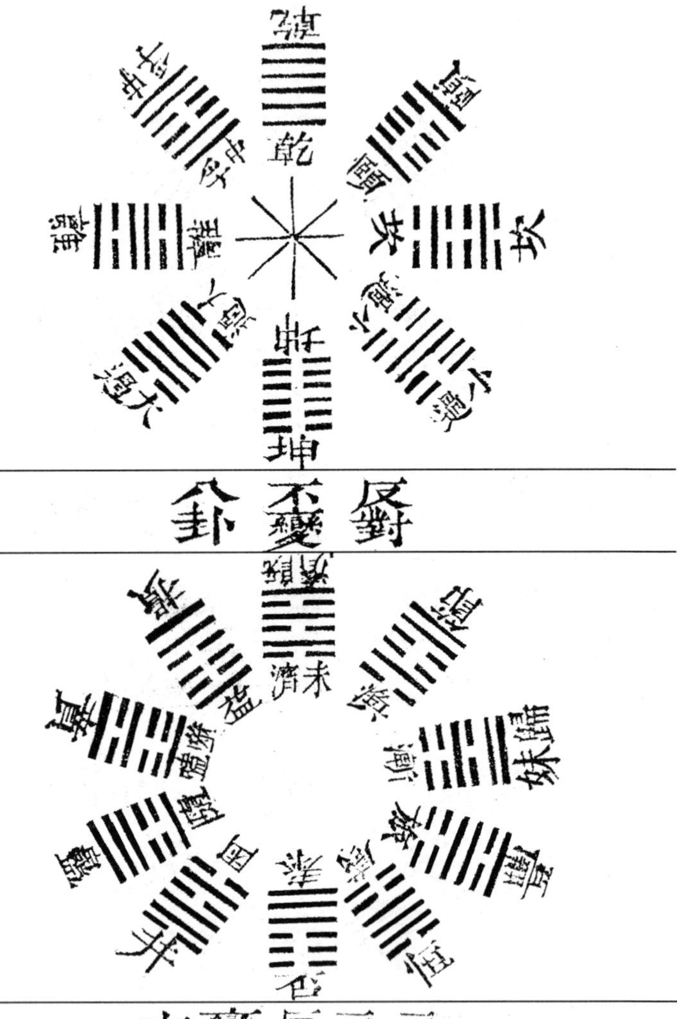
反對不變八卦
三陰三陽反對變二十卦

中爻互體圖

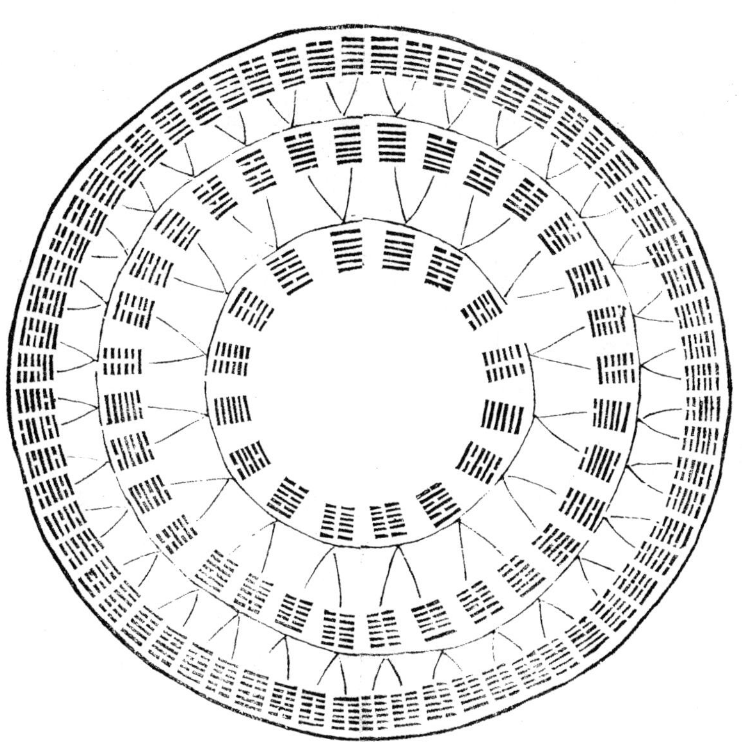

先天圖六十四卦，每二卦互爲一卦，故中層三十二卦，左右相同，實十六卦。中層三十二卦，每二卦又互爲一卦，故内層十六卦，四分相同，實四卦。

乾　夬　大有　大壯　小畜　需　大畜　泰　履　兌　睽　歸妹　中孚　節　損　臨

乾　夬　睽　歸妹　家人　既濟　頤　復

乾　既濟　未濟　坤

同人 姤 乾
革
離 大過
豐
家人 未濟 既濟
既濟
賁 解
明夷
无妄 漸
隨
噬嗑 蹇 未濟
震
益 剥
屯
頤 坤 坤
復

姤 大過 鼎 恒 巽 井 蠱 升 訟 困 未濟 解 渙 坎 蒙 師

乾 夬 睽 歸妹 家人 既濟 頤 復

乾 既濟 未濟 坤

遯 咸 旅 小過 漸 蹇 艮 謙 否 萃 晉 豫 觀 比 剥 坤

姤 大過 未濟 解 漸 蹇 剥 坤

乾 既濟 未濟 坤

傳曰：「若夫雜物撰德，辨是與非，則非其中爻不備。」

朱子晦庵曰：「此謂卦中四爻。」

弘撰曰：「儀禮疏云：『二至四，三至五，兩體交互，各成一卦。』先儒謂之互體。朱子云：『互卦說，漢儒多用之。左傳中一處說，古得觀卦處，亦舉得分明。』余謂孔子所言中爻，自是指互體。觀下文言二四三五，明甚。京氏謂二至四爲互體，三至五爲約象，分疏似鑿。胡安定以中爻單屬六二、六五、九二、九五，於貴中之義則得，恐非，所以言不備也。」

胡氏雲峰曰：「上文六爻相雜，此言二三四五於六爻之中又雜物撰德者。如屯下震物爲雷，德爲健，上坎物爲雲，德爲險。下互坤則雜物爲地，撰德爲順矣。上互艮則又雜物爲山，撰德爲止矣，亦可以辨是與非，而易愈備矣。是非者，當位不當位，中不中，正不正也。內外卦既足以示人矣，復自互體辨之，則是非益可見矣。」

洪氏容齋曰：「如坤坎爲師，而六五之爻曰：『長子帥師』，以正應九二而言，蓋指二至四爲震也。坤艮爲謙，而初六之爻曰：『涉大川』，蓋自二而上，則六二、九三、六四爲坎也。」

吳氏臨川曰：「內外既有二正卦之體，中四爻又成三互體之卦。然後其義愈無遺闕，非以此正體互體並觀，則其義猶有不備。正體則二爲內卦之中，五爲外卦之中，互體則三爲內卦之中，四爲外卦之中，故皆謂之中爻。」

梅氏□□曰：「吳先生曰：『自昔言互體者，不過以六畫之四畫互二卦而已，未詳其法象之精也。今以先天圖觀之，互體所成十六卦，皆隔八而得，縮四而一。圖之左邊起乾、夬，歷八卦而至睽、歸妹，又歷八卦而至家人、既濟，又歷八卦而至頤、復。右邊起姤、大過，歷八卦而至未濟、解，又歷八卦而至漸、蹇，又歷八卦而至剝、坤。左右各二卦主一卦，合六十四卦。互體只成十六卦，又合十六卦。互體只成四卦，乾、坤、既濟、未濟也。周易始乾坤，終既濟未濟，以此歟？』朱氏曰：『中一層左右各十六卦，其下體兩卦相比，一循乾一坤八之序；其上體十六卦，兩周乾一坤八之序。可玩其內層，下體乾、離、坎、坤爲序，其上體乾、坎、離、坤爲序，而四周之尤可玩。」

陳氏季立曰：「六十四卦已成列矣，按其互體體函二卦，即得一百二十八卦，乾坤六子各得十六，何其均也。夫因而重之，有貞有悔，計其貞乾坤六子各八也，計其悔乾坤六子亦各八也，合之爲十六體，此其著也。乃計其互，亦十六體，此其藏也。故大成雖止於六十四，而小成之卦已有二百五十六矣。四八適均，多寡不忒，不亦異乎？又有大異者，乾坤二卦不容互體矣。然夬也，姤也，大過也，互得二乾。剥也，復也，頤也，互得二坤。此皆六子所不能有也。蓋六子之體他得而互之，而其互於他也，亦只得一體而已矣。何者乾坤純六子雜也？多寡適均，而尊卑不混。夫孰爲之乎？自然之道也。」

王弘撰集

周易圖説述卷之三

六十四卦天地數圖

邵氏子文曰：「乾之數一、兑之數二、離之數三、震之數四、巽之數五、坎之數六、艮之數七、坤之數八，交相重而爲六十四焉。乾兑離震在天爲陽，在地爲剛，在天則居東南，在地則居西北；巽坎艮坤在天爲陰，在地爲柔，在天則居西北，在地則居東南。陰陽相錯，天文也。剛柔相交，地理也。」

蔡氏西山曰：「八卦之數，先天之序也。一一爲乾，以至八八爲坤，參伍錯綜，無不備也。圓者爲天，方者爲地，一二三四爲陽，五六七八爲陰，既先天圖也。一一起於南，八八終於北者，以少爲息，多爲消也。」

弘撰曰：「邵子作經世天地始終之數圖，蓋本諸此。」

六十四卦萬物數圖

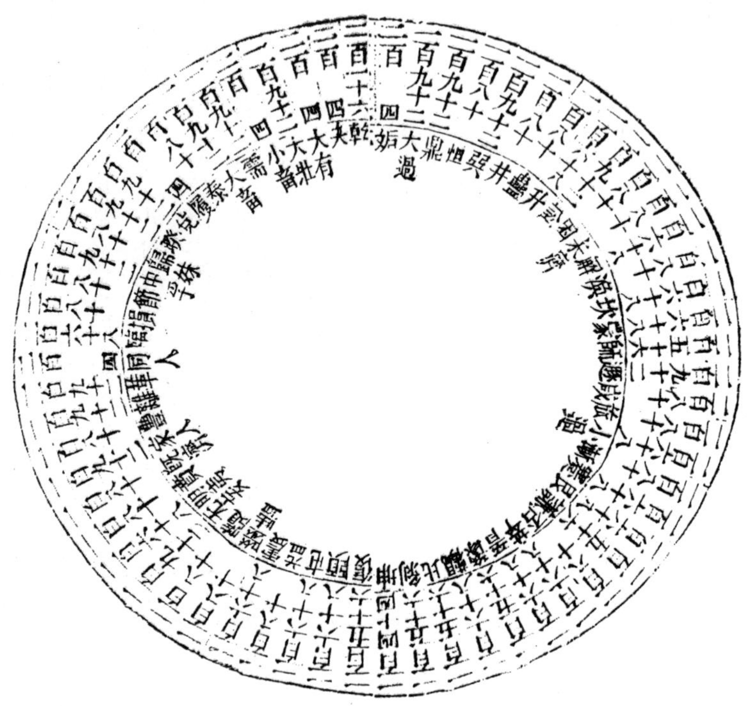

陽爻一百九十二，以三十六乘之，得六千九百一十二；　陰爻一百九十二，以二十四乘之，得四千六百八，合之計萬有一千五百二十，此老陽老陰策數乘也。

陽爻一百九十二，以二十八乘之，得五千三百七十六；　陰爻一百九十二，以三十二乘之，得六千一百四十四，合之計亦萬有一千五百二十，此少陽少陰策數乘也。」

弘撰曰：「舊有圖記，予謂其非古，特作此圖，直書其數較更快，目又以揲蓍每爻變數計之，爲老陽者八，得二百八十有八，爲老陰者八，得一百九十有二；　爲少陽者二十四，得六百七十有二，爲少陰者二十四，得七百六十有八，共計得策一千九百二十，六爻六之，亦爲萬有一千五百二十也。今以蓍策合爻數，積之實得此數，乃爲圖之本意，而以三十六、二十四、二十八、三十二乘之，則其算法也，要皆出於自然，無往而不合矣。」

天地之數

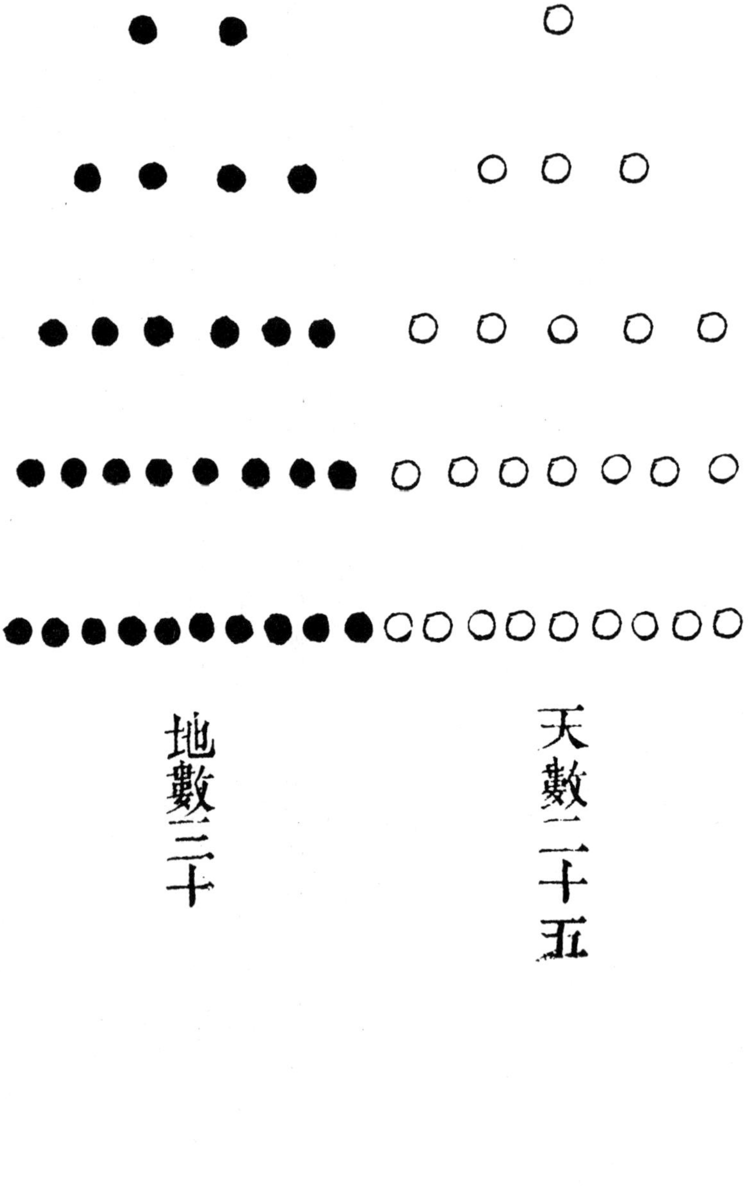

天數二十五

地數三十

乾坤之策

乾策二百一十六 四因九 六因三十六

⚊ 三十六
⚊ 三十六
⚊ 三十六
⚊ 三十六
⚊ 三十六
⚊ 三十六

合之得三百六十爲一朞之數

⚋ 二十四
⚋ 二十四
⚋ 二十四
⚋ 二十四
⚋ 二十四
⚋ 二十四

坤策一百四十四 四因六 六因二十四

天尊地卑

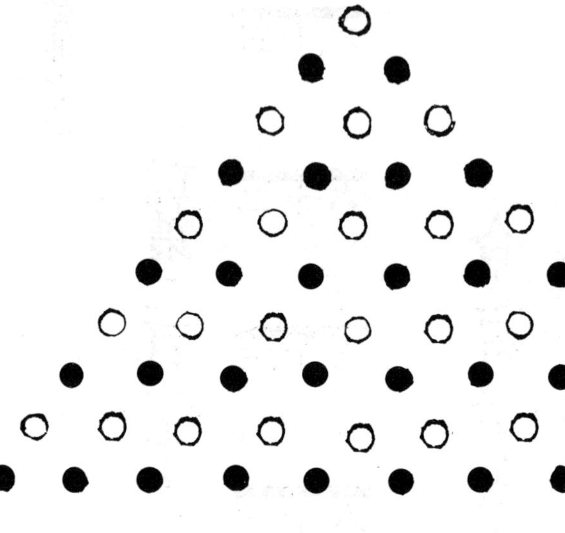

自一至十，天尊於上，地卑於下；尊者，乾之位，故乾爲君，爲父，爲夫；卑者，坤之位，故坤爲臣，爲子，爲婦，皆出於天尊地卑之義也，故曰：「天尊地卑，乾坤定矣。」

參天兩地

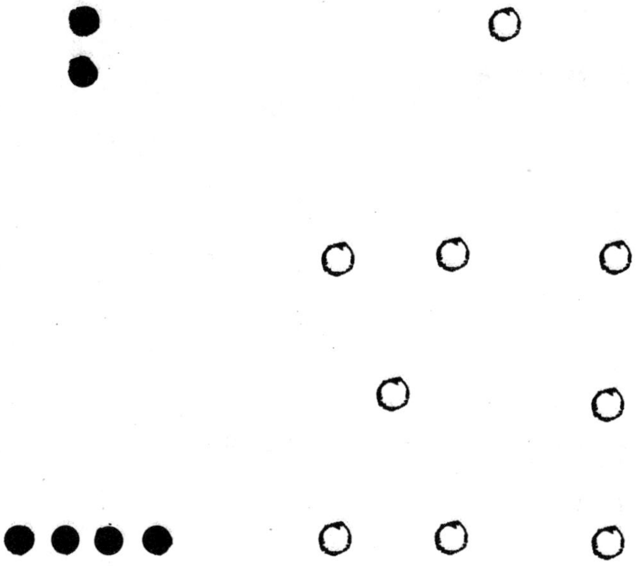

乾元用九，參天也；坤元用六，兩地也，故曰：「參天兩地而倚數。」

弘撰曰：「用九，用天之生數也。用六，用地之生數也。天之生數三，故乾元參天。地之生數二，故坤元兩地。

天之生數三，成數二，是天之自爲參兩也。地之生數二，成數三，是地之自爲兩參也。天之生數三，成數二，而地之生數二，成數三，是天地之共爲參兩也。生數屬陽，故其數天多於地，成數屬陰，故其數地多於天，皆出於自然也。」

「參天兩地與天三地二不同。參天者，參之以三。兩地者，兩之以二也。故曰倚數謂卦書之數，倚此而起也。」丘氏云：『三奇爲乾，則三其參天之數而爲九，是爲老陽。三耦爲坤，則三其兩地之數而爲六，是爲老陰。二奇一耦爲巽離兑，則二參一兩而爲八，是謂少陰。二耦一奇爲震坎艮，則二兩一參而爲七，是謂少陽。因七八九六之數以定陰陽老少之畫，此立卦生爻之本也。』」

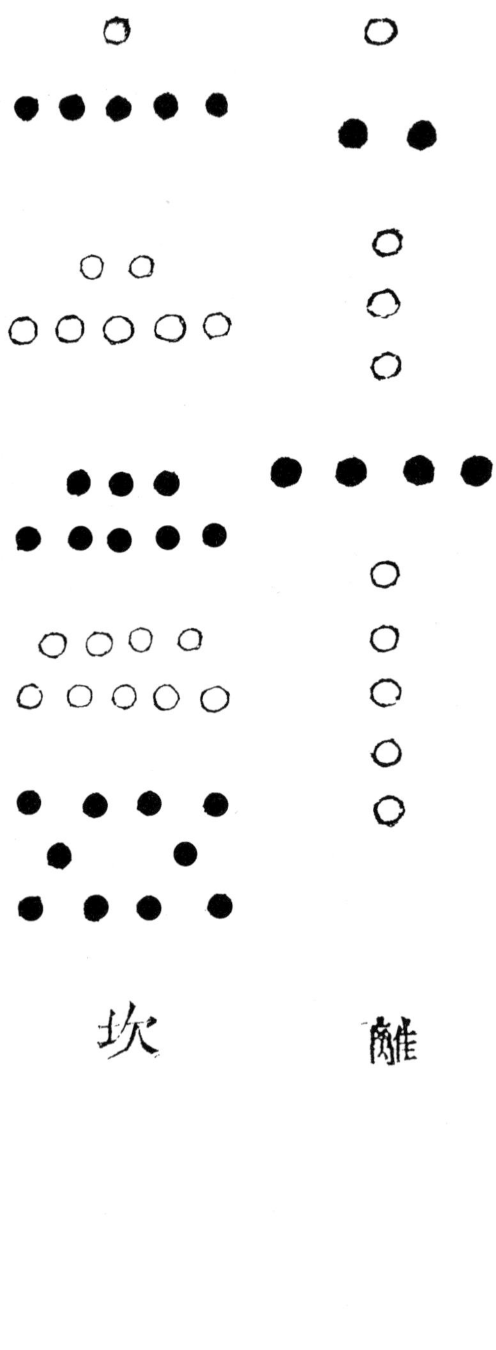

弘撰曰：「生數天以三爲中，地無中數，二四之間，虛以納三也。成數地以八爲中，天無中數，七九之間，虛以納八也。生數屬陽，成數屬陰。生數一五涵二四，陽中有陰，故爲離。成數六十涵七九，陰中有陽，故爲坎。生成相合，坎離相交。」

大衍數圖

一與二倚爲三
二與三倚爲五
三與四倚爲七
四與五倚爲九
五與六倚爲十一
六與七倚爲十三
七與八倚爲十五
八與九倚爲十七
九與十倚爲十九

一居中者掛一之象左右各三五七九者分而爲二之象各四位者揲之以四之象除中一左右分合各二十有四併左右合中一共四十有九此宋末丁易東氏立法朱子所未及見者

丁氏易東曰：「河圖之數五十有五，中五居無事外，自天一自地十，實得五十，合而大衍之得九位，共數九十有九，而一居中，左右皆三五七九爲奇，内含五十爲耦，今除五十，還河圖本數。蓋十，陰數也。陰體靜而氣濁，靜則不可以爲用，濁則不可以通神，故五十不用，而所用四十九者，皆純奇之合，陽清而無雜，奇圓而能動，是故生生成變化，行鬼神也。今觀一居中，則五退位，宗太極也。掛一分二揲四，皆自然妙合，以百計之，自然虚一，非置一策不用。如今筮法也，在四十九中則又含一，蓋十二個四餘一也。」

梅氏□□曰：「凡天下之數，起於一，成於十，不過十數而已。加之以一，則爲十有一，加之以十，則爲二其十，繇是而百千萬億，皆出於十之外者也。若河圖之數，則不然焉。天一爲一矣，至天三，併天一而爲四，一得其一，三得其三，而三與一有合。至天五，又與一三相得，而合爲九。至天七，又與一三五相得，而合爲十六。至天九，又與一三五七相得。而合爲二十有五。曰五者，天數之正。曰二十者，衍出之數。雖曰衍出二十，而其實不出天數五之外也。地二爲二矣，至地四，則併二而爲六，二得其二，四得其四，而二與四有合。至地六，又與二四相得，而合爲十二。至地八，又與二四六相得，而合爲二十。至地十，又與二四六八相得，而合爲三十。曰五者，地數之正。曰二十五者，衍出之數。雖曰衍出二十五，而其實不出乎地數五之外也。總天地之數，五十有五。曰十者，天地之正數。曰四十五者，天地衍出之數，而衍出之數，實不出乎十數之外。不出十數之外，而衍出五十有五之數，繇是天數本奇，然陽變而化陰；地數本耦，然陰變而化陽，以此五十五數而完成，而變化之屈伸往來其妙無窮，以此五十五數而流行也。伏羲聖人，安得不則之？以爲大衍之數，而用以揲蓍求卦也與。」

「河圖天數五衍爲二十有五，地數五衍爲三十矣，然猶未盡乎？衍之極也，故伏羲則河圖，而大衍之則又九十有九焉。大衍者，一與二爲三，二與三爲五，三與四爲七，四與五爲九，合三五七九爲二十有四，繇是五與六爲十一，而一居其中，又六與七爲十三，七與八爲十五，八與九爲十七，九與十爲十九，再合三五七九又爲二十有四，合十一之十，十三之十，十五之十，十七之十，十九之十，凡爲十者五，此大衍中之體數也。故曰大衍之數五十，合前之二十有四，與後之二十有四，並居中之一，共四十有九，爲大衍中之用數。故曰其用四十有九，雖衍爲九十有九，亦不出乎天一至地十之外，此所以爲則河圖之衍數，而爲大衍之極其數也。夫子說出一『衍』字，以發河圖之意，加一『太』字，以發明伏羲則河圖之意。聖筆如化工，其妙無窮，而簡易易知，豈不信哉？揲蓍之法取其變，有取其辭，取其用，有取其體，五十雖爲河圖之大衍，然猶爲變中之靜，用中之體，故置之不用四十九者，變中之變，用中之用，故特用之以揲蓍求卦也。從一而左右數之，皆一三五七九，而爲天數五。乾之純粹，精而無陰柔耦數之駁雜，且前後二十有四，分二之象也。一居於中，掛一之象也。曰三五七九有四者，揲四之象也；又三五七九有四者，再揲之象也，皆出於天機自然之法象，而非一毫人力私知，得以營爲於其間。於此見伏羲製作之神妙，有非常情所能窺測者，連山氏、歸藏氏，夏、商、周歷代遵而用之，雖雜，其序於理不越，有以也夫。」

朱子晦庵曰：「大衍之數五十云者，以天地之數五十有五，除出金木水火土五數，並天一，便用四十九。數家之說多不同，此說却分曉。一說三天兩地，則是已虛了。天一之數，便只用天三對地二二說。五是生數之極，十是成數之極。以五乘十，亦是五十。以十乘五，亦是五十。一說數始於一，成於五，小衍之而成十，大衍而成五十。一說五奇五耦，成五十五。一說天三地二，合而爲五位，每位各衍之爲十，故曰大衍，皆通。大概聖人說此數，不只是說得一路，自然有許多通透去。河圖洛書皆五居中，而爲數宗祖。大衍之數五十者，即此五數衍而乘之，各極其十，則合爲五十也，是故五數散布於外爲五十，而爲河圖之數，散布於外爲四十，而爲洛書之數，衍而極之爲五十，而爲大衍之數，皆自此五數始耳。」

弘撰曰：「丁氏之圖，朱子所未見也。朱子謂『除出金木水火土五數，並天一，便只用四十九』者，余亦竊疑之。蓋虛天一不用，是已而除出金木水火土五數，其所以除之之故，其義未著，是以未達耳。丁氏萃五十七家說爲稽衍，又自爲原衍翼衍，黃瑞節稱其出於朱蔡之外，爲更備要，亦所謂通透一路者也。若以干支辰宿八卦陰陽求合者，則恐其涉於鑿也。」

蓍七圓圖

一而統之以六爲七則圓

七而七之爲四十九猶圓

蓍一叢百莖，大衍數五十，而筮之用止四十九，以此。

卦八方圖

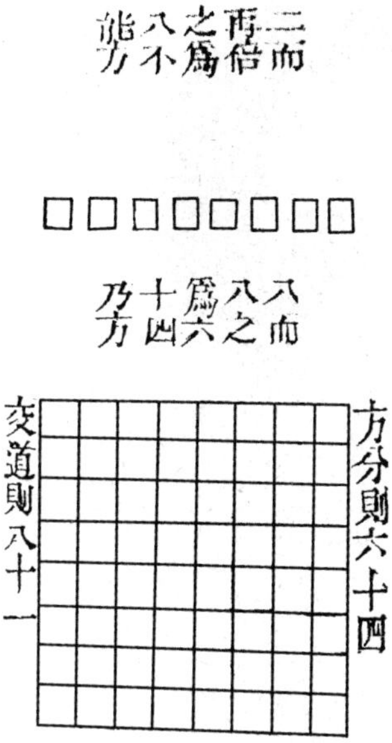

二而再倍之爲八不能方

□□□□□□□□

八而八之爲六十四乃方

方分則六十四

交道則八十一

三畫八卦，但爲小成。必重之至六十四卦，而後大成，以此。

傳曰：「蓍之德圓而神，卦之德方以知，六爻之義易以貢。」

朱子晦庵曰：「圓神謂變化無方，方知謂事有定理，易以貢謂變易以告人，此言聖人所以作易之本也。蓍動卦靜，而爻之變易無窮。又曰蓍以七爲數，故七七四十九而屬陽，是未成卦時所用，未有定體，故其德圓而神，所以知來。卦以八爲數，故八八六十四而屬陰，是因蓍之變而成，已有定體，故其德方以知，所以藏往。」

胡氏雲峰曰：「此以蓍卦爻之理而言也。理無一定之用，故曰圓而神。事有一定之理，故曰方以知。易以六爻之理教人，有定體而無定用，故曰易以貢。」

項氏平庵曰：「蓍用七，故其德圓。卦用八，故其德方。爻用九六，故其義易貢。蓍開於無卦之先，所以爲神。卦定於有象之後，所以爲智。爻決之先者也，所以爲貢。」

太極圖

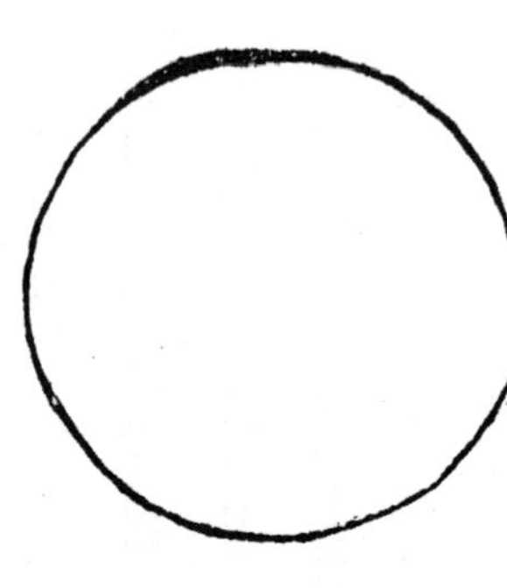

野同録曰：「不可以有無言，故曰太極。太極何可畫乎？姑以圜象畫之，非可執圜象爲太極也。」中庸曰：「於穆不已。」天之所以爲天也，善哉！子思之畫太極也。

古太極圖

太極河圖合圖

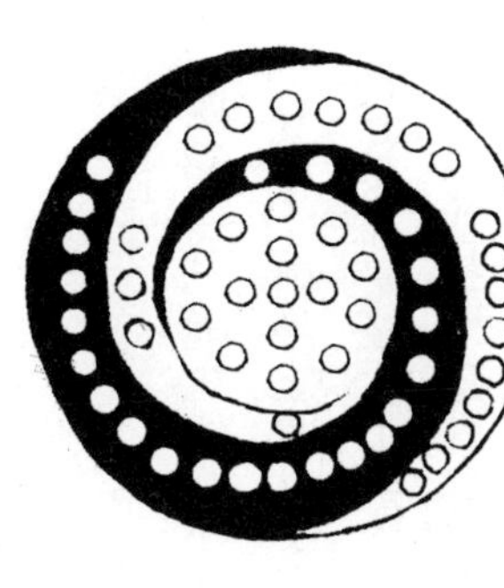

此圖陰陽交會，奇耦位數□。太極儀象皆不期而合。雖一六居下，二七居上，其實皆陽上而陰下。雖三八居左，四九居右，其實皆陽右而陰左。雖五生數統五成數，其實皆生數在內，而成數在外。雖陰陽皆自內達外，其實陽奇一三七九，陰耦二四六八，皆自微而漸盛，可見太極河圖出於天地，畫於聖人，左右旋轉，皆合自然，視割裂強附者異矣。

圓圖

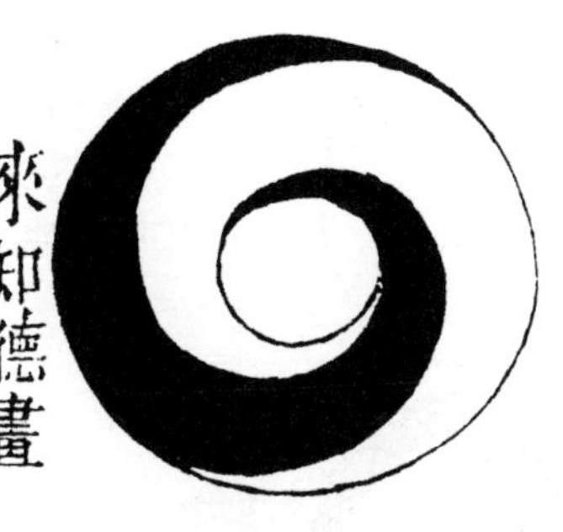

對待者數，主宰者理，流行者氣。

周子太極圖

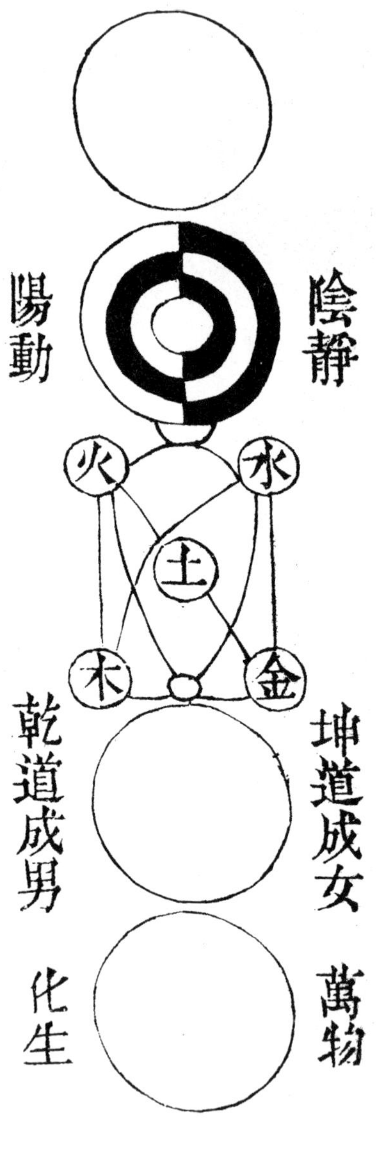

周子濂溪曰：「無極而太極，太極動而生陽。動極而靜，靜而生陰，靜極復動。一動一靜，互爲其根。分陰分陽，兩儀立焉。陽變陰合，而生水火木金土。五氣運布，四時行焉。五行，一陰陽也。陰陽，一太極也。太極，本無極也。五行之生也，各一其性。無極之真，二五之精，妙合而凝。乾道成男，坤道成女。二氣交感，化生萬物，萬物生生而變化無窮焉。惟人也，得其秀而最靈。形既生矣，神發之矣。五性感動而善惡分，萬事出矣。聖人定之以中正仁義，而主靜立人極焉。故聖人與天地合其德，日月合其明，四時合其序，鬼神合其吉凶。君子修之吉，小人悖之凶。故曰立天之道曰陰與陽，立地之道曰柔與剛，立人之道曰仁與義。又曰原始反終，故知死生之說。大哉易也，斯其至矣。」

弘撰曰：「太極圖說，朱子注之詳矣。弘撰愚陋，嘗妄有所論，具正學隅見述中，茲不復載。」

六十四卦陰陽倍乘之圖

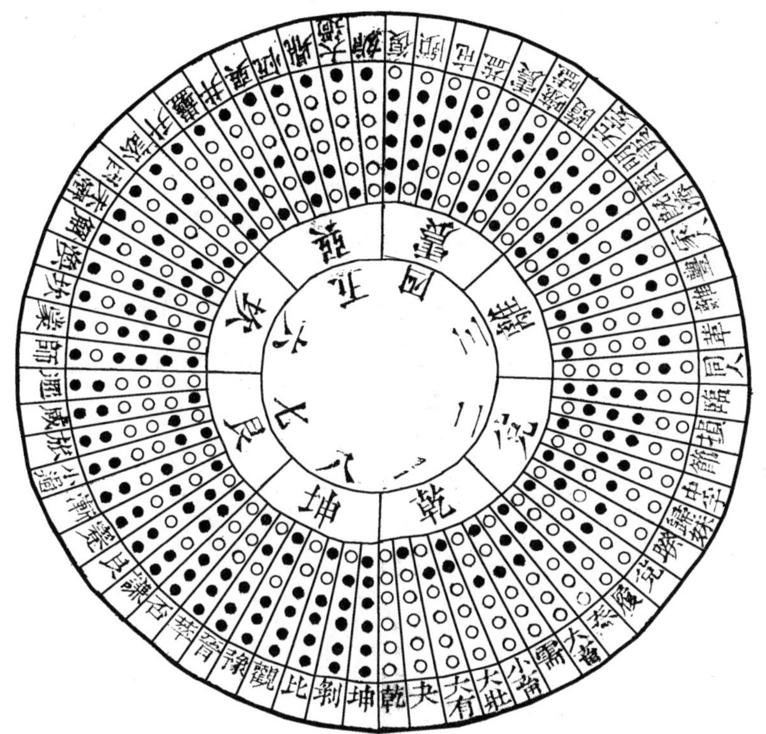

運會歷數圖

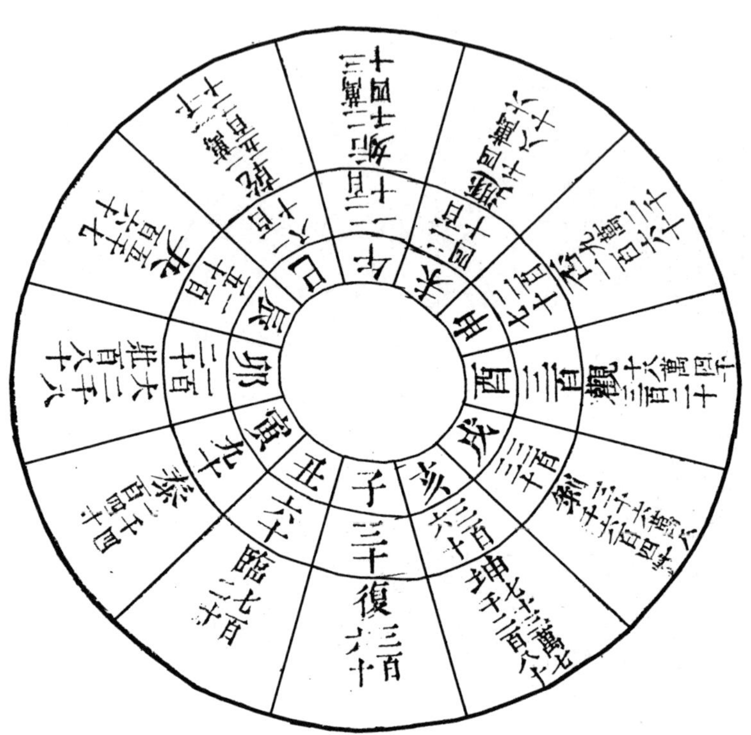

一一	一三	一五	一七	二一	二三
乾	大有	小畜	大畜	履	睽
元之元　日之日　乾之乾 一	元之運　日之星　乾之離 三百六十	元之歲　日之石　乾之巽 一十二萬九千六百	元之日　日之火　乾之艮 四千六百六十五萬六千	會之元　月之日　兌之乾 十二	會之運　月之星　兌之離 四千三百二十
一二	一四	一六	一八	二二	二四
夬	大壯	需	泰	兌	歸妹
元之會　日之月　乾之兌 十二	元之世　日之辰　乾之震 四千三百二十	元之月　日之土　乾之坎 一百五十五萬五千二百	元之辰　日之□　乾之坤 五萬五千九百八十七萬二千	會之會　月之月　兌之兌 一百四十四	會之世　月之辰　兌之震 五萬一千八百四十

二五	二七	三一	三三	三五	三七
中孚	損	同人	離	家人	賁
會之歲　月之石　兌之巽 一百五十五萬五千二百	會之日　月之火　兌之艮 五萬五千九百八十七萬二千	運之元　星之日　離之乾 三百六十	運之運　星之星　離之離 一十二萬九千六百	運之歲　星之石　離之巽 四千六百六十五萬六千	運之日　星之火　離之艮 一百六十七萬九千六百一十 六萬
二六	二八	三二	三四	三六	三八
節	臨	革	豐	既濟	明夷
會之月　月之土　兌之坎 一千八百六十六萬二千四百	會之辰　月之水　兌之坤 六十七萬一千八百四十六萬四千	運之會　星之月　離之兌 四千三百二十	運之世　星之辰　離之震 一百五十五萬五千二百	運之月　星之星　離之坎 五萬五千九百八十七萬二千	運之辰　星之水　離之坤 二千一十五萬五千三百九十二萬

一四	三四	五四	七四	一五	三五
无妄	噬嗑	益	頤	姤	鼎
世之元　辰之日　震之乾 四千三百二十	世之運　辰之星　震之離 一百五十五萬五千二百	世之歲　辰之石　震之巽 五萬五千九百八十七萬二千	世之日　辰之火　震之艮 二千一十五萬五千三百九十 二萬	歲之元　石之日　巽之乾 一十二萬九千六百	歲之運　石之星　巽之離 四千六百六十五萬六千
二四	四四	六四	八四	二五	四五
隨	震	屯	復	大過	恒
世之會　辰之月　震之兌 五萬一千八百四十	世之世　辰之辰　震之震 一千八百六十六萬二千四百	世之月　辰之土　震之坎 六十七萬一千八百四十六萬四千	世之辰　辰之水　震之坤 二萬四千一百八十六萬四千七百 四萬	歲之會　石之月　巽之兌 一百五十五萬五千二百	歲之世　石之辰　巽之震 五萬五千九百八十七萬二千

五五	七五	一六	三六	五六	七六
巽	蠱	訟	未濟	渙	蒙
歲之歲　石之石　巽之巽 一百六十七萬九千六百一十六萬	歲之日　石之火　巽之艮 六萬四百六十六萬一千七百六十萬	月之元　土之日　坎之乾 一百五十五萬五千二百	月之運　土之星　坎之離 五萬五千九百八十七萬二千	月之歲　土之石　坎之巽 二千一十五萬五千三百九十二萬	月之日　土之火　坎之艮 七十二萬五千五百九十四萬一千一百二十萬

六五	八五	二六	四六	六六	八六
井	升	困	解	坎	師
歲之月　石之土　巽之坎 二千一十五萬五千三百九十二萬	歲之辰　石之水　巽之坤 七十二萬五千五百九十四萬一千一百二十萬	月之會　土之月　坎之兌 一千八百六十六萬三千四百	月之世　土之辰　坎之震 六十七萬一千八百四十六萬四千	月之月　土之土　坎之坎 二萬四千一百八十六萬四千七百四萬	月之辰　土之水　坎之坤 八百七十萬七千一百二十九萬三千四百四十萬

一七	三七	五七	七七	一八	三八
遯	旅	漸	艮	否	晉
日之元　火之日　艮之乾 四千六百六十五萬六千	日之運　火之星　艮之離 一百六十七萬九千六百一十六萬	日之歲　火之石　艮之巽 六萬四百六十六萬一千七百六十萬	日之日　火之火　艮之艮 二百一十七萬六千七百八十二萬二千三百六十萬	辰之元　水之日　坤之乾 五萬五千九百八十七萬二千	辰之運　水之星　坤之離 二千一十五萬五千三百九十二萬
二七	四七	六七	八七	二八	四八
咸	小過	蹇	謙	萃	豫
日之會　火之月　艮之兌 五萬五千九百八十七萬二千	日之世　火之辰　艮之震 二千一十五萬五千三百九十二萬	日之月　火之土　艮之坎 七十二萬五千五百九十四萬一千一百二十萬	日之辰　火之水　艮之坤 二千六百一十二萬一千三百八十八萬三百二十萬	辰之會　水之月　坤之兌 六十七萬一千八百四十六萬四千	辰之世　水之辰　坤之震 二萬四千一百八十六萬四千七百四萬

五八	七八
觀	剥
辰之歲　水之石　坤之巽 七十二萬五千五百九十四萬一千一百二十萬	辰之日　水之火　坤之艮 二千六百一十二萬一千三百八十八萬三百二十萬
六八	八八
比	坤
辰之月　水之土　坤之坎 八百七十萬七千一百二十九萬三千四百四十萬	辰之辰　水之水　坤之坤 三萬一千三百四十五萬六千六百五十六萬三千八百四十萬

右邵子經世天地始終之數圖。

蔡氏西山曰：「皇極經世之書，康節先生以爲先天之學，其道一本於伏羲卦圖，但其用字立文，自爲一家；引經引義，別爲一說，故學者多所疑惑，要當且以康節之書反覆涵泳，使倫類精熟，脈絡通貫，然後有得。若其宗要，則明道先生所爲加一倍法也。是故繇體而之用，則自一而二，自二而四，自四而八，自八而十六，自十六而三十二，自三十二而六十四。即用而之體，則自六十四而三十二，自三十二而十六，自十六而八，自八而四，自四而二，自二而一，一者，太極也，所謂一動一靜之間者也。蓋嘗謂體天地之撰者，至於易而止矣，不可以有加矣。揚氏之太玄八十一首，關氏之洞極二十七象，司馬氏之潛虛五十五行，皆不知而作者也。天奇地耦之畫，陽九陰六之數，四千九十有六之變，萬有一千五百二十之策，有以加乎此哉？康節之學，雖作用不同，而其實則伏羲所畫之卦也。故其書以日月星辰、水火土石盡天地之體用，以寒暑晝夜、雨風露雷盡天地之變化，以性情形體、走飛草木盡萬物之感應，以元會運世、歲日月辰盡天地之終始，以皇帝王霸、易書詩春秋盡聖賢之事業，自秦漢以來，一人而已耳。」

「天地之數窮於八八，故元會運世。歲月日辰之數極於六十四也。陽數以三十起者，一月有三十日，一世有三十年也。

陰數以十二起者，一日有十二辰，一歲有十二月也。天地之數至於八八而遂窮乎？曰窮則變，變則生，蓋生生而不窮者也。元會運世即歲月日辰，日月星辰即水火土石，猶形影聲響也。故經世舉元會運世，而不及歲月日辰，舉日月星辰而不及水火土石也。」黄氏瑞節曰：「經世天地始終之數，以十二、三十反覆乘之也。元之元一，元之會十二，是以十二乘一也。元之運三百六十，是以三十乘十二也。元之世四千三百二十，是以十二乘三百六十也。會之元以下放此。經世之元會運世、歲月日辰，即易之乾兑離震巽坎艮坤也。元之元即乾之乾，元之會即乾之兑，元之運即乾之離，元之世即乾之震，元之歲即乾之巽，元之月即乾之坎，元之日即乾之艮，元之辰即乾之坤。會之元以下放此。」

元會運世

日甲	月子一	星三十	辰三百六十	年一萬八百	復䷗	
	月丑二	星六十	辰七百二十	年二萬一千六百	臨䷒	
	月寅三	星九十	辰一千八十	年三萬二千四百	泰䷊	開物 星之巳七十六
	月卯四	星一百二十	辰一千四百四十	年四萬三千二百	大壯䷡	
	月辰五	星一百五十	辰一千八百	年五萬四千	夬䷪	

	月巳六	星一百八十	辰二千一百六十	年六萬四千八百	乾䷀	唐堯始星之癸百八十辰二千二百五十七
	月午七	星二百一十	辰二千五百二十	年七萬五千六百	姤䷫	夏商周秦漢晉十六國南北朝隋唐五代宋
	月未八	星二百四十	辰二千八百八十	年八萬六千四百	遯䷠	
	月申九	星二百七十	辰三千二百四十	年九萬七千二百	否䷋	
	月酉十	星三百	辰三千六百	年一十萬八千	觀䷓	
	月戌十一	星三百三十	辰三千九百六十	年一十一萬八千八百	剝䷖	星之戊二百一十五閉物
	月亥十二	星三百六十	辰四千三百二十	年一十二萬九千六百	坤䷁	

右經世一元消長之數圖。

邵氏子文曰：「日爲元元之數一，月爲會會之數十二，星爲運運之數三百六十，辰爲世世之數四千三百二十，則是一元統十二會、三百六十運、四千三百二十世。一世三十年，則一十二萬九千六百年，一十二萬九千六百年是爲一元之數。一元在大化之中，猶一年也。自元之元至辰之元，自元之辰至辰之辰，而後數窮矣。窮則變，變則生，蓋生生而不窮也。經世但著一元之數，舉一隅而已。引而伸之，則窮天地之數可知矣。日，甲日之數，一歲一周。月，子至亥，月之數，十二歲，十二周也。星，三百六十隨天而轉，日一周歲，三百六十周也。一日十二辰，積一歲之辰，則歲四千三百二十辰也。自子至巳作息，自午至亥作消，作息則陽進而陰退，作消則陰進而陽退。開物於月之寅、星之巳，七十有六。閉物於月之戌、星之戌，三百一十有五。月至巳之終，當辰之二千一百六十，爲陽極，陰陽之餘，空各六。月至亥之終，當辰之四千三百二十，爲陰極，陰陽之餘，空各六。凡二十有四，以當易六十四卦、三百八十四爻之數焉。除四正卦凡六，四六二十四，三百八十有四，去其二十有四，則所存者三百六十也。四正卦謂乾坤坎離，居四方之正位，反復不變，故謂之四正。經世一元之運數，舉成數焉。消息盈虧之法，在其間矣，所以藏諸用也。唐堯起於月之巳、星之癸、一百八十辰之二千一百五十七。推而上之，堯得天地之中數也，故孔子贊堯曰：『唯天唯大，唯堯則之。蕩蕩乎，民無能名焉。巍巍乎。其有成功。煥乎，其有文章。』揚雄亦謂法始乎伏羲，而成乎堯，蓋自極治之盛，莫過乎堯。先乎此者，有所未至。後乎此者，有所不及。考之歷數，稽之天時，質之人事，若合符節。嗚呼，盛哉！」

蔡氏西山曰：「元會運世之數，大而不可見。分釐絲毫之數，小而不可察。所可得而數者，即日月星辰而知之也。一世有三十歲，一月有三十日，故歲與日之數三十。一歲有十二月，一日有十二辰，故月與辰之數十二。自歲日月辰之數，推而上之，得元會運世之數；推而下之，得分釐絲毫之數。三十與十二，反覆相乘，爲三百六十，故元會運世歲月日辰八者之數，皆三百六十。以三百六十乘三百六十，爲十二萬九千六百，故元有十二萬九千六百歲，會有十二萬九千六百月，運有十二萬九千六百日，世有十二萬九千六百辰，歲有十二萬九千六百分，月有十二萬九千六百釐，日有十二萬九千六百毫，辰有十二萬九千六百絲，皆天地自然，非假智營力，索而天地之運、日月之行，氣朔之盈虛，五星之伏見，眺朒屈伸交食淺深之數，莫不繇此。繇漢以來，以歷數名家者，惟太初大衍耳。惟太初以四千六百一十七歲爲元，以八十一爲分。大衍之歷乃以一百六十三億七千四百五十九萬五千二百爲元，三千四十爲分，皆附會牽合，以此求天地之數，安得無差？」黃氏瑞節曰：「一元消長圖，蓋以本書約之也。今詳本書，日甲一位爲一元，該十二萬九千六百年，此一元總數也。其所以得一元之數者，繇十二會積之也。月子一位爲一會，該一萬八百年，至月亥十二位爲十二會，該十二萬九千六百年，屬上日甲統之也。其所以得十二會之數者，繇三十運積之也。星甲一位一萬八百年，屬上月子統之，過此屬月丑統之。其所以得三十運之數者，繇十二世積之也。辰子一位爲一世，該三十年至辰亥，十二位爲十二世，該三百六十年，屬上星甲統之，過此屬星乙統之。蓋繇世積而爲運，運積而爲會，會積而爲元，即繇時積而爲日，日積而爲月，月積而爲歲也。邵伯温所謂一元之數，在天地之間，猶一年是已。然邵子此數，何從而知其始？何從而知其終耶？善乎？西山先生之言曰：「以今日天地之運，日月五星之行，推而上之，因以得之也。故曰堯得天地之中數，斯言何謂也？蓋堯之時，在日甲月巳星癸辰申，當十二萬九千六百年之半，以上爲六萬四千八百年之已往，以下爲六萬四千八百年之方來，是以謂中數也。堯而後，可遞而推矣。」

弘撰曰：「邵子經世之學，本於易，其中精藴，非愚陋所能窺。邵子嘗欲傳程子，程子不學，而當時之欲學者，邵子又不許，蓋未易言也。今特載其圖，學者有志求之，則有邵子全書及蔡氏之纂圖指要在。」

「邵子之學當時惟傳王天悦，而後之得其傳者，則無過蔡氏，故朱子嘗云康節之書故自是好，而季通推得來，又甚縝密，若見於用，不知果如何？恐當絕勝諸家也。」

「一月而辰之甲子六，五日一周。一歲而辰之甲子七十二。四千三百三十辰。日之甲子六，三百六十日。一世而日之甲子一百八十，一萬八百日。月之甲子六。三百六十月。一運而月之甲子七十二，四千三百二十月。歲之甲子六。三百六十歲。一會而年之甲子一百八十，一萬八百年。世之甲子六，三百六十世。一元而世之甲子七十二，四千三百二十世。運之甲子六。三百六十運。此元會運世歲月日辰之略也。」

卦有重體有錯數

乾七十二 兌一百四十四 離二百一十六 震二百八十八 巽三百六十								
坎四百三十二 艮五百〇四 坤五百七十六								
乾	一	二一 一二	三一 一三	四一 一四	五一 一五	六一 一六	七一 一七	八一 一八 七十八 每進四十二
兌	一二 二一	二二	三二 二三	四二 二四	五二 二五	六二 二六	七二 二七	八二 二八 一百二十
離	一三 三一	二三 三二	三三	四三 三四	五三 三五	六三 三六	七三 三七	八三 三八 一百六十二
震	一四 四一	二四 四二	三四 四三	四四	五四 四五	六四 四六	七四 四七	八四 四八 二百〇四
巽	一五 五一	二五 五二	三五 五三	四五 五四	五五	六五 五六	七五 五七	八五 五八 二百四十六
坎	一六 六一	二六 六二	三六 六三	四六 六四	五六 六五	六六	七六 六七	八六 六八 二百八十八
艮	一七 七一	二七 七二	三七 七三	四七 七四	五七 七五	六七 七六	七七	八七 七八 三百三十
坤	一八 八一	二八 八二	三八 八三	四八 八四	五八 八五	六八 八六	七八 八七	八八 三百七十二

劉氏太室曰：「八卦相錯，各有自藏，其體之數上用虛，因爲圓數下用，實乘爲方數，通得一千八百，爲方圓合一之數，以乾坤合策三百六十除之，凡五參兩也，參伍也。」

弘撰曰：「參其六，兩其九，伍其三百六十。」

加一倍法

一	八	六十四	五百十二	四千○九十六	三萬二千七百六十八	二十六萬二千一百四十四	二百○九萬七千一百五十二
二	十六	一百二十八	一千○二十四	八千一百九十二	六萬五千五百三十六	五十二萬四千二百八十八	四百一十九萬四千三百○四
三	二十四	一百九十二	一千五百三十六	一萬二千二百八十八	九萬八千三百○四	七十八萬六千四百三十二	六百二十九萬一千四百五十六
四	三十二	二百五十六	二千○四十八	一萬六千三百八十四	十三萬一千○七十二	一百○四萬八千五百七十六	八百三十八萬八千六百○八
五	四十	三百二十	二千五百六十	二萬○四百八十	十六萬三千八百四十	一百三十一萬○七百二十	一千○四十八萬五千七百六十
六	四十八	三百八十四	三千○七十二	二萬四千五百七十六	十九萬六千六百○八	一百五十七萬二千八百六十四	一千二百五十八萬二千九百十二
七	五十六	四百四十八	三千五百八十四	二萬八千六百七十二	二十二萬九千三百七十六	一百八十三萬五千○○八	一千四百六十八萬○○六十四
八	六十四	五百一十二	四千○九十六	三萬二千七百六十八	二十六萬二千一百四十四	二百○九萬七千一百五十二	一千六百七十七萬七千二百一十六

弘撰曰：「此即朱子所謂焦貢易林變卦之數也。余引而伸之，以見數之全，有不盡之義。若所謂逐爻漸加至二十四，朱子云無用處者，其數雖不可不知，亦不必過求矣。」

始中終數圖

一始	一始
二始	三
三	五中
四	七
五中	九終
六中	二始
七	四
八	六中
九終	八
十終	十終

一二爲數之始志曰合二始以定剛柔一奇故爲剛二耦故爲柔也

五六爲數之中志曰合二中以定律歷天有五音地有六律也

九十爲數之終志曰合二終以紀閏餘一十九歲爲一章也

程子伊川曰：「有一便有二，纔有一二，便有三，以往便無窮。老子亦言『三生萬物』，此是生生之謂易。」

張子橫渠曰：「一故神，兩在，故不測。兩故化，推行於一。此天之所以參也。」

「極天大而後中可求，止其中而後大可有。」

邵子堯夫曰：「天地之本，其起於中乎？是以乾坤交變而不離乎中。人居天地之中，心居人之中，日中則盛，月中則盈，故君子貴中也。」

張氏文饒曰：「天地間唯一無對，唯中無對。乾坤，陰陽之一。坎離，陰陽之中。頤、大過，似乾坤之一。中孚、小過，似坎離之中。所以皆無對，其餘五十六卦，不純乎一與中者，則有對也。」

弘撰曰：「卦莫尊於乾，數莫尊於一，六十四卦皆有乾在，百千萬億皆有一在。乾，卦之初也。一，數之始也。一，即乾也。石汝礪云：『乾爲生生之本，萬物歸於一也。』」

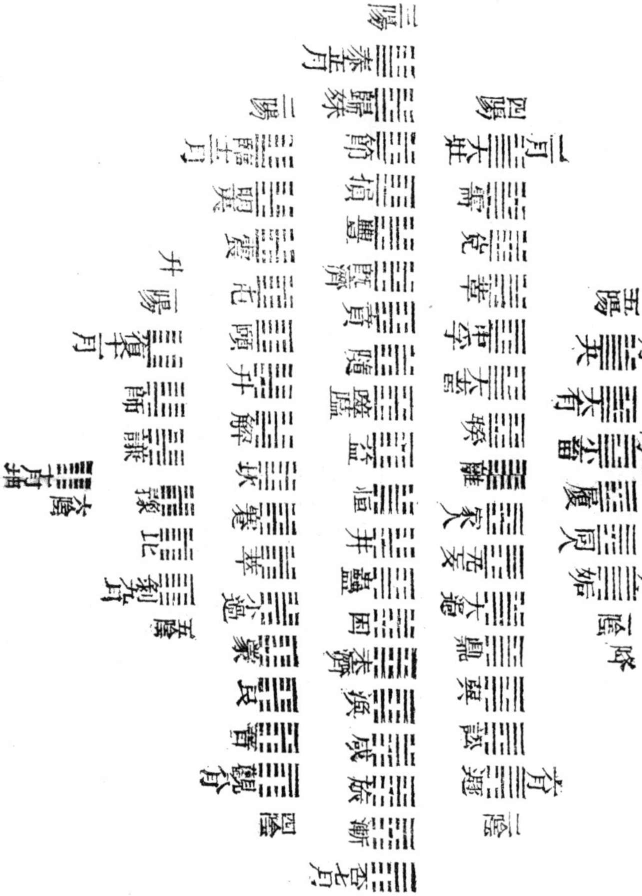

乾四月 六陽
五月 一陰 姤 同人 履 小畜 大有 夬 三月 五陽
六月 二陰 遯 訟 巽 鼎 大過 无妄 家人 離 睽 大畜 中孚 革 兌 需 大壯 二月 四陽
三陰 否七月 漸 旅 咸 渙 未濟 困 蠱 井 恒 益 噬嗑 隨 賁 既濟 豐 損 節 歸妹 泰正月 三陽
四陰 觀八月 晉 艮 蒙 小過 萃 蹇 坎 解 升 頤 屯 震 明夷 臨十二月 二陽
五陰 剝九月 比 豫 謙 師 復十一月 一陽 升
六陰 坤十月

傳曰：「剛柔者，立本者也。變通者，趨時者也。吉凶者，貞勝者也。天地之道，貞觀者也。日月之道，貞明者也。天下之動，貞夫一者也。」

張氏仲純曰：「右傳蓋發明後天六十四卦變通之義。剛柔者，變通之本體。變通者，剛柔之時用。以圖推之，乾剛坤柔，位乎上下，乃不易之定體，故曰剛柔者，立本者也。坤初爻柔，變而趨於剛，爲復、爲臨、爲泰、爲大壯、爲夬，進之極而爲乾，自冬而夏也。乾初爻剛，化而趨於柔，爲姤，爲遯，爲否，爲觀，爲剥，退之極而爲坤，自夏而冬也。故曰變通者，趨時者也。故夫乾坤以初爻變而一陰一陽之卦各六，皆自復、姤而推之。二爻變而二陰二陽之卦各十有五，皆自臨、遯而推之。三爻變而三陰三樣之卦各二十，皆自泰、否而推之。四爻變而四陰四陽之卦各十有五，皆自大壯、觀而推之。五爻變而五陰五陽之卦各六，皆自夬、剥而推之。縱橫上下，反復相推，無所不可，在識其通變，則無所拘泥，而無不通。傳所謂變通不居，周流六虚，上下無常，剛柔相易，不可爲典要，唯變所適。然陽主進，自復而左升。陰主退，自姤而右降。泰否則陰陽中分，自寅至申，皆晝也，而乾實冒之，自酉至丑，皆夜也，而坤實承之。故上繫言變化者，進退之象；剛柔者，晝夜之象也。或剛或柔，有失有得，而吉凶之理常相勝也。乾上坤下，定體不易，天地之道，貞觀者也。離南坎北，日麗乎晝，月顯乎夜，日月之道，貞明者也。天下之動，其變無窮，順理則吉，逆理則凶，則其所正而常者，有恆以一之，是亦一理而已矣。」

朱子謂：「參同契以乾坤爲鼎器，坎離爲藥物，餘六十卦爲火候。今以此圖推之，蓋以人身形合之天地陰陽者也。乾爲首而居上，坤爲腹而居下，離爲心，坎爲腎。心，火也；腎，水也，故離上而坎下。陽起於復，自左而升，繇人之督脈起，自尻循脊背而上，走於首。陰起於姤，自右而降，繇人之任脈至，自咽循膺胸而下，走於腹也。上二十卦法天，天者，陽之輕清，故皆四陽五陽之卦。下二十卦法地，地者，陰之重濁，故皆四陰五陰之卦。中二十卦象人，人者，天地之德，陰陽之變，故皆三陰三陽之卦，亦如人之經脈手足，各有三陰三陽也。又人上部法天，中部法人，下部法地，亦其義也。繇是言之，則參同之義不誣矣。若夫恆卦居中。則書所謂若有恆性，傳所謂恒以一德，孟子所謂恆心而恒之，彖曰日月得天而能久照，四時變化而能久成，聖人久於其道而能化成。觀其所恒，而天地萬物之情可见矣。」

天地日月時候與人參同圖

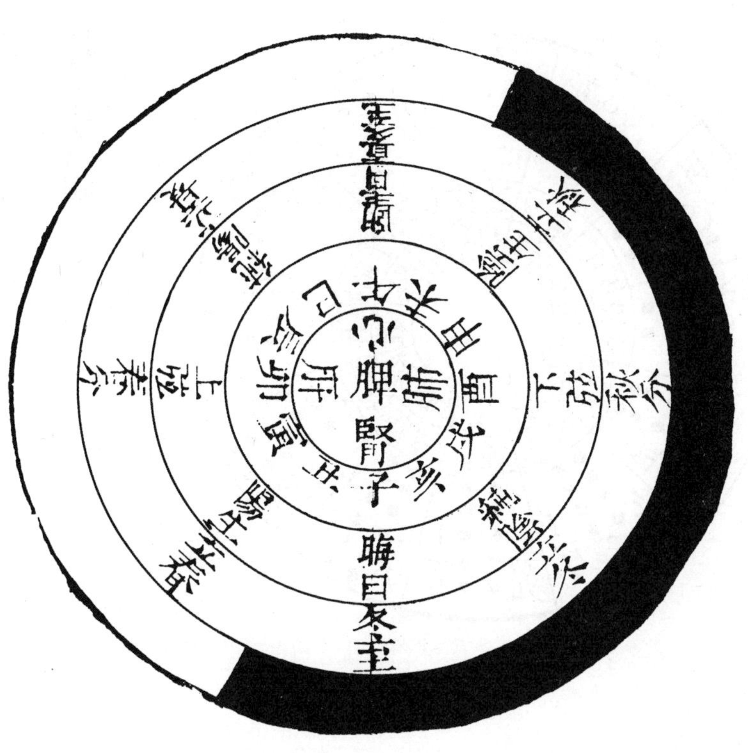

太上隱書曰：「日月之形周圍各八百里。日者，太陽之精，而行乾策。月者，太陰之精，而行坤策。東西出沒，以分晝夜。南北往來，以定寒暑。日得月魄而清，月得日魂而明。清明者，日月之氣也。精華者，日月之質也。陰陽者，日月之道也。烏兔者，日月之象也。卯酉者，日月之路也。晝夜者，日月之度也。交合者，日月之用也。往來不差，所以萬古不虧不損。西山參同契：『天地日月之理，并無差矣。』」

王弘撰集

卦爻律占圖

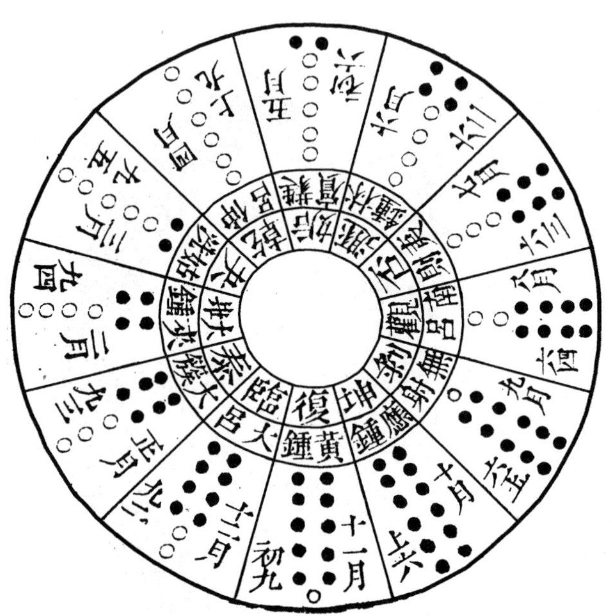

復
黃鍾
十一月
初九
臨
大呂
十二月
九二
泰
大簇
正月
九三
大壯
夾鍾
二月
九四
夬
姑洗
三月
九五
乾
仲呂
四月
上九
姤
蕤賓
五月
初六
遯
林鍾
六月
六二
否
夷則
七月
六三
觀
南呂
八月
六四
剝
無射
九月
六五
坤
應鍾
十月
上六

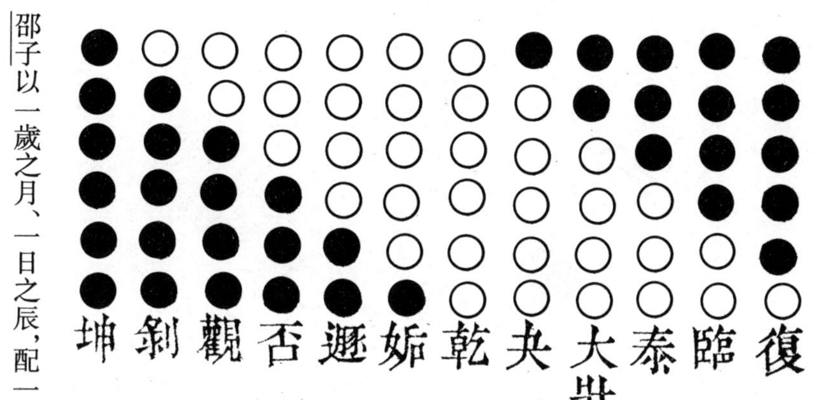

邵子以一歲之月、一日之辰，配一元之會、一運之世，皆十二也。十二月，三十六旬分之，則七十二候。十二卦，三十六陽分之，則七十二畫。縱而觀之，陽與陰皆自一而六。横而觀之，陽六其六，又陽一而陰二，三十六陽貫乎三十六陰之中，天地間無非一陽氣之運而已。息於復，盈於乾，消於姤，虚於坤，天行也。

弘撰曰：「此以一歲觀之則然，若合數歲觀之，則三十六陰亦有貫乎三十六陽之中之象，所謂一陰一陽之謂道也。今特以自復起，故有此一歲之象符乎貴陽之義耳。若從古迄今，陰陽禪代，天地大化，又有何有於歲之分限耶？」

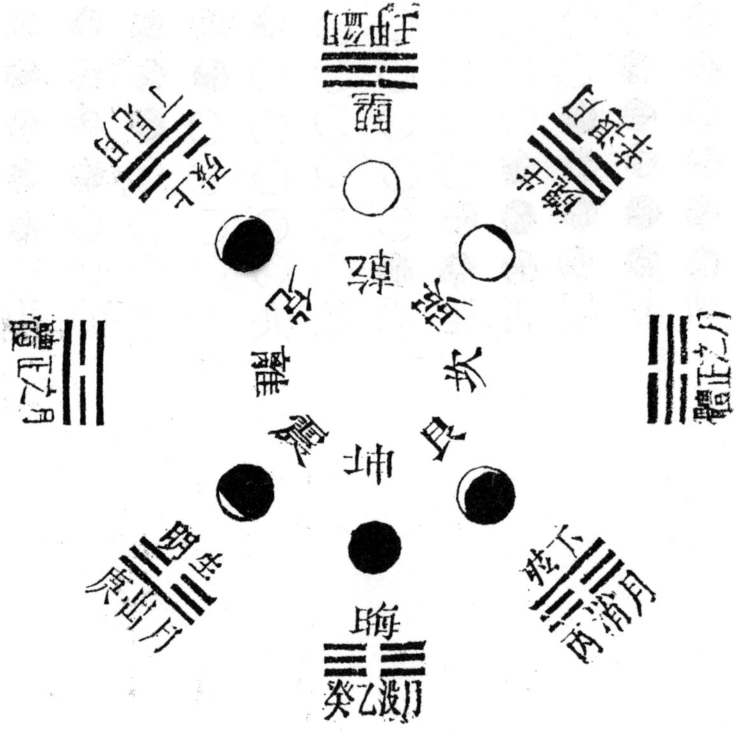

虞氏仲翔曰：「日月懸天，成八卦象。三日暮震象，月出庚。八日兑象，月見丁。十五日乾象，月盈甲壬。十六日旦巽象，月退辛。二十三日艮象，月消丙。三十日坤象，月滅乙癸。晦夕朔旦則坎，象水流戊，日中則离，象火就己。戊己土位，象見於中。」

朱子晦庵曰：「三日，第一節之中，月生明之時也，蓋始受一陽之光，昏見於西方庚地。八日，第二節之中，月上弦之時，受二陽之光，昏見於南方丁地。十五日，第三節之終，月既望之時，全受日光，昏見於東方甲地，是爲乾地。十六日，第四節之始，始受下一陰爲巽而成魄，以平旦而没於西方辛地。二十三日，第五節之中，復生中一陰爲艮而下弦，以平旦而没於南方丙地。三十日，第六節之終，全變三陽而光盡，體伏於西北。一月六節既盡而禪於後，月復生震卦云。」

弘撰曰：「納甲之説，京氏易傳、魏氏參同契皆有之，虞氏之説較備。坎離戊己，始有歸著，然此亦指二八月，晝夜均平之時也。若以歷法言，則晝夜有長短，若晝短，日没於申，則月合於申，望於寅矣。若晝長，日没於戌，則月合於戌，望於辰矣。十二月之中，三日之月不盡見庚，十五日之月不盡見甲，合朔有先後，則上下弦不盡在八日、二十三日，望晦不盡在十五日、三十日也。」

朱子語見參同契注，真西山載之讀書記，而釋之曰：「震一、兑二、乾三、巽四、艮五、坤六、五日爲一節。」又曰：「朔旦震始用事，爲日月陰陽交感之初，道家象此，以爲修養法。」

又有詳者：「日，陽中之陽，人君之象也，其德至剛，其體至健，其行天所以分晝夜，别寒暑。一日一周天，而在天爲不及一度。一歲之積，恰與天會。故日有三道：中道者，黄道也。北至東井，去極近。南至牽牛，去極遠；東至角，西至婁，去極中通。中道、南道、北道，爲三道也。蓋極南至於牽牛，則爲冬至，晝四十刻，夜六十刻。極北至於東井，則爲夏至，晝六十刻，夜四十刻。南北極中則爲春秋，分晝夜各五十刻。」

「月，陽中之陰，后妃之象也。其德至柔，而其體至順。其行天所以佐理太陽。驗之夜景，以爲消息。月本無光，麗日而有明，以不明之體言之，則純陰而象坤，晦朔之時也。越三十日，不及日三十七度强而哉。生明始資，日之明而有光，因謂之朏陽之初生也。昏見於庚，震☳之象也。越八日，不及日九十八度強，而資日之半明，因謂之弦，乃陽將半也。昏見於丁，兑☱之象也。越十五日，不及日一百八十二度半強，與對望資日之全明而大圓，因謂之望，言三陽具備也。昏見於甲，乾☰之象也。又三日，不及日二百一十九度強而哉，生魄與日之望偏，而陰魄始生，因謂之魄，謂陰復萌也。晨見於辛，巽☴之象也。又五日，不及日之二百八十一度強，而半晦半資，日之明，因謂之下弦，謂月生之半也。晨見於丙，艮☶之象也。又六日，與日之四百九十分強，則不及盡三百六十五度四分之一，而與日交會，日之明全不能相資，復晦而不明，因謂之晦。盡沒於乙，坤☷之象也。其行天之度，一日之行得三百度十九分度之七，在天爲不及二十度十九分度之七，在日爲不及十三度十九分度之七，積二十九日九百四十分日之四百九十九而與日會於辰次。之所以爲一歲十二會，得三百五十四日九百四十分日之三百四十分，而與天會，是爲一歲也。」

「故月有九行。九行者，乃黑道二，立冬、冬至，出黄道北；赤道二，立夏、夏至，出黄道南；白道二，立秋、秋分，出黄道西；青道二，立春、春分，出黄道東。并黄道，共爲九行也。」

「日行不繇黄赤道，出入黄道内外。晝長，在赤道北；日短。在赤道南。北有紫薇垣，帝座居之，故北曰内，南曰外。又月有九行者，只是一道，月亦不繇黄赤道。其黄道與赤道如兩環相交，而相距二十四度。日月繇中而行，只距黄道六度。日爲陽之精，月受日光而明。革象：以黑漆毬於簷下映日，其毬受日之光，遠射暗壁。月之圓體，比黑漆毬，有日映處則有光，日映不到則無光，故常一邊光，一邊暗。遇望，日月相對，月在天，日在地下，所映之光，全向人間一邊，暗處却全向天，人所不見。晦朔，日月同經，月在日之下，月受日映，一邊光處全向天，一邊暗處全向地。晦朔同經，離二十五度，所映之光，漸向一邊，人間乃見月吐微光。日與月逐漸遠，光漸多，月離日九十餘度，則人見光一半，故謂之弦。望後離日二十五度，而月光漸虧，逐漸遠，光漸少，而至於晦。是以月體本無圓缺，每受日光，只是半輪，以其旋轉，人不盡見，故言其虧盈也。有愚者謂日月對望，爲地所隔，豈能得日之映彼？豈知陰陽之氣隔礙潛通之理？其月不全熒而似瑕者，其映水之處則瑩，照地之處則瑕。古云：『月中有山河樹影』是也。日之圓體大，月之圓體小，日距天雖遠，月距天又遠，月道在日道內，亦似小環在大環之中。月與人相近，日與人較遠。月因近視，而比日體之大也。太陽行一度曰一日，而月一日行十三度有奇。凡言度者，日之圓徑數也。如日之徑八百四十五里，濶則一度亦八百四十五里，濶故太陽三百六十五度餘，計三十三萬里，而天高遠於日，故其度又濶於日之度。以天三百六十五度餘，計五十五萬餘里，是天每度有一千三百九十里，而月之度却窄於日之徑，月一度止得六百七十里。周三百六十五度餘，止計二十四萬里，是月近於人，天最遠於人，唯日得其中道，故凡歷測皆以日爲主，而作準則也。日行之道，定二十八宿之名。唐虞之際，冬至日躔虚宿，何以知其然？在堯典曰：『日短星昴，以正仲冬。』且冬至日短，日入申未，昴星見酉，初時而在南方午上，太陽却在酉方。虚屬天盤子，以天盤子加臨地盤酉，子加酉，則酉必加午。昴屬天盤酉，而冬至見地盤午。故冬至太陽躔虚，夏至躔星，春分在昴，秋分在房。古者唯以夜半中星考其日度，是以容成造歷，車區占星是也。漢作太初歷：仲冬日在丑躔牽牛。初堯至漢差一宫。晉虞喜謂五十年差一度，何承天謂百年差一度，隋劉焯以七十五年差一度，唐一行八十三年差一度。大衍歷：日在斗十三度。宋乃以焯七十五年爲準。至元十四年，丁丑冬至，日躔箕十度。至元三年丁丑，日躔箕八度。則堯時日在子，漢時日在丑。金宋之間，日在寅。自堯至今，三千七百年，日已差三宫。則堯之後，九千餘年，日反躔午；一萬八千餘年，日復躔子。是帝堯之前，亦必如此。故李淳風以古歷章蔀紀元，分度不齊，始爲總法。一行以朔有四大三小，定九服交食之異。徐昴以日食有氣，刻時三差。姚舜輔知食甚泛，餘差數革象，謂上古歲差少，後世歲差多。以唐宋到今驗之，果符其説也。古人以三百六十時有餘，均作二氣六候爲一月。然每月朔，止得三百五十六個時令三刻有奇，而一氣則十五日有餘。故月大曰氣盈，月小曰虧，名爲朔虚。此謂日月五星，亦有虧盈，非但指日月晦食爲虧盈也。」

「大道無形，視聽不可以見聞；大道無名，度數不可以籌算。資道生形，因形立名。名之大者，天地也。天得乾道而積氣以覆於下，地得坤道而托質以載於上。覆載之間，上下相去八萬四千里，氣質不能相交。天以乾索於坤而還於地中，其陽負陰而上升；地以坤索於乾而還於天中，其陰抱陽而下降。一升一降運於道，所以天地長久。」

「天地之間，親乎上者爲陽，自上而下四萬二千里，乃曰陽位；親乎下者爲陰，自下而上四萬二千里，乃曰陰位。既有形名，難逃度數。且一歲者，四時、八節、二十四氣、七十二候、三百六十日、四千三百二辰。十二辰爲一日，五日爲一候，三候爲一氣，三氣爲一節，二節爲一時，四時爲一歲。一歲以冬至節爲始，是時也，地中陽升，凡一氣十五日，上升七千里，三氣爲一節，一節四十五日，陽升共二萬一千里，二節爲一時，一時九十日，陽升共四萬二千里，正到天地之中，而陽合陰位，陰中陽半，其氣爲温，而時當春分之節也。過此陽升而入陽位，方曰得氣而升，亦如前四十五日立夏，立夏之後四十五日夏至，夏至之節陽升，通前計八萬四千里，以到天，乃陽中有陽。其氣熱，積陽生陰，一陰生於二陽之中，自夏至之節爲始，是時天中陰降，凡一氣十五日，下降七千里，三氣爲一節，一節四十五日，陰降共二萬一千里，二節爲一時，一時九十日，陰降共四萬二千里，以到天地之中，而陰交陽位，陽中陰半，其氣爲涼，而時當秋分之節也。過此陰降而入陰位，方曰得氣而降，亦如前四十五日立冬，立冬之後四十五日冬至，冬至之節陰降，通前計八萬四千里。以到地，乃陰中有陰，其氣寒。積陰生陽，一陽生於二陰之中，自冬至之後，一陽復升如前，運行不已，周而復始，不失於道。冬至陽生，上升而還天；夏至陰生，下降而還地。夏至陽升到天，而一陰來至；冬至陰降到地，而一陽來至，故曰冬至、夏至。陽升於上，過春分而入陽位，以離陰位；陰降於下，過秋分而入陰位，以離陽位，故曰春分、秋分。凡冬至陽升之後，自上而下，非無陰降也，所降之陰乃陽中之餘陰，止於陽位中消散而已，縱使下降得位，與陽升相遇，其氣絕矣；凡夏至陰降之後，自下而上，非無陽升也，所升之陽乃陰中之余陽，止於陰位中消散而已，縱使上升得位，與陰降相遇，其氣絕矣。陰陽升降，上下不出於八萬四千里，往來難逃於三百六十日，即温、涼、寒、熱之四氣而識陰陽，即陽升陰降之八節而知天地。以天機測之，庶達大道之緒餘，若以口耳之學，較量於天地之間，安得籌算而知之乎？」

十二月卦圖

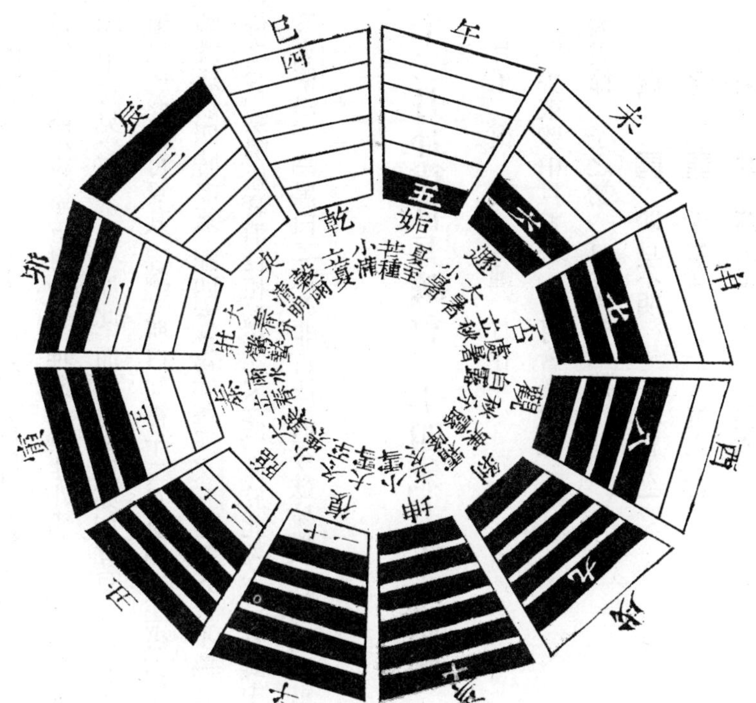

胡氏庭芳曰：「文王十二月卦：自復卦一陽生冬至十一月中，至乾卦六陽生小滿四月中，爲純陽之卦。陽極則陰生，故姤卦一陰生夏至五月中，至坤卦六陰生小雪十月中，爲純陰之卦。陰極則陽生，又繼以十一月之復焉。陰陽消長如環無端，不特見之卦畫之生如此，而卦氣之運亦如此自然，與月之陰陽消長相爲配合。大傳所謂『易與天地準，故能彌綸天地之道』，於此亦可見其一端。所以知得十二月卦屬文王者，以文王卦中之辭，復卦『七日來復』、臨卦『八月有凶』之類，可見此圖既成以四時之氣，配四方之位，雖與文王序卦先後不協，實自然，與伏羲六十四卦圓圖之位次合。卦氣流行之接卦畫對待之妙，陰陽盛衰消長相爲倚伏之機，備於此圖十二月卦中矣。」按：朱子本義，伏羲六十四卦横圖用黑白以別陰陽爻。答袁樞曰：「黑白之位亦非古法，但今欲易曉，且爲此以寓之耳。」

十二月卦律日月躔會二十四氣七十二候圖

十一月子　復 ䷗　黄鍾　日在斗

　昏東壁中旦軫中　日月會於星紀

大雪節　子之初　兑上六⚋老陰

　觀 ䷓　鶡旦不明　復初九⚊

　比 ䷇　虎始交　復六二⚋

　剥 ䷖　荔挺出　復六三⚋

　自比初爻至坤上爻屬坤三爻

冬至中　子之半　坎初六⚋少陰

　坤 ䷁　蚯蚓結　復六四⚋

麋角解　　　　　　　　復六五⚋

復　䷗　水泉動　　　　復上六⚋

自復初爻至屯三爻屬震初爻

十二月丑　臨　䷒　大呂　日在婺

昏婁中旦氐中　日月會於玄枵

小寒節　丑之初　坎九二⚊小陽

頤　䷚　雁北鄉　　　　臨初九⚊

屯　䷂　鵲姑巢　　　　臨九二⚊

益　䷩　雉雊　　　　　臨六三⚋

自屯四爻至噬嗑三爻屬震二爻

大寒中　丑之半　坎六三⚋少陰

震　䷲　雞乳　　　　　臨六四⚋

噬嗑　䷔　征鳥厲疾　　臨六五⚋

隨　䷐　水澤腹堅　　　臨上六⚋

自噬嗑四爻至无妄上爻屬震三爻

正月　寅　泰　䷊　大簇　日在營室

昏參中旦尾中　日月會於娵訾

立春節　寅之初　坎六四⚋老陰

无妄　䷘　東風解凍　　泰初九⚊

蟄蟲始振　泰九二⚊

明夷 ䷣ 魚陟負冰　泰九三⚊

自明夷初爻至既濟三爻屬離初爻

雨水中　寅之半　坎九五⚊老陽

賁 ䷕ 獺祭魚　泰六四⚋

既濟 ䷾ 候雁北　泰六五⚋

家人 ䷤ 草木萌動　泰上六⚋

自既濟四爻至豐上爻屬離二爻

二月　卯　大壯 ䷡ 夾鍾　日在奎

昏弧中旦建星中　日月會於降婁

驚蟄節　卯之初　坎上六⚋老陰

豐 ䷶ 桃始華　大壯初九⚊

離 ䷝ 倉庚鳴　大壯九二⚊

革 ䷰ 鷹化爲鳩　大壯九三⚊

自離四爻至同人上爻屬離三爻

春分中　卯之半　震初九⚊少陽

同人 ䷌ 玄鳥至　大壯九四⚊

雷乃發聲　大壯六五⚋

臨 ䷒ 始電　大壯上六⚋

自臨初爻至節三爻屬兌初爻

三月　辰　夬䷪　姑洗　日在胃

昬七星中旦牽牛中　日月會於大梁

清明節　辰之初　震六二⚋少陰

損䷨　桐始華　夬初九⚊

節䷻　田鼠化爲鴽　夬九二⚊

中孚䷼　虹始見　夬九三⚊

自節四爻至歸妹上爻屬兌二爻

穀雨中　震之半　震六三⚋少陰

歸妹䷵　萍始生　夬九四⚊

睽䷥　鳴鳩拂其羽　夬九五⚊

兌䷹　戴勝降於桑　夬上六⚋

自睽初爻至履上爻屬兌三爻

四月　巳　乾䷀　中呂　日在畢

昬翼中旦婺女中　日月會於實沈

立夏節　巳之初　震九四⚊老陽

履䷉　螻蟈鳴　乾初九⚊

蚯蚓出　乾九二⚊

泰䷊　王瓜生　乾九三⚊

自泰初爻至需三爻屬乾初爻

小滿中　巳之半　震六五⚋老陰

大畜　䷙　苦菜秀　乾九四⚊

需　䷄　靡草死　乾九五⚊

小畜　䷈　麥秋至　乾上九⚊

自需四爻至大壯上爻屬乾二爻

五月　午　姤　䷫　甤賓　日在井

昏亢中旦危中　日月會於鶉首

芒種節　午之初　震上六⚋老陰

大壯　䷡　螳蜋生　姤初六⚋

大有　䷍　鵙始鳴　姤九二⚊

夬　䷪　反舌無聲　姤九三⚊

自大有初爻至乾上爻屬乾三爻

夏至中　午之半　離初九⚊少陽

乾　䷀　鹿角解　姤九四⚊

蜩始鳴　姤九五⚊

姤　䷫　半夏生　姤上九⚊

自姤初爻至鼎三爻屬巽初爻

六月　未　遯　䷠　林鍾　日在柳

昏火中旦奎中　日月會於鶉火

小暑節　未之初　離六二⚋少陰

大過 ䷛ 溫風至　遯初六⚋

鼎 ䷱ 蟋蟀居壁　遯六二⚋

恒 ䷟ 鷹始摯　遯九三⚊

自鼎四爻至井三爻屬巽二爻

大暑中　未之半　離九三⚊少陽

巽 ䷸ 腐草爲螢　遯九四⚊

井 ䷯ 土潤溽暑　遯九五⚊

蠱 ䷑ 大雨時行　遯上九⚊

自井四爻至升上爻屬巽三爻

七月　申　否 ䷋ 夷則　日在翼

昏建星中旦畢中　日月會於鶉尾

立秋節　申之初　離九四⚊老陽

升 ䷭ 涼風至　否初六⚋

白露降　否六二⚋

訟 ䷅ 寒蟬鳴　否六三⚋

自訟初爻至未濟三爻屬坎初爻

處暑中　申之半　離六五⚋老陰

困 ䷮ 鷹乃祭鳥 否九四[二]⚊

未濟 ䷿ 天地始肅 否九五[三]⚊

解 ䷧ 農乃登穀 否上九⚊

自未濟四爻至渙上爻屬坎二爻

八月 酉 觀 ䷓ 南呂 日在角

昏牽牛中旦觜觿中 日月會於壽星

白露節 酉之初 離上九⚊老陽

渙 ䷺ 鴻雁來 觀初六⚋

坎 ䷜ 玄鳥歸 觀六二⚋

蒙 ䷃ 羣鳥養羞 觀六三⚋

自坎四爻至師上爻屬坎三爻

秋分中 酉之半 兑初九⚊少陽

師 ䷆ 雷乃收聲 觀六四⚋

蟄蟲壞戶 觀九五⚊

遯 ䷠ 水始涸 觀上九⚊

自遯初爻至旅三爻屬艮初爻

[二]「四」：原作「三」，據文意改。

[三]「五」：原作「四」，據文意改。

九月　戌　剥 ䷖ 無射　日在房

昏虚中旦柳中　日月會於大火

寒露節　戌之初　兌九二⚊少陽

咸 ䷞ 鴻雁來賓　剥初六⚋

旅 ䷷ 爵入大水爲蛤　剥六二⚋

小過 ䷽ 鞠有黄華　剥六三⚋

自旅四爻至漸上爻屬艮二爻

霜降中　戌之半　兌六三⚋少陰

漸 ䷴ 豺乃祭獸　剥六四⚋

蹇 ䷦ 草木黄落　剥六五⚋

艮 ䷳ 蟄蟲咸俯　剥上九⚊

自蹇初爻至謙上爻屬艮三爻

十月　亥　坤 ䷁ 應鍾　日在尾

昏危中旦七星中　日月會於析木

立冬節　亥之初　兌九四⚊老陽

謙 ䷎ 水始冰　坤初六⚋

地始凍　坤六二⚋

否 ䷋ 雉入大水爲蜃　坤六三⚋

自否初爻至晉三爻屬坤初爻

小雪中　亥之半　兑九五⚊老陽

萃　䷬　虹藏不見　坤六四⚋

晉　䷢　天氣上騰　坤六五⚋

豫　䷏　地氣下降　坤上六⚋

自晉四爻至觀上爻屬坤二爻

胡氏玉齊曰："嘗因邵子冬至子半之說，推之以卦分配節候。復爲冬至，子之半。頤、屯、益爲小寒，丑之初。震、噬嗑、隨爲大寒，丑之半。無妄、明夷爲立春，寅之初。賁、既濟、家人爲雨水，寅之半。豐、離、革爲驚蟄，卯之初。同人、臨爲春分，卯之半。損、節、中孚爲清明，辰之初。歸妹、睽、兑爲穀雨，辰之半。履、泰爲立夏，巳之初。大畜、需、小畜爲小滿，巳之半。大壯、大有、夬爲芒種，午之初。至乾之末，交夏至，午之半焉。此三十二卦，皆進而得。夫震、離、兑、乾，已生之卦也。姤爲夏至，午之半。大過、鼎、恒爲小暑，未之初。巽、井、蠱爲大暑，未之半。升、訟爲立秋，申之初。困、未濟、解，爲處暑，申之半。涣、坎、蒙爲白露，酉之初。師、遯爲秋分，酉之半。咸、旅、小過爲寒露，戌之初。漸、蹇、艮爲霜降，戌之半。謙、否爲立冬，亥之初。萃、晉、豫爲小雪，亥之半。觀、比、剥爲大雪，子之初。至坤之末，交冬至，子之半焉。此三十二卦，皆進而得。夫巽、坎、艮、坤，未生之卦也。二分二至四立，總爲八節，每節各計兩卦，如坤、復爲冬至，無妄、明夷爲立春，同人、臨爲春分之類是也。其十六氣，每氣各計三卦，如頤、屯、益爲小寒，至觀、比、剥爲大雪之類是也。八節計十六卦，十六氣計四十八卦，合之爲六十四卦，此以卦配氣者然也。"

"冬至日在坎，春分日在震，夏至日在離，秋分日在兑。四正之卦，卦有六爻，爻主一氣。餘六十卦，卦主六日七分，八十分日之七。歲十二月，三百六十五日四分日之一，六十而一周。離坎震兑，各主其一方，其餘六十卦，卦有六爻，别主一日，凡主三百六十日，餘有五日四日分之一，每日分爲八十分，五日分爲四百分，日之一又分爲二十分，是四百二十分。六十卦分之，六七四十二，卦别各得七分，每卦得六日七分也。世稱東漢郎顗明六日七分之學，最爲精妙者，此也。"

「二十四氣、七十二候見於周公時訓，呂不韋取以爲月令，其書則見於夏小正。夏小正者，夏后氏之書，孔子得之於杞者也。夏建寅，故其書始於正月。周建子，而授民時，巡狩祭享，皆用夏正，故其書始於立春。夏小正具十二月而無中氣，有候應，而無日數。至於時訓，乃五日爲候，三候爲氣，六十日爲節。二書詳略雖異，其大要則同，豈時訓因小正而加詳與？」

「仲尼贊易時，已有時訓。觀七月一篇，則有取於時訓可知。愚謂七月自是周公詩。今云此者見得周公時，尚且有取於時訓，則孔子贊易時，有時訓明矣。說卦言坎，北方之卦也；震，東方之卦也；離，南方之卦也；兌，正秋也，於三卦言方，則知坎、離、震、兌，各主一方矣。於兌言正秋者，秋分也。兌言秋分，則震春分，坎冬至，離夏至，爲四正矣。復大象曰：『先王以至日閉關。』所謂至日者，冬至也。於復言冬至，則姤爲夏至，而十二月消息之卦可知矣。復彖曰：『七日來復。』則六十卦分主一歲，卦爲六爻，爻主一日，可知矣。繫辭曰：『三百八十四爻，當期之日。』愚謂繫辭自言乾坤之策。凡三百六十當期之日，非言三百八十四爻也。所引誤矣。蓋六十卦當三百六十日，四卦主十二節，十二中氣，所餘五日，則積分成閏也。」

「京房卦氣主六日七分，用太玄之序。焦贛一卦直一日，用周易之序，而費直引孟康之法，則一爻主一日也。」

弘撰曰：「京房、揚雄皆以卦配氣候，而爲說各異，唯以卦氣起於中孚則同。宋咸著論謂非聖人之旨，而朱氏難之，言歲始於冬至，歷始於牽牛，日始於夜半，故必始終十一月矣。胡氏曰：『夫律歷始於十一月』，是矣，而以中孚爲十一月卦，爲何義，不此之解，而欲以折咸，不可也。使咸之說行，房與雄之言皆可寢矣。」

「卦配氣候，自漢以來皆用其說，證之歲，功亦有可言者，余特存其法，而删其爲辟公侯卿大夫之名，終之以朱子之正論。學者分別觀之，不失於泥，則亦格物之一事也。朱子云：『易卦之位，震東、離南、兌西、坎北者爲一說，十二辟卦分屬十二辰者爲一說，及焦延壽爲卦氣直日之法，乃合二說而一之。既以八卦之震離兌坎二十四爻直四時，又以十二辟卦直十二月，且爲分四十八卦，爲之公侯卿大夫，而六日七分之說生焉。若以八卦爲主，則十二卦之乾不當爲巳之辟，坤不當爲亥之辟，巽不當侯於申酉，艮不當侯於戌亥。若以十二卦爲主，則八卦之乾不當在西北，坤不當在西南，艮不當在東北，巽不當在東南。彼此二説，互爲矛盾，且其分四十八卦爲公侯卿大夫之例，於十二辟卦初無法象，而直以意言本，已無所據矣。不待論其減去四卦二十四爻而後，可以見其失也。』」

「月令：孟春蟄蟲始振，在東風解凍下。仲春始雨水，桃始華，則雨水宜爲二月節。疏云：漢時以驚蟄爲正月中，雨水爲二月節。劉歆作三統歷，改雨水爲正月中，驚蟄爲二月節。祝子經亦云驚蟄本在雨水之前。考工記注『冒鼓以啓蟄之日』曰：『孟春，中氣也。』唐一行改在雨水之後。周禮考工記注：『啓蟄正月中。』太玄卦氣亦以驚蟄在雨水前。舊圖於雨水下注云：『律夾鐘』，今雨水在驚蟄前。觀太玄卦氣舊説，疑劉歆欲改而未能，至後人始以其書而改之。十二月節氣中氣之法，亦始於秦，漢以來立此法，以推日之行。度古人簡略，止占中星而已。堯典占四仲之中星，月令占十二月之中星，不但宵中，而並及其旦中，於是占法愈密矣。」

「卦氣：正月爲泰，天氣下降，當爲雨水。二月大壯，雷在天上，當爲驚蟄。先雨水而後驚蟄，宜也。驚蟄者，萬物出乎震，震爲雷也。清明者，萬物齊乎巽，巽爲風也。巽潔齊而曰清明，清明乃潔齊之義。穀雨，三月中，自雨水後，上膏脈動，至此又雨，則土脈生物，所以滋五穀之種也。小滿，四月中。先儒云小雪後，陽一日生一分，積三十日生三十分，而成一畫，爲冬至。小滿後，陰生亦然。夫四月乾之終，謂之滿者，姤初六『羸豕孚蹢躅』，坤初六『履霜堅冰至』。羸豕喻其小，蹢躅喻其滿，履霜喻其小，堅冰喻其滿。易言於一陰既生之後，歷言於一陰方萌之初，慮之深，防之預也。小雪後有大雪，此乃有小滿無大滿意可知矣。至若三月中穀雨，五月中芒種，此二氣獨指穀麥言，穀必原其生之始，穀種於春，得木之氣，殘於秋，金克木也。麥必要其成之終，麥種於秋，得金之氣，成於夏，火克金也。六月節小暑，六月中大暑。夏至後，暑已盛，不當又謂之小，殊不知易曰：『寒往則暑來，暑往則寒來，寒暑相推，而歲成焉。』通上半年之半，皆可謂暑。通下半年之半，皆可謂寒。正月暑之始，十二月寒之終，而曰大暑、小暑者，不過上半年之詞耳。六月中暑之極，故謂大，然則未至於大，則猶爲小也。七月中處暑，七月，暑之終，寒之始，大火西流，暑氣於是乎處矣。處者，隱也，藏伏之義也。白露，八月節。寒露，九月節。秋本屬金，金色，白金氣寒。白者，露之色。寒者，露之氣，先白而後寒，固有漸也。九月中霜降，露寒始結爲霜也。立冬後曰小雪、大雪，寒氣始於露，中於霜，終於雪。霜之前爲露，露緜白而始寒；霜之後爲雪，雪緜小而至大，皆有漸也。至小寒、大寒，豳風云：『一之日觱發，二之日栗烈。』觱發風寒，故十一月之餘爲小寒。栗烈氣寒，故十二月之終爲大寒也。大抵合而言之，上半年主長生，曰雨、曰雷、曰風，皆生之氣。下半年主生成，曰露、曰霜、曰雪，皆成之氣。下半年言天時，不言農時，農時莫急於春夏也。先儒云：變者，化之漸；化者，變之成。立春、雨水後，寒氣漸變，至立夏則寒盡，化爲暑矣。然曰小暑、大暑，其化固有漸也。立秋、處暑後，暑氣漸變，至立冬則暑氣盡，化爲寒矣。然曰小寒、大寒，其化亦有漸也。又曰：日月運行而四時成，以其有常也。故聖人立法，以步之陰陽相錯而萬物生，以其無窮也。故聖人指物，以候之貫六氣，終始早晏，五運大小盈虛，原之以至理，考之以至數，而垂示萬古，無有差忒也。經曰：五日謂之候，三候謂之氣，六氣謂之時，四時謂之歲。又曰：日爲陽，月爲陰，行有分紀，周有道里，日行一度，月行十三度而有奇焉。故大小月，三百六十五日而成歲，積氣餘而盈閏矣。經云：日常於晝夜，行天之一度，則一日也，共三百六十五日四分之一，而周天度乃成一歲，常五日一候應之，故三候成一氣，即十五日也。三氣成一節，節謂立春、春分、立夏、夏至、立秋、秋分、立冬、冬至，此八節也。三八二十四氣，而分主四時，一歲成矣。春秋言分者，以六氣言之，則二月半初氣終，而交二之氣；八月半四氣盡，而交五之氣。若以四時之分言之，則陰陽寒暄之氣，到此可分之時也。晝夜分五十刻，亦陰陽之中分也。故經曰：分則氣異，此之謂也。冬夏言至者，以六氣言之，則五月半司天之氣，至其所在，十一月半在泉之氣，至其所在。以四時之令言之，則陰陽至此，極至之時也。夏至日長，不過六十刻，陽至此而極；冬至日短，短不過四十刻，陰至此而極，皆天候之未變，故經曰：至則氣，同此之謂也。天自西而東轉，其日月五星循天從東而西轉，故白虎通曰：『天左旋，日月五星右行。日月五星在天爲陰，故右行，猶臣對君也。』日則晝夜行天之一度，月則晝夜行天之十三度有奇者，謂復行一度之中，作十九分分之得七。大率月行疾速，終以二十七日，月行一周天，是將十三度及十九分之七數總之，則二十九日，計行天三百八十七度有奇，計月行疾之數。比日行遲之數，則二十九日。日方行天二十九度，月已先行一周天三百六十五度外，又行天之二十二度，反少七度，而不及日也。陰陽家説謂日月之行，自有前後，遲速不等，固無常準則，有大小月盡之異也。本三百六十五日四分度之一，即二十五刻當爲一歲，自除歲外之餘，則有三百六十日，又除小月所少之日六日，止有三百五十四日，而成一歲，通少十一日二十五刻，乃盈閏爲十二月之制，則有立首之氣，氣乃三候之至，月半示斗建之方，乃十二辰之方也。閏月之紀，則無立氣建方，皆他氣，但依歷以八節見之。推其所餘，乃成閏天度畢矣。故經曰：立端於始，表正於中，推餘於終，此之謂也。觀天之杳冥，豈復有度乎？乃日月行一日之處，指二十八宿爲證，而記之曰度，故經曰：星辰者，所以制日月之行也。制謂度也，天亦無候，以風雨霜降草木之類應期可證，而測之曰候，言候之日亦五運之氣相生，而直之即五日也，如環之無端，周而復始。書曰：『期三百六旬有六日，以閏月定四時成歲。』即其義也。夫日一晝一夜十二時，當均分於一日，故上智設銅壺貯水漏下壺箭，箭分百刻以度之。雖日月晦明，終不能逃是一日之中，有百刻之候也。夫六氣通主一歲，則一氣主六十日八十七刻半，乃知交氣之時，有早晏也。冬夏日有長短之異，則晝夜互相推移，而日出入時刻不同，然終天百刻矣。其氣交之刻，則不能移也。甲子之歲，初之氣始於漏水下一刻，終於八十七刻半，子正之中也。二之氣復始於八十七刻六分，終於七十五刻，戌正四刻也。三之氣復始於七十六刻，終於六十二刻半，酉正之中也。四之氣復始於六十二刻六分，終五十一刻，未正四刻也。五之氣復始於五十一刻，終於三十七刻半，午正之中也。六之氣復始於三十七刻六分，終於二十五刻，辰正四刻也。此之謂周天之歲度，餘刻交入乙丑歲之初氣矣。如此而轉至戊辰年，初之氣復始於漏水下一刻，則四歲而一小周也。故申子辰氣會同者此也。巳酉丑初之氣俱起於二十六刻，寅午戌初之氣俱起於五十一刻，亥卯未初之氣俱起於七十六刻，氣皆起於同刻，故謂之三合義。繇此也，以十五小周爲一大周，則六十年也。三車一覽，以申爲水之生，子爲水之旺，辰爲水之庫，故申子辰三合，而不知氣起於同刻，乃天道自然之妙耳。」

「夫晝夜十二時均分百刻，一時有八大刻二小刻，大刻總九十六，小刻總二十四，小刻六準大刻一，故共爲百刻也。上半時之大刻四，始曰初，初次初一，次初二，次初三，最後小刻爲初四。下半時之大刻亦四，始曰正初，次正一，次正二，次正三，最後小刻爲正四。若子時，則上半時在夜半前，屬昨日下半時；在夜半後，屬今日，亦猶冬至得十一月中氣，一陽來復，爲天道之初耳。古曆每時以二小刻爲始，乃各繼以四大刻，然不若今曆之便於籌策也。世謂子午卯酉各九刻，餘皆八刻，非是。」

「天體至圓，周圍三百六十五度四分度之一，繞地左旋，常一日一周而過一度。日麗天而少遲，故曰一日亦繞地一周，而在天爲不及一度。積三百六十五日九百四十分日之二百三十五，而與天會，是一歲日行之數也。月麗天而尤遲，一日常不及天十三度十九分度之七，積二十九日九百四十分日之四百九十九，而與日會。十二會得全日三百四十八，餘分之，積五千九百八十八，如日法九百四十，而一得六，不盡三百四十八，通計得三百五十四日九百四十分日之三百四十八，是一歲月行之數也。歲有十二月，月有三十日。三百六十者，一歲之常數也。故日與天會，而多五日二百三十五分者，爲氣盈。月與日會，而少五日五百九十二分者，爲朔虛。合氣盈朔虛，而閏生焉，故一歲閏率十日九百四十分日之八百二十七，三歲一閏，則三十二日九百四十分日之六百一。五歲再閏，則五十四日九百四十分日之三百七十五。十九歲七閏，則氣朔分齊，是爲一章也。」曆家以一日爲九百四十分，所謂九百四十分日之二百三十五者，是一日内二百三十五分也。所謂餘分之積，五千九百八十八者，一會餘四百九十九，以十二會乘之，得五千九百八十八也。所謂如日法九百四十而一者，如算日之法以九百四十分爲一日也，得六者，得六日也，不盡三百四十八者，將餘分五千九百八十八，除之六日外，猶餘三百四十八分也。日行積三百六十五日九百四十分日之二百三十五，與天會，是一歲，日行多五日又二百三十五分也。月行積三百五十六日九百四十分日之三百四十八，爲十二會，是一歲，而月行少五日又五百九十二分也。將日行所多五日又二百三十五分，合月行所少五日又五百九十二分，通得十日又八百二十七分，一歲之閏率也。三歲一閏，合三歲之間，日行所多，月行所少，通得三十二日又六百單一分也。五歲再閏，合五歲之間，日行所多，月行所少，通得五十四日又三百七十五分也。十九歲七閏，合十九歲日行所多，月行所少，通得整日一百九十，每歲餘分八百二十七，以十九乘之，得一萬五千七百一十三，以日法九百四十分而一除之，得十六日，猶餘六百七十三分並一百九十日，通一百單六日又六百七十三分也。今爲七閏月，每月二十九日，通二百單三日，每月餘分四百九十九分，以七乘之，得三千四百九十三，以日法九百四十分爲一除之，得三日猶餘六百七十三分，並二百單三日，通二百單六日又六百七十三分也。所謂氣朔分齊者，十九年合氣盈朔虛，得二百單六日，不盡六百七十三分。七閏月亦二百單六日，不盡六百七十三分。氣之分與朔之分，至十九年而皆齊，此所爲氣朔分齊而爲一章也。

「三百六十爲一歲之常數者，以五行之氣言之，各旺七十二日，則五其七十二，爲三百六十；以六甲之數言之，每甲六十，六其六十，亦三百六十；以乾坤二篇之策言之，乾二百一十六，坤一百四十四，亦合三百六十，所謂一歲常數也。氣則二十四，自今年冬至，至來年冬至前一日，計三百六十五日二百三十五分，是於三百六十日外多五日二百三十五分者，爲氣盈。朔則十二，月朔自今年十一月初一，至來年十一月初一前一日，計三百五十四日三百四十八分，是於三百六十日內少五日五百九十二分者，爲朔虛。合氣盈朔虛而閏生者，一歲閏積氣朔之數，計十日八百二十七分。三歲一閏，積氣朔之數，三個十日八百二十七分，計三十二日六百單一分。五歲再閏，積氣朔之數，五個十日八百二十七分，計五十四日二百七十五分，但五歲內無再閏，而易繫乃有五歲再閏之文者，蓋以氣盈六日，朔虛六日，而再閏在五歲內者，舉成數也。氣盈五日二百三十五分，朔虛五日五百九十二分，而再閏在六歲內者，舉本數也。十九歲七閏爲一章者，蓋九爲天數之終，十爲地數之終，十九歲而天地之數俱終。故當七閏也，自一歲餘十日零八百二十七分，積十九年得全日一百九十日零分，積一萬五千七百一十三分，以日法九百四十分除之，計成日一十六日零陸百七十三分。通前所得，全日總計二百單六日零六百七十三分，將此數於十九年內分作七個閏月，計三七二百一十日，內少三日二百六十七分，七閏月之中合除此三日二百六十七分，均作三個月小盡，正恰好。故氣朔分齊，定是冬至在十一月朔，是爲至朔同日，而爲一章之歲也。」

「嘗論之日月，皆麗乎天者也。日之行比天只不及一度，月之行乃不及日十三度，何哉？蓋天秉陽而在上，日爲陽之精，月爲陰之精也。造化之間，陽大陰小，陽饒陰乏，陽得兼陰，陰不得兼陽，此日行所以常過，月行所以常不及也。且一歲朔虛五日五百九十二分，固月之所不及行者矣。氣盈五日二百三十五分，亦月之所不及行者也。使日之運常有餘，月之運常不足，不置閏以齊之，積之三年，春之一月入於夏，子之一月入於丑矣。又至於三失閏，則春季皆入於夏。十二失閏，子年皆入於丑矣。何以成造化之功哉？故聖人作歷，必歸餘於閏，以補月行不及於日之數，則月之行也始可與一歲。日與天會之數相參爲一，至十九年，而氣朔分齊無毫髮之差矣。聖人財成輔相之功，豈淺淺哉？或云歷家之說，則以爲日行遲，一日行一度，月行速，一日行十三度十九分度之七，何也？曰：陳安卿嘗文天道左旋，自東而西，日月右行，則如何？朱子云横渠説日月皆是左旋，説得好。蓋天行甚健，一日一夜，周天三百六十五度四分度之一，而又過一度。日行速健，次於天一日一夜，周天三百六十五度四分度之一，正恰好被天進一度，則日却成每日退了一度，積至三百六十五日四分日之一，則天所進過之度，又恰周得本數，而日所不及之度，亦恰退盡，本數遂與天會，而成一年。月行遲一日一夜，三百六十五度四分度之一，行不盡比之天，却成退了十三度有奇。進數爲順天而左，退數爲逆天而右。曆家以進數難算，只以退數算之，故謂之右行，且曰日行遲，月行速也。然則日行却得其正。愚謂欲知日速月遲，其跡有易見者。且日月會於晦朔之間，初一日晚最好看，起日纔西墜，微茫之月亦隨之而墜矣。至初二便相隔微濶，初三生明以後，相去漸遠，一日遠似一日，直至十五，日月對望，則是日行速進，而遠至半天，月行遲退而不及，亦遠半天矣。自十六至月晦，日行全遠盡一天，月行全不及，亦盡一天，即所謂日進盡本數，月退盡半數，而復相會也。

弘撰曰：「天地大化相禪，元無分限，聖人財成輔相之功，真有與天地參者，蓋月之有閏也。聖人之爲也，天何閏哉？熊氏曰：『欲知月之有閏，以閏月定四時，成歲是也。欲知天之無閏，朞三百六旬有六日是也。月之有閏，天之無閏，並行而不相悖，只堯典二語盡之。三百六旬有六日，上下年節氣相直，不以有閏而多，不以無閏而少，天未嘗知有閏也。故春秋傳於文六年閏月，不告月，曰天無是月也。』於戲！非聖人財成輔相，則寒暑不幾爽，而乾坤不幾息也哉！世謂閏月無中氣，不舉百事者，亦未達矣。」

八卦陰陽進退消長之數

冬至

震一　三十九　進三

二　四十二　進三

三　四十二

四　四十五　進三

五　四十二　退三

六　四十五　進三

七　四十五

八　四十八　進三

積三百四十八　陽一百八十
陰一百六十八

立春

離一　四十二　退六

二　四十五　進三

三　四十五

四　四十八　進三

五　四十五　退三

六　四十八　進三

七　四十八

八　五十一　進三

春分

積三百七十二　陽二百五十二
陰一百二十

兑一　四十二　退九

二　四十五　進三

三　四十五

四　四十八　進三

五　四十五　退三

六　四十八　進三

七　四十八

八　五十一　進三

積三百七十二　陽二百五十二
陰一百二十

立夏

乾一　四十五　退六

二　四十八　進三

三　四十八

四　五十一　進三

五　四十八　退三

六　五十一　進三

七　五十一

八　五十四　進三

積三百九十六　陽三百二十四

陰七十二

夏至

巽一　五十一　退三

二　四十八　退三

三　四十八

四　四十五　退三

五　四十八　進三

六　四十五　退三

七　四十五

八　四十二　退三

積三百七十二　陽二百五十二

陰一百二十

立秋

坎一　四十八　進六

二　四十五　退三

三　四十五

四　四十二　退三

五　四十五　進三

六　四十二　退三

七　四十二

八　三十九　退三

積三百四十八　陽一百八十　陰一百六十八

秋分

艮一　四十八　進九

二　四十五　退三

三　四十五

四　四十二　退三

五　四十五　進三

六　四十二　退三

七　四十二

八　三十九　退三

積三百四十八　陽一百八十　陰一百六十八

立冬

坤一　四十五　進六

二　四十二　退三

三　四十二

四　三十九　退三

五　四十二　進三

六　三十九　退三

七　三十九

八　三十六　退三

積三百二十四　陽一百八　陰二百一十六

弘撰曰：「陽儀四卦一千四百八十八，陰儀四卦一千三百九十二，共積二千八百八十。自復卦起，後天之數逆推，易所謂逆數也。進者陰變陽也，六變爲九，故進三。退者陽變陰也，九變爲六，故退三。陽進則陰退，陰進則陽退。觀陽之消長而陰之數見矣。」

劉氏太室曰：「象中有數，數中又有象，如此八卦積數各除三百，震巽合，坎離合，艮兑合，乾坤合，皆爲一百二十。兑艮之數不用，則爲三百六十也。兑艮者，陰陽之平也，不用之用，天地之微也。」

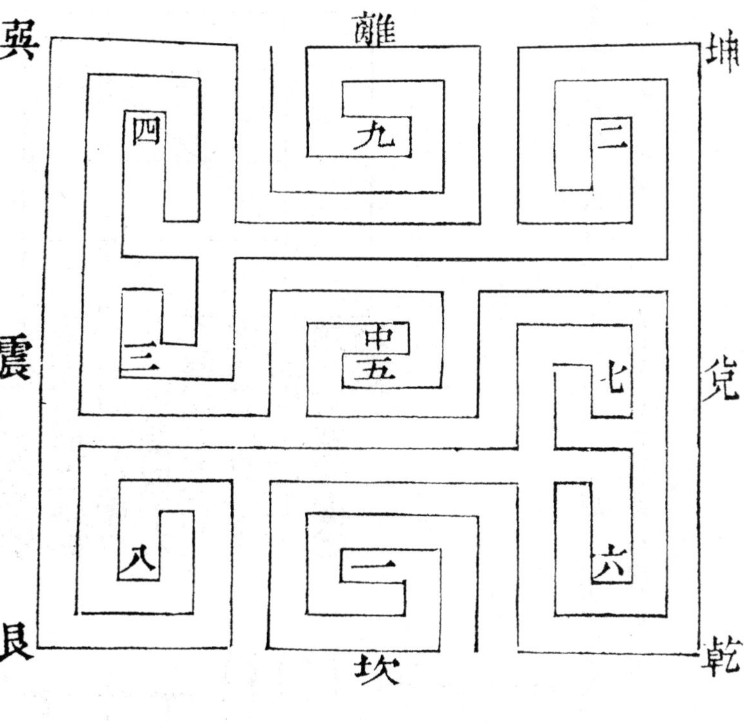

此圖傳爲洞庭老人授。起自北坎一，至西南坤二，東震三，東南巽四，中五，西北乾六，西兌七，東北艮八，南離九，符洛書之義。其始終經營，匪夷所思，亦異矣。

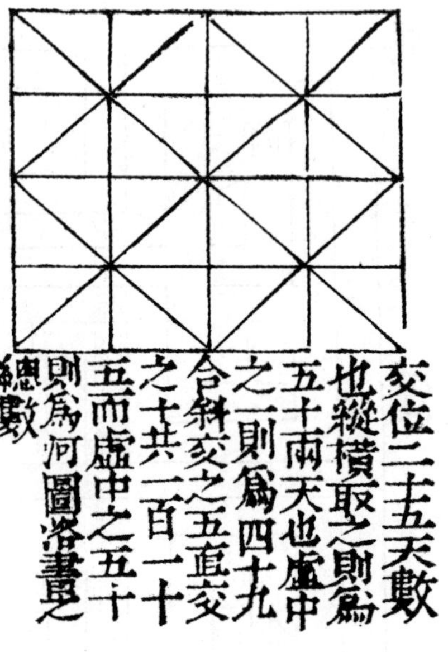

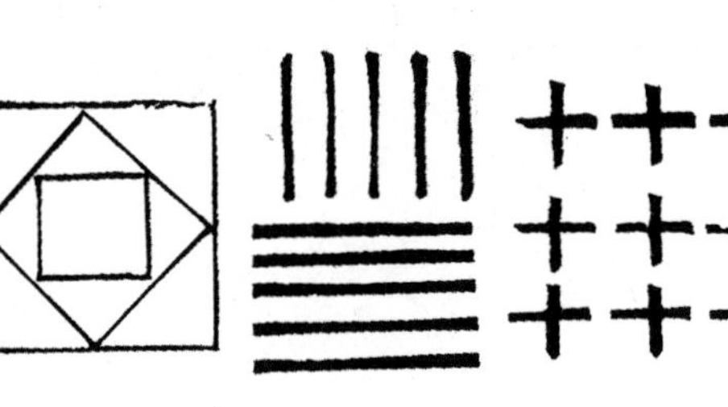

交位二十五天數
也縱横取之則爲
五十兩天也虛中
之一則爲四十九
合斜交之五直交
之十共一百一十
五而虛中之五十
則爲河圖洛書之
總數

斜交✕者五也五五顯天數二十五之象虛一則藏二十四

直交三十顯地數三十之象爲三十者三合之則九十參地也藏兩洛書之數虛一則交取之爲四十九者二

縱横皆五

交位十二畫道亦十二

弈圖三百六十，兩分之，各得一百八十，中虛一，是自然之數也。其太極之象乎？鄉里童子有爲五馬之戲者，其圖頗可玩，數之寓也，神矣。其法：奇化耦，耦化奇，亦寓陰陽變易之義。

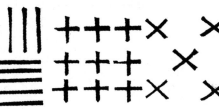

周易圖說述卷之四

卦變圖

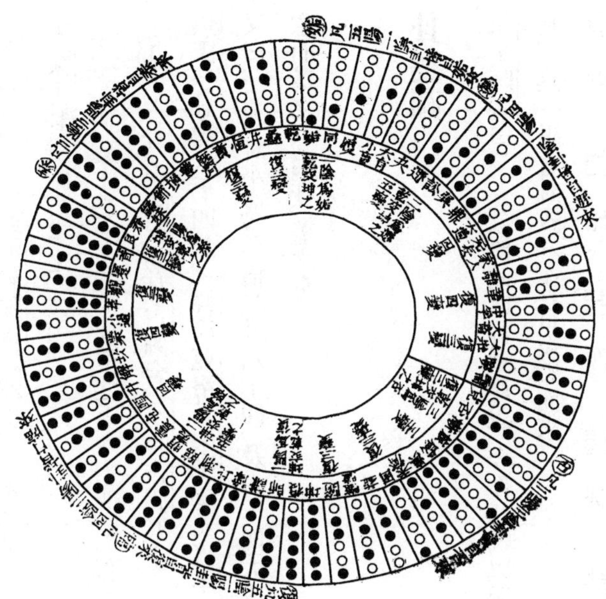

弘撰曰：「此河陽陳氏之圖也，云得之邵子，先儒稱其奇耦相生，最有次第，較諸家卦變之說爲獨精，所謂象學也，朱子卦變圖實本之。」

「朱子又作三十二圖，反復之爲六十四圖，蓋卦各有主，六十四卦更加六十四卦，則六十四卦各有所主，而後爲四千九十六卦，與焦氏易林占圖合，易林占圖乃上古相傳之筮法也。朱子卦變，每卦自一爻至六爻之變，爲六十四卦。焦氏一卦變六十四卦。韓氏苑洛云朱子變爻實本於焦氏變卦來，焦氏之卦變，聖人復起不能易矣，蓋得義文之本旨。又曰：八卦小成矣，倍之爲六十四，及六十四大成矣，倍之得四千九十六，不倍則何以致用？此自然之數，非聖人有意而爲之。嗚呼，蓋之矣。」

卦變圖

朱子晦庵曰：「彖傳或以卦變爲說，今作此圖以明之，蓋易中之一義，非畫卦作易之本旨也。」

凡一陰一陽之卦各六，皆自復姤而來。

䷖ 剥　䷇ 比　䷏ 豫　䷎ 謙　䷆ 師　䷗ 復

䷪ 夬　䷍ 大有　䷈ 小畜　䷉ 履　䷌ 同人　䷫ 姤

凡二陰二陽之卦各十有五，皆自臨遯而來。

䷚ 頤　䷂ 屯　䷲ 震　䷣ 明夷　䷒ 臨

䷃ 蒙　䷜ 坎　䷧ 解　䷭ 升

䷳ 艮　䷦ 蹇　䷽ 小過

䷢ 晉　䷬ 萃

䷓ 觀

䷛ 大過 ䷱ 鼎 ䷸ 巽 ䷅ 訟 ䷠ 遯

䷰ 革 ䷝ 離 ䷤ 家人 ䷘ 无妄

䷹ 兌 ䷥ 睽 ䷼ 中孚

䷄ 需 ䷙ 大畜

䷡ 大壯

三陰三陽之卦各二十，皆自泰否而來。

䷨ 損 ䷻ 節 ䷵ 歸妹 ䷊ 泰

䷕ 賁 ䷾ 既濟 ䷶ 豐

䷔ 噬嗑 ䷐ 隨

䷩ 益

䷑ 蠱 ䷯ 井 ䷟ 恒

䷿ 未濟 ䷮ 困

䷺ 渙

䷷ 旅 ䷞ 咸

䷴ 漸

䷋ 否

䷞ 咸 ䷷ 旅 ䷴ 漸 ䷋ 否

䷮ 困 ䷿ 未濟 ䷺ 渙

䷯井　䷑蠱

䷟恒

䷐隨　䷔噬嗑　䷩益

䷾既濟　䷕賁

䷶豐

䷻節　䷨損

䷵歸妹

䷊泰

凡四陰四陽之卦各十有五，皆自大壯晉而來。

䷙大畜　䷄需　䷡大壯

䷥睽　䷹兌

䷼中孚

䷝離　䷰革

䷤家人

䷘无妄

䷱鼎　䷛大過

䷸巽

䷅訟

䷠遯

䷬萃　䷢晉　䷓觀

䷦蹇　䷳艮

䷽小過

䷜坎　䷃蒙

䷧解

䷭升

䷂屯　䷚頤

䷲震　䷒臨

䷣明夷

凡五陰五陽之卦各六，皆自夬剥而來。

䷍大有　䷪夬

䷈小畜

䷉履

䷌同人

䷫姤

䷇比　䷖剥

䷏豫

䷎謙

䷆師

䷗ 復

朱子晦庵曰：「卦變圖剛來柔進之類，亦是就卦已成後用意，推說以見此爲自彼卦而來耳，非真先有彼卦，而後方有此卦也。古注說賁卦自泰卦而來，先儒非之，以爲乾坤合而爲泰，豈有泰復變爲賁之理？殊不知若論伏羲畫卦，則六十四卦一時俱了，雖乾坤亦無能生諸卦之理。若如文王孔子之說，則縱横曲直，反覆相生，無所不可，要在看得活路，無所拘泥，則無不通耳。」

弘撰曰：「觀朱子斯言，則後人來往重複一卦，數卦互易，異同之疑，俱可涣然釋矣。謂章斗津、來瞿塘及近日王似鶴也。」

「聖人作八卦時，八卦一時俱成。重六十四卦時，六十四卦一時俱成。既成後觀之，因其有流行之義，謂之曰生，因其有對待之義，謂之曰變，非真一卦生一卦，一爻變一爻也。謂此卦生彼卦，此爻變彼爻者，皆設言以盡象，非其實也。往來升降，亦皆如是，要以見易之變化無窮耳，故曰變動不居，曰不可爲典要也。後之學者忘其魚兔，而滯於筌蹄，於是多見其礙矣。即此卦變圖皆陰陽爻生出之序，不可移者象也，不可紊者數也，不可易者理也。乾之初變姤爲一陰，自初而二，而三，而四，而五，而上，爲夬，則一陰之變盡。遯爲二陰，訟三爻之陰自遯二爻之陰而來，至上爲大過。又无妄亦二陰，至兑而二陰之變盡。否爲三陰，至随而三陰之變盡。坤之初變復爲一陽，自初而二，而三，而四，而五，而上，爲剥則一陽之變盡。臨爲二陽，明夷三爻之陽自臨二爻之陽而來，至上爲頤。又升亦二陽，至艮而二陽之變盡。泰爲三陽，至蠱而三陽之變盡。四陽之大壯、五陽之夬見於姤之變。四陰之觀、五陰之剥見於復之變。蓋在三畫卦之外，又陰陽互宅之妙也。達其義者，謂之爲生，爲變，可也。謂之非生，非變，亦可也。不然，二陰之卦，豈有能生重巽、重離、重兑之理？二陽之卦，豈有能生重震、重坎、重艮之理？而况三陰三陽之生乾坤泰否哉？又何待來氏之以綜卦駁也。來氏前以對爲錯，此以綜爲變，皆失之固矣。王氏云復之一陽浸長，而至五陽爲夬，是也。然一陽漸升，至上爲剥，又必歷二陽之臨，三陽之泰，亦有自然之序，何得以孤升五位而自變爲疑云，無是理乎？如復不當變爲剥，又安得變爲夬乎？且既終於夬矣，始於何卦乎？王氏不明長與升之别，而混之言變，故無當耳。長以數言，自一而六，非位也。升以位言，自初而上，非數也。余以河陽陳氏之圖言與此圖，似異而實同，蓋朱子之圖元本陳氏也。」

「乾一變生復，得一陽。坤一變生姤，得一陰。乾再變生臨，得二陽。坤再變生遯，得二陰。乾三變生泰，得四陽。坤三變生否，得四陰。乾四變生大壯，得八陽。坤四變生觀，得八陰。乾五變生夬，得十六陽。坤五變生剥，得十六陰。乾六變生歸妹，本得三十二陽。坤六變生漸，本得三十二陰。乾坤錯綜，各得三十二，生六十四卦，此卦變圖所謂乾坤大父母、復姤小父母也，有不易之序焉。觀伏羲六十四卦方圓圖，較然矣。」

䷀乾

䷫姤 ䷌同人 ䷉履 ䷈小畜 ䷍大有 ䷪夬

䷠遯 ䷅訟 ䷸巽 ䷱鼎 ䷛大過

䷘无妄 ䷤家人 ䷝離 ䷰革

䷼中孚 ䷥睽 ䷹兌

䷙大畜 ䷄需 ䷡大壯

䷋否 ䷴漸 ䷷旅 ䷞咸

䷺渙 ䷿未濟 ䷮困

䷑蠱 ䷯井 ䷟恒

䷩益 ䷔噬嗑 ䷐隨

䷕賁 ䷾既濟 ䷶豐

䷨損 ䷻節 ䷵歸妹 ䷊泰

䷓觀 ䷢晉 ䷬萃

䷳艮 ䷦蹇 ䷽小過

䷃蒙 ䷜坎 ䷧解 ䷭升

䷚頤 ䷂屯 ䷲震 ䷣明夷 ䷒臨

䷖剥 ䷇比 ䷏豫 ䷎謙 ䷆師 ䷗復

䷁坤

姤

乾 遯 訟 巽 鼎 大過

同人 履 小畜 大有 夬

否 漸 旅 咸

渙 未濟 困

蠱 井 恒

无妄 家人 離 革

中孚 睽 兑

大畜 需 大壯

觀 晉 萃

艮 蹇 小過

蒙 坎 解 升

益 噬嗑 隨

賁 既濟 豐

損 節 歸妹 泰

剥 比 豫 謙 師

頤 屯 震 明夷 臨 坤

復

同人
遯　乾　无妄　家人　離　革
姤　否　漸　旅　咸
履　小畜　大有　夬
益　噬嗑　隨
賁　既濟　豐
訟　巽　鼎　大過
觀　晉　萃
艮　蹇　小過
中孚　睽　兌
大畜　需　大壯
頤　屯　震　明夷
渙　未濟　困
蠱　井　恒
剥　比　豫　謙
損　節　歸妹　泰　復
蒙　坎　解　升　坤　臨
師

履

訟　无妄　乾　中孚　睽　兌

否　姤　渙　未濟　困

同人　益　噬嗑　隨

小畜　大有　夬

損　節　歸妹

遯　觀　晉　萃

巽　鼎　大過

蒙　坎　解

家人　離　革

頤　屯　震

大畜　需　大壯　臨

漸　旅　咸

剥　比　豫

蠱　井　恒　師

賁　既濟　豐　復　泰

艮　蹇　小過　坤　升　明夷

謙

小畜

巽　家人　中孚　乾　大畜　需

漸　渙　姤　蠱　井

益　同人　賁　既濟

履　損　節

大有　夬　泰

觀　遯　艮　蹇

訟　蒙　坎

鼎　大過　升

无妄　頤　屯

離　革　明夷

睽　兌　臨　大壯

否　剥　比

旅　咸　謙

未濟　困　師　恒

噬嗑　隨　復　豐　歸妹

晉　萃　坤　小過　解　震

豫

大有
鼎　離　睽　大畜　乾　大壯
旅　未濟　蠱　姤　恒
噬嗑　賁　同人　豐
損　履　歸妹
小畜　泰　夬
晉　艮　遯　小過
蒙　訟　解
巽　升　大過
頤　无妄　震
家人　明夷　革
中孚　臨　兑　需
剥　否　豫
漸　謙　咸
渙　師　困　井
益　復　隨　既濟　節
觀　坤　萃　蹇　坎　屯
比

夬
大過 革 兌 需 大壯 乾
咸 困 井 恒 姤
隨 既濟 豐 同人
節 歸妹 履
泰 小畜 大有
萃 蹇 小過 遯
坎 解 訟
升 巽 鼎
屯 震 无妄
明夷 家人 離
臨 中孚 睽 大畜
比 豫 否
謙 漸 旅
師 渙 未濟 蠱
復 益 噬嗑 賁 損
坤 觀 晉 艮 蒙 頤
剥

遯
同人 姤 否 漸 旅 咸
乾 无妄 家人 離 革
訟 巽 鼎 大過
觀 晉 萃
艮 蹇 小過
履 小畜 大有 夬
益 噬嗑 隨
賁 既濟 豐
渙 未濟 困
蠱 井 恒
剥 比 豫 謙
中孚 睽 兌
大畜 需 大壯
頤 屯 震 明夷
蒙 坎 解 升 坤
損 節 歸妹 泰 復 師
臨

訟

履　否　姤　渙　未濟　困

无妄　乾　中孚　睽　兑

遯　觀　晉　萃

巽　鼎　大過

蒙　坎　解

同人　益　噬嗑　隨

小畜　大有　夬

損　節　歸妹

漸　旅　咸

剥　比　豫

蠱　井　恒　師

家人　離　革

頤　屯　震

大畜　需　大壯　臨

艮　蹇　小過　坤　升

賁　既濟　豐　復　泰　謙

明夷

巽
小畜 漸 渙 姤 蠱 井
家人 中孚 乾 大畜 需
觀 遯 艮 蹇
訟 蒙 坎
鼎 大過 升
益 同人 賁 既濟
履 損 節
大有 夬 泰
否 剥 比
旅 咸 謙
未濟 困 師 恒
无妄 頤 屯
離 革 明夷
睽 兌 臨 大壯
晉 萃 坤 小過 解
噬嗑 隨 復 豐 歸妹 豫
震

鼎
大有　旅　未濟　蠱　姤　恒
離　睽　大畜　乾　大壯
晉　艮　遯　小過
蒙　訟　解
巽　升　大過
噬嗑　賁　同人　豐
損　履　歸妹
小畜　泰　夬
剥　否　豫
漸　謙　咸
渙　師　困　井
頤　无妄　震
家人　明夷　革
中孚　臨　兌　需
觀　坤　萃　蹇　坎
益　復　隨　既濟　節　比
屯

大過

夬　咸　困　井　恒　姤

革　兌　需　大壯　乾

萃　蹇　小過　遯

坎　解　訟

升　巽　鼎

隨　既濟　豐　同人

節　歸妹　履

泰　小畜　大有

比　豫　否

謙　漸　旅

師　渙　未濟　蠱

屯　震　无妄

明夷　家人　離

臨　中孚　睽　大畜

坤　觀　晉　艮　蒙

復　益　噬嗑　賁　損　剥

頤

无妄

否　履　同人　益　噬嗑　隨

訟　遯　觀　晉　萃

乾　中孚　睽　兌

家人　離　革

頤　屯　震

姤　渙　未濟　困

漸　旅　咸

剥　比　豫

小畜　大有　夬

損　節　歸妹

賁　既濟　豐　復

巽　鼎　大過

蒙　坎　解

艮　蹇　小過　坤

大畜　需　大壯　臨　明夷

蠱　井　恒　師　謙　泰

恒

家人

漸 小畜 益 同人 賁 既濟

巽 觀 遯 艮 蹇

中孚 乾 大畜 需

无妄 頤 屯

離 革 明夷

渙 姤 蠱 井

否 剥 比

旅 咸 謙

履 損 節

大有 夬 泰

噬嗑 隨 復 豐

訟 蒙 坎

鼎 大過 升

晉 萃 坤 小過

睽 兑 臨 大壯 震

未濟 困 師 恒 豫 歸妹

解

離
旅　大有　噬嗑　賁　同人　豐
鼎　晉　艮　遯　小過
睽　大畜　乾　大壯
頤　无妄　震
家人　明夷　革
未濟　蠱　姤　恒
剥　否　豫
漸　謙　咸
損　履　歸妹
小畜　泰　夬
益　復　隨　既濟
蒙　訟　解
巽　升　大過
觀　坤　萃　蹇
中孚　臨　兌　需　屯
渙　師　困　井　比　節
坎

革

咸　夬　隨　既濟　豐　同人

大過　萃　蹇　小過　遯

兌　需　大壯　乾

屯　震　无妄

明夷　家人　離

困　井　恒　姤

比　豫　否

謙　漸　旅

節　歸妹　履

泰　小畜　大有

復　益　噬嗑　賁

坎　解　訟

升　巽　鼎

坤　觀　晉　艮

臨　中孚　睽　大畜　頤

師　渙　未濟　蠱　剥　損

蒙

䷼中孚
䷺渙　䷩益　䷈小畜　䷉履　䷨損　䷻節
䷓觀　䷸巽　䷅訟　䷃蒙　䷜坎
䷤家人　䷘无妄　䷚頤　䷂屯
䷀乾　䷙大畜　䷄需
䷥睽　䷹兑　䷒臨
䷴漸　䷋否　䷖剥　䷇比
䷫姤　䷑蠱　䷯井
䷿未濟　䷮困　䷆師
䷌同人　䷕賁　䷾既濟
䷔噬嗑　䷐隨　䷗復
䷍大有　䷪夬　䷊泰　䷵歸妹
䷠遯　䷳艮　䷦蹇
䷢晉　䷬萃　䷁坤
䷱鼎　䷛大過　䷭升　䷧解
䷝離　䷰革　䷣明夷　䷲震　䷡大壯
䷷旅　䷞咸　䷎謙　䷏豫　䷟恒　䷶豐
䷽小過

睽
未濟　噬嗑　大有　損　履　歸妹
晉　鼎　蒙　訟　解
離　頤　无妄　震
大畜　乾　大壯
中孚　臨　兌
旅　剥　否　豫
蠱　姤　恒
渙　師　困
賁　同人　豐
益　復　隨
小畜　泰　夬　節
艮　遯　小過
觀　坤　萃
巽　升　大過　坎
家人　明夷　革　屯　需
漸　謙　咸　比　井　既濟
蹇

兌

困　隨　夬　節　歸妹　履

萃　大過　坎　解　訟

革　屯　震　无妄

需　大壯　乾

臨　中孚　睽

咸　比　豫　否

井　恒　姤

師　渙　未濟

既濟　豐　同人

復　益　噬嗑

泰　小畜　大有　損

蹇　小過　遯

坤　觀　晉

升　巽　鼎　蒙

明夷　家人　離　頤　大畜

謙　漸　旅　剥　蠱　賁

艮

大畜
蠱 賁 損 大有 小畜 泰
艮 蒙 鼎 巽 升
頤 離 家人 明夷
睽 中孚 臨
乾 大壯 需
剥 旅 漸 謙
未濟 渙 師
姤 恒 井
噬嗑 益 復
同人 豐 既濟
履 歸妹 節 夬
晉 觀 坤
遯 小過 蹇
訟 解 坎 大過
无妄 震 屯 革 兌
否 豫 比 咸 困 隨
萃

需

井　既濟　節　夬　泰　小畜

蹇　坎　大過　升　巽

屯　革　明夷　家人

兌　臨　中孚

大壯　乾　大畜

比　咸　謙　漸

困　師　渙

恒　姤　蠱

隨　復　益

豐　同人　賁

歸妹　履　損　大有

萃　坤　觀

小過　遯　艮

解　訟　蒙　鼎

震　无妄　頤　離　睽

豫　否　剥　旅　未濟　噬嗑

晉

大壯
恒　豐　歸妹　泰　夬　大有
小過　解　升　大過　鼎
震　明夷　革　離
臨　兌　睽
需　大畜　乾
豫　謙　咸　旅
師　困　未濟
井　蠱　姤
復　隨　噬嗑
既濟　賁　同人
節　損　履　小畜
坤　萃　晉
蹇　艮　遯
坎　蒙　訟　巽
屯　頤　无妄　家人　中孚
比　剥　否　漸　渙　益
觀

否
无妄 訟 遯 觀 晉 萃
履 同人 益 噬嗑 隨
姤 渙 未濟 困
漸 旅 咸
剥 比 豫
乾 中孚 睽 兌
家人 離 革
頤 屯 震
巽 鼎 大過
蒙 坎 解
艮 蹇 小過 坤
小畜 大有 夬
損 節 歸妹
賁 既濟 豐 復
蠱 井 恒 師 謙
大畜 需 大壯 臨 明夷 升
泰

漸
家人 巽 觀 遯 艮 蹇
小畜 益 同人 賁 既濟
渙 姤 蠱 井
否 剥 比
旅 咸 謙
中孚 乾 大畜 需
无妄 頤 屯
離 革 明夷
訟 蒙 坎
鼎 大過 升
晉 萃 坤 小過
履 損 節
大有 夬 泰
噬嗑 隨 復
既濟 困 師 恒 豫
睽 兌 臨 大壯 震 解
歸妹

旅

離　鼎　晉　艮　遯　小過

大有　噬嗑　賁　同人　豐

未濟　蠱　姤　恒

剥　否　豫

漸　謙　咸

睽　大畜　乾　大壯

頤　无妄　震

家人　明夷　革

蒙　訟　解

巽　升　大過

觀　坤　萃　蹇

損　履　歸妹

小畜　泰　夬

益　復　隨　既濟

渙　師　困　井　比

中孚　臨　兑　需　屯　坎

節

咸

革　大過　萃　蹇　小過　遯

夬　隨　既濟　豐　同人

困　井　恒　姤

比　豫　否

謙　漸　旅

兌　需　大壯　乾

屯　震　无妄

明夷　家人　離

坎　解　訟

升　巽　鼎

坤　觀　晉　艮

節　歸妹　履

泰　小畜　大有

復　益　噬嗑　賁

師　渙　未濟

臨　中孚　睽　大畜　頤　蒙

損

渙

中孚　觀　巽　訟　蒙　坎

益　小畜　履　損　節

漸　否　剥　比

姤　蠱　井

未濟　困　師

家人　无妄　頤　屯

乾　大畜　需

睽　兌　臨

遯　艮　蹇

晉　萃　坤

鼎　大過　升　解

同人　賁　既濟

噬嗑　隨　復

大有　夬　泰　歸妹

旅　咸　謙　豫　恒

離　革　明夷　震　大壯　小過

豐

未濟
睽　晉　鼎　蒙　訟　解
噬嗑　大有　損　履　歸妹
旅　剥　否　豫
蠱　姤　恒
渙　師　困
離　頤　无妄　震
大畜　乾　大壯
中孚　臨　兑
艮　遯　小過
觀　坤　萃
巽　升　大過　坎
賁　同人　豐
益　復　隨
小畜　泰　夬　節
漸　謙　咸　比　井
家人　明夷　革　屯　需　蹇
既濟

困
兌　萃　大過　坎　解　訟
隨　夬　節　歸妹　履
咸　比　豫　否
井　恒　姤
師　渙　未濟
革　屯　震　无妄
需　大壯　中孚
臨　乾　睽
蹇　小過　遯
坤　觀　晉
升　巽　鼎　蒙
既濟　豐　同人
復　益　噬嗑
泰　小畜　大有　損
謙　漸　旅　剥　蠱
明夷　家人　離　頤　大畜　艮
賁

蠱

大畜　艮　蒙　鼎　巽　升

賁　損　大有　小畜　泰

剥　旅　漸　謙

未濟　渙　師

姤　恒　井

頤　離　家人　明夷

睽　中孚　臨

乾　大壯　需

晉　觀　坤

遯　小過　蹇

訟　解　坎　大過

噬嗑　益　復

同人　豐　既濟

履　歸妹　節　夬

否　豫　比　咸　困

无妄　震　屯　革　兑　萃

隨

井
需　蹇　坎　大過　升　巽
既濟　節　夬　泰　小畜
比　咸　謙　漸
困　師　渙
恒　姤　蠱
屯　革　明夷　家人
兌　臨　中孚
大壯　乾　大畜
萃　坤　觀
小過　遯　艮
解　訟　蒙　鼎
隨　復　益
豐　同人　賁
歸妹　履　損　大有
豫　否　剥　旅　未濟
震　无妄　頤　離　睽　晉
噬嗑

恒
大壯 小過 解 升 大過 鼎
豐 歸妹 泰 夬 大有
豫 謙 咸 旅
師 困 未濟
井 蠱 姤
震 明夷 革 離
臨 兑 睽
需 大畜 乾
坤 萃 晉
蹇 艮 遯
坎 蒙 訟 巽
復 隨 噬嗑
既濟 賁 同人
節 損 履 小畜
比 剥 否 漸 渙
屯 頤 无妄 家人 中孚 觀
益

以上三十二圖反復之，則爲六十四圖。圖以一卦爲主，而各具六十四卦，凡四千九十六卦，與焦贛易林合。然其條理精密，則有先儒所未發者，覽者詳之。

一畫變者六，二畫變者十五，三畫變者二十，四畫變者十五，五畫變者六，六畫變者一。

胡氏玉齋曰：「三十二圖反復其變，悉如乾坤二卦變圖例，每圖各以第一卦爲本卦，順變將去，則自初而終，自上而下，是繇乾以至於坤。反之，則又以末一卦爲本卦，逆變轉來，則自終而初，自下而上，是繇坤以至於乾。一順一逆，每圖遂以兩卦爲本卦而成兩圖矣。合三十二圖反復，則爲六十四圖矣。然三十二圖先後次第皆本於乾坤卦變，只以第一圖觀之可見。如以乾爲本卦，則次姤，次同人，以至於恒，計三十二卦。今各爲三十二圖之第一卦，而次第不紊矣。如以坤爲本卦，則次復，次師，以至於益，計三十二卦。今各爲三十二圖之末一卦而次第亦不紊矣。此乃卦畫變圖之妙也。」

胡氏庭芳曰：「焦氏卦變法，以一卦變爲六十四卦，六十四卦通變四千九十六卦，而卦變之次本之文王序卦。首乾坤，而終既未濟。且如以乾爲本卦，其變首坤，次屯蒙，以至未濟。又如以坤爲本卦，其變首乾，次屯蒙，以至未濟。又如以末一卦未濟爲本卦，其變亦首乾，次屯蒙，以至既濟，每一卦變六十三卦，通本卦成六十四卦，其每一卦變成詩六十四首，六十四卦變共四千九十六首，以代占辭，而文王周孔辭並不復用。」

「焦氏卦法依易書本序，以一卦直一日，乾直甲子，坤直乙丑，至未濟直癸亥，乃盡六十日，而四正卦則直二分二至之日。坎直冬至，離夏至，震春分，兌秋分，不在六十卦輪直之數，此即京房六十卦氣之法，但京主六日七分，此但主一日。京用太玄之序，此用周易之序耳。其論一卦直一日，與費氏一爻直一日不同。」

趙氏汸水曰：「至哉，變乎！知變化之道者，其知神之所爲乎！無形者不變，有形而後變，厥初何形？亘萬古而長存。洎陰陽判而變以生，在天則四時變通，在地則變盈流謙，人物則遊魂爲變，舉天地人物，皆囿於變，而不自己而神則妙乎其中！變也者，其生生不息之理歟！是以聖人化而裁之，裁此變也。神而明之，明此變也。據會要觀方來，使天下之人趨時不倦，既成萬物，而參贊化育矣。聖人知變，凡人味變，被禍福之倚伏，吉凶之胥禪成矣，而敗忽繼焉，是矣，而非或胎焉。況時有污隆，政有損益，蓋將日異而月不同，推而百千萬年之後，其變有不勝紀者，於是聖人作易畫卦，剛柔相推，以盡天下之變，揲蓍求卦爻象變動，以逆天下之變，而天下之能事畢矣。且自蓍而言，自分二掛一，至三變而一爻成，十有八變而六爻備，此蓍變而成爻者也。六爻成矣，爻之中凡得七八者不變，九變陰，六變陽，一卦之變，六十四通爲四千九十六卦，此因爻而變卦者也。方未分蓍之初，陰陽之爻猶未別，至分二而始寓於兩握之中。雖寓也，而猶未見。至三變而後見，既見矣，卦未備也。十有八變而後備，既備矣，卦遇九六者，至互變而後定，而吉凶可得而占焉。嗟夫，揲蓍之法，聖人幽贊於神明而生之者也。然聖人能立法以盡變，而不能逆知其變。當分二之後，未揲之前，莫辨爻之爲陽爲陰。雖至十有七變，猶未別爲何卦？是以其變不測，而蓍之神爲無窮，然非荒誕茫昧，無有條理也。詳玩靜索，實繇自然，故分卦揲歸，若參錯不齊，而初變不五則九，次變三變，不四則八，未始少紊。三變之餘爲九者，十二爲七者，二十爲六者，四爲八者，二十八其多寡夐絶，如是而類之，爲陰陽各三十二，總之爲六十四，正與卦數等。於至變之中，有不變者存。以其不變，此至變之所繇出也。是謂變卦，復自卦而言，其變凡二，有卦變，有爻變。經卦互重，以成六十四卦之體，此卦變也。爻重爲六，因各有變，自卦下陰陽之純者爲始，上下互易，以極三百八十四爻之變，此爻變也。乾坤重卦，交而爲六。䷫爲一陰一陽之始，凡爻之一陽五陰與夫一陰五陽者，皆繇此次第互易，而變各五卦。䷠爲二陰二陽之始，變如上各十四卦。䷋爲三陽三陰之始，變如初各九卦。卦變之辭如『健而巽』、『止而說』，爻變之辭如『剛來而下柔』、『柔進而上行』，皆聖人作易之所取也。六卦之變先後有序，秩然一定。儻一循其變而索之，聖人釋彖之意昭然易見矣。或曰六十四卦自八卦而變，今震坎艮皆自臨變，巽離兑皆自遯變，豈先有臨遯，而後有六子邪？曰合經卦重卦而論，則三重爲六，是八卦爲先，六十四卦爲後，但指六畫而論，則八卦互重，一時同變，豈復有先後之分？聖人於噬嗑曰『頤中有物』，曰噬嗑，非先有頤，而後有噬嗑也。況卦變、爻變，例各不同，烏可比而壹之邪？或曰包犧畫卦，目擊道存卦變之外，復有爻變。回視包犧之畫何繁簡，若是曰包犧雖未命辭，而憂世之根柢已寓於畫。文王、周公因卦爻之變而辭之，良繇萬古之變無窮，而易之變包乎萬變之表，雖中古所無，後世未有之事，而易中已先具其理。卦變之外，復有爻變，乃自然之故，聖人詎容特祕之。故世有此事，而易無此變，則非所以爲易。易有此變，而不能明此變，則不足與言易，非聖人之不憚煩也。聖人因變而命辭，若文王釋卦，周公釋爻是也。至夫子，則兼卦與爻，極其變以錯綜之，文王、周公之辭可知已。夫子兼極卦爻之變，請舉隅以明之。訟之辭曰『上剛下險』者，釋乾上坎下之體也，曰『剛來而得中』者，訟二陰爻卦自䷠變九三來，爲九二而得中，䷅此釋二三兩爻之變，他卦皆然，特辭有顯晦，未易卦爲之釋爾。无妄之辭曰『剛自外來而爲主於內』，此析經卦而論，三爲外，初爲內，蓋无妄初爻之陽自䷅下卦九三變來，初䷘而爲主於內。凡是通謂卦變。若夫復即是剥，夬即是遇，以至三陰三陽之卦，特在反覆升降之間爾，實一理也。其他如李之才相生圖、邵康節反對升降之説，義皆幾近。若朱漢上所載虞仲翔卦變，則錯雜而無統，左傳蔡墨所舉，止爲一爻變之例，一世二世之變流於術矣。衛元嵩取之爲元包，又其末也。焦延壽所變，雖與蓍合，其辭不經，要非聖人之意。第細玩三聖人之辭，皆有自來，觸類而長，其變不可勝窮，豈止三百八十四而已乎？又豈止四千九十六而已乎？」

陳氏潛室曰：「伊川正是破否泰卦變之説，故以卦變皆從乾坤來。蓋易中卦變，多是三陽三陰，類於否泰。與其主否泰，寧主乾坤。乾坤猶卦之母，否泰則甚無義。若知諸卦皆可變之説，則知主乾坤者猶非，況否泰乎？蓋卦變之法，每一卦皆可變爲六十四卦，如賁之變或主內卦則自損而來，或主外卦則自既濟而來，此晦翁之通例，不必三陽三陰，皆可推。程子之例，可推於三陽三陰之卦，或三畫不等者，即推之不通。若曉通例，即一卦可變爲六十四卦，卦卦皆然，所謂易也。若只乾坤二變，則非變矣。」

章氏斗津曰：「程子以乾坤變而爲六子，六十四卦皆乾坤之變，自後天之易言之，似亦可通。若以先天言乾坤六子，固無先後也，朱子嘗辨之矣。夫易本以明變，自六十四卦觀之，一卦一義不相同也，自三百八十四爻觀之，一爻一義不相同也，而位則六而已矣。故曰變動不居，周流六虛，上下無常，剛柔相易，此卦爻之通義也，故謂卦無變不可也，謂某卦變自某卦不可也，某卦變，某卦不變，不可也。蓋易道無窮，聖人觀象取義，亦非一例，隨其卦之所重，與象之易見者，各指以示人，非特以其變而言也。凡曰往、曰來、曰上、曰升之類，皆自成卦之後觀之，似有此往、來、升、降之象耳，非真自外而之內，自此而之彼也。虛而求之，默而識之，則於易也，其庶幾乎？而無事於紛紛之說，若術數家之爲者矣。」

弘撰曰：「胡氏謂朱子以爻變多寡，順而列之，以定一卦所變之序，又以乾卦所變之次，引而伸之，爲六十四卦所變相承之序，然後次第秩然，各得其所，雖出於焦而比焦尤密。韓氏謂朱子之變，止占三百八十四爻，六十四象用不如焦氏之密。二說各異。今觀其列圖定次，無不同者。蓋究其實，則一也。韓氏謂其生異，三而四，四而五，五而六，自三而即六，異也。其成同。自乾至坤，六十四卦之序，無不同，同也。其本同，自八卦以上，同也。其末異。自八卦以下，異也。以爲羲孔之畫者。即焦朱之變也，然謂伏羲一加之，孔子三加之。不知三加之者，亦伏羲也。孔子特發相盪之義耳。」

「自焦氏爲詩以代占辭，而後之筮者不復用文王、周公、孔子之辭矣。此焦氏之罪也。成焦氏之罪者。後世之俗儒也。」

「曹能始不取陰陽變之說，謂陰陽本體自是變不去底，遂駁本義陽變爲陰、陰變爲陽之說，以男子婦人爲喻，其言似有理，然其實不然。非全讀朱子之書，不識朱子之意也。如云剛柔相推，變在其中，譬如自春而夏，自夏而秋，是暖變爲寒，然春夏未曾變也。自秋而冬，自冬而春，是寒變爲暖，然秋冬未曾變也。寒暖相推而歲功成，亦如剛柔相推而六十四卦成，春夏秋冬，特陰陽二氣之流行耳。四序尚不可變，二氣可變耶？且每一卦六變，即歸本卦，下六爻盡變爲七變，連本卦成八卦，以八加八，即成六十四卦，則乾未始不歸乾，坤未始不歸坤也。即謂之變，未嘗變可也，斯言則得之矣。」

「卦變圖蓋傳自邵子者，江東鄭夬嘗欲受教邵子，邵子不許，又嘗求王天悅所記録，天悅惡其浮薄，亦不與，會天悅疾卒，夬賂其僕，竊得之，矜爲己學，著易傳易測。宋範五經，明用數書，後以卦變圖示秦玠，沈存中筆談云：『夬書皆荒唐，獨此卦變說未知是否？』後因見兵部員外郎秦玠論之，玠駭然曰：『夬何處得此法？』又謂自得之異人。玠遇一異人，授此數歷。推往古，興衰運，歷皆驗。西都邵某聞其大略，已洞吉凶之變，此人乃形之於書，必有天譴，此非世人所得聞也。夬竊書，秦實知之，乃爲此言，亦近乎自欺矣。夬入京師，補國子監，得解省，試策，問八卦次序，夬以所得說對，擢優等，登第，調太原府司録，以贓敗。」

八卦生六十四卦圖

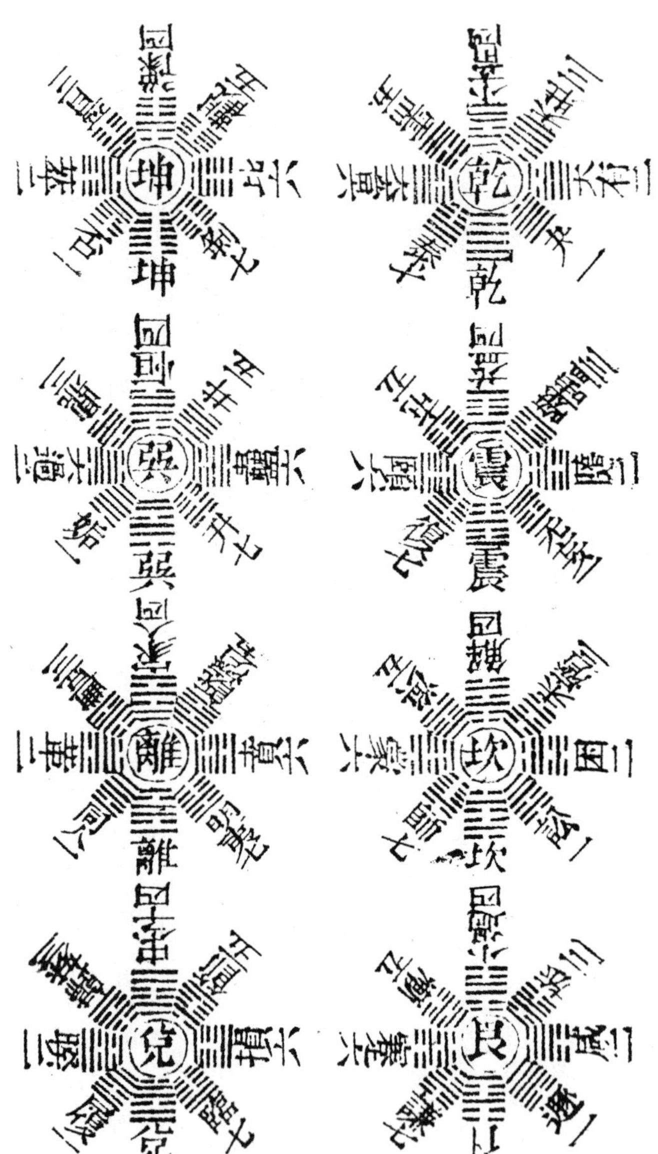

生與變異，變卦又與卦變異。變卦者，變因乎蓍也，對待也，元常也。卦變者，卦自爲變也，流行也，有序也。

八卦變六十四卦圖

遊魂者復還四爻歸魂者歸本卦也

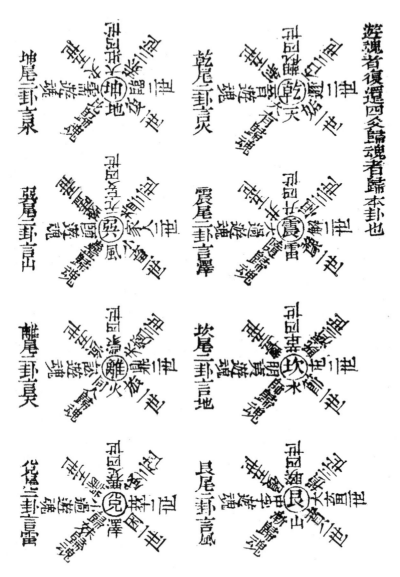

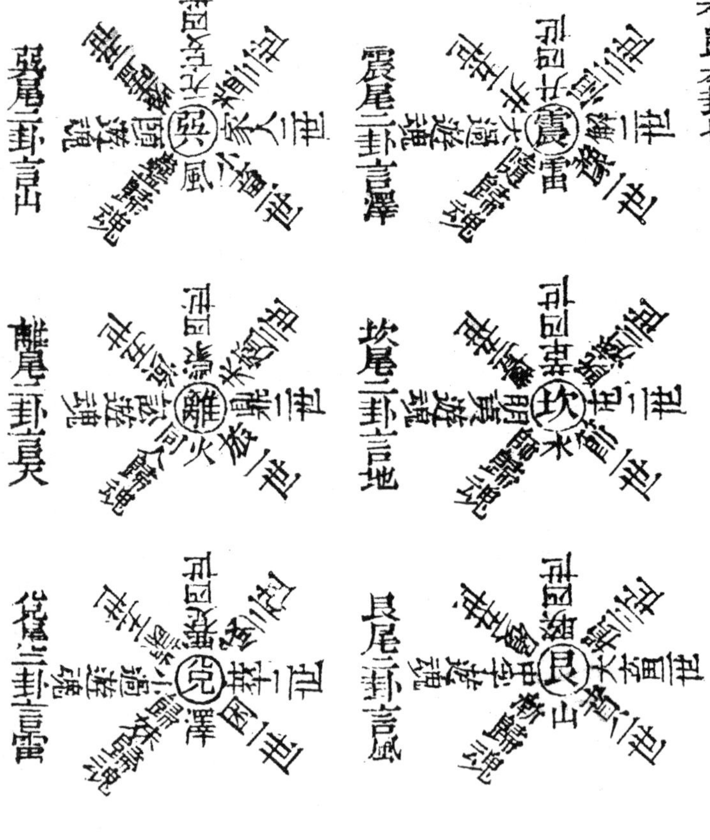

乾尾三卦言火

震尾三卦言澤

坎尾三卦言地

艮尾三卦言風

坤尾三卦言水

巽尾三卦言山

離尾三卦言天

兌尾三卦言雷

項氏平庵曰："京氏易法，只用八卦爲本，得本卦者，皆以上爲世爻，得歸魂卦者，皆以三爲世爻，亦因下體，復得本卦，而三在本卦爲上也。其餘六卦，皆以所變之爻爲世。世之對爲應，此其所謂變者，非以九六變也，皆自八純卦積而上之，知其爲某爻之所變矣。如乾本卦上九爲世，九三爲應，乾初變姤爲一世卦。初六爲世，九四爲應，再變遯爲二世卦。六二爲世，九五爲應，三變否爲三世卦。六三爲世，上九爲應，四變夬爲四世卦。六四爲世，初六爲應，五變剥爲五世卦。六五爲世，六二爲應，剥之四復變爲晉，謂之遊魂卦。九四爲世，初六爲應，晉下卦皆變爲大有，坤復歸乾，謂之歸魂卦。九三爲世，上九爲應，餘放此。"

"一世卦陰主五月，一陰在午也。二世卦陰主六月，二陰在未也。三世卦陰主七月，三陰在申也。四世卦陰主八月，四陰在酉也。五世卦陰主九月，五陰在戌也。八純上世。陰主十月，六陰在亥也。陽主十一月，一陽在子也。陽主十二月，二陽在丑也。陽主正月，三陽在寅也。陽主二月。四陽在卯也。陽主三月。五陽在辰也。陽主四月。六陽在巳也。"

"遊魂四世所主，與四世同。歸魂三世所主，與三世同。一世二世爲地易，三世四世爲人易，五世與八純爲天易，遊魂歸魂爲鬼易。"

渾天六位圖　即納甲法而加十二支

乾

土戌壬
金申壬
火午壬
土辰甲
木寅甲
水子甲

坎

水子戊
土戌戊
金申戊
火午戊
土辰戊
木寅戊

坤

金酉癸
水亥癸
土丑癸
木卯乙
火巳乙
土未乙

離

火巳己
土未己
金酉己
水亥己
土丑己
木卯己

震

土戌庚
金申庚
火午庚
土辰庚
木寅庚
水子庚

艮

木寅丙
水子丙
土戌丙
金申丙
火午丙
土辰丙

巽

木卯辛
火巳辛
土未辛
金酉辛
水亥辛
土丑辛

兌

土未丁
金酉丁
水亥丁
土丑丁
木卯丁
火巳丁

京氏傳曰：「降五行，頒六位，即納甲法也。」沈存中曰：『納甲未知起何時？』予考之，可以推見天地胎育之理，乾納甲壬，坤納乙癸者，上下包之也。震、巽、坎、離、艮、兌納庚、辛、戊、己、丙、丁者，六子生乾坤，包中如物之處胎中者。左三剛爻，乾之氣。右三柔爻，坤之氣也。乾初爻交坤生震，故震初爻納子午。乾初子午故也，漢上曰：「長子自代父也。」中爻交坤生坎，故坎初爻納寅申。震納子午，順傳。寅申，陽道順。上爻交坤生艮，故艮初爻納辰戌。亦順傳。坤初爻交乾生巽，故巽初爻納丑未。坤初丑未故也。漢上曰：「長女配長男也。」中爻交乾生離，故離初爻納卯酉。巽納丑未，逆傳。卯酉，陰道逆。漢上曰：「中女配中男也。」上爻交乾生兌，故兌初爻納巳亥。亦逆傳。漢上曰：「少女配少男也。」女從人，故其位不起於未。乾坤始於甲乙。」

項氏平庵曰：「乾初起甲子，則父起黃鐘，天之統也。坤初起乙未，則母起林鐘，地之統也。震初起庚子，則長男從父。巽初起辛丑，則長女次長男也。坎初起戊寅，則中男次長女，離初起己卯，則中女次中男也。艮初起丙辰，則少男次中女。兌初起丁巳，則少女次少男也。大抵陽卦納陽干陽支，陰卦納陰干陰支，陽六干皆進，陰六干皆退，惟乾納二陽，坤納二陰，包括首尾，則天地父母之道也。」

「京房於世爻，用飛伏法。凡卦見者爲飛，不見者爲伏。其在八卦，止以相反者爲伏。乾見伏坤之類，皆以全體相反也。至八卦所變世卦，則不然。自一世至五世同，以本生純卦爲伏。蓋五卦皆一卦所變，至遊歸二卦，則又近取所從變之卦爲伏。如乾一世姤，姤下體巽飛，爲巽初辛丑伏，乃用乾初甲子。二世遯飛，遯二丙午伏，仍用乾二甲寅之類。至五世，皆以本卦乾爻爲伏者也。自五世復下，爲遊魂卦，剥四變晉是艮，變其飛爲離，四己酉伏，爲艮四丙戌矣。又下爲歸魂卦，晉下三爻變爲大有，自坤變乾，故飛爲乾三甲辰伏，爲坤三乙卯矣。二卦皆近，即所從變之卦不用，本生純卦也。以京易考之，世所傳火珠林者，即其法也。」

章氏斗津曰：「易道廣大悉備，變動無方，闔闢乎乾坤，化生乎萬類，故聖人用之，中庸不可能也。術數得之小道，有可觀焉。嘗觀漢儒焦貢、京房、揚雄，皆精於易占，其於六十四卦，或以己意增損之，而其占皆驗，益信占在乎人心之誠否？故云有其誠，則有其神；無其誠，則無其神，而占不足以盡易也。試以數子卦圖言之，焦貢易林占法，用六十卦直日用事，一爻主一日，六十卦主三百六十日，餘震兑坎離四卦爲方伯監司之官，分列二至二分，專主四時節候，又以復、臨、泰、大壯、夬、乾、姤、遯、否、觀、剥、坤爲辟君之象，以各統一月，而公卿大夫佐之，然每歲凡三百六十五日四分之一。繼三子者，如闕氏之洞極、司馬氏之潛虚、蔡氏之洪範皇極，各本之河洛，以己意列圖，實於易卦無與，惟於先天圓圖，六十四卦出於邵康節所傳，而玉齊胡氏因邵詩冬至子之半推之，以卦分配節候，繇復卦冬至子之半，至乾交夏至午之半，三十二卦爲陽。繇姤卦夏至午之半，至坤交冬至子之半，三十卦爲陰。卦爻自然，與天地之節候相脗合，未嘗以己意參乎其間，殆出漢三子之右矣。但焦、京、揚、邵之圖，以之推卦氣，算曆數占候，得失雖有不同，皆活法也。後世陰陽家用以按節候擇日時，是或一說。而堪輿家乃假數圖以定方向，配卦位，分金布氣，其亦未知分數多寡，悉繇焦氏所分派者，乃可據以爲定向乎？噫！周天三百六十五度四分度之一，此一定不可易者，諸家分列十二宫二十八宿，且多寡靡定，又何有於分金之定向也？」

弘撰曰：「人子卜父母之藏，不可不慎也。然藉之以求福，則違禮矣。况逞不經之説，以冀非理之獲乎？故附録斯篇以釋厥惑。」

周易箍述

周易筮述原序

易者，天也。筮者，人也。伏羲、文王、周公言天，孔子言人。蓋易至孔子而正德之事備，則莫備於筮。筮者，和順於道德而理於義，窮理盡性以至於命之學也。學之不講，而但求之吉凶，於是以朱子謂易本卜筮之書，爲淺之乎？言易不知伏羲示象，文王於蒙比發初筮原筮之義，周公於革發未占有孚之義，至孔子作大傳，無非發象占之義，其在論語引恒九三之辭而曰不占。是以易爲卜筮，乃在朱子之所以考諸聖人而不謬者也。書建稽疑五謀，而卜筮居其二。記曰：「疑而筮之，則弗非也。」日而行事，則必踐之聖人之以卜筮爲教也。觀象玩辭，觀變玩占，顯諸仁，藏諸用，人事盡而天道協，夫豈苟而已哉？

自焦贛出而聖人隱，自易林出而聖人之言隱。京房、管輅、郭璞輩繼之，而相天相地相人之術百家雜起，言易者日紛，去易日遠，詭僻誕怪，求知所不可知，而道德性命之事荒矣，故予責亂易之罪以贛爲首，太玄、包元、潛虚、皇極篇之作，皆思以私智自見，用三、用五、用七、用九，卒失其自然，又或飾以古文奇字，以是求天人之合，亦徒勞矣。

近世之深於易者，推韓恭簡公，其著易占經緯，兼用易林。予爲是書必黜易林，惟奉周易之辭，而揲蓍之法則以啓蒙之所定者爲主，竊慨夫以聖人之道而流於術也。舉焦、京、管、郭一切可驚可疑之事、附會之説概擯之，即所傳邵子前知，其不以蓍得者，亦無取焉。乃知程子所謂：「與堯夫同里居三十餘年，無所不問，而獨未及數者。」其言非漫然也。燕處一齋，屏去百慮，曠視古今，洞徹物我，本朱子之説。以上溯四聖人之旨，曉然於天地變化之神、陰陽消長之妙，決嫌疑，定猶豫，正言斷辭，莫非教戒，使之不迷於凶吉悔吝之途，而適乎仁義中正之歸，而胡氏所謂：「朱子於易學爲金聲玉振者，可以俟諸百世而不惑矣。」其末或有一二端之不合，蓋心之所見不敢自匿，而隨響逐影，以冀貌於學者之虚名也。然與經傳之言，則無不合焉，庶幾後有知者亦可以告無罪矣。雲臺後學王弘撰自序。

王弘撰集

周易筮述卷一

原筮第一

易有聖人之道四焉：以言者尚其辭，以動者尚其變，以制器者尚其象，以卜筮者尚其占。

周易本義晦庵朱子曰：「四者皆變化之道，神之所爲者也。」

大傳所言率卜筮之事，而卜筮之文始見於此辭，變象占釋載於後。

是以君子將有爲也，將有行也，問焉而以言，其受命也如嚮。古文「響」字。無有遠近幽深，遂知來物。非天下之至精，其孰能與於此？

朱子曰：「此尚辭尚占之事，言人以蓍問易，求其卦爻之辭，而以之發言處事，則易受人之命而有以告之，如嚮之應聲，以決其未來之吉凶也。以言，與『以言者尚其辭』之『以言』義同。命，則將筮而告蓍之語。冠禮：『筮日宰自右贊命』是也。」

參伍以變，錯綜其數。通其變，遂成天地之文。極其數，遂定天下之象。非天下之至變，其孰能與於此？

朱子曰：「此尚象之事，變則象之未定者也。參者，三數之也。伍者，五數之也。既參以變，又伍以變，一先一後，更相考覈，以審其多寡之實也。錯者，交而互之，一左一右之謂也；綜者，總而挈之，一低一昂之謂也。此亦皆謂揲蓍求卦之事。蓋通三揲兩手之策，以成陰陽老少之晝，究七八九六之數，以定卦爻動靜之象也。『參伍』『錯綜』皆古語。」

錯綜其數，聖言甚明，此「錯」字與八卦相錯之「錯」字雖同，而用之自異，來瞿塘以錯爲陰與陽相對，父與母錯，長男與長女錯，中男與中女錯，少男與少女錯，六十四卦皆不外此錯，作錯卦圖。予證之，周禮之云經卦别卦者，已言其誤矣。又爲綜卦之說云：綜即織布帛之綜，或上或下，顛之倒之者也，作綜卦圖，予嘗采入周易圖說述中。今按其法，則先儒所謂覆卦也，然必顛之倒之，乃有或上或下，其實止言顛倒，則上下在其中矣。予謂或上或下與顛之倒之，復當有别，如所舉屯蒙相綜，水雷屯顛之倒之爲山水蒙，覆卦也。若或上或下，則水雷屯應爲雷水解。履小畜相綜，天澤履顛之倒之爲風天小畜，覆卦也。若或上或下，則天澤履應爲澤天夬，此又兩卦乘承之義也。然以此言，則乾坤坎離四宫之卦與覆卦同，震巽艮兑四宫之卦與覆卦異，予故以爲有别也。是言綜不如言覆爲無弊。且今觀易中言，卦言成列，言相錯，言相盪類不一而足，從未有以綜言者，「綜」字僅見於此，言數而非言卦也，即朱子所謂交互左右，總挈低昂，亦秖言其數耳。來氏乃言卦，自矜爲山中三十年，研窮之力，諸儒失之而已，獨得之而不知其已，備於覆卦之說矣。然此實皆本之序卦、雜卦傳。來氏既以綜言，又分别正綜雜綜，謂四隅之卦，雖雜亦不雜，似乎有不足於雜者，不得已而言雜，而予謂易中變化之妙，全在於雜，故曰雜而不越，曰六爻相雜，曰雜物撰德，曰剛柔相雜，正所謂流行不常，非膠固一定者也。來氏之言贅矣，要之易道廣大。朱子所云通透得去者固是，而自然之合與勉然之合則不可不晰也。或曰：「覆卦亦所未言，子非綜而是覆，何也？」曰：「『覆』字是先儒自己立言，故無嫌。來氏是解經，以言數爲言卦，故未敢謂然也。」

易，無思也，無爲也，寂然不動，感而遂通天下之故。非天下之至神，其孰能與於此？

朱子曰：「此四者，易之體所以立，而用所以行者也。易，指蓍卦。無思無爲，言其無心也。寂然者，感之體。感通者，寂之用。人心之妙，其動靜亦如此。」

夫易，聖人之所以極深而研幾也。

朱子曰：「研，猶審也。幾，微也。所以『極深』者，至精也。所以『研幾』者，至變也。」

唯深也，故能通天下之志。唯幾也，故能稱天下之務。唯神也，故不疾而速，不行而至。

朱子曰：「所以通志而成務者，神之所爲也。」

子曰：「易有聖人之道四焉」者，此之謂也。

朱子曰：「此章言易之用，有此四者。」

平庵項氏曰：「四者雖云辭變象占，而其下文所論，則皆占也，自『是以君子將有爲也』至『天下之至精』，言所占之事也。自『參伍以變』至『天下之至變』，言占之法也。自『易無思也』至『天下之至神』，言占之理也。凡占之法，有數有變，每爻三揲爲三變，每揲有象，兩象、三象、時象、閏象，再閏爲五小變，此三五以變也。三揲之奇，分而計之，則得三少三多、一少兩多、一多兩少之數，去三揲之奇，以左右手之正策合而計之，則得四九、四六、四七、四八之數，此錯綜其數也。『錯謂分而間之，綜謂合而總之。』此兩句止論一爻之法。『通六爻之變，得十有八，遂成初、二、三、四、五、上，以爲剛柔相雜之文。極六爻之數，得七、八、九、六，遂定重單交拆，以爲内外兩卦之象。』此兩句方論成卦之法，故曰此言占法也。蓍之變策之數、爻之交卦之象，皆寂然不動之物，初不能如人之有思，亦不能如人之有爲，皆純乎天者也。及問焉，而以言則其受命也，如嚮無有遠近幽深，遂知來物，則感而遂通天下之故，皆同乎人者也，故曰此言占理也。」

「至精至變至神，易之體也。唯深唯幾唯神，易之用也。故曰：夫易，聖人之所以極深而研幾也。立此一句，以承上體起下用也。物情難盡，唯精於占者能極遠近幽深之情而繫其辭，故雖深而無不至也。事變至微，人所易忽，唯明於變者能推分合錯綜之文而見其象，故雖微而無不察也。至於神，則無所用其力矣。研極之至義精，用利以至於神，此則夫子耳順心從之事，非於深幾之外，復有所謂神也。下繫曰：『過此以往，未之或知也。窮神知化，德之盛也。』此之謂也。」

子曰：「夫易，何爲者也？夫易，開物成務，冒天下之道，如斯而已者也。」是故聖人以通天下之志，以定天下之業，以斷天下之疑。

朱子曰：「開物成務，謂使人卜筮以知吉凶，而成事業。冒天下之道，謂卦爻既設，而天下之道皆在其中。」

是故蓍之德圓而神，卦之德方以知，六爻之義易以貢。聖人以此洗心，退藏於密，吉凶與民同患。神以知來，知以藏往，其孰能與於此哉？古之聰明睿知神武而不殺者夫。

朱子曰：「圓神謂變化無方，方知謂事有定理，易以貢謂變易以告人，聖人體具三者之德，而無一塵之累。無事則其心寂然，人莫能窺。有事則神知之用，隨感而應，所謂無卜筮而知吉凶也。神武不殺，得其理而不假其物之謂。」

項氏曰：「開物者，知其未然也，陽之始物也；成務者，定其當然也，陰之終物也，是故聖人用之知人之志。所謂開物也，以定人之事；所謂成務者，以決人之疑，即志與事之決也，此三者皆蓍卦爻之所能也，是故蓍用七，故其德圓；卦用八，故其德方，爻用九六，故其義易。蓍開於無卦之先，所以爲神；卦定於有象之後，所以爲知；爻決之先者也，所以爲貢。聖人以此三物之德洗心，以存其神，退藏於密，以定其體，吉凶與民同患，以贊其決，故其知幾則神之開物也，其畜德則知之成物也。此謂聰明睿知也，其斷吉凶則神武之決也，其與民同患，則不殺之仁也。古之人有能備是德者，伏羲氏其人也。」

是以明於天之道，而察於民之故，是興神物以前民用。聖人以此齋戒，以神明其德夫。

朱子曰：「神物謂蓍龜。湛然純一之謂齋，肅然警惕之謂戒。明天道，故知神物之可興。察民故，故知其用之不可不有以開其先。是以作爲卜筮以教人，而於此焉。齋戒以考其占，使其心神明不測，如鬼神之能知來也。」

項氏曰：「惟其聰明睿知也，是以明於天道之遠，而察於民事之近。唯其神武不殺也，是以建立蓍策，以開斯民占決之用。聖人用以卜筮之法，所以齋心而戒事，問之於神而貢之於明者，以自齋戒，以自神明。其齋則洗心也，其戒則藏密也，其神明其德，則吉凶與民同患也。」

是故闔戶謂之坤，闢戶謂之乾。一闔一闢謂之變，往來不窮謂之通。見乃謂之象，形乃謂之器，制而用之謂之法，利用出入，民咸用之，謂之神。

朱子曰：「闔闢，動靜之機也。先言坤者，由靜而動也。乾坤變通者，化育之功也。見象形器者，生物之序也。法者，聖人修道之所爲，而神者，百姓自然之日用也。」

項氏曰：「闔戶謂之坤，言畫偶爻也。凡偶皆屬坤。闢戶謂之乾，言畫奇爻也。凡奇皆屬乾。一闔一闢謂之變，六畫既成，剛柔相雜，言成卦也。往來不窮謂之通，九六之動，交相往來，言之卦也，皆自神而明之也。按其迹而言之，見於蓍策謂之象，形於卦爻謂之器，制而用之謂之卜筮之法，可謂明矣。究其用而言之，則枯草之莖、敗木之槧，而內外靜作之務皆資之以利其用，王公皂隸之人皆用以決其疑。極深研幾，其妙如此，豈非天下之至神乎？此自明而神之也。」

是故易有太極，是生兩儀，兩儀生四象，四象生八卦。

朱子曰：「一每生二，自然之理也。易者，陰陽之變。太極者，其理也。兩儀者，始爲一畫，以分陰陽。四象者，次爲二畫，以分太少。八卦者，次爲三畫，而三才之象始備。此數言者，實聖人作易自然之次第，有不假絲毫智力而成者。畫卦揲蓍，其序皆然。」

八卦定吉凶，吉凶生大業。

朱子曰：「有吉有凶，是生大業。」

是故法象莫大乎天地。變通莫大乎四時。懸象著明莫大乎日月。崇高莫大乎富貴。備物，致用，立成器，以爲天下利，莫大乎聖人。探頤索隱，鈎深致遠，以定天下之吉凶，成天下之亹亹者，莫大乎蓍龜。

朱子曰：「富貴謂有天下，履帝位。亹亹猶勉勉也，疑則怠，決故勉。」言六者功用之大，正形容蓍龜功用之大也，故終言之，又起下。

是故天生神物，聖人則之；天地變化，聖人效之；天垂象，見吉凶，聖人象之；河出圖，洛出書，聖人則之。

朱子曰：「此四者，聖人作易之所由也。」

易有四象，所以示也；繫辭焉，所以告也；定之以吉凶，所以斷也。

朱子曰：「四象謂陰陽老少，示謂示人以所值之卦爻。」「此章專言卜筮。」

項氏曰：「制作之本有三：有立象之本，有制器之本，有作書之本。」

「其一曰：是故易有太極。易之太極，即禮之太一也。有太一，則有陰陽，是謂兩儀，此八卦之第一爻也。兩儀各有一陰一陽，是謂四象，此第二爻也。四象又各有一陰一陽，是謂八卦，此第三爻也。八卦既成，則六十四卦皆具，而吉凶可見矣。吉凶之變不可勝窮，萬事萬物皆生於『吉凶』二字，故曰吉凶生大業。此六句言爻象之所由生也。」

「其二曰：是故法象莫大乎天地，萬物皆具奇偶之法象，而天地其最大者也。萬物皆具九六之變通，而四時其最大者也。萬物皆有爻象之著明，而日月其最大者也。三者具而易之道備矣。一家、一鄉、一國，各有占也，而據崇高之極，可以作天下之易者，貴爲天子，富有天下者也。山巫野祝皆能占也，而具神知之全，可以爲天下之利者，聖人也。折筳、剡篿、毀瓦、灼鷄，皆可占也，而有探索鈎致之神，決疑成務之知，可以供聖人之用者，蓍龜也。三者具而易之器成矣。此六句言成器之所由立也。」

「其三曰：是故天生神物，神物即蓍龜也。聖人則其知來之神，以立卜筮。天地變化即四時也，聖人效其陰陽之變以立卦。天垂象即日月也，聖人象其剛柔之發揮以畫爻，此七八九六之四象所以示也。河圖洛書，天地之文字也，聖人則其義理之明以作象辭爻辭，此繫辭之所以告吉凶之所以斷也。此四者，易書之所由作也。」

「是三節者起於太極，成於繫辭，而易之始終備矣。」

詩：「爾卜爾筮，體無咎言。」

書洪範：「七、稽疑擇，建立卜筮，人乃命卜筮。曰雨，曰霽，龜兆形有似雨者，有似雨止者。曰蒙，陰闇。曰驛，氣絡驛不連屬。曰克，兆相交錯。五者，卜筮之常法。曰貞，曰悔，内卦曰貞，外卦曰悔。凡七。」

禮記曲禮：「卜筮者，先聖王之所以使民信時日，敬鬼神，畏法令也；所以使民決嫌疑，定猶與也。「與」一作「豫」。」

表記：「子言之：『昔三代明王皆事天地之神明，無非卜筮之用，不敢以其私褻事上帝。』」

周禮：「太卜掌三易之灋，一曰連山，二曰歸藏，三曰周易。易者，揲蓍變易之數，可占者也。名曰連山，似山出，内氣變也。歸藏者，萬物莫不歸而藏於其中。杜子春云：「連山宓戲，歸藏黄帝。」其經卦皆八，其別皆六十四。三易別卦之數亦同，其名占異也。每卦八，別者重其數。」

「占人掌占龜。以八簭占八頌，以八卦占簭之八故，以眡吉凶。「頌」謂「繇」也，八故謂八事，不卜而徒筮之也。其非八事，則用九筮占，人亦占焉。」

「一曰征，謂征伐人也。二曰象，謂災變雲物如衆，赤烏之屬有所象似，易曰：「天垂象，見吉凶。」春秋傳曰：「天事恒象。」皆是也。三曰與，謂予人物也。四曰謀，謂謀議也。五曰果，謂事成與不也。六曰至，謂至不也。七曰雨，謂雨不也。八曰瘳。謂疾瘳不也。」

「簭人掌三易，以辨九簭之名。」

「九簭之名，一曰巫更，九，巫字，皆筮之誤也，更謂筮遷都邑也。二曰巫咸，謂筮衆心歡不也。三曰巫式，謂筮制作法式也。四曰巫目，謂事衆筮，其要所當也。五曰巫易，謂民衆不說，筮所改易也。六曰巫比，謂筮與民和比也。七曰巫祠，謂筮牲與日也。八曰巫參，謂筮御與右也。九曰巫環，謂筮可致師不也。以辨吉凶。凡國之大事先簭，而後卜。上春相簭，凡國事共簭。」

儀禮士冠禮：「筮於廟門，不于堂者，嫌蓍之靈由廟神。主人玄冠朝服，緇帶素韠，則位於門東西面。筮必朝服，尊蓍龜之道也。有司羣吏有事者。如主人服，即位於西方，東面北上。筮與席、所卦者，具饌於西塾。筮所以問吉凶，謂蓍也，所卦者所以畫地記爻。易曰：「六畫而成卦。」饌，陳也。布席於門中，闑西閾外，西面。筮人執筴抽上韇，兼執之，進受命于主人。筮人有司主三，易者也。宰自右，少退贊命。宰有司主政教者也，贊佐也，佐主人告所以筮也。筮人許諾，右還，即席，坐西面。卦者在左。卦者，有司主畫地識爻者也。卒，筮書卦，筮人以方寫所得之卦也。執以示主人。主人受眂反之。特牲饋食禮，諸篇略同。其云卦以木，所謂方也。」

以上節取經文，略見古聖人之重卜筮如此。曲禮倒筴側龜於君前，有誅，戒之慎也。柴世宗在民間，詣王處士卜一蓍，躍出卜者曰：「先人遺言，凡筮而蓍自躍出者，貴爲天下主，得非天下主乎？」世宗佯詰責之，而私心甚喜，此蓍之神也。唐高祖時有西僧能口吐火以威人，傅奕奏曰：「此不足信。若火能燒臣即爲聖者。」高祖試之，僧口吐火觸奕，奕端笏念乾元亨利貞，火反焰燒僧立死，此易之正也。邪術之無與于易也，又筮者所不可不知也。

子夏曰：「蓍也者，神也，虛而周也。含其數而無太極之象也。物始兆，故參无以有之，曰：『天兩而形之。』曰：『地依其數而推之。』得四象之生成焉，人理之變化焉。」子夏易傳，出唐人張弧。

濂溪周子曰：「童蒙求我，我正果行，如筮焉。筮叩神也。再三則瀆矣，瀆則不告也。」

明道程子曰：「易因爻象論變化，因變化論神，因神論人，因人論德行。」

「先見則吉，可知不見故致凶。」

伊川程子曰：「占出於自然之理。」

「卜筮將以決疑也。今之人獨計其一身之窮通而已，非惑夫？」

「有理而後有象，有象而後有數。易因象以知數，得其義，則象數在其中矣。必欲窮象之隱微、盡數之毫忽，乃尋流逐末，術家之所尚，非儒者之所務也，管輅、郭璞之學是也。」

橫渠張子曰：「易爲君子謀，不爲小人謀。故撰德於卦，雖爻有小大，及繫辭必諭之以君子之義，示人吉凶，其道顯矣。知來藏往，其德行神矣，語蓍龜之用也。」

康節邵子曰：「象起於形，數起於質，名起於言，意起於用。天下之數出於理，違乎理則入於術。世人以數而入術，故失於理也。」

晦庵朱子曰：「易只是尚占之書。」

「某解一部易，只是作卜筮之書。」

「象數乃作易根本，卜筮乃其用處之實。」

「八卦之畫本爲占筮。伏羲畫卦止爲奇偶之畫，何嘗有許多說話？文王重卦作繇辭，周公作爻辭，亦是爲占筮設，到孔子方始說從義理去。」

「上古之時，民心昧然，不知吉凶所在，故聖人作易，教之卜筮，使吉則行之，凶則避之，此是開物成務之道，故繫辭云：『以通天下之志，以定天下之業，以斷天下之疑。』正謂此也。初但有占而無文，往往如今人用火珠林起課者，但用其爻而不用其辭，則知古者之占不待辭，而後見吉凶。至文王、周公方作彖爻之辭，使人得此爻者，便觀此辭之吉凶。至孔子又恐人不知其所以然，故又復逐爻解之，謂此爻所以吉者，謂以中正也；此爻所以凶者，謂不當位也，明言之，使人易曉耳。至如文言之類，卻是就上面而發明道理，非是聖人本意。知此，方可學易。」

「卦爻之辭本爲卜筮者斷吉凶而具訓戒，至彖象文言之作，始因其吉凶訓戒之意，而推說其義理，以明之後人，但見孔子所說義理，而不復推本文王周公之本意，因鄙卜筮爲不足言，而其所以言易者遂遠於日用之實，類皆牽合委曲，偏主一事，而言無復包含該貫，曲暢旁通之妙。若但如此，則聖人當時自可別作一書，明言義理，以貽後世，何用假託卦象，爲此艱深隱晦之辭乎？故今欲凡讀一卦一爻，便如占筮所得，虛心以求其辭義之所指，以爲吉凶可否之決，然後考其象之所以然者，求其理之所以然者，推之於事，使上自王公，下至庶民，所以修身治國，皆有可用。私竊以爲如此求之，似得三聖之遺意。」

「程先生說易得其理，則象數在其中，固是如此。然泝流以觀，卻須先見象數的當下落，方說得理不走作。不然，事無實證，則虛理易差也。」

以上略舉先賢正論如此，見占筮有道，不可流於邪也。崇禎十四年改文廟六人木主，稱先賢，稱子，今從之。

筮儀第二

作筮室，擇地潔處，南其户。蓍牀，長三尺，廣二尺五寸，置室之中北。蓍櫝，以竹筒或堅木爲之。圓徑三寸，長於蓍弱半，在上強半，在下別爲臺函之，使不仆。蓍百莖，襲以纁帛，囊以黝帛，納櫝中，奠於牀中北。置香爐一於櫝南，香合一於爐南，日炷香致敬，別爲筮牀，長五尺，廣三尺，置室之東壁下。設木格，以横木板爲之，高六寸，長少殺於牀中，爲兩大刻，大刻之左爲三小刻，相距各五寸許。陳硯一、筆一、墨一、黄漆板一，列於牀。洗帨，置室之西壁下。將筮，則灑掃拂拭，主人齊潔衣冠，盥手至蓍牀前，北面，若使人筮，則筮者爲之。炷香致敬出蓍，兩手舉上，櫝置下，櫝之東，去囊啓，襲置下，櫝之西。於百數中取四十九策，合兩手奉之，熏於爐上，命之曰：「假爾泰筮有常，假爾泰筮有常，某官姓名，今以某事云云，未知可否？爰質所疑於神於靈，吉凶得失，悔吝憂虞，唯爾有神，尚明告之。」乃筮。主人少退立，執事舉筮牀，横置蓍牀前，主人即牀筮。若使人筮，則主人焚香畢，退西鄉立，筮者前出蓍，退東鄉立，受命于主人，主人命筮者如上辭。筮者許諾，執事縱置筮牀，筮者述主人之命。命筮即牀筮。分挂揲扐，三變成爻，十有八變成卦，乃玩占，若使人筮，則筮者以卦示主人而玩占。筮人納蓍，主人奉蓍，執事徹筮牀反於故，所斂筆硯墨板主人前，並蓍襲之囊之，納於下，櫝加上櫝。炷香，致敬而退。若使人筮，則筮者納蓍，主人炷香，致敬揖，筮者而退。

禮三正記：「天子蓍長九尺，諸侯七尺，大夫五尺，士三尺。蓍陽，故數奇也。」鴻範五行傳云：「蓍百年一本生百莖。」說文云：「生千歲三百莖。」論衡云：「七十歲生一莖，七百歲生十莖。神靈之物，故生遲也。」陵陽李氏曰：「於犍爲郡田野間，親見蓍草一本百莖，絕無餘支，但長可二尺餘耳。」

史記褚先生曰：「聞蓍生滿百莖者，其下必有神龜守之其上，常有青雲覆之。」傳曰：「天下和平，王道得而蓍莖長丈，其叢生滿百莖。方今世取蓍者不能中古法度，不能得滿百莖長丈者，取八十莖已上蓍，長八尺即難得也，人民好用卦者取滿六十莖已上，長滿六尺者即可用矣。王者能得百莖蓍，並得其下龜以卜者，百言百當，足以決吉凶，長有天下，四夷賓服。」

筮。時制切。許氏說文，作⿱⺮𢍰從竹從𢍰，𢍰古巫字，省作⿱⺮⿱巫廾，作簭，通作筮，一作筴，誤。曲禮龜作卜筴爲筮，筴作策，以其形似，故誤。然字書無筴，或又誤作策，筮也者，信也，見其卦也。

蓍。申之切。從草蒿屬，或以其似竹作⿱⺮耆，誤。毛詩草木疏云：「似藾蕭，青色，科生。」論衡：「蓍之爲言耆也。」明狐疑之事，當問耆碩也，又久長意也。

揲。他協切。猶數也。說文閱持也，或入巫部，作㩌，非。

挂。古買，古話，二切，懸也。古易本作挂，太玄亦作挂，石經乃作掛，掛置而不用也。既在營中，則是懸之以用，非置之不用也。

扐。盧白切。馬氏云：「指間也。筮者著蓍指間也。」程氏曰：「扐者，數之餘也。」或作仂，禮王制祭用數之仂，喪用三年之仂，注十分之一也。通作阞，周禮考工記以其圍之，阞捎其數，注三分之一也，餘也。太玄作艻，注與扐通。范氏曰：「今之數十取出一名，以爲艻，又作泐。考工記石有時以泐。」趙氏曰：「合古語考之，則扐、阞、仂、泐、艻也者，皆以餘爲義也。至唐人始爲蓍之銜指者，爲扐。」按：扐之爲義，乃指間勒物之處，以其分合皆屬人手，故從手從力者，勒之省也。歸奇於扐，言歸此餘數於指間也，故朱子曰：「扐字乃歸餘數之處，而非所歸餘數之名。今直謂扐爲餘，則其曰歸奇於扐者，乃爲歸餘於餘，而不成文理矣。作泐者，謂取勒人之義，不切。」

蓍數第三

大衍之數五十。

此承上文，言伏羲則天地之數，而大衍之，以揲蓍求卦也。爲數百五十，體數也。

其用四十有九。

四十有九，用數也。合上體數，共爲九十有九，餘一。按：天生神物，蓍莖百合，於圖書之數，是其全數也。今云五十，則去其半，非蓍之全矣，而無如其全數。何姑云：「當大衍之數五十者，二當二之說無義。」蓋未察大傳並數之文，而漫爲之辭也。又因其用四十有九之文，遂添出去一之法，而大傳則元無去一之文也。揲法固以分二起也，唯於百數中置大衍，體數之五十不用，而用四十有九之用數，故別其不用者曰：「其用非，以其用指五十言也。」用四十有九矣，則存一爲不動之體，邵子所謂用以體爲基也。且有不窮之義，有不可以盈之象。易有七八九六無十，十即一也，理之自然，非有心置之，出於人爲也。」與舊說之去其一，以象太極者不同矣。然則太極與揲蓍無所統括乎？曰：「蓍在櫝中時，此太極也，易所謂『無思無爲，寂然不動。』邵子所謂『思慮未起，鬼神莫知。』朱子所謂『在無物之前，而未嘗不立於有物之後。在陰陽之外，而未嘗不行乎陰陽之中者也。』夫太極無形也，何爲以一策象之，又何爲以去之象其不用哉！」

按：王輔嗣云：「其用四十有九，則其一不用也。」王童溪云：「數有體有用。一者，數之體也，體則不動。四十有九者，用也，用則見於分二挂一、揲四歸奇之際。」劉長民云：「大衍既後，天地之數則太極不可配，虛其一之位也。」此言皆可以爲予說之助，予說本之伏羲大衍倚數圖。

一與二倚爲　三。合三五七九爲二十四。

二與三倚爲　五。

三與四倚爲　七。

四與五倚爲　九。

五與六倚爲十一。一居中，合前後共四十九。

六與七倚爲十三。

七與八倚爲十五。

八與九倚爲十七。

九與十倚爲十九。合三五七九爲二十四。

易東丁氏曰：「河圖之數五十有五，中五居無事外，自天一以至地十，實得五十，合而大衍之得九位，共數九十有九，而一居中，左右皆三五七九爲奇，內含五十爲偶。今除五十，還河圖本數，蓋十陰數也。陰體靜而氣濁，靜則不可以爲用，濁則不可以通神，故五十不用而所用四十九者，皆純奇之合，陽清而無雜，奇圓而能動，是故生生成變化，行鬼神也。」

古易考原云：「前後各二十有四，分二之象也。一居於中，挂一之象也。三五七九有四者，揲四之象也。又三五七九有四者，再揲之象也。皆出於天機自然之法象，而非一毫人力私知得以營爲於其間。於此見伏羲制作之神妙，有非常情所能窺測者。」

此說與舊說異，而不害其爲同。舊說於五十去一，所用之四十九即五十，是四十九在五十之中。此說以五十、四十九並列爲九十九，是四十九在五十之外，而要其所用衹此四十九也，故曰不害其爲同也。按：河圖洛書爲數百，蓍一本百莖，謂大衍爲九十有九而存一者，其說有理。蓋合十一之十、十三之十、十五之十、十七之十、十九之十，凡爲十者五，是大衍之體數也。合前之三五七九，與後之三五七九，爲四十八，並中之一，共四十有九，是大衍之用數也。體數不用，用用數，其常也。與洛書之參天左旋，千萬無出一三九七，兩地右旋，千萬無出二四八六，皆言其用數者，其理有合焉。故黃瑞節稱丁氏之說出朱蔡之外，爲更備者，非誣也。或有謂天地之數五十有五，除地六，故用四十九。一云除六虛之位，又有謂除金木水火土五數，並天一不用，故用四十有九。爲說紛紛，不可勝舉，雖各有其似，皆鑿也。蓋大傳本云大衍之數五十，其用四十有九，即不云天地之數五十有五，其用四十有九也。陸秉以爲脱文，無據。

一三五七九，陽無尾也，陰爲之尾也。蓍之用四十有九，陽之所以無尾也。二四六八十，陰無首也，陽爲之首也，蓍以分二起，陰之所以無首也。數之理，神矣。原始要終，所以成變化而行鬼神也。

按：蘇東坡云：「自一至五，天數三，地數二，明數之止於五也。自五以往，非數也，皆相因而成者也，故曰倚數。」葉石林云：「陰陽，天道也，非人之所能進退也。天地之正數曰一，曰二，曰三，曰四，曰五，而止矣。此正數至於六，則各有所配，已非正數矣。作易者用天地之生數，而不用成數，故孔子曰：『參天兩地而倚數。』此數之理也。」劉長民曰：「八卦之畫，乾三坤六，震五巽四，坎五離四，艮五兑四，皆九也。易之用九而已，而六在其中矣。此數之象也。」

大衍天地數圖

四十九
天 八三二
一 五一七 十九四
地 三八七
六 十六二 五四九
五十四

四十八
地 九四三
二 六二八 一十五
天 四九八
七 一七三 六五十
五十三

四十七
天 十五四
三 七三九 七一六
地 五十九
八 二八四 七六一
五十二

四十六
地 一六五
四 八四十 三二七
天 六一十
九 三九五 八七二
五十一

四十五
天 二七六
五 九五一 四三八
地 七二一
十 四十六 九八三
五十

說曰：「自天一至地十，蓋有十圖。今所傳戴九履一，左三右七，二四爲肩，六八爲足，五爲心腹者，乃天五一圖爾。自天一至地十，蓋有十圖焉，乃大衍之數也。自天五而上，皆五行生數，故五九之數自下而上，各增其一；地六而下，皆五行成數，故六九之數自上而下，各減其一。天數一三五七九而五居中，地數二四六八十而六居中。五六者，天地之心也，五爲天心，其圖縱橫八面皆三五之數；六爲地心，其圖縱橫八面皆三六之數，得天地之中故也，其他所以參差不齊者，偏陰偏陽故也。」

又曰：「大衍體數五十，地十圖之變。大衍用數四十九，天一圖之變也。地十圖，其數五十者，蓋以一對九爲十，二對八爲二十，三對七爲三十，四對六爲四十，連中十爲五十，而虛其五，故天地之數五十有五，而大衍之數五十者，由虛其五而生也。天一圖四十有九者，蓋以二對十爲十二，三對九爲十二，四對八爲十二，五對七爲十二，其中一數乃揲蓍挂一，以取四十八，爲六十四卦者也。而虛其六，故天地之數五十有五而大衍之用數四十有九者，由虛而生也。然大衍五十而圖以十居中者，蓋十爲數之終而無變也，故爲體數；大衍用四十九而圖以一居中者，蓋一爲數之始而能變也，故爲用數。」

「竊嘗以天五地六圖參之，而知數皆本於虛也，何也？天五圖四十五，虛十而不虛五，無與乎續終之事，而大衍之體數虛五而不虛十，是於天五之數增其五以爲體，此其數之所以五十也。地六圖五十四，虛一而不虛六，無與乎造始之功，而大衍之用數四十九，則虛六而不虛一，是於地六之數減其五以爲用，此其數之所以四十九也。天數皆生於虛，天五圖不虛十，無以成縱橫，各十五之數，地六圖不虛一，無以成縱橫，各十八之數。大衍不虛五，無以成五十之體；不虛六，無以成四十九之用。虛者，萬物之府，故能生實，此大衍體數所以中虛其五而用十，大衍用數所以中虛其六而用一。然必虛五六者，五爲天中，六爲地中，人受天地之中以生，故虛中乃能生實也。司馬公作潛虛，謂：『萬物祖於虛，生於氣。人之生本於虛。』虛然後形，形則數行乎事物矣。是故天地猶橐籥，虛而不屈，動而愈出，故能千變萬化而物生不窮。若實則不能生矣。人能體此而虛其中，則以道御數，以虛待實，乘除消長之理皆在我矣。」

此圖說元熊梅邊得之熊遙溪，云：「傳自康節，出於希夷，以爲大衍之的論。」余喜其可與愚說相發明也，故特載之。

周易筮述卷二

揲法第四

分而爲二以象兩，挂一以象三，揲之以四以象四時，歸奇於扐以象閏。五歲再閏，故再扐而後挂。

既於蓍百莖中取四十九策熏於爐上，今不能得滿百莖者，即五十可用。遂以左右手中分之，置格之左右兩大刻，此第一營，所謂分而爲二也。

次以左手取左大刻之策執之，而以右手取右大刻之一策，挂於左手小指間，此第二營，所謂挂一也。或曰挂一之策，何爲取之右大刻？曰置策先左後右，置畢方挂，故取之右也。

次以右手四揲左手之策，此第三營之半，所謂揲之以四也。

次歸其所餘之策扐之左手無名指間，此第四營之半，所謂歸奇於扐也。

次以右手反過揲之策於左大刻，遂取右大刻之策執之，而以左手四揲之，此第三營之半。

次歸其所餘之策扐之左手中指間，此第四營之半，所謂再扐也。五歲之象挂一，一歲揲左，二歲歸左奇，三歲扐閏也，揲右，四歲歸右奇，五歲再扐再閏也，前閏後閏相去大略三十二月。

次以右手反過揲之策於右大刻，而合左手一挂二扐之策置於格之第一小刻，以東爲上。是爲一變。

其挂扐之數不五則九，再以兩手取左右兩大刻之策，合之四營如前，置其挂扐之策於格之第二小刻。是爲二變。

其挂扐之數不四則八，再取左右兩大刻之策，合之四營如前，置其挂扐之策於格之第三小刻。是爲三變。其挂扐之數亦不四則八，三變畢，乃視其挂扐之奇偶，以分所遇陰陽之老少爲一爻，而畫之於板。三變而得一爻。凡十有八變，得六爻而成卦，乃考其卦之變而占其事之吉凶。

按：汴水趙氏云：「蓍變而有之卦者，宜畫兩卦，一爲本卦，一爲之卦。若交重單拆，三代未聞。或謂出於鬼谷子，今火珠林諸家多用之。三奇爲老陽，其畫爲□，所謂重也；二奇一偶爲少陰，其畫爲--，所謂拆也。二偶一奇爲少陽，其畫爲一，所謂單也。三偶爲老陰，其畫爲×，所謂交也。」予謂初爲一畫，則無畫兩卦之理，以交重單拆爲記，無礙也，故朱子用之。

扐挂。

一變。畫卦自下始，故記策下爲挂，上爲扐。

初一。朱子記以黑點，趙氏用數字上下分。予改爲左右挂者，在左尤易明。

右三

左一一

右一

左三一

右二

左二一

得五者，三奇也，兩儀之陽數也。四十九策得五餘四十四，乾兑離震之象。此象說本之谷水林氏，謂有是象，非定爲是象也。與後四營篇注可參。觀趙氏駁，其與沈氏同誤，固矣。

右四

左四一

得九者，一偶也，兩儀之陰數也。四十九策，得九餘四十，坤巽坎艮之象。

次二

右二

左一一

右一

左二二

得四者，二奇也。若四十四策，得四餘四十，乾兑之象；四十策，得四餘三十六，坎巽之象。

右四

左三一

右三

左四一

得八者，二偶也。若四十四策，得八餘三十六，離震之象；四十策，得八餘三十二，坤艮之象。

次三

右二

左一一

右一

左二一

得四者，二奇也。若四十策，得四餘三十六，以四數之，凡九是爲老陽，乾之象。若三十六策，得四餘三十二，以四數之，凡八是爲少陰。如初四十四，則離之象；初四十，則巽之象。若三十二，得四餘二十八，以四數之，凡七是爲少陽，艮之象。

右四

左三一

右三〔一〕

左四一

得八者，二偶也。若四十策，得八餘三十二，以四數之，凡八是爲少陰，兑之象。若三十六策，得八餘二十八，以四數之，凡七是爲少陽。如初四十四，則震之象；初四十，則坎之象。若三十二策，得八餘二十四，以四數之，凡六是爲老陰，坤之象。

三變。畫卦自下始，故記變下爲初一，中爲次二，上爲次三。

次三	次二	初一
右二	二	三
左一一	一一	一一
右一	二	三
左二一	一一	一一
右一	一	三
左二一	二一	一一
右二	一	三
左一一	二一	一一

〔一〕「右」：原作「左」，據文意改。

右二　二　一
左一一　一一　三一
右一　二　一
左二一　一一　三一
右一　一　一
左二一　二一　三一
右二　一　一
左一一　二一　三一
右二　二　二
左一一　一一　二一
右一　二　二
左二一　一一　二一
右一　一　二
左二一　二一　二一
右二　一　二
左一一　二一　二一

以上十二變，變皆十三策，爲九者挂扐之數。

朱子曰：「右三奇爲老陽者，凡十有二挂扐之數，十有三除初挂之一，爲十有二，以四約而三分之，爲一者三，一奇象圓而圍三，故三一之中各復有三，而積三三之數則爲九，過揲之數三十有六，以四約之，亦得九焉。挂扐除一四，分四十有八，而得其一也。一其十二，而三其四也，九之母也。過揲之數四分四十八而得其三也，三其十二，而九其四也，九之子也。皆徑一而圍三也。即四象太陽，居一含九之數也。一五兩四是爲三奇。爲一者三，一即四也，即奇也。合三變則爲四者，凡三是爲爲一者三，一奇象圓而圍。三本參天之義，是於四策之中取一策，以象圓而以三策爲圍，三而用其全，是爲一之中復有三合三奇。用其全者而言，是爲三一之中各復有三，而積三三爲老陽之九，以四約，過揲三十六，亦爲九者四也。」

右四　四　四
左三一　三一　四一
右三　四　四
左四一　三一　四一
右三　三　四
左四一　四一　四一
右四　三　四
左三一　四一　四一

以上四變，變皆二十五策，爲六者挂扐之數。

朱子曰：「右三偶爲老陰者，四挂扐之數，二十有五除初挂之一，爲二十有四，以四約而三分之，爲二者三，二偶象方而用其半，故三二之中各復有二，而積三二之數則爲六。過揲之數亦二十有四，以四約之，亦得六焉。挂扐除一，六之母也。過揲之數，六之子也。四分四十有八，而各得其二也，兩其十二而六其四也，皆圍四而用半也。即四象太陰，居四含六之數也。一九兩八是爲三偶，爲二者三，二，即八也，即偶也。合三變則爲八者，凡三是爲爲二者三，二偶象方而用半，本兩地之義，是於三變八策中，各去四不用，而於各所存四策中，各取二策以象方，而各以二策爲圍四，而用其半，是爲二之中復有二，合三偶，用其半者而言，是三二之中各復有二，而積三二爲老陰之六，以四約，過揲二十四，亦爲六者四也。」

右四　四　三
左三一　三一　一一

右三　四　三
左四一　三一　一一
右三　三　三
左四一　四一　一一
右四　三　三
左三一　四一　一一
右四　四　二
左三一　三一　二一
右三　四　二
左四一　三一　二一
右三　三　二
左四一　四一　二一
右四　三　二
左三一　四一　二一
右四　四　一
左三一　三一　三一
右三　四　一
左四一　三一　三一
右三　三　一
左四一　四一　三一

右四　三　一
左三一　四一　三一
右四　二　四
左三一　一一　四一
右三　二　四
左四一　一一　四一
右四　一　四
左三一　二一　四一
右三　一　四
左四一　二一　四一
右二　四　四
左一一　三一　四一
右一　四　四
左二一　三一　四一
右二　三　四
左一一　四一　四一
右一　三　四
左二一　四一　四一

以上二十變，變皆二十一策，爲七者挂扐之數。

朱子曰：「右兩偶一奇，以奇爲主，爲少陽者，凡二十挂扐之數。二十有一除初挂之一爲二十，以四約而三分之，爲二者二，爲一者一，二偶象方而用其半，故二二之中各復有二，一奇象圓而用其全，故一一之中復有三焉，而積二二一三之數，則爲七過揲之數。二十有八以四約之，亦得七焉。挂扐除一，五其四也。自兩其十二者而退四也，七之母也。過揲之數七其四也，自兩其十二者而進四也，七之子也。則四象少陽，居三含七之數也。兩八一五或一九一八一四是爲兩偶，一奇爲二者，二二即八也，即偶也。合二變則爲八者，凡二是爲爲二者二，爲一者一，一即四也，即奇也。一變而爲四者，凡一是爲爲一者一，二偶象方而用其半，亦本兩地之義，是於二變各八策中，各去其四不用，而於各存四策中，各取二策以象方，而各以二策爲圍四而用其半，是爲二二之中各復有二，一奇象圓而用其全，亦本參天之義。是於一變四策全用，而於其中取一策以象圓，而以三策爲圍三而用其全，是爲一一之中復有三，而積二二一三爲少陽之七。以四約，過揲二十八，亦爲七者四也。」

右四	二	三
左三一	一一	一一
右三	二	三
左四一	一一	一一
右四	一	三
左三一	二一	一一
右三	一	三
左四一	二一	一一
右二	四	三
左一一	三一	一一
右一	四	三
左二一	三一	一一
右二	三	三

左一一　四一　一一
右一　三　三
左二一　四一　一一
右四　二　一
左三一　一一　三一
右三　二　一
左四一　一一　三一
右四　一　一
左三一　二一　三一
右三　一　一
左四一　二一　三一
右二　四　一
左一一　三一　三一
右一　四　一
左二一　三一　三一
右二　三　一
左一一　四一　三一
右一　三　一
左二一　四一　三一
右四　二　二

左三一　一一　二一
右三　二　二
左四一　一一　二一
右四　一　二
左三一　二一　二一
右三　一　二
左四一　二一　二一
右二　四　二
左一一　三一　二一
右一　四　二
左二一　三一　二一
右二　三　二
左一一　四一　二一
右一　三　二
左二一　四一　二一
右二　二　四
左一一　一一　四一
右一　二　四
左二一　一一　四一
右一　一　四

左二一　二一　四一

右二　一　四

左一一　二一　四一

以上二十八變，變皆十七策，爲八者挂扐之數。

朱子曰：「右兩奇一偶，以偶爲主，爲少陰者，凡二十有八挂扐之數。十有七除初挂之一爲十有六，以四約而三分之，爲一者二，爲二者一，一奇象圓而用其全，故二二之中各復有三，二偶象方而用其半，故一二之中復有二焉，而積二三一二之數，則爲八過揲之數。三十有二以四約之，亦得八焉。挂扐除一，四其四也，自一其十二者而進四也，八之母也。過揲之數八其四也，自三其十二者而退四也，八之子也。即四象少陰，居二含八之數也。一九兩四或一五一四一八是爲兩奇，一偶爲一者二，一即四也，即奇也。合二變則爲四者，凡二是爲爲一者二，爲二者一，二即八也，即偶也，一變則爲八者，凡一是爲爲二者一，一奇象圓而用其全，亦本參天之義，是於二變，各四策全用，而於其中各取一策，以象圓，而各以三策爲圍三而用其全，是爲二二之中各復有三，二偶象方而用其半，亦本兩地之義。是於一變八策中去其四不用，而於所存四策中取二策以象方，而以二策爲圍四而用其半，是爲一二之中復有二，而積二三一二爲少陰之八。以四約，過揲三十二，亦爲八者四也。」

「凡此四者，皆以三變，皆挂之法得之，蓋經曰：『再扐而後挂。』又曰：『四營而成易。』其指甚明，注疏雖不詳說，然劉禹錫所記僧一行畢中和顧象之說，亦已備矣。」

「近世諸儒乃有前一變獨挂，後二變不挂之說，考之於經，乃爲六扐而後挂，不應五歲再閏之義。且後兩變又止三營，蓋已誤矣。且用舊法，則三變之中又以前一變爲奇，後二變爲偶，奇故其餘五九，偶故其餘四八。餘五九者，五三而九一，亦圍三徑一之義也。餘四八者，四八皆二，亦圍四用半之義也。三變之後，老者陽饒而陰乏，少者陽少而陰多，亦皆有自然之法象焉。若用近世之法，則三變之餘皆爲圍三徑一之義，而無復奇偶之分。三變之後爲老陽少陰者皆二十七，爲少陽者九，爲老陰者一，又皆參差不齊，而無復自然之法象，此足以見其說之誤矣。至於陰陽老少之所以然者，則請復得而通論之。」

「蓋四十九策除初挂之一而爲四十八，以四約之爲十二，以十二約之爲四，故其揲之一變也。挂扐之數一，其四者爲奇，兩其四者爲偶，其三變也。挂扐之數三，其四一，其十二，而過揲之數九，其四三，其十二者，爲老陽挂扐過揲之數，皆六其四，兩其十二者，爲老陰。自老陽之挂扐而增一四，則是四其四也。一其十二而又進一四也，自其過揲者而損一四，則是八其四也。三其十二而損一四也，此所謂少陰者也。自老陰之挂扐而損一四，則是五其四也，兩其十二而去一四也。自其過揲者而增一四，則是七其四也，兩其十二而進一四也，此所謂少陽者也。二老者，陰陽之極也。二極之間相距之數凡十有二而三分之。自陽之極而進其挂扐，退其過揲，各至於三之一，則爲少陰。自陰之極而退其挂扐，進其過揲，各至於三之一，則爲少陽。老陽奇數十二，以十二約之得一，則⚊之象也。以四約之得三，則☰之象也。老陰奇數二十四，以十二約之得二，則⚋之象也。以四約之得六，則☷之象也。少陽奇數二十，以十二約之，得一餘八，由老陰而息，蓋陽之未成者也。以四約之，得五則☳、☵、☶之象也。少陰奇數十六，以十二約之，得一餘四，由老陽而消，蓋陰之未成者也。以四約之得四，則☴、☲、☱之象也。老陽居一而含九，故其挂扐十二爲最少，而過揲三十六爲最多。少陰居二而含八，故其挂扐十六爲次少，而過揲三十二爲次多。少陽居三而含七，故其挂扐二十爲稍多，而過揲二十八爲稍少。老陰居四而含六，故其挂扐二十四爲極多，而過揲亦二十四爲極少。蓋陽奇而陰偶，是以挂扐之數老陽極少，老陰極多，而二少者一進一退，而交於中焉。此其以少爲貴也。陽實而陰虛，是以過揲之數老陽極多，老陰極少，而二少者亦一進一退，而交於中。此其以多爲貴也。皆以陽之奇與實爲主，見尊陽之義也。凡此不惟陰之與陽既爲二物，而迭爲消長，而其一物之中，此二端者，又各自爲一物，而迭爲消長，其相與低昂如權衡，其相與判合如符契，固有非人之私智所能取舍而有無者。迭爲消長，指挂扐過揲言，同一挂扐也。老陽以長而變爲少陰，老陰則以消而變爲少陽，同一過揲也。老陽以消而變爲少陰，老陰則以長而變爲少陽。二端即挂扐過揲也，如老陽一物挂扐十二，視少陰挂扐十六消矣。少陰挂扐十六，視老陽挂扐十二，則爲長焉。老陽過揲三十六，視少陰過揲三十二，長矣。少陰過揲三十二，視老陽過揲三十六，則爲消焉。挂扐長則過揲消，過揲長則挂扐消矣。推之老陰一物，莫不皆然也。而況挂扐之數乃七八九六之原，而過揲之數乃七八九六之委，其勢又有輕重之不同，而或者乃欲廢置挂扐，而獨以過揲之數爲斷，則是舍本而取末，去約以就煩，而不知其不可也，豈不誤哉？」

邵子曰：「五與四四，去挂一之數，則四三十二也。九與八八，去挂一之數，則四六二十四也。五與八八、九與四八，去挂一之數，則四五二十也。九與四四、五與四八，去挂一之數，則四四十六也。故去其三四五六之數，以成九八七六之策，此之謂也。此條是說陰陽老少挂扐之數，啓蒙引之者。蓋以證挂扐之數乃七八九六之原，以挂扐歸奇言之，老陽得三四，少陰得四四，少陽得五四，老陰得六四。今不用三四五六之數，而以奇偶取徑一圍三圍四用半之義者，以成七八九六之策故也。此朱子之自解也。」

乾之策二百一十有六，坤之策百四十有四，凡三百有六十，當期之日。

朱子曰：「凡此策數生於四象揲蓍之法，其變化、往來、進退、離合之妙皆出自然，非人之所能爲也。乾之策二百一十有六者，積六爻之策各三十有六而得之也。坤之策百四十有四者，積六爻之策各二十有四而得之也。凡三百有六十者，合二百一十有六百四十有四而得之也。當期之日者，每月三十日，合十二月爲三百六十日也。蓋以氣言之，則有三百六十六日；以朔言之，則有三百五十四日。今舉氣盈朔虛之中數而言，故曰三百有六十也。然少陽之策二十八，積乾六爻之策則一百六十八，少陰之策三十二，積坤六爻之策則一百九十二，此獨以老陰陽之策爲言者，以易用九六，不用七八也。然二少之合亦三百有六十。」日用其一策爲一日，用三百六十策爲周天一年，一年之中復以卦之策主之，四卦各有定數，春分之後震卦主之，其策八十四欠六日。夏至後離卦主之，其策九十六剩六日。秋分後兑卦主之，策亦九十六，亦剩六日。冬至後坎卦主之，其策亦八十四又欠六日。蓋自冬至後，欠數陽生也；夏至後，剩數陰生也。二欠之數一百六十八，二剩之數一百九十二，合三百六十策，以當三百六十日。又以四卦欠剩之數分布於四序之中，恰一年三百六十日，而二十四氣候成矣。日行十二策爲一日，月行三百六十策爲一月，故日行一周天爲一月，而與朔合，日在十二策中。月三百四十八策，而日月望爲半月也。再以日行之策積剩除之，則日月之薄蝕盈虧之定算，三歲一閏，五年再閏，造化之端一覽無遺，更以天地之數加而倍之，即知天地之大數，此之謂與天地合德，日月合明，四時和序，鬼神合吉凶，況萬物之微豈能逃乎？

二篇之策，萬有一千五百二十，當萬物之數也。

朱子曰：「二篇者，上下經六十四卦也。其陽爻百九十二，每爻各三十六策，積之得六千九百一十二。陰爻百九十二，每爻二十四策，積之得四千六百八，又合二者爲萬有一千五百二十也。若爲少陽，則每爻二十八策，凡五千三百七十六；少陰則每爻三十二策，凡六千一百四十四，合之亦爲萬有一千五百二十也。」此即過揲之蓍，大衍之終也。乾一爻三十六策，六爻二百一十六策。坤一爻二十四策，六爻百四十有四策。此陰陽自然之數。聖人立大衍之法以倚之，所謂參天兩地而倚數也。天地之運大小皆極於三百六十，大衍乾坤之策當期之日，真所謂與天地相似者也。二篇之策分陰爻陽爻爲二也，合之則萬有一千五百二十，以當萬物之數，此天地流行之數，歲月日時之積也。二老之策固然，二少之策亦然也。

吴氏謂：「二篇之策，三百八十四爻之策也。乾坤之策，用九用六，兩爻之策也。」易爻三百八十六，諸儒但知三百八十四耳。據捫蝨新話：以用九用六爲七爻，遂援荀爽論八純卦之爻，通用九用六，而爲五十之説。反以朱氏破荀爽之説，謂用九用六在八卦爻數之内者爲不然，此好异之過也。用九用六，言爻之用也，豈可竟作一爻哉？」

是故四營而成易，十有八變而成卦，八卦而小成。引而伸之，觸類而長之，天下之能事畢矣。

朱子曰：「四營者，四次經營也。分二者，第一營也。挂一者，第二營也。揲四者，第三營也。歸奇者，第四營也。易，變易也，謂揲之一變也，四營成變，三變成爻，一變而得兩儀之象，得五者象陽儀，得九者象陰儀。再變而得四象之象，得五四者象太陽，得五八者象少陰，得九四者象少陽，得九八者象太陰。三變而得八卦之象。得五四四者象乾，得五四八者象兑，得五八四者象離，得五八八者象震，得九四四者象巽，得九四八者象坎，得九八四者象艮，得九八八者象坤。一爻而得兩儀之畫，初揲而得⚊者，爲陽之儀，必自乾至復三十二卦。得⚋者爲陰之儀，必自姤至坤三十二卦。二爻而得四象之畫，再揲而得⚌者，爲太陽，必自乾至臨十六卦。得⚍者，爲少陰，必自同人至復十六卦。得⚎者，爲少陽，必自姤至師十六卦。得⚏者，爲太陰，必自遯至坤十六卦。三爻而得八卦之畫，三揲而得☰者，爲乾，必自乾至泰八卦。得☲者〔一〕，爲兌，必自履至臨八卦。得☳者〔二〕，爲離，必自同人至明夷八卦。得☱者〔三〕，爲震，必自无妄至復八卦。得☴者，爲巽，必自姤至升八卦。得☵者，爲坎，必自訟至師八卦。得☶者，爲艮，必自遯至謙八卦。得☷者，爲坤，必自否至坤八卦。四爻成而得其十六者之一，四揲而得四爻，則得〓者，必自乾至大壯四卦。得〓者，必自小畜至泰四卦。得〓者，必自履至歸妹四卦。得〓者，必自中孚至臨四卦。得〓者，必自同人至豐四卦。得〓者，必自家人至明夷四卦。得〓者，必自无妄至震四卦。得〓者，必自益至復四卦。得〓者，必自姤至恒四卦。得〓者，必自巽至升四卦。得〓者，必自訟至解四卦。得〓者，必自渙至師四卦。得〓者，必自遯至小過四卦。得〓者，必自漸至謙四卦。得〓者，必自否至豫四卦。得〓者，必自觀至坤卦四卦。五爻成而得其三十二者之一，五揲而得五爻，則得〓者，非乾則夬。得〓者，非大有則大壯。得〓者，非小畜則需。得〓者，非大畜則泰。得〓者，非履則兌。得〓者，非睽則歸妹。得〓者，非中孚則節。得〓者，非損則臨。得〓者，非同人則革。得〓者，非離則豐。得〓者，非家人則既濟。得〓者，非賁則明夷。得〓者，非无妄則隨。得〓者，非噬嗑則震。得〓者，非益則屯。得〓者，非頤則復。得〓者，非姤則大過。得〓者〔四〕，非鼎則恒。得〓者，非巽則井。得〓者，非蠱則升。得〓者，非訟則困。得〓者，非未濟則解。得〓者〔五〕，非渙則坎。得〓者，非蒙則師。得〓者〔六〕，非遯則咸。得〓者，非旅則小過。得〓者，非漸則蹇。得〓者，非艮則謙。得〓者，非否則萃。得〓者，非晉則豫。得〓者，非觀則比。得〓者，非剝則坤。朱子謂：「一爻成只有三十二卦，二爻成只有十六卦，三爻成只有八卦，四爻成只有四卦，五爻成只有二卦，六爻既成一卦，乃定者，此也。」至於積七十二營而成十有八變，則六爻見而得乎六十四卦之一矣。然方其三十六營而九變也，已得三畫而八卦之名可見，則内卦之爲貞者立矣。此所謂八卦而小成者也。自是而往，引而伸之，又三十六營九變以成三畫，而再得小成之卦者一，則外卦之爲悔者亦備矣。六

〔一〕「得☲者」：「☲」，疑爲「☱」
〔二〕「得☳者」：「☳」，疑爲「☲」。
〔三〕「得☱者」：「☱」，疑爲「☳」。
〔四〕「得〓者」：「〓」，疑爲「〓」。
〔五〕「得〓者」：「〓」，疑爲「〓」。
〔六〕「得〓者」：「〓」，疑爲「〓」。

爻成，内外卦備，六十四卦之別可見，然後視其爻之變與不變，而觸類以長焉，則天下之事，其吉凶悔吝皆不越乎此矣。」

西山蔡氏曰：「蓍之奇數，老陽十二，老陰四，少陽二十，少陰二十八，合六十有四，三十二爲陽，老陽十二、少陽二十。三十二爲陰，老陰四、少陰二十八。其十六則老陽老陰也，老陽十二、老陰四。其四十八則少陽少陰也。少陽二十、少陰二十八。老陽老陰，乾坤之象也，二八也。少陽少陰，六子之象也，六八也。」

玉齋胡氏曰：「挂扐之數極其變，則六十四而其中實該八卦之象。老陽三變皆奇，乾三畫，純陽之象也。老陰三變皆偶，坤三畫，純陰之象也。至於少陰則該三女之象，其乾索於坤，而變爲巽離兑乎？少陽則該三男之象，其坤索於乾，而變爲震坎艮乎？少陰者，陰之稺，其變則二十有八，以四約而七分之，初變得偶者，凡一巽之，一陰在下也。第二變得偶者，凡三離之，一陰在中也。第三變得偶者，凡三兑之，一陰在上也。合其一二三則七，其四而爲二十八矣。少陽者，陽之稺，其變則二十，以四約而五分之，初變得奇者，凡三震之，一陽在下也。第二變得奇者，凡一坎之，一陽在中也。第三變得奇者，凡一艮之，一陽在上也。合其一三一則五，其四而爲二十矣。要之二老，則陽實陰虚，故老陽多而老陰少。二少則陽少陰多，故少陽少而少陰多也。然陽固少矣，而長男則未嘗少，其變有三肖父，而得陽實之義。至於中少二男，則惟各得一變之象，是長男之陽不可少，而所以成其少者，男之中與少也。陰固多矣，而長女則未嘗多，其變惟一肖母，而得陰虚之義。至於中少二女，則反各得三變之象，是長女之陰不可多，而所以成其多者，女之中與少也。此長男代父而長女代母，所以其變數皆擬乾坤，而中與少則或不交乎父，或有踰於母，此又陰陽之變不可執一拘也。此其一變而得兩儀之象，再變而得四象之象，三變而得八卦之象，互之爲六十，四變而八卦之象又可以該六十四卦之象。其自然之妙，莫不各有法象也。」

白雲郭氏著蓍卦辨疑，專以前一變獨挂，後二變不挂，其載横渠先生之言曰：「再扐而後挂，每成一爻而後挂也。」謂第二第三揲不挂也。且謂横渠之言所以明注疏之失。朱子辨之曰：「此説大誤。恐非横渠之言也。」再扐者，一變之中，左右再揲而再扐也。一挂再揲再扐而當五歲，蓋一挂再揲當其不閏之年，而再扐當其再閏之歲也，而後挂者一變既成，又合見存之策分二挂一，以起後變之端也。今日第一變挂而第二第三變不挂，遂以當挂之變爲挂而象閏，以不挂之變爲扐而當不閏之歲，則與大傳所云：「挂一象三，再扐象閏」者全不相應矣。且不數第一變之再扐，而以第二第三變爲再扐，又使第二第三變中止有三營，而不足乎成易之數。且於陰陽老少之數亦多有不合者。其載伊川先生之説曰：「再以左右手分而爲二。」更不重挂奇。朱子辨之曰：「此説猶多可疑。」然郭氏云：「本無文字，則其傳授之際不無差乖。」宜矣。又云：「第二第三揲雖不挂，亦有四八之變。」蓋不必挂也。朱子辨之曰：「所以不可不挂者有兩説。蓋三變之中前一變屬陽，故其餘五九皆奇數，後二變屬陰，故其餘四八皆偶數。屬陽者爲陽三，而爲陰一，皆圍三徑一之術；屬陰者爲陰二，而爲陽二，皆圍四用半之術也，是皆以三變，皆挂之法得之。後兩變，不挂則不得也。三變之後，其可爲老陽者十二，可爲老陰者四，可爲少陰者二十八，可爲少陽者二十。雖多寡之不同，而皆有法象，是亦以三變皆挂之法得之，而後兩變不挂則不得也。郭氏僅見第二第三變可以不挂之一端耳，而遂執以爲説。夫豈知其挂與不挂之爲得失乃如此哉？大抵郭氏他説偏滯，雖多而其爲發尚無甚戾，獨此一義所差雖小，而深有害於成卦變爻之法，尤不可不辨。

愚嘗考之第一變獨挂，後二變不挂，非獨爲六扐而後挂，三營而成易，於再扐四營之義不協。且後二變不挂，其數雖亦不四則八，而所以爲四八者實有不同。蓋挂則所謂四者，左手餘一，則右手餘二；左手餘二，則右手餘一。不挂則左手餘一，右手餘三；左手餘二，右手餘二；左手餘三，右手餘一。此四之所以不同也。挂則所謂八者，左手餘四，右手餘三，左手餘三，右手餘四，不挂則左手餘四，右手亦餘四。此八之所以不同也。三變之後，陰陽變數皆參差不齊，無復自然之法象矣，其可哉？按：後二變不挂，或謂亦本之邵子，朱子説易多宗邵子，而於此不然。可見其中之所得唯求其是，而不涉於偏也，此朱子所以不可及也。

忠輔楊氏法揲：「四之餘有一有二有三，而無四，有四則爲一揲矣，豈得謂之餘乎？四九、四八、四七、四六者，謂之策。四三、四四、四五、四六者，謂之奇。老陽之數九四，其九爲三十六策，於四十九蓍之中去其三十六策，則餘十三，挂一不用，則餘十二，以四揲之得三，是謂老陽之奇四三也。歸奇於扐者，歸此奇也。左手餘一餘二餘三或無餘，皆未成揲，必以右手之蓍隨其奇偶歸之，足成一揲兩揲之數，奇數一揲，偶數兩揲。然後置之於扐，扐謂正策之旁，不必指間。所謂歸者，本是左手之蓍，今歸之也。右手之蓍，初不曾用，故曰右手不揲。故餘一則歸以三，餘三則歸以一，皆成一揲之奇數。餘二則歸以六，無餘則歸以八，皆成兩揲之偶數。奇一也，偶二也，三變皆奇三也，是謂四三老陽之奇也；三變皆偶六也，是謂四六老陰之奇也。三變而一奇二偶，五也，是謂四五少陽之奇也；三變而一偶二奇，四也，是謂四四少陰之奇也。爲九爲六者各八，爲七爲八者各二十四，爲策萬有一千五百二十。」

趙氏曰：「其新奇有四：揲四之餘無四。一也。古法去挂扐，以所餘爲策數。今乃先去策數，反以挂扐爲歸奇。二也。揲左所餘，即爲歸奇。今以三變六，揲所餘除挂一而歸之。三也。扐，指間也。今以爲正策之旁。四也。其他如四三、四四、四五、四六之爲奇，又以一揲爲奇，兩揲爲偶，皆聖人所未言。且謂此法合於二篇之策，不知二篇之策非揲蓍策數。易經諸數，隨用而殊，安可牽他數以强合彼，以九六之變皆八，七八之變皆二十四，謂爲陰陽均等，然以古聖才知，豈不能是特一本之自然？不欲以私意損益之。」斯言得之矣。

斗南吴氏作大衍筮法圖，其說曰：「揲蓍之法，說卦備言之。先儒於其用四十有九，誤認經意，乃謂但用四十九蓍，虚其一以象太極也。又謂去一之餘有四十九，合而未分，以象太一也。其說皆不大然。夫五行之數，一六爲水，二七爲火，三八爲木，四九爲金，五五爲土，合之而成五十，大衍之數實本於此，蓋取五行之全數也。蓍之生也，滿百歲者一本，而百莖合於五行之全數者，二筮必用百歲之蓍，亦取其數之自然也。五十而去其一，則非數之全，非自然者矣。故挂一則可，去一則不可，其用四十有九，謂用之於揲也。既去其一，又掛一焉，是不用者二，而用之纔四十有八也。既掛矣，蓍顧不足於用，乃復並所掛數之以求其奇，是雖掛而實未嘗掛也。掛之爲言，別也。別而置之，則不當用之於揲，復取而並之，得乎？」按：太玄揲蓍亦以虚三別一爲法，此誤由來久矣。一說謂第一揲不掛一，則所餘皆得五，而無變；唯掛一，則所餘非五則九。至第二第三揲雖不掛，亦有四八之變焉，則是前一變掛，而後二變不掛也。分而不掛，於四營之義亦不合矣。

唯九江周燔之説曰：「筮法先以兩手圍蓍五十，象太極演成之體；次以兩手分蓍爲二，象天地開闢之形，然後掛一不用，用四十有九，揲之先左後右，各四數之先歸奇，於扐以象一閏，再扐以象再閏，此一變也。後揲而圍之，而分之，而又掛之，故曰再扐而後掛，言後揲復掛一也。」按：如舊法，則可以掛，可以無掛，如周氏之説，則每變必掛。雖欲不掛，不可得也。天下之理唯至於不可加損於其間，然後知其自然而然者，此類是也，此斗南元文也。其圖不載。

按：朱子揲法，其分二之後，掛一是用一也，揲四而扐，是用四十八也，合之是用四十九也，所謂挂本作懸之以用解。

吴斗南謂：「雖掛而實未嘗掛，可以掛，可以無掛者。」其言誤矣。周氏於五十圍而掛一不用，用四十九，揲之不合掛一之一數也，則爲掛作置之不用解，而其所得但有五而已。無他也，是初揲可以不揲矣。斗南稱其説爲自然，殆不然也。若云去一則不可，其言自有理。予所謂存一，以爲不動之體也。其用四十八揲者，或謂以四與十二宛轉相因，相爲經緯，以見變化，或謂用河圖之四十，以行八卦，又卦有八，爻有六，六而八之爲四十八，六十四卦虚其游魂歸魂之十六，止於四十八，其説皆可通也。若趙子欽欲以四十有九未分者爲象太極，則無謂矣。或又欲盡用五十策者，則初變唯有六策，數得九得七者各十六，得八者三十二，得六者闕，不成揲矣。用「挂」「掛」字皆有別。

張氏周易啓元之法：初揲挂一，次兩揲不挂，揲左手，不揲右手，但以右手之蓍足滿左手之餘。初揲餘一餘二足滿五，餘三餘四足滿九。次兩揲餘一餘二足滿五，餘三餘四足滿八。爲九爲六者各八，爲七爲八者各二十四。趙氏曰：「次兩揲不挂，則不合四營。不揲右手，則不合再扐。且初變左餘一，右必餘三；左餘二，右必餘二，與挂一而爲五者，乃左右揲四之所餘。蓋理之自然，勢有不容易者。今既不揲右，但視左所餘而益之，則多寡直可任情，何必滿五滿九？」莊氏新譜三揲皆用四十九數挂一，不在其偶數中。爲九爲六者各八，爲七爲八者各二十四。趙氏曰與古法戾。楊氏傳蔡季通法，初挂一不用，止用四十八蓍，於四十八中別取一蓍挂於指間，三變凡三挂，餘一益二，餘二益一，爲少；餘三益四，餘四益三，爲多。爲九爲六者各八，爲七爲八者各二十四。趙氏曰：「用此法則有四八，而無五九。」季通自謂其非矣。

以上三氏所得九六七八皆同，而其法各异，皆有所未安。今定以朱子之法爲正，故附録之，使人不爲所惑也。至於用錢用木丸之類以代蓍，爲巧者尤術家苟簡之，道學者無取焉。

太陰之象 揲蓍而得八者為少陰畫作⚋		太陽之象 揲蓍而得九者為太陽畫作口		太極 蓍在櫝中	
震 初四得七二三五上得八為震得九六則變巽	離 二五得八初三四上得七為離得九六則變坎	兑 三上得八初二四五得七為兑得九六則變艮	乾 十八變皆七為乾皆九則變坤	乾儀 信手平分挂一揲四歸奇猶人家室之開其户然者則謂之乾儀乾動也闢也	坤儀 取出櫝中之蓍握在手中猶人家室之閉其户然者則謂之坤儀坤静也翕也

少陰之象 揲蓍而得六者為太陰畫作乂		少陽之象 揲蓍而得七者為少陽畫作一	
坤 十八變皆八者為坤皆六則變乾	艮 三上得七初二四五得八為艮得九六則變兑	坎 二五得七初三四上得八為坎得九六則變離	巽 初四得八二三五上得七為巽得九六則變震

古易考原云：「經卦之别六十有四，皆以此四象求之，皆七八，則爲文王繫辭之卦。若得九六，則爲周公繫辭之爻，而

一卦可變爲六十四卦矣。」

按：此則亦無事占二用之辭矣。

經世衍易圖說云：「當夫元氣渾淪，陰陽未判，是謂太極○。及夫元氣既分，動者爲陽⚊，静者爲陰⚋，是謂兩儀。動之上生一奇謂之陽⚌，動之上生一偶謂之陰⚍；静之上生一奇⚎謂之剛，静之上生一偶⚏謂之柔。合而言之，陰陽剛柔四象也。四象陽之上生一奇謂之太陽☰，生一偶謂之太陰☱；陰之上生一奇謂之少陽☲，生一偶謂之少陰☳。四象剛之上生一奇謂之少剛☴，生一偶謂之少柔☵；柔之上生一奇謂之太剛☶，生一偶謂之太柔☷。故太陽爲乾，太陰爲兑，少陽爲離，少陰爲震，少剛爲巽，少柔爲坎，太剛爲艮，太柔爲坤，此伏羲畫卦自然之形體次第，而孔子發明之，故曰：『易有太極，是生兩儀，兩儀生四象，四象生八卦，八卦定吉凶。』此言最爲切要，古今說者雖多，唯康節、明道二先生之說得之，故康節先生之所謂乾一、兑二、離三、震四、巽五、坎六、艮七、坤八，正謂此也。夫易之未作，易在太極之先；易之既作，易在八卦之内。八卦畫而吉凶定，吉凶定而大業生。以言乎法象之大，則有易中之天地，乾坤是也。以言乎變通之大，則有易中之四時，震巽六子是也。以言乎著明之大，則有易中之日月，離坎是也。以言乎崇高之大，則有易中之富貴、日新、盛德、富有，大業是也。以言乎利用之大，則有易中之聖人神道設教，順動服民是也。以言乎深遠之大，則有易中之蓍龜，某爻吉某爻凶是也。此皆易中之大業，非聖人立卦作易，孰能備天下之物，致天下之用，成天下之器？若是，其廣大悉備乎？」

同州王氏曰：「天地之間本一氣也，其所以分陰分陽者，進退有不同爾，陽主進，進極則退，陰主退，退極則進。九之進也，必入於十，陽進而不已，逼於純陰之十，安得不老？此九所以爲老陽。六之退也，必入於五，陰退而不已，逼於純陽之五，安得不老？此六所以爲老陰。陽至九而進極，以其不入純陰之十，故性雖進而必退，退九而爲八，則陽變而爲陰矣。惟其方退而未極於六，此八所以爲少陰。陰至六而退極，以其不入純陽之五，故性雖退而必進，進六而爲七，則陰變而爲陽矣。惟其方進而未極於九，此七所以爲少陽。四九而得三十六，則老陽之數全矣。四六而得二十四，則老陰之數全矣。兩者合而爲六十焉。四七而得二十八，則少陽之數全矣。四八而得三十二，則少陰之數全矣。兩者亦合而爲六十焉。分而三十之，則陰陽所以不偏，而此消則彼長，彼消則此長者也。譬猶自甲子至於癸巳，其數三十，而陽主之。自甲午至於癸亥，其數三十，而陰主之，亦豈有此多彼寡之異哉？陽主進，故於三十之外進六，而爲三十六，則陽極矣。陰主退，故於三十之内退六，而爲二十四，則陰極矣。此三十六、二十四所以爲老陽、老陰也。以其可見者驗之，陽生於子而極於巳，其數非六乎？陰生於午而極於亥，其數非六乎？此老陽所以可變而爲陰，而老陰所以可變而爲陽也。若夫二十八，則進猶未至於三十，況三十六乎？三十二則退猶未至於三十，況二十四乎？此二十八、三十二所以爲少陽少陰也。老陽老陰之進退不過乎六，六者，用數也。少陽少陰之進退不過乎八，八者，體數也。用數圓，圓則有變；體數方，方則無變，此少陽不可變而爲陰，少陰不可變而爲陽也。」

東嘉朱氏定例

四象八卦策數例

太陽位居一　乾數九
少陰位居二　巽離兑數八
少陽位居三　震坎艮數七
太陰位居四　坤數六

十干策數例

甲己位居一　其數九
乙庚位居二　其數八
丙辛位居三　其數七
丁壬位居四　其數六
戊癸位居五　其數五

十二支策數例

子午位居一　　其數九
丑未位居二　　其數八
寅申位居三　　其數七
卯酉位居四　　其數六
辰戌位居五　　其數五
巳亥位居六　　其數四

凡四象十干十二支，位一者，其策九，位二者，其策八，位三者，其策七，位四者，其策六，位五者，其策五，位六者，其策四，何也？則乎河圖之數，一九相涵，二八相涵，三七相涵，四六相涵，各爲十也。十者，太極之全數也。揚子雲述玄數曰：「子午之數九，丑未八，寅申七，卯酉六，辰戌五，巳亥四。」又曰：「甲己之數九，乙庚八，丙辛七，丁壬六，戊癸五。」晉史述戴洋爲庾亮占，曰：「寅數七，子數九。」由是言之，斯數也，自伏羲氏之作易，則具在四象八卦；自黄帝氏之造甲子，則具在十干十二支。子雲得之而玄，戴洋得之而占，斯數固賾，隨用隨著，故曰：「神而明之，存乎其人。」

黄帝六甲納音一例

甲九子九　　共三十四　　陽金
乙八丑八　　　　　　　　陰金
丙七寅七　　共二十六　　陽火
丁六卯六　　　　　　　　陰火
戊五辰五　　共二十三　　陽木
己九巳四　　　　　　　　陰木

庚八午九	共三十二	陽土
辛七未八		陰土
壬六申七	共二十四	陽金
癸五酉六		陰金
甲九戌[一]五	共二十六	陽火
乙八亥四		陰火
丙七子九	共三十	陽水
丁六丑八		陰水
戊五寅七	共二十七	陽土
己九卯六		陰土
庚八辰五	共二十四	陽金
辛七巳四		陰金
壬六午九	共二十八	陽木
癸五未八		陰木

黄帝六甲納音二例

甲九申七	共三十	陽水
乙八酉六		陰水

[一]「戌」：原作「戊」，據文意改。

丙七戌五　丁六亥四　共二十二　陽土　陰土

戊五子九　己九丑八　共三十一　陽火　陰火

庚八寅七　辛七卯六　共二十八　陽木　陰木

壬六辰五　癸五巳四　共二十　陽水　陰水

甲九午九　乙八未八　共三十四　陽金　陰金

丙七申七　丁六酉六　共二十六　陽火　陰火

戊五戌五　己九亥四　共二十三　陽木　陰木

庚八子九　辛七丑八　共三十二　陽土　陰土

壬六寅七　癸五卯六　共二十四　陽金　陰金

黃帝六甲納音三例

甲九辰五　陽火
乙八巳四　陰火　共二十六

丙七午九　陽水
丁六未八　陰水　共三十

戊五申七　陽土
己九酉六　陰土　共二十七

庚八戌五　陽金
辛七亥四　陰金　共二十四

壬六子九　陽木
癸五丑八　陰木　共二十八

甲九寅七　陽水
乙八卯六　陰水　共三十

丙七辰五　陽土
丁六巳四　陰土　共二十二

戊五午九　陽火
己九未八　陰火　共三十一

庚八申七　陽木
辛七酉六　陰木　共二十八

壬六戊五　　陽水
癸五亥四　　陰水
　　共二十

邵子曰：「策不用十，有無之極也，以況自然之數也。今六甲納音遇策數之十，皆除去不用，而用者乃策數所除之餘耳。餘一與六爲水，餘二與七爲火，餘三與八爲木，餘四與九爲金，餘五與十爲土。」策不用十，其義在此。然十者，數之全。去十不用，何也？歸藏取則河圖者也。河圖藏十不具，是以歸藏去十不用。去十不用，然後納甲之數得彰其用，此不用者所以爲用者歟！此河圖本洛書。

伏羲八卦屬五行例

乾一陽金
兑二陰金
離三　火
震四陽木
巽五陰木
坎六　水
艮七陽土
坤八陰土

五行一陰陽也，陰陽一太極也。五行在天地間，獨陽不生，獨陰不成，未嘗無偶。然金木土之卦分陰分陽以爲偶，水火之卦何無偶也？坎爲水，陰中涵陽；離爲火，陽中涵陰，陰陽之精互藏其宅故也。乾偏陽，坤偏陰。震艮一陽，巽兑一陰，皆居卦體之偏。偏於陽者必偶以陰，偏於陰者必偶以陽，此金木土卦之有偶也。嗚呼，八卦八而五行五，本難齊也，造化自然之妙，布金木土卦爲六，約水火卦爲二，以五入八，以八藏五，故能齊其所難齊歟！

伏羲六十四卦屬五行例

乾一	乾	乾上乾下	陽金
	夬	兌上乾下	陰金
	大有	離上乾下	火
	大壯	震上乾下	陽木
	小畜	巽上乾下	陰木
	需	坎上乾下	水
	大畜	艮上乾下	陽土
	泰	坤上乾下	陰土
兌二	履	乾上兌下	陽金
	兌	兌上兌下	陰金
	睽	離上兌下	火
	歸妹	震上兌下	陽木
	中孚	巽上兌下	陰木
	節	坎上兌下	水
	損	艮上兌下	陽土
	臨	坤上兌下	陰土
離三	同人	乾上離下	陽金
	革	兌上離下	陰金

離　離上離下　火

豐　震上離下　陽木

家人巽上離下　陰木

既濟坎上離下　水

賁　艮上離下　陽土

明夷坤上離下　陰土

震四

无妄乾上震下　陽金

隨　兑上震下　陰金

噬嗑離上震下　火

震　震上震下　陽木

益　巽上震下　陰木

屯　坎上震下　水

頤　艮上震下　陽土

復　坤上震下　陰土

巽五

姤　乾上巽下　陽金

大過兑上巽下　陰金

鼎　離上巽下　火

恒　震上巽下　陽木

巽　巽上巽下　陰木

井　坎上巽下　水
蠱　艮上巽下　陽土
升　坤上巽下　陰土
訟　乾上坎下　陽金
困　兑上坎下　陰金
未濟　離上坎下　火
解　震上坎下　陽木
涣　巽上坎下　陰木
坎　坎上坎下　水
蒙　艮上坎下　陽土
師　坤上坎下　陰土

坎六

遯　乾上艮下　陽金
咸　兑上艮下　陰金
旅　離上艮下　火
小過　震上艮下　陽木
漸　巽上艮下　陰木
蹇　坎上艮下　水
艮　艮上艮下　陽土
謙　坤上艮下　陰土

艮七

坤八　否　乾上坤下　陽金
萃　兑上坤下　陰金
晋　離上坤下　火
豫　震上坤下　陽木
觀　巽上坤下　陰木
比　坎上坤下　水
剥　艮上坤下　陽土
坤　坤上坤下　陰土

乾兑屬金，離屬火，震巽屬木，坎屬水，艮坤屬土，先天八宫，宫各八卦，即其卦外象之所屬，以定其卦之爲金火木水土，是故五行八周。於八宫總八宫而言，屬金之卦十有六，屬火之卦八，屬木之卦十有六，屬水之卦八，屬土之卦十有六，是之謂六十四卦屬五行之例然也。伏羲之演八卦爲六十四卦也，不能增水火之卦使之多，不能損金木土之卦使之少，因乎卦象之自然而已。黄帝之造六甲納音也，不能備每宫用音，而使之有不能泯。每宫藏音而使之无，亦曰因乎聲音之自然而已。由是象與音協，音與象應，一順天理之流行，實造化之大巧，易道之至神也歟！

按：周易不言五行，言五行自洪範始，儒者大闡其説，以其合於天地萬物之理，弗可易也，技術家因之紛紛矣。然天一生水，是无而有也，故爲水之始。金之生水，實無確徵。至邵子獨稱水火土石，又自成其一家之言耳。

周易筮述卷三

變占第五

是故君子居則觀其象而玩其辭，動則觀其變而玩其占。

汴水趙氏曰：「觀於卦，予知象之所存乎。玩其象，予知辭之所由發也。觀其蓍，予知變之所存乎。玩其變，予知占之所由立也。是故求占者必於變，求辭者必於象。或曰得象可以忘言，知變則又奚假於占？然而必貴乎是者，變占以前民用，象辭以同民患，皆道德性命之故也。予懼或者偏倚於一，故揭聖人之言析而明也。」

象釋云：「包犧觀象而作卦，文王周公因象而繫辭，故曰易者，象也。純陽象天，象不止天，而剛健之理可求；純陰象地，象不止地，而柔順之理可得。震巽以動入之理象風雷；艮兑以止說之理象山澤；坎離以虚明流行之理象水火。互乘而六十四卦，變動而三百八十四爻，物物有象，象象具理，觸類而格之，象不可勝窮，理不可勝用，則精粗一貫，窮達一致，其曰自天祐之，吉無不利，非誣我也。聖人謂言不盡意，故立象以盡意，則象非可鹵莽而定也。物理精微，格致其極，然後可得而定也。乾坤陰陽，敻殊也，而坤上稱龍，戶庭門庭，幾近也，而吉凶胥反。履之虎不咥於卦，而咥於爻。小畜之雲雨於爻而不雨於卦，言桎梏於蒙之初，而言校於噬嗑之上下，言鴻於漸之六爻，而言飛鳥於小過之初上，蹇之五二不稱往來，中孚諸爻象皆不類。木取枯楊，金別黄金，水指井谷，火極焚巢，聖人洽理以象物，其精微若是，雖疑似之間，斷乎其不可易，奈何漢儒習聞春秋以來筮易之辭，不察聖人象物之意，於是以象爲象，不以象爲理；玩辭以辭，不玩辭以象，甚而取筮家互體與術家卦氣五行諸說而附益之，其淫流蔓茹，罔知紀極。王輔嗣病其然，則爲得意忘象、得象忘言之論，以通之其說，曰：『義苟合順，何必坤乃牛？義苟應健，何必乾乃爲馬？』然質諸聖人之言，馬乃一畫剛之象，健乃三畫乾之德。在需，乾居坎下，以剛健而免險陷之災。至重坎，雖各具一陽，而六爻終無出險之象。儻指一畫之剛爲三畫之健，不亦違聖人之情而謬得失之幾乎？聖人因卦爻而立物象，卦爻所無，聖人不輕象以物也。輔嗣尤漢儒之案文責卦，乃欲忘象以求義。且聖人設卦觀象，舍象無所觀也。象既忘矣，何義之可求？使義可忘象而得，則聖人何爲立象以盡意？是漢儒病於固滯，輔嗣則流於荒忽矣。夫三才有是理，則包犧有是象，卦爻有是象，則文王周公有是辭。夫子所謂剛柔當否之類，蓋指觀象之法，以探三才之理，然則辭也，象也，理也，一物而異名者也。」

辭釋云：「文王之彖、周公之爻皆以發其憂樂之情。乾元亨利貞，樂辭也。豐亨則示日中之戒，臨元亨而猶懼八月之凶，剥不利有攸往，憂辭也。明夷則艱貞以致謹，遯則猶幸利貞而致亨，隨孚於嘉吉，樂也。泰三戒於勿恤其孚，鼎四懼於折足覆餗，師或輿尸，憂也。遯初謹於勿往，豫五幸於不死。凡此皆事明而辭顯，至於變動不拘，憂樂迭見，其微辭奥義皆可涉涯涘而窺浩渺。坤之五欲顯，然辭之曰君，而卦爲絕陰，其言黄裳者，取居中處下之義，示坤當下於乾，隱然有后妃之象。他如泰之歸妹、剥之宫人、明夷之箕子皆有深義，以垂萬世之訓。玩文周之辭至此，無餘藴矣。奈何聖哲少而中才多，故吾夫子爲之辭，或發凡，或辨疑，或足其微旨，如天地雷風水火山澤，以擬其象健順動巽明險止說，以體其德性失得，以紀變當否，以辨爻中正，以立本乘承，應比以明位。立卦而觀，則爲上下、首足、本末、升降。偃卦而觀，則爲内外、前後、往來、始終、消長。若是，皆發凡之類。無咎，一也，有誰咎，有不可咎，當位吉也。有當位而疑，有不當位而利。若是，皆辨疑之類。萃九四無咎而尚嚴，位不當之戒。離六五出涕戚嗟，而特尊爲王公之離。若是，皆足其微旨之類。若夫辭嚴義明，以片言別知蒙，而不失之略。蒙曰：「險而止，蒙。」蹇曰：「見險而能止。」知矣哉！只益一「能」字，而知蒙分。辭衆理備，句之爲釋，而不失於詳。此五六爻。義有錯綜如歸妹，則上下文不嫌於異。上言天地之大義，下言天地不交，文似背馳。理不可易，如震則彖象辭不嫌於同。釋彖釋初九爻。若此者非一，所當深玩，而密求之也。」

「嗟夫！三聖人之辭或因畫之象，或因象之義，皆有攸本畫之象，有通一卦爲象者，有析上下卦爲象者，有指一爻爲象者，有合數爻爲象者。象之義，有通一卦起義者，有析上下卦起義者，有指一爻起義者，有合數爻起義者，各釋之本文，難以枚舉，大抵有畫即有象，有象即有義，曰象，曰義，名雖不同，其爲繫辭之本一也。」

變釋云：「變也者，其生生不息之理歟。是以聖人化而裁之，裁此變也。神而明之，明此變也。據會要，觀方來，使天下之人趣時不倦，既成萬物而參贊化育矣。聖人知變，凡人昧變，彼禍福之倚伏，吉凶之胥禪成矣，而敗忽繼焉是矣，而非或胎焉，況時有汙隆，政有損益，蓋將日異而月不同，推而百千萬年之後，其變有不勝紀者。於是聖人作易畫卦，剛柔相推，以盡天下之變，揲蓍求卦，爻象變動，以逆天下之變，而天下之能事畢矣。且自蓍而言，自分二掛一，至三變而一爻成，十有八變而六爻備，此蓍變而成爻者也。六爻成矣，爻之中凡得七八者不變，九變陰，六變陽，一卦之變六十四，通爲四千九十六卦，此因爻而變卦者也。方未分蓍之初，陰陽之爻猶未別，至分二而始，寓於兩握之中。雖寓也而猶未見，至三變而後，見既見矣，卦未備也，至十有八變而後，備既備矣，卦遇九六者，至互變而後定，而吉凶可得而占焉。」

「嗟夫！揲蓍之法，聖人幽贊於神明而生之者也。然聖人能立法以盡變，不能逆知其變，當分二之後，未揲之前，莫辨爻之爲陽爲陰，雖至十有七變猶未別爲何卦，是以其變不測而蓍之神爲無窮。然非荒誕茫昧無有條理也。詳玩靜索，實由自然，故分挂揲歸。若參錯不齊，而初變不五則九，次變三變，不四則八，未始少紊。三變之餘爲九者十二、爲七者二十、爲六者四、爲八者二十八，其多寡夐絶，如是而類之。爲陰陽各三十二，總之爲六十四，正與卦數等於至變之中有不變者存，以其不變，此至變之所由出也，是謂變卦。復自卦而言，其變凡二，有卦變，有爻變，經卦互重以成六十四卦之體，此卦變也。爻重爲六，因各有變，自卦下陰陽之純者爲始，上下互易，以極三百八十四爻之變，此爻變也。乾坤重卦交而爲六。䷫䷗爲一陰一陽之始，凡爻之一陽五陰與一陰五陽者，皆由此次第互易而變，各五卦。䷠䷒爲二陰二陽之始，變如上各十四卦。䷊䷋爲三陰三陽之始，變如初各十八卦。卦變之辭如健而巽、止而說；爻變之辭如剛來而下柔、柔進而上行，皆聖人作易之所取也。六卦之變，先後有序，秩然一定，儻一循其變而索之，聖人釋象之意昭然易見矣。」

「或曰：『六十四卦自八卦而變，今震坎艮皆自臨變，巽離兑皆自遯變，豈先有臨遯，而後有六子耶？』曰：『合經卦重卦而論，則三重爲六，是八卦爲先，六十四卦爲後，但指六畫而論，則八卦互重，一時同變，豈復有先後之分？聖人於噬嗑曰：「頤中有物。」曰噬嗑，非先有頤，而後有噬嗑也，况卦變爻變例各不同，烏可比而一之耶？』」

「或曰：『包犧畫卦，目擊道存卦變之外，復有爻變。回視包犧之畫何繁瑣。』『若是曰包犧雖未命辭，而憂世之根柢已寓於畫，文王周公因卦爻之變而辭之，良由萬古之變無窮，而易之變包乎萬變之表，雖中古所無，後世未有之事，而易中已先具其理。卦變之外復有爻變，乃自然之故，聖人詎容特秘之，故世有此事，而易無此變，則非所以爲易。易有此變，而不能明此變，則不足與言。易非聖人之不憚煩也，聖人因變而命辭，若文王釋卦、周公釋爻是也，至夫子則兼卦與爻極其變，以錯綜之。』」

「『文王周公之辭可知已，夫子兼極卦爻之變，請舉隅以明之。』『訟之辭曰：「上剛下險」者，釋乾上坎下之體也。曰：「剛來而得中」者，訟二陰爻卦自䷠變九三來，爲九二而得中䷅，此釋二三兩爻之變。他卦皆然，特辭有顯晦，未易卦爲之釋爾。無妄之辭曰：「剛自外來」而爲主於內，此析經卦而論，三爲外，初爲內，蓋無妄初爻之陽自䷠下卦九三變來初，䷘而爲主於內。凡是通謂卦變。若夫復即是剥，夬即是姤，以至三陰三陽之卦，特在反復升降之間爾，實一理也。其他如李之才相生圖、邵康節反對升降之説，義皆幾近。若朱漢上所載虞仲翔卦變，則錯雜而無統。左傳蔡墨所舉，止爲一爻變之例，一世二世之變流於術矣。衛元嵩取之爲元包，又其末也。焦延壽所變雖與蓍合，其辭不經，要非聖人之意，第細玩三聖人之辭，皆有自來觸類而長，其變不可勝窮，豈止三百八十四而已乎？又豈止四千九十六而已乎？』」

占釋云：「筮雖掌於卜史，至玩占則間出名大夫之議論。子曰昔者聖人之作易也，幽贊於神明而生蓍，參天兩地而倚數，觀變於陰陽而立卦，發揮於剛柔而生爻，和順於道德而理於義，窮理盡性以至於命，則筮者，性命道德之事，故上聖神其法，春官率其屬，賢者序其占。自聖人没，道散於九流，或者乃擅之以名家，而不統於儒，豈唯斯徒自賤其業，將並其法有賤之者矣？」

「夫儒者，命占之要，本於聖人，其法有五：曰身，曰位，曰時，曰事，曰占。求占之謂身，所居之謂位，所遇之謂時，命筮之謂事，兆吉凶之謂占，故善占者既得卦矣，必先察其人之素履與居位之當否、遭時之險夷，又考所筮之邪正，以定占之吉凶。」

「姑以衛孔成子所筮論之，孟縶與元皆嬖人婤始之子，則身也；孟長元次，則位也；襄公死，社稷無主，則時也；筮享衛國，則事也；筮元得屯，筮孟得屯之比，則占也。夫繼體爲君，將主社稷，臨祭祀，奉民人，事鬼神，從會朝，而孟不良於行，成子雖不筮，可也。疑而兩筮之，皆得元亨，儻史朝以元爲長，昧非人之義，而吉孟之占，是使跛躄爲君，而蓍失其所以靈矣。孔成子筮立，孟得屯之比，史朝以卦辭爲占。畢萬筮仕亦得屯之比，辛廖兼本卦之卦，兩象爲占，非卦同而占異也。立君與仕，事之輕重已殊，孟縶、畢萬之身與位時又殊，雖使百人千人同得此卦，其占烏乎而可同？」

「南蒯將叛，筮得坤黄裳元吉，子服惠伯以爲忠信之事則可，不然必敗。晉文筮，有晉國得屯之豫，史以爲不吉；司空季子以命筮之辭，占之曰吉，孰大焉？是知吉凶無常，占由人事，固有卦吉占凶，卦凶占吉，亦有同卦異占，異卦同占，非參稽五物，無以得蓍之情，而窮其神也。是故業不精不筮，志不誠不筮，謀不正不筮，事不疑不筮，喜不筮，怒不筮，瀆不筮，不時不筮，離此八者而後，筮可言也。不然，神亦不告。若其用卦，或以内外卦爲貞悔，或以本卦之卦爲貞悔，或用變爻，或不用變爻，或用本卦，不用之卦，或用之卦，不用本卦，或本卦之卦並用，或用二卦之下，或用二卦之上，其取象或以八象，或以互體，其斷吉凶，或以卦辭，或以爻辭，或用卦名，或用當時占書，要在玩占者忠信正直、達權識變，而後其占不忒。若子大叔舉復之頤占楚子之將死，王子伯廖舉豐之離占曼滿之見殺，是專以人事逆其吉凶，有不待筮而知者，此春秋諸臣猶能得聖人觀象玩辭之遺意。自時厥後，性命道德之學不傳，乃盡棄人事，雖悖禮越義者，一切求吉凶於筮，而占法遂變，至於納甲、五行、時日、六獸之類，蠭蝟而起，焦延壽作易林，以三百八十四爻之辭不能周四千九十六變之吉凶，故外易而别爲之辭，又雜以納甲飛伏之説，是舍人事義理而專於占者也。至火珠林、軌革流衍，析之流遂陷溺於術，其别爲相人、相地、壬遁、星命，百家自謂能定吉凶於人事未動之前。吁，視性命道德之學爲何事耶？」

八卦以象告。

朱子曰：「象謂卦畫。」

象見乎畫，天也。天垂象，見吉凶，故曰告。觀其變者，觀其象也。有本卦之象焉，有變卦之象焉，有中爻之卦之象焉。中爻之卦之象，撰德也，不可以不觀也。吴文正公云：「内外既有二正卦之體，中四爻又成二互體之卦，然後其義愈無遺闕。正體則二爲内卦之中，五爲外卦之中。互體則三爲内卦之中，四爲外卦之中，故皆謂之中爻。」

爻彖以情言。

朱子曰：「爻彖謂卦爻辭。」

情見乎辭，人也。聖人繫辭焉，以斷其吉凶，故曰言玩其占者，玩其辭也。有彖辭焉，有爻辭焉，有象辭焉。象辭，正德也，不可以不玩也。司馬文正公云：「看卦須看其大象。」或得某卦某爻，或吉或凶，皆是造物分定之理。有大象辭意依而行焉，小象亦然。

古之筮者先象而後辭，朱子云：「八卦數畫該盡天下萬物之理。」學者於言上會得者淺，於象上會得者深。象有三：一本畫之象，一取諸物之象，一聖人以意自取之象。物物有象，象象有理，至顯也，亦至微也。不明於象之理者，不知易者也。今之筮者舍周易之辭，而用焦氏之易林，是惑也。朱子卦變之説與焦氏合，而韓氏謂不如焦氏之密。予究其實，未見其有不如者。韓氏之占兼用易林，予則必除之，而一以文王之彖辭、周公之爻辭、孔子之象辭爲斷，尊聖人之教也。春秋時又别有繇辭焉，今其書亡矣。可得聞者，左氏所載數簡而已，餘無可考。史記太史公曰：「自古聖王將建國受命，興動事業，何嘗不寶卜筮以助善！唐虞以上，不可記已。自三代之興，各據禎祥。塗山之兆，從而夏啓世。飛燕之卜順，故殷興。百穀之筮吉，故周王。王者決定諸疑，參以卜筮，斷以蓍龜，不易之道也。」

司馬季主曰：「且夫卜筮者，掃除設坐，正其冠帶，然後乃言事，此有禮也。言而鬼神，或以饗忠臣以事其上，孝子以養其親，慈父以畜其子，此有德者也。」

班孟堅曰：「衰世懈於齋戒，而屢煩卜筮，神明不應，故筮瀆不告，易以爲忌。」

白虎通德論曰：「聖人獨見前睹，必問筮龜，何示不自專也？」

揚子雲曰：「凡筮有道，不精不筮，不疑不筮，不軌不筮，不以其占，不若不筮。」

管公明曰：「蓍者，二儀之明數，陰陽之幽契，施之於道，則定天下吉凶，用之於術，則收天下纖豪。關子明占筮，先人事，而後說卦，每語及興衰之際，必曰用之以道，輔之以賢，未可量也。」

希夷陳氏曰：「羲皇始畫八卦，重爲六十四，不立文字，使天下之人觀其象而已。能如象焉，則吉凶應；違其象，則吉凶反。後世卦畫不明，易道不傳，聖人於是不得已而有辭。學者謂易止於是，而不復知有畫矣。」

邵子曰：「凡辨卦考數，在仔細參詳，所得之卦合得何理？爻居何位？有何吉凶？知是何等人？則卦之吉凶各從其類。然以名尋數，不若以理尋數。一時之吉可反而凶，一時之制可反而用，如否泰之制反，有天衢，後喜復隍係遯，動止無常，屈伸有變，非以理推，固難洞見。」制反說，見京氏易傳。

夾漈鄭氏曰：「占筮之學其來尚矣，特用之者，有善未善耳。夫卦之與爻，有體本吉者，有反而後吉者，其相爲倚伏，而占驗不可不知。卦之本吉，豐、泰、既濟之類是也。反之後吉者，否、屯、未濟之類是也。爻之本吉者，乾之飛龍、坤之黄裳之類是也。反之後吉者，上九亢龍、上六龍戰於野之類是也。知此而後，可言卜筮矣。」

「蓋嘗論之世人顛倒於利欲之場，終日戴天履地，行不祥之事而無所憚，至丘社則斂衽而過之，終日言動，擬議不出於易，而不知畏，至露蓍而得繇辭，則敬而信之。吁！以此用心，宜乎？筮龜之不驗也，至哉！横渠之言曰：『易爲君子謀，不爲小人謀。』此言盡之矣。然則將如之何？曰：『今之占驗者當察其所占之人，當究其所主之事。』昔者穆姜之得艮之隨，自知其必死，於辱卦非不吉也。元亨利貞，穆姜不足以稱之也。南蒯得坤之比，君子知其不免於咎，爻非不吉也。

黄裳元吉，南蒯不足以當之也。此其所謂觀其所占之人。泰之爲卦，天地氣交之卦也，而占父者憂之，父入土也。歸妹之卦，男女室家之卦也，而占母者憂之，女之終也。此所謂當究其所主之事。如吉者遽謂之吉，凶者便謂之凶，此其挾策布卦爲日者之事，非善明理之君子也。」

先儒之言不勝述，謹録數則，則其義亦已備矣。變卦用占詳列如左：

六畫無變一卦謂之本卦，占法所謂六爻未變，則占本卦彖辭者也。凡占彖辭，即占大象辭。卦之未成者，止可謂之畫，故易六畫而成卦，無變者止有七無九，有八無六，故無變。

䷀ 乾。占乾彖，内卦爲貞，外卦爲悔。凡自乾而變者，皆不得舍乾。

一畫變六卦，自姤以後，皆謂之之卦，占法所謂一爻變，則占本卦一變爻辭者也。凡占爻辭，即占小象辭。王氏云：「本卦爻爲貞，之卦爻爲悔，二爻當兼用。」

䷫ 初變姤。乾初九爲貞，姤初六爲悔。

䷌ 二變同人。乾初二爲貞，同人六二爲悔。

䷉ 三變履。乾九三爲貞，履六三爲悔。

䷈ 四變小畜。乾九四爲貞，小畜六四爲悔。

䷍ 五變大有。乾九五爲貞，大有六五爲悔。

䷪ 上變夬。乾上九爲貞，夬上六爲悔。

二畫變十五卦，占法所謂二爻變，則占本卦二變爻辭，仍以上爻爲主者也。按：畫卦自下而上，得爻有先後，當以先得者爲貞。不然，二爻變俱在内卦，或俱在外卦，可也，如一内一外，而以上爻爲貞，則與内卦爲貞，外卦爲悔之義相左矣。變至二爻則告之已詳，故之卦無占。

䷠初二變遯。乾初九爲貞，乾九二爲悔。

䷅初三變訟。乾初九爲貞，乾九三爲悔。

䷸初四變巽。乾初九爲貞，乾九四爲悔。

䷱初五變鼎。乾初九爲貞，乾九五爲悔。

䷛初上變大過。乾初九爲貞，乾上九爲悔。

䷘二三變無妄。乾九二爲貞，乾九三爲悔。

䷤二四變家人。乾九二爲貞，乾九四爲悔。

䷝二五變離。乾九二爲貞，乾九五爲悔。

䷰二上變革。乾九二爲貞，乾上九爲悔。

䷼三四變中孚。乾九三爲貞，乾九四爲悔。

䷥三五變睽。乾九三爲貞，乾九五爲悔。

䷹三上變兌。乾九三爲貞，乾上九爲悔。

䷙四五變大畜。乾九四爲貞，乾九五爲悔。

䷄四上變需。乾九四爲貞，乾上九爲悔。

䷡五上變大壯。乾九五爲貞，乾上九爲悔。

三畫變二十卦，占法所謂三爻變，則占本卦及之卦之彖辭，而以本卦爲貞，之卦爲悔，前十卦主貞，後十卦主悔者也。按：晉公子筮，有晉國得屯貞悔豫，司空季子曰：「吉。」是在周易，皆利建侯。此其証也。朱子曰：「三爻變，則所主者不一，故以兩卦彖辭占。然既以本卦爲貞，之卦爲悔，似不必更分前十卦主貞，後十卦主悔也。」自初變爲前十卦，自二變爲後十卦。

䷋ 初二三變否。乾彖爲貞，否彖爲悔。

䷴ 初二四變漸。乾彖爲貞，漸彖爲悔。

䷷ 初二五變旅。乾彖爲貞，旅彖爲悔。

䷞ 初二上變咸。乾彖爲貞，咸彖爲悔。

䷺ 初三四變渙。乾彖爲貞，渙彖爲悔。

䷿ 初三五變未濟。乾彖爲貞，未濟彖爲悔。

䷮ 初三上變困。乾彖爲貞，困彖爲悔。

䷑ 初四五變蠱。乾彖爲貞，蠱彖爲悔。

䷯ 初四上變井。乾彖爲貞，井彖爲悔。

䷟ 初五上變恒。乾彖爲貞，恒彖爲悔。

䷩ 二三四變益。乾彖爲貞，益彖爲悔。

䷔ 二三五變噬嗑。乾彖爲貞，噬嗑彖爲悔。

䷐ 二三上變隨。乾彖爲貞，隨彖爲悔。

䷕ 二四五變賁。乾彖爲貞，賁彖爲悔。

䷾ 二四上變既濟。乾彖爲貞，既濟彖爲悔。

䷶ 二五上變豐。乾彖爲貞，豐彖爲悔。

䷨ 三四五變損。乾彖爲貞，損彖爲悔。

䷻ 三四上變節。乾彖爲貞，節彖爲悔。

䷵ 三五上變歸妹。乾彖爲貞，歸妹彖爲悔。

䷊ 四五上變泰。乾彖爲貞，泰彖爲悔。

四畫變十五卦，占法所謂四爻變，則占之卦二，不變爻，仍以下爻爲主者也。按：易之有筮，以變爲占也。變者，動也。大傳云：「動則觀其變而玩其占。」今乃觀其不變邪。云爻者，言乎變者也。云爻也者，效天下之動者也。今乃言乎不變，效其不動者邪。云吉凶悔吝者，生乎動者也。朱子本義云：「吉凶悔吝皆辭之所命也，然必因卦爻之動而後見。」而今乃占不變爻，何也？夏氏云：「既不變，如何用變底爻辭？周易不用七八，豈有七八而可冒用九六之辭哉？且有本卦之變爻，然後有之卦。今全舍本卦，竟占之卦之不變爻，則蓍何不變？其一不變爻以告，而必待多爻之變而後告之。以一不變爻，其曲折支離，失自然之理甚矣。易之易簡而有是邪？故占不變爻之法於心未安。」王氏云：「二爻變，當以初變爻爲貞，次變爻爲悔。作兩節消息之三爻變，當以先變爻爲貞，後二變爻爲悔。作三節消息之四爻變、五爻變，皆當以先變爻爲貞，後變爻爲悔。作四節、五節消息之，其不占不變爻是矣。」

然蓍爲人決嫌疑、定猶豫者也。今變至多爻，爻辭之吉凶不一，是蓍先自爲猶豫矣，何以定筮者之猶豫哉？易道廣大，聖言變通，豈窮於辭焉？无可以指其事者，而必煩多爻之變紛紜，至是將所謂冒天下之道，以言乎天地之間，則備者爲虛語耶。且易，致一者也，故損之六三曰：「三人行，則損一人；一人行，則得其友。」象曰：「一人行，三則疑也。」此之變爻，殆不止於三矣。又所謂決嫌疑者何在邪？今擬以四畫變、五畫變、六畫盡變皆如三畫變例，以本卦彖辭爲貞，之卦彖辭爲悔。徵之古人，穆姜筮往東宮，遇艮之八，史曰：「是謂艮之隨。」舉隨之彖辭。董因筮晉公子，得泰之八，舉泰之彖辭，此五爻變，不占不變爻之證也。意當時必有此占法，非妄也。故推此義，擬爲今例，而先之以諸儒之言欲占者以意會通，神而明之耳。易不可爲典要，其此之謂歟？

初二三四變觀。乾彖爲貞，觀彖爲悔。

初二三五變晉。乾彖爲貞，晉彖爲悔。

初二三上變萃。乾彖爲貞，萃彖爲悔。

初二四五變艮。乾彖爲貞，艮彖爲悔。

初二四上變蹇。乾彖爲貞，蹇彖爲悔。

初二五上變小過。乾彖爲貞，小過彖爲悔。

初三四五變蒙。乾彖爲貞，蒙彖爲悔。

初三四上變坎。乾彖爲貞，坎彖爲悔。

初三五上變解。乾彖爲貞，解彖爲悔。

初四五上變升。乾彖爲貞，升彖爲悔。

二三四五變頤。乾彖爲貞，頤彖爲悔。

二三四上變屯。乾彖爲貞，屯彖爲悔。

二三五上變震。乾彖爲貞，震彖爲悔。

二四五上變明夷。乾彖爲貞，明夷彖爲悔。

三四五上變臨。乾彖爲貞，臨彖爲悔。

五畫變六卦，占法所謂五爻變，則占之卦一不變爻者也。今擬占本卦之卦彖辭。

䷖初二三四五變剝。乾彖爲貞，剝彖爲悔。

䷇初二三四上變比。乾彖爲貞，比彖爲悔。

䷏初二三五上變豫。乾彖爲貞，豫彖爲悔。

䷎初二四五上變謙。乾彖爲貞，謙彖爲悔。

䷆初三四五上變師。乾彖爲貞，師彖爲悔。

䷗二三四五上變復。乾彖爲貞，復彖爲悔。

六畫俱變一卦，占法所謂六爻變，則在乾占用九，在坤占用六，在餘卦占之卦彖辭者也。按：朱子既以用九用六爲變卦之凡例，則占法不應有異，且用九用六言爻之用，而聖人因繫以辭耳，非自爲一爻如七爻之說也。今擬占本卦之卦彖辭。

䷁初二三四五上變坤。乾彖爲貞，坤彖爲悔。

六畫无變一卦，謂之本卦，占本卦彖辭。

䷁坤。占坤彖，內卦爲貞，外卦爲悔。凡自坤而變者，皆不得舍坤。

一畫變六卦，自復以後皆謂之之卦，占本卦之卦一變爻辭。

䷗初變復。坤初六爲貞，復初九爲悔。

䷆二變師。坤六二爲貞，師九二爲悔。

䷎三變謙。坤六三爲貞，謙九三爲悔。

䷏四變豫。坤六四爲貞，豫九四爲悔。

䷇五變比。坤六五爲貞，比九五爲悔。

䷖上變剥。坤上六爲貞，剥上九爲悔。

二畫變十五卦，占本卦二變爻辭。

䷒初二變臨。坤初六爲貞，坤六二爲悔。

䷣初三變明夷。坤初六爲貞，坤六三爲悔。

䷲初四變震。坤初六爲貞，坤六四爲悔。

䷂初五變屯。坤初六爲貞，坤六五爲悔。

䷚初上變頤。坤初六爲貞，坤上六爲悔。

䷭二三變升。坤六二爲貞，坤六三爲悔。

䷧二四變解。坤六二爲貞，坤六四爲悔。

䷜二五變坎。坤六二爲貞，坤六五爲悔。

䷃二上變蒙。坤六二爲貞，坤上六爲悔。

䷽三四變小過。坤六三爲貞，坤六四爲悔。

䷦三五變蹇。坤六三爲貞，坤六五爲悔。

䷳三上變艮。坤六三爲貞，坤上六爲悔。

䷬四五變萃。坤六四爲貞，坤六五爲悔。

四上變晉。坤六四爲貞，坤上六爲悔。

五上變觀。坤六五爲貞，坤上六爲悔。

三畫變二十卦，占本卦之卦彖辭。

初二三變泰。坤彖爲貞，泰彖爲悔。

初二四變歸妹。坤彖爲貞，歸妹彖爲悔。

初二五變節。坤彖爲貞，節彖爲悔。

初二上變損。坤彖爲貞，損彖爲悔。

初三四變豐。坤彖爲貞，豐彖爲悔。

初三五變既濟。坤彖爲貞，既濟彖爲悔。

初三上變賁。坤彖爲貞，賁彖爲悔。

初四五變隨。坤彖爲貞，隨彖爲悔。

初四上變噬嗑。坤彖爲貞，噬嗑彖爲悔。

初五上變益。坤彖爲貞，益彖爲悔。

二三四變恒。坤彖爲貞，恒彖爲悔。

二三五變井。坤彖爲貞，井彖爲悔。

二三上變蠱。坤彖爲貞，蠱彖爲悔。

二四五變困。坤彖爲貞，困彖爲悔。

二四上變未濟。坤彖爲貞，未濟彖爲悔。

二五上變渙。坤彖爲貞，渙彖爲悔。

三四五變咸。坤彖爲貞，咸彖爲悔。

三四上變旅。坤彖爲貞，旅彖爲悔。

三五上變漸。坤彖爲貞，漸彖爲悔。

四五上變否。坤彖爲貞，否彖爲悔。

四畫變十五卦，占本卦之卦彖辭。

初二三四變大壯。坤彖爲貞，大壯彖爲悔。

初二三五變需。坤彖爲貞，需彖爲悔。

初二三上變大畜。坤彖爲貞，大畜彖爲悔。

初二四五變兌。坤彖爲貞，兌彖爲悔。

初二四上變睽。坤彖爲貞，睽彖爲悔。

初二五上變中孚。坤彖爲貞，中孚彖爲悔。

初三四五變革。坤彖爲貞，革彖爲悔。

初三四上變離。坤彖爲貞，離彖爲悔。

初三五上變家人。坤彖爲貞，家人彖爲悔。

初四五上變無妄。坤彖爲貞，無妄彖爲悔。

二三四五變大過。坤彖爲貞，大過彖爲悔。

二三四上變鼎。坤彖爲貞，鼎彖爲悔。

二三五上變巽。坤彖爲貞，巽彖爲悔。

二四五上變訟。坤彖爲貞，訟彖爲悔。

三四五上變遯。坤彖爲貞，遯彖爲悔。

五畫變六卦，占本卦之卦彖辭。

初二三四五變夬。坤彖爲貞，夬彖爲悔。

初二三四上變大有。坤彖爲貞，大有彖爲悔。

初二三五上變小畜。坤彖爲貞，小畜彖爲悔。

初二四五上變履。坤彖爲貞，履彖爲悔。

初三四五上變同人。坤彖爲貞，同人彖爲悔。

二三四五上變姤。坤彖爲貞，姤彖爲悔。

六畫俱變一卦，占法所謂六爻變，則在坤占用六者也。今擬占本卦之卦彖辭。

初二三四五上變乾。坤彖爲貞，乾彖爲悔。

用卦爻無定，恐筮者增惑，故先儒嘗爲例。今舉乾坤二卦，餘以此推之。王輔嗣云：「彖者，統論一卦之體，明其所由之主者也。爻者，言乎變者也。」

貞悔始於洪範，左傳亦多言之，朱子云：「貞是事之始，悔是事之終。貞是事之主，悔是事之客。貞是事在我底，悔是事應人底。大抵筮法有變卦，則以本卦爲貞，之卦爲悔。無變卦，則以内卦爲貞，外卦爲悔。貞占見在，悔占將來；貞主靜，是就成事說，悔主動，則教戒之意也。」又有云：「一貞八悔者，亦以一卦變而爲八卦。一爲貞，八爲悔也。謂『貞是事方如此，悔是事已如此。』亦可。古有不筮不告之文，蓋聖人之筮配以道義，非如後世技術不論道義，而有問必告也，故事有宜不宜，則神有告不告，所謂『易爲君子謀，不爲小人謀也。』」然不筮，則在人矣。

不告于何見之？夫筮必有事，爻之動也，是蓍告人以其事，當用此卦之此爻也。以動爲變，變至於二，亦已贅矣。至於三，至於四，至於五，至於六，爻盡變何爲乎？愚謂：凡蓍之所以多其變者，皆所以示人不告之意也。筮者遇此，當掩蓍而退。若爲人筮，則當致辭焉。如曰用君之心，行君之意，龜策誠不能知此事也。又卦爻言變，見於經傳之卦之說，於古未聞。

或曰：「辭也者，各指其所之，此之卦之所自名也。」然此「其」字是指其人與事而言，示之以其事之所當適也，非指卦爻而言也。今觀六十四卦三百八十四爻，辭之所載可知矣，豈嘗言卦爻之所之哉？且變者，陽變而爲陰，陰變而爲陽也，如乾初爻變而爲姤，坤初爻變而爲復，是也。之者，自此往彼耳，則陽仍爲陽，陰仍爲陰，必之而變焉，而後陽乃爲陰，陰乃爲陽也。是變可以該之，而「之」不足以該變也。今舍聖人之言變，而必曰「之」，愚之所未解也。但先儒相傳已久，不敢輒易，聊記以存疑。若曹能始不取陰陽變之說，以男子婦人爲喻，則自爲執固之言，而不達於聖人之言者也，非所論矣。

按：張子云：「辭各指其所之，聖人之情也。指之以趨時盡利，順性命之理，臻三極之道也。」吴氏云：「示人以所適之路，此非言卦爻之所之也。」明矣。沈元雅作易小傳，特言之卦之義。朱漢上云：「所之者，動爻也，言乎其變也。」春秋傳觀其動曰：「之某，卦是也。」予按傳，如艮之八，艮之隨，「之」字是虛字，不作「往」字解，言艮爻之八，艮宫之隨也，猶蔡墨云：「其同人，其大有也。」如以艮之隨爲艮往，隨已不成，文理猶可言也。以艮之八爲艮往，八豈可通乎？則言之何如？言變之爲得也。

先儒無七爻之說，林元齡識龍門叟謂：「此奇數也。」故乾坤用九用六爲七爻。京氏易傳云：「占卦而六爻皆靜，無爻發之，即以月卦陰陽爲占，如十一月占，則決之以復；五月占，則決之以姤。」費氏於卦爲繇辭七章，後章爲六爻不動者設。吴斗南云：「與其外求月卦，豈若近取諸覆卦之爲愈乎。」於是作六十四卦六爻皆不變占覆卦圖，其辭雖成理，終不若占本卦彖辭之爲自然簡當也。

彖者，言乎象者也。爻者，言乎變者也。吉凶者，言乎其失得也。悔吝者，言乎其小疵也。無咎者，善補過也。

朱子曰：「此卦爻辭之通例。」

草廬吴氏曰：「彖者，文王所繫一卦之辭。因各卦之象而言爻者，周公所繫六爻之辭。因揲蓍之變而言彖辭爻辭，或曰吉或曰凶者，以言其事之有得有失也。曰悔曰吝者，以言其事雖未大失，而已有小疵也。曰無咎者，以善其能補過也。有過當有咎，能補之則不過矣，故得無咎也。」

吉凶悔吝生乎動者也。吉，一而已。凶悔吝，三焉。朱子云：「人之所值福常少，而禍常多，不可不謹。此聖賢以卜筮教人之大旨也。」傳又曰：「悔吝者，憂虞之象也。」朱子云：「吉凶相對，而悔吝居其中間，悔自凶而趨吉，吝自吉而向凶也。」吴氏云：「憂謂憂患於中，虞謂虞度於外。事之憂虞雖未有失，亦不爲得，而占之悔吝，雖未至凶，亦不爲吉矣。故君子慎幾。下文云悔吝介乎吉凶之間。憂則知所趨，震者，動心戒懼之謂。能戒懼，則能改悔，而可以无咎也。」

一卦變八卦。一卦變六十四卦已見前。

䷀ 乾宫	䷫ 一世姤	䷠ 二世遯
䷋ 三世否	䷓ 四世觀	䷖ 五世剥

䷢ 游魂晋

䷍ 歸魂大有

䷁ 坤宮

䷗ 一世復

䷒ 二世臨

䷊ 三世泰

䷡ 四世大壯

䷪ 五世夬

䷄ 游魂需

䷇ 歸魂比

䷲ 震宮

䷏ 一世豫

䷧ 二世解

䷟ 三世恒

䷭ 四世升

䷯ 五世井

䷛ 游魂大過

䷐ 歸魂隨

䷸ 巽宮

䷈ 一世小畜

䷤ 二世家人

䷩ 三世益

䷘ 四世無妄

䷔ 五世噬嗑

䷚ 游魂頤

䷑ 歸魂蠱

䷜ 坎宮

䷻ 一世節

䷂ 二世屯

䷾ 三世既濟

䷰ 四世革

䷶ 五世豐

䷣ 游魂明夷

䷆ 歸魂師

䷝ 離宮

䷷ 一世旅

䷱ 二世鼎

䷿ 三世未濟

䷃ 四世蒙

䷺ 五世渙

䷅ 游魂訟

䷌ 歸魂同人

䷳ 艮宮

䷕ 一世賁

䷙ 二世大畜

䷨ 三世損

䷥ 四世睽

䷉ 五世履

䷼ 游魂中孚

䷴ 歸魂漸

䷹ 兌宮　䷮ 一世困　䷬ 二世萃

䷞ 三世咸　䷦ 四世蹇　䷎ 五世謙

䷽ 游魂小過　䷵ 歸魂歸妹

每卦自一爻變至五爻，是爲五世，唯上爻不動。五世復下變第四爻如舊，是爲游魂。又下變三爻如舊，以內卦歸本體，是爲歸魂。一世、二世爲地易，三世、四世爲人易，五世與八純上世。爲天易，游魂、歸魂爲鬼易，謂之四易。

項氏曰：「京氏[一]易法只用八卦爲本，得本卦者皆以上爲世爻，得歸魂卦者皆以三爲世爻，亦因下體復得本卦，而三爻之所變矣，如乾本卦上九爲世，九三爲應。乾初變姤，爲一世卦，初六爲世，九四爲應。再變遯爲二世卦，六二爲世，九五爲應。三變否爲三世卦，六三爲世，上九爲應。四變觀[二]爲四世卦，六四爲世，初六爲應。五變剥爲五世卦，六五爲世，六二爲應。剥之四復變爲晉，謂之游魂卦，九四爲世，初六爲應。晉下卦皆變爲大有，坤復歸乾，謂之歸魂卦，九三爲世，上九爲應。餘卦倣此。又有飛伏法，凡卦見者爲飛，不見者爲伏；其在八卦，止以相反者爲伏，以全體相反也。至八卦所變世卦，自一世至五世，同以本生純卦爲伏，蓋五卦皆一卦所變，至游歸二卦，則又近取所從變之卦爲伏。世所傳火珠林者，即其法也。」

衛氏元包云：「乾若上九變，遂成純坤，無復乾性矣。乾之世爻上九不變，九返於四而成離，則明出地上，陽道復行，故游魂爲晉，歸魂於大有，則乾體復於下矣。自大有又七變焉，而乾體復純也。坤若上六變，遂成純乾，無復坤性矣。坤之世爻上六不變，六返於四而成坎，則雲上於天，陰道復行，故游魂之卦爲需，歸魂於比，則坤體復於下矣。自比又七變焉，而

[一]「氏」：原作「師」，據文意改。

[二]「觀」：原作「夬」，據文意改。

坤體復純也。」

希夷陳氏曰：「五行有宜與不宜，合時當理爲尚，而爻辭未可爲據。雖辭吉而理有凶者，雖爻凶而理有吉者，無窮妙義，盡在其中，故一卦能變六十四卦，有四體八體奥妙，最爲緊要，非詳於易者，未易見也。」

「乾坤二卦六爻俱純，自無難見。至如六子之卦，渾乾坤爲體，剛柔迭用爲象，則變動不居，其情義之妙，周流六虚，如四體八卦不寓目前，不居心内，則難明矣。假如有人筮得漸卦，内艮外巽，是艮在下，巽在上，以正體言之，艮巽而已；以四體言之，則艮有伏震，巽有伏兑；以八卦言之，九五、六四、九三互離，六四、九三、六二互坎，全體對歸妹，移漸之九三，出外成否，移歸妹之六三，出外成泰，是有八體存焉。一卦而具四體八體之妙，又變歸妹與漸十二爻，六十四卦備矣。」

邵子曰：「凡上下二卦，無動爻者爲體，有動爻者爲用。體卦爲主，用卦爲事。互卦爲事之中應，變卦爲事之末應。互者，中四爻，互二體也。變者，之卦也。體之氣宜盛不宜衰。盛者如春震巽木、秋乾兑金、夏離火、冬坎水，四季之月，坤艮土是也。衰如春坤艮土、秋震巽木、夏乾兑金、冬離火，四季之月，坎水是也。體宜受他卦之生，不宜見他卦之克，他卦謂用與互，變卦也。生者謂金生水、水生木、木生火、火生土、土生金也。克者謂金克木、木克土、土克水、水克火、火克金也。體黨多而體勢盛，用黨多而體勢衰，如體卦是金，而互變皆金，則是體黨多矣；如用卦是金，而互變皆金，則爲用黨多矣。體用之間，比和則吉，用吉變凶者，或先吉而後凶；用凶變吉者，或先凶而後吉。凡定事應之期，先天數則主卦氣，如乾兑則當應於庚辛申酉，而乾又當應於後天戌亥之位；震巽則當應於甲乙寅卯，而巽又當應於後天辰巳之位。後天則以卦數時數總之而分，行坐立卧之遲速以爲事應之期。然卦數時者應近，而不能決諸遠，必合先天後天之卦數，通用取決可也。」

「懸鏡云：『古人之卜筮最重，非有大事，不疑不卜也。其見於書者，虞有傳禪之筮，周有征伐之卜而已。』故洪範曰：『汝則有大疑，謀及乃心，謀及卿士，謀及庶人，謀及卜筮。』而從逆之間，人謀先之，卜筮次焉。蓋誠以事有兩可之疑，而後託之卜筮也。而其占又必誠敬專一，積其求決之真情，至誠以達於神明，故神明感應之誠，亦正告之以利害趨向，而不浪漫也。」

「且易之初，其以六十四卦示人以占之例，亦已廣矣。求君父之道於乾，求臣子之道于坤，婚姻於咸、恒、漸、歸妹，待於需，進於晉，行師於師，爭訟於訟，聚於萃，散於渙，以至退於遯，守於困，安於泰、鼎，厄於明夷、蹇，盈於豐、大有，壞於損、蠱，家人之在室，旅之在塗，既未濟、損益、大小過、大小畜，得失進退之義，雖卦名之爲七十九字，文義明白，條例具足，亦可決矣。此未有文王卦辭之前已可占，而斷者況又三百八十四爻，而示之以變乎？倘以不敬不誠不一之心求之，則問此而告彼，瀾焉不與事相酬答，實神明之所不主而不告者也，又何受命如響之云。即卦辭考之，文王於蒙嘗起其占筮之教矣，其言曰：『匪我求蒙童，蒙童求我。初筮告，再三瀆，瀆則不告。利貞。』此文王之所以起其例也。」

「夫占而揲蓍，積十有八變，必成一卦，卦必有卦辭，爻必有爻辭，何以言其告不告也？蓋誠意專一而筮，則神之告之，卦辭爻辭應合所問，如占婚姻，與之咸、恒，曰：『納婦，吉。』曰：『勿用取女。』曰：『歸妹征凶，無攸利。』占征伐，曰：『利用侵伐。』曰：『在師中，吉。』曰：『不利行師。』曰：『勿用師。』占田獵，曰：『田獲三狐。』曰：『田獲三品。』曰：『即鹿無虞。』曰：『田無禽。』若此者，皆所謂告也。若夫卦辭爻辭不應占之事，此則誠意不至，二三之瀆，而所謂不告者也，此即文王之所謂不告也。不然，則得卦爻必有辭以告之，又何以有不告之云？」

「夫誠敬不至，則吾心之神明不存，而神明之神亦爽得不合之辭，而猶曰神明之告我也，必有他意，揣摩臆度遷就，曲推強取，以定吉凶，以至狂妄僥倖，悖亂之念皆自此生者，古有之矣，是惑之甚也，況世之占者忽略滅裂褻瀆，瑣細不敬尤甚，乃欲以此求神明之指其所之。至於不驗，又妄以爲卜筮之理不可信，彼豈知夫告不告之道哉？」

按：此乃勉人以誠敬之言，是固一道也。然有不可拘者，神道遠，豈必問一事即告一事？如人之問答者，要自有曲暢旁通之妙耳，如子貢問貧富而悟切磋琢磨，子夏問素絢而悟禮後誦詩者且然，況易之不可爲典要哉！

周易筮述卷四

九六第六

乾用九，見羣龍無首，吉。

坤用六，利永貞。

朱子曰：「用九用六者，變卦之凡例也。凡陽爻皆用九而不用七，陰爻皆用六而不用八。用九故老陽變爲少陰，用六故老陰變爲少陽，不用七八，故少陰少陽不變。獨於乾坤二卦言之者，以其在諸爻之首，又爲純陽純陰之卦也，聖人因繫以辭，使遇乾而六爻皆九，遇坤而六爻皆六者，即此而占之，蓋『羣龍無首』則陽，皆變陰之象；『利永貞』則陰，皆變陽之義也。」

按：歐陽氏云：「乾曰用九，坤曰用六，何謂也？曰釋七八不用也。乾爻七九，九則變；坤爻八六，六則變。易用變爲占，故以名其爻也。」又云：「九六變而七八無爲易道。占其變，故以占者爲爻。不謂六，爻皆九六也。及其筮也，七八常多而九六常少，有無九六者焉，此不可以不釋也。」六十四卦皆然，特於乾坤見之，則餘可知耳。朱子稱其説發明先儒所未到，最爲有功。其論七八多而九六少，又見當時占法三變皆挂，如一行説。晁氏云：「占者，畫卦之奇偶爲陰陽卦，爻但有六位，而未有七八之名。周易之七八，即古之奇偶也。筮之九六，見於卦，爻則變，如六位皆九即乾之坤，六位皆六即坤之乾，此用九用六之例也。」乾鑿度云：「陽動而進，變七之九，象其氣之息；陰動而退，變八之六，象其氣之消也。」此又用九用六之義也。

臨川雷氏曰：「易始終陰陽之畫，而陽之畫一而爲奇，陰之畫- -而爲偶。由乾之畫☰分而爲震☳、爲坎☵、爲艮☶，三卦之奇。坤之畫☷分而爲巽☴、爲離☲、爲兑☱，三畫之偶。故曰陽卦奇，陰卦偶，陽卦多陰，陰卦多陽。雖奇偶少多若可數計，而未始謂一爲九，- -爲六也。」

「聖人之作易，觀變於陰陽而立卦，則天之道曰陰與陽，發揮於剛柔而生爻，則地之道曰柔與剛，故易六畫而成卦，分陰分陽，迭用柔剛，六位而成章。其曰畫曰位者，是所謂卦爻也，豈嘗有九六之分哉？由重乾卦之畫之位皆陽奇之爻，而爻辭上必繫以九，且有用九之例。重坤卦之畫之位皆陰偶之爻，而爻辭上必繫以六，且有用六之例。而凡卦之爻，莫不各繫以九且六者。學者積於所見所聞之成習，以此誠爲九六也，從而九六之無復討其所以然者，竊自異之。」

「夫九六，數也。大傳曰：『極數知來之謂占，通變之謂事。』蓋九六也者，占變之事也，始乎參伍，以變錯綜其數。天數五地數五，天數二十有五，地數三十，凡天地之數五十有五，所以成變化而行鬼神者，未嘗即謂其九六也。由天數謂一三五七九，而後知其積爲二十有五，地數謂二四六八十，而後知其積爲三十。五位相得而各有合，乃以五已前爲生數，五已後爲成數，而一合六謂水，二合七謂火，三合八謂木，四合九謂金，五合十虚謂土，是九六概見其間而未著，所以用也。五位已前其體數，五位已後其用數也。體之生數，以天一天三天五參之而九，地二地四兩之而六，參天兩地而倚數參，參而九，參兩而六，於是九六特啓其用也。凡九六七八之數，均得以地數之成而成，其天數之生也者，是所謂成象也，是一五而六爲老陰，二五而七爲少陽，三五而八爲少陰，四五而九爲老陽，是九六七八實相變爲用也。世雖知陰陽之少者不變，老者則變，而習見於易全書之畫。凡卦之爻，一奇之陽，其下分繫以九，- -偶之陰，其下分繫以六，而不知一之畫實七，- -之畫實八也。」

「何以明之易變易也？『極數知來之謂占，通變之謂事。』謂其占變之事，其揲蓍法四營而成易，十有八變而成卦。每三變而積爲一爻，以四與八分奇偶，而每三變各得一四二八，則象震☳、象坎☵、象艮☶，則皆畫爲一之奇；每三變各得一八二四，則象巽☴、象離☲、象兑☱，則皆畫爲- -之偶，蓋寓陰陽相索爲六子之意。以三變皆得四始，畫爲口以象乾，三變皆得八始，畫爲✕以象坤。凡一四二八之積爲一之定畫，是謂七；　一八四二之積爲⚋之定畫，是謂八。此兩者，其不變者也。惟三變純四，爲陽奇之極，爲□之動爻，是爲九；　三變純八，謂陰偶之極，爲✕之動爻，是謂六。此兩者，皆其變者也。凡一奇⚋偶之定畫，所以悉列於各卦之首者，不取其動，而專以標剛柔之體不變，而畫爲定卦，至□九✕六之變，爻雖然交偶於各卦之內者，不列於畫而專以寄陰陽之用，適變以動而爲之卦，而乃所以著其用九用六者也。」

象抄云：「易用九六。以圖書生數，言九天數，一三五之積，六地數，二四之積。以圖書成數，言除十不用。陽主進，九，陽進之極數。陰主退，六，陰退之極數。以蓍策言，乾用九，九者，三奇之變，四九之分；　坤用六，六者，三偶之變，四六之分。圖有十，書虛十用九，虛一，圖書之中之一。乾奇，宅中之體，用六虛四，圖書之中之四。坤偶，四隅之體，以圖書分，體用九六，用圖中之十五。體即用，不用原爲用，一四不用，書中之五用，即體用原有不用。以參兩言，九三，天之數；　六兩，地之數。用九以參天，用六以兩地。九六用而天地位，易之成位乎中者此。」又曰：「乾用九，六在其中。用六用九之二耳。其一六不得而用，亦非六所能用。用九直透乾元，故乾元稱大用，六但可至乾，故坤元稱至後天乾六，坤所至之乾耳，故用六以五，用九以十，五十而天地之事畢舉矣。」

嘗見擊壤集云：「用九見『羣龍無首』，能出庶物。用六『利永貞』，因乾以爲利。四象以九成，遂爲三十六。四象以六成，遂成二十四。」如何九與六能盡人間事？郭兼山云：「九六乃可參兩，七八則不可參兩也。」又云：「以畫言之，則雖六子亦皆乾坤之畫，無六子之畫也。如震之初九，乾畫也，乾策也。震之二三，坤畫也，坤策也。在震初，無是畫，無是策也。乾畫不得不稱九，坤畫不得不稱六也，故唯乾坤有用九用六之道。諸卦之得奇畫者皆用乾之九也，得偶畫者皆用坤之六也，終無用七用八之道，故九六有象，七八無象。」俞玉吾云：「易六十四卦，凡三百八十四爻，不過一剛一柔而已。易中凡言剛柔，即九六也。乾九坤六，是以易之本立，非九六，則以何者爲易之本？」合而究之，九六之義，不既昭乎？

三極第七

六爻之動，三極之道也。

是以立天之道曰陰與陽，立地之道曰柔與剛，立人之道曰仁與義。兼三才而兩之，故易六畫而成卦。分陰分陽，迭用剛柔，故易六位而成章。

子夏曰：「立天之道曰陰與陽，氣之始也；立地之道曰柔與剛，形之變也；立人之道曰仁與義，德之偕也。合兩而後能成也，故兼三才而兩之，故易六畫而成卦也。陰陽者，相生而爲之化也，未始相離也。」

程子曰：「三才，以物言也；三極，以位言也。六爻之動，以位爲義，乃其序也。得其序，則安矣。」

統言之，上二爻爲天，中二爻爲人，下二爻爲地。分言之，上與三皆天，五與二皆人，四與初皆地。析言之，九三天之陽，六三天之陰；九二人之仁，六二人之義；初九地之剛，初六地之柔。又上是天之陰，三是天之陽；五是人之仁，二是人之義；四是地之柔，初是地之剛。

趙氏曰：「位也者，所以列貴賤，明内外，虛之以待，剛柔之迭居，辨之以定趣，變之吉凶者也。剛居陽，柔居陰，爲當位；反是，爲不當位。剛自陰之陽，柔自陽之陰，爲得位；反是，爲失位。」

卦有初二三四五上，爲位之陰陽。初三五，位之陽；二四上，位之陰。九六爲爻之陰陽。九陽爻，六陰爻。位之陰陽一定而不易，爻之陰陽變易而無常。或以陽爻居陽位，或以陽爻居陰位；或以陰爻居陰位，或以陰爻居陽位，皆無常也。易曰：「剛柔雜居，而吉凶可見矣。」又曰：「上下無常，剛柔相易。」正謂是也。王輔嗣謂：「按卦無初上得位失位之文。初上者，事之終始，無陰陽定位也。」又謂：「爻之所處則謂三位，卦以六爻爲成，則不得不謂之六位，時成也。初上兩爻，陽爻不曰九一、九六，而曰初九、上九；陰爻不曰六一、六六，而曰初六、上六，終始之位也。」陽爻居陽位，陰爻居陰位，爲正。初九、九三、九五爲陽爻之正，六二、六四、上六爲陰爻之正。陽爻居陰位，陰爻居陽位，爲不正。九二、九四、上九爲陽爻之不正，初六、六三、六五爲陰爻之不正。二五爲上下兩體之中，三四爲一卦全體之中，又二三四五謂之中爻，上下其體也，剛柔其材也。剛中柔中，當位爲正，失位爲不正，皆彖傳所取。羅氏云：「內之中六十有四，外之中亦六十有四。得其中，動罔不吉；失其中，動罔不凶，此占者所當知也。」

先儒有云：「六十四卦惟既濟一卦坎上離下，六爻之陰陽與六位之陰陽協，故曰既濟定也，言爻位陰陽皆定也。餘六十三卦中皆具坎離陰陽之位焉，又足以見日月爲易之妙，故卦中取象，亦有以位之陰陽取者，初不以爻拘，如乾九三以位言，居離位之上，有『終日夕』象；九四以位言，居坎位之下，有『躍在淵』象。朱漢上解乾彖傳曰：『六爻，天地相函，坎離錯居。坎離者，天地之用也。雲行雨施，坎之升降也。大明終始，離之往來也。六位取象，以是推之矣。』」

純乾象君，純坤象臣，卦之大綱也。卦爻五爲君之正位，諸爻皆臣位，特有遠近之分，二爲臣，以正應也。三，從王事之臣也。四爲大臣，以近君也。初則臣之微者，士之未仕在野，曰草莽之臣也，故又爲民上，乃高尚之臣，隱居以行其志者也。代淵曰：「六十四卦皆以五爲君位者，此易之大略也。其間或有居此位而非君義者，有居他位而有君義者，斯易之變。蓋聖人意有所存，則主義在彼，不可滯於常例。」王晦叔曰：「不爲君位者，其卦有四：坤也、遯也、明夷也、旅也。坤對乾，以明臣之分。明夷亡國，紂是也。旅失國，春秋書公遜天王，出居是也。遯去而不居，泰伯伯夷之事也。此四卦所以不爲君位也。明夷唯指上六爲暗君，象紂，故箕子爲五，在其下也。損益前人之言，其原要皆本之邵子。」

懸鏡云：「六爻取應與不應，夫子彖傳例也，如恒彖曰剛柔皆應，恒此六爻以應言也。如艮彖曰上下敵應，不相與也，此六爻雖居相應之位，剛柔皆相敵而不相與，則是雖應亦不應矣。又如未濟六爻皆應，故曰雖不當位，剛柔應也。以此例之，則六爻皆應者八卦：泰、否、咸、恒、損、益、既濟、未濟是也，皆不應者亦八卦：乾、坤、坎、離、震、艮、巽、兌是也。二體所以相應者，下卦之初即上卦之四，下卦之二即上卦之五，下卦之三即上卦之上，上卦之四即下卦之初，上卦之五則下卦之二，上卦之上則下卦之三，此所以初應四，四亦應初，二應五，五亦應二，三應上，上亦應三；然上下體雖相應，其實陽爻與陰爻應，陰爻與陽爻應。若皆陽皆陰，雖居相應之位，則亦不應矣。」

「江都李衡曰：『相應者，同志之象，同志則合，是亦相應，然事固多變，動在因時，故有以相應而得者，有以相應而失者，亦有以無應而吉者，有以無應而凶者。』夬九三以援小人而凶，剥六三以應君子而無咎，咸貴虛心而受人，故六爻以有應而失所，蒙六四以無應而困吝，斯皆時事之使然，故不可執一而定論也。又觀彖辭，重在二五剛中而應者，凡五：師、臨、升，二以剛中應五，無妄、萃，五以剛中應二。至若比五以剛中，上下五陰應之；大有五以柔中，上下五剛應之；小畜四以柔得位，上下五剛亦應之，又不以六爻之應例論也。」

舊說初與四應，二與五應，三與上應。吴氏以覆卦之爻參之，二五相應同，而初與上應，三與四應則異，謂二五天地相應，初四以地而應人，三上以人而應天，與二五不類，故以初上以天地相應，三四以人應人，然以人應人，亦與初上二五天地相應不類矣。且三四是相比，不可爲三與四應之驗也。不若從舊說爲得，邵子云：「初與上同然，上之亢不及初之進。二與五同然，二之陰中不及五之陽中。三與四同然，三處下卦之上不及四之近君。」此非所論應也。

舊說

兩爻相應者，二十四卦。覆之皆爲兩卦。

比師　履小畜　大有同人

豫謙　蠱隨　賁噬嗑

復剥　姤夬　井困

歸妹漸　旅豐　節渙

四爻相應者，二十四卦。内二十卦覆之爲兩卦，四卦覆之爲本卦。

蒙屯　訟需　觀臨

大畜無妄　大壯遯　明夷晉

睽家人　解蹇　升萃

鼎革　頤　大過

中孚　小過

六爻皆應者，八卦。覆之皆爲兩卦。

否泰　恒咸　益損

既濟未濟

六爻無應者，八卦。内四卦覆之爲本卦，兩卦覆之爲四卦。

乾　坤　坎

離　艮震　兌巽

吴氏説

兩爻相應者，二十四卦。覆之皆爲兩卦。

比師　履小畜　大有同人

豫謙　賁噬嗑　復剝

恒咸　益損　姤夬

井困　旅豐　節渙

四爻相應者，二十四卦。覆之皆爲兩卦。

䷂屯 蒙　　䷄需 訟　　䷒臨 觀

䷘無妄 大畜　　䷠遯 大壯　　䷢晉 明夷

䷤家人 睽　　䷦蹇 解　　䷬萃 升

䷰革 鼎　　䷲震 艮　　䷸巽 兌

六爻皆應者，八卦。覆之皆爲兩卦。

䷊泰 否　　䷐隨 蠱　　䷴漸 歸妹

䷾既濟 未濟

六爻皆無應者，八卦。覆之皆但爲本卦。

䷀乾　　䷁坤　　䷚頤

䷛大過　　䷜坎　　䷝離

䷼中孚　　䷽小過

先儒之論詳矣，今唯擇而述之，別其從違，其間或篇中刪句，句中刪字，亦有增入，愚意者衹求義明，非妄也。

中爻第八

若夫雜物撰德，辨是與非，則非其中爻不備。

雲峰胡氏曰：「上文六爻相雜，此言二三四五於六爻之中又雜物撰德者，如屯下震物爲雷，德爲動；上坎物爲水，德爲險；下互坤則雜物爲地，撰德爲順矣；上互艮則又雜物爲山，撰德爲止矣，亦可以辨是與非，而易愈備矣。」

容齋洪氏曰：「如坤坎爲師，而六五之爻曰『長子帥師』，以正應九二而言，蓋指二至四爲震也。坤艮爲謙，而初六之爻曰『涉大川』，蓋自二而上，則六二、九三、六四爲坎也。」

按：儀禮疏云：「二至四、三至五，兩體交互，各成一卦。」先儒謂之互體。朱子云：「互體說，先儒多用之。左傳中一處說占得觀卦處，亦舉得分明。予謂孔子所言中爻，自是指互體。觀下文言二四、三五，明甚。是非者，當位不當位、中不中、正不正也。內外卦既足以示人矣，復自互體辨之，則是非益可見矣。此亦筮占觀變之一端也。京氏又分互體約象，則贅矣。」

二與四同功而異位，其善不同，二多譽，四多懼，近也柔之，爲道不利，遠者其要無咎，其用柔中也。

朱子曰：「此以下論中爻，同功謂皆陰位，異位謂遠近不同。四近君，故多懼，柔不利遠，而二多譽者，以其柔中也。或云近也，係注誤，作正文。」

胡氏曰：「上文雜物撰德，是謂中爻之互體，此則論中爻之本體。二與四爲陰，陰以降爲用，故不成乎四，退而成乎二，柔雖不利遠者，二陰成而得中，故多譽。四近君，若陰柔未成而不中，故多懼。」

三與五同功而異位，三多凶，五多功，貴賤之等也。其柔危，其剛勝邪。

朱子曰：「三五同陽位而貴賤不同，然以柔居之則危，唯剛則能勝之。」

胡氏曰：「三與五爲陽，陽以升爲用，故不成乎三，獨進而成乎五。五爲貴又陽剛，成而得中，故多功。三爲賤又陽剛，未成而不中，故多凶。其柔危，其剛勝，專爲三言也。於四不曰其剛危者，九居四，猶爲剛而能柔者。危者，六居三，則才柔而志剛，所以危也。」

周易筮述卷五

卦德第九

乾健也，坤順也，震動也，巽入也，坎陷也，離麗也，艮止也，兑説也。

安定胡氏曰：「乾象天，運行不息，故爲健；坤象地，能承順事，故爲順；震象雷，能奮動萬物，故爲動；巽象風，無所不入，故爲入；坎象水，水居險陷，故爲陷；離象火，能著於物，故爲麗；艮象山，山有止静之德，故爲止；兑象澤，能澤潤萬物，故爲説也。」

「項氏曰：『神明之德、萬物之情，皆萃於此矣。乾，純剛也，故稱健；坤，純陰也，故稱順。陽在陰下則動，在陰中則陷，在陰上則得其所而止矣，皆君子之德也。陰在陽下則入而伏，在陽中則麗而出，在陽上則説而見於口舌之間，皆小人之德也。動、陷、止皆屬健，入、麗、説皆屬順。凡物健則能動，順則能入。健、順，其體也；動、入，其用也。健遇順則陷焉，順遇健則麗焉。陷、麗者，其勢也。健者，始於動而終於止；順者，始於入而終於説。陽之動，志於得所止；陰之入，志於得所説。止、説者，其志也。』」

「紫巖張氏曰：『剛，陽也，健也，君子也。柔，陰也，順也，小人也。然則坤何以取於純柔哉？曰乾坤之剛柔，剛柔之中也、剛柔之正也，剛柔之見於用者也。』」

「諸儒之論剛柔，則失之矣。夫君道主剛而其動也用柔，故乾動則爲坤矣。臣道主柔而其動也用剛，故坤動則爲乾矣。

故夫必欲修德，必欲立政，必欲遠聲色，必欲去小人，必欲配帝王，必欲定社稷，必欲安民人，必欲服四夷，乾之剛也，君得之於內而主斷者也。至於禮臣下，下賢才，懷中國，撫四鄰，愛百姓，恤孤寡，賤刑貴德，舍己從人，其動莫匪柔矣。恭欽之誠，若天威臨之，不敢倡始，不敢先事，謹禮法，循分守，安進退，守職業，坤之柔也，臣得之於內而有承者也。至於犯顔逆旨，捐軀致命，可以託六尺之孤，可以寄百里之命，可殺不可辱，可困不可使爲不義，持忠義之大訓，弭患難於當時，斷大計，定大疑，正色立朝，華夷讋服，其動莫非剛矣。故夫善觀易者，必觀剛柔之中，而究其所以用，則六十四卦三百八十四爻之或得或失、或悔或吝、或吉或兇，可以類推矣。故夫不知剛柔之中正，與夫見於用者，不可與言易也。」

環溪吴氏曰：「天有其時，地有其利，人有其智，六子之用，以通爲貴，是故坎無常險，離無常明，艮不必止，巽不必行，震動有機也，兌說有宜也，施而不當則悔吝隨之也。坎之險一也，遇健則訟䷅，遇順則師䷆。離之麗一也，與雷則噬嗑䷔，與澤則睽䷥。蓋水懼乎塞，貴乎通，上山爲蹇䷦，下山爲蒙䷃。火利乎高，不利乎卑，出地爲晉䷢，入地爲明夷䷣。觀乎比䷇，則知就下之勢唯然也；觀乎同人䷌，則知炎上之勢唯然也，是故禮欲顯而明，智欲通而利。明乎水火禮智之紀，天下之止本無常理，天下之行本無常形。其四陽方退，二陰方興䷠，當是之時，艮亦能行。一陰得位，三陽受制䷋，當是之時，巽亦能止。及其五陰在下，一陽在上䷖，其勢將傾，剥及其廬，則雖艮有不能止也。五陽在上，一陰在下䷫，其勢將遇，柔道既牽，則雖巽有不能行也。是故木居山而爲漸䷴，居地而爲升䷭，巽水則爲汲䷺，巽火則爲烹䷱，山落風而爲蠱䷑，飾火而爲賁䷕，大畜則藏天䷙，謙光則隱地䷎，益與時而偕行䷩，蹇見險而能止䷦，動有不可置也，說有不可已也。動則免險，不動則屯䷂。雖欲不動而微困，說則應乎乾，不說則見咥而兇䷉。雖欲不說而奚從方，其天下雷行，動不可妄䷘，則雖動而見違，上火下澤，二志乖睽䷥，則雖說而見疑，是故有兌以吉，有兌以疾䷹，有震而厲，有震而泥䷲，和兌以初而獲吉者，陽處卑而說人以正也。來兌以三而獲凶者，陰犯分而說人以佞也。初九，一震而其來甚厲，豈非陽得位而動於內？故乎九四再震，而道迄未光，豈非陽失位而動於外？故乎然則震以不妄爲機，兌以不苟爲宜，如驚雷之發，如膏澤之施，無有小大，必謹其時，是故坎失之困䷮，離失之睽䷥，震失之壯䷡，兌失之隨䷐，巽得於觀䷓，艮得於頤䷚。六子之用，非言可期，用失其道，則無不虧；用得其道，則無不宜。」

附卦主

古易考原云：「占卦之成，必有主畫。十二辟卦，即十二月卦。如復、姤則以初畫爲主，臨、遯則以二畫爲主，泰、否則以三畫爲主，大壯、觀則以四畫爲主，夬、剥則以五畫爲主，乾、坤則以上畫爲主。六子重卦，如震、巽則以第四畫爲主，坎、離則以第五畫爲主，艮、兑則以上畫爲主。六子合卦，如恒、益則以初畫爲主，既濟、未濟則以第二畫爲主，咸、損則以第三畫爲主。震、巽、艮、兑之合無反對，如頤、大過以上畫爲主，中孚、小過以第四畫爲主；合有反對，如隨、蠱以初畫爲主，漸、歸妹以第三畫爲主。卦有坎、離者，主坎、離中畫，訟、困、解、渙、蒙、師、同人、革、豐、家人、賁、明夷則皆以二爲主，需、節、屯、井、蹇、比、大有、睽、噬嗑、鼎、旅、晉皆以五爲主。以震、巽爲主者，主本卦第四畫，如豫、小畜以四爲主，升、無妄以初爲主。以艮、兑爲主者，主本卦第三畫，如謙、履以三爲主，萃、大畜以上爲主。」

按：王輔嗣云：「一卦五陽而一陰，則一陰爲之主矣。五陰而一陽，則一陽爲之主矣。陰爻雖賤而爲一，卦之主者，處其至少之地也。」或有遺爻而舉二體者，卦體不由乎爻也。程子不取一陰爲主之説，謂衆陽説於一陰而已，非如一陽爲衆陰主也。占者以意參之，可矣。

卦象第十

錯卦	中爻即互體	雜卦即覆卦	變卦即對卦
䷀ 乾	䷀ 乾	䷀ 乾	䷁ 坤
䷪ 夬	䷀ 乾	䷫ 姤	䷖ 剥
䷍ 大有	䷪ 夬	䷌ 同人	䷇ 比

大壯　夬　遯　觀
小畜　睽　履　豫
需　睽　訟　晉
大畜　歸妹　無妄　萃
泰　歸妹　否　否

右乾

履　家人　小畜　謙
兌　家人　巽　艮
睽　既濟　家人　蹇
歸妹　既濟　漸　漸
中孚　頤　中孚　小過
節　頤　渙　旅
損　復　益　咸
臨　復　觀　遯

右兌

同人　姤　大有　師
革　姤　鼎　蒙
離　大過　離　坎
豐　大過　旅　渙

家人　未濟　睽　解
既濟　未濟　未濟　未濟
賁　解　噬嗑　困
明夷　解　晉　訟

右離

無妄　漸　大畜　升
隨　漸　蠱　蠱
噬嗑　蹇　賁　井
震　蹇　艮　巽
益　剥　損　恒
屯　剥　蒙　鼎
頤　坤　頤　大過
復　坤　剥　姤

右震

姤　乾　夬　復
大過　乾　大過　頤
鼎　夬　革　屯
恒　夬　咸　益
巽　睽　兑　震

䷯井　䷥睽　䷮困　䷔噬嗑
䷑蠱　䷵歸妹　䷐隨　䷐隨
䷭升　䷵歸妹　䷬萃　䷘無妄

右巽

䷅訟　䷤家人　䷄需　䷣明夷
䷮困　䷤家人　䷯井　䷕賁
䷿未濟　䷾既濟　䷾既濟　䷾既濟
䷧解　䷾既濟　䷦蹇　䷤家人
䷺渙　䷚頤　䷻節　䷶豐
䷜坎　䷚頤　䷜坎　䷝離
䷃蒙　䷗復　䷂屯　䷰革
䷆師　䷗復　䷇比　䷌同人

右坎

䷠遯　䷫姤　䷡大壯　䷒臨
䷞咸　䷫姤　䷟恒　䷨損
䷷旅　䷛大過　䷶豐　䷻節
䷽小過　䷛大過　䷽小過　䷼中孚
䷴漸　䷿未濟　䷵歸妹　䷵歸妹
䷦蹇　䷿未濟　䷧解　䷥睽

艮	解	震	兌
謙	解	豫	履

右艮

否	漸	泰	泰
萃	漸	升	大畜
晉	蹇	明夷	需
豫	蹇	謙	小畜
觀	剥	臨	大壯
比	剥	師	大有
剥	坤	復	夬
坤	坤	坤	乾

右坤

錯橫看，餘縱看。卦純陽，爻純剛爲乾，互之覆之皆仍乾，對坤；卦純陰，爻純柔爲坤，互之覆之皆仍坤，對乾，此乾坤爲大父母，六子之所以不得與也。陽卦，爻一剛二柔爲坎，覆之仍坎，對離，互之爲頤，頤亦離象也；陰卦，爻一柔二剛爲離，覆之仍離，對坎，互之爲大過，大過亦坎象也，此坎離得乾坤之中爻，震巽艮兑之所不得同也。

東坡蘇氏曰：「以雜卦觀之，六十四卦皆兩不相從，非覆則變也。變者八：乾坤也，頤大過也，坎離也，中孚小過也。覆變者八：泰否也，隨蠱也，漸歸妹也，既濟未濟也。其餘四十八皆覆也。卦本以覆相從，不得已而從變也。何爲其不得已也？變者八，皆不可覆者也。雜卦皆相反，序卦皆相因，此理也，而有二變者八、覆變者八、覆者四十八，此數也，而有三，然則六十四卦之叙，果何義也？曰理二，曰數三五者，無不可，此其所以爲易也。步歷而歷協，吹律而律應；考之人事，而人事契，循乎天理而行，無往而不相值也。」

崔氏曰：「言伏羲仰觀俯察而立八卦之象，以盡其意。」

朱子曰：「言之所傳者淺，象之所示者深。觀奇偶二畫，包含變化，無有窮盡，則可見矣。」

是故易者，象也。象也者，像也。

朱子曰：「易，卦之形，理之似也。」

邵子曰：「易有意，象立意，皆所以明象。統下三者，有言象不擬物，而直言以明事有像。象擬一物以明意，有數象，七日、八月、三年、十年之類是也。項氏曰：『象至於八而備，六十四卦之象皆因八而成也。爻至於重而足，三百八十四爻皆因重而生也。易之變有飛有伏，有交有互，不可勝窮，而不出於一剛一柔之相雜。人之動有吉有凶，有悔有吝，而不出於卦辭爻辭之所命。』」

附取象

作結繩爲網罟，以佃以漁，蓋取諸離。

朱氏曰：「上古茹毛飲血，故教之以佃漁巽繩，離目網目謂之罟。兩目相連，結繩爲之，網罟也。離爲雉，佃也。兌巽爲魚，漁也。」

程氏曰：「飛走之類，實害禾稼，唯網罟佃漁之制，然後耒耜之利見於天下。」

斲木爲耜，揉木爲耒，耒耨之利，以教天下，蓋取諸益。

朱氏曰：「神農時，民厭鮮食而食草木之食，聖人因是以達其不忍之心，故教以耒耜之利佃漁。不言利於耒耜，言利佃漁，非聖人本心也。」

龔氏曰：「耜者，耒首也，斲木之銳而爲之。耒者，耜之柄也，屈木之直而爲之。益之成卦，上震下巽，爲木以動，入爲用，其益無方矣。」

日中爲市，致天下之民，聚天下之貨，交易而退，各得其所，蓋取諸噬嗑。

朱氏曰：「是時民甘其食、美其服，至死不相往來，故教之以交易。」

龔氏曰：「離上明而日中，震下動而交易。動而合，合而爲養也。」

胡氏曰：「日中之時，取其遠近之人，皆得以相及。」

黄帝、堯、舜垂衣裳而天下治，蓋取諸乾坤。

龔氏曰：「教民始於有君臣上下，而後禮義有所措，故衣上裳下，示之以君臣之義，猶乾尊坤卑之象。」

翁氏曰：「乾之數極於九，故王之司服九章。坤之數終於六，故后之司服六章。」

刳木爲舟，剡木爲楫。舟楫之利，以濟不通，致遠以利天下，蓋取諸涣。

朱氏曰：「上古山無蹊，澤無梁，至是舟楫之利，以濟不通。乾金刳巽木，浮於坎上，刳木爲舟也。離火上鋭，剡木爲楫也。」

程子曰：「上巽木也，下坎水大川也，利涉險以濟，涣也。木在水上，乘木之象。利涉大川，乘木有功也。」

服牛乘馬，引重致遠，以利天下，蓋取諸隨。

舊注隨物所之，各得其宜也。

程氏曰：「服牛乘馬皆因其性而爲之，胡不乘牛而服馬乎？理之所不可也。」

胡氏曰：「調習馬牛，負重致遠，動作行止，皆隨於人也。」

重門擊柝，以待暴客，蓋取諸豫。

舊注取其豫備。

胡氏曰：「外有警備，奸人不敢犯，則在內者自然安矣。」

斷木爲杵，掘地爲臼。臼杵之利，萬民以濟，蓋取諸小過。

胡氏曰：「聖人既教人粒食以自養，又教精治其五穀，是小有過，爲其事也。」

朱氏曰：「知耒耜而不知杵臼之利，則利天下者有未盡，故教之以杵臼之利。杵動於上，臼止於下，四應初，三應上，上下相應，杵臼之利也。」

弦木爲弧，剡木爲矢。弧矢之利，以威天下，蓋取諸睽。

舊注物乖則爭，興弧矢之用，所以威乖爭也。

朱氏曰：「知門柝而不知弧矢之利，則威天下者有未盡，故教之以弧矢之利。」

上古穴居而野處，後世聖人易之以宮室，上棟下宇，以待風雨，蓋取諸大壯。

龔氏曰：「穴居者常也，野處者暫也。穴居則非棟宇之逸，野處則有風雨之勞，故易之以宮室，上棟以致高，下宇以致周，以待風雨，猶大壯二陰在上以動，四陽在下而壯，故二陰不能陵也。」

古之葬者，厚衣之以薪，葬之中野，不封不樹，喪期無數，後世聖人易之以棺槨，蓋取諸大過。

孔氏曰：「送終追遠，欲其過厚。」

朱氏曰：「棺周於身，槨周於棺，土周於槨，大過也。」

上古結繩而治，後世聖人易之以書契，百官以治，萬民以察，蓋取諸夬。

舊注書契以決斷萬事。

龔氏曰：「言有所不能記者，則書；述之事有所不能信者，則契。別之百官以治事，辯而不相亂也。萬民以察，情盡而不相欺也。以衆明照闇，猶五剛而決一柔也。」

朱氏曰：「自伏羲、神農、黃帝、堯、舜，凡六萬一千四百有餘歲，而行十三卦而已。」

乾爲馬，坤爲牛，震爲龍，巽爲雞，坎爲豕，離爲雉，艮爲狗，兑爲羊。

朱子曰：「遠取諸物如此。」

乾，陽物也。馬，性健而善走，其蹄圓，乾象奇也。馬，陽物，故起先前足，臥先後足。陽病則陰，故馬疾則臥。於辰爲午，於宿爲星直。一陰之月，陽生於陰也。坤，陰物也。牛，性順而任重，其蹄坼，坤象偶也。牛，陰物，故起先後足，臥先前足。陰病則陽，故牛疾則立。於辰爲丑，於宿爲牛直。二陽之月，陰生於陽也。龍，走之飛也，過陽則奮，震之一陽動於二陰之下者也，故身動而雷驚。於辰爲辰，宿直角亢。角爲蛟，亢爲龍，皆震位也。雞，飛之走也，遇陰則入，巽之一陰伏於二陽之下者也，故身伏而聲達。於辰爲酉，宿直昴。荀氏曰：「風精爲雞，正巽之畜，蓋金畜也。」

坎，北方之卦也，豕主汙濕而性剛躁，陽剛在內也。於辰爲亥，宿直室，正水畜也。離，南方之卦也，雉性介而色文，陽明在外也。稗雅云：「雉不能遠飛，高不過一丈，長不過三丈，故高一丈，長三丈爲一雉。」此雉之陰也。書稱雉爲夏翟，以其色備五采，尾至夏則光鮮。此雉之陽也。宿直胃。雉化蜃，雀化蛤者，內肉外殼，離之象也，火，畜也。狗，火精也，善守能禁止人。荀氏曰：「艮主斗，故犬三月而生，斗行十三時而日出，故犬十三日而開目，斗屈故犬臥屈，斗行四匝，故犬夜繞室。」火精畏水，故犬鬬以水，沃而解其飲水，但以舌舐之。於辰爲戌，宿直婁。羊，外柔悦羣而不能害物，於辰爲未，宿直鬼。羊屬土，故土之怪爲羵羊。

乾爲首，坤爲腹，震爲足，巽爲股，坎爲耳，離爲目，艮爲手，兑爲口。

朱子曰：「近取諸身如此。」

首會諸陽，尊而在上，故屬乾。腹藏衆陰，廣而有容，故屬坤。陽動陰靜，動而在下者，足也，故屬震。陽連陰坼，坼而在下者，股也，故屬巽。耳輪內陷，坎陽在內，耳收聲，聰於內也。目睛外射，離陽在外。目交色，明於外也。項氏曰：「人覺則神在目，寐則神在耳。」故覺則用目而視，離日主晝也；寐則用耳而聽，坎月主夜也。坎，陽陷於陰，故耳居險而能聽；離，陰麗於陽，故目資陽而後視。朱氏曰：「寐者，形閉，坤之闔也。寤者，形開，乾之闢也。一闔一闢，目瞑耳聰，坎離相代，晝夜之道，惟善用者能達耳目於外，惟善養者能反耳目於內。」手，剛在前能止物，艮陽止於上，故爲手。口開在上能說人，兑陰說於上，故爲口。徐氏以兑從口，其訓「說」爲辭說之說，今轉爲喜說之說。何玄子曰：「一陰進乎二陽之上，氣之舒散在外，有說意。」焦弱侯曰：「人有思慮，必斂而向內。人有喜說，必見而在外。」按：以口說人，必資乎辭，說言乎兑，抑兼二義耶。

乾，天也，故稱乎父。坤，地也，故稱乎母。震一索而得男，故謂之長男。巽一索而得女，故謂之長女。坎再索而得男，故謂之中男。離再索而得女，故謂之中女。艮三索而得男，故謂之少男。兑三索而得女，故謂之少女。

朱子曰：「索，求也，謂揲蓍以求爻也。男女指卦中一陰一陽而言。」

此不但言揲蓍，亦觀諸家之象也。有天地然後萬物生焉，有乾坤然後六子生焉。乾稱父，陽也；坤稱母，陰也，二氣相求，男女以生。陽入陰中得父氣者爲男，陰入陽中得母氣者爲女，在初者爲長男長女，在中者爲中男中女，在末者爲少男少女。三男本坤體，各得乾之一陽而成男，陽根於陰也。三女本乾體，各得坤之一陰而成女，陰根於陽也。子夏曰：「二氣相推而八卦著矣，男女之道備矣，天下之情見矣。」朱漢上曰：「天地與我並生，萬物與我同體，是故聖人親其親，長其長，而天下平。伐一草木，殺一禽獸，非其時，謂之不孝。」莫非從此推之也。

乾爲天，爲圜，爲君，爲父，爲玉，爲金，爲寒，爲冰，爲大赤，爲良馬，爲老馬，爲瘠馬，爲駁馬，爲木果。

此以後廣八卦之象，求其明備，以資占者之決也。朱子謂其間多不可曉，大儒之宏也。學者爲下學之功，則必求其解，亦格物之事也。則涉於鑿，不害也。故折衷諸家之說，而參以己意焉。

乾，純陽至健而在上，其德高明，高明所以覆物也，故配天。天之文，一，大。乾，一也，大也，故爲天。天體圓，圓，無端也，運動不窮，唯物之圓者爲然，故爲圜。乾者，萬物之宗，猶君之主萬民也。乾以君之，故爲君。萬物資始，有父道焉，故爲父。在國爲君，在家爲父，尊嚴之極，人之至貴也，物之元也。玉，言其純粹也。金，言其堅剛也，寒氣之烈也。寒極則冰，凝水之勁氣也。後天乾居西北，卦氣爲立冬之節。水，始冰之時，故乾爲寒，爲冰，赤陽之色也。陽盛則大赤，老陽之色也，云大別乾於坎也。先天乾居南，於時爲夏，故爲大赤。寒冰在子，陽之始也；大赤在午，陽之終也。純陽不雜，健之善者也，故爲良馬。年之久者多智，故爲老馬。骨之峻者無膚，故爲瘠馬。駁馬鋸牙能食，虎豹威猛之至，馬之異者也。果形皆圓，圓而在上，故爲木果。老而成實，生之本也。

子夏曰：「乾，老陽也，其道極也，故健之極長、極堅、極老，皆取象也。」

坤爲地，爲母，爲布，爲釜，爲吝嗇，爲均，爲子母牛，爲大輿，爲文，爲衆，爲柄，其於地也爲黑。

坤，純陰至順而在下，其德博厚，博厚所以載物也，故配地。坤之文從土。土，地也，故爲地。萬物資生，有母道焉，故爲母。朱氏謂麻葛苧爲布，陰柔之物也。項氏謂泉貨爲布，能隨百物之貴賤而賦之，坤之象也。謂敷其發生之澤，則與震之爲旉同。釜，虛而有容，能化生成熟，乾生坤成之義也。其靜也，翕聚而不施，生物不移，坤以藏之，故爲吝嗇。吝嗇者，至陰之性，女子小人未有不吝嗇者也。均者，闢之敷也，地之平也。不擇善惡之物皆生，故爲均。或謂賦形有定如陶人然，亦通順。而能生生相繼，故爲子母牛。厚而能載，載之廣也，故爲大輿，云大別坤於坎也。卦畫之象，奇則質，偶則雜，乾質故坤爲文。卦畫之數，奇則少，偶則多，乾一故坤爲衆。坤以成物，無不持載柄者，其成物之權也。地之色有五。玄者，乾之坎；黃者，坤之離，皆中爻之色也。其極則乾爲赤，坤爲黑，故先天圖乾南而坤北也。

子夏曰：「坤，有形之大也，物生之本也，有容藏之義焉，有生化之道焉，故是類者，皆取象也。」

震爲雷，爲龍，爲玄黄，爲旉，爲大塗，爲長子，爲决躁，爲蒼筤竹，爲萑葦；　其於馬也，善鳴，爲馵足，爲作足，爲的顙；　其於稼也，爲反生；　其究爲健，爲蕃鮮。

震，一陽動在下，雷起於地，氣之動於下也。張子曰：「陰氣凝聚，陽在内者，不得出則奮擊，而爲雷。龍起於淵，物之動於下也。」或作「駹」、作「尨」，非乾玄坤黄。震爲長子，受父母始交之氣，而兼乾坤之色也，故爲玄黄。陽氣始施，敷布而生，故爲旉。子夏曰：「陽重而始舉也。」王氏、干氏謂爲花蘤，亦通。李氏作「専」，來氏作「車」，並非。一奇在下，二偶分張，四通八達，故爲大塗。震一索而得男，長子也。一陽始動，性剛而進鋭，故爲决躁。蒼，東方之色，竹性堅貞而節上虚，故爲蒼筤竹、萑葦竹之類也。聲屬陽，陽在下，二偶口開，聲出也，故爲善鳴。馬左足白曰馵，陽明之色而在下也。震居左，故爲馵足。作足者，足超起也，陽之健也。或曰前後各一足舉，今人謂之虚立，一陽在下之象也。馬白額曰的顙，震得乾之初爻有首象，二陰在上，故其額白。子夏曰：「馵足之馬必的顙，陽下應乎上中也。」稼一歲再熟爲反生，或謂反甲而生。自下而上，則凡稼皆然。究者，究其進也。究震之進，則爲臨、爲泰，爲三畫之純陽矣，故爲健。究陽之生物，則帝出乎震，齊乎巽，相見乎離，品物咸亨，蕃盛而鮮潔矣。或分鮮爲魚，鱻。

子夏曰：「震，剛下動也，物之始生，下之堅白，皆取象也。」

巽爲木，爲風，爲長女，爲繩直，爲工，爲白，爲長，爲高，爲進退，爲不果，爲臭；　其於人也，爲寡髮，爲廣顙，爲多白眼，爲近利市三倍；　其究爲躁卦。

巽，入也。物之善入者，木也，與土相浸也。剛巽柔而不固，可以揉曲直也。氣之善入者，風也，凡物咸被也。剛巽柔，柔巽剛，無其體而相從也。張子曰：「陰風凝聚，陽在外者不得入，則周旋不舍而爲風。」巽一索而得女，長女也。木曰曲直，引繩取直，其齊也。巽德之制，能制器者，工也。少陰之色，白其潔也。陽長陰短，風行遠也，故爲長。陽高陰卑，風上升也，又木性也，故爲高。陽進陰退，風行無常也，故爲進退。性之柔者多疑，一陰盤旋於二陽之下，故爲不果。陽在外而陰伏於下，氣之未達，待風而傳者也，故爲臭。陰血不升，故寡髮，古作宣髮、白髮也。陽氣上盛，故顙廣。眼之白者爲陽，黑者爲陰，巽二陽一陰，故爲多白眼。陽主義，陰主利，巽陰爲主於内，而又善入，得利之多者也，故爲近利市三倍。或謂離日中爲市，而巽近之，故有此象。究巽之變，則陰變而陽，故爲躁卦。震巽，獨言其究者，剛柔之始也。項氏曰：「君子之剛，其極爲健。小人之柔，其究爲躁。此陰陽之所以分也。觀坤上六之戰，則躁可知矣。於震，不變其初畫之陽，而但變其中、上二畫，故其究爲乾之健，而不爲巽。於巽，先變其初畫之陰，而盡變其初、中、上三畫，故其究爲震之躁，而不爲坤。蓋重陽之義也。」

子夏曰：「巽者，陽巽於陰，不自任其志也，故木以曲直之風以隨之，故可制之物、從小之道，皆取象也。」

坎爲水，爲溝瀆，爲隱伏，爲矯輮，爲弓輪；其於人也，爲加憂，爲心病，爲耳痛，爲血卦，爲赤；其於馬也，爲美脊，爲亟心，爲下首，爲薄蹄，爲曳；其於輿也，爲多眚，爲通；爲月，爲盜；其於木也，爲堅多心。

水内明，坎之陽在内，故爲水。水之文，坎畫之象也。流而不盈，水之行也，爲溝瀆。陽爲陰掩，行於地中也，爲隱伏。水流有曲直，矯者曲而使直，輮者直而使曲，順其勢之所利，而因其人所導，故爲矯輮。因其矯輮，故爲弓輪。弓以激矢，輪以運行，水行之象也。陽陷陰中，心危慮深，故爲加憂。心、耳皆以虚爲用，坎體中實，心爲物累而病，非無疚之心矣；耳爲物塞而痛，非達聰之耳矣。水在人身爲血，坎得乾之一畫爲赤，但不大耳。乾爲馬，在内心爲中，在外脊爲中，坎得乾之中爻，故爲美脊。剛在内而躁，故爲亟心。陽不在上，故首下而不昂。剛不在下，故蹄薄而不厚。因下柔，故又爲曳。陷則失健，行無力也。柔在下，不勝載，故在輿爲多眚。行於險道，不若坤之大輿行於平地者，易且安也。上下皆虚，水流而不滯，故爲通。通者，水之性也。水與月皆爲陰方，諸取水月者，水之精，故爲月。陽匿陰中，伏而爲害，故爲盜。在木，則陽實在中，故爲堅多心。

子夏曰：「坎上下皆陰，而陽在柔中，剛而有信也。履之以宜，乘其柔順而有功也；用之失道，則沒溺矣，水之象也。中剛之物，皆取象也。」

離爲火，爲日，爲電，爲中女，爲甲胄，爲戈兵；其於人也，爲大腹，爲乾卦；爲鱉，爲蟹，爲蠃，爲蚌，爲龜；其於木也，爲科上稿。

火麗木而生，其内暗，離之陰在中，故爲火。火之文，離畫之象也。火與日皆屬陽，陽燧取火。日者，火之精，故爲日。電者，火之光也。離再索而得女，中女也。甲胄外堅，象離之體也。戈兵上鋭，象離之性也。中虛，故在人爲大腹。火就燥，故爲乾卦。外剛内柔爲介物，故爲鱉，爲蟹，爲蠃，爲蚌，爲龜。陸氏訓「科」爲空，則中空而上稿也；張子以枝幹之間爲科上，謂附而燥；來氏謂科者，科巢之科，炎上故上稿，皆通。

子夏曰：「離，陽盛於外，故至炎之物。外剛中柔之類，皆取象也。」

艮爲山，爲徑路，爲小石，爲門闕，爲果蓏，爲閽寺，爲指，爲狗，爲鼠，爲黔喙之屬；其於木也，爲堅多節。

一陽隆起於地上，止而靜，故爲山。陽塞於外，不通大塗，山中之小蹊也，故爲徑路。剛在坤土之上，高山之卷石也，故爲小石。上畫連而實，下畫坼而虛，以通出入，故爲門闕。木實植生曰果，草實蔓生曰蓏，實皆在上。一剛二柔，實止於地，故爲果蓏，異於乾之純剛，特爲木果也。閽人掌王宮中門之禁，止物之不得入者。寺人掌王之内人及宮女之戒令，止物之不得出者。艮，止也，故爲閽寺。人之能止物者，指也；物之能止物者，狗也，虞氏作「拘」，拘亦止義也。鼠之剛在齒，鳥之剛在喙，剛皆在前也。黔者，黑色，鳥喙多黑。程氏謂黔，東北方之色，青黑雜也，屬者其類也。艮剛在外，故爲堅多節，猶坎剛在内，故爲堅多心也。

兌爲澤，爲少女，爲巫，爲口舌，爲毀折，爲附決；其於地也，爲剛鹵；爲妾，爲羊。

澤者，豬水之地，坎水而塞，其下流潤而見於外者也。上潤下堅，澤之象也。兑三索而得女，少女也。以言説神爲巫，以言説人爲口舌。兑，正秋，金氣肅殺，條枯實落，全者毁，剛者折，缺於上也，故爲毁折。柔附於剛，剛乃決柔，故爲附決。夬者，決也，其象類兑。項氏曰：「物之相附者，至秋而盡。決陰在陽，中爲附，二陽下而一陰上，則附者決矣。」兑，金，乃堅剛之物，故爲剛。説文云：「鹵，西方鹹地。」兑，正西，故爲鹵，鹵出鹽，鹽亦能殺物者也。妾者，女之少而賤者也。羊者，物之内狠而外順者也。虞氏以羊作羔，鄭氏作羊，皆訓爲女使。項氏曰：「情之説者，不若其心之憂。」坎足以開天一之源，而兑爲天下之賤女，聖人之意深矣。

程子曰：「説卦於乾，雖言爲天，又言爲金，爲玉，以至爲駁馬，爲良馬，爲木果之類，豈盡言天？若此者，所謂類萬物之情也，故孔子推明之曰：『此卦於天文地理，則爲某物；於鳥獸草木，則爲某物；於身於物，則爲某物，各以例舉，不盡言也。』學者觸類而求之，則思過半矣。不然，説卦所叙，何所用之？」

喻氏云：「易有理而後有數，有數而後有卦，有卦而後有象。理者何？太極是也。數者何？河圖洛書著大衍之數是也。卦者何？由八卦重爲六十四卦是也。象者何？乾天坤地、乾馬坤牛之類是也。包犧未畫之先，仰觀天文，俯察地理，近取諸身，遠取諸物，博求其象，以畫卦。既畫之後，象悉在卦中，此所謂有畫而後有象者，指作易之後而言，易中之象也。然伏羲之象在卦中，卦即象也。文王取象，猶略乾，無所取象。坤象牝馬、離象牝牛、中孚豚魚、小過飛鳥之類，寥寥可數。周公於六爻取象甚多，其要者如乾六爻象龍、屯震坎象馬之類，不可勝數，又自有所見而取，不必盡同於文王。至夫子於説卦，八卦取大象，如乾天、坤地、屯雲雷、蒙山泉之類尤備，其間亦有括文王周公所取例者。然而同於文王周公者少，而所自取者多。蓋夫子夢周公，心文王，參包羲於未畫，其於明象又自有所見，不必盡同於先聖也。朱子詩云：『須知三絶韋編者，不是尋行數墨人』得之矣。緣自先儒分經合傳之後，學者隨文，苟且混淆莫別，徑以孔子之象即文王周公之象，遂以説卦爲祖，而六十四卦之象三百八十四爻之象盡求合於説卦，皆有所不通矣。必知乎此，而後取象之同異，如揭日月而行天，流河漢而注地也。」

乾爲父，坤爲母，震爲長子，巽爲長女，離爲中女，兑爲少女，皆見於象，而中男、少男，獨不重見。乾爲馬，坤爲牛，震爲龍，艮爲狗，兑爲羊，皆見於象，而巽鷄、坎豕、離雉，獨不再出。巽爲躁卦，坎爲血卦，離爲乾卦，而五卦皆不稱卦。震究爲健，爲蕃鮮，巽究爲躁卦，而六卦皆不稱究卦。象之異同，古書之錯佚有間矣。項氏以爲互相例，未必然也。然乾爲圜，則坤爲方，故荀氏補之，而乾爲君，則坤爲臣，不應闕者，胡氏亦以爲不言而互見也。

又逸象

乾爲龍，乾初九、九二、九五、上九、用九，坤上六。爲直，坤六二。爲衣，既濟六四。爲言。需九二、訟初六、師六五、明夷初九、夬九四、困象、革九三、震上六、漸初六，然乾不象言也。坤爲牝，坤象、離象。爲迷，坤象、復上六。爲方，坤六二。爲囊，坤六四。爲裳，坤六五。爲帛，賁六五。爲漿。象爻辭無。震爲圭，誤作「玉」，益六三。爲鶴，誤作「鵠」，中孚九二。爲鼓。中孚六三。巽爲楊，大過九二、九五。爲鴻。誤作「鸛」，漸初六、六二、九三、六四、九五、上九。坎爲宫，困六三。爲律，師初六。爲可，坤六三、無妄九四、損象、井九三、漸上九、小過象皆以可爲辭，然非取象於坎也。爲棟，大過象、九三、九四。爲叢棘，坎上六。爲狐，解九二、未濟象。爲蒺藜，困六三。爲桎梏。蒙初六。離爲牝牛。離象。艮爲鼻，噬嗑六二。爲虎，履象、六三、九四，頤六四，革九五，履、革皆無艮，艮不象虎也。爲豹。誤作「狐」，革上六，義同上。兑爲常，象爻辭無，或曰當爲「裳」，或曰當爲「商」，或曰「常」，九旗之一，下二奇象通帛，下垂，上一耦象分繫於杠。爲輔頰。咸上六，艮六五。

凡八卦逸象共三十。荀爽九家易有之。項氏曰：「逸象多取於繇辭。」程氏曰：「八卦之象，八物而已。充其類則百物不廢。極其説，可以類萬物之情。然説卦之象有與卦爻相符者，有不與卦爻相符者，有見於卦爻而説卦不載者，有見於説卦而卦爻無之者。若夫『大琴謂之離』、『小罍謂之坎』，此見於他書，而易與説卦又可以類推也。」近世來氏又增定，亦率本此。

懸鏡云：「卦有兼該象占者，如坤元亨利貞，是占牝馬，西南東北是象亦有。有占而無象者，如乾元亨利貞、大有元亨、鼎元吉亨是也。卦即象矣。爻亦有兼該象占者，如乾初九潛龍，是象勿用，是占是也。又如坤初六『履霜堅冰至』，是象雖不言占，然謹微之意可見。坤六二『直方大，不習，無不利』，是占雖不言象，然六二一爻純陰，全地道之中正，則是象矣。他皆倣此。文王於乾首開利貞之教，便有若不貞，則不利之意。周公於需上六不速之客來，吉凶未可知，而曰『敬之終吉』。孔子於需九三致寇至，而曰『敬慎不敗』，此又有變化轉移之道。三聖人之心一也。」

卦氣第十一

每月一節氣、一中氣。每一氣三候，一候五日，六候六爻主之。

十一月　子　復

大雪子之初　冬至子之半

十二月　丑　臨

小寒丑之初　大寒丑之半

正月　寅　泰

立春寅之初　雨水寅之半

二月　卯　大壯

驚蟄卯之初　春分卯之半

三月　辰　夬

清明辰之初　穀雨辰之半

四月　巳　乾

立夏巳之初　小滿巳之半

五月　午　姤

芒種午之初　夏至午之半

六月　未　遯

小暑未之初　大暑未之半

七月　申　否

立秋申之初　處暑申之半

八月　酉　觀

白露酉之初　秋分酉之半

九月　戌　剥

寒露戌之初　霜降戌之半

十月　亥　坤

立冬亥之初　小雪亥之半

朱子曰：「先天圖左方自震初爲冬至，離兑中爲春分，至乾之末而交夏至。右方自巽初爲夏至，坎艮中爲秋分，至坤之末而交冬至。」

先天卦氣説解云：「乾一，兑二，離三，震四，已生之卦，其序自南而北。若卦氣運行，則自北而南。一陽生於震始，故邵子以冬至子之半爲復，十一月中也；十二月丑初小寒，其卦爲頤、屯、益，月半大寒，則震、噬嗑、隨；正月寅初立春，其卦爲無妄、明夷，月半雨水，則賁、既濟、家人；二月卯初驚蟄，其卦爲豐、離、革，月半春分，則同人、臨；三月辰初清明，其卦爲損、節、中孚，月半穀雨，則歸妹、睽、兑；立夏巳初，其卦爲履、泰，月半小滿，則大畜、需、小畜；五月午初芒種，其卦爲大壯、大有、夬，至乾之末交夏至焉，即午之半也。此三十二卦屬陽，以當春夏。」

「巽五，坎六，艮七，坤八，未生之卦也。圖自西而北，若卦氣之行，則自一陰生於巽始，故夏至午之半爲姤，五月中也；六月未初小暑，其卦爲大過、鼎、恒，月半大暑，則巽、井、蠱；七月申初立秋，其卦爲升、訟，月半處暑，則困、未濟、解；八月酉初爲白露，其卦爲渙、坎、蒙，月半秋分，則師、遯；九月戌初寒露，其卦爲咸、旅、小過，月半霜降，則漸、蹇、艮；十月亥初立冬，其卦爲謙、否，月半小雪，則萃、晉、豫；十一月子初大雪，其卦爲觀、比、剥，至坤之末交冬至焉，即子之半也。此三十二卦屬陰，以當秋冬。」

「子至巳，乾、兑、離、震六陽月，其節有四：冬至、立春、春分、立夏也。午至亥，巽、坎、艮、坤六陰月，其節亦四：夏至、立秋、秋分、立冬也。一年八節，二之計，一十六卦，外有十六氣；三之計，四十八卦並之，則六十四以當一期之氣候，所以定時成歲，行鬼神，成變化也。」

月令：仲夏「日長至，陰陽爭，死生分。君子齋戒，處必掩身，毋躁，止聲色，薄滋味，節嗜欲，定心氣。」仲冬「日短至，陰陽爭，諸生蕩，君子齋戒，處必掩身，身欲寧，去聲色，禁嗜欲，安形性，事欲靜，以待陰陽之所定。」凡陽主生，凡陰主死，姤避死氣，復乘生氣，姤復之關，人鬼之界也，故君子慎之。

凡術皆本之易奇門秘要，以八卦分八節，有云八節者：冬至、立春、春分、立夏、夏至、立秋、秋分、立冬也。冬至一陽生，生於陰之極也；夏至一陰生，生於陽之極也，故冬至起於坤，夏至起於乾，此先天卦之應節也。是以立春起於震，春分起於離，立夏起於兑，行東部之生氣而隸於北。立秋起於巽，秋分起於坎，立冬起於艮，行西部之殺氣而隸於南。一節統三氣，一氣統三元，一元統五日，一日統十二時，一時爲一局，五百四十局爲一卦，八卦合得四千三百二十局，以成一歲，此軒轅氏之始制也。

一節分三氣，一氣立四十五局，歲二十四氣，合得一千零八十局，此風后演軒轅氏四局爲一局之制也。

冬至甲子生於一，一，數之始也。夏至甲子生於九，九，數之終也。故冬至起於坎，夏至起於離，此後天卦之應節也。是以立春起於艮，春分起於震，立夏起於巽，順行陽氣而履於左；立秋起於坤，秋分起於兑，立冬起於乾，逆行陰氣而戴於右。一節統三氣，一齊統三候，一候爲一局，九局爲一卦，八卦合得七十二局，以成一歲，此太公望約風后十五局爲一局之制也。

八節分二至，二至分陰陽。陽統十二氣，順行九宮，爲陽九局，冬至、驚蟄、清明、立夏四氣，三元甲子起於一七四宮；小寒、立春、穀雨、小滿四氣，三元甲子起於二八五宮；大寒、春分、雨水、芒種四氣，三元甲子起於三九六宮。陰統十二氣，逆行九宮，爲陰九局，夏至、白露、寒露、立冬四氣，三元甲子起於九三六宮；小暑、立秋、霜降、小雪四氣，三元甲子起於八二五宮；大暑、秋分、處暑、大雪四氣，三元甲子起於七一四宮。每一宮統四元，每一元統六十時，四元合得二百四十時爲一局，歲四千三百二十時，爲十八局，此留侯因風后演軒轅之制，而又約太公四局爲一局也。捷法至此精矣，極矣，故曰風后之法，萬世不易之法也。

漢陰居士曰：「天地之理，陰陽生殺而已矣。含兩間而吐四時者，理中之氣也。氣無理不蓄，理無氣不舒，陰陽生殺者，所以蓄其氣而舒其理者也，故包羲氏俯仰以畫卦，軒轅氏即卦以分節，亦各緣陰陽生殺，發其含吐舒蓄而已矣。

愚考八節之義，冬者，陰也，其音翕，陰之理也。夏者，陽也，其音張，陽之理也。春者，陽之生氣也，故其音張而發。秋者，陰之殺氣也，故其音翕而斂。此陰陽理氣自然之翕張斂發，故運行四時而生成百物也。至者，極也。分者，中也。立者，止也。」

先天，坤以純陰居北，陰至於純而陰極矣，故曰冬至。陰極則陽生，陽生則陰止，故震一陽生於東北，曰立春。離以陽含陰居東，陽之生氣得乎中，是以二陽含一陰而中分之，故曰春分。陽過其中而氣漸盛，若不知其所止，則必至於極，故兑以一陰止二陽於東南，曰立夏。

乾以純陽居南，陽至於純而陽極矣，故曰夏至。陽極則陰生，陰生則陽止，故巽一陰生於西南，曰立秋。坎以陰含陽居西，陰之殺氣得乎中，是以二陰含一陽而中分之，故曰秋分。陰過其中而氣漸盛，若不知其所止，則必至於極，故艮以一陽止二陰於西北，曰立冬。

此羲、黄二聖卦節一揆之旨也。後天卦位雖易，而八方八節不能易其所。能易者，則陰陽升降之氣，而所以不能易者，則陰陽配合之理也，故曰天地之理，陰陽生殺而已矣。

周易筮述卷六

卦辭第十二

䷀乾下乾上

乾：元、亨、利、貞。　天行健，君子以自強不息。「健」疑「⿰阝建」。

初九，潛龍勿用。　潛龍勿用，陽在下也。

九二，見龍在田，利見大人。　見龍在田，德施普也。

九三，君子終日乾乾，夕惕若，厲無咎。　終日乾乾，反復道也。

九四，或躍在淵，無咎。　或躍在淵，進無咎也。

九五，飛龍在天，利見大人。　飛龍在天，大人造也。

上九，亢龍有悔。　亢龍有悔，盈不可久也。

用九，見羣龍無首，吉。　用九，天德不可爲首也。

䷁坤下坤上

坤：元亨，利牝馬之貞。君子有攸往，先迷後得，主利。西南得朋，東北喪朋。安貞吉。

地勢坤，君子以厚德載物。

初六，履霜，堅冰至。　「履霜堅冰」，陰始凝也。馴致其道，致堅冰也。上「堅冰」字疑衍文。

六二，直方大，不習無不利。　六二之動，直以方也。「不習無不利」，地道光也。

六三，含章可貞，或從王事，無成有終。　「含章可貞」，以時發也。「或從王事」，知光大也。

六四，括囊，無咎，無譽。　「括囊無咎」，慎不害也。

六五，黃裳元吉。　「黃裳元吉」，文在中也。

上六，龍戰於野，其血玄黃。　「龍戰於野」，其道窮也。

用六，利永貞。　用六「永貞」，以大終也。

䷂震下坎上

屯：元亨，利貞。勿用有攸往，利建侯。　雲雷，屯；君子以經綸。

初九，磐桓，利居貞，利建侯。　雖磐桓，志行正也。以貴下賤，大得民也。

六二，屯如邅如，乘馬班如。匪寇，婚媾，女子貞不字，十年乃字。　六二之難，乘剛也。「十年乃字」，反常也。

六三，即鹿無虞，惟入于林中；君子幾，不如舍。往吝。　「即鹿無虞」，以從禽也。君子舍之，往吝窮也。或云：「以上有『何』字。」

六四，乘馬班如。求婚媾，往吉，無不利。　求而往，明也。

九五，屯其膏。小貞吉；大貞凶。　「屯其膏」，施未光也。

上六，乘馬班如，泣血漣如。　「泣血漣如」，何可長也？

䷃坎下艮上

蒙：亨。匪我求童蒙，童蒙求我。初筮告，再三瀆，瀆則不告。利貞。　山下出泉，蒙；君子以果行育德。

初六，發蒙，利用刑人，用說桎梏，以往吝。　「利用刑人」，以正法也。

九二，包蒙，吉；納婦，吉；子克家。　「子克家」，剛柔接也。

六三，勿用取女，見金夫，不有躬。無攸利。　「勿用取女」，行不順也。

六四，困蒙，吝。　困蒙之吝，獨遠實也。

六五，童蒙，吉。　童蒙之吉，順以巽也。

上九，擊蒙，不利爲寇，利禦寇。　利用禦寇，上下順也。

䷄乾下坎上

需：有孚，光亨，貞吉，利涉大川。　雲上於天，需；君子以飲食宴樂。

初九，需于郊，利用恒，無咎。　「需於郊」，不犯難行也。「利用恒無咎」，未失常也。

九二，需于沙，小有言，終吉。　「需于沙」，衍在中也。雖「小有言」，以「吉」「終」也。

九三，需於泥，致寇至。　「需於泥」，災在外也。自我致寇，敬慎不敗也。

六四，需於血，出自穴。　「需於血」，順以聽也。

九五，需於酒食，貞吉。　酒食貞吉，以中正也。

上六，入於穴，有不速之客三人來，敬之終吉。　不速之客來，敬之終吉。雖不當位，未大失也。

䷅坎下乾上

訟：有孚、窒、惕，中吉，終兇。利見大人，不利涉大川。　天與水違行，訟；君子以作事謀始。

初六，不永所事，小有言，終吉。　「不永所事」，訟不可長也。雖「小有言」，其辯明也。

九二，不克訟，歸而逋其邑人三百戶，無眚。　「不克訟」，歸逋竄也。自下訟上，患至掇也。

六三，食舊德，貞厲，終吉。或從王事，無成。　「食舊德」，從上吉也。

九四，不克訟，復即命渝，安貞吉。　「復即命渝」，安貞不失也。

九五，訟，元吉。　「訟元吉」，以中正也。

上九，或錫之鞶帶，終朝三褫之。　以訟受服，亦不足敬也。

䷆坎下坤上

師：貞，丈人吉，無咎。　地中有水，師；君子以容民畜衆。

初六，師出以律，否臧凶。　「師出以律」，失律凶也。

九二，在師中，吉，無咎，王三錫命。　「在師中吉」，承天寵也。「王三錫命」，懷萬邦也。

六三，師或輿尸，凶。　「師或輿尸」，大無功也。

六四，師左次，無咎。　「左次無咎」，未失常也。

六五，田有禽，利執言，本之。無咎。長子帥師，弟子輿尸，貞凶。　「長子帥師」，以中行也。「弟子輿尸」，使不當也。

上六，大君有命，開國承家，小人勿用。　「大君有命」，以正功也。「小人勿用」，必亂邦也。

䷇坤下坎上

比：吉。原筮，元永貞，無咎。不寧方來，後夫凶。　地上有水，比；先王以建萬國，親諸侯。

初六，有孚，比之，無咎。有孚盈缶，終來有他吉。　比之初六，有他吉也。

六二，比之自内，貞吉。　「比之自内」，不自失也。

六三，比之匪人。　「比之匪人」，不亦傷乎？

六四，外比之，貞吉。　外比於賢，以從上也。

九五，顯比，王用三驅，失前禽，邑人不誡，吉。　顯比之吉，位正中也。舍逆取順，失前禽也。「邑人不誡」，上使中也。

上六，比之無首，凶。　「比之無首」，無所終也。

䷈乾下巽上

小畜：亨。密雲不雨，自我西郊。　風行天上，小畜；君子以懿文德。

初九，復自道，何其咎？吉。　「復自道」，其義吉也。

九二，牽復，吉。　牽復在中，亦不自失也。

九三，輿説輻，夫妻反目。　「夫妻反目」，不能正室也。

六四，有孚，血去惕出，無咎。　有孚惕出，上合志也。

九五，有孚攣如，富以其鄰。　「有孚攣如」，不獨富也。

上九，既雨既處，尚德載。婦貞厲，月幾望，君子征凶。　「既雨既處」，德積載也。「君子征凶」，有所疑也。

䷉兌下乾上

履虎尾，不咥人，亨。　上天下澤，履；君子以辯上下，定民志。或云：「履虎尾上有『履』字。」

初九，素履，往，無咎。　素履之往，獨行願也。

九二，履道坦坦，幽人貞吉。　「幽人貞吉」，中不自亂也。

六三，眇能視，跛能履，履虎尾，咥人凶，武人爲于大君。　「眇能視」，不足以有明也。「跛能履」，不足以與行也。咥人之兇，位不當也。「武人爲于大君」，志剛也。

九四，履虎尾，愬愬終吉。　「愬愬終吉」，志行也。

九五，夬履，貞厲。　「夬履貞厲」，位正當也。

上九，視履考祥，其旋元吉。　元吉在上，大有慶也。

䷊乾下坤上

泰：小往大來，吉，亨。　天地交，泰；后以財成天地之道，輔相天地之宜，以左右民。

初九，拔茅茹，以其彙，征吉。　拔茅征吉，志在外也。

九二，包荒，用馮河；不遐遺，朋亡。得尚於中行。　包荒得尚於中行，以光大也。

九三，無平不陂，無往不復，艱貞無咎；勿恤其孚，於食有福。「無往不復」，天地際也。

六四，翩翩，不富以其鄰，不戒以孚。翩翩不富，皆失實也。「不戒以孚」，中心願也。

六五，帝乙歸妹，以祉元吉。「以祉元吉」，中以行願也。

上六，城復於隍，勿用師，自邑告命，貞吝。「城復於隍」，其命亂也。

䷋坤下乾上

否之匪人，不利君子貞，大往小來。天地不交，否；君子以儉德辟難，不可榮以禄。或云：「否之上有『否』字。」

初六，拔茅茹，以其彙，貞吉，亨。拔茅貞吉，志在君也。

六二，包承，小人吉，大人否亨。「大人否亨」，不亂羣也。

六三，包羞。「包羞」，位不當也。

九四，有命無咎，疇離祉。「有命無咎」，志行也。

九五，休否，大人吉；其亡其亡，繫于苞桑。大人之吉，位正當也。

上九，傾否，先否後喜。否終則傾，何可長也？

䷌離下乾上

同人於野，亨。利涉大川，利君子貞。天與火，同人；君子以類族辨物。或云：「同人於野上有『同人』字。」

初九，同人於門，無咎。　出門同人，又誰咎也？

六二，同人于宗，吝。　「同人于宗」，吝道也。

九三，伏戎於莽，升其高陵，三歲不興。　「伏戎於莽」，敵剛也。「三歲不興」，安行也。

九四，乘其墉，弗克攻，吉。　「乘其墉」，義弗克也。其吉，則困而反則也。

九五，同人，先號咷而後笑，大師克相遇。　同人之先，以中直也。大師相遇，言相克也。

上九，同人於郊，無悔。　「同人於郊」，志未得也。

䷍乾下離上

大有：元亨。　火在天上，大有；君子以遏惡揚善，順天休命。

初九，無交害。匪咎，艱則無咎。　大有初九，無交害也。

九二，大車以載，有攸往，無咎。　「大車以載」，積中不敗也。

九三，公用亨于天子，小人弗克。　「公用亨于天子」，小人害也。

九四，匪其彭，無咎。　「匪其彭無咎」，明辨晳也。

六五，厥孚交如，威如吉。　「厥孚交如」，信以發志也。威如之吉，易而無備也。

上九，自天祐之，吉無不利。　大有上吉，自天祐也。

䷎艮下坤上

謙：亨，君子有終。　地中有山，謙；君子以裒多益寡，稱物平施。

初六，謙謙君子，用涉大川，吉。　「謙謙君子」，卑以自牧也。

六二，鳴謙，貞吉。　「鳴謙貞吉」，中心得也。

九三，勞謙，君子有終，吉。　勞謙君子，萬民服也。

六四，無不利，撝謙。　「無不利撝謙」，不違則也。

六五，不富以其鄰，利用侵伐，無不利。　「利用侵伐」，征不服也。

上六，鳴謙，利用行師，征邑國。　「鳴謙」，志未得也。可用行師，征邑國也。

䷏坤下震上

豫：利建侯行師。　雷出地奮，豫；先王以作樂崇德，殷薦之上帝，以配祖考。

初六，鳴豫，凶。　初六鳴豫，志窮凶也。

六二，介於石，不終日，貞吉。　「不終日貞吉」，以中正也。

六三，盱豫悔，遲有悔。　盱豫有悔，位不當也。

九四，由豫，大有得。勿疑，朋盍簪。　「由豫大有得」，志大行也。

六五，貞疾，恒不死。　六五貞疾，乘剛也。「恒不死」，中未亡也。

上六，冥豫，成有渝，無咎。　冥豫在上，何可長也？

䷐震下兑上

隨：元亨，利貞，無咎。　澤中有雷，隨；君子以嚮晦入宴息。

初九，官有渝，貞吉，出門交有功。　「官有渝」，從正吉也。「出門交有功」，不失也。

六二，係小子，失丈夫。　「係小子」，弗兼與也。

六三，係丈夫，失小子。隨有求得，利居貞。　「係丈夫」，志舍下也。

九四，隨有獲，貞凶，有孚在道以明，何咎？　「隨有獲」，其義凶也。「有孚在道」，明功也。

九五，孚于嘉，吉。　「孚于嘉吉」，位正中也。

上六，拘係之，乃從維之，王用亨於西山。　「拘係之」，上窮也。

䷑巽下艮上

蠱：元亨，利涉大川。先甲三日，後甲三日。　山下有風，蠱；君子以振民育德。

初六，幹父之蠱，有子，考無咎。厲終吉。　「幹父之蠱」，意承考也。

九二，幹母之蠱，不可貞。　「幹母之蠱」，得中道也。

九三，幹父之蠱，小有悔，無大咎。　「幹父之蠱」，終無咎也。

六四，裕父之蠱，往見吝。　「裕父之蠱」，往未得也。

六五，幹父之蠱，用譽。　幹父用譽，承以德也。

上九，不事王侯，高尚其事。　「不事王侯」，志可則也。

䷒兌下坤上

臨：元亨，利貞。至於八月有凶。　澤上有地，臨；君子以教思無窮，容保民無疆。

初九，咸臨，貞吉。　「咸臨貞吉」，志行正也。

九二，咸臨，吉無不利。　「咸臨吉無不利」，未順命也。

六三，甘臨，無攸利；既憂之，無咎。　「甘臨」，位不當也。「既憂之」，咎不長也。

六四，至臨，無咎。　「至臨無咎」，位當也。

六五，知臨，大君之宜，吉。　「大君之宜」，行中之謂也。

上六，敦臨，吉，無咎。　敦臨之吉，志在內也。

䷓坤下巽上

觀：盥而不薦，有孚顒若。　風行地上，觀；先王以省方觀民設教。

初六，童觀，小人無咎，君子吝。　初六童觀，小人道也。

六二，闚觀，利女貞。　闚觀女貞，亦可醜也。

六三，觀我生，進退。　「觀我生，進退」，未失道也。

六四，觀國之光，利用賓於王。　「觀國之光」，尚賓也。

九五，觀我生，君子無咎。　「觀我生」，觀民也。

上九，觀其生，君子無咎。　「觀其生」，志未平也。

䷔震下離上

噬嗑：亨，利用獄。　雷電，噬嗑；先王以明罰勑法。

初九，履校滅趾，無咎。　「履校滅趾」，不行也。

六二，噬膚，滅鼻，無咎。　「噬膚滅鼻」，乘剛也。

六三，噬臘肉，遇毒，小吝，無咎。　「遇毒」，位不當也。

九四，噬乾胏，得金矢，利艱貞，吉。　「利艱貞吉」，未光也。

六五，噬乾肉，得黃金，貞厲，無咎。　「貞厲無咎」，得當也。

上九，何校滅耳，凶。　「何校滅耳」，聰不明也。

䷕離下艮上

賁：亨。小利有攸往。　山下有火，賁；君子以明庶政，無敢折獄。或云：「『小』當作『不』」。

初九，賁其趾，舍車而徒。　「舍車而徒」，義弗乘也。

六二，賁其須。　「賁其須」，與上興也。

九三，賁如濡如，永貞吉。　永貞之吉，終莫之陵也。

六四，賁如皤如，白馬翰如；匪寇，婚媾。　六四當位，疑也。「匪寇婚媾」，終無尤也。

六五，賁於丘園，束帛戔戔，吝，終吉。　六五之吉，有喜也。

上九，白賁無咎。　「白賁無咎」，上得志也。

䷖坤下艮上

剝：不利有攸往。　山附於地，剝；上以厚下安宅。

初六，剥牀以足，蔑。貞凶。　「剥牀以足」，以滅下也。

六二，剥牀以辨，蔑。貞凶。　「剥牀以辨」，未有與也。

六三，剥之，無咎。　「剥之無咎」，失上下也。

六四，剥牀以膚，凶。　「剥牀以膚」，切近災也。

六五，貫魚以宫人寵，無不利。　「以宫人寵」，終無尤也。

上九，碩果不食。君子得輿，小人剥廬。　「君子得輿」，民所載也。「小人剥廬」，終不可用也。

䷗震下坤上

復：亨。出入無疾，朋來無咎。反復其道，七日來復。利有攸往。　雷在地中，復；先王以至日閉關，商旅不行，后不省方。

初九，不遠復，無祇悔，元吉。　不遠之復，以修身也。

六二，休復，吉。　休復之吉，以下仁也。

六三，頻復，厲，無咎。　頻復之厲，義無咎也。

六四，中行獨復。　「中行獨復」，以從道也。

六五，敦復，無悔。　「敦復無悔」，中以自考也。

上六，迷復，凶；有災眚。用行師，終有大敗；以其國君凶，至於十年不克征。　迷復之凶，反君道也。

䷘震下乾上

無妄：元亨，利貞。其匪正，有眚。不利有攸往。　天下雷行，物與，無妄；先王以茂對時，育萬物。

初九，無妄，往，吉。　無妄之往，得志也。

六二，不耕穫，不菑畬，則利有攸往。　「不耕穫」，未富也。

六三，無妄之災，或繫之牛，行人之得，邑人之災。　行人得牛，邑人災也。

九四，可貞，無咎。　「可貞無咎」，固有之也。

九五，無妄之疾，勿藥有喜。　無妄之藥，不可試也。

上九，無妄，行有眚，無攸利。　無妄之行，窮之災也。

䷙乾下艮上

大畜：利貞。不家食，吉。利涉大川。　天在山中，大畜；君子以多識前言往行，以畜其德。

初九，有厲，利已。　「有厲利已」，不犯災也。

九二，輿說輹。　「輿說輹」，中無尤也。

九三，良馬逐，利艱貞；曰閑輿衛，利有攸往。　「利有攸往」，上合志也。或云：「『曰』當作『日』。」

六四，童牛之牿，元吉。　六四元吉，有喜也。

六五，豶豕之牙，吉。　六五之吉，有慶也。

上九，何天之衢，亨。　「何天之衢」，道大行也。

䷚震下艮上

頤：貞吉。觀頤，自求口實。　山下有雷，頤；君子以慎言語，節飲食。

初九，舍爾靈龜，觀我朵頤，凶。　「觀我朵頤」，亦不足貴也。

六二，顛頤，拂經，於丘頤，征凶。　六二征凶，行失類也。

六三，拂頤，貞凶，十年勿用，無攸利。　「十年勿用」，道大悖也。

六四，顛頤，吉；虎視眈眈，其欲逐逐，無咎。　顛頤之吉，上施光也。

六五，拂經，居貞吉，不可涉大川。　居貞之吉，順以從上也。

上九，由頤，厲吉，利涉大川。　「由頤厲吉」，大有慶也。

䷛巽下兑上

大過：棟橈，利有攸往，亨。　澤滅木，大過；君子以獨立不懼，遯世無悶。

初六，藉用白茅，無咎。　「藉用白茅」，柔在下也。

九二，枯楊生稊，老夫得其女妻，無不利。　老夫女妻，過以相與也。

九三，棟橈，凶。　棟橈之凶，不可以有輔也。

九四，棟隆，吉，有它吝。　棟隆之吉，不橈乎下也。

九五，枯楊生華，老婦得其士夫，無咎無譽。　「枯楊生華」，何可久也？　老婦士夫，亦可醜也。

上六，過涉滅頂，凶，無咎。　過涉之凶，不可咎也。

䷜坎下坎上

習坎：有孚，維心亨，行有尚。 水洊至，習坎；君子以常德行，習教事。或云：「『習坎』上有『坎』字。」

初六，習坎，入於坎窞，凶。 習坎入坎，失道凶也。

九二，坎有險，求小得。 「求小得」，未出中也。

六三，來之坎坎，險且枕，入於坎窞，勿用。 「來之坎坎」，終無功也。

六四，樽酒，簋貳，用缶，納約自牖，終無咎。 「樽酒簋貳」，剛柔際也。陸氏釋文本無「貳」字。

九五，坎不盈，祗既平，無咎。 「坎不盈」，中未大也。

上六，係用徽纆，寘於叢棘，三歲不得，凶。 上六失道，凶三歲也。

䷝離下離上

離：利貞，亨。畜牝牛吉。 明兩作，離；大人以繼明照于四方。

初九，履錯然，敬之，無咎。 履錯之敬，以辟咎也。

六二，黃離，元吉。 「黃離元吉」，得中道也。

九三，日昃之離，不鼓缶而歌，則大耋之嗟，凶。 「日昃之離」，何可久也？

九四，突如，其來如，焚如，死如，棄如。 「突如其來如」，無所容也。

六五，出涕沱若，戚嗟若，吉。 六五之吉，離王公也。

上九，王用出征，有嘉折首，獲匪其醜，無咎。 「王用出征」，以正邦也。

䷞艮下兌上

咸：亨，利貞。取女吉。　山上有澤，咸；君子以虛受人。

初六，咸其拇。　「咸其拇」，志在外也。

六二，咸其腓，凶，居吉。　雖凶居吉，順不害也。

九三，咸其股，執其隨，往吝。　「咸其股」，亦不處也。志在隨人，所執下也。

九四，貞吉，悔亡。憧憧往來，朋從爾思。　「貞吉悔亡」，未感害也。「憧憧往來」，未光大也。

九五，咸其脢，無悔。　「咸其脢」，志末也。

上六，咸其輔、頰、舌。　「咸其輔頰舌」，滕同騰。口說也。

䷟巽下震上

恒：亨，無咎，利貞。利有攸往。　雷風，恒；君子以立不易方。

初六，浚恒，貞凶；無攸利。　浚恒之凶，始求深也。

九二，悔亡。　九二悔亡，能久中也。

九三，不恒其德，或承之羞，貞吝。　「不恒其德」，無所容也。

九四，田無禽。　久非其位，安得禽也？

六五，恒其德，貞，婦人吉，夫子凶。　婦人貞吉，從一而終也。夫子制義，從婦凶也。

上六，振恒，凶。　振恒在上，大無功也。

䷠艮下乾上

遯：亨，小利貞。　天下有山，遯；君子以遠小人，不惡而嚴。

初六，遯尾，厲，勿用有攸往。　遯尾之厲，不往，何災也？

六二，執之用黃牛之革，莫之勝說。　執用黃牛，固志也。

九三，係遯，有疾厲，畜臣妾，吉。　係遯之厲，有疾憊也。「畜臣妾吉」，不可大事也。

九四，好遯，君子吉，小人否。　君子好遯，小人否也。

九五，嘉遯，貞吉。　「嘉遯貞吉」，以正志也。

上九，肥遯，無不利。　「肥遯無不利」，無所疑也。

䷡乾下震上

大壯：利貞。　雷在天上，大壯；君子以非禮弗履。

初九，壯於趾，征凶，有孚。　「壯於趾」，其孚窮也。

九二，貞吉。　九二貞吉，以中也。

九三，小人用壯，君子用罔，貞(利)[厲]。羝羊觸藩，羸其角。　「小人用壯」，君子罔也。

九四，貞吉，悔亡。藩決不羸，壯於大輿之輹。　「藩決不羸」，尚往也。

六五，喪羊於易，無悔。　「喪羊於易」，位不當也。

上六，羝羊觸藩，不能退，不能遂，無攸利，艱則吉。　「不能退不能遂」，不詳也。「艱則吉」，咎不長也。

䷢坤下離上

晉：康侯用錫馬蕃庶，晝日三接。　明出地上，晉；君子以自昭明德。

初六，晉如摧如，貞吉；罔孚，裕無咎。　「晉如摧如」，獨行正也。「裕無咎」，未受命也。

六二，晉如愁如，貞吉，受茲介福于其王母。　「受茲介福」，以中正也。

六三，衆允，悔亡。　「衆允」之，志上行也。

九四，晉如鼫鼠，貞厲。　鼫鼠貞厲，位不當也。

六五，悔亡，失得勿恤；往吉，無不利。　「失得勿恤」，往有慶也。

上九，晉其角，維用伐邑，厲吉，無咎，貞吝。　「維用伐邑」，道未光也。

䷣離下坤上

明夷：利艱貞。　明入地中，明夷；君子以蒞衆，用晦而明。

初九，明夷於飛，垂其翼；君子于行，三日不食。有攸往，主人有言。　「君子于行」，義不食也。

六二，明夷，夷于左股，用拯馬壯，吉。　六二之吉，順以則也。

九三，明夷于南狩，得其大首；不可疾，貞。　南狩之志，乃大得也。

六四，入于左腹，獲明夷之心，於出門庭。　「入于左腹」，獲心意也。

六五，箕子之明夷，利貞。　箕子之貞，明不可息也。

上六，不明，晦；初登於天，後入於地。　「初登於天」，照四國也。「後入於地」，失則也。

䷤離下巽上

家人：利女貞。　風自火出，家人；君子以言有物，而行有恆。

初九，閑有家，悔亡。　「閑有家」，志未變也。

六二，無攸遂，在中饋，貞吉。　六二之吉，順以巽也。

九三，家人嗃嗃，悔厲，吉。婦子嘻嘻，終吝。　「家人嗃嗃」，未失也。「婦子嘻嘻」，失家節也。

六四，富家，大吉。　「富家大吉」，順在位也。

九五，王假有家，勿恤，吉。　「王假有家」，交相愛也。

上九，有孚威如，終吉。　威如之吉，反身之謂也。

䷥兌下離上

睽：小事吉。　上火下澤，睽；君子以同而異。

初九，悔亡。喪馬勿逐自復，見惡人，無咎。　「見惡人」，以辟咎也。

九二，遇主於巷，無咎。　「遇主於巷」，未失道也。

六三，見輿曳，其牛掣，其人天且劓。無初有終。　「見輿曳」，位不當也。「無初有終」，遇剛也。

九四，睽孤，遇元夫，交孚，厲無咎。　交孚無咎，志行也。

六五，悔亡，厥宗噬膚，往何咎？　「厥宗噬膚」，往有慶也。

上九，睽孤，見豕負塗，載鬼一車，先張之弧，後說之弧。匪寇，婚媾，往遇雨則吉。　遇雨之吉，羣疑亡也。

䷦艮下坎上

蹇：利西南，不利東北。利見大人，貞吉。　山上有水，蹇；君子以反身修德。

初六，往蹇，來譽。　「往蹇來譽」，宜待也。

六二，王臣蹇蹇，匪躬之故。　「王臣蹇蹇」，終無尤也。

九三，往蹇，來反。　「往蹇來反」，內喜之也。或云：「『反』當作『正』。」

六四，往蹇，來連。　「往蹇來連」，當位實也。

九五，大蹇，朋來。　「大蹇朋來」，以中節也。

上六，往蹇，來碩，吉。利見大人。　「往蹇來碩」，志在內也。「利見大人」，以從貴也。

䷧坎下震上

解：利西南。無所往，其來復吉；有攸往，夙吉。　雷雨作，解；君子以赦過宥罪。

初六，無咎。　剛柔之際，義無咎也。

九二，田獲三狐，得黃矢，貞吉。　九二貞吉，得中道也。

六三，負且乘，致寇至，貞吝。　「負且乘」，亦可醜也。自我致寇，又誰咎也？

九四，解而拇，朋至斯孚。　「解而拇」，未當位也。

六五，君子維有解，吉，有孚於小人。　君子有解，小人退也。

上六，公用射隼于高墉之上，獲之，無不利。　「公用射隼」，以解悖也。

䷨兌下艮上

損：有孚，元吉，無咎，可貞，利有攸往。曷之用？二簋可用享。　山下有澤，損；君子以懲忿窒欲。

初九，已事遄往，無咎，酌損之。　「已事遄往」，尚同上。合志也。

九二，利貞，征凶。弗損益之。　「九二利貞」，中以爲志也。

六三，三人行則損一人，一人行則得其友。　一人行，三則疑也。

六四，損其疾，使遄有喜，無咎。　「損其疾」，亦可喜也。

六五，或益之十朋之龜，弗克違，元吉。　六五元吉，自上祐也。

上九，弗損益之，無咎，貞吉。利有攸往，得臣無家。　「弗損益之」，大得志也。

䷩震下巽上

益：利有攸往，利涉大川。　風雷，益；君子以見善則遷，有過則改。

初九，利用爲大作，元吉，無咎。　「元吉無咎」，下不厚事也。

六二，或益之十朋之龜，弗克違，永貞吉。王用享于帝，吉。　「或益之」，自外來也。

六三，益之用凶事，無咎。有孚，中行，告公用圭。　益用凶事，固有之也。

六四，中行，告公從，利用爲依遷國。　「告公從」，以益志也。

九五，有孚惠心，勿問元吉，有孚惠我德。　「有孚惠心」，勿問之矣。「惠我德」，大得志也。

上九，莫益之，或擊之，立心勿恒，凶。　「莫益之」，偏辭也。「或擊之」，自外來也。

䷪乾下兌上

夬：揚于王庭，孚號有厲，告自邑，不利即戎，利有攸往。　澤上於天，夬；君子以施禄及下，居德則忌。

初九，壯於前趾，往不勝，爲咎。　不勝而往，咎也。

九二，惕號，莫夜有戎，勿恤。　有戎勿恤，得中道也。

九三，壯於頄，有凶。君子夬夬獨行，遇雨若濡，有慍無咎。　「君子夬夬」，終無咎也。

九四，臀無膚，其行次且，牽羊悔亡，聞言不信。　「其行次且」，位不當也。「聞言不信」，聰不明也。

九五，莧陸夬夬，中行，無咎。　「中行無咎」，中未光也。

上六，無號，終有凶。　無號之凶，終不可長也。

䷫巽下乾上

姤：女壯，勿用取女。　天下有風，姤；后以施命誥四方。

初六，繫于金柅，貞吉。有攸往，見凶，羸豕孚蹢躅。　「繫于金柅」，柔道牽也。

九二，包有魚，無咎，不利賓。　「包有魚」，義不及賓也。

九三，臀無膚，其行次且，厲無大咎。　「其行次且」，行未牽也。

九四，包無魚，起凶。　無魚之凶，遠民也。

九五，以杞包瓜，含章，有隕自天。　九五含章，中正也。「有隕自天」，志不舍命也。

上九，姤其角，吝，無咎。　「姤其角」，上窮吝也。

䷬坤下兌上

萃：亨。王假有廟，利見大人，亨利貞。用大牲吉，利有攸往。　澤上於地，萃；　君子以除戎器，戒不虞。

初六，有孚不終，乃亂乃萃；　若號，一握爲笑，勿恤，往無咎。　「乃亂乃萃」，其志亂也。

六二，引吉，無咎，孚乃利用禴。　「引吉無咎」，中未變也。

六三，萃如嗟如，無攸利，往無咎，小吝。　「往無咎」，上巽也。

九四，大吉，無咎。　「大吉無咎」，位不當也。

九五，萃有位，無咎，匪孚；　元永貞，悔亡。　「萃有位」，志未光也。

上六，齎咨涕洟，無咎。　「齎咨涕洟」，未安上也。

䷭巽下坤上

升：　元亨。用見大人，勿恤。南征吉。　地中生木，升；　君子以順同慎。德，積小以高大。

初六，允升，大吉。　「允升大吉」，上合志也。

九二，孚，乃利用禴，無咎。　九二之孚，有喜也。

九三，升虛邑。　「升虛邑」，無所疑也。

六四，王用亨於岐山，吉，無咎。　「王用亨於岐山」，順事也。

六五，貞吉，升階。　「貞吉升階」，大得志也。

上六，冥升，利於不息之貞。　冥升在上，消不富也。

䷮坎下兌上

困：亨。貞，大人吉，無咎。有言不信。　澤無水，困；君子以致命遂志。

初六，臀困於株木，入於幽谷，三歲不覿。　「入於幽谷」，幽不明也。

九二，困于酒食，朱紱方來，利用(亨)[享]祀，征凶，無咎。　「困於酒食」，中有慶也。

六三，困于石，據於蒺藜，入於其宮，不見其妻，凶。　「據於蒺藜」，乘剛也。「入於其宮不見其妻」，不祥也。

九四，來徐徐，困于金車，吝，有終。　「來徐徐」，志在下也，雖不當也，有與也。

九五，劓刖，困於赤紱，乃徐有說。利用祭祀。　「劓刖」，志未得也。「乃徐有說」，以中直也。「利用祭祀」，受福也。

上六，困于葛藟，於臲卼，曰動悔，有悔。征吉。　「困于葛藟」，未當也。「動悔有悔」，吉行也。

䷯巽下坎上

井：改邑不改井，無喪無得，往來井井。汔至，亦未繘井，羸其瓶，凶。　木上有水，井；君子以勞民勸相。

初六，井泥不食，舊井無禽。　「井泥不食」，下也。「舊井無禽」，時舍也。

九二，井谷射鮒，甕敝漏。　「井谷射鮒」，無與也。

九三，井渫不食，爲我心惻；可用汲，王明並受其福。　「井渫不食」，行惻也。求王明，受福也。

六四，井甃，無咎。　「井甃無咎」，修井也。

九五，井洌，寒泉食。　寒泉之食，中正也。

上六，井收勿幕，有孚，元吉。　元吉在上，大成也。

離下兌上

革：　巳日乃孚，元亨，利貞，悔亡。　澤中有火，革；　君子以治歷明時。

初九，鞏用黃牛之革。　「鞏用黃牛」，不可以有爲也。

六二，巳日乃革之，征吉，無咎。　巳日革之，行有嘉也。

九三，征凶，貞厲。革言三就，有孚。　「革言三就」，又何之矣？

九四，悔亡。有孚，改命吉。　改命之吉，信志也。

九五，大人虎變，未占有孚。　「大人虎變」，其文炳也。

上六，君子豹變，小人革面。征凶，居貞吉。　「君子豹變」，其文蔚也。「小人革面」，順以從君也。

巽下離上

鼎：　元吉，亨。　木上有火，鼎；　君子以正位凝命。吉，衍文。

初六，鼎顛趾，利出否。得妾以其子，無咎。　「鼎顛趾」，未悖也。「利出否」，以從貴也。

九二，鼎有實，我仇有疾，不我能即，吉。　「鼎有實」，慎所之也。「我仇有疾」，終無尤也。

九三，鼎耳革，其行塞；　雉膏不食，方雨虧悔，終吉。　「鼎耳革」，失其義也。

九四，鼎折足，覆公餗，其形渥，凶。　「覆公餗」，信如何也！或云：「『渥』當作『剭』。」

六五，鼎黃耳金鉉，利貞。　「鼎黃耳」，中以爲實也。

上九，鼎玉鉉，大吉，無不利。　玉鉉在上，剛柔節也。

䷲震下震上

震：亨。震來虩虩，笑言啞啞；震驚百里，不喪匕鬯。　洊雷，震；君子以恐懼修省。

初九，震來虩虩，後笑言啞啞，吉。　「震來虩虩」，恐致福也。「笑言啞啞」，後有則也。

六二，震來厲，億喪貝，躋於九陵，勿逐，七日得。　「震來厲」，乘剛也。

六三，震蘇蘇，震行無眚。　「震蘇蘇」，位不當也。

九四，震遂泥。　「震遂泥」，未光也。

六五，震往來厲，億無喪，有事。　「震往來厲」，危行也。其事在中，大無喪也。

上六，震索索，視矍矍，征凶。震不於其躬，於其鄰，無咎，婚媾有言。　「震索索」，中未得也。雖凶無咎，畏鄰戒也。

䷳艮下艮上

艮其背，不獲其身；行其庭，不見其人。無咎。　兼山，艮；君子以思不出其位。或云：「艮其背，上有『艮』字。」

初六，艮其趾，無咎，利永貞。　「艮其趾」，未失正也。

六二，艮其腓，不拯其隨，其心不快。　「不拯其隨」，未退聽也。

九三，艮其限，列其夤，厲薰心。　「艮其限」，危薰心也。

六四，艮其身，無咎。　「艮其身」，止諸躬也。

六五，艮其輔，言有序，悔亡。　「艮其輔」，以（正中）〔中正〕也。

上九，敦艮，吉。　敦艮之吉，以厚終也。

☴艮下巽上

漸：女歸吉，利貞。　山上有木，漸；君子以居賢德善俗。或云：「『俗』上有『風』字。」

初六，鴻漸於干，小子厲，有言，無咎。　小子之厲，義無咎也。

六二，鴻漸於磐，飲食衎衎，吉。　「飲食衎衎」，不素飽也。

九三，鴻漸於陸，夫征不復，婦孕不育，凶。利禦寇。　「夫征不復」，離羣醜也。「婦孕不育」，失其道也。利用禦寇，順相保也。

六四，鴻漸於木，或得其桷，無咎。　「或得其桷」，順以巽也。

九五，鴻漸於陵，婦三歲不孕，終莫之勝，吉。　「終莫之勝吉」，得所願也。

上九，鴻漸於陸，其羽可用爲儀，吉。　「其羽可用爲儀吉」，不可亂也。或云：「『陸』當作『逵』。」

☳兑下震上

歸妹：征凶，無攸利。　澤上有雷，歸妹；君子以永終知敝

初九，歸妹以娣，跛能履，征吉。　「歸妹以娣」，以恒也。「跛能履吉」，相承也。

九二，眇能視，利幽人之貞。　「利幽人之貞」，未變常也。

六三，歸妹以須，反歸以娣。　「歸妹以須」，未當也。

九四，歸妹愆期，遲歸有時。　愆期之志，有待而行也。

六五，帝乙歸妹，其君之袂，不如其娣之袂良。月幾望，吉。　「帝乙歸妹」，「不如其娣之袂良」也，其位在中，以貴行也。

上六，女承筐無實，士刲羊無血，無攸利。　上六無實，承虛筐也。

䷶離下震上

豐：亨。王假之，勿憂，宜日中。　雷電皆至，豐；君子以折獄致刑。

初九，遇其配主，雖旬無咎，往有尚。　「雖旬無咎」，過旬災也。

六二，豐其蔀，日中見斗，往得疑疾；有孚發若，吉。　「有孚發若」，信以發志也。

九三，豐其沛，日中見沬；折其右肱，無咎。　「豐其沛」，不可大事也。「折其右肱」，終不可用也。

九四，豐其蔀，日中見斗，遇其夷主，吉。　「豐其蔀」，位不當也。「日中見斗」，幽不明也。「遇其夷主」，吉行也。

或云：「『行』上有『志』字。」

六五，來章，有慶譽，吉。　六五之吉，有慶也。

上六，豐其屋，蔀其家，闚其戶，闃其無人，三歲不覿，凶。　「豐其屋」，天際翔也。「闚其戶，闃其無人」，自藏也。

䷷艮下離上

旅：小亨，旅貞吉。　山上有火，旅；君子以明慎用刑而不留獄。

初六，旅瑣瑣，斯其所取災。　「旅瑣瑣」，志窮災也。

六二，旅即次，懷其資，得童僕，貞。　「得童僕貞」，終無尤也。

九三，旅焚其次，喪其童僕，貞厲。　「旅焚其次」，亦以傷矣。以旅與下，其義喪也。

九四，旅於處，得其資斧，我心不快。　「旅於處」，未得位也。「得其資斧」，心未快也。

六五，射雉，一矢亡，終以譽命。　「終以譽命」，上逮也。

上九，鳥焚其巢，旅人先笑後號咷；喪牛于易，凶。　以旅在上，其義焚也。「喪牛于易」，終莫之聞也。

䷸巽下巽上

巽：小亨。利有攸往，利見大人。　隨風，巽；君子以申命行事。

初六，進退，利武人之貞。　「進退」，志疑也。「利武人之貞」，志治也。

九二，巽在牀下，用史、巫紛若，吉，無咎。　紛若之吉，得中也。

九三，頻巽，吝。　頻巽之吝，志窮也。

六四，悔亡，田獲三品。　「田獲三品」，有功也。

九五，貞吉，悔亡，無不利，無初有終；先庚三日，後庚三日，吉。　九五之吉，位正中也。

上九，巽在牀下，喪其資斧，貞凶。　「巽在牀下」，上窮也。「喪其資斧」，正乎凶也。

䷹兌下兌上

兌：亨，利貞。　麗澤，兌；君子以朋友講習。

初九，和兌，吉。　和兌之吉，行未疑也。

九二，孚兑，吉，悔亡。　孚兑之吉，信志也。

六三，來兑，凶。　來兑之凶，位不當也。

九四，商兑未寧，介疾有喜。　九四之喜，有慶也。

九五，孚於剥，有厲。　「孚於剥」，位正當也。

上六，引兑。　「上六引兑」，未光也。

䷺坎下巽上

渙：亨。王假有廟，利涉大川，利貞。　風行水上，渙；先王以（亨）〔享〕於帝立廟。

初六，用拯馬壯，吉。　初六之吉，順也。

九二，渙奔其杌，悔亡。　「渙奔其杌」，得願也。「杌」，程傳作「机」。

六三，渙其躬，無悔。　「渙其躬」，志在外也。

六四，渙其羣，元吉；　渙有丘，匪夷所思。　「渙其羣元吉」，光大也。

九五，渙汗其大號，渙王居，無咎。　王居無咎，正位也。

上九，渙其血去逖同惕。出，無咎。　「渙其血」，遠害也。

䷻兑下坎上

節：亨。苦節不可貞。　澤上有水，節；君子以制數度，議德行。

初九，不出戶庭，無咎。　「不出戶庭」，知通塞也。

九二，不出門庭，凶。　「不出門庭凶」，失時極也。
六三，不節若，則嗟若，無咎。　不節之嗟，又誰咎也？
六四，安節，亨。　安節之亨，承上道也。
九五，甘節，吉，往有尚。　甘節之吉，居位中也。
上六，苦節，貞凶，悔亡。　「苦節貞凶」，其道窮也。

䷼兌下巽上

中孚：豚魚吉。利涉大川，利貞。　澤上有風，中孚；君子以議獄緩死。

初九，虞吉，有它不燕。　「初九虞吉」，志未變也。
九二，鳴鶴在陰，其子和之；我有好爵，吾與爾靡同縻。之。　「其子和之」，中心願也。
六三，得敵，或鼓或罷，或泣或歌。　「或鼓或罷」，位不當也。
六四，月幾望，馬匹亡，無咎。　「馬匹亡」，絕類上也。
九五，有孚攣如，無咎。　「有孚攣如」，位正當也。
上九，翰音登於天，貞凶。　「翰音登於天」，何可長也？

䷽艮下震上

小過：亨，利貞。可小事，不可大事。飛鳥遺之音，不宜上，宜下，大吉。　山上有雷，小過；君子以行過乎恭，喪過乎哀，用過乎儉。

初六，飛鳥以凶。　「飛鳥以凶」，不可如何也。

六二，過其祖，遇其妣；　不及其君，遇其臣，無咎。　「不及其君」，臣不可過也。

九三，弗過防之，從或戕之，凶。　「從或戕之」，凶如何也？

九四，無咎，弗過遇之；　往厲必戒，勿用，永貞。　「弗過遇之」，位不當也。往厲必戒，終不可長也。

六五，密雲不雨，自我西郊。公弋取彼在穴。　「密雲不雨」，已上也。或云：「『上』當作『止』。」

上六，弗遇過之，飛鳥離之，凶，是謂災眚。　「弗遇過之」，已亢也。

䷾離下坎上

既濟：　亨。小利貞。初吉終亂。　水在火上，既濟；　君子以思患而豫防之。

初九，曳其輪，濡其尾，無咎。　「曳其輪」，義無咎也。

六二，婦喪其茀，勿逐，七日得。　「七日得」，以中道也。

九三，高宗伐鬼方，三年克之，小人勿用。　「三年克之」，憊也。

六四，繻本濡。有衣袽，終日戒。　「終日戒」，有所疑也。

九五，東鄰殺牛，不如西鄰之禴祭，實受其福。　「東鄰殺牛」，不如西鄰之時也。「實受其福」，吉大來也。

上六，濡其首，厲。　「濡其首厲」，何可久也？

䷿坎下離上

未濟：　亨。小狐汔濟，濡其尾，無攸利。　火在水上，未濟；　君子以慎辨物居方。

初六，濡其尾，吝。　「濡其尾」，亦不知極也。朱子云：「『極』疑『敬』。」

九二，曳其輪，貞吉。　九二貞吉，中以行正也。

六三，未濟，征凶，利涉大川。　「未濟征凶」，位不當也。或云：「『利』上當有『不』字。」

九四，貞吉，悔亡；震用伐鬼方，三年有賞於大國。　「貞吉悔亡」，志行也。

六五，貞吉，無悔；君子之光，有孚吉。　「君子之光」，其暉吉也。

上九，有孚於飲酒，無咎；濡其首，有孚失是。　飲酒濡首，亦不知節也。

王弘撰集

周易筮述卷七

左傳國語占第十三

周史有以周易見陳侯者，陳侯使筮之，遇觀䷓坤下巽上。之否䷋坤下乾上否，觀六四爻變而爲否。曰：「是謂『觀國之光，利用賓于王。』此周易觀卦六四爻辭。易之爲書，六爻皆有變象，又有互體。聖人隨其義而論之。」此其代陳有國乎？不在此，其在異國，非此其身，在其子孫，光遠而自他有耀者也。坤，土也；巽，風也；乾，天也，風爲天於土，上山也。巽變爲乾，故曰風爲天。自二至四有艮象，艮爲山。有山之材而照之以天光，於是乎居土上，山則材之所生，上有乾，下有坤，故言居土上，照之以天光。故曰：「觀國之光，利用賓于王。四爲諸侯，變而之乾，有國朝王之象。」庭實旅百，奉之以玉帛，天地之美具焉，故曰利用賓于王，艮爲門庭，乾爲金玉，坤爲布帛，諸侯朝王陳贄幣之象，旅陳也，百言物備。猶有觀焉，故曰其在後乎。因觀文以博占，故云猶有觀，非在己之言，故知在子孫。風行而著於土，故曰其在異國乎。若在異國，必姜姓也。姜，大嶽之後也。姜姓之先，爲堯四嶽。山嶽則配天物，莫能兩大。陳衰此，其昌乎？變而象艮，故知當興于大嶽之後，得大嶽之權，則有配天之大功，故知陳必衰。及陳之初亡也，昭八年，楚滅陳。陳桓子始大於齊，桓子，敬仲五世孫陳無宇。其後亡也。哀十七年，楚復滅陳。成子得政，成子，陳常也。敬仲八世孫陳完有禮於齊，子孫世不忘德，德協於卜，故傳備言其終始。卜筮者，聖人所以定猶豫，決疑似，因生義教者也。尚書洪範通龜筮以同卿士之數，南蒯卜亂而遇元吉，惠伯答以忠信，則可臧。會卜僭，遂獲其應。丘明故舉諸縣驗於行事者，以示來世，而君子志其善者、遠者。他皆放此。莊公二十二年。

此占取互體甚明，說象無滯礙。

畢萬筮仕於晉，遇屯䷂震下坎上屯。之比䷇。坤下坎上比，屯初九變而爲比。辛廖占之曰：「吉。」辛廖，晉大夫。屯固比入吉，孰大焉？其必蕃昌。屯險難，所以爲堅固；比親密，所以得入。震爲土，震變爲坤。車從馬，震爲車，坤爲馬。足居之，震爲(兄)[足]。兄長之，震爲長男。母覆之，坤爲母。衆歸之，坤爲衆。六體不易，初一爻變有此，六義不可易也。合而能固，安而能殺，公侯之卦也。比合屯固，坤安震殺，故曰公侯之卦。公侯之子孫必復其始。畢萬，公高之後，傳爲魏之子孫，衆多張本。閔公元年。

啓蒙謂一爻變，則以本卦變爻辭，占此占，未嘗不取之卦。且不特論一爻，兼取貞悔，卦體可見，古人占法之不拘也。

成季之將生也，桓公使卜，楚丘之父卜之。卜楚丘，魯掌卜大夫。曰：「男也，其名曰友，在公之右，在右言用事。間於兩社，爲公室輔。兩社：周社、亳社。兩社之間，朝廷執政所在。季氏亡，則魯不昌。」又筮之，遇大有䷍乾下離上大有。之乾䷀，乾上乾下乾，大有六五變而爲乾。曰：「同復于父，敬如君所。」筮者之辭也。乾爲君父，離變爲乾，故曰同復于父，見敬與君同。及生有文，在其手曰：「友。」遂以命之。閔公二年。

此筮而不用易辭者。

秦伯伐晉卜，徒父筮之吉。徒父，秦之掌龜卜者。卜人而用筮，不能通三易之占，故據其所見雜占而言之。涉河，侯車敗，詰之，秦伯之軍涉河，則晉侯車敗也。秦伯不解，謂敗在己，故詰之。對曰：「乃大吉也。三敗必獲晉君。」其卦遇蠱䷑，巽下艮上蠱。曰：「千乘三去，三去之餘，獲其雄狐。」夫狐蠱，必其君也。于周易利涉大川，往有事也，亦秦勝晉之卦也。今此所言，蓋卜筮書雜辭，以狐蠱爲君，其義欲以喻晉惠公，其象未聞。蠱之貞，風也；其悔，山也。內卦爲貞，外卦爲悔。巽爲風，秦象；艮爲山，晉象。歲云秋矣。我落其實而取其材，所以克也。周，九月夏之，七月孟秋也。艮爲山，山有木，今歲已秋，風吹落山木之實，則材爲人所取。實落材亡，不敗何待？三敗及韓，晉侯車三壞。壬戌戰于韓原，秦獲晉侯以歸。僖公十五年。

此亦不用易辭，特以貞悔分彼我。

晉獻公筮嫁伯姬於秦，遇歸妹䷵兌下震上歸妹。之睽䷥兌下離上睽，歸妹上六變而爲睽。史蘇占之曰：「不吉。史蘇，晉卜筮之史。其繇曰：『士刲羊，亦無衁也。女承筐，亦無貺也。周易歸妹上六爻辭也。衁，血也。貺，賜也。刲羊，士之功。承筐，女之職。上六無應，所求不獲，故下刲無血。上承無實，不吉之象也。離爲中女，震爲長男，故稱士女。西鄰責言，不可償也。將嫁女於西而遇不吉之卦，故知有責讓之言，不可報償。歸妹之睽，猶無相也。』歸妹，女嫁之卦；睽，乖離之象，故曰無相。相，助也。震之離亦離之震，二卦變而氣相通。爲雷爲火，爲嬴敗姬，嬴，秦姓；姬，晉姓。震爲雷，離爲火。火動熾而害其母，女嫁反害其家之象，故曰：「爲嬴敗姬。」車說其輹，火焚其旗，不利行師，敗于宗丘，輹，車下縛也。丘猶邑也。震爲車，離爲火，上六爻在震，則無應，故車脫輹，在離則失位，故火焚旗，言皆失車火之用也。車敗旗焚，故不利行師。火還害母，故敗不出國，近在宗邑。歸妹睽孤，寇張之弧，此睽上九爻辭也，處睽之極，故曰睽孤，失位孤絶，故遇寇難而有弓矢之警，皆不吉之象。姪其從姑，震爲木，離爲火，火從木生。離爲震，妹于火爲姑，謂我姪者，我謂之姑，謂子圉質秦。六年其逋逃，歸其國而棄其家，逋，亡也。家謂子圉婦懷嬴。明年而死於高梁之虚。』惠公死之明年，文公入，殺懷公於高梁。高梁，晉地，在平陽楊氏縣西南。凡筮者用周易，則其象可推，非此而往，則臨時占者，或取於象，或取於氣，或取於時日旺相，以成其占。若盡附會以爻象，則構虚而不經，故略言其歸趣。他皆放此。及惠公在秦，曰：「先君若從史蘇之占，吾不及此夫。」韓簡侍，曰：「龜，象也；筮，數也。物生而後有象，象而後有滋，滋而後有數。先君之敗德，及可數乎？史蘇是占，勿從何益？言龜以象示，筮以數告，象數相因而生，然後有占，占所以知吉凶，不能變吉凶，故先君敗德，非筮數所生。雖復不從史蘇，不能益禍也。詩曰：『下民之孽，匪降自天。噂沓背憎，職競由人。』」詩小雅言民之有邪惡，非天所降，噂沓面語，背相憎疾，皆人競所主作，因以諷諫，惠公有以召此禍也。僖公十五年。

喻氏云：「僖公九年九月，晉獻公卒，公子夷吾許秦穆公重賂，穆公納之，十一月。是爲惠公十年不與秦賂。十一年，晉薦飢，乞糴于秦，秦輸之粟。十四年，秦飢，乞糴於晉，晉閉之糴。十五年九月，秦伯伐晉，獲晉侯，十一月，歸晉侯。十六年，晉太[子]子圉質秦，秦妻之。質秦應占言，姪其從姑妻之，即懷嬴。二十二年，子圉逃歸晉。應占言，逃歸其國而棄其家。二十三年九月，惠公卒，子圉立，是爲懷公。二十四年九月，秦穆公納公子重耳，是爲文公。二月壬寅入晉，師懷公，奔高梁。戊申，文公使殺懷公於高梁。應占言，死於高梁之虚。」史蘇之占，一何神也？使晉侯踐言報施，秦師不興，占其能應乎？然史蘇謂嫁伯姬不吉，今乃以伯姬脱身逃難，惠公猶曰：「先君若從史蘇之占，吾不及此。」不自反而咎先君，誤矣夫。

秦伯師于河上，將納王。狐偃言于晉侯曰：「求諸侯莫如勤王，勤，納王也。諸侯信之，且大義也。繼文之業而信宣于諸侯，今爲可矣。」晉文侯仇爲平王，侯伯匡輔周室。使卜，偃卜之，曰：「吉。遇黃帝戰於阪泉之兆。」黃帝與神農之後姜氏戰於阪泉之野，勝之。今得其兆，故以爲吉。公曰：「吾不堪也。」文公自以爲已當此兆，故曰不堪。對曰：「周禮未改，今之王，古之帝也。」言周德雖衰，其命未改。今之周王，自當帝兆，不謂晉。公曰：「筮之。」筮之遇大有䷍乾下離上大有。之睽䷥兌下離上睽，大有九三變而爲睽。曰：「吉。遇『公用享于天子』之卦。大有九三爻辭也。三爲三公，而得位變而爲兌，兌爲說，得位而說，故能爲王所宴饗也。戰克而王享，吉孰大焉？言卜筮，協吉。且是卦也，方更總言二卦之義，不繫於一爻。天爲澤以當日，天子降心以逆公，不亦可乎？乾爲天，兌爲澤，乾變爲兌，而上當離，離爲日，日之在天，垂曜在澤，天子在上，說心在下，是降心逆公之象。大有去睽而復，亦其所也。」言去睽卦，還論大有，亦有天子降心之象。乾尊離卑，降尊下卑，亦其義也。戊午，晉侯朝王，王饗，醴命之宥。僖公二十五年。

邾文公卜遷於繹，繹，邾邑。史曰：「利於民而不利於君。」邾子曰：「苟利於民，孤之利也。天生民而樹之君，以利之也。民既利矣，孤必與焉。」左右曰：「命可長也，君何弗爲？」邾子曰：「命在養民。死之短長，時也。民苟利矣，遷也，吉莫如之！」左右以一人之命爲言，文公以百姓之命爲主。一人之命，各有短長，不可如何？百姓之命乃傳世無窮，故徙之。遂遷於繹。五月，邾文公卒。君子曰：「知命。」文公十三年。

此不從占辭而言之善者，雖凶亦吉。

鄭公子曼滿與王子伯廖語，欲爲卿。二子，鄭大夫。伯廖告人曰：「無德而貪，其在周易豐䷶離下震上豐。之離䷝，豐上六變而爲純離也。周易論變，故雖不筮，必以變言其義。豐上六曰：「豐其屋，蔀其家，闚其戶，闃其無人，三歲不覿，凶。」義取無德，而大其屋，不過三歲必滅亡。弗過之矣。不過三年。」間一歲，鄭人殺之。宣公七年。

此不筮者。

晉荀林父救鄭，先縠彘季。佐之，及河，聞鄭既及楚平，桓子林父。欲還，彘子不可以中軍佐濟知，莊子曰：「此師殆哉。莊子，荀首。周易有之，在師䷆坎下坤上師。之臨，䷒兑下坤上臨，師初六變而之臨。曰：『師出以律，否臧凶。』此師卦初六爻辭，律法否不也。執事順成爲臧，逆爲否。今彘子逆命不順成，故應不臧之凶。衆散爲弱，坎爲衆，今變爲兑，兑柔弱。川壅爲澤，坎爲川，今變爲兑，兑爲澤，是川見壅。有律以如己也。如，從也。法行則人從法，法敗則法從人。坎爲法象。今爲衆則散，爲川則壅，是失法之用，從人之象。故曰：『律，否臧，且律竭也。』竭，敗也。坎變爲兑，是法敗。盈而以竭夭，且不整，所以凶也。水遇夭塞，不得整流，則竭涸也。不行之謂臨。水變爲澤，乃成臨卦。澤，不行之物。有帥而不從臨，孰甚焉？此之謂矣。譬彘子之違命，亦不可行。果遇，必敗。遇敵。彘子尸之。主此禍。雖免而歸，必有大咎。」爲明年晉殺先縠，傳宣公十二年。

此不假筮而知吉凶者。

晉楚遇于鄢陵，苗賁皇言於晉侯曰：「楚之良，在其中軍王族而已，請分良以擊其左右，而三軍萃于王卒，萃，集也。必大敗之。」公筮之，史曰：「吉。其卦遇復䷗震下坤上復，無變。曰：『南國蹙，射其元王中厥目。』此卜者辭也。復，陽長之卦，陽氣起，子南行，推陰，故曰南國蹙也。南國勢蹙，則離受其咎。離爲諸侯，又爲目。陽氣激南飛矢之象，故曰：『射其元王中厥目。』國蹙王傷，不敗何待？」公從之。從其言而戰。有淖於前，淖，泥也。乃皆左右相違於淖。違，避也。步毅御晉厲公，欒鍼爲右。步毅即郤毅。彭名御楚共王，潘黨爲右。石首御鄭成公，唐苟爲右。欒、范以其族夾公行，二族強，故在公左右。陷於淖。欒書將載晉侯，鍼曰：「書退！國有大任，焉得專之？在君前，故子名其父，大任謂元帥之職。且侵官，冒也；載公爲侵官。失官，慢也；去將而御，失官也。離局，姦也。遠其部曲爲離局。有三罪焉，不可犯也。」乃掀公以出於淖。掀，舉也。

癸巳，潘尫之黨與養由基蹲甲而射之，徹七札焉。黨，潘尫之子。蹲，聚也。一發達，七札言其能陷堅。以示王，曰：「君有二臣如此，何憂於戰？」二子以射夸王。王怒曰：「大辱國。賤其不尚知謀。詰朝，爾射，死藝。」言女以射自多，必當以藝死也。詰朝，猶明朝，是戰日。呂錡夢射月，中之，退入於泥。呂錡，魏錡。占之，曰：「姬姓，日也。周世姬姓，尊。異姓，月也，異姓，卑。必楚王也。射而中之，退入於泥，亦必死矣。」錡自入泥，亦死象。及戰，射共王，中目。王召養由基，與之兩矢，使射呂錡，中項，伏弢。弢，弓衣。以一矢復命。言一發而中。成公十六年。

此筮而不用易辭者。

喻氏云：「此卦占辭與卦象絕不類。注終未的確意者，震坤拱巽，離在中間。楚，正南國。今有東方震，西南角坤，而無巽離西南共坤，各得坤一半，坤爲國豈非南國蹴乎？巽爲白眼，離爲目，無離無巽，豈非喪目乎？震爲蒼筤竹，豈非矢乎？若只就兩體占貞悔，亦可以旁通矣。」

穆姜薨於東宮。太子宮也。穆姜淫僑，如欲廢成公，故徙居東宮。事在成十六年。始往而筮之，遇艮之八，䷳，艮下艮上艮。周禮太卜掌三易，然則雜用連山、歸藏、周易，三易皆以七八爲占，故言遇艮之八。史曰：「是謂艮之隨䷐，震下兌上隨。史疑占易遇八爲不利，故更以周易占變爻，得隨卦而論之。隨其出也。史爲隨，非閉固之卦。君必速出。」姜曰：「亡，亡猶無也。是於周易曰：『隨，元亨利貞，無咎。』易筮皆以變者占，遇一爻變義異，則論象，故姜亦以象爲占也。史據周易，故指言周易以折之。元，體之長也。亨，嘉之會也。利，義之和也。貞，事之幹也。體仁足以長人，嘉會足以合禮，利物足以和義，貞固足以幹事，然故不可誣也，是以雖隨無咎，言不誣四德，乃遇隨無咎。明無四德者，則爲淫而相隨，非吉事。今我婦人而與於亂，固在下位，婦人卑于丈夫。而有不仁，不可謂元。不靖國家，不可謂亨。作而害身，不可謂利。棄位而姣，姣，淫之別名。不可謂貞。有四德者，隨而無咎。我皆無之，豈隨也哉？我則取惡，能無咎乎？必死於此，弗得出矣。」傳言穆姜辨而不德。襄公九年。

鄭皇耳帥師侵衛，孫文子卜追之，獻兆於定姜。姜氏問繇。曰：「兆如山陵，有夫出征，而喪其雄。」姜氏曰：「征者喪雄，禦寇之利也。大夫圖之！」衛人追之，孫蒯獲皇耳於犬丘。襄公十年。

齊棠公之妻，東郭偃之姊也。棠公，齊棠邑大夫。東郭偃臣崔武子。棠公死，偃御武子以弔焉。見棠姜而美之，美其色也。使偃取之。爲己取也。偃曰：「男女辨姓，辨，別也。今君出自丁，齊丁公，崔杼之祖。臣出自桓，不可。齊桓公小白，東郭偃之祖，同姜姓，故不可昏。」武子筮之，遇困䷮坎下兌上困。之大過䷛。巽下兌上大過。困六三變爲大過。史皆曰：「吉。」阿崔子。示陳文子，文子曰：「夫從風，坎爲中男，故曰夫。變而爲巽，故曰從風。風隕，妻不可娶也。風，能隕落物者。變而隕落，故曰妻不可娶。且其繇曰：『困於石，據於蒺藜，入於其宮，不見其妻，凶。』困六三爻辭。困于石，往不濟也。坎爲險爲水。水之險者，石不可以動。據於蒺蔾，所恃傷也。坎爲險，兑爲澤。澤之生物而險者，蒺蔾，恃之則傷。入於其宮，不見其妻，凶，無所歸也。易曰：「非所困而困，名必辱。非所據而據，身必危。既辱且危，死其將至。」妻，其可得見耶。今卜昏而遇此卦，六三失位無應，則喪其妻，失其所歸也。」崔子曰：「嫠也何害？先夫當之矣。寡婦曰嫠，言棠公已當此凶。」遂取之。莊公通焉。後慶封討崔氏，其妻縊，崔子無歸，乃縊。終入於其宮，不見其妻，凶。襄公二十五年。

此違筮而有禍者。

蔡侯之如晉也，鄭伯使游吉如楚。及漢，楚人還之，曰：「宋之盟，君實親辱。君謂鄭伯。今吾子來，寡君謂吾子姑還，吾將使馹奔問諸晉而以告。」問鄭君應來朝否？子大叔曰：「宋之盟，君命將利小國，而亦使安定其社稷，鎮撫其民人，以禮承天之休，休，福禄也。此君之憲令，而小國之望也。憲，法也。寡君是故使吉奉其皮幣，聘用乘皮束帛。以歲之不易，聘於下執事。言歲有飢荒之難，故鄭伯不得自朝楚。今執事有命曰：女何與政令之有？必使而君棄而封守，跋涉山川，蒙犯霜露，以逞君心。小國將君是望，敢不唯命是聽？無乃非盟載之言，以闕君德，而執事有不利焉，小國是懼。不然，其何勞之敢憚？」

子大叔歸，復命。告子展曰：「楚子將死矣。不修其政德，而貪昧於諸侯，以逞其願，欲久，得乎？周易有之，在復䷗震下坤上復。之頤，䷚震下艮上頤。復上六變得頤。曰：『迷復，凶』，復上六爻辭也。復，反也。極陰反陽之卦，上處極位，迷而復反，失道已遠，遠而無應，故凶。其楚子之謂乎！欲復其願，謂欲得鄭朝，以復其願。而棄其本，不修德。復歸無所，是謂迷復，失道已遠，又無所歸。能無凶乎？君其往也，送葬而歸，以快楚心。言楚子必死，君往當送其葬。楚幾十年未能恤諸侯也，幾，近也。言失道遠者，復之亦難。吾乃休吾民矣。」休，息也。言楚不能復爲害。裨竈曰：「今茲周王及楚子皆將死。裨竈，鄭大夫。歲棄其次，而旅於明年之次，以害鳥帑，周、楚惡之。」旅，客處也。歲星棄星，紀之次。客在玄枵，歲星所在，其國有福，失次於北，禍衝在南，南爲朱鳥，鳥尾曰帑，鶉火鶉尾，周楚之分，故周王楚子受其咎。俱論歲星過次，梓慎則曰宋鄭飢，裨竈則曰周楚王死，傳故備舉以示卜占，惟人所在。襄公二十八年。

此亦不筮者。

晉侯求醫于秦，秦伯使醫和視之，曰：「疾不可爲也。是謂：『近女室，疾如蠱。蠱，惑疾。非鬼非食，惑以喪志。惑女色而失志。良臣將死，天命不佑』」良臣不匡救君過，故將死而不爲天所祐。公曰：「女不可近乎？」對曰：「節之。先王之樂，所以節百事也。故有五節，五聲之節。遲速本末以相及，中聲以降，五降之後，不容彈矣。此謂先王之樂得中聲，聲成五降而息也。降，罷退。於是乎有煩手淫聲，慆堙心耳，乃忘平和，君子弗聽也。五降而不息，則雜聲並奏，所謂鄭衛之聲。物亦如之。言百事皆如樂，不可失節。至於煩，乃舍也已，無以生疾。煩不舍則生疾。君子之近琴瑟，以儀節也，非以慆心也。爲心之節儀，使動不過度。天有六氣，謂陰、陽、風、雨、晦、明也。降生五味，謂金味辛、木味酸、水味鹹、火味苦、土味甘，皆由陰陽風雨而生。發爲五色，辛色白、酸色青、鹹色黑、苦色赤、甘色黄。發，見也。徵爲五聲，白聲商、青聲角、黑聲羽、赤聲徵、黄聲宫。徵，驗也。淫生六疾。淫，過也。滋味聲色所以養人，然過則生害。六氣曰陰、陽、風、雨、晦、明也。分爲四時，序爲五節，六氣之化分而序之，則成四時，得五行之節。過則爲災。陰淫寒疾，寒過則爲冷。陽淫熱疾，熱過則喘渴。風淫末疾，末，四肢也。風爲緩急。雨淫腹疾，雨濕之氣爲洩注。晦淫惑疾，晦，夜也。爲宴寢過節，則心惑亂。明淫心疾。明，晝也。思慮煩多，心勞生疾。女，陽物而晦時，淫則生内熱惑蠱之疾。女常隨男，故言陽物。家道常在夜，故言晦時。今君不節不時，能無及此乎？」出，告趙孟。趙孟曰：「誰當良臣？」對曰：「主是謂矣！主相晉國，於今八年，晉國無亂，諸侯無闕，可謂良矣。和聞之，國之大臣，榮其寵禄，任其大節，有災禍興而無改焉，改，改行以救災。必受其咎。今君至於淫以生疾，將不能圖恤社稷，禍孰大焉！主不能禦，吾是以云也。」云主將死。趙孟曰：「何謂蠱？」對曰：「淫溺惑亂之所生也。溺沈沒於嗜欲。于文，皿蟲爲蠱。文，字也。皿，器也。器受蟲，害者爲蠱。穀之飛亦曰蠱。穀久積，則變爲飛蟲，名曰蠱。在周易，女惑男，風落山，謂之蠱䷑巽下艮上蠱。巽爲長女，爲風；艮爲少男，爲山。少男而説長女，非匹，故惑。山木得風而落。皆同物也。物猶類也。」趙孟曰：「良醫也。」厚其禮而歸之。贈賄之禮。昭公元年。

此亦不筮者。

穆子之生也，莊叔以周易筮之，莊叔，穆子父得臣也。遇明夷䷣離下坤上明夷。之謙䷎艮下坤上謙。明夷初九變爲謙。以示卜楚丘。楚丘，卜人姓名。曰：「是將行，行，出奔。而歸爲子祀。奉祭祀。以讒人入，其名曰牛，卒以餒死。明夷，日也。離爲日。夷，傷也。日，明傷。日之數十，甲至癸。故有十時，亦當十位。自王已下，其二爲公，其三爲卿。日中當王，食時當公，平旦爲卿，鷄鳴爲士，夜半爲皁，人定爲輿，黄昏爲隸，日入爲僚，晡時爲僕，日昳爲臺，隅中日出闕，不在第，尊王公，曠其位。日上其中，日中盛明，故以當王。食日爲二，公位。旦日爲三。卿位。明夷之謙，明而未融，其當旦乎？融，朗也。離在坤下，日在地中之象，又變爲謙。謙道卑退，故曰明而未融。日明未融，故曰：「其當旦乎？」故曰：『爲子祀』。莊叔，卿也。卜豹爲卿，故知爲子祀。日之謙，當鳥，故曰『明夷於飛』。離爲日爲鳥，離變爲謙，日光不足，故當鳥，鳥飛行，故曰於飛。明而未融，故曰『垂其翼』。於日爲未融，於鳥爲垂翼。象日之動，故曰『君子于行』。明夷初九得位有應，君子象也。在明傷之世，居謙下之位，故將避難而行。當三在旦，故曰『三日不食』。旦位在三，又非食時，故曰：「三日不食。」離，火也。艮，山也。離爲火，火焚山，山敗。離艮合體故。於人爲言，艮爲言。敗言爲讒，爲離所焚，故言敗。故曰『有攸往，主人有言』，言必讒也。離變爲艮，故言有所往，往而見燒，故主人有言，言而見敗，故必讒言。純離爲牛，易：離上離下，畜牝牛，吉。故言純離爲牛。世亂讒勝，勝將適離，故曰『其名曰牛』。離焚山，則離勝，譬世亂則讒勝。山焚則離獨存，故知名牛也。豎牛非牝牛，故不吉。謙不足，飛不翔，謙道冲退，故飛不遠翔。垂不峻，翼不廣，峻，高也。翼垂下，故不能廣遠。故曰『其爲子後乎』。不遠翔，故知不遠去。吾子，亞卿也，抑少不終。」旦日，正卿之位。莊叔父子世爲亞卿，位不足以終盡卦體。蓋引而致之。昭公五年。

衛襄公夫人姜氏無子，姜氏，宣姜。嬖人婤姶生孟縶。孔成子夢康叔謂己：「立元，成子，衛卿，孔達之孫，烝鉏也。元，孟縶弟，夢時元未生。余使羈之孫圉與史苟相之。」羈，烝鉏子。苟，史朝子。史朝亦夢康叔謂己：「余將命而子苟與孔烝鉏之曾孫圉相元。」史朝見成子，告之夢，夢協。協，合也。晉韓宣子爲政聘于諸侯之歲，在二年。婤姶生子，名之曰元。孟縶之足不良，弱行。跛也。孔成子以周易筮之，曰：「元尚享衛國，主其社稷。」命蓍辭。遇屯。䷂震下坎上屯。又曰：「余尚立縶，尚克嘉之。」嘉，喜也。遇屯䷂之比。䷇坤下坎上比，屯初九爻變。以示史朝。史朝曰：「元亨，又何疑焉？」周易曰：「屯，元亨。」成子曰：「非長之謂乎？」言屯之元亨，謂年長，非謂名元。對曰：「康叔名之，可謂長矣。善之長也。孟非人也，將不列於宗，不可謂長。足跛非全人，不可列爲宗主。且其繇曰『利建侯』。繇，卦辭。嗣吉，何建？建非嗣也。嗣子有常位，故無所卜，又無所建。今以位不定，卜嗣得吉，則當從吉而建之也。二卦皆云，謂再得屯卦，皆有建侯之象。子其建之。康叔命之，二卦告之，筮襲於夢，武王所用也，弗從何爲？外傳云：「大誓曰：『朕夢協朕卜，襲於休祥，戎商必克。』此武王辭。」弱足者居，跛則偏弱，居其家不能行。侯主社稷，臨祭祀，奉人民，事鬼神，從會朝，又焉得居？各以所利，不亦可乎？」孟跛利居，元吉利建。故孔成子立靈公。靈公，元也。昭公七年。

南蒯之將叛也，其鄉人或知之，過之而嘆，鄉人過蒯而嘆。且言曰：「恤恤乎，湫乎，攸乎！恤恤，憂患；湫，愁隘；攸，懸危之貌。深思而淺謀，邇身而遠志，家臣而君圖，家臣而圖人君之事，故言：「思深而謀淺，身近而志遠。」有人矣哉。」言今有此人，微以感之。南蒯枚筮之，不指其事，汎卜吉凶。遇坤䷁坤上坤下。之比，䷇坤下坎上，以坤六五爻變。曰：「黃裳元吉。」坤六五爻變辭。以爲大吉也，示子服惠伯，曰：「即欲有事，何如？」惠伯曰：「吾嘗學此矣，忠信之事則可，不然必敗。外強內溫，忠也。坎險故強，坤順故溫。強而能溫，所以爲忠。和以率貞，信也。水和而土，安正和正，信之本也。故曰『黃裳元吉』。黃，中之色也。裳，下之飾也。元，善之長也。中不忠，不得其色。言非黃。下不共，不得其飾。不爲裳。事不善，不得其極。失中德。外內倡和爲忠，不相違也。率事以信爲共，率猶行也。供養三德爲善，三德爲正直、剛克、柔克也。非此三者弗當。非忠、信、善，不當此卦。且夫易，不可以占險，將何事也？且可飾乎？夫易猶此。易謂：「黃裳元吉」之卦問其何事？欲令從下之飾。中美能黃，上美爲元，下美則裳，三成可筮。三美盡備，吉，可如筮。猶有闕也，筮雖吉，未也。」有闕謂不三成。費人卒叛南氏，南蒯奔齊。昭公二十年。

秋，龍見於絳郊。絳，晉國都。魏獻子問于蔡墨，蔡墨，晉太史。曰：「吾聞之，蟲莫知於龍，以其不生得也。謂之知，信乎？」對曰：「人實不知，非龍實知。言龍無知，乃人不知之耳。古者畜龍，故國有豢龍氏，有御龍氏。」豢、御，養也。獻子曰：「是二氏者，吾亦聞之，而不知其故，是何謂也？」對曰：「昔有飂叔安，飂，古國也。叔安，其君名。有裔子曰董父，裔，遠也，玄孫之後爲裔。實甚好龍，能求其嗜欲，以飲食之，龍多歸之，乃擾畜龍，以服事帝舜。帝賜之姓曰董，擾，順也。氏曰豢龍。豢龍，官名。官有世功，則以官氏。封諸鬷川，鬷夷氏其後也。鬷水、上夷皆董姓。故帝舜氏世有畜龍。及有夏孔甲，擾於有帝，孔甲，少康之後，九世君也，其德能順於天。帝賜之乘龍，河、漢各二，合爲四。各有雌雄，孔甲不能食，而未獲豢龍氏。有陶唐氏，既衰其後，有劉累，陶唐，堯所治也。學擾龍於豢龍氏，以事孔甲，能飲食之。夏后嘉之，賜氏曰御龍，夏后，孔甲。以更豕韋之後。更，代也。以劉累代彭姓之豕韋，累尋遷魯縣，豕韋復國，至商而滅，累之後世復承其國，爲豕韋氏。在襄公二十四年。龍一雌死，潛醢以食夏后。潛，藏也。藏以爲醢，明龍不知。夏后饗之，既而使求之。求，致龍也。懼而遷於魯縣，不能致龍，故懼遷魯縣，自貶退也。魯縣，今魯陽。范氏其後也。晉范氏也。」獻子曰：「今何故無之？」對曰：「夫物物有其官，官修其方，方，法術。朝夕思之。一日失職，則死及之。失職有罪。失官不食。不食祿。官宿其業，宿猶安也。其物乃至。設水官修，則龍至。若泯棄之，物乃坻伏，泯，滅也。坻，止也。鬱湮不育。鬱，滯也。湮，塞也。育，生也。故有五行之官，是謂五官。實列受姓氏，封爲上公，爵上公。祀爲貴神。社稷五祀，是尊是奉。五官之君長能修其業者，死皆配食於五行之神，爲王者所尊奉。木正曰勾芒，正，官長也。取木生勾曲而有芒角也。其祀重焉。火正曰祝融，祝融，明貌。其祀犂焉。金正曰蓐收，秋物摧蓐而可收也。其祀該焉。水正曰玄冥，水陰而幽冥。其祀修及熙焉。土正曰后土。土爲羣物主，故稱后也。其祀句龍焉。在家則祀中霤，在野則爲社。龍，水物也。水官棄矣，故龍不生得。棄，廢也。不然，周易有之，言若不爾，周易無緣有龍。在乾䷀乾下乾上乾。之姤，䷫巽下乾上姤，乾初九變。曰：『潛龍勿用。』乾初九爻辭。其同人䷌離下乾上同人，乾九二變。曰：『見龍在田。』乾九二爻辭。其大有䷍乾下離上大有，乾九五變。曰：『飛龍在天。』乾九五爻辭。其夬䷪乾下兑上夬，乾上九變。曰：『亢龍有悔。』乾上九爻辭。其坤䷁坤下坤上坤，乾六爻皆變。曰：『見羣龍無首，吉。』乾用九爻辭。坤之剥䷖坤下艮上剥，坤上六變。曰：『龍戰於野。』坤上六爻辭。若不朝夕見，誰能物之？」物謂上六卦所稱龍各不同也。今說易者皆以龍喻陽氣，如史墨之言，則爲皆是真龍。獻子曰：「社稷五祀，誰氏之五官也？」問五官之長皆是誰？對曰：「少皞氏有四叔，少皞，金天氏。曰重、曰該、曰脩、曰熙，實能金、木及水。能治其官。使重爲句芒，木正。該爲蓐收，金正。脩及熙爲玄冥，二子相代爲水正。世不失職，遂濟窮桑，此其三祀也。窮桑，少皞之號也。四子能治其官，使不失職。濟成少皞之功，死皆爲民所祀。窮桑，地在魯北。顓頊氏有子曰犂，爲祝融；犂爲火正。共工氏有子曰句龍，爲后土，共工在大皥後，神農前，以水名其官者，其子句龍能平水土，故死而見祀。此其二祀也。后土爲社；方答社稷，故明言爲社。稷，田正也。掌播殖也。有烈山氏之子曰柱，爲稷，烈山氏，神農世諸侯。自夏以上祀之。祀柱。周棄亦爲稷，棄，周之始祖，能播百穀。湯既勝夏，廢柱，而以棄代之。自商以來祀之。」傳言蔡墨之博物。昭公二十九年。

此亦不筮者。

趙簡子問于史墨曰：「季氏出其君，而民服焉，諸侯與之，君死於外，而莫之或罪也。」對曰：「物生有兩，有三，有五，有陪貳。故天有三辰，謂有三。地有五行，謂有五。體有左右，謂有兩。各有妃耦。謂陪貳。王有公，諸侯有卿，皆有貳也。天生季氏，以貳魯侯，爲日久矣。民之服焉，不亦宜乎？魯君世從其失，季氏世修其勤，民忘君矣。雖死於外，其誰矜之？社稷無常奉，奉之無常人，言唯德也。君臣無常位，自古以然。史墨跡古今以實言。故詩曰：『高岸爲谷，深谷爲陵。』詩小雅言，高下有變易。三后之姓，於今爲庶，主所知也。三后，虞、夏、商。在易卦，雷乘乾曰大壯，䷡乾下震上大壯，震在乾上，故曰雷乘乾。天之道也。乾爲天子，震爲諸侯，而在乾上，君臣易位，猶臣大強壯，若天上有雷。昔成季友，桓之季也，文姜之愛子也，始震而卜。卜人謁之，曰：『生有嘉聞，嘉名聞於世。其名曰友，爲公室輔。』及生，如卜人之言，有文在其手曰『友』，遂以名之。既而有大功於魯，立僖公。受費以爲上卿。至於文子、武子，文子行父、武子宿。世增其業，不廢舊績。魯文公薨，而東門遂殺適立庶，魯君於是乎失國，失國權。政在季氏，於此君也，四公矣。民不知君，何以得國？是以爲君，慎器與名，不可以假人。」器、車、服，名爵號。昭公三十二年。

此亦不筮者。

喻氏云：「愚按：昭公，乾侯之事，與夏王相弒商丘，周厲王崩於彘，皆天地間人道非常之大變也。史墨乃妄引陪貳之說，而謂天生季氏，以貳魯侯，又明言社稷君臣無常奉無常位，且妄引詩易以對，左氏從而書之，其與春秋書公薨，乾侯如青天白日不可掩蔽，以誅季氏不臣之罪者，異矣。」

「嗚呼，春秋何等時耶？功利之習壞爛人心，君臣大義澌滅殆盡，不惟亂臣賊子如三家者放逐其君爲不知有君，而惟季氏之服諸侯不知有君，而惟季氏之與？史墨不知有君，而放言無忌。趙簡子不知有君，而聽言不辨，左氏亦不知有君，而載言不擇，夫豈知陵谷遷改，乃地道之變而非常，雷天大壯乃天道之常，初非志變，況易乃崇陽抑陰之書。雷在天上，夫子大象但取其成四陽壯長之卦，而曰『君子以非禮弗履』耳，未必如杜注所謂君臣易位也。史墨不求其義，妄引以對，可謂誣天矣。天但使季氏貳君，何嘗使季氏逐君哉？如墨言，一歸之天道，則公僭王，卿僭侯，亂臣賊子接迹於世矣，綱常安在？然則春秋，夫子作也；易象，夫子翼也，道一而已，請得爲易大壯一洗史墨之惡論。」

晉趙鞅卜救鄭，遇水適火，水火之兆。占諸史趙、史墨、史龜。皆晉史。史龜曰：「是謂沈陽，火陽得水，故沈。可以興兵。兵，陰類也，故可以興兵。利以伐姜，不利子商。姜，齊姓。子商謂宋。伐齊則可，敵宋不吉。」史墨曰：「盈，水名也。子，水位也。趙，鞅姓；盈，宋姓。子水盈坎乃行，子姓又得北方水位。名位敵，不可干也。二水俱盈，故言不可干。炎帝爲火師，神農有火瑞，以火名官。姜姓其後也。水勝火，伐姜則可。」史趙曰：「是謂如川之滿，不可游也。既盈而得水位，故爲如川之滿，不可馮游，言其波流盛。鄭方有罪，不可救也。鄭以嬖寵伐人，故以爲有罪。救鄭則不吉，不知其他。」救鄭則當伐宋，故不吉也。陽虎以周易筮之，遇泰䷊乾下坤上泰。之需，䷄乾下坎上需，泰六五變。曰：「宋方吉，不可與也。不可與戰。泰六五曰：『帝乙歸妹，以祉元吉。』帝乙，紂父，立爲天子，故稱帝乙。陰而得中，有似王者，嫁妹得如其願，受福祿而大吉。微子啓，帝乙之元子也。宋、鄭，甥舅也。宋鄭爲昏姻，甥舅之國。宋爲微子之後，今卜得帝乙卦，故以爲宋吉。祉，祿也。若帝乙之元子歸妹，而有吉祿，我安得吉焉？」乃止。吉在彼，則我伐之爲不吉。哀公九年。

以上左傳。

單襄公疾，召頃公告之，曰：「必善晉周，將得晉國。成公之歸也，吾聞晉之筮之也，成公，晉文公之庶子。成公，黑臀也。歸者，自周歸於晉。晉趙穿弑靈公，趙盾逆公子，黑臀于周而立之，蓍曰筮。筮立成公。遇乾䷀乾下乾上乾。之否，䷋坤下乾上否。乾初九、九二、九三變而之否也。曰：『配而不終，君三出焉。』乾，天也，君也，故曰：「配。」配先君也。不終子孫，不終爲君也。乾下變爲坤，坤，地也，臣也。天地不交曰否，變有臣象。三爻故三世，而終上有乾。乾，天子也。五亦天子。天體不變周，天子國也。三爻有三變，故君三出於周。一既往矣，後之不知，其次必此。」一謂成公，已往爲晉君也。後之不知，不知最後者在誰也？其次必此，次成公，而往者必周子也。及厲公之亂，周子立，是謂悼公。

晉公子重耳親筮之，曰：「尚有晉國。」尚，上也，命筮之辭也。禮曰：「某子尚享之。」得貞屯悔豫，皆八也。內曰貞，外曰悔，震下坎上屯，坤下震上豫，得此兩卦，震在屯爲貞，在豫爲悔。八謂震兩陰爻在貞在悔皆不動，故曰：「皆八」，謂爻無爲也。筮史占之，皆曰：「不吉。」筮史，筮人掌三易，以辨九筮之名。一夏連山，二殷歸藏，三周易。以連山、歸藏占此兩卦，皆言不吉。閉而不通，爻無爲也。」閉，壅也。震爲動，動遇坎，坎爲險阻，蔽塞不通，無所爲也。司空季子曰：「吉。是在易，皆利建侯。建，立也。以周易占之，二卦皆吉也。屯初九曰：「利建侯。」豫大象曰：「利建侯，行師吉。」不有晉國以輔，王室安能建侯？我命筮曰『尚有晉國』，筮告我曰『利建侯』，得國之務也，吉孰大焉！務猶趣也。震，車也。易：坤爲大車，震爲動爲雷。今云車者，車亦動，聲象雷，其爲小車乎？坎，水也。坤，土也。屯，厚也。豫，樂也。車班外內，順以訓之，車，雷也。班，遍也。遍外內者，謂屯之內有震，豫之外亦有震。坤，順也，豫內爲坤，屯二與四亦爲坤。泉原以資之，資，財也。屯三至五、豫二至四皆有艮象，豫三至五有坎象，艮山坎水，水在山上爲泉，源流而不竭也。土厚而樂其實。不有晉國，何以當之？屯豫皆有坤象，重坤故厚。豫爲樂，當應也。震，雷也，車也。坎，勞也，水也，衆也。易以坤爲衆，坎爲水，水亦衆之類，故云。主雷與車，內爲主也。而尚水與衆。坎象皆在上，故尚水與衆。車有震，武也。震，威也。車聲軒隆，象有威武。衆而順，文也。坤爲衆、爲順、爲文，象有文德，爲衆所歸。文武具，厚之至也，故曰屯。屯，厚也。其繇曰：『元亨利貞，勿用有攸往，利建侯。』繇，卦辭也。亨，通也。貞，正也。攸，所也，往之也。小人勿用，有所之，君子則利建侯行師。主震雷，長也，故曰元。內爲主，震爲長男，爲雷，雷爲諸侯，故曰元。元，善之長也。衆而順，嘉也，故曰亨。嘉，善也。衆順服善，故曰亨。亨，嘉之會也。內有震雷，故利貞。屯內有震。賈侍中云：「震以動之，利也。侯以正國，貞也。利，義之和也。貞，事之幹也。」車上水下，必霸。車，震也。水，坎也。車動而上，威也。水動而下，順也。有威而衆從，故必霸也。小事不濟，壅也。故曰：『勿用有攸往。』濟，成也。小事，小人之事。壅震動而遇坎，坎爲險阻，故曰勿用有攸往也。一夫之行也。一夫，一人也。易曰：「震一索而得男。」故曰一夫。又曰：「震作足。」故爲行也。衆順而有武威，故曰：『利建侯。』覆述上事。坤，母也。震，長男也。母老子強，故曰豫。豫，樂也。其繇曰：『利建侯行師。』居樂、出威之謂也。居樂，母在內也。出威，震在外也。居樂故利建侯，出威故利行師。

是二者，得國之卦也。」二者，屯、豫也。

十月，惠公卒。十二月，秦伯納公子。內傳：魯僖公二十三年九月，晉惠公卒，而此云十月，賈侍中以爲閏餘十八，閏在十二月，後魯失閏，以閏月爲正月，晉以九月爲十月而置閏也。秦伯以十二月始納公子，公子以二十四年正月入晉桑泉。董因迎公子於河，因，晉大夫，周太史辛有之後。傳曰：「辛有之。」二子，董之晉，故晉有董史。公問焉，曰：「吾其濟乎？」對曰：「歲在大梁，將集天行。元年始受，實沈之星也。歲在大梁謂魯僖公二十三年歲星在大梁之次也。集，成也。行，道也，言公將成天道也。公以辰出晉，祖唐叔，所以封也，而以參入晉星也。元年謂文公即位之年，魯僖公二十四年，歲星去大梁，在實沈之次，受受於大梁也。自胃七度至畢十一度爲大梁，自畢十二度至東井十五度曰實沈。實沈之虛，晉人是居，所以興也。虛，次也。是居，居其分次，所主祀也。傳曰：「高辛氏有子季曰沈實，遷于大夏，主祀。」參，唐人，是因成王滅唐，而封叔虞，南有晉水，子燮改爲晉侯，故參爲晉星。今君當之，無不濟矣。當歲星在實沈之虛。故無不成。君之行也，歲在大火。大火，閼伯之星也，是謂大辰。君之行謂魯僖五年，重耳出奔，時歲在大火。大火，大辰也。傳曰：「高辛氏有子曰閼伯，遷于商丘，祀大火。」辰以成善，后稷是相，唐叔以封。成善謂辰，爲農祥，周先后稷之所經緯，以成善道相視也，謂祀農祥，以戒農事。封者唐叔，封時歲在大火。瞽史記曰：嗣續其祖，如穀之滋。必有晉國。瞽史記云：「唐叔之世，將如商數。」今言嗣續其祖，明趣同也，言晉子孫將繼續其先祖，如穀之蕃滋，故必有晉國。臣筮之，得泰之八。乾下坤上泰。遇泰無動，爻筮爲侯，泰三至五震，爲侯。陰爻不動，其數皆八，故得泰之八，與貞屯悔豫皆八義同。曰：是謂天地配亨，小往大來。陽下陰升，故曰配亨。小喻子圉，大喻文公。陰在外爲小往，陽在內爲大來。今及之矣，何不濟之有？且以辰出而以參入，皆晉祥也，辰，大火也。參，伐也。參在實沈之次。而天之大紀也。所以大紀，天時也。傳曰：「大火爲大辰，伐亦爲大辰。」辰，時也。濟且秉成，必霸諸侯。秉，執也。子孫賴之，君無懼矣。」公子濟河，召令狐、臼衰、桑泉，皆降。三者皆晉邑。召，召其長也。

以上國語。

按：注解皆八，未詳。朱氏、程氏之解亦皆未合，唯趙氏有云：「左氏載筮得八者凡三，穆姜遇艮之八，凡五爻變，三、上以九變，初、四、五以六變，第二爻不變，此爻在艮爲八，在隨亦八。」正與此同。不云貞艮悔隨，而云艮之八者，蓋主不變爻爲言也。此有二説：其一則七八皆不變，今有八無七，謂不變者皆八而無七也。其二則艮之八一爻不變，在下卦之二。泰之八一爻不變，在上卦之五。故但稱之八，此占二三上不變，涉上下卦，下卦不變者八，上卦不變者亦八。謂上下卦之不變者皆八，而非七，以别於上卦得八而下卦否，或下卦得八而上卦否者，使他占得八而涉上下卦，則亦云皆八矣。貞屯悔豫句絶，皆八自爲一句。按：劉雲莊云：「辭之所該有限，必如左傳國語所載占，卦體、卦象、卦變，又推互體，始足以濟辭所不及而前知耳。」故備録之，以爲法云。

餘論第十四

伏羲合五緯，建五氣，消息禍福以爲之元命，潛龍氏筮之，乃迎日推測，疑後人所爲。

孔子曰：「易始一，分于三，盛於五，終於上。初爲元士，二爲大夫，三爲三公，四爲諸侯，五爲天子，上爲宗廟。凡此六者，陰陽所以進退，君臣所以升降，萬人所以爲象則也。」疑非孔子之言。

焦贛長於災變，分六十四卦，更直日用事，以風雨寒温爲侯，一卦直一日，用周易之序。京房卦氣主六日七分，用太玄之序。費直作易林序，引孟康之法則，以一爻主一日也。焦氏以一卦直一日，乾直甲子，坤直乙丑，至未濟直癸亥，乃盡六十日，而四正卦則直二分二至之日，坎直冬至，離夏至，震春分，兑秋分，不在六十卦輪直之數，爲方伯監司之官，是二至二分，用事之日又是四時各專主之氣。各卦主時，其占法各以其日觀其善惡也。史氏曰：上經乾起甲子、泰甲戌、噬嗑甲申，至離三十卦一百八十日，而三甲盡。下經咸起甲午、損甲辰、震甲寅，至節癸亥而終，亦三十卦一百八十日，而年一周。所以焦京用以直日節曰天地節，而四時成，節後繼以中孚、小過、既濟、未濟者，所以成坎離震兑四卦，應子午卯酉，爲春夏秋冬四時，兩之以爲八節，是爲分，至啓閉，每爻直十五日，以應七十二候。京房六十卦氣之法，四正之卦，卦有六爻，爻主一氣，其餘六十卦，卦有六爻，别主一日，凡主三百六[十]日，餘有五日四分日之一。每日分爲八十分，五日分爲四百分，日之一又分爲二十分，是四百二十分。六十卦分之，六七四十二，卦別各得七分，故每卦得六日七分也。世稱東漢郎顗明六日七分之學，最爲精妙者，此也。

按：以卦配氣候，自漢儒來有其說，說各異，唯以卦氣起於中孚則同。宋咸著論謂非聖人之旨，而朱氏難之言。歲始於冬至，曆始於牽牛，日始於夜半，故必始於十一月矣。胡氏曰：「夫律曆始於十一月，是矣。而以中孚爲十一月卦爲何義？不此之解而欲以折，咸不可也。」朱子曰：「易卦之位，震東，離南，兑西，坎北者爲一說；十二辟卦分屬十二辰者爲一說；及焦延壽爲卦氣直日之法，乃合二說而一之。既以八卦之震離兑坎二十四爻直四時，又以十二辟卦直十二月，且爲分四十八卦爲之公侯卿大夫，而六日七分之說生焉。若以八卦爲主，則十二卦之乾不當爲巳之辟，坤不當爲亥之辟，巽不當侯于申酉，艮不當侯於戌亥。若以十二卦爲主，則八卦之乾不當在西北，坤不當在西南，艮不當在東北，巽不當在東南。彼此二說互爲矛盾。且其分四十八卦爲公侯卿大夫之例于十二辟卦，初無法象而直以意言，本已無所據矣。不待論其減去四卦二十四爻，而後可以見其失也。」予嘗謂焦京之學出於易，而亂易之道者，焦京也。管輅，郭璞輩皆宗之。

胡氏曰：「焦氏卦變法，以一卦變爲六十四卦，六十四卦通變四千九十六卦，而卦變之次，本之文王序卦。其每一卦變成詩六十四首，六十四卦皆變，共四千九十六首，以代占辭，而文王周孔辭並不復用。」予曰：「此焦氏之罪也。成焦氏之罪者，後世之俗儒也。」

京氏傳降五行，頒六位，即納甲法，有渾天六位圖，加十二支。沈氏曰：「納甲可以推見天地胎育之理，乾納甲壬，坤納乙癸者，上下包之也。震巽坎離艮兑納庚辛戊己丙丁者，六子生乾坤，包中如物之處胎中者，左三剛爻乾之氣，右三柔爻坤之氣也。乾初爻交坤生震，故震初爻納子午，乾初子午故也，長子，代父也。中爻交坤生坎，故坎初爻納寅申，震納子午順傳，寅申陽道順。上爻交坤生艮，故艮初爻納辰戌，亦順傳。坤初爻交乾生巽，故巽初爻納丑未，坤初丑未故也，長女配長男也。中爻交乾生離，故離初爻納卯酉，巽納丑未逆傳，卯酉陰道逆，中女配中男也。上爻交乾生兑，故兑初爻納巳亥，亦逆傳，少女配少男也。女從人，故其位不起於未。乾坤始於甲乙。」項氏曰：「陽卦納陽干陽支，陰卦納陰干陰支。陽六干皆進，陰六干皆退，惟乾納二陽，坤納二陰，包括首尾，則天地父母之道也。」

揚雄擬易作太玄，方州部家皆自三數推之。玄爲之首，一以生三，爲三方；三生九，爲九州；九生二十七，爲二十七部；九九乘之，斯爲八十一家。首之以八十一，所以準六十四卦。贊之以七百二十有九，所以準三百八十四爻。無非以三數推之，朱子謂其零星補湊。若不補，卻欠四分之一；補得來，又卻多四分之三，蓋其起數之法既不合于天地自然之理，而強求合於曆之日，有氣而無朔。每首九贊，二贊當一晝夜，合八十一首之贊，凡七百二十九，僅足以當三百六十四日有半；外增一踦贊，以當半日；又立一嬴贊，以當四分日之一，則支離而無用耳。

章氏曰：「焦贛、京房、揚雄皆精于易占，其於六十四卦，或以己意增損之，而其占皆驗，益信卦占在乎人心之誠否？故云有其誠，則有其神；無其誠，則無其神，而占不足以盡易也。繼三子者，如關氏之洞極，司馬氏之潛虛，蔡氏之洪範皇極，各本之河洛，以己意列圖，實于易卦無與，惟於先天圓圖六十四卦出於邵康節所傳，而胡玉齋因邵詩『冬至子之半』推之，以卦分配節候，繇復卦冬至子之半，至乾交夏至午之半，三十二卦爲陽，由姤卦夏至午之半，至坤交冬至子之半爲陰，卦爻自然與天地之節候相脗合，未嘗以己意參乎其間，殆出漢三子之右矣。」洞極，阮逸僞作。

臨邛張氏曰：「揚子雲太玄其法本于易緯卦氣圖，衛先生元包其法合于火珠林，皆革其誣俗，而歸諸雅正者也。伏羲始作八卦，因而重之爲六十四，是名先天，陳希夷所傳先天圖是也。其數有二：圓圖者，天也，自一陰一陽各六變爲三十二陰三十二陽者，運行數也；方圖者，地也，八卦縱横，上下一卦爲主，各變七卦者，生物數也。卦氣圖以六十卦爲主，一爻當一策，所謂乾坤之策、三百六十當期之日，其於繫辭則序卦之義也。主於運行之用者，天而地之數，故爲天地之大數也。火珠林以八卦爲主，四陰對四陽，所謂『天地定位，山澤通氣，雷風相薄，水火不相射』，其於繫辭則說卦之義也。主於生物之用者，地而物之數，故爲人物之小數也。卦氣圖之用出於孟喜章句，火珠林之用祖于京房，易末流之弊，雜亂於星官曆翁，其事失之誣，其辭失之俗，故二君以其法爲書，而歸之雅正也。太玄日始於寅，義祖連山；元包卦首於坤，義祖歸藏。由是三易，世皆有書矣。」

周易筮述卷八

推驗第十五

中有不以蓍得者，亦閒録之，以爲推斷之例。

全寅少瞽善卜，時在大同，值裕陵北狩，密遣人問寅，寅筮得乾之復，獨初爻不變，奏曰：「明秋駕還，九年之後復辟。」後果如其言。裕陵召，欲官之，寅辭，乃範金「陰陽神靈」四字，爲筮錢十有八，貯之牙盒賜之。

元成宗崩，安西王阿難答謀繼大統，成后爲之主。中外危疑，季孟勸仁宗掃清宫禁，以待武宗，仁宗曰：「吾當以卜決之。」命召卜人，有儒服持囊遊於市者，召之筮，入，筮遇乾三爻變之睽，立而獻卦，曰：「是謂乾之睽。乾，剛也；睽，外也。以剛處外，乃定内也。君子乾乾行事也。乾而不乾，事乃睽也。剛運善斷，無疑惑也。時不可失。」仁宗喜，振袖而起，將首謀及同惡者送獄，奉璽北迎武宗，事遂定。

有人父病，託趙輔和筮，遇乾卦四爻變之晉，慰諭令去，後告人云：「乾之遊魂。乾爲天，爲父，父變爲魂而遊，於天能無死乎？」竟如其言。

天寶十四年，王諸將入京應舉，就沈七卜，得純乾卦變之觀，沈云：「公今應舉，卜得此卦。『觀國之光，利用賓。』于王本是吉兆，然交動羣陰，下成坤卦，上變至四，又不至五，五是君位，未得利見大人。恐公此行，不至京而回。」果至東京，遇安禄山反，乃奔歸。

宋太祖徵處士王昭素，召見便殿，令講乾卦至九五，斂容對曰：「此爻政當陛下今日之事。」太祖因問曰：「『九五飛龍在天，利見大人。』常人何可占得此卦？」昭素曰：「何害？若臣等占得，則陛下是飛龍在天，臣等利見大人，是利見陛下也。」因示諷諫微旨，太祖大悦。

胡大淵初名浚，善卜，有薦于成祖者，召之，胡將應命，其中表袁杞山，爲卜得乾之五爻，袁曰：「五屬君，升陽在四，子命又午也，其有錫名之慶乎？」胡曰：「吾值壬午。壬爲水。午者，子之衝果，賜名必不離水。」袁曰：「非徒然也。四爲淵，又值升陽，而五居淵上，淵而大乎？以草莽之臣踐五位，終非吉兆。午爲火，丁者，辰之合也，遇火則危矣。」及見上，賜名大淵，袁聞之，曰：「驗矣，死不遠矣。」已而新作殿，命胡布算，訖曰：「某月某日當燬。」上怒囚之，以俟後至期，胡倩獄卒往覘，返報曰：「午過矣，無火。」胡遂服毒，午時正三刻，殿果焚，上急召大淵，則已死矣。

齊文宣還並州，令宋景業筮，遇乾之鼎，景業曰：「乾，君也，天也。易曰：『時乘六龍以御天。』鼎，五月卦也，宜以仲夏吉辰順天受禪。」或曰：「陰陽書五月不可入官，犯之卒於其位。」景業曰：「此乃大吉。王爲天子，無復下期，豈得不終於其位？」王大悦。

高允筮論曰：「昔明元末，起白臺，其高二十餘丈。樂平王嘗夢登其上，四望無所見，以問日者董道秀，董筮，遇乾卦，對曰：『吉。』王默然，有喜色。後事發，王遂憂死，而道秀棄市。道秀若推六爻以對曰：『乾稱亢龍有悔。』窮高曰亢，高而無人，不爲善也。夫如是，則上寧于王，下保於己，福禄方至，豈有禍哉？」

長慶之代鄴中，有五明道士者工卜筮，時王庭湊爲田弘正部，將遣使於鄴，因詣五明，究生平否泰，道士即爲卜之，六位皆重，曰：「此卦純乾，變爲坤。坤，土也，地也。大夫將來秉旄不遠，兼有土地山河之分，事將集矣，宜速歸乎？」庭湊聞其言，即辭歸，值軍民大變，弘正爲亂兵所害，士大夫將校共推庭湊，朝廷徵兵討趙人，拒命二年，王師不能下，俄而敬宗即位，文皇帝嗣位，有詔赦宥，就加節制。

齊神武每使入洛，必止清河王岳舍，岳母山氏嘗夜起，見神武室中無火而有光，移於別室，如前所見，詣卜遇乾九五變之大有，占者曰：「吉。易稱：『飛龍在天。』大人造也，貴不可言。」山氏歸報神武。神武後起兵於信都，山氏謂岳曰：

「赤光之瑞，今當驗矣。」

萬曆丙辰春，有一孝廉筮己春榜捷否？得用九爻，私念曰：「豈得無元乎？」榜放登第，而沈同和被黜，則無首之應也。

孝廉令狐策夢立冰上，與下人語，求索紞占，紞曰：「在坤之初爻，冰上爲陽，冰下爲陰，陰陽事也。士如歸妻，迨冰未泮，婚姻事也。君在冰上與冰下人語，媒介事也。君當爲人作媒，冰泮而媒成。」

陳希夷曰：「有人得坤卦，安元位，政在初爻，正月節氣内生者，值正月三陽開泰之時，而在履霜堅冰之地，陰凝寒凍非佳也。及變後天之卦，爲豫九四，霆聲一發，冰解凍消，沖融和氣，政合正月之令，設施號令，振榮萬物，其功大矣，非貴顯之士而何？」其先後天變化之妙理，豈人力所能爲哉？

李文靖公未遇時，筮得坤二爻，謂友人曰：「予生平所得，咸期合於聖經。」文靖秉性寬大，行事方直，爲名執政。嘗朝罷，帝目送之，曰：「風度端凝，真貴人也。」

王春，安邑人，少精易占，齊神武引爲館客。韓陵戰，四面受敵，從寅至午，三合三離，將士皆懼。神武將退軍，春筮得坤三爻，叩馬諫曰：「坤屬未，土時發則克。始雖無成，終焉勝之。比至未時，必當大捷。」遽縛其子詣軍門爲質，若不勝，請斬之。賊果大敗。後從征討恒，令卜，其言多中。

焦光值漢室衰，筮得坤四爻，遂絕口不言，及魏篡，嘗結草爲廬於河之湄，河東太守杜恕迎見，初不與語。司馬景王使安定太守董經因事就視，又不語。其後野火燒其廬光，遂露寢冬雪，大至光臥不移，終不語也，卒以壽終，其真「無咎無譽」者乎？

唐文德長孫后既嬪于太宗，嘗歸寧於永興里，后舅高士廉媵張氏於后所宿舍外，見大馬高二丈，鞍勒皆具，以告士廉，命筮之，遇坤五爻變之泰，筮者曰：「龍，乾象；馬，坤象也。變而爲泰，天地交也。女處尊位居中，履順也，此女貴不可言。」

苻堅末，高陵人穿井得龜，大三尺，背文象八卦，堅命養之，兼筮龜壽幾何？遇用六爻，占者曰：「依數斷之，六六三千六百歲。龜命當終，國亦隨替。」未幾，龜死，堅亦敗。

衛青本鄭姓，少時其父使牧羊，兄弟皆奴畜之，嘗遇筮者爲占，得屯初爻，曰：「官至封侯。」青笑曰：「人奴之生，得免笞罵，足矣。」後果拜大將軍。

黄山谷初謫梧州，别駕，謂刑郭夫曰：「予今年得屯之二爻，將極十年之數方得歸。」

王早同客清晨立門外，有卒風振樹，因筮之，遇屯二爻，語客曰：「依卦，當有千里外急使，日中將兩馬，一白一赤，從西南來。至即取我，逼我，不聽與妻子别，然匪寇婚媾，終無他尤。」語訖，召家人鄰里辭别，澡浴，帶書囊，日中出門，候使如期，果有二馬，一白一赤，從涼州至，即促早上馬，遂詣行宫，時魏世祖圍涼州未拔，故許彦薦之。早，彦師也。

石勒微時遇一筮人，爲筮得屯三爻，謂之曰：「即有大難，賴鹿得脱。」果爲遊軍所囚，俄有羣鹿傍道，軍人競逐之，勒乃獲免。

慕容涉歸，嘗以後嗣爲筮，遇屯五爻，筮者曰：「震坎皆男，必生二子，庶小克昌，福流苗裔。」後其滕先生吐谷渾，而適生慕容廆，涉歸卒，廆嗣位。二部馬鬬，廆怒渾，曰：「馬畜類，鬬其常性，何怒於人？乖别甚易，當去汝於萬里之外矣。」遂行，廆後悔，命長史那樓馮追之，馮遣從者二千騎擁馬東還，馬輒悲鳴西走，渾曰：「我支庶也，理無並大。今因馬而别，殆天所啓乎？」去之西，部落蕃盛，雄長一方。

清河倪太守問管輅雨期，筮之，對曰：「今夕當雨。」是日陽燥，晝無形似，輅曰：「夫造化之神不疾而速。十六日壬子，值滿畢星。中已有水氣，水氣之發動於卯辰，此必至之應也。」至日向暮，了無雲氣，衆並嗤之，輅言：「樹上有少女微風，樹間有陰，鳥和鳴。又少男風起，衆鳥和翔，其應至矣。」須臾，果有艮風鳴鳥，日未入西方，山雲起，黄昏後雷聲動天。入夜，大雨，河傾。後世傳其卜得屯上爻。蓋上處屯極，屯極必解漣如，雨甚之象也。

陳希夷遊華陰，華陰令王睦聞之，倒屣門迎，既坐，先生曰：「子更一年，位值屯上爻，主有大災，吾之來此，有意救子，子守官如是，雖有患，神理亦祐子。」乃出藥一粒，睦起再拜，受而服之。更一年，回都下馬，驚墮汴水，善没者救之，得不死。按：坎爲水，「乘馬班如」，則驚墮之應也。

韓信將下趙，聞陳餘不用李左軍之計，引兵方出井陘口，師患無水，筮得蒙，知山下有泉焉。信遣胡將周而索之，見二石，鹿跑地，有泉湧出。後人于井側立胡王祠祀之。

僧一行求訪師資，以窮大衍，至天台國清寺，見一院古松十數，門有流水，一行立於門屏間，聞院中僧布卦，得蒙二爻，曰：「今日有弟子自遠方來，求吾算法，已合到門，豈無人導達耶？」又轉一算決之，曰：「門前水當西流，弟子亦至。」一行承其言而入，水卻西流。弟子之傳教猶子之克家，坎爲水，東行遇山回折而西，故云。

武攸緒，則天后兄，惟良子也，恬淡好易，少變姓名，賣卜長安市，得錢輒委去。后革命，封安平郡王，緒懼，筮卦，遇蒙三爻，知有女禍，固辭官，願隱居，后許之，盤桓龍門少室間，及三思用事，復召拜太子賓客，緒苦祈還山，後武氏之禍，惟攸緒不及。

晉簡文帝無子，令卜者扈謙筮之，遇蒙五爻，曰：「後房中有一女，當有二貴男，其一終盛晉室。」按：卦陰雖居中，童而未御，坎艮二男，艮男在上用事，故尤盛也。會有道士許邁者，人稱其得道，帝從容問焉，答曰：「當從扈謙之言，以存廣接之道。」又數年無子，乃令善相者召諸愛妾相之，皆云非其人。又悉以諸媵示焉，時李后爲宫人，在織坊中，形長而色墨，宫人皆謂之崑崙，既至，相者驚云：「此其人也。」帝以大計召之侍寢，后數夢兩龍枕膝，明月入懷，遂生孝武帝及會稽文孝王。

漢宣帝擢梁丘賀爲郎，會八月飲酎，行祠孝昭廟。先驅旄頭劍挺墮落，首垂泥中，刃向乘輿，車馬驚。於是召賀，使筮，遇蒙上爻，曰：「寇在門庭，有兵謀，不吉。」上還，使有司侍祠。是時霍氏外孫代郡太守任宣坐謀反誅，宣子章爲公車丞，亡在渭城界。中夜去服入廟，居廊間，執戟立廟門。侍上至，欲爲逆。發覺，伏誅。

楊繇，蜀郡人，爲文學椽。郡有大雀集庫樓上，太守廉范問繇，繇筮卦，得需三爻，曰：「主郡内有小兵，然不爲害。」

後二十餘日，廣柔縣蠻夷反，殺傷長吏。

李德裕仗鉞南燕，秋暮，有邑人于姓者引鄰郡道士至，升階作卦，遇需四爻，曰：「出穴者，遷土也。公當爲西南節制。」孟冬望舒，前符節至矣，果有蜀中之命。

王莽女被選時，筮遇需五爻變之泰，皆曰：「兆遇金水，旺相。」卦遇父母得位，所謂康強之占，逢吉之符也。女竟以父莽權勢得納爲后。

陳希夷曾當春月於華山水邊石上閒步，偶筮，遇需上爻，謂弟子賈得昇曰：「當有不速之客三人來。」少頃，見三仙至。

麻衣道者善占易，五代李守正叛河中，周太祖往征，挈與俱行，令筮克否？麻衣啓筮，得需上爻，曰：「按爻言之，城下有三天子，李侍中安得久？」時周世宗、宋太祖並隨在軍。未幾，果克，入穴破城也。陽爲君。三陽，三天子也。

謝夷吾善占卜。太守第五倫擢爲督郵時，烏程長有臧釁，倫使收案其罪。夷吾到縣，無所驗，但望閣伏哭而還，白倫曰：「竊假占卜，值訟二爻，不克訟，不須庭鞫也。患至如掇，自取亡也。」歸而逋，言歸靜俟，推長當死，非刑所加，故不收之。至月餘，果有驛馬賫長印綬，上言暴卒，倫以此益信之。

季彭山筮致仕，遇訟之升，三、四、五、上俱動，斷曰：「致仕，外事也。以外卦爲主，乾爲外卦，三爻俱動。六爲放歸之位，而爻亦從乾來，無休廢之理。此宜致用於時，但內卦爲坎，一陽陷於二陰之中，必有陷難。訟言而六三之動乃從坤來，能以順行，一遇外體之健，自將出險。二從艮來，當安靜以待之，且初從兑來，志悅於去，但陳情不允耳。上九雖有終朝三褫之詞，此爲訟發也。求去與爭訟不同，予奪自宜異矣。故升爲之卦之悔柔，以時升，亦有勿恤南征之吉，與訟六三義同，則後來尚有前進之日也。訟言『利見大人』，升言『用見大人』，豈有見大人者而可以爲致仕之占乎？」

樵周將亡，戒諸子曰：「吾嘗筮家世近遠，得師卦，乃坤坎合體。坤屬土，其色黄；坎屬水，其色黑。後嗣當有黄頭黑齒，幾亡吾族。」及孫縱之生，果黄頭黑齒，領白徒七百人作亂，爲朱齡石所誅。

馮緄初爲議郎，發綬笥，見二赤蛇，令許憲筮，遇師二爻，曰：「後三歲，當爲邊將。」至期，果除征東大將軍。

隋煬帝八年征高麗，庾質諫不聽，無功而還。九年，復征高麗，令質筮之，曰：「今復如何？」質爲筮，得師四爻，曰：「左次不利。臣實愚昧，猶執前見。且師者，容民畜衆之卦，連歲征遼，民頗勞敝，宜留鎮撫百姓，畢力歸農。」帝決行，已而楊玄感反，帝大懼，遽西還。

元至正十一年，阿里海牙奏請率十萬衆渡江，朝議難之，帝密問田忠良，曰：「汝試筮之，濟否？」遇師上爻，忠良對曰：「開疆拓土，蔑不濟矣。」

爾朱榮攻河内未下，召劉靈助筮之，遇比二爻，曰：「水爲土掩，坤體在未，未時必克。」時日已向中，士卒疲怠，靈助曰：「時至矣。」榮鼓之，將士騰躍，即便克陷。

元世祖以皇子陷於海都，召田忠良令祀神致禱，忠良對曰：「臣已筮得比四爻，外比之從，外得歸也。内體坤，坤屬未，按卦未年當歸，無事於神。」後果然。

謝艾將征，王擢建牙旗盟將士，有西北風吹旌旗，東南指別駕，從事索遐筮之，得風天小畜卦，曰：「風在天上，爲天之號令，今能令旗指之，天所贊也，破之必矣。」果捷。

漢順帝時，災異屢見，公車徵郎顗，顗詣闕拜章曰：「臣竊見正月以來，陰晴連日，考諸易内傳曰：『久陰不雨，亂氣也，君臣上下相冒亂也。』又曰：『賢德不用，厥異常陰。』夫賢者，化之本；雲者，雨之具也。得賢而不用，猶久陰而不雨也。」

段翳習易時，有就學者雖未至，必知其姓名。一日，筮卦遇小畜二爻，知有結伴而來者，先期往告津吏曰：「某日當有諸生二人荷擔問翳舍處者，幸爲告之。」後竟如其言。

一人挈家避難，寓中無事，偶筮，值小畜三爻，私念旅處之際，以非禮相加，亦笑談受之，矧近在家室，寧至反目？未幾，乏薪，妻令取主家敝輿爲爨，主人有言，夫怨其婦，因而致爭反目，驗矣。因輿而致反目，尤爲異驗。

甲申日卯時，邵康節見一鷄悲鳴于乾方，因占之。鷄屬巽爲上卦，乾方爲下卦，爲風天小畜，以巽五乾一加卯四爲十，除六零四，是四爻動矣。以先天論之，乾爲體，巽爲用，互見離兑，是離火尅體之兆，況巽木離火又有烹飪之象，斷曰：「此鷄十日内當烹。」果十日，有客至，烹而食之。

季彭山筮疾病，遇小畜之夬，四上兩爻動，斷曰：「疾病内事也，以内卦爲主，乾體三陽在内，其勢上進，三能以艮道自止，而六四在巽體，又以陰畜之，有血去惕出之象。五雖陽剛，猶陷於險，而巽終力弱，牽纏不能自拔。至於上九則陽之動矣，病雖復作，然陽剛根於内體之乾，非死絶之道也。但難即愈耳，又須以柔道調將，乃得無咎。故之卦有告自邑不利即戎之戒。不利即戎，謂不必攻擊太過也。蓋久而後能脱，故其象見於卦之象辭。脱病之期則三爻來卦，艮直酉戌，上爻來卦，乾直丙丁。動爻有阻，當在丙戌、丁酉兩月之間。外卦兩爻動，故以月爲主。」

建隆寺僧德音精數學，嘗有叩門借物者，音推算值小畜五爻，呼曰：「乾爲陽金，巽爲長木，爻辭言鄰，巽方爲東南，此必東鄰某，借鋤。」執出與之，開門果然。

庾冰嘗令郭璞筮公家及身，卦成，遇履以外乾有元，内兑應之，悦而順矣。其林曰：「建元之末丘山傾，長順之末子凋零。」及康帝即位，將改元爲建元。或謂冰曰：「子忘郭生之言耶：『丘山上，名不宜用冰。』」撫心嘆恨，帝崩，何充改元爲永和，庾翼嘆曰：「天道精微乃如是耶！永和，長順也。吾庸得免乎？」其年翼卒。

有一甲榜館選前占卦，得履初爻，私喜曰：「素者，清華之選也。」及考，果得館職。

一士子鄉闈畢，詣卜，得履四爻，筮者曰：「虎者，虎榜也。決中而名。」稍後，果中鎖榜。

王彥問關子明，曰：「明王既興，其道若何？」子明曰：「斯人位當履五，設有始有卒，五帝三王之化復矣。若無三五之道，則必終之以驕。加之以亢，晚節末路有桀紂之主出焉，天下復亂。」後隋文雖混一宇内，傷於苛刻，所謂貞厲也。煬帝繼之，遂失天下。

皇建中，武成以丞相在鄴下居守，自致猜疑，甚懷憂，懼謀起兵。每宿輒令吴遵世筮，遵世筮，遇履上爻，云：「自有大慶，不必起兵。」由是不決。俄而趙郡王等奉太后令，以遺詔追武成，更令筮之，遵世云：「比已作十餘卦，自然有天下之徵。」及即位，授中散大夫。

苻犍與杜洪戰，筮之遇泰卦，犍曰：「小往大來，吉亨。昔往西而小，今往東而大，吉孰甚焉？」戰果捷。

北史：有人父爲刺史，得書云疾。是人詣館，託相知者筮，遇泰，筮者云：「此卦甚吉。」是人出後，趙輔和謂筮者云：「泰，乾下坤上，則父入土矣，豈得吉？」果凶問至。

元至正十一年十月，詔田忠良筮南征：「將士能渡江否？勞師費財，朕甚憂之。」忠良筮，得泰二爻，奏曰：「馮河勇渡之象。泰爲正月之卦。明年春，王當奏捷。」及期，師克鄂州。

李士謙博覽羣籍，兼善術數，隋有天下，筮之遇泰三爻，曰：「此特暫平，不久即陂。多藏厚亡。」乃散粟焚券，貧約自甘。

金天興元年九月，蔡州被圍，末帝問武亢曰：「解圍當在何日？」試筮之，遇泰四爻，對曰：「翩翩失實，虛空無人之占，應在明年正月，城下無一人一騎矣。」帝不知其繇，但喜解圍有日。及期，蔡州破。

明德馬皇后，伏波將軍援之小女也，后嘗久疾，太夫人令筮之，遇泰五爻，筮者曰：「此女雖有患狀，而當大貴兆，不可言也。」

許邁少恬靜，不慕仕進。未弱冠，造郭璞所，璞爲之筮，遇泰五爻，曰：「君元吉，自天宜學升遐之道。」時南海太守鮑靚隱跡潛遯，邁知往，候探其至要，入臨安西山，登巖茹芝，與婦書告别，莫測所終。

武禎深數學，金正大初，徵至汴京，詔筮國祚短長，遇否，對曰：「否，泰之反。三陰三陽，以數推之，不過三年。然周過其曆，秦不及期，修德可綿也。」三年，元兵入。

晉廢帝初憚桓溫，每以爲慮，嘗召術人扈謙筮之，遇否五爻，對曰：「宗社有苞桑之固，陛下有出亡之象。」竟如其言。

吴遵世出遊京洛，以卜筮知名。魏孝武帝之將即位也，使遵世筮，遇否上爻變之萃，曰：「先否後喜。」帝曰：「喜在何時？」遵世曰：「剛決柔，則春末夏初也。」果如期。

石敬瑭以太原拒命，李從珂遣兵圍之，勢甚危急，命馬重績筮之，遇同人，曰：「天火之象，乾健而離明。健者，君之德也。明者，南面而向之，所以治天下也。同人者，人所同也，必有同我者焉。易曰：『戰乎乾。』乾，西北也。又曰：『相見乎離。』離，南方也，其同我者自北而南乎？乾西北也，戰而勝，其九月十月之交乎？」是歲九月，契丹助晉擊敗唐，晉遂有天下。

王邑、王尋兵敗於昆陽，王莽大懼，命明學男張邯筮之，遇同人三爻，謬曰：「莽，皇帝之名。升謂劉伯升。高陵謂高陵侯。子，翟義也。」言劉伯升、翟義爲伏戎之兵，于新皇帝世俱殄滅不興也。不知皇天厭惡明示，莽滅，易之彰彰如是。

陸抗克步闡，孫皓意張大，乃使尚廣筮並天下，遇同人之五變之離，對曰：「吉。庚子歲，青蓋當入洛陽。」故皓不修其政，而恒有窺上國之志。及敗，歲果在庚子，蓋「號咷嗟涕」，亡國之象。大師相克，爲大國所克。變之離，離者，離王公之位而附託於人也。

劉龑時，楚人以舟師攻封州，封州兵敗于賀江，龑懼，以周易筮之，遇大有，遂赦境內，改元大有。劉初名巖，更名龑。有僧言讖書滅劉氏者，龑也，乃取「飛龍在天」之義，爲龑字，音儼，以爲名焉。

郎宗善京氏易，除吴令，到官一月，時遇暴風，宗占，值大有初爻，以爲於吴地無交涉。火在天上，京師天子之地，主大火。記識時日，果如宗言。

范文正未遇時，卜卦，得大有二爻，遂留心經濟，思以天下爲己任。及得位，果如其占。

周文育爲監州王勱所委任，以爲長流令。後勱被代，文育欲與俱下。至大庾嶺，詣卜者筮之，遇大有三爻，曰：「君北下不過作令長，南入則爲公侯。蓋離爲南方，用享之，三則公侯位也。」文育曰：「足錢便可，誰望公侯？」卜人又曰：「君須臾當暴得銀至二千兩。若不見信，以此爲驗。」其夕宿，逆旅有賈人求與文育博，文育勝之，得銀二千兩。旦日辭勱，投陳霸先，以軍功封侯。

韓慥紹興末，賣卜於三橋，多奇中。庚辰春，呂太史伯恭至，其肆筮，得大有四爻，慥曰：「彭者，盛也。名滿天下，可惜無福。」

阮孝緒自筮壽算，遇謙卦，曰：「吾與劉著作同年。蓋以坤者，土也。土居五行之末，而坤全具十數，是五十也。又序卦屬八兩，人俱當以五十八而終。」及期，劉沓卒，孝緒曰：「劉侯逝矣，吾其幾何？」是年十月亦卒。

有將出經商者，詣顏惡頭卜，遇謙初爻，曰：「此行主有兩姓，俱名謙者，與偕，大獲財利。」詢之，果與孫、李二人同行，一名謙，一名守謙，後獲利數倍而歸。

一士人求名，卜得謙二爻，喜曰：「飛鳴之兆也。」竟得雋。

後胤善筮，唐高祖鎮太原，引爲賓客，以春秋授秦王世民，王嘗問己欲舉義事，得成否？胤爲筮，遇謙三爻，曰：「爻變純坤，隋運將終矣。勞謙，有功之象，況公家德業，天下係心已久，所謂萬民服也。若順天而動，自河以北，指撝可定，然後長驅關右，帝業可成。」

有人卜事成否？得謙四爻，辭義皆吉，後竟無成。及考希夷河洛數，斷此爻，曰：「一變小過，往厲必戒勿用，永貞當處卑約。不然，徒取損害耳。」始知占爻又須看變也。

曲巖爲韋孝寬參軍，頗知卜筮。一日，筮齊朝事，遇謙五爻，曰：「鄰者，齊也。我利則彼不利。且以日辰斷之，來年東朝必大相殺戮。」孝寬因令巖作謠歌曰：「百升飛上天，明月照長安。」百升，斛也。又言：「高山不摧自崩，槲樹不扶自樹。」令諜人多賫此遺之於鄴，齊主聞之，明年遂誅斛律、明月，國中大亂。

南漢主龑襲位，令周傑知司天監事，因問國祚修短，傑以易筮，遇謙上爻，曰：「卦有兩土。土，中數也，生於五，成於十，以五乘十，歲運應五百五十。」龑大喜，賞賚甚厚，龑以梁貞明三年僭號，至開寶四年國滅，止五十五年云。

僧德音占人問病，遇豫五爻，曰：「貞疾之爻，淹久不瘥。」果成錮疾。

曹操嘗令管輅筮東吳邊地無事否？遇隨二爻，對曰：「東吳主亡失一大將。」俄合淝報來，陸口守將魯肅身故，操大驚服。

元世祖獵柳林，御幄殿，侍臣甚衆，顧田忠良，曰：「今拜一大將取江南，朕心已定，果何人耶？試筮之。」忠良占得隨三爻，環視左右，目一人，對曰：「是偉丈夫可屬大事。」帝笑曰：「此伯顔也。政欲用之，子識我心，真神卜也。」

管輅至洛陽，何晏召問九事皆明，因謂之曰：「聞君非徒善論易，至於分蓍思爻，亦爲神妙。試爲作一卦，知位當至三公否？」輅筮，得隨四爻，進規曰：「昔元凱之弼重華，宣慈和惠，仁義之至也。周公之翼成王，坐以待旦，敬慎之至也。故能光流六合，萬國咸寧，然後舉鼎足而登金鉉，調陰陽而濟兆民，此履道之休應，非卜筮之所明也。君侯位重山岳，勢若雷霆，而懷德者少，畏威者多，殆非小心翼翼，多福之士宜詳思貞凶之戒，以永令終。」

蠱六爻皆變爲澤雷隨。沙随程氏古占法載完顔亮入寇，會稽士大夫筮之，遇蠱，適爲之占，曰：「內卦巽，初六巽於二剛，唯柔巽者能發爲剛，故初六『利武人之貞』，至四則『田有獲』矣。田有獲者，用武而有功也。外卦艮，上下不相與，以上窮其變隨。隨內震爲動，爲威怒，外兑爲毁折。隨自否卦中來，斷乾之首，墜於地下，應殺亮。」或果遇殺。

李顯忠初生，其母數日不產。有一僧過門，爲卜，值蠱初爻，曰：「幹蠱之象。雖危終吉。所孕乃奇男子，當以劍矢置母傍，即生。」已而果產。

唐太宗問李淳風曰：「女主既興，朕祚遂亡乎？」對曰：「造蠱者，五女也。應五者，二臣也。幸有是人幹母之蠱，維持社稷。」

季彭山筮行旅，遇蠱之未濟，三四兩爻動，斷曰：「行旅，外事也。主於外卦，而艮之上七爲卦之主，從震而來，動而止者也。六四從坤而來，以入艮體而入五之柔。內卦巽體，退怯不前，七二又從坎來，陷而不出。九三動於下位地，當僮僕或有不寧，心雖急歸，亦多牽係，重以未濟爲之卦之悔，有『小狐汔濟，濡其尾』之象，則信乎欲行而未得矣。但七二之陽爲九三之動所乘，猶能上進，故振作有爲，不終怠馳，是爲『元亨，利涉大川』也。利涉大川則歸亦可以涉險矣。計其歸日，則卦有二動爻，當以月占三爻來卦乾，於地支直巳午上爻來卦震，於天干直癸甲，當在癸巳、甲午兩月回。內外動爻相連，其行無所滯也。若起程之日，則已動之卦當占六爻陰陽老少之生數，而主進初爻少陰二數，二爻少陽三數，三爻老陽一數，四爻老陰四數，五爻少陰二數，六爻少陽三數，共得十五，以六除，去十二得畸三。當三之陽爻屬寅，在占卦前之寅月起程。若論方位，則巽先天西南方之卦也，艮先天西北方之卦也。其家在縣邑之西南，其至自他鄉之東北。」亦分內外體而占之。

初，庾冰聞郭璞善筮，因就卜，璞爲筮，得蠱四爻，曰：「子孫必有大禍，惟固三陽可以有後。」長子希果爲桓溫所誅。

廣平劉奉林婦病困，已買棺，時正月也。使管輅筮之，遇臨卦，輅曰：「命在八月辛卯日日中之時。」林謂必不然，而婦漸差，至秋發動，一如輅言。

孫堅母娠時。夢腸出繞腰，有一童女負之，繞吴閶門外，又授以芳茅一莖，語曰：「此善祥也。必生才雄之子。今賜母以土，王於翼軫之地，鼎足於天下，百年中應以異寶授於人也。」語畢而覺，旦起筮之，遇臨初爻，筮者曰：「生子主君，臨南土，但地中有澤，金將乘運。所夢童女負母繞閶門，乃太白之精，感化來夢，其終並于金德乎？」及吴氏之興嘉禾，適見逮亡。時孫皓送六代金璽歸晉，夢與筮俱驗。

王庭湊既立，迎五明道士，置於府，嘗從容問曰：「吾壽幾何？子孫幾何？試筮之。」遇臨初爻，道士曰：「公自此當三十年，願竭節勤王，愛民恤物，次則保神嗇氣，常以清儉爲心，必享殊壽。又咸者俱也。後有二王相繼，皆公餘慶之所致也。春秋所謂五世其昌，八世之後，莫之與京。」已而庭湊立三十年死，蓋庚文也。景崇、鎔皆王。

有父占子病者，卦得臨三爻，以時日合之，值父母當頭尅子孫，是爲凶象，而子孫又不上。卦占者斷其必死，父泣而歸，塗遇一友，問得其故，友曰：「父母當頭尅子孫，使子孫上卦，則受尅矣。今之生機全在不上卦。且爻云：『既憂之，無咎。』但有憂而無咎，郎君必無恙。」未幾果愈。

劉巖曾詣黃賀，筮得臨四爻變歸妹，謂曰：「君他日必爲偉器，然勿以春日爲恨。」初不曉其意，及老悟愆期有時之辭，蓋遲遲之謂也。

郭景純過江，居於暨陽墓，去水不盈百步，時人以爲近水，景純曰：「吾筮得臨上爻，澤爲土掩，此地將當爲陸。」後沙漲數十里，俱爲桑田。

武衛奚永洛與河内人張子信對坐，有雀鳴於庭樹，鬭而墮焉。子信筮之，遇觀初爻，曰：「觀爲風行之卦，爻主小人傷害，向夕有風從西南來，歷樹拂牆角。夜必有人喚公，不可往。」子信去後，果有風來，至夜，高儼使召永洛，且云敕喚永洛，欲赴，其妻苦留，稱墜馬折腰，免於難。

開元二年，梁州道士梁虚舟以九宫推算張鷟，云：「五鬼加年，天罡臨命，一生之大厄。」以周易筮之，遇觀之涣，主驚恐，後風行水上，事即散，果被御史李全交劾，其罪敕令處盡，而刑部尚書李日知、左丞張廷珪、崔玄昇、侍郎程行謀咸請之，乃免死，配流嶺南。

季彭山筮入仕，遇觀之涣，六二爻變動，斷曰：「入仕，外事也。主於外卦，而巽體一陰爲卦之主，又從巽來，在二陽之下，有能畜之義，而二陽居觀之上，七五陽剛中正，又從震來，畜而能通之象也。內體坤順，臣道所宜。六二又以柔中之德上應七五中正剛静之君，有得臣任事之象。況六二之動，直方之德將發之時也，豈不進用哉？若闚觀之占，乃因小人觀上德者，而發不可以語坤道之正也。」

正統四年，建文帝在粵西，謀東歸，程濟筮之，得觀之否，濟曰：「所謂利用賓于王也，不宜變。否中互艮巽，艮止而巽入，艮爲寺人，當遇此兆。」後入京，以内官吴亮偵視，則寺人之兆也。迎入宫，稱老佛，竟以是終，則用賓變否之應也。

張軌以時方多難，陰圖據河西，筮之，遇觀五爻，喜曰：「爲民觀仰，霸者兆也。」於是求爲涼州刺史，于時鮮卑反叛，寇盗縱横，軌到即討，破之，斬首萬餘級，遂威著，西州化行河右。

黄山谷謂陳無己曰：「黄龍晦堂，其長老有道者也，嘗問易於予，予授以河洛理數。未幾，退席，問其故，渠曰：『予往歲行噬嗑二爻，横遭官府凌辱。明年，復行噬嗑，故特杜門行其志。』予曰：『公，物外人也，何慮乎此？』渠曰：『人託陰陽以生，莫逃乎數，予雖學出世法，豈能免形骸之累？』」

管輅嘗詣族兄孝國居，與二客會，客去，輅謂孝國曰：「此二人厚味腊毒，天精幽夕。坎爲棺槨，兑爲喪車。流魂於海，歸骨於家，少許時，當並死也。」後二人飲酒醉，夜共載車，牛驚，入漳河中，皆溺死。所謂腊毒，指噬嗑三爻而言。初疑兑坎二語似與此爻無涉，及觀互體，三、四、五本坎也，而變兑可知。公明當日，並詳互卦耳。

汝陰人善易，臨終書板授妻，曰：「後五年春，當有詔使姓龔者來。嘗負吾金，即以此板往責。」至期，龔使果至，妻執板往使，惘然良久，乃悟取蓍筮之，遇噬嗑四爻，嘆曰：「吾不負金，汝夫自有金。知我善易，故書板以寓意耳。金五百斤在屋東，去壁尺許，蓋離中黄，震東方色，爲土掩，故未光也。」掘之如筮。

一家有金數兩，夫妻共藏之。後忽失金，其夫疑妻有異志，將逐之，其妻稱冤，詣楊伯醜筮，卦成，得噬嗑五爻，曰：「金在矣。」呼其家人出，指一人曰：「可取金來。」其人赧顔，不敢隱，遂獲金。

桓彝與郭璞善，嘗令璞筮，遇噬嗑上爻，璞以手壞之，彝問其故，曰：「卦與吾同丈夫，當此非命而何？」竟如其言。劉靈助以爾朱榮敗，遂叛，每云三月末，我必入定州。及將戰，自筮之，遇噬磕上爻，知兆大凶，以手折蓍，棄之於地，曰：「此何知也？」尋見擒。僥倖一戰，以冀成功，卒莫逃乎數也。

李揆以進士調集在京師，聞宣平坊王生善易筮，往問之，生爲開卦，得賁初爻，曰：「君非文章之選乎？趾乃下職，當爲河南道一尉。」揆自負才華不宜爲此，色悒忿而去，生曰：「君无怏怏，數有前定也。」後以書判不中第，補汴州陳留尉。

蘇東坡行年，得賁之六二。本朝文體，三蘇爲之一變，豈非文飾之象與？東坡曰：「予爻雖佳，行年吉凶相半，不得全美。」既歸，復謫，生平多坎坷，以斯數三復而自寛曰：「尼父之嘆，豈無謂哉？」

李德裕初掌記，北門有隱士管涔者爲筮，遇賁之三爻，曰：「君明年當在人君之左右，爲文翰之職，須值少主其年秋登朝。」明年正月，穆宗纘緒，召入禁苑，蓋以離文明，艮少男，有少主之象。

張庭瑞甚得蠻夷心，碉門羌亂，從數騎往，羌陳兵以待，庭瑞諭之曰：「汝不悛召近郡兵，空汝巢穴矣。」其酋長棄鎗弩羅，拜曰：「我近者召筮，得賁四爻，聞之筮者曰：『有白馬將軍來，可不勞兵而罷。』今公馬果白，敢不從命？」

齊文襄引吴遵世爲大將軍，府墨曹參軍從遊，東山有雲起，恐雨廢射戲，使筮遇剥，李業興云：「坤下艮上剥，艮爲山，山出雲，故知有雨。」遵世云：「坤爲土，土制水，故知無雨。」文襄使崔暹書之，云：「遵世若著，賞絹十疋；不著，罰杖十。業興若著，無賞；不著，罰杖十。」業興曰：「同是著，何爲無賞？」文襄曰：「遵世著，會我意，故賞。」須臾，雲散，二人各受賞罰。

梁孝元於伎術無所不該，嘗不得南信，筮之，遇剥三爻，云：「坤屬西南。剥者，剥封之兆。」南信已至，遣左右，李心往看，果如所説，賓客咸嘆其妙。

和士開封王，妻元氏無子，以側室長孫爲妃，令吴遵世筮，遇剥五爻，遵世云：「此卦偶與占同。」因出其占書，云：「元氏無子，長孫爲妃。」士開喜於妙中，於是起叫而舞。

建文帝至浪穹，葉希賢、楊應能募建庵成，程濟筮，得剥上爻變爲坤，曰：「剥盡而順，吉辭也。然龍戰之辭，有凶。」壬辰三月能卒，四月賢卒。

朱子父喬年將死，以朱子託劉子翬。及朱子請益，告以易之「不遠復」三言，俾佩之終身，朱子後卒爲儒宗。子翬少讀易，即涣然有悟，以爲學易當先復，故以是告朱子焉。

孔禧遷臨晉令，崔駰筮之，遇復三爻，曰：「『頻者，不安之象。變明夷，傷而不復矣。卦非吉兆，宜勿往。」禧曰：「學不爲人，仕不擇官，吉凶由己而由卜乎？」在縣三年，歿於官。

張熺藏爲蕭儼筮，遇復五爻，告之曰：「震，東也。汝繼此二年，官掌武於東宮。坤，土也，敦復有入土之象，免官當厄於三尺土下。六十一而刺蒲，十月晦而禄竭。」後因失職，埍於高麗土窟者六年。六十有一，刺蒲而卒。

黄山谷既謫溶州，謂其子曰：「吾先年卦，值屯二，有可得歸之理。今遇上六曰迷，復凶，吾無歸矣。」果卒於溶州。

僧來復初出家，其師欣爲筮，遇復上爻，嘆曰：「子終不免禍，將及，吾因名之曰復號，見心以儆之。」洪武間，徵入京師，欣止之曰：「上苑亦無蘋婆果，且留殘命喫酸梨。」復不聽，後竟坐法論死。臨刑而悔，且道師語，上命並逮，欣將殺之，欣曰：「此故偈，臣偶舉之，非有他也。」上問出何經，欣曰：「出大藏某籙某函某卷第幾葉。」命檢視之，果然，乃釋之。

陳子昂解官歸，縣令段簡貪暴，聞其富，欲害子昂，捕係諸獄。方子昂見捕，自筮卦成，遇無妄，驚曰：「天命不佑吾，殆死乎？」果死獄中。

馬軾從都督董興征粵，過清遠峽，有白魚入舟，軾筮，得無妄初爻，曰：「此賊授首之兆也。決計以往，當獲大捷。」興政在猶豫，聞軾言，率狼兵進攻，果破賊。

有卜年歲豐歉者，遇無妄二爻，斷曰：「年必大歉。」及秋，果儉收。蓋「不耕穫」者，「未富」之辭，皆不熟之徵也。

有失牛者，卜得無妄三爻，筮者教往南方求之，果得牛。三變離，離，南方之卦也。

有謀從業者筮，遇無妄四爻，筮者曰：「耐守必吉。」如其言，不數年，業果大售。

元世祖有疾，召田忠良，謂曰：「或言朕今歲不佳。汝術云何？」忠良爲筮，得無妄五爻，對曰：「聖體行自安矣。」一月，疾果愈。

唐劉闢初登第，詣葫蘆生問卜，生雙瞽，卦成，謂曰：「此二十年祿在西南，不得善終。」後闢從韋皋於蜀，官至御史大夫。既二十年，皋薨，闢入奏，因微服，復至葫蘆生問之，卦成，葫蘆生曰：「前曾爲人卜得無妄之隨，今復得此，非即昔賢乎？」闢曰：「諾。」生曰：「若審其人，禍將至矣。」闢不信，還，蜀謀叛，擒戮於市。

李淳風云：「大畜之卦，人若占孕，必爲喜兆。」

季彭山筮求賢，遇大畜之姤，斷曰：「求賢，外事也，以外卦爲主。乾，君也，而在艮之下，有屈己下賢之象。遇止而不進，不敢以尊大加賢者也。自賢者言，則二陰在外，臣道也，動則有樂就之意，其心不敢自安勉于忠信，而一陽在上，爲篤實光輝之德，能任大事，有不家食之吉。又之卦爲姤，以陰遇陽，剛居中正，而天下大行。君臣相遇，終成正大光明之業者也。但初陽在下，當畜之時，微陽戒於早發，故爻辭以爲有厲而利已。在人君求賢，則幾動于初，宜速決者也。求賢之占，莫吉於此。」

有失鷹者，就耶律乙不哥筮，卦遇大畜二爻，云：「說輹者，止而不飛也。變離成賁，倒映草木，鷹在汝家東北三十里灤西榆上。」往求之，果得。

竇建德壯年，邑人孫安祖爲筮，遇大畜四爻，曰：「君當以牛興，以牛敗。」後有喪親者，貧無以葬，建德方耕，問之，遽解牛以給之，從此豪傑歸心，威震山東。因發兵救王世充，爲秦王所敗，竄入牛谷口。初，軍中謠曰：「豆入牛口，勢不能久。」至是果亡。

孔愉封侯，三鑄印，皆左顧，疑而召筮，遇頤初爻，卜人曰：「此其舍龜之應乎？」愉因憶昔曾見籠龜于路者，買而放之，入水左顧。

胡婆壽以范疇筮驗，被獲係獄，心銜之，會赦出，欲報疇。持刀，晨叩疇門，紿以卜，將殺之。疇心動，決以占，遇頤三爻，曰：「大凶之兆，應有拂逆之人加大悖於己。且艮爲手，震帶乾金，必持凶器來。」乃隔門謂之曰：「欲卜可擲下手中刀。」胡聞駭服，猶以刀劃其門而去。

晉孝武母李太后本出微賤，少遇筮者，爲作卦，值頤四爻，曰：「當生貴子，而有虎厄。」後入宫被幸，生二子，孝武立，尊李爲太后，服筮者之驗，而怪有虎害，且生所未見，乃令人畫作虎，因以手打虎戲，便患手腫痛，遂以疾而終。

有卜遠出者，得頤四爻，筮者曰：「從水必不利。」其人不之信，舟行半路，遇盜，罄劫而回。

温嶠喪婦，從姑劉氏有一女美姿容，姑以屬公覓婚。公密有自婚意，初不言，數日，報姑曰：「已覓得婚處。」因下玉鏡臺一枚。女善筮，卜得大過二爻，心知是嶠。及婚，女笑曰：「我固疑是老奴。」果如所卜。

劉騰初立宅，奉車都尉周恃爲之筮，遇大過三爻，棟折榱崩，大凶之兆，深諫止之，騰怒而不用，恃告人曰：「必困於三月四月之交。」至期果死。

大理卿徐有功持法不濫，及其葬也，將穿墓，筮者爲卜，得棟隆之爻，曰：「必有異應，以旌善人。」果獲石室，其大如倉，中空外堅，四門八牖，筮者曰：「此天所以祚有德也。」置之墓中，其後終吉，不可他徙，果優詔，褒贈寵及其子。

任文公爲治中時，天大旱，筮之，遇大過上爻，曰：「旱不足憂，此地尋當有沒頸之患。變姤，期在五月。」因白刺史曰：「五月一日，主有大水，宜爲預備。」刺史不聽，文公獨儲大船，百姓或信文公，頗爲防者。至期，日中雲起，須臾雨至，湔水湧起十餘丈，突壞廬舍，所害數千人。

公沙穆鋭思河洛步推之術。永壽元年，筮得坎卦，曰：「主大雨水。」是年三輔以東無不漂沒，穆預告百姓徙居高地，故弘農人獨免。

裴行儉精陰陽算術，將軍擊突厥，至單于之北際，晚下營壕塹方周，袖傳一卦，遇習坎初爻，曰：「主有大水，不利。」遽令移就崇崗，將士皆以士衆方就安堵，不可勞擾，行儉不從，更令促之。比夜，風雨暴至，前設營所水深丈餘，將士嘆服。

郭璞至廬江時，江淮清晏太守胡孟康安之，無心南渡，璞爲作卦，值坎二爻，曰：「此地不日將陷於敵，君宜速行。」孟康不信，璞乃攜其婢以去。後數旬，廬江果陷。

荊州旱，梁元帝筮，遇坎之比，曰：「坎者，水也。子爻爲世，今夜二更其有甘雨。」果然。

苻堅與王猛、苻融密議於露臺，有大蒼蠅入自牖間，鳴聲甚大，集筆而去，至市中，化爲黑衣小兒，呼曰：「官今大赦。」堅駭異，召筮，遇坎四爻，筮者對曰：「剛柔相際，此君臣道合也。且坎爲北方卦，黑者，北方之色。君得輔佐之臣，必霸北方，故神化小兒，先彰其兆耳。」

元世祖將征日本國，召田忠良筮，遇坎上爻，奏曰：「僻陋海隅，何足勞天戈？」不聽，師久無功而還。

陳希夷云：「先後天若得純離者，多有失明之疾。」

榮陽麴紹善占，侯景欲試之，使與郭生俱卜二伏牛何者先起？筮遇重離，爲火兆，郭生曰：「赤牛先起。」紹曰：「青牛先起。」景問其故，郭生曰：「火色赤，故知赤牛先起。」紹曰：「火將然，煙先起。煙上色青，故知青牛先起。」既而如紹言。或謂李淳風事。

曹操欲興兵討蜀，令管輅筮，遇離初爻，曰：「履錯有咎，主上不可妄動。離爲火，來春許都必有火災。」操遂止。及期，果有耿吉之亂。

荀慈明云：「初爲日出，二爲日中，三爲日昃。」

步熊門徒甚盛，學舍側有一人燒死，吏持熊諸生謂爲失火。熊曰：「已爲君筮得其人矣。」使從道南行，當有一人來，問得火主者，便縛之。吏如熊言，果是耕人自言草惡難耕，故燒之，忽風起，延燒遠近，實不知草中有人。吏服熊筮，與諸生求舉其卦，乃離四爻。蓋離爲火，南方之卦，故從道南行，突如其來，故知來者即是火主也。

宋朝類要：太祖即位，召陳摶問享國長短，命筮之，得離之明夷，摶曰：「陛下得國中原，而遇南方火盛之卦，非吉兆也。」太祖問朕壽幾何？摶曰：「子年子月子日，陛下終於火日之下。離爲火日，陛下之子孫盡矣。」太祖曰：「孰敢爲之？」摶指離九三及明夷之九三，曰：「此人爲之。此人在西北，即陛下之親也。」太祖又問後復若何？摶曰：「後一百九歲，南方有妖氣入中國，中國用之，天下自此多事矣。」太祖又問宋之子孫？摶曰：「甲午之歲，有金安者出。丁酉，金爲妻財，子孫生之，其禍滋甚。又六年，而通於中國。又六年，丙午騰蛇，宋其危乎？明兩作乎？焚如死如棄如，有二君者，實受其禍。」太祖曰：「然則遂亡乎？」摶曰：「宋，火德也。火德猶盛，宋之子孫當有興於東北，終於東南，有近君者實竊其位。明夷之六四曰：『獲明夷之心於出門庭。』東北之位也。出涕沱若興，復之志也。丁巳歲，其危乎？」太祖又問：「中原可復得乎？」摶曰：「陛下得國之初，而卜得東南旺卦，亦終而已矣。歲在癸巳，滅我者，其衰乎？甲午，宋德復興，有賢人扶之，則可以復。如非其人，雖能復之，亦旋失之。歲在庚申，宋之祚其衰矣。自辛酉至庚申，已三百年。過此以往，未之或知也。」

齊武城怨孝昭，問策於王元海，元海對曰：「濟南世嫡尊之，號令天下，以順討逆，萬世一時也。」武城狐疑，召鄭道謙筮之，遇咸初爻，曰：「咸趾志外，兑說而艮不隨，切戒舉事。」遂不用。

梁嬴母懷孕，過期不至，召筮，遇咸四爻，對曰：「艮兑合體，憧而又憧，兩象也。是將生一男一女，男爲人臣，女爲人妾。」及生，果然，因字之曰過期。

阮孝緒隱居不出，有善筮者張有道謂之曰：「見子隱跡而心難明，自非考之龜蓍，無以驗也。」及布卦，既構五爻，曰：「此將爲咸，應感之法，非嘉遯之兆。」

戴洋，吴興人，妙解卜數。吴末爲臺吏，筮得恒四爻，知田里將墟。吴亡不久，托病解任，及吴平，還鄉里。

李從珂入立，召趙鳳爲太子太保，鳳病足，居於家，疾篤，自筮，遇恒上爻，以上爲終極之位，且(振)[震]有搖落之象，投蓍而嘆曰：「吾家世無五十者，又皆窮賤，今吾壽過其數，而富貴復何求哉？」清泰二年，果卒於家。

徐復初遊京師，舉進士不中，退而學易，通流衍卦氣法，自筮，遇遯初爻，知無禄，遂亡進取意。

慶元元年，韓侂胄誣害趙丞相竄置永州，中外震駭，且創爲僞學之名，以斥善類。朱子考亭草封事數萬言，極陳其奸邪蔽主，因明丞相之冤，諸生力諫，遂筮之，遇遯之同人，朱子默然，焚其草，遂更號遯翁。

王敦病危，召郭璞筮，遇遯三爻變坤成否，曰：「坤，土也。否，塞也。有疾而憊，壽必不久。」敦怒曰：「卿壽幾何？」曰：「命盡今日日中。」敦遂收璞殺之。未幾，敦果亡。

王通幼篤學，慷慨有大志，隋時上太平十二策，不見用，自筮，遇遯四爻，遂隱河汾，楊素勸之出，曰：「幸有先人敝廬足以蔽風雨，薄田足以供饘粥，讀書談道足以自樂。」不願仕也。

阮孝緒謂有道曰：「安知後爻不爲上九？」果成遯卦，有道嘆曰：「此謂肥遯，無不利象，實應德心迹并也。」孝緒曰：「雖獲遯卦，而上九爻不發，升遐之道，便當高謝。」乃著高隱傳。

張衡慕古人之貞節，思遂高蹈，筮得遯上爻變兑爲咸，以爲吉，作思玄賦，云：「文君爲我端蓍兮，利飛遯以保名。二女感於崇嶽兮，或冰折而不營。天蓋高而爲澤兮，誰云路之不平？」

漢隱帝乾祐元年，契丹兀欲率萬騎攻邢州。其來也，馬不甚嘶鳴，而矛戟夜有光，又月蝕，疑懼。召筮，遇大壯初爻。衆以爲凶，欲退，兀欲不聽。後雖破内丘，而人馬傷死大半，壯趾之窮，驗矣。

清河王經去官還家，見管輅，曰：「近有一怪，欲煩作卦。」輅筮，遇大壯四爻，曰：「爻吉，不爲怪也。君夜在堂戶前，有一流光如燕鵲者，入居懷中，殷殷有聲，內神不安，解衣彷徉，招呼婦人，覓索餘光。」經大笑曰：「實如君言。」輅曰：「吉，遷官之徵也。其應行至。」頃之，經遷江夏太守。按：震乃陽光，四陽伏陰下，入懷之象。變坤爲婦人，又變泰爲通，仕路亨通，遷官之應。

趙達精數學，有人欲試之，於書簡上作千萬數，著空倉中，令達射覆，值大壯五爻，曰：「羊，陰象。陰之數多，而喪之其數，有名無實。」其精微如此。

魏孝武時，一日召潘彌作卦，遇大壯上爻，奏言：「震動在上，其變甚速。且變離爲戈兵，今日當厄有急兵。」是日，帝在逍遥園晏，日晏還宫，至後門，馬驚不前，鞭使入，謂彌曰：「今日幸無他不？」彌曰：「過夜半則大吉。」須臾，帝飲酒遇酖而崩。

夷堅志：葉助生少蘊，少蘊登第，爲淮東提刑、周崇實婿，嘗命一黄山人筮，遇晉卦，曰：「三年後孿生二女。晉卦，坤離二陰也。晉字兩口。晝日三接，三年之象也。俟驗，當以前程奉告。」已而果然，少蘊遂問異時休咎，曰：「公，貴人也。當遍歷清要，登政府，終節度使，宜善自愛。」少蘊後爲尚書左丞。紹興間，年七十告老，得觀文殿學士，除崇慶軍節度使。致仕二年薨，竟如黄生之言。此以晉從口。

李德裕自荆楚保釐東周，路出方城，有一人息于道路，謂方城長曰：「此官人數值晉卦初爻，居守後二年，爲人所擠，當南行萬里。」及期，果謫南荒。

褚裒以后父爲江州刺史，詣庾亮所，亮使郭璞筮之，值晉上爻，曰：「非人臣之卦。若能克止其私，可保無咎。」及太后臨朝，欲加不臣之禮，裒上疏固讓，歸藩，戢璞之戒也。

郭璞洞林曰：「余鄉里遭厄難，因之災厲，寇戎並作，百姓遑遑，靡知所投。於是普卜，郡内縣道可以逃死之處，皆遇明夷之象，乃喟然嘆曰：『嗟乎！黔黎時漂異類，桑梓之邦其爲魚乎？』潛命婚姻，與共流遁。」

成化甲午，江西鄉試，泰和尹直在京，命卜者占弟嘉言中否？得明夷卦，内離外坤，三爻五爻發，二爻皆兄弟，占者以書有「兄弟雷同難上榜」句，囁嚅不敢對，公曰：「三爲白虎，五爲青龍，龍虎榜動，有中之兆。兄弟發者，以兄問弟，弟當動而來矣。」不數日，捷報果至。

爾朱榮至北中，攻城不獲，以時盛暑，議欲且還，以待秋涼，召劉靈助決之於筮，遇明夷四爻，曰：「入腹獲心，必當破賊。」榮問：「何日？」答曰：「十八十九間。」果如其言。

魏孝武帝既即位，使吴遵世筮，遇明夷之賁，曰：「初登於天，後入於地。」因進云：「若能敬始慎終，不失法度，無憂入地矣。」終如其言。

楊儀既誅魏延，自以爲功勳。至大當代亮輔政，呼都尉趙正以周易筮之，卦得家人，默然不悦。及至拜爲中軍帥，怨望誹謗，被收自殺。

人有失馬者，詣楊伯醜筮。時伯醜爲皇太子所召，在途遇之，立爲作卦，值睽初爻，曰：「我不遑爲卿細占，卿且向西市東壁門南第三店，爲我買魚作膾，當得馬矣。」其人如言以往，須臾有一人牽所失馬而過，遂擒之。

五代史：唐藁城鎮將段晦曾夜泊郵亭，有馬斷鞅而逸，數日不知所適，使使詣筮者董賀卜之，遇睽，賀曰：「據初九用事，應有失亡之事，毋乃馬乎？勿逐自復，必有縶而送至者。」回家，未曾入舍，果有邊鄙惡子牽而還之。

戊子日辰時，邵康節偶行途中，忽大樹蔚然，無風雨而有枯枝落于兑方，因占之槁木，爲離起上卦，兑方爲下卦，爲火澤睽，以兑二離三加辰五爲十，除六零四，是四爻動矣。變之損，互坎離。按：卦兑金爲體，離火尅之。且睽損卦名俱有傷殘之象，斷曰：「此木十日内當伐。」後果有砍，以作公廨，而伐者偶名元夫。

石藏用仕唐，爲羽林大將軍，明于易數，嘗謂家人曰：「吾近卜得睽之五爻。睽者，乖亂之象，五與二應，是爲厥宗。二居兑體，兑屬西方。按卦言之，天下將有事，而蜀爲最安處。」乃去依其親眉州刺史李滈，遂家焉。

龍舒長鄧林婦病積年，垂死，醫巫皆息意，韓友爲筮之，遇睽上爻，曰：「火鬼爲妖，見豕則亡。」使畫野豬著卧處屏風上，一宿覺佳，於是遂差。

鄧艾伐蜀，夢坐山上而有流水，以問爰邵。邵曰：「按易卦，山上有水曰蹇。蹇繇曰：『利西南，不利東北。』孔子曰：『蹇利西南，往有功也；不利東北，其道窮也。』往必克蜀，殆不還乎！」艾憮然不樂。

周弘正精周易，大同末，筮得蹇三爻，嘗謂弟弘讓曰：「國家阸運，數年當有兵起，吾與汝不知何所逃之？」及梁武帝納侯景，弘正謂弘讓曰：「亂階此矣。」

孫思邈隱居太白山，隋文帝輔政，以國子博士召，不拜。密語人曰：「吾推易數，世方值蹇。後五十年蹇卦方盡。利見從貴之時，當有聖主出，必膺簡命。」貞觀初，果召詣京師。

王鉉嘗過武禎所，時久旱，祈禱不應，朝廷以爲憂，鉉令禎筮之，遇解卦，曰：「足下今日宜早歸，恐爲雨阻。」鉉曰：「萬里無雲，赤日如此，安得有雨？」禎曰：「若是，則天不誠也。天何嘗不誠？」既而東南有雲氣，須臾蔽天，平地雨注二尺。

魏世祖自涼州還都，時久不雨，問王早，曰：「何時當雨？卿試筮之。」早作卦，遇解初爻，曰：「坎爲雨，變兌爲西，互離爲日，日西之候也。以象推之，今日申時必大雨。」比至未時，猶無片雲，世祖召早詰之，早曰：「更忍須臾。」至申時，雲氣四合，遂大雨滂沱，世祖甚善之。

李空同上孝宗書，草具袖，過友人所，王陽明適至，遽問：「袖中何物？有則必諫草耳。」李乃出示之，王曰：「疏入必重禍，爲若筮，可乎？」於是筮得解九二「田獲三狐，得黄矢，貞吉。」王曰：「行哉，此忠直之繇也。」疏入，下詔獄，既而釋之，以是直名震天下。

金城太守胡勗叛，張軌遣都下宗毅、治中令狐瀏討之，濟中流，白魚入舟，瀏筮之，遇解四爻，曰：「解者，散也，至而孚降象也。敵必解甲歸我矣。」勗果請降。

有卜失物者，遇損初爻，筮者斷曰：「速覓必見，宜往正西方求之。」其人如言而往，果獲原物，以初屬兑體，兑乃正秋也。

僧德音一日方飯，有人問父病，曰：「當即愈。」人問其故，曰：「卦值損四，遄喜之象。且吾方飯，飯則知生。」果即瘥。

昔温嶠令郭景純卜己與庾亮吉凶，筮得益初爻，曰：「元吉。」嶠語亮曰：「景純每筮，嘗不敢盡言。吾等與國家同安危，而曰元吉，是事有成也。」於是協同討滅王敦。

李贊皇初掌北門奏記，有日者爲筮，得益三爻，曰：「告公用圭，貴顯之象。巽爲白，震爲馬，見凶之徵。公他日位極人臣。但厄在白馬耳。」及登相位，親族中亦無有畜白馬者。後與白敏中不協，出爲荆南節度使，旋坐淮南。李相納吴女之獄，馬植鞫之，極論德裕黨庇，遂竄南海，没而不返。

隋高祖將遷都，夜與高熲、蘇威二人定議，庾季才偶瞻星象，兼卜卦，得益四爻，且上奏曰：「臣仰觀乾象，俯察蓍策，符兆久定，必有遷都。且堯都平陽，舜都冀土，是知帝王居止，世代不同。且漢營北城，今將八百歲，水皆鹹鹵，不甚宜人，願陛下協天人之心，爲遷徙之計。」高祖愕然，謂熲等曰：「是何神也？」遂發詔施行。

季彭山筮婚姻，遇益卦之損，二五兩爻動，斷曰：「婚姻，内事，主内卦。震巽爲先天相配之卦，六二之陰又與九五之陽相應。觀其來卦，各得乾坤之正，男女正位乎内外，必能宜其室家矣。初與四，陽下降而陰上升，始之得正者也。三從兑來，應上艮體。陰陽得配，而男女不昵燕私之義也。損之二五，陰陽易位，則晚年家道既成。天道下濟，地道上行，亦足相與以有終，故其象見於之卦，此婚姻之吉占也。」

彭寵反，其妻數惡夢，又多見變怪，召筮，遇益上爻，曰：「有擊之者，當從外來，宜謹防之。」寵疑子，后蘭卿質漢歸，故出之於外，後爲蒼頭子密等三人所斬，獻首光武。

一人有訟事，將赴，審卜，得夬初九爻，果被刑責，不惟不勝，而且有咎，足爲健訟之戒。

同州刺史王彦問於關子明曰：「治亂損益，各以數至，苟推其道，百世可知。彦不佞，願假先生之筮，一以決之。」關子曰：「占算幽微，至誠一慮，多則有惑，請命蓍卦，以百年爲斷。」既而揲蓍布卦，得夬二爻變之革，捨蓍而嘆曰：「當今大運，不過一再傳耳。從今甲申，二十四年戊申，當大亂，而害始宫掖。有蕃臣柄政，世伏其強，若用之以道，則桓文之舉也；如不以道，臣主俱屠地也。」彦曰：「其人安出？」子明曰：「參代之墟，有異氣焉。若出，其在並之郊乎？」彦曰：「此人不振，蒼生何屬？」子明曰：「當有二雄舉而中原分。」後爾朱榮專政，莊帝立，誅榮，榮子復殺莊帝。高歡立靜帝，號東魏。宇文泰立文帝，號西魏。

王彦問關子明曰：「二雄各能成乎？」子明曰：「我隙彼動，能無成乎？」趙蕤注云：「内卦，我也。外卦，彼也。夬内卦九二化爲六二，隙之象也。外卦九四舉五陽而決一陰，動之象也。東西魏有隙，高歡建齊，宇文泰建周。動而成之應也。」

朱子語録載：「王子獻占，遇夬卦二爻，占者曰：『必夜有驚恐，後有兵權。』未幾，果夜遇寇，旋得洪帥。」

五代史載：「唐明宗時，路晏夜適厠，有盜伏焉，晏心動，取燭照之，盜即告晏，請勿驚，某稟命，有自察公正直，不敢動劍，匣劍而去。由是晝夜驚懼，以備不虞，召董賀筮，遇夬二爻用事，曰：『察象徵辭，大有害公之心，然難已過，但守其中正，請釋憂心。』晏後終無患。」

遼節度使召韓璘，適有獻雙鯉者，戲曰：「試筮此魚，何時得食？」璘布卦，遇夬上爻，驚云：「公與僕不出今日，有不測禍，奚暇食？」急命烹之，未及食，寇至，俱遇害。

苻生夢大魚食蒲，心疑，召筮，值「包魚不利」之占，又長安謠曰：「東海大魚化爲龍，男便爲王女爲公，問在何所洛門東。」生以此，於是月誅魚遵父子一十八人。不知東海苻堅封也，時爲龍驤將軍，宅在洛門東，卒殺生，有國。

武肅王時，有葉簡者善占筮，武肅當衙，忽一日，有非常旋風南來，繞案而轉，召葉簡問之，簡筮，得姤三爻，曰：「無妨也。虜屬切近之國，變坎爲險，此淮帥楊渥已薨，當早遣弔祭去耳。」王曰：「生辰使方去，豈可便申弔祭？」簡曰：「以卦斷之，必然之理。速發使往。彼若問，如何得知？但云貴國動静，當道皆預知之。」王從而遣之，生辰使先一日到，楊渥已薨。次日，弔祭使至，由是楊氏左右皆大驚服。

冬夕酉時，邵康節同子擁爐而坐，有扣門借物者，始扣一聲，繼扣五聲，康節令緩言所借，且令子試占之，以一聲屬乾爲上卦，五聲屬巽爲下卦。又以一乾五巽共六數加酉時十數，共得十六數，除二六十二，得零四數，合成姤四爻，變之巽，互重乾卦中，二乾金，二巽木，二體而已。乾爲剛金，巽爲長木。其子曰：「金短木長，所借者必鋤也。」康節曰：「非鋤必斧。」問之，果借斧子，請其故，康節曰：「論數又須論理。以卦論之，鋤亦未爲不是。以理論之，夜非耕種之時，需鋤安用？斧則切于破柴耳。」

巳年三月十六日卯時，邵康節同客坐，觀牡丹花開政盛，客曰：「花亦有數乎？」康節曰：「有數。」因占之，以巳年六數，三月三數，十六日十六數，共二十五數，除三八二十四數，得一爲乾上。加卯時四數，共二十九數，除三八二十四數，得五爲巽下。又以二十九數除四六二十四數，得五數，合成姤卦五爻。變之鼎，互重乾，遂謂客曰：「怪哉！此花明日午時當爲馬所踐毀。」次日午時，果有貴客遊觀，二馬鬭齧，驚走花間，遂蹂爛無遺。按卦：巽木爲體，乾金尅之，卦中又無生意，故知牡丹必傷。乾爲馬，互卦又見重乾，兩馬也。午時者，離卦也。

元康元年，霹靂破城南，高媒石，杜預筮之，得姤上爻，曰：「主女人凶。」後賈后誅死。

有富室用一會計者，始合中離，家道漸落，悔欲招之，念己與相惡，躊躇不果，筮之，得萃初爻，遂決計往召其人，果來，生業復茂，『勿恤』之驗也。

鮑永爲魯郡太守時，董憲別帥彭豐、皮常等各千餘人，稱將軍，不肯下。頃之，孔子闕里無故荆棘自除，永心異之，筮遇萃二爻，曰：「夫子殆欲太守行典禮，引而近之，助誅無道耶。」乃會人衆，修鄉射之禮，豐等欲圖，永乃持牛酒勞饗，而潛挾兵器，永覺，手格殺豐等，擒破黨與。

魏拓跋瑞母尹氏有娠，致傷後晝寢夢一老翁，具衣冠告之曰：「吾賜汝一子，汝勿憂也。」寤而私喜，以問筮者，遇萃四爻，曰：「位雖不當，變坎成男，大吉之兆。」未幾，而生子，以爲協夢，故名瑞，字天賜。

衛大經邃於易，人謂之易聖。未沒之先，筮卦，得萃上爻，預刻死日，鑿墓自爲誌，如言終。

張承之母孫氏懷承時，遊於江浦，忽有白蛇長三尺騰入舟中，母祝曰：「若爲吉祥，勿毒噬我，縈而將還，置諸房內。」

一宿失去，鄰人見張家是夕有一白鶴聳翮入雲，以告承母。母使筮之，遇升卦，筮者曰：「此吉祥也。從室入雲，自下升高之象。坤體多壽，蛇化爲鶴，殆壽徵乎？」後生承，位至丞相，輔吴將軍，年踰九十。

孫堅妻懷權，夢月入懷，告堅曰：「妾昔懷策夢月入懷，今又夢月，此何祥也？」堅召筮者使卜，遇升四爻，進曰：「西伯享岐，主有一方。」堅喜曰：「子孫興矣。」

种放初謁陳摶，求筮遇升上爻變艮成蠱，摶曰：「艮有光明子，他日必白衣諫議。然名者，古今之美器，造物者深忌之。天地間無全名，終變成蠱。子名將起，必有物敗之。守貞不息，子其戒哉！」放之晚節頗飾輿服，廣置良田，多叢物議，果如圖南之言。

一人病目，就筮，值困初爻，幽谷不明，後果多方醫治，延久不瘥。至三歲，竟失明。

苻堅初入關，夢天神遣使者，朱衣赤冠，命拜堅爲龍驤將軍，覺而筮之，遇困九二，曰：「朱紱方來。」適與夢協。

唐玄宗行幸東都，偶因秋霽，與一行共登天宫寺閣，臨眺久之，上淒然發嘆數次，謂一行曰：「吾甲子得終，無患乎？」一行進曰：「臣以數推之，陛下將值困之上爻，葛藟鼿卼，即當行幸萬里社稷，畢得終吉。」及西狩，至成都，前望大橋，上舉鞭問左右曰：「是橋何名？」節度使崔圓進曰：「萬里橋。」上因追嘆曰：「一行之言，今果符之，吾無憂矣。」

南宋時，有人居青冀間，卜得井初爻，以爲禍將及矣，挈家遠徙，時邑里全盛，人皆笑之。未幾，元魏師至，所過赤地無餘。春燕歸巢于林木，始服其先幾之哲。

范疇嘗爲洞霄宫道士，遇江西張九牛，授以筮法。杭有無藉子胡婆壽負罪而逃，官督捕甚嚴，捕者即疇求筮，值井二爻，曰：「坎爲北方，巽爲木，於北方樹木中求之。」如言，迹至臨平，果獲于空楊柳樹中。

上元縣治東南，相傳爲秦始皇所鑿，王導使郭璞筮之，得井上爻，曰：「淮水絕，王氏滅。」按：「井收勿幕」，源源不絕之徵也。

魏獻文帝外示南討，意在謀遷，詔太常卿王諶筮南伐之事，其兆遇革，任城王長子澄進曰：「易言革者，更也，將欲革君臣之命。湯武得之爲吉，陛下帝有天下，今日卜征不得云革命，未可全爲吉也。」帝厲聲曰：「此象云大人虎變，何言不吉也？」還宮，召澄獨謂之曰：「此間用武之地，非可興文，崤函帝宅，河洛王里，因茲大舉，光宅中原，任城意以爲如何？」澄深贊成其事，車駕，遂幸洛陽宅，遷都之計詔澄馳驛向北，諭百司曰：「此真所謂革矣。」

齊神武崩於晉陽，葬有日矣，文襄令文宣與吴遵世等擇地，頻卜不吉。又至一所，筮遇革，皆云凶，趙輔和少年，最在衆人後，進云：「革卦於天下人皆凶，惟王家用之大吉。革象辭云：『湯武革命，應天順人。』」文宣遽登車，顧云：「以此地爲定。」即義平陵也。

天玄賦曰：「革者，變也。革故鼎新之象，占婚遇之，主有爭婚改嫁之事。」

沛父老帥子弟開門迎劉季，共殺沛令，時無主，蕭曹等恐事不就，互相推讓，因遍筮之，獨季得革五爻，諸父老因相謂曰：「平生所聞劉季奇怪當貴，且卜筮之。莫如劉季最吉。」乃立爲沛公。

周燮，汝南人，生而欽頤折頞，醜狀駭人，其母欲棄之，父以筮卜，得革上爻，曰：「吾聞聖賢多有異貌，興我宗者，必此兒也。然豹隱南山，其終守東崗之陂乎？」遂育之。及長，專精禮、易，舉孝廉賢良方正，特徵，皆以疾辭。

李綱仕隋，蘇威令詣南海，應接林邑，久而不召，綱後自來奏事，威復言綱擅離所職，以之屬吏。綱見善卜者，令筮之，遇鼎，因謂綱曰：「鼎，取新也。公易姓之後，乃可得志而爲卿輔。宜卑退。不然，有折足之敗。」尋會赦免。後謁高祖，拜禮部尚書。

竇姬初生時，父母召筮，遇鼎初爻，曰：「母因子顯，貴不可言。」後被選入宮，值呂太后出宮人賜諸王，竇與在行中，願如趙，近家，請其主遣宦者，必置趙籍伍中，宦者忘之，誤置代籍伍中。當行，竇涕泣不欲行，相強乃肯，行至代，代王獨幸竇姬，生景帝。數皆前定如此。

李德裕爲中丞，有閩中筮者叩門請見，因爲作卦，遇鼎三爻，曰：「耳革行塞，時事非久。公不早去，冬必作相，禍將至矣。若亟請居外，則代公者受患。公後十年，終當作相，所謂『虧悔終吉』也。」是秋，德裕出鎮吴門，竟憲宗十年由西蜀入相。

孔子使子貢往外，久而不來，孔子謂弟子占之，遇鼎之四，皆言無足不來。顔子掩口而笑，子曰：「回也，哂謂賜來也？」曰：「無足者，乘舟而來。賜至矣，清朝也。」子貢果朝至。

卜珝少好讀易，郭璞見而嘆曰：「吾所勿如也，奈何不免兵厄？」珝曰：「然。吾自筮得鼎四爻，大限在四十一，位爲卿相，當受禍耳。」

顔惡頭推易代之事，筮得鼎五爻，預語人曰：「長樂王某年某月某日當爲天子。」有人姓張，聞其言，數以寶物獻之，預乞東益州刺史。及期，果登天位，擢張用之。

廉范爲成都太守，郡人楊繇善占卜。嘗有風吹削柹，范令筮之，遇鼎上爻，曰：「巽爲木，上居木，上主有薦木實者。體離爲火，其色赤。」頃之，五官椽獻橘數苞。

王白，冀州人，善卜筮，遼太宗入汴得之。應曆十九年，王子只沒以事下獄，其母求筮，遇震初爻，白曰：「其人後當王，目前雖有震恐，未能殺也，無過憂。」景宗即位，釋其罪，封寧王。

宣城邊洪以四月中就韓友，筮家中安否？友筮，得震二爻，曰：「震既不安，變兌爲金，卿家應有兵災，其禍甚重。可伐七十束柴，積於庚地，至七月丁酉放火焚之，咎可消也。不爾，其凶難言。」洪即聚柴。至日，大風，不敢發火。洪後爲廣陽嶺校，遭母喪歸，友來投之，時日已暮，出促從者速裝束，吾當夜去。從者曰：「今日已暝，數十里草行，何急復去？」友曰：「非汝所知也。此間血覆地，寧可復住？」苦留之，不待食而去。其夜洪倏發狂，絞殺兩子，並殺婦，又斫父妾二人皆被創，暨僕一人負重傷。因出亡走。明日，其宗族收殯亡者，尋索洪數日，于宅前林中得之，已自經死，合死傷恰七人。

陳希夷曰：「有人先天筮得震三爻，曰：『震蘇蘇，位不當也。處位不當，於理不順，主人多妄求。苟合虛僞不實，春分之後卻爲科甲顯赫之人，庚卯命得之，福禄滿盈。』俱驗。」

馬樞博極經史，尤善周易，梁邵陵王綸爲南州刺史，素聞其賢，引爲學士。令樞講易道，俗聽者二千餘人。尋遇侯景之亂，筮得震四爻，喟然曰：「豈可以皎皎之質辱於泥途？」乃隱居茅山，有白燕一雙，巢其庭樹，馴狎欄檻，時至几案。春來秋去，幾三十年。

曹操慮及西蜀，令管輅筮，遇震五爻，曰：「震厲有事變，兑屬西，西蜀主有兵犯界。」操急使人探漢中消息，先主果遣趙雲入境。

孝武造太極殿，郭璞筮得艮三爻，云：「艮乃第七卦，又位居三，三七之數爲二十一。又艮爲閽寺，奴象也。按卦：二百一十年，此殿爲奴所壞。」後梁武帝毁之，捨身爲奴。

杜悰家有一生，遠來求官，精占筮。一日，上謁李德裕，李曰：「爵位由人，豈由於數？」生曰：「凡人細微，尚有定數，況功勳爵禄乎？」李曰：「試筮我家明日有何事？」生布卦，得漸初爻，曰：「巽東南爲白，初爲小子。干者，竿也。在八卦中，巽數居五，艮居七。明日主有白獸自南踰屋而來，有小子執竿逐之，獸復南去，竿長五尺而七節。試伺之。」翼日，果有白貓自南來外宅，元從之子逐之，甫九歲，數其所執竿，長五尺而七節，略無毫髮差謬。

郭璞曰：「丞相府有將雛鷄雀飛集其背上，驅之復來，如此再三。令吾卜之，得漸四爻，斷曰：『巽爲木，亦爲鷄，東南地得桷，爲進得其位，此晉王即位之徵也。』」

顔士羣母病，命郭璞筮之，得歸妹之隨，二五兩爻動，云：「命盡秋節。」至七月，果亡。歸妹，女之終。兑爲正秋，故也。程舜俞集筮法云：「按六經圖卜云：『泰，天地氣交之卦也，而占父者憂之，父入土也。歸妹，男女有家之卦也，而占母者患之，女之終也。』」觀此，亦可見占法矣。

步熊有鄰家兒遠行，或告以死，其父母號哭制服，熊爲之筮，遇歸妹三爻，曰：「反歸者，必反也。按卦：此人不死，尅日當還。」果至。

高文義公之叔燧精易數，文義公擇婚，遍卜不吉，後議郭氏女，稍長，筮得歸妹四爻，曰：「歸雖遲，真佳耦也。」遂聘之。

孝景王皇后，武帝母也。父王仲，母臧兒，臧初歸王，生后與兒姁，而仲死，更嫁爲長陵田氏婦，時后已歸金王孫，產一女矣。臧兒後召筮，遇歸妹五爻，筮者曰：「重兌在宮，一君一娣，兩女並貴。」臧兒素欲倚兩女，因其言，奪金氏女，納太子宮，太子愛幸之，生男，是爲武帝，遂立爲后，其女娣兒姁亦復入，生四男，並爲王。

宋丁未録：楊繪過池陽，見丘濬，濬曰：「明年當改元，以周易步之，豐卦用事，必以『豐』字紀年。」果改年元豐。此以卦名占者，非筮。

曹操有疾，召管輅筮，遇豐二爻，對曰：「此疑疾耳，不日即瘥。」操病果安。

癸酉甲戌間，宋事棘，曾淵子銜似道，命造廖應淮所，詢世道如何？應淮發策，得豐卦三爻，攢眉曰：「殺氣向福、泉、潮、惠去，余不知死所矣。」蓋以離象戈兵，主殺，居南方三位，離上爲極南之地，其曰：「終不可用」，則國事可知矣。

光武生時有赤光，室中皆明，使卜者王長筮之，得豐六五來章，知爲豪傑景從之人，故隱其辭曰：「慶譽之爻。此善事，不可言。」

王處直家有黃蛇，見於碑樓，處直以爲龍藏而伺之。又有野雀數百巢麥田中，處直以爲己德所致。有筮者卜其不祥，曰：「蛇穴山澤而處人室，鵲巢鳥降而田居，小人竊位而在上者，失其所居，闃戶無人，大凶之兆也。」已而處直果被廢死。

前漢書東方朔傳云：上嘗使諸數家射覆，置守宮盂下，射之，皆不能中。朔自贊曰：「臣嘗受易，請筮之。」乃別蓍布卦而對：「臣以爲龍又無角謂之爲蛇。又有足，是非守宮，即蜥蜴。」上曰：「善。」復使筮他物，連中。管輅之術不在朔下，故輅弟辰曰：「往孟荆州爲列人典農，嘗問亡兄，東方朔得何卦？乃知守宮蜥蜴二物耶。亡兄遂爲安卦生象，變化相推，曾於辰巳，分別龍蛇，各言其理，荆州嘆服。」竊謂：辰，龍也，龍陽物，角屬陽；巳，蛇也，蛇陰物，足屬陰，其必上離下艮而爲旅卦乎？蓋離之上九飛，而上居陽爻，納甲爲巳。下比五陰，故曰有足，艮之初六潛，而下居陰爻，納甲爲辰，上比二陰，則爲無角，故知其所用，亦火珠林法也。

魏郡龐儉因亂失父，時儉三四歲，母緇抱轉客廬中，慮無見期，召筮，遇旅二爻，筮者曰：「懷資之日，得僮之朝，當復相合。」後鑿井，得錢千餘萬，遂巨富。以乏給使買一老蒼頭。蒼頭歸厨下，竊言曰：「堂上老母，似我婦。」婢以告母，呼問事實，復爲夫婦。時人爲之語曰：「盧里龐公，鑿井得銅，買奴得翁。」

蕭吉行經華陰，見楊素冢上有白氣屬天，因筮之，得旅三爻，曰：「次焚，僕喪其後，必有滅門之禍。」未幾，玄感以反族滅。

孫守榮嘗出入史嵩之相府，一日，庭鵲噪，令筮之，遇旅四爻，曰：「來日晡時，當獲珍寶。然他日不免累心。」明日，李全果以玉柱斧爲貢。後卒以此箝制要脅，嵩之既受其賂，惟鬱鬱於懷而已。

程沙隨占法云：迥初寓餘姚僧舍，筮之，遇巽，占曰：「有風火之恐而不及害。」未幾，舍北火發，焚十餘舍，至寓舍止。縣取綱維及遺火僧杖之。其占曰：「巽爲風，互體離爲火，兑爲毁折，變震爲驚懼。初六爲内卦之主，不與離應，故曰『不及害』。巽爲寡髮，重巽，二僧之象，反對重兑，兑爲決，二僧受杖之象。」其奇驗如此。

建武末，青谿宫東門無故自崩，大風拔東宫楊柳，或求阮孝緒筮之，遇巽初爻，曰：「巽者，木也。齊爲木行，巽乃木位，初爻變乾，木受金尅，故東門自崩，齊其衰矣。」

有問疾者，卜得巽二爻，曰：「病雖危祟，在東南方，速禳之，則吉。」如言往禱，即瘥。

濟陰黄允以儁才知名，遇異人，爲筮終身，得巽三爻，曰：「君有絶人之才，足成偉器。然頻越于理，守道不篤，終恐失之。此卦一陰入伏，敗子名者，必陰人也。」後司徒袁隗欲爲從女求姻，見允而嘆曰：「得婿如是，足矣。」允聞而黜遣其婦夏侯氏。婦謂姑曰：「今當長辭，乞一會親，屬以屬離訣。」於是大集賓客，婦中坐，攘袂數允隱惡十五事，乃登車去。允以此遂廢。

元世祖遣使召田忠良，至指西序第二人，謂之曰：「彼手中所握何物？試筮之。」得巽五爻，對曰：「巽爲鷄，五位居中，陽光未發，必雞卵也。」果然。

景帝時，梁王求爲嗣，袁盎進説阻之，梁王以此怨盎，使人刺盎。刺者至關中，問盎，稱之皆不容口。乃見盎曰：「臣受梁王金來刺君，君，長者，不忍刺君。然後刺君者十餘曹備之。」盎心不樂，家多怪，乃之棓生所問占，得巽上爻，曰：「巽在牀下，不及備也。喪其資斧，無所歸也。必禍起旦夕。」還，梁刺客後曹輩果遮刺殺盎安陸郭門外。

范仲淹過潤州，見徐復，問曰：「今以衍卦占之四夷，無變異乎？」復推得兑卦，曰：「西方當用兵。」記其月日，後無少差。

元世祖謂田忠良曰：「朕用兵江南，困於襄樊，累年不決，定在何時？」忠良筮，得兑二爻，對曰：「遇金則孚，在西年矣。」及期，呂文煥果降。

江西龍廣寒挾預知之術，來遊錢塘佑聖觀陳提點房中，陳欲試其術，以明日飲食事叩彼預占，龍密寫固封，囑曰：「不可拆看。」陳俟其出，竊啓視之，云：「來日行兑二爻位，兑爲羊，孚者，麩也。又孚者，三子也。應食羊肉白麪。食客三人，老夫亦與客列。」適有餽陳鯽魚數尾者，陳戒僕明日三厨專以此魚供饌。至明早，住持吴姓因高顯卿參政避人，賀生辰來，方丈坐，邀陳相陪，陳曰：「敝房有鯽魚，取來供用。」高固止之。因言龍廣寒在房，高曰：「我嘗識之，請過同坐。」酒食我已準備來也。」須臾，賫盒至，果是羊肉白麪。

魏明帝好陰陽，聞崔浩説易及洪範五行善之，時有兔在後宫宫禁，邃密共訝，無從得入，召浩筮之，得兑三爻，曰：「兑爲少女，又爲妾。三陰在下體之上，自外而升，當有鄰國貢嬪嬙者。兔乃西方之獸，故先見兆。」明年，姚興獻女。

邵雍未殁時，知天下將亂，筮得兑四爻，預語子伯温曰：「世行亂矣，蜀安，可避居。」蓋以兑居西方，四位有喜也。及宣和末，伯温載家使蜀，故免於難。

庚申三月，建文決意東歸，程濟再筮之，得兑五爻變歸妹，曰：「歸妹，雜卦之盡也。師今年適六十四，春季木將盡，至夏火旺，子生母死。且太歲干支皆金火必尅之，夏其危乎？」五月，有僧自詭爲帝，詔械入京，同寓寺者皆逮師與焉，不得已，遂陳其實，迎入大内，卒。

張軏家貧好學，志識開朗，初在洛陽，天下洶洶，未卜所向，筮秦地，得渙二爻，曰：「奔机得願，秦雍之間，必有王者。」遂策杖入關。

吉士瞻少有志氣，不事生業，時徵士吳苞見其姿容，勸以經學，乃就卜者王先生卜易，得渙三爻，王生曰：「君志在四方，擁旄仗節，非一州。後一年，當得戎馬大郡。」及梁武帝起兵，遣士瞻討不從命者，果大貴顯。

秦王嘗問後胤：「隋運將終，得天下者何姓？」胤以筮，對曰：「繼卦值渙，九五木德乘水，是李姓也。」

天玄賦曰：「節卦剛柔當位，不相奪倫，夫婦百年，情投魚水。合之泰、咸、恒，均婚姻之吉卦也。」

羊祜典樞要有違覆，輒焚草，所薦達朝士人無知者，或謂其慎密太過，祜曰：「君未三復于節之初爻乎？臣不密則失身，吾猶懼其不及也。」

唐檀習京氏易。永寧元年，南昌有婦人生四子，檀筮，得節二爻，曰：「兌金坎險，寇在門庭，京師當有兵氣，其禍發於蕭牆。」至延光四年，中黃門孫程揚兵殿省，誅皇后兄車騎將軍閻顯等，立濟陽王爲天子，果如所筮。

譙人夏侯藻母病困，詣淳于智卜，忽有一狐見之嗥。怖愕，馳見智。智爲筮，遇節二爻，曰：「其禍甚急，君速歸，在狐嗥處拊心啼哭，令家人驚怪，大小必出，一人不出，哭勿止，然後其禍可救也。」藻還，如其言，母亦扶病而出。家人既集，堂屋五間拉然而崩。出戶免凶，奇哉！智之卜也。

趙達，廣陵人，吳廣武中，魏師大舉，吳主詣廣陵，召達筮之，達布算，得節三爻，曰：「坎水，子也。兌澤，金也。吳衰當在庚子。今魏無能爲也。」問其候遠近，曰：「三爲內極之爻，在後五十年。」吳主笑曰：「朕憂當身，不及孫也。」至期，皓果亡國。

韋鼎北渡江，遇隋高祖，言曰：「觀公容貌，故非常人，而神鑑深遠，亦非羣賢所逮也。」因爲筮統一之期，得節四爻，曰：「天地節而四時成，歲一周天乃奠安之日。老夫當委質於公矣。」

順帝時，災異屢見，令太史筮其何故？值節上爻，曰：「苦節之臣未白，故上天示儆耳。」帝乃詔祠楊震曰：「上天降威，災眚屢作。爾卜爾筮，惟震之故。朕之不德，用彰厥咎。」

邵康節既得老人易書，即以卜其家，遇中孚初爻，曰：「汝臥牀下有白金一窖，取之可以營喪事。」蓋巽木有牀象，兌西方白金象。居初，物在下也。

陳奇被召，夜夢星墜壓腳，旦而筮之，遇中孚三爻，告人曰：「星則好風，星則好雨，猶歌泣倏更，豈有常哉？必非善徵。」果受害。

劉秉忠徵時，詣田忠良使筮，值中孚五爻，曰：「明良相遇，他日，位極人臣。」後果封太保。

朱博爲丞相，臨拜延登受策，有大聲如鐘鳴，上問揚雄、李尋，對曰：「在中孚上爻，翰音登天，即洪範所謂鼓妖者也。人君不聽，空名得進，則有無形之聲。」博後坐事自殺，故序傳曰：「博之翰音，鼓妖先作。」王弼注云：「翰，高飛也。登者，音飛而實不從也。」

徐復慶曆初，與布衣郭京俱召見，帝問：「天時人事？」復對曰：「以京房易卦推之，今年所配月日時，當小過也，剛失位而不中，其在強君德乎？」又問：「四方用兵如何？」復對：「太乙守中，宜内不宜外。」帝善其言。

程沙隨外編云：「有人婚姻筮之，遇小過，不知其占？再筮之，亦得小過，爲占之曰：『内卦互體爲漸，漸，女歸吉。外卦互體爲歸妹，說以動，所以歸妹也。此以初至四互一卦，再以三至上又互一卦，爲占亦筮法之變例。』」郭璞洞林曰：「占得此爻者，或致羽蟲之孽。」

元世祖以海都爲邊患，遣皇子北平王那木罕丞相安童征之，田忠良筮，得小過三爻，奏曰：「不吉。從或戕之，將有叛者。」帝不聽。未幾，諸王背里吉劫皇子丞相，以入海都。

謝夷吾轉下邳令，豫刻死日，如期果卒。勑其子曰：「吾筮卦，至漢末，值小過五爻，弋取在穴，其時當亂，必有發掘露骸之禍。」使懸棺下葬，墓不起墳。

宣城太守殷祐有病，韓友筮之，得小過上爻，曰：「下體艮之數七，上位，乃爻之盡，依卦七月晦日，當有大鸖鳥來集廳事上，宜勤伺取，獲者爲善，不獲將成禍。」蓋以弗遇則凶，災眚隨之故也。祐乃謹爲之備。至日，果有大鸖垂尾九尺來集廳事，掩捕得之，祐乃遷石頭督護，後爲吴郡太守。

建文居白龍山，戊子七月命程濟出募葺庵，筮之，遇小過上爻爲旅，曰：「鳥焚其巢，不久將毁。」辛卯春，有司毁庵。

延和初，孫佺爲幽州都督，北征夷時，軍師李處郁筮，得既濟上爻，濡首不利，因諫曰：「五月南方，火，燕北方，水，火入水必滅。」佺不從，處郁謂人曰：「殆若入咽，百無一全。」經二旬而没軍八萬，濡首之厲驗矣。

許遵，高陽新城人，明易善筮，齊神武引爲館客。忙陰之役，遵謂李業興曰：「此舉筮，遇未濟卦。今賊爲水陣，我爲火陣。水勝火，我必敗。」果如其言。

黄石齋曰：「辨物居方，何也？是易之終義也。易有天地之義六焉：經星所麗，屬於河漢，出入兩濟，以爲首尾，一也；七緯所纏，曆於次舍，朔望薄食，凌犯生焉，以爲災祥，二也；南北距極，盈縮入曆，行陰行陽，一南一北，歲月日辰，各視其積，以稽世運，以知失得，三也；地道由之，以司八方，以正分野，察其星物，四也；水土之合，五緯遞變，形象類居，龍虎龜鳥，燦及牛馬，降於狐鼠，或動或交，逆數順舉，五也；生寄歸藏，以廟以兆，尚象而制，咎譽功凶，各得其意，六也。有是六者，以別其剛柔，相其方位，以生萬物，而命六十四事，如星之在於天，而水之在於地也，故月之命潮，星之命丘，南首而北尾，古之聖人則必有取之也。」

趙冬曦典選，合薦銓吏一人，麹思明以次當得，而略不言。問其故，曰：「吾行年值未濟三爻，居位不當，自知明年方得官，故不言也。」請書其事，封泥省壁，至期驗之。久之，上幸温泉，見白鹿升天，改會昌爲昭應縣。冬曦獨注思明昭應尉，意其不預知有此新邑，以破其言也。發壁視書，云：「爻位變鼎，鼎取新也。縣邑中行，且有更名者。三應上，上居離體，離爲日，主以昭其應，必得昭應一尉。」驚以爲神。

隋文時，崖州嘗獻徑寸珠，使者陰易之，上心疑焉，召楊伯醜，令筮，得未濟五爻，曰：「五火質而在水上，光輝灼爍。變乾爲圓，又爲大物，圓而光，是大珠也。但火遇水則息，必爲人所隱。」具言隱者姓名容狀。上如言薄責之，果得本珠。

沙隨程氏云：「易以道義配禍福，故爲聖人之書。陰陽家獨言禍福，而不配以道義，詭遇獲禽，則曰吉，得正而斃則曰凶，故爲技術。」蓋指顔魯公之死與李林甫之相言也。夫凶有不可避者，君子毅然就之，雖凶，吉也。吉有不可趨者，君子浩然遠之，雖不吉，不凶也。此進退存亡所以不失其正也。小人則反是，故曰：「易爲君子謀，不爲小人謀」也。上古之易，利用厚生耳。周易者，正德者也。達乎此者，可與言筮矣。

易之爲道廣大精微，無所不包，其體立於無私，其用神於不測。學之者，須洗盡俗腸，澄心靜氣，探其本，窮其用，其要歸於大中至正，其戒嚴於邀倖，鬼誕固未可以淺嘗得也。乃世之學者非拘牽文義，則膠執管見，非泛求象數，而忘其所以，則執定名理而遺卻象數，甚至以一腔私念、末世功利、冀倖之私，解說四聖微言，是故言愈多而理愈晦。古之聖人閑邪存誠之妙用，開物成務之大功，嗚乎！棄如土矣。不識程子言理而不言數，與言理而數不能外之道，朱子言理而兼言數，與言理數，而程傳益昌明較著，實有所以並行不悖者，其故維何？

王徵君先生山史抱道談經，積學七十餘年，偶遊南國，相與聚首，洞然書屋，扣厥原本，蓋深得力于伊川考亭之秘者，出晚年所訂筮述八卷，並手録程傳示予曰：「今人大都理會制舉藝，讀周易本義者多，讀程傳者少。求其理與數之兼，貫卦爻彖象之互相發明也，難矣。若程傳不行於世，祇讀本義，是宗考而忘祖矣。」余爲捒先師田愧材先生重刻二程遺書，內易傳曰：「有是以公海內矣。」筮述是吾責也。爰授之梓以問世，其間扶陽抑陰，發本義所欲發，自序已概及之，小子何知究未，審于易功，罪爲何如耳？康熙癸酉陽月，三原後學員賡載謹跋。

正學隅見述

重刻正學隅見述序

自宋諸儒倡道以來，正學之明於天下也，如日中天矣。厥後，承流嗣響，代有傳人。顧或逞其臆見，輒駁詰羽翼之傳，惑於邪說，每探索玄妙之域，此格物致知之訓、無極太極之辨，所以紛若射覆，爭若聚訟，而予邑王山史先生於是詳說而明辨之，著爲正學述一編，其於朱也爭之，於陸也亦不闢之，蓋誠有見於中而不爲苟同，如此有足以繼絕學於往古，開羣蒙於來今，兆後世應付儒所能道其只字也。朝坂李桐閣謂是書猶未免騎牆之見，小子久思之，而不□敢然其言。在昔，二曲李徵君、頻陽李太史並爲序，以之緔木行世，有以也。

第歷有年，所原刻棗梨剥蝕殆盡，今先生之六世孫峻卿君重付剞劂，以延之久，因囑序於小子。小子主臣不敢承，而特念峻卿君以草茅耕作之人，於先人著述若此之鄭重而表章也，視世之讀書不克荷先人之業者，其品不天淵哉！予坟書數語，以著其繼述之善。然又竊幸正學之書從此而廣其傳也。同邑後學二華山人謹識。

正學隅見述原序

二曲弟李顒中孚撰

自孔子以博文約禮之訓，上接虞廷精一之傳，千載而下，淵源相承，確守弗變，唯朱子爲得其宗，生平自勵勵人，一以居敬窮理爲主。窮理即孔門之博文，居敬即孔門之約禮，内外本末，一齊俱到，此正學也。故尊朱即所以尊孔，然今人亦知闢象山尊朱子，及考其所謂尊，不過訓詁而已矣，文義而已矣，其於朱子内外本末之兼詣，主敬禔躬之實修，吾不知其何如也？况下學循序之功，象山若疎於朱，而其爲學先立乎其大，峻義利之防，亦自有不可得而掩者，今之尊朱者能如是乎？不能如是，而徒以區區語言文字之末闢陸尊朱，惑也久矣，此山史先生正學述所以作也。是示人以朱學之正，固吾人之食飲裘葛，規矩準繩一日不可無，而舍短集長，則象山持論之善，亦當在所致察，不可承流接響，一概忽也。朱說之精，莫精於闡格物。陸說之善，莫善於辨無極。故特表章二篇，以爲正學楷模，而又以反覆沉潛之餘，逐條折衷，明白正大，言言平粹，令人曉然知學術之正與不正，只分行與不行，不在闢與不闢，可謂朱子之功臣，象山之知己，有補於正學匪鮮也。故不揆不斐，敬書此，以志嚮往之私。

康熙十六年冬十二月望。

原序　渭北弟李因篤子德撰

自漢以來，士不盡出學較，而學較必以九經爲準，相與講求先王之典章文物而守之不移，後世賴以存焉。顧說者紛然，或舉粗而遺其精，或病支離偏駁而不得其全體。宋之盛也，程朱大儒相繼作傳注，蓋繇是內聖外王合而爲一。然視漢唐之補殘治墜，肆力於大經大法之間者，已稍有間。是時金谿二陸亦有志聖學，而性之所近，倡爲空虛妙悟之旨，後進樂其簡易，從之甚衆，微考亭即夫子博文約禮之訓，幾何其不遽湮也。金谿以尊德性爲主，學者雖心知其偏，而左朱以攻陸，則先自懼曰：「是無以處中庸。」或爲兩是之語以調停之。夫以陸爲賢，而不可與之異，彼老、莊、楊、墨、申、韓之徒非當世之俊傑哉？如曰言本中庸，舍問學而專言德性，其失自在象山，故得其正，夫子問禮柱下，無害於道；不得其正，即介甫之周禮，適足致亂而已。中無灼見，模稜兩是，抑何陋也！

友兄華山王君無異著正學隅見述一編，格物從朱，太極從陸，予閱而善之，或曰：「若不類兩是乎？」曰：「無異與予皆學考亭者也，無極太極之辨以陸子爲長，無異確有見其然者已。詳篇中，姑不具論。」無異以賢者之異，不害其爲同。予又以太極從陸，不害其爲學考亭也。史稱蘇轍君子不黨，吾於無異是編亦云。

自序

弘撰愚不知學，唯讀古人之書，以平心靜氣自矢，罔敢逞其私臆，而久之有是非判然於吾前者。蓋嘗有見於格物致知之訓，朱子爲正，無極太極之辨，陸子爲長，賢者之異，無害其爲同也。今掇其旨要，著之於篇，若爲兩賢折衷，弘撰何人斯，而足語此？庶幾下學一得，質諸古人，而幸其不遠也。尚望有道君子，惠而教之焉。

華山後學王弘撰無異識。康熙十五年冬十一月朔。

正學隅見述

記曰：「古之欲明明德於天下者，先治其國。欲治其國者，先齊其家。欲齊其家者，先修其身。欲修其身者，先正其心。欲正其心者，先誠其意。欲誠其意者，先致其知。致知在格物。物格而後知至，知至而後意誠，意誠而後心正，心正而後身修，身修而後家齊，家齊而後國治，國治而後天下平。」

程子明道曰：「格，至也。物者，凡遇事皆物也。欲以窮至物理也。」

程子伊川曰：「凡有一物，必有一理，窮而致之，所謂格物者也。然而格物亦非一端，如或讀書講明道義，或論古今人物而別其是非，或應接事物而處其當否，皆窮理也。」

「自一身之中以至萬物之理，但理會得多，自然豁然有覺處。」

問：「格物是外物？是性分中物？」曰：「不拘。凡眼前無非是物，物物皆有理。如火之所以熱，水之所以寒，至於君臣父子間，皆是理。」

又問：「只窮一物，見此一物，便還見得諸理否？」曰：「須是遍求。雖顏子，亦只能聞一知十，若到後來達理了，雖億萬，亦可通。」

問：「觀物察己，還因見物反求諸身否？」曰：「不必如此說。物我一理，纔明彼，即曉此，合內外之道也。」

「所務於窮理者，非道盡窮了天下萬物之理，又不道是窮得一理便到。只要積累多後，自然見去。」

朱子曰：「程子說格物，曰『格，至也』。格物而至於物，則物理盡。意句俱到，不可移易。」

「儒者之學，大要以窮理爲先。「大學不曰窮理，而謂之格物，只是使人就實處窮究。窮理者，欲知事物之所以然與其所當然者而已。知其所以然，故志不惑；知其所當然，故行不謬；非謂取彼之理而歸諸此也。程子所謂『物我一理，纔明彼，即曉此』。」「格物致知，於物上窮得一分之理，則我之知亦致得一分。物理窮得愈多，則我之知愈廣。」「十事格得九事通透，一事未通透，不妨。一事只格得九分，一分未通透，最不可。」「致知格物，只是一事，非是今日格物，明日又致知。格物以理言，致知以心言。」「心包萬理，萬理具於一心。不能存得心，不能窮得理；不能窮得理，不能盡得心。」「大學論治國平天下許多事，卻歸在格物上。凡事事物物各有一個道理，若能窮得道理，則施之事物莫不各當其位。如人君止於仁、人臣止於敬之類，各有一至極道理。」「凡萬物，莫不各有一道理。若窮理，則萬物之理皆不出此。問：『此是萬物皆備於我？』曰：『極是。』」問：「所謂窮理，不知是反己求之於心？惟復逐物而求於物？」曰：「不是如此。事事物物皆有個道理，窮得十分盡，方是格物。不是此心如何去窮理，不成『物自有個道理，心又有個道理，枯槁其心，全與物不接，卻使此理自見。』萬無是事。不用自家心，如何別向物上求一般道理？不知物上道理誰去窮得？」「看道理須是見得實，方是有功效處；若於上面添些玄妙奇特，便是見他實理未透。今之學者不曾親切見得，而臆度揣摸爲說，皆助長之病也。道理止平看，意思自見。」「眼前凡所應接底都是物，都有個極至之理，便要知得到。若知不到，便都没分明；若知得到，決定著恁地做，更無第二第三著。止緣人見道理不破，便恁地苟簡，都做不得第一義。」問：「如何是第一義？」曰：「如爲人君，止於仁之類，決定著恁地，不恁地，便不得。又如在朝須著進君子，退小人，此是第一義，有功決定著賞，有罪決定著誅，更無小人可用之理，更無包含小人之理。惟見得不破，便道小人不可去，也有可用之理，此都是第二第三義，如何會好？凡事事窮得盡道理，事事占得第一義，甚麽樣剛方正大！且如爲學，決定是要做聖賢，此是第一義。若道自家做不得，且隨分依稀做些子，此是見不破。」

「聖賢所謂博學，無所不學也。自吾身所謂大經大本，以及天下之事事物物，甚而一字半字之義，莫不在所當窮，而未始有不消理會者。雖曰不能盡究，然亦只得隨吾聰明力量理會將去，久久須有所至。」

或問：「格物致知之學，與世之所謂博物洽聞者奚以異？」曰：「此以反身窮理爲主，而必究其本末是非之極至。彼以狥外誇多爲務，而不覈其表裏真妄之實然。必究其極，是以知愈博而心愈明；不覈其實，是以識愈多而心愈窒。此正爲己爲人之分，不可不察也。」

「吾聞之也：天道流行，造化發育，凡有聲色貌象而盈於天地之間者，皆物也；既有是物，則其所以爲是物者，莫不各有當然之則而自不容已，是皆得於天之所賦，而非人之所能爲也。今且以其至切而近者言之，則心之爲物，實主於身，其體則有仁義禮智之性，其用則有惻隱、羞惡、恭敬、是非之情，渾然在中，隨感而應，各有攸主，而不可亂也；次而及於身之所具，則有口鼻、耳目、四肢之用；又次而及於身之所接，則有君臣、父子、夫婦、長幼、朋友之常，是皆必有當然之則，而自不容已。所謂理也，外而至於人，則人之理不異於己也；遠而至於物，則物之理不異於人也。極其大，則天地之運、古今之變不能外也；盡於小，則一塵之微、一息之頃不能遺也。是乃上帝所降之衷，烝民所秉之彝，劉子所謂天地之中，夫子所謂性與天道，子思所謂天命之性，孟子所謂仁義之心，程子所謂天然自有之中，張子所謂萬物之一原，邵子所謂道之形體者。但其氣質有清濁偏正之殊，物欲有淺深厚薄之異，是以人之與物、賢之與愚，相爲懸絶而不能同耳。以其理之同，故以一人之心，而於天下萬物之理無不能知；以其稟之異，故於其理，或有所不能窮也。理有未窮，故其知有不盡；知有不盡，則其心之所發，必不能純於義理，而無雜乎物欲之私。此其所以意有不誠，心有不正，身有不修，而天下國家不可得而治也。」

「昔者聖人蓋有憂之，是以於其始教爲之小學，而使之習於誠敬，則所以收其放心、養其德性者，已無所不用其至矣。

及其進乎大學，則又使之即夫事物之中，因其所知之理，推而究之，以各到乎其極，則吾之知識，亦得以周遍精切而無不盡也。若其用力之方，則或考之事爲之著，或察之念慮之微，或求之文字之中，或索之講論之際，使於身心性情之德，人倫日用之常，以至天地鬼神之變，鳥獸草木之宜，自其一物之中，莫不有以見其所當然而不容已，與其所以然而不可易者。必其表裏精粗無所不盡，而又益推其類以通之，至於一日脱然而貫通焉，則於天下之物，皆有以究其義理精微之所極，而吾之聰明睿智，亦皆有以極其心之本體而無不盡矣。」

「近世大儒有爲格物致知之説者，曰：『格猶扞也、禦也，能扞禦外物，而後能知至道也。』又有推其説者，曰：『人生而静，其性本無不善。而有爲不善者，外物誘之也。』所謂格物以致其知者，亦曰『扞去外物之誘，而本然之善自明耳。』是其爲説，不亦善乎？曰：『天生烝民，有物有則。』則物之與道，固未始相離也。今曰『禦外物，而後可以知至道』則是絶父子而後可以知孝慈、離君臣而後可以知仁敬也，是安有此理哉？若曰『所謂外物者，不善之誘耳，非指君臣父子而言也。』則夫外物之誘人，莫甚於飲食男女之欲，然推其本，則固亦莫非人之所當有而不能無者也，但於其間自有天理人欲之辨，而不可以毫釐差耳。惟其徒有是物，而不能察於吾之所以行乎其間者，孰爲天理，孰爲人欲，是以無以致其克復之功，而物之誘於外者，得以奪乎天理之本然也。今不即物以窮其原，而徒惡物之誘乎己，乃欲一切扞而去之，則是必閉口枵腹，然後可以得飲食之正，絶滅種類，然後可以全夫婦之别也。是雖異端無君無父之教，有不能充其説者，况乎聖人大中至正之道，而得以此亂之哉！」

「夫泛論知行之理，而就一事之中以觀之，則知之爲先，行之爲後，無可疑者。然合夫知之淺深、行之大小而言，則非有以先成乎小，亦將何以馴致乎其大者哉？」

「蓋古人之教，自其孩幼而教之以孝弟誠敬之實，及其少長而博之以詩書禮樂之文，皆所以使之即夫一事一物之間，各有以知其義理之所在，而致涵養踐履之功也。及其十五成童，學於大學，則其灑掃應對之間、禮樂射御之際，所以涵養踐履之者略已小成矣，於是不離乎此而教之以格物，以致其知焉。致知云者，因其所已知者推而致之，以及其所未知者而極其至也，是必至於舉天地萬物之理而一以貫之，然後爲知之至，而所謂誠意、正心、修身、齊家、治國、平天下者，至是而無所不盡其道焉。」

「今就其一事之中而論之，則先知後行，固各有其序矣。誠欲因夫小學之成，以進夫大學之始，則非涵養踐履之有素，亦豈能居然以去雜亂紛糾之心，而格物以致其知哉？且易之所謂『忠信』、『修辭』者，聖學之實事，貫始終而言者也。以其淺而小者言之，則自其常視毋誑、男唯女俞之時，固已知而能之矣；『知至至之』，則由行此而又知其所至也，此知之深者也；『知終終之』，則由知至而又進以終之也，此行之大者也。故大學之書，雖以格物致知爲用力之始，然非謂初不涵養踐履，而直從事於此也，又非謂物未格，知未至，則意可以不誠，心可以不正，身可以不修，家可以不齊也，但以爲必知之至，然後所以治己治人者始有以盡其道耳。若曰『必俟知至，而後可行』，則夫事親從兄，承上接下，乃人生之所不能一日廢者，豈可謂『吾知未至』而暫輟，以俟其至而後行哉？抑聖賢所謂知者雖有淺深，然不過如前所論二端而已，但至於廓然貫通，則內外精粗，自無二致也。」

「理之所在，即是中道，惟窮之不深，則無所準則，而有過不及之患，未有窮理既深而反有此患也。易曰：『精義入神，以致用也。』蓋惟如此，然後可以應務；未至於此，則凡所作爲，皆出於私意之鑿，冥行而已。」

弘撰曰：格物之說，古今聚訟，細思之，終當以朱子之說爲正。今不煩辨，但有一問而已。夫聖經二百五字，全學也，凡爲學之事無不備矣，如將格物不作即物窮理解，則大學中所謂「博文」之功安在？聖賢所言學問思辨、多聞多見、博學詳說諸語不一而足，於大學當何屬？不幾闕乎？學者平心靜氣讀朱子所補傳，久之當自知其不可易矣。

孔子曰：「博學之，審問之，慎思之，明辨之，篤行之。」此「欲誠意，先致知格物」之說也。而致知格物初非二事，故不曰「先」，而曰「在」，以見內外合一之學。他日又曰：「學而不思則罔，思而不學則殆。」思學並用，格致同功。而聖人之意尤重格物，故又曰：「吾嘗終日不食、終夜不寢以思，無益，不如學也。」蓋聖賢之學，其用力之始，未有不從事於博而後約者。經傳所言，歷歷可據。此至明至平、至正至大之理，本無可疑，自司馬文正公有「格去物欲」之解，而陸文安公益倡爲異說，後之儒者私臆紛出，不惟悖程朱之訓，亦且顯違孔曾之教。借易簡之義以榛塞傳注，此崔后渠所謂罪不勝誅者也。

朱子以致知格物爲博文之注，今即以博文爲致知格物之注，尚何疑之有？如必以朱子之解格物爲非，不知何以解「博文」二字乎？原其故，秖以「格」字難解，遂致說者紛紛耳。然「格」字訓「至」，詩、書所載，如「格於上下」、「七旬有苗格」、「格於文祖」、「神之格思」、「有恥且格」等語，莫不合者。近世邵文莊公嘗因醫者言切脈，謂以「切」字訓「格」字，庶幾近之，王夏器訓「格」爲「通」，謂是潛通無間之意，此亦皆有「至」字義。其訓爲「去」，唯周書「格其非心」、孟子「格君心之非」爲然耳。若漢儒訓爲「來」、羅南城訓爲「事」，皆合式，則其僻陋，無庸辨者矣。

大學自「平天下」說到「誠意」、「致知」，漸說向内去。然求諸内者，必有資於外，致知者萬無去聞見之功之理，故必說「格物」，見外之不可廢也。内外之間無先後，於是變其文曰「在」，方是合内外、徹始終之學。蓋聖人立言無弊如此，最爲明白易見。程朱之訓確有可循，不知後儒何故必欲別尋玄解耶？予宗兄孚公素留心書旨，一日與予偶論及此，謂：「既說到誠意致知，至此反說向外去，終可疑。」予曰：「思而不學則殆。」

格物者，以吾心格之，非求知於外也，故曰：「吾心之全體大用無不明矣。」蓋古之學者爲己，其用力之始，必有事於博學，而後乃收一貫之功。此不易之理，要非馳騖廣遠，如所稱「博物君子」云爾也。此格物，「物」字實兼身、心、意、知、國家、天下言，「物有本末」之物，即在此「物」字内。故艾千子曰：「『此』『物』字該得廣。」

昔有問格物於馮恭定公者，公曰：「言致知不言格物則落空。『物』字有三解：『萬物皆備於我』，『物』字對我而言；『格去物欲』，『物』字指私欲而言；此『物』字，兼物我而言。王心齋謂『格物，是格物有本末之物；致知，是致知所先後之知』，最爲有見。格物，是格其知如何致，意如何誠，心如何正，身如何修，家國天下如何齊治平，中間孰爲本，孰爲末，孰當先，孰當後。節目次第一一講究明白，則誠、正、修、齊、治、平工夫才得不差，明德、新民始止於至善耳。此格物所以爲大學第一義。」按：心齋之學本非正學，而此之所言卻亦無悖於朱子窮理之旨。恭定之解尤爲明切,正可參看。然謂「物」字應上「物」字、「知」字應上「知」字,聖人立言斷不如此。必謂相應,又何以置「事」字乎?先儒謂「知是心之靈,不可作虛字看,朱子所謂『心之神明,妙衆理而宰萬事者。』是也」,據此,則「致知」「知」字與「知所先後」「知」字亦自有分,不可不辨也。

平、治、齊、修、正、誠、致、格,皆用力字;天下、國家、身、心、意、知、物,皆定體字;「知所先後」,「知」字是用力字。心齋以「致知爲致知所先後之知」,亦欠分曉矣。故蔡虛齋云:「知所先後,『知』字淺。」楊慈湖謂格物不可以「窮理」訓,云:「吾心本無物,忽有物焉,格去之可也。物格,則吾心自瑩。塵去則鑑自明,滓去則水自清矣」,此全是禪宗!又疑大學之文支離破碎,謂非孔子所作。不知其何所根據,乃欲申其邪説,至排聖經而不顧,孰謂慈湖之罪隱而難知哉?又嘗謂聖人之教,一而已矣,四教之説必記者之誤。此則執固不通,可發一笑者也。

王陽明謂「格」字不可以「至」字訓,乃以「正」字訓之,引「格其非心」、「大臣格君心之非」之類,以爲「正其不正,以歸於正」之義。其説莫詳於答顧東橋一書,中有云:「即物窮理,是就事事物物上求其所謂定理者也,是以吾心而求理於事事物物之中。」析心與理而爲二矣。按:朱子之言,物我一原,格物之理、致吾之知,正心理合一矣,安見其析而爲二乎?用力之久,豁然貫通,原非泥物而求。今云「事事物物上求其定理」,遷就其詞以申己之辨,毋乃失其衡也乎?

又謂求理於物,如求孝之理於親之身,以爲求之於外也。夫孝之理,在親之身,與在吾之心,一也,如謂不可求孝之理於親之身,又豈可離親之身以求孝之理乎?即如親之有饑飽寒暖,此在親之身者也,所謂物也;知其饑矣,又知其當食,知其寒矣,又知其當衣,此在吾之心者也,所謂知也;就親之身,察其所以受饑受寒者而體之於心,以爲其食之多寡、衣之厚薄,然後食之衣之咸當其則,而不至於有害,此親之身與吾之心合一者也,所謂格物致知也。若不問之親,而但求之心,則其多寡厚薄之間,必有不得其宜者矣。又或親有疾病,必診視之,當補當攻,方可用藥,豈可曰

「孝之理在吾之心」，而不復求之於親之身也乎？

大抵天下之理，内外雖不相離，然必有内外之分，所以有合内外之道。如無分矣，又何以言合？要其所以合者，即性之德也。故曰：誠者，非自成己而已也，所以成物也。即陽明亦嘗有云：「成己成物，雖本一事，而先後之序自不容紊。」乃其所爲正告東橋者則云：「所謂致知格物者，致吾心之良知於事事物物也。吾心之良知，即所謂天理也。致吾心之良知之天理於事事物物，則事事物物皆得其理矣。致吾心之良知者，致知也；事事物物皆得其理者，格物也；是合心與理而爲一者也。」此段所言，已與聖經本旨不合。至温清奉養之喻，有云：「意欲温清、意欲奉養者，所謂意也，而未可謂之誠意，必實行其温清奉養之意，務求自慊而無自欺，然後謂之誠意。知如何而爲温清之節、知如何而爲奉養之宜者，所謂知也，而未可謂之致知，必致其『知如何爲温清之節者』之知，而實以之温清，致其『知如何爲奉養之宜者』之知，而實以之奉養，然後謂之致知。温清之事、奉養之宜，所謂物也，而未可謂之格物，必其於温清之事、奉養之宜也，一如其良知之所知『當如何爲温清之節、奉養之宜者』，而爲之無一毫之不盡，然後謂之格物。」初一段所云，誠意是已；第二段云「實以之温清」、「實以之奉養」，又非誠意之事乎？第三段云「爲之無一毫之不盡」，則直併説到修身之事矣。此其語意重複，最爲支離決裂，奈何反以支離決裂，歸咎於朱子之説也？按：朱子之訓格物、致知、誠意，雖有次第，然相因爲用，實非二事，豈真析知行爲兩截哉？今其語録具在，一一可考。陽明之譏，亦何其不察之甚也！

陽明又有與陸元静書，云：「必欲此心純乎天理，而無一毫人欲之私，非防於未萌之先而克於方萌之際不能。防於未萌之先而克於方萌之際，此正中庸『戒慎恐懼』、大學『致知格物』之功。舍此之外，無别功矣。」按：此所言，明是正心誠意之功，如何説作致知格物之功？又先與元静論照心非動，妄心非照，主於「本體明覺之自然」，謂「有所動即妄，無所動即照。有妄有照則二，二則息；無妄無照則不二，不二則不息」。蓋其學大類禪宗，故謂「近世格物致知之説，只一『知』字尚未有下落，若『致』字工夫，全不曾道著」。所見如彼，宜其所言之異。然竟不回顧經傳，何其果於自信也！

程朱以物爲萬物，故以格物爲即物窮理。陽明謂即物窮理「亦是玩物喪志」，其說本於陸子，皆由看「物」字有間故也。今略舉四書中所言「物」字證之，如詩云「有物有則」，中庸云「盡物之性」，孟子云「萬物皆備於我」，此「物」字可以爲外物而忽之乎？格此有則之物，格此盡性之物，格此皆備之物，尚可以爲「玩物」而「喪志」乎？且既云窮理矣，又何以云喪志也？程朱云「物我一理」，今陽明直以物之理與心之理爲二矣，果如所言，則孔子之所謂「知周乎萬物」與「遠取諸物」者，亦應不免於玩物之譏矣。「格物」二字可以別解，不審「知周乎萬物」與「遠取諸物」，可以別生異解否？

陽明謂大學格物「與繫辭窮理大旨雖同，而微有分辨。窮理者，兼格致誠正而爲功也。故言窮理，則格致誠正之功皆在其中。言格物，則必兼舉致知、誠意、正心，而後其功始備而密。」此說極是。若謂格物有行，不當以格物偏屬之窮理，又不當以窮理專屬之知，則非也。按：陽明此言，實本之程子易傳、語録。程子云：「『窮理，盡性，以至於命』，三事一時並了，元無次序，不可將窮理作知之事。若實窮得理，即性命亦可了。」予謂繫辭「窮理」二字是包舉言之，朱傳「窮理」二字原與「即物」二字連說，是且就物上說，此其微異也。故謂「言格物，則必兼舉致知、誠意、正心之功」則可，謂「言格物，則已包誠意、正心之功在内」則不可。蓋聖人爲學有序，斷無一蹴而至之理，知行雖不相離，亦斷無行在知内之理。程子之說，予竊疑其有直捷過高之弊，若謂「只一窮理，便能盡性至命」，則只道窮理足矣，盡性云云，不幾贅乎？且盡性，「盡」字實有工夫，窮之盡之實有次第；程子於此傳後又有云：「理則須窮，性則須盡，命則不可言窮與盡，只是至於命也。」此段正可參觀。程子前說，是從學既成後說出，未免稍欠分曉，終不若朱子本義云「窮天下之理，盡人物之性，而合於天道，此聖人作易之極功也」明晰切實，確不可易矣。

再詳程子之意，是謂繫辭此處「窮理」二字不可但作知之事，非謂窮理非知也。大學格物自專屬知，經文明說「致知在格物」，何必强生支節？陽明云：「『窮理盡性』，聖人之成訓。苟格物之說而果即窮理之義，則聖人何不直曰

『致知在窮理』?」予亦云:「『好學近乎知』,『力行近乎仁』,亦聖人之成訓。格物果如陽明之説,則聖人何不直曰『致知在力行』乎?」

陽明之學在醇疵之間,其醇者,實有志於聖人之道,不墮浮華支離之習,而其疵,則間涉於禪也。其曰:「爲善去惡是格物」,自非孔、曾本旨,馮恭定獨辨其「無善無惡心之體」之説,而於此略而不論。予謂格物之訓,正不可不辨。吴秋圃訓爲「格而通之」之意,此正與「至」字有合。乃又看「物」字異,謂「天下事物至賾,安有窮時」,又謂:「朱子因『至』字不明,又添「窮至事物之理」六字,會通其意,的是「格」字確解,以「扞」字、「去」字、「正」字訓之,終不得也。

先儒以「古之」節爲逆推工夫,「知至」節爲順推效驗。蓋工夫是逆用,效驗是順成,聖賢之學莫貴於逆,格物工夫一『窮』字,明是强經就我」,又以朱子補傳爲牽强附會,則皆衍陽明緒餘,失其衡者也。正是逆用。然則即物窮理之説,又何疑乎?

近人以「古之」節六「先」字爲「應知所先」,「知至」節七「後」字爲「應知所後」。其説起於盧玉溪、黄洵饒,艾千子曾斥其誤。蓋「後」字原有二義:「先後」,「後」字是用力字,乃去聲;「而後」,「後」字是定體字,乃上聲。字義不明,遑問其他。故高子業云「字學明,六經如指掌」。且「知所先後」是一時事,知所先而先之,則知所後而後之矣,豈可分屬?此説與王心齋以格物爲應物有本末之物,致知爲應知所先後之知,皆舉業時文話。予嘗謂近世諸儒講學,不脱舉業時文習氣,正此類也。

陽明之學以致良知爲主,故別解格物。近乃有謂格物即「以知格之」,是致知工夫自在先,故不曰「先格物」而曰「在格物」。此語牽强,明悖經文。果如所説,則當曰「致知以格物」,亦不當曰「在格物」矣,不知於下文「物格而後知至」,「而後」字如何説得去?艾千子云:「『致知在格物』,雖不説先,畢竟格在致先,故曰『物格而後知至』。『致』,方求融貫,而『至』,則已會通矣。」此正論也。

又林次崖駁陽明格物之説有云:「經文言『物格而後知至,知至而後意誠』,是意誠工夫又後格物一步也。既以格物爲去私意，則當物格時，私意已無了，又何須再去誠意，再做毋自欺、慎獨？許大工夫，得無疊牀重屋耶？若謂格物即是誠意，又不應說『物格而後知至，知至而後意誠』，分做三節，中間又用個『而後』字。」按：次崖此論，雖陽明復起，能無口塞乎？

汪石潭、羅整庵皆陽明素交，石潭著濯舊稿，整庵著困知記，皆言陽明之學之失。石潭曰：「近世有尊象山，而鄙朱子爲訓詁章句之學者，曰：『吾心學也』。好異者靡然趨之，惑世誣民，其罪大也。」整庵曰：「格物之義，程朱之訓明且盡矣，當爲萬物無疑。人之有心，固然亦是一物，然以格物爲格此心則不可。此理，在人則謂之性，在天則謂之命；心也者，人之神明，而理之存主處也，豈可謂心即理，而以窮理爲窮此心哉？象山之爲此言，誤人多矣，其流禍迄今益甚，士之好高欲速者，更唱迭和，駸駸乎有丕變於夷之勢。」每讀至此，爲之悚然太息。予友李子德謂先朝天下之亂，由於學術之不正，其首禍乃王陽明也。予嘗嫌其言太過，然持世明教，亦卓論也。士而有志於正學，則又烏可不凛然知警也哉？

嘗讀陸子語録，有一條論王荆公云：「或問介甫比商鞅何如？先生云：『商鞅是脚踏實地，他亦不問王霸，只要事成，卻是先定規模。介甫慕堯、舜、三代之名，不曾踏得實處，故所成就者，王不成，霸不就，本原皆因不能格物，摸索形似，便以爲堯、舜、三代如此而已。所以學者先要窮理。』」按：陸子此言，與朱子所謂格物窮理之說何異？豈非理不可易，心不容泯，有意執爲格物之解者，不覺無意於論他事中，倏而吐露如此耶？敢以此問世之爲陸子之學者。

陸子又嘗謂學有講明，有踐履，以致知格物爲講明之學。此亦與朱子即物窮理之說無異。昔有舉此以問陽明者，陽明乃云，此是陸子見未精一處。執其成見，既以非朱，又以非陸，得毋勝心用事乎？敢以此問世之爲王氏之學者。

陽明解致知格物之謬，其病原於爲知行並進之說。然古人所謂知行不相離者，言人當重行，不可徒知云爾。凡聖賢之言知行，皆分言之，亦皆先言知，而後言行，如曰「或生而知之，或學而知之，或困而知之，及其知之，一也。或安而行之，或利而行之，或勉强而行之，及其成功，一也」，曰：「好學近乎知，力行近乎仁。」曰：「知之者不如好之者，好之者不如樂之者。」見於經傳所載者多矣，皆知先而行後之明徵也。故朱子云：「論先後，知爲先。論輕重，行爲重。」今謂「知行並進」，「行在知內，初無先後」，驟聽之，豈非高論？然而中有毫釐千里之差。果如所言，則孔子何以言有「知及之，仁不能守之」之人？子路何以有「未之能行，唯恐有聞」之時？凡爲此論，皆實本之釋氏。抑所謂善知識，即在彼法中亦不盡爾也，況聖賢之道哉？

周子曰：「無極而太極。太極動而生陽，動極而靜，靜而生陰，靜極復動。一動一靜，互爲其根。分陰分陽，兩儀立焉。陽變陰合，而生水火木金土。五氣順布，四時行焉。五行，一陰陽也；陰陽，一太極也，太極本無極也。五行之生也，各一其性。無極之真，二五之精，妙合而凝。乾道成男，坤道成女，二氣交感，化生萬物，萬物生生而變化無窮焉。」

朱子答陸子美書曰：「太極篇首一句，最是長者所深排。然殊不知不言無極，則太極同於一物，而不足爲萬物之根柢；不言太極，則無極淪於空寂，而不能爲萬化之根本。只此一句，便見其下語精密，微妙無窮。而向下所說許多道理，條貫脈絡井井不亂，只今便在目前，而亘古亘今攧撲不破。只恐自家見得未曾如此分明直截。則其所可疑者，乃在此而不在彼也。」

又答陸子美書曰：「太極之說，某謂周先生之意，恐學者錯認太極別爲一物，故著『無極』二字以明之。此是推原前賢立言之本意，所以不厭重復，蓋有深指。而來諭便謂某以太極下同一物，是則非惟不盡周先生之妙旨，而於某之淺陋妄說，亦未察其情矣。又謂著『無極』字，便有虛無好高之弊，則未知尊兄所謂太極，是有形器之物耶？無形器之物耶？若果無形而但有理，則無極即是無形、太極即是有理明矣，又安得爲虛無而好高乎？」

陸子與朱元晦書曰：「梭山兄謂太極圖說與通書不類，疑非周子所爲，不然則或是其學未成時所作，不然則或是傳他人之文，後人不辨也。蓋通書理性命章言：『中焉止矣。二氣五行，化生萬物。五殊二實，二本則一。』曰『一』，曰『中』，即太極也，未嘗於其上加『無極』字。動靜章言：「五行陰陽，陰陽太極。」亦無無極之文。假令太極圖說是其所傳或其少時所作，則作通書時不言無極，蓋已知其說之非矣。此言殆未可忽也。兄謂梭山急迫看人文字，未能盡彼之情，而欲遽申己意，是以輕於立論，徒爲多說，而未必果當於理。大學曰『無諸己，而後非諸人』，人無古今、智愚、賢不肖，皆言也，皆文字也，觀兄與梭山之書，已不能酬斯言矣，尚何以責梭山哉？」

「尊兄向與梭山書云：『不言無極，則太極同於一物，而不足爲萬物根柢；不言太極，則無極淪於空寂，而不能爲萬化根本。』夫太極者，實有是理，聖人從而發明之耳，非以空言立論，使後人簸弄於頰舌紙筆之間也。其爲萬物根本，固自素定，其足不足、能不能，豈以人言不言之故耶？易大傳曰『易有太極』，聖人言有，今乃言無，何也？作大傳時不言無極，太極何嘗同於一物，而不足爲萬物根柢耶？洪範五皇極列在九疇之中，不言無極，太極亦何嘗同於一物，而不足爲萬化根本耶？太極固自若也。尊兄只管言來言去，轉加糊塗，此真所謂輕於立論，徒爲多說，而未必果當於理也。兄號『句句而論，字字而議』有年矣，宜益工益密，立言精確，足以悟疑辨惑，乃反疎脱如此，宜有以自反矣。」

「後書又謂：『無極即是無形，太極即是有理』，周先生恐學者錯認太極別爲一物，故著『無極』二字以明之。易大傳曰：『形而上者謂之道』，又曰：『一陰一陽之謂道』，一陰一陽已是形而上者，況太極乎？曉文義者舉知之矣。自有大傳，至今幾年，未聞有錯認太極別爲一物者；設有愚謬至此，奚啻不能以三隅反，何足尚煩老先生特地於太極上加『無極』二字以曉之乎？且『極』字亦不可以形字釋之。蓋極者，中也，言無極，則是猶言『無中』也，是奚可哉？若懼學者泥於形器而申釋之，則宜如詩言『上天之載』，而於下贊之曰『無聲無臭』可也，豈宜以『無極』字加於太極之上？」

「朱子發謂濂溪得太極圖於穆伯長，伯長之傳出於陳希夷，其必有考。希夷之學，老氏之學也。『無極』二字，出於老子知其雄章，吾聖人之書所無有也。老子首章言：『無，名天地之始。有，名萬物之母』而卒同之。此老氏之宗旨也。無極而太極，即是此旨。老氏學之不正，見理不明，所蔽在此，兄於此學用力之深，爲日之久，曾此之不能辨，何也？通書『中焉止矣』之言，與此昭然不類，而兄曾不之察，何也？太極圖說以『無極』二字冠首，而通書終篇未嘗一及『無極』字；二程言論文字至多，亦未嘗一及『無極』字。假令其初實有是圖，觀其後來未嘗一及『無極』字，可見其道之進，而不自以爲是也。兄今考訂注釋、表顯尊信如此其至，恐未得爲善祖述者也。

「潘清逸詩文可見矣，彼豈能知濂溪者？明道、伊川親師承濂溪，當時名賢居潘右者亦復不少。濂溪之誌卒屬於潘，可見其子孫之不能世其學也，兄何據之篤乎？梭山兄之言，恐未宜忽也。」

朱子答陸子靜書曰：「來書反復其於無極太極之辨，詳矣。然以某觀之：伏羲作易自一畫以下、文王演易自乾元以下，皆未嘗言太極也，而孔子言之；孔子贊易自太極以下，未嘗言無極也，而周子言之：夫先聖後聖，豈不同條而共貫哉？若於此有以灼然實見太極之真體，則知不言者不爲少，而言之者不爲多矣，何至若此之紛紛哉？今既不然，則吾之所謂理者，恐其未足以爲羣言之折衷，又況於人之言有所不盡者，又非一二而已乎。既蒙不鄙而教之，某亦不敢不盡其愚也。」

「且夫大傳之太極者，何也？即兩儀、四象、八卦之理，具於三者之先，而緼於三者之内者也。聖人之意，正以其究竟至極，無名可名，故特謂之太極，猶曰『舉天下之至極，無以加此』云爾，初不以其『中』而命之也。至於北極之極、屋極之極，諸儒雖有以爲中者，蓋以此物之極嘗在此物之中，非指『極』字而訓之以中也。極者，至極而已。以有形者言之，則其四方八面合輳將來，到此築底，更無去處；從此推出四方八面，都無向背，一切停勻，故謂之極耳。後人以其居中而能應四外，故指其處，而以『中』言之，非以其義爲可訓中也。至於太極，則又初無形象方所之可言，但以此理至極，而謂之極耳。今乃以中坐之，則是所謂理有未明，而不能盡乎人言之意者，一也。」

「通書理性命章，其首二句言理，次三句言性，次八句言命，故其章内無此三字，而特以三字名其章以表之，則意内之言，固已各有所屬矣。蓋其所謂靈，所謂一者，乃爲太極，而所謂中者，乃氣禀之得中，與剛善、剛惡、柔善、柔惡者爲五性，而屬乎五行，初未嘗以是爲太極也。且曰『中焉止矣』，而又下屬於『二氣五行，化生萬物』之云，是亦成何等文字義理乎？今來喻乃指其中者爲太極，而屬之下文，則又理有未明，而不能盡乎人言之意者，二也。」

「若論『無極』二字，乃是周子灼見道體，迥出常情，不顧旁人是非，不計自己得失，勇往直前，說出人不敢說底道理，令後之學者曉然見得太極之妙，不屬有無，不落方體。若於此看得破，方見得此老真得千聖以來不傳之秘，非但架屋下之屋、疊牀上之牀而已也。今乃以爲未然。是又理有未明，而不能盡乎人言之意者，三也。」

「至於大傳既曰『形而上者謂之道』矣，而又曰『一陰一陽之謂道』，此豈真以陰陽爲形而上者哉？正所以見一陰一陽雖屬形器，然其所以一陰而一陽者，是乃道體之所爲也。故語道體之至極則謂之太極，語太極之流行則謂之道，雖有二名，初無兩體。周子所以謂之無極，正以其無方所、無形狀，以爲在無物之前，而未嘗不立於有物之後；以爲在陰陽之外，而未嘗不行乎陰陽之中；以爲通貫全體，無乎不在，則又初無聲臭影響之可言也。今乃深詆太[一]極之不然，則是直以太極爲有形狀、有方所矣；直以陰陽爲形而上[二]，則又昧於道器之分矣。又『於形而上者之上，復有太極』之語，則是又以道上別有一物爲太極矣。此又理有未明，而不能盡乎人言之意者，四也。」

「至某前書所謂：『不言無極，則太極同於一物，而不足爲萬物根柢；不言太極，則無極淪於空寂，而不能爲萬化根本。』乃是推本周子之意，以爲當時若不如此兩下說破，則讀者錯認語意，必有偏見之病，聞人說有，即謂之實有，見人說無，即以爲真無耳。自謂如此說，得周子之意，已是大煞分明，只恐知道者厭其漏洩之過甚，不謂如老兄者，乃猶以爲未穩而難曉也。請以某書上下文意詳之，豈謂太極可以人言而爲加損哉？是又理有未明，而不能盡乎人言之意者，五也。」

「來書又謂『大傳明言易有太極。今乃言無，何也？』此尤非所望於高明者。今夏因與人言易，其人之論正如此，當時

[一]「太」：晦庵先生朱文公文集作「無」。
[二]「上」：晦庵先生朱文公文集作「上者」。

對之，不覺失笑，遂至被劾。彼俗儒膠固，隨語生解，不足深怪，老兄平日自視爲如何，而亦爲此言耶？老兄且謂大傳之所謂『有』，果如兩儀四象八卦之有定位、天地五行萬物之有常形耶？周子之所謂『無』，是果虛空斷滅、都無生物之理耶？此又理有未明，而不能盡乎人言之意者，六也。」

「老子『復歸於無極』，無極乃無窮之義，如莊生『入無窮之門，以游無極之野』云爾，非若周子所言之意也。今乃引之，而謂周子之言實出乎彼。此又理有未明，而不能盡乎人言之意者，七也。」

「高明之學，超出方外，固未易以世間言語論量、意見測度。今且以愚見執方論之，則其未合，有如前所陳者。亦欲奉報，又恐徒爲紛紛，重使世俗觀笑，既而思之：若遂不言，則恐學者終無所取正。較是二者，寧可見笑於今人，不可得罪於後世。是以終不獲已，而竟陳之。」

陸子又與朱元晦書曰：「尊兄嘗曉陳同父云：『欲賢者百尺竿頭進取一步，將來不作三代以下人物，省得氣力爲漢唐分疏，即更脱灑磊落。』今亦欲得尊兄進取一步，莫作孟子以下學術，省得氣力爲『無極』二字分疏，亦更脱灑磊落。」

「古人質實，不尚智巧，言論未詳，事實先著，知之爲知之，不知爲不知。所謂先知覺後知，先覺覺後覺者，以其事實覺其事實，故言即其事，事即其言，所謂言顧行，行顧言。周道之衰，文貌日勝，事實湮于意見，典訓蕪于辨説，揣量摸寫之工，依放假借之似，其條畫足以自信，其習熟足以自安。以子貢之達，又得夫子而師承之，尚不免此『多學而識之』之見，非夫子叩之，彼固晏然而無疑；『先行』之訓、『予欲無言』之訓，所以覺之者屢矣，而終不悟。顏子既没，其傳固在曾子，蓋可觀已。尊兄之才，未知其與子貢何如，今日之病則有深於子貢者。尊兄誠能深知此病，則來書七條之説，當不待條析而自解矣。然相去數百里，脱或未能自克，淹回舊習，則不能無遺恨。請卒條之：」

「來書本是主張『無極』二字，而以明理爲説，其要則曰『於此有以灼然實見太極之真體』。某竊謂尊兄未曾實見太極，若實見太極，上面必不更加『無極』字，下面必不更著『真體』字。上面加『無極』字，正是疊牀上之牀；下面著『真體』字，正是架屋下之屋。虛見之與實見，其言固自不同也。」

「又謂極者，『正以其究竟至極，無名可名，故特謂之太極，猶曰：「舉天下之至極，無以加此」云爾。』就令如此，又何必更于上面加『無極』字也？若謂欲言其無方所、無形狀，則前書固言『宜如詩言「上天之載」，而於其下贊之曰「無聲無臭」可也，豈宜以「無極」字加之太極之上』。繫辭言『神無方』矣，豈可言『無神』？言『易無體』矣，豈可言『無易』？老氏以無爲天地之始，以有爲萬物之母，以常無觀妙，以常有觀徼；直將『無』字搭在上面，正是老氏之學，豈可諱也？惟其所蔽在此，故其流爲任術數，爲無忌憚。此理乃宇宙之所固有，豈可言無？若以爲無，則君不君，臣不臣，父不父，子不子矣。楊朱未遽無君，而孟子以爲無君，墨翟未遽無父，而孟子以爲無父，此其所以爲知言也。」

「極，亦此理也；中，亦此理也。五居九疇之中而曰『皇極』，豈非以其『中』而命之乎？民受天地之中以生，而詩言『立我烝民，莫匪爾極』，豈非以其『中』命之乎？中庸曰：『中也者，天下之大本也；和也者，天下之達道也。致中和，天地位焉，萬物育焉。』此理至矣，外此豈更復有太極哉？以極爲中，則爲不明理，以極爲形，乃爲明理乎？」

「字義固有一字而數義者，用字則有專一義者、有兼數義者。而字之指歸又有虛實，虛字則但當論字義，實字則當論所指之實。論其所指之實，則有非字義所能拘者。如『元』字，有『始』義，有『長』義，有『大』義；坤五之『元吉』、屯之『元亨』則是虛字，專爲『大』義，不可復以他義參之。如『乾元』之元，則是實字，論其所指之實，則文言所謂善，所謂仁，皆元也，亦豈可以字義拘之哉？『極』字亦如此，太極、皇極乃是實字，所指之實，豈容有二？充塞宇宙無非此理，豈容以字義拘之乎？中即至理，何嘗不兼『至』義？大學、文言皆言『知至』，所謂至者，即此理也。語讀易者曰：『能知太極，即是知至。』語讀洪範者曰：『能知皇極，即是知至。』夫豈不可？蓋同指此理，則曰『極』，曰『中』，曰『至』，其實一也。『一極備凶，一極無凶』，此兩『極』字乃是虛字，專爲『至』義，却使得。『極者，至極而已』，於此用『而已』字，方用得當。尊兄最號爲精通詁訓文義者，何爲尚惑于此？無乃理有未明，正以太泥而反失之乎？」

「至如直以陰陽爲形器而不得爲道，此尤不敢聞命。易之爲道，一陰一陽而已，先後始終、動靜晦明、上下進退、往來闔闢、盈虛消長、尊卑貴賤、表裏隱顯、向背順逆、存亡得喪、出入行藏，何適而非一陰一陽哉？奇耦相尋，變化無窮，故曰其

『爲道也屢遷，變動不居，周流六虛，上下無常，剛柔相易，不可爲典要，惟變所適』。説卦曰：『觀變於陰陽而立卦，發揮於剛柔而生爻，和順於道德而理於義，窮理盡性以至於命。』又曰：『昔者聖人之作易也，將以順性命之理，是以立天之道曰陰與陽，立地之道曰柔與剛，立人之道曰仁與義。』下繫亦曰：『易之爲書也，廣大悉備，有天道焉，有人道焉，有地道焉。兼三才而兩之故六，六者非他也，三才之道也。』今顧以陰陽爲『非道』而直謂之『形器』，其孰爲昧於道器之分哉！」

「辨難有要領，言詞有指歸。爲辨而失要領，觀言而迷指歸，皆不明也。前書之辨，其要領在『無極』二字。尊兄確意主張，曲爲飾説，既以無形釋之，又謂周子恐學者錯認太極別爲一物，故著『無極』二字以明之。某於此，見得尊兄只是强説來懸，恐無是事，故前書舉大傳『一陰一陽之謂道』、『形而上者謂之道』兩句，以見麤識文義者亦知一陰一陽即是形而上者，必不至錯認太極別爲一物，故曰：『況太極乎。』此其指歸，本自明白。而兄曾不之察，乃必見誣『以道上別有一物爲太極』。通書曰：『中者，和也，中節也，天下之達道也，聖人之事也。故聖人立教，俾人自易其惡、自至其中而止矣。』周子之言『中』如此，亦不輕矣，外此豈更別有道理，乃不得比虛字乎？所舉理性命章五句，但欲見通書言『中』，言『一』，而不言『無極』耳。『中焉止矣』一句，不妨自是斷章，兄必見誣以屬之下文。兄之爲辨，失其指歸，大率類此。」

「『盡信書，〔則〕不如無書』，某實深信孟子之言。前書釋此段，亦多援據古書，獨頗不信無極之説耳。兄遽坐以直絀古書爲不足信，兄其深文矣哉！大傳、洪範、毛詩、周禮，與太極圖説孰古？以極爲形而謂不得爲中，以一陰一陽爲器而謂不得爲道，此無乃少絀古書爲不足信，而微任胸臆之所裁乎？」

「來書謂『若論「無極」二字，乃是周子灼見道體，迥出常情，不顧旁人是非，不計自己得失，勇往直前，説出人不敢説底道理』，又謂『周子所以謂之無極，正以其無方所、無形狀』。誠令如此，不知人有甚不敢道處？但加之太極之上，則吾聖門正不肯如此道耳。夫乾確然示人易矣，夫坤隤然示人簡矣，太極亦何嘗隱於人哉？尊兄兩下説無説有，不知漏洩得多少？如所謂『太極真體』、『不傳之秘』、『無物之前』、『陰陽之外』、『不屬有無，不落方體』、『迥出常情』、『超出方外』等語，莫是曾學禪宗所得如此？平時既私其説以自高妙，及教學者，則又往往秘此，而多説文義，此『漏洩』之説所從出也。

以實論之，兩頭都無著實，彼此只是葛藤末〔二〕說，氣質不美者樂寄此以神其姦，不知繫絆多少好氣質底學者。既以病己，又以病人，殆非一言一行之過。兄其毋以久習於此，而重自反也！」

「區區之忠，竭盡如此，流俗無知，必謂不遜。書曰：『有言逆於汝心，必求諸道』，諒在高明，正所樂聞。若猶有疑，願不憚下教。」

朱子又答陸子靜書曰：「來書云：『古人質實止請卒條之。』○某詳此說，蓋欲專務事實，不尚空言，其意甚美。但今所論『無極』二字，某固已謂不言不爲少，言之不爲多矣。若以爲非，則且置之，其於事實亦未有害。而賢昆仲不見古人指意，乃獨無故於此創爲浮辨，累數百言，三四往返而不能已，其爲湮蕪亦已甚矣。」

「來書云：『尊兄未嘗止固自不同也。』○某亦謂老兄，正爲未識太極之本無極而有其體，故必以中訓極，而又以陰陽爲形而上者之道。虚見之與實見，其言果不同也。」

「來書云：『老氏以無止諱也。』○某詳老氏之言有無，以有無爲二，周子之言有無，以有無爲一，正如南北、水火之相反。更請仔細著眼，未可容易譏評也。」

「來書云：『此理乃止子矣。』○更請詳看某前書曾有『無理』二字否？」

「來書云：『極，亦此止極哉。』○『極』是名此理之至極，『中』是狀此理之不偏，雖然同是此理，然其名義各有攸當，雖聖賢言之，亦未嘗敢有所差易〔三〕也。若『皇極』之極，『民極』之極，乃爲標準之意，猶曰『立於此而示於彼，使其有所向望而取正焉』耳，非以其中而命之也。『立我烝民』，立與粒通，即書所謂『烝民乃粒，莫匪爾極』，則『爾』指后稷而言，蓋曰『使我衆人皆得粒食，莫非爾后稷之所立者是望』耳，『爾』字不指天地，『極』字亦非指所受之中。『中者，天下之大本』，乃以喜

〔二〕「末」：原作「未」，據晦庵先生朱文公文集改。
〔三〕「易」：晦庵先生朱文公文集作「互」。

怒哀樂之未發，此理渾然無所偏倚而然[一]而言。太極固無偏倚，而爲萬化之本，然其得名，自爲『至極』之極，而兼有標準之義，初不以中而得名也。」

「來書云：『以極爲中止理乎。』○老兄自以中訓極，某未嘗以形訓極也。今若此言，則是己不曉文義，而謂它人亦不曉也。請更詳之。」

「來書云：『大學、文言皆言「知至」。』○某詳『知至』二字雖同，而在大學，則知爲實字，至爲虛字，兩字上重而下輕，蓋曰『心之所知無不到』耳；在文言，則知爲虛字，至爲實字，兩字上輕而下重，蓋曰『有以知其所當至之地』耳。兩義既自不同，而與太極之爲至極者，又皆不相似。請更詳之。」

「來書云：『直以陰陽爲形器止道器之分哉。』○若以陰陽爲形而上者，則形而下者復是何物？更請見教。若某愚見與其所聞，則曰：凡有形有象者，皆器也；其所以爲是器之理者，則道也。如是，則來書所謂始終、晦明、奇耦之屬，皆陰陽所爲之器；獨其所以爲是器之理，如目之明、耳之聰、父之慈、子之孝，乃爲道耳。如此分別，似差明白，不知尊意以爲如何？」

「來書云：『通書曰止類此。』○周子言『中』，而以『和』字釋之，又曰『中節』，又曰『達道』。彼非不識字者，而其言顯與中庸相戾，則亦必有說矣。蓋此『中』字，是就氣禀發用而言，其無過不及處耳，非直指本體未發、無所偏倚者而言也，豈可以此而訓極爲中也哉？來書引經，必盡全章，雖煩不厭，而所引通書乃獨截自『中焉止矣』而下，此安得爲不誤？老兄本自不信周子，正使誤引通書，亦未爲害，何必諱此小失，而反爲不改之過乎？」

「來書云：『大傳止執古？』○大傳、洪範、詩、禮，皆言極而已，未嘗謂極爲中也。先儒以此極處常在物之中央，而爲四方之所面内而取正，故因以『中』釋之，蓋亦未聞甚失。而後人遂直以極爲中，則又不識先儒之本意矣。爾雅乃是纂集

[一]「而然」：晦庵先生朱文公文集無此二字。

古今諸儒訓詁以成書，其間蓋亦不能無誤，不足據以爲古，又況其間但有以『極』訓至、以『殷齊』訓中，初未嘗以極爲中乎？」

「來書云：『又謂周子止道耳。』○『無極而太極』，猶曰『莫之爲而爲』、『莫之致而至』，又如曰『無爲之爲』，皆語勢之當然，非爲別有一物也，其意則固若曰『非如皇極、民極、屋極之有方所形象，而但有此理之極耳』。若曉此義，則於聖門有何違叛而不肯道乎？『上天之載』，是就有中說無；『無極而太極』，是就無中說有；若實見得，即說有說無、或先或後都無妨礙。今必如此拘泥，强生分別，曾謂不尚空言、專務事實而反如此乎？」

「來書云：『夫乾止自反也。』○太極固未嘗隱於人，然人之識太極者則少矣，往往只是於禪學中，認得個昭昭靈靈能作用底，便謂此是太極。而不知所謂太極，乃天地萬物本然之理，亙古亙今，攧撲不破者也。『迥出常情』等語只是俗談，即非禪家所能專有，不應儒者反當迴避。況今雖偶然道著，而其所見所說，卻非禪家道理，非如它人陰實祖用其說而改頭換面，陽諱其所自來也。如曰『私其說以自妙，而又秘之』，又曰『寄此以神其姦』，又曰『繫絆多少好氣質底學者』，則恐世間自有此人可當此語，某雖無狀，自省得與此語不相似也！」

「大抵老兄昆仲同立此論，而其所以立論之意不同。子美尊兄自是天資質實厚重，當時看得此理有未盡處，不能仔細推究，但立議論，因而自信太過，遂不可回，見雖有病，意實無它。老兄卻是先立一說，務要突過有若、子貢以上，更不數近世周、程諸公，故於其言不問是非，一例吹毛求疵，須要討不是處，正使說得十分無病，此意卻先不好了，況其言之麤率，又不能無病乎？」

「夫子之聖，固非以多學而得之，然觀其好古敏求，實亦未嘗不多學，但其中自有一以貫之處耳。若只如此空疎杜撰，則雖有一，而無可貫矣，又何足以爲孔子乎？顏、曾所以獨得聖學之傳，正爲其博文約禮，足目俱到，亦不是只如此空疎杜撰也。子貢雖未得承道統，然其所知似亦不在今人之後，但未有禪學可改換耳。周、程之生，時世雖在孟子之下，然其道則有不約而合者。反復來書，竊恐老兄於其所言多有未解者，恐皆未可遽以顏、曾自處而輕之也。顏子以能問於不能，以多問於寡，有若無，實若虛，犯而不校。曾子三省其身，惟恐謀之不忠，交之不信，傳之不習。其智之崇如彼，而禮之卑如此，豈有一毫自滿自足、强辨取勝之心乎？來書之意，所以見教者甚至，而其末乃有『若猶有疑，不憚下教』之言，某固不敢當此，然區區鄙見亦不敢不爲老兄傾倒也。不審尊意以爲如何？如曰未然，則我日斯邁而月斯征，各尊所聞，各行所知，亦可矣，無復可望於必同也。」

「近見國史濂溪傳載此圖說，乃云：『自無極而爲太極。』若使濂溪本書實有『自』、『爲』兩字，則信如老兄所言，不敢辨矣。然因渠添此二字，卻見得本無此字之意愈益分明。請試思之。」

陸子又與朱元晦書曰：「向蒙尊兄促其條析，且有『無若令兄遽斷來章』之戒，深以爲幸。別紙所謂『我日斯邁而月斯征，各尊所聞，各行所知，亦可矣，無復望其必同也』，不謂尊兄遽作此語，甚非所望。『君子之過也，如日月之食焉。過也，人皆見之，及其更也，人皆仰之』，通人之過，雖微箴藥，久當自悟，諒今尊兄必渙然於此矣。願依末光，以卒餘教。」

弘撰曰：以上乃朱陸往復辨無極太極書，艾千子謂其兩是，而兩足存。推其意，乃申陸子之說耳。蓋陸子之說，其理自確，朱子則以立教，爲學者過慮耳。平心靜氣，句句字字繹之自見。或問：「朱陸之書，千子本兩是之，今謂申陸子之說如何？」曰：「自宋元以來，諸儒之斥陸子者嚴矣，至國朝益甚。千子獨以爲當與朱子之說並存，故知其意乃申陸子之說耳。」然予爲此言，蓋服千子持論之平，非有所牴牾也。」

「無極」二字，實出於老子。朱子謂老子所言無極，乃「無窮」之義，今觀其文云「知雄守雌，復歸於嬰兒。知白守黑，復歸於無極」，合數句繹之，則無極非「無窮」之義明矣，不然何以爲「復歸」二字解也？按：周子此說，頗爲道家牽附，其援引演論，如云「無極生太極，太極稟無極」、「無極在太極之前，無極極而爲太極」、「無極爲真無，太極爲妙有」，諸語不一，而太極反似有形狀、有方所矣。甚矣，「無極」二字之不可加也。翻閱道藏，乃知陸子之功於此不細。此予所以欲刪去無極，以還孔子之太極也。

宋史原本云：「自無極而爲太極。」韓恭簡公謂「朱子削去『自』、『爲』二字，以吾儒正理釋之，則亦回護之過定也。

無無故增入二字之理，而謂朱子削去二字，反以咎史氏，則大賢不若是之詭。或當時傳本有異，又或前後改定，未可

矣」。按：朱子嘗以增「自」、「爲」二字爲史氏之過，今韓氏又以削「自」、「爲」二字爲朱子之過，皆非也。蓋史氏斷

韓氏又自以「至無而至有」五字釋「無極而太極」五字，自謂：「亦是回護。」按：此言乃正坐以老子之旨，又何回護之有？如以「至無而至有」五字釋「太極」二字則可也，蓋「無極」二字亦是釋太極耳。釋，則當緩于下，不可加於上；唯其加於上，此所以合於外氏，而有「無極生太極」之説也。

今人注古人之書者，皆揚之使高，鑿之使深者也，唯朱子則推之使實，扶之使正，此其所以度越諸儒，而得孔孟之傳也。周子曰「無極而太極」，實「即無生有」之旨，非但以無極明無形之義也，觀下文「無極之真」四字可見。以無極爲明無形之義，乃朱子之説，所謂「推之使實，扶之使正」者也。朱子既以「無形而有理」釋「無極而太極」，而於無極之真則釋云「真字便是太極」，又云「既舉無極，則不復別舉太極；如今説，則此處欠太極字」，皆回護之詞。予謂以「無極之真」該太極，何不竟言太極？且此處不止「欠太極字」，正是「多無極字」耳。夫既以無極爲無形矣，而云「無形之真」，可乎？如謂「真字是太極」，則猶言「無極之太極」矣，亦無是理也。故知周子之意，非但以無極爲明無形之義也。

朱子嘗云：「老子之言有無，以有無爲二，周子之言有無，以有無爲一」，韓苑洛云：「周子亦以有無爲二。以有無爲一，乃朱子之正論也」，斯言得之矣。至諸儒問答，又往往涉於老氏之旨。如：或問「無極，是無之至。至無之中，乃至有存焉，故云無極而太極」，朱子曰「如公説無極，恁地説卻好，但太極説不去」；或曰「『有』字便是『太』字地位」，朱子曰「將『有』字訓『太』字不得。太極只是個理」；或曰：「至無之中，乃萬理之至有也」，朱子曰「亦得」。詳其語意，是以無極爲無，以太極爲有矣。夫以無形訓無極者，本欲明太極之爲無，而今反以有屬之，則豈非「無極」二字累之乎？又有問「無極、太極，只是一物」者，朱子曰：「本是一物，被他恁地説，卻似兩物」，此言若反，

爲陸子地者。黄勉齋云：　後之讀者「不知『極』字，但爲取喻，而遽以理言，不唯『理不可無』，於周子『無極』之語有以難通，且太極之爲至理，其詞已足，而加以無極，則誠似於贅者」，轉思之，似亦足爲陸子之一助。蔡節齋謂「周子以『無極而太極』發明『易有太極』之旨」，謂：「周子所言太極，即孔子所言太極」，是也；而謂「周子所言無極，即孔子所言易」，遂謂「無極之真，實有得於孔子之一言」者，此其牽合之謬，又益甚矣。

凡陸子之言，其要在「上天之載，無聲無臭」與「神無方，易無體」二段，朱子與陸子書皆條析以答，獨不及此二段。雖有云「『上天之載』，是就有中説無；『無極而太極』，是就無中説有」，乃朱子自爲之説，而於陸子致辨之意絶不相應，蓋已知其理之不可奪也。鮑魯齋云：「『無極而太極』一句是順説，『太極本無極』一句是倒説。『上天之載，無聲無臭』，猶周子所謂『無極而太極』也。若移詩之二句，倒言之曰『無聲無臭，上天之載』，亦何不可？象山不肯拈『太極本無極』一句，只攻上句，徒肆强辨。」魯齋此言非也。陸子云：「若謂欲言其無方所、無形狀」，則「宜如詩言『上天之載』，而於其下贊之曰『無聲無臭』，可也」，此即「太極本無極」之説也。此句爲陸子之所與，又何攻焉？然魯齋獨拈「上天之載，無聲無臭」一段，而不復拈「神無方，易無體」一段，則何也？

予嘗究而論之：周子之説原爲有礙，而朱子之注要於無疵；朱子之回護周子者歸之於正，而諸儒之尊奉朱子者則失之於偏。此不易之言也。然則周子非乎？曰：無中含有，亦是吾儒正理，無論其同於老氏與否，但太極即無也，既言太極，又先言無極，予故謂周子之言有礙，以其贅也。

陸子兄弟云：「太極圖説與通書不類，疑非周子所爲，不然則或是其學未成時所作，不然則或是傳他人之文」，又云「太極圖説以『無極』二字冠首，而通書終篇未嘗一及『無極』字」；二程言論文字至多，亦未嘗一及『無極』字。假令其初實有是圖，觀其後來未嘗一及『無極』字，可見其道之進，而不自以爲是也」，此言固大可省矣。朱子謂「無極」二字乃「周子灼見道體」，「説出人不敢説底道理」，陸子云：「誠令如此，不知人有甚不敢道處？但加之太極之上，則吾聖門正不肯如此道耳。」二程未嘗以此示人，朱子謂其「有微意」，張敬夫以書來問，則云以「無有能受之者爾」。

夫太極圖說爲明易而作也，故曰：「大哉易也，斯其至矣。」程子於易有傳矣，豈謂有人受易，而無人受太極圖說乎？此皆理之可疑者也。予素信朱子如神明蓍蔡，唯於此小異，誠不敢以心之所未安者，而徒剿襲雷同，以蹈於自欺欺人之爲也。若後世之論無極者以爲「真贓實犯」，則輕薄之言，斯戾矣！

或曰：子以無極之說爲有礙，如何？曰：「『易有太極』，孔子之言也，周子作太極圖說，宜直援此句起而下綴以『太極本無極』也，如繫辭大傳云：『神無方也，易無體也。』此豈不可以爲立言之法乎？顧以『無極』二字加於太極之上，是猶曰『無方而神，無體而易』矣，安得爲無礙乎？」此予所以謂陸子之說長也。

或曰：何以云「贅」？曰：「孔子云：『易有太極。』言太極而不言無極者，尊孔子之言也。周子云：『無極而太極。』言太極而必言無極者，尊周子之言也。孔子之言於理無欠，則周子之言於理自贅。如云『爲學者慮』豈孔子之慮，視周子疎乎？」後儒又以陸子嘗謂「通書不言無極」，而欲尊太極圖說，則云：「通書字字是發明太極圖說。」此語録套話。如謂「通書字字是發明大學」亦可，「字字是發明中庸」亦可也，蓋其理自可相通。其實通書自爲通書，不必牽附，即云「字字是發明太極圖說」，亦未嘗特發明無極也。故「無極」二字，終屬添出，爲蛇足耳。

王文成公有與徐成之書，論朱陸同異，雖其間有巧抑朱子處，如云「是其爲言，雖未盡瑩」等語，然其爲陸子申辨，則亦是公論，不可廢也。鄭端簡公論文成則曰：「王公才高學邃，兼資文武，近世名卿鮮能及之，特以講學，故衆口交訾。蓋公功名昭揭，不可蓋覆，唯學術邪正，未易銓測。以是指斥，則讒說易行，媢心稱快爾。今人咸謂公異端，陸子靜之流。嗟乎！子靜豈異端乎？以異端視子靜，則游、夏純於顔、曾，而思、孟劣於雄、況矣。」予謂，論人物，則文成於所謂三不朽者，殆兼之焉，自是一代儒臣冠冕；論聖學，則涉於一偏之見，勇於自是者，其失亦正不可掩也。若今之論者，排擊太甚，乃至有併其功名毁之者，又刻薄誣罔之言，使端簡聞之，不知當如何致慨矣！然端簡游夏、顔曾，思孟、雄況之喻，予三復之，亦似失其倫也。

學者不讀宋儒書，不可以言學。今之紛紛於格物太極之說者，總繇不細讀書，故於其所分疏已明者，猶鶻突致詰。

試即予所述者〔二〕，平心靜氣，字字繹之，亦可以涣然冰釋矣。願學者蚤事正學，無爲昔人「不讀唐以後書」之言所誤，如予之蹉跎老大，抱雕蟲之悔，而悲嘆於無及也，弘撰識。

正學隅見述書後

山史先生正學隅見述，蓋朱陸格物致知、無極太極之辨，而先生所訂者也。鄙意格當訓通，不當訓至。訓至，則不辭，不可謂致知在至物也。書曰：「格於上下，格於皇天。」詩曰：「神之格思。」皆訓通也。格有考證之義焉，有思索之義焉，有閲歷之義焉。學者於此，當盡聰明之才，求忠恕之道，是則所以爲格也。格去物欲之説，殆欲空諸所有，而明心見性者歟？

「無極而太極」，中庸所謂視之而弗見，聽之而弗聞，體物而不可遺是也。人所致疑於周子者，蓋以爲無極之真、二五之精，非有二物，嫌其複且贅也。竊即以此意求之，周子之文蓋一以屬之，非兩而等之也。易曰：「易之爲書，將以順性命之理。」又曰：「三才之道也。」三才之道非即性命之理歟？屬文之體，固自有然，會之以心，則自得之。窮之以辭，則亦有難適者矣。蓋陸子以太極爲實有，所謂昭昭靈靈者也。余嘗究陸王之學，皆以外物爲塵垢，本心爲良知，故物無也，太極有也，是其釋格物與無極也。似若回互，而實則一意焉。見我心之真如，則曰：「易有太極」。滅諸有之色相，則曰：「格去物欲」云爾。而其大旨究歸於無也。余向有疑於此，得先生書而重索之，而若有悟其所以置辭之意也。謹識其後，以俟後之君子共論焉。

光緒二十七年二月，查賑湖南省寶慶府邵陽縣曾廉。

〔二〕「猶鶻突致誥。試即予所述者」：「誥」，文淵閣四庫本作「諸」；「試」，文淵閣四庫本作「譏」。

十七帖述

十七帖述

晉會稽內史、右軍將軍，王羲之字逸少，永和十一年稱疾去郡，爲文誓墓，朝廷以其誓苦，不復徵之。

此帖前人謂皆與周益州者。周名撫，字道和。永和三年，桓温攻成都，李勢降，以撫代毌丘奧，爲益州刺史，進爵建成公、征西督護，進鎮西將軍。在官三十餘年，有惠政。卒，蜀人廟祀之，帖中多言蜀事。又按：淳化帖有一帖云：「周益州送此邛竹杖，卿尊長，或須此，今送。」則此帖謂是與周者，可信。而中有數帖，非與周語。來禽帖，宋僧邦詩謂與桓宣武。楊用修四川志只載八帖。七十、邛竹、諸葛、譙周、山川諸奇、講堂、嚴君平、鹽井。是與周，則謂此帖皆是與周者，亦不然也。

帖凡二十有七，以第一帖首字名篇，故曰十七帖。張彥遠法書要録云：「十七帖，長一丈二尺，即貞觀中內本。一百七行，九百四十三字，是烜赫著名帖也。」黄長睿東觀餘論云：「十七帖多臨本，永禪師、虞世南、褚庭誨臨字皆不甚遠，故書有數本，皆不同。南唐李後主勒石澄心堂者，乃賀知章臨本。宋魏泰家有硬黄本，淳熙秘閣續帖亦有刻。淳化帖刻多殘缺。今世所傳者，雖非皆右軍真迹，然皆出於右軍，要皆不及唐人摹刻。帖尾有勅字及解，褚勒定者爲佳也。」

十七日先書，郗司馬黄長睿曰：「郗氏自太尉鑑後，爲江左名族，其姓讀如絺繡之絺，而世人以俗書「郗」字作郄，因讀爲郤詵之郤，郤詵乃春秋大夫郤縠之後，郗鑑乃御史大夫郗慮之後。姓原既異，音讀迥殊。後世因俗書相亂，郗郄二字遂不復辨，亦近代氏族及小學二家之學不講故也。」孫仲牆謂：「郗氏無曆官司馬者。以爲史官之略。」予考晉書，郗曇字重熙，是鑑之子，愔之弟，簡文帝爲撫軍，引爲司馬，當即其人也。右軍帖中屢言重熙，然則非史官之略，乃讀史者之未審也。未去，即日得足下書爲慰，先書以與已通用，二王帖中，「已」多作「以」。具，示復數字。

吾前東，此言前往東，如後帖云不果西之類。別帖云宜暫東，吾日東可例觀。東指會稽。世說新語：謝安南免吏部尚書還東，戴公從東出。右軍本傳所謂東土、東中，皆指會稽也。粗足作佳觀。本傳：羲之既去官，與東土人士盡山水之游，弋釣爲娛。永和九年三月三日，嘗游山陰，與太原孫統承公、孫綽興公、廣漢王彬之道生、陳郡謝安安石、高平郗曇重熙、太原王蘊叔仁，釋支遁道林，並子凝之、徽之、操之等四十有一人，修禊事於蘭亭，揮毫製序，或以金谷詩序方之。吾爲逸民之懷久矣，右軍答殷浩書曰：「吾素自無廊廟之志，直王丞相時，果欲內，吾誓不許之。手跡猶存，繇來尚矣，不於足下參政而方進退。自兒娶女嫁，便懷向子平之志。數與親知言之，非一日也。」足下何以方或作「等」字，以右有一點，與下龍保帖等字同耳。然文意，當是方。張彥遠作「方」。復乃此，似夢中語邪。右軍與王述有疑隙，述蒙顯授，右軍恥爲之。下因去郡時，或致書留之，故申其初志如此。無緣言面爲嘆，書何能悉？此與前帖自是二帖，他本合爲一者，誤。長沙帖又誤並來居帖。

龍保當是右軍子姓小字。等平安也。謝之甚遲，見卿舅可耳。或作「早」，非。至爲簡隔也。猶云簡略隔遠，謝不密耳。或作「夢隔」，非也。草法與前「夢」字有異。一本「隔」字中闕，遂釋作「幻」字，尤謬。此帖並下一帖，皆非與周益州語。

知足下行至吴，念違離不可居。劉次莊以「念」作會，「違」作連，俱非。叔當西邪？遲知問。此帖首一本有「六日」字，或連上。計與足下別廿如拾切，二十並也。李斯石銘「廿有六年」四字爲句，作廿，及讀如念者，非。六年，於今雖時書問，不解闊懷。省足下先後二書，但增嘆慨。頃積雪凝寒，指越中。五十年中所無。想頃如常，指蜀中。冀來夏秋間，或復得足下問耳。比者悠悠，如何可言？

吾服食久，猶爲劣劣。大都比之年時，昔年也。爲復可可。猶云好好也。或謂上「可」字是問詞，下「可」字是好。足下保愛爲上，臨書，但有惆悵。

得足下旃與「氈」同。罽，西胡毳布也。胡桃，藥二種，知足下至。戎鹽戎鹽有青赤二色，或如雞卵，或如菱米。陶隱居曰：「主治耳聾目痛。」乃要也。是服食所須，知足下謂或作「治」，非。須服食。方回郗愔字。近之，未許愔本傳曰：「與姊夫王羲之高士許詢，並有邁世之風，俱棲心絕穀，修黃老之術。」孫仲牆曰：「『近之』，近於道也。『未許』，謂未許其至於道耳。」吾此志。知我者希，此有成言。無緣見卿，以當一笑。

彼所須此藥草，可示，當致。

青李、有青、黄、朱、紫。來禽、即林禽，江南呼爲花紅。櫻桃、日給滕當作「藤」。子，核也。皆囊盛爲佳，函封多不生。汜勝曰：「凡種浥鬱，多不生。」唐人摹此帖，四物外尚有密蒙華，畢文簡公有答王黄門寄密蒙華詩可証，今諸本並無。

足下所疏云：此菓佳，可爲致子，當種之。此種彼胡桃皆生也。青李、來禽、櫻桃、胡桃，今吴越處處有之，皆傳種自右軍。吾篤喜種菓，右軍與謝萬書曰：「頃東遊還，修植桑菓，今盛敷榮。」今在田里，惟以此爲事，故遠及。足下致此子者，大惠也。一本連上。

瞻近無緣省苦，諸言苦者，率指疾病。但有悲嘆，足下小大悉平安也，云卿當來居此，喜遲去聲，待也。不可言。想必果言，苦或作「告」。有期耳。亦度卿當不居京，或作「秉」，非。元帝復都建康，置丹陽郡，即金陵。此指會稽。既避，當作「僻」，作「避」，疑誤。張彦遠竟釋作「僻」，草法不類。或云此地既可以避世，亦通。又節氣佳，是以欣卿來也。此信使人也。孫仲牆曰：「黄伯思云：『古者謂使曰信。』真誥云：『公至山下，又遣一信見告。』謝宣城傳云：『荆州信去，倚待。』陶隱居云：『明旦信還，仍過反。』虞永興云：『事已，信人口。』具凡言信者，皆謂使人也。今世俗以書爲信，乃以信爲訊，而不復知魏晉以來，所謂信者，乃使之别名耳。」按：晉書毛寶傳説温嶠追信改書，其意益明。旨還，具示問。

省足下别疏，具彼土蜀土也。山川諸奇。揚雄蜀都，雄字子雲，作蜀都賦。揚字當從手，不從木。左太沖三都，太沖名思，作三都賦，十年乃成，皇甫士安爲作序，一時競相傳寫，洛陽爲之紙貴。三都者，昭烈之益、孫權之建業、曹操之鄴也。孫興公曰：「三都二京，五經鼓吹。」殊爲不備悉。彼故爲多奇，益令其遊目意足也。可得果，當告卿求迎，或作「進」，非。少人，足耳。或謂人足，即健步急足之稱，非也，蓋言不須多耳。至時示意，遲此期，真以日爲歲。想足下鎮彼土，未有動理耳。謂遷轉也。要欲及卿在彼登汶嶺、汶即岷，領即嶺，古字通用。岷山在茂州。峨眉在眉州。而旋，實不朽之盛事。但言，此陳簡齋法帖刊誤，以「此」字屬上句。心以馳於彼矣。右軍慕蜀中山水之奇，見於書者不一而足，如與安石書云：「蜀中山水，如峨眉山，夏含霜雹，碑板之所聞，崑崙之伯仲也。」然卒未得遂其遊志。

諸從去聲，諸從猶言羣從，謂大小功兄弟也，兄弟之子亦然。並數有問，粗平安。唯脩載名耆之，荆州刺史廣第三子，歷中書郎，鄱陽太守，與右軍同祖。在遠，音問不數，懸情。司州即洛陽，永嘉之後，司州淪没於劉聰，元帝渡江，僑置司州於徐，非本所也。王胡之，字修齡，乃脩載之兄，逸少之從弟也，弱冠有聲譽，石季龍死，朝廷欲綏輯河洛，以胡之爲西中郎、司州刺史，假節以疾，固辭未行而卒。疾篤，不果西，公私可恨。謂國事家事。足下所云，皆盡事勢，吾無間然。諸問想足下別具，不復一一。一作「具」。

云譙周字允南，仕季漢，爲光禄大夫。有孫，名秀，字元彦。高尚不出，李雄據蜀，雄叔驤、驤子壽徵，皆不應。桓温滅蜀，嘗薦之，亦不仕，范賁、蕭敬文相繼作亂，避難宕渠鄉，宗族多依之，年九十餘卒。今爲所在。一本無此四字。其人有以副此志不？右軍慕其爲人，唯恐其不稱耳，猶孔子之於文子，曰：「其然？豈其然乎？」令人依依，足下具示。嚴君平、名遵，有隱德，賣卜於成都市中。司馬相如、字長卿，事漢武帝爲郎，後以病免，居茂陵。揚子雲皆有後不？一本連上，法書要録亦然。孫仲牆曰：「四賢皆蜀産，右軍因譙秀而發之，可見其好善之懷。」

天鼠皮可爲裘，出西蕃。膏，治耳聾有驗不？凡鼠膽能治耳聾。有驗者，乃是要藥。朱處仁今所楊升庵作「何」字，非。在，往得其書信，遂不取答。言其來使，不取回書也。今因足下答其書，可令必達。省別，具足下小大問，爲慰。多分張，違離也。念足下懸情。武昌諸子周訪爲縣功曹時，陶侃爲散史，訪薦爲主薄，相與結友，以女妻侃子瞻。訪即撫之父也，侃後鎮武昌，有子十七人，淇、瞻、夏、琦、旗、斌、稱、範、岱九人出仕。亦多遠宦，足下兼懷，並數問不？老婦太尉郗鑒女。王氏譜曰：「名璿，字子房。」書斷曰：「甚工書，所謂神情散朗，故有林下風氣者也。」初，太尉在京口，遣門生求女婿于王丞相，丞相令往東廂任意選之，門生歸，白太尉曰：「王氏諸少並佳，然聞信至，咸自矜持，惟有一人在東牀上，坦腹卧如不聞。」太尉曰：「正此好。」訪之，乃羲之也，遂以女妻之。頃疾篤，救命恒憂慮。餘粗平安，知足下情至。

旦夕都邑動靜清和，想足下使還。具時州將。孫仲牆曰：「晉時太守俱兼武官，故曰州將，如逸少爲會稽内史、右軍將軍是也。」桓公名温，永和二年温入蜀，平李勢，振旅還江陵，進位征西大將軍。告慰，猶言休沐也，故休沐曰在告。情企足下數使命也。温征蜀，撫擊破隗文、鄧定等，又斬王誓、王潤，又與朱壽破斬范賁，温使鄧遐助撫討蕭敬文，不能拔，引退，又令司馬勳等會撫，代敬文。謝無奕名奕，安之兄玄之父也。從兄尚素有德政，既卒，朝議以奕言行有素，必嗣尚事，遷都督豫、兖、冀、並四州軍事、安西將軍、豫州刺史。外任，數書問，無他。仁祖尚之字也。日往言其喪亡之期，與日俱邁也。言尋，悲酸如何可言。

知有漢時講堂漢景帝時，文翁爲益州太守，華陽國志云：「文翁爲蜀郡守，造講堂，作石室。」一名玉堂。安帝永初間，災，唯石室存。至獻帝興平元年，太守復造。在，是漢何帝時立此？知畫三皇五帝以來備有。張彦遠名畫記云：「益州學堂圖畫古聖帝賢臣七十二子，後代又增漢晉帝王名臣、蜀賢相牧守。」郭若虚圖畫見聞志云：「畫古人聖賢之像及禮器瑞物於壁。」畫又精妙，甚可觀也。彼指蜀中。有能畫者不？欲因摹取，當可得不？信具告。

往在都，建康。見諸葛顥，急就章。孫過庭書譜：「顥」字草法同此，東觀餘論釋作「顒」字，然二人史皆不載。曾具問蜀中事。云成都城池、門屋、樓觀，皆是秦時司馬錯秦人，嘗與張儀爭論伐蜀，見戰國策。所修，令人遠想慨然。黄長睿謂：「此六字本是側注，摹以入行，後人不曉，從而效之。一行之中，洪纖頓異，號子母體。」爲爾不？信具示，爲欲廣異聞。

吾有七兒玄之、凝之、涣之、肅之、徽之、操之、獻之。一女，適劉暢。皆同生。言一母也。婚娶以畢，唯一小者獻之也，故稱七郎，世説新語：「楨之稱七叔。」右軍與郗家論婚書云：「獻之字子敬，少有清譽，善隸書，咄咄逼人，仰與公宿舊通家，光陰相接，承公賢，女淑質直亮，確懿純美，敢欲使子敬爲門閭之賓。」晉人父稱子字如此。史云：「獻之初娶郗曇女，後尚新安公主。」王氏譜云：「獻之娶曇女，名道茂，後離婚。尚餘姚公主。」未知孰是？淳化帖載：「獻之二帖，皆與郗氏者詞，頗悽惋。」世説新語：「子敬病篤，道家上章應首過問：「子敬繇來有何異同得失？」子敬云：「不覺有餘事，唯憶與郗家離婚。」」觀此，知當時被旨，亦出不得已，非其心也。尚未婚耳。過此一婚，便得至。彼今内外孫有十六人，著名者，楨之而已，外孫劉瑾。足慰目前，足下情至委曲，故具示。

虞安吉法書要録：「虞」作「盧」，誤。東觀餘論作「虞」，草法正合。墨藪載虞安吉善書。者，昔與共事，常念之。今爲殿中將軍。晉置武賁、羽林、上騎、異力四部，並命中爲五督，其衛鎮四軍如五校，各置千人，更置殿中將軍、中郎校尉。司馬武帝甚重兵官，故軍校多選朝廷清望之士居之。前過云：與足下中表，舅姑之子。不以年老，甚欲與足下爲下寮。意其資可得小郡，晉法以郡之大小分官之崇卑。足下可思致之邪！所念，故遠及。

去夏得足下致邛竹杖，邛山之竹，節高中實，可作杖，見山海經，又見張騫傳。皆至此，指浙東也。士楊升庵作「土」。人多有尊老者，皆即分布，令知足下遠惠之至。以下六帖，法書要録目不載。

今往，絲布單衣，財與「纔」通用。一端，禮記注疏：丈八尺爲端小。爾雅：倍丈謂之端，或云二丈爲段，四丈爲疋，五丈爲端。示致意。

足下今年政秦人諱政，以政爲正。右軍祖尚書郎名正，以正爲政，如正月改作初月、一月，今人相承，二字互用。七十邪，知體氣常佳，此大慶也。想復懃加頤養。吾年垂耳順，推之人理，得爾以爲厚幸，人年五十不爲夭，六十則稱下壽。但恐前路轉欲逼耳。以爾要欲一遊目汶領，非復常言。謂遊蜀之意至此愈決，然卒不果。足下但當保護，以俟此期，勿謂虛言。得果此緣，一段奇事也。

知彼清晏歲豐，又所出有無一鄉元帖二字剥落，新帖或作「無謂」，或作「奇產」，俱不似。故是名處。且山川形勢乃爾，何可以不遊目。

彼鹽井、在成都境内，大小不一，汲其水煎之成鹽，民賴其利。火井在臨邛，欲出其火，先以家火投之，須臾頃隆隆如雷聲，燗出，以筒盛之，接其光，夏燗生水上，冬涸燗生土上。楊升庵曰：「今嘉定犍爲亦有之，其泉皆油，爇之然，人取爲燈燭。正德年間出。」皆有不？足下目見不？爲欲廣異聞，具示。

胡母氏從妹胡母，覆姓，女子已嫁，從其夫，猶靖節云程氏妹也。平安，故在永興屬會稽郡，即今之蕭山，與山陰鄰。居，去此七十也。吾在官，諸理極差。頃比復勿勿。說文：勿者，州里所建之旗，以趣民事，故悤遽者，稱勿勿。今人於「勿」字中斜着一點，作匆，非。來示云與其婢。問來信不得也。此亦非與周益州語。

王氏宗祠志

華陰王氏宗祠記

昔者孔子既沒，弟子録其遺言，以爲論語，而獨取有子、曾子之言，次於卷首，何哉？夫子所以教人者，無非以立天下之人倫，而孝弟，人倫之本也；慎終追遠，孝弟之實也。甚哉！有子、曾子之言似夫子也，是故有人倫，然後有風俗，有風俗，然後有政事，有政事，然後有國家。先王之於民，其生也，爲之九族之紀、大宗小宗之屬，以聯之；其死也，爲之疏衰之服，哭泣殯葬，虞祔之節，以送之；其遠也，爲之廟室之制，禘嘗之禮，鼎俎籩豆之物，以薦之。其施之朝廷，用之鄉黨，講之庠序，無非此之爲務也，故民德厚而禮俗成，上下安而暴慝不作。

自三代以下，人主之於民，賦斂之而已爾，役使之而已爾，凡所以爲厚生正德之事，一切置之不理，而聽民之所自爲，於是乎教化之權常不在上而在下。兩漢以來，儒者之效亦可得而考矣。自二戴之傳、二鄭之注，專門之學，以禮爲宗，歷三國、兩晉、胡南北、五季，干戈分裂之際，而未嘗絶也。至宋，程朱諸子卓然有見於遺經，而金元之代有志者多求其説於南方，以授學者。及乎有明之初，風俗淳厚，而愛親敬長之道達諸天下，其能以宗法訓其家人，而立廟以祀，或累世同居，稱之爲義門者，亦往往而有，十室之忠信比肩而接踵。夫其處乎雜亂偏方，閏位之日，而守之不變，孰勸帥之而然哉？國亂於上，而教明於下，易曰：「改邑不改井」，言經常之道賴君子而存也。

嗚呼！至於今日，而先王之所以爲教，賢者之所以爲俗，殆澌滅而無餘矣。列在縉紳，而家無主祏，非寒食野祭，則不復薦其先人。期功之慘，遂不制服，而父母之喪多留任而不去。同姓通宗而不限於奴僕，女嫁死而無出，則責償其所遺之財，昏媾戎人而脇持其鄉里。利之所在，則不愛其親而愛他人，於是機詐之變日深，而廉恥道盡。其不至於率獸食人，而人相食者，幾希矣。昔春秋之時，弑君三十六，亡國五十二，而秉禮之邦、守道之士不絶於書，未若今之滔滔，皆是也，此五帝三王之大去其天下，而乾坤或幾乎息之秋也，又何言政事哉？

吾友華陰王君弘撰，鄰華先生之季子，而爲徵華先生後者也。游婺州二年而歸，乃作祠堂，以奉其始祖，聚其子姓，而告之以尊祖敬宗之道。其鄉之老者喟然言曰：「不見此禮久矣！爲之兆也，其足以行乎？」孟子有言：「惻隱之心，仁之端也。」夫躬行孝弟之道，以感發天下之人心，使之惕然有省，而觀今世之事，若無以自容，然後積汙之俗可得而新，先王之教可得而興也，王君勉之矣。東吴顧炎武記。

亭林先生不作詩文，比在都門，特作斯篇。蓋先生意在經世立教，非徒以爲文也。今敬列首簡，以當序言。王弘撰識。

王氏宗祠志

古者廟制有等，祭有差，其義未盡。小子撰竊疑焉，以爲秦焚圖籍，蕩滅典禮，缺佚有間矣。魏晉時，定文武官立家廟，以官品爲所祀之世次。後或通貴不立廟，至有爲法司所糾劾、詔旨切責者。迨宋程子定高曾祖考之祭，冬至祭始祖，宜春祭先祖，謂家必有廟，廟必有主，上自公卿，下及士庶皆同。朱子以始祖之祭，近於僭而廢之。明洪武三十一年，頒降祝文，準庶人祭四代。嘉靖十五年，世宗特降聖諭，曰：「人皆有所本之祖，情無不同，此理當通於上下，惟禮樂名物不可僭擬。是爲有嫌，奈何不令人各得報本追遠耶？」時夏言奉議，以程子之祭爲是，朱子之廢爲通。於是令天下臣民冬至日皆祭始祖，而獨於廟制有闕，故論者不能無遺憾焉。

予按古者各有始祖廟，所謂以藏祧主者，禮有明文，朱子固嘗言之。浦江鄭氏稱義門者，曾立祠堂一所，以奉先世神主，方正學亦有移族人疏，建祠合祀羣祖，而予向遊婺郡，往往見人家有祠堂，奉數十世神主，不第鄭氏、方氏爲然。蓋江南士大夫多有倣而行之者，而江以北則鮮。周禮春官：「家宗人之官掌家祭祀之禮。」丘文莊公云：「時制雖不立宗人之官人，家則不可無宗廟之祀。」或以廟數踰禮致疑，文莊云：「古者一夫受田百畝，今世營利殖產者，乃至十百倍於古。舉世安之，顧於反本始序、昭穆之舉，而獨以爲非古，正昔人所謂『寧去小違古，而就大違古』者，豈非惑與？」呂文簡公云：「今天下閭閻庶民多畫神主於軸，其譜牒可考之家，雖十世祖皆祀之，未聞有禁也。然則始祖之廟，當與四世之廟同立也。天理人情之至，有不容已者矣。」

吾邑俗尚朴略，士大夫家率無廟祭，唯元旦一舉其所奉，即文簡所云畫軸，予王氏族亦然。先司馬府君鞅掌王事，未獲家食，嘗有志而弗逮。小子撰每遇祭享，心滋戚焉，屢欲爲之，而苦於囊橐空乏，旋興旋罷。念今年五十有三，血氣日衰，恐一旦填溝壑，此事不遂，百年之目不瞑矣。於是酌古準今，鳩工庀材，卜邑城内爽塏之區，立祠堂一所，設我始祖考處士公、始祖妣樊氏、李氏神座，其制從荀氏之式，所謂牌子者也。以上莫可考，不敢及也。有事更奉我先祖考，先祖妣神座祔，乃依朱子「臨時作紙牌，祭訖焚之」之説。其主不復設祧也，額曰：「王氏宗祠」。蓋小子家既有四代祠，以祀我高曾祖考矣。茲以聚族教睦，使共知一本之義也，故稱宗焉。古廟制甚闊，雖一廟計之，應爲屋十八間，□□其制，易廟以祠，明不敢僭也。亦竊□□司馬氏□，其所費金錢，則予一身辦之，族之人實貧，絲粒不以徵及也。歲在癸丑冬十一月，經始甲寅冬十一月，工竣。榱桷既具，丹雘亦新，雖其制不敢比於江南世家，然視予所居之室則宏固有加，庶幾我祖宗之靈，是憑是依，無怨恫焉。寒暑漸更，風雨無間，心力交瘁，鬚髮頓白，亦惟我祖宗之靈，實式鑑之矣。落成之日，族之人畢來，爰陳俎豆，祇用昭告，秩秩有序，衎衎以和。夫幽以統鬼，明以收族，反古復始，於是乎在餕餘，載筆泐諸麗牲之石，以示後之子孫，覽之者尚其克繼克述，不忘以時修之也云爾。是歲冬十二月朔日，弘撰記。

一宗祠五間，南北俱至街，東至巷，西至王宜輔，共占地一畝八分七釐七毫五絲，予新買之楊氏藺氏者，該糧一斗一升九合一勺四抄五撮三圭，金地一畝六分七釐九毫五絲，銀地一分九釐八毫。在廓下里二甲王弘撰名下。大門臨市，兩旁作鋪，二間賃與安分生理人。居度後人必爲之者，故不如予爲之較妥。每年收賃錢若干，即用以封納供應本祠糧差，爲弘撰之嫡長子孫主之，他不得與。如在子，則宜輔主之，宜輯不得與。在孫，則騊主之，騂與騆皆不得與。以此遞推。其有餘不足，勿問也。

一祠堂規制畫圖如後。大抵有所考而定，後人不得擅改，有損壞者，合力修葺，無得因循，以致坍醡。

一祠中樹木許植不許伐，一株一枝不得私取。

一宗祠雖予獨力創建，自弱冠有志，迄今歷三十年而後成。尊祖、敬宗、睦族，出予一念之誠，若居德要名，則小人之爲矣。吾子孫不得挾爲口實，矜傲宗族。

一祭祀舊唯元旦一舉，今增寒食、冬至二祭。其祭儀參用禮俗，以順人情，詳具别册中。祭畢，合食以尊卑長幼序，凡祭之日，不得縱飲喧譁，爭競是非，有失孝享敦睦本意。

一祭田南郊銀地二畝，南至堰，北至路，東至王子彬，西至項守貴，該糧九升四合。東郊銀地四畝，南至王宜輯，北至小路，東至廟，西至路，該糧一斗八升八合。其糧俱在廓下里二甲王孝睦名下。每年司祭者，各封納供應二畝糧差，遇見年收頭，即隨之有餘不足與凶荒變亂，皆無問。

一司祭同衆議定，依九世人門數遞傳，周而復始。每祭流傳紋銀十兩，祭田二畝。元旦南郊田二畝，寒食東郊田北二畝，冬至東郊田南二畝。司之者各自討取租稞，並銀之息錢爲祭享費，不得以凶荒變亂爲辭。每祭畢，即將官銀交付下手，不許欠少，銀以足色爲主，不許折。

一司祭每年以兩門司之，妨其侵用，使互相糾察也。如本人有他故，或遠出，或貧不能司者，則除之。以次趲續，其九世無子與別氏爲後者，俱不許司。倘有一門侵用，果至無出，則杖其侵用者，令同司者補之，仍令侵用者過日償還。

以上八則，凡吾王氏子孫皆宜恪守，違者以不孝論。輕則合衆議杖議罰，重則呈告官師治罪。

吾王氏之有祭田也，自今始然，而止於六畝，非儉也，取其足以供粢盛已矣。蓋田多則所出多，所出多，人將覬其利焉，是爭之媒也。昔賢有置義田者，而其後之子孫至搆訟不已。嗚呼！孝而衰矣，因睦而失矣。人各有其私田，而莫肯爲公田，故有心者起而爲之，此義之所以名也。乃至於今，而欲爲義田，三復之，而卒有所不敢。悲夫，世風之降也，亦曷其有極乎？唯吾王氏子孫尚其念之。

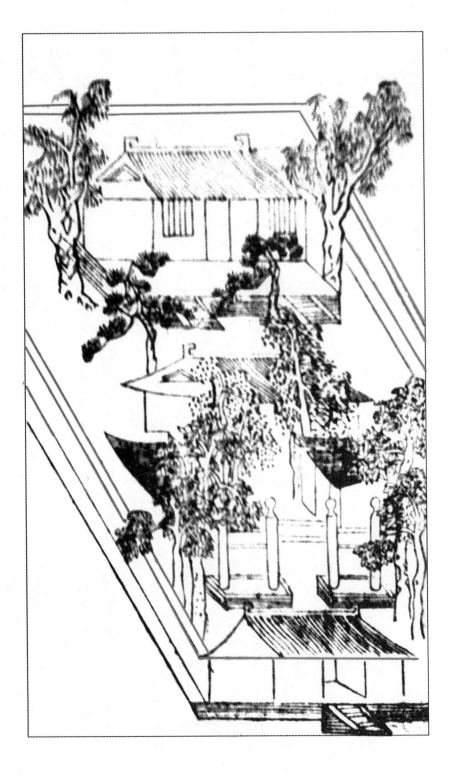

祭儀

香二束、燭二枝、果盒一具、十二格，即爲下手酌酒用，依舊例也。 饌一桌、二十瓮、麪食六盤、米飯三盂、湯隨之。司祭者徹同本家。蓋人衆不能遍及，恐反招愆，且使本家蒙餕餘也，亦依舊例。 清酒二尊、豬一口、六十斤。羊一腔、三十斤。金銀錁三錠、箔紙二竿、錢紙一百張。 以上祭祀，用稻米八升、豆粉十斤、葫蘆條十斤、蒸餅每人二枚、有模。 黃酒一瓮，以上合食用。

元旦、寒食、冬至俱同，唯寒食每人外出錢紙一竿，一包送司祭者處，率衆詣始祖墓前焚之。

司祭遞傳九世人門數： 寅、辰、香、金玉、之登、之榮、之周、之秦、之儒、之廩、之善、己未冬至。 之魁、己未冬至。 之印、之泰、之正、之光、之顯、之俊、之翰、己未元旦。 之良、己未元旦。 之仕、之倫、之寵、之賚、之祚、之文、之仲、己未寒食。 之璧、己未寒食。 之欽、紹曾、之玉、之珠、之慶、天幸、之府、之有、之在、之驪、之壽、之西、之平、之謨、作礪、之賢、存正、志正。

此戊午年定，故注司祭者託始己未，以便循次遞傳。

凡祭之日，侑食用吹手二名、樂人四名。 事畢，每名賞紋銀一錢，出之司祭者。

創建王氏宗祠碑文

夫物本乎天，人本乎祖，故古者制禮，始祖有不祧之文，木本水源，其義豈遂在高曾後哉？ 雖先儒之論有差，要之立廟供祀，蓋出於仁孝之自然，而無容或強者矣。 吾王氏族，故無廟，遇循次祭享之日，至有以席爲屋，蹲踞地上者。

吾弟弘撰當弱冠時，輒慨然念曰：「人固有本，奈何令主無棲所，威儀不修，而苟簡若斯乎？ 敬祖睦族，責將誰任？」嗣後雖屢遘兵燹，囊貲一洗，而此意歷三十年如一日也。

弘撰性敏而慈，尤慷慨好義，爲學以明善爲宗，詩文書法一時聲藉南北，士大夫爭購致之，有如皇甫湜、李簹故事，乃所獲絕不爲兒女裝產計，而於癸丑冬，出之以度工庀材，爲亟亟不足，又易所藏書畫器物以佐之。晦明風雨，拮据瘁瘏，一周歲間鬚髮頓白，而厥功乃告成矣。繇是堂牖爽豁，壯固宏麗，主有定位，族有序處，歲時伏臘，拜跪肅雍，而顧瞻榱桷，人人興木本水源之思，非弘撰仁孝之情，有以推而感之也耶。嗟乎！今世之貧者，自營弗暇，富則尺布斗粟惜如珍寶，而貴者錦衣美食，誇耀鄉閭，以之語本，始若罔聞，眎族類若路人者，其於弘撰爲何如哉！

昔族父司馬公勞於王事，卒以身殉，未遑家居，故嘗有志弗建，弘撰於數十載之後，仰體而繼述之，尤可謂仁之盡、孝之至者矣。族中長幼悅服大義，僉詣予，請爲文以識之，將泐諸石，俾後之子孫共知創造艱難，世世奉之，勿替云爾。若夫禮制規模與經營歲月、木石工傭之費，別有識者，茲不書。歲進士王惠世撰。

此宗族同立碑，而乎公兄爲撰文，小子撰弗敢承也，然亦弗敢忘，謹録之末簡。弘撰識。

答問附

或問：「祠堂大小之制？」曰：「禮云：『寢不踰廟。』古即適士之廟，其制亦大。朱子云：『士人力不能辦，但以室爲之。』今唯視其力而已。」

問：「牌子之制？」曰：「程子：『木主制度，其剡刻開竅處，皆有陰陽之數存焉。』朱子云：『牌子當如主制，只不做二片相合，及竅其旁以通中。』今用牌子，依晉人之式，長一尺三寸，而濶四寸，厚五寸。或謂：『昔人用厚五寸八分。』曰：『按禮書所載其文，云濶四寸，厚五寸八分，大書某人神座。』不然，只小楷書亦得八分者書法也。後人誤以五寸八分爲句耳，此前人已有正之者矣。」

問：「楊子直不用香，朱文公不用紙錢，今用之，何也？」曰：「焚香，司馬文正公謂以代爇蕭也。紙錢，實浮屠之儀。然天下通行已久，吾祖父知之矣。且吾祖父所以事其先人者，莫不然矣，小子不敢遽易也。」

問：「冬至始祖之祭，列在國典，固已。先祖之祭，禮乎？」曰：「程子有言：『祭先之禮不可得，而推者無可奈何，其可知者無遠近多少，須當盡祭之。』明訓如此，夫復何疑？」

問：「始祖是何祖？」曰：「朱子云：『或謂受姓之祖，或謂厥初生民之祖。』然遠矣，又所從出，不可考矣，故後世之祭，但稱始遷祖。」

問：「先祖是何祖？」曰：「自始祖以下，高祖以上，皆是也。」

問：「廟祭，程子只以元妃配享，今列繼室，其義如何？」曰：「古者以媵妾繼室，故不與嫡並。後世繼室，乃以禮別娶，與古不同，故自唐以來，家祭有並配之儀也。」

問：「元旦之祭？」曰：「此亦程子立春之祭之義也，朱子疑其似祫，今於元旦行之一歲之首，亦曰時祭云爾。」

問：「寒食之祭？」曰：「唐有墓祭，載於通典，此拜掃之義也。有其舉之，寧可已乎？」

問：「俗節之祭？」曰：「韓魏公謂之節祭，殺於正祭，朱子從之，張南軒廢俗節之祭。朱子問於端午能不食粽乎？□□[一]能不飲茱萸酒乎？不祭而自享，於汝安乎？今只各於其室行之亦可。」

問：「忌日之祭？」曰：「忌日只祭一位，考妣配享可也。四代以上，則不必矣。」

問：「豐約之宜？」曰：「朱子云：『但以誠敬爲主，其他儀則隨家豐約，如一羹一飯，皆可自盡其誠。若温公所定者，亦自費錢，貧家如何行得？』他日又云：『古禮於今，實是難行。後世有聖人作，與他整理一過，必不一一如古人之繁，但做古人大意，簡而易行耳。』吾族多貧人，故今所定不敢奢也，隨時隨俗，自竭其力，以爲一家之禮云爾。」

〔一〕「□□」：底本漫漶不清，疑为「重阳」二字。